Xpert.press

Springer-Verlag Berlin Heidelberg GmbH

Die Reihe **Xpert.press** des Springer-Verlags vermittelt Professionals im Projektmanagement sowie in den Bereichen Betriebs- und Informationssysteme, Software Engineering und Programmiersprachen aktuell und kompetent relevantes Fachwissen über Methoden, Technologien und Produkte zur Entwicklung und Anwendung moderner Informationstechnologien.

Christoph Meinel · Harald Sack

WWW

Kommunikation, Internetworking,
Web-Technologien

Mit 534 Abbildungen und 106 Tabellen

 Springer

Christoph Meinel
Universität Trier
Fachbereich IV - Informatik
Institut für Telematik
54286 Trier
Deutschland
meinel@uni-trier.de

Harald Sack
Friedrich-Schiller-Universität Jena
Institut für Informatik
07743 Jena
Deutschland
sack@minet.uni-jena.de

Bibliografische Information Der Deutschen Bibliothek
Die Deutsche Bibliothek verzeichnet diese Publikation in der Deutschen Nationalbibliografie; detaillierte bibliografische Daten sind im Internet über <http://dnb.ddb.de> abrufbar.

ISBN 978-3-642-62384-4   ISBN 978-3-642-18963-0 (eBook)
DOI 10.1007/978-3-642-18963-0
ISSN 1439-5428

Dieses Werk ist urheberrechtlich geschützt. Die dadurch begründeten Rechte, insbesondere die der Übersetzung, des Nachdrucks, des Vortrags, der Entnahme von Abbildungen und Tabellen, der Funksendung, der Mikroverfilmung oder der Vervielfältigung auf anderen Wegen und der Speicherung in Datenverarbeitungsanlagen bleiben, auch bei nur auszugsweiser Verwertung, vorbehalten. Eine Vervielfältigung dieses Werkes oder von Teilen dieses Werkes ist auch im Einzelfall nur in den Grenzen der gesetzlichen Bestimmungen des Urheberrechtsgesetzes der Bundesrepublik Deutschland vom 9. September 1965 in der jeweils geltenden Fassung zulässig. Sie ist grundsätzlich vergütungspflichtig. Zuwiderhandlungen unterliegen den Strafbestimmungen des Urheberrechtsgesetzes.

http://www.springer.de

© Springer-Verlag Berlin Heidelberg 2004
Ursprünglich erschienen bei Springer-Verlag Berlin Heidelberg New York 2004
Softcover reprint of the hardcover 1st edition 2004
Die Wiedergabe von Gebrauchsnamen, Handelsnamen, Warenbezeichnungen usw. in diesem Werk berechtigt auch ohne besondere Kennzeichnung nicht zu der Annahme, dass solche Namen im Sinne der Warenzeichen- und Markenschutzgesetzgebung als frei zu betrachten wären und daher von jedermann benutzt werden dürften. Text und Abbildungen wurden mit größter Sorgfalt erarbeitet. Verlag und Autor können jedoch für eventuell verbliebene fehlerhafte Angaben und deren Folgen weder eine juristische Verantwortung noch irgendeine Haftung übernehmen.

Satz: Computer to film von pdf Daten der Autoren

Bindearbeiten: Schäffer, Grünstadt
Umschlaggestaltung: KünkelLopka Werbeagentur, Heidelberg
Gedruckt auf säurefreiem Papier   33/3142XT - 5 4 3 2 1 0

Vorwort

Internet und WWW zählen zu den ganz wenigen technologischen Entwicklungen in der Geschichte der Menschheit, die das Leben und Handeln der Menschen grundlegend verändern und seinen Möglichkeiten neuen Raum bieten. Nachdem im Zuge der industriellen Revolution zunächst die physische Mobilität dramatisch gesteigert wurde – Autos, Flugzeuge, Raumschiffe erweiterten den körperlichen Aktionsradius des Menschen beträchtlich –, so erweitern nun Internet und WWW seine gedankliche Mobilität in einem bisher unvorstellbaren Maße und befreien seinen geistigen Aktionsradius von (fast) jeglicher körperlicher Beschränkung. Während selbst beste Fortbewegungsmittel wohl immer viele Stunden brauchen werden, um einen Menschen von einem Kontinent zum anderen zu bringen, kann er mit Hilfe des Internets diese Entfernung fast augenblicklich überwinden, und seine Empfindungen, Gedanken und Anweisungen übermitteln bzw. auf die Wünsche und Anforderungen weit Entfernter sekundenschnell reagieren - und das anders als im Bereich der physischen Mobilität ohne nennenswerte Kosten.

Aufgrund der noch sehr jungen Geschichte - das Internet ist gerade Anfang Dreißig, das WWW noch nicht ganz volljährig geworden - und da die rasante Entwicklung der zugrundeliegenden Computer- und Netzwerk-Technologie ungebrochen anhält, können die mit Internet und WWW verbundenen Veränderungen in Gesellschaft, Wirtschaft und privatem Bereich noch lange nicht vollständig abgesehen werden. Langsam und zögerlich beginnen erste Veränderungsprozesse, deren Dauer und Ausgang sich nur schwer vorhersagen lassen. Um so interessanter ist es daher, sich zu vergegenwärtigen, wie Internet und WWW eigentlich funktionieren. Das vorliegende Buch, das aus Vorlesungen der beiden Autoren an den Universitäten Trier und Jena hervorgegangen ist, macht den Versuch, dieses umfassend und allgemein verständlich zu erklären. Angefangen von einem Abriß der Geschichte der Kommunikation und der Beschreibung des WWWs als universellem Kommunikationsmedium werden die Grundlagen der Internet-Technologie – aktuelle Netzwerk-Technologien, Internetworking, TCP/IP-Protokollsuite, Internetdienste und Sicherheit – umfassend vorgestellt und die einzelnen Web-Technologien – URL, HTTP, HTML, CSS, XML, Skriptsprachen und CGI-Programmierung – detailliert beschrieben. Dabei kommt es uns im Besonderen auch darauf an, die hinter den einzelnen Komponenten stehenden Prinzipien aus Netzwerktechnik und Informatik deutlich hervortreten zu lassen, die auch dann gültig bleiben, wenn sich einzelne Standards oder Techniken im Zuge der weiteren Entwicklung verändern. Erwarten Sie also keine bloße Anleitung, Paketheader zu formatieren, HTML-Seiten zu layouten oder CGI-Skripts zu verfassen – das können Sie alles auch finden –, sondern lassen Sie sich auf eine Erkundungsreise in die Welt ein, die Internet und WWW erst möglich gemacht haben.

Durch eine klare Strukturierung in die drei Teile „Kommunikation und ihre Medien", „Basics der Internet-Technologie" und „Web-Technologien", durch ein kommentiertes Inhaltsverzeichnis und diverse Anhänge sowie durch eine mehrdimensionale Gliederung des Materials – allgemeinverständliche Beschreibungen werden durch zahlreiche ins technische Detail gehende Exkurse ergänzt –, soll dem geneigten Leser der Zugang zur Fülle des behandelten Stoffes soweit als möglich erleichtert und eine interessen- und themenbezogenen Auswahl unterstützt werden.

Trotz des großen Umfangs dieses Buches sind wir uns bewußt, daß eine Reihe von weiteren Themen hätten aufgenommen werden können. Wenn Sie also enttäuscht sein sollten, ein Stichwort nicht oder für ihren Geschmack nicht ausreichend genug besprochen zu finden, dann können Sie sich nur damit trösten, daß es bei dem rasanten Entwicklungstempo von Internet und WWW in Zukunft überhaupt nicht mehr möglich sein wird, von der zugrundeliegenden Netzwerktechnik bis hin zur Web-Programmierung, wie hier geschehen, alles in einem Buch detailliert dargestellt zu finden.

In jedem Fall sind wir dankbar für Ihre Hinweise und Kritik. Das gilt insbesondere für die Kritik und die Anregungen unserer (offline) Studenten in Trier und Jena und unserer (online) Studenten beim Teleteaching über das Internet, ohne die das Buch so nicht entstanden wäre. Dem Springer-Verlag in Person von Herrn Engesser und Frau Glaunsinger sei für das Vertrauen in das Gelingen dieses Buchprojekts und die dabei an den Tag gelegte große Geduld gedankt. Bei Ivana und Anja bedanken wir uns schließlich für die Toleranz und den Langmut, mit der sie uns auch während zahlloser Wochenenden und der Ferien in Ruhe haben arbeiten lassen.

Wir verbleiben mit dem Wunsch, daß Sie als interessierter Laie sich durch die Lektüre unseres Buch anstecken lassen von der Faszination der hinter Internet und WWW stehenden technischen Komponenten und informatorischen Konzepte, Sie als fleißiger und Anstrengungen nicht scheuender Student ein brauchbares und umfassendes Lehrbuch vorfinden, und Sie als gestandener Profi ein zuverlässiges Nachschlagewerk an die Hand bekommen, mit dem Sie Ihre Spezialgebiete leicht und sicher in den Kontext des riesigen Gesamtkomplexes Internet und WWW einordnen können.

Trier und Jena, im Juni 2003 *Christoph Meinel*
Harald Sack

Übersicht

1 All about 1

Dieses Kapitel bietet dem Leser einen ersten umfassenden Überblick über das WWW (World Wide Web, auch kurz Web genannt). Es beschreibt die Komponenten des WWW und die ihm zugrunde liegenden Basistechnologien, gibt geschichtliche Hintergrundinformationen und skizziert, welche Mechanismen und Institutionen den reibungslosen Betrieb dieses weltweit wichtigsten und populärsten Internet-Dienstes garantieren.

Teil I. Die Kommunikation und ihre Medien

2 Kommunikationsmedien im Wandel – von der Höhlenmalerei zum WWW 55

Die Fähigkeit zur Kommunikation und das Know How, Kommunikationsinhalte dauerhaft festzuhalten, zählen zu den wichtigsten Kulturtechniken der Menschheit. Dieses Kapitel lädt den Leser ein zu einer kurzen Reise durch die geschichtliche Entwicklung der Kommunikationsmedien: Angefangen von der Entwicklung der Schrift, über die Anfänge der Telekommunikation und ihre explosionsartige Verbreitung bis hin zum Internet-Chat werden die wichtigsten Etappen auf dem Weg zum WWW skizziert.

3 WWW – das universelle Kommunikationsmedium 91

Dank der neuen Informations- und Kommunikationstechniken (IKT) und des WWW wachsen die klassischen Medien immer mehr zusammen: Sprachkommunikation, Datenübertragung und Fernsehen, das WWW bietet ein integratives Kommunikationsmedium für ein multimediales Medienumfeld, für das der Computer, genauer der Browser, eine einheitliche, für alle Belange gleichermaßen geeignete Schnittstelle bietet. Natürlich müssen die unterschiedlichen Medien für eine Computer-Darstellung aufbereitet, kodiert und gegebenenfalls komprimiert werden. Dieses Kapitel gibt einen Einblick in die verschiedenen Ideen und Techniken zur Informationskodierung und behandelt die wichtigsten Text-, Audio-, Bild- und Video-Datenformate des WWW.

Teil II. Basics der Internet-Technologie

4 Wie sich Rechner unterhalten – Grundkonzepte der Rechnervernetzung 193

Dieses Kapitel gibt dem Leser Einblick in die Arbeitsweise von Computernetzwerken und das Zusammenwirken ihrer vielfältigen Komponenten und Mechanismen, die das Internet überhaupt erst möglich machen. Im Detail wird der Schichtenaufbau des Internets (das sogenannte TCP/IP-Schichtenmodell) vorgestellt, mit dem der Gesamtkomplex der Internet-Netzwerkkommunikation mit seinen zahlreichen ineinandergreifenden Mechanismen (sogenannte Protokolle) hierarchisch aufgebaut verstanden werden kann. Dazu werden wichtige Funktionsprinzipien, wie das Prinzip der Paketvermittlung oder die Wirkungsweise fehlererkennender und fehlerkorrigierender Techniken hier besprochen, die eine sichere und effiziente Datenübermittlung im Internet gewährleisten.

VIII   Übersicht

5   Datentransfer ins Nachbarbüro – LAN-Technologien 259

   Lokale Netze – sogenannte LANs (Local Area Networks) – verbinden Rechner in räumlich enger Nachbarschaft. Ausgehend von Punkt-zu-Punkt-Verbindungen zwischen zwei benachbarten Einzelrechnern bis hin zu Campusnetzen, über die hunderte oder sogar tausende von Rechnern über ein gemeinsames Übertragungsmedium miteinander kommunizieren – wird dem Leser ein umfassender Einblick in Basiskomponenten, Protokollmechanismen und Funktionsprinzipien der aktuellen LAN-Technologien gegeben. Anhand ausgewählter Technologiebeispiele werden die vorgestellten unterschiedlichen LAN-Konzepte vertieft.

6   Datentransfer ans andere Ende der Welt –
    WAN-Technologien 383

   Jenseits der engen räumlichen Grenzen eines LANs bieten WANs (Wide Area Network) die Möglichkeit, auch sehr weite Entfernungen zwischen einzelnen Rechnern und Rechnernetzen zu überbrücken, wozu spezielle Übertragungsmedien und Schaltelemente notwendig sind. Um sich über ein WAN mit dem Internet zu verbinden, gibt es eine Vielzahl von Zugangsmöglichkeiten. In diesem Kapitel werden die wichtigsten Konzepte und Techniken für den Aufbau und Betrieb solcher WANs vorgestellt. Schwerpunktmäßig wird auf Adressierung und Routing eingegangen. Anhand unterschiedlicher Technologiebeispiele wird ein tieferer Einblick in die Funktionsweise von WANs gegeben.

7   Wie das Internet funktioniert – Internetworking 475

   Das Internet Protokoll, genauer die Internet-Protokollfamilie TCP/IP der Version 4, IPv4, stellt auch heute noch das Kernstück der Internet-Technologie dar. Wider erwarten, und obwohl es kaum mit dem unvorhersehbaren, gigantischen Wachstum des Internets Schritt halten kann – seit geraumer Zeit steht mit IPv6 schon ein leistungsfähigerer Nachfolger in den Startlöchern –, erweist sich TCP/IP als überaus robust und praxistauglich. Dieses Kapitel erläutert die Protokollfunktionen der Internet- und Transportschicht des TCP/IP-Schichtenmodells und stellt die beiden Protokolle IP und TCP ausführlich vor.

8   Wozu das Internet alles gut ist –
    Dienste und Anwendungen im Internet 573

   Dienste und Anwendungen im Internet basieren in aller Regel auf einem Client/Server-Modell, so auch die in diesem Kapitel vorgestellten Applikationen auf der Anwendungsschicht des TCP/IP-Schichtenmodells. Namens- und Verzeichnisdienste, Email, Dateitransfer, Netzwerkmanagement und multimediale Echtzeit-Kommunikation stehen dabei im Vordergrund und werden in diesem Kapitel am Beispiel besonders populärer Vertreter beschrieben.

9   Unter vier Augen – Sicherheit im Internet 649

   Die Abwicklung von geschäftlicher und privater Kommunikation im Internet ist nur dann sinnvoll möglich, wenn ihre Vertraulichkeit, Unversehrtheit, Verfügbarkeit und Nachweisbarkeit garantiert ist. Alle dazu notwendigen Verfahren und Techniken werden unter dem Begriff der Netzwerk-Sicherheit bzw. Internet-Sicherheit zusammengefaßt. Dieses Kapitel geht der Frage nach, wie die verschiedenen Sicherheitsziele auf den unterschiedlichen Ebenen des TCP/IP-Schichtenmodells des Internet gewährleistet werden können.

Teil III.   Web-Technologien

10   Jedes Ding braucht einen Namen –
     URL: Universal Resource Identifier 721

   Hyperlinks sind Charakteristikum und Kernelement des WWWs. Sie verknüpfen weltweit die unterschiedlichsten Informationsressourcen miteinander und ermöglichen so eine Erschließung des gewaltigen Wissensraums des WWWs. Damit eine einzelne Informationseinheit auch tatsächlich im WWW gefunden und referenziert werden kann, benötigt sie einen eindeutigen und dauerhaften Namen, den Universal Ressource Identifier.

Übersicht IX

11 Zustelldienst im Web –
HTTP: Hypertext Transfer Protocol 735
Wenn sich WWW-Browser und WWW-Server unterhalten, folgen sie einem gemeinsamen Kommunikationsprotokoll, dem HTTP (Hypertext Transfer Protocol). Als sehr einfaches und vor allen Dingen schnelles Protokoll wurde es seit seiner Einführung beständig erweitert und bietet heute ergänzt um Komponenten wie SSL (Secure Socket Layer), TLS (Transport Layer Security) oder auch PEP (Protocol Extension Protocol) eine flexible und sichere Infrastruktur für den effizienten Datentransfer im WWW. Proxy-Server, Caches und Gateways steigern dabei maßgeblich die Effizienz. Dieses Kapitel stellt die Basisbestandteile, die Funktionsweise, den Befehlssatz und zugehörige Erweiterungen des HTTP-Protokolls vor und bietet dem Leser so einen umfassenden Einblick in die Mechanismen der Kommunikation im WWW.

12 Die erste Sprache des Web –
HTML: Hypertext Markup Language 805
Seit der Erfindung des Buchdrucks versehen Autoren ihre Manuskripte mit Anweisungen für den Setzer, die die anschließende Formatierung des Dokuments festlegen. Diese Markierungen oder Auszeichnungen (im Englischen Markup genannt) bilden die Grundlage vieler Dokumenten-Beschreibungssprachen wie SGML oder auch LaTeX. Dieses Kapitel ist der Markup-Sprache HTML (Hypertext Markup Language) gewidmet, der ersten Dokumenten-Beschreibungssprache des WWWs, und gibt einen Einblick in deren Syntax und Anwendung.

13 Für jeden Zweck das passende Design –
CSS: Cascading Stylesheets 885
Die Trennung von Struktur und Darstellung ist eine der Grundideen der Markup-Sprachen. Beschreibt HTML die Dokumentenstruktur, so ist für die layoutmäßige Umsetzung und Darstellung dieser Struktur auf einem spezifischen Ausgabemedium ein sogenanntes Stylesheet zuständig, das die entsprechende Formatierung des Dokuments übernimmt. Dieses Kapitel beschreibt die Grundfunktionalität der Cascading Stylesheets (CSS) und gibt einen Einblick in deren Syntax und Anwendung.

14 Alles ist möglich –
XML: Extensible Markup Language 943
Der Wunsch nach größerer Flexibilität und zur Festlegung eigener Auszeichnungselemente und Markup-Sprachen führte zur Entwicklung von XML (Extensible Markup Language). Mit dieser Fähigkeit, neue Auszeichnungselemente festlegen zu können, wurde XML schnell zur Ausgangsbasis einer ganzen Reihe von anwendungsspezifischen Markup-Sprachen, die auf die Bedürfnisse ganz spezieller Ausgabegeräte, wie z.B. mobile Endgeräte (WML), oder auf ganz spezifische Anwendungsbereiche (MathML, CML, SVG, SMIL, u.a.) zugeschnitten sind. XPath und XLink ermöglichen die Navigation im XML-Dokumentenraum und XSLT bietet Möglichkeiten zur Formatierung und Transformation von XML-Dokumenten. All das eröffnet dem Web bisher ungeahnte Möglichkeiten und bietet Raum für vollkommen neue Anwendungen.

15 Das Web wird lebendig –
Skriptsprachen und CGI-Programmierung 1021
Das WWW stellt nicht nur statisch erzeugte Informationsressourcen zur Verfügung, sondern gestattet dem Nutzer auch interaktiven Zugriff auf und Manipulationsmöglichkeiten für dynamisch erzeugte Informationsressourcen. Java und JavaScript ermöglichen die Einbindung interaktiver Funktionselemente und Applikationen. CGI (Common Gateway Interface) und DOM (Domain Object Model) stellen dem WWW-Autor und -Programmierer dazu einheitliche Schnittstellen zur Verfügung, die Anwendungen aus unterschiedlichsten Programmier- und Skriptsprachen, wie z.B. C, Perl oder PHP, mit dem WWW verknüpfen und so das WWW mit Leben erfüllen.

Anhänge

A   Personenregister 1111
B   Wichtige RFCs 1125
C   Wichtige Internetadressen 1131
D   Abkürzungen und Akronyme 1135
      Literaturverzeichnis 1147
      Sachverzeichnis 1157

Inhaltsverzeichnis

1. **All about** 1
   1.1 Das Internet – Basistechnologie des WWW 1
       1.1.1 Das Netz der Netze 1
       1.1.2 Basiswissen Netzwerktechnik 2
       1.1.3 Internet-Kommunikationsprotokolle 4
       1.1.4 Internet-Dienste und -Anwendungen 9
   1.2 Das World Wide Web – eine erste Annäherung 12
       1.2.1 Browser 13
       1.2.2 Hypertext und Hypermedia 14
       1.2.3 HTML und Dokumentendarstellung 19
       1.2.4 Identifikation von Dokumenten 21
       1.2.5 Dokumententransport 22
       1.2.6 Browserarchitektur 22
   1.3 Die untrennbare Geschichte von Internet und WWW 25
       1.3.1 Das ARPANET – wie alles begann... 25
       1.3.2 The Internet goes public 29
       1.3.3 Das WWW revolutioniert das Internet 33
   1.4 Das Who-is-Who in Internet und WWW 37
       1.4.1 Internet Architecture Board – IAB 38
       1.4.2 Internet Society – ISOC 40
   1.5 Offene Standards im Internet und WWW – geregelte Anarchie 41
       1.5.1 Wie entsteht ein Standard? 41
       1.5.2 Deutsche Akteure und Provider 48
   1.6 Glossar 49

Teil I. *Die Kommunikation und ihre Medien*

2. **Kommunikationsmedien im Wandel – von der Höhlenmalerei zum WWW** 55
   2.1 Entwicklung der Schrift 55
   2.2 Buchdruck und erste Kommunikationsnetze 58
   2.3 Entstehung des Zeitungswesen 64
   2.4 Telekommunikationssysteme und Elektrizität 66

XII Inhaltsverzeichnis

	2.4.1	Optische Telegrafie	66
	2.4.2	Elektrische Telegrafie	67
2.5	Der Vormarsch der Individual-Telekommunikation		69
	2.5.1	Telefon	69
	2.5.2	Vom Phonograph zum Grammophon	71
	2.5.3	Fotografie	72
2.6	Drahtlose Telekommunikation - Rundfunk und Fernsehen		74
	2.6.1	Funktelegrafie	74
	2.6.2	Rundfunk	76
	2.6.3	Film und Kino	77
	2.6.4	Fernsehen	78
	2.6.5	Der Computer als universeller persönlicher Kommunikationsmanager	82

3. WWW – das universelle Kommunikationsmedium 91

3.1	Medienvielfalt und Multimedia - eine Formatfrage	91
3.2	Text - Datenformate und Komprimierung	94
	Exkurs 1: Einfache Verfahren der Datenkomprimierung	100
3.3	Grafik - Datenformate und Komprimierung	102
	3.3.1 Varianten der Lauflängenkodierung für Grafikdaten	106
	3.3.2 LZW-Verfahren	106
	3.3.3 GIF-Format	111
	Exkurs 2: GIF – Dateiaufbau	113
	3.3.4 JPEG-Format	115
	Exkurs 3: JPEG – Komprimierungsprozeß	118
	Exkurs 4: JPEG – Dateiaufbau	120
3.4	Audio – Datenformate und Komprimierung	122
	3.4.1 Analog-Digital-Umwandlung	124
	3.4.2 Unkomprimierte Audio-Datenformate	128
	3.4.3 Audiokomprimierung	132
	3.4.4 MPEG Audiokodierung	137
	Exkurs 5: MPEG-1 Audiokodierung	139
	Exkurs 6: MP3 – Dateiaufbau	142
	3.4.5 Weitere Audio-Komprimierungsverfahren	147
	3.4.6 Streamingtechniken	150
3.5	Video und Animation - Datenformate und Komprimierung	152
	3.5.1 Digitale Videokodierung	153
	3.5.2 Komprimierung von Videosignalen	156
	3.5.3 Bewegungskompensation und Bewegungsvorhersage	158
	3.5.4 MPEG Komprimierung: Schüsselprobleme	160
	3.5.5 MPEG Komprimierung: Prinzipielles Vorgehen	161
	3.5.6 MPEG-2 Standard	166
	Exkurs 7: MPEG – Datenformat	168
	3.5.7 MPEG-4 Standard	173
	3.5.8 MPEG-7 Standard	176

3.5.9 MPEG-21 Standard 179
Exkurs 8: Andere Videodatenformate und -komprimierungs-
verfahren 180
3.6 Glossar 183

Teil II. Basics der Internet-Technologie

**4. Wie sich Rechner unterhalten –
Grundkonzepte der Rechnervernetzung** 193
4.1 Grundlagen und Konzepte 193
    4.1.1 Kommunikation und Datenübertragung 193
    4.1.2 Klassifikationen von Kommunikationssystemen 196
4.2 Rechnernetze und Paketvermittlung 200
    4.2.1 Klassische Punkt-zu-Punkt Verbindung 201
    4.2.2 Leitungsvermittelte Netzwerke 202
    4.2.3 Von der Leitungsvermittlung zur Paketvermittlung .. 203
    4.2.4 Das Prinzip der Paketvermittlung 205
    4.2.5 Vorteile der Paketvermittlung 206
    4.2.6 Paketheader 208
    4.2.7 Nachteile der Paketvermittlung 209
    4.2.8 Verbindungslose und verbindungsorientierte Netzwerk-
dienste 210
    4.2.9 Dienstparadigmen von Rechnernetzen 212
    4.2.10 Fehlererkennung 214
    Exkurs 9: Fehlererkennende und fehlerkorrigierende Codes . 215
4.3 Leistungskennziffern von Rechnernetzen 222
    4.3.1 Benutzerbezogene Kenngrößen 223
    4.3.2 Quality of Service 223
    Exkurs 10: Verzögerung in paketvermittelten Netzwerken .. 227
    4.3.3 Qualitative Leistungskriterien 230
4.4 Grundlagen der Sicherheit in Rechnernetzen 232
    4.4.1 Bedrohungen und Sicherheitsziele 233
    4.4.2 Kryptografische Grundbegriffe 235
4.5 Kommunikationsprotokolle 236
    4.5.1 Protokollfamilien 237
    4.5.2 Schichtenmodell 239
    Exkurs 11: Das ISO/OSI-Schichtenmodell 241
    4.5.3 Protokollfunktionen 244
4.6 Das TCP/IP-Schichtenmodell 247
    4.6.1 Bitübertragungsschicht 248
    4.6.2 Internetschicht 249
    4.6.3 Transportschicht 250
    4.6.4 Anwendungsschicht 252
4.7 Glossar 252

5. Datentransfer ins Nachbarbüro – LAN-Technologien 259
- 5.1 Local Area Networks - LANs 259
  - 5.1.1 Nutzung gemeinsamer Kommunikationskanäle 259
  - 5.1.2 Bedeutung von LANs 260
- 5.2 Grundlagen der Datenverwaltung im LAN 261
  - 5.2.1 Lokale Adreßverwaltung 261
  - 5.2.2 Lokale Datenverwaltung 264
- 5.3 Spezielle LAN Hardware 266
  - 5.3.1 LAN-Schnittstellenkarte 266
  - 5.3.2 Netz-Analyzer 267
- 5.4 LAN-Topologien 267
  - 5.4.1 Ethernet 272
  - **Exkurs 12**: Ethernet – Timing und Kollisionsbehandlung .. 280
  - **Exkurs 13**: Ethernet – Effizienz-Betrachtung 302
  - 5.4.2 Token Ring 304
  - **Exkurs 14**: Token Ring – Datenformat und Funktionen ... 310
  - **Exkurs 15**: Token Ring – Management 313
  - 5.4.3 Token Ring Netzaufbau 316
  - 5.4.4 FDDI 324
  - 5.4.5 ATM 340
  - **Exkurs 16**: ATM – Zellvermittlung (Switching) 356
  - 5.4.6 Wireless LAN (WLAN) 358
- 5.5 LAN-Erweiterung 369
  - 5.5.1 Grenzen der LAN-Technologie 369
  - 5.5.2 Optische Modems 370
  - 5.5.3 Repeater 371
  - 5.5.4 Bridges 372
  - 5.5.5 Switches 379
- 5.6 Glossar 380

6. Datentransfer bis ans andere Ende der Welt – WAN-Technologien 383
- 6.1 Einleitung 383
- 6.2 Paketvermittlung im WAN 385
  - 6.2.1 Grundprinzipien 385
  - 6.2.2 Aufbau eines WANs 386
  - 6.2.3 Speichervermittlung 387
  - 6.2.4 Adressierung im WAN 388
- 6.3 Routing 389
  - 6.3.1 Das Netzwerk als Graph 390
  - 6.3.2 Berechnung der Routingtabelle im WAN 391
  - 6.3.3 Isolierte Routing-Algorithmen 395
  - **Exkurs 17**: Dijkstra-Algorithmus 397
  - 6.3.4 Distanzvektor-Routing (RIP) 399
  - 6.3.5 Link-State-Routing (OSPF) 401

		Exkurs 18: Spezielle Routingverfahren	405
	6.4	Beispiele der WAN-Technologie	412
		6.4.1 ARPANET	413
		6.4.2 X.25	417
		6.4.3 ISDN	420
		Exkurs 19: ISDN – Datenformate	427
		6.4.4 Frame Relay	429
	6.5	Hochgeschwindigkeitsnetzwerke	437
		6.5.1 Asynchronous Transfer Mode – ATM	438
		6.5.2 Distributed Queue Dual Bus – DQDB	438
		6.5.3 Plesiochrone Digital Hierarchy – PDH	443
		6.5.4 Synchronous Digital Hierarchy – SDH, SONET	447
	6.6	Zugang zum WAN	450
		6.6.1 Schnittstellen für Datenendgeräte	451
		6.6.2 Zugang über das Telefonnetz - Modems	453
		6.6.3 Zugang über ISDN	458
		6.6.4 Alternative Zugangsverfahren	460
	6.7	Glossar	469
7.	**Wie das Internet funktioniert – Internetworking**		475
	7.1	Virtuelle Netze	476
		7.1.1 Zusammenschluß von WANs/LANs	477
		7.1.2 Internetworking	481
	7.2	TCP/IP en Detail	492
		7.2.1 IP-Adressierung	493
		7.2.2 Bindung von Protokolladressen	504
		7.2.3 IP-Datagramme	510
		Exkurs 20: IP-Kapselung und IP-Fragmentierung	515
		Exkurs 21: Das zukünftige IPv6	518
		7.2.4 ICMP-Protokoll	532
		Exkurs 22: Mobile IP	538
		7.2.5 TCP als zuverlässiger Transportdienst	544
		Exkurs 23: TCP – Verbindungsmanagement	555
		7.2.6 UDP-Protokoll	565
	7.3	Glossar	567
8.	**Wozu das Internet alles gut ist –**		
	Dienste und Anwendungen im Internet		573
	8.1	Grundbegriffe und Überblick	573
		8.1.1 Client-/Server-Interaktionsmodell	575
		8.1.2 Socket-Schnittstellen	577
	8.2	Namens- und Verzeichnisdienste	578
		8.2.1 Domain Name Service - DNS	578
		8.2.2 Verzeichnisdienste	585
	8.3	Elektronische Post - Email	588

		8.3.1	Email Nachrichtenformat	591
		8.3.2	MIME Standard	592
		8.3.3	SMTP	595
		8.3.4	IMAP und POP	598
		8.3.5	Pretty Good Privacy - PGP	600
		8.3.6	X.400-Message Handling System	601
	8.4	Dateitransfer		601
		8.4.1	File Transfer Protocol – FTP	601
		8.4.2	Trivial File Transfer Protocol – TFTP	605
		8.4.3	Network File System – NFS	606
		8.4.4	Remote Procedure Call – RPC	607
	8.5	Remote Login		609
		8.5.1	Telnet	610
		8.5.2	Remote Login – rlogin	614
		8.5.3	Secure Shell – SSH	616
	8.6	Netzwerkmanagement		616
		8.6.1	Simple Network Management Protocol – SNMP	618
		8.6.2	SNMPv3	624
	8.7	Audio- und Videokommunikation		626
		8.7.1	Multimedia Anwendungen im Internet	626
		8.7.2	Anforderungen und Realität	628
		8.7.3	Real-Time Transport Protocol – RTP	630
		8.7.4	Real-Time Transport Control Protocol - RTCP	632
		8.7.5	Real-Time Streaming Protocol – RTSP	633
		8.7.6	Ressourcenreservierung und Dienstqualität	636
	8.8	Weitere Dienste und Anwendungen im Internet		638
		8.8.1	Internet Relay Chat – IRC	639
		8.8.2	Usenet News	640
		8.8.3	Sonstige Dienstangebote über TCP/IP	642
	8.9	Glossar		644
9.	Unter vier Augen – Sicherheit im Internet			649
	9.1	Sicherheitsanforderungen		650
		9.1.1	Sicherheitsziele	650
	9.2	Sicherheitsmechanismen		653
		9.2.1	Vertraulichkeit und Verschlüsselung	653
		9.2.2	Authentifikation und Verschlüsselung	657
		9.2.3	Datenintegrität und Digitale Signaturen	663
		9.2.4	Schlüsselverteilung und Zertifizierung	666
	9.3	Absicherung der Protokolle		670
		9.3.1	Sicherheitsarchitekturen – Absicherung auf unterschiedlichen Ebenen	671
		9.3.2	PGP – Absicherung auf der Anwendungsschicht	673
		9.3.3	SSL/TLS – Absicherung auf der Transportschicht	677
		Exkurs 24: SSL Handshake-Verfahren		681

		9.3.4 IPsec – Absicherung auf der Netzwerkschicht	690
		Exkurs 25: IPsec – Schlüsselmanagement	697
	9.4	Paketfilter und Firewalls	704
		9.4.1 Paketfilter	706
		9.4.2 Gateways	708
		9.4.3 Firewalls – Topologie	708
	9.5	Glossar	712

Teil III. Web-Technologien

10. Jedes Ding braucht einen Namen - URL: Universal Resource Identifier 721
   10.1 Hyperlink und Identifikation 721
   10.2 Uniform Resource Identifier - URI 723
       10.2.1 Uniform Resource Locator - URL 726
       10.2.2 Uniform Resource Name - URN 731
   10.3 Glossar 732

11. Zustelldienst im Web – HTTP: Hypertext Transfer Protocol 735
   11.1 Einführung 735
       11.1.1 HTTP - Basisoperationen 736
       11.1.2 HTTP-Zwischensystem 736
   11.2 Historische Entwicklung 739
       11.2.1 HTTP/1.0 740
       11.2.2 Unzulänglichkeiten von HTTP/1.0 740
       11.2.3 HTTP/1.1 741
   11.3 HTTP en Detail 743
       11.3.1 HTTP-Nachrichtenformat 743
       11.3.2 Content Negotiation 754
       11.3.3 Authentifikation 757
       11.3.4 Sicherheit – SSL, TLS und S-HTTP 763
       11.3.5 Persistente Verbindungen 765
       11.3.6 Caching-Strategien 767
       Exkurs 26: HTTP Cache Kontrolle und Implementierung .. 775
       11.3.7 Cookies 779
       Exkurs 27: HTTP – Erweiterungen 782
   11.4 HTTP-Server-Konfiguration 785
       11.4.1 HTTP-Server Betrieb 785
       11.4.2 Virtuelle Hosts 787
       11.4.3 Origin Server 788
       11.4.4 Proxy-Server 793
       11.4.5 Logfile-Analyse 796
   11.5 Glossar 801

12. Die erste Sprache des Web – HTML: Hypertext Markup Language ... 805
12.1 Einführung ... 805
12.1.1 Grundbegriffe ... 805
Exkurs 28: SGML – Standard Generalized Markup Language ... 806
12.1.2 Grundstruktur eines HTML-Dokuments ... 821
12.1.3 Kurze Geschichte von HTML ... 823
12.2 HTML en Detail ... 826
12.2.1 HTML 4.0 – Document Type Definition ... 826
12.2.2 Dokumentenheader und Metatags ... 828
12.2.3 Dokumentenbody ... 831
12.2.4 Hyperlinks ... 844
12.2.5 Bilder und Image Maps ... 846
12.2.6 Frames ... 853
12.2.7 Formulare ... 859
12.2.8 Dynamisches HTML und Multimediaobjekte ... 870
Exkurs 29: Unterschiede zwischen HTML 4.0 und XHTML ... 877
12.3 Glossar ... 880

13. Für jeden Zweck das passende Design – CSS: Cascading Stylesheets ... 885
13.1 Einführung ... 885
13.1.1 Prinzipien der Cascading Style Sheets ... 886
13.1.2 Einbinden von Stylesheets in HTML ... 888
13.2 CSS en Detail ... 891
13.2.1 CSS Syntax ... 892
Exkurs 30: CSS – Maßeinheiten, Längenangaben und Konstanten ... 898
Exkurs 31: CSS für spezielle Ausgabemedien ... 921
13.2.2 Exaktes Positionieren – CSS-P und CSS 2 ... 929
13.2.3 Mehrere Stylesheets ... 934
13.3 Glossar ... 939

14. Alles ist möglich – XML: Extensible Markup Language ... 943
14.1 Warum XML? ... 943
14.2 XML – Grundlagen ... 945
14.2.1 Wohlgeformtes XML ... 946
14.2.2 Document Type Definition ... 947
14.2.3 Document Object Model – DOM ... 947
14.2.4 Namensräume und Schemata ... 951
14.2.5 Dokumentverknüpfungen ... 954
14.2.6 Transformation von XML-Dokumenten ... 954
14.3 XML en Detail ... 955
14.3.1 XML 1.0 Syntax ... 955

Exkurs 32: XML Document Type Definition – DTD 960
14.3.2 XML-Schemata 967
14.3.3 XML Information Set 973
Exkurs 33: XML Hyperlinks – XLink, XPointer und XPath 977
14.3.4 Transformationen von XML-Dokumenten 989
Exkurs 34: Extensible Style Language – XSL und XSLT .. 990
14.4 Spezielle XML-Entwicklungen 1004
14.4.1 XML-Abfragesprachen 1004
14.4.2 XML basierte Markup-Sprachen für spezielle Anwendungen 1007
14.5 Glossar 1015

**15. Das Web wird lebendig –
Skriptsprachen und CGI-Programmierung** 1021
15.1 Document Object Model – DOM 1022
15.1.1 DOM – Grundbegriffe 1022
15.1.2 DOM – Objektmodell 1024
15.1.3 DOM – Referenz 1027
15.2 Programmierung von WWW-Applikationen 1030
15.2.1 Clientseitige WWW-Programmierung 1032
Exkurs 35: JavaScript und andere Skriptsprachen 1035
Exkurs 36: Java und Java-Applets 1050
15.2.2 Serverseitige WWW-Programmierung 1072
15.3 Common Gateway Interface - CGI 1076
Exkurs 37: CGI-Programmierung mit Perl 1085
Exkurs 38: CGI-Programmierung mit PHP 1097
15.4 Glossar 1106

A. Personenregister 1111

B. Wichtige RFCs 1125
B.1 Internet Namens- und Adreß-Konventionen 1125
B.2 Internet Standardisierungsprozeß 1125
B.3 Network Layer Protokolle 1126
B.4 Internet Layer Protokolle 1126
B.5 Internet Transport Layer Protokolle 1127
B.6 Internet Application Layer Protokolle 1128
B.7 Email, Kodierung und Darstellung 1128
B.8 World Wide Web 1128
B.9 FYE – For Your Enjoyment 1129
B.10 FYI – For Your Information 1129

C. Wichtige Internetadressen 1131
    C.1 Institutionen und Organisationen 1131
    C.2 Internet - Geschichte und Wachstum 1132
    C.3 Internet - Protokolle und Standards 1132
    C.4 Informationen rund um das Internet 1133
    C.5 Archive und Bibliotheken 1133
    C.6 Ausgewählte Internet-Anwendungen und Dienste 1133

D. Abkürzungen und Akronyme 1135

Literaturverzeichnis 1147

Sachverzeichnis 1157

Exkurse

Exkurs 1	Einfache Verfahren der Datenkomprimierung	100
Exkurs 2	GIF – Dateiaufbau	113
Exkurs 3	JPEG – Komprimierungsprozeß	118
Exkurs 4	JPEG – Dateiaufbau	120
Exkurs 5	MPEG-1 Audiokodierung	139
Exkurs 6	MP3 – Dateiaufbau	142
Exkurs 7	MPEG – Datenformat	168
Exkurs 8	Andere Videoformate und -komprimierungsverfahren .	180
Exkurs 9	Fehlererkennende und fehlerkorrigierende Codes	215
Exkurs 10	Verzögerung in paketvermittelten Netzwerken	227
Exkurs 11	Das ISO/OSI-Schichtenmodell	241
Exkurs 12	Ethernet – Timing und Kollisionsbehandlung	280
Exkurs 13	Ethernet – Effizienz-Betrachtung	302
Exkurs 14	Token Ring – Datenformat und Funktionen	310
Exkurs 15	Token Ring – Management	313
Exkurs 16	ATM – Zellvermittlung (Switching)	356
Exkurs 17	Dijkstra-Algorithmus	397
Exkurs 18	Spezielle Routingverfahren	405
Exkurs 19	ISDN – Datenformate	427
Exkurs 20	IP-Kapselung und IP-Fragmentierung	515
Exkurs 21	Das zukünftige IPv6	518
Exkurs 22	Mobile IP	538
Exkurs 23	TCP – Verbindungsmannagement	555
Exkurs 24	SSL Handshake-Verfahren	681
Exkurs 25	IPsec – Schlüsselmanagement	697
Exkurs 26	HTTP Cache Kontrolle und Implementierung	775
Exkurs 27	HTTP – Erweiterungen	782
Exkurs 28	SGML – Standard Generalized Markup Language	806
Exkurs 29	Unterschiede zwischen HTML 4.0 und XHTML	877
Exkurs 30	CSS – Maßeinheiten, Längenangaben und Konstanten	898
Exkurs 31	CSS für spezielle Ausgabemedien	921
Exkurs 32	XML Document Type Definition – DTD	960
Exkurs 33	XML Hyperlinks – XLink, XPointer und XPath	977
Exkurs 34	Extensible Style Language – XSL und XSLT	990
Exkurs 35	JavaScript und andere Skriptsprachen	1035
Exkurs 36	Java und Java-Applets	1050
Exkurs 37	CGI-Programmierung mit Perl	1085
Exkurs 38	CGI-Programmierung mit PHP	1097

1. All about

> „Der Anfang ist der wichtigste Teil der Arbeit."
> – Platon, (427–348 v. Chr.)

Das dritte Jahrtausend ist angebrochen und das Internet ist mittlerweile zu einem festen Bestandteil des täglichen Lebens geworden. Das World Wide Web, im Alltag heute oft fälschlicherweise mit dem Internet selbst identifiziert, versorgt uns mit Informationen aller Art. Die neusten Nachrichten, der aktuellste Börsenbericht, wichtige Reiseinformationen, Wissen aus allen nur denkbaren Bereichen, angefangen von aktuellen Forschungsresultaten bis hin zur Bekanntmachung der Veranstaltung eines Kleintierzüchtervereins aus der Nachbarschaft. Interessengruppen schließen sich zu Mailing-Listen und Usenet-Gruppen zusammen, um Informationen über ihre gemeinsamen Themen auszutauschen, Wissenschaftler aller Fachgebiete treiben die Forschung mit Hilfe der elektronischen Kommunikation voran, und wir versenden Geburtstagsglückwünsche an unsere Liebsten.

Dieses Kapitel führt den Leser ein in die die Basistechnologien des WWW, bietet geschichtliche Hintergrundinformation und beschreibt im Überblick, welche Mechanismen und Institutionen den reibungslosen Betrieb des offenen Kommunikationssystems Internet garantieren.

1.1 Das Internet – Basistechnologie des WWW

1.1.1 Das Netz der Netze

Das Internet, das ist ein ungeheurer Zusammenschluß der verschiedenartigsten Computer-Netzwerke, die die ganze Welt umspannen. Firmennetze, Wissenschaftsnetze, militärische Netze, Netze kommunaler oder überregionaler Betreiber, basierend auf den unterschiedlichsten Trägermedien, wie Kupferkabel, Glasfasern oder Funkwellen: sie alle zusammen sind Bestandteil dessen, was wir heute als „das Internet", die virtuelle neue Welt bezeichnen. Drei Jahrzehnte mußten vergehen, bis aus einem gerade einmal vier Rechner umfassenden Versuchsnetz im Jahre der Mondlandung 1969 ein über 150 Millionen Rechner starkes Geflecht aus Netzwerken entstehen konnte, das uns Dank der dahinter verborgenen Technologien wie ein einziges, einheitliches Ganzes erscheint. Diese als **Internetworking** bezeichnete Technologie ist in der Lage, eine Vielzahl unterschiedlicher Hardware-Technologien über ein festes Regelwerk von **Kommunikationsprotokollen**, den Konventionen über das „How-To" jeglicher Kommunikation in Datennetzen, zusammenzuschließen. Internet-Technologie ist in der Lage, Details der verwendeten Netz-Hardware vollständig zu verbergen, so daß die angeschlossenen Rechner unabhängig von ihrer physikalischen Verbindung zum Internet miteinander kommunizieren können.

Einer der Gründe, die zu dieser immensen Verbreitung des Internets führen konnten, liegt in dessen **offener Systemarchitektur**. Offen, da alle notwendigen Spezifikationen der Netze im Gegensatz zu proprietären Netzen bestimmter Anbieter öffentlich verfügbar, also für jeden zugänglich sind. Das gesamte Design der Internet-Kommunikationsprotokolle ist daraufhin ausgelegt, die unterschiedlichsten Computer miteinander zu vernetzen, unabhängig von den darauf laufenden Anwendungen und den unterschiedlichen Betriebssystemen.

Den meisten Benutzern des Internet ist überhaupt nicht klar, welche technologische Herausforderung z.B. hinter einer simplen Email steht, die sie per Mausklick ans andere Ende der Welt befördern, und welche Anwendungsprogramme dazu nötig sind – hier der sogenannte Email-Client, der dem Benutzer als „das Email-Programm" auf seinem eigenen Rechner erscheint, und der Email-Server, der durchaus bereits auf einem entfernten Rechner installiert sein kann und der verantwortlich ist für die korrekte Zustellung und Verteilung der ein- und ausgehenden Email-Nachrichten. Damit sich die verschiedenen Email-Server verstehen, benutzen sie ein ihnen gemeinsames **Kommunikationsprotokoll**, also einen Standard für syntaktische und semantische Regeln der wechselseitigen Kommunikation, nach dem sich beide zu richten haben. Protokolle beschreiben detailliert Nachrichtenformate und definieren, wie sich ein Rechner bei Eingang einer Nachricht oder im Falle eines aufgetretenen Fehlers zu verhalten hat.

1.1.2 Basiswissen Netzwerktechnik

Grundsätzlich basiert eine Netzwerkstruktur auf drei unterschiedlichen Komponenten:

- die eigentlichen **Rechner** als Basiskomponente, die miteinander vernetzt werden sollen,
- sämtliche **Infrastrukturkomponenten**, die notwendig sind, um den Anschluß und die Kopplung der Rechner zu leisten und
- die **Verkabelung**, die die physische Verbindung der Einzelkomponenten sicherstellt.

Bei den Rechnern unterscheiden wir grundsätzlich zwischen sogenannten „Servern" und „Clients". **Server** sind dabei gewöhnliche Rechner, die allerdings ihre Ressourcen auch für andere Rechner bereitstellen, während als **Clients** diejenigen Rechner bezeichnet werden, die nur als Leistungsnehmer im Netzwerk auftreten. Diese Polarisierung bildet das heute vorherrschende

Verarbeitungsprinzip und wird auch als **Client/Server-Paradigma** oder Client/Server-Architektur bezeichnet. Die Kooperation zwischen den miteinander vernetzten Rechnern folgt dabei immer einem bestimmten Grundschema: Der Client übernimmt stets die Initiative und fordert vom Server, der entsprechende Ressourcen zur Verfügung stellt, bestimmte Dienstleistungen an. Ein Client kann dabei im Laufe der Verarbeitung auf verschiedene Server zugreifen und ist nicht immer nur an einen bestimmten gebunden, wobei auch ein Server von vielen verschiedenen Clients kontaktiert werden kann. Diese Art der wechselseitigen Beziehung wird auch als „n:m-Beziehung" bezeichnet. Da der Server nur eine begrenzte Zahl von Diensten zur Verfügung stellt, kann er auch nur jeweils bestimmte Anfragen des Clients bedienen. Er nimmt eine Anforderung auch nur dann entgegen, wenn er gerade nicht durch eine andere belegt ist. Ist der Server gerade belegt, muß der Client die geforderte Dienstleistung erneut anfragen.

Bevor eine Anforderung vom Server erfüllt wird, muß er zwei Fragen klären:

- Ist der Client tatsächlich derjenige, der er behauptet zu sein (Authentifikation)?
- Wurde die Authentizität des Clients erfolgreich geklärt, dann stellt sich die Frage: Ist der Client überhaupt berechtigt, die gewünschte Anforderung zu stellen?

Beide Fragen müssen positiv beantwortet werden, bevor eine Verarbeitung auf dem Server starten kann. Da Client und Server für gewöhnlich räumlich voneinander getrennt sind, müssen entsprechende Sicherheitsmechanismen vorgesehen werden, die eine zufriedenstellende Aufklärung dieser Fragen erlauben.

Um an einem Netzwerkverbund teilnehmen zu können, müssen die angeschlossenen Rechner über spezielle Komponenten verfügen, die ihnen physikalisch die Möglichkeit verschaffen, Anschluß an das Netzwerk zu finden. Dazu zählen spezielle **Netzwerkadapter**, die der zentralen Recheneinheit des angeschlossenen Rechners anfallenden Verarbeitungsaufwand abnehmen und die zu übertragenden Nachrichten in ein netzwerk-konformes Format übersetzen. Darüber hinaus müssen die Daten auch physikalisch umgesetzt werden, um auf einem Leitungsmedium über eine längere Distanz übertragen werden zu können. Zusätzlich müssen in einem Netzwerk bestimmte **Zwischensysteme** vorhanden sein, die an Knotenstellen installiert sind und eine Relaisfunktion ausüben. Sie entscheiden, in welche Richtung ein Datenstrom gelenkt werden soll und übernehmen zusätzlich oft auch noch eine Verstärkerfunktion, um die physikalische Ausdehnung des Netzes zu vergrößern.

Der dritte wichtige Baustein des Netzwerks ist die zu Grunde liegende **Verkabelung**. Die angeschlossenen Rechner und Zwischensysteme müssen physikalisch über ein Trägermedium miteinander verbunden sein. Dies kann sowohl über ein physikalisch festes Medium wie Kupfer- oder Glasfaserkabel geschehen, als auch drahtlos über Funk oder Infrarot. Kein Übertragungsmedium ist gegenüber Übertragungsfehlern gefeit, so daß Mittel und Wege gefunden werden müssen, ein grundsätzlich als unsicher anzusehendes Netzwerk in die Lage zu versetzen, eine sichere und fehlerfreie Kommunikation durchzuführen.

1.1.3 Internet-Kommunikationsprotokolle

Nachdem nun die Basiskomponenten benannt worden sind, stellt sich die Frage, wie funktioniert eigentlich die Kommunikation in einem Datennetzwerk? Um diese Frage näher zu beleuchten, betrachten wir ein einfaches Szenario: Wir stellen uns vor, Anwenderin Alice möchte ihrem Freund Bob eine Nachricht via Email senden (siehe Abb. 1.1). Wie wird sichergestellt, daß diese Nachricht so schnell wie möglich, vollständig, fehlerfrei und dem richtigen Adressaten zugestellt wird?

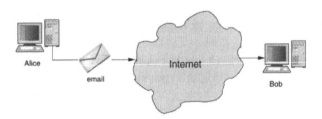

Abb. 1.1. Alice will Bob eine Email senden

Damit die Nachricht von Alice's Rechner zu Bob gelangen kann, sind die folgenden Fragen zu klären und Aufgaben zu erfüllen:

An wen soll die Nachricht gesendet werden? Es muß eindeutig festgelegt werden, wer der Adressat der Nachricht ist. Dazu werden im Internet sogenannte Adressen vergeben. Verschiedene Hierarchie-Ebenen verwenden unterschiedliche Arten der Adressierung. Es gibt ein weltweit eindeutiges Schema, damit auch wirklich Bob und nur Bob die Nachricht erhält.

Welchen Weg nimmt die Nachricht? Um an der Zieladresse anzukommen, muß die Nachricht im Netzwerk zwischen den einzelnen Relaisstellen weitergereicht werden, bis sie schließlich dem Adressaten zugestellt werden kann. Der genaue Weg aber wird nicht bereits in Alice Rechner vorherbestimmt, sondern die Zwischensysteme des Netzwerks entscheiden, welchen Weg die Nachricht nimmt.

Die Nachricht muß vollständig ankommen. Das Internet basiert auf einem paketvermittelnden Netzwerkdienst, d.h. die zu versendende Nachricht wird aus Effizienzgründen in kleine Datenpakete gleicher Größe zerlegt und die Pakete werden einzeln über das Netzwerk versendet. Daher muß sichergestellt werden, daß eine Nachricht beim Empfänger auch wieder vollständig und in der richtigen Reihenfolge zusammengesetzt werden kann.

Die Nachricht muß fehlerfrei ankommen. Bedingt durch Übertragungsfehler und Störungen kann es vorkommen, daß einzelne Datenpakete auf ihrem Weg durch das Netzwerk beschädigt werden oder sogar verloren gehen. Damit aber die Nachricht beim Empfänger wieder korrekt zusammengesetzt werden kann, muß ein Mechanismus bereitgestellt werden, aufgetretene Fehler zu erkennen und automatische zu korrigieren, bzw. als fehlerhaft erkannte Pakete erneut anzufordern.

Da das Internet keine homogene Struktur besitzt und verschiedenartige Netzwerkarchitekturen miteinander verschaltet werden können, muß das Datenpaket auf seinem Weg durch das Netzwerk an den Schnittstellen der einzelnen Netzwerkarchitekturen umgepackt und in seinem Format den jeweilig vorherrschenden Bedingungen und Technologien angepaßt werden. Es wäre jetzt natürlich viel zu aufwendig, müsste jede Anwendung auf Alice's Rechner sich selbst um all diese Aufgaben kümmern. Ein entsprechendes Netzwerkbetriebssystem nimmt der Anwendung, wie z.B. unserem Email-Programm, viele dieser Aufgaben ab.

Da diese Aufgaben hierarchisch aufgegliedert werden können, kann die Kommunikation der beiden Teilnehmer in **Schichten** (Layer), entsprechend ihrer jeweiligen Funktion unterteilt werden. Diese Unterteilung in ein sogenanntes **Schichtenmodell** bringt viele Vorteile mit sich. Jede Schicht für sich ist verantwortlich für die Lösung eines bestimmten Teilproblems im Rahmen des Nachrichtenaustauschs. Findet auf der untersten Ebene der Austausch von elektrischen Signalen statt, müssen diese in den darüberliegenden Schichten aus Binärdaten erst einmal erzeugt werden. Diese Binärdaten müssen mit entsprechenden Adressfeldern versehen und bzgl. ihrer Zusammengehörigkeit markiert werden. All diese Aufgaben werden von den einzelnen Schichten im Kommunikationsmodell erledigt (siehe Abb. 1.2).

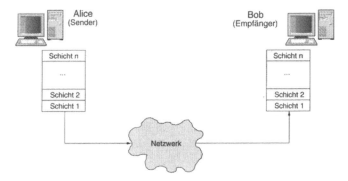

Abb. 1.2. Organisation der Kommunikationsprotokolle in einzelne Schichten

Nun liegt ein solches Kommunikationsschichtenmodell (Communication Stack) sowohl auf Sender- als auch auf Empfängerseite vor. Jede der einzelnen

Schichten kommuniziert quasi mit der entsprechenden Schicht auf der gegenüberliegenden Seite. Diese Kommunikation ist jedoch nur eine scheinbare. In der Realität kommuniziert jede Schicht immer nur direkt mit der im selben Stack unmittelbar darüber bzw. darunterliegenden Schicht. Von oben werden Instruktionen und Daten empfangen, nach unten werden Instruktionen und Daten weitergegeben. Während vertikal eine Schicht von der darunterliegenden Dienste anfordert und einer höhergelegenen Funktionen bereitstellt, erfolgt die horizontale Kommunikation korrespondierender Schichten über bestimmte Kommunikationsprotokolle. In der Softwareentwicklung eines Netzwerkbetriebssystems birgt dieser Aufbau den großen Vorteil, daß das Modell immer nur die Schnittstellen zwischen den einzelnen Schichten vorschreibt. Dadurch läßt sich die Implementation sehr modular gestalten, d.h. ändern sich durch Fortschreiten der technischen Entwicklung bestimmte Rahmenbedingungen, so muß in der Regel nicht die gesamte Kommunikationssoftware neu geschrieben werden, sondern es reicht aus, einzelne Module, die mit einer bestimmten Schicht im Modell korrespondieren, auszutauschen. Die einzelnen Schichten eines Kommunikationsschichtenmodells bauen jeweils aufeinander auf. Grundlage für das Design der jeweiligen Schicht sind allgemein gehaltene Vereinbarungen und Inhalte. Diese Spezifikationen enthalten in der Regel jedoch keinerlei Implementierungsvorgaben, so daß eine Umsetzung in kommerzielle Produkte nicht unmittelbar möglich ist. Dennoch schaffen derartige Modelle eine allgemein akzeptierte Vorstellung darüber, wie der Kommunikationsvorgang abzulaufen hat. Die Beschreibung der Funktionalität der einzelnen Schichten dient als Grundlage für eine exakte Spezifikation von Protokollen und schafft dadurch eine weitestgehend herstellerunabhängige Begriffswelt.

Schichten der gleichen Ebene bei Sender und Empfänger kommunizieren über **Kommunikationsprotokolle** (einfach oft auch Protokolle) miteinander. Ebenso, wie z.B. das ehemals fest vorgeschriebene Protokoll bei Hofe oder bei einem Staatsempfang bestimmte Ablaufregeln vorgibt, regeln die Protokollvorschriften den Kommunikationsverlauf im Netzwerk. Die unteren Schichten der Netzwerk-Kommunikationsprotokoll-Modelle präsentieren netzorientierte Funktionen, während die oberen Schichten eher als anwendungsbezogen eingestuft werden können (siehe Abb. 1.3).

Das heute allgemein akzeptierte Kommunikationschichtenmodell ist der sogenannte **TCP/IP-Protokoll-Stapel** (TCP/IP-Stack). Obwohl die Begriffe der TCP-Welt vor gut 10 Jahren nur einer Handvoll Spezialisten geläufig waren, besteht heute kein Zweifel mehr: TCP/IP regiert das Internet. Und gerade weil die Protokolle der TCP/IP-Familie die Grundlage der Architektur des Internet bilden, gelang es ihnen – anders als kommerziellen Produkten (z.B. DECnet) oder theoretisch begründeten Standardvorschriften (z.B. ISO/OSI-Protokoll-Stapel) – sich als defacto-Standard weltweit durchzusetzen.

Das zweite Kommunikationsschichtenmodell, das jedoch gegenüber dem etablierten TCP/IP-Protokoll-Stapel zunehmend an Bedeutung verliert, ist das von der ISO (International Standards Organisation) spezifizierte **ISO/OSI-Kommunikationsschichtenmodell** (auch als **ISO/OSI-Referenzmodell** bezeichnet). Die im Telekommunikationsbereich genutzte X.25-Protokollfamilie ist die bekannteste Implemenierung des sieben Protokollschichten umfassenden ISO/OSI-Referenzmodells. In Abb. 1.3 ist ein konzeptioneller Vergleich des TCP/IP-Stacks und des ISO/OSI-Referenzmodells dargestellt.

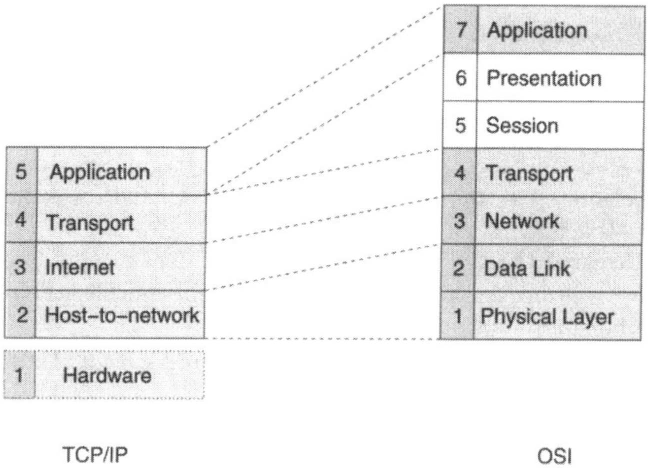

TCP/IP		OSI	
5	Application	7	Application
		6	Presentation
		5	Session
4	Transport	4	Transport
3	Internet	3	Network
2	Host-to-network	2	Data Link
		1	Physical Layer
1	Hardware		

Abb. 1.3. TCP/IP- und ISO/OSI-Referenzmodell im Vergleich

Bevor auf das TCP/IP-Kommunikationsmodell in Abschnitt 4.6 detailliert eingegangen wird, soll hier eine kurze Zusammenfassung der Aufgabenverteilung der einzelnen Protokollschichten angeführt werden. Zum weiterführenden Verständnis der nachfolgenden Kapitel und zur Einordnung der Einzelthemen in den Gesamtkomplex des Schichtenmodells der Kommunikation werden wir kurz die einzelnen Schichten in aufsteigender Reihe, startend mit der untersten Schicht, Revue passieren lassen.

- **Hardware-Layer**
  Als unterste Schicht des TCP/IP-Referenzmodells steht die Hardwareschicht, in der der eigentliche Datentransport über ein physikalisches Übertragungsmedium stattfindet. Doch bereits die Festlegung der zur Übertragung notwendigen elektrischen, mechanischen und funktionalen Parameter findet auf der nächsthöheren Ebene statt.

- **Host-to-Network-Layer**
  (Auch **Network Interface** oder **Physical Layer**) Grundsätzlich besteht hier die Forderung nach der Bereitstellung einer physikalischen Verbindung und deren kontinuierlicher Betriebsbereitschaft. Es sind also Fragen der Art zu klären, daß auf beiden Seiten, beim Sender als auch beim

Empfänger Übereinkunft darüber besteht, welcher elektrische Wert jetzt einer logischen Eins bzw. einer logischen Null entspricht, welcher Zeitdauer die Übertragung eines einzelnen Bits entspricht, bzw. wie eine Verbindung aufgebaut und wieder beendet wird. Diese Aufgaben entsprechen denen der Bitübertragungsschicht (Physical Layer) im ISO/OSI-Referenzmodell. Zusätzlich bewältigt diese Schicht im TCP/IP-Referenzmodell die Gruppierung des empfangenen Bitstroms in größere logische Einheiten (Datenpakete). Die übertragenen Datenpakete können Mechanismen zur Fehlererkennung bzw. Fehlerkorrektur enthalten und somit auf dieser Ebene einen gesicherten bzw. auch einen ungesicherten Dienst spezifizieren. Darüberhinaus findet eine funktionale Trennung in zwei Aufgabenbereiche statt:

– **Media Access Control (MAC)**:
Hier findet die Steuerung des Zugriffs auf das Übertragungsmedium statt. Zu den bekanntesten Implementationen dieser MAC-Protokolle zählen Ethernet, Token Ring oder FDDI.

– **Logical Link Control (LLC)**:
Hier findet die Verwaltung der logischen Verbindung einschließlich Fehleranalyse und Flußkontrolle statt.

Dieser Bereich entspricht in seinen Aufgaben der Sicherungsschicht (Data Link Layer) des ISO/OSI-Modells.

- **Internet-Layer**
Ausgehend von einer logischen Adressierung wird in dieser Schicht ein Weg durch das Netzwerk vom Quellrechner zum Zielrechner festgelegt. Unterschiedlichen Kriterien folgend, wie maximaler Durchsatz, geringe Kosten, gleichmäßige Lastenverteilung oder bestmögliche Sicherheit wählt dieser als **Routing** bezeichnete Prozeß einen möglichst günstigen Pfad durch das Netzwerk.

- **Transport-Layer**
In dieser Schicht wird ein universeller Transportservice bereitgestellt, d.h. eine explizit geschaltete Verbindung mit Auf- und Abbaumodalitäten, sowie gesicherten Qualitätskriterien. Dazu zählen Fehlerkorrekturmethoden oder die korrekte Anordnung der übertragenen Datenpakete. Datenflußkontrollalgorithmen sorgen für eine gleichmäßige Auslastung der Netzinfrastruktur. Bei Überlastung wird das Übertragungsvolumen entsprechend gedrosselt bzw. bei einem freien Medium wird dieses bis zur Grenze seiner Leistungskapazität ausgeschöpft. Das ISO/OSI-Referenzmodell enthält oberhalb dieser Schicht noch zwei zusätzliche Schichten mit den folgenden Aufgaben:

– **Session-Layer** (Sicherungsschicht):
Hier findet eine Regelung des Dialogablaufs einschließlich einer Synchronisation der Kommunikationsteilnehmer statt.

– **Presentation-Layer** (Darstellungsschicht):
Um Fehlinterpretationen der gesendeten Daten zu vermeiden, findet hier die Umsetzung auf ein einheitliches vordefiniertes Datenformat statt.

Dies ist notwendig, da die an der Kommunikation beteiligten Rechner oft Hardware-bedingt mit unterschiedlichen Datendarstellungsformaten arbeiten. Zusätzlich enthält diese Schicht noch Mechanismen zur Komprimierung und Verschlüsselung von Daten.

- **Application-Layer**
  In dieser Schicht werden Funktionen für Anwendungsprogramme als Erweiterung des Netzwerkbetriebssystems zur Verfügung gestellt. Hierunter fallen viele Protokolle, die zur Datenübertragung im Internet große Popularität erlangt haben, wie z.b. FTP (File Transfer Protocol), HTTP (Hypertext Transfer Protocol) oder SMTP (Simple Mail Transfer Protocol). Die Anwendungen selbst, also z.b. der Email-Client oder der HTML-Browser sind dieser Schicht nicht selbst zuzurechnen. Sie stehen außerhalb der Modellvorstellung und bedienen sich nur der in der Anwendungsschicht zur Verfügung gestellten Funktionalitäten.

Zum Zwecke eines reibungslosen Funktionierens der Netzwerk-Kommunikation fügt jede der beteiligten Schichten den eigentlichen Nutzdaten entsprechende Fluß- und Kontrollinformation mit hinzu. Dadurch wird mit steigender Anzahl der beteiligten Schichten das Verhältnis zwischen Nutz- und Kontrollinformation immer ungünstiger. Die ursprünglich kurze Nachricht kann durch den Overhead an Kontroll- und Verwaltungsinformation derart aufgebläht werden, daß ein hoher Anteil der zur Verfügung gestellten Bandbreite nur für den Transfer dieser Steuerdaten verbraucht wird.

1.1.4 Internet-Dienste und -Anwendungen

Der eigentliche Sinn und Daseinszweck des Internet besteht in den zur Verfügung gestellten **Netzanwendungen**, die auf den Dienstleistungen, die das Internet bereitstellt basieren. Diese Netzanwendungen sind es, die unsere Vorstellung vom Internet prägen und uns die vielen technologischen Kniffe und Details vergessen lassen, die notwendig waren, dieses Netz der Netze ans Laufen zu bringen. Durch sie wird der eigentlichen „Nutzen" des Internet begründet, da sie dem Nutzer eine Kommunikationsplattform für die verschiedenartigsten Aufgaben zur Verfügung stellen. In den vergangenen drei Jahrzehnten entstand eine Vielzahl von zum Teil wundervollen und heute unverzichtbaren Netzanwendungen, angefangen von einfachen Text-basierten Anwendungen, die bereits zu Beginn der 80er Jahre große Popularität gewannen, über Elektronische Postdienste, Datentransportdienste, den Fernzugriff auf geografisch entlegene Computer bis hin zu privaten Nachrichtenbörsen und Gesprächsrunden.

Die Internetanwendungen basieren alle gemeinsam auf Diensten, die in der obersten Schicht des TCP/IP-Referenzmodells bereitgestellt werden, wobei die Anwendungen selbst nicht Teil dieser Kommunikationsschicht sind, sondern sich lediglich der in ihr angebotenen Dienste bedienen. Die verschiedenen Anwendungen definieren jeweils ihre eigene Protokollsoftware, nach der die Kommunikation über das Internet abzulaufen hat. Im eigentlichen Sinne kommunizieren auch nicht die Anwendungen – also die Software auf der sie beruhen – selbst miteinander, sondern – im Betriebssystemjargon gesprochen – die jeweiligen Prozesse auf den Endbenutzer-Rechnern, die eine Instanz dieser Anwendung darstellen. Zu jeder Anwendung gehören in der Regel zwei oder mehr Prozesse, die nach dem **Client/Server-Prinzip** miteinander agieren, d.h. ein oder mehrere Clients fordern vom Server Dienstleistungen an, die dieser entsprechend leistet oder eine Fehlermeldung zurückliefert. Zum Zwecke der gegenseitigen Verständigung tauschen Client und Server gegenseitig Nachrichten über das Netzwerk aus. Ein sendender Prozeß generiert Nachrichten und versendet diese in das Netz, während ein empfangender Prozeß auf Nachrichten aus dem Netz wartet und auf diese mit dem Versand einer entsprechenden Antwort reagiert. Netzwerk-Anwendungen liegen Protokolle zugrunde, die auf dem TCP/IP-Application-Layer, also der obersten Schicht im TCP/IP-Protokoll-Stapel basieren, die das Format und die Abfolge der ausgetauschten Nachrichten definieren, sowie die auszulösenden Aktionen und Reaktionen festlegen.

Zu den wichtigsten Dienstangeboten im Internet gehören **Verzeichnisdienste, Nachrichtenaustausch- und Informationsdienste** und **Datentransferdienste**. Als Verzeichnisdienste werden dabei Dienstprogramme bezeichnet, die Information zu technischen Ressourcen oder zu Personen, die im Netz erreichbar sind zur Verfügung stellen. Den bekannteste Verzeichnisdienst im Internet stellt der **DNS (Domain Name Service)** dar, der in der Lage ist, logische Namen für Netzwerk-Endsysteme in numerische IP-Adressen umzusetzen. Mit dieser einfachen Namensumsetzung stellt DNS einen sogenannten **Namensdienst (Naming Service)** dar. Daneben existieren im Internet auch noch standardisierte Verzeichnisdienste wie **X.500** oder in der vereinfachten Version **LDAP (Lightweight Distributed Access Protocol)**.

Zu den bekanntesten Nachrichtenaustausch-Systemen und zu den ältesten im Internet angebotenen Diensten gehört die Elektronische Post (**Email**). Die Elektronische Post ist nichts anderes als eine Nachbildung der herkömmlichen Briefpost mit elektronischen Mitteln. Als Email-Client wird dabei das Anwendungsprogramm bezeichnet, das dem Benutzer ein geeignetes Interface zur Verfügung stellt, um Nachrichten zu lesen, zu erstellen und an den Email-Server weiterzuleiten. Der Email-Server wiederum übernimmt die Kommunikation mit entlegenen Email-Servern, die sich am Ort des Adressaten der versendeten Email befinden. Emails können dabei nicht nur zwischen realen Benutzern, sondern auch zwischen verschiedenen Anwendungsprogrammen ausgetauscht werden. Im Internet ist **SMTP (Simple Mail Transfer Protocol)** als Standard-Protokoll für Email-Anwendungen vorgesehen, wobei sich auch noch eine Vielzahl proprietärer Email-Systeme auf dem Markt finden. Um nicht nur Texte als elektronische Post versenden zu können, sondern Multimedia-Dokumente jeder Art, wurde der **MIME (Multi-Purpose**

Internet Mail Extension) Kodierungs-Standard eingeführt. Vermittels MIME kodierte Multimedia-Dokumente können vom Email-Client über geeignete Plugins dekodiert und dargestellt werden. Um eine sichere Email-Übertragung zu gewährleisten existieren viele Verschlüsselungstechniken. Die verbreitetste Verschlüsselungstechnik im Bereich der elektronischen Post ist **PGP** (**Pretty Good Privacy**), die zum Einen eine Verschlüsselung der zu versendenden Nachricht, als auch eine sichere Authentifikation des Absenders mit Hilfe digitaler Signaturen gewährleistet.

Tabelle 1.1. Einige Internet-Applikationen

Name	Bedeutung	Aufgabe
DNS	Distributed Name Service	Umsetzung logischer Name in IP-Adressen
X.500	X.500 Directory	Namens- und Verzeichnisdienst
LDAP	Lightweight Directory Access Protocol	Zugriffsprotokoll für Verzeichnisse
Email	Elektronische Post	Sammelbezeichnung für elektronische Nachrichtenaustauschsysteme
SMTP	Simple Mail Transfer Protocol	Protokoll für den Transfer von Email zwischen Mail-Servern
POP	Post Office Protocol	Protokoll für Komunikation zwischen Mail-Server und Mail-Client
IMAP	Internet Message Access Protocol	Nachfolger von POP
X.400	X.400 Message Handling System	OSI-Norm für elektronische Post
WWW	World Wide Web	integrativer Hypermedia-basierter Informationsdienst
HTTP	Hypertext Transfer Protocol	Kommunikationsprotokoll für das WWW
FTP	File Transfer Protocol	Dateiaustauschsystem
NFS	Network File System	netzwerkfähiges Dateisystem
telnet		ermöglicht Zugriff auf entfernte Rechner
SNMP	Simple Network Management Protocol	Protokoll zur Netzwerkadministration

Der heute wichtigste Informationsdienst im Internet, das **World Wide Web** (**WWW**), gehört ebenfalls zur Gruppe der Netzapplikationen. Heute werden die Anwendungen, die in der Computerindustrie für den Erfolg einer Rechnerarchitektur oder eines Betriebssystems verantwortlich gemacht werden, gerne als „Killerapplikation" bezeichnet. Übertragen auf das Medium Internet war die anfängliche Killerapplikation sicherlich die elektronische Post, die in ihrer Bedeutung heute vom WWW als Informationsdienst noch überholt worden ist. Neben diesem Informationsservice, dessen Front-End – der WWW-Browser – heute auch zum integrativen Multifunktions-Werkzeug geworden ist, mit dessen Hilfe auf die meisten der hier genannten Dienste zugegriffen werden kann und auf den im Folgekapitel noch detaillierter eingegangen wird, gibt es eine Vielzahl von Diensten, die mit Einführung des WWW zum Teil rapide an Bedeutung verloren haben. Vorgänger-Informationsdienste des WWW, wie z.B. **Gopher** oder **WAIS** sind heute kaum noch von Bedeutung. Einfacher Dateiaustausch mit entfernten Rechensystemen ist über **FTP (File Transfer Protocol)** möglich, Diskussionsforen, zum Teil moderiert oder auch unmoderiert werden über das **Usenet** als Usenet-News zur Verfügung gestellt, in dem sich Interessengruppen über gemeinsame Themengebiete austauschen können. Noch direkter kann eine Diskussion über **IRC (Internet Relay Chat)** erfolgen. Dieser oft nur als Chat bezeichnete Dienst ermöglicht es im Gegensatz zum Usenet, synchron an einer gerade stattfindenden Diskussion teilzunehmen. Während Usenet den asynchronen Austausch von Information unterstützt, d.h. der Benutzer verfaßt eine Nachricht und sendet sie an das Usenet-System, in dem die Nachricht daraufhin dann ggf. veröffentlicht wird, setzt ICR die tatsächliche Anwesenheit des Benutzers während der laufenden Diskussion vor dem Datenendgerät voraus, da die jeweiligen Diskussionsbeiträge direkt mit der Eingabe des Nutzers veröffentlicht werden und alle anderen Teilnehmer ebenfalls direkt darauf reagieren können.

Tabelle 1.1 zeigt einige Internetanwendungen im Überblick und in Tabelle 1.2 ist der jeweilige Ressourcenbedarf für ausgewählte Applikationen aufgelistet. Manche Applikationen sind von einer fehlerfreien, sowie prompten Übertragung abhängig, die sich keinen Verzug erlauben darf, wie dies z.B. bei Finanztransaktionen der Fall ist, wo der Ausfall der Kommunikation bereits im Sekundenbereich schwerwiegende finanzielle Folgen nach sich ziehen kann.

Tabelle 1.2. Ressourcenbedarf ausgewählter Internet-Anwendungen

Anwendung	Datenverlust	Bandbreite	zeitkritisch
Dateitransfer	kein Verlust	flexibel	nein
Email	kein Verlust	flexibel	nein
WWW-Dokumente	kein Verlust	flexibel	nein
Real Audio	fehlertolerant	10 kbps – 1 Mbps	ja, ca. 100 ms
Real Video	fehlertolerant	10 kbps – 5 Mpbs	ja, ca. 100 ms
Interaktive Spiele	fehlertolerant	1 kbps – 10 kbps	ja, ca. 100 ms
Finanztransaktionen	kein Verlust	flexibel	ja

1.2 Das World Wide Web – eine erste Annäherung

Das World Wide Web – oft einfach auch nur das „Web" genannt – das ist nichts anderes als eine ungeheuer mächtige Informations- und Datenansammlung auf die wir mit Hilfe des Internets, genauer, mit Hilfe des auf dem Internetprotokoll aufsetzenden HTTP-Protokolls, zugreifen können. Es ist der

Verdienst des WWW, daß das Internet diese enorme Popularität gewinnen konnte, das es heute besitzt. Ein Großteil dieses Erfolges ist sicherlich der einfachen Zugangsschnittstelle, dem **Browser** zu danken, der es auch einem Nicht-Fachmann ermöglicht, schnell und unkompliziert auf das riesige Informationsangebot des WWW zuzugreifen. Die Information selbst liegt im WWW in Form von sogenannten Hypermedia-Dokumenten vor. Untereinander durch sogenannte Links verbunden, bilden sie ein Netzwerk von Informationen, in dem der Benutzer schnell und auf einfache Weise navigieren kann. Um im WWW ein bestimmtes Dokument auffinden zu können, muß es weltweit eindeutig identifizierbar sein. Der Zugriff auf die gewünschten Dokumente, die auf zahllosen Servern – so die Bezeichnung der Rechner, auf der die Dokumente gespeichert sind – verteilt vorliegen, erfolgt nach dem Client/Server-Paradigma. Der Browser fordert als Client ein bestimmtes Dokument an, das vom WWW-Server anschließend ausgeliefert wird. Der Browser gestattet in der Regel nicht nur den Zugriff auf Hypermedia-Dokumente, sondern agiert als multifunktionaler Client, mit dem auch auf alternative Dienstangebote im Internet wie FTP oder Email zugegriffen werden kann. Die zum Teil komplexen Mechanismen, die hinter den einzelnen Dienstangeboten und Protokollen stehen, bleiben dem Benutzer komplett verborgen, er ist immer nur mit der einfach zu bedienenden grafischen Benutzeroberfläche des Browsers konfrontiert.

Das World Wide Web, das weltumspannende Internet, in der Form, in der es sich der breiten Öffentlichkeit heute darbietet, ist nun schon im zweiten Lebensjahrzehnt. Als sich Robert Cailliau und Tim Berners Lee Anfang der 90er Jahre Gedanken um ein einfaches über das Internet verfügbares Dokumentenaustausch- und Verwaltungssystem machten, konnten sie nicht ahnen, daß ihre Überlegungen – ein Nebenprodukt ihrer eigentlichen Arbeit am Kernforschungsinstitut CERN (Centre Européenne pour la Recherche Nucléaire) – das Internet revolutionieren würden. Mit der Schaffung einer einfach zu bedienenden grafischen Benutzerschnittstelle war es nun auch der breiten Masse der Bevölkerung möglich, das Internet als neues Kommunikations und Informationsmedium zu nutzen, und die Anzahl der an das WWW angebundenen Rechner begann explosionsartig zu wachsen. Das WWW hielt Einzug in Büros und Wohnzimmer.

1.2.1 Browser

Das World Wide Web (WWW) – oder einfach auch nur das Web – stellt sich als riesiges Informations- und Datenlager dar, auf das der Benutzer mit Hilfe eines einfachen, interaktiven Anwendungsprogramms – dem **Browser** – zugreifen kann. Heute besitzen Browser eine grafische Benutzeroberfläche (**Graphical User Interface, GUI**), so daß der Benutzer über **Point and Click**-Aktionen vielfältige Funktionen ausführen und Informationen abrufen kann.

Dabei können Informationen in Form von Texten, Grafiken, Bildern oder auch Video-Clips und Audiodateien dargestellt werden und es steht eine ganze Palette von multimedialen Funktionen zur Verfügung. Zu den heute bekanntesten Browsern zählen der von Microsoft entwickelte **Internet Explorer** und der mit diesem in Konkurrenz entwickelte **Netscape Navigator** der Firma Netscape. Browser sind in der Regel frei verfügbar und unterscheiden sich kaum in ihrer Benutzerführung. Unterschiede bestehen jedoch oft in der Unterstützung der jeweiligen, das WWW betreffenden Standards. Noch vor einigen Jahren versuchten die beiden großen Konkurrenten, ihre Vormachtstellung durch propriätere Ergänzung von Funktionalitäten und eigenständigen Erweiterungen der WWW-Standards zu festigen, was in dem als **Browser-Krieg** bezeichneten Entwicklungswettkampf mündete. Vor allem schlug Netscape dabei sehr interessante neue Funktionalitäten vor, die von einem Teil der Internet-Gemeinde sofort aufgegriffen und eingesetzt wurden. Im Ergebnis waren Informationsseiten, die von diesen Erweiterungen Gebrauch machten, nur noch mit dem Browser von Netscape korrekt anzuzeigen. Zum Glück konnte eine weitere Eskalation dieser Differenzen verhindert werden. Die für die internationalen Standards zuständigen Arbeitsgruppen haben eine Vielzahl der neuen Ideen aufgegriffen und dabei in neue allgemein akzeptierte Standards umgewandelt. So versuchen heute beide Konkurrenten die bestehenden Standards möglichst vollständig zu unterstützen, was ihnen auch mehr oder weniger zufriedenstellend gelingt.

Sich immer buchstabengetreu an die vereinbarten Standards zu halten bleibt ein schwieriges und aufwendiges Unterfangen, da sich die betreffenden Standards zum Teil selbst noch in der Entwicklung befinden oder auch wieder fallengelassen wurden. Dies führt immer wieder zu Differenzen. Neben dem Microsoft Internet Explorer und dem Netscape Navigator gibt es auch eine Vielzahl alternativer Browser, die zum Teil sogar eine bessere Standard-Unterstützung bieten (z.B. Opera) und mitunter auch wesentlich kompakter sind, als die beiden Marktführer. Browser sind heute für alle gängigen Betriebssysteme und Rechnerplattformen erhältlich. Die Palette reicht dabei vom einfachen Mobiltelefon bis zum Großrechner. Eine kurze chronologische Auflistung der wichtigsten Browser und ihrer Entwicklung findet sich in Abb. 1.4 – 1.6. Weitere historische Browser, deren Entwicklung eingestellt wurde sind in Abb. 1.7 aufgezählt.

1.2.2 Hypertext und Hypermedia

Greifen wir mit Hilfe eines Browsers auf ein Hyper-Dokument im WWW zu, so präsentiert sich uns das WWW als interaktives **verteiltes Hypermediasystem**. Anders als bei einem Buch oder einem Dokument im herkömmlichen Sinne hat der Benutzer die Möglichkeit, über sogenannte **Hyperlinks** von einer Stelle im Dokument direkt auf ein anderes Dokument zuzugreifen, das nicht einmal auf demselben Server gespeichert sein muß, sondern am anderen Ende der Welt bereitgehalten werden kann (siehe Abb. 1.8).

World Wide Web: Tim Berners Lee programmiert den ersten WWW-Browser mit dem Namen World Wide Web auf einem NeXT-Rechner. Weihnachten 1990 bereits fertiggestellt, wurde das Programm ab März 1991 im Kernforschungszentrum CERN eingesetzt und der Siegeszug des WWW begann.

libwww: Zusammen mit dem Studenten Jean-Francois Groff portiert Tim Berners Lee 1991 bis 1992 die World Wide Web Applikation in die weit verbreitete Programmiersprache **C**, wobei der zugehörige Browser den Namen libwww erhielt. Groff gründet später das erste WWW-Design Unternehmen **InfoDesign.ch**.

Line-Mode Browser: Nicola Pellow, eine Mathematikstudentin im Praktikum am Kernforschungszentrum CERN schreibt einen zeilenorientierten WWW-Browser, der auf fast jedem Endgerät lauffähig war, selbst auf einem alten Fernschreiber. Im Laufe des Jahres 1991 portierte Pellow den Browser auf eine Reihe von Betriebssystemen, einschließlich UNIX und MS-DOS, so daß jeder Mitarbeiter des CERN in der Lage war, das World Wide Web zu nutzen, das zu diesem Zeitpunkt hauptsächlich aus dem Telefonverzeichnis des CERN bestand.

Erwise: Nach einem Besuch von Robert Cailliau an der Universität Helsinki entwickelt dort eine Gruppe von Studenten einen WWW-Browser im Rahmen eines Diplomarbeitprojekts. Da der Name ihrer Abteilung **OTH** war, nannten sie den Browser **erwise**, in Anlehnung an das Wort **OTHerwise**. Die endgültige Version wurde im April 1992 herausgegeben, wurde aber nicht weiterentwickelt, nachdem die Studenten ihr Studium abgeschlossen hatten.

violaWWW: Einen weiteren Browser für UNIX entwickelte Pei Wei, ein Student der Universität Berkeley, im Mai 1992. Der Browser war in einer eigenen Sprache **Viola** geschrieben, die Wei unter UNIX entwickelt hatte. violaWWW beinhaltete bereits sehr fortschrittliche Konzepte wie z.B. die Anzeige von Grafiken oder das Downloaden von JAVA-Applets.

Midas: Im Sommer 1992 entwickelte Tony Johnson am Stanford Linear Acceleration Centre (SLAC) ebenfalls einen Browser für das UNIX-Betriebssystem, genannt Midas, mit dem Zweck, Forschungsergebnisse besser mit seinen Physikerkollegen teilen zu können.

Samba: Robert Cailliau begann die Entwicklung eines WWW-Browsers für den Macintosh Computer, den er Samba nannte. Nicola Pellow beteiligte sich an der Entwicklung, die Ende 1992 abgeschlossen war.

Arena: 1993 entwickelte Dave Ragget bei Hewlett-Packard in Bristol, England, einen weiteren WWW-Browser, den er Arena nannte, der so fortschrittlich Konzepte wie die Positionierung von Tabellen oder Grafiken unterstützte.

Abb. 1.4. Entwicklung der WWW-Browser (Teil 1)

Ein Dokument im herkömmlichen Sinne bietet uns eine sequentielle Aufbereitung der Information. Diese kann zwar hierarchisch gegliedert sein, z.B. in einzelne Kapitel, Abschnitte oder Absätze, aber es handelt sich um ein einzelnes, lokal vorliegendes, linear aufbereitetes Dokument. In einem Hypermediabasierten System können beliebig viele verschiedene Dokumente miteinander verknüpft werden. Der Zugriff auf die gewünschte Information muß nicht mehr streng sequentiell erfolgen, sondern – ganz ähnlich beim Zugriff auf Information in einem Lexikon – gibt es Querverweise, die uns in ein bzw. in verschiedene andere Dokumente führen können. Da es es sich anfangs um rein Text-basierte Dokumente gehandelt hat, spricht man von einem Hypermediasystem oft als von einem **Hypertextsystem**.

Mosaic: Im Februar 1993 gaben Marc Andreesen und Eric Bina vom NCSA (National Center for Supercomputer Applications) die erste Version eines Grafik-basierten Browsers Mosaic für das X-Windows Interface unter UNIX heraus. Einige Monate später folgte eine Version für den Macintosh, portiert von Aleks Totic, so daß Mosaic zum ersten WWW-Browser mit Cross-Plattform-Support wurde, der in der Lage war Multimedia-Anwendungen wie Grafik, Sound oder Video zu unterstützen. Zum ersten Mal tauchten auch Konzepte wie Bookmarks oder das History-File mit auf. Sehr schnell wurde Mosaic zum populärsten WWW-Browser. 1994 gab die NCSA die Rechte an Mosaic an die Firma Spyglass weiter, die ihrerseits die entwickelte Technologie anderen Unternehmen in Lizenz übergab, wie z.B. auch an Microsoft, das daraus seinen Internet Explorer entwickelte. Die NCSA beendete die Weiterentwicklung von Mosaic im Januar 1997. Die Entwicklung eines nicht-kommerziellen, frei verfügbaren WWW-Browsers, der mit einer grafischen Benutzeroberfläche versehen die Nutzung des WWW einer breiten Öffentlichkeit ermöglichte, ist mitverantwortlich für die explosionsartige Verbreitung, die dieses Medium in den 90er Jahren fand und die das WWW inzwischen in jedes Wohnzimmer gebracht hat.

Netscape Navigator: Im Mai 1994 gründeten Jim Clark, Mitbegründer der Computerfirma Silicon Graphics, Marc Andreesen und weitere Mitglieder aus dem Mosaic-Entwicklungsteam eine Firma, die den ersten kommerziellen WWW-Browser entwickeln sollte. Die Universität Illinois erhob umgehend Klage und um die Klage niederzuschlagen, benannte sich die Firma von Mosaic Communications um in Netscape. Die Firma setzte wesentlich größere Ressourcen für die Weiterentwicklung ihres Browsers ein, als dies der NCSA möglich war und veröffentlichte bereits im Oktober 1994 die erste Beta-Version ihres Browsers, **Mozilla 0.96b** über das Internet. Am 15. Dezember 1994 schließlich wurde die Final-Version des ersten kommerziellen WWW-Browsers freigegeben. Anfang 1995 bereits übertraf der Datenverkehr im WWW alle übrigen Internet-Datentransfers. Netscape entwickelte den Browser dahingehend weiter, daß er neben dem WWW auch noch weitere Dienste wie Email oder Newsgroups unterstützte. Desweiteren war er auf den drei wichtigsten Betriebssystemplattformen erhältlich: UNIX, Macintosh und Windows. Zwar verlangte Netscape vom Nutzer zuerst die Bezahlung des Browsers nach einer vorangegangenen Testperiode, gezwungen aber durch den Erfolg des Microsoft Internet Explorers, der als Gratisbeigabe zum Betriebssystem Windows mitausgeliefert wurde, beschloß auch Netscape, den Browser frei verfügbar abzugeben. 1998, wieder gezwungen durch den großen Konkurrenzdruck durch Microsofts Internet Explorer, wurde Netscape an AOL (America Online) verkauft. Im Januar 1998 wurde der Sourcecode des Netscape Navigators freigegeben, auf dessen Basis nichtkommerzielle Weiterentwicklungen des Browsers basieren.

Abb. 1.5. Entwicklung der WWW-Browser (Teil 2)

Im Falle des WWW ist es jedoch möglich, nicht nur Texte, sondern jede Art multimedialer Dokumente miteinander zu verknüpfen. Dies umfaßt Grafiken und Bilder, als auch Audio-Dokumente, Video-Clips und Animationen (siehe Abb. 1.9). Die Information in einem Hypermedia-System bildet ein eigenes Informations-Netzwerk, das sich wiederum in alle Richtungen erweitern läßt. Im WWW hat der Benutzer so die Möglichkeit, mit Hilfe des Browsers über einen Link unmittelbar aus dem gerade betrachteten Dokument heraus in ein neues Dokument zu springen. Der Browser fordert das angeklickte Dokument dazu unmittelbar vom entfernten Server an und stellt es nach Erhalt dar.

1.2 Das World Wide Web – eine erste Annäherung 17

Lynx: An der Universität von Kansas wurde ein Hypertextbrowser – Lynx – unabhängig vom WWW entwickelt, um Campus-Informationen abrufen zu können. Ein Student namens Lou Montulli fügte dem Programm eine Internetschnittstelle hinzu und veröffentlichte Lynx als WWW-Browser im Sommer 1993. Lynx wurde schnell zum bevorzugten WWW-Browser für zeichenorientierte Ausgabegeräte und konnte sich bis zum heutigen Zeitpunkt in dieser Nische behaupten.

Opera: 1994 entwickelte ein Team des norwegischen Telekommunikationsunternehmens Telenor in Oslo einen WWW-Browser namens Opera. Zwei Mitglieder dieses Teams, Jon Stephenson von Tezchner und Geir Ivarsoy, verließen Telenor im Folgejahr, um ein eigenes Unternehmen – Opera Software – zu gründen, das sich mit der kommerziellen Weiterentwicklung des Browsers befassen sollte. Die erste im WWW erhältliche Version, Opera 2.1. war im Sommer 1996 erhältlich. Opera zeichnete sich vor allem durch eine sehr gute Unterstützung neuer Internet-Standards aus, ist aber kostenpflichtig.

Internet Explorer: Am 23. August 1995 brachte Microsoft sein neues Betriebssystem Windows95 heraus, in dem ein WWW-Browser mit zum Lieferumfang gehörte, der Internet Explorer (IE). Der Originalcode des IE 1.0 wurde von Spyglass, dem kommerziellen Ableger der NCSA Mosaic-Browser Entwicklungsabteilung lizenziert und wurde zusehends von den Microsoft-Ingenieuren erweitert. Bereits im August 1996 hatte der IE zwei weitere Produktionszyklen durchlaufen und unterstützte in der Version IE 3.0 die meisten Erweiterungen, die der Hauptkonkurrent Netscape vorlegte. Im Herbst 1996 beanspruchte der Internet Explorer bereits gut ein Drittel des gesamten Browser-Marktes für sich. Während Microsoft den IE kontinuierlich bzgl. Stabilität und Kompatibilität an bestehende Internet-Standards anpaßte, ließen neue Verbesserungen des Netscape Navigators auf sich warten. Der IE überholte den Konkurrenten Netscape Navigator im Jahr 1999 auf dem Browsermarkt und wurde zum meistverbreiteten WWW-Browser überhaupt.

Abb. 1.6. Entwicklung der WWW-Browser (Teil 3)

Active Worlds	Air_Mosaic	Amiga
El*Net	EmailSiphon	Enhanced NCSA Mosaic
GetRight	HotJava	IBM WebExplorer
internetMCI	IWENG	MacWeb
NetAttache	NETCOMplete	NetCruiser
NetManage Chameleon	NetPositive	PlanetWeb
Quarterdeck WebC	SPRY_Mosaic	Spyglass Enhanced Mosaic
TrueV Mosaic for X	WWWC	

Abb. 1.7. Eine kurze Zusammenstellung historischer WWW-Browser

Die Hypermedia-Dokumente des WWW werden in einer speziellen Beschreibungssprache verfaßt, der sogenannten **Hypertext Markup Language** (HTML). Diese Sprache ermöglicht es dem Autor, die Struktur seines Dokuments, also seine Gliederung z.b. in Überschriften, Absätzen und Tabellen festzulegen, als auch bestimmte Teile des Dokuments besonders hervorzuheben oder grafisch auszugestalten. Darüberhinaus können multimediale Komponenten mit in das HTML-Dokument eingebunden werden. Über speziell kodierte Links wird auf andere Dokumente verwiesen, auf die der Benutzer

18   1. All about

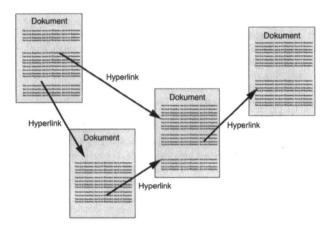

Abb. 1.8. Prinzip des Hyperlinks

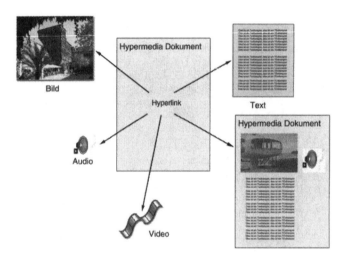

Abb. 1.9. Hypermedia Dokument

dann wunschgemäß mittels Mausklick verzweigen kann. Ein Browser interpretiert ein HTML-Dokument und stellt es anschließend grafisch aufbereitet dar. Aktiviert der Benutzer über einen Mausklick einen Link, so lädt der Browser das in der HTML-Seite unter dem Link angegebene Dokument, interpretiert es und stellt es wiederum dar.

Prinzipiell handelt es sich beim WWW um ein **verteiltes** Hypermedia-System. Nicht-verteilte Hypermedia-Systeme dagegen sind, was die Organisation und Sicherung der Konsistenz angeht, viel einfacher zu handhaben. In einem nicht-verteilten Hypermedia-System liegen alle Dokumente auf ein und

1.2 Das World Wide Web – eine erste Annäherung

demselben Rechner vor, die Dokumente sind also sämtlich **lokal** verfügbar. Daher können in einen nicht-verteiltem System Links leicht auf ihre Konsistenz geprüft werden, d.h. es kann überprüft werden, ob das Dokument, auf das referenziert wird, tatsächlich auch im aktuellen Dokumentenbestand vorhanden ist oder nicht. Im WWW hingegen liegen die Dokumente auf unglaublich vielen verschiedenen Rechnern weltweit verteilt. Ohne zentrale Kontrolle kann jedermann jederzeit Dokumente, die auf seinem eigenen Rechner liegen über das WWW verfügbar machen, verändern oder sogar löschen. Wird auf ein solches, nicht mehr vorhandenes Dokument von außerhalb verwiesen, so liegt eine Inkonsistenz vor, der Browser kann den Link nicht auflösen und der Link gilt als tot (siehe Abb. 1.10).

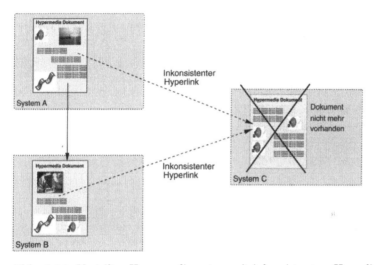

Abb. 1.10. Verteiltes Hypermediasystem mit inkonsistentem Hyperlink

Ohne spezielle technische Vorkehrungen sind Links zwischen verteilten Dokumenten nicht immer konsistent. Es muß regelmäßig geprüft werden, ob alle lokalen Links noch ihre Gültigkeit besitzen, was mitunter eine sehr zeitaufwendige Angelegenheit darstellt.

1.2.3 HTML und Dokumentendarstellung

Ein Dokument im Hypermedia-Dokumentensystem des WWW wird als **Page** bezeichnet. Die Startseite bzw. Hauptseite von der aus die Navigation durch das Informationsnetzwerk eines Informationsanbieters, also z.B. eines Unternehmens oder auch einer Einzelperson gestartet und organisiert wird, heißt **Homepage**. Der Browser, der die Hypermedia-Dokumente interpretieren, aufbereiten und korrekt darstellen muß, arbeitet auf der Basis der Dokumentenbeschreibungssprache HTML – Hypertext Markup Language -, bzw. dem designierten Nachfolger von HTML: **XML – Extensible Markup Language**. **Markup** bedeutet dabei soviel wie „Auszeichnung" und betrifft die Kennzeichnung von bestimmten Abschnitten des Dokuments mit bestimmten Attributen oder Anweisungen. Ursprünglich waren die Markup-Sprachen dazu bestimmt, eine Unterscheidung von Dokumentenstruktur und Dokumentendarstellung zu ermöglichen. Über eine ausgezeichnete Dokumentenstruktur läßt sich die in einem Dokument enthaltenen Information leichter erkennen, was die Implementierung von Anwendungsprogrammen, die den Dokumenteninhalt weiterverarbeiten sollen, sehr erleichtert bzw. überhaupt erst möglich macht. HTML jedoch unterstützt – und das zum Leidwesen der Browserhersteller – sowohl Dokumentenstruktur als auch Dokumentendarstellung und gestattet damit eine Vermischung dieser beiden fundamentalen Prinzipien.

Als **Dokumentenstruktur** bezeichnet man im allgemeinen die Untergliederung des Dokuments in Überschriften, Kapitel, Absätze und besonders herauszustellende Bereiche. Wie diese nun dargestellt werden, ob sie fett gedruckt erscheinen oder unterstrichen werden sollen, das ist Aufgabe der **Dokumentendarstellung**. Die Einzelheiten der Dokumentendarstellung, also der Formatierung selbst, werden dem Browser überlassen. Soll innerhalb eines HTML-Dokuments eine bestimmte Textstelle z.B. fett gesetzt werden, so müssen Anfang und Ende dieses Textabschnittes mit dem **Fett-Markup** gekennzeichnet werden (siehe Abb. 1.11).

Beispiele:

- `<b>` Dies ist ein fettgedruckter Text `</b>`
  `<b>` markiert den Anfang und `</b>` das Ende des fettgedruckten Bereichs.
  Ergebnis: **Dies ist ein fettgedruckter Text**

- Hier befindet sich ein `<a href="http://www.uni-trier.de/">` Link `</a>`
  Ergebnis: `<a>` und `</a>` markieren die unter href= befindliche Adresse als Link

- Hier befindet sich ein `<img src="bild.jpg">`
  Ergebnis: `<img>` fügt an dieser Stelle eine Grafikdatei src= ein

Abb. 1.11. HTML Beispiel

Kennzeichnungselemente wie das eben vorgestellte Fett-Markup werden als **Tags** bezeichnet. Jedes HTML-Dokument besteht aus zwei Teilen: dem Dokumentenkopf (**Header**), der Informationen über das Dokument selbst enthält, wie z.B. Stichwörter über den Dokumenteninhalt, die dann von Suchmaschinen ausgewertet werden können, und dem Dokumentenrumpf (**Body**), der den Großteil der Information enthält. Hier befindet sich der eigentliche Inhalt, den der Autor entsprechend seiner Vorstellung mit Hilfe der Markup-Tags strukturieren und formatieren kann. Vergleicht man HTML mit anderen Markup-Sprachen, wie z.B. mit dem weitverbreiteten SGML, das es in seiner ursprünglichen Version bereits lange vor der Existenz des WWW gab, so sind in HTML zusätzlich Hypertext-Referenzen, also Links, die auf andere Dokumente verweisen, möglich. Eine Hypertext-Referenz ist ein passiver Zeiger auf ein anderes Dokument, das sich nicht lokal auf dem Rechner befinden muß, auf dem das ursprüngliche Dokument gespeichert ist. Hypertext-Referenzen werden im Browser als auswählbares (anklickbares) Element dargestellt, wobei es in HTML möglich ist, verschiedene Elemente, also z.B. ein einzelnes Wort, einen ganzen Absatz oder eine Grafik als Hypertext-Referenz zu verwenden. Auf weitere Details zur Markupsprache HTML und XML wird in den jeweiligen Schwerpunktkapiteln dieses Buches näher eingegangen werden.

1.2.4 Identifikation von Dokumenten

Wie schon im vorangegangenen Abschnitt erwähnt, stellt das WWW ein verteiltes Hypermedia-System dar. Die einzelnen Dokumente können auf unterschiedlichen, über die ganze Welt verteilten Rechner vorliegen. Damit nun jedes einzelne Dokument auch genau angesprochen und aufgefunden werden kann, müssen die Dokumente eindeutig identifizierbar sein, d.h. es müssen Informationen, wie z.B. Speicherort, Dokumentenname, Darstellungsart, sowie eventuell integrierte Anwendungen genau bestimmt werden können. Dieses sehr komplexe Problem – es gibt im WWW ja keine zentrale Behörde, bei der die Dokumente angemeldet und registriert werden könnten – wurde im WWW mit Hilfe sogenannter **Uniform Resource Identifier** (URI) gelöst. In einem URI werden alle zur Identifikation notwendigen Informationen innerhalb einer Zeichenkette kodiert. Dabei kann ein URI aus einem URN – **Uniform Resource Name** oder aus einer URL – **Uniform Resource Locator** bestehen. Abb. 1.12 zeigt ein Beispiel für den Aufbau einer URL.

Aufbau einer URL:

protokoll://computer-name:port/dokumenten-name

- **protokoll** gibt an, auf welche Weise das Dokument im Internet übertragen werden soll. Bei WWW-Dokumenten wird in der Regel das HTTP-Protokoll verwendet (Hypertext Transfer Protocol). Möglich sind aber auch ftp, news, https, u.a.
- **computer-name** ist eine weltweit eindeutige, hierarchisch organisierte Bezeichnung, die den Rechner, auf dem das Dokument liegt eindeutig kennzeichnet (Bsp.: **www.informatik.uni-trier.de**).
- **dokumenten-name** ist die Bezeichnung des Dokuments, die auf dem lokalen Rechner natürlich eindeutig sein muß. Dabei können nicht nur der Name der referenzierten Datei, sondern auch Verzeichnisnamen in den Dokumentennamen mit eingehen (Bsp.: **users/index.html** referenziert die Datei **index.html** im Verzeichnis **users/**)

Abb. 1.12. Uniform Resource Locator – Schematischer Aufbau

1.2.5 Dokumententransport

Der Zugriff auf Dokumente im WWW mit Hilfe eines Browsers beruht auf Methoden, die auf dem sogenannten **Client/Server-Paradigma** aufsetzen. Der Benutzer fordert mit Hilfe seines Browsers, dem Client, ein Dokument von dem WWW-Server an, der das gewünschte Dokument bereithält. Sobald er die entsprechende URL des Dokuments in seinen Browser eingegeben hat, schlüpft dieser in die Rolle des Client. Der Browser kontaktiert den WWW-Server, der in der eingegebenen URL spezifiziert wurde und fordert den WWW-Server auf, ihm das in der URL spezifizierte Dokument zuzusenden. Der Server greift auf sein lokales Filesystem zu und sendet die in der URL angegebene Datei zum anfragenden Rechner zurück, wo der Browser diese dann interpretiert und darstellt.

Die Verbindung zwischen Browser und WWW-Server ist dabei meist nur von sehr kurzer Dauer, d.h. der Browser stellt keine stehende Verbindung her, sondern sendet nur eine kurze Anfrage und wartet dann darauf, daß der Server ihm das angegebene Dokument zurücksendet bzw. eine entsprechende Fehlermeldung bei Nichtauffinden bzw. fehlender Autorisation. Ist das angeforderte Dokument übertragen, wird die Verbindung umgehend wieder geschlossen und die Kommunikation kann von vorne beginnen (siehe Abb. 1.13).

Abb. 1.13. Client/Server-Architektur im WWW

Die Interaktion zwischen Browser und Server erfolgt nach einem fest vorgeschriebenen Protokoll, dem sogenannten **Hypertext Transfer Protocol** (HTTP). Dieses gibt das exakte Format für eine Anfrage des Browsers an einen Server, sowie das Format für eine entsprechende Antwort des Servers an den Browser vor.

1.2.6 Browserarchitektur

Vergleicht man den Aufbau der beiden Basiskomponenten, Browser und WWW-Server miteinander, stellt sich heraus, daß sich die Architektur des Browsers, der die Schnittstelle zwischen dem Benutzer und dem WWW bietet, als wesentlich komplexer darstellt als die des WWW-Servers. Der WWW-Server führt wiederholt nur sehr einfache Aufgaben aus, die im **Warten** auf

eine Anfrage und in der **Ausgabe** der angefragten Informationsressource bestehen. D.h. die wesentlichen Aufgaben des Servers sind:
- **Warten** auf die Eröffnung einer Verbindung durch einen Browser.
- Hat der Server eine Anfrage erhalten, so versucht er die Anfrage des Browsers entsprechend zu beantworten. Dazu **gibt** er die angeforderte Informationsressource **aus** und sendet es an den Browser bzw. sendet im Fehlerfall eine entsprechende Mitteilung, den sogenannten Fehlercode zurück.
- Ist die Antwort des Servers versandt, **beendet** der Server die **Verbindung** und **wartet** auf eine erneute Anfrage eines Browsers.

Im Gegensatz dazu hat der Browsers neben der Kommunikation mit dem WWW-Server zusätzlich noch die Aufgabe, die angeforderte Informationsressource korrekt aufzubereiten und anzuzeigen. Dazu kommt noch, daß der Browser auf eventuelle Aktionen des Benutzers entsprechend reagieren muß. Die Aufgaben des Browsers lassen sich wie folgt zusammenfassen:

- **Eröffnen** einer Verbindung zu dem gewählten WWW-Server auf die Eingabe eines Anwenders hin.
- **Einlesen** der vom WWW-Server versandten Informationsressource.
- **Aufbereiten** und **Anzeigen** des vom WWW-Server erhaltenen Dokuments.
- **Reagieren** auf die Aktionen des Benutzers bei der Bedienung der grafischen Benutzeroberfläche.

Um alle diese Aufgaben erfüllen zu können, besteht ein Browser konzeptionell aus mehreren verschiedenen **Clients**, mehreren **Interpretern**, sowie einem **Controller** zur Verwaltung und Organisation aller Funktionen (siehe Abb. 1.14). Der Controller steht dabei als zentrale Instanz im Mittelpunkt der Browserarchitektur, über die alle auszuführenden Aktionen koordiniert werden. Der Controller interpretiert Mausklicks und Tastatureingaben des Benutzers und aktiviert seinerseits andere Komponenten des Browsers, denen die Durchführung der vom Benutzer angeforderten Operationen obliegt. Um eine angeforderte Informationsressource korrekt darstellen zu können benötigt jeder Browser einen **HTML-Interpreter**, da es sich bei der angefragten Ressource in der Regel um ein HTML-Dokument handelt. Nachdem das angeforderte Dokument eingelesen wurde (dies kann auch on-the-flight geschehen) werden die HTML-Markup-Tags interpretiert, die Darstellung des Dokuments entsprechend aufbereitet und am Bildschirm angezeigt. Ganz besonders wichtig ist dabei die Interpretation der durch den Nutzer auswählbaren aktiven Elemente der HTML-Seite. Dabei muß die Beziehung zwischen Position in der Anzeige und verankertem Element gespeichert werden, damit der Browser nach einem Mausklick entscheiden kann, ob und vor allem welches der aktiven Elemente ausgewählt wurde.
Die korrekte Anzeige von WWW-Seiten stellt eines der Hauptprobleme heutiger Browser dar. HTML ist keine **wohldefinierte** Sprache im eigentlichen Sinne, d.h. man kann bestimmte HTML-Tags oder -Anweisungen ein-

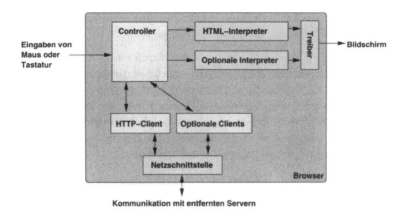

Abb. 1.14. Browserarchitektur

fach weglassen, ohne die korrekte Interpretation eines HTML-Dokuments zu beeinflussen. Die meisten Browser erledigen eine entsprechende Ergänzung selbständig, wobei die unvollständige Trennung zwischen Dokumentenstruktur und Dokumentendarstellung in HTML dann zur Folge hat, daß ein- und dasselbe HTML-Dokument auf verschiedenen Browsern mitunter unterschiedlich aussehen kann!

Neben dem HTML-Interpreter zur Darstellung von HTML-Dokumenten und dem HTTP-Client zur Kommunikation mit dem WWW-Server kann ein WWW-Browser noch zusätzliche Komponenten zur Durchführung weiterer Aufgaben enthalten, z.B. einen FTP-Client zum Datentransfer mit FTP-Servern oder einen Email-Client zur Nutzung des Emaildienstes. Der Browser versteckt in der Regel die Details der Benutzung anderer Clients und erlaubt eine automatische Aktivierung des jeweils erforderlichen Dienstes. Die Auswahl des entsprechenden Dienstes erfolgt wird über die Protokollinformation als Präfix in der URL, wie z.B. http: oder ftp:.

Um die Leistung und den Durchsatz eines Browsers zu erhöhen, werden **Cache-Speicher** zur Zwischenspeicherung bereits besuchter HTML-Dokumente eingesetzt. Dazu legt der Browser jeweils eine Kopie aller eingelesenen Seiten in diesem Cache ab. Wird die Seite erneut vom Nutzer angefordert, wird zuerst überprüft, ob sich diese noch im Cache des Browsers befindet. Ist dies der Fall, wird die vormals abgespeicherte Kopie angezeigt und die Seite muß nicht erneut über das World Wide Web übertragen werden und Wartezeiten entfallen. Allerdings stellt der dazu erforderliche hohe Speicheraufwand mitunter ein Problem dar, insbesondere da z.B. viele der besuchten Seiten nur „Durchgangs"-Seiten darstellen auf dem Weg zu den eigentlich gewünschten Zieldokumenten, die später niemals wieder angezeigt werden müssen. Die meisten Browser bieten daher individuelle Kontroll- und Einstellmöglichkeiten, wieviel des vorhandenen Speicherplatzes für den Cache bereitgestellt werden soll und nach welcher Caching-Strategie verfahren wird.

1.3 Die untrennbare Geschichte von Internet und WWW

1.3.1 Das ARPANET – wie alles begann...

Die Ursprünge des Internet reichen zurück in die Zeit des beginnenden kalten Krieges. Mit der Absicht ausfallsichere Kommandoverbindungen auch im Falle eines Atomkrieges zu gewährleisten, wurde die Idee eines paketvermittelten Kommunikationsnetzwerks entwickelt, das in der Lage sein sollte, unterschiedlichste Netze zu überbrücken – das ARPANET, benannt nach seinem Sponsor, der amerikanischen Regierungsbehörde ARPA. Verschiedene amerikanische Universitäten wurden in die Grundlagenforschung miteinbezogen und so spaltete sich das 1969 gestartete ARPANET schon bald in ein rein militärisch genutztes Teilnetz und einen zur wissenschaftlichen Kommunikation genutzten zivilen Teilbereich auf. Der zivile Teilabschnitt entwickelte sich immer rasanter, vor allem nachdem die National Science Foundation (NSF) ein eigenes Hochgeschwindigkeitsnetzwerk zwischen den amerikanischen Universitäten und Forschungseinrichtungen zu unterstützten begann (NSFNET). Das ursprüngliche ARPANET verlor daraufhin zusehends an Bedeutung und wurde schließlich 1989 deaktiviert.

Die Ursprünge des Internet, die zurückreichen in die Zeit des beginnenden kalten Krieges sind eng mit dem Aufbau der **Advanced Research Projects Agency**, kurz ARPA verknüpft. Im Zuge der nationalen Krise, die der Start des ersten russischen Satelliten Sputnik im Oktober 1957 hervorrief, wurde diese Behörde als eine Art schnelle, technologische Eingreiftruppe von Präsident Eisenhower ins Leben gerufen. Ihrer Bestimmung nach sollte sie in enger Abstimmung mit Präsident und Verteidigungsminister dafür sorgen, daß die USA nie wieder überraschend an der technologischen Front ins Hintertreffen geraten würde. Die ARPA selbst beschäftigte weder Wissenschaftler, noch besaß sie Forschungseinrichtungen oder Laboratorien. Sie umfaßte nur einige kleine Büros und ein – gemessen an Pentagon-Standards – schmales Budget. Ihre Aufgabe bestand darin, Forschungsgelder und Aufträge an Unternehmen und Universitäten zu verteilen, deren Ideen vielversprechend erschienen. Die ARPA Gelder dienten der Grundlagenforschung und nicht direkt zur Entwicklung militärischer Produkte. Ein Teilbereich der durch die ARPA gestützten Forschung betraf die Frage, wie Computer im militärischen Prozeß des **Communication, Command, and Control** (C^3), also der Kommunikation zur Befehlsweiterleitung und Lagebeurteilung genutzt werden könnten. Traditionell geschaltete Telefonverbindungen wurden als verwundbar angesehen, da der Ausfall einer Leitung oder auch nur eines Schaltverteilers alle Verbindungen, die darüber geschaltet waren, beenden und das Netzwerk im schlimmsten Fall sogar in zwei Teilnetze aufspalten würde. Da die UDSSR mit dem

Start des Sputniks ihre Fähigkeit, einen nuklearen Erstschlag auszuführen auf eindrucksvolle Weise unter Beweis gestellt hatte, gewann der Aufbau eines Kommunikationssystems, das in der Lage war, einen solchen Angriff zu überstehen, drastisch an Bedeutung.
Bereits zu Beginn der 60er Jahre wurde die Idee der Paketvermittlung, einem Grundpfeiler der Internet-Technologie, ohne die eine sichere Kommunikation in einem unsicherem, fehlerbehafteten Netzwerk nur schwer vorstellbar ist, von Paul Baran bei der amerikanischen **Rand Corporation** und Leonard Kleinrock am **Massachussetts Institute of Technology** (MIT) entwickelt. Zuständig für den Bereich C^3 bei der ARPA war eine Projektgruppe mit der Bezeichnung **Information Processing Techniques Office** (IPTO oder nur IPT). Bei einem Treffen der ARPA Forschungsdirektoren im Frühjahr 1967 brachte das IPTO erstmalig das Thema der Überbrückung heterogener Netzwerke, also den Zusammenschluß von an sich nicht kompatibler Netz-Hardware und -Software, auf die Tagesordnung. Im Oktober 1967 konnten bereits die ersten abgeschlossenen Spezifikationen für die **Interface Message Processors** (IMP), dedizierten Minicomputern, die den über Telefonverbindung zu koppelnden Rechnern vorgeschaltet werden sollten, diskutiert werden. Diese Entscheidung zur Verwendung standardisierter Verbindungsknoten zur Koppelung proprietärer Hardware zu einem Kommunikations-Subnetz (vgl. Abb. 1.15), vereinfachte die Entwicklung der notwendigen Netzwerkprotokolle, da die Software-Entwicklung für die Kommunikation zwischen IMP und proprietärem Rechner dem jeweiligen Kommunikationspartner überlassen werden konnte.

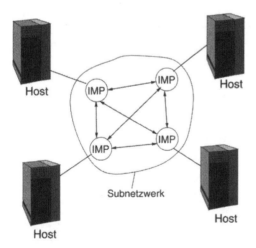

Abb. 1.15. ARPANET – Netzwerkmodell mit Kommunikations-Subnetz

Ende 1968 konnten dann basierend auf den Arbeiten des **Stanford Research Institutes** (SRI) die endgültigen Spezifikationen der IMPs festgeschrieben

1.3 Die untrennbare Geschichte von Internet und WWW

werden. Die ersten vier zu verbindenden Netzwerkknoten des ARPANETs gehörten zu universitären Forschungseinrichtungen der Universitäten Los Angeles (UCLA), Santa Barbara (UCSB), Stanford (SRI) und Utah. Am 29. Oktober 1969 war es dann soweit: die ersten vier IMPs waren erfolgreich mit ihren Hostrechnern verbunden und die Ära des Internet begann, obwohl der Netzwerkknoten der UCLA beim ersten Login-Versuch bei der Eingabe des Buchstaben G von LOGIN abstürzte.

Im April 1971 waren bereits 23 Hosts über 15 Knotenpunkte im sogenannten ARPANET miteinander verbunden. Im Januar 1973 wuchs diese Anzahl auf 35 Knoten an, zu der ab Mitte 1973 auch England und Norwegen als erste internationale Knoten mit hinzu kamen, die dann ab 1975 über eine Satellitenverbindung angeschlossen wurden. Die Zahl der Rechner im Netz wuchs mit 111 angebundenen Hostrechnern im Jahr 1977 auf über 500 Hosts im Jahr 1983 an. Das Jahr 1983 wurde dann zum ersten großen Wendepunkt in der Geschichte des ARPANET, da die Kommunikationssoftware aller angeschlossenen Rechensysteme vom alten **Network Control Protocol** (NCP) auf das 1973 unter der Leitung von Vinton Cerf und Robert Kahn entwickelte **TCP/IP** umgestellt wurde. Diese vom **Department of Defense** initiierte Umstellung auf das TCP/IP-Protokoll wurde notwendig, da es unter NCP nur bedingt möglich war, eine Kommunikation über heterogene Netzwerke hinweg zu gewährleisten, und trägt einen entscheidenden Anteil an der weltweiten Verbreitung, die dieses Netz der Netze schließlich fand.

Entscheidend für die Entwicklung eines **Internets**, also eines Netzverbundes von Netzen unterschiedlichster Kommunikationsnetzwerkarchitekturen, war die Lösung der Fragestellung, wie eine Kommunikation zwischen Rechnern an Endpunkten von Netzwerken unterschiedlicher Technologie organisiert werden kann, ohne daß die beteiligten Rechner wissen, was auf der Kommunikationsstrecke zwischen ihnen geschieht.

1983 kam die amerikanische **Defense Communications Agency** zu dem Schluß, daß das ARPANET jetzt zu groß geworden sei und zur Sicherheit eine Aufspaltung in einen militärisch (MILNET) und einen zivil zu nutzenden Bereich notwendig wäre. Verwaltungs- und betriebstechnisch gab es jetzt zwei verschiedene Netzwerke, doch weil Gateways sie verknüpften, merkten die Nutzer nichts von dieser Auftrennung. Das ARPANET war zu einem ausgewachsenem Internet geworden. Immer mehr eigenständige lokale Netze wurden an das ARPANET angebunden, so daß in der ersten Hälfte der 80er Jahre das Internet einem Stern glich mit dem ARPANET in der Mitte und den verschiedenen Netzwerken, die sich um dieses Zentrum herum gruppierten. Ende der 80er Jahre hatte sich dieses Bild jedoch gewandelt. Das NSFNET Program der amerikanischen **National Science Foundation** (NSF), das alle Universitäten über ein Hochgeschwindigkeits-Backbone verbinden sollte, ermöglichte es jedem College-Studenten zum Internet-User zu werden. So entwickelte sich das NSFNET sehr schnell zum Rückgrat des

Internet, und das nicht nur, weil seine Leitungen mehr als 25 mal schneller waren als die des ARPANET.

Tabelle 1.3. Vom ARPANET zum Internet – Übersicht

1957	Start des ersten sowjetischen Satelliten Sputnik und Gründung der ARPA
1960	Paul Baran's und Leonard Kleinrock's erste Arbeiten zum Packet Switching
1962	Die IPTO wird als Abteilung der ARPA ins Leben gerufen
1965	Die ARPA unterstützt die Grundlagenforschung an den amerikanischen Universitäten
1967	Erstes Treffen der ARPA-Manager zum Thema ARPANET
1968	Spezifikation der IMP-Kommunikationsrechner abgeschlossen
29.10.1969	Die ersten 4 Knoten des ARPANET werden zusammengeschaltet
1970	ALOHANET, das erste Funknetz zur Verbindung der Hauptinseln Hawaiis nimmt den Betrieb auf
1971	die erste Email wird versendet
1972	ARPA wird umbenannt in Defense Advanced Research Projects Agency (DARPA)
1973	Das ARPANET umfaßt 35 Knoten Vinton Cerf und Robert Kahn entwickeln das TCP Protokoll Robert Metcalfe erarbeitet Ideen zur Ethernet-Technologie
1975	Satellitennetzverbindung Hawaii, US-Festland, London via Intelsat 1
1977	erste öffentliche Demonstration des ARPANET
1978	Die Standardisierungsorganisation ISO verabschiedet das OSI-Kommunikationsschichtenmodell
1983	Aufspaltung des ARPANET in einen zivil genutzten und einen militärisch genutzten Teilbereich (MILNET) Umstellung des gesamten ARPANET auf TCP/IP
1984	Das Supercomputer Programm der National Science Foundation (NSF) schließt Aufbau und Wartung eines Hochgeschwindigkeitsnetzwerks mit ein (NSFNET, 56kbps Backbone)
1986	NSFNET nimmt den Betrieb auf
1988	Erster Internetwurm befällt das Netz, 10% der bis dato 60.000 Hosts sind betroffen
1989	150.000 Hosts sind im Internet vernetzt. Die Stillegung des alten ARPANET wird beschlossen

Anfang der 90er Jahre übertraf die Zahl der weltweit über das NSFNET vernetzten Computer bei weitem diejenige im ARPANET. Das DARPA-Management – die ARPA war mittlerweile in **Defense Advanced Research Project Agency** umbenannt worden – entschied im August 1989 anläßlich des 20-jährigen Bestehens des ARPANET, daß dieses sich mittlerweile selbst überlebt habe und es sei nun an der Zeit, das ARPANET stillzulegen. Das NSFNET und die regionalen Netzwerke, die daraus hervorgegangen waren, wurden zum neuen, zentralen Backbone, zum Internet wie wir es heute kennen.

1.3 Die untrennbare Geschichte von Internet und WWW

Tabelle 1.4. Internet-Pioniere

Name	Tätigkeit	Wirkungskreis
Joseph C.R. Licklider	Visionär, („die Computertechnik soll sich an den Bedürfnissen der Menschen orientieren"), Arbeiten zur Interaktivität und Vernetzung von Computern	Direktor des IPTO
Ivan Sutherland	setzt Lickliders Arbeit fort	Direktor des IPTO
Robert Taylor	setzt Lickliders Arbeit fort	Direktor des IPTO
Larry Roberts	realisiert Lickliders Pläne	Projektleiter ARPANET
Paul Baran	entwickelt Packet-Switching und schlägt dezentrales Netz vor	RAND Corporation
Wes Clark	schlägt IMPs als Netzwerkschnittstelle für Internet-Hostrechner vor	MIT
Leonhard Kleinrock	bekommt von Roberts die Leitung des Kontrollorgans des Netzwerks übertragen	Leiter des Network Control Centers
Steve Crocker	Student, schlägt RFCs vor	Leiter der Network Working Group
Vennevar Bush	schlägt erstes Hypertext-System bereits 50 Jahre vor dem WWW vor	Carnegie Research Institute, Washington
Marshall McLuhan	Visionär, prägt die Phrase vom „globalem Dorf"	Medientheoretiker
Robert Kahn	Co-Designer des TCP/IP-Protokolls, arbeitet mit am Design der IMPs	Bolt Beranek Newman (BBN)
Vinton Cerf	Co-Designer des TCP/IP-Protokolls	Stanford Research Institute (SRI)
Douglass Engelbart	entwickelt das erste lauffähige Hypertextsystem, Erfinder der Maus und der grafischen Benutzeroberfläche	SRI

1.3.2 The Internet goes public

Für den Siegeszug des Internet als Massenkommunikationsmedium sind wohl hauptsächlich zwei Gründe ausschlaggebend: die Öffnung des neuen Mediums für die Allgemeinheit und die Bereitstellung einer einfachen Benutzerschnittstelle, dem WWW-Browser, die auch den Nichtfachmann in die Lage versetzt, das Medium Internet und die im Internet angebotene Dienste wie WWW oder Email zu nutzen.

Die Geburtsstunde des eigentlichen Internets wird oft gleichgesetzt mit der am 1. Januar 1983 erfolgten Umstellung des ARPANET vom bis dato gültigen Netzwerkprotokoll NCP auf die neue Protokollfamilie TCP/IP mit ihren drei Basisprotokollen IP (Internet Protocol), TCP (Transmission Control Protocol) und ICMP (Internet Control Message Protocol), die bereits 1981 als RFC (Request for Comments) spezifiziert worden waren. Durch die Verwendung

der TCP/IP Protokollfamilie wurde erstmals eine gemeinsame Zusammenschaltung unterschiedlicher Netzwerktechnologien auf einfache und effiziente Weise möglich.
Die Entwicklung des Internets hin zu einem öffentlich nutzbaren und allgegenwärtigen Kommunikationsmedium hatte allerdings bereits in den 70er Jahren ihren Ausgangspunkt. Ende 1971 entschied Larry Roberts als Projektleiter für das ARPANET, daß das Internet mehr Popularität benötigte, um seine Weiterentwicklung zu beschleunigen. Im Oktober 1972 sollte in Washington eine Tagung stattfinden, die **International Conference on Computer Communications** (ICCC), zu der eine erste öffentliche Demonstration des ARPANET organisiert werden sollte. Robert Kahn als verantwortlicher Leiter der Demonstration benötigte ein knappes Jahr, um eine Hand voll Applikationen im ARPANET wirklich soweit stabil und lauffähig zu entwickeln, damit die geplante Demonstration erfolgreich verlaufen konnte. Seine Idee war es, einen Terminal Interface Processor (TIP) im Erdgeschoß des Washington Hilton Hotels aufzubauen, um dort der Öffentlichkeit einen direkten Zugang zum ARPANET zu präsentieren, von wo aus Anwendungen verteilt über die gesamte USA gestartet werden konnten. Die Demonstration geriet zu einem grandiosen Erfolg, und Wissenschaftler aus der ganzen Welt erhielten einen ersten Einblick in die Möglichkeiten, die das ARPANET bot. Eine der bekanntesten Demonstrationen zeigte eine Unterhaltung zwischen ELIZA, einem Programm Joseph Weizenbaums, das das Verhalten eines Psychiaters nachahmte und am Massachussetts Institute of Technology lief, und PARRY, einem paranoiden Computerprogramm, entwickelt von Kenneth Colby in Stanford. Andere Demonstrationen zeigten ein interaktives Schachspiel oder die Simulation einer Luftraumüberwachung.
Die neue Technik wurde schnell von der Wissenschaftlergemeinde angenommen, da sie den wissenschaftlichen Kommunikationsprozeß immens vereinfachte und beschleunigte. Interessant ist, daß das Internet auch immer wieder durch den Spieltrieb der angeschlossenen Teilnehmer neue Impulse zu seiner Weiterentwicklung und Ausgestaltung erhielt. So gab es bereits zwischen 1973 und 1975 erste wöchentliche „Net-Meetings", zu denen sich Teilnehmer aus einer Vielzahl der angeschlossenen Forschungseinrichtungen „virtuell" verabredeten, um gemeinsam „STAR TREK", ein einfaches, verteiltes Computerspiel basierend auf der gleichnamigen Fernseh-Serie zu spielen.
Auch die Entwicklung des Betriebssystem UNIX hatte einen wichtigen Anteil an der Verbreitung von TCP/IP und damit an der Popularität des Internet, insbesondere die Entwicklung des frei verfügbaren Betriebssystems BSD-UNIX an der University of California in Berkeley. Der ARPA war von Anfang an daran gelegen, Forschern und Wissenschaftlern an den Universitäten die Nutzung des Internet schmackhaft zu machen. Ein Großteil der Informatik-Institute an den amerikanischen Universitäten setzte damals UNIX, insbesondere BSD-UNIX als Betriebssystem für ihre Rechner ein. Die ARPA unterstützte auf der einen Seite Bolt, Beranek und Newman (BBN)

1.3 Die untrennbare Geschichte von Internet und WWW

bei der zügigen Implementierung der TCP/IP-Protokolle und auf der anderen Seite Berkeley, damit die TCP/IP-Protokolle mit in deren Betriebssystem-Distribution aufgenommen wurde. Damit gelang es der ARPA, über 90 % der Informatik-Abteilungen der amerikanischen Universitäten zu erreichen, und das zur rechten Zeit. Die meisten Informatik-Abteilungen waren nämlich gerade dabei, erstmals zwei oder mehr Rechner gemeinsam zu installieren und diese in einem lokalen Netzwerk zu verbinden. Dabei kamen die neuen Kommunikationsprotokolle gerade recht.

Die BSD-UNIX Distribution gewann sehr große Popularität, da sie neben den Standard TCP/IP-Anwendungsprogrammen zusätzliche Netzwerk-Management-Programme zur Verfügung stellte, die in ihrer Bedienung stark an die bestehenden UNIX-Services für Einzelrechnersysteme angelehnt waren. Neben diesen Hilfsprogrammen wurde in der BSD-Distribution auch eine geeignete Programmierschnittstelle spezifiziert und zur Verfügung gestellt, die sogenannten **sockets**, die es einem Anwendungsprogramm gestatten, auf Kommunikationsprotokolle direkt zuzugreifen. Die Verwendung von Sockets war unkompliziert und ermöglichte es vielen Wissenschaftlern, selbst mit TCP/IP zu experimentieren. Bereits 1976 waren die TCP/IP Protokolle vollständig in BSD-UNIX integriert.

1977 fand erstmalig eine öffentliche Demonstration des **Internetworking**, also der Kommunikation über verschiedene, nicht kompatible Computernetzwerke hinweg statt. Dabei zeigten Vinton Cerf und Robert Kahn einen über TCP verbundenen Zusammenschluß aus Packet Radio Net, SATNET und ARPANET. Aus einem Lieferwagen an der Westküste der USA wurden Datenpakete über die USA hinweg an das University College in London via Satellit gesendet, dann zurück nach Virginia und schließlich an die University of Southern California.

Zu dieser Zeit waren allerdings noch wenige Universitäten an das ARPANET angeschlossen. Das Gros der Hochschulen in den USA hatte keinen Vertrag mit der DARPA und somit auch keinen Zugang zum Netz. Auf eine Initiative Lawrence Landwebers von der Universität Wisconsin hin wurde 1979 ein Antrag an die NSF formuliert, in der um Unterstützung zur Schaffung eines universitären Netzwerks, des CSNET gebeten wurde. Der erste Antrag wurde aus Kostengründen und auf Grund des mangelhaften technischen Designs hin verworfen, aber bei einem zweiten Treffen der Antragsteller, bei dem auch Vinton Cerf als DARPA-Vertreter mit beteiligt war und neue Vorschläge bezüglich der technischen Ausgestaltung mit einflossen, wurde ein neues Antragspapier verabschiedet, das dann die Zustimmung der NSF fand. Das CSNET Projekt wurde 1981 von der NSF mit einem Förderungsbeitrag von 5 Mio $ gestartet und weiter bis 1985 durch die NSF unterstützt, bis es in der Lage war, sich selbst zu finanzieren.

Die 1983 vorgenommene Aufteilung in das zivile ARPANET und das militärische MILNET bewirkte einen weiteren Aufschwung und beschleunigte das Wachstums des Netzes, da der zivile Anteil ohne größere Bedenken

Im Jahr 1974 veröffentlichen Vinton Cerf und Robert Kahn in [CK74] Architekturprinzipien, die sie als **Open Network Architecture** bezeichneten, und die heute noch die Grundlage des Internets bilden:

Minimalismus und Autonomie: Ein Netzwerk sollte in der Lage sein, alleine und eigenständig zu arbeiten. Um mit anderen Netzwerken vernetzt zu werden, sollen keine internen Änderungen notwendig sein.

Bestmöglicher Service: Vernetzte Netzwerke sollen einen bestmöglichen Service von einem Endgerät zum anderen bieten. Um eine zuverlässige Kommunikation zu gewährleisten, werden fehlerhafte oder verlorengegangene Nachrichten erneut vom Sender übertragen.

Zustandslose Vermittlungsrechner: Die Vermittlungsrechner in vernetzten Netzwerken sollen keine Angaben darüber speichern oder verarbeiten, in welchem Zustand sich eine bestehende Netzwerkverbindung befindet.

Dezentralisierte Kontrolle: Es soll keine globale Kontrolle über die einzelnen vernetzten Netzwerke geben, die Organisation erfolgt dezentral.

Abb. 1.16. Internet Design Prinzipien von V. Cerf und R. Kahn

der Militärs für den privaten Gebrauch freigegeben wurde. Der wichtigste Grund jedoch für das weitere explosionsartige Wachstum des Internet lag in einer NSF-Initiative, in der 1984 eine Ausschreibung für Anträge auf die Einrichtung von Supercomputing-Zentren angeregt wurde, die der gesamten US-Forschungsgemeinde, unabhängig von der jeweiligen Fachdisziplin zur Verfügung stehen sollten. Eine neue Abteilung, die **Division of Advanced Scientific Computing** wurde gegründet mit einem Budget von 200 Mio $ für die kommenden fünf Jahre. Das Backbone, das diese Supercomputing-Zentren verband, das NSFNET-Backbone – wurde zum Anknüpfungspunkt vieler regionaler Netze in den USA und so wuchs die Zahl der beteiligten Netze von 2.000 Anfang 1985 auf über 30.000 im Jahr 1987. Das ursprüngliche ARPANET wurde 1989 schließlich stillgelegt, da das NSFNET als Backbone technologisch überlegen war und eine wesentlich höhere Bandbreite zur Verfügung stellte. Die Zahl der am Internet angeschlossenen Computer war 1989 bereits auf über 150.000 angestiegen.

Als am Abend des 2. November 1988 der erste **Internetwurm**, ein sich selbst reproduzierendes Programm, sagenhafte 10% der damals 60.000 an das Internet angeschlossenen Rechner lahmlegte, erregte dieser Vorfall großes Aufsehen in der Öffentlichkeit. Direkt betroffen waren Computer vom Typ VAX und SUN-3, auf denen verschiedene Versionen des weit verbreiteten Berkeley BSD-UNIX Betriebssystems liefen, die wiederum als Ausgangspunkt für den Angriff auf weitere Computer benutzt wurden. Innerhalb weniger Stunden hatte sich das Programm über das Gebiet der gesamten USA ausgebreitet, hatte Tausende von Computern befallen und diese, auf Grund der Systemlast, die seine Aktivität erzeugte, außer Betrieb gesetzt. Die Bedeutung, die Datennetze wie das Internet für das öffentliche Leben inzwischen erlangt hatten und die zunehmende Abhängigkeit von diesen, ließen solche Angriffe zu einer direkten Bedrohung für das öffentlichen Leben werden, die – im Extremfall

1.3 Die untrennbare Geschichte von Internet und WWW   33

– heute sogar ein ganzes Land und seine Wirtschaft in ein Informationschaos stürzen können. Als Reaktion auf diesen Angriff wurde das **Computer Emergency Response Team** (CERT) mit seinem Sitz an der Carnegie Mellon Universität in Pittsburgh vom amerikanischen Verteidigungsministerium ins Leben gerufen. Die Aufgabe des CERT besteht darin, eine hohe Expertise zum Thema Internet-Sicherheit aufzubauen, um die Schwachstellen bisheriger Internet-Installationen und Anwendungen herauszufinden und um Empfehlungen auszusprechen, nach denen sich die Benutzer und Betreiber des Internet richten sollen. Sicherheitszwischenfälle werden an das CERT gemeldet, das versucht, diese aufzuklären, um Vorsorge zu treffen, ähnliche Vorfälle in Zukunft zu vermeiden bzw. die Verantwortlichen zur Rechenschaft zu ziehen. Dabei ist das CERT eine reine Forschungseinrichtung ohne jegliche polizeiliche, bzw. staatliche Gewalt und kann nicht selbst gegen eine Bedrohung, bzw. deren Verursacher vorgehen. Startete das CERT für das Jahr 1988 mit 6 gemeldeten Sicherheitszwischenfällen, so ist diese Zahl mittlerweile auf über 80.000 im Jahr 2002 angestiegen. 2003 wurde mit 76.404 registrierten Zwischenfällen im ersten Halbjahr bereits das Niveau des gesamten Vorjahres erreicht, so daß bei fortlaufendem Trend die Zahl auf mindestens 150.000 anwachsen wird (siehe Abb. 1.17).

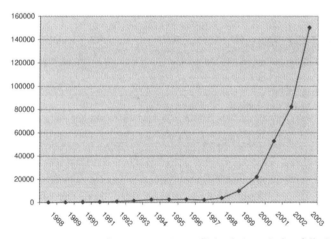

Abb. 1.17. Vom CERT registrierte Sicherheitszwischenfälle im Internet pro Jahr

1.3.3 Das WWW revolutioniert das Internet

Wie bereits beschrieben war es das World Wide Web und seine einfach zu bedienende Benutzerschnittstelle, der Browser, die dem Internet zu dem sa-

genhaften Erfolg und seiner weltweiten Verbreitung verhalfen, so daß heute, im Jahr 2002 bereits 60% der amerikanischen Haushalte „online" sind. Die Tatsache, daß der Browser in der Lage ist, als integrative Schnittstelle den Zugriff auf viele verschiedenartige Internetdienste wie Email oder Filetransfer zu vereinen, vereinfacht die Nutzung des neuen Mediums derart, daß es zum Massenkomunikationsmittel wachsen kann.
1989 formulierte Tim Berners Lee im Schweizer Kernforschungsinstitut CERN einen Vorschlag **„Information Management: A Proposal"**, in dem er ein verteiltes Hypertext-basiertes Dokumenten-Managementsystem vorschlug, mit dem Dokumentation und Forschungsdaten, die im CERN in riesigen Mengen anfielen, verwaltet werden sollten. Im Folgejahr erhielt er grünes Licht, um seine Idee zusammen mit Robert Cailliau auf einem NeXT-Computersystem in die Tat umzusetzen. Bereits im November 1990 war der erste WWW-Server lauffähig, dem Tim Berners Lee den Namen **WorldWideWeb** gab, im März 1991 folgte dann der erste WWW-Browser.

Tabelle 1.5. Die Geschichte des World Wide Web

1945	Vennevar Bush beschreibt MEMEX, das erste Hypertextsystem
1965	Ted Nelson prägt als erster das Wort **Hypertext** auf der ACM-Jahreskonferenz
1968	Doug Engelbart entwickelt ein Hypertext-basiertes Prototypensystem NLS und erfindet zu diesem Zweck die Maus als Eingabegerät
1980	Tim Berners Lee schreibt ein erste Notizbuch-Programm mit Hypertextlinks
1989	Tim Berners Lee verfaßt ein erstes Memorandum zu seinem Hypertext-Dokumentenverwaltungssystem am Kernforschungszentrum CERN
1990	Zusammen mit Robert Cailliau entwickelt Tim Berners Lee den ersten WWW-Server und WWW-Browser: die Geburtsstunde des WorldWideWeb
1993	NCSA Mosaic, der erste WWW-Browser mit grafischer Benutzeroberfläche erscheint
1994	Netscape wird gegründet
1994	Gründung des World Wide Web Consortiums (W3C)
1995	Microsoft liefert sein Betriebssystem Windows95 zusammen mit dem Internet Explorer als WWW-Browser aus

Einige Monate später, im September 1991, besuchte der amerikanische Physiker Paul Kunz vom Stanford Linear Acceleration Center (SLAC) das CERN und lernte dort das WWW kennen. Begeistert von der Idee nahm er eine Kopie des Programms in seinem Gepäck mit zurück und schon im Dezember 1991 geht der erste WWW-Server der USA am SLAC ans Netz. Der Aufbau neuer Server oblag hauptsächlich der Eigeninitiative von Universitätsangehörigen. Während 1992 gerade einmal 26 WWW-Server existierten, hatte sich bis Anfang 1993 die Zahl der weltweit betriebenen WWW-Server auf fast 50 Stück verdoppelt.
Mit dem ersten WWW-Browser mit grafischer Benutzeroberfläche, dem NCSA Mosaic von Marc Andreesen für das X-Windows System, war es ab Ende 1993 dann endlich auch dem Nichfachmann möglich, das WWW zu nut-

zen, insbesondere da die NCSA kurz darauf Versionen für PC und Macintosh veröffentlichte. Ende 1993 war die Anzahl der WWW-Server bereits auf 500 gestiegen und das WWW verursachte etwa 1% des weltweiten Internet-Datenverkehrs.

1994 sollte dann das eigentliche Jahr des WWW werden: Die erste Internationale World-Wide-Web Conference wurde im Mai am CERN abgehalten. Eigentlich hatten sich weit mehr als die 400 teilnehmenden Entwickler und Wissenschaftler angemeldet, doch war der vorhandene Platz einfach zu beschränkt für das große Interesse, das dem WWW entgegengebracht wurde. Berichte über das WWW gelangten in die Medien und im Oktober startete eine zweite Konferenz in den USA, an der bereits 1300 Personen teilnahmen. Durch die Verbreitung des zum Netscape Navigator weiterentwickelten Mosaic Browsers und seines Markt-Konkurrenten, dem Microsoft Internet Explorer, der jedem verkauften Microsoft Betriebssystem seit 1995 beilag, erfuhr das World Wide Web eine Popularität, wie nie zuvor. Lag die Wachstumsrate zunächst bei einer jährlichen Verdoppelung der angeschlossenen Computer, so verdoppelte sie sich nun alle drei Monate. Explosionsartig verbreitete sich das WWW über die ganze Welt und hielt Einzug in Büros und Privathaushalte.

Tabelle 1.6. Das WWW – wie alles begann

Erster WWW-Server der Welt: nxoc01.cern.ch
Erste WWW-Seite der Welt: http://nxoc01.cern.ch/hypertext/WWW/TheProject.html

In Anlehnung an das Internet und seine regulativen Institutionen sah Tim Berners Lee die Notwendigkeit, auch die Entwicklung und das Wachstum des WWW durch eine unabhängige Instanz regeln zu lassen. Standards sollten ebenfalls nur von einem unabhängigen Gremium und nicht durch die Industrie alleine definiert werden, um die Entstehung von Monopolen zu verhindern. Die Unterstützung durch die IETF, an die er sich gewandt hatte, lies auf Grund mangelnden Konsenses zu lange auf sich warten. So begann Lee zusammen mit Michael Dertouzos, dem Leiter des Laboratory of Computer Science am MIT, Mittel für die Einrichtung eines **World Wide Web Consortiums (W3C)** einzuwerben. 1994 konnte das W3C dann ins Leben gerufen werden mit Unterstützung des MIT, des Institute National de Recherche en Informatique et en Automatique (INRIA) in Europa, der DARPA und der Europäischen Kommission mit dem Ziel, die weitere Entwicklung der WWW-Protokolle zu überwachen und die Interoperabilität des WWW zu fördern.

E-Commerce wurde dann ab 1995 zum Begriff: Wirtschaft und Handel entdecken das WWW und seine Möglichkeiten. Erste Internet-Shopping-Systeme werden eingerichtet und Firmen wie **Amazon.com** entstehen aus dem Nichts und werden über Nacht zu Börsenriesen. Die Registrierung von Internetadressen und Namen wird zu einem kostenpflichtigen Service und die großen Firmen lassen sich die rechtliche Absicherung ihrer Namen im WWW oft eine Menge Geld kosten. Ein regelrechter Hype entsteht und reißt die gesamte Wirtschaft mit sich. Das amerikanische Silicon Valley wird zur Brutstätte der **dot-coms**, so bezeichnet nach dem Adress-Suffix .com ihrer WWW-Adressen, die mit einer simplem Geschäftsidee und der Hilfe von Venture-Kapital und Investoren oft in nur wenigen Monaten aufgebaut werden, bevor sie – im Erfolgsfall – von einem größeren Konkurrenten aufgekauft werden. Der reale Gewinn, den diese Firmen projektierten, blieb in den meisten Fällen aus. Der Konsument blieb, was das online-shopping angeht, zaghaft, zumindest solange noch keine einheitlichen und sicheren Transaktionsmechanismen zur Verfügung standen. In der Jahresmitte 2000 brach dieser Markt schlagartig zusammen. Dem alten Börsengesetz folgend kommt nach dem überschwänglichen Hype erst einmal eine lange Talfahrt, bevor der Markt zu einer realen Bewertung findet.

Aktuelle Zahlen über die tatsächliche Größe des Internet bzw. des WWW anzugeben, lohnt sich nicht, denn sobald der erste Leser diese zu Gesicht bekommt, sind sie mit Sicherheit schon veraltet. Mehr oder weniger zuverlässige Quellen über das Wachstum von Internet und WWW können im Internet abgerufen werden und sind meist von höherer Aktualität als die in gedruckter Form vorliegenden Informationen. Online-Quellen zur Internet-Historie und dem Internet-Wachstum können im Anhang C („Wichtige Internetadressen") nachgeschlagen werden. Abb. 1.18. zeigt die immense Wachstumsrate des WWW, während Abb. 1.19 die Wachstumsrate des gesamten Internets skizziert.

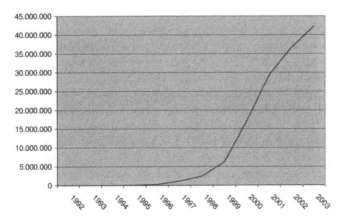

Abb. 1.18. Wachstum des World Wide Web

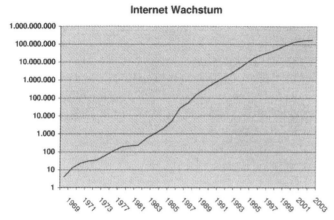

Abb. 1.19. Anzahl der an das Internet angeschlossenen Hosts

1.4 Das Who-is-Who in Internet und WWW

Das Internet als Netz der Netze wird nicht von einer Zentralstelle aus gesteuert. Da seine internationalen Verflechtungen jedoch unterschiedlichste Kommunikationsinfrastrukturen mit einschließen, ist eine interne Lenkung und Standardisierung unverzichtbar. International zusammengesetzte Nonprofit-Organisationen regulieren in ihrem Zusammenspiel mit der gesamten Internet-Gemeinde die technische Organisation in Form eines öffentlichen Standardisierungsprozesses. Basiskomponente dieses Prozesses ist der sogenannte Request for Comments (RFC), in dem die Spezifikation eines neuen Standards festgesetzt wird. Im Zuge seiner Festschreibung durchläuft der entstehende Standard verschiedene Entwicklungsstufen, wobei deren Fortschritt in der Verantwortung der steuernd eingreifenden Organisationen liegt.

Das Internet wird nicht zentral gesteuert, sondern ist fast vollständig dezentral konzipiert und organisiert. Eine Leitstelle oder zentrale Instanz, die die Organisation und Einhaltung von Standards überwacht und ein Funktionieren garantiert, die sucht man vergebens. Dennoch, der Kitt, der dieses lose System von Netzen zusammenhält, besteht in einer Reihe von zum Teil sehr alten Standards rund um den Austausch von Daten und Dateien. Die beiden wichtigsten Normen des Internet sind das **Internet Protocol** (IP) und das Duo **Transmission Control Protocol/Internet Protocol** (TCP/IP). Diese sind zuständig für die Regelung des Transports von Daten von einem Endpunkt zum anderen. Andere Standards wiederum regeln den Austausch elektronischer Post, die Aufbereitung von WWW-Seiten oder auch die Funktionsweise von Internet-Adressen. All diese Standards sind dafür verantwortlich, daß Millionen von Menschen tagtäglich trotz unterschiedlichster Hardwarevoraussetzungen miteinander kommunizieren können. Das Internet ist, trotz seiner dezentralen Strukturen und verteilten Verantwortlichkeiten, in technischer Hinsicht straff und zum Teil sogar hierarchisch durchorganisiert. Wer aber setzt diese Standards? Und wer trägt Sorge für die weitere Entwicklung und den Betrieb des Internets? Es existieren eine Reihe von Organisationen, die um die Belange des Internets und seiner Weiterentwicklung weltweit Sorge tragen. Auf verschiedene der wichtigsten dieser Organisationen, sowie deren Aufgaben wollen wir im Folgenden kurz eingehen.

1.4.1 Internet Architecture Board – IAB

Das Internet Architecture Board – vormals Internet Activities Board – ging 1983 aus dem von der ARPA reorganisierten Internet Control and Configuration Board (ICCB) hervor. Hauptanliegen des IAB ist es, die Weiterentwicklung des Internet zu lenken. Das bedeutet unter anderem, daß das IAB dafür zuständig ist, festzulegen, welche neuen Protokolle notwendig sind und welcher offiziellen Politik gefolgt werden soll, wenn es um die Weiterentwicklung des Internet geht.

Die ursprüngliche Idee war es, die Hauptverantwortlichen für die Entwicklung der Internet-Technologie zusammenzubringen, den Gedankenaustausch unter ihnen zu fördern und gemeinsame Richtlinien und Forschungsziele festzulegen. Bis zur ersten großen Reorganisation des IAB im Jahre 1989 erwuchs aus der zunächst ARPA-zentrierten Forschungsgruppe eine autonom handelnde Institution. Das IAB setzte sich aus etwa zehn sogenannten **Internet Task Forces** (ITF) zusammen, die sich alle mit unterschiedlichen speziellen Problemen rund um das Internet befaßten. Das IAB organisierte jährlich mehrere Hauptversammlungen, auf denen die ITFs ihre jeweiligen Status-Reports ablieferten, technische Spezifikationen geprüft, verbessert und die jeweilige Politik festgelegt wurde. Die Hauptversammlungen dienten auch dem Informationsaustausch mit Repräsentanten der Hauptförderer des Internet – ARPA und NSF.

Der Vorsitzende des IAB, der sogenannte **Chairman**, hatte die Aufgabe, aus Vorschlägen technische Direktiven zu machen, und die Arbeiten der verschiedenen ITFs zu organisieren. Er richtete auf Anregung der anderen IAB-Mitglieder neue ITFs ein und repräsentierte das IAB nach außen. Allerdings – und das mag überraschen – verfügte das IAB niemals über große finanzielle Mittel. Angehörige des IAB waren in der Regel Freiwillige, die für die jeweiligen ITFs wiederum freiwillige Mitarbeiter warben, die meist aus dem universitären oder industriellen Bereich der Internet-Forschung entstammten Die freiwillige Mitgliedschaft zahlte sich allerdings aus, da es zum Einen die Möglichkeit bot, stets über die aktuellsten Trends und Technologien gut unterrichtet zu sein, und andererseits aktiv an der Ausgestaltung des Internets mit mitwirken zu können.

1989 hatten sich das Internet und die damit verbundene TCP/IP-Technologie weit über das ursprünglichen Forschungsprojekts hinaus entwickelt. Hunderte von Firmen arbeiteten an TCP/IP-bezogenen Produkten und neue Standards ließen sich schon lange nicht mehr von heute auf morgen festlegen und umsetzen. Der kommerzielle Erfolg der Internet-Technologie machte eine Reorganisation des Lenkungsgremiums IAB notwendig, um den veränderten politischen und kommerziellen Bedingungen Rechnung zu tragen. Die Rolle des Vorsitzenden wurde neu definiert: die Wissenschaftler wanderten vom eigentlichen **Board** in zugeordnete Unterstützungsgruppen ab, und das neue IAB Board wurde aus Repräsentanten der neu gewachsenen Internet-Gemeinde zusammengesetzt.

Zusätzlich zum IAB Board wurden zwei große Unterstützungsgruppen gegründet: die **Internet Research Task Force** (IRTF) und die **Internet Engineering Task Force** (siehe Abb. 1.20).

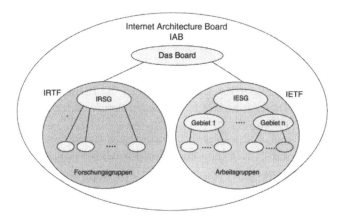

Abb. 1.20. Struktur des Internet Architecture Board

Die Aufgabe der IETF liegt in der Lösung von kurz- bis mittelfristigen Problemen. Die IETF existierte bereits als eine der in das IAB integrierten Task Forces und ihre Arbeitserfolge gaben mit den Ausschlag zur Reorganisation des IAB. Anders als die anderen Task Forces, die meist nur wenige Spezialisten als Mitglieder hatten, die zusammen an einem bestimmten Problem arbeiteten, war die IETF von Anfang an sehr groß und ihre zahlreichen Mitglieder bearbeiteten viele Probleme gleichzeitig. Sie war in über 20 Arbeitsgruppen unterteilt, die sich jeweils einem bestimmten Problem widmeten. Die Arbeitsgruppen hielten ihre eigenen Treffen ab, um entsprechende Problemlösungen zu formulieren, die sie in den regulären Treffen der IETF weitergaben, wo deren Aufnahme in das Internet-Standard-Werk diskutiert wurde. An den IETF-Treffen nahmen oft Hunderte von Personen teil. Die Task Force wurde zu groß, um noch erfolgreich von einem Chairman gemanaged zu werden. Auf Grund ihrer großen Bedeutung wurde die IETF nach der Reorganisation der IAB beibehalten und in acht Arbeitsgruppen mit eigenem

Arbeitsgruppenmanager unterteilt. Dabei widmen sich die Arbeitsgruppen jeweils den folgenden Gebieten:

- Internet-Anwendungen (Applications)
- Internet
- IP- Next Generation
- Netzwerk Management
- Betriebliche Auflagen (Operational Requirements)
- Routing
- Sicherheit
- Transport- und Anwenderdienste (Transport and User Service)

Der IETF Chairman und die Arbeitsgruppenmanager formten die **Internet Engineering Steering Group** (IESG), die für die Koordinierung der Arbeit in den Arbeitsgruppen sorgten. Die IETF umfaßt jetzt sämtliche Arbeitsgruppen einschließlich der Gruppenmanager und dem Chairman.

Im Zuge der Reorganisation wurde zusätzlich die **Internet Research Task Force**, das Forschungsgegenstück zur IETF ins Leben gerufen. Die IRTF koordiniert Forschungsaktivitäten rund um das TCP/IP-Protokoll und ist für die Internet-Architektur im allgemeinen zuständig. Ebenso wie bei der IETF existiert auch innerhalb der IRTF eine steuernde Gruppe, die **Internet Research Steering Group** (IRSG), die die Forschungsprioritäten bestimmt und die Forschungstätigkeiten koordiniert. Im Gegensatz zur IETF ist die IRTF aber zur Zeit viel kleiner und weniger aktiv, da viele Forschungsaktivitäten auch von der IETF selbst wahrgenommen werden. Derzeit existieren die folgenden IRTF-Forschungsgruppen:

- Ende-zu-Ende Kommunikation
- Informations Infrastruktur-Architektur
- Privatspäre und Sicherheit
- Informationsgewinnung im Internet (Internet Resource Discovery)
- Routing
- Internet-Service Management
- zuverlässiges Multicasting

1.4.2 Internet Society – ISOC

1992 hatte sich das Internet zusehends von seinen Wurzeln in den US-Regierungsbehörden entfernt und es wurde eine Gesellschaft gegründet, die deren Aufgabe übernehmen sollte, zur Beteiligung am Internet aufzurufen und für dessen Weiterentwicklung zu sorgen.

Die **Internet Society**, kurz ISOC genannt, ist eine internationale, gemeinnützige Organisation, die sich aus über 150 nationalen und regionalen Unterkapiteln und mehr als 6.000 einzelnen Mitgliedern aus 170 Ländern zusammensetzt. Die ISOC orientiert sich in ihrer Organisation an der schon lange bestehenden National Geographic Society, nur daß sich ihr Aufgabenfeld auf das Internet und dessen Weiterentwicklung beschränkt. Entstanden ist die ISOC auf Initiative einiger langjähriger Mitglieder der **Internet Engineering Taskforce** (IETF), die sich mit Standardisierungsfragen im Internet beschäftigt und diese in Einklang mit den Organisationen **Internet Architecture Board** (IAB), **Internet Research Task Force** (IRTF) und **Internet Assigned Number Authority** (IANA) unter einem gemeinsamen Dach mit gesicherter Finanzierung institutionalisiert wissen wollte. Bis 1990 finanzierte sich die IETF hauptsächlich aus US-Regierungsmitteln über Institutionen wie DARPA, NASA oder NSF. Da diese Finanzierung allerdings nicht langfristig gesichert schien, wurde die Gründung einer Gesellschaft erwogen, die ihre Mittel aus alternativen Quellen wie der Industrie auf internationaler Ebene einwerben sollte. Die offizielle Gründung der ISOC fand schließlich im Januar 1992 statt. 1993 wurden die Verantwortlichkeiten der ISOC in einem **Request for Comment** – einem Basisdokument im Prozeß der Standardisierung von Internet-Normen – , dem RFC 1602, zusammengefaßt, an dessen Bearbeitung die ISOC erstmals auch partizipierte. Die Aufgaben der ISOC bei der Schaffung eines neuen Internet Standards betreffen die unabhängige Beaufsichtigung und Koordination des Standardisierungsprozesses. An diesem Prozeß sind weiterhin die in Abb. 1.21 genannten Organisationen beteiligt.

Tabelle 1.7. WWW-Adressen der wichtigsten Internet Organisationen

IAB	Internet Authority Board	http://www.iab.org/
IETF	Internet Engineering Task Force	http://www.ietf.org/
IRTF	Internet Research Task Force	http://www.irtf.org/
ISOC	Internet Society	http://www.isoc.org/
IANA	Internet Assigned Number Authority	http://www.iana.org/
ICANN	Internet Corporation for Assigned Names and Numbers	http://www.icann.org/

1.5 Offene Standards im Internet und WWW – geregelte Anarchie

1.5.1 Wie entsteht ein Standard?

Soll ein neuer Internet-Standard festgeschrieben werden, so sind in dem Prozeß, dessen Zielsetzung und Abschluß der neue Standard darstellt, die meisten der in Abschnitt 1.4 genannten Organisationen beteiligt. Sie haben sich dem gemeinsamen Ziel verschrieben, den Internet-Standardisierungs-Prozeß nach den folgenden Richtlinien zu gestalten:

IAB – Internet Architecture Board
Das IAB fungiert als die technische Beratergruppe des ISOC. Zu seinen Aufgaben zählt es, die Übersicht über die Entwicklung des Internets und seiner Protokolle zu wahren. Es ist verantwortlich für die Bestätigung von Nominierungen für die IESG, die vom Nominierungskommitee des IETF getroffen werden.

IETF – Internet Engineering Task Force
Die IETF ist eine locker verbundene, selbstorganisierte Gruppe von Experten, die technische und darüber hinausgehende Beiträge liefern zur Weiterentwicklung des Internet und seiner Technologien. Als Hauptbeteiligter in der Entwicklung neuer Standards ist die IETF jedoch kein Bestandteil der ISOC. Sie besteht aus einzelnen Arbeitsgruppen, unterteilt nach Aufgabengebieten, die vom jeweiligen Arbeitsgruppenmanager geleitet werden. Nominierungen für das IAB oder für die IESG werden von einem Nominierungskommitee vorgenommen, das zufällig aus den Teilnehmern der IETF-Meetings ausgewählt wird, die sich freiwillig dazu zur Verfügung gestellt haben.

IRTF – Internet Research Task Force
Die IRTF ist nicht direkt am Standardisierungsprozeß beteiligt. Vielmehr obliegt der IRTF die längerfristige Entwicklung des Internets und die Bearbeitung von Themengebieten, die als zu unsicher, als zu fortschrittlich oder auch noch als bislang zu wenig verstanden gelten, als daß sie bereits für eine Standardisierung geeignet wären. Sobald die IRTF bei ihrer Arbeit eine Spezifikation freigibt, die als ausreichend stabil für einen Standardisierungsprozeß angesehen wird, wird diese Spezifikation entsprechend den gegebenen Richtlinien von der IETF weiterverarbeitet.

ISOC – Internet Society
Die Festlegung von neuen Standards ist die Hauptaufgabe der ISOC. Die ISOC ist eine professionelle Gesellschaft, deren Hauptaufgabe die Sorge für das weitere Wachstum und die Weiterentwicklung des weltweiten Internets trägt. Dazu zählt auch die Behandlung der Fragen, in welcher Weise das Internet genutzt wird oder nach den dadurch ausgelösten Folgen im sozialen, politischen oder auch im technischen Bereich. Das ISOC **Board of Trustees** bestätigt Nominierungen für das IAB, die vom IETF Nominierunskommitee getroffen werden.

IESG – Internet Engineering Steering Group
Die IESG kümmert sich um das technische Management der IETF Aktivitäten und des Internet-Standardisierungsprozesses. Sie ist ebenfalls ein Teil der ISOC. Die Hauptverantwortung der IESG liegt bei allen Aktivitäten, die den Eintritt neuer und den Fortschritt bereits in der Bearbeitung befindlicher Standardisierungsvorschläge betreffen. Die IESG ist die letzte Instanz zur Verabschiedung eines offiziellen Internet-Standards. Sie setzt sich aus den Arbeitsgruppen-Managern der IETF zusammen.

IANA – Internet Assigned Number Authority
Die IANA besaß ursprünglich die Kontrolle über die Organisation, Aufteilung und Vergabe der zu vergebenden Internet-Adressen. Defacto lag die Kontrolle über die Internet-Adressen bei IANA bis 1998 in der Hand von Jon Postel, einem der Gründerväter des Internet, der von Anfang an als Editor der RFCs fungierte. Nach seinem Tod ging die Gewalt über die Adreßvergabe an die **ICANN (Internet Corporation for Assigned Names and Numbers)** über.

Abb. 1.21. Die wichtigsten Internet Organisationen

- technische Vorzüglichkeit
- frühzeitige Implementation und Praxistests

- klare, präzise und leicht zu verstehende Dokumentation
- Offenheit und Ausgewogenheit, sowie
- möglichst hohe Aktualität

Request for Comments (RFC) – Ausgangspunkt des Standardisierungsprozesses. Da die TCP/IP-Technologie kein proprietäres Firmeneigentum darstellt und auch kein Hersteller dieses Privileg für sich zu beanspruchen vermag, kann die Dokumentation der Protokollstandards auch nicht von einem Hersteller bezogen werden. Die Dokumentation der Standards ist online öffentlich und ohne jegliche Gebühr verfügbar. Die Spezifikation jedes späteren Internet-Standards, Vorschläge für die Einrichtung neuer oder Revision bestehender Standards wird zunächst in Form eines technischen Berichts, einem sogenannten **Request for Comments** (RFC) durch IESG oder IAB veröffentlicht. RFCs können sehr ausführlich oder auch nur sehr kurz sein. Sie können sowohl den bereits fertigen Standard als auch nur Vorschläge für die Ausgestaltung neuer Standards enthalten. Obwohl nicht begutachtet wie wissenschaftliche Forschungsarbeiten werden sie doch editiert. Lange Jahre, bis 1998 oblag die Herausgabe einer einzelnen Person, *Jon Postel*, der das Amt des RFC-Editor inne hatte. Heute übernehmen diese Aufgabe die Arbeitsgruppenmanager des IETF. RFCs dienen somit für die IESG und das IAB als offizielle Publikation zur Einbeziehung der Internet Gemeinde. Es existieren eine Reihe von Servern, auf denen alle RFCs via WWW, FTP oder anderen Dokument-Retrieval Systemen öffentlich zugreifbar sind. Schon die Namensgebung soll darauf hinweisen, daß der eingereichte Spezifikationsvorschlag Gegenstand öffentlicher Diskussion sein soll. Die lange Reihe der bislang erschienenen RFCs startete bereits 1969 im Rahmen des ursprünglichen ARPANET Projekts. Neben Internet-Standards werden darin auch viele ursprüngliche Forschungsthemen und Diskussionen, als auch Statusberichte über das Internet abgehandelt. Die Veröffentlichung neuer RFCs obliegt der Verantwortlichkeit des **RFC-Editors** und unterliegt der generellen Richtungsweisung des IAB.

Die Serie der RFCs wird fortlaufend und chronologisch durchnumeriert. Jeder neue RFC bzw. dessen Revision erhält eine eigene Nummer. Es obliegt der Sorgfalt des Lesers, die jeweils aktuellste Nummer zu einem bestimmten Themengebiet aus der Serie der RFCs herauszufinden. Es existiert ein RFC-Index, der dabei hilft, die korrekte Nummer zu finden.

Der Status der einzelnen in Bearbeitung befindlichen neuen Standards wird periodisch in einem eigenen RFC mit dem Titel **Internet Official Protocol Standards** veröffentlicht. Er zeigt der auf, wie weit jeder einzelne in Bearbeitung befindliche Vorschlag auf dem Weg zum Internet-Standard gediehen ist.

Der Standardisierungsprozeß. Während ein neuer Internet-Standard seinen Entwicklungsprozeß durchläuft, sind vorläufige Versionen, sogenannte **Drafts**, über das IETF **Internet Drafts Directory**, das auf verschiedenen Rechnern im Netz vorgehalten wird, zur Stellungnahme und Diskussion zugänglich. Auf diese Weise wird jedes Arbeitsdokument der ganzen Internet-Gemeinde vorgelegt, um begutachtet und gegebenenfalls auch wieder revidiert zu werden. Verbleibt ein solcher Draft für mehr als 6 Monate im Internet Drafts Directory, ohne daß dieser durch die IESG zur Veröffentlichung vorgeschlagen wird, wird dieser einfach aus dem Directory entfernt. Jederzeit kann ein Internet Draft aber durch eine neuere, überarbeitete Version ersetzt werden und der 6-Monats-Bearbeitungszeitraum beginnt wieder von neuem. Internet Drafts zählen in keiner Weise als Publikation und habe somit keinerlei formalen Status, noch können sie zitiert werden. Sie können jederzeit verändert oder wieder entfernt werden.

Die IETF fungiert im Internet-Standardisierungsprozeß als Dreh- und Angelpunkt. Ein Großteil aller technischer Beiträge wird von ihr initiiert und sie wirkt als Integrationspunkt fr andere Standards, die außerhalb des Internet-Standardisierungsprozesses definiert wurden. (siehe Abb. 1.22).

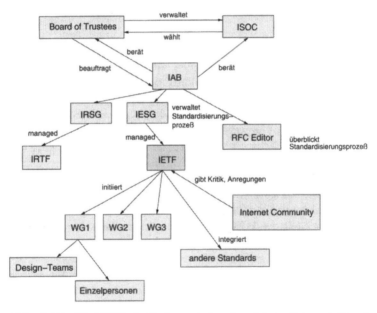

Abb. 1.22. Die IETF als Dreh- und Angelpunkt des Internet Standardisierungsprozesses

Eine Spezifikation, die einmal als Internet-Standard veröffentlicht werden soll, durchläuft dann einen fest vorgegebenen Entwicklungsprozeß mit unterschiedlichen Reifegraden. Angefangen vom **Proposed Standard** über den Status des **Draft Standard** kann sich die Spezifikation bis hin zum vollständig ausgereiften **Internet Official Protocol Standard** entwickeln.

Proposed Standard. Eine neue Spezifikation tritt in den Standardisierungsprozeß als **Proposed Standard**. Verantwortlich dafür, daß ein Vor-

1.5 Offene Standards im Internet und WWW – geregelte Anarchie 45

schlag für eine Spezifikation den Standardisierungsprozeß betritt, ist die IESG der IETF. Ein Proposed Standard gilt generell bereits als stabil, notwendige Design-Entscheidungen wurden bereits im Vorfeld getroffen. Das angesprochene Problem gilt allgemein als gut verstanden. Es wurde bereits von der Internet-Gemeinde begutachtet und einer weiterführenden Aufmerksamkeit für Wert erachtet. In der Regel ist keine Implementierung oder anderweitige operationelle Einsatzerfahrung notwendig, um eine Spezifikation als Proposed Standard festzulegen. Sind jedoch grundlegende Internet-Protokolle oder Kernkomponenten des Internets betroffen, so verlangt die IESG in der Regel bereits eine Implementation und Erfahrungen, die im operationellen Betrieb gewonnen wurde, bevor der Status eines Proposed Standards gewährt wird. Für den Implementierer stellt der Proposed Standard eine bislang unreife Spezifikation dar. Daher ist eine zügige Implementation erwünscht, um die im Zuge dieses Prozesses gewonnenen Erfahrungen in die weitere Ausgestaltung der Spezifikation miteinbeziehen zu können.

Draft Standard. Wurden für einen Proposed Standard mindestens zwei unabhängige Implementationen entwickelt und wurden mit diesen genügend operationelle Erfahrung gesammelt, kann er frühestens nach Ablauf von 6 Monaten auf den Level eines **Draft Standard** gehoben werden. Ein Draft Standard muß schon allgemein anerkannt und stabil sein, weitere Einsatzerfahrungen sindaber immer noch von Nöten, insbesondere wenn es sich zum Beispiel um den großmaßstäblichen Einsatz in einer Produktionsumgebung handelt. Im Allgemeinen wird ein Draft Standard bereits als endgültige Spezifikation betrachtet, die nur noch verändert wird, falls unvorhergesehene Probleme auftreten, die das erzwingen.

Internet Official Protocol Standard. Sind für einen Draft Standard bereits ausreichend Einsatzerfahrungen gewonnen worden, die mit Hilfe der Implementationen erzielt wurden, die auf dessen Spezifikation beruhen, so kann dieser in den Status eines offiziellen **Internet Standards** erhoben werden. Ein Internet Standard zeichnet sich bereits durch einen hohen Grad an technischer Ausgereiftheit aus und dem allgemeinen Vertrauen darauf, daß die Spezifikation einen signifikanten Beitrag für das Internet und seine Benutzer leistet. Eine Spezifikation, die den Level eines Internet-Standards erreicht behält ihre ursprüngliche RFC Nummer. Siehe Abb. 1.23 für eine kurze Darstellung des Standardisierungsprozesses.

Daneben existieren noch zwei andere Unterarten von RFC-Standards, die aber nicht von praktischer Bedeutung sind und hier nur der Vollständigkeit halber aufgeführt werden sollen:

- **Experimental Standard**
  Ein derartiger Standard wird zwar versuchsweise zu Testzwecken eingesetzt, um neue Verfahren und Technologien evaluieren zu können, er hat aber den vorgeschriebenen Standardisierungsprozeß nie durchlaufen. Prinzipiell wird ein solcher Standard als nicht interessant für den praktischen Einsatz erachtet.

46   1. All about

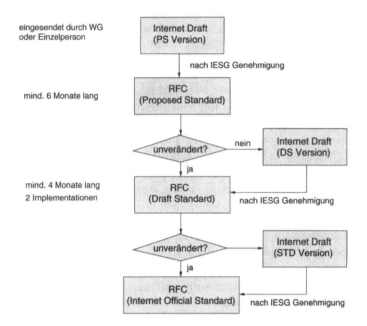

Abb. 1.23. Der Internet-Standardisierungsprozeß

- **Historic Standard**
  Dieser Standard hat zwar den vorgeschriebenen Standardisierungsprozeß durchlaufen, gilt aber bereits als überholt und wurde z.B. durch einen neuen Standard ersetzt. Da dieses Schicksal jeden Internet Standard ereilen kann, werden zur besseren Übersicht über die derzeit aktuellen Standards periodisch RFCs veröffentlicht, die diese verbindlich auflisten.

Zusätzlich zum Status, den ein RFC führt, legt das IAB für jedes als Standard veröffentlichte Protokoll eine Bedeutung (**Protocol Status**) fest, die festlegt, unter welchen Bedingungen dieses Protokoll eingesetzt werden soll:

- **Required**
  Erhält ein Protokoll diese Bedeutung zugeteilt, muß jegliche Hardware, die TCP/IP verwendet, in der Lage sein, dieses Protokoll zu unterstützen.
- **Recommended**
  Hier empfielt das IAB die jeglicher Hardware, die das TCP/IP Protokoll unterstützt, ebenfalls die Unterstützung dieses Protokolls, ohne dies zwingend vorzuschreiben.
- **Elective**
  Das IAB stellt bei diesem Protokoll Status die Unterstützung jeder am Internet teinehmenden Hardware frei.
- **Limited Use**
  Ein derart ausgezeichnetes Protokoll ist nur für die Benutzung durch Testgruppen gedacht und nicht für den allgemeinen Gebrauch freigegeben.

1.5 Offene Standards im Internet und WWW – geregelte Anarchie

ISO – International Standards Organisation
Die ISO wurde 1946 gegründet und ist eine freiwillige (nicht per Staatsvertrag verfaßte) Organisation mit Sitz in Genf, deren Beschlüsse nicht den Charakter international verbindlicher Verträge haben. Sie hat als Ziel, internationale Standards zu schaffen. Stimmberechtigte Mitglieder sind fast alle nationalen normgebenden Institutionen der 89 beteiligten Staaten. Daneben gibt es noch andere Mitglieder mit Beobachter- und Beraterstatus. Die ISO ist Mitglied der ITU-T (siehe unten). Im Bereich der Telekommunikation ist ISO für die Entwicklung des ISO/OSI-Referenzmodells verantwortlich.
Zu den Mitgliedern der ISO zählen z.B.:

- **ANSI** (American National Standards Institute)
- **BSI** (British Standards Institute)
- **DIN** (Deutsches Institut für Normung)
- **AFNOR** (Association Francaise de Normalisation)

URL: http://www.iso.ch/

ITU – International Telecommunication Union
Die ITU wurde im Jahr 1865 unter dem Namen CCITT (Committe Consultatif International de Telegraphie et Telephonie) in Paris gegründet und ist seit 1947 eine Unterorganisation der UNO mit Hauptsitz in Genf. Der ITU gehören derzeit 164 Mitglieder an, zu denen jeweils Länderverwaltungen, anerkannte private Betriebsgesellschaften, wissenschaftliche und industrielle Mitglieder sowie internationale Organisationen zählen. Die ITU trägt die Verantwortung für die Entwicklung, Regulierung und Standardisierung der internationalen Telekommunikation. Wie vormals die CCITT erarbeitet die ITU Empfehlungen zu technischen und betrieblichen Fragen der Telekommunikation (CCITT/ITU-TS-Empfehlungen), die praktisch Normen darstellen. Nach einer Strukturreform der ITU trat 1994 eine neue Konstitution mit neuen Organisationseinheiten in Kraft. In deren Nachfolge erscheinen die Empfehlungen der ITU unter der neuen Bezeichnung ITU-TS (ITU Telecommunications Standards), die die bisherigen CCITT/ITU-TS-Empfehlungen ablösen.
Die ITU besitzt drei Hauptsektoren:

- **ITU-R**, Sektor für Radiokommunikation, ist unter anderem verantwortlich für die weltweite Verteilung von Radiofrequenzen.
- **ITU-T**, Sektor für Telekommunikation.
- **ITU-D**, Sektor für technische Entwicklung.

Offiziell veröffentlicht die ITU-T (CCITT) nur Empfehlungen, während die ISO Standards publiziert. Da ITU-T aber eine UNO-Organisation ist, werden ihre Empfehlungen als viel verbindlicher erachtet als ISO-Standards. Wer international Telekommunikationsdienste anbieten will, muß sich an ITU-T-Empfehlungen halten. Die Übernahme von ISO-Standards unterliegt dagegen der Freiwilligkeit der Betroffenen.

URL: http://www.itu.int/

Abb. 1.24. Internationale Organisationen zur Standardisierung

- **Not Recommended**
  Die Unterstützung von Protokollen, die diesen Status erhalten haben, ist nicht erwünscht. Veraltete Protokolle z.B. erhalten diesen Status.

1.5.2 Deutsche Akteure und Provider

In Deutschland fiel der Startschuß zum Anschluß an das weltumspannende Internet erst sehr spät. 1984 wurde zwar bereits der erste Großrechner an der Universität Dortmund an das Internet angeschlossen, aber die notwendige Infrastruktur für ein eigenes breitbandiges Netzwerk lies noch lange auf sich warten. Ebenfalls in Dortmund wurde 1991 der erste freiwillige Nameserver-Dienst für Deutschland und die .de-Domain eingerichtet – der **DE-NIC**. Bis in das Jahr 1992 blieb die Universität Dortmund der zentrale Knotenpunkt für den Email-Verkehr in Deutschland.

Die Ursprünge des Internets in Deutschland reichen zurück in das Jahr 1982. Damals herrschte im Kommunikationsbereich eine ungeheure Aufbruchstimmung: X.25 als weltweit angebotener zuverlässiger öffentlicher Datenkommunikationsdienst begann zu funktionieren, Btx versprach europaweit durchgängige Informationsdienste für den Bürger, ISDN als der allumfassende digitale Telekommunikationsdienst war in Sicht und mit der Gründung von Informatik-Fachbereichen an den deutschen Hochschulen (1971-75) begann dort, geweckt durch Seitenblicke auf die Entwicklung in den USA der Wunsch nach Internet-ähnlichen Infrastrukturen zu reifen.

Der Wunsch nach Schaffung einer leistungsfähigen Netzinfrastruktur für die Wissenschaft und die Erhöhung der Wettbewerbsfähigkeit der deutschen Industrie standen von Anfang an im Mittelpunkt, als das **Deutsche Forschungsnetz** (DFN) 1984 aus der Taufe gehoben wurde. Anstelle des hoheitlichen Staates sollte ein Verein – der **DFN-Verein** – von Sachkundigen die Lenkung und Ausgestaltung des Netzes mit der Förderung durch das Bundesministerium für Bildung und Forschung übernehmen. Allerdings gestaltete sich das Unternehmen schwieriger als erwartet, da es Differenzen hinsichtlich der Umsetzung von Normen und Standards gab, so daß erst im Frühjahr 1990, nach einer Investition von 100 Millionen DM das erste **Schmalband-Wissenschaftsnetz** (WiN) mit 64kbps in Betrieb genommen werden konnte. Den Vorwürfen von vielen Seiten ausgesetzt [Zor97, Zor97b] und behindert durch die langjährige Präferenz des Monopolisten Deutsche Telekom für den Sektor der Sprach-basierten Kommunikation gegenüber der Datenkommunikation auf der anderen Seite, war es ein langer Weg, bis zum heutigen hoch modernen GWiN, dem Gigabit-Wissenschaftsnetz, das den deutschen Hochschulen in seinem Kernnetz Bandbreiten zwischen 2,5 Gbps und 10 Gbps zur Verfügung stellt.

Der DFN-Verein mit seinem Sitz in Berlin umfaßt inzwischen 370 Mitglieder aus Industrie, Hochschulen und Forschung. Zu seinen Aufgaben zählen nach wie vor die Schaffung und Gewährleistung **offener Strukturen**, d.h. Hersteller unabhängig von Netztechnologien und Übertragungsprotokollen, mit Konnektivität zur kommerziellen Internetwelt, sowie Ausbau und der bedarfsgerechter Weiterentwicklung des Deutschen Forschungsnetzes.

Zum DFN gesellen sich zahlreiche kommerzielle Anbieter und Provider – in Deutschland sind es regional und überregional über 200 – , wie z.B. **XLink** (eXtended Lokales Informatik Netz), entstanden aus einem Universitätsprojekt, das die Universität Karlsruhe mit den USA verband (NYSERNet). In Deutschland, wo das Internet bis in die 90er Jahre aus verschiedenen Gründen kaum Akzeptanz fand und schlecht organisiert war, hat sich 1992 – zeitgleich mit der ISOC – die **Deutsche Interessengemeinschaft Internet** (DIGI e.V.) gegründet, um die Bedingungen für eine Ausbreitung des Internets in Deutschland zu verbessern. Die Einrichtung eines nationalen Network Information Centers (DE-NIC), zur Verwaltung von Adressen und Namen auf nationaler Ebene, gehörte ebenso zu den Zielen, wie die technische und politische Diskussion über das Internet speziell in Deutschland. 1995 wurde DIGI e.V. als **German Chapter** der Internet Society vom ISOC anerkannt. Seitdem firmiert DIGI e.V. unter dem Kürzel und der Internet Domain **ISOC.DE e.V.** Ebenso wie die globale ISOC positioniert sich ISOC.DE zu organisatorischen, technischen und politischen Themen rund um das Internet. Zu Themen wie Sicherung des DENIC, das die .de Domain verwaltet, zur Kryptografiedebatte in Deutschland, Internet und Zensur, sowie zu Strukturfragen des Internet in Deutschland bezieht ISOC.DE klare Positionen.

1.6 Glossar

ARPANET: (Advanced Research Projects Agency Net) Erstes paketvermittelndes Forschungsdatennetz und Vorläufer des Internet, ins Leben gerufen von der DARPA, einer Forschungsinitiative des amerikanischen Verteidigungsministeriums. Der erste Netzknoten (Interface Message Processor, IMP) war am 30. August 1969 einsatzbereit und das ARPANET wurde nahm Dezember 1969 mit 4 IMPs in Stanford, Santa Barbara, Los Angeles und Utah den Betrieb auf. Es umfaßte in seiner Blütezeit mehrere Satellitenverbindungen, darunter von der West- zur Ostküste der USA, nach Hawaii, Großbritannien, Norwegen, Korea und Deutschland. Das ARPANET stellte seinen Betrieb im Juli 1990 ein.

Browser: Ein spezielles Programm, mit dem man über das WWW Zugang zu WWW-Servern erlangen und von diesem angeforderte Dokumente anzeigen kann.

Client: Bezeichnet ein Programm, daß einen Server kontaktiert und von diesem Informationen anfordert. Der im WWW eingesetzte Browser ist in diesem Sinne ein Client. Aber es gibt auch andere Clients im WWW, die WWW-Server kontaktieren und Informationen von diesen herunterladen, wie z.B. Suchmaschinen oder Agenten.

Client/Server-Architektur: Eine Anwendung wird arbeitsteilig auf mehreren, durch ein Netzwerk verbundenen Computern ausgeführt. Der Server stellt dabei bestimmte Dienstleistungen bereit, der Client auf der anderen Seite fordert Dienstleistungen an. Außer dem Erteilen und Beantworten von Auftragsbeziehungen sind die Komponenten voneinander unabhängig. Schnittstellen und die Art der Kommunikation zur Auftragserteilung und Beantwortung sind dabei eindeutig festgelegt.

HTML: Hypertext Markup Language, das einheitliche Dokumentenformat für Hypermedia-Dokumente im WWW. Dokumente, die im WWW übertragen und vom Browser dargestellt werden sollen, sind in HTML kodiert.

HTTP: Hypertext Transfer Protocol, das Protokoll, das die Kommunikation von Browsern und WWW-Servern im WWW regelt. Fordert ein Browser ein Dokument vom WWW-Server an oder beantwortet der WWW-Server eine Anfrage, muß diese Anfrage den Konventionen des HTTP-Protokolls gehorchen.

1. All about

Hyperlink: Verweis auf ein anderes Hypermedia-Dokument oder eine andere Textstelle in vorliegenden Hypertext, der zur nicht-linearen Vernetzung von Informationen in Dokumenten dient.

Hypermedia: Elektronische, multimediale Dokumente, die Verbindungen (Hyperlinks) zu anderen themenverwandten Dokumenten/Informationen enthalten. Hypermedia umfaßt neben Text auch Grafiken, Bilder und andere Informationsmedien.

Internet: Das Internet ist das weltweit größte Computernetzwerk, das aus vielen miteinander verbundenen Netzwerken und auch einzelnen Ressourcen besteht. Zu den wichtigsten Leistungen des Internets – man spricht auch von „Diensten"– zählen die elektronische Post (E-Mail), Hypermediadokumente (WWW), Dateitransfer (FTP) und Diskussionsforen (Usenet/Newsgroups). Populär geworden ist das globale Netz hauptsächlich durch Einführung des World Wide Webs (WWW), das nicht selten mit dem Internet gleichgesetzt wird, tatsächlich aber nur eine Untermenge – also einen von mehreren Diensten – des Internets darstellt.

Internetworking: Das Verbinden mehrerer, verschiedener und separierter Netzwerke (LANs, WANs) zu einem Internet. Dazu werden geeignete Vermittlungsrechner (Router) benötigt, die den Weg eines Datenpakets durch das Netzwerk vermitteln und für eine sichere Zustellung sorgen. Dem Benutzer erscheint dieser Netzwerkverbund als homogenes, virtuelles Netz (Internet).

Internetstandard: Da in der Entwicklung des Internets viele Firmen und Organisationen beteiligt waren, bestand die Notwendigkeit, einheitliche Protokolle und Schnittstellen zu entwerfen, um so den Entwicklungsaufwand zu vereinfachen. Diese werden in Form von Internet-Standards in einem öffentlichen Standardisierungsprozeß verabschiedet, der es prinzipiell jedem Benutzer ermöglicht, zu einem neuen Vorschlag für einen zukünftigen Standard Stellung zu beziehen (Request for Comment, RFC) und so die Entwicklung des Internets mit zu lenken.

Internet Protocol (IP): IP ist ein Protokoll der sogenannten Vermittlungsschicht (Network Layer) und überträgt Daten zwischen Computern. Somit übernimmt das IP als Teil des TCP/IP-Kommunikationsprotokollmodells die Datenauslieferungsaufgaben. Dazu zählen u.a. das Adressieren von Rechnern sowie das für die Datenübertragung notwendige Fragmentieren von Daten. IP bietet eine unzuverlässigen, verbindungslosen Dienst im Internet und ist im RFC 791 dokumentiert.

ISO/OSI-Referenzmodell: Eine Spezifikation der ISO, die als Grundlage für die Entwicklung von Kommunikationsstandards entworfen und publiziert wurde. Dabei handelt es sich um ein internationales Referenzmodell für die Datenübertragung, das aus sieben Schichten (Layers) besteht. Das ISO/OSI-Referenzmodell soll es ermöglichen, daß verschiedene Rechner- und Protokollwelten über einheitliche Schnittstellen miteinander kommunizieren können. Das ISO/OSI-Referenzmodell verliert gegenüber dem TCP/IP-Referenzmodell, der dem Internet zugrunde liegende Protokollstandard, zunehmend an Bedeutung.

Kommunikationsprotokoll: Ein Kommunikationsprotokoll (auch einfach Protokoll) ist eine Sammlung von Regeln und Vorschriften, die das Datenformat von zu übermittelnden Nachrichten sowie die Art ihrer Übertragung festlegen. Sie enthalten Vereinbarungen über den Auf- und Abbbau einer Verbindung zwischen den Kommunikationspartnern Verbindungsauf -und abbau, sowie über die Art und Weise der Datenübertragung.

Markup: Allgemein versteht man darunter innerhalb eines Dokuments eingebettete Informationen über den Dokumenteninhalt, die im Laufe der Interpretation des Dokuments auf irgendeine Art und Weise identifiziert werden können. Dies wird in der Regel durch spezielle Zeichen oder Zeichenfolgen zur Kennzeichnung des Markups erreicht, die nicht zum eigentlichen Inhalt der Information, die das Dokument beinhaltet, zählen. Bei der Interpretation des Dokuments sucht das interpretierende Programm einfach

1.6 Glossar

nach diesen besonderen Zeichen, um so den Inhalt des Dokuments vom Markup unterscheiden zu können. Zu den Dokumentenbeschreibungssprachen, die nach diesem Prinzip aufgebaut sind, zählen HTML, SGML oder XML.

Namensdienst: (Naming Service), ein Netzwerkanwendungsprogramm, das logische, leicht merkbare Namen einer Ressource oder einer Person auf numerische Netzwerkadressen abbildet.

Netzanwendung: Ein Anwendungsprogramm, dessen Ablauf den Zugriff auf Ressourcen einschließt, die nicht lokal auf dem ausführenden Rechner liegen, sondern auf einem entfernten Rechner über das Netzwerk zugegriffen werden.

Request for Comments (RFC): Neue Technologien im Internet enstehen durch die Diskussion von Experten in den sogenannten RFCs. Im Zuge des Internet-Standardisierungsprozesses entstand daraus eine durchnumerierte Sammlung von Dokumenten in denen Technologien, Standards und Sonstiges in Bezug auf das Internet dokumentiert und standardisiert wurde.

Server: Bezeichnet einen Prozeß, der von Clients kontaktiert wird, um diesen Informationen zurück zu liefern. Oft wird auch der Rechner, auf dem ein Server-Prozeß abläuft als Server bezeichnet.

Transmission Control Protocol (TCP): Eigentlich TCP/IP (TCP über IP), wurde entwickelt, um den Zusammenschluß von verschiedenen Netzwerken zu einem sogenannten Internet zu ermöglichen. Während TCP/IP zu Beginn hauptsächlich im sogenannten BSD-UNIX Verwendung fand, hat es sich heute zum weitverbreitetsten Protokoll überhaupt entwickelt. Obwohl TCP und IP nur zwei Protokolle (auf der Transport- und der Vermittlungsschicht) sind, wird TCP/IP oft auch als Synonym für die gesamte TCP/IP-Protokoll-Suite verstanden, die u.a. Protokolle wie Telnet, FTP, UDP und RDP enthält.

TCP/IP-Referenzmodell (auch TCP/IP-Protokollsuite, TCP/IP-Kommunikationsmodell): Bezeichnet ein Kommunikationsschichtenmodell, das die Basis des Internet bildet. Das TCP/IP-Referenzmodell unterteilt sich in 5 Protokollschichten und soll es ermöglichen, daß verschiedene Rechner- und Protokollwelten über einheitliche Schnittstellen im Internet miteinander kommunizieren können.

Uniform Resource Identifier (URI): Dient zur weltweit eindeutigen Identifikation von Informationsressourcen im WWW. Derzeit als **Uniform Resource Locator (URL)** in Form einer eindeutigen Adresse realisiert. Da aber die Adresse einer Informationsressource im WWW Änderungen unterworfen ist, wird an der Realisierung eines **Uniform Resource Name (URN)** gearbeitet, der eine Informationsressource eindeutig über den Namen und nicht über deren Adresse identifizieren soll.

Uniform Resource Locator (URL): Das Schlüsselkonzept zur weltweit einheitlichen Identifikation eines Dokuments im WWW. Über die URL kann derjenige WWW-Server bestimmt werden, auf dem sich das angeforderte Dokument befindet. Über URLs werden Hyperlinks auf andere Dokumente des WWW kodiert.

User: (bzw. Benutzer oder Nutzer) sind Menschen, die das WWW mit Hilfe eines Programmes, z.B. dem Browser, nutzen. Für gewöhnlich bedient der User einen Computer, auf dem ein Browser, wie z.B. der Microsoft Internet Explorer oder der Netscape Navigator installiert ist.

Verzeichnisdienst: (Directory Service), bezeichnet ganz allgemein ein Anwendungsprogramm, das Verzeichnisse (Directories) verfügbar macht. Unter dem Begriff Verzeichnis versteht man Angaben zu technischen Ressourcen oder Personen, die in Netzen verfügbar bzw. erreichbar sind.

World Wide Web: Englische Bezeichnung für das „weltweite Datennetz" (auch WWW, 3W, W3, Web). Gemeint ist der jüngste und zugleich erfolgreichste Dienst im Internet, der sich durch hohe Benutzerfreundlichkeit sowie multimediale Elemente auszeichnet. WWW bezeichnet eigentlich eine Technologie, die in der Lage ist, ein verteiltes, Internet-basiertes Hypermedia-Dokumentenmodell zu implementieren. Internet und World Wide Web (WWW) werden heute oft synonym verwendet, obwohl es sich beim WWW nur um einen speziellen Dienst im Internet handelt, der mit dem HTTP-Protokoll übertragen wird.

WWW-Server: Bezeichnet einen Prozeß auf einem Computer mit der Funktionalität, auf Anfragen von Browsern über das WWW zu antworten. Aus technischer Sicht kann auf jedem Computer, der an das Internet angebunden ist, ein WWW-Server betrieben werden.

Teil I

Die Kommunikation und ihre Medien

2. Kommunikationsmedien im Wandel – von der Höhlenmalerei zum WWW

„Wer nicht von 3000 Jahren weiß sich Rechenschaft zu geben, bleibt im Dunklen unerfahren, mag von Tag zu Tage leben."

– Johann Wolfgang von Goethe (1749–1832)

Wohl nichts hat das Leben der Menschen so sehr beeinflußt, wie die Fähigkeit, miteinander zu kommunizieren und Informationen auszutauschen. Das Know How, Kommunikationsinhalte festzuhalten, weiterzugeben und über große Distanzen zu transportieren gab Gemeinschaften, die dazu in der Lage waren, immer wieder einen oft entscheidenden Wettbewerbsvorteil, der ihnen das Überleben bzw. eine Vormachtstellung sicherte. Die Entwicklung der Schrift und des Papiers als transportabler Kommunikationsträger führte schon bald zur Einrichtung von regulären Botendiensten und ersten Postsystemen. Daneben entstanden bereits in der Antike optische Telegrafiemedien wie Rauch- oder Fackeltelegrafie, die Botschaften mit Hilfe von Relaisstationen über weite Entfernungen sehr schnell transportieren konnten. Die industrielle Revolution und das dadurch gesteigerte Informations- und Kommunikationsbedürfnis der Menschen beschleunigte die Entwicklung der optischen, wie auch der zur selben Zeit aufkommenden elektrischen Telegrafie. Waren diese Fernkommunikationsmedien anfangs nur Militär, Verwaltung und Wirtschaft zugänglich, drängte sich die private Kommunikation auch in diesen Bereich immer mehr in den Vordergrund. Die Entwicklung des Telefons führte zu einem rapiden Wachstum der Kommunikationsnetze, das fast ausschließlich auf das private Kommunikationsbedürfnis der Menschen zurückzuführen war. Im 19. und 20. Jahrhundert verlief die Entwicklung immer rasanter: Phonograph und Grammophon, Fotografie und Film, Rundfunk und Fernsehen: die Massenmedien entstanden und prägten unsere Gesellschaft. Auf dem Weg zur totalen Vernetzung wird die Welt zum globalen Dorf: Europa, Amerika und Asien sind im WWW nur noch einen Mausklick voneinander entfernt.

2.1 Entwicklung der Schrift

Um zu verstehen, was so spektakulär am Internet und seinen Möglichkeiten ist, lohnt es, einen kurzen Blick in die Geschichte der Kommunikation und ihrer Medien zu werfen: *vom Homo sapiens zum Homo surfiens*. Die Geschichte beginnt bereits vor etwa 30000 Jahren, also in frühgeschichtlicher Zeit mit der **Höhlenmalerei**. Neben der kultischen und religiösen Bedeutung dieser prähistorischen Zeichnungen hatten diese natürlich auch einen kommunikativen Zweck, auf visuelle Art und Weise Botschaften zu konservieren. Nach der Vorstellung der australischen Ureinwohner, die bis heute diese Kultur erhalten haben, sind in den Felsenbildern die Seelen der dargestellten Wesen erhalten. Durch das Malen, die Berührung der Malereien oder das Abhalten von Kulthandlungen in den Höhlen werden die Seelen zu neuer Verkörperung und Fruchtbarkeit angeregt. Daneben hatten die Höhlenmalereien auch einen Informationswert für die Menschen. Sie warnten vor in der Gegend lebenden gefährlichen Tieren, gaben Informationen über Jagdbeute und lieferten teils sogar Anleitungen zur Jagd. Höhlenmalereien sind auf allen Kontinenten zu finden, wobei in Europa die zahlreichsten Fundorte in Frankreich, Spanien und Italien auftreten. Jeder, der die Bilder betrachtete erhielt dieselbe Botschaft. Wurde sie vergessen, so mußte sie nur erneut wieder werden. Gemeinschaften, die Fakten in Form von Zeichnungen festhalten konnten waren wettbewerbsfähiger als solche, die das nicht vermochten. Allerdings konnten Bilder nur Informationen festhalten, die uns zeigen, wie etwas aussieht. Sinneseindrücke, wie etwa den Duft einer Blume oder gar abstrakte Sachverhalte, wie z.B. der Inhalt von Gesetzen konnten nicht gezeichnet werden.

Der entscheidende Schritt von den Bildzeichen der **Symbolschrift** zum phonetischen Sprachzeichen wie wir es heute kennen ist erst dann vollzogen, wenn die zu übermittelnde Informationen mit Hilfe von optisch-skripturalen Zeichen festgehalten werden, die nicht mehr nur rein abbildenden Charakter besitzen, sondern direkt auf die Sprache der Schriftbenutzer bezogen sind. Die Schriftzeichen sollen also nicht nur auf eine Bedeutung verweisen, sondern auch auf die Lautung des Gegenstandes, den sie bezeichnen, wie z.B. Worte, Silben oder Einzellaute. Der wichtigste Durchbruch in der Entwicklung der **phonetischen Schrift** war wohl die Erfindung der **Keilschrift** in Mesopotamien um 3500 v. Chr. Als früheste Schrift der Menschheit gilt die der Sumerer, die seit dem 4. Jahrtausend v. Chr. in Südmesopotamien lebten. Anfangs verwendeten sie eine reine Bilderschrift zum Zwecke der zentralen Tempelverwaltung, die sich bereits um 3000 v. Chr. bei weitgehender Phonetisierung zu völlig abstrakten Formen umbildete. Um 2800 v. Chr., als die Akkader in das Gebiet der Sumerer vordrangen und deren Wort- und Silbenschrift ihrer eigenen semitischen Sprache anpaßten, entstanden keilförmige Zeichen, die senkrecht, waagrecht und querschief zu Gruppen geordnet eine neue Schrift ergaben. Diese Keilschrift, von den Assyrern und Babyloniern weiter ausgebildet und abgewandelt, verbreitete sich rasch und wurde zur Verkehrsschrift im gesamten alten Orient. Ab dem 8. Jahrhundert v. Chr. wird die Keilschrift allmählich durch andere Schriftsysteme, wie die griechische oder phönizische Lautschrift verdrängt. Als Schreibmaterial für die Keilschrift dienten Tontafeln, Stein, und ab 1000 v. Chr. auch Wachstafeln. Die Kenntnis der Keilschrift ging später verloren und erst 1802 gelang dem deutschen Philologen *Georg Friedrich Grotefend* (1775–1853) der erste Schritt zu ihrer Entzifferung.

Durch die Kombination von Bildern und Schriftsymbolen war es nun möglich, neben visueller Information auch andere Sinneseindrücke festzuhalten. Überflüssig wurden Symbole mit der Einführung der phonetischen Schrift aber noch lange nicht. Sie beinhalten zum Teil eine sehr mächtige Aussagekraft und werden auch heute noch insbesonders in Form von Piktogrammen oder in der Werbung eingesetzt. Die bemerkenswerte Eigenschaft der Schrift ist es jedoch, Sprache vergegenständlicht zu speichern und exakt zu übertragen.

Die altägyptische **Hieroglyphenschrift** (Hieroglyphen = [griech.]heilige Schriftzeichen), eine Bilderschrift, die aus Wort-, Silbenzeichen, und Einzelkonsonanten bestand geht ebenfalls auf eine Zeit bis um 3000 v. Chr. zurück. Mit dem Meisel in Stein gehauen schmückte sie Monumentaldenkmäler und Kultstätten. Auf Papyrus, Gefäße oder Wandflächen wurden sie mit einem Pinsel geschrieben und es entwickelten sich aus den ursprünglich nur kultisch genutzten Zeichen ab 2500 v. Chr eine vereinfachte Profanschrift. Sie existiert bis in das 3. Jahrhundert n. Chr., bis sich die griechische Schrift, die seit dem 2. Jahrhundert v. Chr. auch in Ägypten Verwendung findet, vermischt mit Resten der demotischen Schrift als koptische Schrift durchsetzt. In der römischen Kaiserzeit geht die Kenntnis der Hieroglyphenschrift verloren und erst mit der Entdeckung des Steins von Rosette (1799) durch Napoleons Expeditionskorps in Ägypten gelingt dem französischen Ägyptologen *Jean Francois Champolion* (1790–1832) im Jahre 1822 deren Entzifferung.

Ein großes Hindernis auf dem Weg der Entstehung der Schrift stellte die erst sehr spät einsetzende Entwicklung und Ausgestaltung der Grammatik dar. Die Grammatik als Sprachlehre und Wissenschaft entsteht etwa im 6. Jahrhundert v. Chr im indogermanischen Raum unabhängig voneinander in Indien und in Griechenland, wobei die älteste überlieferte Grammatik überhaupt die von dem indischen Grammatiker *Panini* im 5. Jhd. v. Chr. verfasste „Ashtadhyayi" (=[Sanskrit] Acht Bücher grammatischer Regeln) ist.

Vergleicht man die Entwicklung der Sprache und der dazugehörigen Grammatik als allgemeines Regelwerk zu deren Standardisierung mit der Entstehung der Technik in der industriellen Revolution und der Gründung der ISO (International Standardization Organisation) als technologischer Standard- und Normengeber, so ist auffällig, daß auch die Standardisierung in der Technik sehr lange auf sich warten gelassen hat und schließlich erst im 20. Jahrhundert institutionalisiert wurde.

Da anfangs nur sehr wenige Menschen lesen und schreiben konnten, war ein spontanes Festhalten von Gedanken bzw. ein ebenso spontanes Nachlesen nur einigen wenigen Auserwählten vorbehalten. Von einem Massenmedium konnte noch lange Zeit keine Rede sein. Doch die Entwicklung neuer Medien wie der Schrift blieb nicht lange ohne Auswirkungen auf die Gesellschaft und wurde dadurch auch zum Gegenstand der Kritik. *Platon* (427–348 v. Chr.) z.B. berichtet in seinem Dialog *Phaedros* die folgende Geschichte, die *Sokrates* (470–399 v. Chr), ein vehementer Kritiker des Schreibens, der selbst auch keine schriftlichen Zeugnisse hinterlassen hat erzählte: Thamus, dem König von Ägypten hatte der Gott Thot mit allen anderen Wissenschaften auch die Kunst des Schreibens überbracht, die den Menschen in die Lage versetze, Gedanken zu konservieren, die ansonsten nur wieder vergessen würden. Aber der Pharao (alias Sokrates) war alles andere als zufrieden. Das Gedächtnis, so der Pharao, sei eine wunderbare Gabe, die nur dadurch am Leben erhalten werden könne, wenn man sich beständig in ihr übe. Aber mit der neuen Erfindung bräuchten die Menschen sich ihrer gar nicht mehr zu bedienen, denn anstelle sich selbst anzustrengen, würden sie sich fortan nur noch der neuen Erfindung bedienen. Schreiben galt als gefährlich, da es die Geisteskraft schwäche im Austausch für ein in Stein gemeisseltes Gedächtnis. Die Klage gegen das Schreiben, die uns ironischerweise nur deshalb bekannt ist, da der Sokrates-Schüler Platon sie aufgeschrieben hatte, erinnert uns verblüffend an die moderne Klage der Medienkritiker gegen das Fernsehen, das die aktiven Fähigkeiten der Menschen verkümmern lasse. Heute wissen wir natürlich, daß Bücher selbstverständlich nicht an unserer Stelle denken und Entscheidungen treffen. Im Gegenteil, Bücher fordern den menschlichen Geist heraus, sich weiter zu vervollkommnen, anstelle ihn zu narkotisieren [Eco96]. Allerdings fand sich die sokratische Warnung in allzu blindes Vertauen in das geschriebene Wort nur allzu bald bestätigt, als im Jahre 47 v. Chr. die Bibliothek von Alexandria, die größte Bibliothek des Altertums in einem Brand zerstört wurde und ein Großteil des dort angesammelten Wissens verloren ging.

2.2 Buchdruck und erste Kommunikationsnetze

Der nächste entscheidende Schritt in der Entwicklung der Kommunikationsmedien gelang dann den Chinesen mit der Erfindung des **Papiers** um etwa 105 n. Chr. Von nun an konnten Botschaften nicht nur stationär konserviert werden, sondern sie begannen zu wandern. Schon zuvor waren flexible und transportable Speichermedien für die Schrift, neben den bis dato genutzten Stein und Tontafeln bekannt. So der Papyrus als Vorläufer des Papiers, der sich in Ägypten bereits im 3. Jahrtausend v. Chr. als Beschreibstoff nachweisen läßt oder das Pergament, ein Beschreibstoff aus ungegerbten, geglätteten Tierhäuten, das der Sage nach im 3. Jahrhundert v. Chr. in der griechischen Stadt Pergamon erfunden worden sein soll, als die Ägypter die Papyrusausfuhr sperrten. Das Papier erreichte erst im 12. Jahrhundert mit den Arabern Europa und im Jahre 1319 wurde auch in Deutschland die erste Papiermühle eröffnet.

Menschen konnten sich über große Entfernungen hinweg Nachrichten senden, ohne daß das Gedächtnis eines Boten übermäßig beansprucht wurde. Die Nachteile einer memorierten mündlichen Botschaft, die durch einen Boten überbracht wird sind offensichtlich: geringe Übertragungsgeschwindigkeit, geringe Reichweite und mangelnde Zuverlässigkeit der übermittelten Nachricht. Auch die Antwort auf eine Botschaft ließ oft lange auf sich warten, wenn sie denn überhaupt kam. Mißverständnisse und Fehler beim Interpretieren der Botschaft waren – und sind es übrigens auch heute noch – an der Tagesordnung.

Schon vor der Erfindung des Papiers führte *Gaius Julius Cäsar* (100–44 v. Chr) im Jahr 59 v. Chr. in Rom die erste **Tageszeitung** ein, die „Acta Diurnia". Cäsar führte den Brauch ein, die Protokolle der Sitzungen des römischen Senats, die stenographisch festgehalten wurden, direkt im Anschluß noch am selben Tag zu redigieren und zu veröffentlichen. Von der öffentlich auf einer weißen Tafel dargestellten offiziellen Version der Nachrichten über politische Neuigkeiten, den Senat und die Stadt Rom zirkulierten Abschriften in ganz Rom und in den Provinzen. Die Zeitung erschien bis in das Jahr 235 n. Chr., wobei es eine strenge Periodizität über das Jahr hinweg nicht gab, obwohl die Bezeichnung „diurnia" (=[lat.]täglich) dieses nahelegte.

Die Übermittlung von Botschaften hat bereits eine längere Geschichte. Neben der akustischen Telekommunikation, wie sie z.B. in Form von Rufpostensystemen im antiken Griechenland und Persien, oder auch noch heute als Trommeltelegrafie bei Naturvölkern zu finden ist, soll aufgrund ihrer nur begrenzten Reichweite nicht näher eingegangen werden. **Rauch- und Feuerzeichen** dagegen gelten als Grundlage der optischen Telekommunikation, mit der sich wesentlich größere Distanzen überbrücken ließen. Die Technik der optischen Signalübertragung mittels Relaisstationen fand ebenfalls bereits im antiken Griechenland Verwendung. Der Dichter *Aischylos* (525–456 v. Chr.) berichtet in seiner Tragödie „Agamemnon", daß der griechische Heerführer Agamemnon zur Übermittlung der Nachricht über den Fall Trojas (1184 v. Chr) an seine Gattin Klytemnestra eine Feuerzeichenpost verwendet hätte, die über 9 Relaisstationen bis ins 555 km entfernte Argos gelangte. Vom griechischen Geschichtsschreiber *Thukydides* (460–400 v. Chr.) stammen erste genauere Aufzeichnungen über die Anwendung von vorher verabredeten Feuerzeichen im Peloponnesischen Krieg 431–404 v. Chr. Während Rauchzeichen keine frei formulierbaren Botschaften erlauben, berichtet der griechische Geschichtsschreiber *Polybios* (200–120 v. Chr.) von der Erfindung der Fackeltelegrafie um 450. v. Chr., mit deren Hilfe sich die einzelnen Buchstaben des Alphabets übertragen ließen.

Daneben gab es **Botenstaffetten** nachweislich bereits im 5. Jhd. v. Chr im Perserreich und bei den Römern. Der *cursus publicus* des Römischen Reichs, ein auf Reiterstaffetten basierender Nachrichtenübermittlungsdienst, der das gesamte Küstengebiet des Mittelmeers abdeckte wird oft als Urform der heutigen Post angesehen. Zur Zeit seiner größten Ausdehnung soll der cursus publicus über 90.000 km Straßennetz verfügt haben. Doch stellte dieser unter Kaiser *Augustus* (31.v.Chr.–14 n.Chr.) im Jahre 15 v. Chr. institutionalisierte Botendienst lediglich eine Kommunikationsinfrastruktur im Dienste der Verwaltung und des Militärs für die Führungselite dar. Im Zuge des Untergangs des Römischen Imperiums, zerfiel auch dieser Vorläufer des Postdienstes mehr und mehr, bis er schließlich völlig verschwand. Eine regelmäßige

Nachrichtenbeförderung war unzertrennbar mit einem Ausbau des Verkehrs- und Transportwesens verbunden. Ohne Verkehr gibt es keinen Nachrichtenfluß – und mit dem Verkehr entstand das Bedürfnis, Neuigkeiten über größere Distanzen hinweg wie Waren auszutauschen. So existierte vor dem gewaltigen Straßennetz des römischen Reiches bereits im Europa der Bronzezeit eine Bernsteinstraße, die von Italien über Österreich nach Dänemark verlief und in China führten aus dem Reich der Mitte Karawanen über die Seidenstraße ihre kostbaren Güter in den Westen.

Im Mittelalter folgten eine Reihe von unterschiedlichen, zumeist sozial verankerten Botensystemen: Klosterboten, Boten des Deutschen Ritterordens, Kaufmanns-, Städte- und Universitätsboten und, speziell im süddeutschen Raum die sogenannten Metzgerboten. Das Handwerk des Metzgers machte es erforderlich, über Land von Viehmarkt zu Viehmarkt zu ziehen. So war es naheliegend und zudem eine gute Geschäftsidee, diesen auf ihren Reisen Briefe zur Beförderung mitzugeben.

Entweder als Ein-Mann-Post oder als Staffettensystem organisiert, überbrachten diese mehr oder weniger organisierten Botendienste sowohl Briefe als auch memorierte Botschaften, wobei die Postkurse jeweils bereits existierenden wirtschaftlichen oder politischen Verbindungen folgten. Auch der Einsatz von **Brieftauben**, die bereits von den Ägyptern vor 5000 Jahren domestiziert wurden, muß hier Erwähnung finden. Ihre Flugtüchtigkeit (durchschnittliche Fluggeschwindigkeit ca. 60 km/h) und ihr hervorragender Orientierungssinn waren verantwortlich dafür, daß sie schon früh zum Zwecke der Nachrichtenübermittlung eingesetzt wurden. In Ägypten und anderen Ländern des mittleren Ostens bereits um 1000 v. Chr. eingeführt, unterhielten auch Griechen und Römer Tauben zur Beförderung von Briefnachrichten. *Nur-Ed-Din* (1146–1174), Kalif von Bagdad, richtet als erster eine planmäßige Brieftaubenpost für Staatszwecke ein. In Europa finden Brieftauben erst ab dem 16. Jahrhundert Verwendung, wo sie allerdings bis zur Mitte des 19. Jahrhunderts mit dem Aufkommen der Telegrafie ein sehr wichtiges Kommunikationsmedium blieben.

Der erste **moderne Postkurs** wird 1490 von König *Maximilian I.* (1459–1519) zwischen Innsbruck und Mechelen (bei Brüssel) eingerichtet und von der Familie Thurn und Taxis (frühere Schreibweise Thassis) unterhalten. Die Notwendigkeit, die Maximilian dazu veranlaßte war die Verwaltung seines weit auseinanderliegenden Herrschaftsgebietes: zum Einen die habsburgischen Erblande in Tirol und in der Steiermark und zum Anderen die durch seine Heirat (1477) mit Maria, der Erbtochter Karls des Kühnen von Burgund (1432–1477), erlangten Gebieten im heutigen Belgien. Bereits im 15. Jahrhundert waren wiederholt Angehörige des lombardischen Geschlechts Thassis, das aus Bergamo in Oberitalien stammte im päpstlichen Kurierdienst tätig und schon 1451 richtete Roger de Thassis im Auftrag Friedrich III. in Tirol und in der Steiermark für Heer und Verwaltung eine auf Stationen aufgebaute Briefbeförderung ein. Aus dem Postkurs Maximilians I. entwickelt

2.2 Buchdruck und erste Kommunikationsnetze

sich schnell ein europaweites, kostenpflichtiges Nachrichtenübermittlungssystem, das einen regelmäßig verkehrenden und zuverlässigen Service anbot und bereits ab dem beginnenden 16. Jahrhundert auch für private Post offenstand. Aus den Reiseberichten des venezianischen Kaufmannssohns *Marco Polo* (1254-1324) ist bekannt, das China bereits im 13. Jahrhundert über ein hervorragend ausgebautes Postsystem unterhielt. Entlang der Hauptstraßen des Reiches war ein gut durchorganisiertes System von Herbergen und Stallungen für berittene Boten installiert, das gut 10.000 Stationen umfaßt haben soll.

1597 erhebt Kaiser *Rudolf II. von Habsburg* (1552-1612) das deutsche Postwesen zum kaiserlichen Hoheitsrecht, dessen alleinige Nutzung auf der Basis eines erblichen Vasallenverhältnisses dann 1615 der Familie Taxis übertragen wurde. Die Post wurde quasi verstaatlicht, was in letzter Konsequenz die allgemeine Postbeförderung für Jedermann ermöglichte. Im Laufe der Zeit und Dank des vererblichen Sonderrechts – des sogenannten Privilegs – entwickelt sich die Thurn-und-Taxis-Post schnell zu einer Art europäischer Staatspost, die Ende des 16. Jahrhunderts bereits ein Heer von 20.000 Kurieren beschäftigte. Das Geschlecht der Thurn und Taxis war in der Lage, sich über die Jahrhunderte so unentbehrlich zu machen, daß sie erst im Jahre 1867 auf Grund der Zersplitterung des deutschen Reiches in unzählige Kleinstaaten an Preußen mußten. Der erste Schiffspostdienst in Europa wird 1633 in England für die Postbeförderung zwischen Dover und Calais, sowie nach Dublin eingerichtet.

Der nächste Schritt in der Geschichte der Kommunikationsmedien führt dann zur Entwicklung des **Buchdrucks**. Dem Mainzer Patrizier *Johannes Gensfleisch zum Gutenberg* (1397-1468), einem sinnreichen Goldschmied gelang mit seiner Erfindung eines Gießverfahrens für bewegliche Lettern die dazu notwendige Normierung der Schrift. So schafft er es, Texte mechanisch in identischer Form und in – verglichen mit der Zahl handschriftlich kopierter Exemplare – gewaltiger Menge zu produzieren: das erste Massenmedium war geboren. Sein erstes repräsentatives Druckwerk, eine lateinische Bibel entsteht in den Jahren 1452-1456 in einer Auflage von 180 Exemplaren. Gutenberg hat die Druckkunst zwar nicht erfunden, aber durch die Kombination damals bereits bekannter Techniken in Verbindung mit seinem neuen Gießverfahren schafft er einen neuen Wirtschaftszweig. Die Vervielfältigung von Texten war vor der Erfindung der Druckerkunst eine mühselige Handarbeit, die vor allem die Mönche in den Klöstern beschäftigte. Viele Studenten verloren enorm viel Zeit mit dem Abschreiben von Texten – ein Grund dafür, daß die Wissenschaft nur langsam Fortschritte machte. Zur Zeit, als Gutenberg seine ersten typographischen Versuche anstellte, gab es allein in seiner Heimatstadt neben den Mönchen und Studenten 40 Lohnschreiber.

Die Geschichte der Druckkunst läßt sich bis in das 9. Jahrhundert in China zurückverfolgen. Der älteste erhaltene Druck stammt aus den buddhistischen Mönchshöhlen Dun-Huang im westchinesischen Turkestan. Er wurde im Jahre 868 hergestellt, 100 Jahre nachdem man schon in Japan (verschollene) Bücher gedruckt hat. Der Druck mit beweglichen aus Ton geformten Lettern geht auf den chinesischen Drucker *Pi Sheng* zurück, der in den Jahren 1041–1049 seine Kunst ausübte.

Auch wenn Gutenbergs Rolle eher als geschickter Verfahrenstechniker denn als genialer Erfinder zu sehen ist, so leitet seine Entwicklung doch im ganzen Abendland ein neues Zeitalter ein. Gutenberg selbst gelang es nicht, Kapital aus seiner Entwicklung zu schlagen. Er stirbt 1468, erblindet und bankrott durch einen Prozeß gegen seinen Finanzier, dem Mainzer Bankier *Johannes Fust* (1400–1466), der das geliehene Geld zurückforderte und schließlich Gutenbergs Druckerei übernahm. Schon sehr früh wurde der gerade erst entwickelte Druck auch zum Zwecke politischer Propaganda eingesetzt, so erscheint 1455 eine Flugschrift, der sogenannte Türkenkalender, in dem zu einem Kreuzzug gegen die Türken aufgerufen wurde, die kurz zuvor 1453 Konstantinopel erobert hatten. Der Einfluß des Buches als massenhaft produzierbarer Datenträger übte einen ungeheueren Einfluß auf die Modernisierung in allen Bereichen der Wissenschaft, Verwaltung, Erziehung, Religion und Kunst aus. Das „gesellschaftliche Wissen" wird verschriftlicht, aufgezeichnet und in einem bis dato nicht dagewesenem Ausmaß veröffentlicht. Allerdings setzt sich das neue Medium anfangs nur zaghaft durch. Erst im 16. Jahrhundert emanzipiert sich der Buchdruck zusehends von der bis dato vorherrschenden Handschriftenkultur.

Kaum daß der Buchdruck für eine erste massenhafte Verbreitung von Ideen sorgte, entstand die Furcht, daß unliebsame bzw. gefährliche Gedanken allzuweite Verbreitung erfahren könnten. So führte *Berthold von Henneberg*, Erzbischof und Kurfürst von Mainz (1441–1504) als erster deutscher Fürst mit seinem Edikt vom 22. März 1485 für alle „aus dem Griechischen, Lateinischen oder einer anderen Sprache" ins Deutsche übersetzten Bücher die **Zensur** ein mit dem Ziel, bestimmte Kenntnisse und nur unter Gelehrten diskutierte Meinungen nicht populär zu machen. Zudem forderte der Bischof 1485 den Frankfurter Stadtrat auf, alle auf der Frühjahrsmesse ausgestellten, gedruckten Bücher auf ihren Inhalt zu prüfen und in Zusammenarbeit mit den kirchlichen Behörden gegebenenfalls zu verbieten. Zu diesem Zweck gründete das Kurfürstentum Mainz und die Freie Reichstadt Frankfurt 1486 gemeinsam die erste weltliche Zensurbehörde. Aus der Erkenntnis von Staat und Kirche heraus, daß durch den Buchdruck unliebsame oder gefährlich erscheinende Ideen schnell und weit verbreitet werden können, wurde die Zensur bald schon etwas alltägliches. *Präventivzensur*, die eine eingehende Prüfung der Schriftstücke bereits vor der Drucklegung durch die Zensurbehörde vorsah, als auch *Repressivzensur*, die sich auf bereits gedruckte Schriftstücke konzentrierte und deren weitere Verbreitung per Verbot oder Beschlagnahmung untersagte, wurden sogar durch päpstliche Bullen bereits durch Papst *Innozenz VIII.* (1432–1492) und Papst *Alexander VI.* (1430–1503) institutionalisiert. Zu diesem Zweck muß jedes von der katholischen Kirche genehmigte

Tabelle 2.1. Meilensteine in der Geschichte der Kommunikationsmedien

30.000. v. Chr.	Höhlenmalereien, Bildzeichen
3.500. v. Chr.	Sumerer entwickeln die Keilschrift in Mesopotamien
3.000 v. Chr.	Ägypter entwickeln die Hieroglyphenschrift
3000 v. Chr.	In Babylon wird der Abakus als erste Rechenmaschine verwendet
3000 v. Chr.	in Ägypten wird der Papyrus als Vorläufer des Papiers eingesetzt
1.000 v. Chr.	Verwendung von Brieftauben in Ägypten und im Mittleren Osten
9. Jhd. v. Chr.	erste Zeugnisse der griechischen Schrift
6. Jhd. v. Chr.	erste Grammatiken in Indien und Griechenland
6. Jhd. v. Chr.	persisches Boten-Postsystem unter König Kyros II.
6. Jhd. v. Chr.	Perserkönig Dareios I. unterhält Rufpostensysteme
5. Jhd. v. Chr.	Telegrafie über vorher verabredete Feuerzeichen im Peloponesischen Krieg
450 v. Chr.	Fackeltelegrafie für frei formulierbare Botschaften in Griechenland
3. Jhd. v. Chr.	Pergament wird als Beschreibstoff erfunden
1. Jhd. v. Chr.	„cursus publicus" - Staffettendienst im Römischen Imperium
47 v. Chr.	Brand der alexandrinischen Bibliothek
59 v. Chr.	„Acta diurnia", erste Zeitung des Abendlandes in Rom
105 n. Chr.	die Chinesen erfinden das Papier
8. Jhd.	Holzschnitt als erstes Druckverfahren in China entwickelt
1041	erster Druck mit beweglichen Lettern aus Ton in China
12. Jhd.	Kalif Nur-Ed-Din richtet staatliche Brieftaubenpost ein
um 1440	Johannes Gensfleisch zum Gutenberg entwickelt den Buchdruck mit beweglichen Lettern
1455	erste gedruckte Flugschrift zum Zweck der politischen Propaganda
1485	erste staatlich verordnete Buchzensur durch Berthold von Henneberg, dem Erzbischof und Kurfürst von Mainz
1490	Maximilian I. richtet den ersten modernen Postdienst ein, der von der Familie Thurn und Taxis unterhalten wird
1502	die „Newe Zeitung", eine Vorform der heutigen Tageszeitung erscheint
1571	erstes Zeitungskorrespondentenbüro in Augsburg – die Nouvellanten
1633	erster Schiffspostdienst zwischen Dover und Calais
1647	erstes Kaffeehaus Europas in Venedig
1660	erste regelmäßig erscheinende Tageszeitung in Leipzig
1710	Jakob Christof Le Blon entwickelt den 4-Farb-Druck
1764	Pierre Simon Fournier normiert die Typographie
1796	Aloys Sennefelder schafft mit der Lithographie die Grundlage für den modernen Offsetdruck

Buch mit einer *Imprimatur* (=[lat.] es darf gedruckt werden) der kirchlichen Behörden versehen sein. Zuwiderhandlungen werden mit drakonischen Strafen – Exkommunikation und sehr hohen Bußgeldern, sowie Berufsverbot – bedroht. 1559 erscheint erstmals der berühmte *Index librorum prohibitorum*, die schwarze Liste verbotener Bücher, der tatsächlich noch bis in das Jahr 1965 existiert

Aber auch im Zuge der Entwicklung des Buches zum Massenmedium wurde schon früh Kritik wach. So läßt Victor Hugo, der die Druckkunst „das größte Ereignis der Menschheitsgeschichte" nennt, in seinem Roman „Notre Dame de Paris" einen Priester, Claude Frollo, auftreten, mit seinem Finger zuerst auf ein Buch und anschließend dann auf die Türme und Malereien seiner geliebten Kathedrale deutet und spricht „Ceci tuera cela", das Buch bedeutet das Ende der Kathedrale. Die Geschichte spielt im 15. Jahrhundert, kurz nach der Erfindung des Buchdrucks. Handschriften zu lesen war das Vorrecht einer kleinen elitären Führungsschicht. Der breiten Bevölkerung stand nur die Möglichkeit offen, über die Malereien in der Kathedrale Informationen über die Geschichten der Bibel, über moralische Prinzipien, aber auch über geschichtliche oder geografische Gegebenheiten Kenntnis zu erlangen. Papst *Gregor II.* (669–731), der den Streit um die Bildverehrung in der katholischen Kirche schlichtete – auf Grund des Bibelzitats „Du sollst kein Bildnis von mir machen" verbat der oströmische Kaiser *Leo III.* (685–741) im Jahr 726 jegliche Bilderverehrung in seinem Reich – ersann dazu die raffinierte Kompromißformel: „Die Bilder sind für die Laien, was die Schrift für die Lesekundigen".

Das Buch dagegen würde die Massen dazu anstacheln, sich von ihren wichtigsten Tugenden abzuwenden und die Schriften wohlmöglich frei zu interpretieren oder gar ungesunde Neugier zu entwickeln [Eco96].

2.3 Entstehung des Zeitungswesen

Eine Urform der Zeitung ist in den römischen Annalen, den Jahrbüchern, in denen der Vorsitzende des Priesterkollegiums – der Pontifex Maximus – die wichtigsten Begebenheiten zu Händen der Öffentlichkeit aufzeichnete. Der Pontifex Maximus war vor Julius Cäsar auch der Verantworliche für den **Kalender**. Das Kalenderdatum, das nachwievor auch heute noch die „erste" Nachricht jeder Zeitung darstellt, war in der Zeit vor Einführung des julianischen Kalenders eine recht komplizierte Angelegenheit. Der hohe Priester mußte zur Anpassung des verwendeten Mondjahres, das sich gegenüber den Jahreszeiten permanent verschob, immer eine bestimmte Anzahl von zusätzlichen Schalttagen bekannt geben. Mit dem Amtsantritt von Julius Cäsar entstanden in Rom die ersten öffentlichen Anzeiger, die sogenannten *acta*. Ursprünglich gab es drei solcher amtlicher Anzeiger, die Senatsakten (*acta senatus*), die Volksakten (*acta populi*) und die Stadtakten (*acta urbana*), die oft auch die zusätzliche Bezeichnung *diurnia* (täglich) trugen, obwohl sie noch nicht streng periodisch erschienen.

Das Zeitungswesen mit seinen bereits angesprochenen Ursprüngen in der Antike ist bereits im 16. Jahrhundert vor der Entstehung der eigentlichen Presse zu finden. So existierten geschriebene Zeitungen in Form von handschriftlich notierten Neuigkeiten als Anhänge an Geschäfts- und Privatbriefe, wie z.B. die sogenannten „Fuggerzeitungen" zwischen 1568 und 1605, eine Sammlung von handschriftlichen Nachrichten, die das Augsburger Handelshaus Fugger aus seiner Korrespondenz und anderen Quellen zusammenstellen lies. Jeremias Crasser und Jeremias Schiffle gründeten als berufsmäßige Nachrichtenhändler 1571 hierzu das erste Zeitungskorrespondenzbüro in Ausburg und nannten sich die „Nouvellanten". Der Handel mit Nachrichten als Ware war bereits im 14. Jahrhundert aufgekommen zwischen italienischen Städten mit Venedig als Hauptzentrum des Nachrichtenumschlages. Korrespondenten und Nachrichtenhändler waren meist in erster Linie diplomatisch-politische oder kaufmännische Geschäftsträger, die ihren Berichten besondere Nachrichtenbriefe zur allgemeinen Information anfügten.

Als nächstes folgte als eine Vorform der heutigen Tageszeitung die sogenannte „Newe (neue) Zeitung". Zuerst nur der Titel eines am 4. Dezember 1501 niedergeschriebenen und verdeutschten Bericht des Dogen *Leonhard Lauredan* (1459–1516), später ein Gattungsname für unperiodisch erscheinende Ein- und Mehrblattdrucke des 16. und 17. Jahrhunderts, die sich rasch zur populärsten Form der Berichterstattung entwickelte. Neben politischen, religiösen oder militärischen Nachrichten brachten sie auch oft schon reine Sensationsmeldungen, beispielsweise über Teufelsaustreibungen, Kometen, Mißgeburten oder Ketzerverbrennungen, und wurden auf Märkten vorgelesen, teils sogar vorgesungen und verkauft.

Die Zeitung als periodisch erscheinende Druckform mit aktuellem Inhalt bildet sich Anfangs des 17. Jahrhunderts heraus, so etwa die erste deutschsprachige Wochenzeitung „Aviso, Relation oder Zeitung" 1609 in Wolfenbüttel. Da die Verbreitung der Zeitung auf die vorhandenen Boten- und Beförderungsdienste angewiesen war, erschienen sie in der Regel zuerst nur wöchentlich. Interessant zu erwähnen ist, daß der Ursprung vieler Zeitungen mit der gerade entstandenen Kaffeehaus-Kultur einhergeht, die mit dem ersten europäischen Kaffeehaus in Venedig 1647 ihren Ausgangspunkt nahm. So benutzten beispielsweise die Herausgeber der englischen moralischen Wochenschriften die Londoner Kaffeehäuser als Redaktionslokal und Nachrichtenbörse.

Am 1. Juli 1650 erscheint die erste deutschsprachige Tageszeitung, zugleich die erste Tageszeitung der Welt in Leipzig, herausgegeben von *Timotheus Ritzsch* (1614–1678) mit dem Titel „Neu-einlauffende Nachricht von Kriegs- und Welt-Händeln". Bis zum Ende des 17. Jahrhunderts entstanden in Deutschland alleine bereits 170 Tageszeitungen. Der Dreißigjährige Krieg (1618–1648) warf Deutschland wirtschaftlich allerdings weit zurück. Frankreich und England wurden fortan die Pionierländer. Dort entstehen auch die ersten Zeitschriften, zuerst nur für Gelehrte, dann auch für spezielle Fachbereiche oder auch für Frauen. Riesige Auflagen (bis zu 300.000) erreichten die **Kalender**, die bis heute noch eine wichtige und risikoarme Einnahmequelle für viele Druckereien darstellen. Die Zahl der gedruckten Bücher wuchs in immer gigantischeren Mengen. Gab es 1450, also kurz vor der Erfindung des Buchdrucks insgesamt nur etwa 100.000 Bände, so stieg ihre Zahl bis gegen Ende des 16. Jahrhunderts auf über 200 Millionen.

Die Presse gilt als das älteste publizistische Massenmedium – wie beim Aufkommen jedes neuen Massenmediums charakteristischer Gegenstand kulturkritischer Auseinandersetzung. Die erste in Buchform erschienene Kritik ließ nicht lange auf sich warten: 1678 erscheint der „Diskurs über den Gebrauch und Mißbrauch von Nachrichten, die man Newe Zeitung nennt" in Jena, in dem gegen die „Zeitungssucht" zu Felde gezogen wird und diese als „eitle, unnötige, unzeitige und daher arbeitstörende" Beschäftigung charakterisiert wird.

2.4 Telekommunikationssysteme und Elektrizität

2.4.1 Optische Telegrafie

Ausgelöst durch die beginnende industrielle Revolution, sowie tiefgreifenden gesellschaftlichen Veränderungen, die mit der französischen Revolution in Europa ihren Ausgang nahmen, brach gegen Ende des 18. Jahrhunderts die große Zeit der optischen Telegrafensysteme an. Eine wichtige Rolle dabei spielte die Entwicklung des **Fernrohrs** im Jahre 1609 durch holländische Brillenmacher, das den Menschen in die Lage versetzte die Reichweite seiner Wahrnehmung zu vervielfachen. Bereits 1684 trug der Engländer *Robert Hooke* (1635–1703), der übrigens auch als der europäische Erfinder des „Schnurtelefons" gilt – das allerdings bereits auf den chinesischen Philosophen *Kung-Foo Whing* im 10. Jahrhundert zurückgehen soll – der Royal Society in London seine Ideen zur Übermittlung von „Gedanken über weite Entfernungen" vor. Deren technische Umsetzung durch die Übertragung der einzelnen Buchstaben auf großen beschriebenen Tafeln, die mit Hilfe von Seilzügen auf einem Mastsystem in der Nähe Londons aufgebaut werden sollten erwies sich allerdings noch nicht wirklich als praktikabel. Erst dem französischen Physiker *Claude Chappe* (1763–1805) gelang in den Wirren der französischen Revolution ein praktisch zu realisierender Ansatz: ein Zeichenübermittlungssystem mit schwenkbaren Signalarmen, dem **Semaphor** bzw. optischen Flügeltelegrafen und Fernrohren. Basierend auf den Ideen des Physikers *Guillaume Amontons* (1663–1705), der bereits 1690 in einem öffentlichem Experiment im Pariser Jardin des Luxembourg die nachrichtentechnische Bedeutung des Semaphors unter Beweis stellte, präsentierte Chappe seinen Telegrafen, bestehend aus einem fünf Meter hohen Mast mit einem zweiarmigen Querbalken, an dessen beiden Enden ebenfalls schwenkbare Balken befestigt waren erstmals im März 1792 der gesetzgebenden Nationalversammlung, die sofort den Bau einer ersten 70 km langen Versuchslinie zwischen Pelletier St. Fargau und St. Martin de Thetre veranlaßte. Nach mehreren erfolgreichen Versuchsreihen konnte 1794 eine erste reguläre Telegrafenlinie zwischen Paris und Lille eingerichtet werden. Die 270 km lange und mit 22 Stationshäuschen versehene Strecke konnte von einem Buchstabe innerhalb von nur 2 Minuten durchlaufen werden. Von dieser Geschwindigkeit beeindruckt und den militärischen

Nutzen vor Augen wurde schnell beschlossen, dieses Telegrafiesystem auf ganz Frankreich auszuweiten. Bis 1845 entstand ein landesübergreifendes, von Paris ausgehendes, sternförmiges Netz, das die Hauptstadt mit allen wichtigen Städten des Landes verband.
Dennoch blieb die Einsatzfähigkeit dieser optischen Telegrafiesysteme sehr beschränkt. Zwar konnte ein einzelnes Zeichen sehr schnell über eine große Distanz übertragen werden – so benötigte 1834 ein Zeichen für die 600 km lange Strecke Berlin-Koblenz nur 15 Minuten – aber die Übertragung eines vollständigen Textes nahm sehr viel Zeit in Anspruch – so daß die Kapazität der o.g. Telegrafenstrecke auf nurmehr zwei Telegramme pro Tag beschränkt blieb. Dazu sorgten schlechte Witterungsbedingungen für unregelmäßigen und unzuverlässigen Betrieb. Diese Unzulänglichkeiten, sowie das Aufkommen der elektrischen Telegrafie waren dafür verantwortlich, daß bereits 1853 die letzte optische Telegrafenlinie Frankreichs wieder aufgegeben wurde.

2.4.2 Elektrische Telegrafie

Einschneidend für die weitere Entwicklung der Telekommunikation erwies sich die Erforschung und Nutzbarmachung der Elektrizität im beginnenden 18. Jahrhundert. Bis dahin wurden elektrische Phänomene oft nur als Kuriosa und Salonkunststücke abgetan. Bereits der griechische Naturphilosoph *Thales von Milet* (ca. 640–546 v. Chr.) hatte die anziehende Wirkung der statischen Elektrizität beschrieben, die beim Reiben eines Bernsteins ([griech.]*elektron*) auftritt. Doch bis zur praktischen Nutzbarmachung der Elektrizität war es noch ein langer Weg. 1730 erst konnte der britische Physiker *Stephen Gray* (1666–1736) nachweisen, daß sich Elektrizität entlang eines Drahtes fortpflanzen kann: die Idee der elektrischen Nachrichtenübertragung war geboren. Mit Hilfe leitender Materialien können schon bald größere Distanzen überbrückt werden und mit der Entwicklung der Leidener Flasche um 1745, einer Urform der modernen Batterie, des holländischen Physikers *Petrus van Musschenbroek* (1692–1761) kann Elektrizität von nun an endlich auch gespeichert werden. In einem mit C.M. unterzeichneten Brief, der 1753 im Scot's Magazine publiziert wurde, schlug der Schreiber erstmals zur elektrischen Übertragung von Nachrichten eine Vorrichtung mit 26 den Buchstaben des Alphabets zugeordneten Drähten vor. Die wahre Identität des Autors konnte nie geklärt werden, aber da der Brief in der englischen Stadt Renfrew aufgegeben wurde, deuten einige Indizien auf einen gewissen dort lebenden Charles Marshall hin. Für eine praktische Umsetzung dieses neuen elektrischen Kommunikationsmittels fehlte allerdings noch eine wirklich zuverlässige und konstante Stromversorgung. Erst im Jahre 1800 gelingt dem italienischen Physiker *Allessandro Volta* (1745–1827) die Herstellung einer konstanten Stromquelle, der nach ihm benannten berühmten Voltaschen Säule. Ausgestattet mit dieser Stromquelle dauerte es allerdings noch weitere 20 Jahre, bis der Däne *Christian Oerstedt* (1777–1851) die Wirkungsweise des Elektromagnetismus entdeckte und auf diese aufbauend der Franzose *André Marie Ampère* (1775–1836) 1820 den ersten **elektromagnetischen Nadeltelegrafen** entwickelte. Bereits zuvor hatte der spanische Arzt und Naturwissenschaftler *Francisco Salva y Campillo* (1751–1828) 1804 (einigen Quellen zur Folge bereits 1795) einen **Elektrolyt-Telegrafen** konstruiert, der zur Übertragung 26 einzelne Leitungen benutzte, an deren Enden sich ein Glasröhrchen befand, in dem sich die darin befindliche Flüssigkeit bei einem Stromstoß zersetzte und Gasbläschen aufstiegen. Obwohl es dem deutschen Anatom und Physiologen *Samuel Thomas von Sömmering* (1755–1830) gelang, 1809 diese Technik in ihrer Reichweite noch zu verbessern, fand diese Art der elektrischen Telegrafie kaum Verbreitung, war doch das Erkennen der übertragenen Zeichen eine langwierige Aufgabe.

Erste wirklich praktische Bedeutung dagegen erlangte erst der 1833 von *Carl Friedrich Gauss* (1777–1855) und *Willhelm Weber* (1804–1891) erfundene **Zeigertelegraf**, der auf der Verwendung von nur zwei Drähten und der Einführung eines binären Kodiersystems für die Buchstaben des Alphabets basierte. Der durch die Vielfalt der neuen Möglichkeiten beflügelte Erfindergeist brachte in der Folgezeit eine Vielzahl von weiteren Erfindungen im Bereich des Zeigertelegrafen hervor. Der Durchbruch zur weltweiten Verbreitung gelang allerdings nur dem **schreibenden Telegrafen** von *Samuel Morse* (1791–1872), der im Jahre 1837 vorgestellt mit der Einführung des Morse-Alphabets 1840 seinen Siegeszug antrat. Die Leistung des seinerzeit sehr bekannten Portraitmalers Morse bestand hauptsächlich in der bestechenden Einfachheit seiner Erfindung, die in der Handhabung 1845 mit der Einführung der nach ihm benannten Morse-Taste noch weiter verbessert wurde. Die Legende berichtet, daß Morse gerade an einem Portrait General Lafayettes in Washington arbeitete, als seine Frau erkrankte und starb. Die Nachricht ihres Todes erreichte Morse aber erst nach Ablauf von 7 Tagen. In seiner Trauer soll in ihm zum ersten mal der Gedanke aufgekommen sein, ob es nicht möglich wäre, diese Zeitbarriere für die Beförderung von Nachrichten mit Mitteln der modernen Technik – der Elektrizität – zu durchbrechen, damit niemals mehr ein Mensch daran gehindert wäre, in Zeiten der Not einen geliebten Menschen zu benachrichtigen. Neben der bestechenden Einfachheit seiner Erfindung überzeugte die Morse-Telegrafie zusätzlich durch ihre hohe Übertragungsleistung und ihre witterungsunabhängigen Betriebssicherheit.

Eine erste 64km lange Versuchslinie zwischen Baltimore und Washington stellt den Ausgangspunkt des bald um sich greifenden „Telegrafie-Fiebers" dar und schon im darauffolgenden Jahr werden bereits mehr als 1400 km Telegrafenlinien quer durch die USA verlegt. Da die Regierung der USA einen Ankauf des Patents von Morse ablehnt – man war der Meinung, daß ein solches Unternehmen keinen Gewinn abwerfen würde – erfolgt der Ausbau der Telegrafennetze in den USA durch privatwirtschaftliche Betreiber.

In Europa entstanden jetzt entlang der neuen Eisenbahnstrecken ebenfalls erste Telegrafennetze. Der Hauptanteil der telegrafierten Nachrichten wurde

zunächst noch von Handel, Schiffahrt, der Börse und dem Zeitungswesen genutzt. Speziell für diese Sparten wurden die Vorzüge der Telegrafie schnell unverzichtbar. Die Nachricht wird zur Handelsware mit extrem kurzen Verfallsdatum. Erste Nachrichtenagenturen, wie z.b. Associated Press in New York (1848) oder Reuters in London (1851) entstehen und verdanken ihre Gründung dem Siegeszug des Telegrafen. Morses System wurde laufend verbessert und bald vom direkt lesbaren Fernschreiber, dem *Ticker*, einer Erfindung des Musikprofessors *David Hughes* (1831–1900) abgelöst.
Der optische Telegraf, kaum 10 Jahre in Betrieb, wurde von einer technischen Innovation überrollt, die in ihren Möglichkeiten den gestiegenen Bedürfnissen und Ansprüchen an die Kommunikation der durch die industrielle Revolution geprägten Gesellschaft entgegenkam. Die Steigerung der Übertragungskapazität und der Übertragungsgeschwindigkeit, sowie die Freigabe für die Öffentlichkeit sind dabei wohl als die entscheidenden Faktoren zu sehen, die den Siegeszug der elektrischen Telegrafie begründeten. Gerade die Freigabe der Telegrafie für den Privatverkehr sorgt auch hier für eine gewaltige Expansion. Innerhalb dieses Privatverkehrs machen die Privatdienste bislang allerdings kaum 10% des Gesamtaufkommens aus. Vor allem in Bezug auf die Reichweite eröffnete Elektrische Telegrafie völlig neue Dimensionen. So wurde 1851 das erste Kabel zwischen England und dem Kontinent verlegt, die geographischen durch das Meer gesetzten Grenzen werden durchbrochen. Das erste Kabel durch den Atlantik spannte sich 1856 zwischen Neufundland und Irland und es dauerte nicht lange, bis sich die Telegrafienetze um die ganze Welt ausbreiten.

2.5 Der Vormarsch der Individual-Telekommunikation

2.5.1 Telefon

Wurde die Telegrafie meist nur zaghaft zum Zwecke der Individualkommunikation genutzt, so entstand besonders im Bereich der interpersonellen Kommunikation im ausgehenden 19. Jahrhundert ein stetig wachsendes Bedürfnis nach Austausch von Nachrichten. Während bei der Telegrafie eine kodierte Datenübertragung in nur eine Richtung stattfand, entstand jetzt der Gedanke, mit Hilfe der Elektrizität Sprache über große Entfernungen zu transportieren, um so die Möglichkeit zu einem Dialog zu eröffnen. Voraussetzung dazu war, herauszufinden, daß der Schall, den das menschliche Ohr empfängt, nichts anderes ist, als eine periodisch an- und abschwellende Änderung des Luftdrucks – eine Welle. Der Wellencharakter des Schalls war bereits im Altertum bekannt, da z.B. der römische Architekt *Marcus Vitruvius Pollo* (1. Jhd. v. Chr) den Schall mit den Wellen des Wassers verglich. Diese Kenntnis ging im Mittelalter wieder verloren und erst der englische Physiker *Isaac Newton* (1643–1727) stellte auf Grund der von ihm entwickelten Wellentheorie

einen Zusammenhang zwischen der Schallgeschwindigkeit und dem Luftdruck her.
Einen ersten „Apparat zur Reproduktion von Tönen aller Art" konstruierte der Lehrer *Phillip Reis* (1834–1874), der dem menschlichen Ohr nachempfunden war und mit dem in einem ersten öffentlichen Versuch 1861 ein Waldhornsolo eher schlecht als recht übertragen wurde. Im Gegensatz zu Reis, dessen Schallübertragungsverfahren auf der Unterbrechung eines Stromkreises durch die Schwingung einer Membran beruhte, machte sich der Physiologe *Alexander Graham Bell* (1848–1922) die von *Michael Faraday* (1791–1867) entdeckte elektromagnetische Induktion zu Nutze, um Sprache zu übertragen.
„Mr. Watson, kommen sie mal her, ich brauche Sie", soll dann auch einer historischen Anekdote zufolge der Inhalt des ersten Telefongesprächs am 10. März 1876 in Bells Haus in Boston gewesen sein. Watson folgte der Aufforderung Bells, d.h. das **Telefon** hatte funktioniert. Dieser Geschichte verdankt Thomas A. Watson, der handwerklich sehr begabte Assistent von Graham Bell, noch heute seine Bekanntheit. Sie zeigt jedoch auch, daß sich die Forschung verlagerte, weg von der Einzelperson des Wissenschaftlers, hin zu Forschergruppen, die in Teams versuchten, die technische Innovation voranzutreiben. Bells Telefon wurde am 25. Juni 1876 im Rahmen der Jahrhundertfeier der amerikanischen Unabhängigkeit in Philadelphia (Pa.) erstmals öffentlich vorgeführt. Nach weiteren Verbesserungen hatte Bell im Mai 1877 die endgültige und dabei denkbar einfachste Form seines Telefons gefunden: Sender und Empfänger waren eins, daher mußte jeder, der ein Telefongespräch führen wollte, das Bells Gerät abwechselnd zum Sprechen an den Mund und zum Hören ans Ohr halten.
Zeitgleich mit Graham Bell reichte *Elisha Gray* (1835–1901) sein Patent eines Telefons im Washingtoner Patentamt ein, allerdings bestimmt die Geschichtsschreibung Graham Bell auf Grund einer Entscheidung des US-Supreme Courts als den Erfinder des Telefons. Die zur Ausnutzung der Bell'schen Patente gegründete *Bell Telephone Association* nutzte das durch das Patent erteilte Recht rückhaltlos aus und unterdrückte als Monopolist lange Zeit jegliche anderweitige Herstellung von Telefonen. Aus ihr ging 1885 die *American Telephone and Telegraf Company* (AT&T) als die größte private Telefongesellschaft der Erde hervor.
Bereits ein Jahr nach Bells Erfindung wurde 1877 in Boston das erste Telefonnetz mit gerade mal 5 Anschlüssen in Betrieb genommen, deren Eigentümer allesamt Bankiers waren. Das Telefon diente also zunächst demselben Zweck wie der Telegraf, hatte aber den Vorteil größerer Schnelligkeit und Leistungsfähigkeit. 1879 standen noch 294 der 300 in Pittsburgh angeschlossenen Telefonapparate in Geschäftsräumen, während die restlichen 6 Anschlüsse auf Unternehmer angemeldet waren, die ihre Fabrik auch von zu Hause aus erreichen wollten. Doch bereits im Jahre 1910 verfügte schon ein Viertel aller Privathaushalte in den USA über einen Telefonanschluß. 1925 wuchs dieser Anteil bis auf 40%. Das Telefon war nun nicht mehr nur im

Wirtschaftsleben von Bedeutung sondern spielte auch für die innerfamiliäre Kommunikation und Geselligkeit eine tragende Rolle. Bis sich das Telefonetz zu einem weltumspannenden Netz ausbreiten konnte, mußten noch viele technische Probleme gelöst werden. Lange Zeit verhinderten etwa ungelöste Probleme in der Signaldämpfung den Bau von noch längeren Telefonleitungen. 1899 entwickelte der amerikanische Elektroingenieur *Michael Idvorsky Puppin* (1858–1935) die nach ihm benannte Selbstinduktionsspule zur Verbesserung der Übertragungsleistung von Fernsprechleitungen. Puppinspulen, in regelmäßigen Abständen in die Telefonleitungen eingebaut, ermöglichten Ferngespräche über einige hundert Kilometer hinweg bei einem wirtschaftlich noch tragbaren Kabeldurchmesser. Die immer noch vorhandene Reichweitenbegrenzung konnte erst mit Einführung der Elektronenröhre beseitigt werden. So konnte die Verbindung New York – San Franzisko erst 1914 eröffnet werden, während das erste Transatlantikkabel sogar noch bis 1956 auf sich warten lies.

Anfangs konnte die geringe Zahl der Telefonteilnehmer noch problemlos manuell durch das vielzitierte „Fräulein vom Amt" über Steckverbindungen vermittelt werden. Die wachsende Zahl der Telefonteilnehmer aber machte die Entwicklung von automatischen Vermittlungsstellen, der sogenannten Selbstwählvermittlung notwendig. 1889 wurde dem Betattungsunternehmer *Almon Brown Strowger* (1839–1902) dazu das erste Patent erteilt, doch konnte seine Erfindung erst nach dem Auslaufen der Patente von Bell 1893 ihren Siegeszug antreten, als auch kleinere, weniger schwerfällige Telefongesellschaften auf den Plan traten und den Markt belebten. 1892 nahm die erste vollautomatische Telefonvermittlung der Welt in La Porte, Illinois, ihren Betrieb auf. 1896 entwickelten Mitarbeiter Strowgers dann das erste Wählscheibentelefon.

2.5.2 Vom Phonograph zum Grammophon

Etwa zeitgleich mit dem Aufkommen des Telefons kommt es zur Entwicklung von Geräten zur permanenten Aufzeichnung und Konservierung von Tönen und Sprache, welche die beliebige Wiederholbarkeit eines akustischen Ereignisses möglichen machten. 1876 richtet *Thomas A. Edison* (1847–1931) sein berühmtes Forschungslabor in Menlo Park ein, in dem er zusammen mit 15 Mitarbeitern an Problemen der Telegrafie und Telefonie arbeitet. 1877 entwickelt er das Kohlemikrophon, das die Übertragungsqualität des Telefons erheblich verbesserte und die Grundlage zum Bau des **Phonographen**, eines Geräts zur Schallaufzeichnung lieferte. Drei Tage bevor Edison am 6 Dezember 1877 die legendär gewordenen Kinderverse „Mary had a little lamb" auf seinem Phonographen abspielte, wurde in der Pariser Akademie der Wissenschaften ein Umschlag mit Plänen des Franzosen *Charles Cross* (1842–1888) geöffnet, die dessen Sprachaufzeichnungs- und Wiedergabemaschine, des „Paleophons" beschreiben und die er bereits am 30. April desselben Jahres eingereicht hatte. Edisons Phonograph, im englischen auch als „Speaking Machine" bezeichnet, bestand im Wesentlichen nur aus einer mit Staniolpapier umwickelten Metallwalze, die mit einer Handkurbel gedreht wurde. Tonaufnahme und -wiedergabe waren getrennt. Ein Schalltrichter lenkte den Schall auf eine Aufnahmemembran, die dadurch zu Schwingungen angeregt wird. Diese Schwingungen werden mit Hilfe einer Stahlnadel als spiralförmige Rille auf der Walze aufgezeichnet. Anfangs nur als Diktiergerät für den Geschäftsbereich gedacht (Edison positionierte seinen Phonographen sogar als den ersten Telefonanrufbeantworter), präsentierte *Emil Berliner* (1851–1929), ein amerikanischer Elektrotechniker deutscher Herkunft, 1887 den ersten auf dieser Aufzeichnungstechnik basierten Musikautomaten, das **Grammophon**. Aufgrund der aufwendigen Verarbeitung für die notwendige Präzision bei der Selbstaufnahme und dem Elektromotor als Antrieb war der Edison'sche Phonograph zunächst noch sehr kostspielig. Weitere Verbreitung findet der Phonograph erst, als preisgünstigere Geräte mit Federantrieb auf den Markt kamen und die Produktion der bespielten Walzen gesteigert werden konnte. Das Grammophon auf der anderen Seite war von Anfang an als reines Unterhaltunsmedium konzipiert, das durch seinen einfacheren Aufbau viel preiswerter als der Phonograph angeboten werden konnte. Dieses Gerät war allerdings ausschließlich zur Wiedergabe und nicht zur Aufzeichnung geeignet, wobei die im großen Maßstab nur schwer herzustellende Edison'sche Walze später der viel einfacher zu vervielfältigenden Schallplatte weichen mußte. Das Grammophon trat mit dem Einzug in die Privatsphäre rasch seinen Siegeszug an. Die Schallplatte wurde zum Massenprodukt. Plattenfirmen schütteten in den Jahren vor dem ersten Weltkrieg sagenhafte Dividenden von bis zu 70 Prozent aus und 1907 gab es bereits über 100 verschiedene Plattenmarken („Labels"), darunter auch Emil Berliners legendärer Hund Nipper, der vor dem Trichter eines Grammophons der Stimme seines Herrn („His Masters Voice") lauschte. 1913 stellt Edison die Produktion von Zylinder-Phonographen ein und steigt auf das Plattengeschäft um.

2.5.3 Fotografie

Viel früher bereits begann die Entwicklung der Fotografie, der authentischen Aufzeichnung eines realen Bildes. Bereits um 900 hatten arabische Gelehrte die **Lochkamera** als astronomisches Gerät zur Beobachtung von Sonnen- und Mondfinsternissen verwendet, deren Prinzip bereits in der Antike entdeckt und von *Aristoteles* (384–322 v. Chr) dargelegt worden ist. Beschrieben wurde die Lochkamera vom arabischen Physiker und Mathematiker *Ibn al-Haitham* (965–1040), das ab dem 16. Jahrhundert ausgestattet mit einer Linse zur *Camera Obscura* (=[lat.]dunkle Kammer) weiterentwickelt wird. Die Camera Obscura ist nichts weiter als ein von innen geschwärzter Kasten, auf dessen transparenter Rückwand (der Mattscheibe) ein auf der Vorderseite befindliches Loch oder eine Sammellinse von einem Gegenstand außerhalb der camera ein verkleinertes, auf dem Kopf stehendes und seitenverkehrtes Bild erzeugt. Der thüringer Jesuitenpater und Naturforscher *Athanasius Kircher* (1601–1680) kam als erster auf die Idee, eine Linse in die Camera Obscura einzubauen. So konnte er nachts mit Hilfe von Kerzen Bilder auf die Papierfenster eines gegenüberliegenden Hauses projizieren. Er belustigte und erschreckte seine Zuschauer, indem er furchterregende Teufel oder riesig vergrößerte Fliegen an die Wände projizierte. Daher wurde seine Entwicklung im Volksmund als Zauberlampe – Laterna Magica – bekannt.

Bis ins 19. Jahrhundert wurde die Camera Obscura als Hilfsmittel von Künstlern benutzt, um möglichst naturgetreue Zeichnungen anzufertigen. Der für seine Stadtansichten berühmte Maler *Antonio Canaletto* (1697–1768) beispielsweise fertigte die seine ersten Skizzen einer Stadtansicht jeweils mit Hilfe einer tragbaren Camera Obscura an. Was aber zur Fotografie noch fehlte, war eine Methode, dieses Bild auf der Mattscheibe dauerhaft festzuhalten. Bereits im 17. Jahrhundert war bekannt, daß zahlreiche Substanzen, wie z.B. Silberverbindungen sich im Sonnenlicht verfärben bzw. schwärzen. Aber erst der deutsche Arzt *Heinrich Schulze* (1687–1744) entdeckt 1727 in Halle an der Saale, daß nicht die Sonnenwärme die Ursache für dieses Phänomen war, sondern die Lichtenergie für die Veränderung verantwortlich war. Ihm gelang die Herstellung erster, allerdings noch nicht dauerhaft haltbarer Lichtbilder. 1802 erschien ein Artikel *Thomas Wedgewoods* (1771–1805) in London, der die wichtigsten Ideen zur Technik der Fotografie vollständig beschrieb. 15 Jahre später gelang es dann dem französischen Offizier und Privatgelehrten *Nicéphore Niepce* (1765–1833) mit der von ihm entwickelten **Heliographie**, diese Ideen zum ersten Mal in die Tat umzusetzen. Der Pariser Schausteller *Louis Jacques Mandé Daguerre* (1787–1851), ein überaus tüchtiger Geschäftsmann machte sich zu seinem Partner und setzte nach Niepce's Tod dessen Arbeiten fort. Er entwickelte die Technik weiter zur nach ihm benannten **Daguerreotypie**, Jodsilberplatten von hoher Präzision, die sich jedoch nicht vervielfältigen ließen, sondern immer nur Unikate blieben. 1839 bittet er den renommierten Wissenschaftler *Francois Dominique Arago* (1786–1853), seine Erfindung der Pariser Akademien der Wissenschaft vorzutragen. Arago gelingt es, dem neuen Verfahren dadurch eine Art wissenschaftliche Rechtfertigung zu verleihen – Daguerre würde als Nichtakademiker in diesem Kreis kaum ernst genommen werden – und motiviert die französische Regierung dazu, Daguerre das Verfahren für einen enormen Geldbetrag abzukaufen. Dieser allerdings hatte bereits fünf Tage zuvor für das Verfahren in London einen Patentantrag bestellt.

Ein erstes Positiv-Negativ-Verfahren für Papierbilder, die sich beliebig vervielfältigen lassen, die **Kalotypie** wurde 1839 vom Engländer *William Fox Talbot* (1800–1877) entwickelt. Seine einmalige zukunftsweisende Idee bestand darin, statt eines einmaligen Positivs ein Negativ herzustellen, von dem aus man beliebig viele Abzüge machen konnte. Dazu preßte er ein bereits einmal belichtetes und ein unbelichtetes Papier unter einer Glasscheibe zusammen und setzte beide dem Sonnenlicht aus. So konnten sich dunkle Gegenstände auf dem zweiten Papier auch dunkel abzeichnen und das im Gegensatz zu den bisherigen verfahren seitenrichtig. Das Verfahren wird auch heute noch als sogenannte Kontaktkopie angewandt. In den folgenden Jahren dehnte sich der Markt für Fotografie rasch aus, allerdings war neben den künstlerischen Fähigkeiten des Fotografen immer auch seine handwerkliche Geschicklichkeit gefragt, da jeder Fotograf sein Fotomaterial selbst herstellen mußte, was einer weitläufigeren Verbreitung im Wege stand. Zuerst gelang es, die nötige Belichtungszeit zu verkürzen. Waren bei Niépce noch mehrere Stunden notwendig, verkürzte Daguerre bereits die Belichtungszeit auf wenige Minuten. Der englische Bildhauer *Frederick Scott Archer* (1813–1857) entwickelt 1851 ein auf Kollodiumplatten basiertes Naßverfahren, das die Belichtungszeit sogar auf wenige Sekunden reduziert und die Daguerrotypie zur veralteten Technik werden läßt . Archers Kollodiumplatten müssen aber noch vor Ort und direkt vor der Belichtung angefertigt und naß (daher der Name des Verfahrens) in die Kamera gelegt werden. Die Technik wird weiter verbessert durch den englischen Arzt *Richard Leach Maddox* (1816–1902), der im Jahr 1871 Archers Kollodium erstmals durch Gelatine, versetzt mit Bromsilber als lichtempfindliche Schicht ersetzt. Die auf dieser Basis entwickelten Bromsilberpapiere liefern in Sekundenschnelle Abzüge von Negativen und bildeten die Grundlage des heute noch üblichen Verfahrens. Im Gegensatz zu Archers Kollodiumplatten mußten die mit Gelatine überzogenen Platten nicht sofort verarbeitet werden, sondern konnten vor der eigentlichen Belichtung monatelang gelagert werden .

Der Durchbruch der Fotografie für Jedermann gelang erst, als der Amerikaner *George Eastman* (1854–1932), ein ehemaliger Sparkassenangestellter, neben dem flexiblen und einfach handhabbaren Rollfilm eine komplette Infrastruktur, angefangen von der Kamera bis zum Entwicklungs- und Vergrößerungs-Service im Jahre 1888 unter dem Namen „Kodak" auf den Markt brachte. Eastmans „Kodak-Box" Kamera wurde zusammen mit dem bereits darin befindlichen Film zu einem Preis von nur 25 US-Dollar angeboten. Waren alle Bilder des Films fotografiert, wurde die komplette Kamera an das Kodak-Werk eingeschickt, in dem die Bilder entwickelt und die Kamera erneut mit Film geladen wurde, bevor diese nach nur wenigen Tagen wieder an den Kunden zurückgesandt wurde. Mit seinem Slogan „You press the button, we do the rest" ebnete Eastman der Fotografie den Weg zum Massenkonsum.

2.6 Drahtlose Telekommunikation - Rundfunk und Fernsehen

2.6.1 Funktelegrafie

In Bezug auf ihren historischen Ursprung – der Telegrafie – steht die Entwicklung der Funktelegrafie und des Rundfunks in einem engen Zusammen-

2.6 Drahtlose Telekommunikation - Rundfunk und Fernsehen 75

hang mit der Telefontechnik. Aus der großen Anzahl der Pioniere des Rundfunks ragen – abgesehen von Michael Faraday, *James Clerk Maxwell* (1831–1879), *Heinrich Hertz* (1857–1895) und *Edouard Branly* (1846–1940), deren Arbeiten die Grundlage der Funktechnik bilden – zwei große Persönlichkeiten heraus, die Ende des 19. Jahrhunderts zu Wegbereitern der drahtlosen Nachrichtenübertragung wurden: der russische Schiffsbauingenieur *Alexander Stephanowitsch Popow* (1858–1906) und der italienische Ingenieur und Physiker *Guglielmo Marconi* (1874–1934). Maxwell postuliert 1865 als erster die Existenz elektromagnetischer Wellen, die entstehen, wenn elektrische und magnetische Felder rasch ihre Stärke verändern und schuf damit die theoretische Grundlage für eine neue, bislang völlig unbekannte Möglichkeit der Kommunikation über praktisch unbegrenzte Distanzen hinweg – die **Radiotechnik**. Hertz gelang 1885 in seinem Labor in Karlsruhe der praktische Nachweis von Maxwells postulierten Wellen und bewies, daß sich elektromagnetische Wellen im Prinzip nur durch ihre Frequenzen unterscheiden. Den nächsten Schritt zum Radioempfänger gelang dem französischen Physiker Branly im Jahre 1890: Ihm gelang es, die elektromagnetischen Wellen in elektrische Impulse umzuwandeln. Er entdeckte, daß sich Eisenspäne, die normalerweise schlechte elektrische Leiter sind, sich unter dem Einfluß von elektromagnetischen Wellen zu einem kohärenten – also gleichgerichteten, zusammenhängenden – Bündel ausrichten und entwickelte daraus die erste Radioröhre der Welt, den *Kohärer*.
Popow präsentierte bereits 1895 einen kompletten Empfänger für elektromagnetische Wellen und demonstrierte die Sendung drahtloser Signale über eine Entfernung von 250 Metern. Noch im selben Jahr gelang vermittels einer von ihm entwickelten speziellen Ballonantenne eine Übertragung über 30 Kilometer Entfernung. Zu den ersten Einsatzgebieten der **Funktelegrafie** zählt der Schiffsfunk, auf den auch die ersten Experimente Marconis ausgerichtet waren. Für die Kombination der Arbeiten von Popow (Antenne, Relais und Klingel), Hertz (Hochfrequenzerzeuger) und Branly (Kohärer) erhielt Marconi 1896 ein Patent, das zur Grundlage seiner weiteren Versuche wurde, die Fernwirkung von Funksignalen zu erhöhen. Wurden bislang elektromagnetische Wellen mit Hilfe einer Funkenstrecke erzeugt, so verlegte der deutsche Physiker und Funkpionier *Karl Ferdinand Braun* (1850–1918) die Funkenstrecke in einen Schwingkreis und koppelte ihn mit einer Antenne. Durch diesen 1898 patentierten „gekoppelten" Sender war es möglich, Funkwellen in eine bestimmte Richtung zu lenken und größere Reichweiten zu erzielen. 1901 gelang Marconi die erste Funkübertragung über den Atlantik zwischen England und Neufundland. Die Forderung der Militärs nach Erbringung schriftlicher Belege für Nachrichten war dann aber ein wesentlicher Grund, daß sich die neue Technik gegenüber der bereits hergebrachten, drahtgestützten Morse-Telegrafie nur zögerlich durchzusetzen begann. Mit dem Untergang der Titanic in der Nacht vom 14. auf den 15. April 1912 erschien die neue Funktechnik plötzlich in einem veränderten Licht: Sie wurde zu einem Medi-

um, mit dem sich Rettungsarbeiten koordinieren ließen. Das modernste Schiff der Welt geht unter, aber noch im Untergang ermöglicht es die neue Technik, Verbindung mit dem Festland aufzunehmen. Der Untergang der Titanic hatte insofern weitreichende Konsequenzen, als nur wenige Monate später auf einer internationalen Konferenz beschlossen wurde, daß zukünftig alle Reeder ihre Schiffe mit Funktechnik auszurüsten hatten.
Mit der Einführung der Drei-Elektroden-Vakuumröhre mit Metallgitter, der **Triode**, gelang dem Amerikaner *Lee De Forrest* (1873–1961) und dem Österreicher *Robert von Lieben* (1878–1913) der Durchbruch in der Verstärkertechnik, die bislang auf dem Branly-Kohärer basierte. Von nun an bis zur Einführung des Transistors (1947) bildet die Trioden-Röhre die Grundlage für die Rundfunktechnik.

2.6.2 Rundfunk

Die erste Rundfunkübertragung der Geschichte fand am 25. Dezember 1906 statt: Die Funker auf den Schiffen vor der Küste Neuenglands waren sicherlich erstaunt, als sie an diesem Weihnachtstag zwischen dem gewöhnlichen Piepsen der Morsezeichen plötzlich eine Stimme hörten, die aus dem Evangelium nach Lukas las, gefolgt von einer Violin-Interpretation des Weihnachtsliedes „Stille Nacht". *Reginald Fesseden* (1866–1932), kanadischer Ingenieur und Erfinder war für diese erste experimentelle Übertragung verantwortlich. Die Idee eines „Rundfunks für alle" und wie dieser eine tragfähige wirtschaftliche Basis erhalten könnte geht auf *David Sarnoff* (1891–1971), einen Radiotechniker Marconis und späteren Vizedirektor der American Marconi Company zurück. Sarnoff erhielt bereits zuvor Berühmtheit, da er der Funker war, der 1912 die Signale der sinkenden Titanic auf Nantucket Island in Massachussetts empfing und während 72 Stunden ununterbrochen die Namen der Geretteten empfing und weiterleitete. Er hatte bereits 1916 ein Memorandum an Marconi formuliert, in der er die Idee der „Radio Music Box" als einem häuslichen Konsumartikel, ähnlich wie das Klavier oder der Phonograph vorstellte. Zunächst als verrückte Idee verworfen, die angesichts der andauernden Patentkriege zwischen den verschiedenen Funkpionieren wenig aussichtsreich erschien, legte er 1920 seinen hinsichtlich der wirtschaftlichen Aspekte ergänzten Plan erneut vor und und diesmal mit Erfolg: der **Rundfunk** war aus der Taufe gehoben. Angesichts des immer noch herrschenden Kriegsrechts kontrollierte die amerikanische Regierung immer noch alle Patente, was die Bildung einer gesamtamerikanischen Radiogesellschaft ermöglichte, der Radio Corporation of America (RCA), die in der Folge zum weltgrößten Hersteller von Radiogeräten werden sollte.
Die erste kommerzielle regelmäßig arbeitende Rundfunkstation, der amerikanische Sender KDKA, der im Oktober 1920 eine Sendelizenz erteilt bekam, startete seine Sendungen am 2. November 1920 in Pittsburgh. Er arbeitete im Mittelwellenbereich und sendete unterhaltsame und informative Programme.

Bereits 1923 konnten erstmals über eine Million Hörer einer Ansprache des damaligen US-Präsidenten Harding folgen. Den Schritt zum Massenmedium war vollzogen und schnell erkannten auch Politiker die ungeheuren Möglichkeiten dieses drahtlosen Mediums. Der Mißbrauch des Rundfunks als manipulierendes Propagandamedium vollzog sich spätestens mit dem ab 1933 durch die deutschen Nationalsozialisten propagierten Einheitsradio, dem sogenannten Volksempfänger. Der erste billige Volksempfänger, der berühmte VE301 (die Zahl 301 wies auf den Tag der Machtübernahme durch die Nationalsozialisten in Deutschland hin) wurde millionenfach produziert, war unpfändbar und konnte sinnigerweise keine ausländischen Sender empfangen.

Am 23. Dezember 1947 demonstrierten die Amerikaner *John Bardeen* (1908–1991), *Walter House Brattain* (1902–1987) und *William Shockley* (1910–1989) in den Bell Laboratories/New York den ersten **Transistor** für den sie 1956 gemeinsam mit dem Nobelpreis ausgezeichnet wurden. Zu Demonstrationszwecken entfernten sie aus einem herkömmlichen Röhrenradio alle Vakuumröhren und ersetzten diese durch Transistoren: das Transistorradio war geboren. Die Bell-Telefongesellschaft, die einen ungeheuren Personalaufwand betrieb, um ihre Telefon-Netzwerke zu warten, hatte die Aufgabe gestellt, einen zuverlässigeren und widerstandsfähigeren Schalter als die fehleranfällige Vakuumröhre zu entwickeln und nach unzähligen Versuchen gelang es dem Team um Shockley aus halbleitenden Materialien den ersten Transistor als Schaltelement zu entwickeln. Niemand konnte damals die Auswirkungen dieser Entdeckung auch nur erahnen, die sich sehr schnell in allen Bereichen der Elektronik niedergeschlagen hat. Weil die Bell Laboratories die Patente gegen Zahlung von Lizenzgebühren freigeben mußten, konnten von Anfang an viele Produzenten an der weiteren Nutzbarmachung des Transistors teilnehmen. Das erste kommerzielle Transistorradio brachte 1954 die amerikanische Firma Texas Instruments auf den Markt. Ein wichtiger Vorteil für die Hersteller von Radiogeräten bestand nun darin, daß der Transistor die Konstruktion von leichteren und mobilen Geräten gestattete, was zu ihrer explosionsartigen Verbreitung führte.

2.6.3 Film und Kino

Der Film oder das mit optischen bzw. mechanischen Mitteln erzeugte Bewegungsbild, begann nicht mit Aufnahmen aus der Realität, sondern mit von Menschenhand geschaffenen Zeichnungen und Bildern. Das zu Grunde liegende Prinzip macht sich ein als Netzhautträgheit bezeichnetes Phänomen zu Nutze, das bereits im Altertum von *Ptolemäus von Alexandria* (85–165 n. Chr.) im 2. Jahrhundert beschrieben wurde: Ein Bild der Gesichtswahrnehmung bleibt auf der Retina des menschlichen Auges für ca. 1/16 Sekunde erhalten, bevor es wieder verlischt. Erst im 19. Jahrhundert wird dieses Phänomen wiederentdeckt und erste mechanische Apparate werden zum Betrachten von Bewegtbildern entwickelt, die in schneller Folge eine Sequenz von Stroboskopbildern zeigen und dadurch den Eindruck eines Bewegungsablaufes vermitteln. Ausgehend von Entwicklungen wie dem „photographischen Gewehr" (1882) des französischen Physiologen *Étienne Jules Marey* (1830–1904), reicht Thomas A. Edison 1889 ein Patent auf den **Kinematographen** ein, dem 1894 das Kinematoskop als Vorführgerät für das neue Medium folgte. Allerdings konnte das Kinetoskop immer nur von einer einzelnen Person benutzt werden. Da Edison die Benutzung des Films in diesem Kontext für unbedeutend hielt, entwickelte er das Kinetoskop wie es naheliegend gewesen wäre nicht weiter zu einem Projektionsgerät. Dies bewerkstelligten erst die Gebrüder *Louis Jean Lumière* (1864–1948) und *Auguste Lumière* (1862–1954) mit dem von ihnen entwickelten ausgereiften kinematografischen Verfahren. Am 22. März 1895 führten die sie ihren ersten Film einem größeren – und auch zahlendem – Publikum im Grand Cafe auf dem Boulevard des Capucines in Paris vor: die Ära des Kinos hatte begonnen. Bereits zwei Monate vor dem Erfolg der Brüder Lumière führten die Brüder und Schausteller *Max* und *Emil Skladanowsky* (1863–1939 und 1859–1945) ihre ersten Filme im Berliner Wintergarten vor und verblüfften ihr Publikum.

Schon gleich zu seiner Geburt versuchte man den Film mit dem Edisonschen Phonographen zu kombinieren, doch die dazu notwendige Synchronisation der beiden Medien stellte das Hauptproblem dar, das es zu lösen galt. Besonders deutlich wurde dieses Problem, wenn sprechende Menschen aufgenommen wurden, da hier Unregelmäßigkeiten in der Synchronisation sofort wahrgenommen werden konnten. Es mußte also ein Weg gefunden werden, Bild und Ton auf ein gemeinsames Medium zu bannen. Dies gelang erst unter Ausnutzung des sogenannten Photoeffekts, der bewirkt, daß sich die Leitfähigkeit bei bestimmten Substanzen unter unterschiedlichen Lichtbedingungen verändert. Eine Tonspur kann damit direkt zusammen mit dem Bild auf dem optischen Filmträgermedium synchron gespeichert werden. Sowohl in Europa als auch in den USA liefen die Entwicklungsarbeiten am **Tonfilm** parallel und bereits 1925 wurde der erste Ufa-Tonfilm, eine Verfilmung von Christian Andersens Märchen „Das Mädchen mit den Schwefelhölzchen" uraufgeführt. Am 6. Oktober 1927 fand die Premiere des von den Warner-Brothers produzierten abendfüllenden Tonfilms „The Jazz Singer" mit Al Jolson in der Hauptrolle statt und die Tonfilm-Ära war endgültig angebrochen.

2.6.4 Fernsehen

Ebenso wie beim Film nutzt Fernsehen das Phänomen der Netzhautträgheit. Das Fernsehen als elektromagnetische Übertragung von Bewegtbildern beruht auf dem Prinzip, das Bild in einzelne Zeilen und Punkte aufzulösen, die bei der Reproduktion hinreichend schnell wieder zum ursprünglichen Bild zusammengesetzt werden. Beim Fernsehen wird so bereits bei der Wiedergabe jedes Einzelbildes die Netzhautträgheit ausgenutzt, damit dieses überhaupt als ein Gesamtbild erkannt werden kann. Ausgehend von der systematischen

2.6 Drahtlose Telekommunikation - Rundfunk und Fernsehen

Abtastung einer Szene zur Signalgewinnung entwickelte der Ingenieur *Paul Nipkow* (1860–1940) eine nach ihm benannte Lochscheibe mit spiralförmig angeordneten Löchern, die zur Aufnahme einer Szene in Rotation versetzt wird und die er bereits 1884 patentieren lies. Auf der Aufnahmeseite wird die aufzunehmende Szene zeilenweise mit Hilfe der Nipkowscheibe abgetastet, wobei das räumliche Nebeneinander der einzelnen Bildpunkte, d.h. deren Helligkeitswerte mit Hilfe einer Selenzelle in ein zeitliches Nebeneinander unterschiedlicher Spannungswerte umgesetzt wird. Auf der Wiedergabeseite wird das Bild demselben Prinzip folgend wieder zusammengesetzt. Nipkow nannte seine Erfindung noch „elektrisches Teleskop". Das deutsche Wort Fernsehen ist erst um 1890 herum entstanden, während das Wort „Television" erstmals nach der Jahrhundertwende in Frankreich und den USA gebraucht wurde. Zusammen mit der 1897 von Karl Ferdinand Braun erfundenen und nach ihm benannten Elektronenstrahlröhre, die zu diesem Zweck zuerst von dem deutschen Physiker *Max Dieckmann* (1882–1960) und dem russischen Physiker *Boris Iwanowitsch Rosing* (1869–1933) als Wiedergabegerät 1906/1907 benutzt wurde, wurde das erste elektromechanische Fernsehsystem der Welt geschaffen. Allerdings lies die erste öffentliche Fernsehübertragung noch bis 1925 auf sich warten, fand jedoch in drei Ländern nahezu zeitgleich statt: in Deutschland durch *August Karolus* (1893–1972), in Großbritannien durch *John Logie Baird* (1888–1946) und in den USA durch *Charles Francis Jenkins* (1867–1934). Die erste, elektromechanische Epoche des **Fernsehens** endet 1928/1929, in der bereits 60-zeilige Abtastinstrumente zur Verfügung standen und in den USA die ersten „regelmäßigen" Fernsehsendungen ausgestrahlt wurden.

Die erste vollelektronische Fernsehkamera, das Ikonoskop wurde von *Vladimir K. Zworykin* (1889–1982), der heute als der eigentliche Vater des modernen Fernsehens gilt, 1923 zum Patent angemeldet. Die erste elektronische Bildröhre – das Kinoskop – folgte 1929. Zu Beginn konnte Zworykin mit seiner neuen Methode nur ein einfaches Fadenkreuz übertragen, so daß die Firma, bei der er beschäftigt war, die Westinghouse Electric Corporation in Pittsburgh, kein besonderes Interesse für die Neuentwicklung zeigte. 1929 gelang es Zworykin den Radiopionier David Sarnoff von RCA mit einer verbesserten Version seiner Entwicklung zu überzeugen, der ihn bei RCA als Direktor für elektronische Forschung beschäftigte. 1939 erhielt Zworykin das Patent auf ein vollelektronisches Fernsehsystem auf Basis von Ikonoskop und Kinoskop. In Deutschland startete 1935 das erste regelmäßige Fernsehprogramm, das allerdings nur für ein halbes Jahr in Betrieb gehen sollte und auf einem 180-zeiligen Verfahren beruhte. Die BBC betrieb von 1936–1939 bereits einen hochaufgelösten 405-zeiligen Fernsehdienst, der im allgemeinen als der erste moderne Fernsehdienst der Welt angesehen wird, das auf einem von *Isaac Shoenberg* (1880–1963) entwickelten Fernsehsystem, einer Weiterentwicklung von Zworykins Verfahren, das Ultrakurzwellen zur Signalübertragung nutzte. Die BBC hielt bis 1962 am Schoenberg-System (405 Zeilen, 25 Bilder pro

2. Kommunikationsmedien im Wandel – von der Höhlenmalerei zum WWW

Tabelle 2.2. Meilensteine in der Geschichte der Kommunikationsmedien (2)

1184 v. Chr.	der Fall Trojas wird mit Hilfe von Fackelzeichen nach Griechenland übermittelt
150 n. Chr.	Ptolemäus von Alexandria beschreibt den Effekt der die Netzhautträgheit
1608	das Fernrohr wird in Holland erfunden
1684	Robert Hooke „Mittel zur Mitteilung der eigenen Gedanken über weite Entfernungen"
1690	Guillaume Amontons erste Experimente mit dem Semaphor
1730	Stephen Gray zeigt, daß sich Elektrizität entlang eines Drahts fortpflanzt
1745	mit der Leidener Flasche läßt sich Elektrizität erstmals speichern
1753	erster Aufsatz zur elektrischen Kommunikation in Scot's Magazine
1794	erste reguläre optische Telegrafenlinie zwischen Paris und Lille
1809	Samuel Thomas Sömmerring verbessert den Elektrolyt-Telegraf
1816	Nicèphore Niepce entwickelt die Fotografie
1819	Christian Oerstedt entdeckt den Elektromagnetismus
1820	Andrè Marie Ampére's elektromagnetischer Nadeltelegraf
1831	Michael Faraday entdeckt die elektromagnetische Induktion
1833	Carl Friedrich Gauss und Wilhelm Weber entwickeln den Zeigertelegrafen
1838	Samuel Morses schreibender Telegraf tritt seinen Siegeszug an
1840	Einführung des Morse-Alphabets
1845	sternförmiges optisches Telegrafennetz in ganz Frankreich
1851	erstes Unterseetelegrafenkabel zwischen England und dem Kontinent
1856	das Transatlantik-Telegrafenkabel wird verlegt
1860	James Maxwell entwickelt eine einheitliche Theorie für Elektrizität und Magnetismus
1877	Alexander Graham Bell und Elisha Gray entwickeln das Telefon
1877	Thomas A. Edison stellt den ersten Phonographen vor
1886	Heinrich Hertz entdeckt die elektromagnetischen Wellen
1888	George Eastman entwickelt das Fotografieren für Jedermann
1889	Almon B. Strowger entwickelt die automatische Telefonvermittlung
1889	Thomas A. Edisons Kinematograph läutet die Ära des Kinos ein
1893	in den USA werden erste Selbstwählvermittlungsstellen für Telefongespräche eingerichtet
1893	Louis und Auguste Lumière führen den ersten Film öffentlich vor
1896	Alexander Popow gelingt die erste drahtlose Nachrichtenübertragung
1901	Gugliemo Marconi führt die erste Funkübertragung über den Atlantik durch
1919	Hans Bredow propagiert den „Rundfunk für alle"
1924	August Karolus gelingt die erste Fernsehbildübertragung
1927	„The Jazzsinger", der erste Tonfilm kommt in die Kinos
1935	erster regelmäßiger Fernsehprogrammdienst in Berlin
1935	erstes Tonbandgerät mit elektromagnetischer Aufzeichnung von AEG
1962	erste Fersehdirektübertragung via Satellit zwischen USA und Europa
1969	Das ARPANET wird in Betrieb genommen
1982	Phillips und Sony führen die digitale Audio Compact Disc (CD) ein
1995	Einführung der Digital Versatile Disc (DVD) als Datenspeicher

Sekunde) fest. 1953 wurde das amerikanische NTSC-Farbfernsehverfahren (NTSC=National Television System Committee) freigegeben, nachdem die amerikanische Firma CBS bereits 1940 ein erstes Farbfernsehsystem vorgestellt hatte. Langsamer als erwartet stellte das Publikum allerdings von seinen Schwarzweiß-Empfängern auf die neuen Farbapparate um. Das NTSC-System war zu hastig entwickelt worden, um wirklich eine optimale Farbgebung garantieren zu können. So wird NTSC schnell als „Never The Same Color" verspottet („Niemals dieselbe Farbe"). Die in Frankreich entwickelte Norm SECAM ([franz.] *Séquence á Mémoire*) folgt 1957 und in Deutschland entwickelt *Walter Bruch* (1908–1990) 1963 die PAL ([engl.] *Phase Alternation Line*) Farbfernsehübertragungstechnik. 1983 stellte Japan die erste hochauflösende Fernsehtechnik HDTV vor.

Die Möglichkeit der auf elektromagnetischen Verfahren beruhenden Aufzeichnung von Bild und Toninhalten reicht zurück in das 19. Jahrhundert. Ausgehend von ersten Entwicklungsvorschlägen, wie etwa Paul Andre Marie Janet, der 1887 bereits die magnetische Tonaufzeichnung auf Stahldraht vorschlug, oder dem von *Kurt Stille* (1873–1957) 1918 vorgestellten Diktiergerät „Dailygraph", dessen extrem dünner Draht mit 4400 Metern Länge eine Aufzeichnungskapazität von bis zu 2 Stunden ermöglichte, gelang der Magnetaufzeichnungstechnik der große Durchbruch erst mit der Entwicklung des Magnetbandes. 1928 wurde von *Fritz Pfleumer* (1897–1945) ein Magnetbandverfahren auf Papierbasis patentiert, das kurz darauf 1935 durch ein Magnetband auf Kunststoffbasis von den Firmen AEG und BASF ersetzt wurde. 1935 wurde das erste **Tonbandgerät** der Welt, das „Magnetophon K1" auf der Berliner Funkausstellung öffentlich vorgestellt. Anfänglich nur im professionellen Bereich genutzt, erlebt die Tonbandtechnik nach dem zweiten Weltkrieg, nach dem Totalverlust des deutschen Patentbesitzes einen weltweiten Aufschwung und 1947 wurde das erste Heimgerät von der amerikanischen Firma Brush Development Co. auf den Markt gebracht. Erste technisch realisierbare Verfahren für die magnetische Aufzeichnung von breitbandigen Fernseh-Signalen gelangen erst 1956 durch Einführung eines neuen Frequenzmodulationsverfahrens für Bildsignale durch den bei der Firma Ampex arbeitenden Ingenieur *Charles P. Ginsburg* (1920–1992).

Die Ablösung der analogen Speichermedien und somit der Einzug digitaler Speicher- und Reproduktionstechniken hat seinen Ursprung in der Übertragung von Telefonaten über Weitverkehr-Funkstrecken. *Alec A. Reeves* (1902–1971) entwickelte 1938 das Pulsecode-Modulationsverfahren (PCM), das ein analoges frequenz- oder amplitudenmoduliertes Signal in eine rasche Serie einzelner Pulse von konstanter Amplitude überträgt. Das zu übertragende diskrete Signal kann dabei mit Hilfe eines binären Codes repräsentiert werden. Da die gespeicherte Information nicht von der Pulsamplitude abhängt, d.h. ein Rauschen die kodierte Information nicht verändert, sind PCM-Signale im Vergleich zu herkömmlichen Modulationsverfahren nahezu störungsfrei. PCM-Audiorecorder waren seit Ende der 60er Jahre im Gebrauch und 1979 brachte Phillips und Sony die digitale Audio **Compact Disc** (CD-DA) zur Marktreife. Dieses plattenförmige Speichermedium besitzt einen Durchmesser von 11,5 Zentimetern (übrigens dieselbe Größe wie Emil Berliners erste Schallplatte) und bot (vorerst) einen Speicherplatz von 74 Minuten oder 650MB. Im Gegensatz zur spiralförmigen Rille der analogen Audio-Schallplatte liegt die Information auf der CD in Form von mikroskopisch kleinen Vertiefungen vor, die von einem Laserstrahl berührungsfrei abgetastet und von der Elektronik des Abspielgeräts wieder in akustische Signale umgesetzt werden. Nachdem man sich nach langem Streit um einen einheitlichen Standard und um Methoden des Kopierschutzes endlich geeinigt hatte, erschien 1995 die erste Digital Versatile Disc (DVD), die eine vielfache Speicherkapazität im Vergleich zur CD bot (bei Verwendung mehrerer optischer Schichten und beider Seiten der DVD bis zu 17 GB) und zunächst in der digitalen Speicherung von komprimierten Videodaten Verwendung fand. Doch auch der Nachfolger der DVD, die Blue-Ray Disk (so genannt, da zum Lesen und Schreiben kurzwelligeres, blaues Laserlicht verwendet wird) steht bereits in den Startlöchern und bietet eine entsprechend höhere Aufzeichnungskapazität, wie sie für den zukünftigen hochauflösenden Fernsehstandard **HDTV** (High Definition TeleVision) benötigt wird.

2.6.5 Der Computer als universeller persönlicher Kommunikationsmanager

Der Computer wird heute oft als das „Leitmedium" der Zukunft angesehen und hat das Fernsehen in seiner Eigenschaft als solches bereits abgelöst. Dabei wird häufig übersehen, daß der Computer in seiner historischen Entwicklung vom technischen Begriff eher gesehen eigentlich gar kein Medium im Sinne der Funktion des Aufnehmens, Speicherns, Übertragen und Reproduzieren von Information war. Erst die Entwicklungen der letzten beiden Dekaden versetzten den Computer in die Lage, analoge akustische oder optische Informationen zu verarbeiten und erst mit dem Aufkommen des WWW tritt seine Funktion als Medium, das einen integrativen Transport multimedialer Information gestattet in den Vordergrund.

Die Ursprünge des Computers als Instrument zur Durchführung automatischer Berechnungen reicht bis in die Antike zurück. In Griechenland und Rom gibt es bereits Rechenbretter aus Holz, Metall oder Stein – **Abakus** genannt –, die in der Größe einer Postkarte bereits leicht transportabel und weitverbreitet sind. Die Rechensteine des Abakus werden *claviculi* oder *calculi* genannt – woher sich auch das Wort Kalkulation ableitet – und werden vom Rechenmeister *calculator* auf dem Brett verschoben, um die vier Grundrechenarten ausführen zu können. In China ist der Gebrauch eines dem Abakus sehr ähnlichen Recheninstruments – des Suan-pan – ebenfalls bereits im 1. Jahrhundert v. Chr. nachzuweisen. 1617 entwickelt der schottische Mathematiker *John Napier* (1550–1617), auf den ebenfalls drei Jahre zuvor die

Einführung des Logarithmus und des Dezimalpunkts zurückgeht, einen ersten **Rechenschieber**, eine einfache Multiplikationstafel aus beweglichen Stäben. Bereits zuvor entwirft 1494 *Leonardo da Vinci* eine erste Uhr mit Pendel, wobei die Konstruktion einer korrekt arbeitenden Penduluhr noch gut 200 Jahre auf sich warten läßt. Die dazu notwendige Feinmechanik allerdings bildet die Grundlage für die Entstehung der ersten mechanischen Rechenmaschinen. Im 17. Jahrhundert bemühten sich vorallem *Willhelm Schickard* (1592–1635), *Blaise Pascal* (1623–1662) und *Willhelm von Leibnitz* (1646–1716) um die Konstruktion komplexer Rechenmaschinen. Schickard konstruierte 1623 die erste **zahnradgetriebene Rechenmaschine**, um seinem Freund *Johannes Kepler* (1571–1630) langwierige Berechnungen bei der Bestimmung von Planetenpositionen zu erleichtern. Kepler erhielt diese Maschine aber nie, da sie im halbfertigen Zustand bei einem Brand zerstört wurde. Schickards Maschine beherrschte die vier Grundrechenarten, wobei Multiplikation und Division auf manuelle Unterstützung bei der Berechnung von Teilprodukten mit Hilfe von Rechenstäben angewiesen waren und besaß eine sechsstellige Dezimalanzeige. Seine Erfindung geriet aber in Vergessenheit, so daß der französische Mathematiker Pascal 1642 die zahnradgetriebene Rechenmaschine erneut erfand und noch jahrhundertelang als Erfinder der mechanischen Rechenmaschine galt. Um seinem Vater, einem königlichen Steuerbeamten bei seiner Arbeit zu helfen entwickelte der 19-jährige Pascal eine Rechenmaschine. Pascals Maschine erlaubte Addition und Subtraktion und wurde über 50 mal gebaut, wobei allerdings nur wenige Exemplare verkauft wurden. Eine erste mechanische Rechenmaschine, die auch eine direkte Multiplikation, basierend auf wiederholter Addition erlaubte, konstruierte der deutsche Mathematiker Willhelm v. Leibnitz. Um die Multiplikation mit einer großen Zahl durchführen zu können, muß im Gegensatz zur einfachen Addiermaschine der Multiplikant gespeichert werden und das Einstellwerk gegenüber dem Ergebniswerk verschiebbar sein, um die mehrfache stellenrichtige Addition durchführen zu können. Leibnitz verwendet hierzu die sogenannte Staffelwalze, eine Anordnung von achsparallelen Zahnrippen gestaffelter Länge. Je nach Position eines zweiten verschiebbaren Zahnrades wird dieses bei einer Umdrehung der Staffelwalze um null bis neun Zähne weitergedreht. Zu Lebzeiten konnte er aber nie das Problem des Zehnerübertrags über mehrere Stellen lösen, so daß seine Maschine erst 1894 zur einwandfreien Funktion gebracht werden kann, als die Feinmechanik weiter fortgeschritten war. 1679 entwickelte Leibnitz unter anderem auch das binäre Zahlen- und Rechensystem, das die Grundlage zur Konstruktion moderner Computer werden sollte.
Mit der **Lochkarte** taucht um 1805 erstmals ein wichtiges Element zur Speicherung und Verrechnung von Information auf als *Joseph-Marie Jacquard* (1752–1834) um 1805 den Musterwebstuhl erfand. Er trennte er als erster die Software – also das Steuerprogramm in Gestalt von Lochkarten oder -streifen – von der Hardware – der eigentlichen Maschine, die nach den durch die Löcher in der Karte gegebenen Instruktionen arbeitete. Je nach Lochkarte

oder Programm war die Maschine in der Lage, ein Gewebe mit einem durch die Lochkarte vorgegebenen Muster und vorgegebenen Farben mechanisch herzustellen. Mit der Lochkarte führte Jacquard das bis heute die Grundarchitektur aller datenverarbeitenden Maschinen und Computer bestimmende binäre System in den Maschinenbau ein: Wo die Nadel, die die Lochkarte abtastete, auf ein Loch, eine Eins, traf, da fand eine Veränderung statt. Wo sie jedoch auf Pappe, gleich einer Null stieß, blieb der Zustand unverändert. 1822 fand die Lochkarte erstmals Verwendung in einer mechanischen Rechenmaschine: in der „Difference Engine" von *Charles Babbage* (1791–1871). Babbage war als Mathematikprofessor aufgefallen, daß die Erstellung mathematischer Tabellen oft nur aus der einfachen „mechanischen" Wiederholung bestimmter Arbeitsschritte beruhte, wobei sich die Ersteller solcher Tabellen aber doch auch sehr oft verrechneten. Seine Forschungen richteten sich folglich auf die maschinelle Umsetzung mathematischer Probleme und deren Lösung. Die von ihm 1822 vorgeschlagene Difference Engine sollte dampfgetrieben und von der Größe einer Lokomotive in der Lage sein, Diferentialgleichungen zu lösen und die Ergebnisse direkt auszudrucken. Nachdem er zehn Jahre lang an dieser Maschine gearbeitet hatte, kam ihm plötzlich die Idee zu einer freiprogrammierbaren Rechenmaschine, die in der Lage war, beliebige vorgegebene Berechnungen auszuführen, der „Analytical Engine", die vom Konzept her bereits alle Elemente eines modernen Computers aufwies: einen Zahlenspeicher für fünfzigstellige Dezimalzahlen, der über 50.000 einzelne Zahnräder realisiert werden sollte, einem Rechenwerk und eine Steuereinheit zur Steuerung des gesamten Programablaufs einschließlich der Rechenoperationen und des Datentransports. Babbage's Assistentin, *Augusta Ada King, Countess of Lovelace* (1815–1842), die Tochter des englischen Dichters Lord Byron, trug maßgeblich am Design der Maschine bei. Als eine der wenigen Menschen, die in der Lage waren, die Möglichkeiten der Analytical Engine einzuschätzen, entwickelte sie bereits erste Programmroutinen, die so fortschrittliche Konzepte wie logische Verzweigungen, Programmschleifen und Sprunganweisungen enthielten und somit eine zyklische Durchführung von Rechenanweisungen ermöglichten. Babbage's Denken über das mechanisierte Rechnen ist seiner Zeit weit voraus. Er scheiterte an der mangelnden Präzision der Feinmechanik seiner Zeit, die nicht in der Lage war, eine so komplexe Maschine herzustellen.

Ebenso wie Babbage setzt der amerikanische Erfinder *Hermann Hollerith* (1860–1929) Lochkarten ein, um mit Hilfe einer ersten funktionsfähigen Datenverarbeitungsanlage die amerikanische Volkszählung zu unterstützen. Die Auswertung der vormals in den USA durchgeführten Volkszählung, die noch ohne mechanische Unterstützung auskommen mußte nahm annähernd sieben Jahre in Anspruch. Ausgehend vom raschen Bevölkerungswachstum und der Menge an Fragen, die gestellt wurden befürchteten die Behörden, daß bei einer neuen Volkszählung diese Zeit auf über zehn Jahre anwachsen könnte, so daß ein entsprechender Ausweg gefunden werden mußte. 1890 erhält Hollerith

das Patent auf eine **Lochkartenzählmaschine**, die im Gegensatz zu Babbage's Maschine die Lochkarten zur Speicherung von Daten und nicht zur Steuerung des Rechenablaufs benutzte. Holleriths Lochkarte war ein hochflexibles Speichermedium, das in Verbindung mit elektromechanischen Lesevorrichtungen bereits Möglichkeiten der heutigen Datenverarbeitung vorwegnahm: Datenbankeinrichtung, Zählung, Sortierung und Suchläufe nach beliebigen Kriterien. Mit Holleriths Maschine wurde es möglich, die Auswertung der 11. US-amerikanischen Volkszählung anstelle in der projektierten Zeit von zehn Jahren in nur sechs Wochen durchzuführen.
Der erste betriebsfähige, programmgesteuerte Rechenautomat wird schließlich von *Konrad Zuse* (1910–1995) 1937 konstruiert, die noch vollkommen mechanisch realisierte „Z1", die auf den Prinzipien der von *George Boole* (1815–1864) eingeführten Binärrechnung beruhte. 1941 baute Zuse nach Aufträgen des Reichsluftfahrtministeriums den ersten elektromechanischen Computer, die „Z3", die auf logischen Schaltverbindungen auf Basis von elektromechanischen Relais basierte. Neben Zuse befassen sich Ende der 30er Jahre noch viele andere Wissenschaftler mit der erstmaligen Realisierung von freiprogrammierbaren Rechenmaschinen. Der amerikanische Mathematiker *Howard H. Aiken* (1900–1973) beginnt 1939 an der Harward Universität mit der Konstruktion eines Großrechners, dem „Harvard Mark I", der neben Lochkarten-Baugruppen auch auf elektromechanischen Relais und Röhren aufgebaut war und 1944 fertiggestellt werden konnte. Die Kriegsanstrengungen und die neuen Möglichkeiten des militärischen Geheimfunks, wie etwa die Verschlüsselung alphanumerischer Information durch die deutsche Chiffriermaschine „Enigma" oder die Vorausberechnung von Geschoßflugbahnen treiben die Entwicklung automatisierter Rechenanlagen voran. 1942 beginnt in England der Bau einer Rechenanlage unter dem Decknamen „Colossus", die ab 1943 einsatzbereit war und zur Dechiffrierung der geheimen Funksprüche der deutschen Wehrmacht genutzt werden konnte.
Der erste vollelektronische, ausschließlich aus Elektronenröhren aufgebaute Universalrechner, der 1945 an der University of Pennsylvania von *John P. Eckert* (1919–1995), *John W. Mauchly* (1907–1980), *Herman H. Goldstine* (*1913) und *John von Neumann* (1903–1957) konstruierte „ENIAC" (Electronic Numerical Integrator and Calculator), beinhaltete die damals unglaubliche Anzahl von 18.000 Elektronenröhren und benötigte zu seinem Betrieb eine Leistung von 160 Kilowatt elektrischen Strom. Anders als seine Vorgänger „Colossus" und „Mark I" war der „ENIAC" ein richtiger, freiprogrammierbarer Computer, der zudem bedingt durch seine vollelektronische Bauweise Berechnungen bis zu 1.000-mal schneller durchführen konnte. 1951 beginnt mit der Fertigstellung von „UNIVAC I" der Firma Sperry der serienmäßige Bau von Universalrechnern.
Die Erfindung des Transistors 1947 durch die Amerikaner *John Bardeen* (1908–1991), *Walter House Brattain* (1902–1987) und *William Shockley* (1910–1989) in den Bell Laboratories/New York verändert die Entwicklung

Die fünf Generationen moderner Computer

1. Generation (1945–1956)
Zu Beginn des zweiten Weltkrieges begann die Entwicklung moderner Computer aus dem Bestreben der einzelnen Regierungen heraus, sich dadurch einen potentiellen und strategischen Vorteil zu verschaffen. Computer dieser ersten Generation werden dadurch gekennzeichnet, daß die verwendeten Maschinenbefehle und Arbeitsinstruktionen speziell für den Zweck designed wurden, für den der betreffende Rechner gedacht war. Jeder Rechner besaß einen unterschiedlichen Befehlsatz (Maschinencode), der ebenfalls unterschiedlich binär kodiert wurde und dafür sorgte, daß die Programmierung zu einer aufwendigen und langwierigen Angelegenheit wurde. Basistechnologie der Computer der ersten Generation waren Elektronenröhren, Lochkarten und der magnetischen Trommelspeichers.

2. Generation (1956–1963)
Der 1947 entwickelte Transistor revolutionierte das Design und die Entwicklung der Computer. Auf Transistorbasis aufgebaute Rechner waren zuverlässiger, energieeffizienter und kleiner als ihre Röhrenvorgänger. Mit der zweiten Generation der Computer halten die Programmiersprachen wie COBOL oder FORTRAN ihren Einzug. die Programmierung gestaltete sich wesentlich einfacher im Vergleich zum kryptischen Maschinencode. Die Computer gestatteten aber nur einen sogenannten Stapelbetrieb (Batchbetrieb), d.h. die zu erledigenden Jobs konnten nur einzeln, nach einander erledigt werden. Aber mit den deutlich gesunkenen Kosten hielt der Computer Einzug in die Wirtschaftswelt. Zur Ein- und Ausgabe wurden weiterhin Lochkarten, aber auch Magnetband verwendet.

3. Generation (1964–1971)
Obwohl Transistoren bereits deutliche Vorteile gegenüber der Röhrentechnik aufwiesen war die von ihnen erzeugte Abwärme mitunter doch so groß, daß Computer dadurch beschädigt werden konnten. Im nächsten Schritt der Miniaturisierung und der Einführung des integrierten Schaltkreises konnte eine weitaus größere Anzahl von Schaltelementen auf dazu noch kleinerem Raum verbaut werden, bei einer gleichzeitigen energie-effizienteren Umsetzung. Als Konsequenz daraus wurden die Computer leistungsfähiger, kleiner und auch preiswerter. Gleichzeitig setzte die Entwicklung von Betriebssystemen ein, die einen Mehrfachprogrammbetrieb gestatteten, d.h. verschiedene Jobs konnten zeitgleich abgearbeitet werden und die Ressourcen des Computers benutzen.

4. Generation (1971 – heute)
Seit der Entwicklung des ersten Mikroprozessors schreitet die Miniaturisierung zusehends voran. Die Hochintegration (VLSI – Very Large Scale Integration) zu Beginn der 80er Jahre und die anschließende ULSI (Ultra Large Scale Integration) bringt Millionen von Transistoren auf einem einzigen integrierten Schaltkreis unter. Unter dem zunehmenden Preisverfall dringt der Computer mit dem PC bis in die Privathaushalte vor. Dies ermöglichen vor allem auch einfach zu bedienende graphische Benutzeroberflächen, die es auch dem Nichtfachmann ermöglichen, einen Computer zu bedienen. Internet und Lokale Netze halten Einzug in die Computerwelt.

5. Generation (heute –)
Gegen Ende der 80er Jahre wurde der Auftakt für dir fünfte Computergeneration mit Weiterentwicklungen auf den Gebieten der künstlichen Intelligenz und dem Aufkommen der Supercomputer gesehen. Zunehmende Parallelisierung der Berechnungen in Mehrprozesorsystemen in Verbindung mit Spracherkennung und natürliches Sprachverstehen kennzeichnen diese Entwicklung, die heute noch in ihren Kinderschuhen steckt.

Abb. 2.1. Die fünf Generationen moderner Computer

der Computer maßgeblich. Die sehr aufwendige Röhrenbauweise, die zudem höchsten Wartungsaufwand bedurfte konnte durch den wesentlich kleineren und zuverlässigeren **Transistor** als Schaltelement in völlig neue Dimensionen vorstoßen. Ausgehend vom ersten Transistorrechner „TRADIC" der Bell Telephone Laboratories 1955 trat der Transistor gemeinsam mit der Entwicklung des Magnetplattenspeichers 1956 durch IBM seinen Siegeszug an. Erstmalig konnte auch die komplizierte Programmierung der Computer, die bislang auf eine jeweils eigene im Binärcode verfaßte Maschinensprache, die auf die Architektur der unterschiedlichen Rechner maßgeschneidert war durch einfacher zu erlernende Hochsprachen – Programmiersprachen auf einem höheren Abstraktionsniveau – wie dem kommerziell orientierten COBOL (Common Bussiness Oriented Language) oder dem wissenschaftlichen FORTRAN (Formula Translator) ersetzt werden. Diese Hochsprachen ermöglichten die Gestaltung von komplexeren Programmabläufen und vereinfachten die Ausbildung und die Entwicklungsarbeit der Programmierer.

Schon im Lauf der 50er Jahre entsteht die Tendenz zur stetigen Verkleinerung der Transistoren. 1958 gelingt es *Jack S. Kilby* (*1923) bei Texas Instruments erstmals, mehrere Bauteile einer Schaltung, bestehend aus Widerständen, Transistoren und Kondensatoren auf einem Kristallplättchen aus Germanium als Träger zu integrieren: der **integrierte Schaltkreis** (Integrated Circuit, Chip) war geboren. Die stetige Verkleinerung der Schaltelemente führte zu Beginn der 60er Jahre zur Entstehung einer neuen Größenklasse von Computern, den **Minicomputern**. Der erste Minicomputer, der mit den kleiner gewordenen Schaltelementen ausgestattet ist, ist der „PDP-1" der Firma Digital Equipment, der 1960 auf den Markt kam und erstmals weniger als eine Million Dollar kostete. Die „PDP-1" war kein Universalcomputer, sondern auf Aufgaben der Prozeßsteuerung eingeschränkt. Allerdings führen die neuen Minicomputer mit ihren spezialisierten Arbeitsbereichen in den 60er und 70er Jahren zu einem beispiellosen Automatisierungsschub. Ab 1961 werden integrierte Schaltkreise erstmals großmaßstäblich industriell gefertigt und der nächste Schritt in der Verkleinerung der Schaltelemente gelang 1970 mit der Entwicklung des **Mikroprozessors**, als erstmals alle Bestandteile eines Universalrechners – das Rechenwerk, das Steuerwerk, der Datenbus und die verschiedenen Register – auf einem einzigen Chip, dem Intel 4004, untergebracht werden konnten. Doch bis 1976 wurden Mikroprozessoren nur als Komponenten von Minicomputern und in der Prozeßsteuerung eingesetzt. Die Idee, den Mikroprozessor zum Kernstück eines eigenen Universalrechners zu machen entstand abseits der großen Computerfirmen unter Studenten. Zur Gruppe dieser jungen Leute zählten *Steve Jobbs* (*1955) und *Stephen Wozniak* (*1950), die 1975 die Firma Apple gründeten, und wenige Jahre später mit dem „Apple II" den ersten erfolgreichen **Personalcomputer** entwickelten. IBM bringt 1981 seinen ersten Personalcomputer (PC) für den Einsatz in Büro, Schule und Heim auf den Markt und der Siegeszug der neuen Rechner beginnt. Jedes Jahr erscheinen neue, leistungsfähigere Mikroprozessoren

Tabelle 2.3. Historische Entwicklung des Computers

30.000. v. Chr.	Verwendung von primitiven Zahlenzeichen
3.000. v. Chr.	Erste abstrakte Zahlbegriffe in Mesopotamien auf Basis des Sexagesimalsystems
1. Jhd. n. Chr.	Einführung des Abakus
um 500	Einführung des arabischen Dezimalzahlensystems
1494	Leonardo da Vinci konstruiert die erste Penduluhr
1617	John Napier entwickelt einen Rechenschieber
1623	Willhelm Schickard konstruiert erste mechanische Rechenmaschine für Addition und Subtraktion
1642	Blaise Pascal konstruiert ebenfalls eine mechanische Rechenmaschine für Addition und Subtraktion
1675	Willhelm Leibnitz konstruiert eine mechanische Rechenmaschine für alle vier Grundrechenarten
1679	Leibnitz führt das binäre Zahlensystem ein
1805	J.M. Jacquard führt eine Lochkarte zur Steuerung von mechanischen Webstühlen ein
1822	Charles Babbage konstruiert die Differential Engine, eine mechanische Rechenmaschine zur Lösung von Differentialgleichungen
1832	Charles Babagge skizziert die Analytical Engine, den ersten frei programmierbaren mechanischen Computer
1890	Herman Hollerith entwickelt eine Lochkartenzählmaschine für die Volkszählung in den USA
1937	Konrad Zuse konstruiert die Z1, den ersten programmgesteuerten und tatsächlich einsatzbereiten mechanischen Computer
1941	Zuse konstruiert die Z3, den ersten elektromechanischen und frei programmierbaren Computer
1943	In England wird der Großrechner Colossus fertiggestellt zur Dechiffrierung deutscher geheimer Funksprüche
1944	Der erste amerikanische Großrechner, der Harvard Mark I wird fertiggestellt.
1945	Der erste vollelektronische Computer ENIAC wird an der Universität von Pennsylvania fertiggestellt
1947	Der Transistor wird erfunden
1951	Der erste in Serie gebaute Computer: UNIVAC von Sperry
1955	Der erste Computer aus Transistoren: TRADDIC von den Bell Labs
1956	IBM entwickelt den Magnetplattenspeicher
1958	Jack S. Kilby entwickelt den integrierten Schaltkreis
1960	Der erste Minicomputer: die DEC PDP-1
1971	Der erste Mikroprozessor, der Intel 4004, kommt auf den Markt
1975	Der erste Personal Computer, der Apple II kommt auf den Markt
1981	IBM bringt den ersten IBM PC heraus.

auf dem Markt, die Miniaturisierung schreitet immer weiter voran und wird zu stetig günstigeren Preisen angeboten. Der PC erhält graphische und akustische Ausgabefähigkeiten und mit der Einführung fensterbasierter graphischer Benutzeroberflächen vereinfacht sich dessen Bedienung, so daß der PC letztendlich den Massenmarkt erobert. Mit der Einführung lokaler Netzwerke und der Freigabe des Internet für die Öffentlichkeit, eröffneten sich für den

PC ungeahnte Möglichkeiten als universelles Kommunikationsmedium. Ausgestattet mit der benutzerfreundlichen Bedienschnittstelle des Browsers war jedermann in der Lage, das Internet – oder genauer das World Wide Web – als neues Kommunikationsmedium zu nutzen, das die Möglichkeit bietet, Informationen in jeglicher Ausprägungsform, sei es Text, Sprache, Musik, Grafik oder Video, also multimedial auszutauschen.

3. WWW – das universelle Kommunikationsmedium

„Die neue Welt"
– aus dem Wappenspruch von Christoph Kolumbus
(1646–1506)

Die rasante Entwicklung der Kommunikationstechniken, sowohl in ihrer Vielfalt, als auch in ihrer Leistungsfähigkeit nimmt kein Ende. Dabei hält der Trend an, daß die klassischen Medien immer mehr zusammenwachsen: Sprachkommunikation und Datenübertragung sind bereits in modernen Mobilfunknetzen untrennbar miteinander verbunden. Mit dem Einzug der Digitaltechnik ist eine Unterscheidung der einzelnen Medien wie Text, Grafik, Audio oder Video auch nicht mehr notwendig. Kodiert und in digitaler Form haben sie alle die gleiche Gestalt riesenlanger Folgen von Nullen und Einsen und können gemeinsam über dasselbe Medium übertragen werden. Um diesen Strom von 0en und 1en wieder in seine ursprüngliche Medienausprägung zu überführen, sind Methoden und Verfahren notwendig zur Kodierung und Dekodierung. Diese Aufgabe wird von leistungsfähigen Computern übernommen, die uns allerdings immer seltener in herkömmlicher Gestalt mit Bildschirm und Tastatur entgegentreten, sondern mittlerweile als integrierter Systembestandteil in fast allen anderen Geräten des täglichen Gebrauchs zu finden sind. Der Computer fungiert also als integratives Kommunikationsmedium, das eine multimediale Datenkommunikation über eine einheitliche Schnittstelle möglich macht. Diese einheitliche Schnittstelle bildet das World Wide Web (WWW) mit seiner einfach und intuitiv zu bedienenden Benutzerschnittstelle, dem Browser.

Im nachfolgenden Kapitel soll näher auf die Multimedia-Unterstützung durch das WWW eingegangen werden, wobei im Detail auf die wichtigsten Medienformate für Audio-, Bild- oder Video-Daten eingegangen wird.

3.1 Medienvielfalt und Multimedia - eine Formatfrage

Originär war der Computer eigentlich nicht als Kommunikationsmedium konzipiert worden. Dazu war beispielsweise die anfänglich auf Lochkarten angewiesene Eingabe und Ausgabe viel zu schwerfällig. Bevor der Computer soweit entwickelt wurde, daß herkömmliche Informationsträger, wie Schrift oder Bilder als Ausgabe gedruckt oder auf einem Bildschirm angezeigt werden konnten, verging noch eine geraume Zeit. Schon sehr früh in der Entwicklungsgeschichte des Computers kamen Fernschreiber bzw. Textdrucker als

Ausgabemedium zum Einsatz, bevor später Plotter oder grafikfähige Bildschirme eingeführt wurden, die in der Lage waren, berechnete Bilder auszugeben. Die Fähigkeiten zur Darstellung von hochaufgelösten Grafiken in Echtfarben, von Bewegtbildern und Animationen mit Echtzeitvideoausgabe, sowie die Wiedergabe und Erzeugung von Tönen bis hin zur künstlichen Sprachsynthese kamen aber erst in den vergangenen 20 Jahren hinzu und versetzten den Computer in die Lage, in Verbindung mit der Entwicklung der Computernetzwerke und des Internet, als universelles Kommunikationsmedium zu fungieren. Die stetig anwachsenden Fähigkeiten der Computer, verbunden mit einer andauernden Senkung der Herstellungskosten ließen aus dem Computer ein Konsumprodukt für den Massenmarkt werden, ohne das unser heutiges Leben unvorstellbar geworden ist.

Bereits 1945 nahm *Vannevar Bush*, der damalige Direktor des Office of Scientific Research and Development in der US-Regierung die Vorstellung des Computers als universelles Kommunikationsmedium vorweg in seiner Vision des an früherer Stelle bereits beschriebenen **Memex**-Systems. Dieses Memex sollte nach der Vorstellung von Bush eine mechanische Vorrichtung zur Speicherung aller Bücher, persönlicher Aufzeichnungen und Kommunikationsvorgängen bieten und einen schnellen, flexiblen und zielgerichteten Zugriff auf alle Daten und ihre Verknüpfungen miteinander erlauben. Heutige Hypermedia-Systeme erlauben den Zugriff auf eine Vielzahl von Medientypen und -formaten, wie etwa Text, Bild-, Audio- oder Videoinformation. Zusammengefaßt werden all diese Medienformate unter dem Begriff **Multimedia**. Natürlich müssen alle Medientypen, sofern sie von einem Computer verarbeitet werden sollen, binär kodiert werden. Allgemein lassen sich die folgenden traditionellen Ausprägungen der mittels Computer darstellbaren Medientypen unterscheiden:

- **Text**
  Zur Kodierung alphanumerischer Information, also mittels Ziffern und Buchstaben verschiedener Alphabete dargestellter Informationen existieren viele unterschiedliche Verfahren, angefangen von ASCII, dem 7-Bit Standard, der noch aus den Zeiten des Fernschreibers stammt, bis hin zum 16-Bit Unicode, mit dem es möglich ist, annähernd alle Alphabete der Erde zu kodieren. Eng verbunden mit der Art des Codes ist der benötigte Speicherplatzbedarf. So werden viele Codes redundant ausgelegt, um eine gewisse Sicherheit gegenüber Übertragungsfehlern zu gewährleisten.

- **Grafik**
  Entsprechend der Komplexität der darzustellenden bildlichen Information kommen verschiedene Verfahren zur Kodierung von Bildinformation zum Einsatz. Dabei reicht die Palette von Verfahren für einfache monochrome Bilder bis hin zu Darstellungen in sogenannten Echtfarben.
  - **monochrom**: Hier kommt nur eine Farbe zum Einsatz. Das darzustellende Bild gestaltet sich durch Färben bzw. Nichtfärben der einzelnen Bildpunkte mit dieser Farbe. Die verwendeten Kodierungsverfahren sind

sehr einfach gehalten und fußen auf den Kodierverfahren für allgemeine Binärdaten.
- **beschränkte Farbpalette**: Informationsgrafiken, Symbole und Piktogramme beinhalten oft nur einige wenige Farben. Um eine möglichst speicherplatzeffiziente Darstellung dieser Information zu ermöglichen, wird die Kodierung mit einer vorgegebenen Farbpalette bzw. einer vorgegebenen Farbtiefe durchgeführt. Allerdings sind diese Verfahren nur bedingt zur Kodierung von Fotografien mit ihrer nahezu unbeschränkten Anzahl an Farben geeignet.
- **Echtfarben**: Fotografien, die die Realität abbilden, weisen oft Millionen unterschiedlicher Farbwerte auf. Allerdings liegen diese Farbwerte meist nicht in willkürlicher, d.h. zufälliger Anordnung vor, sondern treten in Form von sogenannten Farbverläufen auf, die sich ebenfalls durch spezielle Verfahren speicherplatzeffizient kodieren lassen. Man unterscheidet hier zwischen verlustbehafteter und verlustfreier Kodierung.

- **Audio**
  Bei der Wiedergabe von akustischer Information wie Sprache oder Musik spielt die zeitliche Dimension eine zentrale Rolle. Die kodierten Daten müssen in Echtzeit wiedergegeben werden, da sonst der Nutzwert der Information, wie z.B. die Verständlichkeit der Sprache verloren geht. Neben aufwendigen verlustfreien Kodierungen existieren auch hier verschiedene verlustbehaftete Verfahren, die auf sogenannten psychoakustischen Modellen basieren, die Frequenzen und Tonsignale, die vom menschlichen Gehör nicht wahrgenommen werden können, ausfiltern und nicht mitspeichern.

- **Video und Animation**
  Ebenso wie bei der Wiedergabe von akustischer Information spielt auch bei der Kodierung von Video- und Animationssequenzen die Eignung zur Wiedergabe in Echtzeit eine wichtige Rolle. Um eine Bildfolge speicherplatzeffizient zu kodieren, werden oft nur differentielle Bildfolgen abgespeichert, d.h. es werden nur die Veränderungen in aufeinanderfolgenden Bildern gespeichert.

All diese unterschiedlichen Medien besitzen spezifische Eigenschaften, auf die in den Datenformaten, die zu ihrer Kodierung verwendet werden, besondere Rücksicht genommen werden muß. Prinzipiell unterscheidet man zwischen:

- **zeitunabhängige Medien**
  Text und Grafik sind Vertreter dieser Gruppe von Medien, die entweder aus einer Folge einzelner Elemente oder aus einem einzigen Kontinuum bestehen, ohne das dabei eine Zeitkomponente von Bedeutung wäre. Sie werden oft auch als **diskrete Medien** bezeichnet. Ihre Darstellung und Verarbeitung sollte zwar so schnell wie möglich geschehen, jedoch unterliegen sie keinen inhaltlichen Zeitconstraints.

94   3. WWW – das universelle Kommunikationsmedium

- **zeitabhängige**
  Akustische Informationen oder Videobilder sind wesentlich gekennzeichnet durch ihre Veränderung über die Zeit hinweg. Die darzustellende Information ist nicht alleine durch den Gehalt der Einzelinformation gekennzeichnet, sondern erschließt sich vollständig erst aus deren zeitlichem Ablauf. In diese Gruppe von Medien fallen auch taktile und sensorische Informationen, auf die hier nicht näher eingegangen werden soll. Die Darstellung solcher Medien ist demzufolge zeitkritisch, da ihre korrekte Wiedergabe von Zeitbedingungen abhängt.

Die Kodierung der unterschiedlichen Medien erfordert den Einsatz von spezifischen, das jeweilige Medium betreffende Verfahren. Diese müssen die folgenden Anforderungen erfüllen:

- Speicherplatzeffizienz und
- einfache Manipulierbarkeit.

Entsprechend den unterschiedlichen Anforderungen und der jeweils gewünschten Qualität der Ausgabe wurden für jedes Medium verschiedene Datenformate entwickelt. Sie sind jeweils unterschiedlich gut zur Darstellung und Manipulation des Medieninhalts geeignet. Bei ihrer Entwicklung stehen oft Speicherplatzeffizienz und einfache Handhabbarkeit der Manipulationsalgorithmen in Konkurrenz. Meist gestaltet sich die Verarbeitung der Information um so schwieriger, je kompakter ein Datenformat ist.

3.2 Text - Datenformate und Komprimierung

Zur Übertragung von textuellen Nachrichten wurden schon früh Kodierungsverfahren entwickelt. Je nach Verwendungszweck kann die dabei benutzte Kodierung unterschiedlich viel Speicherplatz benötigen. Dient eine Kodierung lediglich der Konservierung dieser Nachricht, dann kann diese so platzsparend wie möglich aufgezeichnet werden. Stehen aber Kriterien, wie z.B. die sichere Übertragung oder die Verschlüsselung zum Zwecke der Geheimhaltung im Vordergrund, so beinhaltet die verwendete Kodierung oft redundante Information, die im eigentlichen Sinne nichts zum Informationsgehalt der Nachricht beiträgt.

Die gebräuchlichste Form der Darstellung einer Nachricht zum Zweck der Übertragung - sei es eine direkte Kommunikation oder eine Archivierung, bei der der Empfänger die Botschaft zeitversetzt entgegen nimmt - ist eine Aufzeichnung der Nachricht mit Hilfe der Schrift. Dazu wird ein Buchstabieralphabet verwendet, mit dem Buchstabenfolgen gebildet werden, die bereits eine gewisse Redundanz beinhalten. Liest man z.B. die Buchstabenfolge „ezember", kann der Empfänger darauf vertrauen, daß damit das Wort „Dezember" gemeint ist.

3.2 Text - Datenformate und Komprimierung

Um Nachrichten, die mit Hilfe einer Buchstabenschrift abgefaßt sind, mit den Mitteln der modernen Kommunikation übertragen zu können, müssen diese auf eine für das Kommunikationsmedium geeignete Weise kodiert werden. So wurde z.B. eine Kodierung der einzelnen Buchstaben durch die Positionen der Signalarme eines Flügeltelegraphens (Semaphor) ersonnen bzw. das Morse-Alphabet für die einfache elektrische bzw. drahtlose Kommunikation entwickelt. Die zeichenweise Kodierung eines Alphabets nennt man **Chiffrierung**. In der Regel muß diese Abbildung umkehrbar sein, wobei die Umkehrabbildung als Dekodierung bzw. Dechiffrierung bezeichnet wird.

$$a \in A \quad a \text{ ist Zeichen des Alphabets } A$$
$$b \in B \quad b \text{ ist Zeichen des Alphabets } B$$
$$f : A \to B, f(a) = b \quad \text{Chiffrierung mit Chiffrierfunktion } f$$
$$f^{-1} : B \to A, f^{-1}(b) = a \quad \text{Dechiffrierung mit Umkehrfunktion } f^{-1}$$

Beispiele für eine einfache Chiffrierung sind das internationale Buchstabieralphabet (Tabelle 3.1) oder die Brailleschrift (Abb. 3.1) für Blinde.

Tabelle 3.1. Das internationale Buchstabieralphabet

Alpha	Bravo	Charlie	Delta	Echo
Foxtrott	Golf	Hotel	India	Juliette
Kilo	Lima	Mika	November	Oscar
Papa	Quebec	Romeo	Sierra	Tango
Uniform	Victor	Whiskey	X-Ray	Yankee
Zulu				

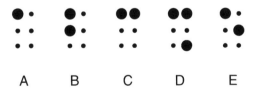

Abb. 3.1. Auszug aus der Brailleschrift

Die Brailleschrift, benannt nach ihrem Erfinder *Louis Braille*, ist zugleich ein Beispiel für eine Kodierung über dem binären Zeichenvorrat $\{0, 1\}$: Jedes Zeichen wird durch eine 3×2 Matrix binärer Zeichen wiedergegeben. Auch der **Morsecode** verwendet eine binäre Darstellung der einzelnen Buchstaben, wobei hier die Länge eines Codes für ein Zeichen von der mittleren Häufigkeit dessen Vorkommens abhängt. Die ersten Fernschreiber zu Beginn des 20.

Jahrhunderts nutzten noch den Morsecode zur Übertragung von Buchstaben. Die Dekodierung erwies sich allerding als wesentlich einfacher, wenn jeder Buchstabe mit einem binären Codewort konstanter Länge kodiert wurde. So wurde der Morsecode schon bald vom 1880 entwickelten **Baudot-Code** abgelöst, der mit seinen 5 Bit pro Zeichen zwei verschiedene Zeichensätze mit zusammen über 60 verschiedenen Zeichen kodieren kann und als **International Telegraph Code No.1** (ITC-1, IA-1, CCITT-1) bekannt wurde. Zusätzlich zu den 26 Zeichen des Alphabets und den 10 Ziffern enthält der Baudot-Code noch Steuerzeichen, die der Formatierung des Schriftsatzes bzw. der Steuerung des Fernschreibers dienen. Eigentlich lassen sich mit 5 Bit nur $2^5 = 32$ Zeichen darstellen, was nicht einmal ausreichen würde, um das Alphabet und die zehn Ziffern zu kodieren. Abhilfe wurde geschaffen durch eine teilweise Doppelbelegung der Codeworte. Um dennoch eine eindeutige Belegung zu gewährleisten, kann vermittels spezieller Steuerzeichen zwischen Buchstaben- und Ziffernmodus umgeschaltet werden. Um 1900 wurde ein weiterer 5-Bit Code für Fernschreiber eingeführt, der sogenannte **Murray-Code**, der als **International Telegraph Code No.2** (ITC-2, IA-2, CCITT-2) bekannt wurde und oft fälschlicherweise auch als Baudot-Code bezeichnet wird.

Von großer Bedeutung ist der 7-Bit Fernschreibercode, der 1963 von der ANSI (American National Standards Institute) als **ASCII-Code** (**American Standard Code for Information Interchange**) standardisiert wurde und noch heute als Standardrepräsentationsform für Textinformation in Computern benutzt wird. In der Frühphase der Entwicklung erster kommerzieller Computersysteme bis Ende der 50er Jahre gab es nämlich noch keine standardisierte Zeichenkodierung für Computer. Allein die von IBM um 1960 vertriebenen Rechner benutzten neun verschiedene Buchstabenkodierungen. Als jedoch die Idee der Vernetzung von Computern zunehmend Wirklichkeit wurde, nahm die Nachfrage nach einer einheitlichen Buchstabenkodierung immens zu. 1961 schlug deshalb *Robert Bemer* (*1920), ein Mitarbeiter von IBM die ASCII-Kodierung der ANSI als Standardcode vor, die ihn dann 1963 als Standard verabschiedete.

Allerdings dauerte es weitere 18 Jahre, bis ASCII schließlich als allgemeiner Standard anerkannt wurde. Dies lag an der 1964 von IBM vorgestellten neuen System/360 Rechnerarchitektur, die noch unabhängig und losgelöst vom Standardisierungsprozeß von ASCII eine eigene Form der Kodierung, genannt **EBCDIC** (**Extended Binary Coded Decimals Interchange Code**) verwendete. Aus Kompatibilitätsgründen verwendeten dann auch Folgegenerationen des IBM System/360 die EBCDIC-Kodierung weiter. Bei EBCDIC handelt es sich um eine 8-Bit Kodierung, eine Erweiterung der zuvor bei IBM verwendeten 6-Bit BCD-Kodierung. Aufeinanderfolgende Zeichen im Alphabet werden dabei nicht notwendigerweise mit aufeinanderfolgenden Codes versehen, da die Art der Kodierung noch von Holleriths Lochkarten inspiriert war. Von EBCDIC existieren verschiedene Varianten, die untereinander inkompatibel sind. Die amerikanische Variante benutzt weitgehend

3.2 Text - Datenformate und Komprimierung   97

binär	000	001	010	011	100	101	110	111
0000				0	@	P		p
0001			!	1	A	Q	a	q
0010			"	2	B	R	b	r
0011			#	3	C	S	c	s
0100			$	4	D	T	d	t
0101			%	5	E	U	e	u
0110			&	6	F	V	f	v
0111				7	G	W	g	w
1000			(	8	H	X	h	x
1001			)	9	I	Y	i	y
1010			*	:	J	Z	j	z
1011			+	;	K	[	k	{
1100			,	<	L	\	l	|
1101			-	=	M	]	m	}
1110			.	>	N		n	~
1111			/	?	)	_	o	

Abb. 3.2. Auszug aus dem 7-Bit ASCII Code

die gleichen Zeichen wie der ASCII-Code. Einige spezielle Zeichen sind aber in dem jeweils anderen Code nicht enthalten. IBM entwarf insgesamt 57 verschiedene nationale EBCDIC Codes, die jeweils ländertypische Sonderzeichen und Buchstaben enthielten. Erst 1981 stieg IBM dann im Rahmen der Entwicklung ihres ersten Personal Computers auf den ASCII-Code um.
Auch die 7 Bits der ursprünglichen ASCII-Kodierung reichen allerdings nicht aus, um alle internationalen Zeichensätze mit den zugehörigen Sonderzeichen darzustellen. Durch Hinzufügen eines achten Bits führten einige Hersteller eigene proprietäre Kodierungen ein, die die Darstellung diverser Sonderzeichen gestatteten. Ein einheitlicher Standard für verschiedene internationale Zeichensätze auf Basis einer 8-Bit ASCII Kodierung konnte jedoch erst mit der **ISO 8859**-Kodierung erreicht werden.
Eine einheitliche Kodierung für nahezu alle existierenden Alphabete gewährleistet **Unicode**, der 1992 eingeführt und in der Norm **ISO 10646** standardisiert wurde. Unicode verwendet 16 Bits zur Kodierung multilingualer Zeichen und umfaßt auch Codes für indische oder chinesische Symbole, da ein Zeichenvorrat von 2^{16}=65.536 Zeichen zur Verfügung stand. Unicode umfaßt neben einer Vielzahl nationaler Landesalphabete auch zusätzliche typographische Symbole und nationale Sonderzeichen.
Unicode hielt auch im WWW bereits Einzug: im RFC 2070 wurde die WWW-Sprache HTML für die Unterstützung von Unicode vorbereitet und RFC 2077 empfiehlt die Unterstützung von ISO 10646 für alle neuen Internet Protokolle.
Aus Gründen der Kompatibilität mit dem alten ASCII-Code startet der Zeichenvorrat von Unicode mit den Codes der herkömmlichen ASCII-Kodierung und den ISO 8859-1 Symbolen. Danach folgen 16-Bit Codeworte, gefolgt von einer 20-Bit Erweiterungszone, die all das aufnehmen soll, was nicht in die 16-Bit Kodierung hineinpaßt. Mit **UTF-8** wurde eine Transformationsvorschrift

mit in den Standard aufgenommen, die alle ASCII-Zeichen transparent passieren läßt und alle anderen Zeichen in eine eindeutige 8-Bit Zeichensequenz überträgt.

Da die zur Verfügung stehende Bandbreite des verwendeten Kommunikationsmediums die übertragbare Datenmenge beschränkt, wurden bereits sehr früh Verfahren entwickelt, um die in einer Nachricht enthaltene Redundanz zu minimieren und auf diese Weise die vorhandene Bandbreite so effizient wie möglich nutzen zu können. Die zum Einsatz kommenden Techniken werden als **Komprimierungs**-Verfahren (Verdichtung) bezeichnet und werden oft für Textdateien oder multimediale Daten eingesetzt. Sie versprechen insbesondere dann einen Vorteil, wenn z.B. in Textdateien bestimmte Zeichen häufiger als andere vorkommen, oder Grafiken große, zusammenhängende homogene Flächen enthalten bzw. umfangreiche Wiederholungen von identischen Mustern auftreten. Die Platzeinsparung variiert bei den verschiedenen Komprimierungsmethoden in Abhängigkeit von den Merkmalen der zu komprimierenden Datei. Für Textdateien sind z.B 20% bis 50% Einsparung ein typischer Wert, während bei Grafikdateien oft Einsparungen von 50% bis 90% erzielt werden können. Bei Dateitypen, die weitgehend aus zufälligen Bitmustern bestehen, kann mit Komprimierungsverfahren allerdings nur wenig gewonnen werden.

Prinzipiell lassen sich verschiedene Arten der Komprimierung unterscheiden, die nicht von der Art des zu komprimierenden Mediums abhängen, sondern allgemeine Gültigkeit besitzen:

- **Logische/physikalische Komprimierung**
  Logische bzw. semantische Komprimierung wird erreicht durch fortlaufende logische Substitution, d.h. durch Ersetzung eines alphanumerischen oder binären Symbols durch ein anderes. Beispielsweise kann der Ausdruck „United States of America" durch „USA" ersetzt werden. Logische Komprimierung kann nur auf Daten oberhalb des Abstraktionsniveaus von alphanumerischen Zeichen sinnvoll angewendet werden und basiert ausschließlich auf Information, die in den zu komprimierenden Daten enthalten ist. Komprimierungsalgorithmen kodieren die darzustellende Information in einer Art und Weise, die möglichst wenig Redundanz besitzt. Physikalische bzw. syntaktische Komprimierung kann auf vorgegebene Daten angewendet werden, ohne daß die in den Daten enthaltene Information genutzt wird. Es wird also nur eine Kodierung durch eine andere, kompaktere ausgetauscht. Die komprimierten Daten können auf mechanische Weise wieder in die Ausgangsdaten dekodiert werden, allerdings ist der Zusammenhang zwischen Ausgangsdaten und komprimierten Daten im Allgemeinen nicht offensichtlich. Alle im Folgenden vorgestellten Komprimierungsverfahren gehören zu den physikalische Komprimierungsverfahren.

- **Symmetrische/asymmetrische Komprimierung**
  Bei den symmetrischen Komprimierungsmethoden besitzen Enkodierungs-

algorithmus und Dekodierungsalgorithmus in etwa dieselbe Berechnungskomplexität. Anders sieht es bei den asymmetrischen Komprimierungsmethoden aus. Dort ist die Berechnungskomplexität der beiden Algorithmen deutlich unterschieden. Asymmetrische Komprimierungsverfahren machen dann Sinn, wenn eine aufwendige Kodierung während der Kompression nur ein einziges Mal durchgeführt wird, während eine Dekodierung bei jedem Zugriff auf die komprimierten Daten zu erfolgen hat und daher wesentlich häufiger ausgeführt werden muß.

- **Adaptive/semiadaptive/nichtadaptive Komprimierung**
  Viele Komprimierungsverfahren, wie z.B. die **Huffmann-Kodierung** dienen ausschließlich der Komprimierung bestimmter Medienformate und verwenden deshalb formatspezifische Information, die in sogenannten Wörterbüchern vorgehalten wird. Nicht-adaptive Verfahren benutzen ein statisches Wörterbuch vorgegebener Muster, die bekanntermaßen in der zu komprimierenden Information sehr häufig auftreten. So könnte ein nichtadaptives Komprimierungsverfahren für die deutsche Sprache ein Wörterbuch mit vordefinierten Zeichenketten für die Wörter "und, oder, der, die, das" enthalten, da diese sehr häufig in der deutschen Sprache auftreten. Adaptive Komprimierungsverfahren, wie z.B. das LZW-Verfahren, bauen bei jeder Anwendung ein eigenes Wörterbuch häufig vorgefundener Muster auf und basieren nicht auf vordefinierten, anwendungsspezifischen Musterwörterbüchern. Semiadaptive Komprimierungsverfahren stellen eine Mischform aus beiden Verfahren dar. Sie arbeiten für gewöhnlich in zwei getrennten Arbeitsschritten, in denen zuerst ein Wörterbuch über die zu komprimierenden Daten aufgebaut wird, und die Kodierung in einem darauf aufbauenden, zweiten Arbeitsschritt erfolgt.

- **Verlustfreie und verlustbehaftete Komprimierung**
  Verlustfreie Komprimierungsverfahren führen die Kodierung und die Dekodierung der zu komprimierenden Daten so aus, daß die ursprünglichen Daten nach Ausführung beider Verarbeitungsschritte wieder unverändert vorliegen. Die in den zu komprimierenden Daten enthaltene Information bleibt absolut vollständig erhalten. Verlustbehaftete Komprimierungsverfahren dagegen versuchen, eine höhere Komprimierungsrate zu erreichen, indem sie auf Teile der zu komprimierenden Information verzichten, die für den vorgesehenen Verwendungszweck als weniger wichtig angesehen werden. So verzichten verlustbehaftete Komprimierungsverfahren z.B. in der Audio-Komprimierung darauf, Töne und Tonfolgen zu speichern, die das menschliche Ohr nicht wahrnehmen kann. Verlustbehaftete Komprimierungsverfahren für Bilddaten ermitteln mit Hilfe heuristischer Methoden, wie eine maximale Komprimierung erreicht werden kann, wobei gleichzeitig darauf geachtet wird, das möglichst wenig von der vorhandenen visuellen Information verloren geht.

3. WWW – das universelle Kommunikationsmedium

Exkurs 1: Einfache Verfahren der Datenkomprimierung

Lauflängenkodierung - (Run Length Encoding, RLE)
Der einfachste Typ der Redundanz in einer Textdatei sind lange Folgen sich wiederholender Zeichen. Betrachten wir z.b. eine einfache Folge von Zeichen:

AAAADEBBHHHHHCAAABCCCC

Diese Zeichenfolge läßt sich in einer kompakteren Form kodieren, indem jede Folge sich wiederholender Zeichen durch die Anzahl der Wiederholungen und die einmalige Angabe dieses Zeichens ersetzt wird. D.h. die obige Zeichenfolge würde dann kodiert werden durch

4ADEBB5HC3AB4C

Diese Form der Kodierung wird als **Lauflängenkodierung** (Run Length Encoding) bezeichnet. Lauflängenkodierung für ein einzelnes Zeichen bzw. für zwei gleiche Buchstaben wäre natürlich nicht rentabel, da für die Kodierung zwei Zeichen benötigt würden. Es können recht hohe Komprimierungsraten erzielt werden, wenn lange Folgen des selben Zeichens auftreten.
Bei der Kodierung von Binärdaten, wie sie etwa in den unterschiedlichen Medienformaten vorliegen, kommt eine verfeinerte Variante dieser Methode zum Einsatz, wobei die Tatsache ausgenutzt wird, daß diese Daten nur aus den binären Werten 0 und 1 zusammengesetzt sind, so daß es nur auf den Wechsel dieser Werte ankommt und das Abspeichern der eigentlichen 0- und 1-Werte entfallen kann. Diese Methode arbeitet effizient, wenn lange Folgen von 0- oder 1-Werten auftreten, denn es kann nur dann Platz bei der Kodierung eingespart werden, wenn die Anzahl der Zeichen einer Folge weniger Platz benötigt, als die Anzahl der Bits, die benötigt werden, um die Länge dieser Folge als Binärzahl darzustellen.
Kein Lauflängenverfahren arbeitet effizient, wenn die Längen der Wiederholungen zu kurz ausfallen.

Kodierung mit variabler Länge
Die nun vorgestellte Methode der Kompression eignet sich besonders gut für Textdateien. Ihre Idee besteht darin, von der herkömmlichen Verfahrensweise abzuweichen, alle Zeichen mit einem Code fester, vorgegebener Länge zu kodieren, sondern Zeichen, die häufig im Text auftreten, werden kürzere Codeworte zugeordnet als Zeichen, die nur selten vorkommen. Angenommen, die nachfolgende Zeichenfolge soll kodiert werden:

ABRAKADABRA

Mit einer Standardkodierung, die für jeden Buchstaben des Alphabets einen 5-Bit Code verwendet, z.B. dem i-ten Buchstaben des Alphabets einfach die Binärdarstellung der Zahl i zuordnet, ergibt sich die Bitfolge

00001 00010 10010 00001 01101 00001 00100 00001 00010 10010 00001

Zur Dekodierung werden jeweils 5 Bit gelesen und gemäß der Kodierungsanleitung in die entsprechenden Buchstaben umgewandelt. Hier wird der Buchstabe **A** ebenso mit einer fünfstelligen Bitfolge kodiert wie der Buchstabe **K**, der im Schlüsseltext nur einmal vorkommt. Eine Platzeinsparung läßt sich erzielen, wenn häufig verwendete Buchstaben mit weniger Bits verschlüsselt werden, um so die Gesamtzahl der für die Zeichenfolge benutzten Bits zu minimieren. So kann die vorgegebene Zeichenfolge folgendermaßen verschlüsselt werden: Die zu kodierenden Buchstaben werden angeordnet entsprechend der Häufigkeit ihres Vorkommens. Die beiden erstplazierten Buchstaben werden mit einer Bitfolge der Länge 1 kodiert. Die nachfolgenden Buchstaben werden mit jeweils 2 Bit, anschließend mit jeweils 3 Bit langen Folgen kodiert usw. D.h. **A** kann mit **0**, B durch **1**, R durch **01**, K durch **10** und **D** durch **11** kodiert werden:

0 1 01 0 10 0 11 0 1 01 0

Bei dieser Kodierung müßten allerdings zusätzlich auch noch Begrenzer (im Beispiel Leerzeichen) zwischen den einzelnen Buchstaben kodiert werden, da sonst mehrdeutige Interpretationen des Codewortes möglich sind. Mehrdeutigkeiten lassen sich vermeiden, wenn bei der Kodierung darauf geachtet wird, daß kein Code mit der Bitfolge eines anderen Codes beginnt. Solche Codes werden auch als **präfixfreie Codes** bezeichnet. Beispielsweise können wir **A** mit **11**, **B** mit **00**, **R** mit **10**, **K** mit **010** und **D** mit **011** verschlüsseln:

110010110101101111001011

Die ursprünglich 55 Bit umfassende Standardkodierung konnte also durch die Kodierung mit variabler Codewortlänge auf nur 24 Bit reduziert werden.

Präfixfreie Kodierungen lassen sich auch sehr anschaulich mit Hilfe eines Binärbaums darstellen, dessen Blätter mit den zu kodierenden Buchstaben belegt sind. Ausgehend von der Wurzel gibt der Pfad zu einem Buchstaben das diesem Buchstaben zugeordnete Codewort an. Verzweigt der Pfad an einem inneren Knoten nach links, so wird dem Code das Bit **0** hinzugefügt, verzweigt er nach rechts, so kommt das Bit **1** hinzu (siehe Abb. 3.3).

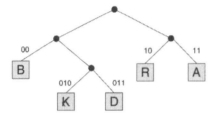

Abb. 3.3. Präfixfreie Kodierung in Binärbaumdarstellung

Mit Hilfe von Baumdarstellungen lassen sich einfach Kodierungen gewinnen, bei denen sichergestellt ist, daß keine der verwendete Bitfolgen der Anfang eines anderen Codes ist.

Huffmann Kodierung
Es ergibt sich die Frage, wie man einen möglichst effizienten Code variabler Länge gewinnen kann. Dazu eignet sich das 1952 von David A. Huffmann (1925–1999) entwickelte Verfahren, die nach ihm benannte **Huffmann Kodierung**.
Die optimale Kodierung für eine Textdatei läßt sich stets in einem Binärbaum darstellen, dessen innere Knoten immer zwei Nachfolger besitzen, d.h. wenn die Menge A alle zu kodierenden Buchstaben repräsentiert, dann besitzt der Baum für einen optimalen präfixfreien Code für A genau $|A|$ Blattknoten und $|A|-1$ innere Knoten.
Betrachten wir einen Baum T, der einem vorgegebenen präfixfreien Code entspricht, dann kann die Anzahl der Bits zur Kodierung einer vorgegebenen Datei einfach berechnet werden. Bezeichne $f(c)$ die Häufigkeit, mit der ein Zeichen c des gegebenen Alphabets A in unserer Datei vorkommt. $d_T(c)$ bezeichne die Tiefe des Blattknotens für das Zeichen c im Binärbaum T, was übrigens der Länge des Codewortes für c entspricht. Die Anzahl der zur Kodierung einer Datei benötigten Bits $B(T)$ ergibt sich zu

$$B(T) = \sum_{c \in A} f(c) d_T(c).$$

Das von Huffmann entwickelte Verfahren zur Konstruktion eines optimalen präfixfreien Codes arbeitet in sogenannter bottom-up Manier, d.h. es beginnt von unten mit einer Menge von $|A|$ (unzusammenhängenden) Blattknoten und führt eine Reihe von $|A|-1$ Verschmelzungsoperationen durch, um einen Ergebnisbaum zu konstruieren.

Die Blattknoten tragen neben dem Buchstaben $c \in A$, den sie repräsentieren auch noch dessen Häufigkeit $f(c)$ innerhalb der zu kodierenden Datei. Als nächstes werden die beiden Knoten c_1 und c_2, die die kleinsten Häufigkeitsangaben enthalten ausgewählt und es wird ein neuer Knoten c_{neu} erzeugt, der mit der Summe aus den beiden Häufigkeiten $f(c_{neu}) = f(c_1) + f(c_2)$ markiert und mit den beiden ausgewählten Knoten als Nachfolger verbunden wird. Die Knoten c_1 und c_2 werden aus der Menge A herausgenommen, während der neue Knoten c_{neu} darin aufgenommen wird. Indem auf dieselbe Weise fortgefahren wird, entstehen immer größere Unterbäume und die Anzahl der in A befindlichen Knoten wird immer kleiner. Am Ende sind alle Knoten zu einem einzigen Baum miteinander verbunden. Knoten mit geringer Häufigkeit sind dann am weitesten vom Wurzelknoten entfernt, d.h. ihnen wird auch das längste verwendete Codewort zugeteilt, während sich Knoten großer Häufigkeit nahe dem Wurzelknoten befinden und dementsprechend kurze Codeworte besitzen. Aus dem so erzeugten Baum ergibt sich direkt der Huffmann-Code (siehe Abb. 3.4).

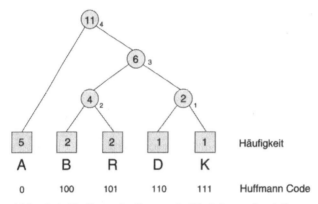

Abb. 3.4. Huffmannkodierung in Binärbaumdarstellung

Mit Hilfe vollständiger Induktion kann gezeigt werden, daß die Huffmann Methode tatsächlich einen optimalen präfixfreien Code erzeugt.

Weiterführende Literatur
D. A. Huffmann: A Method for the Construction of Minimum-Redundancy Codes, in Proc. of the IRE, 40(9), pp. 1098-1101, 1952.
T. H. Cormen, C. E. Leiserson, R. L. Rivest: Introduction to Algorithms, MIT Press, Cambridge MA, USA, 1996.

3.3 Grafik - Datenformate und Komprimierung

Graphische Daten, die in einem Computer dargestellt und verarbeitet werden sollen, werden traditionell aufbereitet in Form von **Vektorgrafiken** oder **Bitmapgrafiken** (oft auch als Rastergrafik bezeichnet).
Bei Vektorgrafiken werden Linien, Polygone oder Kurven durch die Angabe bestimmter Schlüsselpunkte charakterisiert. Ein Programm rekonstruiert

3.3 Grafik - Datenformate und Komprimierung

aus diesen Schlüsselpunkten die darzustellende geometrische Figur. Zusätzlich werden diese Schlüsselpunkte mit bestimmten Attributinformationen, wie z.B. Farbe oder Linienstärke ausgestattet. Historisch entwickelte sich die Vektorgrafik im Zusammenhang mit der Entwicklung von **Plottern** als grafische Ausgabegeräte für Computer. Bei einem Plotter werden ein oder mehrere Stifte vorgegebenen Koordinatenwerten folgend über eine Zeichenebene geführt.
Bitmapgrafiken setzen sich zusammen aus einer Menge numerischer Werte, die Farb- und Helligkeitsinformationen einzelner Bildpunkte (**Pixel**) oder ganzer Bildelemente wiedergeben. Pixel sind Bildpunkte einer bestimmten Farbe, die in einer der Bemaßung des Bildes entsprechenden Matrix angeordnet sind. Historisch gesehen, steht die Bitmap- oder Rastergrafik mit der Entwicklung der **Kathodenstrahlröhre** (Cathod Ray Tube, CRT) als grafischem Ausgabegerät im Zusammenhang. Um ein Bild, das auf einem solchen Bildschirm ausgegeben wird, durch seine einzelnen Bildpunkte darzustellen, werden diese in einer bestimmten Farbe und Helligkeit beleuchtet.
Obwohl es inzwischen Bestrebungen gibt, auch Vektorgrafiken im WWW einzusetzen, beschränken wir uns in dieser kurzen Darstellung auf einige der wichtigsten Datenformate aus dem Bereich der Bitmapgrafik.
Bei der effizienten Speicherung von Grafikdaten müssen die folgenden wichtigen Eigenschaften berücksichtigt werden, die eine Grafik charakterisieren:

- **Bildauflösung (Picture Resolution)**
  Die Bildauflösung wird durch die Anzahl der Bildpunkte entlang der x-Achse und der y-Achse bestimmt.

- **Farbtiefe (Color Depth)**
  Die Farbtiefe bestimmt die Anzahl der Farben, mit denen ein Bildpunkt eingefärbt werden kann. Sie wird als Logarithmus $\log(c)$ über die tatsächliche Anzahl der möglichen Farben c angegeben (z.B. Farbtiefe 8 entspricht $2^8 = 256$ Farben), also der Anzahl der Bits, die benötigt werden, um die Farbe eindeutig zuzuordnen. Von einer Echtfarbdarstellung kann ab einer Farbtiefe von 24 Bit gesprochen werden. Moderne bildverarbeitende Systeme erlauben sogar eine 32 Bit bzw. 48 Bit tiefe Farbdarstellung.

- **Farbpalette (Palette Size)**
  Einige Grafiksysteme beschränken die Anzahl der zur Angabe von Farben zur Verfügung stehenden Bits. Dabei wird von vorne herein eine Farbpalette mit einer reduzierten Anzahl von Farben festgelegt, aus denen dann das Bild aufgebaut werden kann.

In einer Bitmapgrafik werden die einzelnen Bildpunkte im einfachsten Fall nebeneinander innerhalb einer Zeile und die Zeilen in aufeinanderfolgender Reihe abgespeichert. Entsprechend der darzustellenden Farbtiefe wird für einen einzelnen Bildpunkt unterschiedlich viel Speicherplatz benötigt. Reicht in einem monochromen Bild ein einzelnes Bit für einen Bildpunkt, so werden für eine sogenannte Echtfarbdarstellung mindestens 24 Bit pro Bildpunkt benötigt.

Farbe und Farbsysteme
Die Erkenntnis, daß Farben nichts anderes als die Bestandteile des weißen Lichts sind, wurde mit Untersuchungen an **Prismen** gewonnen und von dem böhmischen Physiker Marcus Marci (1595–1667) erstmals 1648 dokumentiert. Farben unterschiedlicher Wellenlänge werden an einem Prisma mit unterschiedlichen Winkeln gebrochen (**chromatische Aberration**). Darauf aufbauend experimentierte auch der englische Physiker Isaac Newton mit Prismen und veröffentlichte 1672 seine Ergebnisse. Langwelliges Licht entspricht der Farbe Rot, kurzwelliges Licht der Farbe Violett. Dazwischen liegen Orange, Gelb, Grün, und Blau (in dieser Reihenfolge). Man bezeichnet Licht als **monochromatisches Licht**, wenn es nur eine einzige Wellenlänge aufweist. Newton bog das Band der erzeugten Spektralfarben zu einem in sieben Sektoren – Rot, Orange, Gelb, Grün, Cyanblau, Ultramarin, Violettblau – unterteilten Kreis zusammen. In die Mitte dieses **Farbkreises** stellte er die Farbe Weiß, da diese sich ja aus der Mischung aller beteiligten Farben zusammensetzt.
Allerdings setzte sich dieses Konzept nur zaghaft durch. Noch über hundert Jahre später polemisierte Johann Wolfgang von Goethe gegen Newtons Konzept des Farbkreises. 1801 veröffentlichte der englische Arzt und Physiker Thomas Young (1773–1829) seine **3-Farben Theorie** (trichromatisches Sehen), in der er davon ausging, daß die menschliche Retina nur in der Lage ist, drei Grundfarben wahrzunehmen (ausgehend von den unterschiedlichen Typen der Rezeptoren). Der schottische Physiker James Clerk Maxwell zeigte dann 1859, daß sich tatsächlich alle Farben durch eine Mischung dreier Komponenten erzeugen lassen, sofern sich diese zusammen zu weiß ergänzen, d.h. im Spektrum also weit genug voneinander entfernt liegen (wie z.B. Rot, Grün, Blau). Der erste, der auf den Unterschied der additiven und subtraktiven Farbmischung aufmerksam machte, war der deutsche Physiker Hermann von Helmholtz (1821–1894), der in seinem „Handbuch zur physiologischen Optik" 1867 die nach ihm benannten **Helmholtz-Koordinaten** (Helligkeit, Farbton und Sättigung) vorstellte.
Eine erste wirklich objektive Farbbestimmung wurde durch die 1931 von der Internationalen Beleuchtungskommission (Commission Internationale d'Eclairage, CIE) festgelegten **Farbnormtafeln** möglich. Subjektive Beobachter mischten dabei solange drei Elementarfarben (mit monochromatischem Licht), bis eine visuelle Übereinstimmung mit einer vorgegebenen Spektralfarbe erreicht war. Für jede Elementarfarbe ergab sich so ein Zahlenwert und mit den drei Zahlenwerten konnte die vorgegebene Farbe eindeutig beschrieben werden. Durch geeignete Umformung und Skalierung lassen sich diese drei Koordinaten in ein zwei-dimensionales Koordinatensystem abbilden (siehe Abb. 3.6). In diesem Koordinatensystem liegen alle von einem normalsichtigen Menschen wahrnehmbaren Farben innerhalb eines zungenähnlichen Gebildes, dessen Rand durch die reinen Spektralfarben vorgegeben ist. Weitere Farbebenen entstehen dann durch Verringerung der Helligkeitskomponente.

Abb. 3.5. Farbe und Farbsysteme

Farbe, wie der Mensch sie wahrnehmen kann, ist nichts anderes als Licht unterschiedlicher Wellenlänge. Das weiße Licht, wie wir es aus unserem täglichen Leben kennen, besteht aus einer Vermischung unterschiedlichster Lichtfrequenzen, die innerhalb des für den Menschen wahrnehmbaren Bereichs von etwa 380 nm bis 700 nm liegen. Farbe kommt erst dadurch zustande, daß dieses weiße Licht in Einzelbestandteile fester bzw. ähnlicher Frequenz zerlegt wird bzw. bei Reflektion an bestimmten Gegenständen bestimmte Frequenzen bevorzugt und andere unterdrückt bzw. absorbiert werden.

Das menschliche Auge kann allerdings jeweils nur eine beschränkte Anzahl von Farben wahrnehmen. Simultan lassen sich bis zu 10.000 Farben gleichzeitig unterscheiden.

Zur Repräsentation der Farben im Computer existieren verschiedene mathematische **Farbmodelle**. Bereits Aristoteles ordnete Farben systematisch an, indem er sie auf einer Palette zwischen Schwarz und Weiß aneinanderreihte. Nach ihm versuchten sich noch viele Wissenschaftler und Künstler durch die Jahrhunderte an einer Systematisierung der Farben. Die entwickelten Farbsysteme versuchen alle, die Farben dergestalt anzuordnen, daß sie über eine geometrische Anordnung beschrieben werden können, oder eine Anleitung zum Mischen neuer Farben zu geben.

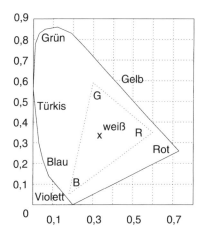

Abb. 3.6. Normfarbtafel

Prinzipiell unterscheidet man dabei **additive** und **subtraktive Farbmodelle**. In einem additiven Farbmodell werden Farben zur Grundfarbe Schwarz hinzugemischt, um neue Farben zu erzeugen. Je mehr Farben hinzugefügt werden, desto mehr tendiert die Farbmischung zur Farbe weiß. In additiven Farbmodellen sind die jeweiligen Farben selbstleuchtend, wie z.B. die Farben, die auf einem handelsüblichen Kathodenstrahlmonitor dargestellt werden.

Ein subtraktives Farbmodell arbeitet in der entgegengesetzten Weise. Im Prinzip werden dabei einzelne Farben von der Grundfarbe weiß abgezogen, um neue Farben zu erzeugen. Je mehr Farben dabei abgezogen werden, desto mehr tendiert die Farbmischung zu schwarz. Aus einer anderen Sicht betrachtet, repräsentiert schwarz in einem subtraktiven Farbmodell die totale Absorption des vorhandenen Lichts durch die Farbpigmente. Subtraktive Farbmodelle basieren auf Reflektion. Die von uns wahrgenommene Farbe ergibt sich aus der Reflektion des Lichts einer externen Lichtquelle, wie z.B. bei den auf ein Blatt Papier gedruckten Farben.

Die gebräuchlichsten Farbmodelle sind in Abb. 3.7 und Abb. 3.8 zusammengestellt. Keines dieser Farbsysteme arbeitet in der Praxis perfekt. So sollte in einem subtraktiven Farbmischverfahren eine Mischung aller Farben ein perfektes Schwarz ergeben, was sich aber in der Praxis durch die Unzulänglichkeit der verwendeten Tinten eher als sehr dunkles Braun darstellt.

3.3.1 Varianten der Lauflängenkodierung für Grafikdaten

Bild- oder Grafikdaten werden in der Regel in einem sequentiellen Prozeß komprimiert. Dazu wird das 2-dimensionale Bild in einen 1-dimensionalen Datenstrom, bestehend aus den Farbinformationen der einzelnen Bildpunkte zerlegt. Dies kann zeilenweise von links oben nach rechts unten (X-Axis Encoding), spaltenweise in derselben Reihenfolge (Y-Axis Encoding) oder sogar diagonal in abwechselnder Richtung (Zig-Zag-Encoding) erfolgen. **Lauflängenkodierungen** (RLE, siehe Exkurs 1) für Grafikdateien sind in der Regel verlustfrei. Das Verfahren entspricht im Wesentlichen dem bereits vorgestellten Verfahren für Textdateien. Unabhängig vom gewählten Farbmodell werden die Farbwerte der einzelnen Bildpunkte durch eine Anzahl numerischer Werte angegeben. Diese numerischen Werte können als Binärzahl dargestellt werden und bilden so fortlaufend aneinandergereiht einen einzigen langen Bitstring. Auftretende zusammenhängende Gruppen von 0en und 1en können wie gehabt zusammengefaßt werden. So kann der Bitstring 01111100100100000011100011 verkürzt als 05100100150313011 geschrieben werden. Je länger dabei die zusammenhängenden Gruppen sind, desto höher ist der Grad der Komprimierung. Eine zusammenhängende Gruppe von identischen Bits läßt sich dann bezogen auf die ursprüngliche Speichergröße auf nur logarithmischem Raum zusammenfassen. Diese Art der Kodierung wird als **Bit-Level Lauflängenkodierung** bezeichnet.

Im Gegensatz dazu berücksichtigt die **Byte-Level Lauflängenkodierung** identische Byte-Werte der zu kodierenden Bildinformation und nimmt keine Rücksicht auf einzelne Bits oder Bitgruppen. Am verbreitetsten sind dabei Verfahren, die zusammenhängende Gruppen identischer Bytes in einem 2-Byte Paket kodieren, wobei das erste Byte die Anzahl der Wiederholungen und das zweite Byte den betreffenden Bytewert angibt.

Auf einem höher gelegenen Abstraktionslevel setzt die sogenannte **Pixel-Level Lauflängenkodierung** an. Diese wird dann angewendet, wenn zwei oder mehr Bytes zur Speicherung des Farbwertes eines Pixels verwendet werden. Um diese Verfahren in ihrer Effizienz noch weiter zu erhöhen, werden verschiedene spezielle Tricks angewendet. Wiederholt sich in einer Bilddatei etwa eine komplette Zeile, dann reicht es aus, diese Wiederholung durch ein spezielles, reserviertes Codewort zu kennzeichnen, was zu einer beträchtlichen zusätzlichen Platzersparnis führt.

3.3.2 LZW-Verfahren

Eine der gebräuchlichsten Komprimierungsmethoden für Grafikdaten ist das sogenannte LZW-Verfahren, benannt nach seinen drei Urhebern *Abraham*

RGB (Red-Green-Blue, Rot-Grün-Blau)

RGB stellt das heute am weitesten verbreitete Farbsystem für Grafikformate dar. Es ist ein additives Farbmischsystem, in dem jeweils wechselnde Anteile der Grundfarben Rot (R, Wellenlänge $\lambda = 700$ nm), Grün (G, $\lambda = 546{,}1$ nm) oder Blau (B, $\lambda = 435{,}8$ nm) additiv zum anfänglichen Schwarz hinzugemischt werden, um neue Farben zu erzeugen. Bei G und B handelt es sich um Linien des Quecksilberspektrums, während R das langwellige Ende des sichtbaren Lichts darstellt. Diese drei Komponenten können als linear unabhängige Vektoren betrachtet werden, die einen dreidimensionalen Farbraum aufspannen, der durch den RGB-Farbwürfel veranschaulicht wird.

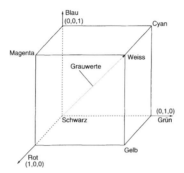

Grafikdatenformate nutzen zur Darstellung eines Pixels im RGB-Farbsystem ein Farb-Tripel (r,g,b) numerischer Werte, die den jeweiligen Farbanteil der Grundfarben für das Pixel festlegen. Bei einer 24 Bit Echtfarbdarstellung repräsentiert z.b. das Tripel (0,0,0) die Farbe Schwarz und (255,255,255) die Farbe Weiß. Tragen alle drei RGB-Anteile denselben numerischen Wert - also z.b. (66,66,66) - so liegen diese auf einer Diagonalen im RGB-Würfel und die resultierende Farbe ergibt stets eine bestimmte Graustufe.

CMY (Cyan-Magenta-Yellow, Cyan-Magenta-Gelb)

CMY ist ein subtraktives Farbsystem, das von Druckern und in der Fotografie genutzt wird und auf einer weißen Oberfläche arbeitet. Annähernd alle Geräte, die auf dem Prinzip des Auftragens von Farbpigmenten auf einer weißen Oberfläche arbeiten, benutzen das CMY-Verfahren. Wird die bedruckte Oberfläche beleuchtet, so absorbiert jede der drei verwendeten Grundfarben anteilig die ihr zugeordnete Komplementärfarbe des einfallenden Lichts: Cyan absorbiert Rot, Magenta absorbiert Grün und Gelb absorbiert Blau. Durch Erhöhung des Gelbwertes wird z.B. der Anteil des im Bild wahrnehmbaren Blaus verringert. Werden alle Farbanteile aus dem einfallenden Licht durch eine Mischung aller Farben absorbiert, dann resultiert Schwarz. In der Praxis hat sich allerdings das sogenannte CMYK (K steht für die Farbe Schwarz) durchgesetzt, da durch die Mischung der drei Grundfarben kein perfektes Schwarz erreicht werden konnte. Daher wird in diesem Modell zusätzlich schwarze Tinte verwendet, die als weitere Grundfarbe betrachtet wird und deren Einsatz in der Regel eine Kosteneinsparung bewirkt. CMYK-Farben werden als numerisches Tripel oder Quadrupel angegeben. So stellt das Tripel (255,255,255) in einem 24 Bit Echtfarbsystem etwa die Farbe Schwarz dar und (0,0,0) die Farbe Weiß. Oft werden allerdings in vielen Farbmischsystemen auch nur Prozentangaben für die anteilig verwendeten Grundfarben angegeben, die zwischen 0 und 100 liegen.

Abb. 3.7. Gebräuchliche Farbmodelle

HSV (Hue-Saturation-Value, Farbton-Sättigung-Intensität)

Das HSV-Farbsystem ist ein Vertreter der Farbsysteme, die Farbeigenschaften variieren, um neue Farben zu erzeugen, anstelle eine Mischung der Farben selbst zu verwenden. Hue bestimmt dabei den Farbton im eigentlichen Sinn, wie z.B. rot, orange, blau, etc. Saturation bestimmt den Anteil der Farbe Weiß im gewählten Farbton. Ein voll gesättigter Farbton, d.h. Saturation 100%, beinhaltet kein Weiß und erscheint als reiner Farbton. Wählt man z.B. den Farbton Rot mit einer Sättigung von 50%, so ist die resultierende Farbe Rosa. Value dagegen bezeichnet den Grad der Eigenleuchtkraft (Selbstlumineszenz) eines Farbtons, d.h. wieviel Licht der Farbton emittiert. Ein Farbton mit hoher Eigenleuchtkraft erscheint hell, während ein Farbton mit nur geringer Eigenleuchtkraft dunkel erscheint.

HSV ähnelt damit stark dem Farbmischsystem, das von Malern angewendet wird, wenn diese zu einem reinen Farbton durch Zumischung von Weiß, Schwarz oder Grau verschiedene Abstufungen erzielen. Es existieren eine Reihe sehr ähnlicher Farbmodelle, die einen Farbton (Hue) durch die Variation zweier anderer Eigenschaften verändern, so z.B.:

- **HLS** - Hue, Lightness, and Saturation,
- **HSI** - Hue, Saturation, and Intensity,
- **HBL** - Hue, Brightness, and Luminosity.

YUV (Y-Signal, U-Signal, and V-Signal)

Das YUV-Farbmodell gehört zu einer Familie von Farbmodellen, die sich von den übrigen Farbmodellen durch die Trennung von Bildhelligkeit und Farbdifferenz unterscheidet. Über eine einfache Transformation lassen sich die RGB-Komponenten eines Farbbildes in ihr entsprechendes YUV-Gegenstück umrechnen. Historisch gesehen sind die YUV-Farbmodelle eng mit der Entwicklung des Farbfernsehens verknüpft. Beim Übergang vom Schwarz-Weiß-Fernsehen zum Farbfernsehen war es aus Gründen der Kompatibilität erforderlich, ein Verfahren zu finden, das es ermöglichte, die alten Schwarz-Weiß-Empfänger weiterzubenutzen und durch zusätzliche Übertragung der Farbkomponente das Farbfernsehen zu ermöglichen. Man trennte also die Helligkeit (Luminanz) (Y-Komponente) von dem Farbanteil (Chrominanz) (U- und V-Komponente). Das menschliche Auge besitzt unterschiedliche Empfindlichkeit bzgl. der Helligkeits- und Farbauflösung, so daß diese Art der Trennung der Komponenten eine gleichzeitige Anpassung der Auflösung der Komponenten an die menschliche Wahrnehmung ermöglichte.

Man unterscheidet innerhalb der Familie dieser Farbmodelle grundsätzlich drei Modelle:

- **YUV** - Dieses Modell findet im PAL-Fernsehstandard seinen Einsatz.
- **YIQ** - Dieses Modell wird im konkurrierenden NTSC-Farbfernsehsystem verwendet, das hauptsächlich in Nordamerika und Japan verwendet wird. Der einzige Unterschied zum YUV-Modell besteht in einer Verschiebung der Chrominanzen um 33°.
- **YCbCr** - Dieses Modell wurde aus dem YUV-Modell speziell für das digitale Fernsehen abgeleitet. Es unterscheidet sich vom YUV-Modell durch eine Skalierung der einzelnen Komponenten und einen Offset für die Chrominanzen.

Abb. 3.8. Gebräuchliche Farbmodelle (Teil 2)

Lempel, Jakob Zif und *Terry Welch*. 1977 entwickelten Lempel und Zif den ersten Vertreter der LZ-Substitutionskomprimierverfahren - **LZ77** - der besonders gut zur Komprimierung von Textdateien oder zur Archivierung geeignet war. LZ77 ist in vielen gängigen Archivierungsprogrammen, wie z.B.

compress, zoo, lha, pkzip oder arj, enthalten. Das im Folgejahr entwickelte Verfahren **LZ78** dagegen ist zur Komprimierung von Binärdaten, wie z.B. Bitmaps, geeignet. 1984 modifizierte Terry Welch, der zu dieser Zeit für die Firma Unisys arbeitete, den LZ78-Komprimierer, da er ihn an den Einsatz in Hochgeschwindigkeits-Festplattencontrollern anpassen wollte. Das Ergebnis dieser Modifikation ist der heute gebräuchliche LZW-Algorithmus.
Der LZW-Algorithmus ist für jede Art von Daten geeignet und arbeitet sowohl beim Kodieren als auch beim Dekodieren sehr schnell, da unter anderem auf die Ausführung von Fließkommaoperationen verzichtet wird. LZW ist ein Wörterbuch-basierter Komprimierungsalgorithmus, der zur Kodierung ein Wörterbuch (Data Dictionary, Translation Table) aus den Zeichenketten (bzw. 8-Bit Binärworten) eines unkomprimierten Datenstroms aufbaut. Die auftretenden Datenmuster (Substrings) eines Datenstroms werden anschließend den einzelnen Wörterbucheinträgen zugeordnet. Kommt das betrachtete Datenmuster nicht im Wörterbuch vor, wird aus dem Inhalt des Datenmusters ein neues Codewort generiert und im Wörterbuch gespeichert. Tritt dieses Datenmuster erneut auf, wird es durch das dem Datenmuster zugeordnete Codewort aus dem Wörterbuch ersetzt. Da dieses Codewort eine kürzere Länge als das betrachtete Datenmuster besitzt, findet eine Komprimierung statt (siehe Abb. 3.9).
Die Dekodierung von LZW-komprimierten Daten erfolgt in der umgekehrten Reihenfolge. Bevor die Dekodierung starten kann, wird das Wörterbuch geladen. Der Dekomprimierungsalgorithmus liest ein Codewort ein und übersetzt dieses an Hand des zuvor geladenen Wörterbuchs zurück in die unkomprimierten Ursprungsdaten. Abb. 3.10 zeigt eine Beispielanwendung des LZW-Algorithmus.

LZW-Algorithmus - prinzipieller Ablauf

- Lies aus dem Eingabe-Strom Zeichen und akkumuliere diese zu einem String S, solange sich S als Wörterbuch-Eintrag findet.
- Sobald ein Zeichen x gelesen wird, für das der String Sx nicht mehr zur Wörterbuch-Tabelle gehört, fahre folgendermaßen fort:
  − Füge den String Sx zur Tabelle hinzu,
  − starte einen neuen String S mit dem Zeichen x.
- Wiederhole diese Schritte, bis das Ende des Eingabe-Stroms erreicht ist.

Abb. 3.9. LZW-Komprimierung - Algorithmus

Bei einer typischen Anwendung des LZW-Algorithmus wird mit einer Wörterbuchgröße von 4K (4.096) Byte gestartet. Im Wörterbuch befinden sich dann jeweils die einzelnen Bytes von 0 bis 255, die Einträge 256 bis 4.095 sind für Zeichenketten vorgesehen, die zwei oder mehr Zeichen enthalten. Da sich 4.096 Einträge im Wörterbuch befinden, liegt ein 12-Bit Kodierungsschema vor ($2^{12}=4.096$).

Beispiel für eine LZW-Komprimierung:

Angenommen, es wird ein Alphabet von 6 Zeichen und ein Wörterbuch mit 16 möglichen Einträgen benutzt. Die resultierenden Codeworte besitzen dann eine Länge von 4 Bit. Wir wollen die nachfolgende Zeichenkette kodieren: **ababacdcdaaaaaae**

Als erstes werden die Einzelbuchstaben ins Wörterbuch geschrieben (große Tabellen werden mit den 256 ASCII-Zeichen initialisiert):

Code	Zeichen
0000	a
0001	b
0010	c
0011	d
0100	e
0101	f
0110-1111	noch nicht vergeben

Nachdem das Zeichen „a" gelesen wurde und sich mit dem Eintrag „0000"bereits im Wörterbuch befindet, wird überprüft, ob sich auch die Zeichenfolge „ab", die sich nach dem Lesen des nachfolgenden Zeichens „b" ergibt, bereits im Wörterbuch befindet. Da dies nicht der Fall und im Wörterbuch noch Platz ist, wird „ab" mit aufgenommen.

Code	Zeichen
0000	a
0001	b
0010	c
0011	d
0100	e
0101	f
0110	ab
0111-1111	noch nicht vergeben

„b" als letztes gelesenes Zeichen wird festgehalten und es wird als nächstes das dritte Zeichen im Eingabestrom - „a" - gelesen. Nun wird überprüft, ob sich die neue Sequenz „ba" bereits im Wörterbuch befindet. Da dies nicht der Fall ist, wird sie auch mit aufgenommen.

Code	Zeichen
0000	a
0001	b
0010	c
0011	d
0100	e
0101	f
0110	ab
0111	ba
1000-1111	noch nicht vergeben

Abb. 3.10. LZW-Komprimierung - Beispiel

3.3 Grafik - Datenformate und Komprimierung 111

Beispiel für eine LZW-Komprimierung (Teil 2):

„a" als letztes gelesenes Zeichen wird festgehalten und das nächste Zeichen „b" wird eingelesen. Es wird erst geprüft, ob sich „ab" im Wörterbuch befindet. Da dies der Fall ist, wird der nächste Buchstabe „a" gelesen und das Wörterbuch auf das Vorhandensein der Sequenz „aba" geprüft. Da „aba" noch nicht im Wörterbuch vorhanden ist, wird es darin aufgenommen und der zuletzt gelesene Buchstabe „a" wird wieder festgehalten, bevor die restlichen Zeichen im Eingabestrom auf die gleiche Weise überprüft werden.

Nachdem die komplette Zeichenfolge mit diesem Verfahren abgearbeitet wurde, ergibt sich die folgende Code-Tabelle:

Code	Zeichen
0000	a
0001	b
0010	c
0011	d
0100	e
0101	f
0110	ab
0111	ba
1000	aba
1001	ac
1010	cd
1011	dc
1100	cda
1101	aa
1110	aaa
1111	aaae

Eine LZW-Kodierung der Buchstabenfolge **ababacdcdaaaaaae** gemäß dem vorgestellten Algorithmus ergibt den folgenden Code:

aba	ba	cd	cda	aa	aaae
1000	0111	1010	1100	1101	1111

Abb. 3.11. LZW-Komprimierung - Beispiel (Teil 2)

Der LZW-Algorithmus zur Datenkomprimierung wurde patentiert von den Firmen Unisys und IBM. Unisys fordert von allen Hardware-Entwicklern, die planen, das LZW-Verfahren in ihren Produkten einzusetzen die einmalige Zahlung einer Lizenzgebühr. Das LZW-Verfahren wird zur Komprimierung von Grafikdaten in den Formaten **GIF** und **TIFF** eingesetzt.

3.3.3 GIF-Format

Das **Graphic Interchange Format** (**GIF**) unterliegt einem Copyright der amerikanischen Firma Compuserve Incorporated. Seine weite Verbreitung erreichte dieses Grafikformat durch seinen Einsatz im Internet. Glücklicherweise gestattet Compuserve den Einsatz von Software, die dieses Grafikformat

Format	Komprimierung	Auflösung/ Farbtiefe	
BMP	keine / RLE	65.536 × 65.536 / 1-,4-,8-,24-Bit	Bitmap Format, einfachstes Grafikformat, das als Standardformat unter MS Windows große Verbreitung gefunden hat.
TIFF	Huffmann / RLE	bis 2^32 Zeilen / 48-Bit	TIFF (Tagged Image File Format) findet typischerweise Verwendung, um Grafikdateien von einem System auf ein anderes zu übertragen. Die Bildauflösung ist nicht beschränkt.
GIF	LZW	65.536 × 65.536 / 24-Bit Palette mit 8-Bit Farbtiefe	(Graphic Interchange Format) Einfaches Grafik-Datenformat mit Lauflängenkodierung. Bietet die Möglichkeit, mehrere Bilder in einer Datei abzuspeichern.
JPG	JPEG	abhängig von den gewählten Parametern der Komprimierung	(Joint Photographic Expert Group, eigentlich JFIF: JPEG-File Interchange Format) Grafikformat mit verlustbehafteter Komprimierung. Erreicht bei Bildern mit fotografischer Charakteristik besseren Kompressionsgrad als die o.a. Methoden.
PNG	zlib	- / bis 48-Bit	(Portable Network Graphics) PNG soll das GIF-Format ablösen. Es unterstützt neben einer verlustfreien Kompression ebenfalls Bilder mit eingeschränkter Farbpalette, sowie eine Echtfarbdarstellung. Zu den Besonderheiten an PNG gehören unter anderem ein 8-Bit Alpha-Kanal, Gamma-Korrektur, Interlace-Darstellung und Fehlererkennung.

Tabelle 3.2. Standard-Grafikdatenformate mit Komprimierung

nutzt. Der Entwickler der Software muß lediglich die Urheberrechte an GIF förmlich anerkennen. Man unterscheidet zwei GIF Datenformate: **GIF87a** und **GIF89a**, das eine verbesserte Version des älteren GIF87a darstellt. Jede GIF-Datei beginnt mit einem Header und einem sogenannten **Logical Screen Descriptor**, der Informationen über die in der GIF-Datei gespeicherten Bilder enthält. Danach folgt in der Regel eine globale Farbpalette, gefolgt von den in der GIF-Datei gespeicherten Bildern, die jeweils wieder von einer lokalen Farbpalette eingeleitet werden können. Die GIF-Datei endet mit einem speziellen Abschlußzeichen.

3.3 Grafik - Datenformate und Komprimierung

Exkurs 2: GIF – Dateiaufbau

Der zu Beginn einer GIF-Datei stehende **Header** (6 Byte) identifiziert die Datei als GIF-Datei über eine Dateisignatur (3 Byte mit den Zeichen "GIF"), gefolgt von einer Versionsnummer (3 Byte mit den Zeichen "87a" oder "89a").

Der **Logical Screen Descriptor** gibt an, wieviel Platz für die in einer GIF-Datei abgelegten Bilder benötigt wird. Zuerst werden Breite (2 Byte) und Höhe (2 Byte) der Bilddatei in der Zahl der Pixel angegeben. Da für beide Maßzahlen jeweils 2 Byte Speicherplatz zur Verfügung stehen, ist die maximale Bildgröße auf 2^{16}=65.536 Pixel für jeweils Höhe und Breite beschränkt. Das darauffolgende Byte macht Angaben über die zur Verfügung stehende Farbinformation: Bit 7 gibt an, ob eine globale Farbpalette benutzt wird, Bit 4-6 gibt die verwendete Farbauflösung an, Bit 3 gibt an, ob die Farben der Farbpalette entsprechend ihrer Häufigkeit im Bild sortiert vorliegen, und Bit 0-2 stehen für die Größe der globalen Farbpalette. Danach folgt ein Byte, das den Farbindex der Bildhintergrundfarbe enthält, gefolgt von einem Byte, das für das Seitenverhältnis im gespeicherten Bild steht.

In der **globalen Farbpalette** können bis $256=2^8$ Farben angegeben werden, die aus 16.7 Millionen ($=2^{24}$) möglichen Farben ausgewählt werden können. Jede einzelne Farbe der globalen Farbpalette besteht aus einem 24-Bit RGB-Tripel der Form (r,g,b). Die globale Farbpalette gibt an, aus welchen Farben das in der GIF-Datei gespeicherte Bild bestehen kann.

Ein **Local Image Descriptor** enthält Informationen über eines der in der GIF-Datei gespeicherten Bilder. Zu Beginn steht ein Bild-Separator (1 Byte) als Kennzeichnung, daß hier ein neues Bild beginnt. Die nachfolgenden Bytes geben die Position der oberen linken Ecke des Bildes an (jeweils 2 Byte), gefolgt von Breite und Höhe des Bildes (ebenfalls je 2 Bytes). Darauf folgt ebenso wie im Logical Screen Descriptor ein Byte mit Angaben über die Farbinformation des Bildes, die im Gegensatz zur globalen Farbpalette noch Informationen zur Darstellungsreihenfolge der Bildzeilen enthalten kann (Interlace Flag). Ist das Interlace Flag gesetzt, so werden die einzelnen Bildzeilen in folgender Reihenfolge abgespeichert: Enthält das Bild n Bildzeilen, dann werden die einzelnen von 0 bis n-1 durchnumerierten Zeilen in der Reihenfolge $0, \frac{n}{2}, \frac{n}{4}, \frac{3n}{4}, \frac{n}{8}, \frac{3n}{8}, \frac{5n}{8}, \frac{7n}{8}, \frac{n}{16}, \frac{3n}{16}, \ldots$ aufgeführt. Die Interlace-Technik erschwert zwar das Lesen des Bildinhalts, macht es aber dem Nutzer möglich, bereits nach wenigen übertragenen Zeilen den Bildinhalt zu erkennen.

Für jedes der in der GIF-Datei enthaltenen Bilder folgt dann optional eine eigene **lokale Farbpalette**, die ebenso wie die globale Farbpalette kodiert ist. Danach folgen die mit Hilfe des LZW-Verfahren komprimierten **Bilddaten**.

Im **GIF-89a** Format können in einem **Graphic Control Extension** Block noch zusätzliche Informationen darüber gespeichert werden, wie mit den nachfolgenden Bilddaten umgegangen werden sollen. So enthält er unter anderem ein Transparenz-Flag, das angibt, welcher Farbindex im nachfolgenden Bild transparent dargestellt werden soll, ein Kontroll-Flag, das angibt, auf welche Nutzer-Aktion hin die nächste Grafiksequenz gestartet werden soll, und eine Wartezeit, die angibt, wie lange zwischen den einzelnen Bildern gewartet werden soll.

Mit einem **Text-Erweiterungsblock** (Plain Text Extension) bietet das GIF-89a Format weiter die Möglichkeit, zusätzliche alphanumerische Information zu den gespeicherten Bildinformationen darzustellen. Neben Gesamtgröße, Position und Dimensionen der einzelnen darzustellenden Buchstaben beinhaltet dieser Block die eigentliche Textinformation.

In einem **Anwendungs-Erweiterungsblock** (Application Extension) können zusätzliche Informationen gespeichert werden, die es externen Anwendungsprogrammen möglich machen, bestimmte Aktionen zu den eingelesenen Bilddaten auszuführen.

In einem **Kommentar-Erweiterungsblock** (Comment Extension) können zusätzliche Textdaten gespeichert werden, die bei der eigentlichen Bilddarstellung ignoriert werden. Hier kann

114   3. WWW – das universelle Kommunikationsmedium

ein bis zu 255 Zeichen langer Textstring abgespeichert werden, der vom Nutzer ausgelesen werden kann und zusätzliche Kommentare zum abgespeicherten Bild enthält.

Weiterführende Literatur:
J. D. Murray, W. van Ryper: Encyclopedia of Graphic File Formats, 2nd Edition, O'Reilly & Associates, Inc. Sebastopol CA, USA, 1996.

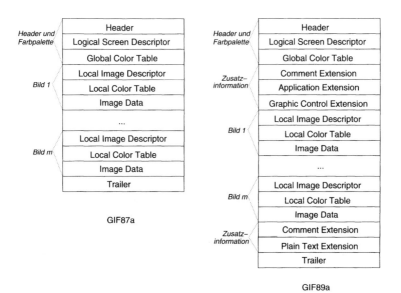

Abb. 3.12. Überblick über den Aufbau einer GIF-Datei

Das GIF Datenformat zeichnet sich dadurch aus, daß es zwar zu einem Informationsverlust in Form einer Reduktion des Farbraumes kommt, aber die verwendete Komprimierung verlustfrei arbeitet. Es wurde von Compuserve speziell für den online-Einsatz entwickelt und bietet z.B. die folgenden Möglichkeiten für diesen Einsatz besonders interessant.

- Die Möglichkeit, eine Datei „interlaced" abzuspeichern, also die Reihenfolge, in der die einzelnen Bildzeilen dargestellt werden, so einzurichten, daß während der Übertragung des Bildes der eigentliche Bildinhalt bereits frühzeitig erkannt werden kann, ist für die online-Übertragung sehr hilfreich. Mit fortschreitendem Einlesevorgang wird die dargestellte Grafik zusehends deutlicher und feiner aufgelöst.
- Mehrere Grafiken können in einer einzigen Datei gespeichert werden, verbunden mit der Möglichkeit zur Steuerung der Einzelbildabfolge. Mit dieser Option ist es möglich, kleine Animationen in einer Grafikdatei abzuspeichern.
- Es läßt sich eine Transparenz-Farbe festlegen, mit der sich besondere Effekte auf WWW-Seiten erzielen lassen.

Ein großer Nachteil des GIF-Formates besteht in der Reduktion des Farbraums auf nur 256 Farben, weshalb es für die Darstellung von realitätsnahen Bildinformationen, wie z.B. hochaufgelösten Fotografien, nur bedingt geeignet ist. Ideal dagegen ist das GIF-Format für die Speicherung von schematischen und plakativen Darstellungen und Grafiken mit großen Kontrastsprüngen.

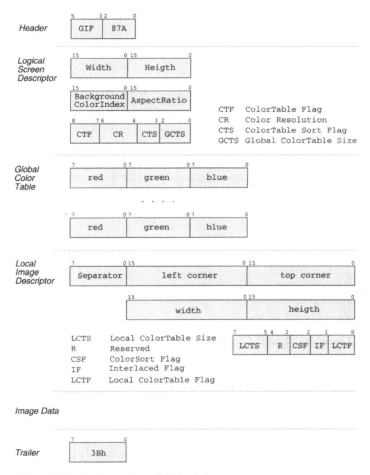

Abb. 3.13. Aufbau einer GIF-Datei

3.3.4 JPEG-Format

Das JPEG Komprimierungsverfahren für Bild- und Grafikdateien gehört zu den verlustbehafteten Komprimierungstechniken. Zusammen mit dem GIF-

Komprimierungsverfahren ist JPEG heute das am weitesten verbreitete Verfahren zur Komprimierung von Bilddateien. JPEG steht für **Joint Photographic Expert Group**, eine Untergruppe der ISO, die das Verfahren 1990 in Zusammenarbeit mit der CCITT standardisierte. Wie der Name bereits andeutet, handelt es sich bei JPEG um ein Komprimierungsverfahren, das sich besonders gut für die Komprimierung „natürlicher", z.B. fotografischer Abbildungen eignet. Die verwendete Komprimierungstechnik basiert auf der diskreten Cosinus Transformation (**Discrete Cosinus Transformation, DCT**) in Verbindung mit der Huffmann-Kodierung. Für Bilddateien, die mit Hilfe des JPEG-Verfahrens komprimiert wurden, entwickelte die amerikanische Firma C-Cube ein entsprechendes Datenformat, das **JPEG File Interchange Format** (JFIF), das es ermöglicht, JPEG-kodierte Informationen zwischen inkompatiblen Computersystemen auszutauschen. Basierend auf der JPEG-Komprimierungstechnik für statische Bilder wurde ein Komprimierungsverfahren für animierte Bildsequenzen entwickelt, das MPEG-Komprimierungsverfahren (**Motion JPEG**).

Die JPEG-Komprimierung ist ein asymmetrisches Komprimierungsverfahren, d.h. die Kodierung bedarf erheblich mehr Rechenzeit als die anschließende Dekodierung. Die JPEG-Komprimierung ermöglicht die Speicherung von Grafikdateien mit einer Farbtiefe von 24 Bit. Prinzipiell arbeitet das JPEG-Verfahren derart, das Farbveränderungen des darzustellenden Bildes in der Grafikdatei gespeichert werden. Das menschliche Auge ist zwar besonders empfindlich, was Helligkeitsveränderungen betrifft, gegenüber Farbveränderungen ist es weit weniger sensitiv (siehe Abb. 3.14). Weichen die Farbveränderungen im JPEG-kodierten Bild vom Ausgangsbild nur unwesentlich ab, dann wird das JPEG-kodierte Bild als annähernd identisch wahrgenommen.

Das JPEG-Verfahren unterscheidet vier verschiedene Modi:

- **Sequential Mode**: Das kodierte Bild läßt sich in einem einzigen Durchgang von links oben nach rechts unten dekodieren. Dieser Modus ist für die meisten Anwendungen gut geeignet, liefert gute Kompressionsraten und ist am einfachsten zu implementieren.
- **Progressive Mode**: Das Bild wird in mehreren aufeinander aufbauenden Durchgängen kodiert bzw. dekodiert. Dabei wird das Bild von Durchgang zu Durchgang schärfer dargestellt. Dieser Verfahrens-Modus eignet sich besonders gut für die Datenkommunikation.
- **Hierarchical Mode**: Das Bild wird zunächst mit einer geringen Auflösung gespeichert und anschließend in voller Bildauflösung. Das kleinere Bild (**Thumbnail**) kann sehr schnell dekodiert werden und eignet sich daher besonders gut als Vorschau (**Preview**). Es findet Einsatz z.B. in Bilddatenbanken, in denen das Vorschaubild der schnellen Entscheidungsfindung dient.
- **Lossless Mode**: Dieser Modus kodiert und dekodiert im Gegensatz zu den anderen Modi verlustfrei. Dieser Verfahrens-Modus findet Einsatz in

Netzhaut und Sehnerven

Die visuelle Wahrnehmung beim Menschen wird in erster Linie durch den Aufbau des Auges bestimmt. Das Licht fällt durch Pupille und Linse auf die Netzhaut (Retina), wo die einfallende Lichtenergie in Nervenreize umgesetzt wird. Die Pupille fungiert dabei wie eine Blende, die ihren Durchmesser entsprechend der einfallenden Lichtmenge verändert (Adaption). Die Linse selbst ist durch eine spezielle Muskulatur verformbar und so in der Lage, eine scharfe Abbildung auf die Netzhaut zu ermöglichen (Akkomodation).

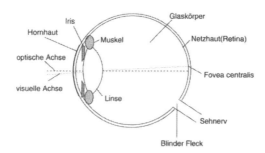

In der Retina befinden sich zwei verschiedene Typen von Rezeptoren: Die **Zapfen**, sie sind sowohl helligkeits- als auch farbempfindlich und befähigen uns zur Farb- und Detailwahrnehmung. Ihre Zahl beträgt etwa 6 Millionen. Sie sind im zentralen Bereich der Retina (Makula) angesiedelt und arbeiten bei normaler Tageshelligkeit. Die **Stäbchen** dagegen können zwar keine Farben unterscheiden, dafür sind sie aber wesentlich helligkeitsempfindlicher und werden bei geringer Beleuchtung aktiv. Ihre Zahl beträgt pro Auge etwa 120 Millionen, wobei im Zentrum der Retina (Fovea) selbst keine Stäbchen vorkommen.

Das vom menschlichen Auge wahrnehmbare Lichtspektrum reicht von einer Wellenlänge von 780 nm (rot) bis 390 nm (violett). Entsprechend ihrer unterschiedlichen Empfindlichkeitsmaxima unterscheidet man drei verschiedene Typen von Zapfen, die über unterschiedlich lichtempfindliche Sehpigmente verfügen. Typ A besitzt ein Maximum bei Grün (langwelliges Pigment, 558 nm), Typ B bei Gelb-Rot (mittelwelliges Pigment, 531 nm) und Typ C bei blau-violett (kurzwelliges Pigment, 419 nm). Das Gehirn kombiniert die Reize der drei unterschiedlichen Zapfentypen zu neuen Farben.

Die Retina mit ihren unterschiedlichen Sehzellen weist zudem zwei markante Regionen auf: die **Fovea centralis**, die Stelle mit der größten Sehschärfe, etwa in der Mitte der Netzhaut, aber nicht exakt auf der optischen Achse. An dieser Stelle befinden sich ausschließlich Zapfen, ihre Dichte ist an dieser Stelle am höchsten. Dazu kommt der sogenannte **blinde Fleck**, die Stelle, an der der Sehnerv mit ca. 1,5 Millionen Nervenfasern das Auge verläßt, so daß das dort eintreffende Licht nicht wahrgenommen werden kann. Das Verhältnis zwischen den optischen Rezeptoren und den Nervenfasern beträgt etwa 80:1, d.h. die Vorverarbeitung der visuellen Information erfolgt hier bereits mit einem hohen Komprimierungsfaktor.

Das menschliche Auge ist in der Lage bis zu 1.000 Helligkeitswerte zu unterscheiden. Bei der Grafikdarstellung im Computer wird dieser Bereich infolge nicht-linearer Grauwertskalierung reduziert, so daß in der Regel 8 Bit pro Bildpunkt für die Darstellung von Schwarz-Weiß-Bildern ausreicht. Eine Ausnahme macht hier die medizinische Bilddatenverarbeitung, die auf eine höhere Auflösung angewiesen ist.

Abb. 3.14. Optische Wahrnehmung beim Menschen

automatischen Bildauswertungsverfahren. Da der Informationsgehalt des ursprünglichen Bildes nicht weiter reduziert wird, ist die Komprimierungsrate hier nicht so hoch.

Exkurs 3: JPEG – Komprimierungsprozeß

Der JPEG-Komprimierungsprozeß verläuft in vier Stufen:
- **Farbkonversion und Sampling**
  Im ersten Teil der JPEG-Komprimierung wird jede Farbkomponente (rot, grün, blau) anteilig zerlegt in die Bestandteile **Luminanz** (Helligkeit) und **Chrominanz** (Farbinformation). JPEG erlaubt einen höheren Verlust an Information im Bereich der Chrominanz, da das menschliche Auge hier weniger sensibel ist. Zwar tragen alle Farbkomponenten im RGB-Modell Helligkeitsinformation, doch grün beeinflußt die Helligkeitswahrnehmung stärker als blau oder rot. Mit einem in der Norm **CCIR/ITU 601** festgelegten Verfahren wird die RGB-Information in die Komponenten Y (entspricht der Helligkeit), Cb (entspricht der Blaukomponente) und Cr (entspricht der Rotkomponente) transformiert. Bei diesem YCbCr-Farbmodell handelt es sich um eine spezielle Variante des YUV-Farbmodells (vgl. Abb. 3.8).

$$\begin{pmatrix} +0.299 & +0.587 & +0.114 \\ +0.1687 & -0.3313 & +0.5 \\ +0.5 & -0.4187 & -0.081 \end{pmatrix} \cdot \begin{pmatrix} R \\ G \\ B \end{pmatrix} = \begin{pmatrix} Y \\ C_b \\ C_r \end{pmatrix}$$

Im Bildzerlegungs-Prozeß (**Sampling**) werden die Anteile Cb und Cr mit einer geringeren Auflösung bestimmt als die Y-Komponente. Eine typische Samplingrate spricht der Y-Komponente z.B. eine vierfach höhere Auflösung zu als den beiden anderen Komponenten (4:1:1). So können etwa vier (r,g,b)-Pixel, die ursprünglich einen Speicherplatz von 4·3 Byte = 12 Byte belegen auf 4 (Y) + 1 (Cb) + 1 (Cr) = 6 Byte reduziert werden. Je niedriger die Samplingauflösung, desto höher die dadurch bereits erzielte Komprimierung und desto kürzer die Gesamtkomprimierungszeit.

- **Diskrete Cosinus Transformation (DCT)**
  Mit Hilfe der DCT werden Intensitätsdaten in Frequenzdaten transformiert, mit denen eine Aussage darüber möglich ist, wie schnell die Intensität von Farbe und Helligkeitsinformation im Bild variiert. In der JPEG-Kodierung wird das Bild in Bildblöcke von 8×8 Pixeln unterteilt. Im weiteren Verlauf wird jede Bildkomponente (Y,Cb,Cb) separat abgearbeitet, wobei die einzelnen Komponenten eine unterschiedliche Anzahl von Bildblöcken besitzen können (z.B. aufgrund der unterschiedlichen Samplingraten). Die Datenpunkte in einem 8×8 Pixel großen Block starten links oben (0,0) und enden rechts unten (7,7). Der Bildpunkt (x,y) besitzt die Bildinformation f(x,y). Die DCT erzeugt einen neuen 8×8-Block (u,v) über die Transformation

$$F(u,v) = \frac{1}{4} C(u) C(v) \left[\sum_{x=0}^{7} \sum_{y=0}^{7} f(x,y) \cos \frac{(2x+1)u\pi}{16} \cos \frac{(2y+1)v\pi}{16} \right]$$

mit
$$C(z) = \begin{cases} \frac{1}{\sqrt{2}} & \text{wenn } z = 0 \\ 1 & \text{sonst.} \end{cases}$$

Das Ergebnis dieser Transformation ist ähnlich wie bei einer Fouriertransformation eine Frequenzraummatrix, die die Frequenz- und Amplitudenverteilung für den betrachteten Raum angibt, d.h. die 64 Funktionswerte der ursprünglichen, von den beiden räumlichen

Dimensionen x und y abhängigen Matrix werden in ihr Spektrum transformiert, indem die DCT einen Basiswechsel auf eine Basis von 64 orthogonalen, diskreten Signalen durchführt. Große, regelmäßig gefärbte Flächen im Bild schlagen sich daher als niedrige Frequenzanteile nieder, feine Details in den hohen Frequenzanteilen. Dabei enthält F(0,0) den Durchschnittswert der 8×8-Matrix, F(1,0) gibt den Grad an, bei dem sich die Bildwerte nur langsam verändern (niedrige Frequenzen) und F(7,7) den Grad, bei dem sich die Bildwerte in beide Richtungen sehr rasch verändern (hohe Frequenzen). In einem natürlichen Bild sind scharfe Linien und abrupte Farbwechsel eher selten. Somit konzentriert sich der größte Teil des Ausgangssignals auf die niedrigen Frequenzen, viele der einzelnen Koeffizienten sind deshalb sehr klein, d.h. nahezu gleich Null.

- **Quantisierung**
Als nächstes werden die Koeffizienten der 8×8-Matrix quantisiert, d.h. die Werte F(u,v) werden durch einen Wert Q(u,v) aus einer durch das JPEG-Komitee vorgegebenen Quantisierungstabelle dividiert und auf die nächste ganze Zahl aufgerundet:

$$S(u,v) = \left\lfloor \frac{F(u,v)}{Q(u,v)} + 0.5 \right\rfloor.$$

Die Quantisierungstabelle benutzt eine feinere Quantisierung für Koeffizienten niedriger Frequenzen und eine gröbere für höhere Frequenzen. Hohe Frequenzen, die bereits einen Koeffizienten F(u,v) nahe Null besitzen, werden durch das Verfahren zu Null quantisiert. Die vorgegebene Quantisierungstabelle kann durch eine eigene, die dann in der JPEG-Datei mit abgespeichert werden muß, ersetzt werden. Eine entsprechende Dekodierung erfolgt durch Multiplikation von S(u,v) mit den entsprechenden Koeffizienten aus der Quantisierungstabelle Q(u,v), wodurch die ursprünglichen Werte F(u,v) allerdings nur annähernd und nicht exakt wiederhergestellt werden können. In der Quantisierung liegt der eigentliche, verlustbehaftete Charakter der JPEG-Kodierung begründet. Das Verfahren trägt den neurophysiologischen Eigenschaften des menschlichen Sehens Rechnung. Unscharfe Kanten werden weniger kritisch wahrgenommen als Fehler in der Helligkeitswahrnehmung.

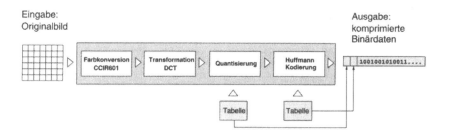

Abb. 3.15. JPEG Verarbeitungsschritte

- **Eigentliche Komprimierung**
Für die eigentliche Komprimierung werden die quantisierten Daten folgendermaßen vorbereitet: Die F(0,0)-Koeffizienten der 8×8-Matrizen werden jeweils als Differenzwert von einem Block zum nächsten Block gespeichert, da sie für aufeinanderfolgende Blöcke meist

sehr ähnlich sind. Die restlichen Blöcke von F(1,0) bis F(7,7) werden in einer Zick-Zack-Anordnung nacheinander geschrieben, d.h. die Koeffizienten niedriger Frequenzen kommen zuerst und die typischerweise zu Null quantisierten Anteile hoher Frequenz folgen am Ende, was eine effiziente Komprimierung ermöglicht. Diese Komprimierung erfolgt letztendlich durch eine modifizierte **Huffmann-Kodierung** bzw. über eine arithmetische Kodierung. Für die arithmetische Kodierung ist allerdings der Erwerb einer Lizenz notwendig, da dieses Verfahren von IBM, AT&T und Mitsubishi patentiert wurde. Für die hier verwendete Huffmann-Kodierung werden die Differenzen aufeinanderfolgender Koeffizienten als Ausgangswerte kodiert.

Weiterführende Literatur:
ISO/IEC IS 10918-1: Digital Compression and Coding of Continuous-tone Still Images, Part 1: Requirements and Guidelines.
ISO/IEC IS 10918-2: Digital Compression and Coding of Continuous-tone Still Images, Part 2: Compliance Testing.
W. B. Pennebaker, J. L. Mitchell: JPEG Still Image Data Compression Standard, van Nostrand Reinhold, New York NJ, USA, 1993.

Exkurs 4: JPEG – Dateiaufbau
Das Dateiformat für die Speicherung von JPEG-kodierten Bilddaten ist das JFIF-Format (**JPEG File Interchange Format**). JFIF-Dateien enthalten die eigentlichen Grafikdaten in der eben beschriebenen Form zusammen mit Informationen, die zum Entpacken dieser Daten notwendig sind. Die einzelnen Segmente der JFIF-Datei werden durch Markierungsblöcke (2 Byte, Inhalt 0xFF) voneinander getrennt (vgl. Abb. 3.16). Sie umfassen insbesondere:

- **Start of Image (SoI)**
  Markierung (2 Byte, 0xFFD8) zur Kennzeichnung des Beginns der zum Bild gehörenden Information. Steht in der Regel am Beginn der Datei.
- **End of Image (EoI)**
  Analog zur SoI Markierung gibt EoI das Ende des Bildes an (2 Byte, 0xFFD9). EoI steht daher im Normalfall am Ende der Datei und trägt keine weitere Information.
- **Application (APP0)**
  Direkt nach dem SoI folgt ein Application Marker (2 Byte, 0xFFE0), gefolgt von den 4 Zeichen "JFIF". Desweiteren folgen eine Versionsnummer, Angaben über die Bildgröße und Pixeldichte. Optional kann ein eventuell vorhandenes Thumbnail-Bild mit zugehöriger Größeninformation folgen.
- **Quantization Table (QT)**
  Die Quantisierungstabelle startet mit einem führenden (2 Byte, 0xFFDB). Es folgen die 64 Einträge der Quantisierungstabelle und Informationen bzgl. deren Präzision (8 oder 16 Bit Präzision).
- **Start of Frame i (SoFi)**
  Markierung (2 Byte, 0xFFCi), die den eigentlichen Beginn von Bild i anzeigt. Danach folgen Informationen über Datengenauigkeit, Bilddimensionen, sowie Komponenten. Die Komponentendaten setzen sich aus einer Komponentennummer, horizontalem und vertikalem Sampling-Faktor und der Nummer der benutzten Quantisierungstabelle zusammen. Es können beliebig viele Komponenten hintereinander folgen.
- **Define Huffmann Table (DHT)**
  DHT beschreibt eine Huffmanntabelle und startet mit dem DHT-Marker (2 Byte, 0xFFC4). Zuerst kommt ein Index für die Huffmanntabelle, danach Zählwerte und zuletzt die Inhalte. Die Zählwerte geben an, wieviele Codes mit einer bestimmten Anzahl von

Bits in der Tabelle vorkommen. Der i-te Zählwert gibt die Anzahl der Codeworte mit i Bit an.

- **Start of Scan (SoS)**
  Nach der SOS Markierung (2 Byte, 0xFFDA) beginnt der Bitstrom, der die eigentlichen Bilddaten wiedergibt. Vorher werden noch die Anzahl der Komponenten, sowie die Nummern der zugehörigen Huffmanntabellen angegeben.

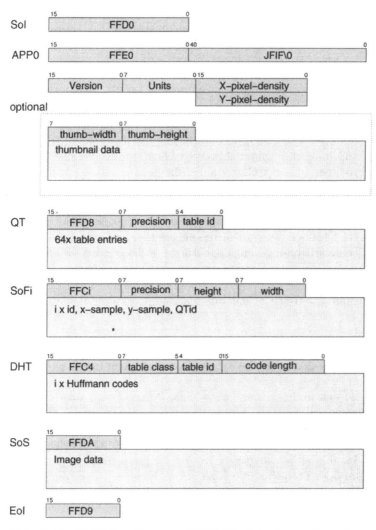

Abb. 3.16. JPEG Dateiformat – JPEG File Interchange Format

Mit der JPEG-Komprimierung liegt ein sehr leistungsfähiges, verlustbehaftetes Komprimierungsverfahren für "natürliche" Bilder vor. Es wird dabei eine hohe Komprimierung durch Reduktion des Informationsgehalts gewonnen, die sich die Eigenheiten des menschlichen Sehvermögens zu Nutze macht. Allerdings ist das Verfahren nicht besonders gut geeignet für Grafiken oder Zeichnungen. Die erreichten Komprimierungsraten liegen typischerweise bei einem Verhältnis von 20 : 1 (im verlustfreien Modus bei 2 : 1) Verlustbehaftete JPEG-kodierte Dateien sind für den menschlichen Betrachter optimiert und eignen sich in der Regel nicht für eine maschinelle Analyse. So ist das Verfahren z.b. auch nicht ohne weiteres in der medizinischen Bildverarbeitung einsetzbar, da der im Verfahren begründete Informationsverlust zu Fehldiagnosen führen könnte.

Der designierte Nachfolger des JPEG-Kodierverfahrens ist das **JPEG2000**-Kodierverfahren, das z.Z. den Standardisierungsprozeß der ISO durchläuft. Basierend auf der sogenannten **Wavelet-Komprimierung** gestattet das JPEG2000 Dateiformat bis zu 16-Bit tiefe Graustufen pro Farbkanal, also eine Farbtiefe von bis zu 48-Bit. Eine Limitierung der maximalen Bildgröße entfällt, die Komprimierung kann wahlweise verlustfrei oder verlustbehaftet erfolgen. Damit eignet sich JPEG2000 auch für die Anwendung im Bereich der medizinischen Bildverarbeitung. Die JPEG2000-Komprimierung ist in der Lage, sowohl kontinuierliche Farbverläufe wie sie in natürlichen Bildern vorkommen, als auch abrupte Farbübergange mit hartem Kontrast effizient zu komprimieren. Darüber hinaus läßt die eingesetzte Kodierung zusätzlich Methoden zur Fehlererkennung- und korrektur zu und bietet die Möglichkeit, der schrittweisen, progressiven Übertragung von Bildern in Abhängigkeit von vorgegebenen Qualitätsanforderungen, Bildauflösung oder Bildeinzelkomponenten, sowie einen wahlfreien Zugriff auf den Datenstrom des kodierten Bildes.

3.4 Audio – Datenformate und Komprimierung

Im Gegensatz zu den anderen hier behandelten Medientypen wird die dem Schall innewohnende akustische Information nicht primär visuell, d.h. mit Hilfe der Augen wahrgenommen, sondern mit dem Gehör. Schall entsteht durch Schwingungen (= regelmäßig pendelnden Bewegungen) von elastischen Körpern. Die Anzahl der Schwingungen in einer Sekunde bezeichnet man als Schwingungszahl oder Frequenz, die Einheit der Frequenz wird als Schwingungen pro Sekunde angegeben und nach dem deutschen Physiker *Heinrich Hertz* (1857-1894) als **Hertz (Hz)** bezeichnet. Die charakteristischen Eigenschaften eines Geräusches werden im wesentlichen durch Lautstärke und Tonhöhe bestimmt. Die Lautstärke, in der ein Ton wahrgenommen wird, entspricht der Amplitude der akustischen Schwingung, d.h. der Stärke der Luftdruckänderung, die das Ohr erreicht. Die Tonhöhe dagegen ist proportional zur Frequenz. Das Lautstärke-Empfinden entspricht dem Schalldruck, der in

3.4 Audio – Datenformate und Komprimierung

Dezibel (db) gemessen wird. 1db entspricht der Lautstärke, bei der ein Ton der Frequenz 1 kHz für den Menschen gerade noch hörbar ist. Die Empfindung der Lautstärke entspricht dem Logarithmus der Amplitude des Signals, d.h. „doppelte Lautstärke" entspricht der Vergrößerung der Amplitude um den Faktor 10.

Töne und Klänge sind analoge Signale (siehe Abb. 3.17), d.h. die Signale selbst sind sowohl zeit- als auch wertkontinuierlich) und daher zunächst nicht direkt auf einem Computer darstellbar. Hierzu ist eine Umwandlung in zeit- und wertdiskrete Signale notwendig (siehe Abb. 3.18).

Unter einem **Signal** versteht man das "Erscheinungsbild einer physikalischen Information". Signale können beschrieben werden als:
- mathematische Funktion in geschlossener, analytischer Form,
- Verteilungsgesetz (z.B. für ein stochastisches Signal, bei dem der aktuelle Wert des Signals nicht bekannt ist, sondern nur dessen Verteilungsfunktion, die die globalen Signaleigenschaften beschreibt) oder
- empirisch in Form einer Meßreihe.

Die meisten Signale, mit denen wir in der Praxis zu tun haben, werden als Reihe von Einzelmeßpunkten beschrieben. Je nach dem, von wievielen Veränderlichen das Signal abhängt, spricht man von einem **eindimensionalen Signal**, wie z.B. bei akustischen Signalen jeglicher Form, die nur von einer Variablen, d.h. gewöhnlich von der Zeit abhängen, und **mehrdimensionale Signale**, wie z.B. zweidimensionale Bildsignale.

Signale können im Rechner nur als digitale Information gespeichert werden. Zu diesem Zweck muß eine Wandlung der ursprünglich **analogen** Ausgangsinformation in eine **diskrete** Darstellung erfolgen. Der hierzu durchlaufene Prozeß wird als **Analog-Digital-Wandlung** bezeichnet.

Abb. 3.17. Signale: Definition

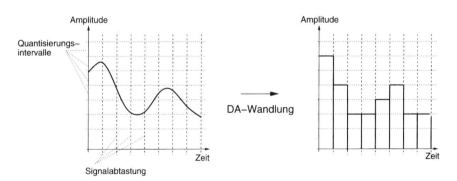

Abb. 3.18. Analog-Digital Umwandlung

Die Umwandlung vom analogen Ausgangssignal in ein digitales, auf dem Computer darstellbares Signal erfolgt in drei Schritten:

- Abtastung (Sampling),
- Quantisierung (Rundung) und
- Kodierung.

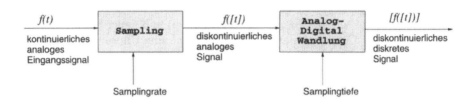

Abb. 3.19. Digitalisierung

3.4.1 Analog-Digital-Umwandlung

Die Analog-Digital-Umwandlung beginnt mit der **Abtastung (Sampling)**. Im ersten Schritt der Digitalisierung wird der kontinuierliche, zeitliche Verlauf eines Signals in diskrete Einzelzeitpunkte zerlegt. Hierzu wird der gerade vorliegende Momentan-Wert eines Analogsignals zu einem diskreten Zeitpunkt (Abtast-Zeitpunkt) erfaßt und kann so einer Analog-Digital-Wandlung unterworfen werden. Die Abtastung des Signals erfolgt in der Regel periodisch. Damit der Verlauf der abgetasteten Ursprungssignale fehlerfrei rekonstruiert werden kann, ist eine Mindestabtasthäufigkeit (Abtastfrequenz f_A, Samplingrate, siehe Abb. 3.20) bei periodischem Abtastzyklus erforderlich. Die Samplingrate wird in Hz angegeben.

Zur anschließenden Signalwertdiskretisierung (**Quantisierung**) wird der gesamte Wertebereich der Amplitude des Analogsignals in eine endliche Anzahl n von Intervallen (Quantisierungsintervallen) eingeteilt, denen jeweils ein fester, diskreter Amplitudenwert $q_0, \ldots, q_{n-1}$ zugeteilt ist. Da allen Abtastwerten, die in ein Quantisierungsintervall fallen, derselbe diskrete Amplitudenwert zugeordnet wird, entsteht ein sogenannter **Quantisierungsfehler**, der bei geringen Signalpegeln (niedriger Amplitude) als Knattern oder Rauschen wahrgenommen werden kann. Bezeichnet $q_i - q_{i-1}$ die Quantisierungsintervallgröße, so wird bei der Rückwandlung der digitalisierten Werte in ein analoges Signal (Digital-Analog-Umwandlung) ein Analogwert aus dem diskreten Wert rückgewonnen, der dem in der Mitte des Quantisierungsintervalls liegenden Analogwert entspricht. Der maximal auftretende Quantisierungsfehler beträgt daher $(q_1 - q_{i-1})/2$ (siehe Abb. 3.21). Die Quantisierungstiefe (Bitauflösung, Auflösung, Samplingtiefe) wird nach der Anzahl der zur Kodierung der diskreten Quantisierungsintervalle verwendeten Bits, d.h. $\log_2 n$ angegeben.

3.4 Audio – Datenformate und Komprimierung

Abtast-Theorem (Sampling-Theorem)
(nach Nyquist (1928), Kotelnikow (1933), Raabe (1939) und Shannon (1949))

Eine Signalfunktion, die nur Frequenzen in einem beschränkten Frequenzband (bandbegrenztes Signal) enthält, wobei f_{max} gleichzeitig die höchste auftretende Signalfrequenz ist, wird durch ihren diskreten Amplitudenwert im Zeitabstand

$$T_0 \leq \frac{1}{2 \cdot f_{max}}$$

vollständig bestimmt. Das bedeutet, daß die Abtastfrequenz f_A doppelt so hoch sein muß, wie die höchste im abzutastenden Signal vorkommende Frequenz f_{max} (Nyquist Kriterium):

$$f_A \geq 2 \cdot f_{max}$$

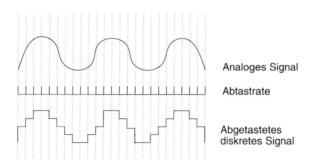

Ist die Abtastrate zu niedrig gewählt, kann ein korrekter Verlauf des Ausgangssignals nicht mehr rekonstruiert werden.

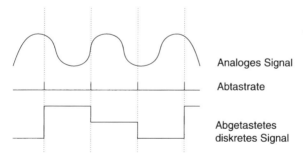

Ist eine Abtastfrequenz f_A vorgegeben, sollte das Ausgangssignal daher zuvor über die Anwendung eines Hochpaßfilters auf eine maximale Frequenz f_{max} begrenzt werden, die mit der vorgegebenen Abtastfrequenz noch korrekt erfaßt werden kann.

Abb. 3.20. Abtast-Theorem und Abtastrate

In einem letzten Schritt, der **Kodierung**, werden die einzelnen Quantisierungsintervalle durch bestimmte binäre Codewörter gekennzeichnet. Anstelle des ursprünglichen Audiosignals wird nach erfolgter DA-Wandlung das gewonnene digitale Signal mit dem Quantisierungsfehler übertragen. In der Praxis fällt dieser Quantisierungsfehler kaum ins Gewicht, da er so gewählt

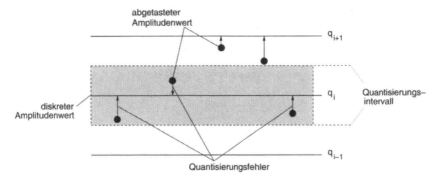

Abb. 3.21. Quantisierungsintervall und Quantisierungsfehler

werden kann, daß er unterhalb des menschlichen Hörvermögens liegt. Die Qualität des digitalisierten Audiosignals wird bestimmt durch die **Samplingrate**, mit der die Signalabtastung erfolgt, und durch die **Bitauflösung** bei der Quantisierung der gewonnenen Abtastwerte.

Tabelle 3.3. Gebräuchliche Bitauflösungen zur Audio-Digitalisierung

Bitauflösung	Anwendung
8-Bit	Spiele und Multimedia-Software, Telefonqualität
16-Bit	Compact Disk (CD) und Digital Audio Tape (DAT)
20-/24-Bit	professionelle Studiosysteme

Die beschriebene Form der Umwandlung von analogen in diskrete Signale wird auch als **Waveform-Encoding** oder **Pulse Code Modulation** (**PCM**) bezeichnet und wurde bereits 1938 von *Alec A. Reeves* (1902–1971) entwickelt und zum Patent angemeldet.

Tabelle 3.4. Parameter in der Audiokodierung

Qualität	Samplingrate	Auflösung	Kanäle	Datenrate	Frequenz
	(Hz)	(Bit)		(kByte/s)	(Hz)
Telefon	8.000	8	Mono	8	200...3.400
MW-Radio	11.025	8	Mono	11	
UKW-Radio	22.050	16	Stereo	88,2	
CD	44.100	16	Stereo	176,4	20...20.000
DAT	48.000	16	Stereo	192	20...20.000

In der technischen Realisierung der PCM-Technik unterscheidet man grundsätzlich die folgenden Verfahren:

- **Lineare PCM**
  Die Signalamplitude wird in gleich große Quantisierungsintervalle unterteilt. Die dadurch erzielte hohe Auflösung ermöglicht zwar ein fast fehlerfreies Signal, erfordert allerdings eine hohe Datenrate.
- **Dynamische PCM**
  Die Signalamplitude wird in unterschiedlich große Quantisierungsintervalle unterteilt, z.B. mit Hilfe einer logarithmischen Skala. Das bedeutet, daß die Quantisierungsintervalle bei niedrigen Werten (leise Passagen) kleiner sind und demzufolge der Fehler (Rauschen) geringer ausfällt. Im Unterschied zum linearen PCM kann so mit einer geringeren Samplingtiefe (Anzahl Bits) gearbeitet werden, um die gleiche Amplitude zu überdecken. Entsprechend der angewendeten Kodierung unterscheidet z.B. der von der CCITT vorgeschriebene Standard für die Audiokodierung bei der Telefonie G.711 eine europäische Variante (a-Law) und eine in den USA und Japan eingesetzte Variante (µ-Law) (siehe Abb. 3.22). a-Law und µ-Law verwenden dabei 256 Quantisierungsintervalle (8-Bit), wobei die Unterteilung der Quantisierungsintervalle bei niedrigem Signalpegel einer Auflösung von 12-Bit und bei hohem Signalpegel einer Auflösung von 6-Bit entspricht. Logarithmische Quantisierungsfunktionen haben den Vorteil, daß sie dem menschlichen Hörempfinden besser entsprechen und in realen Signalen große Amplituden eher seltener vorkommen und dort eine größere Quantisierungsverzerrung als weniger störend empfunden wird.

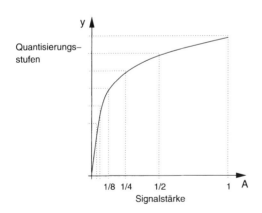

Abb. 3.22. Dynamische PCM mit logarithmischen Quantisierungsintervallen

- **Differentielle PCM (DPCM)**
  Da zwischen aufeinanderfolgenden Abtastwerten oft nur geringe Schwankungen auftreten, kann die Redundanz der Kodierung verringert werden, wenn nur die Differenzwerte aufeinanderfolgender Abtastwerte kodiert werden. Allerdings müssen Referenzpunkte in festen Abständen eingefügt werden, an denen eine tatsächliche Kodierung des Abtastwertes erfolgt. Bei

schnellen Signalschwankungen können allerdings schwerwiegende Quantisierungsfehler auftreten. In einem verbesserten Verfahren wird für jeden Abtastwert zunächst ein Vorhersagewert (**Predictive Coding**) aus einem oder mehreren Vorgängerwerten berechnet und nur die Differenz zwischen diesem und dem tatsächlich vorliegenden Wert gespeichert. Adaptiv kann dabei die Auflösung der Quantisierungsintervalle angepaßt werden, d.h. geringe Auflösung bei starken Schwankungen (laut) und hohe Auflösung bei schwachen Schwankungen (leise) (**adaptives DPCM**). Man unterscheidet dabei **Vorwärtsadaption**, bei der die vorhergesagten Audio-Parameter auf Grundlage aktueller Werte geschätzt werden, und **Rückwärtsadaption**, bei der die Vorhersage auf mehreren, bereits zurückliegenden Audio-Parametern basiert.

Die Rückgewinnung des originalen Analogsignals aus den PCM-Abtastwerten erfolgt über eine **Digital-Analog-Wandlung** und anschließender Anwendung eines Tiefpaßfilters, um das gewonnene Analogsignal auf das zuvor eingeschränkte Frequenzband zu reduzieren.

3.4.2 Unkomprimierte Audio-Datenformate

Im professionellen Studiobereich herrschen die beiden Formate SDIF-2 (Sony Digital Interface) der Firma Sony und AES3 (Audio Engineering Society) vor, die jeweils mit einer 20-Bit PCM-Samplingtiefe arbeiten. Im Bereich der Rechnerkommunikation und des WWW sind diese Formate bislang jedoch ohne große Bedeutung. Daher soll auf diese hier nicht näher eingegangen werden.
Im Zuge der Entwicklung des PCs entstanden viele verschiedene Audio-Datenformate, die oft auf die speziellen Möglichkeiten der verwendeten Hardware zugeschnitten waren. Heute noch üblich sind z.B. die Formate AU, SND, AIFF oder WAV. Das von SUN für die UNIX-Welt geschaffene **AU-Format** ist mit dem **SND-Format** von NeXT weitgehend identisch. Beide sind gekennzeichnet durch eine sehr einfache Dateistruktur: Nach einem kurzen Header werden die Audio-Daten einfach sequentiell kodiert abgespeichert. Dabei sind verschiedenartige Kodierungen möglich, die vom 8-Bit Mono-PCM-Sampling bis zum 32-Bit Mehrkanalton-PCM-Sampling bei Samplingraten von 22,05 kHz bis 44,1 kHz, reichen. Wird mehr als ein Kanal benutzt, so werden die Daten für die einzelnen Kanäle in einem Interleaving-Verfahren abwechselnd gespeichert.
Das **AIFF**-Format (**Audio Interchange File Format**) ist eine Entwicklung der Firma Apple und basiert auf dem EA/IFF85 Standard for Interchange Format Files der Firma Electronic Arts. Ähnlich wie das von Microsoft und IBM gemeinsam entwickelte **WAV-Format** (**Waveform Audio File Format**), besteht eine AIFF-Datei aus mehreren unabhängigen Abschnitten, sogenannten Chunks („Häppchen"). Eine AIFF-Datei besteht

3.4 Audio – Datenformate und Komprimierung

Von Mono zu Dolby-Surround

- **Mono**
  Die Aufnahme erfolgt für eine monophone Audiowiedergabe von einem festen Standpunkt aus mit nur einer Tonspur (Kanal). Diesem Prinzip folgten bereits die ersten Audio-Reproduktionssysteme wie der Phonograph oder das Grammophon. 1927 hielt die Mono-Tonaufnahme Einzug in die Welt des Films, von der aus auch die weiteren Entwicklungen hin zur Mehrkanaltontechnik ausgehen sollten.

- **Stereo**
  Im Bestreben, eine möglichst natürliche Reproduktion von Audiosignalen zu erzielen, wurde eine Mehrkanal-Tonaufzeichnung erforderlich. Im einfachsten Fall reicht dazu eine Zweikanal-Tonaufzeichnung (Stereo) aus. Die Aufzeichnung erfolgt über zwei getrennte Mikrophone, die sich an unterschiedlichen Positionen befinden. Wird die so gewonnene Aufzeichnung über zwei Lautsprechersysteme abgespielt, entsteht für den Zuhörer, sofern er sich innerhalb eines bestimmten Bereichs vor den Lautsprechern aufhält, ein annähernd natürliches Klangempfinden (Stereoeffekt). Allerdings ist die Wiedergabe des Stereoeffekts auf einen begrenzten Raum beschränkt und erscheint in der Regel flach, d.h. eine natürliche Reproduktion eines Schallereignisses ist so nur angenähert möglich. Der erste Film, der mit Mehrkanalton in die Kinos kam, war 1941 Walt Disneys „Fantasia". Die erste Stereo-Schallplatte erschien 1958, das erste Stereo-UKW-Radio 1961.

- **Mehrkanaltonverfahren**
  Die Entwicklung der Mehrkanaltonverfahren nahm im Kino ihren Ausgangspunkt. Als in den 50er Jahren die Kinoleinwände immer breiter wurden, kamen zusätzlich zu den beiden Stereokanälen noch zentrale Lautsprecher und Umgebungslautsprecher mit einem eigenen separaten Tonkanal hinzu, um auch dem Publikum abseits der Leinwandmitte die Möglichkeit zu geben, Dialoge auf der Kinoleinwand zu lokalisieren. Da das Richtungshören beim Menschen für mittlere und hohe Frequenzen am ausgeprägteste ist, müssen Niederfrequenzeffekte nicht noch einmal in verschiedene Kanäle aufgeteilt werden, sondern können zentral von einem beliebigen Ort aus wiedergegeben werden, da diese in der Regel eher gefühlt als gehört werden. So sieht das von den amerikanischen Dolby Laboratories entwickelte **Dolby 5.1**-Verfahren sechs einzelne Kanäle vor: links, zentral, rechts, Umgebung links, Umgebung rechts und einen zusätzlichen Niederfrequenzkanal, der allerdings nur etwa ein Zehntel der Informationsbandbreite beansprucht im Vergleich zu den übrigen Audiokanälen.

Abb. 3.23. Ein- und Mehrkanal-Tonsignale

mindestens aus einem Form Chunk, der die Größe und das Format der Datei beschreibt, einem Common Chunk, der die Anzahl der Kanäle, der Sample-Pakete, die Samplingrate und die Wortbreite der Sound Daten Chunks angibt, die ihrerseits aus einzelnen Sample-Paketen bestehen, die die eigentliche Audio-Information enthalten. Zusätzlich stehen noch Marker Chunks, Comment Chunks und Instrument Chunks bereit, über die zusätzliche Information in die Audiodatei mit eingebracht werden kann. In Tabelle 3.5 ist eine Reihe verschiedener Chunk-Typen aufgelistet. Als Erweiterung des AIFF-Formats wurde mit **AIFF-C** ein Standard zur verlustfreien Audiokodierung eingeführt, dessen Datenformat dem allgemeinen Aufbau des AIFF-Formats folgt.

Tabelle 3.5. Verschiedene AIFF-Chunks

Form Chunk	Grundgerüßt der AIFF-Datei, enthält Dateigröße
Common Chunk	beschreibt die zur Kodierung verwendeten Audio-Parameter wie Samplingrate, Samplingtiefe, Kanäle, etc.
Sound Data Chunk	enthält eigentliche Sampling-Daten
Marker Chunk	Kennzeichnung von Zeitpunkten innerhalb der Abtastwerte
Instrument Chunk	zur Erzeugung digitaler Instrumentenklänge
MIDI Chunk	enthält MIDI-Daten
Application Specific Chunk	beliebige Daten
Associated Data Chunk	Zusatzinformation zu den enthaltenen Audio-Daten
Comment Chunk	Kommentar zu den enthaltenen Audio-Daten
Text Chunk	Textinformation zu den enthaltenen Audio-Daten

Das WAV-Datenformat ist Teil von Windows **RIFF** (**Resource Interchange File Format**). Aufgrund der großen Verbreitung dieses Betriebssystems ist das WAV-Format weit verbreitet. Der wesentliche Unterschied zum AIFF-Standard besteht dabei in der Kodierung und Anordnung der einzelnen Bytes (Intel-Standard). Prinzipiell besteht eine WAV-Datei aus einem Format Chunk, der das Format der einzelnen Sample Blöcke, die Anzahl der Kanäle, die Samplingrate und den Blockaufbau angibt, und einem Daten Chunk, die in einer Reihe von Sample Blöcken die im Format Chunk spezifizierten Audio-Daten enthält. Zusätzlich können noch Cue Chunks und Playlist Chunks mit in die Datei eingefügt werden, die die Definition von Bereichen gestatten, die übersprungen oder mehrfach gespielt werden sollen. Alle Chunks sind dabei an Wortgrenzen (16/32-Bit) ausgerichtet und müssen deshalb um Füllbits ergänzt werden. Analog zum AIFF/AIFF-C-Standard werden die Sampling-Daten im WAV-Format für einen Abtastzeitpunkt zunächst für alle Kanäle abgelegt, bevor die Werte des nächsten Abtastzeitpunktes folgen (Interleave Format). Das WAV-Format kann nachträglich um neue Chunk-Typen erweitert werden. Tritt bei der Wiedergabe einer WAV-Datei ein Chunk-Typ auf, der dem Dekoder unbekannt ist, wird dieser nicht dekodiert. Ein Zugriff auf die hinteren Chunks einer WAV-Datei erfolgt über die Verkettung der Längen der vorangegangenen Chunks und erfordert daher die Kenntnis aller Vorgänger-Chunks. Aus diesem Grund ist das WAV-Format für die Echtzeit-Datenübertragung von Audio-Dateien (Streaming) nicht gut geeignet.

Ein Audio-Datenformat, das etwas aus dem Rahmen fällt, wird durch den sogenannten **MIDI**-Standard definiert (**Musical Instrument Digital Interface**). Ursprünglich wurde das 1983 eingeführte MIDI-Protokoll für den Datenaustausch zwischen Synthesizern, also elektronischen Musikinstrumenten entwickelt, bevor das verwendete Dateiformat auch für die Datenkommunikation standardisiert wurde. Dabei werden im MIDI-Format keine Audiodaten im eigentlichen Sinne übertragen, sondern nur Kontrollsignale für Synthesizer. Die Kodierung von Klängen erfolgt dabei in einer instrumen-

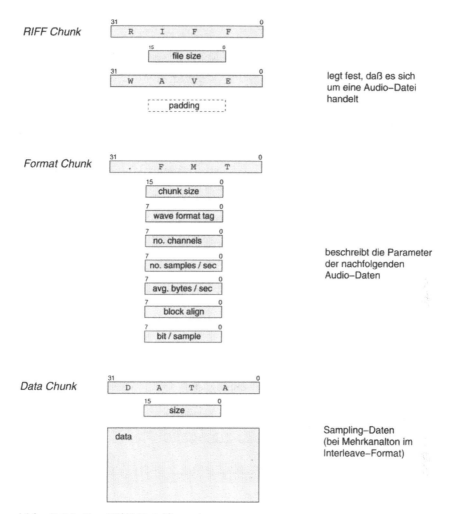

Abb. 3.24. Das WAV-Dateiformat

tenbezogenen Darstellung, die die Angabe von Parametern beinhaltet, wie z.B. die Bezeichnung des Instruments, Beginn und Ende einer Note, Grundfrequenz, Lautstärke und vieles mehr. Da die Datenrate der Kontrollsignale sehr niedrig ist, eignete sich MIDI im Bereich der Instrumentalmusik sehr gut als Musikdatenformat für das Internet. So erfordern z.B. 10 Minuten Musik in MIDI-Kodierung nur ca. 200 kByte. Der General MIDI Standard definiert eine Klangbibliothek mit 128 verschiedenen Instrumenten und erlaubt dadurch, daß durch ein bestimmtes Kontrollsignal auf jedem Synthesizer der gleiche Klang charakterisiert wird. Echte Audiodaten können jedoch nur mit dem MIDI Sample Dump Format übertragen werden.

3.4.3 Audiokomprimierung

Die verlustbehaftete Komprimierung von Audiodaten ist ungleich schwieriger zu bewerkstelligen als die Bildkomprimierung, da hier Fehler und Artefakte wesentlich störender wahrgenommen werden. Je nach Verwendungszweck können jedoch auch Audiodaten in Umfang und Qualität reduziert werden, ohne daß sie für den anvisierten Verwendungszweck unbrauchbar werden. Das gilt insbesondere für die Sprachkodierung, da hier die bloße Verständlichkeit in Konkurrenz zur exakten Reproduktion und optimalen Qualität steht. So sind hier im Gegensatz zur Komprimierung von Musik Klangverluste durchaus akzeptabel. Eine Samplingrate von weniger als 4 kHz reicht bereits aus, um die übliche Telefonqualität zu reproduzieren. Auf dem Gebiet der Sprachkomprimierung haben sich bereits zahlreiche internationale Standards etabliert (siehe Tabelle 3.6). Sprachkodierungen, die mit einer niedrigen Datenübertragungsrate auskommen, benötigen jedoch oft einen leistungsstarken Rechner zur Dekodierung.

Tabelle 3.6. Standards in der Sprachkodierung

Codec	Eigenschaften	Sprachqualität
G.711	64kbps PCM (8 Bit, 8 kHz Sampling), µ-Law/a-Law ISDN	sehr hoch
G.721	16-72 kbps ADPCM (2-5 Bit Samplingtiefe)	hoch
G.722	16-48 kbps Subband ADPCM mit linearer Prediktion	hoch
G.723	5,3-6,3 kbps ADPCM (3-5 bit, 8 kHz Sampling) Voice over IP	ausreichend
G.726	16-40 kbps ADPCM (2-5 Bit Samplingtiefe) in DECT-Geräten	sehr hoch
G.728	16 kbps ADPCM (rückwärtsadaptiv, rechenintensiv)	hoch
G.729	wie G.723 aber mit 16 Bit ADPCM	hoch
GSM	z.B. full rate 13,3 kbps, Global Standard for Mobile communication	ausreichend

Die schon beschriebenen PCM-Formate mit nichtlinearem Sampling verwenden bereits eine Komprimierung. Da bei logarithmischem Sampling (siehe a-Law/µ-Law Verfahren) laute Passagen gröber abgetastet werden als leise, in denen kleine Unterschiede in der Dynamik stärker ins Gewicht fallen, ist es möglich, mit einer geringeren Samplingtiefe gleich gute Resultate zu erhalten, wie beim linearen Sampling mit größerer Samplingtiefe. So erlauben die Verfahren a-Law und µ-Law bei logarithmischer Kodierung eine Komprimierung der Samplingtiefe von 12 Bit auf 8 Bit. Um bei Signalen mit niedrigem Signalpegel (Amplitude) einen möglichst geringen Rauschanteil zu erreichen, werden schwache Signale vor einer Übertragung zunächst angehoben und anschließend wieder abgesenkt.

3.4 Audio – Datenformate und Komprimierung

Für die Übertragung von Audio-Dateien im WWW ist die Komprimierung von besonderer Bedeutung. Ein anvisiertes Ziel der Entwickler war es, komprimierte Audiodaten in der Qualität von Audio-CDs, d.h. 16-Bit Sampling bei 44,1 kHz Stereo, mit der dem typischen Endanwender zur Verfügung stehenden Bandbreite zu übertragen. Ein solcher Datenstrom benötigt mehr als 1.400 kbps, also weitaus mehr als über ISDN (64-128 kbps) zur Verfügung steht. Eine weitere Anwendung, die die Entwickler ins Auge faßten, war die Entwicklung eines Datenformats für den Einsatz in Audio-Datenbanken, die über das Internet zugreifbar sind.

Grundidee der verlustfreien Audiokomprimierung:
Eine effiziente, verlustfreie Audiokodierung, d.h. eine Kodierung, die es erlaubt, das Originalsignal aus den komprimierten Daten exakt wieder zu rekonstruieren, nutzt das Prinzip der **adaptiven Differenzenkodierung** mit **linearer Prediktion**. Dabei wird aus bereits vergangenen Signalwerten ein Vorhersagewert für das aktuelle Signal ermittelt und die entstehende Differenz zum tatsächlichen aktuellen Signal kodiert. Ziel ist dabei die Minimierung des entstehenden Differenzsignals, um dieses möglichst effizient kodieren zu können. Dazu wird im Folgeschritt eine **statistische Kodierung**, wie z.B. die Huffmann-Kodierung angewendet, die häufig vorkommende Signalwerte mit kurzen Codeworten kodiert. Dieses Verfahren ist in der Lage, Komprimierungsraten von ca. 1:2 zu realisieren. Rauschen oder rauschartige Klänge im Audiosignal verhindern dabei das Erreichen höherer Komprimierungsraten.

Abb. 3.25. Verlustfreie Audiokomprimierung

Verlustfreie Audiokomprimierung erlaubt allerdings nur Komprimierungsraten von ca. 1:2 (siehe Abb. 3.25), so daß der Ausgangspunkt für eine effiziente Komprimierung von Audiodaten die gezielte Verringerung der Qualität der Ausgangsdaten ist. Die normale, also verlustfreie Komprimierung arbeitet nach dem Prinzip, implizit gegebene Redundanzen zu beseitigen. Komplexe Reduktionsverfahren mit einer an die menschliche Wahrnehmung angepaßten Datenreduktion komprimieren Audiodaten bis auf ein Zehntel ihrer ursprünglichen Größe ohne wahrnehmbaren Qualitätsverlust. Grundsatz dieser wahrnehmungsangepaßten Datenreduktion ist, daß jene Anteile des Audiosignals, die vom menschlichen Ohr nicht wahrgenommen werden können, sogenannte Irrelevanzen, auch nicht mit kodiert, sondern herausgefiltert werden.
Konzeptionell vollziehen Audio-Komprimierungsverfahren die gleichen Schritte wie das menschliche Gehör, indem das Signal zunächst in Bezug auf die Frequenz aufgeschlüsselt wird. Aufgrund anatomischer Gegebenheiten kann das menschliche Gehör nur akustische Signale mit einem Schalldruck zwischen 0 dB und 120 dB innerhalb des Frequenzbereichs von 20 Hz bis 20.000 Hz wahrnehmen (siehe Abb. 3.27). Akustische Signale, die außerhalb des menschlichen Hörfeldes liegen, müssen nicht kodiert werden.
Auch innerhalb des Hörfeldes müssen nicht alle akustischen Signale kodiert werden. Ursache dafür ist das Phänomen der sogenannten **Verdeckung** (Maskierung), das aus dem Alltag wohlbekannt ist: Ein akustisches Signal,

Methoden der Audiokomprimierung

Grundsätzlich unterscheidet man bei der Komprimierung von Audioinformationen drei Basistechniken:

- **Predictive Coding**
  Hierzu wird das Wissen über das bereits gesendete bzw. kodierte Signal für eine Vorhersage des Folgesignals benutzt. Die eigentliche Komprimierung besteht darin, daß nur noch die Differenzen zwischen dem Signal und seiner Vorhersage abgespeichert werden müssen, die kleiner sind, als das ursprüngliche Signal und sich deshalb effizienter kodieren lassen.
- **Spectral** oder **Transform Coding**
  Über die Wellenform des Signals wird eine Fourier-Transformation durchgeführt, die das Signal in den Frequenzraum transformiert. Da sich die transformierte Darstellung des Signals langsamer verändert, müssen auch nur weniger Samples übertragen werden. Transform Encoder benutzen gewöhnlich eine große Anzahl Sub-Bänder und betrachten benachbarte Samples von der Frequenz her gemeinsam.
- **Sub-Band Coding**
  Das vorhandene Audio-Spektrum wird in einzelne Frequenzbänder aufgeteilt. Zur Kodierung wird ausgenutzt, daß fast alle Bänder gegenüber dem lautesten Band viel weniger Information (oder weniger wichtige Information) enthalten, d.h. in der Komprimierung wird den wichtigen Bänder mehr Raum gewährt als den unwichtigen, die manchmal sogar ganz weggelassen werden. Die aufwendige Selektionsarbeit, wieviele Bits welchem Sub-Band zugeteilt werden, wird vom Kodierer (Encoder) auf Basis eines sogenannten **psycho-akustischen Modells** ausgeführt. D.h. neben den eigentlichen Audiodaten muß auch die Information über die Bitverteilung mitübertragen werden. Sub-Band Coding wird oft nur als Spezialfall des Transform Coding angesehen.

Abb. 3.26. Methoden der Audiokomprimierung

das in ruhiger Umgebung gut hörbar ist, kann in lauter Umgebung nicht mehr wahrgenommen werden, es wird sozusagen verdeckt. Damit ein akustisches Signal bei gleichzeitigem Umgebungsgeräusch hörbar ist, muß es entsprechend lauter sein als bei absoluter Stille. Der dazu notwendige Schallpegel wird **Verdeckungsschwelle** (Masking Threshold) genannt. Die Psychoakustik unterscheidet zwei Arten der Verdeckung:

- **simultane Verdeckung**
  Ein Phänomen, bei dem ein Signal mit niedrigem Pegel (**maskiertes Signal**) von einem gleichzeitig auftretenden starken Signal (**Maskierer**) unhörbar gemacht wird, falls die Frequenzen des maskierten Signals und des Maskierers nahe beieinander liegen. Die sogenannte Mithörschwelle bezeichnet genau den Signalpegel, bei dem ein leises Signal gerade noch durch den Maskierer verdeckt wird. Alle unter der Mithörschwelle gelegenen Signale werden vom menschlichen Gehör nicht wahrgenommen. Abb. 3.28 zeigt die Verschiebung der Mithörschwelle bei simultaner Verdeckung durch ein Schmalbandrauschen mit 1 kHz bei unterschiedlicher Signalintensität.
- **temporäre Verdeckung**
  Treten zwei akustische Ereignisse annähernd gleichzeitig auf, so kann das stärkere Signal das schwächere auch dann verdecken, wenn dieses kurz

3.4 Audio – Datenformate und Komprimierung

Der Hörvorgang des Menschen kann nur stattfinden, wenn die am Ohr eintreffenden Schallwellen innerhalb des für den Menschen wahrnehmbaren Frequenzbereichs von ca. 20 Hz bis 20.000 Hz liegen. Bei Schallwellen unterhalb dieses Frequenzbereichs spricht man von **Infraschall**, der an den wahrnehmbaren Frequenzbereich anschließende Bereich wird als **Ultraschall** bezeichnet. Seine größte Empfindlichkeit besitzt das menschliche Gehör im Bereich von 2.000 Hz bis 4.000 Hz.

Das Ohr des Menschen unterteilt sich in drei Abschnitte:

- Das **Außenohr** wird durch die Ohrmuschel, den Gehörgang und das abschließende Trommelfell gebildet.
- An der gegenüberliegenden Seite des Trommelfells liegen die Gehörknöchel des **Mittelohrs** an, bestehend aus Hammer, Amboß und Steigbügel, mit denen die durch die Luftdruckschwankungen hervorgerufenen Schwingungen der Trommelfellmembran in eine mechanische Schwingung übersetzt und über das ovale Fenster an das
- **Innenohr** weitergeleitet werden. Das ovale Fenster schwingt um eine Drehachse und überträgt so die eintreffenden Schwingungen auf die Lymphflüssigkeit der Gehörschnecke (Cochlea). Die Cochlea wird durch zwei Membranen in drei Kompartimente unterteilt, die mit zwei unterschiedlichen Flüssigkeiten gefüllt sind. Zwischen den beiden Flüssigkeiten besteht eine elektrische Spannung, welche die für die Reizaufnahme und -weiterleitung erforderliche elektrische Energie liefert. Im Zentrum der Cochlea verläuft die Basilarmembran mit dem Cortischen Organ, das mit seinen rund 20.000 Haarzellen von unterschiedlichen Frequenzen unterschiedlich stark gereizt wird. Die von den Haarzellen abgegebenen bioelektrischen Impulse werden vom Hörnerv aufgenommen und an das Gehirn weitergeleitet.

Das Innenohr führt also eine erste Frequenzanalyse des aufgenommenen Frequenzbereichs durch. Die Leistungsanteile des Spektrums werden dabei nicht mit einer linearen Frequenzskala ausgewertet, sondern je nach Frequenzbereich mit einer unterschiedlichen Lautstärke empfunden. Die Lautstärke-Empfindung eines akustischen Signals mit einem bestimmten Schalldruckpegel hängt daher von dessen Frequenz ab. Ein Einzelton mit einem bestimmten Schalldruckpegel wird je nach Tonhöhe unterschiedlich laut empfunden. Trägt man Punkte gleichen Lautstärkeempfindens über die Frequenz an, so erhält man deshalb keine Gerade, sondern eine Kurve. Der Bereich zwischen **Ruhehörschwelle** und **Schmerzschwelle** wird als **Hörfeld** bezeichnet.

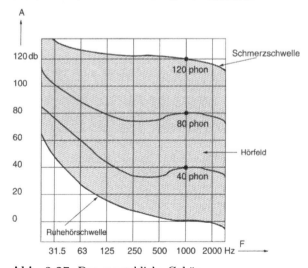

Abb. 3.27. Das menschliche Gehör

nach (bis 200 ms) bzw. sogar kurz vor (bis 50 ms) dem Maskierer eintrifft. Abb. 3.29 zeigt den zeitlichen Verlauf einer temporäre Signalverdeckung.

Durch simultane und temporäre Verdeckung maskierte Signale müssen nicht kodiert werden, da sie vom menschlichen Gehör ohnehin nicht wahrgenommen werden können. Die Datenrate des Signals kann also abgesenkt werden, ohne daß eine wahrnehmbare Qualitätsminderung auftritt.

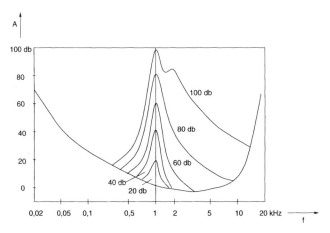

Abb. 3.28. Mithörschwelle bei Schmalbandrauschen von 1 kHz

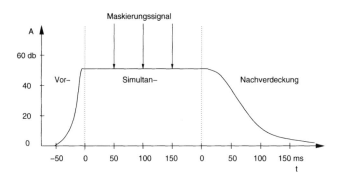

Abb. 3.29. Temporäre Verdeckung

Weitere wichtige Kenngrößen sind der **Signal-to-Mask Ratio** (SMR), der **Signal-to-Noise Ratio** (SNR) und der **Noise-to-Mask Ratio** (NMR). Der SMR ergibt sich als Differenz des Schalldrucks des Maskierers und der Verdeckungsschwelle, der SNR ergibt sich aus dem Verhältnis zwischen Maskierer und Quantisierungsrauschen und der NMR ergibt sich aus der Differenz zwischen SMR und SNR. Audio-Komprimierungsmethoden unterscheiden sich im Allgemeinen darin, welche Techniken benutzt werden, um die Maskierungsschwelle zu berechnen, und darin, wieviel Aufwand in die Signalverarbeitung investiert wird, um die dazu notwendigen Berechnungen durchzuführen.

3.4.4 MPEG Audiokodierung

MPEG steht für **Motion Picture Experts Group**, ein Gremium, das sich ursprünglich mit der Kodierung und Komprimierung von Video- und Audiodaten beschäftigte (siehe Abb. 3.30). Arbeitsergebnisse dieser Organisation werden für gewöhnlich bei der ISO standardisiert und laufen unter dem Namen MPEG. Die dabei beschriebenen Audio-Kodierungsverfahren stehen nicht für sich alleine, sondern sind Teil der jeweiligen von der MPEG-Gruppe standardisierten Video-Komprimierungsverfahren, auf die gesondert eingegangen wird.

MPEG – Motion Picture Experts Group
Die MPEG bezeichnet eine Arbeitsgruppe der ISO (International Standards Organisation). Die vollständige, formale Bezeichnung der MPEG als Unterorganisation der ISO lautet ISO/IEC JTC 1/SC 29/WG 11. Ihre Aufgabe ist es, Standards für die kodierte Darstellung von Audio- und Videodaten einschließlich Verfahren zu deren Komprimierung und Verarbeitung zu entwickeln. Die MPEG Gruppe hielt im Mai 1988 ihr erstes Treffen ab. Zu ihren Hauptentwicklungen zählen die Standards **MPEG-1** (ISO/IEC 11172) als Basis für die Video Compact Disk (VCD) und das im Internet verwendete MP3, **MPEG-2** (ISO/IEC 13818), das im Bereich des digitalen Fernsehens und der DVD zum Einsatz kommt, **MPEG-4** (ISO/IEC 14496) als genereller Multimedia-Standard unter anderem für mobile Kommunikationsgeräte der kommenden Generation bei nur geringen Bitraten, und **MPEG-7** (ISO/IEC 15938) für die Beschreibung und Indizierung von Audio- und Videoinhalten. Seit Juni 2000 arbeitet die MPEG am neuen Standard **MPEG-21** (ISO/IEC 18034) „Multimedia Framework", der eine komplette Infrastruktur zur Übertragung und Bereitstellung von Multimediainhalten beschreibt.

Abb. 3.30. Die MPEG Gruppe

Neben der reinen Komprimierung von Audiodaten standen bei der Entwicklung der einzelnen MPEG-Audio-Kodierungsstandards eine Reihe weiterer Ziele im Vordergrund. So sollen z.B. Echtzeit-Encoder mit überschaubaren Hardware-Kosten realisierbar und Echtzeit-Dekoder in allen gängigen Betriebssystemen umsetzbar sein. Daneben soll es möglich sein, innerhalb des komprimierten Datenstroms vorwärts oder rückwärts zu navigieren. Ebenso ist eine Resistenz gegenüber kaskadierter Kodierung und Dekodierung gefordert: Beim Überspielen einer Audiodatei mit zugehöriger Dekodierung und anschließender Kodierung sollen keine neuen Artefakte entstehen.
Die Bitrate, mit der das Signal bei MPEG übertragen werden soll, wird als konstant angenommen. D.h. ein vorgegebenes Signal soll nicht unbedingt auf dem geringstmöglichen Platz dargestellt werden, sondern die vorgegebene

Bandbreite kann für das Signal optimal ausgenutzt werden. So wird etwa bei Hardware-Realisierungen eines MPEG-Kodierers die Konfiguration der **Filterbänke** (dazu gehören z.B. die Fourier- oder Cosinus-Transformation, sowie Angaben zum verwendeten psychoakustischen Modell) im Standard bereits fest definiert und hängt nicht vom zu kodierenden Signal ab (siehe Abb. 3.31), obwohl dieses Vorgehen von vorne herein keine optimale Effizienz und Qualität garantiert. Außerdem wird bei der Kodierung kein Vorwissen

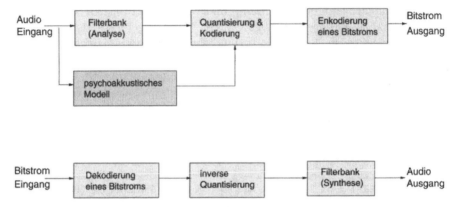

Abb. 3.31. Schema der Komprimierung/Dekodierung von Audiodaten

bzgl. des bereits kodierten Signals berücksichtigt, da dies beim Encoder zuviel Speicherplatz erfordern würde.

Grundsätzlich unterscheidet man bei den MPEG-Audio-Kodierungsverfahren **MPEG-1** und dessen Erweiterung **MPEG-2**, das die Kodierung zusätzlicher Audiokanäle gestattet. Die MPEG-1 Spezifikation für die Audiokodierung ist in sogenannte **Layer** unterteilt und gestattet die Komprimierung eines Stereosignals bei Samplingraten von

- 32 kHz (Digitaler Rundfunk),
- 44,1 kHz (CD-Audio Qualität) und
- 48 kHz (professionelle Audio-Geräte).

Enkoder für die einzelnen MPEG-Layer sind dabei abwärts kompatibel, d.h. Layer 1 ist die Basis, die alle En- und Dekoder (auch als **Codec** bezeichnet) leisten müssen.

Dekoder für Layer 2 müssen automatisch auch Layer 1 Daten umsetzen können, aber nicht umgekehrt. Im Übrigen sind die bekannten **MP3-Dateien** nach dem in MPEG-1 Layer 3 festgelegten Verfahren kodiert. In Abb. 3.32 wird ein Blockschema des MP3-Kodierungs- und Dekodierungsprozesses angegeben. Die Komplexität der Encoder und Dekoder steigt mit der Ziffer des jeweiligen Layers.

3.4 Audio – Datenformate und Komprimierung

Tabelle 3.7. MPEG-1 Audiokodierung

MPEG-1	Ziel-Bitrate	Verwendung
Layer 1	192 kbps pro Kanal	digitale Kompakt-Kassetten (DCC)
Layer 2	128 kbps pro Kanal	digitaler Hörfunk, Audio auf Video-CDs
Layer 3	variable Bitraten 32-384 kbps	Internet, Audio-MP3

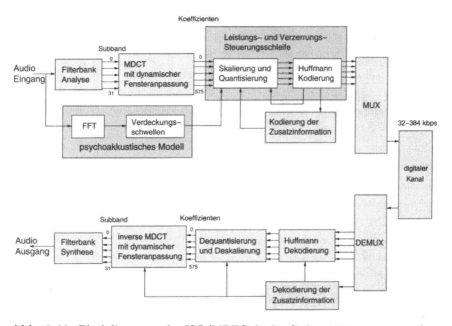

Abb. 3.32. Blockdiagramm des ISO/MPEG Audio-Codec, MP3

Exkurs 5: MPEG-1 Audiokodierung

MPEG-1 Layer 1

In einem ersten Schritt wird das Eingabe-Audiosignal über die sogenannte Polyphase Filterbank in 32 gleichbreite **Frequenz-Subbänder** von je 750 Hz Breite bei einer Samplingrate von 48kHz aufgeteilt. Die dabei verwendeten Filter sind verhältnismäßig einfach und besitzen eine gute Zeit- und Frequenzauflösung. Die Filterbank nimmt ein Eingabesample (Abtastwert) und zerlegt dieses in seine Spektralkomponenten, die jeweils auf die 32 Subbänder aufgeteilt werden. Ein MPEG Layer 1 Datenpaket umfaßt 384 Samples, in dem 12 Samples in jedem der 32 Subbänder gruppiert werden. Auf der Basis des verwendeten psychoakustischen Modells allokiert der Enkoder für jede Sample-Gruppe die Anzahl der benötigten Bits, wobei für jedes Subband ein jeweils geeigneter Quantisierer aus 15 möglichen ausgewählt werden kann.

Als Nachteil macht sich bei dieser Form der Komprimierung bemerkbar, daß das menschliche Gehör nicht in gleichbreiten Subbändern arbeitet. Die Breite der Subbänder wächst exponentiell mit der Frequenz. Filterbank und Synthese sind hier verlustbehaftet, was allerdings nicht hörbar ist. Außerdem treten sogenannte **Aliasing-Effekte** auf, d.h. in benachbarten Frequenzbändern treten in MPEG Layer 1 signifikante Überlappungen auf, da die

Frequenzbänder nicht scharf begrenzt sind. Ein Ton auf einer Frequenz kann also bedingt durch diese Überlappung gleichzeitig in zwei Frequenzbändern auftauchen, was sich bei der Komprimierung auch in Form von zusätzlicher Redundanz bemerkbar macht.
Bei der Kodierung der Kanäle unterscheidet man vier verschiedene Modi:

- **Single Channel Coding** zur Kodierung von Mono-Signalen,
- **Dual Channel Coding** zur Kodierung von zwei separaten Monosignalen, z.B. bilinguales Audio,
- **Stereo Coding** zur Kodierung eines Stereosignals, bei dem beide Stereokanäle allerdings getrennt kodiert werden, und
- **Joint Stereo Coding** zur Kodierung eines Stereosignals, bei dem die Datenredundanzen und -irrelevanzen zwischen den beiden Kanälen zur Komprimierung ausgenutzt werden. Dabei kommt eine als „Intensity Stereo" bezeichnete Methode zum Einsatz, bei der für hohe Frequenzen nur ein Mono-Signal übertragen wird, welches vom Dekoder wieder in die Nähe der ursprünglichen Stereo-Position geschoben wird.

Sowohl die Quantisierung als auch die nachfolgende Kodierung werden unter Einbeziehung einer Maskierungsschwelle realisiert, die durch das verwendete psychoakustische Modell vorgegeben wird.

MPEG Layer	Komprimierung
Layer 1	1:4
Layer 2	1:6 ... 1:8
Layer 3	1:10 ... 1:12

MPEG-1 Layer 2

Layer 2 kodiert die Daten in größeren Gruppen und schränkt die Bit-Allokationen in mittleren und hohen Subbändern ein, weil diese für das Gehör nicht so wichtig sind. Bit-Allokationsdaten, Skalierungsfaktoren und quantisierte Samples können so in kompakterer Form abgespeichert werden, was den vorhandenen Raum für die wesentlichen Audiodaten erweitert. Ein MPEG Layer 2 Datenpaket enthält 1.152 Samples pro Kanal und 3er Blöcke je 12 Samples pro Subband (Subframes). Dadurch ergibt sich eine Erhöhung der Zeitauflösung des Signals und innerhalb eines Frames kann der Nachmaskierungseffekt (temporale Überdeckung) des menschlichen Gehörs ausgenutzt werden.

MPEG-1 Layer 3 - MP3

MP3 wurde vom Fraunhofer Institut für Integrierte Schaltungen in Erlangen im Zuge eines EU-Projektes zusammen mit der Universität Erlangen entwickelt. MP3 wendet zusätzlich eine **modifizierte diskrete Cosinus Transformation (MDCT)** auf die Ausgabe der ursprünglichen Filterbänke an und erwirkt dadurch eine drastische Erhöhung der Auflösung auf 32 auf maximal 576 Subbänder, die es ermöglicht, selbst Aliasing-Effekte in Folge überlappender Frequenz-Subbänder wieder rückgängig zu machen. In MP3 werden für die MDCT die Samplegrößen 18 und 6 gewählt, wobei sich aufeinanderfolgende Transformationsfenster um 50% überlappen, so daß sich eine Fenstergröße von 36 bzw. 12 ergibt. Die lange Blockgröße (36 Samples) ermöglicht eine höhere Frequenzauflösung der stationären Signale, während die kürzere (12 Samples) eine bessere Zeitauflösung bei transienten Signalen gewährleistet. Ein Wechsel zwischen den beiden Blocklängen wird dabei stets über einen speziellen Steuerungs-Block eingeleitet.

Durch die geringere Zeitauflösung und das dadurch vergrößerte Zeitfenster, auf dem die MDCT operiert, werden die durch das Quantisierungsrauschen erzeugten Fehler ebenfalls auf ein größeres Zeitfenster verteilt, so daß die Wahrscheinlichkeit steigt, daß man sie

3.4 Audio – Datenformate und Komprimierung

tatsächlich hört. Bei einem Signal, bei dem sich laute und leise Passagen in schneller Folge abwechseln, verteilt sich das Rauschen nicht nur auf die lauten Stellen – wo man es kaum wahrnimmt – sondern auch auf die leisen Passagen. Diese Störungen treten für gewöhnlich als Pre-Echo auf, weil die temporale Maskierung vor einem Signal schwächer – und daher auch kürzer – ist als danach.

Um dieser Schwäche auffangen zu können, wird in MP3 über ein entsprechend modifiziertes psychoakustisches Modell versucht, solche Situationen rechtzeitig vorherzusehen. Über ein sogenanntes **Bitreservoir** kann in diesen Ausnahmesituationen die Auflösung (Zahl der Quantisierungsintervalle) dynamisch erhöht und so das Quantisierungsrauschen vermindert werden. Zusätzlich kann der Encoder noch auf die kleinere MDCT-Blockgröße umschalten, um die effektive Fensterlänge zu verkürzen.

Zu den in MP3 eingeführten Verbesserungen zählen:

- **Aliasing-Effekte** der Filterbank können ausgeglichen werden.
- Der **Quantisierer** potenziert die Eingabe mit 3/4 um den Signal-to-Noise-Ratio gleichmäßiger auf den Wertebereich der Quantisierungsintervalle zu verteilen.
- **Skalierungsfaktoren** werden in MP3 zu Bändern zusammengefaßt. Ein Band umfaßt mehrere MDCT-Koeffizienten und besitzt in etwa eine Breite ähnlich dem menschlichen Gehör. Damit wird das Quantisierungsrauschen ähnlich wie die Konturen der Maskierungsschwelle eingefärbt, und es treten keine Rausch-Spitzenwerte mehr auf.
- Der MP3 Encoder sortiert die 576 Koeffizienten (32 Subbänder × 18 MDCT-Koeffizienten) in einer standardisierten Reihenfolge, die dafür sorgt, daß die hohen Werte (von den tiefen Frequenzen) am Anfang stehen und die kleinen am Ende. Für die hohen Werte am Anfang werden in der anschließenden Huffmann-Kodierung lange Codeworte vergeben und für die kleinen am Ende sehr kurze. Die Koeffizienten werden in drei Regionen aufgeteilt, für die jeweils eine spezielle, optimierte Huffmann-Tabelle verwendet wird, wobei zum Teil sogar mehrere Werte auf einen Huffmann-Code abgebildet werden.
- Es wird ein **Bitreservoir** eingeführt, das zur Erhöhung der Auflösung genutzt werden kann. Der Encoder darf jedoch nur Bits aus dem Reservoir entnehmen, die er zuvor eingespart und dort abgelegt hat.
  Die angewandte Huffmann-Kodierung verwendet kurze Codewörter für die nach erfolgter MDCT häufiger auftretenden kleinen Quantisierungswerte. Übersteigt die nach der Huffmann-Kodierung entstehende Bitfolge die Anzahl der zur Verfügung stehenden Bits, kann in diesem Schritt die Größe der Quantisierungsintervalle erweitert werden, so daß mehr kleinere Quantisierungswerte entstehen, die entsprechend kürzer kodiert werden können.
  Das Quantisierungsrauschen wird für jedes Frequenz-Subband über einen Skalierungsfaktor gesteuert, d.h. übersteigt das Rauschen die Maskierungsschwelle und tritt in den wahrnehmbaren Bereich, wird der Skalierungsfaktor des betreffenden Subbandes angepaßt, um das Quantisierungsrauschen zu verringern. Zu diesem Zweck müssen allerdings feinere Quantisierungsintervalle verwendet werden, deren Kodierung eine höhere Bitauflösung verlangt.
- Das menschliche Gehör ist bei sehr hohen und sehr niedrigen Frequenzen nicht mehr in der Lage, diese richtungsgebunden wahrzunehmen. Mit einer als **Intensity Stereo** bezeichneten Technik werden in MP3 bestimmte Frequenzen nur mono kodiert mit einem minimale Zusatz an Richtungsinformation, was eine komplette Stereo-Kodierung des Eingangssignals vermeidet. Zusätzlich kommt eine als **Mid/Side-Stereo** bezeichnete Technik zum Einsatz: Sind die beiden Signale des linken (L) und rechten (R) Kanals sehr ähnlich, werden diese nicht eigenständig kodiert, sondern nur deren Differenz (L-R) und deren Summe (L+R), was zu zusätzlichen Einsparungen führt. Dadurch entsteht aus dem ursprünglichen Stereosignal mit linkem und rechtem Kanal ein Signal aus Mitten- und

3. WWW – das universelle Kommunikationsmedium

Seitenkanal, das sich bei nur schwach ausgeprägtem Stereoeffekt effizienter übertragen läßt.

- Durch die Firma Xing, Real Networks wurde der MP3-Standard um die Möglichkeit einer **variablen Bitrate** (VBR) erweitert. Da in einem Musikstück nicht alle Passagen die gleiche Komplexität aufweisen, kann es oft von Vorteil sein, die Datenrate für die Komprimierung nicht von Anfang an fest vorzugeben, sondern diese der Komplexität des zu kodierenden Signals anzupassen. Dadurch können bei identischer Klangqualität oft höhere Komprimierungsraten erzielt werden. Diese Technik stellt allerdings höhere Ansprüche an die verwendeten Dekoder und wird deshalb von vielen älteren Varianten nicht unterstützt.

Tabelle 3.8. Typische mittels MP3 erzielbare Komprimierungsraten

Qualität	Bandbreite	Kanäle	Bitrate (kbps)	Komprimierung
Telefon	2,5 kHz	mono	8 kbps	96:1
Kurzwelle	4,5 kHz	mono	16 kbps	48:1
Mittelwelle (AM)	7,5 kHz	mono	32 kbps	24:1
UKW	11,0 kHz	stereo	56 ... 64 kbps	26 ... 24:1
CD-nahe	15,0 kHz	stereo	96 kbps	16:1
CD	> 15,0 kHz	stereo	112 ... 128 kbps	14 ... 12:1

Weiterführende Literatur:
D. Thom, H. Purnhagen, S. Pfeiffer, MPEG-Audio Subgroup: MPEG Audio FAQ, ISO/IEC JTC1/SC29/WG11 Coding of Moving Pictures and Audio, 1999.

Tabelle 3.9 macht das Verhältnis der erzielten Dateigröße bei unterschiedlichen, vorgegebenen Bitraten deutlich. Steigt die Bitrate, steigt auch die Qualität der Audiodaten zusammen mit der jeweiligen Dateigröße. Aus der Abbildung wird auch ersichtlich, wieviele Stunden MP3 kodierter Audiodaten eine 1 GB große Festplattenpartition füllen, und wieviele Musikstücke von jeweils 4-minütiger Dauer darauf Platz finden.

Exkurs 6: MP3 – Dateiaufbau
Eine MPEG-Datei besitzt keinen Datei-Header im eigentlichen Sinn, sondern sie besteht nur aus einer Aneinanderreihung von einzelnen Datenblöcken (Frames), die jeweils einen eigenen Header, sowie die gespeicherte Audio-Information enthalten. Für MPEG Layer 1 und Layer 2 sind diese Blöcke vollständig unabhängige Einheiten, so daß eine MPEG-Datei an einer beliebigen Stelle auseinandergeschnitten und von dort an korrekt wiedergegeben werden kann, der Dekoder spielt die Datei vom ersten unversehrt aufgefundenen Datenblock an ab. Bei MP3 jedoch sind die einzelnen Datenblöcke nicht immer unabhängig. Aufgrund der Verwendung des Byte-Reservoirs sind die einzelnen Blöcke oftmals voneinander abhängig, wobei maximal 9 Datenblöcke benötigt werden, um einen Datenblock korrekt wiederzugeben.

Tabelle 3.9. Dateigröße vs. Bitrate bei MP3 Kodierung

Bitrate	Dateigröße	Kompression	Stunden/GB	Stücke/GB
1,411 kbps (CD-Audio)	41,3 MB	keine	1,7	25
80 kbps	2,3 MB	17,6:1	29,1	437
128 kbps	3,8 MB	11:1	18,2	273
160 kbps	4,7 MB	8,8:1	14,6	218
192 kbps	5,6 MB	7,3:1	12,1	182
256 kbps	7,5 MB	5,5:1	9,1	137
320 kbps	9,4 MB	4,4:1	7,3	109

Um Information über eine MP3-Datei zu erhalten, reicht es aus, den ersten Datenblock zu finden und dessen Header zu lesen, da man davon ausgehen kann, daß diese Information in unveränderter Weise auch für die anderen Datenblöcke gilt. Dies trifft zu, solange nicht mit variabler Bitrate (VBR) gearbeitet wird, da dort die Bitrate in jedem neuen Datenblock verändert werden kann. In Abb. 3.33 ist der Aufbau einer MP3-Datei schematisch dargestellt.

- Ein **Datenblockheader** ist 32 Bit lang, wobei die ersten 11 Bits stets auf '1' gesetzt werden und der Synchronisation dienen. Danach folgen Informationen über die verwendete MPEG Version, welcher Layer angesprochen wird, mit welcher Bitrate gearbeitet werden soll, welche Samplingfrequenz vorliegt, ob die im Datenblock befindlichen Daten ein Stereosignal enthalten und ob dieses einer speziellen Kodierung unterliegt. Zuletzt folgen Copyright-Informationen.
- Optional können die Datenblöcke auch eine **CRC-Prüfsumme** enthalten, die 16-Bit lang ist und - falls vorhanden - dem Datenblockheader folgt.
- Schließlich folgen die eigentlichen, kodierten **Audiodaten**.
- Das letzte Element in einer MP3-Datei ist das sogenannte **Id3-Tag**. Dieser Speicherbereich dient dazu, Informationen zu dem in der MP3-Datei abgelegten Musikstück zu speichern, wie z.B. Interpret, Titel, Veröffentlichungsdatum oder Genre. Es ist 128 Byte lang (Version 1.0) und befindet sich stets am Ende der MP3-Datei. Ursprünglich war dieser Informationsabschnitt nicht in der MPEG-Spezifikation enthalten, sondern wurde nachträglich eingefügt (siehe Abb. 3.34).

MPEG-2. MPEG-2 stellt eine Erweiterung des MPEG-1 Standards dar, der eine Kompatibilität zu MPEG 1 in beide Richtungen gewährleistet, d.h. MPEG-1 und MPEG-2 Dekoder sind in der Lage, jeweils beide Datenformate zu interpretieren. Die zusätzlich zu MPEG-1 verfügbaren Erweiterungen umfassen

- Bereitstellung zusätzlicher Abtastraten von 8 kHz, 11 kHz, 16 kHz, 22.5 kHz und 24 kHz.
- 3 zusätzliche Audiokanäle, die einen 5-Kanal Surround-Sound erlauben (links, mitte, rechts und 2 Raumkanäle).
- Unterstützung eines eigenen Audiokanals für Niedrigfrequenz-Effekte (<100 Hz).

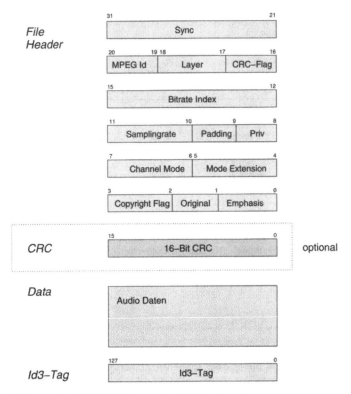

Abb. 3.33. MPEG-1 Layer 3 - MP3 - Dateiformat

- Unterstützung zusätzlicher Audioinformationen in unterschiedlichen Konfigurationen (bis zu 8 multilinguale Kanäle). Diese können sowohl der mehrsprachigen Übertragung dienen oder Unterstützung für Hör- und Sehbehinderte bieten.
- Verwendung variabler Bitraten zur Anpassung der Komprimierung an die wechselnde Komplexität der zu kodierenden Audioinformation.

Durch die vielfältigen Möglichkeiten der Kanalkodierung eröffnen sich auch neue Vorgehensweisen für die Komprimierung, wie z.B.

- Intensity Stereo Coding (ISC),
- Phantom Coding of Center (PCC),
- Dynamic Transmission Channel Switching,
- Temporal Noise Shaping für gute Sprachqualität bei niedrigen Bitraten,
- Dynamic Cross Talk und
- Adaptive Multi-Channel Prediction.

Zur Gewährleistung der Kompatibilität müssen MPEG-2 Daten dergestalt kodiert werden, daß ein herkömmlicher MPEG-1 Dekoder in der Lage ist, den linken und rechten Stereokanal aus den fünf möglichen Kanälen herauszufil-

Das MP3 Id3-Tag

Das MPEG-1 Audioformat, einschließlich MPEG-1 Layer 3 beinhaltet keine zusätzliche Information über die kodierte Audiodatei, abgesehen von Copyright- oder Kopie-Angaben. 1996 erweiterte Eric Kemp in seinem Programm „Studio 3" MPEG-1 Audiodateien dahingehend, daß er am Ende einen kleinen, 128 Byte langen Bereich anhing, der Informationen über die vorliegende Audiodatei enthielt: Das Id3-Tag (Version 1.0, Id3v1.0).

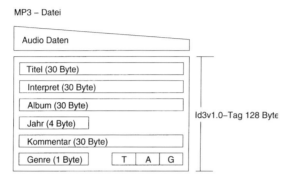

Innerhalb dieses Bereichs befinden sich vorgegebene Felder für Titel, Interpret, Album, Jahr, Kommentar sowie ein Feld, in dem ein musikalisches Genre aus 80 vordefinierten Genres angegeben werden kann.

Die starre Struktur des ID3-Tags ließ wenig Spielraum für Erweiterungen, so daß nach der ersten nicht zufriedenstellenden Ergänzung (Id3v1.1) eine weitaus flexiblere Neudefinition Id3v2 folgte. Id3v2 definiert ein eigenes Containerformat, das aus bis zu 16 einzelnen, unterschiedlichen Paketen von jeweils maximal 16 MByte Länge besteht. Um die Möglichkeiten des Media-Streamings zu nutzen, steht das Id3v2-Tag zu Beginn der MP3-Datei, damit es von Anfang an nutzbar ist. Darin enthalten können unter anderem sein:

- zusätzliche, vorgegebene Eigenschaftsfelder,
- Unicode-Zeichensätze,
- eigenständige Dateien, wie etwa Bilder,
- Liedertexte, die auch synchron zum Musikstück - also wie bei Karaoke - wiedergegeben werden können und
- diverse Parameter für die Wiedergabe des Musikstücks.

Die im Id3v2-Tag enthaltene Zusatzinformation kann eigenständig komprimiert werden und ermöglicht so eine effiziente Speicherung innerhalb des vorgegebenen MP3-Datenformats.

Abb. 3.34. Das MP3 Id3-Informationsfeld

tern. Dazu wird für die Komprimierung des linken und rechten Kanals das in MPEG-1 festgelegte Datenformat verwendet - was auch die Verwendung derselben Komprimierungsalgorithmen für diese beiden Kanäle vorschreibt - das zusammen mit einem MPEG-2 Erweiterungsfeld in ein MPEG-1 Datenpaket (siehe Abb.3.35) gepackt wird.

MPEG-2.5. Eine nicht von der ISO zertifizierte Erweiterung des MPEG-1 Layer 3 Standards stellt die vom Fraunhofer Institut entwickelte, als MPEG-

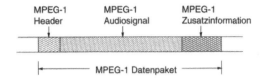

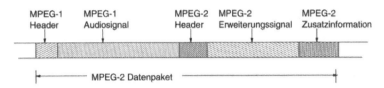

Abb. 3.35. Datenformat eines MPEG-2 Audio Bitstreams

2.5 bezeichnete Variante dar, die bessere Komprimierungsergebnisse speziell für niedrige Bitraten (8-12 kHz Samplingrate für Bitraten von 8-160 kbps) bei Beschränkung der Bandbreite ermöglicht. Eine relativ hohe Samplingrate bei niedriger Bitrate muß im Gegenzug eine verminderte Auflösung des Frequenzbereichs in Kauf nehmen. Verringert man dagegen die Samplingrate, so verkleinert man auch die zeitliche Auflösung des kodierten Signals, kann aber einen vergrößerten Frequenzbereich abdecken. Verbindet man beide Techniken miteinander, lassen sich bei vergleichbarer Komprimierung bessere Klangergebnisse realisieren.

MPEG-2 AAC. Für den 1997 verabschiedeten Standard MPEG-2 Advanced Audio Coding (**MPEG-2 AAC**) - auch bekannt als MPEG-2 NBC (Non-Backward Compatible) - dem derzeitigen State-of-the-Art in Sachen Audio-Komprimierung wurden wesentliche Teile des Codecs neu erarbeitet. Das betrifft unter anderem neue Vorhersagealgorithmen und die verwendete Entropiekodierung. Zusätzlich wurde die Mehrkanalfähigkeit von MPEG-2 weiter ausgebaut auf bis zu 48 Kanäle im regulären Frequenzbereich und 16 Kanäle im Niedrigfrequenzbereich. Die Auflösung der Samplingrate wurde dazu bis auf 96 kHz erhöht. MPEG-2 AAC nutzt annähernd dieselben Techniken wie MP3, nur wurden diese selbst in ihrer Anwendung verbessert:

- Die verwendete Filterbank beschränkt sich auf eine reine MDCT, während sie bei MP3 noch hybrid (MDCT und FT) ausgelegt war.
- Die verwendete Fenstergröße kann annähernd doppelt so lang sein (2.048 Samples) wie bei MP3 und erlaubt so eine bessere Auflösung.
- Gleichzeitig kann die Fenstergröße aber auch kleiner werden als bei MP3 und so eine bessere zeitliche Auflösung und eine verbesserte Behandlung des Pre-Echo ermöglichen.
- Middle-/Side- und Intensity-Stereo können auf der Basis eines eigenen Subbandes behandelt werden und nicht wie bei MP3 über den gesamten Frequenzbereich.

3.4 Audio – Datenformate und Komprimierung 147

Da eine Kompatibilität bei der Entwicklung nicht mehr notwendig war, konnten die beim MP3-Standard bestehenden Beschränkungen umgangen werden. Zusätzlich eingeführt wurde die Möglichkeit des Temporal Noise Shaping (TNS). Dies ist ein Werkzeug zur Steuerung des auftretenden Quantisierungsrauschens bei der Übertragung der Filterkoeffizienten und Vorhersagealgorithmen, das es gestattet, aus jeweils zwei vorangegangenen Datenpaketen Koeffizienten für jedes Frequenzband vorherzusagen, was bei statischen Signalen die Effizienz enorm erhöht und speziell die Verständlichkeit von Sprachsignalen auch bei niedrigen Bitraten verbessert. MPEG-2 AAC erzielt bei der Kodierung von zwei Audiokanälen eine ebenso gute Audioqualität wie MP3 bei etwa 70% der dazu benötigten Bitrate.

MPEG-3. MPEG-3 bezeichnete einen geplanten Videokomprimierungs-Standard, der speziell für hochauflösendes, digitales Fernsehen (HDTV) vorgesehen war, allerdings im Zuge der Entwicklung mit in den MPEG-2 Standard integriert wurde.

MPEG-4 AAC. MPEG-4 AAC ist aus dem MPEG-2 AAC Standard durch weitere Verbesserungen vor allem bei der Übertragung im Bereich niedriger Bitraten hervorgegangen. Der Einsatzbereich wird daher vor allem im Bereich des Mobile Computing gesehen, da Sprachübertragung durch MPEG-4 bereits ab Bitraten von 4 kbps möglich sein soll. Die Verbesserungen betreffen insbesondere die Einführung einer als Perceptual Noise Substitution (PNS) bezeichneten Technik, die es erlaubt, Passagen aus dem kodierten Musikstück, die einem Rauschen ähneln, durch ein auf Dekoderseite erzeugtes Rauschen zu substituieren. Dazu wurde noch ein Algorithmus zur Langzeitvorhersage (Long Term Prediction, LTP) entwickelt, der bei gleicher Leistungsfähigkeit wie der in MPEG-2 AAC verwendete Algorithmus mit deutlich geringerem Kodierungsaufwand arbeitet.
MPEG-4 stellt mehr als nur einen einfachen Komprimierungsmechanismus dar, sondern beinhaltet eine Multimedia-Objektverwaltung, die eine Kombination von Musik-, Sprach-, Geräusch-, synthetischer Audio- oder Textinformation gestattet, und jede dieser Quellen entsprechend ihrer speziellen Charakteristika als eigenständiges Medien-Objekt effizient kodieren kann. Zusätzlich verfügt MPEG-4 noch über Mechanismen zur Wahrung und Verwaltung von Urheber- und Nutzungsrechten (Intellectual Property Managementand Protection).

3.4.5 Weitere Audio-Komprimierungsverfahren

ATRAC. ATRAC steht für Adaptive Transform Acoustic Encoding und wurde von der japanischen Firma Sony als Codec für deren MiniDisk-Datenträger entwickelt. Die MiniDisk ist ein optisches bzw. magneto-optisches Speichermedium mit 64mm Durchmesser, das etwa ein Fünftel der Speicherkapazität einer herkömmlichen Audio-CD besitzt. Trotz der niedrigeren

MPEG-1 (November 1992)

Einkanal (mono) und Zweikanal (stereo) Kodierung von Audiosignalen bei Samplingraten von 32, 44,1 und 48 kHz und Bitraten von 32 kbps bis 448 kbps.

Layer 1 war für die digitale Kompaktkassette (DCC) vorgesehen, fand aber keine weite Verbreitung.

Layer 2 wird vom Rundfunk genutzt, da hier bei zwar hoher Bitrate eine hohe Audioqualität bei geringem Kodierungsaufwand erreichbar ist, was vorallem bei Liveübertragungen von Bedeutung ist.

Layer 3, auch als **MP3** bekannt, liefert bessere Audioqualität bei niedrigeren Bitraten und ist deshalb besonders interessant für die Verwendung bei Übertragungen über das Internet, da hier zur Zeit noch relativ niedrige Bandbreiten und wenig Speicherplatz an der Tagesordnung sind.

MPEG-2 (November 1994)

Beidseitig kompatible Erweiterung von MPEG-1 für die Kodierung von bis zu fünf Audiokanälen und einem Niederfrequenzkanal. Mit zusätzlicher Unterstützung von Samplingraten um 16, 22,5 und 24 kHz bei Bitraten von 8 bis 384 kbps.

MPEG-2 AAC

Unterstützt eine erweiterte Zahl von Samplingraten (von 8 kHz bis 96 kHz) und bis zu 48 Audiokanäle, inklusive 15 zusätzliche Niederfrequenzkanäle und 15 eingebettete Datenströme. AAC arbeitet mit variablen Bitraten beginnend mit 8 kbps für Sprachübertragung bei Monoqualität bis hin zu mehr als 320 kbps für hochwertige Mehrkanalübertragung.

MPEG 2.5 (kein Standard!)

ISO-gemäße Erweiterung des MPEG-2 Standards durch das Fraunhofer Institut für Integrierte Schaltungen in Erlangen, welche die Leistungsfähigkeit bei niedrigen Bitraten erhöht, wobei zusätzlich Bitraten von 8, 11,025 und 24 kHz unterstützt werden.

MPEG-4 Version 1 (Oktober 1998)

Genereller Kodierungsstandard für allgemeine Multimediadaten. Unterstützt Kodierung und Zusammensetzung von natürlichen und synthetischen Audiosignalen bei einer Vielzahl unterschiedlicher Bitraten.

MPEG-4 Version 2 (Dezember 1999)

Baut auf bestehende MPEG-Standards auf und erweitert diese für digitales Fernsehen, interaktive Grafik- und Multimedia-Anwendungen.

MPEG-7 (Juli 2001)

Auch als Multimedia Content Description Interface bezeichnet. Unterstützt Informationssuche, sowie Filter- und Management von Multimediadaten.

MPEG-21 (geplant Sept. 2003)

Bereitstellung einer standardisierten, vollständigen Multimedia-Infrastruktur zur Beschreibung von Medieninhalten und deren Darstellung.

Abb. 3.36. Die verschiedenen MPEG Standards

Speicherkapazität sollte eine Klangqualität – vergleichbar einer CD – bei einer Spielzeit von 74 Minuten ermöglicht werden, was eine Datenreduktion von 5 : 1 erfordert. Ebenso wie MPEG basiert ATRAC auf einem psycho-

3.4 Audio – Datenformate und Komprimierung

akustischen Modell, das für die Datenreduktion verwendet wird, wobei Maskierungseffekte von Frequenzanteilen niedriger Amplitude durch zeitlich benachbarte hochamplitudige Anteile ausgenutzt werden.
Ein ATRAC-Datenpaket umfaßt 512 einzelne Samples, wobei das Audiosignal zuerst in drei einzelne Subbänder unterteilt wird, die dann jeweils noch einmal über eine MDCT aufgeteilt werden: 0–5,5 kHz (128 MDCT), 5,5–11 kHz (128 MDCT) und 11–22 kHz (256 MDCT). ATRAC arbeitet dabei in zwei unterschiedlichen Modi mit entweder jeweils einem langen Datenblock (11,6 ms) oder drei kurzen Datenblöcken (2,9 ms + 2,9 ms + 1,45 ms). Die resultierenden Koeffizienten werden nach Wortlänge quantisiert und mit einem Skalierungsfaktor versehen.
Im Gegensatz zu MPEG schleichen sich bei ATRAC bei einer Kaskadierung, also bei mehrmaligem Kodieren und Dekodieren, Artefakte ein. Dennoch ist das Verfahren in der Unterhaltungselektronik weit verbreitet.

Dolby AC-1, AC-2 und AC-3. Die Audio-Komprimierungsverfahren der amerikanischen Firma Dolby werden mit AC (Audio Code) bezeichnet und ihrem Entwicklungsstand entsprechend durchnumeriert. **Dolby AC-1** war für Satellitenverbindungen im Bereich Fernsehen und UKW-Radio entwickelt worden. Basierend auf einem einfachen psycho-akustischen Modell gelingt damit eine qualitativ hochwertige Komprimierung eines Audiosignals im Verhältnis 3 : 1. Das ursprüngliche Signal wird dabei in zahlreiche, sich überlappende Subbänder aufgesplittet, auf denen dann eine MDCT ausgeführt wird. Anschließend erfolgt eine erneute Aufteilung in Subbänder, die je nach Bedeutung des Subbandes zwischen einem und 15 Koeffizienten enthalten können. Dabei sind Subbändern von niedriger Frequenz bereits mehr preallokierte Bits zugewiesen als Subbändern von hoher Frequenz. Die für die Kodierung benötigten zusätzlichen Bits werden dynamisch allokiert. Bei einer Samplingrate von 48 kHz beträgt die Anzahl der Subbänder 40 (43 Subbänder bei 32 kHz).
Dolby AC-2 findet in PC Soundkarten und professionellem Audio-Equipment Einsatz. Es gewährleistet eine sehr hohe Audioqualität bei einer Datenrate von 256 kbps. Bei 48 kHz Samplingrate beträgt die typische Komprimierungsrate 6.1 : 1 (5.4 : 1 bei 32 kHz). Zusätzlich verwendet Dolby eine Technik namens **Time Domain Aliasing Cancellation** (TDAC), eine rechtlich geschützte Eigenentwicklung, die auf die Vermeidung von Aliasingeffekten abzielt.
Das leistungsfähigste Verfahren der von Dolby entwickelten Komprimierungsstandards ist **Dolby AC-3**, das für die Komprimierung von Mehrkanal-Audioströmen geeignet ist. Dolby AC-3 wurde als Tonstandard für das Heimkino entwickelt und kann bis zu 6 (5.1) Kanäle kodieren, d.h. 5 Kanäle werden im vollen Frequenzumfang von 3Hz bis 20 kHz kodiert (links, mitte, rechts und 2 Umgebungskanäle), ein zusätzlicher Niederfrequenzkanal (3 Hz bis 120 Hz) steht noch für Effekte zur Verfügung. Ähnlich wie bei MP3 nutzt AC-3 Maskierungseffekte, um irrelevante Information vor der Komprimierung aus

dem Eingangs-Audiosignal zu entfernen. Dabei kann das Eingangssignal mit 32, 44.1 oder mit 48 kHz Samplingfrequenz und einer Samplingtiefe von bis zu 20 Bit vorliegen.
Dolby AC-3 findet große Verbreitung beim Kino mit seiner sehr hohen Audioqualität bei einer Bitrate von 640 kbps sowie auf DVDs mit einer Bitrate von 384 kbp.
Tabelle 3.37 zeigt einen Vergleich der unterschiedlichen Audio-Komprimierungsverfahren und deren Leistungsfähigkeit. Die subjektive Qualität eines Verfahrens wird dabei beurteilt, indem die jeweils notwendige Datenübertragungsrate angegeben, ab der eine transparente Audioqualität erreicht wird, d.h. eine der unkomprimierten Audioquelle subjektiv vergleichbare Qualität erreicht wird.

Abb. 3.37. Vergleich kommerzieller Audio Komprimierungsverfahren

Verfahren	Bitrate/ kbps	subjektive Qualität	relative Komplexität	Haupt- Abwendungen	seit
MPEG-1 Layer 1	32-448 gesamt	transparent bei 192 kbps/Kanal	einfacher Enkodierer/ Dekodierer	DDC	1991
MPEG-1 Layer 2	32-384 gesamt	transparent bei 128 kbps/Kanal	einfacher Dekodierer	DAB, CD-I DVD	1991
MPEG-1 Layer 3	32-320 gesamt	transparent bei 96 kbps/Kanal	einfacher Dekodierer	ISDN, Satellitenfunk, Internet	1993
MPEG-2 AAC	64/ Kanal	transparent		Internet	
Dolby AC-2	128-192/ Kanal	transparent bei 128 kbps/Kanal	einfacher Enkodierer/ Dekodierer	Punkt-zu- Punkt Verbindungen	1989
Dolby AC-3	32-640 gesamt	transparent bei 384 kbps/ 5.1 Kanal	einfacher Dekodierer	DVD, HDTV	1991
Sony ATRAC	140/ Kanal		einfacher Enkodierer/ Dekodierer	MD	1992

3.4.6 Streamingtechniken

Als **Streaming** bezeichnet man Datenübertragungsverfahren, bei denen die Wiedergabe der übertragenen Daten bereits während laufender Übertragung möglich ist. So ist z.B. bei MP3-Dateien bereits ein Abspielen während des Downloads möglich, während Vor- und Zurückspulen, Anpassung der Qualität an die zur Verfügung stehende Bandbreite allerdings nur mit der

- **MPEG-4 TwinVQ**
  Dieses Datenformat, ursprünglich das Vector Quantization Format (VQF) der Firmen NTT und Yamaha, fand Einzug in den MPEG-4 Multimedia Standard. Aus technischer Sicht handelt es sich dabei, wie bei den übrigen Verfahren auch, um eine Transformations-basierte Kodierung der Audiodaten. Bei der Vektorquantisierung wird ein vollständiger Satz (Vektor) von Spektralkoeffizienten oder Subband-Samples in einem einzigen Schritt der Quantisierung unterzogen. Dazu wählt der Vektorquantisierer aus einer beschränkten Menge vordefinierter Vektoren einen Datensatz aus, der dem zu quantisierenden Datensatz am ähnlichsten ist. Quantisierung und Irrelevanzreduktion finden dadurch gleichzeitig und in einem Schritt statt. Gespeichert wird jeweils nur der Index des ausgewählten Vektors, was eine höhere Kompression gewährleisten soll. Laut Angaben des Herstellers soll VQF bei einer Bitrate von 96 kbps bereits die Qualität von MP3 bei 128 kbps erreichen. Allerdings konnte in Hörtests nachgewiesen werden, daß bei VQF die Stereo-Abbildung der Originaldaten leidet und diese an Klarheit verlieren. Speziell transiente Signalanteile, wie z.B. Anschläge werden deutlich verwaschen. Andererseits garantiert VQF stets eine hohe Bandbreite (Frequenzbereich) des reproduzierten Signals.

- **mp3PrO**
  Bei mp3PrO handelt es sich streng genommen um kein eigenständiges Datenformat, sondern lediglich um eine Kombination von MP3 und einer als „Spectral Band Replication" (SBR) bezeichneten Technik der Firma Coding Technologies. Dabei wurde ein speziell für niedrige Bitraten optimierter MP3-Codec entwickelt, der für den Einsatz im WWW und auf portablen Wiedergabegeräten gedacht ist. Reguläre MP3-kodierte Audiodateien verfügen bei einer Bitrate von 64 kbps lediglich über ein begrenztes Frequenzspektrum (bis ca. 10.000 Hz) und erzeugen subjektiv einen dumpferen Klang als das entsprechende Original. SBR ergänzt MP3 während der Kodierung mit zusätzlichen Informationen, aus denen der Dekoder anschließend die fehlenden hohen Frequenzanteile rekonstruiert. Diese sind zwar nicht identisch mit dem Original, klingen aber ähnlich und führen so zum gewünschten Effekt.

- **OGG Vorbis**
  Da das MP3-Format patentrechtlich geschützt ist, bewegten sich Open-Source MP3-Encoder bislang in einer rechtlichen Grauzone. Aus dieser Not heraus entwickelte die Firma Xiphophorous Foundation im Rahmen des Ogg-Projekts als Träger lizenz- und patentfreier Multimediaformate das Audiokomressionsformat Vorbis. Wie MP3 basiert OGG Vorbis auf einer Transformationskodierung, die für die Übertragung bei variablen Bitraten optimiert wurde. Aufgrund der freien Verfügbarkeit der Technologie existieren Codecs für Ogg Vorbis auf einer Vielzahl von Hardware-Plattformen und Betriebssystemen. In subjektiven Hörtests schnitt Ogg Vorbis bei niedrigen Bitraten deutlich besser ab als der Hauptkonkurrent MP3.

Abb. 3.38. Sonstige Audio-Komprimierungs-Verfahren (Teil 1)

Client/Server-Technik von RealAudio möglich ist. Die hier zum Einsatz kommende Technik wird als **Bandwidth Negotiation** bezeichnet: Client und Server tauschen permanent Daten über die momentane Datenübertragungsrate aus, um bei anhaltend niedrigen Übertragungsraten auf eine Datei ausweichen zu können, für die die momentane Verbindungsqualität ausreicht. Auf die mit der Streamingtechnologie verbundenen Protokolle und Verfahren wird in einem eigenen Kapitel später näher eingegangen.

- **Windows Media (WMA/ASF)**
  Microsofts Eigenentwicklung WMA/ASF setzt ebenso wie MP3 eine Hybrid-Filterbank ein und ist für die Übertragung bei niedrigen Bitraten ausgelegt. ASF (Advanced Streaming Format) dient dabei als Daten-Container für Streaming-Anwendungen, mit der Microsoft mit RealAudio und Quicktime konkurrieren möchte. In der Version WMA9 verfügt Microsofts Codec über die Möglichkeit der Kodierung von Raumklang (7 reguläre und ein Niedrigfrequenz-Kanal). Zwar wird bereits bei sehr niedrigen Bitraten (<64 kbps) CD-Qualität in der Wiedergabe versprochen, in subjektiven Hörtests schnitt WMA aber stets nur mittelmäßig ab.
- **MPEGplus (MP+/MPC)**
  MPEGplus arbeitet als reiner Subband-Encoder, d.h. basiert ansich auf MPEG-1 Layer 1 und 2. Allerdings kommen im Gegensatz dazu ein verbessertes psychoakustisches Modell, sowie eine effizientere, verlustfreie Kodierung des quantisierten und skalierten Bitstroms zum Einsatz. Der MPEGplus-Encoder kann für jede Quantisierungsstufe auf jeweils zwei sogenannte Huffmann-Code-Wörterbücher zurückgreifen und das jeweils günstigere auswählen. Diese Code-Wörterbücher berücksichtigen unterschiedliche Verteilungsfunktionen, um verschiedenen Signaltypen und -statistiken besser gerecht zu werden MPEGplus verwendet wie Ogg Vorbis variable Bitraten, um eine konstante Qualität bei jeweils geringstmöglicher Dateigröße zu gewährleisten.

Abb. 3.39. Sonstige Audio-Komprimierungs-Verfahren (Teil 2)

3.5 Video und Animation - Datenformate und Komprimierung

Nach den bereits behandelten Kodierungsvarianten für Bild- und Audioinformationen, stellt die Kodierung von Bewegtbildsequenzen mit synchronem Ton aus technischer Sicht wohl die größte Herausforderung dar. Es ist offensichtlich, daß die zu einer Übertragung von Videosequenzen benötigte Bandbreite höher ausfallen muß, als bei Audiosignalen oder statischen Bildern. So war noch vor wenigen Jahren an eine Übertragung von Videosequenzen über das Internet überhaupt nicht zu denken, doch mit dem Aufkommen und der zunehmenden Verbreitung von ISDN, DSL oder Breitbandtechnologien kann heute die dazu notwendige Bandbreite zur Verfügung gestellt werden, und ein rasantes, stetiges Anwachsen des Videoangebots im WWW ist zu beobachten.

Ebenso wie bei einem Audiosignal muß eine Übertragung von Videosequenzen weitgehend synchron (d.h. ohne Zeitverzögerung) und mit einer garantierten Bandbreite erfolgen, da sonst auftretende Störungen und Datenverluste die erzielte Bildqualität merklich und nachhaltig beeinträchtigen. Allerdings ist bei der Kodierung und Übertragung von Audiosignalen größere Sorgfalt an den Tag zu legen, da das menschliche Gehör auf Störungen und Übertragungsfehler weitaus empfindlicher reagiert, als das Auge. Prinzipiell unterscheidet sich die Komprimierung von Bildsequenzen nicht wesentlich von der Einzelbildkomprimierung, da Sequenzen aus einer Abfolge von Einzelbildern bestehen. Grundsätzlich handelt es sich also um die gleiche Problemstellung, nur treten jetzt neben örtlichen Redundanzen innerhalb eines Bildes auch

3.5 Video und Animation - Datenformate und Komprimierung 153

noch zeitliche Redundanzen zwischen den Bildern einer Sequenz auf, für deren Komprimierung neue Verfahren notwendig werden.
Im Folgenden soll zuerst auf die Digitalisierung von Videosignalen eingegangen werden und anschließend auf deren Komprimierung mit den dazu verwendeten Verfahren und Dateiformaten.

3.5.1 Digitale Videokodierung

Im herkömmlichen Fernsehen wird ein Videosignal mit Hilfe einer Kathodenstrahlröhre - heute auch LCD- oder Plasma-Displays - dargestellt. Dazu macht man sich die **Netzhautträgheit** des menschlichen Auges und des damit verbundenen Wahrnehmungsapparates zu Nutze. Ein über die Netzhaut (Retina) des Auges wahrgenommenes Bild bleibt für die Dauer von ca. 1/16 Sekunde auf dieser bestehen, ehe es verlischt. Film und Video nutzen diesen Effekt aus, indem eine Reihe von Einzelbildern schnell genug hintereinander gezeigt wird, so daß der Eindruck einer kontinuierlichen Bewegung der Bildsequenz entsteht. In einer Videosequenz wird jedes Einzelbild zeilenweise aufgebaut, wobei bereits auch hier der Effekt der Netzhautträgheit in Verbindung mit den Echo- bzw. Nachtleuchte-Eigenschaften der Kathodenstrahlröhre genutzt wird, auf der das Bild dargestellt wird.
Der in Europa verwendete Fernsehstandard (**PAL**) sendet mit einer Bildwiederholfrequenz von 25 Hz, d.h. es werden jeweils zwei gegenseitig verschränkte Halbbilder bei einer Wiederholfrequenz von 50 Hz gesendet. Das erste Halbbild umfaßt dabei die Zeilen mit ungerader Numerierung, während das zweite Halbbild, das von der Kamera 20 ms später aufgenommen wird, nur den geradezahligen Zeilenanteil umfaßt. Das amerikanische **NTSC** System sendet in gleicher Weise, nur daß dort eine Bildwiederholfrequenz von 30 Hz verwendet wird.
Das Einzelbild in einer Videosequenz wird also zeilenweise aufgebaut, wobei jede einzelne Zeile Bildpunkt für Bildpunkt gescannt und übertragen wird. Vor der Übertragung wird dieses Videosignal in seine Farbbestandteile zerlegt, wobei die nach dem RGB-Farbmodell in der Kamera aufgenommenen Farbsignale zur weiteren Verarbeitung gemäß der CCIR/ITU 601-Empfehlung in das YC_rC_b-Farbmodell umgesetzt werden, und Y die Luminanzkomponente – also den Graustufenanteil – beschreibt und C_rC_b die Chrominanzkomponenten – also den Farbanteil – beschreibt (vgl. Abb. 3.8, Farbmodelle).
Da das menschliche Auge Unterschiede in der Helligkeit besser auflösen kann, als Unterschiede in den Farbnuancen, werden Luminanz- und Chrominanz-Signal nicht mit derselben hohen Auflösung kodiert. Üblicherweise wird das Luminanz-Signal im Vergleich mit dem Chrominanz-Signal mit der doppelten Auflösung kodiert, wobei oft zusätzlich noch zwischen der horizontalen und vertikalen Auflösung unterschieden wird. Diese Technik wird auch als **Subsampling** oder Unterabtastung bezeichnet. Ein standardisiertes Dar-

stellungsformat für das Subsampling benutzt dabei ganzzahlige Werte, um das Samplingverhältnis auszudrücken:

$$Y : C_r : C_b,$$

wobei Y die Samplingrate des Luminanz-Signals und C_r, C_b die Samplingraten der Chrominanzsignale repräsentieren. Als Standard-Studioqualität wird das Verhältnis 4 : 2 : 2 bezeichnet, wenn also die Samplingrate für die Farbanteile jeweils die Hälfte der Auflösung des Graustufenanteils beträgt (siehe Abb. 3.40).

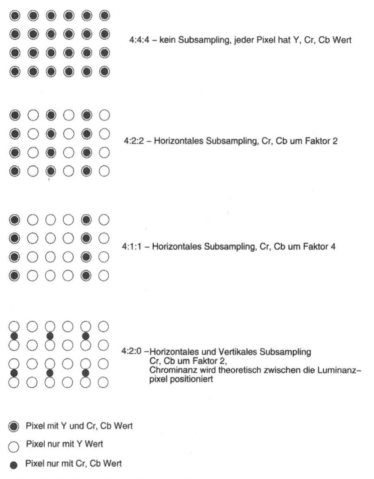

Abb. 3.40. Chrominanz Subsampling

Gemäß der CCIR/ITU 601-Empfehlung (siehe Abb. 3.41) beträgt die aktive Auflösung eines PAL-Fernsehbildes 720 Pixel × 576 Zeilen bei einer Bildwiederholrate von 25 Hz. Werden die einzelnen Bildpunkte mit einer Farbtiefe

3.5 Video und Animation - Datenformate und Komprimierung

von 8-Bit im YC_rC_b-Farbmodus dargestellt, so ergibt sich eine unkomprimierte Bitrate bei 4:2:2-Subsampling von

$$720 \times 576 \times 25 \times 8 + 360 \times 576 \times 25 \times (8+8) = 166 \text{ Mbps}.$$

HDTV dagegen als zukünftiger hochauflösender Fernsehstandard soll mit einer erhöhten Bildauflösung (bis zu 1920 × 1152 Bildpunkten) und einer Bildwiederholfrequenz von 60 Hz arbeiten, wodurch sich eine unkomprimierte Bitrate bei 4:2:2-Subsampling von

$$1920 \times 1152 \times 60 \times 8 + 960 \times 1152 \times 60 \times (8+8) = 1{,}19 \text{ Gbps}$$

ergibt. Allein auf Grund dieser gigantischen Datenrate sind Komprimierungsalgorithmen für Videosignale unverzichtbar, insbesondere wenn diese im Internet bzw. durch digitale Rundfunkverfahren übertragen werden sollen.

Standards für digitales Video

Eigenschaft	HDTV	CCIR/ITU 601		CIF	QCIF
		525/60 NTSC	625/50 PAL		
Luminanz	1920×1152	720×485	720×576	352×288	176×144
Chrominanz	920×1152	360×485	360×576	176×144	88×72
Subsampling	4:2:2	4:2:2	4:2:2	4:2:0	4:2:0
Bilder/sec	60	60	50	30	30
Interlace	nein	ja	ja	nein	nein

HDTV (High Definition TeleVision) definiert eine ganze Reihe von digitalen TV-Formaten, die bis hin zu hochauflösenden 1.920 × 1.152 Bildpunkten bei progressivem Bildaufbau mit 60 Hz und einem Chrominanz-Subsampling im Verhältnis 4:2:2 reichen.

CCIR/ITU 601 (Consultative Comitee for International Radio / International Television Union) verwendet ein Interlaced Verfahren zur Darstellung, d.h. gesendet werden zwei Halbbilder, die jeweils vertikal nur die Hälfte der Bildzeilen umfassen, die gegeneinander versetzt ausgegeben werden.

CIF (Common Intermediate Format) dagegen verwendet progressive Zeilendarstellung, d.h. alle Zeilen eines gesendeten Bildes werden sukzessive ausgegeben. CIF verwendet die NTSC Bildwiederholfrequenz und die Hälfte der PAL Zeilenauflösung. Die erzielte Bildqualität entspricht in etwa der Wiedergabe eines Videorekorders.

QCIF (Quarter CIF) verwendet nur ein Viertel der in CIF gesendeten Bildpunkte, indem horizontale und vertikale Bildauflösung noch einmal halbiert werden. Die Bilddarstellung erfolgt ebenfalls progressiv.

Abb. 3.41. CCIR/ITU-Standards

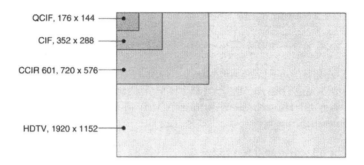

Abb. 3.42. Bildformate im Vergleich

3.5.2 Komprimierung von Videosignalen

Videosequenzen enthalten meist sehr viel redundante Information. Zum einen betrifft dies die räumliche Redundanz in den Einzelbildern selbst, als auch eine zusätzlich auftretende zeitliche Redundanz, begründet durch die Tatsache, daß sich Folgebilder in einer Videosequenz, zumindest falls keine harten Bildschnitte auftreten, nur wenig voneinander unterscheiden. Videokomprimierung nutzt daher die folgenden Faktoren aus, um die zur Übertragung von Videosequenzen notwendige, riesige Datenmenge auf ein handhabbares Maß zu verringern:

- Videoinformationen besitzen einer sehr großen Redundanzanteil und
- das Auge, verbunden mit dem menschlichen Wahrnehmungssystem unterliegt gewissen Restriktionen in Bezug auf die Wahrnehmung von Bildinformation. Anteile, die nicht wahrgenommen werden können, müssen folglich auch nicht kodiert werden, was eine starke Reduktion der zu kodierenden Datenmenge möglich macht.

In Abb. 3.43 ist eine Übersicht der verschiedenen Videokomprimierungstechniken dargestellt, auf die hier kurz eingegangen werden soll. Die Eingabe für die Komprimierungsalgorithmen sei jeweils ein bereits PCM-aufbereiteter (digitaler) unkomprimierter Bitstrom, in dem die einzelnen Farbkomponenten getrennt vorliegen.

- **Einfache Techniken**
  Die wohl einfachste Möglichkeit der Komprimierung liegt in einer Reduktion der Bildinformation. So kann etwa die Farbtiefe eines vorgegebenen Samples verringert und dadurch das Datenaufkommen reduziert werden (**Truncation**). Es gehen dabei zwar Details verloren, aber das Verfahren beinhaltet keine komplexen Berechnungsschritte und kann daher sehr effizient innerhalb der Echtzeitverarbeitung angewendet werden.

3.5 Video und Animation - Datenformate und Komprimierung

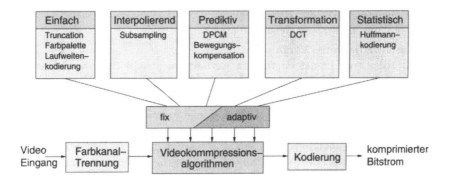

Abb. 3.43. Video Komprimierungstechniken

Da selten die volle 24-bit Farbtiefe wirklich ausgenutzt wird, kann mit **Farbpaletten** geringerer Farbtiefe gearbeitet werden, auf die der Ausschnitt der gerade benötigten Echtfarben abgebildet und in der Kodierung als Index mitangegeben wird. Dieses Verfahren erfordert allerdings bereits komplexere Berechnungen.

Befinden sich in einem zu übertragenden Video-Datenstrom Sequenzen, die identische Farbflächen beinhalten, so lassen sich diese sehr einfach mit Hilfe eines **Laufweitenverfahrens** (Run-Length Encoding) komprimieren.

- **Interpolative Verfahren**
  Diese Verfahren benutzen nur eine Teilmenge der vorgegebene Bildpunkte und berechnen interpolativ die restlichen Bildpunkte, die zum vollständigen Bild noch fehlen. Da sich bei Videosequenzen viele Bildbereiche oft lange Zeit kaum verändern, können diese Verfahren mit großem Erfolg eingesetzt werden. Da sich weiter in vielen Fällen nur wenige Bildobjekte bewegen, kann diese Technik auch benutzt werden, um komplette Zwischensequenzen zu interpolieren. Um trotzdem das korrekte Bild zu erhalten, erfolgt die Komprimierung dadurch, daß z.B. anstelle eines kompletten Zwischenbildes lediglich dessen Abweichung zum jeweils interpolierten Zwischenbild gespeichert wird.

- **Prädiktive Verfahren**
  Zwischen aufeinanderfolgenden Bildern einer Videosequenz gibt es immer eine Vielzahl von Redundanzen. Die **Differential Pulse Code Modulation** (DPCM) ist eine einfache Möglichkeit, diese Redundanz auf Bildpunktebene auszunutzen. Dabei wird jeweils nur die Differenz aufeinanderfolgender Bildpunkte kodiert. Da die Differenz benachbarter Bildpunkte oft nur sehr klein ist, ergibt sich hier die Möglichkeit einer starken Reduktion. An den Stellen des Bildes jedoch mit hohem Kontrast, bringt dieses Verfahren keine großen Einsparungen. Hier kann die **Adaptive DPCM** Tech-

nik eingesetzt werden, die an eben diesen kritischen Stellen die Auflösung erhöht und so bessere Resultate erzielt.

- **Transformations-Verfahren**
  Mit Hilfe von Transformationen werden Daten abhängig vom jeweiligen Anwendungszweck in eine günstige Ausgangslage für die Kodierung bzw. Komprimierung gebracht. Für die Komprimierung ausschlaggebend ist die Dekorrelation der Bildinformation, d.h. die Aufteilung in möglichst nicht symmetrisch verteilte Bildinformationsanteile, die dann in einer anschließenden Entropiekodierung ausgenutzt werden kann. Zudem müssen Transformationen reversibel sein, damit die Ursprungsdaten aus ihnen wieder rekonstruiert werden können. Für die Video- und Bildkomprimierung ist die **diskrete Cosinus Transformation** (DCT) von besonderer Bedeutung. Die DCT transformiert einen Block von Bildpunkten - für gewöhnlich ein Block von 8 × 8 Pixeln - in eine Koeffizientenmatrix, die diesen Bildabschnitt in zweidimensionalen räumlichen Frequenzkomponenten darstellt. Der erste Wert der Matrix (DC) steht für den Durchschnittswert aller Koeffizienten, während die restlichen Werte (AC) progressiv die höheren horizontalen und vertikalen Frequenzanteile des transformierten Blocks wiedergeben. In der Praxis sind viele der hohen Frequenzanteile nahe dem Wert Null und können daher für die Kodierung ignoriert werden, wodurch sich Möglichkeiten zur Komprimierung bieten. Zum Dekodieren wird eine Rücktransformation durchgeführt, aber da sich die Berechnung der DCT und ihrer inversen Transformation aufgrund der angesprochenen Rundungen nur annähern läßt, findet hier ein Informationsverlust statt, der mit geeigneten Methoden möglichst klein gehalten werden muß.

- **Statistische Kodierung (Entropiekodierung)**
  Hier wird ein Vorteil aus der statistischen Verteilung der Werte der Bildpunkte gezogen. Stets treten einige Werte häufiger auf als andere und können deshalb bei Verwendung von Codes mit variabler Bitlänge mit Codeworten von kürzerer Länge kodiert werden, als seltener auftretende Werte. Ein wichtiger Vertreter derartiger Verfahren ist die **Huffmann Kodierung**.

3.5.3 Bewegungskompensation und Bewegungsvorhersage

Bei der sogenannten Technik der Bewegungskompensation bzw. der Bewegungsvorhersage (**Motion Compensation, Motion Prediction**) handelt es sich eigentlich um eine Reihe von Verfahren, die zu den o.g. prädiktiven Techniken zählen. Dabei wird wie bei den anderen Komprimierungstechniken auch die in Videobildsequenzen vorhandene inherente Redundanz ausgenutzt. So kommt es z.B. in Videosequenzen häufig vor, daß sich nur der Bildvordergrund bewegt, während der Hintergrund der Szene weitgehend unverändert bleibt. Ganz allgemein kann man Bewegung als eine Veränderung der Position

3.5 Video und Animation - Datenformate und Komprimierung 159

von bestimmten Bildpunkten durch Helligkeitsänderungen dieser Bildpunkte erkennen. Zur Komprimierung werden folglich Verfahren benötigt, die in der Lage sind, solche Helligkeitsveränderungen innerhalb einer Bildfolge sowie deren Ursache zu erkennen.

Die Verfahren zur Bewegungsvorhersage lassen sich generell in drei Gruppen einteilen:

- **Kontextfreie Prädiktion**
  Hier wird eine Vorhersage ohne jegliche semantische Information über den Bildinhalt getroffen. Die Vorhersage von Graustufenwerten einzelner Bildpunkte ist nur von Nachbarschaftsbeziehungen zu anderen Bildpunkten bzw. Gruppen von Bildpunkten abhängig.

- **Modellbasierte Prädiktion**
  Diese Verfahren treffen bestimmte Vorwegannahmen über den dargestellten Bildinhalt, wie etwa in der Videotelefonie, wo von einer typischen Kopf-Schulter-Darstellung ausgegangen wird. Bildinhalt wird durch eine geeignete Gitterstruktur modelliert und Bewegung durch entsprechende Modellparameter beschrieben.

- **Objekt- und regionenbasierte Prädiktion**
  Diese Verfahren segmentieren das Bild zuerst in einzelne Abschnitte, um darin Objekte zu erkennen. Diese Objekte werden dann getrennt voneinander bearbeitet. Die Kodierung von Video-Objekten ist Bestandteil des MPEG-4 Standards.

Bei typischen Anwendungen der kontextfreien Vorhersage wie beim bereits erwähnten DPCM wird das zuletzt behandelte Einzelbild genutzt, um das Folgebild vorherzusagen und anschließend nur die Abweichungen des realen Folgebildes vom vorhergesagten Bild abgespeichert. Wird als Vorhersagebild einfach nur das letzte Einzelbild herangezogen, so wird nurmehr das Differenzbild festgehalten (**Picture Differencing**).

Über diese einfache Idee hinaus können verbesserte Komprimierungsresultate erzielt werden, wenn man für das vorhergesagte Folgebild beachtet, daß Bildveränderungen in Videosequenzen häufig nur von Bewegungen der abgebildeten Objekte herrühren, die für die Vorhersage ausgenutzt werden können. Eine andere, häufig zu beobachtende Ursache für Bewegung in einer Szene liegt in der Bewegung des Aufnahmestandpunkts der Kamera. Naheliegend ist daher die Einbeziehung eines Bewegungsmodells in die Vorhersage des Folgebildes, um die zur Beschreibung notwendige Bildinformation weiter zu reduzieren. Die Anwendung eines solchen Bewegungsmodells zur Bildvorhersage wird als **Bewegungskompensation** (Motion Compensation) bezeichnet. Die Technik der Bewegungskompensation ist allerdings nicht in der Lage, abrupte Szenenänderungen, wie z.B. Bildschnitte, zu bewältigen. Zur Gestaltung eines effizienten Bewegungsmodells müssen Teilaufgaben bewältigt werden, die vorallem im Erkennen der für die Bearbeitung wichtigen Bildinformationen bestehen. So müssen z.B. Vordergrund und Hintergrund getrennt

160   3. WWW – das universelle Kommunikationsmedium

werden können, geradelinige Bewegungen der Kamera (**Translation**) ebenso erkannt werden wie Kameraschwenks (**Rotation**) oder der Einsatz von Zoom (**Skalierung**).
Die zur Erkennung der jeweiligen Bewegungssituation im Bewegungsmodell verwendeten Verfahren lösen diese Aufgaben im allgemeinen so, daß ein Gesamtbild zuvor in einzelne Bildblöcke zerlegt und jeder einzelne dieser Bildblöcke dann auf das Vorhandensein von Bewegung hin untersucht wird. Es wird keine Bewegung im Bild erkannt, wenn die untersuchten Einzelbilder unverändert bleiben.

3.5.4 MPEG Komprimierung: Schüsselprobleme

Die MPEG Gruppe (Motion Picture Experts Group, siehe Abb. 3.30) begann 1988 ihre Arbeit mit der Standardisierung eines Video- und Audio-Komprimierungsstandards bei einer Bitrate von etwa 1,2 Mbps, der auf eine Anwendung im Bereich der Video Compact Disk abzielte.
Ausschlaggebend für die Entwicklung der MPEG-Komprimierungsstandards waren jeweils bestimmte Schlüsselprobleme und Anwendungen, für die eine entsprechende Komprimierung zwingende Voraussetzung ist. Die wichtigsten Anwendungen und Problemfelder für die Entwicklung des MPEG-Standards beinhalten:

- **Speichermedien**
  Die Entwicklung des MPEG Video-Komprimierungsstandards entsprang dem Problem, eine Videoquelle so zu komprimieren, daß sie über die Datenrate eines bereits existierenden Mediums (Audio-CD), das eigentlich für die Speicherung unkomprimierter Audioinformation vorgesehen war, abgespielt werden kann. Unter Verwendung eines einfachen 8-Bit Samplings nach dem CCIR/ITU 601-Standard besitzt der unkomprimierte Videostrom eine Bitrate von 210 Mbps, so daß eine aggressive Komprimierung mit einem Komprimierungsverhältnis von 200:1 nötig ist, um die bei 1,2 Mbps liegende Datenrate des Zielspeichermediums zu erreichen. Eine weitere wichtige Bedingung, war die Möglichkeit eines wahlfreien Zugriffs (Random Access) auf das Speichermedium. Der Videostrom sollte an jeder beliebigen Stelle mit nur minimaler Zeitverzögerung abgreifbar sein.
- **Digitales Fernsehen (terrestrisch)**
  Das auf Runfunkübertragung basierende terrestrische Fernsehen teilt sich das elektromagnetische Spektrum mit einer Vielzahl anderer Anwendungen, beginnend vom herkömmlichen analogen Rundfunk bis hin zu modernen, mobilen Kommunikationsmitteln. Der Teil des für das digitale Fernsehen zur Verfügung stehenden Spektrums ist daher eng begrenzt und eine möglichst effiziente Komprimierung der übertragenen Inhalte wird angestrebt. Der hierfür vorgesehene Bereich orientiert sich an den bereits existierenden analogen Medien und sollte in der Lage sein, eine Bitrate von

20-40 Mbps abzudecken. Diese ist ausreichend für mehrere Kanäle komprimierter Video- und Audioinformation, wobei kanalbasierte Multiplexingverfahren zur Anwendung kommen, um mehrere Programme gleichzeitig innerhalb eines einzigen digitalen Signals ausstrahlen zu können.

- **Digitales Fernsehen (Kabelbetrieb)**
  Digitales Kabelfernsehen benötigt einen ununterbrochenen, dedizierten Kommunikationsweg zwischen der Quelle des Videos und dem Endverbraucher. Auch wenn hier oft modernste Glasfasertechnik zum Einsatz kommt, macht allein die Datenfülle und die dadurch entstehende Last an den Vermittlungsstellen im Kabelnetz den Einsatz einer leistungsfähigen Komprimierung notwendig. Ebenso wichtig ist in diesem Zusammenhang die Existenz eines ausgereiften Standards, damit kompatible Technik der unterschiedlichsten Hersteller in weitgestreuter geografischer und logischer Verteilung im Kabelnetzwerk miteinander verbunden werden kann. Digitale Video-Netze verwenden oft **ADSL** (Asymmetric Digital Subscriber Line) eine neue spezielle Datenübertragungstechnik, die über herkömmliche Telefonkabel (Twisted Pair) die Strecke zum Endverbraucher in seinem Heim überbrückt und eine Begrenzung der möglichen Bitrate zwischen 1,5 und 6 Mbps voraussetzt.

- **HDTV**
  High Definition Television, der Fernsehstandard der Zukunft verspricht eine erhebliche Verbesserung der Detailschärfe, die einer Videoübertragung erreicht werden kann. Neben einer Änderung des Seitenverhältnisses von 4:3 auf 16:9 und einer Erhöhung der Bildauflösung (bis zu 1.920×1.152 Bildpunkte) verspricht dieser neue Standard ein Kino-ähnliches Fernseherlebnis. Wird HDTV über einen Rundfunkbetrieb ausgestrahlt, stehen aller Wahrscheinlichkeit nach nur die bereits vom herkömmlichen Fernsehen besetzten Frequenzen zur Verfügung. Um innerhalb dieses Frequenzbereichs eine qualitativ hochwertige HDTV-Übertragung zu erlauben, sind substantielle Komprimierungsmethoden notwendig.

- **Multimediadatenübertragung im Netzwerk**
  Ein allgemein akzeptierter Standard zur Videokomprimierung würde weltweit Multimedia-Entwickler dabei unterstützen, Multimedia-Applikationen zu entwickeln, die nicht auf vorhandene Speichermedien wie CD-ROMs oder DVDs angewiesen sind, sondern über die verschiedensten miteinander verschalteten Netzwerke abgerufen werden können.

3.5.5 MPEG Komprimierung: Prinzipielles Vorgehen

Die Vorverarbeitung und Komprimierung einer herkömmlichen, bereits in digitaler Form vorliegenden unkomprimierten Videosequenz umfaßt die folgenden Hauptverarbeitungsschritte (siehe auch Abb. 3.44):

- **Konvertierung des Farbraumes** von 24-Bit RGB nach $4:2:2$-YC_rC_b. Bei diesem Vorgang geht ein Teil der vorhandenen Information verloren und eine erste Datenkomprimierung wird erreicht.

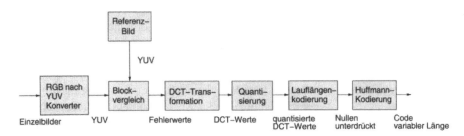

Abb. 3.44. Ablauf der MPEG Kodierung

- **Aufteilung in Zeilenabschnitte (Slices) oder Makroblöcke**, eine Schlüsseloperation in der MPEG-Komprimierung zur Entdeckung von Bewegungen innerhalb eines Bildausschnittes. Um eine Bewegung zu entdecken wird ein Einzelbild in Zeilenabschnitte (Slices) aufgeteilt, die ihrerseits wieder in sogenannte Makroblöcke unterteilt werden. Alle zur Bewegungsentdeckung notwendigen Berechnungen basieren ausschließlich auf der Luminanz-Komponente dieser Makroblöcke. Für die Luminanz-Werte werden Makroblöcke der Größe 16×16 Bildpunkte verwendet (396 Makroblöcke und 16 Slices bei CIF), während für die Chrominanzwerte kleinere Blöcke der Größe 8×8 Bildpunkte verwendet werden. Ein Makroblock umfaßt somit neben dem 16×16 Bildpunkte großen Luminanz-Bereich auch noch 4 dieser Chrominanz-Blöcke.
- **Ein Bewegungsvorhersagealgorithmus** sorgt bei MPEG dafür, daß über eine Suche nach Mehrfachblöcken von Bildpunkten innerhalb eines vorgegebenen Suchraums Objekte verfolgt werden können, die sich über das Bild bewegen. Jeder Luminanz-Makroblock wird dabei mit anderen Makroblöcken aus seiner Umgebung im vorhergehenden bzw. nachfolgendem Einzelbild verglichen. Sobald ein sehr ähnlicher Makroblock gefunden wird, wird mit Hilfe eines Vektors die Ortsveränderung des betreffenden Makroblocks kodiert und zusammen mit eventuell anfallender Bild-Differenzinformation abgespeichert. Dieser Prozeß ist sehr aufwendig, da sich die Suche über einen großen Suchraum erstreckt und für jedes Einzelbild durchgeführt werden muß, so daß dieses Verfahren hohe Ansprüche an die Leistungsfähigkeit des Enkodierers stellt. Die Qualität des Komprimierungsergebnisses hängt stark von der Größe des Suchraums ab, die ihrerseits von der Leistungsfähigkeit des Enkodierers bestimmt wird.
- **DCT-Transformation**: Wie bei JPEG benutzt MPEG die diskrete Cosinus Transformation (DCT), da mit ihr die Eigenheiten des menschlichen Wahrnehmungssystems zur Bildkompression ausgenutzt werden können.

3.5 Video und Animation - Datenformate und Komprimierung   163

Mit Hilfe der DCT wird ein Block von Bildpunkten ausgehend von dessen Raumkoordinaten in den Frequenzbereich transformiert. Dadurch können hochfrequente Bildanteile leicht unterdrückt werden, da das menschliche Auge weniger sensibel ist gegenüber Änderungen im hochfrequenten Bereich. Zudem unterscheidet die MPEG Komprimierung drei verschiedene Arten von Einzelbildvarianten (siehe Abb. 3.45):

- Das **Intra-Frame** (**I-Frame**), ein vollständiges Einzelbild ohne Zusatzinformation. Für das I-Frame werden keine Bewegungsvorhersage-Algorithmen benutzt, es stellt in der Regel als erstes Bild einer Folge immer den Startpunkt einer Übertragung dar.

- Das **Predictive Frame** (**P-Frame**) benutzt das vorhergehende I-Frame als Ausgangspunkt für eine Bewegungsvorhersage. Jeder Makroblock im P-Frame besteht entweder nur aus einem Vektor mit dazugehöriger Bild-Differenzinformation, oder - wenn kein Vergleich im Vorhersagealgorithmus erfolgreich war - aus einem vollständig pixelkodierten Makroblock. Der Dekoder muß daher die vollständige I-Frame Information vorhalten, um einen P-Frame erfolgreich dekodieren zu können.

- Der **Bidirectional Frame** (**B-Frame**) gleicht dem P-Frame, nur daß die in ihm enthaltenen Verweise entweder auf den vorhergehenden P-Frame/I-Frame bzw. auf den nachfolgenden P-Frame/I-Frame ausgerichtet sind. Im Kodierungsprozeß wird zuerst das zukünftige Folgebild untersucht, bevor auf das davorliegende zugegriffen wird. Sollten beide Vergleiche nicht fehlschlagen, werden Mittelwerte, die aus beiden Frames gewonnen werden, zu Grunde gelegt. Schlagen alle diese Vergleiche fehl, wird der Makroblock auf herkömmliche Weise ohne Bewegungsvorhersage kodiert. Zur Kodierung eines B-Frames muß der Enkodierer zahlreiche I-Frames und P-Frames in seinem Speicher vorhalten. Da auch im Strom nachfolgende Frames zur Dekodierung benötigt werden, kann eine Wartezeit entstehen. B-Frame und P-Frame werden auch als **interframekodiert** bezeichnet, da zu ihrer Kodierung Informationen aus anderen Frames notwendig sind.

- Zusätzlich können sogenannte **DC-coded Picture Frames** (**D-Frame**) vereinbart werden, in denen jeder Block des Einzelbildes lediglich durch seinen DC-Koeffizienten kodiert, i.e. (0,0)-Wert der Frequenzmatrix eines Blockes. Diese qualitativ schlechten Einzelbilder können für spezielle Funktionen, wie z.B. dem „schnellen Vorlauf" verwendet werden.

Der MPEG-Standard erlaubt eine beliebige Reihenfolge für die gespeicherten Einzelbilder einer Videosequenz. Allerdings erfordert ein aufwendiges Umordnen der Einzelbilder einen entsprechend großen Speicherplatz. MPEG gestattet einen wahlfreien Zugriff auf die Videodaten, so daß jede Sequenz eigene I-Frames enthalten muß. Zusätzliche Möglichkeiten, wie z.B. das schnelle Vorspulen, erfordern es, daß ein I-Frame alle 0,4 Sekunden bzw. alle 12 Einzelbilder auftreten muß.

164   3. WWW – das universelle Kommunikationsmedium

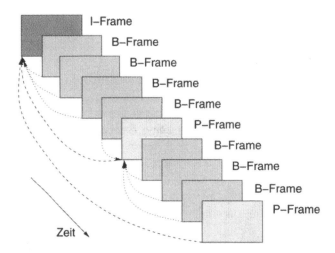

Abb. 3.45. Frame-Typen bei der MPEG Kodierung

Es existiert kein fester Standard, der vorschreibt, in welcher Reihenfolge und Wiederholungszahl die verschiedenen Frame-Typen im MPEG-Videostrom verwendet werden sollen. Lediglich die jeweilige Anwendung legt die Art der Kodierung und die Verwendung der unterschiedlichen Frame-Typen fest. So lassen sich Komprimierungsrate und Bildqualität jeweils anwendungsabhängig selbst festlegen.

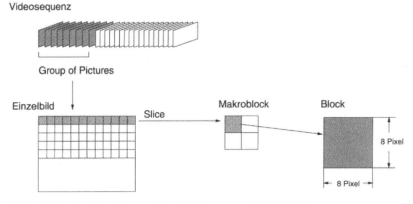

Abb. 3.46. Strukturierung eines Videostroms bei MPEG

- **Quantisierung**: Ebenso wie im JPEG Verfahren werden bei MPEG über eine Quantisierung hochfrequente Bildkomponenten unterdrückt. Dies geschieht durch Abrunden der nahe bei Null liegenden Koeffizienten aus der DCT-Transformation, die am Ende der Koeffizientenmatrix stehen, auf den

3.5 Video und Animation - Datenformate und Komprimierung   165

Wert Null. Während die Bewegungsvektoren für P-Frames und B-Frames verlustfrei gespeichert werden, tritt für die Speicherung von I-Frames und den DCT-kodierten Anteilen der P-Frames und B-Frames (Original-Pixel als auch Differenz-Bild zur Vorhersage) ein Informationsverlust auf verursacht durch die Quantisierung.

- **Kodierung**: In einer letzten Phase erfolgt eine Lauflängenkodierung der Koeffizientenmatrizen, wobei eine diagonale Zick-Zack-Reihenfolge von den niedrigen zu den hohen Frequenzkomponenten durchlaufen wird, gefolgt von einer fixen Huffmann-Kodierung zur Erzeugung eines Codes variabler Länge.

Da ein MPEG-Datenstrom sowohl Video- als auch die dazugehörige Audioinformation umfaßt, muß das standardisierte MPEG-Datenformat eine Art Multiplexing vorsehen, um unabhängige simultane Datenströme zu synchronisieren. Bereits ab einer zeitlichen Differenz von nur 80 ms zwischen dem Audiostrom und dem Videostrom geht die sogenannte „Lippensynchronizität" verloren, und der Betrachter bemerkt, daß die beiden Ströme nicht mehr synchron laufen. Neben der einfachen Synchronisation zwischen Video- und zugehörigem Audiostrom bietet MPEG darüber hinaus die Möglichkeit, mehrere parallele Video- und Audioströme zusammen mit eigendefinierten Datenströmen zu synchronisieren.

Zur Synchronisation der Video- und Audiodaten besitzt jedes Einzelbild eine Zeitstempelinformation, um den Dekoder in die Lage zu versetzen, bei der Dekodierung des Audiostroms jederzeit die zugehörige Videosequenz korrekt wiederzugeben, um so z.B. eine Lippensynchronizität sicherzustellen. Dabei erlauben die vorhandenen Zeitstempel eine sehr flexible Dekodierung der vorhandenen Datenströme. Es werden sogar variable Datenübertragungsraten ermöglicht, wobei Einzelbilder einfach unterdrückt und nicht dargestellt werden, wenn die zur Verarbeitung notwendige Rechenzeit nicht verfügbar ist, ohne daß dabei die Synchronizität verloren geht. Der Zeitstempel wird mit einer Referenz-Uhr realisiert, die mit einer Taktfrequenz von 90 kHz arbeitet. Bei einem wahlfreien Zugriff auf den MPEG-Datenstrom gestattet die Zeitstempelinformation in den Einzelbildern eine exakte Identifikation des Zugriffszeitpunktes, der aktuell wiedergegeben werden soll. Da allerdings die Einzelbilder nicht unbedingt in zeitlich geordneter Reihenfolge vorliegen, ist auf Dekoderseite ein ausgeklügeltes Puffermanagement notwendig, um Pufferüberläufe zu vermeiden

Die MPEG Videokomprimierung legt eine sehr hohe Flexibilität hinsichtlich der dargestellten Bildgröße, der Bitraten und anderer Schlüsselparameter an den Tag. Allerdings macht eine vollständige Unterstützung des Standards durch einfache, kostengünstige Dekoder-Implementationen, die in einer Umgebung mit hohem Durchsatz arbeiten, oft nur wenig Sinn und erschwert diese unnötig. Daher hat die MPEG Gruppe spezifischen Einschränkungen für die zu unterstützenden Parameter im sogenannten **Constraint Parameter Set** festgelegt (siehe Abb. 3.47).

MPEG - Constraint Parameter Set (CPS)

Dieser standardisierte Parametersatz muß von jedem MPEG-Encoder und -Dekoder unterstützt werden. Das betrifft sowohl Software als auch Hardware-Implementierungen. Anderenfalls gilt die Implementation nicht als MPEG-konform. Der MPEG-CPS wurde 1992 durch die MPEG-Gruppe festgelegt und unterstützte vor allen Dingen eine möglichst kostengünstige VLSI-Implementierung auf dem damaligen Stand der Technik (0.8µm CMOS).

MPEG-CPS	
horizontale Bildgröße	$\leq$ 720 Pixel
vertikale Bildgröße	$\leq$ 576 Pixel
Anzahl Makroblöcke/Einzelbild	$\leq$ 396
Anzahl Makroblöcke/Sekunde	$\leq$ 396$\times$ 25 oder 330$\times$ 30
Einzelbilder/Sekunde	$\leq$ 30
Bitrate	$\leq$ 1,82 Mbp/s
Dekoderpuffer	$\leq$ 376,832

Abb. 3.47. Der MPEG Constraint Parameter Set

3.5.6 MPEG-2 Standard

Die originale MPEG-1 Spezifikation der MPEG-Gruppe erwies sich als derart erfolgreich, daß unmittelbar nach ihrer Veröffentlichung die Arbeit an den Nachfolgestandards MPEG-2, MPEG-3 und MPEG-4 begann. Während der MPEG-1 Standard auf eine Datenübertragungsrate von etwa 1,5 Mbps für die Speicherung von Multimedia-Datenströmen für Videosequenzen mit progressivem Bildaufbau (nicht-interlaced) auf CD-ROM zugeschnitten war, sah sich die MPEG Gruppe zu Beginn der 90er Jahre zusehends dem Druck der Medienindustrie ausgesetzt, die auf ein Verfahren drängte, mit dem es möglich war, Videosequenzen, die nach den herkömmlichen Fernsehstandards kodiert waren - d.h. höhere Bildauflösung und Interlace-Darstellung - effizient zu komprimieren. Daher begann die MPEG-Gruppe mit der Entwicklung eines Standards für Vollbild-Videokomprimierung, der den CCIR601 Rahmenbedingungen gerecht werden sollte, d.h. 704$\times$480 Bildpunkte bei 60 Hz Interlaced für NTSC und 704$\times$576 Bildpunkte bei 50 Hz Interlaced für PAL. Die Kodierung von Halbbildern im Interlaced-Verfahren ist für MPEG-1 nur bedingt geeignet, da die Algorithmen zur Bewegungsvorhersage nicht mehr richtig arbeiten, da sich Bildkomponenten sprunghaft von einem Halbbild zum nächsten verändern können. Zudem sollte die Entwicklung von MPEG-2 auch die Übertragung von Multimedia-Datenströmen in Netzen unterstützen. Ziele waren dabei:

- verbesserte Bildqualität,
- Unterstützung herkömmlicher Videoformate (Interlaced) und
- Skalierbarkeit für unterschiedliche Bildauflösungen.

3.5 Video und Animation - Datenformate und Komprimierung

Erstmals sah MPEG-2 auch skalierbare Datenströme vor zur Bedienung von Empfängern unterschiedlicher Leistungsklassen, die es diesen gestatten, entsprechend ihrer Verarbeitungs- und Übertragungsleistung den MPEG Datenstrom auf die vorhandenen Leistungsressourcen herunterzuskalieren.

MPEG-2 definiert eine Reihe unterschiedlicher **Profile**, die je nach Anwendung eine bestimmte Parameterkonfiguration beinhalten, wobei jedes einzelne Profil in mehrere Schichten aufgeteilt ist, die ihrerseits zu befolgende Parameter festschreiben. So ist es möglich, den MPEG-2 Standard sowohl für einfache Videokonferenz-Anwendungen, als auch für hochauflösendes Video nach dem HDTV-Standard einzusetzen und so eine Vielzahl unterschiedlich leistungsfähiger Dekoder zu bedienen. Man unterscheidet fünf MPEG-2 Profile (siehe auch Tabelle 3.10):

- **Main**: Unterstützt sämtliche Hauptanwendungsgebiete und ist das wichtigste der MPEG-2 Profile, erlaubt aber keine Skalierung.
- **Simple**: Wie Main, lediglich B-Frames werden nicht unterstützt (wird hauptsächlich in Software-Dekodern verwendet).
- **SNR**: Legt Wert auf gesteigerte Qualität bzgl. des Signal-Rausch-Verhaltens, die Chrominanz-Auflösung ist skalierbar.
- **Spatial**: Verbessertes Main-Profil, Pixeldichte ist skalierbar.
- **High**: Steht für höchste Qualitätsstufe, Pixeldichte ist skalierbar.

Im **SNR-skalierten Modus** werden die Daten in zwei oder mehrere Ströme aufgeteilt, die bei gleicher räumlicher Auflösung (Pixeldichte) unterschiedliche Bildqualität liefern. Ähnlich dem progressiven Modus in der JPEG-Komprimierung wird eine Basisschicht mit grober Information und anschließend eine Schicht mit sämtlichen Verfeinerungen erzeugt. Entsprechend den Erfordernissen bzw. der Leistungsfähigkeit des Dekoders wird entschieden, ob alle Schichten dekodiert werden oder nur die erste.
Eine **Skalierung der Pixeldichte** wird durch mehrfaches Subsampling der Videoausgangsdaten realisiert. Das Ergebnis der letzten Stufe der Abtastung wird dann als Basissequenz übertragen. Aus den rekonstruierten Bildern werden durch Interpolation Vorhersagebilder (Prädikationsbilder) generiert. Die Differenz zwischen der jeweils nächsten, höher aufgelösten Stufe und dem Interpolationsergebnis wird ebenfalls kodiert und im Multiplexverfahren zusammen mit der Basissequenz übertragen, was dem Prinzip der hierarchischen Kodierung in JPEG entspricht.
Zusätzlich kann noch eine **zeitliche Skalierung** durch die primäre Kodierung einer Sequenz mit reduzierter Bildfolge erfolgen. Fehlende Bilder werden dann einfach interpoliert und die Vorhersagefehler zusätzlich kodiert. Dekoder mit geringer Leistung können den primären Datenstrom in Echtzeit auswerten, während leistungsfähige Dekoder in der Lage sind, die zusätzlich gesendeten Daten für eine Verfeinerung der dargestellten Sequenz auszuwerten. Desweiteren ist MPEG-2 in der Lage, die Daten in wichtige (Header, Bewegungsvektoren und tieffrequente DCT-Koeffizienten) und weniger wich-

tige Anteile zu portionieren, was die Bildqualität gegenüber Fehlern, die vor allem auf den Übertragungswegen auftreten, verbessern soll.

Innerhalb der MPEG-2 Profile unterscheidet man jeweils vier Schichten, die sich im wesentlichen durch ihre Zielbitraten und den möglichen Bildformaten unterscheiden:

- **Low**
  Vergleichbar dem MPEG-1 Standard, unterstützt CIF mit 352×240 Bildpunkten bei 30 Bildern pro Sekunde (352×288 bei 25 Bildern pro Sekunde (Frames per second, **fps**) bei PAL) für Bitraten bis zu 4 Mbps. Anwendungen auf dem Low-Level zielen in der Hauptsache auf den allgemeinen Verbrauchermarkt und entsprechen qualitativ dem herkömmlichen Videorekorder.
- **Main**
  Im Main-Level werden die CCIR601 Standard-Bildformate unterstützt, d.h. bis zu 720×480 Bildpunkte bei einer Bildwiederholrate von 30 fps. Dabei werden Bitraten bis zu 15 Mbps erreicht. Anwendungen auf dem Main-Level sind für den qualitativ hochwertigen Verbrauchermarkt bestimmt.
- **High1440**
  Namensgemäß unterstützt High1440-Level Bildformate bis 1.440×1.152 bei einer Bildwiederholrate von 30 fps, was der vierfachen Bildgröße des CCIR601 Standards entspricht. Dabei werden Bitraten von bis zu 60 Mbps erreicht. High1440-Level zielt auf den Verbrauchermarkt für hochauflösendes Fernsehen.
- **High**
  Im High-Level werden Bildformate bis zu 1.920×1.080 Bildpunkten bei 60 fps unterstützt. Die Bitraten erreichen in diesem Level bis zu 80 Mbps. Wie High1440-Level zielt der High-Level auf den HDTV-Verbrauchermarkt ab.

Exkurs 7: MPEG – Datenformat

Syntaktische Schichtung im MPEG Datenformat

Innerhalb der Syntax des MPEG Datenformats unterscheidet man verschiedene Schichten, die im einzelnen bereits kurz angesprochen wurden (siehe auch Abb. 3.48):

- **Sequenz**
  In der Sequenz-Ebene werden statische Parameter für die zu kodierende Videosequenz mitangegeben, wie z.B. Bildgröße, Bildwiederholrate oder voraussichtlich benötigte Pufferspeichergröße.
- **Group of Pictures (GOP)**
  Damit wird eine zusammenhängende Menge von Einzelbildern in Übertragungsreihenfolge bezeichnet, die für einen wahlfreien Zugriff auf die Videosequenz benötigt wird. Das erste Bild innerhalb einer GOP in Übertragungsreihenfolge muß immer ein I-Frame sein. Im zugehörigen Headerteil der Datenbeschreibung befinden sich Informationen darüber, ob es sich um eine offene oder geschlossene GOP handelt, ob die GOP von der vorhergehenden GOP abgetrennt worden ist, sowie Zeitstempelinformationen zur Synchronisation.

3.5 Video und Animation - Datenformate und Komprimierung   169

Tabelle 3.10. Unterstützte MPEG-2 Profile und -Level

	Simple	Main	SNR	Spatial	High
High	-	1920×1152, 60 fps	-	-	1920×1152, 60 fps 960×576, 30 fps
High1440	-	1440×1152, 60 fps	-	1440×1152, 60 fps 720×576, 30 fps	1440×1152, 60 fps 720×576, 30 fps
Main	720×576, 30 fps	720×576, 30 fps	720×576, 30 fps	-	720×576, 30 fps 352×288, 30 fps
Low	-	352×288, 30 fps	352×288, 30 fps	-	-

- **Einzelbild**
  Die Header-Information für ein Einzelbild enthält Information über den vorliegenden Frame-Typ, d.h. ob es sich um einen I-Frame, P-Frame oder B-Frame handelt. Dazu kommt optional noch die Spanne eventuell verwendeter Bewegungsvektoren.
- **Slice**
  Ein Slice definiert eine Untereinheit in einem Einzelbild, die zur Resynchronisation im Falle einer Übertragungsstörung genutzt wird. Das Slice besteht aus einer Ansammlung von Makroblöcken, denen ein eindeutiges Resynchronisationsmuster vorangeht.
- **Makroblock**
  Ein Makroblock definiert eine Einheit für die Bewegungsvorhersage. Sie besteht aus einem 16×16 Bildpunkten großen Bereich und umfaßt dabei jeweils 16×16 Bildpunkte im Luminanzbereich, sowie die vier 8× 8 Bildpunkte umfassenden Bereiche der beiden Chrominanz-Komponenten. Der Makroblock-Header enthält Information über den verwendeten Vorhersagemodus für den Block, eine Makroblock-Adresse, die Anordnung der einzelnen Blöcke im Makroblock und dazu optional noch Angaben über verschiedene zu verwendende Schrittweiten für den Quantisierungsprozeß.
- **Block**
  Ein Block definiert die Eingabe-Einheit für die Bildtransformation (DCT), der 8×8 Bildpunkte umfaßt.

MPEG Datenströme

Die MPEG Spezifikation sieht den Transport verschiedener multimedialer Datenströme in Verbindung mit geeigneten Multiplex- und Synchronisationsverfahren vor. Die MPEG Standards definieren, wie Audio- und Videodaten komprimiert (**Komprimierungs-Schicht**) und die entstehenden Datenströme verpackt werden. Die sogenannte **System-Schicht** legt dabei die Syntax für die Zeitsteuerung und die Synchronisation der einzelnen Komponenten fest. Sie fügt sich um die Komprimierungs-Schicht und ermöglicht die gemeinsame Speicherung von Audio- und Videodaten in einem einzigen Datenstrom (siehe Abb. 3.49).

Während die MPEG-1 **System-Schicht** speziell für Speichermedien und für Personal Computer optimiert entwickelt wurden - was sich z.B. in langen Datenpaketen von variabler

170   3. WWW – das universelle Kommunikationsmedium

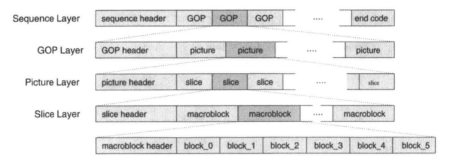

Abb. 3.48. Schichten eines MPEG Videostroms

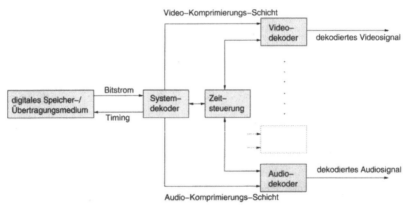

Abb. 3.49. MPEG Systemstruktur

Länge niederschlägt und eine niedrige Fehlerrate beim Lesen des entsprechenden Mediums voraussetzt - schlug die Spezifikation für die MPEG-2 **System-Schicht** zwei unterschiedliche Richtungen ein: den **Programm-Strom** und den **Transport-Strom**. Während für den Programm-Strom ähnliche Richtlinien gelten wie für die MPEG-1 System-Schicht, können im Transport-Strom mehrere Datenströme zusammengefaßt werden. Die Daten werden dabei in kurze Pakete fixer Länge verpackt und mit Zusatzinformation und Fehlerbehebungsmechanismen versehen, was speziell für die Datenübertragung bei niedriger Bandbreite und hohem Umgebungsrauschen von Vorteil ist und zudem die gleichzeitige Übertragung mehrerer Videokanäle ermöglicht. In einem Transport-Strom werden Header-Informationen häufiger übertragen für den Fall einer durch eventuellen Datenverlust verursachten Wiederaufnahme des Stroms.

Generell besteht ein MPEG Datenstrom (hier **MPEG-1 System-Strom** bzw. **MPEG-2 Programm-Strom**) aus einer Folge von Paketblöcken (**packs**). Jeder Paketblock besteht selbst wieder aus einer Zusammenstellung von Paketen, je einem aus jedem elementaren Datenstrom (Video, Audio oder Daten). Im Paketblock-Header befindet sich dabei Referenzinformation für die Systemuhr, um im Falle eines Fehlers eine Resynchronisation durchführen zu können, und verschiedenartige andere, zum Teil optionale Parameter. In einem Paketblock werden gelegentlich auch sogenannte System-Header mit eingebunden. Diese enthalten notwendige Information, um den Dekoder für eine Wiedergabe des MPEG Datenstroms zu konfigurieren bzw. um festzustellen, ob der verwendete Dekoder überhaupt zur Wiedergabe des vorliegenden MPEG Stroms geeignet ist. Dazu zählen Angaben über Anzahl und Typ der beteiligten Medienströme, Information darüber, in welchem Verhältnis

3.5 Video und Animation - Datenformate und Komprimierung

System-, Video- und Audiozeitgeber stehen, sowie über die benötigten Pufferspeichergrößen (siehe Abb. 3.50).

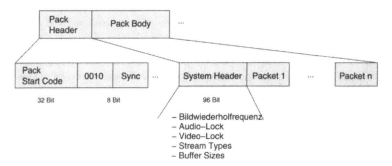

Abb. 3.50. MPEG-1 Datenstrom

Ein **MPEG-2 Transport-Strom** dagegen besteht aus Paketen fixer Länge von jeweils 188 Byte. Der Paket-Header startet jeweils mit einem **Synchronisations-Byte**, das immer den hexadezimalen Wert 0x47 enthält. Da dieser Wert auch in den eigentlichen Nutzdaten auftauchen kann, werden Paketgrenzen so vom Dekoder identifiziert, indem dieser mehrfach überprüft, ob sich jeweils 188 Bytes später im Datenstrom dieser Wert nochmals befindet. Danach folgt ein reserviertes Bit als Indikator für eventuelle Transportfehler (**Transport Error Indicator**), die während der Übertragung aufgetreten sind. Danach folgt ein **Payload Unit Start Indicator**, der anzeigt, dass sich im Datentransportbereich (Payload) dieses Datenpakets entsprechende Nutzdaten befinden. Ein weiteres einzelnes Bit regelt die Transportpriorität (**Transport Priority**), gefolgt von einer Paket-Identifikation (**PID**), eine 13-Bit Adresse, die angibt, welcher Elementardatenstrom in diesem Datenpaket transportiert wird. Danach folgt ein Feld zur Transportsicherung (**Transport Scrambling Control**), daß einen fehlerfreien Transport der Daten gewährleisten soll, ohne daß jedoch ein bestimmtes Sicherheitsprotokoll durch den Standard festgelegt wäre.
Zusätzlich können die folgenden 184 Bytes des Datenpakets ab und an ein sogenanntes **Adaption Field** enthalten, das als Referenz zur Synchronisation mit der Systemuhr dient. Dazu kann dieses Feld noch Informationen über eventuelle Lücken im MPEG-Datenstrom, die Aufteilung von MPEG Datenströmen, private Nutzdaten oder Fülldaten enthalten (siehe Abb. 3.51).

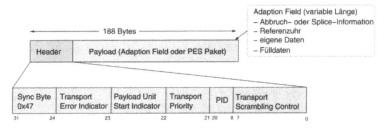

Abb. 3.51. MPEG-2 Transport Stream

172   3. WWW – das universelle Kommunikationsmedium

Beide MPEG-2 Ströme können ein gemeinsames Subelement beinhalten, die sogenannten **Packetized Elementary Stream Packets** (**PES**). Diese PES-Pakete enthalten Information zu einem zugehörigen elementaren Medienstrom. Das PES-Paket beginnt mit einem Paket-Header, der mit einem bestimmten festgelegten Startpräfix beginnt (**Start Code Prefix**), gefolgt von einer Identifikationsnummer, die die Art des elementaren Medienstroms angibt (**Stream ID**, 32 steht für Audio, 16 für Video). Im Programm-Strom wird an Hand dieser Angabe entschieden, ob der Audio- oder der Video-Dekoder das Paket erhält. Im Transport-Strom ist diese Angabe redundant, da von Transport-Strom-Paketen mit einer bestimmten PID-Nummer nur PES-Pakete eines einzelnen elementaren Medienstroms transportiert werden. Danach folgen noch die Paketlänge und einige optionale Felder, deren wichtigster Bestandteil der **Presentation Time Stamp** (PTS) ist, eine Zeitstempelinformation, die genau dann im Paket vorkommt, falls hier ein Video-Einzelbild bzw. ein neuer Audio-Frame startet und der **Decode Time Stamp** (DTS) (siehe Abb. 3.52).

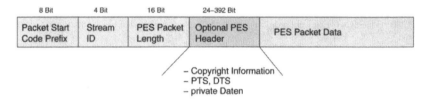

Abb. 3.52. MPEG-2 Packetized Elementary Stream Packets

Der MPEG-2 Standard definiert noch eine Reihe von Tabellen, die eine Assoziation bestimmter Audio- und Videoströme zu sogenannten **Programmen** steuern. Ein typisches Programm besteht dabei aus einem Videostrom, einem oder mehreren Audioströmen (z.B. bei mehrsprachiger Übertragung) und optional auch mehreren Daten-Strömen (z.B. für Untertitel). Die **Programm Association Table** (PAT) hat innerhalb eines Transport-Stroms immer die PID 0. Für jedes Programm innerhalb des Stroms enthält sie die Position der zugehörigen **Program Map Table**, die die Elementar-Medienströme beschreibt, die zu dem Programm gehören. Durch die PID 0 wird innerhalb der PAT eine spezielle Tabelle über ein Platzhalterprogramm definiert, die **Network Information Table**, die neben globalen, den Transportstrom betreffenden Informationen auch noch Informationen über andere Ströme enthalten kann, die über dasselbe Netzwerk verfügbar sind.

Weiterführende Literatur

J. Watkinson: The MPEG Handbook, Focal Press, Woburn MA, USA, 2001.
S. Mitchelll, W. B. Pennebaker, C. E. Frogg, D. J. Legal: MPEG Video: Compression Standard, Int. Thompson Publishing Services Ltd, Hampshire UK, 1996.
D. LeGall: MPEG: a Video Compression Standard for Multimedia Applications, in Communications of the ACM, Vol.3, No.4, pp. 46–58, 1991.

Der **MPEG-3** Standard war bei seiner Konzeption für die Komprimierung im Bereich des hochauflösenden Fernseh-Standards (HDTV) und damit für höhere Bitraten vorgesehen. HDTV-Unterstützung wurde aber dann bereits in MPEG-2 integriert, so daß MPEG-3 in MPEG-2 aufging.

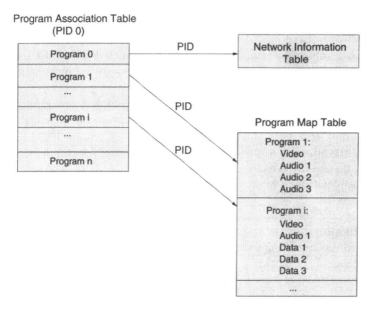

Abb. 3.53. MPEG-2 Programm Association Table

3.5.7 MPEG-4 Standard

Der ursprünglich mit der Definition des MPEG-4 Standards verbundene Gedanke war die Übertragung von Multimedia-Datenströmen - insbesondere Video - bei sehr niedrigen Datenübertragungsraten, wie sie etwa beim Mobilfunk anzutreffen sind. Doch MPEG-4 leistet viel mehr, als die ausschließliche Komprimierung multimedialer Objekte: MPEG-4 definiert ein Objektmodell, das es dem Nutzer gestattet, innerhalb einer dargestellten Szene im Rahmen der vom Autor vorgegebenen Grenzen mit Objekten zu interagieren.

MPEG-4 zerlegt eine Szene in einzelne Komponenten, sogenannte **Medienobjekte** (Media Objects), die ihrerseits einzelne akustische, visuelle oder audiovisuelle Inhalte repräsentieren. Diese Medienobjekte werden einzeln kodiert, allerdings so, daß die Ursprungsszene aus ihnen wieder rekonstruiert werden kann. Medienobjekte können dabei entweder synthetischen Ursprungs sein, wie etwa interaktive Grafik-Anwendungen, oder sie können realen Ursprungs sein, wie etwa im Bereich des digitalen Fernsehens. Medienobjekte ihrerseits können zusammengefaßt werden zu Verbund-Medienobjekten (compound media objects), wobei über den MPEG-4 Standard festgelegt wird, auf welche Weise die Medienobjekte mit Hilfe geeigneter Multiplex- und Synchronisationsverfahren für eine Übertragung vorbereitet werden, um die erforderte Dienstqualität zu gewährleisten.

Die Zusammenstellung einer Szene, also die Informationen über den räumlichen und zeitlichen Aufenthaltsort der Objekte wird mit Hilfe eines eigenen Datenstroms, dem **Binary Format for Scenes** BIFS-Datenstrom kodiert.

Da unterschiedliche Medienformate Verwendung finden können, sind auch verschiedene Codecs notwendig. So werden die einzelnen Medienobjekte getrennt voneinander komprimiert und zusammen mit dem BIFS-Datenstrom im Multiplexverfahren übertragen, um auf der Empfängerseite auf umgekehrte Weise wieder zusammengesetzt zu werden.
Der wesentliche Vorteil dieses Verfahrens ist, daß ein Komprimierungsalgorithmus nicht mehr eine komplexe Szene, die sich aus unterschiedlichen Figuren, Objekten und Text zusammensetzt, komprimieren muß, was leicht zu Komprimierungsartefakten führen kann. Sobald die Szene erst einmal zerlegt ist, können die einzelnen Komponenten mit für sie besonders geeigneten Komprimierungsalgorithmen bearbeitet und so bessere Komprimierungsergebnisse erzielt werden.
Die Zerlegung in einzelne Komponenten gestattet zusätzlich auch eine **inhaltsbasierte Skalierung** des Datenstroms, d.h. je nach verfügbarer Bandbreite und Rechenleistung können weniger wichtige Komponenten einer Szene weggelassen werden.
Abb. 3.54 zeigt ein Beispiel für die Zerlegung einer Szene. Diese Zerlegung umfaßt verschiedene Audio- und Video-Medienobjekte. Während die aus der Szene herausgelösten Objekte Änderungen in ihrer Position oder Größe unterworfen sind, kann davon ausgegangen werden, daß der Bildhintergrund, für eine bestimmte Zeit konstant bleibt. Da alle Komponenten einzeln kodiert werden, müssen diese nicht erneut übertragen werden, solange sie sich nicht verändern.
Auch kann in dem gezeigten Beispiel eine Person als Objekt aus der Szene herausgelöst und weiter zerlegt werden in einen akustischen Sprachanteil und ein sogenanntes **Sprite**. Das Sprite ist in diesem Falle das herausgeschnittene Videobild der Person, das separat komprimiert werden kann. Ebenso kann der Sprachanteil mit einem geeigneten Sprach-Codec komprimiert werden. Da sich Sprite- und Sprachinformation fortlaufend ändern, müssen diese permanent übertragen werden. Der Hintergrund jedoch bleibt weitgehend statisch und muß dementsprechend nicht so häufig übertragen werden. Enthält die im Beispielbild ebenfalls vorkommende audiovisuelle Präsentation qualitativ hochwertige Audioanteile, so können auch diese mit einem speziellen Codec komprimiert werden.
Neben der objektbasierten Kodierung unterstützt der MPEG-4 Standard auch eine ganze Reihe von Video-Komprimierungsvarianten. So werden sowohl progressive als auch Interlaced-Bilddarstellungen unterstützt. Das Chrominanz-Subsampling 4 : 2 : 0 tastet den Farbanteil horizontal wie vertikal mit der halben Auflösung bezogen auf den Helligkeitsanteil ab. MPEG-4 wurde für drei verschiedene Teilbereiche bzgl. der zur Verfügung stehenden Bandbreite optimiert: die Bereiche unter 64 kbps, 64–384 kbps und 384 kbps - 4 Mbps, wobei auch noch höhere Bitraten unterstützt werden (siehe Tabelle 3.11).

3.5 Video und Animation - Datenformate und Komprimierung 175

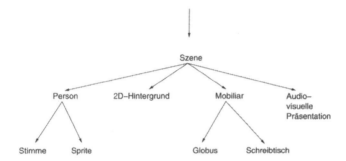

Abb. 3.54. Hierarchische Szenenbeschreibung in MPEG-4

Insbesondere bezogen auf Anwendungen im Bereich der Mobilkommunikation sind die Fehler-Toleranz-Eigenschaften von MPEG-4 von besonderer Bedeutung. Zum einen werden Resynchronisationsmarken mit in den übertragenen

Tabelle 3.11. MPEG-4 Video-Profile und -Level

Profil und Level		Typische Bildgröße	Bitrate	Max. Anzahl Objekte	Anzahl Makroblöcke
Simple Profile	L1	QCIF	64 kbps	4	198
	L2	CIF	128 kbps	4	792
	L3	CIF	384 kbps	4	792
Core Profile	L1	QCIF	384 kbps	4	594
	L2	CIF	2 Mbps	16	2.376
	L3	CIF	2 Mbps	16	2.376
Main Profile	L2	CIF	2 Mbps	16	2.376
	L3	CCIR 601	15 Mbps	32	9.720
	L4	1.920×1.088	38,4 Mbps	32	43.960

Datenstrom aufgenommen. So werden im Falle eines aufgetretenen Übertragungsfehlers die nachfolgenden Daten im Datenstrom solange ignoriert, bis erneut eine Resynchronisationsmarke folgt. Im Unterschied zu MPEG-2 ist die Zahl der komprimierten Bits zwischen zwei Resynchronisationsmarkierungen weitgehend konstant. Zusätzlich werden Datenströme voneinander getrennt, die unterschiedliche Fehlersensitivität besitzen. So werden in MPEG-4 etwa Texturen- und Bewegungskompensationsdatenströme separiert. Da dem Betrachter eventuelle Fehler in den Texturen nicht so sehr ins Auge fallen, wie Fehler in der Bewegungsdarstellung, können die fehlersensitiveren Daten mit zusätzlichen, verstärkten Fehlerkorrekturmechanismen ausgestattet und übertragen werden.

Da in der Reihenfolge der MPEG Standards MPEG-3 bereits fallengelassen wurde und mit in MPEG-2 aufging, beschloß die MPEG-Gruppe, als Nachfolgenummer weder die Folgeziffern (1,2,4,5), noch die Nachfolgenummer einer offensichtlichen binären Folge (1,2,4,8) heranzuziehen, sondern einigte sich auf die Ziffer 7 für einen nächsten Standard, der sich vollständig von den bereits vorhandenen unterscheiden sollte.

3.5.8 MPEG-7 Standard

MPEG-7 folgt dem in MPEG-4 bereits eingeschlagenen Trend, neben den Komprimierungskomponenten erhöhten Wert auf Einbeziehung von Funktionalität in die Kodierung zu legen. MPEG-7 gilt auch als die designierte Multimedia-Beschreibungs-Schnittstelle (Multimedia Content Description Interface), um kodierte multimediale Information computerbasierten Suchfunktionen zur Verfügung zu stellen. Zu den Hauptanwendungen zählen

- inhaltsbasierte Suche und Suchabfragen,
- automatisch zu erstellende Inhaltsangaben von Video- und Audiosequenzen,
- beschleunigtes Abrufen und Auswerten von WWW-Seiten,
- personalisierte News-Dienste im Internet,
- intelligente Multimedia-Präsentationen und
- Überwachungsaufgaben.

Während MPEG-1, MPEG-2 und MPEG-4 audiovisuelle Medieninhalte verfügbar machen, ermöglicht MPEG-7 das Auffinden dieser Medieninhalte. Da die zur Verfügung stehende Menge an audiovisueller Information stetig anwächst und bereits ein nicht mehr überschaubares Ausmaß angenommen hat, wird die Nachfrage nach einer leistungsfähigen Multimedia Beschreibungs-Schnittstelle wie MPEG-7. Der Anwender will audiovisuelle Information auf unterschiedlichste Art und Weise nutzen, doch dazu muß er diese erst einmal suchen und finden können. Dabei braucht der Anwender Unterstützung, die sich wesentlich unterscheidet von traditionellen Anforderungen. So sollen etwa die folgenden Suchabfragen aus den unterschiedlichen Medienbereichen ermöglicht werden:

3.5 Video und Animation - Datenformate und Komprimierung 177

- **Musik**: Durch das Anspielen einiger Noten mit Hilfe eines Keyboards wird eine Suchabfrage ausgelöst, die als Ergebnis eine Liste von Musikstücken liefert, die die angespielte Melodie beinhalten.
- **Grafik**: Durch das Zeichnen einiger Linien am Bildschirm wird eine Suchabfrage ausgelöst, die als Ergebnis eine Reihe von Bildern zurückgibt, die ähnliche Grafiken, Logos oder Ideogramme enthalten.

Der MPEG-4 Videokomprimierungs-Standard umfaßt folgende Hauptbestandteile:

Kodierung visueller Objekte

Aufbauend auf MPEG-1 und MPEG-2 besitzt MPEG-4 größere Flexibilität in der Low-Level Videokomprimierung und verfügt über zusätzliche Mechanismen zur Zusammenstellung vorhandener und Erzeugung neuer graphischer Bildbestandteile. Der Kern der in MPEG-4 beschriebenen Komprimierungsalgorithmen zielt auf die Unterstützung von Videoübertragungen bei sehr niedrigen Bandbreiten. Folgende zusätzlichen Merkmale bietet MPEG-4 im Unterschied zu seinen Vorgängern:

- inhaltsbasierte Bewegungskompensation,
- globale Bewegungskompensation mit affinen Transformationen,
- Bewegungskompensation mit dynamischen und statischen Sprites,
- Komprimierung von Texturen,
- Texture Mapping auf 2D und 3D-Drahtgittermodelle,
- Komprimierung von 2D-Drahtgittermodellen,
- Komprimierungsalgorithmen skalierbar nach
  - inhaltsbasierten,
  - zeitlichen,
  - räumlichen und
  - qualitativen Kriterien.

Kodierung von Audio-Objekten

Speziell werden hier Komprimierungsverfahren für sehr niedrige Bandbreiten berücksichtigt, sowie die synthetische Erzeugung von Klängen und Sprache. Für natürliche Soundquellen werden drei verschiedene Komprimierungsvarianten, entsprechend der zur Verfügung stehenden Bandbreite unterstützt:

- parametrische Sprachkodierung bei einer Samplingrate von 8 kHz für 2-6 kbps,
- ein für Sprache optimierter linearer Vorhersagealgorithmus bei 8 kHz bzw. 16 kHz Samplingrate für 6-24 kbps,
- ab 16 kbps unterstützt MPEG-4 die AAC-Komprimierung (siehe MPEG-2 AAC) für qualitativ hochwertige Audiokomprimierung.

Szenenbeschreibung und Nutzer Interaktion

Hierunter fallen Werkzeuge für die - auch nutzerbasierte - hierarchische Beschreibung einer Szene und ihrer einzelnen Elemente. In der obersten Ebene der Hierarchie wird ein globales Koordinatensystem definiert. Jeder in der Hierarchie darunter stehende Knoten definiert sein eigenes lokales Koordinatensystem, dessen Ursprung sich innerhalb des globalen Koordinatensystems in einem zeitlichen Rahmen verändern kann. MPEG-4 bietet die Möglichkeit, einzelne Objekte einer Szene zu verändern, hinzuzufügen oder auch zu löschen. Die Szenenbeschreibung in MPEG-4 baut auf den Konzepten der **Virtual Reality Modeling Language** (VRML) auf.

Abb. 3.55. Hauptbestandteile des MPEG-4 Standards

Szenenbeschreibung und Nutzer Interaktion (2)

Entsprechend der Freiheit, die der Autor einer Szene dem Benutzer zugesteht, kann dieser mit den verschiedenen Objekten der Szene interagieren, d.h. er kann z.b.

- den Blickpunkt des Betrachters auf eine Szene verändern,
- Objekte innerhalb einer Szene verschieben,
- Ereignisse durch bestimmte Aktionen anstoßen oder
- eine bestimmte Sprache bei mehrsprachigen Angeboten auswählen.

Systembezogene Anwendungen

Hierzu zählen eine Reihe von Kommunikationsprotokollen, mit denen MPEG-4 Anwendungen, die verteilt vorliegen können, gesteuert und synchronisiert werden können. Zu den zu bewältigenden Aufgaben zählen:

- Multiplexing und Demultiplexing der Datenströme,
- Puffer Management und
- zeitliche Synchronisation der Datenströme.

MPEG-4 Datenströme müssen mit zusätzlichen Angaben, wie etwa die notwendigen Dekoder-Ressourcen wie Bildgröße, notwendiger Pufferspeicher oder erwartete Dienstqualität (Quality of Service) ausgestattet werden.

Abb. 3.56. Hauptbestandteile des MPEG-4 Standards (Teil 2)

- **Bilder**: Durch die Definition von Grafik-Objekten, die bestimmte Farbbereiche oder Texturen enthalten, werden auf entsprechende Suchabfragen Beispiele zurückgegeben, aus denen der Benutzer Komponenten auswählen kann, um ein eigenes Bild zu ergänzen.
- **Bewegung**: Basierend auf einer gegebenen Menge von Objekten können Bewegungen oder Beziehungen zwischen einzelnen Objekten formuliert werden. Auf eine entsprechende Suchabfrage wird eine Liste von Animationen ausgegeben, die die geforderten zeitlichen und räumlichen Beziehungen aufweisen.
- **Szenarien**: Bzgl. eines vorgegebenen Inhalts können Aktionen beschrieben werden, aus denen eine Suchabfrage formuliert wird, die als Ergebnis eine Liste von passenden Szenarien ausgibt, in denen ähnliche Aktionen auftreten.
- **Stimme**: Basierend auf einem Stimmbeispiel eines Interpreten wird eine Suchabfrage formuliert, die als Ergebnis eine Liste der Schallplatten- und Videoclip-Aufnahmen des betreffenden Interpreten beinhalten.

Hierbei ist es die Aufgabe der jeweiligen Suchmaschine, aus den gegebenen Beispielen die jeweilige Suchabfrage zu formulieren. MPEG-7 definiert hierzu eine Vielzahl von **Deskriptoren** mit der die verschiedenen Arten von Multimedia-Inhalten beschrieben werden können. Zusammen mit sogenannten **Schemata (Description Scheme)**, die vorgeben wie neue Deskriptoren behandelt werden können und einer Beschreibungssprache (**Description Definition Language, DDL**), die die Beziehungen der einzelnen Deskriptoren untereinander beschreibt, soll ein hoher Grad an „Verständnis" für automatisierte Verfahren gewonnen werden.

Deskriptoren enthalten einerseits Informationen über den Medieninhalt, wie z.B. Aufnahmedatum und -Bedingungen, Titel, Autor, Copyright-Informationen, Kodierungsinformationen und Klassifikationen, und auf der anderen Seite Informationen, die den Inhalt kennzeichnen. Zur Erstellung eines Deskriptors muß aus dem Medieninhalt die notwendige Beschreibungsinformation gezogen werden, was manuell oder auch zum Teil bereits automatisiert erfolgen kann. Der Deskriptor wird dann zusammen mit dem Medieninhalt abgelegt (siehe Abb.3.57). So kann der Benutzer den Deskriptor später zur Suche, zum gezielten Zugriff oder auch als Ausgangspunkt für Filterfunktionen nutzen.

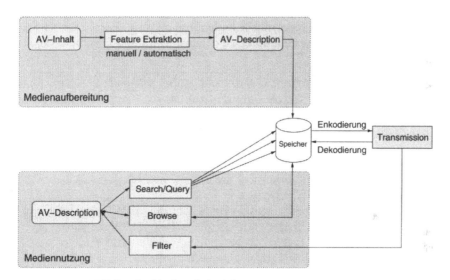

Abb. 3.57. MPEG-7 Architekturbeispiel

3.5.9 MPEG-21 Standard

Um die Verwirrung um die Namensgebung der einzelnen MPEG-Standards zu vervollständigen, bekam der nächste Standard, der in einem Rundumschlag den Rahmen für eine komplette Multimedia-Infrastruktur bilden soll, die Nummer 21. Da die MPEG-Gruppe in den bislang vorliegenden Dokumenten zur Definition des neuen MPEG-21 Standards keinen Hinweis auf die Grundlage der Namensschöpfung gegeben hat, steht es dem Interessierten frei, über einen Zusammenhang zur restlichen MPEG Namensgebung zu spekulieren. Fest steht allerdings, daß MPEG-21 als gemeinsames Dach für die bisher geschaffenen Standards MPEG-1, MPEG-2, MPEG-4 und MPEG-7 zu sehen ist.

180 3. WWW – das universelle Kommunikationsmedium

Wie schon bei MPEG-7 ist der Kern des noch in der Definitionsphase befindlichen MPEG-21 Standards eine Multimedia-Beschreibungssprache mit der erweiterten Zielsetzung, nicht nur den Inhalt, sondern die komplette Infrastruktur, also alle beteiligten Elemente, die im Prozeß der Verfügbarmachung und des Konsums von multimedialen Inhalten beteiligt sind, zusammenzufassen und zu beschreiben, um damit deren Nutzen transparent zu machen. Dabei geht es auch darum, die unterschiedlichen Typen von Medieninhalten in heterogenen Netzwerken und auf den unterschiedlichen Endgeräten darzustellen und damit eine weitgehend automatische Interoperabilität zu schaffen. Von entscheidender Bedeutung ist,

- zu verstehen, wie die einzelnen beteiligten Elemente ineinandergreifen und zusammenspielen,
- festzustellen, welche neuen Standards benötigt werden, falls sich Lücken in der Beschreibung der Infrastruktur finden und
- die Integration einer Vielzahl unterschiedlichster Standards zu bewerkstelligen.

Schlüsselelemente des neuen Standards sind dabei der Nutzer (**User**) und der sogenannte digitale Gegenstand (**Digital Item**). Unter einem Digital Item ist ein wohlstrukturiertes digitales Objekt zu verstehen, für das der MPEG-21 Standard eine entsprechende Repräsentation, Identifikation und zusätzliche Metadaten bereitstellt. D.h. ein Digital Item setzt sich zusammen aus einer bestimmten Resource, zugehörigen Metadaten, die diese Resource beschreiben und Strukturinformation, die besagt, wie sich die einzelnen Teile dieser Resource zueinander verhalten.

Das Digital Item ist die fundamentale Einheit in den MPEG-21 Medienmodellen. Als User wird bezeichnet, wer mit der MPEG-21 Infrastruktur interagiert oder Digital Items benutzt. User können dabei sowohl Einzelpersonen sein, als auch ganze Organisationen, Gesellschaften oder sogar Regierungen. Die User treten dabei jeweils in unterschiedlichen Rollen auf, wie z.B. in der Rolle des Anbieters, des Konsumenten, des Autors oder des Verteilers. Jeder User besitzt spezifische Rechte und trägt Verantwortung im Prozeß der Interaktion mit anderen Usern.

Um den neuen MPEG-21 Standard möglichst effizient umsetzen zu können, arbeitet die MPEG-Gruppe mit 25 anderen Standardisierungsorganisationen in- und außerhalb der ISO zusammen. Auf diese Weise soll eine möglichst große Interoperabilität erreicht und eine Überschneidung konkurrierender, paralleler Aktivitäten vermieden werden.

Exkurs 8: Andere Videodatenformate und -komprimierungsverfahren

H.261 und H.263

Zwei weitere Videokodierungsformate gingen aus dem CCIR/ITU 601 Standard hervor, H.261 und H.263. **H.261** dient zur Realisierung von Videokonferenzen und Bildtelefonie über ISDN mittels Kanalbündelung, d.h. mehrere ISDN-Leitungen werden zu diesem Zweck parallel betrieben, so daß Datenübertragungsraten von ganzzahligen Vielfachen der ISDN

3.5 Video und Animation - Datenformate und Komprimierung

MPEG-21 Architekturelemente:

- **Digital Item Declaration**: Eine weltweit eindeutige und persistente Identifizierung von Digital Items nach dem syntaktischen Schema einer URI mit der Möglichkeit, Anmerkungen zu den Digital Items in Form von auf XML basierenden Metadaten hinzuzufügen (Digital Item Declaration Language, DIDL).
- **Digital Items Representation**: MPEG-21 stellt die zur effizienten Darstellung jeglichen Multimedia-Inhalts notwendige Technologie zur Verfügung. Dies schließt sämtliche relevanten Datentypen ein, die sowohl realen oder auch synthetischen Ursprungs sein können, und umfaßt außerdem noch die Fähigkeit zur Skalierbarkeit und Fehlertoleranz.
- **Digital Item Identification and Description**: Ein standardisiertes System zur Identifikation und Beschreibung von Digital Items. Dies beinhaltet eine Beschreibung des Inhalts der allen unterschiedlichen Arten von Nutzern gerecht wird, also z.b. dem Autor, dem Produzenten, dem Anwendungsentwickler und dem Benutzer. Wichtig dabei ist, daß eine Persistenz der Digital Items gewährleistet wird.
- **Content Management and Usage**: Hierunter fällt das Design von Schnittstellen und Protokollen für den Zugriff auf MPEG-21 Digital Items. Dabei sollen Suchfunktionen von Agenten unterstützt, und Inhalte katalogisiert und archiviert werden bei gleichzeitiger Verwaltung der jeweiligen Nutzungsrechte. Insbesondere sollen Kopien digitaler Inhalte identifiziert und entsprechende Nutzungsrechte mitverwaltet werden. Nutzern soll es dabei dabei möglich sein, eigene Beschreibungsinformation oder Kommentare mit den vorgegebenen Inhalten zu verknüpfen.
- **Intellectual Property Management and Protection**: Geistiges Eigentum soll gewahrt werden. Dies ist in Zeiten ubiquitär verfügbarer Information von besonderer Bedeutung, wie z.B. die Diskussion um MP3-Tauschbörsen im Internet zeigt. Geschützte Informationen besitzen einen besonderen Wert, da sie nur von denen abgegriffen werden können sollen, die das Recht dazu erworben haben. Hierzu definiert der MPEG-21 Standard einen eigenen Sprachstandard, die Rights Expression Language, mit der sich die entsprechenden Zugriffsrechte effizient verwalten lassen.
- **Terminals and Networks**: Mit dem Ziel, die Zahl der Nutzereingriffe z.B. bei Upgrades oder Erweiterungen bestehender Installationen zu vermindern und den vorhandenen Anwendungen Stabilität zu verleihen, werden Protokoll-Schnittstellen definiert, die diese Management-Aufgaben weitgehend selbstständig übernehmen.
- **Event Reporting**: Standards werden festgesetzt, die Metriken und Schnittstellen definieren, mit denen Leistungsdaten und andere festzuhaltende Ereignisse erfaßt werden und die den Zugriff und die Auswertung dieser Daten unterstützen.

Abb. 3.58. Die sieben MPEG-21 Architekturelemente

Tabelle 3.12. Bezugsrahmen der einzelnen MPEG Standards

Standard	Bezugsrahmen
MPEG-1,2,4	Kodierung von audiovisuellen Inhalten
MPEG-7	Definition von Metadaten zur Beschreibung multimedialer Inhalte
MPEG-21	Bereitstellung eines kompletten Frameworks zur elektronischen Konzeption, Produktion, Bereitstellung und Vermarktung von multimedialen Inhalten. Innerhalb dieses Frameworks können die übrigen MPEG Standards genutzt werden.

3. WWW – das universelle Kommunikationsmedium

Basisdatenübertragungsrate von 64 kbps möglich werden. Dabei ist für die Bildtelefonie eine Datenübertragungsrate von 2×64 kbps und für Videokonferenzen eine Datenübertragungsrate von mindestens 6×64 kbps vorgesehen. Die Komprimierung in H.261 ist an die JPEG Einzelbildkomprimierung angelehnt (DCT) mit einer zusätzlichen, zeitlichen Bewegungsvorhersage. Eine Bildsequenz wird zur Übertragung in vier einzelne Schichten unterteilt (Einzelbild, Blockgruppe, Makroblock und Block), die im Multiplexverfahren jeweils mit einem eigenen Header versehen gesendet werden. Das zugehörige Basisbildformat für H.261 ist das CIF-Format mit 352×288 Bildpunkten bzw. das QCIF-Format mit 176×144 Bildpunkten, verbunden mit einem 4:2:0 oder 4:1:1 Farbsubsampling. H.261 ist als Datenformat weniger flexibel als vergleichsweise MPEG, aber dadurch auch leichter implementierbar. H.261 diente als Ausgangspunkt für die MPEG-1 Entwicklung.

H.263 ist eine Videokodierung, die speziell für die Datenübertragung bei niedrigen Übertragungsraten ($\leq$ 64 kbps) vorgesehen ist, und dort eine bessere Qualität als H.261 oder MPEG-1 erreichen soll. Das Verfahren ist effizienter und flexibler als das ältere H.261. Im Gegensatz zu MPEG werden zur Komprimierung zusätzlich Bewegungskompensationsverfahren mit einer Genauigkeit von einem halben Pixel eingesetzt anstelle der Huffmann-Kodierung ist auch eine oftmals effizientere arithmetische Kodierung möglich, und anstelle die Bewegungskompensation auf Makroblöcken von 16×16 Pixeln anzuwenden, verwendet H.263 jeweils 4 Blöcke von 8×8 Blöcken, die sich zusätzlich noch überlappen können. Verwendete Bewegungsvektoren können ihren Ursprung auch außerhalb des dargestellten Bildes haben, was eine effizientere und flexiblere Komprimierung erlaubt. An Bildformaten werden von H.263 CIF, QCIF, 4CIF und 16CIF unterstützt. Als Erweiterung des H.263 Standards wurde zusätzlich der Standard **H.263+** vorgeschlagen, die neben weiteren Verbesserungen der Komprimierung auch eine zeitliche und räumliche Skalierbarkeit der kodierten Videodaten gestattet.

AVI, ASF und WMF
Das als **Audio Video Interleave** (**AVI**) bezeichnete Videokodierungsformat wurde von der Firma Microsoft entwickelt und stellt im Gegensatz zu MPEG ein proprietäres Datenformat dar. Das Hauptanwendungsgebiet von AVI beschränkt sich daher in der Regel auf MS-Windows-basierte Systeme. Ebenso wie das von Microsoft verwendete Audioformat WAV ist AVI ein Spezialfall des Microsoft RIFF Formats (Resource Interchange File Format). AVI ist in der Lage, Videodaten verlustfrei oder auch verlustbehaftet zu kodieren, erreicht aber in seiner proprietären Form nicht die Leistungskennziffern der MPEG Komprimierung. AVI dient heute hauptsächlich der lokalen Videobearbeitung, da es eine Einzelbild-genaue Synchronisation von Audio- und Videoinformation erlaubt. Bilder und Gruppen von Tonsamples sind in AVI segmentorientiert abgelegt, wobei eine AVI-Datei mehrere unabhängige, komprimierte und unkomprimierte Videodaten enthalten kann. In einem Dateiheader werden neben Informationen über Dauer und Eigenschaften der Videoinformation auch Daten zum verwendeten Video-Codec mit angegeben, so daß die in der AVI-Datei vorliegenden Daten auch korrekt wiedergegeben werden können. AVI sollte durch das als **Advanced Streaming Format** (**ASF**) bezeichnete Dateiformat der Multimedia-Architektur **Windows Media Technologies** (WMT) abgelöst werden. ASF dient dabei als eine Art Container, der in der Lage ist, auf unterschiedliche Art und Weise kodierte multimediale Information aufzunehmen, diese zu synchronisieren und speziell auch im Streamingverfahren zu übertragen. ASF unterstützt eine Vielzahl multimedialer Datentypen und bietet Raum für eigenständige Erweiterungen, Skalierbarkeit und Metainformationen. Zusammen mit der Multimedia-Architektur WMT wurde auch das Dateiformat **Windows Media Format** (**WMF**) eingeführt, das sich allerdings bis auf einen Suchindex am Anfang der Datei vom ASF-Format nicht unterscheidet.

QuickTime Movie
Quicktime Movie als Video-Datenformat der für das Betriebssystem MacOS 6 der Firma Apple für Macintosh Personal Computer entwickelten Multimediaerweiterung sollte

zunächst die Aufgabe erfüllen, Video-, Audio- und Textinformationen in einer einzigen Datei gemeinsam und synchronisierbar abzulegen. Über die Jahre entwickelte sich QuickTime Dank der zahlreichen Erweiterungen für unterschiedliche Medienformate, wie etwa MPEG-Unterstützung, MIDI, interaktive Panorama-Bilder und -Filme oder 3D-Objekte und Streaming hin zu einer plattformübergreifenden Multimedia-Architektur für Windows und MacOS. QuickTime Movie stellt damit kein eigenständiges Komprimierungsverfahren dar, sondern dient als einheitliches Dateiformat, das in der Lage ist, unterschiedliche Medienformate aufzunehmen. Obwohl mittlerweile auf unterschiedlichen Rechner- und Betriebssystemarchitekturen erhältlich und als ISO-Standard akzeptiert, liegt die Weiterentwicklung des QuickTime-Standards in der Verantwortung der Firma Apple.

Weiterführende Literatur:
G. Côtè, B. Erna, M. Gallant, F. Kossentini: H263+: Video Coding at Low Bitrates, IEEE Trans. on Circuits and Systems for Video Technology, Vol.8 No.7, 1998.
R. J. Clarke: Digital Compression of Still Image and Video, Academic Press, San Diego CA, USA, 1995.
K. R. Rao, J. J. Hwang: Techniques and Standards for Image, Video and Audio Coding, Prentice Hall, Upper Saddle River NJ, USA, 1996.
L. Torres: Video Coding, Kluwer Academic Publishers, Norwell MA, USA, 1996.
Quicktime Developer Documentation, available at
   http://developer.apple.com/techpubs/quicktime/quicktime.html

3.6 Glossar

Aliasing: Bezeichnung für Artefakte, die entstehen, wenn auf einem pixel-orientierten Ausgabegerät diagonale Linien oder Kurven ausgegeben werden sollen. Um diese Aliasing-Effekte zu verhindern, werden Pixel am Rand der mit Artefakten versehenen Kante mit interpolierten Zwischenfarbtönen eingefärbt, um so den Eindruck einer glatteren Kante zu vermitteln. Dieser Vorgang wird als **Anti-Aliasing** bezeichnet.

Alpha-Kanal: Der Anteil der in einem Bildpixel enthaltenen Information, der die Transparenzeigenschaften dieses Bildpunktes betrifft. Liegen zwei Bildpunkte übereinander, so gibt der Alpha-Kanal an, in wie weit der darunter liegende Bildpunkt durchscheint.

Animation: Eine Sequenz von zwei oder mehr Einzelbildern, die in rascher Folge nacheinander dargestellt werden, damit der Eindruck einer kontinuierlichen Bewegung entsteht. Üblicherweise laufen Animationen mit einer Geschwindigkeit von etwa 12-15 Bildern pro Sekunde ab.

Artefakt: Ein Fehler, den ein Codec beim Kodieren und anschließenden Dekodieren hinterläßt. Fehler dieser Art können bei der Kompression von Audio-, Bild- und Videodaten entstehen.

ASCII (American Standard Code for Information Interchange): Bezeichnet eine Zeichenkodierung, die die Buchstaben des Alphabets, Ziffern und Sonderzeichen mit jeweils 7 Bit kodiert. Als Sonderzeichen werden dabei druckbare Zeichen bezeichnet, die zu unterschiedlichen nationalen Alphabeten gehören bzw. Steuerzeichen. ASCII ist in den Normen ISO/IEC 646 und DIN 66003 (deutsche Variante des ASII-Codes) normiert, wobei jeweils 12 Codeworte für nationale Sonderzeichen vorgesehen sind. Der als **IA5** bezeichnete und von der ITU-T/CCITT spezifizierte Code ist mit ASII identisch.

Bewegungsvorhersage (Motion Compensation): Bezeichnung für eine Reihe von prädikativen Verfahren, die zur Komprimierung von Bewegtbildinformation (Video) eingesetzt werden. So kommt es in Bildfolgen innerhalb einer Videosequenzen oft vor, daß sich lediglich der Bildvordergrund verändert, während der Bildhintergrund konstant bleibt. Bewegung von Objekten im Bildvordergrund kann durch Helligkeitsveränderungen der objektzugehörigen Bildpunkte innerhalb einer Bildfolge erkannt werden, die als einfache geometrische Transformation kodiert werden kann. In der Videokomprimierung wird zur jeweils erkannten Transformation lediglich ein Differenzbild zwischen tatsächlichem Bild und Vorhersagebild gespeichert.

Bildwiederholrate (Bildwiederholfrequenz, Frame Rate): Gibt an, wieviele Einzelbilder in einer Videosequenz pro Sekunde dargestellt werden. Ab 15 Bildern pro Sekunde entsteht auf Grund der Netzhautträgheit des menschlichen Auges der Eindruck einer kontinuierlichen Bewegung. Bleibt die Bildwiederholrate darunter, ist dies deutlich als „Ruckeln" wahrzunehmen. Man unterscheidet die **progressive Bildwiedergabe**, bei der die einzelnen Zeilen des Einzelbildes in aufeinanderfolgender Reihe ausgegeben werden, und die **interlaced Bildwiedergabe**, bei der abwechselnd versetzt je zwei Halbbilder dargestellt werden, wobei das eine Halbbild aus allen Zeilen mit gerader Nummer besteht und das andere aus allen ungeradezahligen Zeilen des Bildes.

Bitmapgrafik (Rastergrafik): Bitmapgrafiken setzen sich aus einer Menge numerischer Werte zusammen, die Farb- und Helligkeitsinformationen einzelner Bildpunkte oder ganzer Bildelemente wiedergeben. Die einzelnen Bildpunkte einer bestimmten Farbe werden als **Pixel** bezeichnet, die in einer der Bemaßung des Bildes entsprechenden Matrix angeordnet sind. Historisch gesehen, steht die Bitmap- oder Rastergrafik mit der Entwicklung der **Kathodenstrahlröhre** (Cathod Ray Tube, CRT) als grafischem Ausgabegerät im Zusammenhang.

Chrominanz: Bezeichnet die Farbverteilung in einem Bild. Zur Darstellung des natürlichen Bildes muß diese noch um Informationen über die Helligkeitsverteilung (Luminanz) ergänzt werden. Im YUV-Farbmodell (YCbCr-Modell) liefern die Komponenten UV (CbCr) die Chrominanz-Information.

Codec: Ein Gerät (Hardware) bzw. eine Sammlung von Algorithmen (Software), die einen Kodierer und einen Dekodieren enthalten, um Daten - insbesondere Audio- oder Video-Daten - zu komprimieren (kodieren) und anschließend wieder im Originalzustand darzustellen (dekodieren).

Dekorrelation: Ziel der Dekorrelation ist es, abgetastete Daten eines Signals so zu modifizieren, daß eine möglichst wenig symmetrische Wahrscheinlichkeitsverteilung der Daten erreicht wird. Dies ist für die spätere Kodierung von Bedeutung, da dann den häufiger auftretenden Werten ein möglichst kurzer Code zugeordnet werden kann.

Differenzbild: In der Videokodierung verwendete Technik, in der nur die Unterschiede zweier aufeinanderfolgender Einzelbilder als Differenzbild abgespeichert werden. Da sich in Video zwei Folgebilder oft nur wenig unterscheiden, kann durch dieses Verfahren bereits eine erhebliche Komprimierung erreicht werden.

Diskrete Cosinus Transformation (DCT): Mit DCT wird eine in der Datenkomprimierung verwendete Transformationsmethode bezeichnet, die es ebenso wie die **Fouriertransformation** gestattet, eine Funktion aus dem vorgegebenen Ortsraum in den Frequenzraum zu überführen. Die DCT gehört zur Familie der Transformationskodierungen und wurde um 1970 entwickelt. Die DCT wandelt Daten, die in Form einer Matrix aus Bildpunkten gegeben sind in eine Beschreibung um, bei der die einzelnen Werte durch Frequenzen und Amplituden repräsentiert werden. Die Frequenzen beschreiben, wie schnell sich Farben innerhalb eines Bildes verändern, die Amplituden beschreiben die Stärke der Veränderung. Aufgrund ihrer sehr guten Eigenschaften zur Signaldekorrelation wird sie in allen heutigen Standards zur Bild- und Videokodierung angewendet.

EBCDIC (Extended Binary Coded Decimals Interchange Code): Von IBM eingeführte 8 Bit Zeichenkodierung, die durch die Anwendung in IBMs populärer System/360 Rechnerarchitektur weite Verbreitung fand. Aufeinanderfolgende Zeichen im Alphabet werden dabei nicht notwendigerweise mit aufeinanderfolgenden Codes versehen, da die

3.6 Glossar

Art der Codierung noch von Holleriths Lochkarten inspiriert war. Von EBCDIC existieren verschiedene Varianten, die untereinander inkompatibel sind. Die amerikanische Variante benutzt weitgehend die gleichen Zeichen wie der **ASCII-Code**.

Farbmodell: Beschreibt ein mathematisches Modell, das die Erzeugung neuer Farben aus einer Mischung (additiv oder subtraktiv) der dem Modell zu Grunde liegenden Primärfarben beschreibt. Am bekanntesten sind das **RGB**-Farbmodell zur additiven Farbmischung der Primärfarben rot, grün und blau, sowie das **CMYK**-Farbmodell zur subtraktiven Farbmischung der Primärfarben cyan, magenta, gelb und schwarz, das vorallem in der Drucktechnik zum Einsatz kommt.

Farbtiefe: Legt die Anzahl der möglichen Farben in einer Grafikdatei fest. Sie ergibt sich aus der Anzahl der Bit, die pro Bildpunkt zur Verfügung stehenden, d.h. bei einer Farbtiefe von n Bits lassen sich maximal 2^n Farbwerte kodieren.

Filterbank: Zerlegt Signale in unterschiedliche Bestandteile. Ebenso wie bei Signaltransformationen wie DCT soll durch Filterbänke eine möglichst große Dekorrelation des Signals erreicht werden. Zur Gewährleistung der Hin- und Rücktransformation besteht eine Filterbank aus einer Komponente zur Zerlegung (Analyse) und einer Komponente zur Wiederherstellung (Synthese) des Signals.

Gammakorrektur: Eine plattformübergreifende Möglichkeit, die Bildhelligkeit individuell an die Eigenheiten des Ausgabemediums anzupassen. Besonders wichtig wird eine Gamma-Korrektur, wenn ein Bild von einem Monitor (RGB-Farbmodell) mit einem Drucker auf Papier ausgegeben werden soll (CMYK-Farbmodell).

GIF (Graphic Interchange Format): Grafik-Datenformat, das auf der verlustfreien **LZW**-Komprimierung basiert. Die Farbtiefe der ursprünglichen Bildes wird dabei auf maximal 8 Bit begrenzt, was sich besonders bei natürlichen Bildquellen (z.B. Fotografien) negativ auf die Bildqualität auswirken kann.

Hörfeld: Bezeichnet den durch das menschliche Ohr wahrnehmbare Bereich akustischer Ereignisse in Bezug auf Frequenzbereich und Lautstärke. Das Hörfeld liegt zwischen der Ruhehörschwelle und der Schmerzschwelle. Alle Signale, die unterhalb der Ruhehörschwelle liegen, können vom menschlichen Ohr nicht mehr wahrgenommen werden. Signale jenseits der Schmerzschwelle können nicht mehr unterschieden werden und verursachen eine Schädigung des menschlichen Wahrnehmungssystems.

Huffmann-Kodierung: Spezielle Form der **statistischen Kodierung**, bei der die am häufigsten auftretenden Symbole einer zu kodierenden Zeichenkette mit möglichst kurzen Codeworten zu kodieren sind. Damit eine redundanzfreie Kodierung gewährleistet wird, müssen die gewählten Codeworte jeweils über unterschiedliche Präfixe verfügen. Huffmann entwickelte 1952 das nach ihm benannte Verfahren zur Erzeugung eines optimalen, präfixfreien Codes.

Interlace Technik: Wird ein Bild mit diesem Verfahren kodiert, so werden die einzelnen Bildzeilen nicht sequentiell abgespeichert, sondern in einer Weise versetzt, daß bei sequentieller Ausgabe der so versetzten Zeilen bereits frühzeitig ein Gesamteindruck des Bildes gewonnen werden kann.

JPEG (Joint Picture Expert Group): Name einer Expertengruppe, die das gleichnamige Verfahren zur Grafikkomprimierung entwickelt haben. JPEG verwendet eine verlustbehaftete Komprimierung. Dazu wird die Bildinformation durch eine Ortstransformation (**DCT**, diskrete Cosinustransformation) in den Frequenzraum überführt, in dem durch gezielte Rundung hochfrequenten Informationsanteile (entspricht Bildanteilen mit raschem Kontrastwechsel) verloren gehen können. JPEG eignet sich daher besonders gut für die Komprimierung von „natürlichen" Bildern, wie z.B. Fotografien, in denen niedrigfrequente Bildanteile (entspricht einem kontinuierlichem Farb- bzw. Helligkeitsverlauf) dominieren. Das zu JPEG definierte Dateiformat wird als **JFIF** (JPEG File Interchange Format) bezeichnet.

Kompressionsrate (Komprimierungsrate): Das Größenverhältnis von ursprünglicher Information zu komprimierter Information.

Komprimierung: Verdichten des Informationsgehalts einer Nachricht durch Entfernung von **Redundanzen** (**verlustfreie Komprimierung**) oder nicht relevante Anteile der Information (**verlustbehaftete Komprimierung**). Ziel der Komprimierung ist die Verkleinerung der Darstellung. Sie ist insbesondere dort von großer Bedeutung, wo der Speicherplatz oder die Bandbreite des zum Übertragen der Information verwendeten Informationskanals beschränkt ist.

Lauflängenkodierung (Run Length Encoding): Form der Entropiekodierung, in der identische Symbole einer Zeichenkette durch Codewörter zusammengefaßt werden und so eine Komprimierung erzielt wird.

Luminanz: Bezeichnet die Helligkeitsverteilung in einem Bild. Alleine dargestellt, ergibt sie ein Graustufenbild ohne Farbanteil. Im YUV-Farbmodell (YCbCr-Modell) liefert die Y-Komponente die Luminanz-Information.

LZW-Komprimierung: Nach seinen drei Urhebern Abraham Lempel, Jakob Zif und Terry Welch benannter wörterbuchbasierter Komprimierungsalgorithmus. LZW baut aus den Zeichenketten (bzw. 8-Bit Binärworten) eines unkomprimierten Datenstroms ein **Wörterbuch** (Data Dictionary, Translation Table) auf. Die auftretenden Datenmuster (Substrings) eines Datenstroms werden anschließend den einzelnen Wörterbucheinträgen zugeordnet. Kommt das betrachtete Datenmuster nicht im Wörterbuch vor, wird aus dem Inhalt des Datenmusters ein neues Codewort generiert und im Wörterbuch gespeichert. Tritt dieses Datenmuster erneut auf, wird es durch das dem Datenmuster zugeordnete Codewort aus dem Wörterbuch ersetzt.

Maskierung: Überdeckung eines Audio-Signals durch ein anderes. Das leisere Signal ist immer noch vorhanden, es wird aber nicht mehr wahrgenommen, da es durch das andere, lautere überdeckt wird. So maskiert z.B. ein startendes Flugzeug in nächster Nachbarschaft eine gerade stattfindende Konversation.

Medium: Um Information übertragen zu können, muß diese zwischen Sender und Empfänger über ein Trägermedium ausgetauscht werden.

MIDI (Musical Instrument Digital Interface): Protokoll für den Datenaustausch zwischen elektronischen Musikinstrumenten, das als Dateiformat auch für die Datenkommunikation standardisiert wurde. Im MIDI-Format werden keine Audiodaten im eigentlichen Sinne übertragen, sondern lediglich Kontrollsignale und Steueranweisungen für Synthesizer. Die Kodierung von Klängen erfolgt dabei in einer instrumentenbezogenen Darstellung, die die Angabe von Parametern beinhaltet, wie z.B. die Bezeichnung des Instruments, Beginn und Ende einer Note, Grundfrequenz, Lautstärke und vieles mehr.

Modifizierte Diskrete Cosinus Transformation (MDCT): Der Unterschied zwischen der MDCT und der DCT besteht darin, daß sich bei der MCDT die Sequenz der Daten zu jeweils 50% mit dem Folgeblock überschneidet (critical sampling). Diese Überlappung sorgt dafür, daß durch Aliasing entstehende Artefakte und Redundanzen weitgehend vermieden werden können. MDCT findet in der Audiokomprimierung, etwa bei MP3, ATRAC oder Dolby AC-3 Anwendung.

MPEG (Motion Picture Experts Group): Bezeichnung einer Vielzahl von Standards zur verlustbehafteten Komprimierung von audiovisuellen Informationen (Bewegtbildinformation, Video). Die Komprimierung der Videodaten basiert dabei auf bereits bekannten Komprimierungsverfahren für Einzelbilder (**JPEG**), der Kodierung von Differenzinformationen zwischen Bildfolgen und einem Modell der **Bewegungsvorhersage**, wobei lediglich Differenzen zwischen vorhergesagtem Bild und tatsächlichem Bild gespeichert werden müssen.

3.6 Glossar

MP3: Bezeichnung für eine verlustbehaftete Audiokomprimierung gemäß dem Standard **MPEG 1 Layer 3**. MP3 nutzt durch die menschliche Wahrnehmung bedingte psychoakustische Maskierungseffekte aus und filtert Informationsanteile aus den zu komprimierenden Audiosignalen heraus, die für den Menschen nicht wahrnehmbar sind. Die Komprimierung erfolgt nach einer Ortstransformation der Audiosignale in den Frequenzraum (**DCT**, diskrete Kosinustransformation) und anschließender Rundung (Quantisierung) der gewonnenen Frequenzanteile.

Multimedia: Kommen bei der Darstellung von Information mehrere, verschiedenartige Medien zum Einsatz, wie z.b. Text, Bild und Ton, so spricht man von einer multimedialen Darstellung der Information.

Netzhautträgheit: Ein Bild der Gesichtswahrnehmung bleibt auf der Retina des menschlichen Auges für ca. 1/16 Sekunde erhalten, bevor es wieder verlischt. Bereits im Altertum von Ptolemäus von Alexandria (85–165 n. Chr.) beschrieben, bildet die Netzhautträgheit die Grundlage für die Entwicklung von Film und Fernsehen. Werden Einzelbilder schnell genug hintereinander folgend dargestellt, so entsteht bei einer Abfolge ab 15 Bilder pro Sekunde der Eindruck einer kontinuierlichen Bewegung.

Quantisierung (Diskretisierung): Vorgang, bei dem ein kontinuierlicher Ausgangswert, wie z.B. die Amplitude eines Signals ,in einen diskreten Wert zur digitalen Weiterverarbeitung umgewandelt wird. Da der diskrete Wertevorrat endlich ist, müssen die kontinuierlichen Ausgangswerte auf die nächstgelegenen diskreten Werte gerundet werden. Dabei kommt es zu sogenannten **Quantisierungsfehlern**. Da diese Fehlerbeträge im Zeitverlauf meist statistisch gleich verteilt auftreten, können sie als Rauschen interpretiert werden (**Quantisierungsrauschen**). Insbesondere jedoch bei Signalen, die in einem ganzzahligen Verhältnis zur Abtastrate stehen, ergibt sich ein unangenehmes 'tonales' Rauschen, da die Fehlerrate nicht mehr zufällig ist, sondern dem Phasenverhalten des Signals folgt.

Pixel: Bezeichnet einen einzelnen Bildpunkt innerhalb eines digital dargestellten Bildes.

Pulse Code Modulation (PCM): Methode der Analog-Digital Umwandlung, die auf der Abtastung eines analogen Signals mit anschließender Diskretisierung der gewonnenen Abtastwerte beruht. Die Abtastung (**Sampling**) zerlegt den kontinuierlichen, zeitlichen Verlauf eines Signals in diskrete Einzelzeitpunkte und erfaßt die gerade vorliegenden Momentan-Werte eines Analogsignals zu jeweils diskreten Zeitpunkten (Abtast-Zeitpunkt). Diese exakten Abtastwerte werden zur anschließenden binären Kodierung innerhalb vordefinierter Quantisierungsintervalle gerundet.

Redundanz: Bezeichnung für die Anteile einer Nachricht (Signal, Code), die keine zur Nachricht beitragende Information enthalten, also aus dieser entfernt werden können, ohne den eigentlichen Informationsgehalt zu verringern. Redundante Teile einer Nachricht sorgen jedoch dafür, daß die Nachricht auch dann noch verstanden werden kann, wenn sie Fehler enthält.

Sampling: Bezeichnet die Messung eines kontinuierlichen Signals an zeitlich vorgegebenen Abtastpunkten. Die Samplingrate gibt Auskunft über die Meßfrequenz. Eine hohe Samplingrate bedeutet, daß die Abstände der Abtastpunkte gering ist und viele Messungen vorgenommen werden.

Satz von Shannon (Claude Elwood Shannon, 1916-2001): Besagt, daß es unmöglich ist, einen Algorithmus zu finden, der jede beliebige Zeichenkette ohne Informationsverlust in eine Ausgabe-Zeichenkette kürzerer Länge kodiert.

Schallwellen: Schallwellen sind Verdichtungen und Verdünnungen der Luft, die sich kugelförmig nach allen Seiten ausbreiten. Trifft eine Schallwelle auf das Trommelfell unseres Ohres, so gerät dieses in Schwingungen, die über das Ohr bis zu den Enden der vom Gehirn kommenden Gehörnerven weitergeleitet werden. Das menschliche Ohr nimmt nur Töne wahr, deren Frequenz zwischen 20 Hz und 20.000 Hz liegen.

Signal-to-Noise Ratio (SNR): Beschreibt den Zusammenhang zwischen der Amplitude des Ausgangssignals und der Amplitude von Störsignalen. Die SNR wird in Dezibell (dB) angeben. Sie wird auch als Rauschabstand oder Dynamik bezeichnet und ist ein wichtiges Maß für die Qualität eines Audiosignales. Bei der verlustbehafteten Audiokomprimierung mit Hilfe eines psychoakustischen Modells nimmt man eine Verschlechterung des SNR-Wertes in Kauf, wenn dies an einer bestimmten Stelle nicht wahrgenommen wird.

Sprite: Freibewegliches Grafikobjekt, das selbst statisch (**Textur**) oder aber auch dynamisch (Videobild) sein, und frei über eine Hintergrundszene positioniert werden kann. MPEG-4 nutzt diese Darstellungsweise von Grafikobjekten, um diese Objekte unabhängig vom Bildhintergrund komprimieren zu können, was zu deutlich verbesserten Komprimierungsergebnissen führt.

Streaming: Bezeichnung für die kontinuierliche Wiedergabe von multimedialen Inhalten (Audio und/oder Video) über das Internet in Echtzeit, d.h. die Wiedergabe findet bereits zum Zeitpunkt der Übertragung statt, ohne daß diese erst vollständig abgewartet werden muß. Die wiederzugebenden Inhalte können dabei bereits in gespeicherten Form oder als Live-Daten vorliegen, die direkt nach ihrer Generierung kontinuierlich über das Internet abgerufen werden können. Im Gegensatz zur herkömmlichen Datenübertragung ist Streaming verzögerungssensitiv, d.h. Datenpakete, die zu sehr verzögert werden, verlieren ihre Relevanz, und fehlertolerant, d.h. innerhalb eines gewissen Rahmens verursachen zwar Fehler oder Datenverluste eine Verminderung der Darstellungsqualität der kontinuierlichen Multimedia-Daten, doch werden Fehler toleriert.

Subsampling: Das menschliche Wahrnehmungssystem reagiert sensibler auf ortsbezogene Änderung der Bildhelligkeit, als auf eine Farbänderung. Dieses geringere Auflösungsvermögen in Bezug auf Farbe macht sich die Video- und Bildkomprimierung zu Nutze. Erst wird ein Bild, das im allgemeinen im RGB-Farbmodell vorliegt in das YCrCb-Farbmodell umgewandelt mit einer Helligkeitskomponente (Y) und zwei Farbkomponenten CrCb. Die Samplingrate für die Farbkomponente des Bildes kann jetzt mit einer geringeren Auflösung abgetastet werden als die Bildhelligkeit, ohne daß für das menschliche Auge wahrnehmbare Informationsverluste entstehen. Farbsubsampling wird in der Regel in der sogenannten A:B:C -Notation angegeben, die die horizontalen und vertikalen Samplingverhältnisse beschreibt. So bedeutet z.B. ein Subsampling von 4:2:4, daß die Luminanz zur Chrominanz horizontal im Verhältnis 2:1 skaliert wird.

Textur: Zweidimensionale Bildinformationen, die auf die Oberflächen von 3D-Objekten projiziert werden. Dieser Vorgang wird als **Texture Mapping** bezeichnet und erlaubt eine realitätsnähere, speicherplatz- und berechnungseffiziente Darstellung von Grafikobjekten.

Unicode: 1992 eingeführte einheitliche 16-Bit Kodierung für multilinguale Textalphabete. Unicode umfaßt neben einer Vielzahl nationaler Landesalphabete auch zusätzliche typographische Symbole und nationale Sonderzeichen. Von der ISO als ISO10646 standardisiert wurde Unicode mit den RFCs 2070 und 2077 für die WWW-Sprache HTML und alle zukünftigen Internet-Protokolle zum Standard. Mit der als UTF-8 bezeichneten Transformationsvorschrift wird eine Aufwärtskompatibilität für 8-Bit Anwendungen gewährleistet, die alle ASCII-Zeichen transparent passieren läßt, während alle anderen Zeichen in eine eindeutige 8-Bit Zeichensequenz übertragen werden.

Vektorgrafik: Bei Vektorgrafiken werden Linien, Polygone oder Kurven eines Grafikbildes durch die Angabe bestimmter Schlüsselpunkte charakterisiert. Ein Programm rekonstruiert aus diesen Schlüsselpunkten die darzustellende geometrische Figur. Zusätzlich werden diese Schlüsselpunkte mit bestimmten Attributinformationen, wie z.B. Farbe oder Linienstärke ausgestattet. Historisch entwickelte sich die Vektorgrafik im Zusammenhang mit den **Plottern** als grafische Ausgabegeräte für Computer. Ein Plotter gibt eine Grafik aus, indem ein oder mehrere Stifte vorgegebenen Koordinatenwerten folgend über eine Zeichenebene geführt werden.

Wavelet-Komprimierung: Eine der effizientesten Methoden der Bildkomprimierung. Der dahinterstehende Algorithmus basiert auf der sogenannten multiresolutionalen Analyse, einer mathematischen Methode, die erst in den vergangenen 15 Jahren entwickelt worden ist. Wie die herkömmliche DCT stellt der Wavelet-Algorithmus ein Bild als Menge von Koeffizienten dar, von denen sehr viele nahe Null sind. Daher läßt sich das Bild durch eine kleine Anzahl hoher Wavelet-Koeffizienten sehr gut approximieren. Im Gegensatz zum JPEG-Verfahren wird das Bild allerdings nicht in einzelne Bildblöcke zerlegt, sondern als ganzes analysiert. Die Wavelet-Komprimierung wird in JPEG2000 benutzt.

Teil II

Basics der Internet-Technologie

4. Wie sich Rechner unterhalten – Grundkonzepte der Rechnervernetzung

> *„Wenn alle Menschen nur dann redeten, wenn sie etwas zu sagen haben, würden die Menschen sehr bald Gebrauch der Sprache verlieren."*
> – William Shakespeare, (1564 – 1616)

Wie kommen die Daten von einem Rechner zum anderen? Warum kann eine Email korrekt zugestellt werden? Wie kann unter der Vielzahl der Kommunikationsteilnehmer im Internet der Richtige herausgefunden werden – und das millionenfach? Auf welchen Grundlagen basiert das Internet und wie können Kommunikationsvorgänge darin beschrieben werden? Mit diesen und weiteren Fragen beschäftigt sich der zweite Teil des vorliegenden Buches.

Das folgende Kapitel beschreibt zunächst die Grundlagen und versetzt den Leser in die Lage, die Kommunikationsvorgänge in einem Rechnernetz wie dem Internet und das Zusammenspiel seiner vielfältigen Komponenten zu verstehen. Mit Hilfe eines sogenannten Schichtenmodells werden die zahlreichen Teilprobleme, die es zur Datenübertragung in einem Rechnernetz zu lösen gilt, hierarchisch angeordnet und zu einem funktionsfähigen Ganzen zusammengefügt. Das Prinzip der Paketvermittlung löst ein grundlegendes Problem der Kommunikation im Internet: Die effiziente und sichere Kommunikation vieler Kommunikationsteilnehmer über ein prinzipiell fehlerbehaftetes, gemeinsam genutztes Übertragungsmedium. Sicher wird diese Kommunikation durch den Einsatz von Fehlererkennungs- und Fehlerkorrekturverfahren, die eine zuverlässige Kommunikation überhaupt erst ermöglichen, sowie den Einsatz kryptografischer Techniken, die die Privatsphäre der Kommunikationsteilnehmer sichern.

4.1 Grundlagen und Konzepte

4.1.1 Kommunikation und Datenübertragung

Kommunikation ist der Austausch von **Nachrichten** zwischen Kommunikationspartnern. Basiskomponenten jeglicher Form von Kommunikation, sei es Alltagskonversation oder Datenaustausch zwischen Computern, bilden die zu übertragenden Nachrichten selbst, deren Sender und Empfänger, sowie das Medium, über das die Nachrichten übertragen werden, das sogenannte **Kommunikationsmedium**. Schallwellen sind z.B. das Kommunikationsmedium unserer alltäglichen Konversation, über das die sprachlichen Nachrichten mit

194   4. Wie sich Rechner unterhalten – Grundkonzepte der Rechnervernetzung

Hilfe akustischer Signale ausgetauscht werden. Möglich sind aber auch Radiowellen oder elektrische Signale. Damit Kommunikation stattfinden kann, müssen folgende Bedingungen erfüllt sein:

1. Die Nachricht muß in einem kommunizierbaren Zeichensystem dargestellt werden (z.B. Laute, Schrift, binäre Kodierung, etc.),
2. die Zeichen müssen in physikalische Signale (z.B. Schallwellen, elektrische Impulse, Radiowellen, etc.) transformiert werden, und
3. der Empfänger muß die empfangenen Signale deuten und durch Interpretation die vermittelte Bedeutung der Nachricht erschließen.

Außerdem sollte es möglich sein, eventuelle Fehler, die während der Nachrichtenübertragung auftreten können, zu erkennen und gegebenenfalls sogar zu korrigieren. Abb. 4.1 zeigt eine schematische Darstellung der Basiskomponenten der Kommunikation.

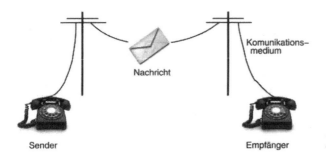

Abb. 4.1. Ein Modell der Kommunikation

Handelt es sich bei den beteiligten Kommunikationspartnern um Computer, so spricht man von einer **Datenübertragung**. Unter einer Datenübertragung versteht man den Austausch von Informationseinheiten (**Daten**), zwischen zwei oder mehreren, räumlich voneinander getrennten Rechnern, die die Nachricht ausmachen. Die Kommunikation läuft dabei über geeignete Übertragungsleitungen – sogenannte Datenverbindungen. Die miteinander verbundenen Rechner bilden ein **Rechnernetz**, oder kurz ein **Netz**, das System der Übertragungsleitungen bildet das **Übertragungsnetz** oder **Netzwerk**. Die beteiligten Rechner müssen bei einer Datenübertragung bis ins kleinste Detail festgelegten Vorschriften folgen – den sogenannten **Kommunikationsprotokollen** – um die Daten so senden bzw. empfangen zu können, daß der jeweils andere Rechner die Daten richtig auffassen und weiterverarbeiten kann.

Jeder an ein Übertragungsnetz angeschlossener Rechner benötigt zwei Komponenten: die **Datenübertragungseinrichtung** (Data Circuit Transmission Equipment, DCE), die direkt an die (meist öffentliche) Übertragungsstrecke angebunden ist, und die mit der als **Datenendeinrichtung** (Data Terminal Equipment, DTE) bezeichneten Recheneinheit kommuniziert, wobei die DCE die zu übertragenden Daten zum Senden in elektrische Signale verwandelt bzw. die empfangenen elektrischen Signale wieder in (meist binär kodierte) Daten zurückverwandelt (siehe Abb. 4.2).

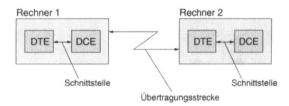

Abb. 4.2. Modell der Datenübertragung

Die **Datenendeinrichtung** (**DTE**) enthält eine oder mehrere der nachfolgenden Komponenten:

- Eingabewerk (Input Processing Unit),
- Ausgabewerk (Output Processing Unit),
- Rechenwerk (Arithmetic Logical Unit, ALU),
- Steuerwerk (Control Unit) und
- Speicher (Memory).

Die **Datenübertragungseinrichtung** (**DCE**) ist im Rechensystem für die folgenden Aufgaben zuständig:

- Anpassung der zu sendenden Daten an das Übertragungsmedium und der empfangenen Signale in für die DTE verständliche Daten (Signalumsetzung),
- Auf- und Abbau von Datenverbindungen,
- Erzeugung und Aufrechterhaltung eines konstanten Sende- und Empfangtaktes zwischen den beteiligten DCEs und
- Erkennen und Beheben von Übertragungsfehlern.

Sind in einem Übertragungsnetzwerk die DCEs unmittelbar durch Leitungen miteinander verbunden, ohne daß zusätzliche Komponenten dazwischengeschaltet sind, die z.B. Entscheidungen über den weiteren Weg der Daten treffen oder diese anderweitig verändern, so spricht man von einer **direkten Verbindung**, anderenfalls von einer **indirekten Verbindung**.

Zum Zweck der Datenübertragung können Rechner in einer Vielzahl von Anordnungen miteinander verbunden werden. Dabei können die unterschiedlichen Netze nach ihrer räumlichen Ausdehnung und nach ihrer **Topologie**, d.h. der Form der Verteilung und Verbindung der einzelnen Rechnerknoten klassifiziert werden. Die einfachste und älteste Art der Vernetzung ist die **Punk-zu-Punkt-Verbindung** zwischen zwei Rechnern. Teilen sich viele Rechner ein gemeinsames Übertragungsnetz, sind die Rechner also indirekt miteinander verbunden, so spricht man – in Abhängigkeit von der dabei überbrückten Distanz – von einem lokalen Netzwerk (**Local Area Network, LAN**) bzw. einem Weitverkehrsnetzwerk (**Wide Area Network, WAN**).

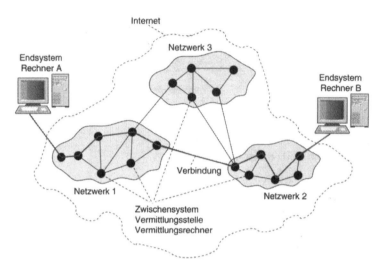

Abb. 4.3. Wichtige Grundbegriffe im Netzwerk

Wird das Netzwerk aus topologischer Sicht betrachtet, so wird ein daran angeschlossenes Rechensystem auch **Netzknoten** genannt. Werden verschiedene Netze miteinander verbunden, entsteht ein Netzwerkverbund bzw. ein **Internet**. Zwei Rechner, die in diesem Internet die Endpunkte einer gerade stattfindenden Kommunikation darstellen, werden als **Endsysteme** bezeichnet, während alle Rechner entlang des Verbindungsweges zwischen diesen beiden Endsystemen als **Zwischensysteme** bezeichnet werden. Verfügen diese Zwischensysteme über mehrere Kommunikationsverbindungen, die sie mit verschiedenen anderen Zwischensystemen des Internets direkt verbinden, so müssen sie zur Weiterleitung einer Nachricht entscheiden, über welche Kommunikationsverbindung die Nachricht verschickt werden soll. Dieser Entscheidungsprozeß wird **Routing** genannt, die Zwischensysteme, die diese Entscheidung treffen, werden als **Vermittlungsstelle** (Vermittlungsrechner, Router) bezeichnet. Die wichtigsten Grundbegriffe der Netzwerktechnik sind in Abb. 4.3 kurz zusammengestellt.

4.1.2 Klassifikationen von Kommunikationssystemen

Rechner-Kommunikationssysteme lassen sich nach verschiedenen Gesichtspunkten klassifizieren, z.B. in Bezug auf ihre räumliche Ausdehnung. Unterschiedliche Distanzen zwischen den zu vernetzenden Rechnern bzw. Prozessoren erfordern den Einsatz unterschiedlicher Technologien, die für die jeweils zu überbrückende Distanz und für die Erfüllung der jeweiligen Anforderungen am geeignetesten sind.

Tabelle 4.1 gibt einen Überblick über die Möglichkeiten zur Zusammenschaltung von mehreren Prozessoren, geordnet nach ihrer räumlichen Distanz. An oberster Position in der Tabelle stehen Mehrprozessorsysteme, Parallelrechner und Rechner-Cluster, also Prozessoren, die über sehr schnelle Systembusse geringer Ausdehnung miteinander verbunden sind. Die im eigentlichen

Tabelle 4.1. Klassifikation der Rechnernetze nach deren räumlichen Ausdehnung

Distanz	Ordnungseinheit	Beispiel
0,1 m	Platine	Multiprozessorsystem
1 m	System	Multiprozessor-Cluster
10 m	Raum	Personal Area Network
100 m	Gebäude	Local Area Network
1 km	Campus	
10 km	Stadt	Metropolitan Area Network
100 km	Land	Wide Area Network
1.000 km	Kontinent	
10.000 km	Planet	Internet

Sinne als Netzwerk bezeichneten Kommunikationssysteme finden sich erst auf der nachfolgenden Stufe der Größenordnung. **Personal Area Networks** (**PAN** oder Piconetzwerk) verfügen nur über eine räumliche Ausdehnung von wenigen Metern. Sie entsprechen der Arbeitsumgebung eines Nutzers an dessen Arbeitsplatz. **Lokale Netze** (**Local Area Networks, LAN**) können sich von einzelnen Räumen, über ganze Etagen bis hin zu mehreren Gebäudekomplexen erstrecken. In der dann folgenden Größenordnung unterscheidet man zwischen lokalen Netzen und **Weitverkehrsnetzen** (**Wide Area Networks, WAN**), wobei dazwischen, auf der Ebene der Ausdehnung einer Stadt, die sogenannten **Metropolitan Area Networks** (**MAN**) angesiedelt sind. Die Vernetzung mehrerer, verschiedener Netzwerke bezeichnet man als **Internet** oder auch als **Global Area Network** (**GAN**).

Ein weiterer Unterscheidungspunkt ist die Art der Rechnervernetzung innerhalb des Kommunikationssystems. Hier unterscheidet man zwischen **direkter** und **indirekter Vernetzung**. Sind die Rechner bzw. genauer die Datenendeinrichtungen (DTE) unmittelbar miteinander verbunden, ohne daß eigenständige Vermittlungsrechner dazwischengeschaltet sind, die die Weiterleitung der Daten organisieren, so spricht man von einer direkten Vernetzung. Sind dagegen Vermittlungsrechner an der Weiterleitung der Daten beteiligt, so spricht man von einer indirekten Vernetzung. Innerhalb eines LANs sind eigenständige Vermittlungsrechner oft nicht notwendig.

Verteilte Systeme und Rechnernetze haben viele **gemeinsame Eigenschaften** (siehe Punkt 1-3), doch **unterscheiden** sie sich erheblich in der verwendeten Software und hinsichtlich der Transparenz der erbrachten Dienste (Punkt 4-5):

- Gemeinsamkeiten:
  1. Zusammenschluß einer Vielzahl von physisch und logisch unterschiedlichen Komponenten, denen dynamisch Aufträge zugeordnet werden können.
  2. Einzelkomponenten sind räumlich verteilt.
  3. Einzelkomponenten arbeiten autonom, aber kooperativ.
- Unterschiede:
  4. Die durch die Systemkomponenten erbrachten Dienste erscheinen bei verteilten Systemen transparent und sind vom Benutzer nicht einer bestimmten Einzelkomponente zuzuordnen.
  5. Das Rechnernetz wird durch ein Netzbetriebssystem kontrolliert, das die notwendigen Verarbeitungsschritte eines Benutzerauftrags koordiniert.

Abb. 4.4. Rechnernetze und verteilte Systeme

Strikt hierarchisch organisierte Systeme, bei denen von einem Leitsystem (**Master**) aus eine Reihe von unselbständigen Datenstationen (**Slaves**) kontrolliert werden, sind im eigentlichen Sinn noch keine Rechnernetze. In diesem Sinne muß auch ein **verteiltes System** von einem Rechner-Netzwerk unterschieden werden: Ein verteiltes System erscheint seinen Benutzern als homogenes System und verbirgt bewußt, wo und wie die Verarbeitungsleistung erbracht wird. Dem Benutzer wird der Eindruck vermittelt, er arbeite an einem einzigen System und nicht an einem Verbund aus einzelnen Recheneinheiten. Direkte Zuweisungen von Ressourcen und Zugriffe auf die Systemperipherie sind für den Benutzer nicht sichtbar. In einem Rechnernetz dagegen obliegt die Zuordnung von Ressourcen der Koordination des Nutzers und nicht dem übergeordneten Betriebssystem.

Bislang wurden Rechnernetze bezüglich ihrer räumlichen Ausdehnung oder entsprechend ihrer Vernetzung klassifiziert. Rechnernetze lassen sich aber auch nach den folgenden Kriterien ordnen:

- Rechnernetze können entsprechend ihrer **Einsatzcharakteristik** untergliedert werden:
  - So spricht man von einem **Funktionsverbund**, sobald in einem Netz Rechner für Spezialanwendungen oder Rechner mit spezieller Peripherieaustattung bzw. spezifischen Datenbeständen verbunden sind.
  - Ein **Lastverbund** liegt vor, sobald ein Lastausgleich zwischen den einzelnen im Rechnernetz verbundenen Komponenten durchgeführt wird.
  - Enthält das Netz spezifische Datenbestände, die auf verschiedenen Systemen im Netz verteilt vorliegen, so spricht man von einem **Datenverbund**.

- Ist der Haupteinsatzzweck des Netzes der Austausch von Nachrichten, so liegt ein **Nachrichtenverbund** vor.
- Sind in einem Netz zusätzliche Redundanzen vorgesehen, die im Falle des Ausfalls einer oder mehrerer Systemkomponenten deren Funktion übernehmen, dann handelt es sich um einen **Sicherheitsverbund**.
- Weiter kann der **Typ** der im Netzwerk zusammengeschalteten Rechner als Unterscheidungskriterium herangezogen werden: Sind alle Rechner vom selben Typ, so handelt es sich um ein **homogenes**, anderenfalls um ein **heterogenes** Netzwerk.
- Netze können für unterschiedliche Benutzergruppen bereitstehen. Man unterscheidet Rechnernetze, die über einen **öffentlichen Zugang** verfügen und auf die jedermann zugreifen kann, von sicherheitskritischen Netzen, deren Zugang **nichtöffentlich** ist und nur einem eng begrenzten Benutzerkreis zur Verfügung steht, wie z.B. die Netze von Banken, Polizei oder Militär.
- Ausgehend von der Zugangsart unterscheidet man weiter Netze nach der Art ihres **Verbindungstyps**: Die einzelnen Teilnehmer schalten sich entweder über eine **Wählverbindung** nur nach Bedarf in das Netz bzw. stehen permanent über eine **Standleitung** mit dem Netz in Verbindung.

Prinzipiell lassen sich Netzwerke, die sich in privater Hand befinden (**Private Netzwerke**) von denen unterscheiden, die von einem öffentlichen Träger (**Öffentliche Netzwerke**) betrieben werden. Zu den privaten Netzwerken gehören alle diejenigen, deren Netzinfrastruktur, d.h. Verkabelung, Netzhardware und -software einem Unternehmen oder einem Privateigentümer gehören. So sind die überwiegende Zahl der lokalen Netze (LANs), Netze, die sich auf Privatgelände befinden und an die die Rechner des Eigentümers angeschlossen sind, private Netze. Großunternehmen sind auch in der Lage, eigene Weitverkehrsnetze (WANs) zu unterhalten, die verschiedene Standorte miteinander verbinden. Dabei kann das Unternehmen die Netzstruktur, die Vermittlung im Netz und die verwendeten Netzadressen innerhalb vorgegebener Grenzen selbst festlegen. Allerdings kann ein Privatunternehmen eine eigene Verkabelung nur dann durchführen, wenn sich diese auf Privatgelände verlegen läßt. Für Weitverkehrsverbindungen müssen daher oftmals Teilstrecken öffentlicher Netzbetreiber, wie z.B. der deutschen Telekom oder anderer großer Betreiber angemietet werden. Dennoch ist ein WAN, das zum Teil über angemietete Leitungen betrieben wird, immer noch als privat zu betrachten, wenn der Mieter über ein exklusives Nutzungsrecht verfügt. Der Mieter ist dann selbst für den Betrieb und das Management dieses Netzes verantwortlich. Ein Netz, das seinem Verhalten nach wie ein privates Netzwerk arbeitet, aber auf der Infrastruktur des Internet aufsetzt, wird als **Virtual Privat Network** (**VPN**) bezeichnet.

Ein **öffentliches Netz** ist dagegen ein Netzwerk, das mit dem traditionellen, staatlichen Telefonnetz vergleichbar ist. Jeder, der einen Computer an ein öffentliches Netzwerk anschließen möchte, kann dies über ein gewisses, an den Betreiber des Netzes zu entrichtendes Entgelt, tun. Er muß sich dabei aber die vorhandene Netzinfrastruktur mit vielen anderen Nutzern teilen und verfügt nicht über ein exklusives Nutzungsrecht, wie bei privaten Netzwerken. Damit öffentliche Netze rentabel betrieben werden können, müssen sie für möglichst viele Nutzer attraktiv sein. Daher sind diese in der Regel als Weitverkehrsnetze ausgelegt, um sehr vielen Teilnehmern an den unterschiedlichsten Orten zur Verfügung zu stehen.

Die Begriffe „privat" und „öffentlich" beziehen sich also nicht auf Besitzverhältnisse, sondern auf die Verfügbarkeit des angebotenen Dienstes. Natürlich kann die über ein öffentliches Kommunikationsnetz erfolgende Kommunikation privater Natur sein, zwei über ein öffentliches Netz miteinander verbundene Computer können Daten verschlüsselt austauschen, so daß sie kein anderer Netzteilnehmer zur Kenntnis bekommen kann.

Obwohl einige öffentliche Netze die Kommunikation von ganzen Gruppen von Teilnehmern ermöglichen (**Multicasting**), ist es in der Regel nicht möglich, alle Teilnehmer des öffentlichen Netzes zugleich anzusprechen (**Broadcasting**).

In einem privaten Netz ist der jeweilige Netzeigentümer (oder Mieter) selbst für die Gewährleistung von Betrieb und Sicherheit zuständig. Er überwacht den Anschluß neuer Computer an das private Netz und legt Zugangs- und Kommunikationsrestriktionen fest, die die Einhaltung der eigenen Sicherheitsstandards gewährleisten. Dabei handelt es sich um eine anspruchsvolle Aufgabe, die von qualifizierten Spezialisten konzipiert und umgesetzt werden muß. Nicht nur die Gewährleistung von Sicherheit, auch der gesamte Betrieb eines privaten Netzwerks ist mit hohen Kosten verbunden, insbesondere wenn sich ein Unternehmen dabei stets am aktuellen Stand der Technik orientiert. Ersatz bzw. Updates bestehender Netzinfrastrukturen, die dazu oftmals notwendig werden, sind nicht nur mit immensen Kosten, sondern auch mit einem hohen Zeitaufwand für Planung, Umsetzung, Schulung und Betrieb verbunden.

Die Nutzung öffentlicher Netze ist daher unter finanziellen Gesichtspunkten oftmals rentabler. Es bietet sich eine größere Flexibilität und der Aufwand, modernste Netzwerktechniken einsetzen und nutzen zu können, ist mit weitaus geringeren Kosten verbunden als bei der Nutzung privater Netze, da der Betreiber diese auf eine Vielzahl von Kunden umlegen kann. Allerdings birgt die gemeinsame Nutzung öffentlicher Netze auch Gefahren und Sicherheitsrisiken, da die privaten, an ein öffentliches Netz angeschlossenen Rechner gegenüber unberechtigtem Zugriff der übrigen Netzteilnehmer geschützt werden müssen.

4.2 Rechnernetze und Paketvermittlung

Eine konzeptionelle Grundlage von Internets ist das Prinzip der **Paketvermittlung**. Eine zu sendende Nachricht wird bereits beim Sender in einzelne

Pakete fester, vorgegebener Länge zerlegt, die dann einzeln und unabhängig voneinander ihre Reise durch das Labyrinth des Internets antreten. Daß die Pakete auch ihren Weg zum Empfänger über verschiedenartige Netzwerke hinweg finden, dafür sorgen die Vermittlungsstellen des Internet, die die einzelnen Pakete zum Zwischenstop der nächstgelegenen Folgevermittlungsstelle weiterleiten. Die Datenpakete können so auf völlig unterschiedlichen Pfaden zu ihrem Ziel gelangen. Damit sie dort ankommen und damit sie auch wieder zu einer sinnvollen Nachricht zusammengesetzt werden können, muß jedes einzelne Paket entsprechende Zusatzinformation mit auf den Weg bekommen. Mit Hilfe dieser Zusatzinformation ist es auch möglich, eventuell auftretende Übertragungsfehler sicher zu erkennen und diese sogar zu korrigieren. Ohne die Technik der Paketvermittlung wären moderne Hochgeschwindigkeitskommunikationsnetze gar nicht denkbar, denn nur so kann ein Netz gleichzeitig von vielen Teilnehmern gemeinsam unter gerechter Verteilung der vorhandenen Kapazität ökonomisch sinnvoll und effizient genutzt werden.

4.2.1 Klassische Punkt-zu-Punkt Verbindung

Die ersten Rechnernetze basierten auf dem Prinzip der **Punkt-zu-Punkt Verbindungen** (Point-to-Point Connection), die beispielsweise über Mietleitungen realisiert wurden. Zwei miteinander kommunizierende DCEs verfügen dabei jeweils über eine eigene, separate Verbindung (Kabel, Leitung, Funkstrecke). Die beiden Datenstationen sind so permanent miteinander verbunden und können das Kommunikationsmedium exklusiv zum gegenseitigen Datenaustausch benutzen. Daraus ergibt sich der Vorteil, daß sich nur die beiden Kommunikationspartner über ein gemeinsames Kommunikationsprotokoll verständigen müssen. Dies vereinfacht die Implementierung der Kommunikationssoftware wesentlich, da keine Rücksicht genommen werden muß auf eventuell unterschiedliche Datenformate, Datengrößen oder Fehlererkennungsmechanismen.

Sollen allerdings mehr als zwei Rechner durch Punkt-zu-Punkt Verbindungen miteinander vernetzt werden, ist das theoretisch zwar sehr einfach durch eine jeweils eigene Direktverbindung für alle möglichen Rechnerpaare zu realisieren, doch stößt der dazu notwendige Verkabelungsaufwand in der Praxis schnell an Grenzen. Versucht man nämlich n Computer durch Punkt-zu-Punkt-Verbindung miteinander zu vernetzen, so benötigt man dazu

$$\sum_{i=1}^{n-1} i = \frac{n^2 - n}{2}$$

Verbindungen (siehe Abb. 4.5).

Heute werden Punkt-zu-Punkt Verbindungen nur noch in Sonderfällen, beispielsweise für Fernnetze genutzt, die durch eine Richtfunkverbindung gekoppelt sind.

Anzahl der Rechner	Anzahl der Kabel
4	6
5	10
6	15
7	21
10	45
100	4.950
1.000	499.500

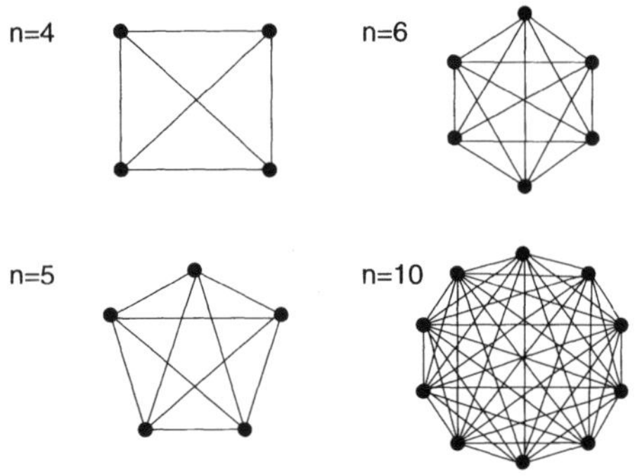

Abb. 4.5. Punkt-zu-Punkt Verbindungen

4.2.2 Leitungsvermittelte Netzwerke

Traditionell waren Daten- und Telekommunikationsnetze leitungsvermittelt. In **leitungsvermittelten Netzwerken**, auch **Switching Networks** genannt, wird den Kommunikationspartnern eine feste Verbindung zur Verfügung gestellt, die über eine Reihe von Vermittlungsstellen geschaltet wird. Der Aufbau einer festen Verbindungsstrecke, die für die gesamte Dauer der Kommunikation aufrecht erhalten werden muß, ist hier Voraussetzung für die Kommunikation (siehe Abb. 4.6). Beim Verbindungsaufbau entsteht zunächst eine Wartezeit, bevor die eigentliche Kommunikation aufgenommen werden kann. Sobald eine stehende Verbindung aufgebaut ist, kann diese nicht mehr durch andere Kommunikationsteilnehmer unterbrochen werden. Kommunikation mit mehreren Partnern erfordert den Aufbau jeweils separater Verbindungen, so daß allen Teilnehmern dann die gleiche Kapazität zum Senden und Empfangen zur Verfügung gestellt wird.

Während des Verbindungsaufbaus kann es allerdings vorkommen, daß alle Verbindungskanäle zum gewünschten Kommunikationspartner auf Grund der momentanen Auslastung oder mangelnder Schaltkapazitäten besetzt sind. Auch Ausfälle von Vermittlungsstellen können den Aufbau von Verbindungen unmöglich machen und damit die Aufnahme der Kommunikation verhindern. Ein leitungsvermitteltes Netzwerk bietet den Kommunikationsteilnehmern jederzeit eine feste Datenübertragungsrate. Die **Verzögerung** auf dem Übertragungsweg ist für ein leitungsvermitteltes Netzwerk stets konstant und minimal. Sie entspricht im allgemeinen der Ausbreitungsgeschwindigkeit des elektromagnetischen Signals (ca. 5ms pro 100km). Allerdings ist der Aufbau dieser Verbindungen meist sehr zeitintensiv. Die Kosten der Verbindung sind stets proportional zur Verbindungsdauer. Sie fallen auch dann an, wenn Kommunikationspausen enthalten sind. Fällt eine der beteiligten Vermittlungsstellen aus, so bricht die Verbindung zusammen, die Kommunikation ist beendet. Im schlimmsten Fall können nach Ausfall von nur einer Ver-

mittlungsstelle ganze Teilnetze vom Gesamtnetz abgetrennt und unerreichbar werden.
Die maximale Menge der pro Zeiteinheit über ein bestimmtes Übertragungsmedium übertragbaren Daten wird als **Bandbreite** bezeichnet. Die Bandbreite einer Verbindung wird immer durch die schwächste Teilstrecke der Route durch das Netzwerk beschränkt.
Ein wichtiges Beispiel für ein leitungsvermitteltes Netzwerk ist ein analoges **Telefonnetzwerk**: Durch das Wählen einer Nummer wird über die automatisierten Vermittlungsstellen des Telefonnetzwerks eine Verbindung zum gewünschten Teilnehmer aufgebaut. Nachdem dieser auf der Gegenseite den Hörer abhebt, bleibt diese Verbindung genau solange bestehen, bis der Hörer wieder aufgelegt wird. In einem Telefonnetzwerk wird Sprache mit einer mehr oder weniger konstanten Bandbreite zwischen Sender und Empfänger übertragen.

4.2.3 Von der Leitungsvermittlung zur Paketvermittlung

Zu Beginn der 60er Jahre wuchs die Bedeutung des Einsatzes von Computern in Militär und Wirtschaft zusehends. Erste Timesharing Systeme, also Rechner, die interaktives Arbeiten erlaubten, kamen auf den Markt. Die Idee, Computer weiträumig miteinander zu vernetzen, so daß Anwender diese auch von unterschiedlichen geografischen Orten gemeinsam nutzen können, lag förmlich in der Luft. Der Datenverkehr, der durch solche vernetzt arbeitenden Computer erzeugt wird, ist im Gegensatz zum üblichen Telefongespräch jedoch nicht kontinuierlich, sondern tritt in sehr unterschiedlichen Häufungen, sogenannten **Bursts** auf. Bei Bursts handelt es sich um Intervalle maximaler Aktivität, denen jeweils wieder Intervalle der Inaktivität folgen, wie z.B. die Zeitdauer, die für lokale Berechnungen oder die Ausarbeitung einer Antwort nötig ist.

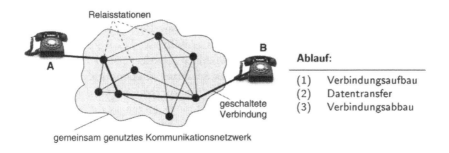

Abb. 4.6. Leitungsvermitteltes Netzwerks (Switching Network)

Wie kann man nun einen für die Kommunikation von Computern notwendigen ausfallsicheren Datenfluß in einem Netzwerk gewährleisten, in dem die Vermittlungsstellen nicht mit absoluter Zuverlässigkeit arbeiten bzw. sogar komplett ausfallen können? Wird der Ausfall einer Vermittlungsstelle erkannt, so kann zwar eine neue Route durch das Netzwerk festgelegt werden, aber es ist den beteiligten Kommunikationspartnern nicht klar, wieviel vom Kommunikationsinhalt inzwischen verloren gegangen ist, die Übertragung muß also sicherheitshalber wieder von vorne beginnen. Ist außerdem ein Verbindungskanal belegt, dann müssen die übrigen Teilnehmer im Netzwerk solange warten, bis dieser Kanal wieder freigegeben wird. Von einer gerechten Zuteilung der Ressourcen kann nicht gesprochen werden.

Die Frage nach dem Aufbau großer, ausfallsicherer und fair arbeitender Datennetze wurde Ende der 50er Jahre zum Gegenstand wissenschaftlicher Untersuchung. Leonard Kleinrock, damals noch Promotionsstudent am MIT, veröffentlichte 1961 eine Arbeit *„Information Flow in Large Networks"* in dem er dieses Problem anging und als Lösung das Prinzip der **Paketvermittlung** vorschlug. Voneinander unabhängig arbeiteten auch Donald Davies vom englischen National Physical Laboratory und Paul Baran, der bei der RAND Corporation, einem weiteren Vertragspartner der ARPA beschäftigt war, an diesem Problem. Baran griff die Idee der Paketvermittlung auf und entwickelte sie zum fundamentalen Prinzip für den Zusammenschluß großer, ausfallsicherer Datennetze. Er veröffentlichte als erster der beteiligten Forscher seine Ergebnisse in der Fachzeitschrift *„On Data Communication Networks"*. Der Weg war nun - zumindest gedanklich - frei, per se unsichere Netze zur Grundlage für ausfallsichere Datenkommunikationsnetze zu machen.

Tatsächlich war es eine der Zielsetzungen der ARPA bei der Ausgestaltung und Entwicklung des Internets, ein Netzwerk zu schaffen, das eine hohe Ausfallsicherheit besitzt und im Ernstfall auch den Ausfall einer oder mehrerer Vermittlungsstellen unversehrt verkraften kann. Durch den Start des ersten Satelliten Sputnik im Jahre 1957 nämlich hatte die Sowjetunion eindrucksvoll unter Beweis gestellt, daß sie in der Lage war, mit Interkontinentalraketen das Territorium der USA direkt zu erreichen. Die Militärs waren nicht nur auf Grund der hohen Gefährdung der Zivilbevölkerung beunruhigt, sondern sahen insbesondere auch ihren Kommando- und Befehlsfluß im Falle einer kriegerischen Auseinandersetzung extrem gefährdet. Doch gerade in einem Krisenfall ist es enorm wichtig, daß Befehle verlustfrei von den Kommandoleitstellen an die Peripherie weitergegeben werden können, und in der Gegenrichtung ein Lagebild von der Peripherie hin zur Kommandostelle gelangen kann. Würde also das militärische Datennetzwerk an einer oder mehreren seiner Vermittlungsstellen vom Gegner getroffen werden, so sollte es nach den Wünschen der ARPA auf Alternativstrukturen ausweichen können, und so ein fortgesetztes Funktionieren garantieren. Die Idee der Paketvermittlung wurde zur wohl wichtigsten Grundidee für die Entwicklung von Internets.

4.2.4 Das Prinzip der Paketvermittlung

Das Prinzip der Paketvermittlung beruht darauf, die Nachrichten, die versendet werden sollen, in einzelne **Datenpakete**, kurz Pakete genannt, zu zerlegen (**Fragmentierung**) und diese dann einzeln und unabhängig voneinander über das Kommunikationsnetz zu transportieren. Die Route, die die einzelnen Pakete dabei einschlagen, ist nicht von vornherein festgelegt. Der Absender kennt nur den Weg zur nächsten Vermittlungsstelle, ähnlich wie beim Paketdienst der Post. Auf der Seite des Empfängers werden die Datenpakete anschließend wieder zur Originalnachricht zusammengesetzt (**Defragmentierung**, siehe Abb. 4.7).

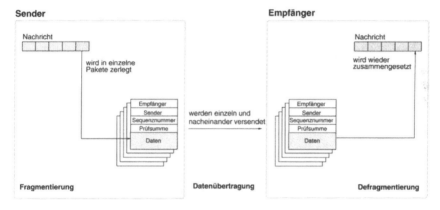

Abb. 4.7. Datenfragmentierung bei der Paketvermittlung

Zum Auffinden eines optimalen Weges durch das Netzwerk dienen spezielle **Routing-Algorithmen**. Pakete können auf ihrem Weg auch Staus umgehen und so, obwohl sie eine längere Strecke zurücklegen, ihr Ziel schneller erreichen, als Pakete, die auf einem kürzeren, aber verstopften Weg warten. Insgesamt wird dadurch vor allem aber eine bessere Auslastung des gesamten Netzwerks erreicht.

Die Größe der einzelnen Pakete muß aus verschiedenen Gründen beschränkt werden. Eine Verbindung wird so nie für lange Zeit belegt und alle potentiellen Sender erhalten im Ergebnis einen gleichberechtigten und fairen Zugang zum Netzwerk. Tatsächlich ermöglicht dieses Prinzip überhaupt erst wirklich interaktive Verbindungen, da die Leitungen zwischen den einzelnen Vermittlungsstellen so nur im Bereich von Millisekunden belegt sind, und kein Benutzer eine Verbindung für längere Zeit blockieren kann.

Bei der Paketvermittlung ist es notwendig, daß die einzelnen Datenpakete bei ihrer Ankunft an den Vermittlungsstellen des Netzwerks solange zwischengespeichert werden, bis sie weiter zum nächsten Netzknoten übertragen werden können. Daher wird diese Art der Vermittlung auch als **Speichervermittlung (Store and Forward)** bezeichnet (siehe Abb. 4.8).

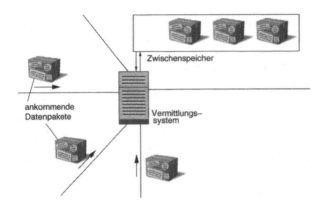

Abb. 4.8. Prinzip der Speichervermittlung (Store and Forward)

Eine spezielle Form der Speichervermittlung ist die **Nachrichtenvermittlung (Message Switching)**, bei der die Nachricht nicht wie im Falle der Paketvermittlung in einzelne Pakete zerteilt wird, sondern als Ganzes, d.h. in einem einzigen Paket über das Netzwerk versendet wird. Auch bei dieser Form der Nachrichtenübertragung wird keine explizite Verbindung geschaltet, wie bei der Leitungsvermittlung. Die gesamte Nachricht muß an den jeweiligen Vermittlungsstationen zwischengespeichert werden, die auch entscheiden, zu welcher nächsten Vermittlungsstelle die Nachricht weitergeleitet wird. In der Anfangszeit der Telegraphie wurden z.B. Telegramme auf diese Art weitervermittelt. Die Nachricht wurde im Büro des Senders auf Lochstreifen gestanzt, dann gelesen und über das Telegraphenkabel zur nächsten Telegraphenstation weitergeleitet, wo sie zur Zwischenspeicherung wiederum auf Lochstreifen festgehalten wurde. Im Gegensatz zur Paketvermittlung gibt es hier keine fest vorgeschriebene Blockgröße für die versendeten Datenpakete. Für heute übliche Datennetze ist Nachrichtenvermittlung daher vollkommen ungeeignet, da Vermittlungsstellen für lange Zeit blockiert wären oder ihr Zwischenspeicher unter Umständen noch nicht einmal zur Speicherung einer einzelnen Nachricht ausreichen würde (vgl. Abb. 4.9).

4.2.5 Vorteile der Paketvermittlung

Die Vorteile der Paketvermittlung liegen auf der Hand:

- **Hohe Netzauslastung**
  Da die einzelnen Datenpakete sehr klein sind, wird ein hoher Grad der Netzauslastung erreicht. Die Wartezeiten bleiben für alle übrigen Kommunikationsteilnehmer gering.
- **Faire Ressourcenzuteilung**
  Das Kommunikationsnetz steht allen Teilnehmern zur gleichberechtigten Nutzung zur Verfügung. Alle angeschlossenen Geräte versenden nach einem vorgegebenen Zeitmultiplexverfahren abwechselnd jeweils ein Paket.

Paketvermittlung vs. Nachrichtenvermittlung

Warum stellt die Paketvermittlung das effizientere der beiden Verfahren dar? Die einzelnen Vermittlungsrechner im Netzwerk können ein Datenpaket erst dann weitersenden, wenn es vollständig angekommen ist. Kann dabei von einer kleinen Datenpaketgröße ausgegangen werden, dann sind auch die jeweiligen Latenzzeiten klein. In nachrichtenvermittelten Netzwerken ist die Wartezeit an jedem Vermittlungsrechner proportional zur Länge der Nachricht, also theoretisch unbeschränkt lang. Dies läßt sich an einem einfachen Beispiel demonstrieren:

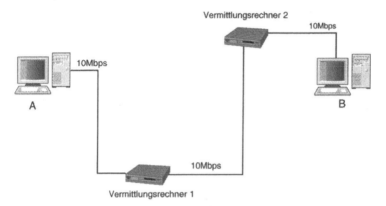

In unserem Beispielnetzwerk soll eine Nachricht der Länge 80 MBit = 80.000 kBit von A nach B versendet werden. Das gesamte Netzwerk besitze eine Bandbreite von 10 Mbps (Megabit pro Sekunde). Um von A nach B zu gelangen, müssen 2 Vermittlungsrechner passiert werden.
Im Falle eines nachrichtenvermittelten Netzes muß an den jeweiligen Vermittlungsstellen solange gewartet werden, bis die gesamte Nachricht angekommen ist. Von Rechner A zum ersten Vermittlungsrechner dauert das 80 Mb/10Mbps = 8 Sekunden. Bis die gesamte Nachricht am Zielrechner ankommt, vergehen also mindestens 3·8 = 24 Sekunden.
Nehmen wir nun an, das dargestellte Netzwerk sei paketvermittelt mit einer festen Paketgröße von 2 kBit. Die gesamte Nachricht wird dann in 80.000 kBit/2 kBit = 40.000 Pakete aufgeteilt. Die 40.000 Pakete benötigen jetzt folgende Übertragungszeit: Bis das erste Paket am Vermittlungsrechner ankommt, vergehen 2 kBit/10 Mbps = 0,2 ms. Demnach dauert es nur 40.000· 0,2 ms = 8.000 ms = 8 Sekunden bis das letzte Paket am ersten Vermittlungsrechner angekommen ist. Da das letzte Paket dann noch über zwei weitere Vermittlungsstellen übertragen werden muß, vergehen insgesamt 8 + 2·0,0002 = 8,0004 Sekunden, bis die Nachricht vollständig ihr Ziel erreicht hat. In unserem Beispiel ist die Datenübertragung im paketvermittelten Netzwerk also dreimal schneller als im nachrichtenvermittelten Netz.
Die Datenübertragung im paketvermittelten Netzwerk läuft weitgehend **parallel**, ähnlich wie an einem Fließband ab, wohingegen der Datenverkehr in einem nachrichtenvermittelten Netz **sequentiell** erfolgt. Während ein Vermittlungsrechner im nachrichtenvermittelten Netz die gesendete Nachricht empfängt, müssen die anderen warten. Im paketvermittelten Netzwerk übertragen alle Vermittlungsknoten parallel.

Abb. 4.9. Vergleich Paketvermittlung und Nachrichtenvermittlung

- **Schnelle Fehlererkennung**
  Wenn immer nur kleine Datenpakete versendet werden, können Fehler in der Übertragung schnell erkannt und gegebenenfalls sofort korrigiert werden. Es müssen immer nur die jeweils fehlerhaften Pakete erneut übertragen werden und nicht die gesamte Nachricht.
- **Hohe Ausfallsicherheit**
  Fällt eine Vermittlungsstation aus, so geht nicht die Gesamtnachricht verloren, wie bei der Leitungsvermittlung. Während bei der Leitungsvermittlung ein kompletter Teilbereich des Netzwerks eventuell nicht mehr erreichbar ist und die Kommunikation von Neuem mit dem Aufbau einer feststehenden Verbindungsstrecke beginnen muß, kann bei der Paketvermittlung direkt der gesamte Rest des Netzwerks weiter für die Kommunikation genutzt werden. Datenpakete, die sich bereits auf dem Weg befinden, wählen einfach eine alternative Route zum Ziel, die nicht über die ausgefallene Vermittlungsstelle führt.

Während leitungsvermittelte Netzwerke mit Vermittlungsstellen ohne eigenen Zwischenspeicher realisiert werden können, benötigen alle Formen der Paketvermittlung Zwischenspeicher an jeder Vermittlungsstelle, denn die Pakete müssen solange zwischengespeichert werden, bis die Weiterleitung erfolgt. Daher ist auch der Begriff **Store and Forward** für diese Form der Vermittlung gebräuchlich. Die Zwischenspeicherung bietet aber auch einen anderen ganz entscheidenden Vorteil: Bei der Paketvermittlung tritt die Übertragungsgeschwindigkeit der einzelnen Teilstrecken im Netz nicht mehr als Begrenzung für die Gesamtübertragungskapazität in Erscheinung, da Datenpakete beim Übergang zu langsameren Teilstrecken gepuffert werden können. Die Kosten der Übertragung in einem paketvermittelten Netzwerk sind proportional zur übertragenen Anzahl der Pakete und spiegeln daher die tatsächliche Nutzung des Netzes wieder.

4.2.6 Paketheader

Damit die vollständige Nachricht auf der Empfängerseite wieder korrekt zusammengesetzt werden kann, müssen die Datenpakete mit einer Reihe von Zusatzinformationen ausgestattet werden.

- **Adressinformationen**
  Jedes Paket muß Angaben über Sender und Empfänger enthalten.
- **Paketnummer**
  Die einzelnen Pakete müssen fortlaufend numeriert werden, um sie beim Empfänger wieder in der richtigen Reihenfolge zusammensetzen zu können.
- **Fülldaten**
  Eventuell ist die zu versendende Datenmenge kleiner als die fest vorgegebene Paketgröße. Dann muß das Datenpaket mit Fülldaten ergänzt werden, die auch als solche kenntlich zu machen sind.

- **Fehlererkennungsmechanismen**
  Um Übertragungsfehler erkennen zu können, müssen Zusatzdaten zur Fehlererkennung beigefügt werden. Dazu gibt es eine Reihe sehr unterschiedlicher Verfahren (siehe Exkurs 4.2.10).

4.2.7 Nachteile der Paketvermittlung

Genau in den Punkten, in denen sich die Paketvermittlung von der Leitungsvermittlung unterscheidet, liegen neben den bereits genannten Vorteilen auch ihre Nachteile:

- **Überlast (Congestion)**
  Da bei der Paketvermittlung keine dedizierten exklusiven Verbindungen festgelegt sind, kann es vorkommen, daß eine Vermittlungsstelle dem plötzlichen Andrang der eingehenden Datenpakete nicht gewachsen ist, d.h. der vorhandene Zwischenspeicher läuft über und in Folge gehen Datenpakete verloren.

- **Komplexes Kommunikationsprotokoll**
  Die Datenübertragung bei der Leitungsvermittlung läuft vollkommen transparent ab. Es spielt also absolut keine Rolle, auf welches Kommunikationsprotokoll sich Sender und Empfänger geeinigt haben. Dieser Transparenz der Kommunikation verdankt das Telefonsystem z.b. seine Fähigkeit, daß dort verschiedene Dienste wie Sprachkommunikation, Fax oder Datenkommunikation ohne großen Aufwand nebeneinander angeboten werden können. Bei der Paketvermittlung dagegen müssen alle Kommunikationsteilnehmer eines Netzes sich auf ein gemeinsames Netzwerkprotokoll festlegen, das z.B. die zu Grunde liegenden Parameter wie Bitrate, Datenfragmentierung, etc. für den Kommunikationsvorgang festlegt.

- **Keine Dienstgütegarantie**
  Ein weiterer Nachteil der Paketvermittlung besteht darin, daß keine konstante Bandbreite für eine Übertragung garantiert werden kann. Die Verzögerung innerhalb einer Übertragung kann in Abhängigkeit von der Auslastung der einzelnen Vermittlungsstellen relativ groß werden.

Neben der Verzögerung durch die speichervermittelte Übertragung kommen für die Pakete oft auch noch Wartezeiten in den Warteschlangen der Ausgabepuffer der Vermittlungsrechner hinzu, da sie dort abwarten müssen, bis alle Pakete, die zuvor in die Warteschlange eingereiht wurden, versendet sind. Diese Verzögerungszeiten sind variabel und hängen von der jeweiligen Auslastung des Netzwerks ab. Da die Pufferspeicher nur begrenzte Größe besitzen, kann es vorkommen, daß neu ankommende Datenpakete keinen Platz mehr darin finden, und es in Folge zum Paketverlust kommt.

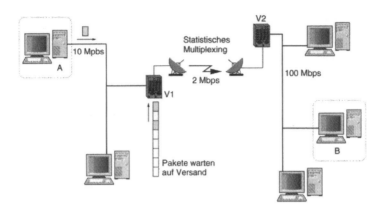

Zwischenspeicherung

Rechner A startet eine Datenübertragung an Rechner B. Das Netzwerk arbeitet als paketvermitteltes Netzwerk. Dabei werden die Pakete zunächst auf dem 10 Mbps Netzwerk zum nächstgelegenen Vermittlungsrechner V1 gesendet. Der Vermittlungsrechner muß anschließend die Pakete über die langsamere 2 Mbps Fernverbindung weiterleiten. Kommt es zu einem Stau der Datenpakete, müssen diese im Ausgangspuffer des Vermittlungsrechners V1 zwischengespeichert werden, bevor sie übertragen werden können. Da auch andere, direkt an diesen Vermittlungsrechner angeschlossene Computer diese Datenverbindung nutzen, werden dort Datenpakete unterschiedlichen Ursprungs in nicht vorbestimmter Reihenfolge zum Versand gespeichert. Aus diesem Grund wird die Versandart in einem paketvermitteln Netzwerk oft auch als **statistisches** oder **asynchrones Multiplexing** bezeichnet, im Gegensatz zum regulären Zeitmultiplexing (**Time Division Multiplex, TDM**), bei dem jeder Teilnehmer abwechselnd einen gleich großen Zeitslot erhält.

Abb. 4.10. Zwischenspeicherung in paketvermittelten Netzwerken

4.2.8 Verbindungslose und verbindungsorientierte Netzwerkdienste

Prinzipiell kann man innerhalb eines paketvermittelten Netzes **verbindungslose** und **verbindungsorientierte** Netzwerkdienste unterscheiden. Bei der

Tabelle 4.2. Vergleich Paketvermittlung und Leitungsvermittlung

Eigenschaft	Leitungsvermittlung	Paketvermittlung
feste Verbindungsstrecke	ja	nein
verfügbare Bandbreite	konstant	dynamisch variabel
verschwendete Bandbreite	ja	nein
store-and-forward Übertragung	nein	ja
jedes Paket folgt derselben Route	nein	ja
vorheriger Verbindungsaufbau	notwendig	nicht nötig
Stau kann auftreten	bei Verbindungsaufbau	jederzeit
Abrechnungsverfahren	pro Zeiteinheit	pro Paket

4.2 Rechnernetze und Paketvermittlung

Übertragungszeit und Gesamtverzögerung

Wieviel Zeit benötigt eine paketvermittelte Übertragung von einem Host zum anderen? Nehmen wir an, ein Datenpaket der Länge von l Bits soll versendet werden. Weiter sei angenommen, daß sich zwischen Absender A und Empfänger B genau q Vermittlungsrechner befinden mit einer Bandbreite von r bps und daß keine stehende Verbindung aufgebaut wird. Desweiteren seien die Wartezeiten, die in der Warteschlange der einzelnen Vermittlungsrechner entstehen, vernachlässigbar klein.
Die Zeit, die dann ein Datenpaket vom Startrechner A zum ersten Vermittlungsrechner benötigt, beträgt genau l/r Sekunden. Das Paket wird dann noch genau $q-1$ mal weitergeleitet und zwischengespeichert, so daß die Gesamtverzögerung $q \cdot (l/r)$ beträgt.
In der Praxis sind jedoch die Verbindungsstrecken zwischen den einzelnen Rechnern von unterschiedlicher Bandbreite r_i, $1 \leq i \leq q$. Daher berechnet sich die Gesamtverzögerung als

$$\sum_{i=1}^{q} \frac{l}{r_i}.$$

Abb. 4.11. Übertragungszeit in paketvermittelten Netzwerken

bislang besprochenen Variante der paketvermittelten Netzwerke handelt es sich um einen verbindungslosen Netzwerkdienst, auch **Datagramm-Netzwerk** genannt, bei dem jedes Datenpaket auf einem eigenen Weg zwischen Sender und Empfänger ausgetauscht wird. Im Gegensatz dazu werden in verbindungsorientierten Netzwerken Nachrichten zwar in einzelne Pakete zerlegt, bevor diese jedoch übertragen werden, wird eine sogenannte **virtuelle Verbindung** aufgebaut und alle Pakete werden dann zwischen den beiden Kommunikationspartnern auf dieser virtuellen Verbindung durch das Netzwerk transportiert. Eine eventuelle Vertauschung der Reihenfolge der einzelnen Pakete ist hier unmöglich. Eine Entscheidung darüber, welchen Weg die einzelnen Pakete nehmen sollen, ist nur einmal, nämlich zum Zeitpunkt des Aufbaus der virtuellen Verbindung notwendig. Die Zuordnung der vorhandenen Betriebsmittel aber ist starrer als bei den üblichen Datagramm-Netzwerken und eine Reaktion auf Überlast, Leitungs- oder Knotenausfällen kann dementsprechend nur weniger flexibel erfolgen.

Tabelle 4.3. Eigenschaften der unterschiedlichen Netzwerktypen

Eigenschaft	Netzwerktyp	
	verbindungsorientiert	verbindungslos
feste Route	ja	nein
Ausfallsicherheit	niedrig	hoch
Dienstgarantie	ja	nein
Effizienz	niedrig	hoch

4.2.9 Dienstparadigmen von Rechnernetzen

Die Rechnerkommunikation in einem paketvermittelten Datennetz wird modular in einzelnen Schichten realisiert, die hierarchisch aufgebaut von einen zunehmenden Grad an Abstraktion gekennzeichnet sind: Auf den unteren, Hardware-nahen Schichten werden die Datenpakete übertragen, die hierarchisch höherstehenden, abstrakteren Schichten verfügen über Protokolle, die die zu übertragende Nachricht in einzelne Datenpakete zerlegen und deren Versendung organisieren. Sie halten so Details der Datenübertragung vom Nutzer fern und stellen ihm komfortablere und höherwertige Dienste zur Verfügung. Grundsätzlich wird bei diesen Diensten zwischen **verbindungslosen** (Connectionless Service) und **verbindungsbasierten** (Connection-Oriented Service) Diensten unterschieden.

Verbindungslose Dienste. Diese Kategorie von Netzwerkdiensten ist am besten mit dem konventionellen Postnetz vergleichbar. Bevor ein Rechner eine Nachricht an einen anderen Rechner versenden kann, muß er diese in ein vorgegebenes Datenpaketformat überführen und mit einer Empfängeradresse versehen, vergleichbar einer geschriebenen Nachricht, die in einen Umschlag gesteckt und auf der Außenseite mit der Empfängeradresse beschrieben wird. Ebenso, wie der Rechner das fertige Datenpaket dann an das Netzwerk zur Zustellung übergibt, wird der Brief zur nächsten Annahmestelle der Post gebracht, die ihn dann zum Empfänger befördert.

Um den Verwaltungsaufwand so gering wie möglich zu halten, übernimmt der verbindungslose Dienst keine Garantie, daß das Datenpaket tatsächlich beim Empfänger ankommt bzw. unter welchen zeitlichen Rahmenbedingungen die Zustellung erfolgt. Im Gegensatz zum verbindungsorientierten Dienst wird keine Verbindung zwischen Sender und Empfänger geschaltet, die einzelnen Datenpakete werden verzugslos und unabhängig voneinander versendet. Dazu muß jedes Datenpaket mit zusätzlichen Informationen, wie z.B. der Empfängeradresse ausgestattet werden. Ist also das Kommunikationsverhalten durch einen häufigen Wechsel von Adressaten und kurze Nachrichtenlängen gekennzeichnet, bieten verbindungslose Dienste gegenüber verbindungsorientierten Diensten entscheidende Vorteile.

Verbindungsorientierte Dienste. Der Betrieb eines verbindungsorientierten Dienstes kann mit dem Betrieb des herkömmlichen, analogen Telefonnetzes verglichen werden. Bevor der Nachrichtenaustausch zwischen zwei Rechnern beginnen kann, muß zuerst eine Verbindung zwischen diesen geschaltet werden, ähnlich dem Wählen einer Telefonnummer und dem damit verbundenen Verbindungsaufbau zum angewählten Telefonteilnehmer. Sobald das Gegenüber den Kommunikationswunsch wahrgenommen und diesen akzeptiert hat, vergleichbar dem Abnehmen des Telefonhörers beim Klingeln des Telefons und der Meldung des angewählten Teilnehmers, besteht zwischen den beiden eine fest geschaltete Verbindung, die quasi exklusiv für die nun folgende Kommunikation – den Austausch von Datenpaketen – genutzt werden kann. Nach Beendigung der Kommunikation muß die geschaltete Verbindung wieder abgebaut werden. Ein verbindungsorientierter Dienst durchläuft also stets die drei Phasen:

1. Verbindungsaufbau,
2. Datenübertragung und
3. Verbindungsabbau.

Verbindungsorientierte Dienste über paketvermittelte Netzwerke müssen auf den dort verfügbaren verbindungslosen Diensten aufsetzen, d.h. die Ressourcenzuteilung einer festen Verbindung ist tatsächlich nur eine virtuelle und wird auf einer höheren Schicht der modular organisierten Rechnerkommunikation verwirklicht. Die verbindungsorientierten Dienste stellen dem Nutzer eine Schnittstelle bereit, die es ihm gestattet, diese virtuell exklusive Verbindung zu nutzen. Diese Schnittstelle schirmt den Nutzer von den tatsächlichen, auf einer hierarchisch niedrigeren Schicht der Kommunikation ablaufenden Prozessen, wie z.B. der Bildung und Adressierung von einzelnen Datenpaketen, ab und gestaltet so den Kommunikationsvorgang viel bequemer.

Die verbindungsorientierte Kommunikation über eine so eingerichtete Datenverbindung muß nicht kontinuierlich fortlaufen, sondern kann vorübergehend auch unterbrochen werden, bevor der Datenverkehr später wieder aufgenommen wird. Die Verbindung allerdings bleibt für die gesamte Zeitdauer bestehen, bis zu dem Zeitpunkt, da einer der Kommunikationsteilnehmer entscheidet, diese zu beenden (vergleichbar dem Auflegen des Telefonhörers).

Zu den Vorteilen der verbindungsorientierten Dienste zählt auch die Fähigkeit, Netzwerkfehler unmittelbar feststellen zu können. Fällt eine der Vermittlungsstellen entlang der geschalteten, virtuellen Verbindung aus, bricht die Verbindung zusammen und die Kommunikationsteilnehmer können sofort reagieren.

Während bei verbindungslosen Diensten eine Abrechnung der in Anspruch genommenen Netzwerkleistung über die Menge der versendeten Daten erfolgt, rechnen verbindungsorientierte Dienste in der Regel die Dauer der bestehenden Datenverbindung ab. Dieses Abrechnungsverfahren ist in der Praxis oft weniger aufwendig und einfacher zu realisieren.

Andererseits benötigt der Aufbau einer Verbindung bei der verbindungsorientierten Kommunikation relativ viel Zeit. Handelt es sich nur um eine kurze Nachricht, die ausgetauscht werden soll, kann der zeitliche Aufwand zum Aufbau der Verbindung oft die eigentliche Verbindungsdauer übersteigen. Handelt es sich dagegen um eine länger anhaltende Verbindung, kommt der Vorteil zum Tragen, daß weitaus weniger Verwaltungs- und Kontrollinformationen ausgetauscht werden müssen, als bei verbindungslosen Diensten. Dort muß jedes Datenpaket mit Sender- und Empfängeradresse ausgestattet werden, damit es korrekt zugestellt werden kann. Ist bei einem verbindungsorientierten Dienst der Verbindungsaufbau erst einmal vorgenommen, wird den auszutauschenden Datenpaketen nur noch eine vom Netzwerk vergebene Verbindungsidentifikation (Connection Identifier) mitgegeben, die in der

Regel viel kürzer als die jeweilige Netzadresse von Sender oder Empfänger ist.
Sollen Verbindungen zu einigen wenigen Kommunikationspartnern geschaltet werden, die über eine längere Zeitspanne hinweg aufrecht erhalten bleiben, rentiert sich der Einsatz verbindungsorientierter Dienste. Man kann noch einen Schritt weitergehen und über einen verbindungsorientierten Dienst auch eine **dauerhafte Verbindung** (persistente Verbindung) aufbauen. Wurden in den ersten Rechnernetzen noch Punkt-zu-Punkt-Verbindungen zur Herstellung einer dauerhaften Verbindun über dedizierte physikalische Verbindungen (Kabel) geschaltet, kann dies heute durch die Einrichtung eines dedizierten, virtuelle Informationskanals über ein gemeinsam genutztes Netzwerk erfolgen. Die Konfiguration dieser Festverbindungen ist im nichtflüchtigen Speicher der beteiligten Verbindungsrechner abgelegt und kann so auch nach einem Netzausfall sofort wieder aktiviert werden. Derartige dauerhafte Verbindungen können über Monate oder gar Jahre hinweg bestehen. Aus Sicht der angeschlossenen Rechner erscheinen sie wie eine physikalische Punkt-zu-Punkt-Verbindung. Dauerhafte Verbindungen garantieren eine Verfügbarkeit, die wahlfreie Verbindungen nicht bieten können. Die Verbindung ist stets einsatzbereit und nutzbar, d.h. ein angeschlossener Rechner muß nicht erst warten, bis eine Verbindung zum Empfänger aufgebaut worden ist. Natürlich ist diese „Fixierung" mit Einbußen an Flexibilität verbunden. Wählverbindungen werden nur dann geschaltet, wenn sie wirklich erforderlich sind. Für die übrige Zeit wird die Wählverbindung abgebaut, so daß die zur Verfügung stehende Bandbreite auch wieder von den anderen Netzteilnehmern genutzt werden kann.

4.2.10 Fehlererkennung

Um eine zuverlässige Datenübertragung über ein nicht fehlerfrei arbeitendes Übertragungsmedium zu ermöglichen, müssen Mechanismen zur automatischen Fehlererkennung und Fehlerkorrektur zum Einsatz kommen. Zur Fehlererkennung werden die einzelnen Datenpakete mit zusätzlichen Informationen ausgestattet, aus denen sich im Fehlerfall zumindest bis zu einem gewissen Grad der korrekte Inhalt des Datenpakets wieder rekonstruieren läßt. Der Sender berechnet z.B. eine **Prüfsumme** über das zu versendende Datenpaket und hängt diese an das Paket an. Beim Empfänger angekommen, wendet dieser auf das empfangene Datenpaket (ohne angehängte Prüfsumme) dasselbe Verfahren zur Prüfsummenbildung an und vergleicht den errechneten Wert mit dem vom Sender an das Datenpaket angefügten Prüfwert. Stimmen beide Werte überein, so ist das Paket mit hoher Wahrscheinlichkeit korrekt übertragen worden. Im Falle einer Nichtübereinstimmung ist es bei der Übertragung zu Veränderungen gekommen. Der Empfänger fordert das Paket erneut vom Sender an, wobei nicht die gesamte Nachricht, sondern lediglich das fehlerhafte Datenpaket erneut übertragen werden muß.

Zwar werden Datenleitungen immer zuverlässiger, doch führen die sich verbreitenden drahtlosen Kommunikationstechnologien, wie z.b. **Wireless LAN (WLAN)** zu einer immensen Erhöhung der Übertragungsfehler, die durch Rauschen oder Störungen verursacht werden. Der Empfänger ist dann oft nicht mehr in der Lage, aus den empfangenen Signalen das gesendete Datenpaket korrekt zu rekonstruieren. Glücklicherweise treten Fehler bei der drahtlosen Kommunikation, wenn sie auftreten, dann gehäuft in sogenannten **Bursts** oder Bündeln auf. Würden Fehler immer nur in isolierten Einzelbits auftreten, wäre bei einer konstanten Fehlerrate von beispielsweise 0.01% pro Bit bei einer Paketgröße von 10.000 Bits annähernd jedes einzelne Paket fehlerhaft und müßte erneut übertragen werden. Treten die Fehler dagegen in einem Burst von jeweils durchschnittlich 100 Fehlern auf, so sind lediglich ein oder zwei von 100 Paketen davon betroffen.

Ein Maß für Übertragungsfehler ist die sogenannte **Bitfehlerrate**, die sich berechnen läßt aus dem Verhältnis der fehlerhaft übertragenen Bits zur Gesamtanzahl der übertragenen Bits, gemessen über einen längeren Zeitraum. Methoden zur Fehlererkennung und -beseitigung können oft nicht alle Fehler korrekt erkennen. Fehlerkorrekturverfahren sollten deshalb so arbeiten, daß die verbleibende Restfehlerwahrscheinlichkeit möglichst minimal ist.

Um mit Fehlern effizient umgehen zu können, wurden zwei grundlegende Verfahren entwickelt: **fehlererkennende Codes** und eine damit verbundene **Übertragungswiederholung** im Falle erkannter Fehler bzw. automatische Fehlerkorrektur durch **fehlerkorrigierende Codes**. Um die zur Fehlererkennung bzw. -korrektur notwendigen Algorithmen anwenden zu können, ist es notwendig, die zu versendende Nachricht mit einer sogenannten **Redundanz** zu versehen. Dazu wird die Originalnachricht mit einem zusätzlichen Code versehen, der keinen eigenen Nachrichtenwert besitzt, sondern nur der Fehlererkennung und -behebung dient. Durch diese hinzugefügte Redundanz können ungültige Codeworte erkannt werden, die keinem Original-Codewort entsprechen und deshalb auf einen Fehler in der Übertragung hinweisen.

Beim Einsatz fehlerkorrigierender Codes kann man, zumindest wenn nicht zu viele Fehler auftreten, auf das Original-Codewort zurückschließen. Im Vergleich zur Fehlererkennung erfordert die Fehlerkorrektur einen höheren Aufwand. Sie ist aber immer dann notwendig, wenn im Fehlerfall keine Neuübertragung des Codewortes angefragt werden kann. Ist eine Rückfrage möglich, dann ist der Einsatz eines fehlererkennenden Code ausreichend, als fehlerhaft erkannte Codeworte können erneut übermittelt werden.

Exkurs 9: Fehlererkennende und fehlerkorrigierende Codes

Nachricht und Redundanz
Wir definieren zunächst, was unter einem Fehler zu verstehen ist, und betrachten dazu den Aufbau eines beliebiges Datenpakets, in diesem Zusammenhang auch als **Codewort** bezeichnet.

Tabelle 4.4. Bitfehlerwahrscheinlichkeiten

Übertragungsmedium	Bitfehlerwahrscheinichkeit (Größenordnung)
Funk	10^{-1} bis 10^{-3}
Fernsprechleitung	10^{-5}
Digitales Datennetz	10^{-6} bis 10^{-7}
LAN (Koaxialkabel)	10^{-9}
Glasfaserkabel	10^{-12}

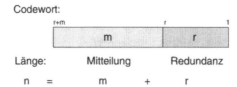

Codewort:

Länge: Mitteilung Redundanz

n = m + r

Das Codewort (Nachricht) hat also eine Länge von n=r+m Bits und besteht aus den zu übertragenden Nutzdaten (der Mitteilung) und zusätzlichen Bits, die die Erkennung eines Übertragungsfehlers ermöglichen (die Redundanz).

Hammingdistanz
Betrachten wir zwei beliebige binäre Codeworte gleicher Länge, so läßt sich die Anzahl der Positionen, in denen die Bits nicht übereinstimmen, leicht ermitteln. Sei z.B.

Codewort C_1 1000100010001000
Codewort C_2 1000000011000000

Die beiden Codeworte differieren in genau drei Positionen. Die Anzahl der Positionen, in denen sich zwei Codeworte unterscheiden, bezeichnet man als **Hamming-Distanz** (nach Richard W. Hamming, 1915–1998). Die Bedeutung der Hamming-Distanz wird schnell klar: Wenn zwei Codeworte um δ Bits differieren, können genau δ Einzelbitfehler das eine Codewort in das andere verwandeln. Um die Hamming-Distanz von zwei gegebenen Codeworten zu ermitteln, errechnet man die bitweise EXOR-Verknüpfung der beiden Codeworte und summiert die Anzahl der Einsen im Ergebnis dieser Operation:

C_1 1000100010001000
C_2 1000000011000000
$C_1 \oplus C_2$ 0000100001001000

Insgesamt kann es 2^m verschiedene Mitteilungen der Länge m geben. Unabhängig davon, welches Verfahren zur Berechnung der Redundanz verwendet wird, kann nicht jedes der 2^n theoretisch möglichen Codeworte auftreten. Mit Hilfe des Algorithmus, der die Redundanz errechnet, kann die Liste aller „erlaubten" Codeworte erstellt werden. Das Codewort-Paar aus dieser Liste, das die kleinste mögliche Hammingdistanz δ_{min} besitzt, definiert die Hammingdistanz des Codes und gilt als Maßzahl für die **Störsicherheit** des verwendeten Codes. Um in einem Codewort δ-1 Fehler erkennen zu können, muß der verwendete Code mindestens eine Hammingdistanz von δ besitzen. In einem solchen Code ist es nicht möglich, daß δ-1 Einzelbitfehler dazu führen, daß das fehlerhafte Codewort mit einem anderen, zulässigen Codewort übereinstimmt. Auch können in einem Code mit Hammingdistanz δ Einzelbitfehler, die weniger als $\delta/2$ Bits betreffen, automatisch korrigiert werden, indem man einfach zum empfangenen Codewort das nächstliegende zulässige Codewort sucht.

Paritätsbit

Das einfachste Beispiel für einen fehlererkennenden Code ist das Anhängen eines **Paritätsbits**. Das Paritätsbit entspricht der Parität der 1-Bits im Codewort. Ist deren Anzahl gerade, dann wird das Paritätsbit gleich 0 gesetzt, anderenfalls gleich 1. Für C_1=1000100010001000 z.B. ist die Anzahl der 1-Bits gleich 4, also von gerader Parität. C_1 wird um das Paritätsbit p=0 erweitert und das zu übertragende Codewort ergibt sich als C'_1=0100010001000100|0. Ein Code mit einem einzelnen Paritätsbit hat die Hammingdistanz $\delta = 2$ und kann dazu benutzt werden, einzeln auftretende Bitfehler, sogenannte **Einzelbitfehler**, zu erkennen. Codes, bei denen die Mitteilung unverändert als Block bestehen bleibt und die Prüfbits angehängt werden, heißen **systematische Blockcodes**.

Wie groß muß die Redundanz r gewählt werden, um sicherzustellen, daß jeder Einzelbitfehler bei Mitteilungen der Länge m erkannt werden kann? Betrachtet man C_i, eine einzelne der 2^m möglichen Mitteilungen, so gibt es nach Ergänzung mit der Redundanz R_i insgesamt n=m+r Möglichkeiten, unzulässige Codeworte mit der Hammingdistanz δ=1 zu bilden. Man kann diese unzulässigen Codeworte erzeugen, indem man einfach ein Bit nach dem anderen im zusammengesetzten Codewort $C_i R_i$ invertiert. Somit besitzt jede der 2^m Mitteilungen n+1 verschiedene Bitmuster, die durch eventuelle Einzelbitfehler aus ihr entstehen können und nur ihr alleine zuzuordnen sind. Die Gesamtzahl der möglichen Bitmuster in unserem Code beträgt 2^n, es muß daher gelten

$$(n+1)2^m \leq 2^n.$$

Für die Codelänge $n = r + m$ ergibt sich damit

$$(m + r + 1) \leq 2^r$$

als eine Untergrenze für die Anzahl r der benötigten Bits zur Entdeckung aller möglichen Einzelbitfehler.

Hamming-Code

Ein Code, der diesem Schema folgt und alle Einzelbitfehler erkennt, stammt von Hamming selbst.

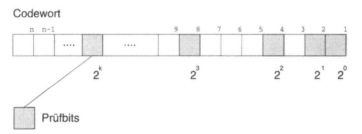

Alle Bits des Codeworts werden durchnumeriert. Dabei werden alle Bits, die mit einer Zweierpotenz numeriert sind (1,2,4,8,16, etc.) als **Prüfbits** verwendet, während die restlichen Bits (3,5,6,7,9,10, etc.) mit den m Bits der Mitteilung gefüllt werden. Jedes Prüfbit steht jetzt für die Parität einer ganzen Reihe von Einzelbits. Ein Bit kann somit Teil verschiedener Paritätsbits sein. Das Datenbit an der Stelle k, $1 \leq k \leq n$, wird dabei den Prüfbits zugeteilt, die in der binären Kodierung von k enthalten sind. Ist z.B. k=11, dann ist k=1+2+8=2^0+2^1+2^3 und das k-te Bit geht in die Paritätsberechnung der Prüfbits 0, 1, und 3 ein.

Betrachten wir z.B. einen Hammingcode zur Übertragung von Codeworten, die jeweils aus m=11 Datenbits und r=4 Prüfbits zusammengesetzt sind. Dieser aus n=15 Bit langen Codewörtern bestehende Code wird auch als 15/11-Code bezeichnet.

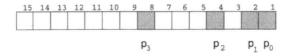

Die Prüfbits seien mit p_0 - p_3 bezeichnet, Bits mit c_1 - c_{15} durchnumeriert. Entsprechend der angegebenen Regel zur Erzeugung der Prüfbits, werden diese folgendermaßen gebildet:

$$p_0 = c_3 \oplus c_5 \oplus c_7 \oplus c_9 \oplus c_{11} \oplus c_{13} \oplus c_{15}$$
$$p_1 = c_3 \oplus c_6 \oplus c_7 \oplus c_{10} \oplus c_{11} \oplus c_{14} \oplus c_{15}$$
$$p_2 = c_5 \oplus c_6 \oplus c_7 \oplus c_{12} \oplus c_{13} \oplus c_{14} \oplus c_{15}$$
$$p_3 = c_9 \oplus c_{10} \oplus c_{11} \oplus c_{12} \oplus c_{13} \oplus c_{14} \oplus c_{15}$$

Zur Verdeutlichung der Interaktion der einzelnen Prüfbits (Position 1, 2, 4 und 8) werden diese in Tabellenform dargestellt.

Pos	15	14	13	12	11	10	9	8	7	6	5	4	3	2	1	Parität
p_0	x		x		x		x		x		x		x		x	0
p_1	x	x			x	x			x	x			x	x		0
p_2	x	x	x	x					x	x	x	x				0
p_3	x	x	x	x	x	x	x	x								0

Alle Prüfbits ergeben sich aus jeweils 7 Koeffizienten. Berechnet man die Parität über ein Prüfbit p_i zusammen mit seinen zugehörigen Koeffizienten, muß diese stets gerade sein, also $p_i \oplus c_{i1} \oplus \ldots \oplus c_{i1} = 0$ (siehe letzte Spalte der Tabelle).
Angenommen, es soll folgende Bitfolge übertragen werden: 00010111001. Zusammen mit den berechneten Prüfbits p_0 - p_3 ergibt sich das Codewort 000101111000**111**. Sei weiter angenommen, daß bei der Datenübertragung ein Fehler an Position 7 auftritt, also c_7 invertiert wird, dann erreicht den Empfänger das fehlerhafte Codewort 000101110000**111**. Zum Überprüfen des empfangenen Codewortes kann dieses wieder in der angegebenen Tabellenform betrachtet werden:

Pos	15	14	13	12	11	10	9	8	7	6	5	4	3	2	1	Parität
C	0	0	0	1	0	1	1	1	**0**	0	0	0	1	1	1	
p_0	0		0		0		1		0		0		1		1	1–F
p_1	0	0			0	1			0	0			1	1		1–F
p_2	0	0	0	1					0	0	0	**0**				1–F
p_3	0	0	0	1	0	1	1	**1**								0–ok

Die Überprüfung der Parität für p_0 - p_2 ergibt jeweils den fehlerhaften Wert 1, lediglich p_4 ist korrekt berechnet worden. Die geschickte Wahl der Zusammenstellung der Prüfbits macht jetzt eine exakte Lokalisierung des aufgetretenen Einzelbitfehlers möglich. Lediglich die Stelle c_7 vermag als Einzelbitfehler die Berechnung der Prüfbits p_0 - p_2 zu verfälschen. Addiert man die Zweierpotenzen der Prüfbitindizes ($2^2 + 2^1 + 2^0 = 4 + 2 + 1 = 7$) erhält man die fehlerhafte Stelle. Auf diese Weise kann jeder Einzelbitfehler des Codes erkannt und behoben werden.

Ein Algorithmus zur Überprüfung des korrekten Empfangs eines Hammingcodes könnte folgendermaßen ablaufen: Für das empfangene Codewort wird ein Zähler z mit dem Wert 0 initialisiert, z=0. Daraufhin wird die Berechnung für jedes Prüfbit p_i wiederholt, um zu überprüfen, ob dieses die korrekte Parität enthält. Stimmt die Berechnung nicht mit dem gesetzten Prüfbit p_i überein, wird i zum Zähler hinzuaddiert, z := z+i. Sind alle Prüfbits derart nachgeprüft und enthält der Zähler den Wert 0 (z=0), dann war die Übertragung

korrekt und das nächste Datenpaket kann überprüft werden. Ist der Zähler jedoch ungleich 0 ($z=k$, $k \neq 0$), dann enthält er genau die Position des fehlerhaften, invertierten Bits c_k.
Über das Kodierungsschema des Hamming-Codes ergibt sich eine Hamming-Distanz von $\delta_{min}=3$ als minimale Distanz zwischen zwei beliebigen zulässigen Codeworten. Daher ist es mit dem Hamming-Code möglich, einzeln auftretende Einzelbitfehler zu korrigieren und doppelt auftretende Einzelbitfehler zu erkennen.
Der Hammingcode kam lange Zeit in den Routinen zum Hauptspeicherzugriff in Computern zum Einsatz. Allerdings ist dieses Verfahren nur für kurze Codewörter rentabel, so daß heute andere Verfahren, wie z.b. Matrix-Prüfsummenverfahren zum Einsatz kommen

Matrix-Paritätsprüfung
Werden größere Datenblöcke übertragen, kann die Restfehlerwahrscheinlichkeit sehr hoch werden, wenn nur ein Paritätsbit verwendet wird. Daher wendet man hier **mehrfache Paritätsprüfungen** an und ordnet dazu die zu prüfenden Codeworte in einer Matrix der Größe n×k an. Dabei wird für jede Zeile der Matrix eine Längsparität und für jede Spalte eine Querparität berechnet (siehe Abb. 4.12).

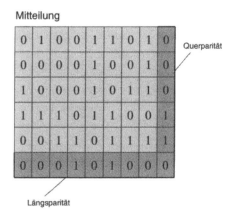

Abb. 4.12. Matrix-Paritätsprüfung

Werden die einzelnen Codeworte jetzt nicht der Reihe nach übertragen, sondern jede Spalte der Matrix für sich selbst, dann kann selbst ein k-Bitfehler, der eine komplette Spalte betrifft, wieder mit Hilfe der Querparitätbits rekonstruiert werden.

Prüfsummenverfahren
Eine weitere Idee zur Fehlererkennung, die in der Praxis häufig angewandt wird, ist die Ermittlung von **Prüfsumme**. Dabei werden die durch die übertragenen Bitfolgen dargestellten Zeichen als numerische Werte interpretiert, zu einzelnen Blöcken zusammengefaßt und deren Summe berechnet. Als Binärzahl kodiert wird diese Prüfsumme einfach mit an die zu übertragenden Daten angehängt. Prüfsummenverfahren werden z.B. im IP-Protokoll verwendet. Das bekannteste Verfahren ist die sogenannte **zyklische Redundanzüberprüfung** (**Cyclic Redundancy Check, CRC**, auch als **Polynomialcode** bezeichnet).
Die Grundidee im CRC-Verfahren ist es, die zu übertragenden Bits der Mitteilung als Koeffizienten u_i, $0 \leq i \leq m-1$, eines Polynoms aufzufassen, die entweder 0 oder 1 sein können. Die m Nutzbits der Mitteilung werden also wie folgt interpretiert:

$$M(x) = u_{m-1}x^{m-1} + u_{m-2}x^{m-2} + \ldots + u_1 x + u_0.$$

Das Polynom M(x) ist vom Grad m-1. Die Mitteilung 11000101 hat z.B. genau 8 Bit und erzeugt das Polynom M(x)=x^7+x^6+x^2+1. Die Rechenregeln für diese Polynome entsprechen den üblichen Rechenregeln in einem Körper mit der Charakteristik 2 ($\mathbf{F}_2$), Addition und Subtraktion entsprechen der EXOR-Operation. Die Division entspricht exakt dem Verfahren für Binärzahlen, nur daß die Subtraktion hier wieder als EXOR berechnet wird.
Das Polynom M(x) wird nun durch ein gemeinsam von Sender und Empfänger verwendetes **Generatorpolynom** G(x) dividiert, und der Divisionsrest bildet die anzuhängende Blockprüfsumme. Das Generatorpolynom ist vom Grad r, das erste und das letzte Bit müssen ungleich Null sein, $g_r, g_0 \neq 0$:

$$G(x) = g_r x^r + g_{r-1} x^{r-1} + \ldots + r_1 x + r_0.$$

An die Mitteilung werden jetzt r Nullbits angehängt, was dem Polynom x^rM(x) entspricht. x^rM(x) wird unter Verwendung der Rechenregeln für endliche Körper durch G(x) dividiert. Dabei entsteht ein Restpolynom R(x), das höchstens vom Grad r-1 ist. Die Koeffizienten von R(x), $r_{r-1}, \ldots, r_0$, werden an die Mitteilung angehängt. Somit entspricht der zu übertragenden Nachricht das Polynom N(x)=x^rM(x)-R(x).
Dieses Polynom ist jetzt durch G(x) teilbar. Wird N(x) fehlerfrei übertragen, so berechnet der Empfänger N(x)/G(x) und erhält den Rest 0.

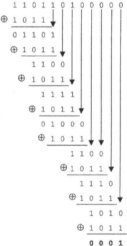

Abb. 4.13. CRC-Prüfsummenverfahren

4.2 Rechnernetze und Paketvermittlung

Es ist klar, daß N(x) auf alle Fälle durch G(x) teilbar ist, denn für jedes Divisionsproblem gilt: Wenn man vom Dividenden den Divisionsrest abzieht, so ist das Ergebnis der Subtraktion immer durch den Divisor teilbar.
Um jetzt den Nutzen der Methode zu analysieren, nehmen wir an, daß in der Übertragung von N(x) tatsächlich ein Übertragungsfehler auftritt. Anstelle des Bitstrings N(x) erhält der Empfänger die fehlerhafte Nachricht N(x)+E(x). Jedes 1-Bit in E(x) korrespondiert zu einem Einzelbitfehler, also einer Stelle in N(x), die durch den Übertragungsfehler invertiert wurde. Enthält E(x) k 1-Bits, so traten k Einzelbitfehler auf.
Der Empfänger dividiert nun die empfangene und um die Prüfsumme erweiterte Nachricht durch G(x), d.h. (N(x)+E(x))/G(x). Da N(x)/G(x)=0, ist das Ergebnis gleich E(x)/G(x). Fehler, die an exakt den Stellen auftreten, an denen das Generatorpolynom G(x) ebenfalls 1-Bits enthält, werden übersehen. Alle anderen aber werden erkannt.
Tritt ein Einzelbitfehler auf, ist also E(x)=x^i, wobei i angibt, welches Bit der Nachricht fehlerhaft ist, so kann er erkannt werden, wenn das Generatorpolynom so gestaltet ist, daß es mindestens 2 Terme enthält, damit E(x) niemals durch G(x) teilbar ist. Alle Einzelbitfehler können also erkannt werden, wenn das Generatorpolynom mindestens zwei Terme enthält.
Treten zwei isolierte Einzelbitfehler auf, so daß E(x)=x^i+x^j, i>j, dann ist E(x)=$x^j(x^{i-j}+1)$. Wenn G(x) nicht durch x teilbar ist, dann können alle derartigen Doppelfehler erkannt werden, falls G(x) so gewählt wird, daß x^k+1 nicht durch G(x) teilbar ist, für k≤i-j (wobei i-j durch die Paketgröße beschränkt ist). In [Tan96] werden einfache Beispielpolynome angegeben, wie z.B. $x^{15}+x^{14}+1$, die kein Polynom der Form x^k+1 teilt für k<32.768.
Auch eine weitere interessante Eigenschaft der Arithmetik über F_2 kann hier genutzt werden: Kein Polynom ungerader Länge, d.h. mit ungerader Anzahl von einzelnen Termen, besitzt x+1 als Teiler. Indem wir jetzt einfach x+1 in das Generatorpolynom mitaufnehmen, kann sichergestellt werden, daß alle Fehler, die eine ungerade Anzahl Bits betreffen, erkannt werden.
Sogenannte Bündelfehler starten und enden mit einem 1-Bit. Der Bereich zwischen den beiden begrenzenden 1-Bits kann sowohl 0-Bits als auch 1-Bits enthalten, der äußere Bereich enthält nur 0-Bits. Ein Polynomialcode mit r Prüfbits kann alle Bündelfehler der Länge ≤r entdecken. Ein Bündelfehler der Länge k, also E(x)=$x^i(x^{k-1}+...+1)$, wobei i den Offset des Fehlers bezeichnet, wird erkannt, wenn der Ausdruck ($x^{k-1}+...+1$) einen niedrigeren Grad als G(x) hat, denn dann kann der Divisionsrest niemals gleich 0 werden. Zusätzlich muß noch gelten, daß x^0 Teil von G(x) ist, damit die Teilbarkeit des verbleibenden Teils x_i des Polynoms ausgeschlossen ist.
Ist die Bündellänge gleich r+1, ergibt sich als Divisionsrest nur genau dann Null, wenn der Bündelfehler gleich dem Generatorpolynom ist, G(x)=E(x). Gemäß der Definition besitzt der Bündelfehler an seinen beiden Endstellen jeweils ein 1-Bit, die r-1 Bits dazwischen sind wahlfrei. Betrachtet man alle möglichen Bitkombinationen als gleichwahrscheinlich, so ist die Wahrscheinlichkeit, daß ein fehlerhaftes Datenpaket als fehlerfrei akzeptiert wird, gleich $(\frac{1}{2})^{r-1}$. Man kann zeigen, daß im Falle eines Bündelfehlers der Länge $\geq r+1$ oder im Falle mehrerer kürzerer Bündelfehler die Wahrscheinlichkeit, daß ein fehlerhaftes Datenpaket unbemerkt als korrekt akzeptiert wird, bei $(\frac{1}{2})^r$ liegt.

Die gebräuchlichsten CRC Standard Polynome lauten:

CRC-12	=	$x^{12} + x^{11} + x^3 + x^2 + x + 1$
CRC-16	=	$x^{16} + x^{15} + x^2 + 1$
CRC-CCITT	=	$x^{16} + x^{12} + x^5 + 1$
CRC-32	=	$x^{32} + x^{26} + x^{23} + x^{22} + x^{16} + x^{12} + x^{11} +$
		$+x^{10} + x^8 + x^7 + x^5 + x^4 + x^2 + x + 1$

CRC-12 wird für Übertragungen von 6-Bit-Zeichen benutzt und erzeugt eine 12-Bit Blockprüffolge. CRC-16 und CCRC-CCITT werden beide für 8-Bit Übertragungen genutzt und erzeugen eine 16-Bit Blockprüffolge. Anwendungen, die eine höhere Übertragungssicherheit benötigen, können auf CRC-32 zurückgreifen, das eine 32-Bit Blockprüffolge erzeugt. CRC-32 wird z.b. in Standardübertragungstechniken (Ethernet, FDDI, IEEE-802) genutzt. Mit CRC-16 bzw. CRC-CCITT werden alle Einzelbitfehler, sowie alle doppelt auftretenden Einzelbitfehler und alle Fehler ungerade Länge erkannt. Dazu werden 100% aller Fehler erkannt, die kürzer als 16 Bit sind, 99.997 % aller 17 Bit Bündelfehler und 99.998% aller Bündelfehler von 18 Bit Länge und mehr.

Der CRC-Algorithmus mag recht kompliziert erscheinen, kann aber durch einfache Schieberegisteroperationen sehr leicht in Hardware realisiert werden.

Fehlerkorrekturverfahren
Bei den Codierungen zur **Fehlerkorrektur** unterschiedet man sogenannte **Blockcodes** und **Faltungscodes** (Block Code und Convolutional Code). Wie bei der Fehlererkennung, wird auch hier den Nutzdaten redundante Information hinzugefügt. Der Quotient m/n, wobei n=r+m, wird als Coderate bezeichnet. Gebräuchliche Werte sind dabei 1/2, 3/4 und 7/8. Bei den Blockcodes wird die redundante Information, ähnlich wie bei der Verwendung von Paritätsbits aus Blöcken der zu übertragenden Nutzinformation berechnet. Im Gegensatz dazu berechnen Faltungscodes die Redundanz fortlaufend aus aufeinanderfolgenden Bitfolgen.
Der Verarbeitungsaufwand für fehlerkorrigierende Codes ist relativ hoch, bei einer entsprechend niedrigen Coderate. Diese niedrige Coderate ist dafür verantwortlich, daß diese Methoden der Fehlerkorrektur nur dort angewendet werden, wo eine Übertragungswiederholung nicht praktikabel ist. Als wichtiges Beispiel seien hier terrestrische Funksysteme (**GSM**: Global System for Mobile Communication), Übertragungssysteme, die einer starken Bandbreitenbeschränkung unterliegen, wie z.B. der Funkverkehr mit interplanetaren Raumsonden (Deep Space Communication) oder digitalen Speichermedien, wie Arbeitsspeicher (**RAM**: Random Access Memory) oder Massenspeicher wie CD-ROM genannt.

Weiterführende Literatur:

E. R. Berlekamp: Algebraic Coding Theory, Aegean Park Press, Laguna Hills, CA, USA, 1984.

E. R. Berlekamp: Key Papers in the Development of Coding Theory (IEEE Press Selected Reprint Series), IEEE Press, 1988.

U. Freyer: Nachrichten-Übertragungstechnik, Hanser Verlag, München, 4. Aufl., 2000.

J. Gibson [Hrsg.]: The Communications Handbook, CRC-Press, Boca Raton FL, USA, 1996.

R. W. Hamming: Error Detecting and Error Correcting Codes, in Bell System Technical Journal, vol. 29, pp. 147-160, April 1950.

V. Pless [Hrsg.]: Handbook of Coding Theory, Vol 1-2, Elsevier, Amsterdam, 1998.

4.3 Leistungskennziffern von Rechnernetzen

Der gewöhnliche Nutzer mag ein Netzwerk nach seiner Geschwindigkeit als „schnelles" oder „langsames" Netz beurteilen. Da jedoch die Netztechnologien einem raschen Wandel unterworfen sind, zählt heute ein als „schnell" bezeichnetes Netz morgen schon zu den „langsamen". Um einen objektiven Vergleich unterschiedlicher Netzwerktechnologie zu ermöglichen, müssen deshalb anstelle solcher vagen Klassifizierungen harte quantitative Meßgrößen zur Beschreibung der Leistungsfähigkeit eines Netzes herangezogen werden. Diese Meßgrößen werden als **Leistungskenngrößen** bezeichnet und liefern eine quantitative, qualifizierbare Beschreibung konkreter Eigenschaften von Kommunikationsnetzen. Man unterscheidet dabei **benutzerbezogene Leistungskenngrößen**, die auch als technologieunabhängig bezeichnet werden, von **technologiebezogenen Leistungskenngrößen**. Diese Unterscheidung ist allerdings nicht immer konsistent und kann daher oft nicht durchgehalten werden. In der Regel werden deshalb technische Leistungskenngrößen mit benutzerbezogenen verdichtet und zusammengefaßt.

4.3.1 Benutzerbezogene Kenngrößen

Eine Zusammenstellung der benutzerbezogenen Leistungskenngrößen wird von der ANSI (American National Standards Institute) als ANSI X3.102 herausgegeben auf der Basis eines einfachen Modells (siehe Tabelle 4.5). Das ANSI-Modell geht dabei von einem verbindungsorientierten Dienst aus und bewertet diesen nach seinen drei Phasen

- Verbindungsaufbau (Zugang zum Netzwerk),
- Datenübertragung und
- Verbindungsabbau.

In jeder Phase werden jeweils die folgenden Kriterien des verbindungsorientierten Netzwerkdienstes bewertet:

- Geschwindigkeit,
- Korrektheit – Wie groß ist die Wahrscheinlichkeit, daß ein (reparabler) Fehler auftritt? – und
- Zuverlässigkeit – Wie groß ist die Wahrscheinlichkeit, daß ein (irreparabler) Fehler auftritt, der zum Abbruch führt?

4.3.2 Quality of Service

Ein zentraler Begriff in der Bemessung von Leistungskenngrößen in Netzwerken ist die sogenannte **Dienstgüte** oder **Quality of Service** (**QoS**). QoS beschreibt die Eigenschaften eines Kommunikationsnetzwerkes bezüglich der für einen bestimmten Netzwerkdienst erbrachten Leistungen. Dabei werden in der Regel die folgenden Dienstgüteattribute herangezogen:

- **Leistung**
  Die zwei wichtigsten Kenngrößen zur quantitativen Erfassung der erbrachten Leistung eines Kommunikationsnetzes sind:
  – **Durchsatz**:
    Unter dem Durchsatz (**Throughput**) versteht man eine zugesicherte Menge an Nutzdaten, die pro Zeiteinheit fehlerfrei übertragen werden

Tabelle 4.5. Benutzerbezogene Leistungskenngrößen nach ANSI X3.102

	Geschwindigkeit	Korrektheit	Zuverlässigkeit
Verbindungsaufbau	Verbindungsaufbaudauer	Wahrscheinlichkeit für falschen Verbindungsaufbau Wahrscheinlichkeit für Totalausfall	Wahrscheinlichkeit für verweigerten Verbindungsaufbau
Datenübertragung	Übertragungsdauer	Fehlerwahrscheinlichkeit Wahrscheinlichkeit für falsche Zustellung Wahrscheinlichkeit für verweigerte Übertragung	Datenverlustwahrscheinlichkeit Wahrscheinlichkeit für verweigerte Übertragung
Verbindungsabbau	Verbindungsabbaudauer	Wahrscheinlichkeit für verweigerten Verbindungsabbau	Wahrscheinlichkeit für verweigerten Verbindungsabbau

kann. Der Durchsatz wird in Bits pro Sekunde (Bits per Second, **bps**) angegeben. Oft wird Durchsatz synonym mit **Bandbreite (Bandwidth)** verwendet. Allerdings gibt die Bandbreite die technisch mögliche Rate an, mit der in einem Netz Daten übertragen werden können, während der Durchsatz die Menge der tatsächlich übertragenen Daten bemißt.

- **Verzögerung**:
  Als Verzögerung (**Delay**) bezeichnet man die maximal zugesicherte Zeitdauer, die zwischen dem Start einer Datenübertragung und deren Abschluß liegt. Die Verzögerung wird in Sekunden oder Sekundenbruchteilen gemessen und kann je nach Standort der miteinander kommunizierenden Computer stark schwanken. Obwohl den Nutzer am Ende nur die Gesamtverzögerung interessiert, treten an unterschiedlichen Stellen des Kommunikationsprozesses verschiedenartige Verzögerungsursachen auf (siehe Exkurs 4.3.2).

- **Leistungsschwankungen**
  Als Kenngrößen der Leistungsschwankungen werden alle Meßgrößen herangezogen, die Abweichungen von der maximal zugesicherten Leistung beschreiben:
  - **Jitter**:
    Jitter beschreibt die auftretenden Schwankungen bei der Verzögerung. Als Kenngröße für ein Kommunikationsnetzwerk beschreibt Jitter die maximal zulässig auftretende Schwankung der Verzögerung. Bei paketvermittelten Netzwerken sind diese Schwankungen unvermeidlich und können großen Einfluß auf die Nutzungsmöglichkeit des Netzwerkes haben. Generell unterscheidet man dabei:
    - **asynchrones Verhalten**: Hier ist die Verweildauer der Pakete im Kommunikationsnetzwerk zwischen Sender und Empfänger völlig un-

4.3 Leistungskennziffern von Rechnernetzen

bestimmt und kann im Extremfall auch beliebig groß werden. Dieses Verhalten ist allerdings für viele Kommunikationsvorgänge nicht problematisch, z.B. wenn es um einen Datenaustausch via Email geht.

- **synchrones Verhalten**: Zwar ist die Verweildauer der Datenpakete im Kommunikationsnetzwerk weiterhin unbestimmt und veränderlich, aber sie ist nach oben begrenzt. Der Grenzwert kann jeweils exakt angegeben werden. Synchrones Verhalten ist für die Übertragung von Sprache und Bewegtbildinformation eine (oft nicht ausreichende) Mindestanforderung.

- **isochrones Verhalten**: Hier ist die Verweildauer für alle Datenpakete im Netzwerk gleich. Bei isochronem Verhalten ist eine Übertragung von Sprach- und Bewegtbildinformation auch in paketvermittelten Netzwerken möglich.

– **Fehlerraten**:
Unter dem Begriff der Fehlerrate werden die Wahrscheinlichkeiten für einen Datenverlust während der Übertragung und die Datenverfälschung auf der Übertragungsstrecke zusammengefaßt. Grundlegend ist dabei die **Bitfehlerrate**, die die Anzahl der fehlerhaft übertragenen Bits in Abhängigkeit von den insgesamt übertragenen Bits angibt. Ist die Bitfehlerrate eines Übertragungsmediums zu hoch, müssen Fehlererkennungs- und Fehlerkorrekturmaßnahmen ergriffen werden. Dazu bestimmt der Nutzer eine für seine Anwendung gerade noch tragbare **Restfehlerwahrscheinlichkeit**, von der es dann abhängt, wie aufwendig die eingesetzten Fehlererkennungs- und Korrektur-Verfahren arbeiten müssen.

– **Garantien**:
Alle vom Dienstanbieter zugesagten Leistungsparameter eines Kommunikationsnetzes können von diesem aber nur mit einer bestimmten Wahrscheinlichkeit garantiert werden. Daher gibt diese Kenngröße ein Maß für die Zuverlässigkeit der vom Dienstanbieter angegebenen Leistungsparameter.

- **Zuverlässigkeit**
Neben den quantitativen Meßgrößen der Leistung und der Leistungsschwankung, zählt zur Dienstgüte auch die Zuverlässigkeit der vom Dienstanbieter zur Verfügung gestellten Verbindung mit den folgenden Dienstgüteparametern:
  – **Vollständigkeit**:
  Der Dienstgüteparameter Vollständigkeit versichert, daß alle gesendeten Datenpakete ihr designiertes Ziel mindestens einmal erreichen. Allerdings wird dabei keine Aussage über die dazu benötigte Zeit getroffen.
  – **Eindeutigkeit**:
  Wird Eindeutigkeit für eine Datenübertragung garantiert, so kann der Nutzer sicher sein, daß die gesendeten Daten, höchstens ein einziges mal ihr designiertes Ziel erreichen. Wird dies nicht garantiert und erreichen

einzelne Datenpakete ihr Ziel mehrfach, so kann es aufgrund von Fehlern auf der Übertragungsstrecke leicht zu Mehrdeutigkeiten kommen.
- **Reihenfolge-Erhaltung**:
Mit dieser Garantie wird dem Nutzer zugesichert, daß alle gesendeten Datenpakete ihr Ziel in derselben Reihenfolge erreichen, in der sie vom Sender versendet worden sind.

- **Sicherheit**
Unter dem Dienstgüteattribut Sicherheit werden Dienstgüteparameter zusammengefaßt, die die Unversehrtheit und Authentizität der übertragenen Daten gewährleisten:
- **Vertraulichkeit**:
Wird Vertraulichkeit einer Datenübertragung garantiert, dann ist kein unberechtigter Dritter in der Lage, die Datenkommunikation zwischen Sender und Empfänger abzuhören.
- **Integrität**:
Dieser Dienstgüteparameter steht für die Garantie der Unversehrtheit der empfangenen Daten, das heißt insbesondere, daß kein unberechtigter Dritter die gesendeten Daten auf ihrem Übertragungsweg verfälschen kann.
- **Authentizität**:
Mit diesem Dienstgüteparameter wird dem Nutzer zugesichert, daß eine empfangene Nachricht tatsächlich vom angegebenen Sender stammt und nicht von einem unberechtigten Dritten, der sich als Absender einer Nachricht ausgibt.
- **Verbindlichkeit**:
Dieser Dienstgüteparameter liefert den Nachweis, daß eine einmal zwischen Sender und Empfänger erfolgte Kommunikation tatsächlich stattgefunden hat. Weder Sender und Empfänger sind in der Lage, diese Kommunikation abzustreiten.
- **Verfügbarkeit**:
Dieser Dienstgüteparameter gibt an, inwieweit das vom Dienstanbieter zur Verfügung gestellte Dienstangebot tatsächlich genutzt werden kann.

Um Aussagen über die Qualität und Verbindlichkeit der spezifizierten Dienstgüteparameter treffen zu können, werden sogenannte Garantie-Stufen festgelegt.

- **Best Effort – So gut wie möglich**
Die spezifizierten Werte der Dienstgüteparameter werden, soweit jeweils möglich, eingehalten. Es werden aber keine verbindlichen Garantien gegeben.
- **Imperfect – Unvollkommen**
Alle angegebenen Grenzwerte für die Dienstgüteparameter werden „theoretisch" eingehalten. Allerdings kann der Dienstanbieter nicht für alle zur Verfügung gestellten Komponenten auch definitive Zusagen geben.

4.3 Leistungskennziffern von Rechnernetzen

- **Predicted** – **Vorhersehbar**
  Alle angegebenen Grenzwerte für die vom Dienstanbieter angegebenen Dienstgüteparameter werden garantiert, falls die zukünftige Auslastung des Dienstanbieters nicht höher ist als in der Vergangenheit.

- **Statistisch**
  Alle angegebenen Grenzwerte für die vom Dienstanbieter angegebenen Dienstgüteparameter werden nur mit einer bestimmten Wahrscheinlichkeit garantiert.

- **Deterministisch**
  Alle angegebenen Grenzwerte für die vom Dienstanbieter angegebenen Dienstgüteparameter werden garantiert, solange Hardware und Software des Dienstanbieters fehlerfrei arbeiten.

Paketvermittelte Netzwerke können allerdings keine Garantien für die Dienstgüteparameter Durchsatz und Verzögerung spezifizieren. Die in Aussicht gestellte Leistung wird unter der Qualitätsstufe **Best Effort** angegeben. Für ein leitungsvermitteltes Netzwerk können Durchsatz und Verzögerung dagegen sehr wohl garantiert werden.

Exkurs 10: Verzögerung in paketvermittelten Netzwerken
Betrachten wir eine Ende-zu-Ende Verbindung über ein paketvermittelndes Netzwerk. Rechner A sendet ein Datenpaket an Rechner B, das bei seiner Übertragung über das Netzwerk einen oder mehrere Vermittlungsrechner (in Abb. 4.14 die Router C und D) passiert. Ein Vermittlungsrechner, z.B. C, hat folgende Aufgaben: Eine der Verbindungen von Router C entlang der Übertragungsstrecke führt zum nächsten Vermittlungsrechner, zu Router D. Dieser Verbindung ist eine eigene Warteschlange, ein Pufferspeicher vorgelagert. Erreicht nun ein Datenpaket den Vermittlungsrechner C, so ermittelt dieser aus dem Header des Datenpakets die Zieladresse, um die entsprechende Ausgangsverbindung festlegen zu können. Das Paket wird jetzt auf die Ausgangsverbindung zu Router D gesendet, wobei es aber nur dann über diese Ausgangsverbindung weitergeschickt werden kann, wenn andere Datenpakete diese nicht blockieren und nicht vor dem weiterzuleitenden Paket in der Warteschlange liegen. In diesem Fall muß das Datenpaket zuerst in die Warteschlange eingereiht werden. Jeder Rechner, den das Datenpaket passiert, verursacht Verzögerungszeiten (Delays). Quelle dieser Verzögerungszeiten sind:

- **Verarbeitungsverzögerung (Processing Delay)**
  Verzögerung durch die Vorverarbeitung in den beteiligten Rechnern,
- **Warteschlangenverzögerung (Queuing Delay)**
  Verzögerung durch Warten in der Warteschlange,
- **Versendeverzögerung (Transmission Delay)**
  Verzögerung bei der Aussendung am versendenden Rechner und
- **Laufzeitverzögerung (Propagation Delay)**
  Verzögerung durch die Laufzeit des Pakets auf den Verbindungswegen.

Verarbeitungsverzögerung (Processing Delay)
Die Verarbeitungsverzögerung d_{proc} ist die Zeit, die der Vermittlungsrechner benötigt, um das Datenpaket vorzuverarbeiten, d.h. um den Datenpaketheader zu lesen und zu entscheiden, wohin das Paket gesendet werden soll. Dazu gerechnet wird auch die Zeit, die für eine

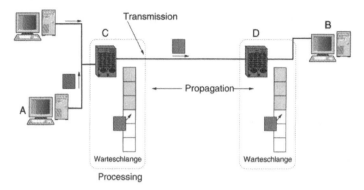

Abb. 4.14. Beispielkonfiguration für Verzögerungszeiten im LAN

eventuelle Fehlerkorrektur benötigt wird, falls Bitfehler in der Übertragung zum Vermittlungsrechner aufgetreten sind und diese mit Hilfe von Fehlererkennungsmethoden erkannt und durch geeignete Fehlerkorrekturmethoden behoben werden können. Die Verarbeitungsverzögerung liegt heute bei Vermittlungsrechnern in der Größenordnung von Mikrosekunden und weniger. Nach dieser Vorverarbeitung dirigiert der Vermittlungsrechner das Datenpaket zur Ausgangswarteschlange in Richtung Router D.

Warteschlangenverzögerung (Queuing Delay)

Im Bereich der Netzwerke erfolgt die Übertragung eines Pakets in strenger first-come-first-serve Reihenfolge. Ein Paket kann erst dann übertragen werden, wenn alle Pakete, die vor ihm an dieser Ausgangsverbindung anliegen, übertragen worden sind. Während das Paket also in der Warteschlange an der Ausgangsverbindung zu Router D auf seine Übertragung wartet, erfährt es eine Verzögerung d_{queue}, die proportional zur Anzahl der bereits in der Warteschlange befindlichen Datenpakete ist. Die Warteschlangenverzögerung kann stark variieren. Ist die Warteschlange leer, so ist die Verzögerungszeit gleich Null. Die Anzahl der Pakete, die ein ankommendes Datenpaket in der Warteschlange vorfindet, ist wiederum abhängig von der Intensität des Datenverkehrs im Netzwerk. In der Praxis variiert die Warteschlangenverzögerung eines Routers von Mikrosekunden bis in den Millisekundenbereich.

Versendeverzögerung (Transmission Delay)

Bezeichnet l die Länge des Datenpakets gemessen in Bits und r die Datenübertragungsrate zwischen Router C und D gemessen in Bit/Sekunde, dann errechnet sich die Versendeverzögerung, auch bezeichnet als Store-and-Forward Delay, einfach als l/r und beschreibt die Zeit, die nötig ist, ein komplettes Datenpaket auf der Verbindungsleitung abzusetzen. Die Übertragungsrate als solche hängt nicht ab von der Distanz, die das Datenpaket zu überbrücken hat. Sie ist lediglich davon abhängig, wie schnell der Vermittlungsrechner die Daten auf die Verbindung absetzen kann, und von der Bandbreite der Verbindung. Die Versendeverzögerung d_{trans} liegt in der Praxis im Mikrosekundenbereich oder darunter.

Laufzeitverzögerung (Propagation Delay)

Wurde ein Datenpaket auf die Verbindung zwischen den Routern C und D geschickt, muß es der Verbindung folgen, bis Router D erreicht ist. Die Zeit vom Absenden auf die designierte Verbindungsstrecke bis zur Ankunft am Empfangsrechner wird als Laufzeitverzögerung d_{prop} bezeichnet. Sie ist weitgehend von den physikalischen Eigenschaften des Übertragungsmediums bestimmt wird (Glasfaser, Kupferkabel, Funkwellen, etc.) und liegt bei $2\text{-}3 \cdot 10^8$ m/s, also nahe der Lichtgeschwindigkeit. Die Laufzeitverzögerung berechnet sich aus der Distanz b der beiden Vermittlungsrechner dividiert durch die Ausbreitungsgeschwindigkeit s, also b/s. Wenn das letzte Bit des Datenpakets am Router D angekommen ist,

4.3 Leistungskennziffern von Rechnernetzen

wird es mit all den vorher gesendeten Bits des Datenpakets in Router D zwischengespeichert und der gesamte Prozeß wiederholt sich nun mit Router D als Ausgangspunkt. In Rechnernetzen über große Distanzen (WANs) liegt die Laufzeitverzögerung d_{prop} im Bereich von Millisekunden.

Die **Gesamtverzögerung** d errechnet sich als

$$d = d_{proc} + d_{queue} + d_{trans} + d_{prop}.$$

Neben der Warteschlangenverzögerung d_{queue} fällt dabei die Laufzeitverzögerung d_{prop} am stärksten ins Gewicht, die vom Mikrosekundenbereich (wenn die Router etwa in benachbarten Gebäuden stehen) bis in den Bereich einiger hundert Millisekunden (wenn die Router z.B. über eine Satellitenverbindung miteinander verbunden sind), sowie Versendeverzögerung d_{trans}, die von vernachlässigbar kleinen Schaltzeiten (z.B. im Falle eines 100 MBit Ethernet LANs) bis in den Bereich einiger hundert Millisekunden (wenn die Datenübertragung z.B. über ein langsames 28 kbps-Modem stattfindet) reicht.

Besonderer Augenmerk muß auf die **Warteschlangenverzögerung** gerichtet werden. Anders als bei den übrigen Verzögerungszeiten ist die Warteschlangenverzögerung abhängig von der jeweiligen Netzauslastung und kann somit von Datenpaket zu Datenpaket stark variieren. Erreichen z.B. 10 Pakete gleichzeitig die Warteschlange, so kann zwar das erste Paket ohne weitere Verzögerung direkt versendet werden, das zehnte Paket allerdings muß warten, bis die anderen neun Pakete versendet worden sind.
Zur Beschreibung der Warteschlangenverzögerung nutzt man **statistische Maßzahlen**. Maßgebend ist die Ankunftsrate der einzelnen Pakete in der Warteschlange, sowie die Art ihrer Verteilung. Die Pakete können z.B. zeitlich gleichmäßig verteilt eintreffen oder gehäuft in sogenannten Bursts. Wir wollen die Situation genauer analysieren. Bezeichne a die durchschnittliche Ankunftsrate der Datenpaketen an unserer Warteschlange, gemessen in Paketen pro Sekunde, r die Übertragungsrate und l die Länge des Datenpakets. Dann beträgt die durchschnittliche Ankunftsdatenrate l·a bps. Nehmen wir der Einfachheit an, die Warteschlange sei unbegrenzt lang, d.h. es können keine Datenpakete verloren gehen. Dann bezeichnet das Verhältnis $I = \frac{l \cdot a}{r}$ die **Intensität** des Datenaufkommens. Ist I>1, dann ist die durchschnittliche Datenankunftsrate höher als die Übertragungsrate der angeschlossenen Leitung, d.h. die Warteschlange wächst bis ins Unendliche an. Man muß also stets darauf achten, daß I $\leq$ 1 gilt.
Betrachten wir nun den Fall I $\leq$ 1 genauer: Die Wartezeit wird hier dadurch bestimmt, wie die Datenpakete in der Warteschlange ankommen. Erreichen die Datenpakete die Warteschlange in periodischem Abstand, d.h. kommt alle l/r Sekunden ein Paket an, fällt keine Warteschlangenverzögerung an. Wenn die Datenpakete aber wie in der Praxis gehäuft in Bursts eintreffen, dann kann eine signifikante Warteschlangenverzögerung entstehen: Angenommen, n Pakete treffen gleichzeitig in einem konstanten Intervall von (l/r)·n Sekunden ein. Das erste Paket kann sofort versendet werden, für seine Wartezeit gilt $d_{queue_1} = 0$. Das zweite Paket muß bereits $d_{queue_2} = l/r$ Sekunden warten, während das letzte Paket mit $d_{queue_n} = (n-1) \cdot (l/r)$ Sekunden die längste Wartezeit in Kauf nehmen muß.
In der Realität stellt die Ankunft eines Datenpakets einen **Zufallsprozeß** dar. Der Abstand zwischen den einzelnen Paketen ist nicht konstant, sondern beträgt eine zufällig lange Zeitspanne. Die Datenintensität I allein reicht hier für eine vollständige und realistische Beschreibung der statistischen Verteilung der Wartezeiten nicht mehr aus. Ausgefeiltere mathematische Methoden sind zu ihrer Beschreibung erforderlich. Sie kann aber beitragen, ein intuitives Verständnis für die Warteschlangenverzögerung zu entwickeln.
Ist die Intensität nahe Null, dann ist die Wartezeit vernachlässigbar. Ist die Intensität nahe Eins, dann treten Zeitintervalle auf, in denen die Ankunftsrate die Übertragungsrate übersteigt, und Datenpakete müssen in der Warteschlange warten. Nähert sich die Intensität weiter der Eins, so wächst die Warteschlangenverzögerung rapide an. Eine nur kleine

230 4. Wie sich Rechner unterhalten – Grundkonzepte der Rechnervernetzung

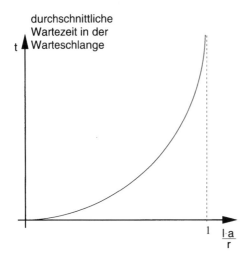

Abb. 4.15. Durchschnittliche Wartezeit in der Warteschlange

prozentuale Erhöhung der Intensität kann dann zu einem immensen Wachstum der Warteschlangenverzögerung führen.

Paketverlust
Bislang sind wir in unseren Betrachtungen von der vereinfachenden Annahme ausgegangen, daß unbegrenzt lange Warteschlangen verfügbar sind. In der Praxis ist die Situation selbstverständlich anders, die Warteschlangenkapazität ist stets beschränkt. Die Warteschlange kann also auch nicht bis ins Unendliche wachsen, wenn sich die Datenintensität der Eins nähert. Wenn dann ein ankommendes Paket die Warteschlange gefüllt vorfindet und kein weiterer Speicherplatz mehr zur Verfügung steht, dann kann der Vermittlungsrechner das Datenpaket nicht übergeben, d.h. das Paket wird ignoriert und geht verloren. Für die Endsysteme erscheint dieser Zustand als Paketverlust, denn das Paket wurde versendet, kam aber nie an seinem Bestimmungsort an. Der Anteil an verlorenen Paketen steigt, sobald die Datenintensität wächst. Deshalb wird die Leistungsfähigkeit eines Netzrechners neben der Angabe der durchschnittlichen Verzögerungszeit auch durch die Wahrscheinlichkeit, mit der ein Paketverlust auftritt, quantifiziert.

Weiterführende Literatur:

D. Bertsekas, R. Gallagher: Data Networks, 2nd Ed., Prentice Hall, Englewood Cliffs NJ, USA, 1991.

J. N. Daigle: Queuing Theory for Telecommunications, Addison-Wesley, Reading MA, 1991.

L. Kleinrock: Queuing Systems, Vol1, John Wiley NY, USA, 1975.

U. Black: Emerging Communications Technologies, 2nd Ed., Prentice Hall, 1997.

4.3.3 Qualitative Leistungskriterien

Neben den quantitativ exakt erfaßbaren Leistungskenngrößen, werden Kommunikationsnetzwerke aber auch durch weitere Eigenschaften gekennzeichnet, die lediglich qualitativ beschrieben werden können. Obwohl eine exakte

4.3 Leistungskennziffern von Rechnernetzen

- **Bandbreite (Bandwidth)**
  Kenngröße für die maximal erreichbare Frequenz der Datenübertragung in einem physikalischen Medium.

- **Datenrate (Data Rate)**
  Je nach verwendeter Leitungskodierung ist die zur Verfügung stehende Bandbreite in einer Netzwerkteilstrecke beschränkt und es kann lediglich eine bestimmte Rohdatenrate erreicht werden.

- **Durchsatz (Throughput)**
  Bezeichnet die tatsächliche Anzahl der pro Zeiteinheit auf einer Teilstrecke des Netzwerks übertragenen Daten. Der Durchsatz berücksichtigt dabei auftretende Verzögerungen, wie z.b. die Signallaufzeit eines Signals auf einer physikalischen Leitung.

- **Antwortzeit (Response Time)**
  Bei bidirektionalen Datenverbindungen führt das Aussenden einer Nachricht in der Regel zu einer Antwort des Empfängers. Die Antwortzeit berechnet sich aus der Zeitspanne, die vom Absenden des ersten Bits der Nachricht bis zum Empfang des letzten Bits der Antwort, vergeht. Die minimale garantierte Antwortzeit eines Netzwerks entspricht der sogenannten **Netzumlaufzeit** (Round Trip Time) und wird durch die maximal zu überbrückende Distanz (bzw. langsamste Verbindung) bestimmt.

- **Verzögerung/Durchsatz-Produkt (Delay-Throughput Product)**
  Bezieht sich diese Angabe ausschließlich auf die verwendete Hardware, wird sie oft als Verzögerung/Bandbreite-Produkt angegeben. Dieses Produkt mißt das Datenvolumen, das sich zu einem gegebenen Zeitpunkt im Netzwerk befinden kann. In einem Netz mit Durchsatz T und Verzögerung D befinden sich zu einem gegebenen Zeitpunkt maximal T×D Bits im Transit.

Abb. 4.16. Leitungskenngrößen im Kommunikationsnetzwerk

Tabelle 4.6. Erforderliche Datenraten für verschiedene Anwendungen

Anwendung	erforderliche Datenrate
Email-Übertragung	0,3 bis 9,6 kbps
Mobiltelefonie (GSM)	9,6 kbps
Digitale Sprachübertragung	64 kbps
Audiosignale (komprimiert)	64 bis 256 kbps
Audiosignale (unkomprimiert)	1,4 Mbps
Videosignale (komprimiert)	0,768 bis 1,4 Mbps
Videosignale (unkomprimiert)	2 bis 10 Mbps
Videosignale (hohe Qualität, z.B. Telemedizin)	bis 50 Mbps
Videosignale (HDTV unkomprimiert)	bis 2 Gbps

Messung dieser Eigenschaften nicht möglich ist, sind sie dennoch von gleichrangiger Bedeutung wie die exakt meßbaren quantitativen Leistungskriterien. Zu den qualitativen Leistungskenngrößen zählen:

- **Verfügbarkeit (Availability)**
  Gibt an, zu welchem Anteil der Betriebszeit (ausgedrückt in Prozent) das Kommunikationsnetz den Nutzern tatsächlich mit der vom Dienstanbieter in Aussicht gestellten Leistung zur Verfügung steht. Die Betriebszeit wird häufig mit 24 Stunden pro Tag und 365 Tage im Jahr angegeben.

- **Brauchbarkeit (Usability)**
  Schwer zu erfassende Kenngröße, mit der die Zufriedenheit der Nutzer mit dem vom Dienstanbieter zur Verfügung gestellten Netzwerk angegeben wird. Dazu gehören sowohl die Einfachheit der Nutzung, sowie die Einhaltung akzeptabler Leistungsvorgaben.
- **Kompatibilität (Compatibility)**
  Gibt an, in welchem Maße die Endgeräte des Anwenders mit den vom Dienstenbieter zur Verfügung gestellten Netzschnittstellen übereinstimmen und ohne großen Anpassungsaufwand betrieben werden können.
- **Sicherheit (Security)**
  Zusammenfassung mehrerer Kriterien, die die Zuverlässigkeit der Datenübertragung in einem Kommunikationsnetzwerk auch im Hinblick auf das unberechtigte Eingreifen Dritter beschreiben.
- **Skalierbarkeit (Scalability)**
  Damit soll zum Ausdruck gebracht werden, in welchem Maße ein Kommunikationsnetzwerk betrieben werden kann, wenn es wesentlich größer (oder kleiner) ausgelegt wird, als dies die optimalen Betriebsparameter festlegen.
- **Handhabbarkeit (Manageability)**
  Dieses Gütekriterium gibt an, inwieweit das Kommunikationsnetzwerk laufend überwacht, an veränderte Gegebenheiten angepaßt und im Sinne der Regelungstechnik geregelt wird. Ein Netzwerk funktioniert nur dann zufriedenstellend, wenn diese Überwachung möglichst kontinuierlich und notwendige Regelungen zügig erfolgen.

Selbst in Problemsituationen soll ein Kommunikationsnetzwerk noch eine zufriedenstellende Leistung erbringen. In welchem Maße das Netzwerk in Ausnahmesituationen belastbar ist, ohne dabei seine Funktionsfähigkeit zu verlieren, wird als **Robustheit** (Robustness) bezeichnet. Ein robustes Netz kann z.B. Ausfälle von Verbindungsrechnern durch schnelle Rekonfiguration ausgleichen. Ebenso ist ein robustes Netzwerk in der Lage, nach Behebung des aufgetretenen Fehlers möglichst schnell wieder in den Ausgangszustand und einen damit verbundenen Normalbetrieb zurückzufinden. Ein solches Netzwerk ist auch in der Lage, nach einem Teil- oder Totalausfall selbstständig wieder den Betrieb aufzunehmen (Selbst-Stabilisierung).

4.4 Grundlagen der Sicherheit in Rechnernetzen

Sicherheit zählt nicht nur zu den Dienstgüteparametern, nach denen ein Netzwerk charakterisiert werden kann, sondern ist ein eigenständiger und sehr bedeutsamer Gesichtspunkt, der vor allen Dingen rechtliche und wirtschaftliche Aspekte beinhaltet. In diesem Abschnitt sollen nur sehr kurz einige Grundbegriffe der Sicherheit in Kommunikationsnetzen angesprochen werden. Eine ausführlichere Darstellung folgt in Kapitel 9.

4.4.1 Bedrohungen und Sicherheitsziele

Prinzipiell lassen sich Kommunikationsnetzwerke aus sicherheitstechnischer Sicht in offene und geschlossene Netze unterteilen. **Geschlossene Netze** bilden eigenständige Inselnetzwerke, auf die von außen ohne physikalischen Zugang nicht zugegriffen werden kann. Hier kann man davon ausgehen, daß es nicht zu unbefugten Eingriffen kommt bzw. diese nur mit erheblicher krimineller Energie möglich sind. Ganz anders ist die Situation in **offenen Netzen**. Offene Netze verfügen über einen Anschluß an das weltweite Internet, so daß ein Zugriff von außerhalb daher prinzipiell möglich ist.
Es existiert eine Vielzahl von Bedrohungen, denen ein offenes Netzwerk ausgesetzt ist (siehe Abb. 4.17).

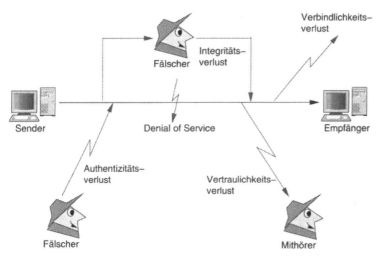

Abb. 4.17. Unterschiedliche Arten der Bedrohung von Kommunikationsnetzen

Die Analyse der einzelnen Bedrohungsarten führt zur Formulierung verschiedener **Sicherheitsziele**:

- **Vertraulichkeit (Privacy)**
  Hört ein unbefugter Dritter eine Kommunikation ab (**Eaves Dropping**), kann die Vertraulichkeit einer Kommunikation, bei der der Kommunikationsinhalt jeweils nur Sender und Empfänger bekannt sind, nicht gewährleistet werden. Die Folge ist ein Verlust der Vertraulichkeit der Kommunikation und damit verbunden der Privatsphäre (**Loss of Privacy**).
- **Authentizität (Authenticity)**
  Die Authentizität einer Nachricht garantiert die Identität des Senders gegenüber dem Empfänger. Dringt ein unbefugter Dritter in einen Kommunikationsvorgang ein und konstruiert eine Nachricht für den Empfänger unter Vorspiegelung eines falschen Absenders, geht die Authentizität der

Nachricht verloren (**Loss of Authenticity**). Der Empfänger ist dann nicht mehr in der Lage zu erkennen, ob die empfangene Nachricht vom angegebenen Empfänger stammt.

- **Integrität (Integrity)**
  Die Datenintegrität garantiert dem Empfänger, daß die Nachricht, die er vom Sender erhalten hat, auf dem Übertragungsweg nicht verfälscht worden ist. Schaltet sich ein unberechtigter Dritter in die Übertragung ein, kann er die Nachricht abfangen und in seinem Sinne verändern. Die Folge ist der Verlust der Datenintegrität (**Loss of Integrity**), der Empfänger geht fälschlicherweise davon aus, daß die erhaltene Nachricht vollständig und unverändert (integer) ist.

- **Verbindlichkeit (Non-Repudiation)**:
  Das Kommunikationsnetzwerk stellt idealerweise ein zuverlässiges (verbindliches) Übertragungsmedium dar, d.h. weder Sender noch Empfänger einer Nachricht können die Versendung bzw. den Empfang einer Nachricht abstreiten. Ohne diese Verbindlichkeit ist eine zuverlässige, rechtsverbindliche Datenübertragung nicht möglich, eine sinnvolle Geschäftsabwicklung kann nicht erfolgen.

- **Verfügbarkeit (Availability)**
  Im Idealfall ist jeder von einem Dienstanbieter im Kommunikationsnetzwerk zur Verfügung gestellte Dienst verfügbar, d.h. für Sender und Empfänger verbindlich zu nutzen. Allerdings kann ein unbefugter Dritter, der sich in das Kommunikationsnetz einschaltet, die Verfügbarkeit der Dienste durch gezielte Manipulation an der Netzwerkinfrastruktur oder auch an den damit verbundenen Endsystemen beeinträchtigen oder gar verhindern (**Denial-of-Service**).

Werden die genannten Bedrohungen zur Tatsache, d.h. greift ein unberechtigter Dritter das Kommunikationsnetz in einer der genannten Varianten an, kann man aktive und passive Angriffe unterscheiden.

- **aktive Angriffe**
  Bei aktiven Angriffen findet eine Veränderung der Inhalte der Datenkommunikation statt. Der Angreifer verfälscht Inhalte, manipuliert deren Authentizität oder verhindert die Nutzung von Kommunikationsdiensten. Da ein aktiver Eingriff in das Kommunikationsgeschehen erfolgt, ist ein aktiver Angriff leichter zu erkennen als ein passiver.

- **passive Angriffe**
  Hier werden keine Kommunikationsinhalte verändert. Der unberechtigte Dritte verschafft sich aber Zugang zum Kommunikationsnetz und hört die kommunizierten Nachrichten ab oder zeichnet diese zum Zweck einer späteren Analyse und Vorbereitung eines Mißbrauchs auf. Nachträglich können so vertrauliche Nachrichten identifiziert und analysiert, oder Nutzungsprofile erstellt werden. Ein passiver Angriff ist wesentlich schwerer zu ent-

4.4 Grundlagen der Sicherheit in Rechnernetzen

decken als ein aktiver, da keine Veränderungen an den Kommunikationsinhalten vorgenommen werden.

4.4.2 Kryptografische Grundbegriffe

Die **Kryptografie** hat sich innerhalb der Mathematik und der Informatik zu einer sehr interessanten und eigenständigen Disziplin entwickelt. In der Hauptsache befaßt sie sich mit der Konstruktion und Bewertung von Verschlüsselungsverfahren, die dazu dienen, Nachrichteninhalte vor unbefugter Kenntnisnahme zu sichern. Daneben existiert auch das Teilgebiet der **Kryptoanalyse**, deren Ziel darin besteht, diese Verschlüsselungsverfahren zu brechen, d.h. rückgängig und unwirksam zu machen. Kryptografie und Kryptoanalyse bilden zusammen die als **Kryptologie** bezeichnete Wissenschaft.

Hauptgegenstand der Kryptografie ist die **Verschlüsselung** und **Entschlüsselung** einer Klartextinformation. Durch das Verschlüsseln (Chiffrieren) wird der Klartext (Plain Text) in einen Schlüsseltext (Chiffretext) transformiert. Als **Chiffre** wird dabei das Verschlüsselungsverfahren, also die Abbildungsvorschrift bezeichnet, die den Klartext in den Schlüsseltext transformiert. Das Verschlüsselungsverfahren nutzt jeweils eine nur den beiden Kommunikationspartnern bekannte Geheiminformation (**Schlüssel**), die aus einer astronomisch großen Menge ähnlicher Informationen ausgewählt wird, so daß das Erraten des jeweils verwendeten Schlüssels so gut wie unmöglich ist. Aus dem Schlüsseltext kann umgekehrt durch Entschlüsselung (Dechiffrieren) wieder der ursprüngliche Klartext gewonnen werden (siehe Abb. 4.6).

Ein System zur Verschlüsselung und Entschlüsselung von Nachrichten wird als **Kryptosystem** bezeichnet. Im einfachsten Fall besteht ein solches Kryptosystem aus

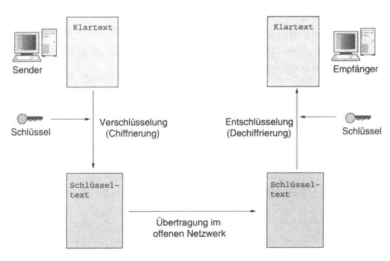

Abb. 4.18. Sichere Kommunikation durch Kryptografie

- einer Chiffre,
- dem geheim zu haltenden Schlüssel (Secret Key) und
- einem Dechiffrierverfahren.

Der Aufwand, der zur Ver- und Entschlüsselung notwendig ist, wird als **Kryptokomplexität** bezeichnet. Im Falle der traditionellen Verschlüsselungstechnik (symmetrische Verfahren) benutzen Sender und Empfänger jeweils den gleichen, gemeinsam zuvor vereinbarten Schlüssel zur Ver- und Entschlüsselung, der zusammen mit Chiffre und Dechiffrierverfahren angewendet werden muß. Kein Dritter darf Kenntnis von diesem Schlüssel erlangen, da dieser sonst in der Lage wäre, den Schlüsseltext ebenfalls zu entschlüsseln. Zwar können Chiffrierverfahren gebrochen werden, doch ist der Aufwand, der dazu nötig ist, unverhältnismäßig höher als die Dechiffrierung mit Hilfe des Originalschlüssels. Diese Asymmetrie in der Komplexität der Dechiffrierung und des Brechens der Chiffre ohne gültigen Schlüssel läßt die Verschlüsselung extrem wirksam werden.

Chiffrierverfahren arbeiten in der Regel mit Vertauschungen (Transposition) und Ersetzungen (Substitution) von Zeichen des Klartextes durch andere. Gesteuert durch den jeweils verwendeten Schlüssel werden diese Operation in vielen Runden wiederholt zur Anwendung gebracht und erzeugen schließlich den Schlüsseltext.

Das Chiffrierverfahren soll dabei eine Reihe von Kriterien erfüllen:

- **Diffusion**
  Um das Brechen der Chiffrierung soweit wie möglich zu erschweren, sollen die einzelnen Zeichen des Schlüsseltextes jeweils von möglichst vielen Klartextzeichen und dem gesamten Schlüssel abhängen.

- **Konfusion**
  Zusätzlich soll der Zusammenhang zwischen Klartext, Schlüsseltext und verwendetem Schlüssel möglichst kompliziert sein.

- **Lawinen-/Schmetterlingseffekt**
  Eine kleine Änderung des Klartextes soll zu einer möglichst großen Änderung des Schlüsseltextes führen.

Die Erfüllung dieser Kriterien dient dazu, ein Brechen des verwendeten Chiffrierverfahrens möglichst schwierig zum machen.

4.5 Kommunikationsprotokolle

Betrachtet man die Hardware eines Netzwerks, so setzt sich diese aus Komponenten zusammen, deren Aufgabe darin besteht, Bits von einem Rechner zu einem anderen zu übertragen. Würde man die Rechnerkommunikation ausschließlich auf dieser Ebene organisieren wollen, wäre das vergleichbar mit der Programmierung von Rechnern in einer rudimentären Maschinensprache, d.h. unter ausschließlicher Verwendung von Nullen und Einsen, was den Aufwand und die Komplexität der zu bewältigenden Aufgaben unbeherrschbar machen würde. Ähnlich wie in der Programmierung von Rechnern wurden deshalb zur Steuerung und Nutzung von Rechnernetzen komplexe Softwaresysteme geschaffen, mit deren Hilfe Rechnernetze auf bequeme Art und Weise auf einer höheren Abstraktionsebene gesteuert und genutzt werden können. So kommt der Nutzer, wie auch die meisten Anwendungsprogramme, die das Netzwerk nutzen, um Daten auszutauschen und Dienste anzubieten, lediglich mit dieser Netzwerk-Software in Kontakt und nur selten direkt mit der Netzwerk-Hardware.

4.5.1 Protokollfamilien

Zur Kommunikation müssen sich – ganz allgemein betrachtet – alle kommunizierenden Parteien auf festgelegte Regeln zum Austausch der Informationen einigen. Dies betrifft sowohl die verwendete Sprache, als auch Verhaltensregeln, die eine effiziente Kommunikation erst ermöglichen. Diese Verhaltensregeln werden allgemein als **Protokoll** bezeichnet. Ein **Netzwerkprotokoll** legt daher das Format der auszutauschenden Nachrichten fest und spezifiziert darüber hinaus alle Aktionen, die zur Übermittlung dieser Nachrichten notwendig sind. Die Software, mit der das Netzwerkprotokoll auf einem Rechner implementiert wird, heißt **Protokoll-Software**.

Anstelle riesige, komplexe und universelle Netzwerkprotokolle zu betrachten, die sämtliche anfallenden Aufgaben der Netzwerk-Kommunikaton regeln, wurde das Problem der Netzwerk-Kommunikation in eine Vielzahl einzelner, handhabbarer Teilprobleme zerlegt, zu deren Lösung jeweils problemspezifische Protokolle entwickelt wurden. Diese Zerlegung in einzelne Teilprobleme ist sinnvoll, wenn man sich vor Augen führt, wieviele verschiedenartige Komplikationen bei der Rechnerkommunikation auftreten können und gelöst werden müssen (siehe Abb. 4.19).

Verschiedene Teilprobleme werden also auch von speziellen Protokollen abgehandelt, die jedoch – und dies ist das zweite, nicht zu unterschätzende Problem – alle reibungslos ineinandergreifen und zusammenarbeiten müssen. Um dieses Zusammenspiel zu gewährleisten wird die Entwicklung der Netzwerkprotokoll-Software als komplett zu lösende Gesamtaufgabe angesehen und zu ihrer Lösung jeweils eine zusammengehörige **Familie von Protokollen** (Protocol Suites) entwickelt, die alle effizient miteinander interagieren und das Gesamtproblem der Netzwerk-Kommunikation lösen. Einige der populärsten, zum Teil bereits historischen Protokollfamilien sind in Tabelle 4.7 zusammengestellt. Zwar beinhalten die unterschiedlichen Protokollfamilien viele gemeinsame Konzepte, doch wurden sie in der Regel unabhängig voneinander entwickelt und sind daher nicht kompatibel. Dennoch ist es möglich, verschiedene Protokollfamilien gleichzeitig auf demselben Rechner einzusetzen, die alle dieselbe physische Netzschnittstelle nutzen, ohne sich dabei gegenseitig zu stören.

Kommunizieren viele Rechner in einem gemeinsam genutzten Kommunikationsnetzwerk miteinander, können zahlreiche Probleme auftreten, die alle durch die Netzwerkprotokoll-Software bewältigt werden müssen:

- **Hardware-Fehler**
  Ein Host-Rechner oder ein Zwischensystem, wie z.B. ein Router, können ausfallen, weil ein Defekt in der Hardware aufgetreten oder das Betriebssystem abgestürzt ist. Auch eine Netzwerkverbindung kann versehentlich getrennt worden sein. Die Protokoll-Software muß in der Lage sein, diese Fehler zu erkennen und nach einem Neustart der fehlerhaften Systeme wieder für das reibungslose Funktionieren der Kommunikation zu sorgen.

- **Netzwerk-Überlastung (Netzwerkstau, Network Congestion)**
  Auch für den Fall, daß die Netzwerk-Hardware fehlerfrei funktioniert, ist die Kapazität eines Netzwerks noch immer beschränkt durch die Leistungsfähigkeit der darin verwendeten Systemkomponenten. Wird das Datenaufkommen, das weiterzuleiten ist, zu groß, treten Überlastsituationen (Congestion) auf, und im Extremfall kann der gesamte Verkehr im Netzwerk zum Erliegen kommen. Die Protokoll-Software muß daher in der Lage sein, derartige Stausituationen zu erkennen und die betroffenen Bereiche des Netzwerks zu umgehen, damit sich die Überlast wieder auflösen kann.

- **Verzögerungen und Paketverlust (Paket Delay and Loss)**
  Es kann vorkommen, daß einzelne Datepakete extremen Verzögerungen durch Wartezeiten an den Vermittlungssystemen unterworfen sind und dabei sogar verloren gehen. Die Protokoll-Software muß in der Lage sein, mit derartigen Verzögerungen umzugehen.

- **Verfälschung der Daten (Data Corruption)**
  Entlang der Übertragungsstrecke sind über Netzwerke gesendete Daten physikalischen Störquellen wie Interferenzen oder elektromagnetischer Strahlung ausgesetzt, die ebenso wie das Fehlverhalten der beteiligten Hardware dazu führen können, daß Daten verändert und dadurch unbrauchbar werden. Protokoll-Software muß in der Lage sein, auch solche Fehler zu erkennen und entsprechende Korrekturmaßnahmen einzuleiten.

- **Duplizierte Datenpakete und vertauschte Reihenfolge**
  In einem paketvermittelten Netzwerk werden die Datenpakete unabhängig voneinander über möglicherweise verschiedene Routen geleitet. Dabei können die Datenpakete leicht aus der ursprünglichen Reihenfolge gebracht werden, oder es können einzelne Datenpakete über die Vermittlungssysteme repliziert werden. Die Protokoll-Software muß über Mechanismen verfügen, die duplizierten Datenpakete zu erkennen und auszufiltern, sowie die ursprüngliche Reihenfolge der Datenpakete wieder herzustellen.

Abb. 4.19. Einige Komplikationen, die bei der Kommunikation im Netzwerk anfallen können

Tabelle 4.7. Beispiele für Protokollfamilien

Hersteller	Protokollfamilie
Novell Corporation	Netware
Banyan Systems Corporation	VINES
Apple Computer Corporation	AppleTalk
Digital Equipment Corporation	DECNET
IBM	SNA
viele	TCP/IP

4.5.2 Schichtenmodell

Um die Protokoll-Designer in ihrer Arbeit zu unterstützen, wurden Werkzeuge und Modelle entwickelt, die den Gesamtprozeß der Netzwerk-Kommunikation feingliedrig aufschlüsseln und hierarchisch anordnen, und so klare Schnittstellen zwischen den einzelnen Hierarchiestufen schaffen, und die Entwicklung und Verbesserung der auf diesen Stufen jeweils angesiedelten Netzwerkprotokolle so weit wie möglich vereinfachen. Das bekannteste dieser Modelle ist das **Schichtenmodell** (Layering Model, Protocol Stack) (siehe Abb. 4.21). Der gesamte Netzwerk-Kommunikationsprozeß wird dabei in einzelne übereinander liegende Schichten (Layers) aufgeteilt, wobei jede Schicht ein bestimmtes Teilproblem der Netzwerkkommunikation adressiert. Im Idealfall konstruiert der Protokoll-Designer daraus eine Protokollfamilie, den sogenannte **Protokollstapel**, bei dem die einzelnen Protokolle genau zu den auf einer Schicht zu lösenden Aufgaben korrespondieren.

Prinzipiell ist in einem solchen Schichtenmodell die Übertragung einer Nachricht von einem Anwendungsprogramm auf einem Rechner zu einem Anwendungsprogramm auf einem anderen Rechner so organisiert, daß die Nachricht über die verschiedenen Protokollschichten auf dem Ursprungsrechner von oben nach unten durchgereicht, dann physikalisch über das Netzwerk übertragen und am Bestimmungsrechner dieselben Protokollschichten in umgekehrter Reihenfolge durchlaufend an die Anwendung übergeben wird (siehe Abb. 4.20).

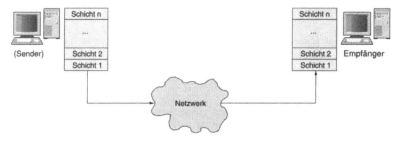

Abb. 4.20. Datenübertragung über einen Protokollstapel

Jede Schicht löst dabei einen bestimmten Teil der Aufgaben, die im Rahmen der Netzwerk-Kommunikation anfallen. Zu diesem Zweck werden auf jeder einzelnen Schicht des Protokollstapels des sendenden Rechners bestimmte Kontroll- und Steuerinformationen zu den zu übertragenden Daten hinzugefügt (siehe Abb. 4.22), die von der zur jeweiligen Schicht korrespondierenden Protokoll-Software beim empfangenden Rechner dazu genutzt wird, um die übertragenen Daten korrekt abzuliefern.

Gemäß dem Schichtenmodell der Netzwerkkommunikation muß die Protokoll-Software einer bestimmten Schicht k auf dem Rechner des Empfängers genau die Nachricht empfangen, die von der Protokoll-Software der Schicht k des

240   4. Wie sich Rechner unterhalten – Grundkonzepte der Rechnervernetzung

Schichtenmodelle spielen in der Kommunikationstechnik, aber auch in anderen Gebieten der Informatik eine bedeutende Rolle. In abgewandelter Darstellung entsprechen diese auch dem **Schalenmodell**, das anstelle aus hierarchisch aufeinander aufgebauten Schichten aus einzelnen Schalen besteht.

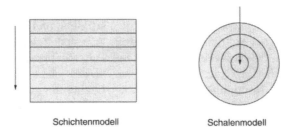

Schichtenmodell   Schalenmodell

Folgende Gründe rechtfertigen den Einsatz eines solchen Modells:

- **Teile und Herrsche (Divide et Impera)**
  Nach dieser Strategie wird ein komplexes Problem in einzelne Teilprobleme zerlegt, die jedes für sich betrachtet, einfacher handhabbar und lösbar sind. Oft ist es erst dadurch möglich, das Gesamtproblem zu lösen.

- **Unabhängigkeit**
  Die einzelnen Schichten kooperieren, indem jede Schicht stets nur die Schnittstellenspezifikation ihres direkten Vorgängers nutzt. Bei fest vorgegebener Schnittstellenspezifikation spielt der innere Aufbau einer Schicht für die anderen Schichten keine Rolle, so daß eine Schicht ohne weiteren Aufwand direkt gegen eine verbesserte Implementation ausgetauscht werden kann, die sich lediglich an denselben Schnittstellenspezifikationen orientieren müssen. Die Implementation der einzelnen Schichten wird damit **unabhängig** vom Gesamtsystem und ein **modularer** (baukastenartiger) Aufbau wird gewährleistet.

- **Abschirmung**
  Jede einzelne Schicht kommuniziert jeweils nur mit der direkt unter ihr liegenden Schicht und gibt die Ausgabe ihrer Verarbeitung an die direkt darüberliegende Schicht weiter. Damit wird eine **Kapselung** der einzelnen Schichten erreicht und die wahrgenommene Komplexität drastisch reduziert.

- **Standardisierung**
  Die Aufgliederung des Gesamtproblems in einzelne Schichten erleichtert auch die Entwicklung von Standards. Eine einzelne Schicht läßt sich jeweils schneller und leichter standardisieren, als das komplexe Gesamtsystem.

Abb. 4.21. Allgemeines Schichtenmodell

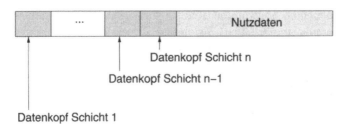

Abb. 4.22. Verschachtelte Datenköpfe, die den zu übertragenden Daten von jeder einzelnen Protokollschicht mitgegeben werden

sendenden Rechners übertragen wurde. Dies bedeutet, daß jede Veränderung oder Anpassung, die die Protokolle einer bestimmten Schicht auf die zu übertragenden Daten anwenden, beim Empfänger wieder vollständig rückgängig gemacht werden muß. Fügt Schicht k den zu übertragenden Daten einen zusätzlichen Steuer- und Kontrollheader an, muß Schicht k diese auf dem Empfängerrechner wieder entfernen. Findet in Schicht k eine Verschlüsselung der Daten statt, muß diese auf Empfängerseite die verschlüsselten Daten wieder entschlüsseln (siehe Abb. 4.23).

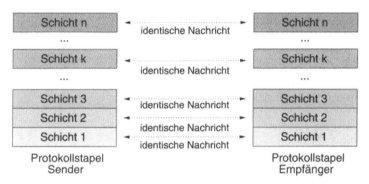

Abb. 4.23. Ändert die Software einer Protokollschicht des Senderechners die zu übertragenden Daten, muß die Änderung auf Empfängerseite von dieser Schicht wieder rückgängig gemacht werden

Für die Entwicklung von Netzwerkprotokoll-Familien wurde 1977 von der International Standards Organisation (ISO) das **ISO/OSI Referenzmodell** für die Kommunikation in offenen Netzwerken (Open Systems Interconnection) entwickelt, das den Gesamtprozeß der Netzwerkkommunikation in sieben einzelne Schichten untergliedert und als Werkzeug zur Entwicklung von Protokollfamilien diente. Seit der Entwicklung des ISO/OSI-Referenzmodells haben sich die Konzepte für Protokollfamilien an verschiedenen Stellen zwar geändert und viele der neu entwickelten Protokolle passen gar nicht mehr in dieses Schema, ein Großteil der Terminologie, insbesondere Bezeichnung und Numerierung der einzelnen Schichten, hat sich aber bis heute erhalten.

Exkurs 11: Das ISO/OSI-Schichtenmodell

Das ISO/OSI-Schichtenmodell

Das 1977 von der International Standards Organisation verabschiedete ISO/ISO-Referenzmodell unterteilt die grundlegenden Aufgaben der Netzwerkkommunikation in sieben hierarchisch aufeinander aufbauende Schichten (siehe Abb. 4.24). Obwohl in der Praxis heute nicht mehr von Bedeutung, wird es gerne in Lehrbüchern herangezogen, um die einzelnen Aufgaben und Teilprobleme der Netzwerkkommunikation aufzuzeigen und ihre Interaktion zu demonstrieren.
Im ISO/OSI-Modell entspricht die unterste Schicht der eigentlichen Netzwerk-Hardware (physikalische Ebene). Die darauf aufbauenden Schichten umfassen jeweils Firmware und

Software, die auf dieser Netzwerk-Hardware eingesetzt werden. Schicht sieben ist schließlich die Anwendungsschicht, die die Schnittstelle bildet zwischen dem Kommunikationssystem und den verschiedenen Anwendungen, die das Kommunikationssystem für ihre Zwecke nutzen. Die Schichten (1-4) werden allgemein als **Transportsystem**, die Schichten (5-7) als **Anwendungssystem** bezeichnet, die zunehmend allgemeinere Funktionalitäten des Kommunikationsprozesses bereitstellen. Obwohl sie denselben Namen tragen, dürfen sie nicht mit den eigentlichen Anwendungsprogrammen verwechselt werden, die selbst außerhalb des Schichtenmodells stehen.

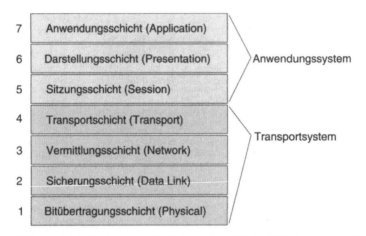

Abb. 4.24. Die einzelnen Schichten des ISO/OSI-Referenzmodells

Die einzelnen Schichten des ISO/OSI-Referenzmodells befassen sich mit den folgenden Aufgaben:

- **Schicht 1: Bitübertragungsschicht (Physical Layer)**
  Die Bitübertragungsschicht definiert physikalische und technische Eigenschaften des Übertragungsmediums (Übertragungskanals). Dazu zählen z.B. die verwendeten Übertragungsverfahren (z.B. Manchester-Kodierung), sowie Bauform und Belegung von Steckverbindungen mit ihren mechanischen und elektrisch/optischen Parametern. Wichtige Protokollstandards, die auf dieser Schicht angesiedelt sind, sind z.B.
  - ITU-T V.24
  - ITU-T X.21 und X.21bis
  - EIA/TIA RS-232-C
- **Schicht 2: Sicherungsschicht (Data Link Layer)**
  Die Sicherungsschicht gewährleistet, daß entlang einer Punkt-zu-Punkt Verbindung trotz gelegentlicher Fehler eine zuverlässige Übertragung stattfinden kann. Diese Punkt-zu-Punkt Verbindung kann dabei entweder als direkte Verbindung ausgeführt sein oder auch über einen sogenannten **Bus**, der als **Diffusionsnetzwerk** arbeitet. In einem Diffusionsnetzwerk können alle angeschlossenen Rechner die übertragenen Daten aller anderen angeschlossenen Rechner empfangen, ohne daß dazu irgendwelche Zwischensysteme nötig wären. Zu den auf der Sicherungsschicht zu bewältigenden Aufgaben zählen z.B. die Organisation von Daten in Datenpakete (Fragmentierung), die Übertragung von Datenpaketen und das Bitstopfen. Eine zuverlässige Übertragung wird durch einfache Fehlererkennungsverfahren, wie z.B. die Prüfsummenberechnung, ermöglicht. Zu den bekannten Protokollstandards dieser Schicht zählen:

- BSC (Bit Synchronous Communication) und DDCMP (Digital Data Communications Message Protocol)
- HDLC (High Level Data Link Protocol)
- LAPB (Link Access Procedure for Balanced Mode) und LAPD (Link Access Procedure for D-Channels)
- LLC (Logical Link Control)

- **Schicht 3: Vermittlungsschicht (Network Layer)**
Die Vermittlungsschicht übernimmt die Aufgaben der Zuweisung von Adressen zu End- und Zwischensystemen und der Weiterleitung von Datenpaketen von einem Ende des Netzwerks zum anderen. Sie ermöglicht damit auch die Verknüpfung einzelner Netzwerke (Internetworking) und stellt eine Verbindung zwischen Endsystemen her. Zu den wichtigsten Protokollstandards, die auf dieser Schicht angesiedelt sind, zählen:
  - ITU-T X.25
  - ISO 8208
  - ITU-T I.450 und I.451 (ISDN)
  - IP (Internet Protocol)

- **Schicht 4: Transportschicht (Transport Layer)**
Die Transportschicht definiert die Einzelheiten, die für eine zuverlässige und sichere Datenübertragung notwendig sind. Hier wird sichergestellt, daß eine Folge von Datenpaketen fehlerfrei, vollständig und in der richtigen Reihenfolge vom Sender zum Empfänger gelangt. Auf der Transportschicht erfolgt ebenfalls die Abbildung von Netzwerkadressen auf logische Namen. Damit stellt die Transportschicht den beteiligten Endsystemen eine Ende-zu-Ende Verbindung zur Verfügung, die die Einzelheiten der dazwischenliegenden Netzwerkinfrastruktur verbirgt und daher als **transparent** bezeichnet wird. Die Protokolle auf dieser Schichte zählen zu den komplexesten Protokollen in der Netzwerk-Kommunikation. Zu den bedeutendsten Protokollstandards, die auf Schicht 4 arbeiten, gehören:
  - ISO 8072 (Transport Service Definition)
  - ISO 8073 (Connection Oriented Transport Protocol)
  - ITU-T T.80 (Network-Independent Basic Transport Service for Telematic Services)
  - TCP (Transmission Control Protocol)

- **Schicht 5: Sitzungsschicht (Session Layer)**
Die Sitzungsschicht wird auch als Kommunikationssteuerungsschicht bezeichnet. Zu den Aufgabe, die hier gelöst werden, zählt die Einrichtung einer Übertragungssitzung zu einem entfernten Rechnersystem. Dazu gehören z.B. auch Sicherheitsmechanismen wie Authentifikation über Passwort-Verfahren. Wichtige Protokollstandards dieser Schicht sind:
  - ISO 8326 (Basic Connection Oriented Session Service Definition)
  - ISO 8327 (Basic Connection Oriented Session Protocol Definition)
  - ITU-T T.62 (Control Procedures for Teletex and Group 4 Facsimile Services)

- **Schicht 6: Darstellungsschicht (Presentation Layer)**
Zu den Aufgaben der Darstellungsschicht zählt die Konversion unterschiedlicher Datenformate, die auf den verbundenen Rechnersystemen eingesetzt werden. Je nach Rechnertyp können unterschiedliche Kodierungen für Zahlen oder Zeichen vorliegen, deren Umsetzung und Anpassung in dieser Schicht vorgenommen wird. Die Darstellungsschicht sorgt also für eine korrekte Interpretation der übertragenen Daten. Dazu wird die jeweils lokale Kodierung der Daten in eine spezielle, einheitliche Transferkodierung umgesetzt und beim Empfänger in die dort lokal gültige Kodierung zurückverwandelt. Zu den Aufgaben dieser Schicht gehören zusätzlich die Datenkomprimierung und die Verschlüsselung. Zu den wichtigsten Protokollstandards dieser Schicht zählen:
  - ISO 8322 (Connection Oriented Session Service Definition)
  - ISO 8323 (Connection Oriented Session Protocol Definition)

- ITU-T T.73 (Document Interchange Protocol for Telematic Services) ITU-T X.409 (Presentation Syntax and Notation)
- **Schicht 7: Anwendungsschicht (Application Layer)**
  Die Anwendungsschicht bietet eine Schnittstelle für Anwendungsprogramme, die das Netzwerk für ihre Zwecke nutzen wollen. Hier werden einfach handhabbare Dienste zur Verfügung gestellt, die die netzwerkinternen Details vor dem Anwender oder dem Programmierer des Anwendungsprogrammes verbergen und so eine einfache Nutzung des Kommunikationssystems ermöglichen. Zu den wichtigen Protokollstandards, die auf dieser Schicht angesiedelt sind, gehören:
  - ISO 8571 (FTAM, File Transfer, Access and Management)
  - ISO 8831 (JTM, Job Transfern and Manipulation)
  - ISO 9040 und 9041 (VT, Virtual Terminal Protocol)
  - ISO 10021 (MOTIS, Message Oriented Text Interchange System)

Weiterführende Literatur:

U. Black: OSI – A Model for Computer Communications Standards, Englewood Cliffs, NJ, USA, 1991

4.5.3 Protokollfunktionen

Beim Blick auf die einzelnen Protokolle, die den jeweiligen Protokollschichten zugeordnet sind, stellt man fest, daß oftmals Protokolle verschiedener Schichten die gleiche Funktionalität bieten. Diese gemeinsamen Funktionalitäten werden als **Protokollfunktionen** oder **Protokollmechanismen** bezeichnet. Dabei erfolgt die Ausgestaltung der einzelnen Protokollfunktionen auf jeder Protokollschicht vermittels konkreter Protokolle, die dem Bezugsrahmen und Abstraktionsgrad der jeweiligen Schicht entsprechen. Grundsätzlich lassen sich die Protokollfunktionen in folgende Kategorien unterteilen:

- **Basis-Protokollfunktionen**
  Hierzu gehören die Funktionalitäten, die den Datenverkehr als Grundaufgabe der Netzwerkkommunikation regeln:
  - **Datentransfer**:
    Basisaufgabe aller Netzwerkkommunikation ist natürlich der Datentransfer. Zusätzlich kann ein **Vorrangdatentransfer** definiert werden, der bestimmte „wichtige" Daten gegenüber „regulären" Daten auszeichnet, damit diesen ein Vorrang in der Datenübertragung eingeräumt werden kann. Dabei können Vorrangdaten zuvor versendete gewöhnliche Daten sogar überholen. Wird ein Datenpaket korrekt empfangen, kann zur Signalisierung eines gelungenen Datentransfers ein spezielles **Quittungsverfahren** (Acknowledgement) implementiert werden. Quittungen können sich auf einzelne Datenpakete oder aber auch auf mehrere Datenpakete (Piggy Pack Acknowledgement) beziehen.

- **Verbindungsverwaltung**:
  Neben dem eigentlichen Datentransfer ist der Auf- und Abbau einer Datenverbindung eine Grundaufgabe der Netzwerkkommunikation. Der verwendete Protokollmechanismus muß dazu in der Lage sein, auf erfolgreiche bzw. erfolglose Verbindungsanfragen entsprechend zu reagieren. Daten, die über eine geschaltete Verbindung übertragen werden, müssen in der richtigen Reihenfolge angeliefert werden. Dazu muß der Protokollmechanismus mit verspäteten, verlorengegangenen oder auch duplizierten Datenpaketen zurecht kommen. Um dies zu gewährleisten, werden die Datenpakete mit **Sequenznummern** versehen. Außerdem müssen Fallback- und Recovery-Mechanismen vorgesehen werden, die nach einem unbeabsichtigten Abbruch der Verbindung (Disconnect) die Kommunikation wieder in einen konsistenten Zustand überführen.

- **Fehlerbehandlung**
  Unter die Kategorie Fehlerbehandlung fallen alle Mechanismen, die zur Erkennung und Behebung von aufgetretenen Übertragungsfehlern dienen:
  - **Fehlererkennung**:
    Zur Fehlererkennung können Prüfsummenverfahren oder Paritätsbits zum Einsatz kommen. Dabei werden die Nutzdaten durch redundante Information ergänzt, die sich aus den korrekt übertragenen Daten rekonstruieren läßt und so durch Vergleich die Möglichkeit schafft, aufgetretene Fehler zu erkennen.
  - **Übertragungswiederholung**:
    Wurde ein übertragenes Datenpaket als fehlerhaft identifiziert, kann es erneut vom Sender angefordert werden. Dies kann unter Verwendung eines speziellen Quittungsverfahrens erfolgen.
  - **Zeitüberwachung**:
    Überschreitet ein Datenpaket auf seinem Weg durch das Netzwerk eine vorgegebene maximale Zeitspanne, gilt es als „verloren" und wird erneut übertragen (Timeout). Die Festlegung dieser Zeitspanne ist von enormer Bedeutung für die Effizienz des Netzwerks.
  - **Fehlerkorrektur**:
    Bei Anreicherung der zu übertragenen Information mit ausreichender Redundanz, kann eine automatische Korrektur von Übertragungsfehlern beim Empfänger gewährleistet werden, ohne daß ein fehlerhaft übertragenes Datenpaket erneut vom Sender angefordert werden muß.

- **Längenanpassung**
  Auf Grund technischer und organisatorischer Restriktionen ist die Länge von Datenpaketen stets beschränkt. Oftmals ist die zu übertragende Nachricht aber länger, als das vorgegebene Datenformat dies zuläßt. Dann muß die Nachricht vor dem Datentransfer zunächst in paßgerechte Einzelteile zerlegt werden (**Fragmentierung**). Beim Empfänger angekommen, müssen die Datenpakete anschließend wieder zur ursprünglichen Nachricht

zusammengesetzt, die Zerlegung also rückgängig gemacht werden (**Defragmentierung**). Andererseits können Nachrichten auch kürzer sein als die jeweils vorgeschriebene Datenpaketlänge. Dann müssen die Datenpakete mit sogenannten Füllbits ergänzt werden (**Bitstopfen**).

- **Systemleistungsanpassung**
  Die an der Datenübertragung beteiligten Rechensysteme müssen sich an die aktuelle Netzlast anpassen können. Dazu zählen Protokollmechanismen, die Einfluß nehmen auf die interne Verarbeitung in den Zwischensystemen und so eine Regelung des Datenflusses vornehmen und im Falle einer Überlast eingreifen können.
  - **Flußsteuerung (Flow Control)**:
    Eine Steuerung des Datenflusses erfolgt oftmals über einen Fenstermechanismus. Dieser soll den Empfänger der Daten vor einer eventuell auftretenden Überlast schützen. Daher gibt der Empfänger dem Sender eine Maximalzahl an Datenpaketen vor, die dieser höchstens aussenden darf, ohne eine Quittung zu erhalten.
  - **Überlaststeuerung (Congestion Control)**:
    Die hier vorgesehenen Protokollmechanismen bedienen sich ebenfalls eines Fenstermechanismus, der zum Schutz des jeweiligen Empfängers dient, damit dieser nicht durch die Zahl der an ihn gesendeten Datenpakete überlastet wird. Der Empfänger gibt in Abhängigkeit von der aktuellen Netzlast vor, wieviele noch unbestätigte Datenpakete gesendet werden dürfen.
  - **Steuerung der Datenübertragungsrate (Rate Control)**:
    Vor Beginn der eigentlichen Datenübertragung, also z.B beim Verbindungsaufbau, können sich Sender und Empfänger über eine maximal zulässige Datenübertragungsrate (entspricht der Menge der gesendeten Daten pro Zeiteinheit) einigen.

- **Übertragungsleistungsanpassung**
  Die an einem Netzwerk angeschlossenen End- und Zwischensysteme können unterschiedliche Leistungskapazitäten aufweisen, die sich in unterschiedlichen Übertragungsleistungen niederschlagen. Um diese Unterschiede ausgleichen zu können, müssen spezielle Protokollmechanismen vorgesehen werden.
  - **Multiplexing**:
    Verfügt eine Verbindungsleitung über eine erheblich höhere Übertragungskapazität als einzelne daran angeschlossene Rechensysteme, dann können Verbindungen zu mehreren Rechensystemen auf eine Verbindung mit hoher Übertragungskapazität abgebildet werden, indem die daran angeschlossenen Systeme diese abwechselnd bedienen.
  - **Inverses Multiplexing**:
    Im umgekehrten Fall des Multiplexing verfügt z.B. ein an das Netzwerk angeschlossenes Rechensystem über eine erheblich höhere Über-

tragungsleistung als die zur Verfügung stehende Datenverbindung. Über den Mechanismus des inversen Multiplexing kann die Verbindung zum Rechensystem auf mehrere Datenverbindungen gleichzeitig abgebildet werden.

- **Nutzerbezogene Protokollmechanismen**
  Zusätzlich sind Protokollmechanismen wichtig, über die der Nutzer Eigenschaften der Datenübertragung im Netzwerk selbst mitbestimmen kann. Dazu zählen z.B. die Festlegung von Dienstgüteparametern oder die Vergabe von Rechten.
  – **Verbindungsklassen**:
    Netzwerkdienste können ihre Leistung in unterschiedlichen Qualitätsstufen, sogenannten Dienstklassen erbringen. Dazu müssen Protokollmechanismen vorgesehen werden, mit denen der Nutzer beim Verbindungsaufbau die jeweils gewünschte Dienstklasse festlegen kann.
  – **Rechteverwaltung**:
    Die Nutzung bestimmter Systemdienste oder spezieller Datenverbindungen kann nutzerbezogen oder zeitabhängig eingeschränkt werden. Um bestimmte Nutzer zur Nutzung der beschränkt verfügbaren Netzwerkressourcen zu berechtigen, müssen entsprechende Protokollmechanismen vorgesehen werden.
  – **Dienstgüteverwaltung**:
    Beim Verbindungsaufbau kann der Initiator der beabsichtigten Kommunikation den Wunsch nach bestimmten Dienstgüteparametern, wie z.B. einen bestimmten Mindestdurchsatz äußern. Dieser Wunsch muß dem beabsichtigten Kommunikationspartner mitgeteilt werden, der diesen vollständig oder auch nur teilweise akzeptieren kann.

4.6 Das TCP/IP-Schichtenmodell

Die heute bedeutendste Protokollfamilie, die **TCP/IP**-Protokollsuite, basiert nicht auf den Spezifikationen eines Standardisierungskommitees, sondern erwuchs bereits sehr früh aus den Anforderungen und Erfahrungen der Entwicklung des Internets. Zwar läßt sich das ISO/OSI-Referenzmodell soweit anpassen, daß es auch zur Beschreibung des TCP/IP Protokollstapels dienen kann, aber beide gehen von gänzlich verschiedenen Grundlagen aus. Allein schon aufgrund der Bedeutung, die das Internet und damit die TCP/IP-Protokollsuite erlangt hat, ist es deshalb sinnvoll, speziell auf den TCP/IP-Protokollstapel näher einzugehen (siehe auch Kap. 1.1.3).
Das als **TCP/IP-Referenzmodell** bezeichnete Schichtenmodell wurde tatsächlich erst definiert, nachdem die damit beschriebenen Protokolle bereits implementiert waren und sich erfolgreich im Einsatz befanden. Dies hatte zwar den Vorteil, daß die beschriebenen Schichtenspezifikationen perfekt

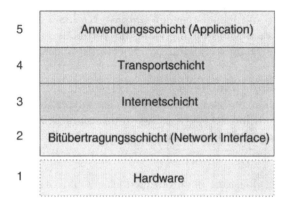

Abb. 4.25. Die fünf Schichten der TCP/IP-Protokollfamilie

mit den Protokollimplementationen übereinstimmten, eine Anwendung dieses Modells auf andere Protokollfamilien ist aber nicht ohne weiteres möglich. Übrigens stammt die erste Beschreibung des TCP/IP-Referenzmodells bereits aus dem Jahr 1974, also noch bevor die erste Spezifikation des ISO/OSI-Modells erfolgte.

Prinzipiell läßt sich die TCP/IP-Protokollfamilie in fünf einzelne Schichten unterteilen, die um die Kernschichten TCP und IP herum organisiert sind (siehe Abb. 4.25). Während die erste Schicht des TCP/IP-Referenzmodells lediglich die eingesetzte Hardware und deren Parameter spezifiziert, spiegelt sich die Bitübertragungsschicht (Physical Layer) als unterste Schicht des ISO/OSI-Referenzmodells erst in Schicht 2 des TCP/IP-Referenzmodells (Bitübertragungsschicht, Network Interface Layer) wieder. Auf die Schichten 2-5 soll im Folgenden detaillierter eingegangen werden. Die Protokolle der Schichten 3 (Internetschicht) und 4 (Transportschicht) werden später ausführlich in Kapitel 7 beschrieben.

4.6.1 Bitübertragungsschicht

Die Bitübertragungsschicht des TCP/IP-Referenzmodells umfaßt die Schichten 1 (Bitübertragungsschicht) und 2 (Sicherungsschicht) des ISO/OSI-Referenzmodells. Hauptaufgabe ist dabei die sichere Übertragung von einzelnen Datenpaketen zwischen zwei benachbarten Endsystemen. Diese Endsysteme können entweder direkt durch ein Kabel miteinander verbunden oder an einen sogenannten Bus (Diffusionsnetzwerk) angeschlossen sein, der mehrere Endsysteme direkt, also ohne Zwischensysteme miteinander verbindet. Die zu übertragenden Bits werden in dieser Schicht zu Datenpaketen zusammengefaßt, die zum Zwecke einer rudimentären Fehlererkennung in der Regel auch mit einer Prüfsumme ausgestattet werden.

Man unterscheidet in dieser Schicht zwischen **gesicherten** und **ungesicherten Diensten**. In ungesicherten Diensten werden als fehlerhaft erkannte Datenpakete eliminiert. Die Anforderung einer Übertragungswiederholung erfolgt auf einer höheren Schicht des Protokollstapels. Ein gesicherter Dienst hingegen übernimmt die Anforderung einer Übertragungswiederholung selbst. In lokalen Netzen (LANs) wird die Schicht 2 des TCP/IP-Referenzmodells für gewöhnlich in zwei weitere Teilschichten aufgeteilt:

- **Media Access Control (MAC)**
  Diese Teilschicht regelt den Zugriff auf das gemeinsam mit (vielen) anderen Rechensystemen genutzte Übertragungsmedium. Da diese beim Zugriff auf das Kommunikationsmedium in Konkurrenz stehen, müssen Protokollmechanismen vorgesehen werden, die einen für alle Teilnehmer gerechten und effizienten Zugriff erlauben.
- **Logical Link Control (LLC)**
  Diese Teilschicht bildet die sogenannte Sicherungsschicht des LANs. Hier sind Aufgaben zu lösen, wie z.B.:
  – Flußsteuerung (Vermeidung von Überlast beim Empfänger),
  – Fehlerbehandlung (Fehlererkennung und Fehlerkorrektur),
  – Übertragungssteuerung (Link Management, geordnete und fehlerfreie Übertragung) und
  – Datenpaketsynchronisation (Anfang und Ende eines Datenpakets müssen erkannt werden).
  Daneben gewährleistet die LLC-Teilschicht die sogenannte Multiprotokollfähigkeit, also die Fähigkeit zur gleichzeitigen Nutzung verschiedener Kommunikationsprotokolle.

Zu den bedeutsamen Protokollen der Schicht 2 des TCP/IP-Referenzmodells zählen die von der IEEE gemäß dem **IEEE 802** LAN-Standard standardisierten LAN-Protokolle, zu denen Technologien wie Ethernet, Token Ring oder FDDI zählen (siehe Kapitel 5). Weitere Protokolle der Schicht 2 der TCP/IP-Protokollfamilie sind:

- ARP und RARP (Address Resolution Protocol und Reverse Address Resolution Protocol),
- SLIP (Serial Line Interface Protocol) und
- PPP (Point to Point Protocol).

4.6.2 Internetschicht

Ebenso wie die Schicht 3 des ISO/OSI-Referenzmodells besteht die Hauptaufgabe der Internetschicht des TCP/IP-Referenzmodells darin, Datenkommunikation zwischen zwei Endsystemen an verschiedenen Enden des Kommunikationsnetzwerks zu ermöglichen. Zu diesem Zweck muß ein eindeutiges Adressierungsschema verwendet werden, und die versendeten Datenpakete müssen jeweils mit den Adressen von Sender und Empfänger versehen werden, damit sie korrekt zugestellt werden können. Da die Kommunikation über ein oder mehrere eigenständig operierende Netzwerke hinweg erfolgt, müssen die Rechner an den Verbindungs- und Vermittlungsstellen (Zwischensysteme)

in der Lage sein, zur korrekten Weiterleitung der Datenpakete den jeweils einzuschlagenden Verbindungsweg auszuwählen (Routing).
Das zentrale Protokoll der Schicht 3 ist das **Internet Protocol (IP)**. IP bietet eine unzuverlässige und datenpaketorientierte Ende-zu-Ende Übertragung von Nachrichten. Es ist verantwortlich für Fragmentierung und Defragmentierung in sogenannte **IP-Datagramme** und verfügt über Protokollmechanismen zur Weitervermittlung über Zwischensysteme hinweg zum designierten Empfänger der Nachricht. IP zählt zu den wichtigsten Protokollen überhaupt im Internet und wird detailliert in Kapitel 7.2 behandelt.
Daneben kommt auf Schicht 3 das **ICMP**-Protokoll (Internet Control Message Protocol) zum Einsatz, in dessen Zuständigkeit die Meldung von Fehlern liegt, die während einer IP-Übertragung auftreten können. ICMP ist ein Protokoll, das direkt auf IP aufsetzt. Es kann außerdem dazu verwendet werden, Systeminformationen über andere Endsysteme anzufordern.
Daneben zählen noch weitere Protokolle zur Schicht 3 des TCP/IP-Protokollstapels, wie z.B.:

- IGMP (Internet Group Management Protocol), dient zur Verwaltung von (Multicast)-Gruppen von Endsystemen in einem TCP/IP-Netzwerk,
- RSVP (Resource Reservation Protocol), dient zur Anforderung und Reservierung von Ressourcen für mittels IP zu übertragende Datenströme,
- ST 2+ (Internet Stream Protocol, Version 2), verbindungsorientiertes Protokoll zum Transport von Echtzeitdaten über IP, die eine garantierte Dienstgüte benötigen,
- OSPF (Open Shortest Path First), ein vor allem bei Internet-Routern eingesetztes Routingprotokoll,
- BGP (Border Gateway Protocol), ein Routingprotokoll für sogenannte autonome Systeme.

4.6.3 Transportschicht

Die primäre Aufgabe der Transportschicht, die etwa der Schicht 4 des ISO/OSI-Referenzmodells entspricht, besteht in der Einrichtung einer Kommunikationsverbindung zwischen zwei Anwendungsprogrammen, die sich auf unterschiedlichen Rechnern im Netzwerk befinden. Auf der Transportschicht erfolgt dazu eine Flußsteuerung, die dafür sorgt, daß Überlastsituationen nach Möglichkeit vermieden werden. Es wird auch sichergestellt, daß die übertragenen Daten fehlerfrei und in der richtigen Reihenfolge (Sequenznummern) beim Empfänger ankommen. Dazu existiert ein Quittungsmechanismus, über den der Empfänger korrekt übertragene Datenpakete bestätigen bzw. fehlerhafte Datenpakete neu anfordern kann.
Anders als die Internetschicht, steht die Transportschicht nicht unter der Kontrolle des Netzbetreibers, sondern bietet dem Anwender bzw. dem Anwendungsprogramm des betreffenden Endsystems die Möglichkeit, Einfluß

auf Probleme in der Datenübertragung zu nehmen, die nicht von der Internetschicht behandelt werden. Dazu zählt die Überbrückung von Ausfällen auf der Internetschicht und die Nachlieferung von Datenpaketen, die in der Internetschicht verloren gegangen sind. Die Transportschicht ist in der Lage, beliebig lange Pakete (Streams) zu übertragen. Eine lange Nachricht wird dazu in Segmente unterteilt, die einzeln übertragen und beim Empfänger wieder zusammengesetzt werden.

Das **TCP-Protocol (Transport Control Protocol)** als ein weiteres Kernstück der Internet-Protokoll-Architektur ist das populärste Protokoll der Schicht 4 des TCP/IP-Protokollstapels. Es realisiert einen zuverlässigen, bidirektionalen Datenaustausch zwischen zwei Endsystemen. Das TCP-Protokoll wird detailliert in Abschnitt 7.2.5 beschrieben.

Neben TCP ist das **UDP-Protokoll (Universal Datagram Protocol)** das zweite prominente Protokoll der Transportschicht. Es überträgt eigenständige Dateneinheiten, sogenannte Datagramme, zwischen Anwendungsprogrammen, die auf unterschiedlichen Rechnern im Netzwerks ablaufen. Allerdings ist die Übertragung unzuverlässig, d.h. mit Datenverlust, Vervielfachung von Datagrammen und Reihenfolgeveränderungen muß stets gerechnet werden. Die als falsch erkannten Datagramme werden von UDP verworfen und erreichen den Empfänger erst gar nicht. UDP zeichnet sich gegenüber TCP durch eine geringere Komplexität aus, was sich in einem erhöhten Datendurchsatz niederschlägt. Allerdings muß dies mit einem drastischen Verlust an Zuverlässigkeit und Sicherheit bezahlt werden.

Weitere bekannte Protokolle der Transportschicht sind:

- VMTP (Versatile Message Transaction Protocol), ein transaktionsorientiertes Kommunikationsprotokoll,
- NETBLT (Network Block Transfer Protocol), ein unidirektionaler, verbindungsorientierter, zuverlässiger Transportdienst, der auf einen hohen Durchsatz bei großen Datenmengen hin optimiert wurde,
- MTP (Multicast Transport Protocol), ein zuverlässiger Transportdienst für Multicast-Gruppen,
- RDP (Reliable Data Protocol), ein bidirektionaler, verbindungsorientierter Punkt-zu-Punkt Transportdienst, der speziell für Anwendungen vorgesehen ist, die in der Lage sind, mit Reihenfolgeänderungen bei den übertragenen Datenpaketen selbständig umzugehen bzw. diese tolerieren,
- RIP (Routing Information Protocol), internes Routingprotokoll in kleineren Netzwerken,
- SSL (Secure Socket Layer), Protokollmechanismus für die sichere Übertragung im WWW,
- TLS (Transport Layer Security), Nachfolger des Secure Socket Layer (SSL) Protokolls für die sichere Datenübertragung im WWW.

252 4. Wie sich Rechner unterhalten – Grundkonzepte der Rechnervernetzung

4.6.4 Anwendungsschicht

Die Funktionalität der Anwendungsschicht des TCP/IP-Protokollstapels faßt im Prinzip die der Schichten 5-7 des ISO/OSI-Referenzmodells zusammen. Grundsätzlich dient diese Schicht als Schnittstelle zu den eigentlichen Anwendungsprogrammen, die über das Netzwerk kommunizieren wollen. Die Anwendungen selbst befinden sich dabei außerhalb dieser Schicht und des TCP/IP-Referenzmodells überhaupt. Die angebotenen Dienste der Anwendungsschicht verfügen über ein hohes Abstraktionsniveau, das den Anwender bzw. die kommunizierenden Anwendungen von den Details der Kommunikation, die auf den niedrigeren Protokollschichten geregelt werden, weitgehend abschirmen.

Zur Anwendungsschicht der TCP/IP-Protokollfamilie zählen viele Protokolle, die detailliert in Kapitel 8 behandelt werden, wie z.B.:

- TELNET, ermöglicht die Einrichtung einer interaktiven Sitzung auf einem entfernten Rechner,
- FTP (File Transfer Protocol), dient der Übertragung von Dateien zwischen zwei über ein TCP/IP-Netzwerk verbundenen Rechnern,
- SMTP (Simple Mail Transfer Protocol), ein einfach strukturiertes Protokoll zur Übertragung von elektronischer Post im Internet. Heute wird in der Regel ESMPT (Extended SMTP) eingesetzt, das eine transparente Übertragung von Nachrichten unterschiedlicher Formate gestattet,
- HTTP (Hypertext Transport Protocol), Protokoll zur Datenübertragung im World Wide Web,
- RPC (Remote Procedure Call), dient dem Operationsaufruf von Anwendungsprogrammen, die sich auf einem entfernten Rechner befinden,
- DNS (Domain Name Service), Verzeichnisdienst, der die Zuordnung zwischen Endsystemnamen (Zeichenketten) zu IP-Adressen liefert,
- PGP (Pretty Good Privacy), Verschlüsselungsmechanismus für elektronische Post und deren Authentifikation,
- SNMP (Simple Network Management Protocol), Protokoll zur Überwachung, Verwaltung und Kontrolle von Netzwerken,
- RTP (Realtime Transport Protocol), Protokoll zur Echtzeit-Übertragung (Streaming) von Multimedia-Datenströmen.

4.7 Glossar

Bandbreite: Die Bandbreite (Bandwidth) einer Verbindungsstrecke in einem Netzwerk ist eine physikalische Größe, die in Hertz (1 Hz=1/s) angegeben wird. Im analogen Bereich bezeichnet die Bandbreite den Frequenzbereich, in dem elektrische Signale mit einem Amplitudenabfall von bis zu 3 dB übertragen werden. Je größer die Bandbreite, desto mehr Informationen können theoretisch in einer Zeiteinheit übertragen werden. Auch bei der Übertragung digitaler Signale wird oft synonym der Begriff Bandbreite verwendet, obwohl die **Übertragungsrate** gemeint ist. Es gibt allerdings einen unmittelbaren Zusammenhang zwischen der Bandbreite und der Übertragungsrate, da bei der

Datenübertragung die erreichbare Übertragungsgeschwindigkeit direkt von der Bandbreite des Netzwerkes abhängt. Die maximale Bandbreiten-Ausnutzung beträgt für binäre Signale 2 Bit pro Hertz Bandbreite.

Bitlänge: Die Länge, die ein Signal, das den Informationsgehalt von einem Bit trägt, auf dem Übertragungsmedium einnimmt. Die Bitlänge berechnet sich aus dem Quotienten aus Übertragungsgeschwindigkeit (in Kupferkabel etwa 0,8c=240.000 km/s) und Bandbreite des Signals. So ergibt sich z.B. in 100-Base-T Ethernet eine Bitlänge von etwa 240.000.000 mps/100.000.000 bps = 2.4 m/bit.

Broadcast: Eine Broadcast-Übertragung entspricht einem Rundruf, also einer gleichzeitigen Übertragung von einem Punkt aus zu allen Teilnehmern. Klassische Broadcast-Anwendungen sind Rundfunk und Fernsehen.

Code: Ein Code ist eine mathematische Relation, die jedem Zeichen eines Zeichenvorrats (Urbildmenge) ein Zeichen oder eine Zeichenfolge eines anderen Zeichenvorrats (Bildmenge) zuordnet. In technischen Systemen dienen Codes der Darstellung und Verschlüsselung von Nachrichten.

Datenfernübertragung: Sind die Rechensysteme, zwischen denen eine Datenübertragung stattfindet, mehr als einen Kilometer weit voneinander entfernt, so spricht man von Datenfernübertragung. Diese Begrenzung ist allerdings nicht starr. Die eingesetzten Verfahren zur Datenfernübertragung unterscheiden sich wesentlich von denen, die bei Systemen eingesetzt werden, die weniger weit voneinander entfernt sind.

Datenrate: Die Datenrate (Transmission Speed, Übertragungsgeschwindigkeit) ist das Maß für die Geschwindigkeit, in der Daten in Form von Bits pro Zeiteinheit über ein Übertragungsmedium versendet werden können. Diese Geschwindigkeit wird in bit/s angegeben bzw. mit den Präfixen k (kilo=10^3), M (Mega=10^6), G (Giga=10^9) oder T (Tera=10^{12}) versehen. Bei bitserieller binärer Übertragung ist sie gleich der **Schrittgeschwindigkeit**. Bei zeichenserieller bitparalleler Übertragung dagegen ist die Übertragungsgeschwindigkeit größer als die Schrittgeschwindigkeit, da mit jedem Schritt mehrere Bits gleichzeitig übertragen werden. In der englischen Literatur wird die Übertragungsgeschwindigkeit in bps (bits per second) angegeben. Nach DIN 44302 handelt es sich bei der Übertragungsgeschwindigkeit um das Produkt aus Schrittgeschwindigkeit und Anzahl der Bits, die je Schritt übertragen werden.

Diffusionsnetzwerk: In einem Diffusionsnetzwerk wird das Signal eines Senders unmittelbar von allen mit dem Netz verbundenen Rechnern unter Berücksichtigung der jeweiligen Laufzeitverzögerung empfangen. Jeder Empfänger muß dabei selbst feststellen, ob er die Nachricht aufnimmt und verarbeitet oder nicht.

Durchsatz (Datendurchsatz, Throughput): Ist ein Maß für die Leistungsfähigkeit eines Kommunikationssystems. Gemessen werden die innerhalb einer bestimmten Zeitspanne insgesamt verarbeiteten oder übertragenen Nachrichten/Daten. Der Durchsatz errechnet sich aus dem Quotienten der fehlerfrei übertragenen Datenbits und der Summe aller übertragenen Bits, bezogen auf eine festgelegte Zeitdauer. Ausgedrückt wird er z.B. in bit/s oder Datenpakete/s.

fehlererkennender Code: Ein Code, der mit Redundanz ausgestattet ist und Fehler erkennt, die bei einer Übertragung entstanden sind. Einfache Beispiele für fehlererkennende Codes sind z.B. das Anhängen von **Paritätbits** oder **Prüfsummenverfahren**.

fehlerkorrigierender Code: Ist ein Code, der in der Lage ist, Übertragungsfehler nicht nur zu erkennen, sondern diese auch bis zu einem gewissen Grad zu korrigieren.

Fehlrate: Als Fehlerrate bezeichnet man das Verhältnis fehlerhaft übertragener Informationen zur insgesamt übertragenen Information. Speziell ist die **Bitfehlerrate** ein Maß für die Fehlerrate in einem Datennetz. Sie errechnet sich aus dem Verhältnis der fehlerhaft übertragenen Bits zur Gesamtanzahl der übertragenen Bits, gemessen über einen längeren Zeitraum.

Flußsteuerung: In einem Kommunikationsnetzwerk wird durch die Flußsteuerung verhindert, daß ein schneller Sender einen langsamen Empfänger mit gesendeten Daten überschwemmt und so eine Überlastung (Congestion) verursacht. Der Empfänger verfügt zwar in der Regel über einen Pufferspeicher, in dem die ankommenden Datenpakete bis zur anschließenden Weiterverarbeitung zwischengespeichert werden, um aber einen Überlauf dieses Zwischenspeichers zu vermeiden, müssen Protokollmechanismen vorgesehen werden, mit denen der Empfänger den Sender veranlassen kann, mit der Aussendung von Folge-Datenpaketen noch eine bestimmte Zeit zu warten, bis der Pufferspeicher des Empfängerrechners wieder abgearbeitet ist.

Fragmentierung/Defragmentierung: Aufgrund technischer Restriktionen ist die Länge der Datenpakete, die ein Kommunikationsprotokoll in einem paketvermittelten Netzwerk versendet, unterhalb der Anwendungsschicht stets beschränkt. Ist die Länge der zu versendenden Nachricht größer als die jeweils vorgeschriebene Datenpaketlänge, wird die Nachricht in einzelne Teilnachrichten (Fragmente) zerlegt, die den vorgegebenen Längenrestriktionen entsprechen. Damit die einzelnen Fragmente nach der Übertragung beim Empfänger wieder korrekt zur Ursprungsnachricht zusammengesetzt (defragmentiert) werden können, müssen sie mit **Sequenznummern** versehen werden, da die Übertragungsreihenfolge im Internet nicht immer garantiert werden kann.

Hammingdistanz: Vergleicht man zwei verschiedene, gleichlange Codewörter eines Codes, so wird die Anzahl der unterschiedlichen Stellen dieser Codewörter als Hammingdistanz der beiden Codewörter bezeichnet.

Jitter: Bezeichnung für die Schwankung der Verzögerungszeit bei der Datenübertragung in Kommunikationsnetzwerken. Dieser Effekt ist in paketvermittelten Netzwerken unvermeidlich, da die Wege der einzelnen Datenpakete durch das Netzwerk unabhängig voneinander festgelegt werden und so die dabei eingesetzten Zwischensysteme unterschiedlich stark ausgelastet sind.

Kommunikationsmedium: Physikalischer Träger, der zum Transport von Nachrichten zwischen Sender und Empfänger verwendet wird. In der direkten sprachlichen Kommunikation ist z.B. die Luft als Trägermedium des Schalls das Kommunikationsmedium.

Kommunikationsprotokoll: Ein Kommunikationsprotokoll (auch einfach Protokoll) ist eine Sammlung von Regeln und Vorschriften, die das Datenformat von zu übermittelnden Nachrichten sowie sämtliche Mechanismen und Abläufe zu ihrer Übertragung festlegen. Sie enthalten Vereinbarungen über den Auf- und Abbau einer Verbindung zwischen den Kommunikationspartnern, sowie über die Art und Weise der Datenübertragung.

Kryptografie: Teilgebiet der Informatik, das sich mit der Konstruktion und Bewertung von Verschlüsselungsverfahren beschäftigt. Das Ziel der Kryptografie liegt im Schutz verschlüsselter Informationen vor Einsicht und Zugriff unberechtigter Dritter.

Leitungsvermittlung: Methode des Nachrichtenaustauschs über ein Netzwerk, bei der zu Beginn des Nachrichtenaustauschs eine exklusive, feste Verbindung zwischen den kommunizierenden Endgeräten aufgebaut wird, die für die gesamte Dauer der Kommunikation bestehen bleibt. Analoge Telefonnetze funktionieren z.B. nach diesem Prinzip.

Multicast: Eine Multicast-Übertragung entspricht einem Rundruf an einen beschränkten Teilnehmerkreis. Es handelt sich also um eine gleichzeitige Übertragung von einem Punkt aus zu einer bestimmten Teilmenge aller Netzteilnehmer.

Nachrichtenübertragung (Data Transmission): Der Transport von Daten von einem Rechensystem zum anderen heißt Nachrichtenübertragung.

Nachrichtenvermittlung: Eine Methode der Netzwerkkommunikation, bei der die einzelnen Vermittlungsstellen einen kompletten Nachrichteninhalt zwischenspeichern, bevor dieser weitergegeben wird. Der Sender muß jeweils nur den Pfad zur nächsten Vermittlungsstelle kennen, die dann die Nachricht nach Erhalt auf dieselbe Weise zur nächsten Vermittlungsstelle weiterschickt.

Netzwerk: Bezeichnung für den Verbund mehrerer Kommunikationsendgeräte, den zugehörigen, verbindenden Übertragungsmedien und der zum Betrieb des Netzwerks notwendigen Zwischensysteme. Handelt es sich bei den Kommunikationsendgeräten um Computer, so spricht man von einem Computernetzwerk. Prinzipiell lassen sich Netzwerke einteilen in **private Netzwerke**, die sich in privater Hand befinden, und **öffentliche Netzwerke**, die von einem Träger zur öffentlichen betrieben werden.

Paketheader: In einem paketvermittelten Netzwerk fordern die verwendeten Kommunikationsprotokolle die Fragmentierung der zu übertragenden Informationen in einzelne Datenpakete. Um sicherzustellen, daß die Datenpakete korrekt übertragen werden, den designierten Empfänger erreichen und dort wieder zur Originalinformation zusammengesetzt werden können, werden den Datenpaketen Steuer- und Kontrollinformationen in einem sogenannten Datenpaketheader vorangestellt.

Paketvermittlung: Die vorherrschende Kommunikationsmethode in digitalen Netzen. Die Nachricht wird dabei in einzelne Datenpakete fester Größe zerlegt, und die Pakete werden einzeln und unabhängig voneinander vom Sender über eventuell vorhandene Vermittlungsstellen zum Empfänger gesendet. Man unterscheidet **verbindungsorientierte** und **verbindungslose** Paketvermittlungsnetze (**Datagrammnetz**). In verbindungsorientierten Paketvermittlungsnetzen wird vor dem Start der eigentlichen Datenübertragung eine Verbindung über fest gewählte Vermittlungsstellen im Netz aufgebaut. In verbindungslosen Paketvermittlungsnetzen wird dagegen kein fester Verbindungsweg vorgewählt, die Datenpakete werden jeweils unabhängig voneinander auf möglicherweise verschiedenen Wegen übertragen.

Protokollstapel: Die verschiedenen Teilprobleme der Netzwerkkommunikation werden jeweils von speziellen Protokollen abgehandelt, die alle reibungslos miteinander zusammenarbeiten müssen, um das Gesamtproblem der Netzwerkkommunikation zu lösen. Um dieses Zusammenspiel zu gewährleisten wird die Entwicklung der Netzwerkprotokoll-Software als komplett zu lösende Gesamtaufgabe angesehen und zu ihrer Lösung jeweils eine zusammengehörige **Familie von Protokollen** (Protocol Suites) entwickelt, die die anfallenden Teilaufgaben lösen und alle effizient miteinander interagieren. Da sich das Gesamtproblem der Netzwerkkommunikation mit Hilfe eines **Schichtenmodells** repräsentieren läßt und die einzelnen Protokolle einer Protokollfamilie jeweils einer bestimmten Schicht zugeordnet werden können, wird von einem **Protokollstapel** gesprochen. Die bekanntesten Protokollstapel sind die TCP/IP-Protokollsuite des Internets und das oft als Lehrbeispiel dienende ISO/OSI-Schichtenmodell.

Prüfsummenverfahren: Zur Fehlererkennung kommen in Kommunikationsprotokollen oft Prüfsummen zum Einsatz. Der Sender einer Nachricht berechnet eine Prüfsumme über die zu versendenden Nachricht und hängt diese an die Nachricht an. Beim Empfänger angekommen, wendet dieser auf die empfangene Nachricht (ohne angehängte Prüfsumme) dasselbe Verfahren zur Prüfsummenbildung an und vergleicht den errechneten Wert mit dem vom Sender angefügten Prüfwert. Stimmen beide Werte überein, so ist die Nachricht mit hoher Wahrscheinlichkeit korrekt übertragen worden.
Allgemein werden bei einem Prüfsummenverfahren die übertragenen Bitfolgen als numerische Werte interpretiert, zu einzelnen Blöcken zusammengefaßt und deren Summe berechnet. Als Binärzahl kodiert wird diese Prüfsumme einfach mit an die zu übertragenden Daten angehängt. Prüfsummenverfahren werden z.B. im IP-Protokoll verwendet. Das bekannteste Verfahren ist die sogenannte **zyklische Redundanzüberprüfung** (**Cyclic Redundancy Check**, CRC, auch als **Polynomialcode** bezeichnet).

Quality of Service (Dienstgüte): Quantifiziert die Leistung eines Dienstes, der von einem Kommunikationssystem angeboten wird. Diese wird über die Dienstgüteattribute Leistung, Leistungsschwankung, Zuverlässigkeit und Sicherheit beschrieben, die jeweils über eigene, quantifizierbare Dienstgüteparameter spezifiziert werden.

Punkt-zu-Punkt Verbindung: Einfachste Architekturform eines Rechnernetzes. Jeder Rechner des Punkt-zu-Punkt Netzwerks wird dabei mit jedem anderen Rechner des Netzwerks direkt verbunden. Die einzelnen Verbindungen können exklusiv durch die jeweils beteiligten Kommunikationspartner genutzt werden und gestatten so einen hohen Grad an Kommunikationseffizienz. Allerdings benötigt die Punkt-zu-Punkt Vernetzung einen erheblichen Kabelaufwand (quadratisch zur Anzahl der beteiligten Rechner), so daß sie in der Praxis lediglich in sehr kleinen Netzen oder für einzelne, dedizierte Weitverkehrsverbindungen zur Anwendung kommt.

Rechnernetz: Ein Rechnernetz (**Netzwerk, Computer Network**) ist ein Kommunikationsverbund zwischen den an ein Datenübertragungsnetz angeschlossenen, autonomen Rechnersystemen, die jeweils über eigenen Speicher, eigene Peripherie und eigene Rechenfähigkeit verfügen. Da alle Teilnehmer miteinander vernetzt sind, bietet das Rechnernetz jedem Teilnehmer die Möglichkeit, mit jedem anderen der Netzteilnehmer in Verbindung zu treten.

Redundanz: Als Redundanz wird der Teil einer Nachricht bezeichnet, der keine Information innerhalb des Kommunikationsprozesses vermittelt. Der redundante Teil der Nachricht sorgt dafür, daß die Nachricht auch dann noch verstanden werden kann, wenn sie fehlerhaft übermittelt wurde.

Routing: In einem WAN liegen entlang des Weges zwischen Sender und Empfänger oft mehrere Schaltelemente, die eine Vermittlung der versendeten Daten an den jeweiligen Empfänger übernehmen. Die Ermittlung des korrekten Weges vom Sender zum Empfänger wird dabei als Routing bezeichnet. Die dedizierten Vermittlungsstellen (Router) empfangen dabei ein versendetes Datenpaket, werten dessen Adressinformation aus und leiten es entsprechend zum designierten Empfänger weiter.

Schichtmodell: Komplexe Probleme lassen sich hierarchisch in Teilprobleme zerlegen, die alle aufeinander aufbauen. Die so entstehende Schichtung der einzelnen Teilprobleme, erleichtert die Modellierung des Gesamtproblems. Das Abstraktionsniveau nimmt auf jeder einzelnen Schicht zu, so daß eine Schicht, die höher im Schichtmodell angesiedelt ist, vor Detailproblemen abgeschirmt ist, die auf einer niedrigeren Schicht abgehandelt werden. Schichtmodelle spielen in der Kommunikationstechnik, aber auch in anderen Gebieten der Informatik eine bedeutende Rolle. In abgewandelter Darstellung entsprechen diese auch dem **Schalenmodell**, das anstelle aus hierarchisch aufeinander aufbauenden Schichten aus einzelnen Schalen besteht.

Sicherheit: In der Netzwerktechnik werden unter dem Begriff Sicherheit verschiedene Sicherheitsziele (Dienstgüteparameter) zusammengefaßt, die den Grad der Unversehrtheit und Authentizität der übertragenen Daten beschreiben. Zu den wichtigsten Sicherheitszielen zählen **Vertraulichkeit** (kein unberechtigter Dritter ist in der Lage, die Datenkommunikation zwischen Sender und Empfänger abzuhören), **Integrität** (Unversehrtheit der empfangenen Daten), **Authentizität** (Garantie der Identität der Kommunikationspartner), **Verbindlichkeit** (rechtsverbindlicher Nachweis einer erfolgten Kommunikation) und **Verfügbarkeit** (Garantie, daß ein Dienstangebot tatsächlich verfügbar ist).

Topologie: Unter der Topologie eines Rechnernetzes versteht man die geometrische Form der Verteilung der einzelnen Rechnerknoten innerhalb des Netzwerks. Verbreitete Topologien für Rechnernetzwerke sind **Bustopologie**, **Ringtopologie** und **Sterntopologie**.

Überlast (Congestion): Ein Netzwerk kann mit seinen Betriebsmitteln (Übertragungsmedien, Router und andere Zwischensysteme) eine bestimmte Last (Kommunikation, Datenübertragung) bewältigen. Nähert sich die im Netzwerk erzeugte Last zu 100% der vorhandenen Kapazität an, tritt eine Überlast (Congestion) auf, auf die das Netzwerk in geeigneter Weise reagieren muß, um Datenverluste und den Zusammenbruch der Kommunikation zu vermeiden.

Verzögerung (Delay): Meßgröße, die die maximal zugesicherte Zeitdauer angibt, die zwischen dem Start einer Datenübertragung und deren Abschluß liegt. Die Verzögerung wird in Sekunden oder Sekundenbruchteilen gemessen und kann je nach Standort der miteinander kommunizierenden Rechner stark schwanken. Obwohl den Nutzer am Ende nur die Gesamtverzögerung interessiert, treten an unterschiedlichen Stellen des Kommunikationsprozesses verschiedenartige Verzögerungsursachen auf, wie z.B. **Verarbeitungsverzögerung** (Processing Delay), **Warteschlangenverzögerung** (Queuing Delay), **Versendeverzögerung** (Transmission Delay) und **Übertragungsverzögerung** (Propagation Delay).

Virtual Private Network (VPN): Verknüpfung von Rechnern in einem öffentlichen Netzwerk zu einem virtuellem Netzwerk, das die Eigenschaften eines abgesicherten, privaten Netzwerks aufweist. Netzwerkverwaltung und Netzwerksicherheit liegen dabei ausschließlich in der Verantwortung des „privaten" Betreibers. Externe, nicht autorisierte Rechner verfügen über keine Zugriffsmöglichkeit auf das VPN.

virtuelle Verbindung: Paketvermittelte Netzwerke können verbindungslose und verbindungsorientierte Dienste realisieren. Um einen verbindungsorientierten Dienst zu implementieren, wird eine virtuelle Verbindung zwischen den beiden Kommunikationspartnern aufgebaut, d.h. die übermittelten Datenpakete folgen dabei stets derselben Route – der virtuellen Verbindung – durch das Netzwerk.

5. Datentransfer ins Nachbarbüro – LAN-Technologien

*„Wer da will mit Ehre walten,
muß es mit dem Nachbar halten."*
– Sprichwort

Lokale Netze – sogenannte LANs – verbinden Rechner in räumlich enger Nachbarschaft. Die Entwicklung von effizienten standardisierten Techniken zum Datenaustausch für die stetig wachsende Zahl von Einzelrechnern hat zu ihrer enormen Popularität beigetragen. Ausgehend von Punkt-zu-Punkt-Verbindungen zwischen zwei Einzelrechnern im selben Raum bis hin zu Firmen- oder Campusnetzen, die mehrere hundert oder sogar tausende von Rechnern verbinden, die über ein gemeinsames Übertragungsmedium miteinander kommunizieren – der Siegeszug der LANs ist ungebrochen. Ausgehend von den Basisfaktoren Kosten, Datendurchsatz, räumliche Ausdehnung und Anordnung wurden ganz unterschiedliche LAN-Technologien entwickelt. Alle folgen verschiedenen Protokollmechanismen und sind für einen Einsatz in unterschiedlichen Szenarien geeignet.

Die Notwendigkeit zur Standardisierung der unterschiedlichen Technologien für Hersteller und Nutzer lag auf der Hand. Unter dem Dach der IEEE Organisation wurden mit dem Kapitel IEEE 802 entsprechende Arbeitsgruppen eingerichtet, die Standards für die verbreiteten Technologien wie Ethernet, Token Ring oder WLAN festgelegt haben und weiterentwickeln. Dieses Kapitel soll die Entwicklung der unterschiedlichen Technologien und Standards im Bereich der lokalen Netze aufzeigen und dem Leser nahe bringen. Die behandelten Themen reichen von einfachen Punkt-zu-Punkt Verbindungen, über Protokollmechanismen, Netztopologien und vielfältige Technologiebeispiele bis hin zu möglichen Erweiterungen traditioneller lokaler Netze.

5.1 Local Area Networks - LANs

5.1.1 Nutzung gemeinsamer Kommunikationskanäle

Das Punkt-zu-Punkt Verbindungsschema hat, wie bereits beschrieben, erhebliche Nachteile wenn es darum geht, eine große Zahl von Rechnern miteinander zu verbinden. Höhere Effizienz verspricht eine Lösung, die auf der gemeinsamen Nutzung ein und desselben Übertragungsmediums beruht, über das die daran angeschlossenen Rechner abwechselnd senden und empfangen. Natürlich erfordert ein gemeinsam genutztes Übertragungsmedium auch einen erhöhten Koordinations- und Verwaltungsaufwand, der unvermeidlich auch zu erhöhten Transferzeiten für die übermittelten Daten führt.

Ein Netzwerk mit einem von allen angeschlossenen Teilnehmern gemeinsam genutzten Übertragungsmedium wird als **Broadcast Network** bezeichnet. Datenpakete, die einer der an das Kommunikationsnetz angeschlossenen Rechner versendet, werden von allen anderen an das Netz angeschlossenen Rechnern empfangen. Ein Adreßfeld innerhalb des versendeten Datenpakets spezifiziert eindeutig den Empfänger. Sobald ein Rechner ein Datenpaket empfängt, überprüft dieser zunächst das Adreßfeld. Ist das Paket für ihn bestimmt, verarbeitet er es. Anderenfalls wird das Paket einfach verworfen. Broadcast-Netzwerke bieten auch die Möglichkeit, ein Datenpaket gleichzeitig an alle angeschlossenen Rechner zu adressieren. Ein solches Datenpaket wird von jedem angeschlossenen Rechner empfangen und verarbeitet – eine Vorgehensweise, die als **Broadcasting** bezeichnet wird. Einige Systeme gestatten darüber hinaus auch die Übertragung an eine bestimmte Teilmenge der an das Kommunikationsnetzwerk angeschlossenen Rechner, das sogenannte **Multicasting**. Eine Möglichkeit, Multicasting zu realisieren, besteht darin, von den n möglichen Adreßbits eines zu reservieren, das angibt, daß es sich um eine Multicasting-Übertragung handelt, und die restlichen $n-1$ Adreßbits zu nutzen, um die Benutzergruppe zu spezifizieren, an die das Paket gesendet werden soll.

Als allgemeine Faustregel – auch wenn es viele Ausnahmen gibt – gilt, daß kleine, räumlich eng begrenzte Kommunikationssysteme häufig als Broadcasting-Netzwerke realisiert werden, während geografisch weit auseinandergezogene Netze meist über Punkt-zu-Punkt Verbindungen verknüpft sind.

5.1.2 Bedeutung von LANs

Die heute am weitesten verbreitete Form der Rechnernetze sind die sogenannten LANs – Local Area Networks. Weltweit sind die meisten Computer über solche LANs miteinander vernetzt. Durch die gemeinsame Nutzung der Netzressourcen durch alle angeschlossenen Rechnern wird eine sehr hohe Wirtschaftlichkeit erzielt. Einer der Gründe, warum die Rechnervernetzung in Form eines LANs so effizient ist, war aus dem Bereich der Rechnerarchitektur schon lange bekannt: Dort wird die effiziente Nutzung des Speichers eines Rechners durch ein Programm mit dem Prinzip der **Locality of Reference** in Verbindung gebracht. Dieses Prinzip besagt, daß die Wahrscheinlichkeit des Zugriffs auf eine aktuell benachbarte Speicherzelle größer ist, als die Wahrscheinlichkeit, daß als nächstes der Inhalt einer weiter entfernten Speicherzelle vom Programm angefordert wird. Vor allem schnelle Zwischenspeicher (Caches) machen sich diese Eigenschaft zur Erhöhung der Speichereffizienz zu Nutze.

Überträgt man nun das Prinzip der Locality of Reference auf den Bereich der Computernetzwerke, dann besagt es, daß die Kommunikation zwischen zwei Rechnern in einem Netzwerk ebenfalls nicht völlig chaotisch abläuft. Locality of Reference herrscht auch hier vor, sowohl in zeitlichem als auch räumlichem Bezug:

- **Temporal Locality of Reference**
  Kommunizieren zwei Computer miteinander, so ist die Wahrscheinlichkeit groß, daß sie das anschließend gleich wieder tun werden.
- **Spatial Locality of Reference**
  Die Wahrscheinlichkeit, daß zwei im Netzwerk benachbarte Computer miteinander kommunizieren, ist größer, als daß diese das mit einem anderen entfernten Rechner im Netzwerk tun.

LANs sind in der Regel private Netze, die im Wesentlichen ohne besondere Vorschriften und ohne festgelegte Nutzungsgebühren von jedermann installiert und betrieben werden können. Geografisch sind LANs zunächst auf das Grundstück des Eigentümers beschränkt, wobei es durchaus auch z.B. funkverbundene LAN-Inseln auf unterschiedlichen Grundstücken verteilt geben kann. Weiträumige Netze dagegen (WANs, MANs) sind auf Netzbetreiber (**Carrier**) angewiesen, die die Netze betreiben und zur Nutzung zur Verfügung stellen. Bei den Netzbetreibern handelt es sich dabei um private oder öffentliche Anbieter, die im Rahmen vorgegebener rechtlicher Vorschriften tätig sind. Aber auch ein Unternehmen kann für sich selbst ein WAN betreiben, ohne daß dieser Dienst Außenstehenden offensteht (**Corporate Network**). Oft wird dazu die benötigte Infrastruktur (Leitungen) von einem Netzbetreiber angemietet und ein scheinbar firmeneigenes Netz aufgebaut. Das Unternehmen ist dann selbst für den Betrieb und das Management des firmeneigenen Netzes zuständig.

Definition: Local Area Network (LAN)

(Definition nach ISO):
Ein lokales Netzwerk dient der bitseriellen Informationsübertragung zwischen miteinander verbundenen unabhängigen Geräten. Es befindet sich vollständig im rechtlichen Entscheidungsbereich des Benutzers und ist auf sein Gelände beschränkt.

(Definition nach „Siemens Lexikon der Datenkommunikation"):
Lokale Netze sind Systeme für den Hochleistungs-Informationstransfer, die es einer Anzahl gleichberechtigter Benutzer ermöglichen, auf einem räumlich begrenzten Gebiet unter Anwendung eines schnellen Übertragungsmediums partnerschaftlich orientierten Nachrichtenaustausch hoher Güte durchzuführen.

Abb. 5.1. Definition LAN

5.2 Grundlagen der Datenverwaltung im LAN

5.2.1 Lokale Adreßverwaltung

Um innerhalb eines LANs einen bestimmten Rechner eindeutig ansprechen zu können, sind den einzelnen Rechnern jeweils sogenannte **Adressen** zugeordnet. Solche Adressen sind numerische Werte unterschiedlichen

Formats, die einen Rechner eindeutig identifizieren. Auf jeder Schicht des Kommunikationsprotokoll-Stapels können Adressen unterschiedlicher Formate Verwendung finden. Am einfachsten fällt der Vergleich mit einer Telefonnummer, über die ein Teilnehmer im Telefonnetz angesprochen werden kann. Befindet sich der Teilnehmer im gleichen Ortsnetz (entspricht in der Datenkommunikation einem LAN), so ist bereits eine kurze Nummer ausreichend, um diesen eindeutig zu identifizieren. Anderenfalls muß im Telefonnetz eine Ortskennziffer als Vorwahl angegeben werden, die das jeweilige Ortsnetz, in dem sich der Teilnehmer befindet, festlegt. Schließlich erlaubt das Telefonnetz eine zusätzliche Länderkennung, um internationale Telefongespräche zu ermöglichen. In der Datenkommunikation findet sich diese hierarchische Aufgliederung des Adressraums in den unterschiedlichen Adressformaten wieder. Jedes innerhalb eines Datennetzes versendete Paket enthält die Adresse des Senders (**Source**) und die des Empfängers (**Destination**), sowie eine Reihe von Zusatzinformationen die für einen korrekten Transport notwendig sind.
Die **LAN-Kommunikationsschnittstelle** eines am Netzwerk angeschlossenen Rechners filtert ankommende Datenpakete anhand der darin angegebenen Adressen. Stimmt die im Datenpaket als Empfänger angegebene Adresse mit der eigenen Adresse des Rechners überein, wird das Datenpaket an das Betriebssystem des Rechners zur weiteren Auswertung übergeben, ansonsten wird es verworfen.
Zum Senden übergibt die CPU des sendewilligen Rechners die zu sendenden Daten an die LAN-Kommunikationsschnittstelle. Alle Einzelheiten des Datenaustauschs werden von der LAN-Kommunikationsschnittstelle übernommen. Da die LAN-Kommunikationsschnittstelle ohne Inanspruchnahme der Rechner-CPU arbeitet, wird der Normalbetrieb des Rechners während der Datenübertragung nicht gestört (siehe Abb. 5.2).
In der Regel handelt es sich bei Adressen innerhalb einer Netzwerkumgebung um **Individualadressen**, d.h. Adressen, die einen bestimmten, einzelnen Rechner identifizieren. Daneben gibt es auch noch spezielle Gruppenadressen (**Multicast-Adressen**), die eine bestimmte Gruppe von Rechnern innerhalb eines Netzwerkes identifiziert und gleichzeitig anspricht, sowie sogenannte **Broadcast-Adressen** (Rundsendeadressen), die alle in einem Netzwerk angeschlossenen Rechner adressiert und im übertragenen Sinne Massen-Postwurfsendung ermöglicht. Netzwerktechnologien mit gemeinsamer Mediennutzung ermöglichen ein effizientes Broadcast-Verfahren, da ein Datenpaket hier ohnehin alle am gemeinsam genutzten Übertragungsmedium angeschlossenen Rechner passiert.
Auf der Ebene des LANs und der dort zuständigen Protokollschicht sind die sogenannten **MAC-Adressen** (Medium Access Layer Address) von besonderer Bedeutung. Bei MAC-Adressen handelt es sich um Hardwareadressen, die den LAN-Kommunikationsschnittstellen der am LAN angeschlossenen Rechner zugeordnet sind. Innerhalb eines LANs muß die MAC-Adresse jeweils

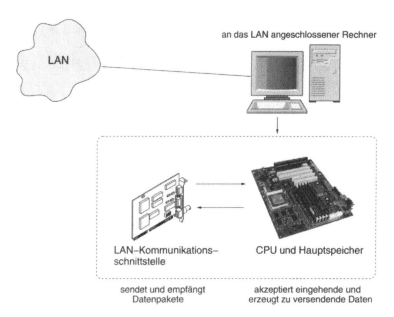

Abb. 5.2. Datenaustausch über die LAN-Kommunikationsschnittstelle

eindeutig sein. Nach der Gültigkeit der Zuordnung unterscheidet man drei Kategorien von Adreßformaten:

- **Statische Adressen** werden als weltweit eindeutige Hardwareadresse vom Hersteller jeder LAN-Schnittstellenkarte vergeben. Diese Zuweisung ist permanent und ändert sich nur im Falle eines Austausches der Hardware. Da die Hardwareadressen in Absprache zwischen den verschiedenen Hardwareherstellern bereits bei der Auslieferung der Geräte eindeutig konfiguriert sind, kann Hardware von verschiedenen Herstellern ohne Adreßkonflikte an das LAN angeschlossen werden.
- **Konfigurierbare Adressen** lassen sich durch den Netzbetreiber frei festlegen. Dies erfolgt manuell über Schalter auf der entsprechenden LAN-Schnittstellenkarte bzw. kann auch durch softwareseitiges Setzen der Adresse in einem nichtflüchtigen Speicher (EPROM) erfolgen. In der Regel erfolgt diese Konfiguration nur einmal bei der Installation der Hardware durch den Betreiber. Da nur innerhalb des LANs eine Adreßeindeutigkeit gewahrt werden muß, können hier kurze Adressen verwendet werden.
- **Dynamische Adressen** bieten die größtmögliche Flexibilität. Dabei wird bei erstmaligem Anschluß an ein Netz automatisch eine Hardwareadresse zugewiesen. Dieser Vorgang wird von der LAN-Schnittstellenkarte selbst initiiert und kann mehrere Fehlversuche beinhalten, in denen die LAN-Schnittstellenkarte „unwissentlich" im LAN bereits vergebene Adressen zuordnet. Bei jedem Neustart des Rechners kann dieser Vorgang wiederholt und jedem Rechner eine neue Hardwareadresse zugewiesen werden. Da hier

nur eine Eindeutigkeit der Adressen innerhalb des LANs gewahrt werden muß, können die verwendeten Adressen auch hier sehr kurz sein

Meist werden MAC-Adressen global eindeutig vergeben, insbesondere überall dort, wo das verbreitete **IEEE 802 Adressierungsschema** Verwendung findet.

16 Bit Adressen

48 Bit Adressen

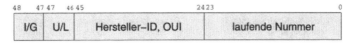

I/G: Individuelle (I/G=0) bzw. Gruppenadresse (I/G=1)

U/L: Universale (U/L=0) bzw. Lokale (U/L=1) Administrierte Addresse

Broadcast-Adresse: 255-255-255-255-255-255

Abb. 5.3. Adressierungsschema nach IEEE 802

IEEE 802 unterscheidet zwei Adreßtypen von jeweils 16 Bit bzw. 48 Bit Länge. Adressen mit 16 Bit werden in der Praxis nur recht selten verwendet. Die 48 Bit Adressen werden global eindeutig vergeben. Die IEEE teilt zu diesem Zweck jedem Hersteller von LAN-Kommunikationsschnittstellen (Netzwerkadaptern) einen Block von herstellerspezifischen Adreßteilen zu (OUI, Organisationally Unique Identifier). Der Hersteller ergänzt diese Teiladresse für jeden hergestellten Netzwerkadapter mit einer fortlaufenden Nummer.

Um auch in Zukunft noch eine ausreichende Zahl eindeutiger Hardwareadressen zur Verfügung stellen zu können, wurde ein zusätzliches 64 Bit Adressierungsschema festgelegt, das mit der Bezeichnung EUI-64 klassifiziert wurde.

5.2.2 Lokale Datenverwaltung

Neben der Angabe von Sender und Empfänger eines Datenpakets enthält dieses zusätzlich immer auch Informationen über die Art der beförderten Nutzdaten, die für den Weitertransport relevant sein können. Jede LAN-Technologie definiert dabei exakt ein ihr eigenes Paketformat, das typischerweise aus den eigentlichen Nutzdaten und der zugehörigen Metainformation – zusammengestellt im **Paketheader** – besteht. Im hierarchischen Aufbau der Protokollschichten innerhalb einer Netzwerktechnologie, fügt jede der Schichten einen eigenen Paketheader mit an die zu übertragenden Nutzdaten an.

5.2 Grundlagen der Datenverwaltung im LAN

Nutzdaten inklusive dazugehöriger Paketheader werden zur Nutzdateninformation der darüberliegenden Protokollschicht, die dieser wiederum ihren eigenen Header mitgibt.

Eine Identifizierung der Nutzdaten des übertragenen Datenpakets ist oft notwendig, um Einfluß auf die Weiterverarbeitung der übertragenen Daten zu nehmen. Dies kann auf die folgende Art geschehen:

- **Explizite Pakettypen**: Dabei wird ein explizites Typfeld mit in den Paketheader der zu übertragenden Daten eingefügt. Solche Pakettypen werden auch als selbstidentifizierend bezeichnet.
- **Implizite Pakettypen**: Hier enthalten die Datenpakete ausschließlich Nutzdateninformation. Sender und Empfänger müssen sich bei diesem Verfahren bzgl. des Typs und des Inhalts der ausgetauschten Datenpakete einig sein bzw. müssen bereits zuvor diesbzgl. Informationen ausgetauscht haben. Andererseits können Sender und Empfänger auch Charakteristika oder einen Teil der Nutzdaten als Typenkennung vereinbaren.

Die im Verlauf dieses Kapitels vorgestellten Datenformate der unterschiedlichen Hardware-Technologien entsprechen alle dem expliziten Pakettyp.

Um zu gewährleisten, daß bei explizit angegebenem Pakettyp die verarbeitende Software auch in der Lage ist, den spezifizierten Typ richtig zu erkennen, wurden unterschiedliche Werte für Typenfelder standardisiert. Allerdings existieren unterschiedliche Standards, die von verschiedenen Standardisierungsgremien festgelegt wurden. Von der IEEE stammt eine Lösung, die neben einem Typwert auch noch eine Identifikation des zuständigen Standardisierungsgremiums mit angibt. So umfaßt der als **Logical Link Control** (**LLC**) bezeichnete Teil des IEEE 802.2 Standards für LANs die Spezifikation eines **SubNetwork Attachment Point** (**SNAP**). Abb. 5.4 zeigt einen LLC/SNAP-Header, der acht Byte enthält. Die ersten drei Byte beinhalten den LLC-Teil, der darauf hinweist, daß ein Typfeld – der SNAP-Teil – folgt. Der SNAP-Teil des Headers enthält ein 3 Byte langes Feld zur Identifikation des Standardisierungsgremiums (**Organisational Unique Identifier**, **OUI**), gefolgt von einem 2 Byte langen Typwert, der durch dieses Gremium definiert wurde.

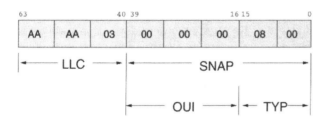

Abb. 5.4. Beispiel für einen LLC/SNAP-Header eines Datenpakets

In den meisten LAN-Technologien besitzen die Datenpaketheader eine fixe Größe, während der Nutzdatenbereich variabel ausgelegt ist. Oftmals gibt die Netzwerktechnologie eine bestimmte Mindestgröße der Datenpakete vor, da sonst ein korrekter Betrieb nicht gewährleistet werden kann. Unterschreitet die Nutzdatenmenge die vorgegebene Mindestgröße, dann diese mit binären Nullen aufgefüllt.

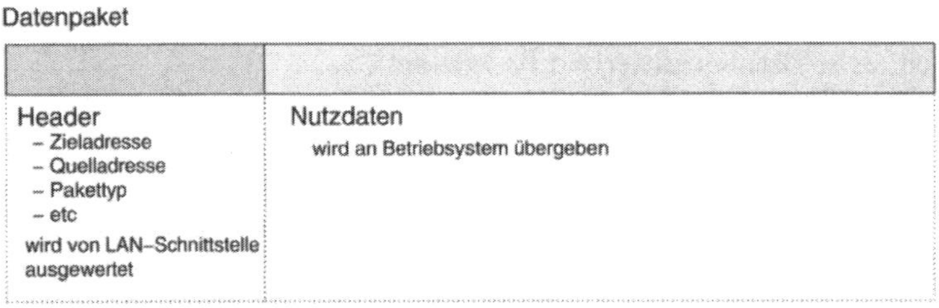

Datenpaket

Header	Nutzdaten
– Zieladresse – Quelladresse – Pakettyp – etc wird von LAN-Schnittstelle ausgewertet	wird an Betriebsystem übergeben

Abb. 5.5. Datenpaket – prinzipieller Aufbau

5.3 Spezielle LAN Hardware

5.3.1 LAN-Schnittstellenkarte

Der Zugang eines Rechners zu einem lokalen Netzwerk – und über dieses meist auch zum Internet – erfolgt über die LAN-Kommunikationsschnittstelle (auch Netzwerkadapter, LAN-Schnittstellenkarte oder Netzwerkkarte, **Network Interface Card**). LAN-Schnittstellenkarten funktionieren wie Ein-/Ausgabegeräte. Sie sind jeweils für eine spezifische Netztechnologie ausgelegt und übernehmen die Einzelheiten der Paketübertragung, ohne dabei auf die CPU des Rechners zugreifen zu müssen. Die LAN-Schnittstellenkarte ist in der Lage, die in einem LAN benutzten elektrischen Signale und die Geschwindigkeit, in der die Daten übertragen werden müssen, sowie die Details des Datenpaketformates richtig zu interpretieren.

Grundsätzlich soll die LAN-Schnittstellenkarte eines Rechners dafür sorgen, daß nur die Datenpakete den Rechner erreichen, die auch wirklich für ihn bestimmt sind, da über ein gemeinsam genutztes Übertragungsmedium im LAN Datenpakete zunächst an alle Adressaten versendet und folglich auch von jedem angeschlossenem Rechner empfangen werden. Die LAN-Schnittstellenkarte besitzt dafür eine **Filterfunktion**, um nicht relevante Datenpakete auszufiltern und so nutzlosem Verbrauch von Rechenleistung entgegenzuwirken. Der Rechner kann so seinen eigentlichen Aufgaben nachkommen.

5.3.2 Netz-Analyzer

Als **Network Analyzer** (Netzwerk-Analyzer, Network-Sniffer, Packet-Sniffer) wird ein Gerät bezeichnet, das die Leistungsfähigkeit eines LANs ermittelt, indem es alle über das gemeinsam genutzte Übertragungsmedium gesendeten Daten abhört. Es handelt sich in der Regel um ein tragbares Gerät bzw. um eine spezielle Software, die, nachdem der Netzwerk-Analyzer an das LAN angeschlossen und aktiviert wurde, spezifische Ereignisse überwacht und Daten sammelt, um Statistiken über die Netzauslastung zu gewinnen, aus denen dann auf Netzwerkfehler geschlossen werden kann. In einem Ethernet-LAN kann z.B. die durchschnittliche Anzahl der Kollisionen von Datenpaketen ermittelt werden. In einem Token Ring Netzwerk kann damit die durchschnittliche Verweilzeit eines Token-Datenpakets (siehe Kap. 5.4.2) bzw. dessen Umlaufzeit ermittelt werden. Netzwerk-Analyzer können auch dazu eingesetzt werden, den Datenverkehr eines bestimmten Rechners zu überwachen bzw. nur bestimmte Typen von Datenpaketen zu berücksichtigen.

Damit ein Netz-Analyzer alle Datenpakete, die ihn passieren, auswerten kann, wird die konventionelle Adresserkennung in der LAN-Schnittstellenkarte umgangen, indem diese in eine als **Promiscuous Mode** (Mischmodus) bezeichnete Betriebsart versetzt wird. Da annähernd jede LAN-Schnittstellenkarte – bei ausreichendem Kenntnisstand des Betreibers – in dieser Betriebsart tätig werden kann, ist eine Vertraulichkeit der innerhalb des LAN übertragenen Datenpakete nicht gewährleistet, es sei denn, diese werden verschlüsselt übertragen. Im Promiscuous Mode übernimmt die LAN-Schnittstellenkarte jedes ankommende Datenpaket und übergibt dieses an die Analyse-Software des Netzwerk-Analyzers, die daraufhin die Felder des Datenpaketheaders einer Überprüfung unterzieht, wobei der Nutzer durch geeignete Konfigurationsparameter festlegen kann, worauf bei dieser Überprüfung besonderer Wert gelegt werden soll.

5.4 LAN-Topologien

Die Topologie eines Rechnernetzes beschreibt die geometrische Anordnung der einzelnen Netzknoten und ihre Verteilung. Unterschiedliche Topologien der LANs implizieren unterschiedliche Eigenschaften. Einsicht in die jeweiligen Vor- und Nachteile ist daher die Grundlage für die Auswahl der für den geplanten Einsatz jeweils am besten geeigneten LAN-Topologie. Topologien lassen sich nach ihrer **Dimension** unterteilen. Eine n-dimensionale Topologie ist dadurch gekennzeichnet, daß sie sich erst im n-dimensionalen Raum kreuzungsfrei aufzeichnen läßt. In LANs haben sich eindimensionale Topologien durchgesetzt. Etablieren konnten sich dabei im Laufe der Zeit die folgenden drei Topologien:

- Bustolopogie,

- Ringtopologie,
- Sterntopologie.

Bustopologie

Ringtopologie

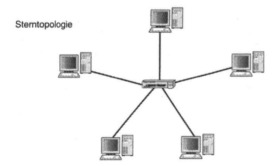
Sterntopologie

Abb. 5.6. Grundlegende LAN-Topologien

Zweidimensionale Topologien, wie z.B. Bäume, Gitter oder systolische Arrays, ebenso wie mehrdimensionale Topologien sind vornehmlich im Bereich der Parallelrechner von Bedeutung.

Sollen unterschiedliche Topologien gegeneinander bewertet werden, so können die folgenden Kriterien herangezogen werden:
- **Verkabelungsaufwand**
  Welche Kabellänge wird für die Verkabelung bei vorgegebener geografischer Anordnung der Rechner benötigt? Wenn ein zusätzlicher Rechner mit in

das Netz aufgenommen werden soll, welcher Aufwand muß dann für seine
Verkabelung betrieben werden?
- **Gesamtbandbreite**
  Wie hoch ist die Bandbreite des Netzwerks bei einer vorgegebenen Anzahl
  von Teilstrecken?
- **Effizienz**
  Wie groß ist die Anzahl der jeweils zu durchlaufenden Zwischenknoten?
  Der Aufwand für die Vermittlung steigt mit der Anzahl der Vermittlungs-
  rechner im Netz und erschwert einen optimalen Durchsatz.
- **Robustheit**
  Welche Auswirkungen hat der Ausfall eines bzw. mehrerer Rechner oder
  Teilstrecken im Netzwerk.

Im Folgenden werden die Vor- und Nachteile der drei Grundtopologien dargestellt und erläutert. Wir gehen dann auf einige Beispieltechnologien und
deren Implementation näher ein.

Bustopologie. In der **Bustopologie** sind alle Rechner entlang eines linearen Verbindungsmediums (z.B. einem langen Kabel) – dem Bus – angeordnet, das keine Schleifen bildet. An den Enden des Verbindungsmediums wird
jeweils Sorge getragen, daß Signale nicht reflektiert und wieder auf das Medium zurückgeworfen werden und dadurch Störungen verursachen. Zu jedem
Zeitpunkt ist immer nur einer der angeschlossenen Rechner sendeberechtigt,
alle anderen müssen mit ihrer Sendeaktivität solange warten, bis der Über-
tragungsvorgang dieses Rechners abgeschlossen ist. Dazu wird ein Schiedsrichtermechanismus eingesetzt, der dafür sorgt, daß alle Rechner einen gleichberechtigten Zugang zum Bus erhalten, und der in der Lage ist, Konflikte aufzulösen, wenn zwei oder mehrere der angeschlossenen Rechner zur selben Zeit
senden wollen. Dieser Schiedsrichtermechanismus kann zentral oder auch dezentral implementiert sein. Sendet ein Rechner, der an den Bus angeschlossen
ist, eine Nachricht, so wird diese von der Position des Rechners ausgehend
auf dem Bus in beide Richtungen weitergeleitet, bis sie an den Enden des
Busses anlangt. Alle anderen Rechner, die an dem Bus angeschlossen sind,
empfangen das Datenpaket und überprüfen, ob es für sie bestimmt ist. Wenn
dies nicht der Fall ist, wird das Datenpaket einfach ignoriert.

- Die **Vorteile der Bustopologie** liegen vor allem in ihrer einfachen Erweiterbarkeit: Soll ein neuer Rechner mit an den Bus angeschlossen werden,
  wird einfach ein neuer Abgriff am Bus installiert und mit dem einzufügen-
  den Rechner vernetzt. In Bezug auf den An- und Abgriff neuer Rechner
  müssen Restriktionen, wie maximale Längenausdehnung, minimaler Abstand zwischen zwei Abgriffen, maximale Anzahl der möglichen Abgriffe,
  etc. berücksichtigt werden. Dabei ist das An- und Abklemmen einzelner
  Rechner an den Bus meist im laufenden Betrieb möglich, ohne daß das am
  Bus hängende Netz abgeschaltet werden muß bzw. Übertragungsfehler auftreten. Weiter ist die Verkabelung der Bustopologie weitgehend modular.

- Der wichtigste **Nachteil der Bustopologie** liegt darin, daß beim Ausfall des Busses als Einzelkomponente das gesamte Netz lahmgelegt wird. Die Ausdehnung des Netzes ist aufgrund von Technologierestriktionen beschränkt. Bei Datenkollisionen können nur sehr schwer vorhersagbare Wartezeiten entstehen, in denen der Schiedsrichtermechanismus versucht, den durch die Kollision entstandenen Konflikt zu schlichten.

Wichtigstes Beispiel für eine Bustopologie ist das heute sehr weit verbreitete **Ethernet**.

Ringtopologie. In der **Ringtopologie** sind alle Rechner ringförmig in einer geschlossenen Schleife angeordnet. Die Form des Ringes bezieht sich dabei allerdings nur auf die logische Anordnung der Rechner und nicht auf deren physische Anordnung. Jeder Rechner besitzt genau einen Vorgänger und einen Nachfolger. Das zu übertragende Datenpaket wird von einem Rechner zu seinem Nachfolger gesendet. Dieser überprüft, ob das Datenpaket für ihn bestimmt ist. Wenn das nicht der Fall ist, gibt er es an seinen Nachfolger weiter, solange bis das Datenpaket beim eigentlichen Empfänger angekommen ist.

- Die **Vorteile der Ringtopologie** liegen in ihrer einfachen Erweiterbarkeit. Der Verkabelungsaufwand ist minimal, wenn ein neuer Rechner in den bestehenden Ring mit aufgenommen wird.
- Andererseits kann bereits ein einziger Kabelbruch zwischen zwei benachbarten Rechnern dazu führen, daß der komplette Ring ausfällt, da Datenpakete nicht mehr weitergeleitet werden können – sicher der schwerwiegendste **Nachteil der Ringtopologie**. Beheben läßt sich dieses Problem durch redundante Verkabelung bzw. Nutzung des Rings in bidirektionaler Richtung. Die mit der Nachrichtenübertragung im Ring verbundene Verzögerung ist proportional zur Anzahl der vernetzten Rechner, da eine Nachricht jeden einzelnen angeschlossenen Rechner passieren muß.

Ringtopologien in Reinform existieren in der Praxis aufgrund der beschriebenen Nachteile hinsichtlich der Ausfallsicherheit kaum. In der Praxis eingesetzte Technologien basieren zwar auf den Prinzipien der Ringtopologie, bilden aber in Bezug auf die Verkabelung keinen echten Ring. Wichtigste Beispiele für die Ringtopologie sind IBM **Token Ring** oder **FDDI**.

Sterntopologie. Bei der **Sterntopologie** handelt es sich um die älteste Form der Verkabelung zum Aufbau von Netzwerken. Um einen zentralen Punkt, den **Hub** (=[engl.] Nabe), angeordnet, sind die einzelnen Rechner hier sternförmig miteinander vernetzt. Klassische Großrechnersysteme sind oft nach diesem Schema verkabelt: Der Mainframe als Host im Zentrum und die daran angeschlossenen I/O-Systeme in der Peripherie. Der zentrale Hub besitzt dabei die Verantwortung für die gesamte Kommunikation im Netzwerk und steuert den Verkehr: Sobald einer der angeschlossenen Rechner einem anderen eine Nachricht senden will, wird diese zum Hub im Zentrum gesendet.

Es gibt verschiedene Möglichkeiten, die Kommunikation im Stern zu koordinieren: Zum Einen können alle angeschlossenen Rechner ihre Anforderung an den Hub in der Mitte senden und auf seine Antwort warten. Sowohl die Anforderung als auch die Antwort werden über den Hub weitergeleitet. Damit keine Anforderungen verlorengehen, muß der Hub mit genügend großem Zwischenspeicher ausgerüstet sein und über eine hohe Schaltkapazität verfügen. Zum Anderen können auch Polling-Verfahren zum Einsatz kommen, bei denen der zentrale Rechner einen nach dem anderen der angeschlossenen Computer abfragt, ob dieser eine Nachricht weiterzuleiten hat. Trifft der Hub dabei auf einen Rechner, der gerade senden will, so wird dieser umgehend bedient. Auch hier muß eine Schiedsrichterroutine darüber entscheiden, für wie lange der sendende Rechner den Hub in Anspruch nehmen darf, damit die anderen angeschlossenen Rechner ebenfalls fair bedient werden können und nicht unnötig lange auf eine Übertragung warten müssen.

- Der Hub unterliegt in einem sternförmigen Netz einer hohen Belastung. Fällt er aus, so ist das gesamte Netzwerk lahmgelegt. Daneben besteht ein weiterer **Nachteil der Sterntopologie** darin, daß der Verkabelungsaufwand relativ hoch ist, da von jedem der angeschlossenen Rechner ein Kabel zum Hub und wieder zurück verlegt werden muß.
- Allerdings – und das ist ein großer **Vorteil der Sterntopologie** – ist diese Struktur relativ störungsunanfällig bei Ausfall eines der angeschlossenen Computer bzw. bei einem Kabelbruch zwischen einem Netzwerkteilnehmer und dem Hub.

Ein wichtiges Beispiel für die Sterntopologie ist **ATM** (Asynchronous Transfer Mode).

Tabelle 5.1. Drei Netztopologien im Vergleich

	Bus	Ring	Stern
Erweiterbarkeit	einfach, modular	einfach	einfach, abhängig vom Hub
Geschwindigkeit	schnell	langsam abhängig von der Anzahl der Rechner im Netz	schnell
Dienstgüte	nicht garantiert	garantiert	garantiert
Wartezeit	nicht vorhersagbar	konstant	abhängig vom Hub
Totalausfall	Ausfall des Bus	einfacher Kabelbruch oder Rechnerausfall	Ausfall des Hub
Rechnerausfall	Netz arbeitet	Netz fällt aus	Netz arbeitet
Verkabelungsaufwand	klein	minimal	groß

Für die **Standardisierung** der einzelnen im Internet verwendeten LANs ist das **IEEE (Institute of Electrical and Electronics Engineers)** und

Tabelle 5.2. IEEE 802 Standardisierungsgruppen im Überblick

Nr.	Bezeichnung	Inhalt
802.1	High Level Interface	behandelt gemeinsame Aspekte aller LANs gem. IEEE 802, wie z.B. Adressierung, Management, Internetworking
802.2	Logical Link Control	definiert das LLC Protokoll (TCP/IP-Schicht 2)
802.3	CSMA/CD	Ethernet Protokoll Standard
802.4	Token Passing Bus	Token Bus Protokoll
802.5	Token Passing Ring	Token Ring Protokoll
802.6	MAN	behandelt Metropolitan Area Network Standard
802.7	Broadband Technical Advisory Group	berät die übrigen IEEE 802 Gruppen in Sachen Breitbandtechnologie
802.8	Fiber Optical Technical Advisory Group	berät die übrigen IEEE 802 Gruppen in Sachen Glasfasertechnologie
802.9	Integrated Voice and Data Networks	behandelt LAN-Variante, die Daten und Sprache gleichermaßen handhaben kann (Isochronous Ethernet)
802.10	Network Security	behandelt Sicherheit in LANs
802.11	Wireless LAN	behandelt drahtlose lokale Netze
802.12	100 Base VG AnyLAN	schneller LAN-Standard in Konkurrenz zu Fast Ethernet
802.14	Cable Data Modem	behandelt Einsatz von Kabelnetzen zur Datenkommunikation
802.15	Wireless Personal Area Networks	behandelt drahtlose Netze über kurze Distanzen
802.16	Broadband Fixed Wireless	drahtlose Netze ohne Mobilität (MAN)

im Speziellen das Kapite IEEE-P802 mit seinen zahlreichen Arbeitsgruppen zuständig. Eine Übersicht über die IEEE-Standardisierungsgruppen findet sich in Tabelle 5.2. Die hier erarbeiteten Standards werden auch als internationale Standards ISO 8802 der International Standards Organisation (ISO) übernommen.

Ausgehend von den beschriebenen allgemeinen Eigenschaften der unterschiedlichen Netzwerktopologien soll nun konkret und im Detail auf die in der Praxis wichtigsten LAN-Technologien eingegangen werden.

5.4.1 Ethernet

Ethernet ist wohl mittlerweile zum wichtigsten Technologievertreter im LAN-Segment des Netzwerkmarktes geworden. Obwohl in den 80er und zu Beginn der 90er Jahre eine große Herausforderung durch andere LAN-Technologien, wie z.B. Token Ring, FDDI oder ATM bestand, gelang es keiner dieser Technologien, Ethernet die Marktführerschaft streitig zu machen, die es seit seiner Entwicklung Mitte der 70er Jahre inne hatte. Es mag viele Gründe dafür geben, warum sich Ethernet auf so breiter Front durchsetzen konnte. So war Ethernet historisch die erste, im großen Maßstab eingesetzte LAN Technologie. Da es bereits sehr lange im praktischen Einsatz ist, konnten Netzwerkadministratoren eine sehr große Vertrautheit mit der Technologie und all ihren Eigenheiten entwickeln und standen später aufkommenden neuen LAN-Technologien eher skeptisch gegenüber. Desweiteren sind Token Ring und ATM wesentlich komplexer in der Infrastruktur und Verwaltung, und auch kostspieliger im Vergleich zu Ethernet, was Netzwerkadministratoren zusätzlich daran hinderte, die Ethernet-Technologie aufzugeben. Ein Grund, warum die alternativen LAN-Technologien zunächst trotzdem attraktiv erschienen, lag in ihren höheren Bandbreiten begründet. Allerdings gelang es der Ethernet-Technologie immer wieder aufzuschließen und die Konkurrenten auch in Hinblick auf die Bandbreite einzuholen oder gar zu überholen. Aufgrund der großen Verbreitung von Ethernet ist die notwendige Hardware-Ausstattung entsprechend preiswert. Das günstige Kostenverhältnis ist auch auf das Ethernet-eigene Multiple-Access Protokoll zurückzuführen, das vollständig dezentral gesteuert abläuft und ein einfaches Design der Hardwarekomponenten ermöglicht.

Historisches. Das ursprüngliche Ethernet wurde als Bustopologie Anfang der 70er Jahre von Robert Metcalfe und David Boggs am Palo-Alto Forschungszentrum XEROX PARC entwickelt. Robert Metcalfe arbeitete während seiner Studienzeit am Massachussetts Institute of Technology (MIT) mit an der Entwicklung des ARPANET. Während seiner Doktorandenzeit lernte er dann das ALOHANET - das erste Funk-LAN, das die Hauptinseln Hawaiis miteinander verband - und die Random-Access Kommunikationsprotokolle kennen (siehe Abb. 5.7). Als er 1972 am XEROX PARC zu arbeiten begann, lernte er dort die sehr fortschrittlichen ALTO Computer kennen, die bereits viele Merkmale heutiger PCs vorwegnahmen, wie z.B. eine Fenster-basierte grafische Benutzerschnittstelle. Metcalfe sah sofort die Notwendigkeit, diese Rechner möglichst effizient und kostensparend miteinander zu vernetzen, und begann zusammen mit seinem Kollegen, David Boggs, die Entwicklung von Ethernet. Das erste von den beiden entwickelte Ethernet verfügte über eine Bandbreite von 2.94 Mbps und war in der Lage, bis zu 256 Rechner bei einer maximalen Kabellänge von 1.000 Metern zu vernetzen. Die Bandbreite von 2.94 Mbps war bedingt durch die Verwendung der Systemuhr der ALTO-Rechner, die diese Frequenz bereitstellte. Das erste Experimentalnetz am XEROX PARC firmierte unter dem Namen „Alto Aloha Network".
Mit einer Namensänderung in **Ethernet** wollten Metcalfe und Boggs dann klarstellen, daß die von ihnen entwickelte Technologie nicht ausschließlich für die am XEROX PARC verwendeten ALTO-Rechner bestimmt war, sondern

überall eingesetzt werden konnte, und daß sich die Technologie nicht nur am ALOHANET orientierte. Die Auswahl des Wortes „Ether" (=[engl.]Äther) sollte eine grundlegende Eigenschaft der Technologie beschreiben: Das physikalische Medium (also das Kabel) übermittelt die Daten zu allen angeschlossenen Stationen, wie der historische Äther in der Physik elektromagnetische Wellen im Raum weiterleiten sollte.

Schließlich gelang es Metcalfe, die Firmen Xerox, Digital und Intel zu einer Allianz zusammenzubringen, um einen 10 Mbps Standard festzuschreiben, der von der IEEE ratifiziert werden sollte. Metcalfe gründete 1979 seine eigene Firma 3COM, die Ethernet-Karten für PCs herstellte und von der großen Popularität, die PCs in den 80er Jahren gewannen, sehr profitierte.

Das verbesserte Ethernet V1.0 wurde schließlich von Xerox, Digital und Intel in einem gemeinsamen Projekt erarbeitet und mündete im sogenannten DEC-Intel-Xerox-Standard (DIX), dessen Spezifikation 1979 vom Network Standard Commitee der IEEE fast unverändert als IEEE 802 Draft B eingebracht und 1985 als IEEE 802.3 Standard verabschiedet wurde. Unter dem formalen Namen „IEEE 802.3 Carrier Sense Multiple Access with Collision Detection (CSMA/CD) Access Method and Physical Layer Specifications" veröffentlicht, wurde der Ethernet-Standard schließlich auch von der ISO aufgegriffen und als weltweiter Netzwerk-Standard verabschiedet. Der 802.3-Standard wurde seit seiner Einführung ständig an die sich entwickelnde Technologie angepaßt. Startete Ethernet 1985 noch mit einer Bandbreite von 10 Mbps, so folgten schnell Technologiesprünge mit Bandbreiten über 100 Mbps, bis hin zu 1 Gbps oder sogar 10 Gbps. All diesen Verfahren gemeinsam ist der Aufbau der Datenpakete, sowie der verwendete Schiedsrichteralgorithmus – **CSMA/CD (Carrier Sense Multiple Access / Collision Detect**) – für den konkurrierenden Zugriff auf den Bus. Die Topologie hingegen hat sich von einer anfänglichen reinen Bustopologie mit Koaxialkabeln über eine Sterntopologie mit Twisted-Pair-Kabeln und Multiport-Repeatern hin zu einer Sterntopologie mit bidirektionalen, geschalteten Punkt-zu-Punkt-Verbindung verändert.

Zu den charakteristischen, grundlegenden Merkmalen des ursprünglichen Ethernet-Standards zählen:

- relativ hohe Datenrate,
- geringe Verzögerung durch Verzicht auf Speicher und Transportlogik im Netz,
- Netzdurchmesser bis max. ca. 1 km,
- Unterstützung mehrerer hundert unabhängiger Datenstationen,
- hohe Zuverlässigkeit, keine zentrale Steuerung,
- sehr einfache Algorithmen für den Zugriff auf das Kommunikationsmedium und die Adressierung,
- effiziente Nutzung des gemeinsamen Kommunikationsmediums,
- faire Zugriffsverteilung auf alle Teilnehmer,
- hohe Stabilität auch unter Last,

5.4 LAN-Topologien 275

Geschichte(n) um das Ethernet

Robert Metcalfe kam auf die letztendlich in die Entwicklung des Ethernet mündende Idee, als er 1970 einen Konferenzbeitrag von Norman Abramson von der Universität Hawaii über das paketvermittelte Funknetzwerk ALOHANET las, das die Hauptinseln Hawaiis miteinander verband. Jeder Knoten im ALOHANET sendete seine Nachrichten in Strömen einzelner, separierter Datenpakete. Für den Fall, daß die Sendung irgendeines Pakets nicht bestätigt wurde, was z.b. dann passierte, wenn zwei Sender zur gleichen Zeit sendeten, wurden die gesendeten Pakete als „im Äther verloren" angesehen. Wenn ein Paket im Äther verloren ging, wartete der sendende Rechner eine zufällig festgesetzte Zeitspanne, bevor er mit der erneuten Übertragung begann. Aufgrund dieses Zufallsprinzips gelang es selbst unter hoher Verkehrslast, die bei Bustopologien unvermeidlichen Kollisionen von Datenpaketen schnell aufzulösen. Im Durchschnitt mußte ein Sender selten mehr als ein- bis zweimal seine Pakete auf die Reise schicken, bevor sie beim gewünschten Empfänger registriert werden konnten, was weitaus effizienter war, als Kollisionen mit einem ausgeklügelten Kollisions-Auflösungs-Algorithmus zu verhindern. Obwohl ALOHANET erfolgreich eingesetzt wurde, zeigte Abramson, daß es seine maximale Auslastung bereits bei nur 18% der theoretisch möglichen Übertragungskapazität erreichte. Das lag daran, daß die Anzahl der Kollisionen beim Ansteigen der Netzauslastung überproportional wuchs. Dieses Problem griff Metcalfe für seine Studienabschlußarbeit auf und zeigte schließlich, daß unter Verwendung und Ausnutzung der mathematischen Warteschlangentheorie eine Effizienz von bis zu 90% der theoretischen Maximalkapazität erreicht werden kann, ohne daß das System auf Grund von Paket-Kollisionen blockiert wird. Die unten angeführte Zeichnung stammt von Robert Metcalfe selbst zur Präsentation des Ethernet auf der National Computer Conference im Juni 1976:

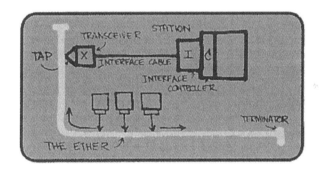

Abb. 5.7. Geschichte(n) um das Ethernet

- geringe Kosten.

Basiskomponenten des Ethernet. Man unterscheidet drei Basiskomponenten, die durch den Ethernet-Standard festgelegt werden und die jeweilige Ethernet-Technologie bestimmen:

- das **physikalische Medium** des Ethernet-Kanals, über das die Signale zwischen den angeschlossenen Computern übertragen werden,
- das **Regelwerk für den Zugriff** auf den Ethernet-Kanal, das der großen Zahl von angeschlossenen Rechnern einen fairen und gleichberechtigten Zugriff auf den gemeinsamen Ethernet-Kanal erlaubt, und

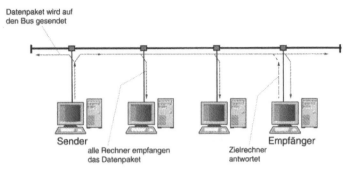

Abb. 5.8. Ethernet-Grundprinzip

- das **Ethernet-Datenpaket** (Frame, Rahmen), das die Struktur der Bits eines Datensatzes festlegt, die über den Ethernet-Kanal versendet werden.

Bevor auf das physikalische Medium und damit auf die unterschiedlichen Arten des Ethernet näher eingegangen wird, sollen die grundlegenden Algorithmen und die Struktur des Ethernet-Datenpakets besprochen werden.

Der Ethernet-Vielfachzugriffsalgorithmus – CSMA/CD. Die Knoten in einem Ethernet-LAN sind alle an einem gemeinsamen Übertragungsmedium, dem sogenannten Ethernet-Broadcast-Kanal (Ethernet-Bus) angeschlossen. Sobald einer der angeschlossenen Knoten sendet, empfangen alle an das LAN angeschlossenen Knoten dieses Datenpaket. Tatsächlich kann zu jedem Zeitpunkt nur ein einziges Datenpaket über den Ethernet-Kanal versendet werden. Um eine Häufung von Kollisionen zu vermeiden, wie etwa bei den sogenannten ALOHA-Kommunikationsprotokollen, die die Entscheidung über das Versenden von Daten unabhängig von der Aktivität der übrigen Knoten treffen, nimmt der für das Ethernet entwickelte **CSMA/CD-Algorithmus** sehr wohl auf diesen Tatbestand Rücksicht.

Vergleicht man den Betrieb eines Netzwerk mit einer Cocktailparty, dann erlauben die ALOHA-Protokolle den Partygästen, einfach darauf los zu plaudern, ohne Acht zu geben, ob dadurch nicht eine andere Unterhaltung gestört wird. Die im Ethernet verwirklichten Zugriffsregeln folgen in diesem Bild eher den üblichen Benimmregeln zum Thema Konversation auf einer Cocktailparty: Man hat zu warten, bis die anderen zu Ende gesprochen haben, und zwar nicht nur, um unnötige „Kollisionen" zu vermeiden, sondern auch, um den pro Zeiteinheit ausgetauschten Informationsinhalt zu erhöhen. Dabei gibt es zwei Verhaltensregeln für die Konversation, die auch für die Kommunikation im Ethernet von Bedeutung sind:

- „**Höre zu, bevor Du etwas sagst.**" Wenn sich gerade jemand anderes unterhalten sollte, warte solange, bis die Unterhaltung beendet ist. Im Netzwerk wird diese Verhaltensregel als **Carrier Sensing** bezeichnet: Ein Rechnerknoten horcht auf das Übertragungsmedium, bevor er mit dem

Senden einer Nachricht beginnt. Sollte sich gerade das Datenpaket eines anderen Rechners im Übertragungsmedium befinden, wartet der Rechner eine zufällig gewählte Zeitspanne (**Back Off**), bevor er erneut überprüft, ob der Kommunikationskanal frei ist. Dann beginnt der Rechner nach Ablauf einer zusätzlichen Wartezeit (**Interframe Gap**) mit der Übertragung seines Datenpakets. Sollte der Kommunikationskanal wider Erwarten wieder besetzt sein, so wartet der Rechner erneut eine zufällig gewählte Zeitspanne ab, bevor er den selben Vorgang von vorne wiederholt.

- „Beginnt jemand, dazwischen zu sprechen, beende Deine Rede." Übertragen auf das Netzwerk wird dieser Vorgang als Kollisionserkennung (**Collision Detection**) bezeichnet: Ein Rechner, der gerade mit einer Datenübertragung beschäftigt ist, horcht gleichzeitig auf das Kommunikationsmedium. Sobald er erkennt, daß ein anderer Rechner eine Nachricht versendet, die mit der eigenen kollidiert, brechen beide Rechner ihre Übertragung ab (**Jam Signal**). Die Zeitspanne, die der Knoten auf eine Neuübertragung wartet, wird durch einen geeigneten Algorithmus bestimmt. Dieser verhindert, daß beide Rechner nach Ablauf derselben Zeitspanne das Senden wieder aufnehmen, und es zu einer neuen Kollisionen kommt.

Diese beiden einfachen Regeln werden von der Familie der **CSMA**- (**Carrier Sense Multiple Access**) und **CSMA/CD**-Protokolle (**CSMA mit Collision Detection**) beachtet. Viele verschiedene Variationen dieser beiden Algorithmen wurden vorgeschlagen, wobei der Hauptunterschied der einzelnen Varianten darin besteht, auf welche Weise der Backoff gewählt wird.
Bevor wir auf die Ethernet-Variante von CSMA/CD eingehen, sollen zuerst einige grundsätzliche Eigenschaften dieser Algorithmen besprochen werden. Eine der ersten Fragen, die im Zusammenhang mit CSMA auftaucht, betrifft die Tatsache, warum überhaupt noch Kollisionen vorkommen, wenn doch alle angeschlossenen Rechner ein Carrier Sensing durchführen, also horchen, ob das Kommunikationsmedium frei ist. Mit Hilfe eines Raum-Zeit-Diagramms läßt sich die Begründung für diesen Sachverhalt sehr einfach darstellen. In Abb. 5.10 sind 4 Rechner (A,B,C und D) in einem Raum-Zeit-Diagramm dargestellt, die alle an einem linearen Bus angeschlossen sind. Die waagerechte Achse zeigt die räumliche Verteilung der Rechner am Bus, die senkrechte Achse stellt die Zeitlinie dar. Zur Zeit t_0 stellt Rechner C fest, daß der Bus gerade frei ist, und beginnt die Übertragung eines Datenpakets auf den Bus in beide Richtungen. Zum Zeitpunkt t_1, $t_1 > t_0$ möchte Rechner A ebenfalls ein Paket versenden. Er horcht auf den Systembus und kann keinen Verkehr feststellen, da das Datenpaket von Rechner C noch nicht bis zu Rechner A vorgedrungen ist. Also beginnt Rechner A in Übereinstimmung mit dem CSMA-Protokoll mit der Übertragung seines eigenen Datenpakets. Kurze Zeit später interferieren die beiden gesendeten Datenpakete auf dem Bus und es kommt zu einer Kollision.

278 5. Datentransfer ins Nachbarbüro – LAN-Technologien

Es gibt verschiedene Möglichkeiten, wie sich ein sendebereiter Rechner im CSMA-Algorithmus verhalten kann. Man unterscheidet die folgenden Fälle:

Nonpersistent CSMA („nicht hartnäckig"): Ist das Übertragungsmedium frei, sendet der Rechner sofort, während er bei belegtem Medium eine Wartezeit einlegt, deren Dauer durch eine Zufallszahl bestimmt wird. Danach prüft er wieder, ob das Übertragungsmedium frei ist. Ist dies der Fall, so wird gesendet, anderenfalls wird wieder für eine zufällige Zeitspanne gewartet.

1-persistent CSMA: Ist das Übertragungsmedium frei, sendet der Rechner sofort, anderenfalls hört der Rechner das Medium ab. Sobald der Rechner feststellt, daß das Übertragungsmedium nicht mehr belegt ist, wird gesendet. 1-Persistent entspricht p-persistent für p=1.

p-persistent CSMA: Ist das Übertragungsmedium frei, wird mit der Wahrscheinlichkeit p, $0 \leq p \leq 1$, gesendet und mit der Wahrscheinlichkeit (1-p) für eine Zeiteinheit gewartet. Falls das Übertragungsmedium belegt ist, wird es abgehört. Sobald das Medium frei ist, wird wieder mit Wahrscheinlichkeit p gesendet oder mit Wahrscheinlichkeit (1-p) für eine zufällige Zeitspanne gewartet.

Der Wert p muß natürlich geeignet gewählt werden. Sind n Rechner an das Netzwerk angeschlossen und warten auf einen Zugriff auf den Kommunikationskanal, dann muß das Produkt n·p auf alle Fälle kleiner als 1 sein. Ein zu klein gewählter Wert für p führt jedoch zu sehr langen Wartezeiten.

Abb. 5.9. Varianten des CSMA-Algorithmus

Hier wird deutlich, daß die durch die Signallaufzeit von einem Ende zum anderen (**Channel Propagation Delay**) bedingte Verzögerung auf einem

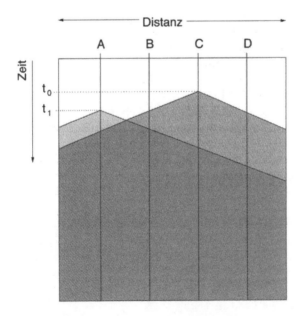

Abb. 5.10. CSMA ohne Kollisionserkennung

Übertragungskanal eine wichtige Rolle spielt, wenn es darum geht, die Leistung eines Übertragungsmediums zu charakterisieren. Je größer die durch die Signallaufzeit bedingte Verzögerung in einem Übertragungskanal, desto größer ist die Wahrscheinlichkeit, daß ein sendewilliger Rechner nicht feststellen kann, daß ein anderer Rechner im Netzwerk bereits mit seiner Übertragung begonnen hat. Übrigens arbeiten die beiden Rechner in Abb. 5.10 ohne Kollisionserkennung, C und A fahren mit ihrer Übertragung fort, obwohl eine Kollision stattgefunden hat.

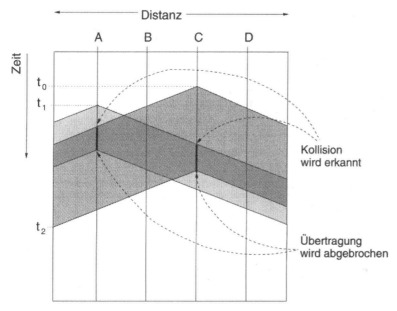

Abb. 5.11. CSMA mit Kollisionserkennung

Sobald ein Rechner mit Kollisionserkennung arbeitet, stoppt er umgehend seine Übertragung, sobald er eine Kollision entdeckt hat (siehe Abb. 5.11). Kollisionserkennung kann übrigens auch die Übertragungsleistung in einem Netzwerk erhöhen, indem vermieden wird, durch Kollision beschädigte Datenpakete zu übertragen. Das Ethernet-Protokoll benutzt den CSMA-Algorithmus zusammen mit dieser Kollisionserkennung, genannt CSMA/CD.
Im CSMA/CD-Algorithmus liegt jeweils einer der drei skizzierten Zustände aus Abb. 5.12 vor. Hat der sendende Rechner seine Übertragung beendet (bei t_0), kann jeder andere angeschlossene Rechner einen Übertragungsversuch starten. Der Algorithmus kommt also aus einer Sendeperiode in eine Konkurrenzperiode, in der verschiedene Rechner versuchen, auf das Kommunikationsmedium zuzugreifen. Ist keiner der angeschlossenen Rechner bereit zu senden, so tritt eine Leerlaufperiode ein.

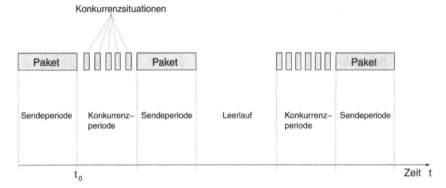

Abb. 5.12. CSMA Zustände

1. Ein Rechner kann im Netzwerk zu jeder beliebigen Zeit seine Übertragung starten. Es gibt keine festgelegten Zeitscheiben für das Senden.
2. Ein Rechner wird niemals anfangen zu Senden, wenn er feststellt, daß ein anderer Rechner bereits dabei ist, ein Datenpaket zu übertragen (**Carrier Sensing**).
3. Ein gerade sendender Rechner unterbricht seine Übertragung, sobald er feststellt, daß auch ein anderer Rechner gerade sendet (**Collision Detection**).
4. Vor dem Versuch einer erneuten Übertragung wartet der sendewillige Rechner ein zufällig ausgewähltes Zeitintervall, das in Abhängigkeit von der Netzauslastung gewählt wird (**Random Backoff**).

Abb. 5.13. Der CSMA/CD-Algorithmus

Exkurs 12: Ethernet – Timing und Kollisionsbehandlung

Betrachten wir zunächst den CSMA/CD-Algorithmus ein wenig näher. Dazu sei angenommen, daß zwei Rechner simultan versuchen, zum Zeitpunkt t_0 ein Datenpaket zu versenden. Wie lange dauert es, bis eine Kollision erkannt wird? Diese Zeitdauer ist ausschlaggebend für die Bestimmung der Wartezeiten und des Gesamtdurchsatzes des Netzwerks. Eine untere Schranke für die benötigte Zeit zur Kollisionserkennung ist die Zeit, die ein Signal braucht, um sich von einem Rechner zum nächsten zu bewegen.
Ist es nun sicher genug anzunehmen, daß die volle Signalaufzeit, die das Signal benötigt, um den gesamten Bus zu traversieren, als Wartezeit ausreicht, damit alle Rechner sicher davon ausgehen können, daß kein anderer eine Übertragung begonnen hat? Um zu zeigen, daß das nicht der Fall ist, betrachten wir das folgende Worst-Case-Szenario: Sei die Signallaufzeit über die gesamte Buslänge gleich τ. Zum Zeitpunkt t_0 beginnt ein Rechner A seine Übertragung. Zum Zeitpunkt $t_0+\tau-\epsilon$, also einen Bruchteil weniger als die Zeit, die das Signal benötigt, um sich über den gesamten Bus auszubreiten, beginnt der von A am weitesten entfernte Rechner B seine Übertragung. Die Kollision wird von B fast umgehend erkannt, B beendet deshalb seine Übertragung. Aber auf der anderen Seite benötigt die Kollision die Zeit $t_0+2\tau-\epsilon$ bis sie ebenfalls vom Rechner A erkannt werden kann. Somit kann in diesem worst-case-Szenario der Rechner A erst dann sicher sein, daß seine Übertragung wirklich erfolgreich war, wenn nach Ablauf der Zeit 2τ noch keine Kollisionsmeldung eingetroffen ist. Der Grenzfall, in dem eine Kollision vom sendenden Rechner also gerade noch erkannt werden kann, liegt bei einer Sendeperiodenlänge τ_r mit $\tau_r \geq 2\tau$. Dies ist die sogenannte **Laufzeitbedingung**, die für das Funktionieren des Ethernet erfüllt sein muß.

5.4 LAN-Topologien

Kollisionsbehandlung

Entdeckt ein Rechner eine Kollision, sendet er zuerst eine spezielle Bitfolge (**Jam Signal**), die eine Kollision im gesamten Netzwerk signalisiert. Durch das Auftreten von Kollisionen kann eine festgelegte Übertragungszeit und damit auch eine maximale Antwortzeit nur noch mit einer bestimmten Wahrscheinlichkeit eingehalten werden. CSMA/CD ist somit kein deterministisches Verfahren.

Tritt eine Kollision auf, warten die an das Ethernet angeschlossenen Rechner erst einmal für 0 oder 1 Zeitperiode (**Slot**), abhängig von einer ermittelten Zufallszahl. Wählen im Falle einer Kollision beide Rechner dasselbe Zeitintervall, kommt es erneut zur Kollision. Beim Auftreten einer zweiten Kollision warten die beteiligten Rechner 0, 1, 2 oder 3 Zeitperioden, wobei die genaue Zahl der zu wartenden Zeitperioden wieder durch eine Zufallszahl bestimmt wird. Bei einer weiteren Kollision wächst die Anzahl der möglichen Wartezeitperioden auf $2^3=8$. Generell also gilt, nach i Kollisionen wird mit einer Zufallszahl bestimmt, wieviele Zeitperioden zwischen 0 und 2^i-1 abgewartet wird, bevor eine erneute Übertragung begonnen wird. Nach der zehnten Kollision wird das maximale Wartezeitintervall auf 1023 Zeitslots eingefroren, nach 16 Kollisionen gibt der sendewillige Rechner auf und die Übertragung wird abgebrochen.

Dieser Algorithmus wird als **binärer exponentieller Backoff** bezeichnet. Das exponentielle Verhalten dieses Algorithmus ist mit Bedacht gewählt, da es sich dynamisch der Anzahl der im Netz angeschlossenen Rechner anpaßt. Würde man von vornherein das Zufallsintervall auf 1023 fixieren, so wäre zwar die Wahrscheinlichkeit, daß zwischen zwei Rechnern eine zweite Kollision eintritt, sehr gering, aber die durchschnittliche Wartezeit nach einer Kollision würde einige hundert Zeitperioden betragen und so die Wartezeiten unnötig verlängern. Würde man auf der anderen Seite das Wartezeitintervall auf nur 0 oder 1 einschränken, dann wäre das Netz sofort lahmgelegt, wenn etwa 100 Rechner gleichzeitig eine Übertragung beginnen wollen. Die Wartezeit würde erst enden, wenn 99 Rechner die 0 und einer die 1 wählt oder umgekehrt. Da der Algorithmus aber die Wartezeitintervalle dynamisch an die Anzahl der auftretenden Kollisionen anpaßt, sorgt er dafür, daß die Wartezeiten sehr kurz sind, wenn wenige Rechner Kollisionen verursachen, und daß es auf der anderen Seite zu einer zügigen Kollisionsbehebung kommt, wenn sehr viele Rechner Kollisionen verursachen. Bei jeder erneuten Übertragung eines Datenpakets läuft der CSMA/CD Algorithmus von vorne ab, ohne sich um früher verursachte Wartezeiten zu kümmern. So kann es durchaus vorkommen, daß einem Rechner die Übertragung eines neuen Datenpakets sofort gelingt, während die anderen noch im exponentiellen Backoff hängen.

CSMA/CD ist allerdings alleine nicht in der Lage, eine sichere Übertragung zu garantieren. Dazu wäre ein Bestätigungsmechanismus (**Acknowledgement**) für die empfangenen Datenpakete notwendig. Das Nichtauftreten von Kollisionen garantiert noch lange nicht, daß Datenpakete nicht anderweitig durch Übertragungsfehler auf dem physikalischen Medium beschädigt werden. Der Empfänger muß die in einem Datenpaket versendete Prüfsumme verifizieren und im Erfolgsfall eine Bestätigungsmeldung zurücksenden.

Weiterführende Literatur:

A. S. Tannenbaum: Computer Networks, Prentice-Hall, NJ, USA, 1996.

IEEE: 802.3: Carrier Sense Multiple Access with Collision Detection, New York:IEEE, 1985

Alle verschiedenen Ethernet-Implementierungen stellen einen **verbindungslosen Dienst** (Connectionless Service) zur Verfügung, d.h. wenn der Ethernet-Netzwerkadapter von Rechner A mit dem Ethernet-Netzwerkadapter von Rechner B kommuniziert, beginnt A einfach mit dem Senden der Datenpakete, ohne vorher mit irgendeinem Handshake-Protokoll eine Verbindung zu installieren. Desweiteren stellen alle Ethernet-Technologien ausschließlich

Implementation

Die Ethernet-Netzwerkschnittstelle in einem an ein Ethernet angeschlossenen Rechner muß festzustellen, ob ein anderer Rechner gerade am Senden ist, und Kollision entdecken können, während sie selbst gerade dabei ist zu senden. Die Ethernet-Netzwerkschnittstelle des Rechners - oft kurz nur als **Ethernet-Netzwerkadapter** bezeichnet - löst diese Aufgabe, indem sie die Spannung auf dem Übertragungsmedium vor und während der Übertragung mißt. Jeder Ethernet-Netzwerkadapter ist in der Lage, unabhängig und ohne zentrale Koordination den CSMA/CD-Algorithmus durchzuführen, der folgendermaßen umgesetzt wird:

1. Sobald das Datenpaket zum Versand bereit ist, wird es vom Ethernet-Netzwerkadapter in einen Ausgabepuffer weitergeleitet.
2. Erkennt der Ethernet-Netzwerkadapter, daß der Kanal für eine Übertragung frei ist, d.h. stellt er keine meßbare Signalspannung auf dem Kabel fest, beginnt er, das Datenpaket zu übertragen. Stellt der Ethernet-Netzwerkadapter hingegen fest, daß der Kanal belegt ist, wartet er, bis keine Signalspannung mehr gemessen wird und beginnt dann mit der Übertragung.
3. Während der Übertragung überwacht der Ethernet-Netzwerkadapter den Kanal, ob Signalenergie, die von einem anderen Ethernet-Netzwerkadapter stammt, gemessen wird. Gelingt es dem Ethernet-Netzwerkadapter, das komplette Paket zu senden, ohne daß eine fremde Signalenergie auf dem Kanal gemessen wird, so ist die Übertragung des Datenpakets abgeschlossen.
4. Mißt der Ethernet-Netzwerkadapter während der Übertragung fremde Signalenergie auf dem Kanal, bricht er die Übertragung ab und sendet stattdessen ein 48-Bit Jam-Signal.
5. Nach Abbruch der Übertragung steigt der Ethernet-Netzwerkadapter in die exponentielle Backoff-Phase ein. Nach n aufeinanderfolgenden Kollisionen, wählt der Adapter zufällig eine Zahl k$\in\{0,1,2,\ldots,2^m - 1\}$ mit m=min(n,10) und wartet für genau diese Zeitspanne, die einer Übertragung von (k·512) Bit entspricht und kehrt anschließend zu Schritt 2 zurück.

Abb. 5.14. Implementierung des CSMA/CD-Algorithmus

einen sogenannten **unzuverlässigen Dienst** (Non-reliable Service) bereit. Das Ethernet-Datenpaket beinhaltet zwar eine Prüfsumme, jedoch wird nach dem Empfang eines Datenpakets kein explizites Acknowledgement zurückgeschickt, weder im Erfolgs- noch im Mißerfolgsfall. Wird ein Prüfsummenfehler in einem empfangenen Paket festgestellt, dann wird dieses Paket einfach fallen gelassen. Um eine mögliche Fehlerbehebung bzw. eine erneute Übertragung muß sich ein Protokoll aus einer höher angesiedelten Protokollschicht kümmern.

Das Ethernet-Datenpaketformat. Die vielen unterschiedlichen Ethernet-Technologien, die heute auf dem Markt vertreten sind, haben neben dem CSMA/CD-Algorithmus eines gemeinsam: Das Ethernet-Datenpaketformat (oft auch als Ethernet-Rahmenformat bezeichnet). Alle Technologievarianten, ob Koaxialkabel oder Kupferdraht, von 10 Mbps bis 10 Gbps, benutzen dieselbe Grundstruktur für die versendeten Datenpakete. Abb. 5.15 zeigt das Ethernet-Datenpaketformat.

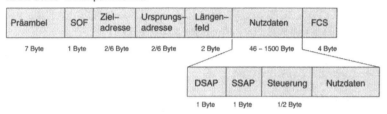

Abb. 5.15. Ethernet Datenpaketformat

Für das Datenpaketformat von Ethernet bestehen Varianten, die sich im Feld hinter der Quelladresse unterscheiden. Im **Ethernet-Format** (auch Ethernet 2, DIX oder Blue Book bezeichnet) wird dieses Feld als Typenfeld bezeichnet. Es spezifiziert das Netzwerkprotokoll, dem die transportierten Daten entsprechen. Der minimal zulässige Wert des Typenfeldes beträgt dabei 1501. Im IEEE 802.3-Datenformat dagegen steht dieses 2 Byte Lange Feld für die Länge der transportierten Nutzdaten, dessen maximal zulässiger Wert 1500 beträgt.

Jedes Ethernet-Datenpaket startet mit einer **Präambel** von 7 bzw. 8 Bytes, von denen jedes das Bitmuster 10101010 enthält. Das darauffolgende Byte - im Ethernet-Format noch zur Präambel zugehörig - markiert in beiden Fällen den Start des eigentlichen Datenpakets. Dies geschieht, um die Systemuhren von Sender und Empfänger zu synchronisieren. Das 8. Byte endet mit dem Muster 10101011 und soll signalisieren, daß jetzt das eigentliche Datenpaket beginnt. Der empfangende Rechner weiß dann, daß die nachfolgenden 6 Bytes die **Zieladresse** bezeichnen. Der Standard erlaubt 2 Byte und 6 Byte lange Adressen, aber der 10 Mbps Baseband Standard verwendet ausschließlich 6 Byte Adressen.

Das darauffolgende **Typfeld** im Ethernet-Format charakterisiert das Datenpaket als dem Ethernet-Protokoll zugehöriges Paket. Ethernet ist als Protokoll im Data-Link-Layer des Protokollstacks angeordnet. Es existieren verschiedene Protokolle, die hier den Transport übernehmen können (z.B. Novel IPX, Appletalk, u.a., siehe Tabelle 5.4.1). Daher besitzt dieses Feld eine Ethernet-typische Kennung. Im IEEE 802.3-Datenpaket dagegen befindet sich an dieser Stellen ein Längenfeld, das Auskunft über die Länge der transportierten Nutzdaten gibt.

Im darauffolgenden **Datenfeld** sind die ersten beiden Bytes **DSAP** (Destination Service Access Point), **SSAP** (Source Service Access Point) gewidmet, gefolgt von einem halben Steuerbyte, wobei DSAP und SSAP die jeweiligen Service Access Point Adressen kennzeichnen gemäß dem OSI-Schichtenmodell. Die nachfolgenden 4 Byte enthalten eine Prüfsumme für das Datenpaket. In Abb. 5.16 werden die einzelnen Datenfelder des Ethernet-Formats und des IEEE 802.3-Datenformats näher erklärt.

Tabelle 5.3. Ethernet Typfeld-Werte

Hexadezimal-Wert	Beschreibung
000-05DC	IEEE 802.3 Längenfeld (0-1500)
0101-01ff	experimentelle Zwecke
0800	DOD Internet Protokoll (Department of Defense)
0806	ARP (Address Resolution Protocol)
0835	RARP (Reverse ARP)
6003	DECNET Phase IV, DN Routing
8037	IPX (Novell Internet Packet Exchange)
809B	Ethertalk (AppleTalk over Ethernet)
80A3	reserviert für Nixdorf
814C	SNMP over Ethernet (Simple Network Management Protocol)
86DD	IPv6

Ethernet Hardware-Komponenten. Bevor auf die verschiedenen Varianten der Ethernet-Verkabelung und der dazugehörigen Technologien eingegangen werden kann, müssen noch einige Begriffe geklärt werden. Bei der Ethernet-Topologie kann man beim Netzwerkaufbau heute drei verschiedene Varianten unterscheiden (siehe Abb. 5.19):

- Eine echte **Bustopologie**, auf der Broadcast Nachrichten transportiert werden. Das Signal eines sendenden Rechners wird von allen angeschlossenen Rechnern in Abhängigkeit von ihrer Distanz zeitverzögert direkt empfangen. Zu einem Zeitpunkt darf immer nur ein Teilnehmer senden.
- Der Einsatz eines **Hub** innerhalb eines Ethernet-LANs führt zu einer Topologie, die physisch als Stern erscheint, aber logisch weiterhin als Bus anzusehen ist. Der Hub wird auch als Multiport-Repeater bezeichnet, da er Signale, die er auf einem Port empfängt, auf allen anderen Ports wieder ausgeben kann. Ebenso wie bei der reinen Bustopologie kann man hier von Broadcastnetzen sprechen.
- Beim Einsatz eines **Switches** (auch Switching Hub oder LAN-Switch) wird aus der ursprünglichen Bustopologie nun eine echte Sterntopologie, die

Ethernet IEEE 802.3 Datenformat - Internals

- **Präambel**
  Die Präambel besteht aus 7/8 Bytes. Die ersten 7 Byte tragen das Bitmuster 1010101010. Die **Manchester Kodierung** (siehe unten) wandelt dieses Muster in eine 10 MHz Rechteckwelle für genau 5.6 µs um. Die ersten 7 Byte sollen den Empfänger quasi aufwecken und dafür sorgen, daß trotz eventuell auftretender Drift in der Taktrate beide Rechner synchron arbeiten. Diese Drift, die nicht a priori zu berechnen ist, kann überall im Netzwerk auftreten, da keines der verwendeten Bauteile wirklich perfekt arbeitet. Ein Empfänger kann sich dabei auf den jeweiligen Sender genau einstellen, indem er sich auf die ersten 7 Bytes synchronisiert. Das 8. Byte endet mit dem Bitmuster 1010101011 und signalisiert den Beginn des eigentlichen Datenpakets.

- **Ziel- und Quelladresse**
  Die Adreßangaben sind jeweils 2/6 Byte lang. Das Highlevel-Bit der Zieladresse ist stets eine 0 für reguläre Knotenadressen bzw. eine 1 für Gruppenadressen. Gruppenadressen erlauben mehreren Rechnern das Empfangen der versendeten Datenpakete. Wird ein Datenpaket an eine Gruppenadressen gesendet, dann empfangen alle Rechner der Gruppe dieses Paket (**Multicasting**). Die Adresse, die nur aus 1-Bits besteht, ist für das **Broadcasting** reserviert und wird von allen Rechnern des Netzwerks empfangen und verarbeitet. Darüberhinaus wird Bit 46 (direkt benachbart zum Highlevel-Bit) genutzt, um lokale von globalen Adressen zu unterscheiden. **Lokale Adressen** werden vom Netzwerkadministrator vergeben und haben für die Welt außerhalb des internen Netzwerks keinerlei Bedeutung. **Globale Adressen** werden durch die IEEE vergeben und sollen sicherstellen, daß weltweit keine zwei identischen Ethernet-Adressen existieren. Jeder Rechner soll in der Lage sein, weltweit mit einer der 2^{46} möglichen globalen Adressen zu kommunizieren. Dabei wird von Ethernet nicht vorgeschrieben, wie diese Adressen lokalisiert werden. Dies ist Aufgabe von höher gelegenen Protokollschichten.

- **Längenfeld**
  2 Byte Längenfeld, das die Länge der Nutzdaten im Datenpaket beschreibt. Der maximal zulässige Wert ist 1500. Wird das Längenfeld als **Typfeld** verwendet, ist der minimale zulässige Wert 1501. Obwohl ein Nutzdatenfeld der Länge 0 erlaubt wäre, verursacht es doch große Probleme. Entdeckt der Ethernet-Adapter eine Kollision, bricht er die Übertragung des aktuellen Datenpakets sofort ab, mit der Folge, daß sich Bruchstücke von gesendeten Paketen jederzeit auf dem Bus befinden können. Um die Unterscheidung zwischen Datenmüll und zulässigen Datenpaketen zu erleichtern, verlangt IEEE 802.3, daß jedes Datenpaket mindestens 64 Byte lang sein muß. Ist also der Nutzdateninhalt kleiner als 46 Byte, so wird dieser Abschnitt des Ethernet-Datenpakets mit **Fülldaten** (Padding) aufgefüllt. Daß es durchaus sinnvoll ist, eine Mindestlänge für ein Datenpaket festzulegen, wird in Abb. 5.17 deutlich.

- **Prüfsumme (Frame Check Sequence)**
  Die FCS verwendet ein CRC-Prüfwort über die Felder der Adressen, das Typ/Längenfeld und die Nutzdaten. Als Generatorpolynom wird dabei

  $$G(x) = x^{32}+x^{26}+x^{23}+x^{22}+x^{16}+x^{12}+x^{11}+x^{10}+x^8+x^7+x^5+x^4+x^2+x^1+1$$

  verwendet.

Abb. 5.16. Ethernet-Datenpaket Internals

auch kein gemeinsames Medium mehr voraussetzt. Die am Switch angeschlossenen Rechner besitzen eigene dedizierte Leitungen zum Hub. Für

Kollisionserkennung und Datenpaketmindestlänge

Der wohl ausschlaggebende Grund für die Festlegung einer Mindestlänge im Datenpaket liegt in der Tatsache, daß das Senden eines Datenpakets nicht bereits abgeschlossen sein darf, bevor es die auseinanderliegenden Enden des Übertragungsmediums erreicht hat, wo eventuell eine Kollision auftreten könnte.

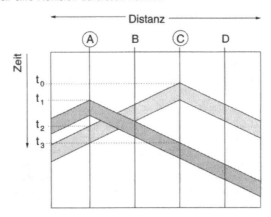

Sei die Zeit, die eine Übertragung von Rechner C zu Rechner A benötigt, gleich τ_1. Rechner C startet seine Übertragung zum Zeitpunkt t_0. Zum Zeitpunkt t_1 beginnt Rechner A mit seiner Übertragung. Werden nun sehr kurze Datenpakete versendet, so daß deren Übertragung bereits abgeschlossen ist, bevor diese das Ende des jeweiligen Übertragungsmediums erreicht haben, so kann es vorkommen, daß Rechner A ebenfalls ein Paket versendet (zum Zeitpunkt t_1), das zum Zeitpunkt einer möglichen Kollisionserkennung (t_3) aber bereits vollständig versendet wurde. Der Sender schließt daher fälschlicherweise, daß die Übertragung erfolgreich stattgefunden hat.

Um diese Situation zu verhindern, muß jede Übertragung mindestens 2τ Sendezeit umfassen, wobei τ die Signallaufzeit von einem Ende des Übertragungsmediums zum anderen bezeichnet. Für ein einfaches 10Mbps Ethernet LAN mit einer maximalen Länge von 2.500 Metern muß die minimal zulässige Datenpaketlänge mindestens 51,2 μs Sendezeit beanspruchen, was entsprechend der Signallaufzeit einer Datenpaketlänge von 64 Byte gleich kommt. Datenpakete, die eine kürzere Nutzdateninformation enthalten, müssen daher aufgefüllt werden.

Mit wachsender Bandbreite muß die minimale Datenpaketlänge wachsen bzw. die Kabellänge verringert werden. Für ein 1 Gbps Ethernet LAN bedeutet dies entweder, daß die minimale Paketlänge auf 6.400 Byte festgesetzt oder die Kabellänge auf 250 Meter reduziert wird, wobei die Paketlänge gleichzeitig auf 640 Byte erhöht wird.

Abb. 5.17. Kollisionserkennung und Rahmenmindestlänge

die Dauer der Kommunikation verbindet das Hub diese Rechner direkt miteinander. Man unterscheidet einen **Store-and-Forward-Switch**, der ein empfangenes Datenpaket komplett aufnimmt, analysiert und es an seinen Empfänger weiterleitet, von einem **Cut-Through-Switch**, der die Zieladresse am Anfang des Datenpakets liest, und dann den restlichen Teil des Datenpakets ohne Verzögerung direkt an diese weitergeleitet. Während der Store-and-Forward-Switch in der Lage ist, fehlerhafte Datenpakete zu erkennen und nur korrekte Pakete weitergibt, können von einem Cut-

Manchester Kodierung

Ethernet verwendet die sogenannte **Baseband Transmission**, was bedeutet, daß der Ethernet-Adapter im Rechner direkt ein digitales Signal auf das Übertragungsmedium sendet. Allerdings wird dabei nicht einfach eine binäre 0 in ein Signal der Stärke 0 Volt (LOW) und eine binäre 1 in ein 5 Volt Signal (HIGH) umgesetzt. Bei diesem Verfahren ließe sich eine binäre 0 nicht von einem einfachen Nichtsenden oder Warten des Senders unterscheiden. So könnte z.b. das Signal für 0000100 fälschlicherweise sowohl als 1000000 als auch 001000 interpretiert werden.

Es wird also ein Verfahren benötigt, daß es unabhängig von einer externen Uhr ermöglicht, Anfang und Ende eines Datenpakets zu erkennen. Dazu sind zwei Formen der Kodierung üblich, genannt **Manchester Kodierung** und **differentielle Manchester Kodierung**. Die Manchester Kodierung teilt jede Bit-Sendeperiode in zwei gleichlange Intervalle. Eine binäre 1 wird dann übertragen, indem in der ersten Hälfte des Intervalls die Spannung auf HIGH gesetzt wird und in der zweiten Hälfte auf LOW. Für eine binäre 0 wird das Verfahren einfach umgedreht: In der ersten Intervallhälfte wird die Spannung auf LOW gesetzt und in der zweiten auf HIGH.

Diese Form der Kodierung erzwingt einen Spannungswechsel innerhalb jedes übertragenen Bits, und zwar genau in der Mitte, was eine einfache Synchronisation zwischen Sender und Empfänger ermöglicht. Natürlich bedeutet diese Art der Kodierung auch, daß für die Datenübertragung die doppelte Bandbreite benötigt wird, da jeder Puls nur noch die Hälfte der üblichen Schrittweite benötigt.

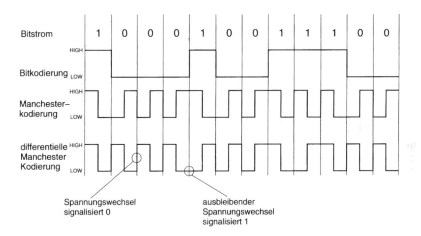

Die differentielle Manchester Kodierung dagegen ist eine einfache Modifikation des Manchester Kodierungsschemas. Eine binäre 1 ist dadurch gekennzeichnet, daß zu Beginn des Übertragungsintervalls kein Spannungssprung erfolgt, wohingegen eine binäre 0 durch einen Spannungssprung zu Beginn des Übertragungsintervalls gekennzeichnet ist. In beiden Fällen erfolgt wieder in der Mitte des Taktintervalls ein Spannungswechsel. Die differentielle Manchester Kodierung ist unempfindlicher gegenüber Rauschen und Signalstörungen, erfordert aber auf der anderen Seite eine komplexere Technik. Im IEEE 802.3 Standard werden +0.85 Volt für das HIGH-Signal und -0.85 Volt für das LOW-Signal verwendet.

Abb. 5.18. Manchester Kodierung

Through-Switch fehlerhafte Datenpakete nicht erkannt werden, da deren Prüfsummenfeld nicht ausgewertet wird. Viele Ethernet-Produkte sind in der Lage, beide Varianten des Switchings anzubieten.

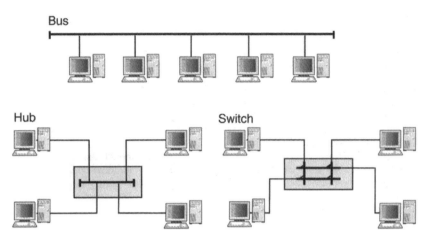

Abb. 5.19. Ethernet Netzwerkaufbau

Ein Ethernet-LAN kann aus verschiedenen Segmenten bestehen, die durch Zwischensysteme (Repeater, Brücken und auch Router) miteinander verbunden sind. Als **Segment** wird in diesem Zusammenhang eine Gruppe von Rechnern bezeichnet, die gemeinsam an einem einzelnen Übertragungsmedium angeschlossen sind.
Ausgehend von der einfachsten Ethernet-Konfiguration, einem einzigen Bus, der gleichzeitig ein vollständiges Segment und eine **Collision Domain** (Bereich, über den Kollisionen weitergeleitet werden) darstellt, werden in Ethernet-LANs die bereits genannten Zwischensysteme in den folgenden Funktionen verwendet (siehe Abb. 5.20):

- **Repeater**
  Repeater dienen dazu, einzelne Segmente eines Ethernet-LANs zu einem größeren Verbund zusammenzuschalten, der sich wie eine einzige große Collision Domain verhält. Repeater ermöglichen die Vergrößerung der räumlichen Ausbreitung eines Ethernet-LANs und sind logisch vollständig transparent. Alle angeschlossenen Segmente müssen dabei vom gleichen Typ sein. Die Anzahl der an das auf diese Weise vergrößerte Ethernet-LAN angeschlossenen Rechner kann so über die für ein Segment erlaubte Anzahl steigen, was auf Grund erhöhter Kollisionen zu einer Verminderung des Durchsatzes führen kann und eine hohe Netzlast entstehen läßt.
- **Bridges**
  Bridges dienen der logischen wie physikalischen Trennung von Segmenten. Ihre Aufgabe ist es, Datenpakete weiterzuleiten, deren Zieladresse in einem

anderen Netzsegment liegen. Eine Collision Domain endet an einer Bridge und kann sich somit nicht über diese hinaus ausdehnen. Bedingt durch die physikalische Trennung sinkt die Netzlast in den einzelnen Segmenten, die Kommunikation kann dort lokal parallel stattfinden. Hier wird das Prinzip der **Locality of Reference** ausgenutzt, das besagt, daß die Wahrscheinlichkeit einer Kommunikation zwischen physisch benachbarten Rechnern höher ist, als die von weit voneinander getrennten. Bridges sind in der Lage, sich selbstständig an eine gegebene Netztopologie anzupassen (sogenannte **Transparent Bridge** oder **Selflearning Bridge**). Dazu wird neben der Quelladresse A_Q eines weiterzuleitenden Datenpakets (**MAC-Adresse**) die entsprechende Portnummer p_Q gespeichert, über die das Paket die Bridge erreicht. Empfängt die Bridge später ein Datenpaket mit A_Q als Zieladresse, so wird dieses einfach über den Port p_Q weitergeleitet. Daher müssen Bridges in der Lage sein, die Protokolle aller angeschlossenen Segmente zu verstehen, um die entsprechende Adreßinformation herausziehen zu können. Verwenden die angeschlossenen Segmente unterschiedliche Protokolle, so findet in der Bridge eine entsprechende Übersetzung statt (**Translation Bridge**).

- **Router**
  Router verbinden einzelne LANs miteinander, die durchaus von verschiedenem Typ sein können (im Gegensatz zur Bridge). Dazu werten diese die Netzwerkadressen der versendeten Datenpakete aus (z.B. die IP-Adresse, Schicht 3). Details der darunterliegenden Protokollschichten (Schicht 2 und 1) bleiben dem Router dagegen verborgen. Im LAN werden Router eingesetzt, um verschiedene Netzwerktechnologien miteinander zu verbinden. Das Gateway zu einem WAN wird ebenfalls über einen Router realisiert.

In einem Ethernet-LAN können alle vorgestellten Komponenten auch gemischt eingesetzt werden.

Varianten der Ethernet-Busverkabelung. Ethernet Netzwerktechnik existiert heute in vielen verschiedenen Ausprägungen. Zwar teilen alle die grundlegenden Prinzipien, doch werden verschiedene physikalische Übertragungsmedien mit unterschiedlichen Leistungskennziffern genutzt. Daraus ergibt sich eine Vielfalt von Ethernet-Verkabelungsvarianten, angefangen vom ursprünglichen 10 Mbps 10Base5 Koaxialkabel bis hin zu neuesten 10 Gbps 10GBase-EX Glasfaservarianten. Alle besitzen unterschiedliche begrenzende Parameter hinsichtlich ihrer physikalischen Ausdehnung, der Anzahl der anschließbaren Rechner oder eben der zur Verfügung gestellten Bandbreite. Generell ist der für die Verkabelung benötigte Hardwareaufwand bei Ethernet aber minimal. Jeder angeschlossene Rechner muß lediglich über Sende- und Empfangshardware (Ethernet-Adapter) verfügen, um den Zugang zum verwendeten Übertragungsmedium zu steuern und um den Netzverkehr zu überwachen.

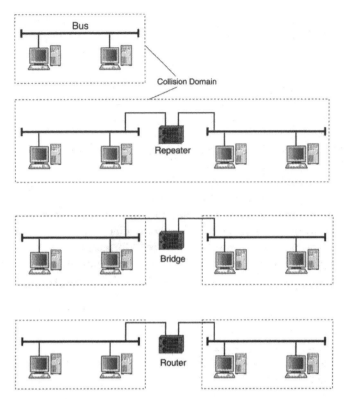

Abb. 5.20. Ethernet Zwischensysteme

Ethernetvarianten mit 10Mbps
In Abhängigkeit von den verschiedenartigen physikalischen Übertragungsmedien ergeben sich auch unterschiedliche topologische Strukturen. Die ursprünglich verwendeten Koaxialkabel verlangten eine reine Bustopologie, während die Varianten, die auf verdrillten Doppeladerkabeln basieren, für eine Bustopologie weniger attraktiv sind. Diese werden dann meist in Form einer Sterntopologie über ein zentrales Hub betrieben, von dem aus paarweise verlegte Doppeladerkabel zu den angeschlossenen Rechnern führen. Glasfaserkabelbasierte Systeme können ebenfalls in dieser topologischen Anordnung betrieben werden. Die doppelt ausgeführte Verkabelung vom und zum Hub erlaubt das gleichzeitige Senden und Empfangen von Daten (**Vollduplexbetrieb**).
Die älteste Ethernet-Variante ist **10Base5** (auch **Thick Ethernet**, **Thickwire** oder **Yellow Cable** genannt). Mit 10Base5 wird eine reine Bustopologie unterstützt. Die Enden des als Bus verwendeten Koaxialkabels, das für gewöhnlich mit einer gelben Abschirmung (der IEEE 802.3 Standard gibt diese Farbe zwar nicht zwingend vor, aber sie wird dort vorgeschlagen) isoliert ist und daher auch den Namen **Yellow Cable** trägt, sind mit 50 Ω Abschluß-

widerständen versehen. Alle 2,5 m befindet sich auf dem Koaxialkabel eine Markierung, an der über einen **Transceiver** ein Abgriff für einen teilnehmenden Rechner angebracht werden kann. Der Name Transceiver rührt von der Funktion des Abgriffes, nämlich das Senden (**transmit**) und Empfangen (**receive**) von Signalen her (siehe Abb. 5.21). Dort ist auch die notwendige Elektronik installiert, die in der Lage ist, carrier sensing und collision detection auszuführen. Sobald der Transceiver eine Kollision erkennt, sendet er selbst ein spezielles, ungültiges Signal (Jam Signal) aus, um sicherzustellen, daß auch alle anderen angeschlossenen Transceiver von der aufgetretenen Kollision in Kenntnis gesetzt werden.

Die Kombination aus Transceiver und Abgriff wird auch als **MAU** (Medium Attachment Unit) bezeichnet. Die Abgriffe auf dem Basis-Buskabel werden für gewöhnlich über sogenannte Vampirklammern (**Vampire Taps**) realisiert, mit denen eine Nadel exakt bis zur Hälfte in den leitenden Kern des Koaxialkabels hinein getrieben wird. Über die MAU wird ein maximal 50 m langes Transceiverkabel an das Basis-Buskabel angeschlossen, das zum angeschlossenen Rechner führt. Das Transceiverkabel besteht aus fünf einzeln abgeschirmten Doppeladern, von denen zwei für den Eingang und Ausgang der Daten reserviert sind. Zwei weitere sind für Eingang und Ausgang von Kontrollsignalen reserviert, während die verbleibende Doppelader in den meisten Fällen für die Stromversorgung der Transceiver-Elektronik verwendet wird. Es gibt Transceiver, die in der Lage sind, bis zu 8 Rechner gleichzeitig anzubinden, um so die Anzahl der an den Bus angeschlossenen Transceiver zu reduzieren. Aufgabe der MAU sind das Senden und Empfangen von Signalen auf dem Übertragungsmedium, sowie das Erkennen von Einzelsignalen und Kollisionen. Die Bezeichnung 10Base5 bedeutet, daß die Verkabelung für eine Bandbreite von 10 Mbps vorgesehen ist und eine maximale Segmentlänge von 500 Metern unterstützt.

Da das ursprüngliche 10Base5-Ethernetkabel sehr teuer war, wurde eine preiswertere Variante, das **10Base2** (auch **Thin Ethernet**, **Thinwire** oder **Cheapernet** genannt) entwickelt. Das 10Base2 Kabel ist dünner und somit flexibler als das teure 10Base5 Kabel. Es ähnelt dem allgemein bekannten analogen TV-Antennenkabel, ist jedoch leichter und flexibler. Es läßt sich leicht verlegen, besitzt aber auch eine höhere Signaldämpfung, was zu Einschränkungen der maximalen Segmentlänge führt und diese auf 185 m bzw. 30 angeschlossene Rechner begrenzt. Im Unterschied zum 10Base5 ist bei Thinwire-Ethernet die MAU mit in den Ethernet-Netzwerkadapter des angeschlossenen Rechners integriert. Thinwire-Ethernet liegt nicht als durchgängiges Koaxialkabel vor. Es werden einzelne Abschnitte über BNC-Konnektoren mit sogenannten T-Stücken untereinander und mit den angeschlossenen Rechnern verbunden. Diese Anschlußtechnik ist weniger aufwendig, einfacher zu installieren, billiger und zuverlässiger als die Vampirklammern bei 10Base5.

292 5. Datentransfer ins Nachbarbüro – LAN-Technologien

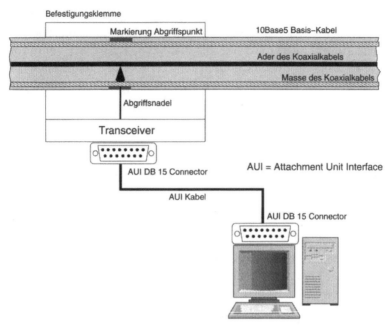

Abb. 5.21. 10Base5 Ethernet Ankopplung

Zur Übertragung eines Datenpakets sendet der angeschlossene Rechner dieses Paket über sein T-Stück auf das Thinwirekabel. Das Datenpaket wird aus dem T-Stück in beide Richtungen an die unterschiedlichen Enden des Busses weitergeleitet, wo es von Abschlußwiderständen absorbiert wird (siehe Abb. 5.22).

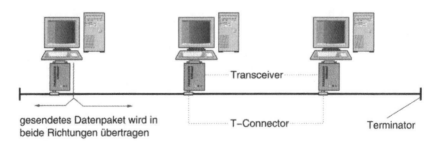

Abb. 5.22. 10Base2 Ethernet

Mehrere Ethernet Segmente können über **Repeater** miteinander gekoppelt werden, wobei mit geeigneten Repeatern 10Base2 als auch 10Base5 Segmente miteinander verschaltet werden können. Der Repeater kann dabei als separate Netzwerkkomponente vorliegen, über die zentral die beiden Segmente miteinander gekoppelt werden, bzw. lassen sich zwei räumlich voneinander getrennte Segmente über einen sogenannten **Remote Repeater** koppeln. Im Remote Repeater sind die beiden Repeater-Hälften Bestandteil der jeweiligen Segmente. Zwischen den beiden Hälften spannt sich eine 4-Draht-Leitung, an der keine weiteren Rechner angeschlossen sein dürfen und die maximal 1.000 Meter messen kann. Repeater dürfen niemals Schleifen bilden. Auf Grund der Laufzeitbedingung ist die Anzahl der Repeater im Ethernet auf maximal drei beschränkt.

Die Feststellung eines Kabelbruchs, defekter Klammern oder loser Steckverbindungen kann in beiden Fällen, bei 10Base2 und 10Base5, ein großes Problem darstellen. Daher wurden geeignete Techniken entwickelt, diese Defekte genau zu lokalisieren. Prinzipiell wird dabei ein Impuls von bekannter Ausprägung in das Kabel gesendet. Trifft dieser Impuls im Kabel auf ein Hindernis oder erreicht er plötzlich ein Kabelende, entsteht ein Signalecho, das zum Ausgangspunkt zurückläuft. Durch genaue Messung der Laufzeit des Signals läßt sich die Stelle der Beschädigung hinreichend genau lokalisieren.

Die letztgenannten Probleme führten zur Entwicklung einer weiteren Technologievariante, bei der die Verkabelung sternförmig von einem zentralen Hub ausgeht. Als Übertragungsmedium genügt einfaches, verdrilltes doppeladriges Telefonkabel (**Twisted Pair**), das in den meisten Gebäudeverkabelungen ohnehin bereits vorhanden ist. Diese Form der Verkabelung ist sehr preiswert und wird als **10BaseT** (oder einfach als twisted pair) bezeichnet. Das zentrale Hub wird auch als Sternkopplung bezeichnet und stellt einen Multiportrepeater dar, der die Signale, die er an den Eingängen empfängt, an alle Ausgängen weitergibt. Hubs können kaskadiert geschaltet werden, was sich topologisch als Stern aus Sternen darstellt. Logisch gesehen allerdings verändert sich das Netz durch den Einsatz von Hubs nicht. Alle angeschlossenen Rechner befinden sich nach wie vor in einer Broadcast Domain und sind über das CSMA/CD-Verfahren miteinander vernetzt. Die Sterntopologie existiert dabei nur scheinbar. Physisch und logisch bleibt die Busstruktur erhalten. Ein Hub kann ebenfalls den Anschluß unterschiedlicher Medien zulassen. Zwischen zwei beliebigen an das Netzwerk angeschlossenen Rechnern dürfen im Ethernet-LAN maximal fünf Segmente bzw. vier Repeater liegen. Hubs können oft auch eine erweiterte Funktionalität zur Verfügung stellen und dann als Brücken oder Router auf einer höheren Protokollschicht fungieren. Sie werden dann als **intelligente Hubs** bezeichnet. Hubs erfreuen sich großer Popularität, da sie zusätzlich auch Netzwerk Management Funktionen zur Verfügung stellen. Hat z.B. einer der angeschlossenen Ethernet-Netzwerkadapter eine Fehlfunktion und sendet permanent Datenpakete auf das Netz (sogenanntes **Jabbering**), würde dies das Ende jeglicher Datenkommunikation für ein 10Base2 Ethernet bedeuten. Keiner der anderen angeschlossenen Rechner käme mehr in die Lage, zu kommunizieren. In einem 10BaseT-Ethernet erkennt das Hub diese Fehlfunktion und schließt den fehlerhaften Adapter vom Netzverkehr aus. Der Netzwerkadministrator muß daher nicht mitten in der Nacht geweckt werden, um das Problem manuell zu beheben, sondern braucht sich erst am nächsten Morgen darum zu kümmern. Desweiteren stellen viele Hubs eine Monitorfunktion zur Verfügung, die es erlaubt, statistische Informationen wie erreichte Bandbreite, Anzahl der Kollisionen oder durchschnittliche Datenpaketlänge zu ermitteln, die über einen gesonderten, direkt an das Hub angeschlossenen Rechner weitergegeben werden. Diese Information kann nicht nur zur Fehlerbehebung und Lokalisation eines Problems benutzt werden, sondern ist auch sehr hilfreich, wenn es um die Planung des weiteren Ausbaus einer Ethernet-LAN-Landschaft geht. Nachteil der 10BaseT Variante ist die beschränkte Kabellänge zwischen Hub und angeschlossenen Rechner, die maximal nur 100 m (150 m bei Verwendung von speziell abgeschirmtem, hochwertigem Kabel) betragen darf. Auch kann ein leistungsfähiges Hub sehr teuer werden.

Die vierte Verkabelungsvariante **10BaseF** für den 10 Mbps Ethernet Standard basiert auf Glasfaserkabeln. Diese Variante ist auf Grund der Kosten für die Konnektoren und Terminatoren zwar wesentlich teurer als die bislang vorgestellten, aber ihre hervorragende Störunanfälligkeit machten sie zur ersten Wahl für weiträumige Verkabelungen zwischen Gebäuden oder weit voneinander entfernten Hubs. Eine echte Bustopologie ist jedoch bei der Verwendung von Glasfaser nicht so ohne Weiteres realisierbar, da die hier benötigten Koppler zwischen der Busfaser und dem Anschluß der Rechner problematisch sind. Dazu werden sogenannte optische Richtkoppler verwendet mit je zwei Ein- und Ausgängen. Die an einem Eingang eintreffende Lichtmenge muß gleichmäßig an die beiden Ausgänge weiterverteilt werden. Eine Kopplung der beiden Eingänge ist jedoch nicht erwünscht. Daher wird beim Einsatz von Glasfaser weitgehend die alternative Sterntopologie bevorzugt. Der eingesetzte Sternkoppler kann hier zum Einen ein rein **passiv** arbeitender optischer Sternkoppler sein, bei dem keine Umwandlung von optischen in elektrische Signale stattfindet. Andererseits besteht die Möglichkeit, den Sternkoppler als **aktiven** Koppler auszuführen, der mit elektrischen Signalen arbeitet, die an den Schnittstellen zum Glasfaserkabel jeweils in optische Signale umgewandelt werden. Zwar ist die elektro-optische Umwandlung der Signale zeitaufwendiger und macht eine kompliziertere technische Auslegung des Sternkopplers notwendig, aber sie ermöglicht den Anschluß von wesentlich mehr teilnehmenden Rechnern im Vergleich zur passiven Lösung.
In einem passiven Sternkoppler werden Glasfasern (in der Regel 8) parallel in Kontakt gebracht und über eine bestimmte Länge miteinander verschweißt. Dadurch wird die ankommende Lichtenergie gleichmäßig auf alle verbundenen Fasern verteilt. Diese gleichmäßige Verteilung verursacht jedoch eine entsprechend hohe Signaldämpfung, so daß diese Lösung nur für die Verschaltung weniger Teilnehmer in Betracht kommt. Alle Glasfaservarianten benutzen Glasfaserpaare, in denen jeweils eine Faser für eine Übertragungsrichtung zuständig ist. Die verwendete Manchesterkodierung wird einfach in optische Signale umgesetzt: Lichtfluß steht für hohe Spannung (HIGH), niedrige Spannung (LOW) wird mit Nichtsenden des Lichtflusses übersetzt.

Zu den Kupfer-basierten Varianten 10Base5, 10Base2 und 10BaseT kommen noch verschiedene Glasfaservarianten (10Base-FB, 10Base-FL und 10Base-FP), die je nach verwendetem Zwischensystem zum Einsatz kommen.

	10Base5	10Base2	10BaseT	10Base-FP
Bezeichnung	Thickwire	Thinwire	Twisted Pair	Optical Fiber
max. Segmentlänge	500 m	185 m	100 m	500 m
Knoten pro Segment	100	30	-	33
max. Anzahl Repeater	2	4	4	2
min. Knotenabstand	2,5 m	0,5 m	-	-
Konnektor	DB15	BNC	RJ-45	ST1
Kabeldurchmesser	10 mm	5 mm	0,4-0,6 mm	62,5/125 µm
Topologie	Bus	Bus	Stern	Stern
Medium	Koaxialkabel 50 Ω	Koaxialkabel 50 Ω	UTP 100 Ω	Multimode Glasfaser

Für 10 Mbps Ethernet sind gemäß IEEE 802.3j folgende Glasfaservarianten vorgesehen:
- **10Base-FB (Fiber Backbone)**:
  Eine Glasfaser-Punkt-zu-Punkt-Verbindung zwischen zwei benachbarten Repeatern, die maximal bis zu 2 km voneinander entfernt sein können. Die Übertragung eines Repeaters erfolgt synchron, d.h. ein ankommendes optisches Signal wird regeneriert und mit dem lokalen Takt des Repeaters erneut ausgesendet.
- **10Base-FL (Fiber Link)**:
  Eine Glasfaser-Punkt-zu-Punkt-Verbindung zwischen einzelnen Rechnern bzw. Repeatern. Die maximale Distanz, die hiermit überbrückt werden kann, liegt ebenfalls bei 2 km. Im Gegensatz zu 10Base-FB überträgt hier ein Repeater asynchron.
- **10Base-FP (Fiber Passive)**:
  Glasfaserverbindung für eine Sterntopologie mit passivem Sternkoppler. Hier kann nur eine maximale Distanz von 1 km überbrückt werden.

Abb. 5.23. 10 Mbps Ethernet Varianten im Vergleich

100 Mbps Ethernet

Arbeiten mehr und mehr Nutzer in einem Ethernet-LAN und kommen dabei hauptsächlich Netz-basierte Multimedia-Anwendungen zum Einsatz, so reichen 10 Mbps Bandbreite bald nicht mehr aus. Die mit **FastEthernet** zur Verfügung gestellte Bandbreite von 100 Mbps wird zwar bestimmt nicht immer ausgenutzt, doch soll durch eine solche Erhöhung der Bandbreite die Möglichkeit geschaffen werden, sogenannte Bursts zu bewältigen, die auftreten, wenn mehrere Nutzer gleichzeitig Multimedia-Inhalte über das Netz versenden. Neben der hohen Übertragungsgeschwindigkeit bietet FastEthernet den Vorteil, als konsequente Weiterentwicklung von 10Base-T bei der Ent-

Ethernet Beschränkungen

Die Standard Ethernet Spezifikation sieht verschiedene Beschränkungen bzgl. der maximalen Kabellänge vor. Diese Beschränkungen ergeben sich aus der maximalen Signallaufzeit und der Taktung.

Segmentlänge

Doppeladriges Telefonkabel (UTP) und Koaxialkabel haben jeweils eine ihnen typische Dämpfung und müssen an den Kabelenden mit entsprechenden Abschlußwiderständen versehen werden, Koaxialkabel mit 50 Ω und UTP mit 100 Ω. Die Länge eines Ethernet-Segments darf 500 m nicht überschreiten.

Repeater Distanzen

Zwischen zwei Ethernet-Segmenten kann ein Signal mit Hilfe eines Repeaters weitergeleitet werden. Zwischen zwei Knoten dürfen maximal zwei Repeater auf einer Verbindung geschaltet werden. Der maximale Abstand zwischen zwei Knoten, die über Repeater miteinander verbunden sind, darf 1.500 m nicht überschreiten.

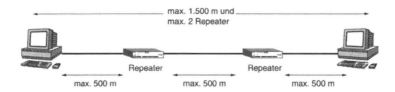

Punkt-zu-Punkt Verbindung

Die maximale Entfernung, die durch eine direkte Punkt-zu-Punkt-Verbindung überbrückt werden kann, beträgt ebenfalls 1500 Meter. Eine solche Verbindung kann z.B. zwischen Rechnern, die in verschiedenen Gebäuden stehen, geschaltet werden.

Transceiver Distanzen

Transceiver sollten nie einen geringeren Abstand als 2,5 Meter haben. An ein einzelnes Segment sollten außerdem nie mehr als 100 Transceiver angeschlossen werden. Transceiver, die zu eng stehen, können Interferenzen hervorrufen und erhöhen damit auch das Kollisionsrisiko. Jeder angeschlossene Transceiver führt zu einer Verminderung der Impedanz im Netzwerk und dämpft das übertragene Signal. Zuviele Transceiver können die elektrischen Charakteristika des Netzwerks so weit vermindern, daß eine zuverlässige Funktion nicht mehr gewährleistet werden kann.

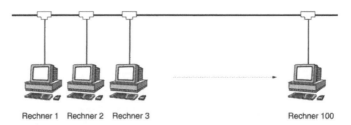

Abb. 5.24. Standard Ethernet Beschränkungen

wicklung von Hubs, Repeatern, Ethernet-Adaptern und anderen Ethernet-Komponenten auf eine standardisierte Technologie zurückgreifen zu können. Dies führt auch dazu, daß eine Migration von einer bestehenden 10Base-T Umgebung auf das neue **100Base-T** relativ kostengünstig realisiert werden kann. Bestehende 10Base-T-Verkabelung kann größtenteils beibehalten werden, da die neue 100Base-T-Media Spezifikation (100Base-TX, 100Base-T4 und 100BaseFX) auf allen Doppeladerverkabelungen (UTP Kategorie 3, 4, und 5), abgeschirmten Doppeladerkabel (Shielded Twisted Pair, STP) oder Lichtwellenleiterkabeln eingesetzt werden kann. 10 Mbps-Ethernet und 100 Mbps-Ethernet kann auch gemischt eingesetzt werden, da Switches mit Ports für beide Geschwindigkeiten verfügbar sind, wodurch eine schrittweise Migration ermöglicht wird.

Verkabelungsvarianten für FastEthernet

Allen Varianten gemeinsam ist die Datenübertragungsrate von 100 Mbps. Die Segmentlänge beträgt jeweils 100 m, die Netzwerkausdehnung kann 200 Meter, bei 100Base-FX auch 400 m betragen.

Typ	Medium
100Base-T4	Kabel mit 4 Doppeladern, UTP-(3/4/5), 100 Ω Impedanz, Leitungscode 8B6T, kein Vollduplex
100Base-T2	Kabel mit 2 Doppeladern, UTP-(3/4/5), Leitungscode PAM5, Vollduplex
100Base-TX	Kabel mit 2 Doppeladern, UTP-5, alternativ 2 Doppeladern STP, 150 Ω Impedanz, Leitungscode MLT-3, Vollduplex
100Base-FX	2 Multimode Glasfasern (62,5/125 μm), Leitungscode 4B5B, NRZI, Vollduplex

Vollduplex-Übertragung

Bei der ursprünglichen Bustopologie für Ethernet durfte zu einem Zeitpunkt immer nur ein Rechner senden, was aus Sicht des sendenden Rechners eine Halbduplex-Übertragung bedeutet. Eine Vollduplex-Übertragung kann die Datenrate im Idealfall auf das Doppelte vergrößern. Mit der für 10Base-T eingeführten Sterntopologie standen jeweils getrennte Doppeladerpaare für das Senden und Empfangen zur Verfügung, auf ein gemeinsam genutztes Medium mußte keine Rücksicht mehr genommen werden. Das resultierende Verfahren wird als **Switched Ethernet** bezeichnet und kommt ohne Kollisionserkennung und Kollisionsauflösung aus. Jeder Rechner stellt innerhalb dieses Sterns für sich eine eigene Collision Domain dar. Die IEEE 802.3 Spezifikation kann hinsichtlich des verwendeten Datenformats und des CSMA/CD-Algorithmus beibehalten werden, auch wenn keine Kollisionen mehr auftreten. Allerdings wird zusätzlich für die Sternkoppler eine Flußsteuerung installiert, die verhindern soll, daß die Pufferspeicher im Sternkoppler überlaufen. Zu diesen Zweck werden sogenannte Pausen-Pakete vom Hub versendet, die den sendenden Rechner auffordern, für eine bestimmte Zeit keine weiteren Datenpakete zu versenden. 1996 wurde das Vollduplex-Übertragungsverfahren für Ethernet im IEEE802.3x-Full-Duplex/Flow-Control Standard festgelegt.

Abb. 5.25. 100 Mbps Ethernet Varianten und Vollduplexbetrieb

Alle Varianten des FastEthernet benutzen die Sterntopologie. Die mit T bezeichneten Varianten nutzen Zugriffsverfahren und Datenpaketformate gemäß der IEEE 802.3 Spezifikation (siehe Abb. 5.25). Die mit X bezeichneten Varianten verwenden die ursprünglich für FDDI spezifizierte physische Schicht. Im Gegensatz zu den meisten früheren Etherne-Varianten unterstützen FastEthernet-Technologien einen Vollduplexbetrieb, der eine Datenrate pro Station von maximal 200 Mbps gestattet. Die 100-Base-TX Variante wird hauptsächlich für die Verkabelung zwischen einzelnen Etagen verwendet (Tertiärverkabelung), 100Base-FX findet zunehmend Verwendung in der Sekundärverkabelung. Die beiden Arten 100Base-T4 und 100Base-T2 haben in der Praxis kaum Bedeutung.

Ein anderer Ansatz der Firma Hewlett Packard verfolgte die Strategie, ein 100 Mbps Ethernet mit einem vollkommen neuen, nachfragegesteuerten MAC-Kontrollmechanismus zu entwickeln, der in der Lage ist, auch TokenRing-Datenpakete zu befördern. Unter der Bezeichnung **100VG-AnyLAN** wurde diese Technologie veröffentlicht und von der IEEE unter der neuen Bezeichnung IEEE 802.12 standardisiert.

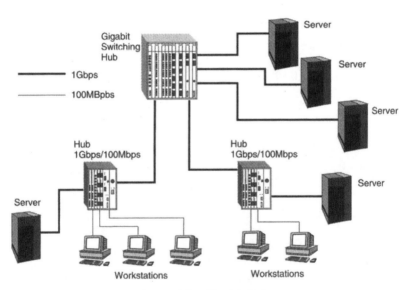

Abb. 5.26. Anwendungsbeispiel für Gigabit-Ethernet

1 Gbps Ethernet

Die Datenmengen, die zwischen Workstation und Server transportiert werden, nehmen ständig zu. Gelang es mit der Einführung von Switched Ethernet noch, dem Anwender am Arbeitsplatz die volle Bandbreite des Netzwerks zur Verfügung zu stellen, wird das aufgrund der steigenden Zahl von Netzwerk-Anwendern immer schwieriger. Je mehr Anwender von breitbandigen Netz-

Verkabelungsvarianten für Gigabit-Ethernet

Der IEEE 802.3z Gigabit-Ethernet Standard spezifiziert zwei Varianten für die Lichtwellenleiterübertragung: 1000Base-SX (Short Wavelength Laser) und 1000Base-LX (Long Wavelength Laser). Während Long Wavelength sowohl mit Monomode als auch mit Multimode Lichtwellenleitern genutzt werden kann, beschränkt sich die Anwendung von Short Wavelength auf Multimode Glasfasern.

Variante	Medium	max. Distanz
1000Base-T	4 Paare UTP-5, Leitungskodierung 4D-PAM5	100 m
1000Base-CX	Twinax-Kupferkabel, Leitungskodierung 8B10B je ein Paar pro Richtung	25 m
1000Base-SX	Multimode Glasfaser 770-860 nm	
	Kerndurchmesser 62,5 µm	260 m
	Kerndurchmesser 50 µm	440 m
1000Base-LX	Multimode Glasfaser 1.270-1.355 nm	
	Kerndurchmesser 62,5 µm	550 m
	Kerndurchmesser 50 µm	550 m
	Kerndurchmesser 9 µm	3.000 m

Erweiterung des CSMA/CD Algorithmus

Im Schichtenmodell ist zwischen der MAC-Schicht (Media Access Controller) und der Leitungskodierung (Physical Layer Controller, PHY) noch eine weitere Teilschicht, die GMII (Gigabit Media-Independent Interface) vorgesehen, die wahlweise mit eingefügt werden kann (außer bei 1000Base-T). Ähnlich wie die MII-Schnittstelle für FastEthernet dient die GMII-Schnittstelle nicht nur zum Anschluß unterschiedlicher Ethernet-Medien von 10–1.000 Mbps, sondern auch zur automatischen Erkennung des Mediums und zum Austausch von Daten über den Zustand und die Eigenschaften der aktuellen Verbindung. Für Halbduplex-Verbindungen mit Hubs existieren zwei Erweiterungen des CSMA/CD-Verfahrens. Die sogenannte **Carrier Extension** hängt so viele Symbole an die kurzen MAC-Datenpakete an, daß die gesamte Laufzeit mindestens 4.096 Bitzeiten beträgt, also länger ist als die Gesamtlaufzeit im Netz. Das Verfahren des **Frame Bursting** erlaubt es, mehrere kurze Datenpakete ohne Carrier Extension direkt nacheinander zu senden. Dadurch kann die zusätzliche Netzbelastung durch Carrier Extensions etwas reduziert werden. Für Switched Ethernet werden diese Erweiterungen jedoch nicht benötigt, da hier kein Shared Medium vorliegt und deshalb auch keine Kollisionen vorkommen können.

Abb. 5.27. 1 Gbps Ethernet Varianten

anwendungen Gebrauch machen, desto eher kann es dort zu Engpässen kommen. Deshalb wurde schon bei Einführung der FastEthernet-Technologie an einer weiteren Steigerung der Übertragungsgeschwindigkeit gearbeitet und die Technologie des **Gigabit-Ethernet** entwickelt. Gigabit-Ethernet erhöht die Bandbreite auf 1.000 Mbps bzw. 1 Gbps, wobei die Datenpaket-Formate und der CSMA/CD der IEEE 802.3 Spezifikation beibehalten werden (siehe Abb. 5.27). Gigabit-Ethernet wird oft als Backbone-Technologie verwendet, um über zentrale Gigabit-Switches Subnetze, die in unterschiedlichen Band-

300   5. Datentransfer ins Nachbarbüro – LAN-Technologien

breiten arbeiten, hierarchisch untergliedert miteinander zu verbinden (siehe Abb. 5.26).

10 Gbps Ethernet
10-Gigabit-Ethernet (10GE) erhöht die Bandbreite erneut um den Faktor 10 auf 10 Gbps. Im Gegensatz zu den bisherigen Ethernet-Technologien ist es mit 10GE erstmals möglich, auch größere Distanzen zu überbrücken, was einen Einsatz im WAN ermöglicht. Das bisherige Ethernet-Datenpaket-Format wird beibehalten und eine ausschließliche Nutzung im Vollduplexbetrieb festgeschrieben. Als Bandbreite wird 10 Gbps bzw. 9,58464 Gbps spezifiziert, letzteres im Hinblick auf die Kompatibilität mit STM-64 bzw. SONET OC-192c. Die vollständige Spezifikation ist noch nicht abgeschlossen, aber bislang wurden zur Verkabelung Singlemode-Glasfasern bei 1.310 nm (10GBASE-LX für Einsatz im LAN bis 10 km und 10GBASE-LW für Einsatz im WAN) und 1.550 nm (10GBASE-EX für Einsatz im LAN bis 40 km und 10GBASE-EW für Einsatz im WAN) festgeschrieben. Über den Einsatz von Multimodefasern wird noch diskutiert. Auch die Nutzung von neuen Technologien wie WDM (Wavelength Division Multiplex) ist noch in der Diskussion.

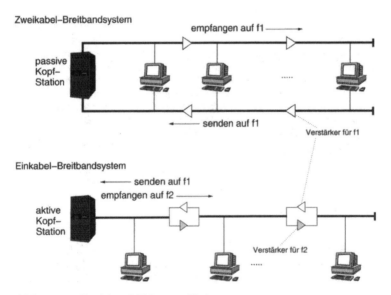

Abb. 5.28. Breitband-Ethernet-Varianten

Broadband Ethernet
Im Gegensatz zu den Standard Ethernet-Varianten überträgt das Broadband-Ethernet keine digitalen Basisbandsignale, sondern moduliert diese auf Träger einer bestimmten Frequenz. Eigentlich findet also eine analoge Übertragung

statt. Über ein Frequenzmultiplexverfahren können so mehrere Ethernet-Systeme über ein einziges Koaxialkabel betrieben werden. Durch den Einsatz von Zwischenverstärkern gelingt es, mit diesem analogen Verfahren größere Distanzen als mit dem digitalen Ethernet zu überbrücken. Allerdings kann über die Frequenzmodulation nur eine unidirektionale Übertragung stattfinden, was den Einsatz eines separaten Rückkanals erfordert. Dabei sind zwei verschiedene Topologien in Verwendung (siehe Abb. 5.28): Hinkanäle starten von der Kopfstation, Rückkanäle enden dort. Die Funktionsweise der Kopfstation kann dabei aktiv oder passiv ausgelegt werden. Bei einer passiven Kopfstation (einem reinen **Zweikabel-Breitbandsystem**) senden die Rechner auf dem unteren Kabelstrang mit der Frequenz f_1. Die Kopfstation empfängt und verstärkt die Signale, bevor sie sie auf dem oberen Kabelstrang wieder aussendet. Damit ist sichergestellt, daß jeder Rechner das Signal eines anderen empfangen kann. Ist die Kopfstation dagegen als aktives Element ausgelegt (**Einkabel-Breitbandsystem**), reicht ein einzelner Kabelstrang zum Betrieb aus. Die aktive Kopfstation setzt die auf der Frequenz f_1 empfangenen Signale auf die Frequenz f_2 um und sendet diese verstärkt wieder aus. Die bei Bedarf im Übertragungsmedium eingebrachten Verstärker müssen jeweils die beiden Frequenzbänder um f_1 und f_2 verstärken. Als **10BROAD36** wurde das Breitband-Ethernet im Standard IEEE 802.3b spezifiziert.

Tabelle 5.4. Ethernet-Varianten und -Ergänzungen

Bezeichnung	IEEE	Jahr	Datenrate	Medium
10Base5	802.3	1983	10 Mbps	Koaxial, RG-8 A/U
10Base2	802.3a	1988	10 Mbps	Koaxial, RG-58
1Base5	802.3e	1988	1 Mbps	StarLAN: TP, Kat 3
10Base-T	802.3i	1990	10 Mbps	2 UTP, Kat 3/4/5
10BROAD36	802.3b	1988	10 Mbps	Koaxial, 75 Ω
FOIRL	802.3d	1987	10 Mbps	2 Multimode (62,5/125 μm)
10Base-FB	802.3j	1992	10 Mbps	Fiber Backbone
10Base-FL	802.3j	1992	10 Mbps	Fiber Link
10Base-FP	802.3j	1992	10 Mbps	Fiber Passive
100Base-TX	802.3u	1995	100 Mbps	2 Paar UTP-5 / STP
100Base-T4			100 Mbps	4 Paar UTP-3/4/5
100Base-FX			100 Mbps	2 optische Fasern
FDX	802.3x	1997	100 Mbps	Full Duplex Ethernet with Flow Control
100Base-T2	802.3y	1997	100 Mbps	2 Paar UTP-3
1000Base-CX	802.3z	1998	1 Gbps	Twinax, 150 Ω
1000Base-LX	802.3z	1998	1 Gbps	Multi-/Monomode-Faser 1.300 nm
1000Base-SX	802.3z	1998	1 Gbps	Multimode-Faser 850 nm
1000Base-T	802.3ab	1999	1 Gbps	4 Paar UTP-5
Link Aggregation	802.3ad	1999		parallele Links zwischen Switches erhöhen Bandbreite
10GBase	802.3ae	2002	10 Gbps	Glasfaser 1.310/1.550 nm

Ethernet Fehlerquellen

Neben Verkabelungsproblemen können in einem LAN auch Fehler auftreten, die direkt durch der verwendeten LAN-Technologie verursacht werden. Dabei lassen sich die durch Ethernet verursachten Fehler und Störungen in die folgenden Kategorien einteilen:

- **Local Collisions**
  Senden mehrere Rechner gleichzeitig, so treten Kollisionen auf. Ist die Kollisionsrate übermäßig groß, so läßt dies häufig auf einen Verkabelungsfehler schließen.

- **Late Collisions**
  Damit werden Kollisionen bezeichnet, die außerhalb des 512 Bitfensters (Zeitslot) stattfinden. Dies kann verursacht werden durch einen defekten Rechner, der sich nicht mehr an die CSMA/CD-Konventionen hält, oder es sind Installationsvorschriften zur maximal erlaubten Kabellänge überschritten worden. Letzteres verursacht eine Überschreitung der maximalen Signallaufzeit und Kollisionen werden zu spät erkannt.

- **Short Frame**
  Fehlerhafte Ethernet-Netzwerkadapter können Datenpakete unterhalb der 64 Byte Minimallänge versenden.

- **Jabber**
  Bezeichnung für überlange Pakete, die die maximale Länge von 1.526 Byte überschreiten. Dieser Umstand deutet ebenfalls auf einen defekten Ethernet-Netzwerkadapter hin.

- **Negative Frame Check Sequence**
  Die Prüfsumme (FCS) des Ursprungspakets stimmt nicht mit der des gesendeten Pakets überein. Auch die Ursache dieses Problems ist oft in der Verkabelung zu finden.

- **Ghosts**
  Ein fehlerhaft arbeitender Ethernet-Netzwerkadapter kann Paketfragmente auf das Übertragungsmedium senden.

Ethernet Fehlerquellen und Ursachen

Ursache	Kollisionen	Short Frames	Jabber	FCS	Ghosts
CSMA/CD	×				
Software-Treiber		×	×	×	×
defekte Adapter	×	×	×	×	×
defekter Transceiver	×		×	×	×
zu viele Repeater	×				
Kabel zu lang	×			×	
Kabel defekt	×		×	×	×
Terminierung	×		×	×	×

Abb. 5.29. Ethernet-Fehlerquellen

Exkurs 13: Ethernet Effizienz-Betrachtung

Um die Leistung eines Ethernetsystems beurteilen zu können, betrachten wir ein Ethernet-LAN unter Last: Seien also k Rechner zu jeder Zeit bereit, ihre Übertragung zu starten. Metcalfe und Boggs gehen in ihrer Arbeit davon aus, daß die Wahrscheinlichkeit für eine wiederholte Übertragung in jedem Zeitslot konstant ist. Wenn also jeder Rechner während der Konkurrenzsituation in einem Zeitslot mit der Wahrscheinlichkeit p anfängt zu senden, ergibt sich als Wahrscheinlichkeit P(A), daß ein anderer Rechner während dieser Zeit den Sendekanal belegt (A = Channel Aquisition),

$$P(A) = kp(1-p)^{k-1}.$$

P(A) wird maximal, mit P(A)→1/e für k→ ∞, wenn p=1/k. Die Wahrscheinlichkeit, daß während einer Konkurrenzsituation genau j Zeitslots vergehen, beträgt P(A)(1-P(A))$^{j-1}$. Damit ergibt sich eine durchschnittliche Anzahl der Zeitslots während einer Konkurrenzsituation von

$$\sum_{j=0}^{\infty} jP(A)(1-P(A))^{j-1} = \frac{1}{P(A)}.$$

Jeder Zeitslot hat eine Dauer von exakt 2τ, das mittlere Konkurrenzintervall w beträgt w=2τ/P(A).
Wählen wir p optimal, übersteigt die mittlere Anzahl von Konkurrenz-Zeitslots niemals e, d.h. es gilt w≤2τe. Benötigt ein Datenpaket im Mittel genau t Sekunden, um übertragen zu werden, und besitzen viele Rechner ebenfalls Datenpakete, die zur Übertragung anstehen, dann ergibt sich die Kanaleffizienz CE zu

$$CE = \frac{t}{t + 2\tau/P(A)}.$$

Je länger jetzt das Übertragungsmedium ist, desto länger wird auch das Konkurrenzintervall. Bei maximal 2,5 km Kabellänge und höchstens 4 Repeatern zwischen zwei Rechnern beträgt die maximale Übertragungsdauer (roundtrip time) 51,2 μs, was bei 10 Mbps Ethernet zur minimalen Datenpaketlänge korrespondiert, nämlich 64 Bytes bzw. 512 Bit.
Wir drücken jetzt die Kanaleffizienz über die Datenpaketlänge F, die Netzwerkbandbreite B, die Kabellänge L und die Geschwindigkeit der Signalausbreitung c aus für den optimalen Fall von genau e Konkurrenzslots pro Datenpaket. Mit t=F/B wird aus der obigen Gleichung

$$CE = \frac{1}{1 + 2BLe/cF}.$$

Wir sehen, wenn die Bandbreite B oder die Ausdehnung des Netzwerks L bei konstanter Datenpaketgröße erhöht wird, verliert das Netzwerk an Effizienz. Natürlich zielt die Forschung darauf, diese Größen stetig weiter zu erhöhen. Hohe Bandbreite bei weit ausgedehnten Netzwerken im WAN-Bereich sind erwünscht. Aber die IEEE 802.3 Spezifikation ist dazu nicht die geeignete Wahl.
Um festzustellen, wieviele Rechner k im Mittel unter hohen Lastbedingungen sendewillig sind, hilft die folgende, recht grobe Beobachtung: Jedes Datenpaket blockiert den Sendekanal für ein Konkurrenzintervall plus die Übertragungszeit, d.h. t+w Sekunden. Die Anzahl der gesendeten Pakete pro Sekunde ergibt sich zu r_1=1/(t+w). Beträgt die mittlere Senderate eines Rechners λ Datenpakete pro Sekunde, dann ergibt sich die Gesamtrate aller k Rechner zu r_2=λk Datenpaketen pro Sekunde. Wegen r_1=r_2, kann die Gleichung nach k aufgelöst werden, wobei w ebenfalls eine Funktion von k ist.

Weiterführende Literatur:

D. Bertsekas, R. Gallagher: Data Networks, 2nd ed., Prentice Hall, Englewood Cliffs, NJ, USA, 1991.

V. Paxson, S. Floyd: Wide Area Traffic: The Failure of Poisson Modeling, Proc. SIGCOMM'94 Conf., ACM, pp.257-268, 1994.

W. Willinger, M. S. Taqqu, R. Sherman, D. V. Wilson: Self Similarity through High Variability: Statistical Analysis of Ethernet LAN Traffic at the Source Level, SIGCOMM5'9 Conf., ACM, pp.100-113, 1995.
C. Spurgeon: Ethernet - The Definitve Guide, O'Reilly, Sebastopol CA, USA, 2000.

Jahr	Ereignis
1973	Xerox entwickelt den Prototypen eines Kommunikationscontrollers mit einer Übertragungsrate von 3 Mbps
1976	Arbeit von Metcalfe und Boggs wird veröffentlicht, Ethernet wird erstmals der Öffentlichkeit vorgestellt
1979	Metcalf (Xerox) und Bell (DEC) entwickeln Ethernet zu einem LAN-Standard
1980	die DIX-Gruppe, ein Zusammenschluß der Firmen DEC, Intel und Xerox veröffentlicht die erste Ethernet-Spezifikation: Ethernet V1
1982	IEEE nimmt Ethernet in die neugegründete Arbeitsgruppe 802.3 auf und erarbeitet eine neue Spezifikation für 10Base5: Ethernet V2
1983	die Arbeit an 10Base2 beginnt
1985	Ethernet wird ISO-Standard ISO/DIS 8802/3 RFC 948 ermöglicht die Unterstützung der TCP/IP-Kommunikationsprotokolle auf IEEE 802.3 Netzwerken
1986	Ethernet-Standard 10Base2 wird verabschiedet
1990	IEEE 802.3 Spezifikation wird als ISO-Standard verabschiedet
1991	Ethernet-Standard 10Base-T wird veröffentlicht
1992	Ethernet ermöglicht mit 10Base-F auch den Betrieb über Glasfaserstrecken
1993	zwei Varianten eines 100 Mbps Ethernet werden standardisiert: FastEthernet und 100VG-AnyLAN
1996	IEEE gründet Gigabit-Ethernet TaskForce
1998	Gigabit-Ethernet Standard wird verabschiedet
1999	Gründung der 10 Gigabit-Ethernet Alliance
2002	Verabschiedung des 10 Gigabit-Ethernet Standards

Tabelle 5.5. Ethernet-Historie

5.4.2 Token Ring

Anfang der 80er Jahre begannen neben XEROX, Intel und DEC auch viele andere Unternehmen damit, LAN-Standards zu definieren. Zur Schaffung eines industrieweit anerkannten, einheitlichen Standards wurde deshalb 1980 das Projekt 802 „Local Network Standards" von der IEEE ins Leben gerufen unter Einbeziehung fast aller großen US-Computerfirmen.
Der Hauptkonkurrent von Ethernet im LAN-Bereich war lange Zeit der von IBM marktreif entwickelte Token Ring. Tatsächlich reicht die Verwendung

von Ringtopologien weit in die Geschichte der Computernetzwerke zurück. Das ursprüngliche Konzept, der sogenannte **Newhall-Ring** - so benannte nach einem seiner Entwickler - wurde erstmals im Jahre 1969 vorgestellt. Er war sowohl für den WAN- als auch für den LAN-Bereich interessant, da er den großen Vorteil bot, nur aus einer Kette von aufeinanderfolgenden Punkt-zu-Punkt-Verbindungen einzelner Rechner zu bestehen. Die Entwicklung von Verwaltungs- und Zugriffsalgorithmen gestaltete sich daher sehr einfach, da der so geformte Ring im eigentlichen Sinne gar kein gemeinsames Übertragungsmedium nutzte.

Die Entwicklung marktreifer Produkte lies jedoch lange auf sich warten. Der Durchbruch gelang der Token Ring Technologie erst, nachdem IBM dieses Konzept aufgegriffen und Ende 1985 eine nach IEEE 802.5 arbeitende Token Ring Netzwerkumgebung auf den Markt brachte. Wie Ethernet ist Token Ring als ISO 8802.5 von der ISO standardisiert worden. Token Ring ist in der Lage, auch bei hoher Netzlast ein zuverlässiges Antwortzeitverhalten an den Tag zu legen. Der Ring bietet allen Teilnehmern einen fairen Netzzugang. Für die möglichen Netzwerkzugriffe jedoch besteht eine obere Grenze, die die Zahl der teilnehmenden Rechner festgelegt. Token Ring ist also nicht zu empfehlen für den Einsatz in sehr großen Netzwerken oder Netzwerken mit physikalisch weit voneinander entfernten Netzknoten. Die Token Ring Technologie ist vollständig auf digitaler Basis realisiert, während bei Ethernet analoge Komponente, z.B. für die Kollisionserkennung, benötigt werden. Dagegen ist der Wartungsaufwand bei Token Ring im Vergleich zu Ethernet weitaus höher, insbesondere im Falle eines Netzwerkfehlers bzw. bei Erweiterung des bestehenden Netzwerks. Mit der Einführung sogenannter **MS-AU**s (Multi Station Access Units, Ringleitungsverteiler), vergleichbar mit den Hubs im Ethernet, konnten allerdings viele dieser Probleme überwunden werden.

Nach der Einführung durch IBM erfreute sich Token Ring lange Zeit großer Popularität, wurde aber schließlich vom Erfolg der Ethernet-Technologie überrollt und ist heute weitgehend von dieser verdrängt. Der IEEE 802.5 Standard spezifiziert für Token Ring eine Bandbreite von 4 Mbps bzw. 16 Mbps, der mittlerweile durch HSTR (High Speed Token Ring) mit 100 Mbps und Gigabit Token Ring mit 1 Gbps ergänzt wird.

Token Ring Zugriffsverfahren. Analog zum CSMA/CD Verfahren bei Ethernet, das sich mit den Verhaltensregeln höflicher Konversation auf einer Cocktail-Party veranschaulichen ließ, ist das Token Ring Verfahren am günstigsten durch das Bild der Indianer, die mit ihrer Friedenspfeife um das Lagerfeuer sitzen, zu verdeutlichen: Nur wer jeweils im Besitz der Friedenspfeife ist, hat auch das Recht zu sprechen. Ist seine Redezeit abgelaufen oder hat er seine Rede beendet, muß er die Friedenspfeife an den nächsten in der Runde weiterreichen. In Zeiten, in denen nicht geredet wird, kreist die Friedenspfeife einfach in der Runde, ohne daß das Rederecht von einem der Anwesenden beansprucht wird. So hat jeder die Möglichkeit, sich am Gespräch zu beteiligen, sobald er in den Besitz der Pfeife kommt.

Aus logischer Sicht sind alle an ein Token Ring angeschlossenen Rechner ringförmig sequentiell miteinander verbunden. Physikalisch muß dies nicht immer der Fall sein, z.B. wenn Ringleitungsverteiler (RLV) zum Einsatz kommen. Im logischen Ring werden die Daten immer von einem Rechner zum nächsten Rechner und zwar nur in einer Richtung (im Gegenuhrzeigersinn) weitergereicht. Jeder beteiligte Rechner empfängt die Daten von seinem Vorgänger im Ring (**Downstream**) und leitet sie an seinen Nachfolger im Ring weiter (**Upstream**). Ebenso wie das Buskabel im Ethernet ist der Ring das gemeinsam genutzte Übertragungsmedium für alle angeschlossenen Rechner. Beim Versenden eines Datenpakets von einem Rechner zu einem anderen, passiert das Datenpaket alle angeschlossenen Rechner im Ring. Allerdings wertet nur der im Datenpaket-Header spezifizierte Empfänger das Datenpaket tatsächlich aus und speichert lokal eine Kopie davon ab.

Das Wort Token Ring leitet sich aus der Art der Zugriffsverwaltung im Ring ab. Ein **Token** (im obigen Bild die Friedenspfeife) - d.h. eine ganz bestimmte, ausgezeichnete Bitfolge - wird im Ring weitergereicht und regelt die Sendeberechtigungen bei konkurrierendem Zugriff. Diese Technik wird auch als **Token Passing** bezeichnet und basiert auf den folgenden Grundregeln, an die sich alle Rechner im Ring halten müssen:

- Bevor ein sendewilliger Rechner seine Übertragung startet, benötigt er eine Sendeberechtigung.
- Alle an den Ring angeschlossenen Rechner arbeiten als Repeater, d.h. sie leiten die empfangenen Datenpakete stets an den Nachfolgerechner weiter.
- Gelangt ein gesendetes Datenpaket auf seinem Weg im Ring wieder zum Ausgangsrechner zurück, so nimmt dieser das Datenpaket aus dem Ring.

Die Sendeberechtigung erhält ein sendebereiter Rechner in Form eines Tokens. Die meisten Verfahren arbeiten mit einem einzelnen Token. Dieser Token zirkuliert kontinuierlich im Ring. Eine **Monitor Station** ist im Falle einer Neuinitialisierung bzw. bei Token-Verlust dafür verantwortlich, ein neues, freies Token in den Ring einzuwerfen. Das Token-Passing Verfahren definiert eine Ordnung der am Ring angeschlossenen Rechner, die der Reihenfolge entspricht, in der das Token die angeschlossenen Endgeräte passiert. Als **physikalische Ordnung** wird die Anordnung der Endgeräte im Ring bezeichnet, unabhängig davon, ob die einzelnen Endgeräte aktiv sind oder nicht. Die **aktive Ordnung** dagegen berücksichtigt nur diejenigen Endgeräte, die auch wirklich am Kommunikationsprozeß beteiligt sind. Die Endgeräte im Ring werden alle sieben Sekunden durch einen sogenannten **Ring Poll Process** dahingehend überprüft, ob sie zur Datenübertragung bereit sind oder nicht. Sind sie nicht zur Datenübertragung bereit, werden sie wieder als passiv eingestuft.

Gesteuert wird das ganze Verfahren durch den **Token Rotation Timer**, der das Zeitmaß für die maximale Umlaufzeit eines Tokens gibt und den **Token Hold Timer**, der die maximale Zeit festlegt, die ein angeschlossener Rechner benötigen darf, um zu versendende Nutzdaten zur Übertragung an den Token anzuhängen. In einer LAN-Umgebung ändern sich diese Richtwerte jedoch ständig, da permanent Endgeräte an- oder ausgeschaltet werden und so zusätzlich mit in den Ring aufgenommen werden bzw. wieder herausfallen. Es ist also nicht exakt vorauszubestimmen, wann ein angeschlossener Rechner genau die Sendeberechtigung erhält.

Der eigentliche Vorgang der Datenübertragung verläuft im Token-Ring folgendermaßen (siehe Abb. 5.30):

1. Der als frei markierte Token zirkuliert durch den Ring. Der sendewillige Rechner wartet, bis dieser Token bei ihm vorbeikommt. Der sendewillige Rechner überprüft den eingefangenen Token, ob er als frei oder als bereits belegt markiert ist.
2. Wird der Token als frei erkannt, wird das zu sendende Datenpaket einfach an den Token angehängt und wieder auf den Ring geschickt. Ein freier Token zirkuliert immer nur alleine im Ring, d.h. werden nach Empfang des Tokens keine weiteren Daten empfangen, gilt der Token als frei. Anderenfalls werden dem Token Adress- und Nutzdateninformation angehängt.
3. Die Kombination aus Token und Nachricht wandert an jedem angeschlossenen Rechner vorbei, der anhand der dem Token folgenden Zieladresse überprüft, ob das Datenpaket für ihn bestimmt ist. Dazu nimmt jeder Rechner die Nachricht selbst komplett vom Ring und setzt sie nach erfolgter Prüfung wieder auf diesen zurück, d.h. jeder angeschlossene Rechner arbeitet als Repeater.
4. Erkennt sich einer der angeschlossenen Rechner als Empfänger der versendeten Nachricht, kopiert er diese in seinen Arbeitsspeicher, kennzeichnet die Nachricht selbst als kopiert und sendet diese wieder auf den Ring zurück.
5. Der ursprüngliche Sender hat nun die Aufgabe, das von ihm initiierte Paket bzw. das als kopiert gekennzeichnete Paket wieder vom Ring zu nehmen und durch einen neuen Frei-Token zu ersetzen. Der Senderechner ist so auf einfache Weise in der Lage, zu überprüfen, ob die von ihm gesendeten Daten den Empfänger erreicht haben oder nicht.

Da nur ein einzelner Token im Ring zirkuliert, kann jeweils immer nur ein einzelner Rechner eine Datenübertragung starten, womit das Zugriffsproblem auf den gemeinsamen Übertragungskanal auf einfache Weise gelöst wird.
Ausgehend von der verwendeten Bandbreite unterscheidet man eine 4 Mbps und eine 16 Mbps Token Ring Variante. In der Token-Ring-Variante mit einer Bandbreite von 4 Mbps erfolgt die Freigabe des Tokens durch den Sender des letzten Pakets erst, nachdem der Sender dieses letzte Paket wieder vollständig zurückerhalten hat. Dabei darf ein Sender maximal für die Dauer der sogenannten **Token Holding Time** (THT) senden, was typischerweise

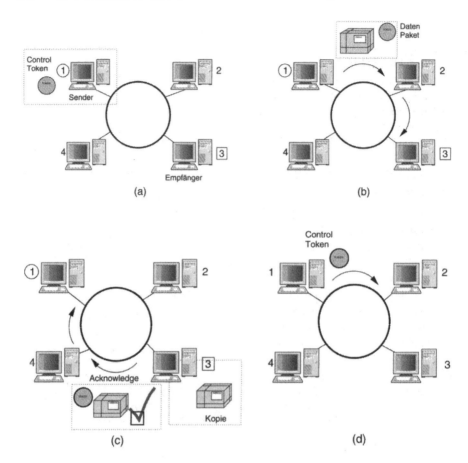

Abb. 5.30. Funktion des Token Ring Protokolls

einer Zeitspanne von etwa 10 ms entspricht. Ist, nachdem der Sendevorgang des ersten Datenpakets abgeschlossen ist, noch genügend Zeit übrig, um weitere Datenpakete zu versenden, können diese innerhalb der erlaubten THT ebenfalls versendet werden. Ist der komplette Sendevorgang abgeschlossen bzw. überschreitet das Versenden eines weiteren Datenpakets die THT, muß vom sendenden Rechner ein Frei-Token generiert und weitergegeben werden. Anders muß der Sender bei der Token-Ring-Variante mit einer Bandbreite von 16 Mbps ein Frei-Token unmittelbar nach dem Ende des letzten zu übermittelnden Datenpakets versenden. Das Frei-Token kann jetzt vom nächsten sendebereiten Rechner im Ring übernommen werden.

Das Zuteilungsverfahren für den Medienzugriff erfolgt bei Token Ring also **dezentral**. Es existiert kein ausgezeichneter Rechner, der über die Vergabe des Tokens zu entscheiden hätte, sondern alle Rechner im Ring sind gleichberechtigt, einmal abgesehen von der Möglichkeit, Prioritäten zu setzen, auf die später noch eingegangen wird. Für eine korrekte Funktion des Token Ring sind folgende Bedingungen zu erfüllen:

1. Es darf immer nur genau ein Token auf dem Ring sein. Befinden sich mehrere Token gleichzeitig oder etwa gar kein Token auf dem Ring, liegt ein Fehlerfall vor, der behandelt werden muß.
2. Der Token darf von einem Rechner nur für eine bestimmte Zeit behalten und muß nach Ablauf dieser Zeitspanne wieder weitergegeben werden, damit ein gewisses Maß an Fairness beim Zugriff auf das Übertragungsmedium erhalten bleibt.

Allerdings unterscheiden sich die beiden Token Ring Varianten hinsichtlich dieser Funktionsbedingungen. Bei der 4 Mbps Variante befindet sich jeweils nur ein einziges Token auf dem Ring, was unter anderem eine nur geringe Auslastung des Rings zur Folge hat. Die 16 Mbps-Variante erlaubt dagegen mehrere Pakete gleichzeitig auf dem Ring, die durch Leerzeichen voneinander getrennt sein müssen. Der Hauptunterschied in den beiden Verfahren liegt nun darin, festzulegen, unter welchen Bedingungen ein neues Token generiert werden darf. So erlaubt die 16 Mbps Variante einem Rechner, der ein Datenpaket als Adressat vom Ring empfangen und kopiert hat und selbst einen Sendewunsch hegt, an das bereits existierende Token eine eigene Nachricht für einen beliebigen anderen Rechner im Ring anzuhängen, ohne erneut ein Frei-Token einfangen zu müssen. Diese Modifikation hat zur Folge, daß sich Datenpakete für unterschiedliche Zielrechner gleichzeitig auf dem Ring befinden dürfen. Dieses Verfahren wird auch als **Early Token Release** bezeichnet. Hintergrund ist dabei, daß in großen Token Ring Netzen (ab einer Kabellänge von etwa 2000 m) größere Sendepausen zwischen den Datenpaketen eines teilnehmenden Rechners entstehen können. Die Bitlänge (physikalischer Raum, den eine Informationseinheit auf dem Übertragungsmedium belegt) eines 3 Byte langen Tokens reicht nicht, um ein ausgedehntes Netz zu füllen, so daß mehrere Leerzeichen zwischen den einzelnen Token eingefügt werden müssen, was Effizienz und Performance beeinträchtigt.

Eine zusätzliche Erweiterung betrifft das Zwischenspeichern eines Tokens für den Fall, daß ein sehr großes Datenpaket gesendet werden soll, dessen Anfang der Senderechner bereits zurückerhält, bevor es vollständig übertragen werden konnte. In diesem Fall darf der Senderechner solange warten, bis das Datenpaket vollständig vom Ring genommen ist, ohne dabei das Senderecht zu verlieren.

Zur Überwachung der notwendigen Funktionsbedingungen im Token Ring und zum Eingriff bzw. zur Wiederherstellung der Funktionalität in einem Fehlerfall, wird einer der Rechner des Rings bestimmt, der als **aktiver Monitor** bezeichnet wird. Alle anderen Rechner im Ring arbeiten als sogenannte **passive Monitore**, die nur dann in die Rolle des aktiven Monitors treten können, wenn der aktive Monitor im Netz ausfällt.

310   5. Datentransfer ins Nachbarbüro – LAN-Technologien

Bit Timing

Standardgemäß können Token Ring LANs mit 4 Mbps oder mit 16 Mbps installiert werden. Ein Betrieb mit gemischten Komponenten ist allerdings im Gegensatz zu den selbstsynchronisierenden Rechnern bei Ethernet oder FDDI nicht möglich. Im Token Ring existiert eine absolute Zeitreferenz: die sogenannte **Master Clock**. Sie wird vom aktiven Monitor als Referenzrechner vorgegeben. Daher enthält jeder Token Ring Netzwerkadapter das sogenannte TROLI (**Token Ring Optimized Link Interface**), das einen quarzstabilisierten Frequenzgenerator mit 8 MHz bzw. 32 MHz Taktfrequenz besitzt, mit denen die Token-Ring Rechner ihre Datentaktraten unabhängig voneinander erzeugen. Naturgemäß ergeben sich hierdurch Abweichungen (**Jitter**) im Timing unter den einzelnen Rechnern. Der Token Ring Standard verlangt daher zum Ausgleich dieser Abweichungen von jedem angeschlossenen Rechner einen Puffer von 32 Bitintervallen.

Bedingt durch die notwendige Verstärkung des Signalstroms durch jeden am Token Ring angeschlossenen Rechner korreliert der Jitter mit der Anzahl der eingebundenen Rechner und mit der Verkabelungslänge. Im ungünstigsten Fall – z.B. zu großes Token Ring Netzwerk, Rechner mit Netzwerkadaptern unterschiedlicher Hersteller oder Verkabelungsmängeln – kann es vorkommen, daß der Jitter einen kritischen Wert erreicht, so daß die Bitmuster der eingehenden Signale nicht mehr erkannt werden können.

Abb. 5.31. Token Ring Bit-Timing

Exkurs 14: Token Ring – Datenformat und Funktionen

Prinzipiell werden im Token Ring drei verschiedenartige Datenpakete unterschieden: Das Token-Datenpaket, das Abort-Datenpaket und das Datenpaket, das die eigentlichen Nutzdaten aufnimmt.
Das Token-Datenpaket dient - wie bereits erwähnt - zur Steuerung des Verfahrensablaufs im Token Ring. Besteht keine aktive Kommunikation auf dem Ring, zirkuliert ein 3 Byte langer Token endlos (siehe Abb. 5.32) und wartet darauf, daß einer der beteiligten Rechner ein bestimmtes Bit von 0 auf 1 umsetzt und dadurch signalisiert, daß die drei Byte des Token nun kein Frei-Token mehr darstellen, sondern den Beginn eines Datenpakets mit entsprechender Nutzinformation.

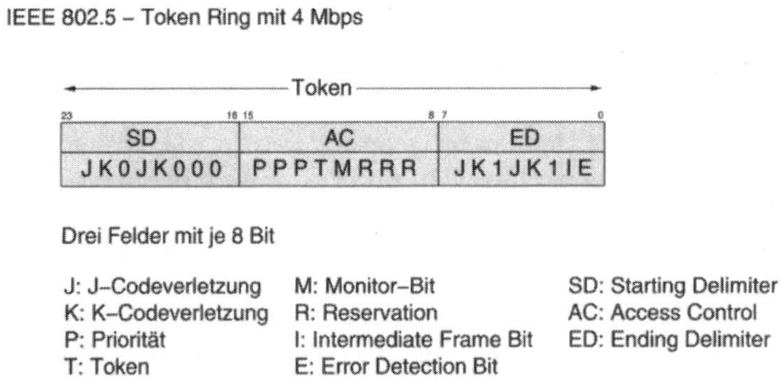

IEEE 802.5 – Token Ring mit 4 Mbps

```
←──────────────── Token ────────────────→
  23         16 15           8 7            0
┌─────────────┬─────────────┬─────────────┐
│     SD      │     AC      │     ED      │
│  JK0JK000   │  PPPTMRRR   │  JK1JK1IE   │
└─────────────┴─────────────┴─────────────┘
```

Drei Felder mit je 8 Bit

J: J–Codeverletzung   M: Monitor–Bit   SD: Starting Delimiter
K: K–Codeverletzung   R: Reservation   AC: Access Control
P: Priorität   I: Intermediate Frame Bit   ED: Ending Delimiter
T: Token   E: Error Detection Bit

Abb. 5.32. Datenformat des Token-Datenpakets

Der Token beginnt mit dem Byte **SD**, dem **Starting Delimiter**, das den Anfang des Datenpakets kennzeichnet. Zur Markierung eventueller Codeverletzungen dienen die Felder **J** und **K** (**Code-Violation Symbole**, siehe Abb. 5.33). Da Bits im Token Ring mit Hilfe der

differentiellen Manchesterkodierung in elektrische Impulse umgesetzt werden, enthält der Starting Delimiter bzgl. der Kodierung unzulässige Bitmuster (J und K), um diesen von einem regulären Daten- bzw. Steuerungs-Datenpaket unterscheiden zu können. Die hier verwendete Manchesterkodierung verwendet Signale positiver (high) und negativer (low) Spannung mit einer Spannungsdifferenz von 3,0 bis 4,5 Volt. Normalerweise wird in der differentiellen Manchesterkodierung jedes Bit in eine Folge von Spannungsdifferenzen high-low oder low-high kodiert, aber im Token Ring dienen die normalerweise unzulässigen Kodierungen high-high (K) bzw. low-low (J) zur Steuerung.

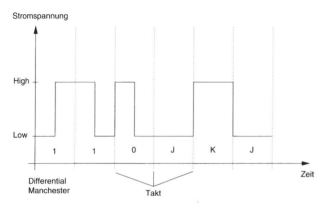

Abb. 5.33. Token Ring Bit-Level Kodierung entsprechend der differentiellen Manchester Kodierung

Da innerhalb eines Tokens oder der in einem Datenpaket zu übertragenden Nutzinformation keine Code-Violation Symbole auftreten dürfen, können bei Token Ring gesonderte Bitmuster zur Kennzeichnung von Start oder Ende eines Datenpakets entfallen. Darüberhinaus können die Code-Violation Symbole auch zur Erkennung beschädigter Datenpakete genutzt werden.
Danach folgt ein Byte mit der Bezeichnung **AC** (Access Control), das die Zugriffsberechtigung mit Hilfe von Prioritäten regelt. Es enthält drei Priorität-Bits **P**, drei Reservation-Bits **R**, das Token-Bit **T** und das Monitor-Bit **M**. Stellt das Datenpaket ein Token dar, so wird das T-Bit auf 0 gesetzt. Anderenfalls enthält das T-Bit 1 und das Datenpaket ist ein Abort- bzw. ein Nutzdatenpaket. Token- und Nutzdatenpakete können mit einer Priorität versehen werden, die zwischen binär 000 (niedrigste Priorität) und 111 (höchste Priorität) liegen kann. Ein sendebereiter Rechner kann bei der Weitergabe eines Datenpakets eine Reservierung eintragen, falls dort nicht bereits eine Reservierung (R-Bits) mit einer höheren Priorität eingetragen ist. Der Rechner, der dieses Datenpaket vom Ring nimmt, generiert daraufhin ein Frei-Token mit der den empfangenen R-Bits entsprechenden Priorität. Dieses Frei-Token kann jetzt von jedem Rechner im Ring übernommen werden, der ein Datenpaket gleicher oder höherer Priorität übertragen will. Damit Situationen mit niedriger Priorität nicht permanent blockiert werden, ist der Rechner, der ein Token mit erhöhter Priorität generiert hat, verantwortlich dafür, daß die Priorität wieder auf den ursprünglichen Wert zurückgesetzt wird. Das M-Bit wird vom sendenden Rechner zunächst auf 0 gesetzt. Der aktive Monitor setzt dieses dann auf 1, sobald das Datenpaket ihn passiert. Empfängt der aktive Monitor ein Datenpaket, in dem das M-Bit eine 1 enthält, so wurde dieses nicht korrekt vom Ring entfernt, und der aktive Monitor behebt die Fehlersituation. Der End Delimiter **ED** kennzeichnet das Ende des Datenpakets. Das darin befindliche Intermediate Bit **I** zeigt an, ob weitere zugehörige Datenpakete folgen (I=1) oder ob kein weiteres mehr

folgt (I=0). Das Error Detection Bit **E** kann von jedem Rechner im Ring gesetzt werden, der eine Fehlersituation registriert.

Handelt es sich bei dem Datenpaket nicht um einen einzelnen Token, sondern um ein Abort- bzw. ein Nutzdatenpaket, so enthält das Paket noch weitere Felder (siehe Abb. 5.34).

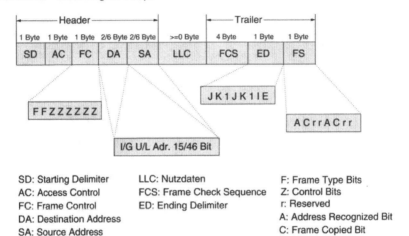

Abb. 5.34. Datenformat des Nutzdatenpakets im Token Ring

Neben Start Delimiter (**SD**), Access Control (**AC**) und dem End Delimiter (**ED**) enthält das Datenpaket folgende Felder: Die Frame Control (**FC**) zeigt in den ersten beiden Bits an, ob ein reguläres Nutzdatenpaket (FF=01) vorliegt bzw. ob es sich um ein Datenpaket zur Ringsteuerung (FF=00) handelt. Die nachfolgenden Z-Bits geben bei FF=00 an, welche Steueroperation ausgeführt werden soll. Die Destination Address (**DA**) und die nachfolgende Source Address (**SA**) geben jeweils Ziel- und Startadresse des Datenpakets an und können gemäß IEEE-Standard 802 in verschiedenen Formaten vorliegen. Das nachfolgende, als **LLC** bezeichnete Feld (LLC steht für Logical Link Control und bezeichnete die Protokollschicht, in der das Token-Ring Protokoll arbeitet) enthält die eigentlichen Nutzdaten. Eine Prüfsumme (Frame Check Sequence, **FCS**) sorgt für eine Erkennung möglicher Übertragungsfehler. Der das Datenpaket abschließende Frame Status (**FS**) enthält zwei Bits **A** (Address Recognized) und **C** (Frame Copied), die doppelt ausgeführt sind, da sie nicht unter die verwendete Prüfsumme fallen oder von besonderer Bedeutung sind. Mit ihrer Hilfe kann der Empfänger dem Sender mitteilen, ob er seine Empfängeradresse im Datenpaket erkannt hat (A=0: Adresse nicht bekannt oder Rechner ausgefallen), und ob er das Datenpaket vom Ring kopiert, also tatsächlich empfangen hat (C=1).

Das Abort-Datenpaket dagegen besteht nur aus einem Starting Delimiter und einem Ending Delimiter und wird nur dann erzeugt, wenn ein Rechner im Token Ring einen nicht behebbaren Fehler erkannt hat.

Weiterführende Literatur:

D. Bird: Token Ring Network Design, Addison-Wessley, Reading MA, 1994.

H.-G. Göhring, F.-J. Knauffels: Token Ring: Grundlagen, Strategien, Perspektiven, Datacom Verlag, Bergheim, Deutschland, 1993.

Token Ring Verwaltung und Wartung. Die Überwachung der fehlerfreien Funktion des Netzwerks wird bei Token Ring nicht von einer zentralen Instanz, sondern von unterschiedlichen, dem Ring angehörenden Rechnern übernommen. Dabei müssen die folgenden Situationen überwacht und im Fehlerfall entsprechend korrigiert werden:

- Die Sicherstellung des fehlerfreien Funktionierens des Token-Passing-Mechanismus.
- Die Verwaltung von Rechnern, die in den Ring zusätzlich mit aufgenommen werden bzw. diesen verlassen sollen.
- Das Erkennen und Korrigieren von Fehlern auf Soft- oder Hardwareseite.

Neben dem bereits erwähnten aktiven Monitor gibt es zusätzlich noch die Funktionen des **Ring Error Monitors**, des **Ring Parameter Monitors** und des **Network Managers**. Ein Token Ring besitzt immer einen aktiven Monitor, der durch eine bestimmte funktionale Adresse (und nicht durch seine Hardware-Adresse) identifiziert wird, während alle anderen Rechner als passive Monitore über ihre Hardware-Adresse identifiziert werden. Die zum Betrieb eines aktiven Monitors notwendige Ausrüstung (Hard- und Software) ist Bestandteil jedes regulären Token-Ring Netzwerkadapters, der als Zugangsschnittstelle zwischen Rechner und Netzwerk dient. Zum Betrieb eines Ring Error Monitors, eines Ring Parameter Monitors bzw. eines Network Managers im Token Ring ist in der Regel zusätzliche Software notwendig.

Die Aufgaben eines aktiven Monitors umfassen die folgenden vier Schwerpunkte:

1. Erhalt der Ringfunktionalität. Dazu zählen:
   - Erkennen von fehlerhaften Datenpaketen und Token,
   - Sicherstellen der Einhaltung von Zeitbedingungen im Ring (Timer-Einstellungen),
   - Einfügen eines neuen Tokens bei Verlust oder Beschädigung,
   - Einleiten und Überwachung des **Ring Poll Prozesses**,
   - Verhindern von Mehrfachdurchläufen eines Datenpakets durch den Ring und
   - Sicherstellung der minimalen Speicherkapazität des Rings.
2. Identifikation und Isolation von Fehlern im Übertragungsmedium bzw. in den Netzwerkschnittstellen der angeschlossenen Rechner.
3. Erkennen von Hard- und Softwarefehlern der Netzwerkadapter und der angeschlossenen Rechner.
4. Sammeln von Statusinformationen der einzelnen mit dem Token Ring verbundenen Rechner.

Exkurs 15: Token Ring – Management

Die Verwaltung eines Token Ring Netzwerkes läuft über einen designierten aktiven Monitor. Fällt dieser aus, übernimmt einer der anderen an den Token Ring angeschlossenen Rechner dessen Funktionalität, d.h. jeder an den Token Ring angeschlossene Rechner verfügt prinzipiell über die Funktionalität eines aktiven Monitors. Die wichtigste Aufgabe des aktiven Monitors ist dabei die Sicherstellung eines fehlerfreien Tokens und seines korrekten Umlaufs ohne Beschädigung oder Verlust.

Auswahl eines neuen aktiven Monitors
Die Auswahl eines neuen aktiven Monitors erfolgt dynamisch und ist für den Benutzer transparent durch einen sogenannten **Monitor Contention Process**, der jeweils dann in Kraft tritt, wenn der aktive Monitor den Ring verläßt oder ein Fehler entdeckt wird. Dies wird von den übrigen Rechner im Token Ring durch Ausbleiben der **Active Monitor Present** Datenpakete (FC-Feld des Token Ring Datenpakets mit ZZZZZZ=000101) erkannt, die der aktive Monitor in bestimmten Zeitintervallen aussendet, und als Ausfall des aktiven Monitors interpretiert. Daraufhin generiert der erste Rechner in Senderichtung, der den Ausfall bemerkt, einen sogenannten **Claim-Token** (FC-Feld des Datenpakets mit ZZZZZZ=000011) mit der eigenen Adresse im DA-Feld, der von Rechner zu Rechner im Ring weitergereicht wird. Jeder Rechner verfährt dabei folgendermaßen: Ist die empfangene Adresse numerisch größer als die eigene, wird das Datenpaket unverändert weitergeleitet. Anderenfalls schreibt der Rechner seine eigene Adresse im DA-Feld des Claim-Tokens ein und leitet dieses weiter. Am Ende wird derjenige Rechner der neue aktive Monitor im Netz, der die höchste numerische Adresse besitzt. Er erkennt dies, sobald er seinen eigenen Claim-Token erneut empfängt.

Verlust eines Tokens
Um den Verlust eines Tokens zu erkennen, wird eine **Valid Frame Time** verwendet. Überschreitet diese die ursprünglich ermittelte Token Rotation Time, ohne daß der Token den aktiven Monitor passiert, wird dies als Tokenverlust interpretiert und der Ring wird erneut initialisiert.

Verhinderung von dauerhaft kreisenden Datenpaketen
Zur Verhinderung von dauerhaft kreisenden Datenpaketen wird das M-Bit des AC-Feldes der Datenpakete genutzt. Bei wiederholtem Passieren des aktiven Monitors kann dieser erkennen, daß das Datenpaket seinen Adressaten nicht erreicht hat. Daraufhin löscht der aktive Monitor dieses Datenpaket und sendet ein Frei-Token.

Kontrolle der Funktion des aktiven Monitors (Ring Poll Process)
Alle sieben Sekunden versendet der aktive Monitor ein AMP-Datenpaket (Active Monitor Presence) und zeigt damit seine Präsenz an. Mit Hilfe dieses Verfahrens werden aber auch die einzelnen Rechner des Token Rings mit Information bzgl. ihres Vorgängers im Ring versorgt. Dabei speichert der erste Rechner, der das AMP-Paket vom aktiven Monitor erhält, die mitgelieferte Adresse als Vorgängeradresse im Token Ring ab und reicht das Datenpaket mit gesetztem A-Bit (Address Recognized Identificator) und gesetzten F-Bit (Frame Copied Identificator) weiter. Alle anderen Rechner können die Funktionstüchtigkeit des aktiven Monitors anhand dieser gesetzten Bits erkennen. Erhält dieser Rechner das Token erneut, sendet er ein **SMP**-Datenpaket (Standby Monitor Presence, FC-Feld mit ZZZZZZ=000110) mit seiner eigenen Adresse und mit zu Null gesetztem A-Bit und C-Bit, wodurch angezeigt wird, daß dieses Datenpaket noch von keinem anderen Rechner empfangen wurde. In der gleichen Art wie das AMP-Datenpaket wird dieses SMP-Datenpaket jetzt an den nachfolgenden Rechner übergeben, der seinerseits wieder die mitgelieferte Adresse als Vorgängeradresse speichert und den Prozeß fortsetzt. Der Prozeß endet, sobald der aktive Monitor ein SMP-Datenpaket seines direkten Vorgängers erhält.

Aufnahme eines neuen Rechners in den Token Ring
Bevor ein neuer Rechner in den Token Ring aufgenommen wird, werden eine Reihe von Tests durchgeführt, die der neue Rechner erfolgreich bestehen muß. Dazu gehört ein Test zur Fehlerfreiheit des Netzwerkadapters des neuen Rechners. Die Sende- und Empfangsfähigkeit des

Netzwerkadapters wird dabei über interne Loopbacks getestet. Nach einem Test des Verbindungskabels wird zusätzlich noch geprüft, ob die Netzwerkadresse des Rechners eindeutig ist. Laufen alle Tests erfolgreich ab, erfolgt ein Ring-Poll-Prozeß, bei dem einer der bereits angeschlossenen Rechner feststellt, daß sein direkter Vorgänger gewechselt hat und diese Änderung an den aktiven Monitor (Network Manager) berichtet.

Hardware-Fehlererkennung
Ein weiterer sehr wichtiger Kreis von Aufgaben des aktiven Monitors besteht in der Identifikation und Isolation von Fehlern in den Netzwerkadaptern und dem Übertragungsmedium. Aufgrund der gerichteten Übertragung im Token Ring wertet ein daran angeschlossener Rechner das Ausbleiben eines Datenpakets über eine bestimmte Zeitspanne als Fehler seines direkten Vorgängers bzw. als Fehler im Übertragungsmedium. In dieser Situation sendet der Rechner ein sogenanntes **Beacon**-Datenpaket (FC-Feld mit ZZZZZZ=000010) zusammen mit der eigenen Adresse und der des Vorgängers im Ring. Alle übrigen Rechner im Token Ring leiten dieses Paket weiter und stellen die eigene Datenübertragung ein. So beträgt die Zeitspanne, bis ein Fehler im gesamten Ring bekannt wird, nur eine vollständige Rotation eines Datenpakets im Token Ring. Erhält der sendende Rechner sein Beacon-Datenpaket zurück, trennt er sich selbständig vom Token Ring und führt einen Selbsttest zur Überprüfung des eigenen Netzwerkadapters und des Verbindungskabels durch. Wird dabei kein undefinierter Zustand entdeckt, meldet sich der Rechner wieder zurück in den Token Ring.

Hard- und Softwarefehler in Netzwerkadapter und Rechner
Jeder Rechner sendet periodisch alle entdeckten Fehler mit Hilfe eines gesonderten Datenpakets (Report Soft Error Frame) an einen **Ring Error Monitor**. Die gemeldeten Fehler betreffen dabei den Rechner selbst, seinen direkten Vorgänger im Token Ring oder die Verbindung zwischen diesen beiden Rechnern. Zu dieser Kategorie zählen interne Fehler sowie Zugriffs- und Abbruchfehler. Daneben gibt es noch eine weitere Fehlerkategorie, die alle nicht exakt diagnostizierbaren Fehler beinhaltet, die an einer beliebigen Stelle des Rings entstehen können. Hierzu zählen z.B. verlorene Datenpakete und Token-Fehler, Überlastungsfehler bei Pufferüberlauf eines angeschlossenen Rechners, Adressfehler bei auftretender Adressgleichheit zweier Rechner im Ring (sehr unwahrscheinlich) und Häufigkeitsfehler, die auf Fehler im Netzwerkadapter oder fehlerhaftes Verhalten des aktiven Monitors hindeuten.

Sammeln von Statusinformation
Darüberhinaus sammelt der aktive Monitor Statusinformationen der im Token Ring befindlichen Rechner. Hierzu dienen die folgenden drei Typen von Datenpaketen:

- **Request-/Report Ring Station Address**:
  Enthält die Rechnergruppe, die funktionale Adresse, die Hardwareadresse und den direkten Vorgänger im Token Ring.
- **Request-/Report Ring Station State**:
  Zeigt den internen Status des Rechners an.
- **Request-/Report Station Attachment**:
  Dient der Übertragung der Zugriffspriorität zusammen mit der funktionalen Adresse.

Der aktive Monitor besitzt immer die funktionale Adresse C0-00-00-00-00-10. Seine Reports können über ein spezielles Netzwerkmanagementprogramm abgefragt werden. Eine **minimale Speicherkapazität** des Rings wird vom aktiven Monitor sichergestellt, indem er ausreichend Pufferspeicher vorsieht, so daß mindestens ein Token zwischengespeichert werden kann. Dies ist notwendig, da wegen der geringen Bandbreite von 4 Mbps des ursprünglichen Token Rings die Strecke auf dem Token Ring, die von einem einzelnen Bit belegt wird, bereits 50 m beträgt. Diese sogenannte **Bitlänge** ergibt sich aus dem Quotienten der Signalausbreitungsgeschwindigkeit (etwa 200.000.000 m/s) und der Bandbreite (4.000.000 bps). Für ein vollständiges Token (24 Bit) würde also eine Segmentlänge von 1.200 m benötigt werden, um den Token quasi zwischenzuspeichern. Da in der Praxis oft kürzere Segmentlängen vorliegen, muß der aktive Monitor dafür Sorge tragen, daß die Speicherfähigkeit des Rings mindestens so groß ist, wie das Token, und muß selbst über diese Speicherkapazität verfügen.

Jedem Rechner im Token Ring wird durch den **Token Hold Timer** eine maximale Übertragungszeit von 10 ms zugebilligt, was bei einer Bandbreite von 4 Mbps zu einer Paketlänge von 5.000 Byte bzw. bei 16 Mbps von 20.000 Byte entspricht. Die Überschreitung der Token Hold Time wird vom aktiven Monitor als Token-Verlust interpretiert.

Weiterführende Literatur:

D. Bird: Token Ring Network Design, Addison-Wessley, Reading MA, 1994.

H.-G. Göhring, F.-J. Knauffels: Token Ring: Grundlagen, Strategien, Perspektiven, Datacom Verlag, Bergheim, Deutschland, 1993.

Tabelle 5.6. Token Ring Kontroll-Datenpakete

Kontrollfeld	Name	Bedeutung
00000000	Duplicate Address Test	Test auf Adresseindeutigkeit
00000010	Beacon Token	lokalisiert Bruchstellen im Ring
00000011	Claim Token	Anspruch auf Funktion eines aktiven Monitors
00000100	Purge Frame	Reinitialisierung des Rings
00000101	Active Monitor Present	aktiver Monitor zeigt seine Präsenz periodisch an
00000110	Standby Monitor Present	Anmeldung am Ring teilnehmender Rechner, dient der Ermittlung des direkten Vorgängers

5.4.3 Token Ring Netzaufbau

In einem Token Ring Netzwerk sind alle angeschlossenen Rechner aktive Netzwerkkomponenten, die für die korrekte Funktion des Rings mitverantwortlich sind. Die angeschlossenen Rechner empfangen und regenerieren Datenpakete, werten diese aus und geben diese an den nachfolgenden Rechner im Ring weiter. Fällt einer der teilnehmenden Rechner aus, so wird der Ring zunächst unterbrochen.

Um einen Totalausfall des Netzwerkes zu vermeiden, werden die teilnehmenden Rechner nicht direkt in den Ring geschaltet, sondern über zentrale, sogenannte **Ringleitungsverteiler** (RLV, auch Trunk Coupling Unit - TCU oder Multi Station Access Unit - MSAU), die mit mehreren Rechnern gleichzeitig verbunden sind, in den Ring eingefügt. Das bedeutet, daß die einzelnen Rechner physisch sternförmig an den Ringleitungsverteiler angeschlossen sind

Spezielle Ringzustände

- **Ring-Initialisierung**:
  Zur Initialisierung des Token Rings wird vom aktiven Monitor ein sogenannter **Purge-Frame** (FC-Feld mit ZZZZZZ=000010) versendet. Dieser veranlaßt die anderen Rechner im Token Ring ihren Sendevorgang abzubrechen und ihre Uhren neu zu initialisieren.

- **Beacon-Prozeß**:
  Wird nach dem Erkennen/Lokalisieren von Netzwerkfehlern, die entweder in einem angeschlossenen Rechner oder auf dem Übertragungsmedium zwischen zwei an den Token Ring angeschlossenen Rechnern auftreten können, gestartet. Dies geschieht immer dann, wenn ein teilnehmender Rechner für eine bestimmte Zeitspanne kein Datenpaket oder Token erhalten hat. Daher geht dieser Rechner von der Annahme aus, daß ein Netzwerkfehler aufgetreten sein muß, und sendet ein **Beacon-Token** (FC Feld mit ZZZZZZ=000010) zusammen mit der eigenen Netzwerkadresse und der des Vorgängers auf dem Token Ring. Alle Rechner, die diesen Token erhalten, senden ihn unverändert weiter, und stellen daraufhin ihren eigenen Datentransport ein, damit in kürzester Zeit erkannt werden kann, ob zwischen dem Rechner, der den Beacon-Token versendet hat, und dessen Vorgänger ein Netzwerkfehler aufgetreten ist.

- **Claim-Prozeß**:
  Dient der Auswahl des aktiven Monitors in kritischen Situationen. Dieser Prozeß wird gestartet, wenn ein angeschlossener Rechner an Hand ausbleibender **AMP-Datenpakete** feststellt, daß der aktive Monitor nicht mehr korrekt arbeitet, indem dieser Rechner ein **Claim-Token** (FC-Feld mit ZZZZZZ=000011) aussendet. Alle anderen angeschlossenen Rechner leiten den Claim Token weiter, wobei sie ihre eigene Netzwerkadresse in das DA-Feld des Claim Tokens einsetzen, sofern diese numerisch kleiner als die im Claim Token eingetragene Adresse ist. Dadurch wird jeweils der Rechner mit der kleinsten Netzwerkadresse zum aktiven Monitor im Token Ring Netzwerk. Jeder am Token Ring Netzwerk angeschlossene Rechner kann diesen Prozeß anstoßen, sobald er eine Fehlfunktion des aktiven Monitors registriert. Insbesondere kann dabei ein gerade neu in den Token Ring aufgenommener Rechner die sogenannte **Claiming-Phase** einleiten, falls dieser keinen aktiven Monitor erkennen kann.

Abb. 5.35. Token Ring - Spezielle Ringzustände

(**Star Shaped Ring**). Trotzdem bleibt die Topologie aus logischer Sicht weiterhin eine Ringtopologie. Der Anschluß des Rechners an den Ringleitungsverteiler erfolgt über ein als **Lobe-Kabel** bezeichnetes Anschlußstück. Die Verbindungen der einzelnen Ringleitungsverteiler untereinander werden dagegen als **Trunk-Verbindung** bezeichnet. An einen einzelnen Ringleitungsverteiler werden typischerweise vier bis acht mit Token-Ring Netzwerkadaptern ausgerüstete Rechner angeschlossen. Dabei können die Ringleitungsverteiler beliebig kaskadiert und über den sogenannten **Ring In** (RI) und **Ring Out** (RO) miteinander verbunden werden, was eine flexible Vernetzungsstruktur gewährleistet (siehe Abb. 5.37).

Bei den Ringleitungsverteilern lassen sich passive und aktive Typen voneinander unterscheiden. Ein passiver Ringleitungsverteiler benötigt keine eigene Stromversorgung und ist daher auch nicht in der Lage, ankommende Signale zu regenerieren bzw. zu verstärken. Daher muß die Länge des Lobe-Kabels beim Einsatz von passiven Ringleitungsverteilern beschränkt werden. Wird ein neuer Rechner in den Token Ring eingefügt, bzw. wird ein bereits integrierter Rechner wieder daraus entfernt, werden die notwendigen administrativen Funktionen durch die angeschlossenen Rechner wahrgenommen. Zu diesem Zweck erzeugt ein Rechner bei der Ankopplung an ein Token Ring Netzwerk eine sogenannte **Phantomspannung**, die zur Aktivierung eines elektromechanischen Relais an der Anschlußdose des Ringleitungsverteilers dient. Durch die Phantomspannung wird das Relais geöffnet und der anzuschließende Rechner kann in den Ring aufgenommen werden. Treten im angeschlossenen Rechner oder auf der Kabelverbindung dorthin Fehler auf, dann wird die Anschlußdose im Ringleitungsverteiler für diesen Rechner sofort kurzgeschlossen, wodurch der fehlerhafte Rechner aus dem Token Ring entfernt wird (siehe Abb. 5.36).

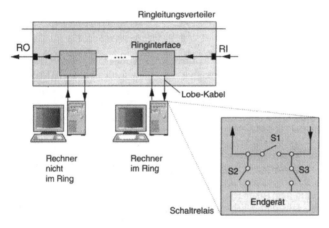

Abb. 5.36. Schematischer Aufbau eines Token-Ring-Ringleitungsverteilers

Durch die drei im Relais befindlichen Schalter S1, S2 und S3 soll verdeutlicht werden, welche Verbindungen im Netzwerkadapter eines angeschlossenen Rechners erforderlich sind, um die entsprechende Funktion auszuüben (siehe Tabelle 5.7). Ringleitungsverteiler verbessern die Zuverlässigkeit und die Wartbarkeit eines Token Rings enorm, da der Ring bei Ausfall eines angeschlossenen Rechners nicht mehr unterbrochen werden muß.

Tabelle 5.7. Schaltertabelle zur Funktion des Netzwerkadapter-Relais

Endgerät ist	S1	S2	S3
Empfänger	geschlossen	offen	geschlossen
Sender	offen	geschlossen	geschlossen
vom Ring getrennt	geschlossen	offen	offen

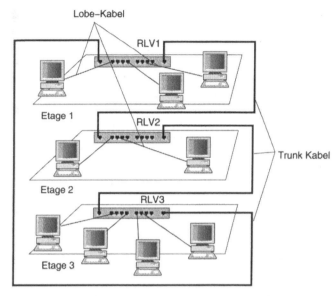

Abb. 5.37. Kaskadierung von Ringleitungsverteilern

Um die Stabilität des Token Rings weiter zu erhöhen, wird neben dem primären Ring oft ein **Sekundärring** angelegt. Bei Ausfall eines angeschlossen Rechners oder bei einem Kabelbruch umschleifen die Ringleitungsverteiler die Fehlerstelle und nutzen dazu die sekundäre Verkabelung. In Abb. 5.38 ist dargestellt, wie Rechner A nach einem Kabelbruch (Teil (2)) nach Aktivierung des Sekundärrings als Ersatzring durch Umschleifen der Fehlerstelle immer noch in der Lage ist, Rechner B zu erreichen.

Um das Token Ring Netzwerk zu erweitern, können einzelne Ringe über sogenannte **Brücken** (Bridges) zusammengeschaltet werden. Ein Datenpaket kann dabei über das Verfahren des **Source Routings** seinen Weg durch das zusammengeschaltete Netzwerk finden, bei dem der Sender den vollständigen Weg, den das Datenpaket im Netz zu nehmen hat, vorgibt. Dabei wird der Weg durch das Netz mit Hilfe von Paaren von Netzsegmentnummern und Brückennummern beschrieben (siehe Abb. 5.39). Das entsprechende Routingfeld wird direkt nach dem SA-Feld im Token Ring Datenpaket eingefügt, wobei das Routingfeld als solches durch Setzen des I/G-Bits kenntlich gemacht wird.

Token Ring Implementierung und Weiterentwicklungen

In einem Token Ring Netzwerk können maximal bis zu 260 Rechner angeschlossen werden, z.B. über 33 Ringleitungsverteiler mit je 8 Anschlüssen (wobei 4 Anschlüsse ungenutzt bleiben). Die maximale Ausdehnung eines Token Rings hängt von Typ und Anzahl der eingesetzten Ringleitungsverteiler, vom verwendeten Kabeltyp und der gewählten Token Ring Variante (4 Mbps

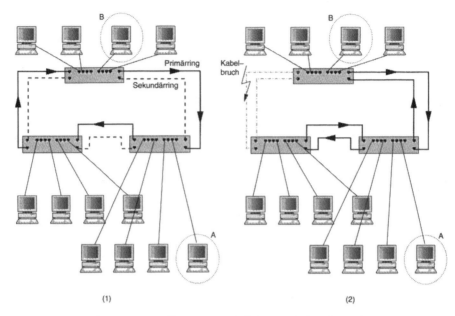

Abb. 5.38. Token Ring mit Sekundärverkabelung - Rekonfiguration

oder 16 Mbps) ab (siehe Abb. 5.8). So werden etwa beim Einsatz von 260 Rechnern im Token Ring Lobe-Kabellängen von maximal 100 m vorgeschrie-

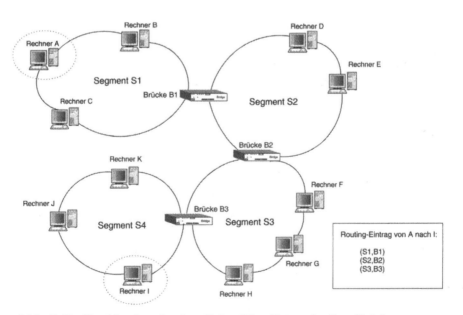

Abb. 5.39. Kombination einzelner Token Ring Netzwerke über Brücken

ben, während bei weniger als 9 Rechnern im Token Ring Lobe-Kabellängen von bis zu 390 m erlaubt sind. Das Übertragungsmedium kann aus diversen Kabelvarianten gewählt werden: Koaxialkabel, Unshielded Twisted Pair (UTP), Shielded Twisted Pair (STP) oder auch Glasfaser. In der von IBM vertriebenen Variante des Token Rings werden diese Kabel mit den Namen IBM-Typ-1 bis IBM-Typ-9 bezeichnet.

Tabelle 5.8. Token-Ring Längenbeschränkungen (Lobe-Kabel)

Kabeltyp	4 Mbps	16 Mbps
UTP	150 m	100 m
STP	250 m	150 m
Koaxial	300 m	100 m
Glasfaser	2.000 m	2.000 m

Man unterscheidet aktive und passive Ringleitungsverteiler. Die passive Variante besitzt keine eigene Stromversorgung und kann daher Signale auch nicht regenerieren. Wird ein passiver Ringleitungsverteiler eingesetzt, müssen die in Tab. 5.8 angegebenen Kabellängen verkürzt werden. Ein Grund, warum beim Einsatz passiver Ringleitungsverteiler die Lobe-Kabellänge beschränkt werden muß, liegt bei einer möglicherweise notwendigen Ringrekonfiguration, z.B. nach einem Kabelbruch. Wie in Abb. 5.38 gezeigt, kann nach einem Kabelbruch eine ursprünglich kurze Strecke durch eine längere Umleitung ersetzt werden, die fast die gesamte Ringlänge umfassen kann. Beim Einsatz von passiven Ringleitungsverteilern könnte das Signal einfach zu weit abgeschwächt werden, um eine solche Umleitung ohne Zwischenverstärkung zu überwinden.

Die Entwicklung der Token Ring Netzwerktechnologie ist weitgehend der Firma IBM zu verdanken, die auch die treibende Kraft bei der Standardisierung dieses Konzepts war. Die Weiterentwicklung des Token Ring Konzepts findet allerdings firmenübergreifend durch die IEEE/ISO 802.5 Arbeitsgruppe statt. Dabei zeichnen sich drei verschiedene Konzepte für eine Weiterentwicklung des ursprünglichen Token Rings ab:

- **Switched Token Ring** (analog zu Switched Ethernet)
  Zentrales Element des Switched Token Ring ist ein Switch, der sternförmig alle angeschlossenen Rechner über eine dedizierte Verbindung mit jeweils 16 Mbps zusammenschaltet. Der Switch erhöht die Flexibilität eines Token Ring, indem er die angeschlossenen Rechner sowohl mit 4 Mbps als auch mit 16 Mbps versorgen kann. Das Prinzip des gemeinsamen Mediums (Shared Medium) des ursprünglichen Token Rings wird so erweitert um spezielle Einzelverbindungen (Dedicated Medium) zwischen einem Switch und dem daran angeschlossenen Rechner.

- **Full Duplex Token Ring** (auch Dedicated Token Ring – DTR)
  Gemäß dem IEEE Standard 802.5r arbeitet dieses an der University of New Hampshire entwickelte Verfahren analog zum Full Duplex Ethernet. Es sieht auf jeder dedizierten Verbindung zwischen Switch-Port und angeschlossenen Rechner eine Vollduplex-Übertragung vor, wodurch eine Erhöhung der effektiven Datenrate auf 32 Mbps ermöglicht wird.
- **High-Speed Token Ring** (HSTR)
  Analog zum Standard des Fast Ethernet existiert im IEEE Standard 802.5t eine Spezifikation für ein Hochgeschwindigkeits Token Ring Netzwerk, das anstelle von 16 Mbps mit 100 Mbps betrieben wird. Daneben existiert im IEEE Standard 802.5v eine Gigabit Token Ring Variante, die einen Betrieb mit einer Bandbreite von 1 Gbps vorsieht. Mit HSTR ist es für den Anwender möglich, die Vorteile von Token Ring wie etwa Source-Routing, große Paketlängen oder Prioritätensetzungen zu bewahren. Darüber hinaus bietet HSTR eine ähnlich gute Skalierbarkeit bzgl. der Bandbreite wie die Ethernet-Technologie.
  In der High Speed Token Ring Alliance arbeiten namhafte Unternehmen wie Nortel und 3COM an den drei Standards
  – **802.5t**: 100 Mbps Token Ring über Kupferkabel,
  – **802.5u**: 100 Mbps Token Ring über Glasfaserkabel und
  – **802.5v**: 1 Gbps Token Ring über Glasfaserkabel.

Tabelle 5.9. IEEE 802.5 Token Ring - Meilensteine

Standard	Inhalt
802.5	Token Ring Zugriffsmethode und Physical Layer Specifikationen
802.5b	Token Ring über Telephone Twisted Pair
802.5d	Interconnected Token Ring LANs
802.5f	16 Mbps Token Ring
802.5j	Fiber Optic Station Attachment
802.5m	Interconnection of Source Routed and Transparent Bridged Networks
802.5n	Unshielded Twisted Pair bei 4/16 Mbps
802.5r	Full Duplex (Dedicated Token Ring)
802.5t	High Speed Token Ring mit 100 Mbps (Kupferkabel)
802.5u	High Speed Token Ring mit 100 Mbps (Glasfaserkabel)
802.5v	Gigabit Token Ring mit 1Gbps

Token Ring IEEE 802.5 und Ethernet IEEE 802.3 im Vergleich
Auch heute noch steht ein Unternehmen oft vor der Frage, welche Technologie zur Vernetzung ihrer Rechner eingesetzt werden soll. Bei der Frage, ob Token Ring oder Ethernet zum Einsatz kommen, entscheiden sich diese heute aufgrund der enormen Verbreitung in der Regel zugunsten der Ethernet-Technologie. Dennoch ist ein Vergleich der beiden Technologien sinnvoll, da

hierdurch die jeweiligen Stärken und Schwächen deutlich werden und ein tieferes Verständnis der beiden Verfahren erreicht wird.

- **Aufbau Netzwerkadapter**
  Im Gegensatz zu einem Token Ring, der über einfache Punkt-zu-Punkt Verbindungen aufgebaut werden kann, dessen Netzwerkadapter in den einzelnen, angeschlossenen Rechnern sehr einfach aufgebaut sind und die vollständig digital arbeiten, werden im Ethernet komplexere Komponenten (Transceiver) gebraucht, um einen Zugang zum Netzwerk zu gewährleisten. Ein Ethernet-Transceiver enthält substantiell analoge Komponenten, die in der Lage sein müssen, auch schwache Signale anderer an das Ethernet angeschlossener Rechner zu erkennen. Darüber hinaus müssen Transceiver auch während des Sendevorgangs entfernte Kollisionen auf dem Übertragungsmedium feststellen können.

- **Verkabelung**
  Token Ring Netzwerke können theoretisch auf jedem beliebigen Übertragungsmedium - angefangen von der Brieftaube (siehe RFC 1149) bis hin zur Glasfaser - aufgebaut werden. Das gewöhnlich verwendete Twisted Pair Kabel (verdrilltes Kupferkabel) ist preiswert und einfach zu verlegen. Busverkabelungen im Ethernet (10-Base-2, 10-Base-5) sind kostenintensiv und unterliegen vielen Restriktionen hinsichtlich der Konfektionierung und Verlegung. Seit der Einführung von Twisted-Pair Verkabelungen für Ethernet (10-Base-T) besteht dieses Problem allerdings nicht mehr. Token Ring besitzt überdies die Fähigkeit, Fehler im Übertragungsmedium zu lokalisieren und im begrenzten Umfang zu umgehen. Die Kabellänge bei Ethernet ist beschränkt auf 2.5 km (10 Mbps), sie beeinflußt die Mindestlänge der Datenpakete.

- **Overhead**
  Aufgrund der Möglichkeit, daß in Folge einer Kollision unvollständige Datenpakete bei Ethernet auf das Übertragungsmedium gelangen können, ist hier die minimale Datenpaketlänge auf 64 Byte festgelegt. Besteht die zu versendende Nutzdateninformation, wie etwa im Fall einer Terminaleingabe aus einzelnen Buchstaben, so tritt hier ein signifikanter Overhead auf. Bei Token Ring dagegen sind beliebig kurze Datenpakete möglich. Ebenso sind bei Token Ring sehr lange Datenpakete möglich, deren Länge nur von der maximalen THT (Token Holding Time) beschränkt wird. Die größeren Datenpakete bei Token Ring erlauben für viele Anwendungen einen höheren Durchsatz.

- **Lastverhalten**
  Bei nur sehr geringer Auslastung besteht bei Ethernet so gut wie keine Wartezeit. Der Zugriff auf das Übertragungsmedium erfolgt sofort. Bei Token Ring dagegen muß auch bei sehr geringer Belastung mindestens die Dauer der Rotation des Tokens abgewartet werden, bevor der Rechner eine Zugriffsberechtigung erhält. Umgekehrt ist das Verhalten bei sehr hoher

Auslastung. Während sich bei Ethernet die Anzahl der möglichen Kollisionen bei steigender Last erhöht und damit die Effizienz signifikant beeinträchtigt, zeigt Token Ring ein sehr gutes Lastverhalten und verliert auch mit zunehmender Auslastung nicht an Effizienz.

- **Verwaltung**
  Ethernet verfügt über ein sehr simples Protokoll ohne zentrale Kontrollinstanz, das sehr einfach zu implementieren ist und so eine Verbreitung gefunden hat. Sowohl bei Ethernet als auch bei Token Ring ist es möglich, während des laufenden Betriebs neue Rechner in das Netzwerk zu integrieren bzw. wieder daraus zu entfernen, ohne daß dazu vorher der Netzwerkbetrieb eingestellt werden muß. Die Kontrolle erfolgt im Token Ring zentral über den aktiven Monitor. Obwohl dieser bei einem eventuellen Ausfall durch jeden beliebigen Rechner im Netzwerk ersetzt werden kann, stellt der aktive Monitor im Token Ring eine kritische Komponente dar, da z.B. bei eingeschränkter Funktionsfähigkeit des aktiven Monitors, die von den übrigen Rechnern noch nicht als Fehlverhalten interpretiert wird, der Netzwerkdurchsatz erheblich gestört werden kann.

- **Fairness**
  Der Zugriff eines Rechners auf das Netzwerk erfolgt im Falle von Ethernet in nichtdeterministischer Weise, d.h. theoretisch kann der unwahrscheinliche Fall eintreten, daß ein Rechner niemals Zugriff auf das Netzwerk erlangt, da dieses bei jedem seiner Zugriffsversuche bereits belegt sein kann. Token Ring dagegen gewährleistet jedem angeschlossenen Rechner einen deterministischen Zugriff nach einem vereinbarten maximalen Warteintervall. Token Ring besitzt die Fähigkeit, verschiedene Prioritätsebenen für den Zugriff auf das Netzwerk berücksichtigen zu können. Bei Ethernet besteht diesbezüglich ein Vorschlag der IEEE 802 Arbeitsgruppe, Prioritätsinformationen mit in das Ethernet-Datenpaket aufzunehmen (IEEE 802.1p).

5.4.4 FDDI

FDDI (Fiber Distributed Data Interface) besitzt große Ähnlichkeit mit dem Token Ring Standard. Aufgrund seiner technologischen Vorreiterrolle kann FDDI durchaus als „Mutter" aller Hochgeschwindigkeit-LANs bezeichnet werden. Die FDDI-Spezifikation betrifft die untersten zwei Schichten im Netzwerkmodell: Das einzusetzende Übertragungsmedium samt Bitübertragung (Physical Layer) und das Zugriffsverfahren (Logical Link Layer). Im Gegensatz zu Token Ring sieht FDDI von vornherein Glasfaser als Übertragungsmedium vor, ist als Doppelring mit einer Datenrate von 100 Mbps bei einer Länge von 100 km konzipiert und kann bis zu 1.000 Rechnern aufnehmen.

5.4 LAN-Topologien

IEEE 802.4 Token Bus - ein Standard zwischen zwei Welten

Da der Ethernet-Standard aufgrund des probabilistischen Zugriffsverfahrens auf das Übertragungsmedium keinerlei Zugriffsgarantien bietet, bestanden von Seiten der Fertigungsindustrie, wie z.b. der Firma General Motors, große Bedenken bzgl. eines Einsatzes. Darüber hinaus sah der Ethernet-Standard keine Prioritäten für Datenpakete vor, so daß sich ein Einsatz in einer Echtzeit-Umgebung problematisch gestaltet, in der wichtige Datenpakete nicht durch unwichtige aufgehalten werden dürfen.

Wählt man als Topologie einen Ring, in dem die einzelnen Rechner nacheinander Sendeberechtigung erhalten, kann ein maximales Warteintervall und somit auch eine Zugriffsgarantie gewährleistet werden. Allerdings ist die Zuverlässigkeit eines Rings besonders gefährdet, da bereits der Ausfall einer einzigen Verbindung zwischen zwei teilnehmenden Rechnern einen Totalausfall des Netzwerks nach sich zieht. Auch verliefen Produktionsstraßen in der Regel linear, was der Ringtopologie prinzipiell im Wege stand.

Das Ergebnis dieser Überlegungen führte zur Entwicklung des **IEEE 802.4 Token Bus** Standards, bei dem ein lineares physikalisches Übertragungsmedium (in der Regel ein Breitbandkabel) eingeführt wird, wobei ein logischer Ring den linearen Bus überlagert. Dadurch können die Vorteile des robusten IEEE 802.3 Busses mit dem günstigen worst case Verhalten der IEEE 802.5 Ringtopologie vereint werden.

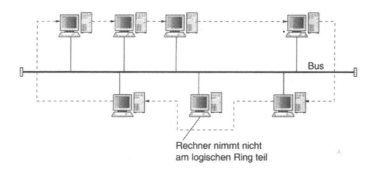

Die Reihenfolge der einzelnen Rechner im Token Bus ist im Gegensatz zum Token Ring unabhängig von deren Position. Die Funktion des Token Passing entspricht der des Token Ring. Jeder Rechner übergibt den Token an seinen logischen Nachfolger im Netzwerk, wobei der logisch letzte Rechner diesen wieder an den logisch ersten Rechner weitergibt.

Token Bus Datenformat und Funktion

Das interne Datenformat entspricht bei Token Bus weitgehend dem Datenformat bei Token Ring, wobei das **Frame Control** (FC) Feld den Typ des Datenpakets angibt: FC=00001000 steht für ein Token-Datenpaket, während FC=01PPP00 für ein Datenpaket steht (PPP gibt dabei die jeweilige Priorität des Datenpakets an).

Die logischen Abläufe beim Token Bus sind wesentlich komplexer als im Falle von Ethernet (die Protokolldefinitionen umfassen bei Token Bus mehr als 200 Seiten, wobei 10 verschiedene Timer und über 20 Protokollvariablen eingesetzt werden).

Abb. 5.40. IEEE 802.4 Token Bus (Teil 1)

Bereits im Jahr 1980 mit Gründung der Gruppe ANSI X3T9.5 des amerikanischen Standardisierungsinstituts ANSI (American National Standards Insti-

IEEE 802.4 Token Bus (Teil 2)

Für die korrekte Funktion des Token Bus müssen drei Grundfunktionen definiert werden:
- **Initialisierung** des logischen Rings bei Neustart oder nach gravierenden Fehlern.
- **Einfügen und Herausnehmen** von einzelnen Rechnern in bzw. aus dem Token Bus.
- **Tokenverwaltung**: Nach Abschluß einer Datenübertragung, spätestens nach Ablauf der Token Holding Time muß ein teilnehmender Rechner einen neuen Token generieren und an den Nachfolgerechner senden. Wie bei Token Ring muß jederzeit sichergestellt sein, daß sich immer maximal ein Token auf dem logischen Ring befindet.

Zur Verkabelung von Token Bus wurde 75 Ω Breitband-Koaxialkabel eingesetzt, wie es im Bereich des Kabelfernsehens Verwendung findet. Allerdings bedingt der Einsatz von Breitbandkabel einen hohen Anteil an Analogtechnik, wie z.B. Modems oder Breitbandverstärker. Das Token Bus Protokoll ist sehr komplex und bei geringer Last nicht sonderlich effizient. Es ist nicht gut geeignet für Implementierungen auf Glasfaser-Basis und erlangte nie eine weitere Verbreitung, so daß es heute nahezu keine Bedeutung mehr besitzt.

Weiterführende Literatur:

R. A. Dirvin, A. R. Miller: The MC68824 Token Bus Controller: VLSI for the Factory LAN, in IEEE Micro Magazine, vol.6, pp. 15-25, Juni 1986.

IEEE 802.4: Token-Passing Bus Access Method, New York:IEEE, 1985.

Abb. 5.41. IEEE 802.4 Token Bus (Teil 2)

tute) wurde die Spezifikation des neuen Hochgeschwindigkeit-LAN-Standards begonnen. Ausgelöst durch die stetig wachsende Leistungsfähigkeit von Rechnern und Peripheriegeräten wuchs die Nachfrage nach Hochgeschwindigkeitsnetzen. Da sich bereits eine Reihe konventioneller LAN-Standards wie Ethernet oder Token Ring dazu herausgebildet hatten, kam der Wunsch auf, diese unterschiedlichen Netzwerktechnologien miteinander zu verbinden.

FDDI kann in derselben Weise genutzt werden, wie jedes andere im IEEE 802 Standard definierte LAN, es wird in der Praxis aber oft als **Backbone** zur Verbindung unterschiedlicher, Kupferkabel-basierter Netzwerke verwendet. FDDI ist in ANSI X3T9.5 und ISO 9314 genormt.

FDDI-2 als Nachfolger des FDDI-Standards bietet zudem die Möglichkeit der Schaltung von dedizierten Verbindungen auf synchroner Basis und kann so auch zur Übertragung von Echtzeitdaten, wie z.B. Telefon oder Video genutzt werden. Mittlerweile existiert auch ein als CDDI (Copper Distributed Data Interface) bezeichneter Standard, der die FDDI Spezifikation für Kupferkabel als Übertragungsmedium festlegt.

Prinzip des FDDI. Der FDDI Standard baut auf einer Netzwerktopologie auf, die sich in einen Ring-Bereich (**Trunk**) und einen Baum-Bereich (**Tree**) unterteilt (siehe Abb. 5.43). Der Ringbereich wird von einem gegenläufigen Doppelring gebildet, unterteilt in Primär- und Sekundärring, an dem die einzelnen, teilnehmenden Rechner angeschlossen werden. Sendet der Primärring im Uhrzeigersinn, so sendet der Sekundärring entgegengesetzt zum Uhrzeiger-

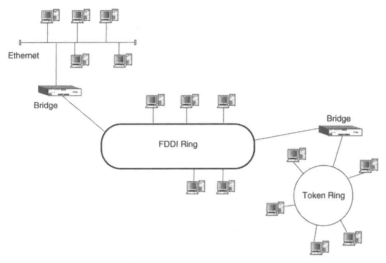

Abb. 5.42. FDDI Backbone

sinn. Bei fehlerfreiem Betrieb arbeitet nur der Primärring. Der Sekundärring dient als Ausweichmedium für den Fall einer Störung, wie z.B. einer Leitungsunterbrechung. Ist dabei nur der Primärring betroffen, so schaltet der Betrieb einfach auf den Sekundärring um. Werden dagegen beide Ringe an der gleichen Stelle unterbrochen, dann werden beide Ringe zu einem einzigen Ring von etwa doppelter Größe zusammengeschaltet und die Fehlstelle wird umschleift. Der Sekundärring wird in diesem Fall als sogenannte **kalte Reserve** betrieben. **Heiße Reserve** dagegen bedeutet, daß im fehlerfreien Fall beide Ringe, Primärring und Sekundärring zusammen betrieben werden. Tritt dann ein Fehler auf und muß der Betrieb nur auf einem der verbleibenden Ringe abgewickelt werden, kann es sein, daß die pro Rechner im Ring verbleibende Übertragungskapazität unzureichend ist.

FDDI sieht verschiedene Möglichkeiten zum Anschluß von Rechnern an den FDDI-Ring vor, die jeweils unterschiedliche Kompromisse zwischen Aufwand, Leistung und Robustheit darstellen. Ein Anschluß sowohl an den Primärring als auch an den Sekundärring stellt zwar die sicherste, aber auch die aufwendigste Lösung dar. Komponenten, die auf diese Weise mit dem FDDI-Ring verschaltet sind, werden als **Dual Attached Component** (Doppelanschlußkomponente, Class A) bezeichnet. Daneben gibt es auch die preiswertere Möglichkeit, einzelne Komponenten nur an einen der beiden Ringe anzuschließen (**Single Attached Component**, Class B). Man unterscheidet:

- **DAC**
  Dual Attached Concentrator, sowohl an Primär- und Sekundärring angeschlossene Netzwerkkomponente, die einen gebündelten Anschluß für weitere Rechner (SAS) ermöglicht oder mit noch weiteren Schaltkomponenten (SAC) kaskadiert werden kann.

- **DAS**
  Dual Attached Station, sowohl an Primär- und Sekundärring angeschlossene Endkomponente, d.h. in der Regel ein Rechner, der über eine eigene spezielle FDDI-Netzwerkadapterkarte direkt an den Doppelring angeschlossen wird.
- **SAC**
  Single Attached Concentrator, nur an den Primärring angeschlossene Einzelanschlußkomponente, die entweder selbst weiter kaskadiert werden kann (SAC) bzw. an die mehrere Endkomponenten (SAS) angeschlossen werden können.
- **SAS**
  Single Attached Station, Endkomponente, die nur über einen Anschluß an den Ring verfügt. Eine SAS ist immer mindestens durch einen Konzentrator (SAC oder DAC) vom FDDI-Ring abgeschirmt, wodurch die Betriebssicherheit des Rings erhöht wird.

Die an eine DAC/SAC angeschlossenen Komponenten bilden jeweils einen eigenen Baum-Bereich im FDDI-Netzwerk.

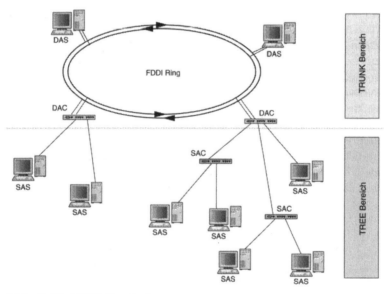

Abb. 5.43. FDDI Topologie

Die Ausfallsicherheit im Baumbereich des FDDI-Netzwerkes läßt sich durch das Verfahren des sogenannten **Dual Homing** erhöhen. In der Regel werden DAS-Rechner direkt an den FDDI-Doppelring angeschlossen. Es besteht aber auch die Möglichkeit, eine DAS mit in den Baumbereich des FDDI-Netzwerks aufzunehmen, indem diese an zwei unterschiedliche DACs oder SACs angeschlossen wird. Sollte eine der beiden Kabelteilstrecken zur DAS ausfallen, so wird diese einfach durch die andere überbrückt. Rechner, die stets hochverfügbar sein sollen, können so auch im Baumbereich des FDDI-Netzwerks angeschlossen werde. Ebenso lassen sich DACs über das Dual Homing redundant an das FDDI-Netzwerk anbinden.

FDDI - Übertragungsmedien und Netzaufbau. Betrachtet man die einzelnen Komponenten von FDDI innerhalb des Protokoll-Schichtenmodells, so gibt es bei FDDI eine zusätzliche Aufteilung der physikalischen Übertragungsschicht (Physical Layer) in **FDDI-PHY** (Physical Layer Protocol) und **FDDI-PMD** (Physical Medium Dependent) (siehe Abb.5.44). Dabei beinhaltet die FDDI-PHY Schicht Funktionen, die vom eigentlichen physikalischen Übertragungsmedium unabhängig sind. D.h. durch simplen Austausch der FDDI-PMD Schicht kann das Übertragungsmedium ohne weitere Konsequenzen gewechselt werden. Die **FDDI-MAC** Schicht in der darüberliegenden Protokollschicht legt das logische Datenformat und die zugehörigen Protokolloperationen fest. Dazu zählen z.B. Tokenweitergabe, Adressierung, Algorithmen zur Fehlererkennung (CRC) und Prozeduren zur Kompensation festgestellter Fehler. Über alle drei Teilschichten hinweg erstreckt sich die **FDDI-SMT** (System Management) Schicht, die für Operationen genutzt wird, die das Ringmanagement betreffen, also z.B. Konfiguration, Überwachung oder Fehlerbehandlung.

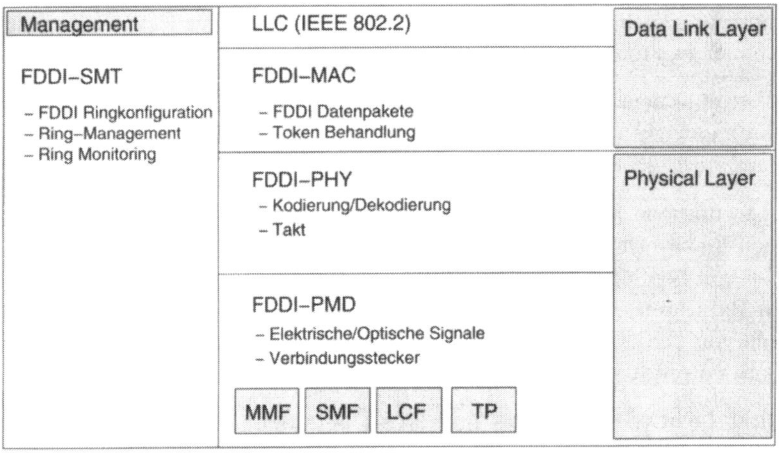

Abb. 5.44. FDDI Schichtenmodell

In der FDDI-PMD Schicht werden das Übertragungsmedium und die von ihm abhängigen Parameter spezifiziert. Dazu zählen z.B. die verwendete Anschlußtechnik in den Sende- und Empfangskomponenten, der optische Bypass oder die vorgesehene Dämpfung. Im FDDI-Standard werden fünf Alternativen unterschieden:

- **MMF-PMD** (Multimode Fiber)
  Multimode Lichtwellenleiter als Übertragungsmedium,
- **SMF-PMD** (Singlemode Fiber)
  Singlemode Lichtwellenleiter als Übertragungsmedium,
- **TP-PMD** (Twisted Pair)
  Verdrillter Kupferdraht als Übertragungsmedium und
- **LCF-PMD** (Low Cost Fiber)
  Lichtwellenleiter mit verminderten Qualitätsanforderungen als Übertragungsmedium.

Die wichtigsten Eigenschaften und Aufgaben der FDDI-PHY Schicht liegen in der Bitübertragung. Dazu zählen:

- **Kodierung/Dekodierung**
  Für FDDI wurde ein zweistufiges Kodierungsverfahren gewählt, das die Übertragungseffizienz steigert, die sogenannte 4B/5B-Kodierung (siehe Abb.5.45).
- **Management physikalischer Verbindungen**
  zwischen verschiedenen PHY-Instanzen.
- **Sendetakt Management**
  Hierzu zählen neben Synchronisation und Regeneration der Taktsignale auch der Ausgleich von Taktunterschieden verschiedener PHY-Instanzen durch einen sogenannten Elastizitätspuffer.

Die SMT Komponente regelt auf einem Rechner innerhalb des FDDI-Rings das Zusammenwirken und die Überwachung der Prozesse in den anderen FDDI-Komponenten (PHY, PMD und MAC). Dazu zählen unter anderem:

- Initialisierung von Rechnern und Netzwerk,
- Einfügen und Entfernen von Rechnern in das bzw. aus dem FDDI-Ring,
- Vergabe von Sendeprioritäten und die Verwaltung der zur Verfügung stehenden Bandbreite,
- Isolieren von Fehlern und Versuch, diese wieder zu beheben oder
- Sammeln von Statistischen Informationen.

FDDI nutzt Lichtwellenleiter als primäres Übertragungsmedium. FDDI arbeitet allerdings auch über Kupferkabel (Copper Distributed Data Interface, CDDI), jedoch bietet die Verwendung von Lichtwellenleitern vielfältige Vorteile. Insbesondere hinsichtlich Sicherheit und Zuverlässigkeit sind Lichtwellenleiter vorzuziehen, da diese keine elektromagnetischen Signale aussenden, die von außen unberechtigterweise abgehört werden können. Darüberhinaus sind Lichtwellenleiter unempfindlich gegenüber elektromagnetischen Inferenzen.

4B/5B Kodierung

In der physikalischen Schicht (PHY) wird bei FDDI nicht die bei Token Ring verwendete Manchester Kodierung eingesetzt, da diese bei einer zu erzielenden Übertragungsleistung von 100 Mbps eine Taktfrequenz von 200 MHz benötigt, was als zu aufwendig angesehen wurde. Anstelle dessen wird eine als **4B/5B** Kodierung bezeichnete Variante eingesetzt. Dabei werden $2^4=16$ verschiedene Bitkombinationen auf $2^5=32$ verschiedene Codewörter abgebildet. Die Hälfte der 32 Codewörter wird für die Kodierung zusätzlicher Information verwendet. Drei Codeworte werden für Begrenzungssymbole (Delimiter) genutzt, zwei dienen als Kontrollindikatoren, um logische Zustände im Zusammenhang mit der Datenübertragung festzulegen, und weitere drei für Hardwaresignale, die die Leitungszustände steuern. Die verbleibenden acht Codewörter werden nicht genutzt. Dabei werden die gültigen Codewörter so gewählt, daß niemals mehr als zwei Nullen nacheinander auftreten.

Gruppe	Code	Symbol	Bedeutung
Leitungszustand	00000	Q	Quit
	11111	I	Idle
	00100	H	Halt
Delimiter	11000	J	1. Symbol in SD-Feld
	10001	K	2. Symbol in SD-Feld
	01101	T	End Delimiter
Kontrolle	00111	R	Logische Null / Reset
	11001	S	Logische Eins / Set

Zusätzlich wird eine sogenannte **NRZI**-Kodierung (Non Return to Zero Invert) eingesetzt. Diese kodiert eine Null mit demselben Spannungspegel wie das vorangegangene Bit, bei einer Eins wird der Spannungspegel invertiert.
Durch diese Art der Kodierung läßt sich Bandbreite sparen, sie ist aber nicht so gut zur Taktgenerierung geeignet wie die Manchester Kodierung. Daher wird bei FDDI auch eine lange Präambel als Einleitung des Datenpakets zur Synchronisation der Uhren zwischen Sender und Empfänger eingesetzt. Die Anforderungen an Stabilität und Genauigkeit der Systemuhren erlaubt eine Abweichung von höchstens 0.005 %. Diese Abweichung begrenzt die maximale Länge eines Datenpakets auf 4.500 Bytes, damit die Systemuhren von Sender und Empfänger nicht zu weit von ihrer Synchronisation abweichen können. Da acht Codewörter nicht genutzt werden, entsteht ein Overhead von 25 %, so daß man auf eine tatsächliche Datenübertragungsrate von 125 Mbps kommt, weshalb die Systemuhren der Netzwerkadapter der am FDDI-Ring angeschlossenen Rechner auch mit 125 MHz getaktet sind.

Abb. 5.45. 4B/5B Kodierung im FDDI-Protokoll

Bei Verwendung von Multimode Glasfaser kann der Abstand zwischen zwei benachbarten Rechnern im FDDI-Ring bis zu 2 km betragen, ohne daß das Signal regeneriert werden muß. Findet Monomode Glasfaser Verwendung kann der Abstand sogar noch größer sein. Monomode Glasfaser findet insbesondere bei der weiträumigen Vernetzung von unterschiedlichen Standorten Verwendung. Dabei können zwischen zwei benachbarten Teilnehmern im FDDI-Ring Entfernungen von 40 km bis 60 km ohne zusätzliche Signalverstärkung überbrückt werden. Eine Mischung von Multimode und Monomode ist ohne Weiteres möglich. Insbesondere werden bei FDDI heute bei

Installationen zur Vernetzung innerhalb eines Standortes in der Regel Multimode Glasfaser verwendet, während die Vernetzung zwischen unterschiedlichen Standorten über Monomode realisiert wird (siehe Abb.5.46).

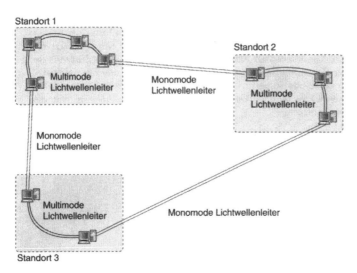

Abb. 5.46. Einsatz von Monomode und Multimode Lichtwellenleiter

Am Standort selbst können dann auch Kupferkabel, wie z.B. UTP-5 oder STP-1 zum Einsatz kommen, was durch die entsprechende FDDI-PMD Protokollschicht gewährleistet wird. Der maximale Abstand zweier Rechner im FDDI-Ring sollte aber gemäß Spezifikation nicht über 100 m betragen.

Die FDDI-Spezifikation sieht für Lichtwellenleiter eine Dämpfung von weniger als 2,5 dB pro Kilometer vor bei einer maximalen Bitfehlerrate von $2,5 \cdot 10^{-12}$. Die eingesetzten, qualitativ hochwertigen Komponenten weisen aber in der Regel noch bessere Werte auf. FDDI Doppelanschlußkomponenten sind mit einem passiven mechanischen **optischen Bypass** ausgestattet, der in Form eines Relais implementiert ist, das erst bei einem Kabelbruch oder bei abgeschaltetem Rechner aktiviert wird. Das Bypass Relais verbindet in Ruhelage die einlaufende Faser des Primärrings mit der ausgehenden Faser des Primärrings. Bei Störungen im Netzwerkbetrieb wird die einlaufende Faser des Primärrings mit der ausgehenden Faser des Sekundärrings verschaltet bzw. umgekehrt.

FDDI Datenformat. FDDI Datenpakete sind IEEE 802.5 Token Ring Datenpaketen sehr ähnlich (siehe Abb.5.47). Eingerahmt von Start- und Endebegrenzer (**Start Delimiter(SD)**, **End Delimiter (ED)**) steht dem Datenpaket zusätzlich noch eine mindestens 64 Bit lange **Präambel** voran, die aus einer Synchronisations-Bitfolge besteht. Da bei FDDI kein zentraler Systemtakt vorgegeben ist und jeder Netzwerkadapter über seine eigene Systemuhr verfügt, muß zwischen einem empfangenen Datenpaket und dem internen

Takt des Empfängers eine Synchronisation hergestellt werden. Üblicherweise besteht die Präambel aus 16 Idle-Symbolen (11111).

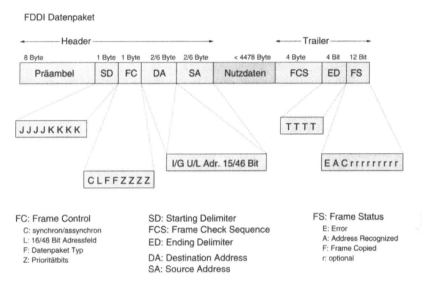

Abb. 5.47. FDDI Datenformat

Das **Frame Control** Feld (**FC**) legt den Typ des Datenpakets fest (Kontroll- oder Nutzdatenpaket). Dabei gibt das **Control-Bit** (**C**) an, ob es sich bei dem Datenpaket um ein Paket aus einer synchronen (C=1) oder aus einer asynchronen Übertragung (C=0) handelt. Danach folgt das **Length-Bit** (**L**), das angibt, ob es sich bei Sender- und Empfängeradressen um eine 16 Bit Adresse (L=0) oder um eine 48 Bit Adresse (L=1) handelt. Die nachfolgenden zwei **Frame Format** Bits (**FF**) geben zusammen mit den vier **Z**-Bits den genauen Typ des Datenpakets an.

Danach folgen Absender- (**Source Address**, **SA**) und Empfängeradresse (**Destination Address**, **DA**), die jeweils dem vorgeschriebenen IEEE 802.x Standard für MAC-Adressen entsprechen, und entweder 16 oder 48 Bit lang sein können. Das erste Bit (**I/G**) unterscheidet dabei, ob es sich um eine Gruppenadresse (I/G=1) oder um eine Individualadresse (ID=0) handelt, das zweite Bit (**U/L**) gibt an, ob es sich um eine lokale Adresse (U/L=0) handelt, die der Anwender selbst vergeben darf, oder ob es sich um eine universale Adresse (U/L=1), die herstellerspezifisch, weltweit eindeutig durch die IEEE vergeben wurde.

Die eigentlichen **Nutzdaten** können danach bis zu 4.478 Byte umfassen. Danach folgt eine 32 Bit Prüfsumme (CRC) im **Frame Check Sequence** Feld (**FCS**), die die Felder FC, DA, SA, Nutzdaten und FCS sichert. Die übrigen Felder tragen im eigentlichen Sinn keine Nutzdateninformation.

Das **Frame Status** Feld (**FS**), das dem End Delimiter (ED) folgt, besitzt eine Länge von 12 Bit. Mit Hilfe dieses Feldes kann der Empfänger überprüfen, in welchem Zustand das Datenpaket empfangen wurde. Die Bits **Error Detect (E)**, **Address Recognized (A)** und **Frame Copied (C)** sind vorgeschrieben, weitere Felder bleiben dem jeweiligen Hersteller überlassen. Die Angaben in diesen Feldern werden mit Hilfe der Symbole **R** (Reset) und **S** (Set) kodiert.

Wie bei Token Ring gibt es neben den Datenpaketen, die die eigentliche Nutzinformation enthalten, auch noch Token-Datenpakete zur Regelung des Zugriffs auf den FDDI-Ring. Das Token Datenpaket besteht aus den Feldern Präambel, SD, FC und ED.

FDDI Protokoll. Die Token Zugriffssteuerung für das Übertragungsmedium wird bei FDDI anders geregelt als bei Token Ring. Um Daten übertragen zu können, muß ein Rechner aber ebenfalls zuerst im Besitz eines Tokens sein. Wegen des oft großen Ringumfangs und der hohen Datenübertragungsrate können sich bei FDDI große Mengen an Bits zur gleichen Zeit auf dem Ring befinden. Daher würde es sehr ineffizient sein, wenn ein Rechner bis zum Wiedereintreffen seines Tokens warten müßte, bis die von ihm gesendeten Daten den gesamten Weg rund um den Ring herum zurückgelegt hätten. Bei einer Ausdehnung von bis zu 200 km und nahezu 1.000 angeschlossenen Rechnern könnte dies zu signifikanten Performance-Verlusten führen.

Damit der FDDI-Ring möglichst gut ausgelastet wird, gibt ein Rechner, der einen Token besitzt, diesen sofort nach dem Senden des letzten Datenpakets wieder frei (**Early Token Release**), so daß sich mehrere Datenpakete gleichzeitig auf dem Ring befinden können. So können sich zur selben Zeit Datenpakete verschiedener Rechner auf dem FDDI-Ring befinden und diesen nahezu voll auslasten. Anders als bei Token Ring ist die Maximallänge eines Datenpakets auf 4.500 Bytes beschränkt. Der Empfängerrechner (gemäß der im Datenpaket angegebenen Destination Address) erkennt seine eigene Adresse und kopiert das Datenpaket in den eigenen Arbeitsspeicher. Für das Entfernen der jeweiligen Datenpakete vom Ring sind nach wie vor die Senderechner verantwortlich, die, sobald sie ein Datenpaket empfangen, das als Source Address die eigene Adresse beinhaltet, dieses nicht mehr weitersenden. Nicht sendeberechtigte Rechner überprüfen vorbeilaufende Datenpakete auf Fehler und können diese evtl. vor dem Weitersenden im Frame Status Feld eintragen. In Abb. 5.48 ist der Ablauf des FDDI-Zugriffsverfahrens schematisch veranschaulicht.

Der sendewillige Rechner 1 wartet auf ein freies Token (a). Sobald Rechner 1 im Besitz des Token ist, sendet er Daten an Rechner 3 und schließt seine Übertragung mit dem empfangenen Token ab (b). Rechner 3 kopiert die für ihn bestimmten Daten, und da er selbst senden möchte, nimmt er den Token in seinen Besitz, sendet Daten an Rechner 1 und schließt die Übertragung wieder mit dem Token ab (c). Rechner 1 nimmt die von ihm gesendeten Daten

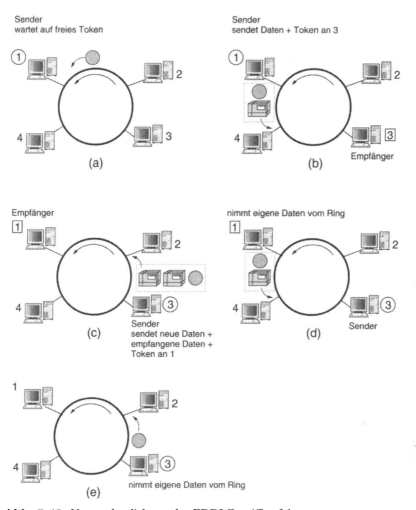

Abb. 5.48. Veranschaulichung des FDDI Zugriffverfahrens

wieder vom Ring, kopiert die für ihn bestimmten Daten als Empfänger und leitet diese zusammen mit dem Token weiter (d). Rechner 3 nimmt die von ihm gesendeten eigenen Daten vom Ring und sendet nur den verbleibenden, jetzt freien Token weiter.

Die Zugriffssteuerung auf den FDDI-Ring erfolgt zeitgesteuert mit Hilfe des **TTR-Protokolls (Timed Token Rotation)** anhand der folgenden Kenngrößen:

- **TTRT** (Target Token Rotation Time)
  Sollzeit, die die Rotation eines Tokens durch den Ring angibt. Sie wird bei Initialisierung des FDDI-Rings festgelegt.

- **TRT** (Token Rotation Time)
  Die Zeit, die zwischen dem Aussenden eines Frei-Tokens und dem erneuten Eintreffen eines Frei-Tokens liegt. Sie wird von jedem Rechner selbst gemessen und ist abhängig von der jeweiligen Auslastung des Rings. Die minimale TRT wird als **Ring Latency** bezeichnet und ergibt sich aus der Signallaufzeit durch den Ring, ohne daß einer der angeschlossenen Rechner sendet, zusammen mit der Durchlaufzeit durch die jeweils angeschlossenen Rechner, die mit je 600 ns pro Rechner angenommen wird.
- **THT** (Token Holding Time)
  Die Zeit, nach der ein Rechner den eingefangenen Token wieder abgeben muß (THT=TTRT-TRT). Im Gegensatz zu Token Ring ist THT bei FDDI kein konstanter Wert sondern eine Variable, deren maximaler Wert begrenzt ist. Innerhalb der THT kann der Rechner, der im Besitz des Tokens ist, mehrere Datenpakete versenden.
- **LC** (Late Counter)
  Dient als Markierung für den Zustand, wenn der Token später als erwartet angekommen ist, also nach Ablauf der TTRT. Dann wird LC=1 (Token verspätet) gesetzt. Wiederholt sich dieser Prozeß, wird LC=2 gesetzt und der **Claim**-Prozeß gestartet, um die Ursache für die Verspätung herauszufinden.

Grundsätzlich bestehen in FDDI zwei Möglichkeiten des Datenverkehrs:

- **synchroner Datenverkehr** (C=1 im FC-Feld des Datenpakets)
  Hier spricht man auch vom **Timed Token Protokoll** (**TTP**). Die Möglichkeit eines synchronen Datenverkehrs bietet den angeschlossenen Rechnern eine quasi garantierte Übertragungskapazität in konstanten Zeitabständen. Dadurch ist es in FDDI auch möglich, bewegte Bilder oder Sprache (wenn auch nur mit eingeschränkter Qualität) zu übertragen. Allerdings ist der synchrone Datenverkehr in den FDDI-Spezifikationen nur optional vorgegeben und wird daher nicht von jedem Hersteller unterstützt.
- **asynchroner Datenverkehr** (C=0 im FC-Feld des Datenpakets)
  Hier gibt es keine Garantien und Vereinbarung hinsichtlich der Rotation des Tokens im FDDI-Ring. Die angeschlossenen Rechner müssen eine unbestimmt lange Zeit warten, bis sie ein Datenpaket versenden dürfen, auch wenn eine theoretische Obergrenze für die Wartezeit vorgegeben ist. Daher ergeben sich auch unterschiedliche Zeitabstände zwischen den einzelnen, von einem Rechner gesendeten Datenpaketen.

Mit Hilfe des **Claim**-Prozesses ist es für einzelne Rechner am FDDI-Ring möglich, den Token in bestimmten, quasi konstanten Zeitabständen für synchronen Datenverkehr zu reservieren. Dabei melden alle Rechner i, die Daten synchron übertragen wollen, die Eckparameter für ihren Sendewunsch an, d.h. in welchen Abständen $\rho_t(i)$ sie jeweils für eine bestimmte Dauer $\delta_t(i)$ senden wollen. Über den Claim-Prozeß wird dann eine Kompromißlösung ermittelt. Danach müssen alle Rechner, die an einer synchronen Übertragung

teilnehmen wollen, ihre Parameter nach demjenigen ausrichten, dessen Sendeperiode am häufigsten auftritt ($\min_{\forall i}(\rho_t(i))$). Diejenigen Rechner, deren Sendefrequenzwunsch weniger häufig ausfiel, sind nun gezwungen, entsprechend kleinere Pakete öfter, d.h. in höherer Frequenz zu senden.
Synchroner Datenverkehr besitzt oberste Priorität in FDDI, sofern das jeweilige FDDI-Netzwerk für synchronen Betrieb ausgelegt ist. Der verbleibende Rest der Übertragungskapazität kann dann für asynchrone Übertragungen genutzt werden. Dabei werden 8 verschiedene Prioritätsstufen unterschieden, entsprechend denen einem sendewilligen Rechner jeweils eine maximale Sendezeit (THT) gewährt wird.

FDDI - Ringverwaltung

Tritt im laufenden Betrieb des FDDI-Rings ein Fehler auf, d.h. liegt eine Ringunterbrechung vor oder wird einfach nur ein vorgegebenes Zeitlimit überschritten (z.B. LC=2), dann wird zuerst ein **Claim**-Prozeß gestartet. Führt dies nicht zum Erfolg, wird der sogenannte **Beacon**-Prozeß in Gang gesetzt. Ähnlich wie bei Token Ring, sendet jeder am Ring angeschlossene Rechner dann spezielle eigene Beacon-Datenpakete aus. Empfängt einer der Rechner ein Beacon-Datenpaket von seinem Vorgänger im Ring, stoppt er die Aussendung eigener Beacon-Datenpakete und leitet die Datenpakete seines Vorgängers weiter. Empfängt ein angeschlossener Rechner keine Beacon-Pakete, so meldet er entweder seinen Vorgängerrechner bzw. die Verbindungsteilstrecke zu seinem Vorgängerrechner als defekt. Anschließend werden geeignete Fehlerbehandlungsmaßnahmen, wie z.B. eine Ringrekonfiguration gestartet.

Abb. 5.49. FDDI - Ringverwaltung

FDDI-2. FDDI bietet die Möglichkeit des Transports sowohl von synchronen als auch von asynchronen Datenströmen. Obwohl synchrone Datenströme eine quasi konstante Übertragungsleistung in Form von garantierten, in steter Regelmäßigkeit bereitgestellten Zeitslots gewährleisten, reicht diese Form des synchronen Datentransports für die Übertragung von Sprache oder Videosequenzen nicht aus. Diese Medien verlangen eine **isochrone** Form der Übertragung, d.h. die Zeitverhältnisse müssen sowohl auf Sender- als auch auf Empfängerseite identisch sein. Zur Übertragung isochroner Bitströme wurde das Konzept von FDDI-2 geschaffen, das 1994 vom ANSI X3T9.5 Komitee zum Standard erhoben wurde.
FDDI-2 ist in der Lage, asynchrone, synchrone und isochrone Bitströme gleichermaßen zu übertragen. Um dies zu gewährleisten, sieht FDDI-2 eine hybride Ringsteuerung vor. Ein sogenannter **Hybrid Multiplexer (H-MUX)** steuert die festgelegte zeitliche Folge der jeweiligen Zugriffe durch die einzelnen Komponenten der MAC-Schicht auf das Übertragungsmedium. Er bein-

FDDI - Fehlertoleranz

Die Zuverlässigkeit eines FDDI-Netzwerks wird von den folgenden Eigenschaften bestimmt:

- doppelt ausgeführte Ringtopologie,
- Einsatz verschiedenartig angeschlossener Netzwerkkomponenten und
- Möglichkeit, über einen optischen Bypass defekte Rechner im Netz einfach zu umgehen.

Ausgehend von der Netzwerkimplementation können die auftretenden Fehlerfälle zu vier grundsätzlichen Fehlersituationen zusammengefaßt werden:

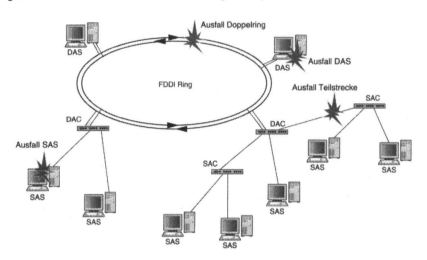

- **Ausfall einer DAS**
  Führt zunächst zu einer Unterbrechung der Verbindung der benachbarten Doppelanschlußkomponenten (DAS, DAC). Die Situation kann durch einen optionalen optischen Bypass der betroffenen DAS behoben, bzw. es kann wie im Falle der Unterbrechung des Doppelrings verfahren werden.
- **Unterbrechung des Doppelrings**
  Die den beiden Enden der Bruchstelle nächstgelegenen Doppelanschlußkomponenten bewirken über die Auslösung des BEACON-Prozesses eine logische Überbrückung zwischen Primär- und Sekundärring und sorgen so für ein Umschleifen der Fehlstelle.
- **Ausfall einer SAS**
  Bewirkt lediglich eine Unterbrechung des Primärrings. Da in einer SAS in der Regel kein optischer Bypass zur Verfügung steht, wird die SAS im hierarchisch übergeordneten DAC überbrückt, d.h. logisch abgetrennt.
- **Ausfall einer Glasfaser-Teilstrecke**
  Hier erfolgt ebenfalls eine Überbrückung der ausgefallenen Teilstrecke im übergeordneten DAC. Dabei können zwei funktionsfähige Teilnetze entstehen, die nicht mehr miteinander kommunizieren können.

Abb. 5.50. FDDI - Fehlertoleranz

haltet eine Komponente für den regulären, also synchronen bzw. asynchronen Zugriff, den sogenannten **Packet MAC (P-MAC)**, sowie eine Komponente, die den isochronen Zugriff steuert, den sogenannten **Isochronous MAC (I-MAC)**. Soll neben dem regulären Datenverkehr (**Basis Mode**) auch eine isochrone Übertragung stattfinden, muß FDDI-2 im sogenannten **Hybrid Mode** arbeiten. Im Hybrid Mode haben isochrone Datenströme stets Priorität. Nur der nicht genutzte Rest der Bandbreite steht offen für sonstige Datenübertragungen.

Bevor eine Datenübertragung starten kann, geben die teilnehmenden Rechner ihre Bandbreiten-Anforderungen an einen speziellen Rechner im FDDI-2-Netz, den sogenannten **Cycle Master**, über das Station Management weiter. Dieser richtet daraufhin isochrone Kanäle ein und teilt dies den anfordernden Rechnern mit, wobei er die Nutzung der isochronen Kanäle weiterhin überwacht. Die Übertragung von isochronen Daten wird mit Hilfe von 125-µs-Datenpaketen, den sogenannten **Cycles** organisiert. Der Cycle Master generiert 8.000 mal pro Sekunde ein neues 125-µs-Datenpaket. Bei einer Bandbreite von 100 Mbps ergibt dies pro Datenpaket eine Länge von 12.000 Bit. Hat ein solcher Cycle den FDDI-Ring einmal komplett durchlaufen, wird er vom Cycle Master wieder vom Ring entfernt.

Ein Cycle-Datenformat setzt sich aus den folgenden Komponenten zusammen (siehe Abb. 5.51):

- **Präambel (PA)**
  Folge von 20 Bit, die ausschließlich der Synchronisation dienen.
- **Cycle-Header (CH)**
  12 Byte langer Datenpaket-Header, enthält Informationen für H-MUX, wie die einzelnen Kanäle den Verkehrsarten (isochron/asynchron) zugeordnet werden.
- **Dedicated Packet Group (DPG)**
  12 Byte, die immer ausschließlich für asynchrone/synchrone Datenübertragung zur Verfügung stehen.
- **Cyclic Group (CG)**
  Zyklische Gruppen von Zeitschlitzen (Slots), bezeichnet als CH0, CH1, ..., CH95. Jede Gruppe umfaßt jeweils 16 Slots, die den einzelnen Verkehrsarten (isochron/synchron/asynchron) zugeordnet werden können.

Ein **isochroner Kanal** (Wideband Channel, WBC) wird in FDDI-2 realisiert, indem eine bestimmte Anzahl von Slots der 96 zyklischen Gruppen reserviert wird. Durch die 96 Gruppen mit je 16 Zeitschlitzen ergibt sich die Möglichkeit, 16 Kanäle mit einer garantierten Übertragungskapazität von je 6,144 Mbps zur Verfügung zu stellen. Diese Kanäle können dann noch in 96 einzelne Unterkanäle zu je 64 kbps unterteilt werden, von denen jeder für isochronen oder asynchronen Verkehr reserviert werden kann. Die Zuordnung von zyklischen Slots zu asynchronen oder isochronen wird durch den H-MUX erledigt, der die empfangenen Daten entsprechend entweder zur MAC- oder zur IMAC-Komponente weiterleitet.

340   5. Datentransfer ins Nachbarbüro – LAN-Technologien

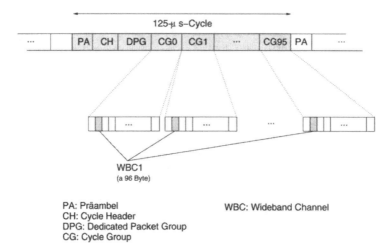

PA: Präambel
CH: Cycle Header
DPG: Dedicated Packet Group
CG: Cycle Group

WBC: Wideband Channel

Abb. 5.51. FDDI-2 Cycle Datenformat

5.4.5 ATM

Die Entwicklung von ATM (**Asynchronous Transfer Mode**) ist eng verknüpft mit der Entwicklung einer WAN-Technologie namens **B-ISDN** (**Broadband Integrated Services Digital Network**). Nachdem klar war, daß für die Übertragung von multimedialen Inhalten wie Video oder Musik in CD-Qualität die bestehende ISDN-Infrastruktur, die eine maximale Bandbreite von 128 kbps zur Verfügung stellen kann und deren Ziel die Integration herkömmlicher Telekommunikationsdienste wie Telefon und Telefax war, nicht ausreichend ist, wurde die Planung an der als B-ISDN bezeichneten Hochgeschwindigkeits-Weitverkehrsnetz-Technologie begonnen. Die Basistechnologie, auf der B-ISDN aufsetzt, ist ATM. Das ATM-Netzwerk setzt sich wie traditionelle WANs aus einzelnen Leitungen und Switches (Routern) zusammen. Die zunächst realisierte Bandbreite lag bei 155 Mbps bzw. bei 622 Mbps mit der Option, diese später in den Gbps-Bereich zu erweitern. Die Wahl von 155 Mbps wurde getroffen, da diese Bandbreite für die Übertragung von hochauflösendem Fernsehen erforderlich ist, und 622 Mbps wurden gewählt, da hier vier gebündelte 155 Mbps Kanäle übertragen werden können. Ursprünglich entwickelt als WAN-Technologie wird ATM heute oft auch in einer LAN-Umgebung eingesetzt.

Für die Standardisierung von ATM wurde auf Initiative der in die Entwicklung von ATM involvierten Firmen das sogenannte **ATM-Forum** gegründet. Die Entwicklung von ATM wurde oft von den verschiedenen Interessen der beteiligten Unternehmen geleitet, wie etwa den Telefongesellschaften, die mit den Kabelfernsehgesellschaften um den Markt für Video-on-Demand wetteifern. Das Grundelement eines ATM-Netzwerks ist ein elektronischer Vermittler (**Switch**), an dem mehrere Rechner in einer Sterntopologie angeschlossen werden (siehe Abb. 5.52). Im Gegensatz zur Bus- oder Ringtopologie werden die Daten in einem Sternnetz nicht an alle angeschlossenen Rechner weitergeleitet, sondern nur das kommunizierende Rechnerpaar ist am Datentransfer über den Switch beteiligt. Der Switch empfängt die Daten direkt vom Sender und leitet sie ebenfalls direkt bzw. über andere Switches an den Empfänger weiter. Daher wird in einer Sterntopologie bei Ausfall eines einzelnen Rechners bzw. einer einzelnen Rechnerverbindung nicht das gesamte Netz in Mitleidenschaft gezogen, wie etwa bei einer Ringtopologie.

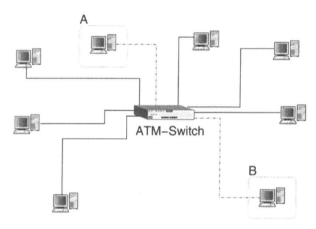

Abb. 5.52. Beispiel eines ATM Netzwerks

Die Übertragung erfolgt in ATM-Netzwerken asynchron, d.h. es wird kein zentraler Takt von irgendeiner Instanz im Netzwerk vorgegeben, in der die einzelnen Datenpakete zu versenden wären.

Funktionsprinzip von ATM. ATM nutzt das Prinzip der sogenannten **Zellvermittlung** (siehe Abb. 5.55). Dazu werden die zu übertragenden Daten in kleine Pakete von konstanter Größe verpackt und über eine geschaltete Verbindung mit einer garantierten Qualität übertragen.

Die Datenübertragung in ATM verläuft **asynchron**. Während eine synchrone Datenübertragungstechnik in periodischen Zeitabständen jeder einzelnen logischen Verbindung einen Zeitschlitz (Slot) zuweist, erfolgt dies bei ATM in nicht notwendigerweise regelmäßigen Zeitabständen. ATM arbeitet nach dem Prinzip des **statistischen Multiplexings**, d.h. auch hier liegt ein kontinuierlicher Strom von belegten Zeitschlitzen (ATM-Zellen) vor, aber es gibt keine feste Zuordnung zwischen Position des Zeitslots und einer bestimmten Verbindung (siehe Abb. 5.54). Die Position einer ATM-Zelle mit einer assoziierten Verbindung ist rein zufällig und nur von der Sendeaktivität der jeweiligen Quelle und der Netzauslastung abhängig. Dieses Vorgehen ist vor allem dort effizienter als eine synchrone Datenübertragung, wo variable und konstante Bandbreitenanforderungen unterschiedlicher Kommunikationspartner

ATM Standardisierung

Die ersten Ideen zu ATM wurden bereits 1983 von den amerikanischen Forschungszentren **CNET** und **AT&T Bell Labs** veröffentlicht, wobei ATM zu dieser Zeit ausschließlich in der Verwendung als WAN-Standard gesehen wurde. Aus diesem Grund wurde 1986 die ATM-Technologie auch von der damaligen **CCITT** (Committe Consultatif International de Telegraphie et Telephonie) - heute **ITU** (International Telecommunication Union) - als Basis für den Breitband ISDN Standard (B-ISDN) vorgeschlagen. 1989 endete der zwischen Amerika und Europa andauernde Normierungsstreit, der die einheitliche Länge von ATM-Zellen schließlich auf 53 Byte festlegte.

Mit dem Ziel, ATM ebenfalls im LAN-Bereich einzusetzen und um diese Entwicklung zu beschleunigen, wurde im Oktober 1991 von führenden Herstellern und Anwendern das **ATM-Forum** gegründet. Heute zählt das ATM-Forum 700 Mitglieder. Es versteht sich allerdings nicht als Normierungsgremium und damit als Konkurrenz zu ITU oder ISO, sondern sieht sich als Interessenvertretung der LAN-Industrie, das die begründeten Anliegen der Anwender und Hersteller im LAN-Bereich formuliert und so die Ausarbeitung der entsprechenden Normierungen beschleunigt. Bereits im Juli 1992 konnte die erste Spezifikation des ATM-Forums (UNI 1.0 - User Network Interface) vorgelegt werden. Europäische Interessen finden innerhalb des ATM-Forums über ein spezielles Komitee, das **EMAC** (European Market Awareness and Education Committee) Berücksichtigung.

Abb. 5.53. ATM Standardisierung

zusammentreffen, da zwischen zwei Kommunikationspartnern nur Zellen belegt und ausgetauscht werden, falls ein Bedarf besteht und so keine Bandbreite verloren geht.

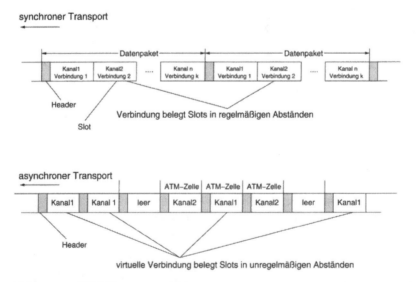

Abb. 5.54. ATM Transportprinzip

ATM arbeitet **verbindungsorientiert**, d.h. alle Pakete einer Verbindung, die zu einer bestimmten Datenübertragung gehören, werden über denselben

Zellvermittlung

Ein Nachteil der Paketvermittlung liegt im Store-and-Forward Prinzip, das alle Technologien, die auf diese Vermittlungstechnik bauen, verlangsamt. Alle an einer Vermittlungsstelle ankommenden Pakete müssen vollständig gespeichert werden, Prüfsummen müssen überprüft und Adressen müssen ausgewertet werden. Zur Erhöhung der effektiven Übertragungskapazität wurden Konzepte wie **Fast Packet Switching** oder **Fast Packet Relaying** entwickelt, die der Grundidee folgen, Pakete so schnell wie möglich weiterzugeben. Das wiederum ist nur möglich, wenn die Paketstruktur einfach gehalten wird, also nur wenige Teile des Pakets zur Weiterleitung ausgewertet werden müssen. Zusätzlich werden die Routing-Algorithmen vollständig in Hardware implementiert, um so einen weiteren Geschwindigkeitsvorteil zu erreichen.

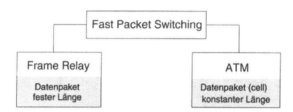

Sowohl **Frame Relay** als auch **ATM** nutzen zur Weiterleitung kurze Platzhalter (Labels) anstelle vollständiger Adressen. Während bei Frame Relay die Zellenlänge variable ist, ist diese bei ATM fest. Zellvermittlung ist in der Lage, isochrone (Audio, Video) und asynchrone Datenübertragung gleichermaßen zu gewährleisten.

Abb. 5.55. Das Prinzip der Zellvermittlung

Weg (virtueller Kanal) transportiert. Vor dem Start einer Datenübertragung, muß zuerst eine Verbindung zum gewünschten Kommunikationspartner aufgebaut werden, bevor die eigentlichen Daten über den festgelegten Weg an ihren Empfänger gesendet werden. Zwar wird keine Garantie für die Übertragung aller Zellen gegeben, doch die korrekte Reihenfolge der einzelnen Zellen wird stets gewährleistet, d.h. werden zwei Zellen A und B versendet, so kommen diese – falls beide ihren Bestimmungsort erreichen – garantiert in der Sendereihenfolge A, B und niemals in umgekehrter Reihenfolge B, A an.

Zentrales Element innerhalb des ATM-Datentransferverfahrens ist das Konzept des **virtuellen Kanals** (Virtual Channel, VC) und des **virtuellen Pfades** (Virtual Path, VP). Ein **virtueller Kanal** ist eine unidirektionale Verbindung zum Reihenfolge-erhaltenden Transport von ATM-Zellen, der über eine numerische Kennung (Virtual Channel Identifier, VCI) realisiert wird. Man unterscheidet permanente virtuelle Kanäle (**Permanent Virtual Circuit, PVC**), die dauerhaft vom Anwender von Hand eingerichtet werden und oft für Monate oder gar Jahre bestehen, und transiente virtuelle Kanäle (**Transient Virtual Channel, TVC**), die nur vorübergehend arbeiten und nach dem gleichen Prinzip wie Telefonanrufe ablaufen, d.h. sie werden jeweils nur für eine bestimmte Übertragung eingerichtet und sofort nach deren Ende wieder abgebaut. Virtuelle Kanäle werden zu **virtuellen Pfaden** gebündelt und mit einer numerischen Kennung (Virtual Path Identifier, VPI) versehen. Als eine **virtuelle Kanalverbindung** (Virtual Channel Connection, VCC) wird eine Folge virtueller Kanäle zwischen zwei Kommunikationspartnern im ATM-Netz bezeichnet. Jeder Kanalverbindung werden Service-Parameter zugeordnet, die Eigenschaften wie Zellenverlustraten oder Zellenverzögerung spezifizieren. Zusätzlich werden für jede Kanalverbindung Verkehrsparameter (Traffic Parameter) ausgehandelt, deren Einhaltung von den jeweiligen Netzwerkkomponenten überwacht wird. Analog dazu existieren sogenannte **virtuelle Pfadverbindungen** (Virtual Path Connections, VPC). Pfadverbindungen sind Kanalverbindungen übergeordnet und besitzen dieselben Eigenschaften wie Kanalverbindungen.

Wird in ATM ein virtueller Kanal eingerichtet, so geschieht das dadurch, daß auf allen Verbindungsrechnern auf dem Weg vom Sender zum Empfänger ein bestimmter Tabelleneintrag mit Informationen über den errichteten Kanal und den zugehörigen Weg vorgenommen wird. Jedes Datenpaket, das zu einer Übertragung entlang eines bestimmten Kanals gehört, wird dann vom Vermittlungsrechner auf demselben Weg weitergeleitet (siehe Abb. 5.56).

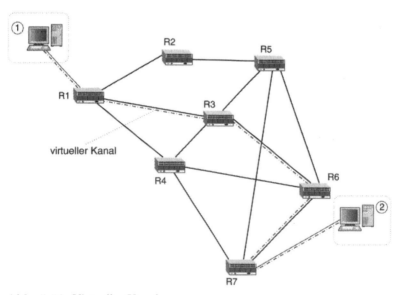

Abb. 5.56. Virtueller Kanal

Zu diesem Zweck halten die Vermittlungsrechner Tabellen in ihrem Speicher vor - die sogenannten **Routing-Tabellen**. Erreicht ein Datenpaket den Vermittlungsrechner, überprüft dieser anhand des Paketheaders, zu welchem virtuellen Kanal das Datenpaket gehört. Danach überprüft der Vermittlungsrechner den Tabelleneintrag für den vorgegebenen virtuellen Kanal und ermittelt daraus, auf welcher Leitung das Datenpaket weitergesendet werden soll. Auf diesen Mechanismus wird im Kapitel „WAN" noch genauer eingegangen.

Das ATM Datenformat. Betrachtet man das in ATM verwendete Datenformat, so muß man zwei verschiedene Schnittstellen in Betracht ziehen:

- **UNI (User Network Interface)**: Schnittstelle zwischen dem am ATM-Netz angeschlossenen Rechner und dem ATM-Netzwerk, und
- **NNI (Network Network Interface)**: Schnittstelle zwischen zwei Vermittlungsrechnern des ATM-Netzwerks.

Das ATM-Datenpaket – oft auch als ATM-Zelle bezeichnet – besitzt stets eine Länge von 53 Bytes, wobei für beide Fälle, UNI und NNI, jeweils ein 5 Byte langer Header und 48 Byte an Nutzdaten vorgesehen sind. Die Header für UNI und NNI unterscheiden sich kaum (siehe Abb. 5.57).

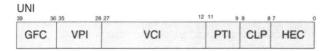

GFC: General Flow Control
VPI: Virtual Path Identifier
VCI: Virtual Channel Identifier
PTI: Payload Type
CLP: Cell Loss Priority
HEC: Header Error Check

Abb. 5.57. ATM-Zellen Datenformat

- Das **GFC**-Feld (General Flow Control) kommt nur in Datenpaketen vor, die zwischen einem angeschlossenen Rechner und einem Vermittlungsrechner kursieren. Im ersten Vermittlungsrechner, den das betreffende Datenpaket erreicht, wird das Feld bereits überschrieben, so daß es niemals den angegebenen Empfänger erreichen kann und daher für die End-zu-End Kommunikation nicht von Bedeutung ist. Anfangs vorgesehen zur Flußkontrolle oder zur Prioritätssteuerung, sieht der ATM-Standard keine bestimmten Werte für dieses Feld vor. Tanenbaum [Tan96] schlug deshalb vor, das GFC-Feld als einen Bug in der Standarddefinition zu betrachten.
- **VPI** (Virtual Path Identifier) dient der Auswahl eines bestimmten virtuellen Pfades am Vermittlungsrechner.

- Ebenso wird über **VCI** (Virtual Channel Identifier) ein bestimmter virtueller Kanal innerhalb des angegebenen virtuellen Pfades gewählt. Da (im UNI-Datenpaket) VPI mit 8 Bit und VCI mit 16 Bit definiert ist, kann ein Rechner theoretisch bis zu 256 virtuelle Pfade mit jeweils maximal 65.536 virtuellen Kanälen ansprechen. Tatsächlich sind es etwas weniger, da einige Kanäle fest für Kontrollfunktionen reserviert sind.
- **PTI** (Payload Type Identifier) gibt den Typ der transportierten Nutzdaten an. Dabei gibt der Nutzer den jeweiligen Typ der Nutzdaten an, während das Netzwerk Informationen über den Netzzustand ergänzt. Z.B. kann eine Zelle mit PTI=000 vom Sender abgeschickt werden. Kommt es zu einem Stau zwischen zwei Verbindungsrechnern des Netzwerks, so ergänzt der Vermittlungsrechner, der den Stau feststellt, PTI=010, damit der Empfänger über die aufgetretenen Netzwerkprobleme informiert und ggf. gewarnt wird.
- Das **CLP** (Cell Loss Priority) dient zur Charakterisierung von hoch und weniger hoch priorisiertem Datenverkehr. Tritt innerhalb des ATM-Netzwerks ein Stau auf, müssen zeitkritische Daten zwangsläufig verloren gehen. Dabei sind die Vermittlungsrechner zuerst bemüht, diejenigen Daten zu verwerfen, für die CLP=1 gilt.
- Das **HEC** (Header Error Check) Feld dient der Prüfsummenbildung über dem Datenpaketheader. Anders als üblich wird hier nur eine Prüfsumme über den Header und nicht über die Nutzdaten berechnet. Dieser Weg wurde gewählt, da ATM-Datenverkehr in der Regel über Glasfasernetze abläuft, die als sehr zuverlässig gelten, so daß eine Überprüfung der Nutzdaten oft als überflüssig angesehen wird. Zum anderen kann HEC wesentlich schneller berechnet werden als eine Prüfsumme über das gesamte Datenpaket, was bei isochronem Datenverkehr von besonderer Bedeutung ist. Weiter nimmt man bei isochronem Datenverkehr wie Audio- oder Videoübertragungen auftretende Fehler in den Nutzdaten auch in Kauf, da sie die Qualität der Datenübertragung nicht wesentlich beeinträchtigen.

Danach folgen 48 Byte Nutzdaten, über die der Nutzer allerdings nicht vollständig verfügen kann, da etwa weitere Kontroll- und Headerinformationen von übergeordneten Protokollen zusätzlich mit den Nutzdaten übertragen werden.

ATM-Schnittstellen und Netzaufbau. Im Gegensatz zu den bisher behandelten Technologien wie Ethernet oder Token Ring setzt der ATM Standard bezogen auf das Schichtenmodell der Kommunikationsprotokolle oberhalb des Physical Layers an und beinhaltet keinerlei Vorschriften bezogen auf die zur Bitübertragung verwendete Technologie. ATM wurde mit dem Ziel entworfen, gegenüber dem physikalischen Übertragungsmedium weitgehend unabhängig zu sein. So können ATM-Zellen auch eingekapselt als Nutzdaten einer anderen Netzwerktechnologie wie etwa FDDI oder Fast Ethernet übertragen werden.

Warum 53 Byte?

Warum besitzen ATM-Datenpakete alle eine feste Länge und warum ausgerechnet 53 Byte? Die Antwort auf die erste Frage fällt leicht: Nur eine feste Paketlänge ermöglicht es ATM, die gewünschten Eigenschaften überhaupt zu erzielen. Das **Switching** als Prozeß der Weiterleitung von Datenpaketen bei ATM muß mit einer sehr hohen Geschwindigkeit ablaufen. Das kann nur erreicht werden, wenn die dazu benötigten Algorithmen fest verdrahtet in Hardware vorliegen. Um dies mit vertretbarem Aufwand zu realisieren, müssen alle Datenpakete die gleiche Länge besitzen, sonst wären Ausnahmebehandlungen und dazu notwendige Routinen nötig. Zudem reduziert sich der **Bearbeitungsaufwand** für die einzelnen Datenpakete. Die Länge ist vorgegeben und muß daher nicht erst berechnet werden. Als letztes ist das von ATM verwendete **statistische Multiplexing** nur durch eine feste Zellenlänge optimal realisieren. Mit Zellen von variabler Länge wäre ein statistisches Multiplexing verschiedener Datenströme auf einer VP-/VC-Verbindung nicht möglich.

Aber warum ausgerechnet **53 Byte**? Eigentlich umfaßt die Länge der Nutzdaten in einem ATM-Paket nur 48 Bytes, 5 Byte sind für den Header des Datenpakets vorgesehen, der entsprechende Kontrollinformationen beinhaltet. Diese 48 Byte sind Teil eines Kompromisses, der zwischen Anwendungen aus der Sprachkommunikation einerseits und der Datenkommunikation andererseits erzielt wurde. Bei der Frage der ATM-Standardisierung votierte die USA für eine Zellenlänge von 64 Byte, die auf den Einsatz in der Sprachkommunikation optimiert war. Die Europäer dagegen, die hauptsächlich an einem Einsatz in der Datenkommunikation interessiert waren, favorisierten 32 Byte. Als Kompromiß zwischen beiden Fraktionen wurde schließlich der Mittelweg gewählt. Eingang in die Überlegungen zur Wahl der geeigneten Datenpaketlänge finden dabei Faktoren wie die Übertragungsgeschwindigkeit, die Schaltgeschwindigkeit, Verzögerungen und das Verhalten der Warteschlangen an den Vermittlungsrechnern (Pipelining) im Netzwerk.

Für das „Schalten" einer ATM-Zelle, die auf einem 155 Mbps-Link übertragen wird, stehen maximal
$$\frac{53 \cdot 8}{155} = 2,735 \ \mu s$$
zur Verfügung. In der Regel verfügt ein ATM-Switch über eine Vielzahl von Links, die mit unterschiedlichen Übertragungsraten arbeiten können. Mit zunehmender Anzahl von Links und kürzerer Zellenlänge verringert sich die zur Verfügung stehende Zeit, um eine ATM-Zelle weiterzuleiten, und die Schaltgeschwindigkeit des ATM-Switches muß erhöht werden.

Wird ein Datenpaket über mehrere Vermittlungsrechner weitergeleitet, so werden Header und Nutzdaten jedesmal vor der Weiterleitung überprüft. Bevor eine Weiterleitung erfolgt, müssen sie daher zwischengespeichert werden. Eine Weitersendung kann erst begonnen werden, wenn das Paket vollständig angekommen ist und dessen Fehlerfreiheit attestiert wurde. Je länger also die Zelle, desto größer die Verzögerung, da erst der vollständige Empfang abgewartet werden muß.

Abb. 5.58. Die ATM-Zelle

ATM definiert ein eigenes Protokollschichtenmodell, das sich aus drei Schichten zusammensetzt. Jede dieser Schichten unterteilt sich in zwei Subschichten, also in eine unten liegende Schicht, die die eigentlichen Aufgaben der Schicht übernimmt, und eine sogenannte Konvergenz-Subschicht, deren Aufgabe lediglich in der Bereitstellung eines geeigneten Interfaces für die darüberliegende Schicht besteht (siehe Tab. 5.10):

- **Physical Layer**
  Ist kein Bestandteil der ATM-Spezifikation und ist in mehrere Schichten (Sublayer) aufgeteilt:
  - Eine medienabhängige Schicht (**Physical Medium Dependent, PMD**) als aktuelle Schnittstelle zum Übertragungsmedium. Hier werden die eigentlichen Bits übertragen und zeitliche Abhängigkeiten festgelegt und überprüft. Unterschiedliche Übertragungsmedien benötigen verschiedene PMDs.
  - Darüber liegt der **Transmission Convergence, TC** Sublayer. Sollen einzelne ATM-Zellen übertragen werden, sendet der TC Sublayer diese als Zeichenfolge an den PMD Layer. In umgekehrter Richtung verarbeitet der TC-Layer direkt den ankommenden Bitstrom, der in einzelnen ATM-Zellen übertragen wird. Diese Aufgabe der Paketierung wird im ATM-Schichtenmodell der physikalischen Schicht zugeordnet, während sie in anderen Modellen in der Regel der darüberliegenden Verbindungsschicht (Data Link Layer) zugeordnet wird.

- **ATM Layer**
  Ist nicht weiter in Sublayer unterteilt. Seine Hauptaufgabe liegt in der Generierung, Verarbeitung und dem Transport von ATM-Zellen. Hier werden die Zellen „layoutet" und die Headerinformationen bereitgestellt. Dazu kommen Einrichtung und Aufhebung von virtuellen Kanälen. Die ATM-typischen Aspekte dieser Technologie sind im ATM-Layer angesiedelt. Seine Funktionalität läßt sich gemäß dem Internetprotokoll-Schichtenmodell zwischen der Verbindungsschicht und der Netzwerkschicht ansiedeln.

- **ATM Adaption Layer**
  Da die meisten Anwendungen nicht direkt mit ATM-Zellen arbeiten, wurde diese Schicht oberhalb des ATM-Layers eingefügt. Sie gestattet es Anwendungen, auch längere Datenpakete direkt zu übergeben. Diese Datenpakete werden im ATM Adaption Layer in einer Richtung in einzelne ATM-Zellen segmentiert und in der anderen wieder zusammengesetzt. Daher unterteilt sich diese Schicht in den **SAR**-Sublayer (**Segmentation and Reassembly**), der die eben beschriebene Aufgaben übernimmt, und den **CS**-Sublayer (**Convergence Sublayer**), der es dem ATM-System ermöglicht, angepaßte Dienste für unterschiedliche Anwendungen anzubieten (z.B. haben ein Dateitransfer und Video-on-Demand unterschiedliche Anforderungen bzgl. Fehlertoleranz und Timing).

Zusätzlich weist das ATM-Schichtenmodell eine vertikale Unterteilung in sogenannte **Ebenen** (**Planes**) auf (siehe Abb. 5.59). Dabei werden eine **User-Plane** (Benutzer-Ebene), die zuständig ist für Transport, Flußkontrolle und Fehlerkorrektur der eigentlichen Benutzerdaten, und eine **Control-Plane** (Kontroll-Ebene) unterschieden, in der verbindungsrelevante Kommunikation stattfindet. Dazu kommen noch eine **Layer Management Plane** (Schichten-Management) und eine **Plane Management Plane** (Ebenen-

Tabelle 5.10. ATM-Schichtenmodell

ATM Schicht	ATM Schicht	Aufgabe	TCP/IP Schicht
AAL	CS	stellt Standardinterface zur Verfügung	3/4
	SAR	Segmentieren und Zusammensetzen	
ATM		Flußkontrolle	2/3
		Zellheadergenerierung und -auswertung	
		Management virtueller Pfade/Kanäle	
		Zellmultiplexing	
Physical	TC	Generierung/Verifikation von Prüfsummen	2
		Zellgenerierung	
		Ein-/Auspacken von Zellen	
	PMD	Bit Timing	1
		Physikalischer Netzwerkzugang	

Management), in denen Funktionen zum Ressourcenmanagement und zur Schichtenkoordination abgewickelt werden.

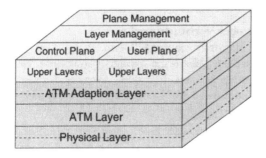

Abb. 5.59. ATM-Schichten/Ebenenmodell

Prinzipiell handelt es sich bei ATM-Verbindungen um simple Punkt-zu-Punkt Verbindungen, d.h. anders als z.B. bei einer Bustopologie wie Ethernet kommunizieren über ein Kabel niemals mehr als ein Sender und ein Empfänger. Multicast oder Broadcast wird in ATM-Netzwerken erreicht, indem ein auf einer Leitung beim ATM-Vermittlungsrechner eingehendes Datenpaket, das an eine Multicast-Adresse (d.h. an mehrere Adressaten gleichzeitig) gerichtet ist, von diesem auf mehreren Leitungen weiterversendet wird. Jede Verbindung ist dabei unidirektional. Um einen bidirektionalen Betrieb zu erlauben, müssen zwei parallele Verbindungen geschaltet werden.

ATM Dienstklassen. ATM ist zur Übertragung unterschiedlicher Medienformate geeignet. Video, Audio oder ein reiner Dateitransfer stellen unterschiedliche Anforderungen an das Transportmedium hinsichtlich der Dienstqualität. Daher wurden für ATM in Anlehnung an die für B-ISDN in ITU I.362 spezifizierten Dienstklassen vier verschiedene **Dienstklassen** (Service Categories) definiert (siehe Tab. 5.11), die sich in den folgenden Eigenschaften unterscheiden:

Tabelle 5.11. ATM Dienstklassen für unterschiedliche Anwendungen nach ITU-T

Dienstklasse	A	B	C	D
Zeitbezug	ja synchron	ja synchron	nein asynchron	nein asynchron
Bandbreite	konstant	variabel	variabel	variabel
Verbindungsart	verbindungsorientiert	verbindungsorientiert	verbindungsorientiert	verbindungslos
Diensttyp	1/2	1/2	3/4/5	3/4/5
Beispiel	Telefon, MPEG 1	komprimierte Sprache MPEG 2	X.25, Frame Relay	inter-LAN

- **verbindungsorientiert** oder **verbindungslos**
  ATM selbst arbeitet verbindungsorientiert. Dennoch gibt es Anwendungen, wie etwa den Dateitransfer, die ohne explizit geschaltete Verbindung effizienter übertragen werden können. Für diese Dienste der sogenannten **Inter-LAN-Kommunikation** ist die Dienstklasse **D** vorgesehen.

- **konstante** und **variable Bitrate**
  Neben isochronen Datenströmen, die eine konstante Mindest-Übertragungsrate erfordern, werden auch asynchrone Datenströme übertragen, die oftmals einer hohen Schwankung der Übertragungsrate bezogen auf den Übertragungszeitraum unterliegen.

- **Zeitbeziehung Sender/Empfänger**
  Vor allem Video- und Audioübertragungen benötigen eine enge zeitliche Koppelung zwischen Sender und Empfänger, wobei zwar eine begrenzte Verzögerung akzeptabel ist, die jedoch keinen Schwankungen (Varianz) unterliegen darf. Überschreitet die Varianz einen Grenzwert, kommt es zu sogenannten **Jitter**-Effekten, die sich störend auf eine korrekte Darstellung auswirken.

Neben den durch die ITU-T standardisierten Dienstklassen verwendet das ATM-Forum eine eigene Einteilung (siehe Tab. 5.12). In Anlehnung an die ITU-T Dienstklasseneinteilung definierte das ATM-Forum die einzelnen Klassen rein qualitativ, ohne dabei konkrete Zahlenwerte anzugeben. Zur genaueren Beschreibung der Anforderungen eines Dienstes dienen die folgenden in

5.4 LAN-Topologien

ITU I.356 spezifizierten quantitativen **Verkehrsparameter** (Traffic Parameter):

- **Peak Cell Rate (PCR)**
  Gibt die maximale Übertragungsrate in Zellen pro Sekunde an, die für einen Dienst benötigt wird.
- **Sustained Cell Rate (SCR)**
  Gibt die durchschnittliche Übertragungsrate an, die ein Dienst benötigt. Die dazu notwendige Mittelwertbildung erfolgt über einen langen Zeitraum.
- **Minimum Cell Rate (MCR)**
  Gibt die Mindest-Datenübertragungsrate an, die für einen Sender jederzeit verfügbar sein muß, damit der Dienst korrekt erbracht werden kann.
- **Initial Cell Rate (ICR)**
  Gibt die Datenübertragungsrate an, mit der ein Sender nach einer Pause seine Übertragung von Neuem beginnen soll.
- **Cell Delay Variation Tolerance (CDTR)**
  Gibt die Variation der Zeitabstände zwischen zwei aufeinander folgenden Zellen an.
- **Burst Tolerance (BT)**
  Gibt die maximale Zahl der Zellen an, die in einem sogenannten Burst – also unmittelbar nacheinander – gesendet werden dürfen.

Tabelle 5.12. ATM Dienstklassen des ATM-Forums

Dienstklasse	Bezeichnung	Eigenschaft
CBR	Constant Bit Rate	entspricht der Leitungsvermittlung
RT-VBR	Realtime Variable Bit Rate	geringe Verzögerung und Jitter, geeignet für Sprach- und Videoübertragung mit Bursts
NRT-VBR	Non Realtime VBR	geringe Verzögerungsschwankung, jedoch hohe Verzögerung
ABR	Available Bit Rate	nutzt verbleibende Kapazität eines Pfades, minimale Übertragungsrate für Zellen ist garantiert
UBR	Unspecified Bit Rate	keinerlei Dienstgarantien
GFR	Guaranteed Frame Rate	garantiert eine minimale Übertragungsrate für TCP/IP-Pakete

Neben den Verkehrsparametern definiert das ATM Forum einen weiteren Satz von **Dienstklassenparametern** (Quality of Service Parameter), die

352   5. Datentransfer ins Nachbarbüro – LAN-Technologien

während des laufenden Betriebs im ATM-Netzwerk vor dem Verbindungsaufbau zwischen zwei angeschlossenen Endsystemen ausgehandelt werden können:

- **Cell Transfer Delay (CTD)**
  Gibt die mittlere, sowie die maximale Zeitdauer an, die eine Zelle zur Übertragung zwischen Sender und Empfänger benötigt.
- **Cell Delay Variation (CDV)**
  Gibt die Schwankung der Übertragungsdauer zwischen einzelnen Zellen an.
- **Cell Loss Ratio (CLR)**
  Gibt die Zahl der Zellen an, die nicht oder zu spät beim Empfänger ankommen, bezogen auf die Gesamtzahl der gesendeten Zellen. Dabei können Zellenverluste durch zu lange Wartezeiten an den Vermittlungsrechnern im ATM-Netz bzw. durch Übertragungsfehler entstehen.
- **Cell Missinsertion Rate (CMR)**
  Gibt die Anzahl der Zellen an, die während eines bestimmten Zeitintervalls bedingt durch Übertragungsfehler bei einem anderen als den vorherbestimmten Empfänger ankommt.
- **Cell Error Rate (CER)**
  Gibt den Anteil der Zellen an, die in Folge von Übertragungsfehlern derart beschädigt beim Empfänger ankommt, daß diese für den Empfänger nutzlos sind.
- **Severely-Errored Cell Block Ratio (SECBR)**
  Gibt den Anteil von Blöcken an, in denen eine bestimmte Anzahl von Zellen fehlerhaft übertragen worden ist. Die Anzahl der Zellen pro Block ist konstant und wird im Vorfeld festgelegt. Somit ist SECBR ein Maß für sogenannte Bündelfehler, die auf einer Übertragungsstrecke auftreten können.

Die Zuweisung der Dienstklassenparameter zu den einzelnen Dienstklassen ist Abb. 5.4.5 zu entnehmen. Ist ein Parameter in einer bestimmten Dienstklasse spezifiziert, wird der Tabelleneintrag mit **ja** angegeben, sonst mit **nein**. Macht eine Anwendung des Parameters in einer bestimmten Dienstklasse keinen Sinn, so ist das mit **n.a.** vermerkt. Die Spalte **Art** gibt an, ob es sich um einen Verkehrsparameter (**Verkehr**) oder um einen Dienstklassenparameter (**QoS**) handelt.

Mechanismen zur Überlaststeuerung. Wie bei jeder anderen Netzwerktechnologie, so muß auch bei ATM Vorsorge getroffen werden, daß eine Überlastung des Netzwerks vermieden und jederzeit die Einhaltung der Verkehrsgarantien gewährleistet wird. Dabei kommen unterschiedliche Mechanismen zum Einsatz, die den jeweiligen Eigenheiten einer bestimmten Dienstklasse entsprechen. Folgende Konzepte zur Überlaststeuerung finden in ATM Anwendung:

Tabelle 5.13. ATM Dienstklassen und Dienstklassenparameter

Parameter	Dienstklasse					Art
	CBR	RT-VBR	NRT-VBR	ABR	UBR	
PCR, CDVT	ja	ja	ja	ja	ja	Verkehr
SCR, BT	n.a.	ja	ja	n.a.	n.a.	Verkehr
MCR	n.a.	n.a.	n.a.	ja	n.a.	Verkehr
CTD	max CDT	max CTD	avg CTD	nein	nein	QoS
CDV	ja	ja	nein	nein	nein	QoS
CLR	ja	ja	ja	ja	nein	QoS

- Während des Verbindungsaufbaus verlangen die beteiligten Endsysteme eine bestimmte Dienstgüte, die mit Hilfe der Verkehrsparameter spezifiziert wird. Dabei überprüft das ATM-Netzwerk, ob es in der Lage ist, die gewünschten Verkehrsparameter zu erfüllen. Ist dies der Fall, wird eine Verbindung zugelassen, wenn nicht, so wird der Verbindungsaufbau abgelehnt. Dieser Prozeß wird auch als Zulassungsüberprüfung **Connection Admission Control, CAC**, bezeichnet und an der Schnittstelle zwischen Endsystem und Netzwerk durchgeführt (UNI). Eine Zulassungsüberprüfung wird für alle Dienstklassen (A-D) durchgeführt.
- Nach der Anforderung des Endsystems und der erfolgten Zusage des ATM-Netzwerks ist ein sogenannter **Verkehrsvertrag** (Traffic Contract) zustande gekommen.
- Eine **Verkehrssteuerung** sorgt nach abgeschlossenem Verbindungsaufbau dafür, daß alle innerhalb des Verkehrsvertrags ausgehandelten Parameter eingehalten und falls notwendig auch erzwungen werden. In Zellen, die gegen den Verkehrsvertrag verstoßen, wird das CLP-Bit gesetzt (CLP=1, Cell Tagging). Zellen, deren CLP-Bit gesetzt ist, werden bei einem Stau als erstes verworfen. Dieses Verfahren kommt in der Dienstklasse B zum Einsatz. Eine andere Möglichkeit besteht darin, nicht vertragskonforme Zellen sofort als ungültig zu verwerfen (Cell Discard). Zuständig für diese Maßnahmen (User Parameter Control) ist jeweils der erste Vermittlungsrechner, bei dem die vom Endsystem versendeten Zellen ankommen. Die Klassen C und D gestatten keine Zellenverluste, so daß das CLP-Bit basierte Verfahren hier nicht zum Einsatz kommen kann.
- Um einen eintreffenden Datenstrom zeitlich möglichst gleichmäig zu verteilen, kommt ein als **Netzlastformung** (Traffic Shaping) bezeichnetes Verfahren zum Einsatz. Es werden sowohl Spitzendatenrate als auch Burstlänge begrenzt, um auf diese Weise das Auftreten von lokaler Überlast zu verhindern. Dabei sind sowohl das jeweilige Endsystem bzw. der erste Vermittlungsrechner und alle nachfolgenden beteiligt.

Die verfügbare Übertragungskapazität wird für die Dienstklassen C und D folgendermaßen ermittelt: Das sendewillige Endsystem sendet eine für das Ressourcenmanagement bestimmte Zelle (PTI-Feld=110), in der die gewünschte

Übertragungsrate eingetragen ist, an den Empfänger. Jeder dazwischenliegende Vermittlungsrechner, den die Zelle durchläuft, überprüft, ob er die gewünschte Übertragungskapazität zur Verfügung stellen kann. Falls nicht, kann er die eingetragene Datenübertragungsrate entsprechend reduzieren. Der Empfänger überprüft seinerseits den Eintrag in der Ressourcenanforderung und sendet die Zelle entsprechend wieder zum ursprünglichen Sender zurück. So kann der Sender durch Auswertung der Zelle feststellen, wie hoch die maximale für ihn reservierbare Datenübertragungsrate ist.

ATM-LAN-Emulation. Der Übergang einer bestehenden Netzwerkarchitektur innerhalb eines Unternehmens hin zu einer neuen LAN-Technologie, ist oft mit großem technischen Aufwand und hohen Kosten verbunden, da die bestehende Implementation von Grund auf ersetzt werden muß. ATM-Netzwerke können hingegen sehr effizient in eine bestehende LAN-Architektur integriert werden, da diese die Möglichkeit bieten, bestehende Netzwerkanwendungen auf Emulationsbasis über ATM hinweg zu betreiben. Diese Technik wird als **ATM-LAN-Emulation (ATM-LANE)** bezeichnet. Aus Sicht der jeweiligen LAN-Anwendung verhält sich der ATM-LAN-Emulationsdienst dabei genauso wie eine traditionelle LAN-Software, während Endsysteme direkt an das ATM-Netzwerk angeschlossen werden können.

Mit Hilfe einer Brückenfunktionalität können traditionelle LANs direkt mit ATM verknüpft werden. Allerdings kann das aufgrund der völlig unterschiedlichen Funktionsweise von ATM im Vergleich zu Ethernet- oder Token Ring Netzwerken nicht ohne Weiteres geschehen. Die grundlegenden Unterschiede der beiden Technologien sind dabei die folgenden:

1. Herkömmliche LAN Technologien wie Ethernet oder Token Ring arbeiten **verbindungslos**, während ATM **verbindungsorientiert** arbeitet. Die Daten werden von den traditionellen LAN-Systemen in der Hoffnung versendet, daß diese ihren Empfänger auch unversehrt erreichen. Auf eine Empfangsbestätigung wird in der Regel verzichtet. Verlorene Pakete können erst über Mechanismen in höher gelegenen Protokollschichten (z.B. TCP) erneut angefordert werden.
2. **Multicast** und **Broadcast** können aufgrund des gemeinsam genutzten Übertragungsmediums in herkömmlichen LAN-Technologien viel einfacher realisiert werden. Da alle Endgeräte hier per Definition an dasselbe Übertragungsmedium angeschlossen sind, erreicht jedes Datenpaket ohnehin jedes Endgerät im Netzsegment. Lediglich eine Filterung bzgl. der Empfängeradresse, die in den jeweiligen Netzwerkadaptern der Endgeräte durchgeführt wird, vermittelt den Eindruck einer exklusiven Kommunikationsbeziehung. Wird eine Broadcast-Adresse als Empfängeradresse angegeben, so kann durch Versenden eines einzigen Pakets das gesamte Netzwerksegment angesprochen werden. Das verbindungsorientierte ATM-Protokoll stellt für jedes Kommunikationspaar einen Kommunikationspfad (VP/VC) zur Verfügung, dessen Parameter wie Bandbreite und

Übertragungsverzögerung jeweils in der Phase des Verbindungsaufbaus ausgehandelt werden. Jedes über diesen Pfad versendete Datenpaket erreicht genau nur den designierten Empfänger und keinen anderen Rechner innerhalb des Netzwerks. Eine Broadcast-Nachricht an k Empfänger verlangt daher den Aufbau von k unterschiedlichen Kommunikationspfaden.

3. LAN MAC-Adressen basieren auf der Seriennummer des Herstellers des Netzwerkadapters und sind unabhängig von der Netzwerktopologie. Das zur Zuordnung von MAC-Adressen zu IP-Adressen genutzte ARP-Protokoll (siehe Kap. 7.2.2) basiert auf der Verwendung von Broadcasts. In ATM muß eine solche Zuordnung allerdings abhängig von der Netzwerktopologie mit Hilfe von Zuordnungstabellen innerhalb der Vermittlungsrechner im ATM-Netz vorgenommen werden.

Die vom ATM-Forum standardisierte LAN-Emulation wird durch vier Dienstmodule, die auf dem ATM Adaption Layer (AAL-5) aufsetzen, realisiert (siehe auch Abb. 5.60):

- **LAN Emulation Client (LEC)**
  Software, die alle notwendigen Steueroperationen sowie die Datenübertragung über die ATM-Schnittstelle durchführt. Anwendungen in darüberliegenden Protokollschichten wird jeweils ein spezielles MAC-Interface zur Verfügung gestellt.

- **LAN Emulation Server (LES)**
  Software zur Steuerung des emulierten LANs, schließt Registrierung von LECs und Zuordnung von MAC- zu ATM-Adressen mit ein. LEC muß dazu die von ihm repräsentierte MAC-Adresse, die korrespondierende ATM-Adresse und ggf. Routinginformation beim LES anliefern. Zum Versand eines Datenpakets wird als erstes in der Adresstabelle des LES nach der ATM-Adresse des Empfängers gesucht. Ist diese nicht vorhanden, so wird sie mit Hilfe eines Broadcasts des BUS-Servers ermittelt.

- **LAN Emulation Configuration Server (LECS)**
  Software zur Verwaltung der gleichzeitigen Zugehörigkeit des LEC zu verschiedenen emulierten LANs über eine spezielle Konfigurationsdatenbank.

- **Broadcast and Unknown Server (BUS)**
  Software zur Vermittlung aller Broadcast- und Multicast-Datenpakete von LECs. Dazu zählen sowohl Datenpakete mit nativen Multicast- und Broadcastadressen, Datenpakete mit MAC-Adressen zu denen dem LEC keine zugehörige ATM-Adresse bekannt ist bzw. die nicht vom zugehörigen LES ermittelt werden konnte, sowie sogenannte Explorer-Datenpakete des Source-Routing-Mechanismus, die zur Ermittlung einer optimalen Route dienen.

Die LAN-Datenpakete selbst werden eingekapselt in sogenannten LAN-Emulations-Datenpaketen über die AAL-5 Schicht übertragen. Die Operationen zwischen den einzelnen Softwarekomponenten der LAN-Emulation werden mit Hilfe von Steuerverbindungen (Control VCC) und Datenverbindungen

(Data VCC) abgewickelt. Control VCCs koppeln dabei LECs mit LES und LECS, während die Kommunikation zwischen BUS und LEC, sowie zwischen einzelnen LECs jeweils über Data VCCs erfolgt. Ein LEC, der sich zur Teilnahme an einem emulierten LAN beim LECS anmeldet, handelt mit diesem über eine Configuration-Direct-VCC die entsprechenden Verbindungsparameter (Adressen, LAN-Bezeichnung, Datenpaketgröße) aus.

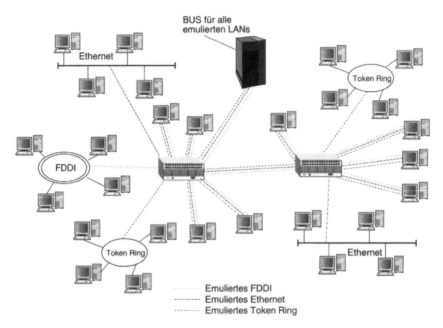

Abb. 5.60. Heterogenes Ethernet/Token Ring/FDDI auf der Basis von ATM-LAN Emulation

Exkurs 16: ATM – Zellvermittlung (Switching)

Das zentrale Element in ATM-Netzwerken sind die **ATM-Vermittlungsrechner** (ATM-Schalteinheiten, ATM-Switches, ATM-Cross-Connects). Um ein Hochgeschwindigkeitsnetzwerk auf Basis dieser ATM-Switches aufzubauen, müssen diese in der Lage sein, Datendurchsatzraten im Giga- und Terabitbereich zu gewährleisten. Dies kann nur dadurch erreicht werden, daß die zum Routing notwendigen Algorithmen vollständig in Hardware realisiert sind. Zusätzlich wird die durch ATM vorgeschriebene konstante Datenpaketgröße ausgenutzt, um die notwendigen Algorithmen weitgehend und massiv parallel zu implementieren. Die Schaltgeschwindigkeit eines ATM-Switches übersteigt die Datenübertragungskapazität der angeschlossenen Endgeräte um ein Vielfaches. Nur so können alle angeschlossenen Endgeräte die angestrebte Bandbreite im vollen Umfang nutzen.
Erreicht ein Datenpaket den ATM-Switch an einem seiner Input-Ports, so muß dieser als erstes die Kanal- und Pfadidentifikation (VCI/VPI) des Datenpakets auswerten. Danach erfolgt die Weiterleitung des Pakets an den designierten Output-Port des

ATM-Switches. Man unterschiedet grundsätzlich zwischen **ATM-Pfadvermittlungen** (VP-Switches, Crossconnect) und **ATM-Kanalvermittlungen** (VC-Switches, ATM-Switch, siehe Abb. 5.61). Innerhalb einer ATM-Pfadvermittlung werden alle ankommenden Pfade be-

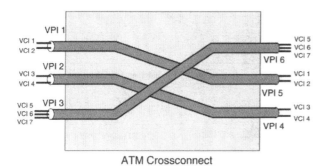

Abb. 5.61. ATM-Pfadvermittlung

endet und – inklusive aller im Pfad befindlichen Kanäle – in einen anderen Pfad geleitet, während die einzelnen ATM-Kanäle davon unberührt bleiben. Im Gegensatz dazu beenden ATM-Kanalvermittlungen eingehende Pfade und Kanäle und leiten diese in neue Pfade und Kanäle um. Wird ein Pfad in einem ATM-Switch abgeschlossen, so muß ebenfalls auch der dazugehörige Kanal beendet werden.

Das eigentliche Herzstück des ATM-Vermittlungsrechners ist die sogenannte **Switching Fabric**, in der die Weiterschaltung der einzelnen ATM-Zellen organisiert wird. Dabei soll die Switching Fabric dynamische Übertragungswege zwischen Input-Ports und Output-Ports des ATM-Vermittlungsrechners bereitstellen, so daß möglichst wenige interne und externe Konflikte auftreten. Von einem internen Konflikt ist dann die Rede, wenn sich zwei ATM-Zellen innerhalb eines mehrstufigen Schaltnetzwerks innerhalb des ATM-Vermittlungsrechners um denselben Output-Port bemühen. Tritt eine solche Blockade am Ausgang des internen Schaltungsnetzwerkes des ATM-Vermittlungsrechners auf, so spricht man von einem externen Konflikt (siehe Abb. 5.62). Die Switching Fabric selbst ist aus einzelnen Zellvermittlungseinheiten – den **Schaltelementen** (Switching Elements) – aufgebaut. Allerdings ist die Anzahl der durch die Schaltelemente zur Verfügung gestellten Input- und Output-Ports in der Regel zu gering, um den Anforderungen eines ATM-Netzwerkes gerecht zu werden, so daß diese zu größeren Strukturen zusammengeschaltet werden.

Die Schaltelemente selbst setzen sich aus sogenannten **Interconnection-Netzwerken** zusammen, die die eigentlichen Übertragungswege für die ATM-Datenpakete bereitstellen. Grundsätzlich unterscheidet man zwei Arten von Interconnection-Netzwerken:

- **Matrix-Netzwerke**
  Hier werden durch ein Netz aus Übertragungspfaden alle Eingänge eines Schaltelements mit allen seinen Ausgängen verknüpft. Die ATM-Datenpakete werden parallel über dieses Netzwerkgitter (**Crossbar**) synchron zum lokalen Takt des Schaltelements übertragen. Sollen dabei zwei ATM-Datenpakete über denselben Output-Port weitergeleitet werden, so kommt es zu einer Blockierung. Um Datenverluste durch Blockierung zu vermeiden, müssen an den Input- und Output-Ports bzw. an den Kreuzungspunkten der Übertragungswege, Zwischenspeicher, die als Puffer fungieren, eingerichtet werden.

- **Time-Division-Multiplexing-Netzwerke**
  Entweder werden bei diesem Verfahren alle ATM-Datenpakete seriell über eine gemeinsame Bus- oder Ringstruktur (**Shared Medium Switching**) übertragen, oder die ATM-Datenpakete werden alle zuerst über einen Input-Controller in einen gemeinsamen Spei-

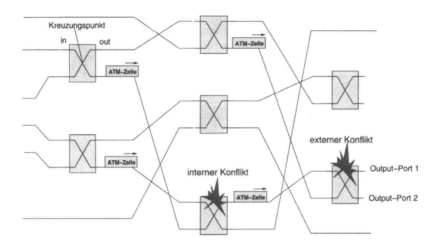

Abb. 5.62. Interne und externe Blockierungen in Schaltelementen

cher geschrieben, bevor sie durch einen Output-Controller wieder aus diesem ausgelesen werden (**Shared Memory Switching**).

Weiterführende Literatur:

O. Kyas: ATM-Netzwerke, Aufbau, Funktion, Performance, 3. Aufl., DATACOM-Buchverlag, Bergheim, Deutschland, 1996.

S. Sounders: The McGraw-Hill High-Speed LAN Handbook, McGraw-Hill, New York NY, USA, 1996.

R. Jäger: Breitbandkommunikation: ATM, DQDB, Frame Relay, Addison-Wesley, Bonn, Deutschland, 1996.

5.4.6 Wireless LAN (WLAN)

Während verkabelte LANs seit Jahren den Netzwerkmarkt dominieren, finden gegenwärtig drahtlose, funkbasierte Netzwerke zunehmende Verbreitung. **Ubiquitäres Computing** mit Netzzugang, vollkommen unabhängig vom aktuellen Standort, auf dem Universitätscampus oder auf öffentlichen Plätzen, ja selbst in öffentlichen Verkehrsmitteln, wird zusehends Wirklichkeit, die unser Leben in vielen Facetten verändert. War es bislang eine Kostenfrage bzw. stieß eine drahtlose Vernetzung oft auch an technologische Barrieren, so ermöglicht der technische Fortschritt und die damit verbundene Massenproduktion der benötigten Komponenten eine immer weitreichendere Verbreitung.

Historisch gesehen reicht die Entwicklung drahtloser Computernetzwerke zurück bis in das Jahr 1971. In jenem Jahr gelang Norman Abrahamson und seinen Kollegen von der Universität Hawaii die Vernetzung der Hawaiianischen Hauptinseln über ein Funknetz mit dem Namen **ALOHAnet**. Das ursprüngliche ALOHAnet war als bidirektionale Sterntopologie ausgelegt, das sieben einzelne Rechner auf vier verschiedenen Inseln mit dem Zentralrechner auf der Insel Oahu bei einer Übertragungskapazität von 9.600 bps verband, ohne daß dabei irgendwelche kabelbasierten Übertragungsmedien zum Einsatz kamen. Auslöser für die Entwicklung eines funkbasierten Netzwerkes waren die unzuverlässigen und zudem sehr teuren Telefonkabelverbindungen zwischen den Inseln Hawaiis, die Abrahamson dazu veranlaßten, ein drahtloses Netzwerk in Verbindung mit einem einfachen Vielfach-Zugriffsprotokoll (pure Aloha, slotted Aloha, siehe Kap. 5.4.1) zu konzipieren, aus dem später das verbreitete Ethernet-Protokoll hervorgehen sollte. 1972 wurde das ALOHAnet auch an das ARPAnet angeschlossen – erst über Funk und ab 1973 via Satellit –, und Hawaii war fortan online.

Aus topologischer Sicht kommen für ein funkbasiertes LAN generell nur Stern- oder Maschentopologien in Frage. In einer **Maschentopologie** (Mesh Topologie) existieren mindestens zwei Knoten mit mehr als zwei - also redundanten - Verbindungen zwischen diesen Knoten. In einer reinen Maschentopologie (True Mesh Topology, siehe Abb. 5.63 (a)) besteht von jedem Knoten eine Verbindung zu jedem anderen, sie ist also identisch mit einer vollständigen Punkt-zu-Punkt-Vernetzung, anders als bei einer partiellen Maschentopologie (Partial Mesh Topology, siehe Abb. 5.63 (b)). Eine reine Maschentopologie bleibt in der Regel einem Backbone-Netz vorbehalten, da hier eine hohe Ausfallsicherheit garantiert werden muß. Mit solchen Backbone-Netzen sind dann oft weitere, partielle Maschentopologien verknüpft.

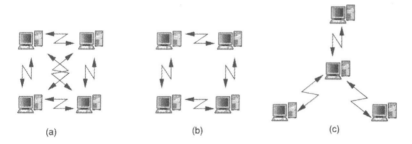

Abb. 5.63. WLAN-Topologie: (a) reine Maschentopologie, (b) partielle Maschentopologie und (c) Sterntopologie

Die **Sterntopologie** (siehe Abb. 5.63 (c)) ist heute die verbreitetste Form von drahtlosen LANs. Eine zentrale Basisstation, der sogenannte **Access Point** (AP) sorgt für die korrekte Weiterleitung der von den peripheren Rechnern gesendeten Datenpakete. Der Access Point kann das Funknetz als **Brücke** mit einem anderen, drahtgebundenen Netzwerk oder auch mit dem Internet verbinden und gewährleistet auf diese Weise den Anschluß der über Funk angebundenen peripheren Rechner an ein größeres Netzwerk (siehe Abb. 5.64).

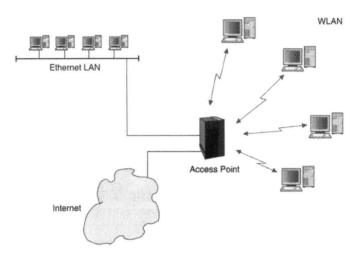

Abb. 5.64. Anbindung eines sternförmigen Funknetzes an weitere Netzwerke

IEEE 802.11 - Wireless Networks. Damit sich WLANs auf breiter Basis durchsetzen konnten, bedurfte es eines Industriestandards wie bei den anderen, bereits behandelten Netzwerkstandards, z.B. Ethernet oder Token Ring. Die für die Standardisierung im LAN-Bereich zuständige Untergruppe IEEE 802 des Institute of Electrical and Electronics Engineers rief daher das zugehörige Kapitel IEEE 802.11 WLAN ins Leben, das einen ersten Standard für drahtlose LANs bereits 1997 verabschiedete. Der ursprüngliche Standard arbeitete im Radiofrequenzbereich (RF) um 2,4 GHz und sah eine Datenübertragungsrate von 1-2 Mbps vor. Die beiden Nachfolgestandards IEEE 802.11a und IEEE 802.11b arbeiten im Bereich von 5,8 GHz bzw. 2,4 GHz und erreichen Übertragungsraten von 5 Mbps bis zu 54 Mbps. 802.11b besitzt eine Übertragungsreichweite von etwa 50 Metern. Zur Redundanzabsicherung und um eventuell auftretende Übertragungsfehler zu vermeiden, wird die in der Praxis erreichbare Datenübertragungsrate auf etwa 70% der theoretisch möglichen festgesetzt. In Tabelle 5.14 sind die einzelnen zu IEEE 802.11 gehörigen Substandards und Untergruppen dargestellt.

In der untersten Protokollschicht des IEEE 802.11 Standards besteht das Problem, daß auf dem für die Datenübertragung zugeteilten Frequenzband oft viele verschiedene Rechner miteinander kommunizieren wollen, wobei sich deren geografischer Standort überschneidet. Wie können also unterschiedliche Kommunikationspartner in einem (oder mehreren überlappenden) Funknetzwerk(en) voneinander unterschieden werden? Zur Lösung dieses Problems wurden in der physikalischen Schicht zwei unterschiedliche Modu-

Tabelle 5.14. IEEE 802.11 und seine Untergruppen

802.11a	54 Mbps im 5 GHz Frequenzband (2002)
802.11b	11 Mbps im 2,4 GHz Frequenzband (1999)
802.11d	zusätzliche Länder
802.11e	Verbesserungen Übertragungsqualität, Sicherheit
802.11f	Inter Access Point-to-Point Protocol
802.11g	20 Mbps im 2.4 GHz Frequenzbereich (in Arbeit)
802.11h	5 GHz Frequenzspektrum und Sendestärkenmanagement
802.11i	Verbesserungen der Sicherheit

lationsverfahren für die Datenübertragung spezifiziert: **Direct Sequence Spread Spectrum (DSSS)** und **Frequency Hopping Spread Spectrum (FHSS)** (siehe Abb. 5.65). Ursprünglich entworfen durch das Militär, definieren beide unterschiedliche Datenübertragungsverfahren, die sich durch hohe Zuverlässigkeit auszeichnen.

FHSS unterteilt dabei das verfügbare Frequenzband in einzelne Kanäle. Es nutzt eine Schmalbandträgerwelle, die permanent ihre Frequenz quasi zufällig nach dem sogenannten **Gaussian Frequency Shift Keying** Verfahren (**GFSK**) wechselt, was eine gewisse Sicherheit gegenüber Abhörversuchen bietet, da ein unberechtigter Dritter nicht in der Lage ist, vorherzusagen, auf welche Frequenz als nächstes gewechselt wird und so das vollständige Signal nicht empfangen kann. Dieses Verfahren ermöglicht es, über FHSS gleichzeitig verschiedene Netzwerke innerhalb desselben physikalischen Raums zu nutzen, wobei die einzelnen Netzwerke unterschiedliche über GFSK festgelegte Frequenzsignaturen nutzen.

DSSS auf der anderen Seite arbeitet vollkommen anders. Es kombiniert den Datenstrom mit einem digitalen Code von höherer Geschwindigkeit, d.h. jedes Datenbit wird auf eine zufällige Bitfolge – den sogenannten **Chipping Code** – abgebildet, die jeweils nur Sender und Empfänger bekannt ist. 1 und 0 werden dabei jeweils durch den Chipping Code und dessen Invertierung repräsentiert und erhalten dadurch eine bestimmte Bitsignatur, über die sie identifiziert werden können. Diese Art der Frequenzmodulation gewährleistet bei entsprechender Synchronisation sogar eine eigene Fehlerkorrektur und ist daher robuster gegenüber zufälligen oder beabsichtigten Störungen.

Die nächsthöher gelegene Protokollschicht des IEEE 802.11 Standards, der Medium Access Layer (MAC), regelt den Vielfachzugriff auf das gemeinsam genutzte Übertragungsmedium. Das im WLAN angewendete Verfahren ist dem bei kabelbasierten Ethernet angewendeten CSMA/CD Algorithmus sehr ähnlich. Wie in dem im Ethernet-Standard IEEE 802.3 festgelegten Zugriffsverfahren verfügen alle Teilnehmer über ein gemeinsames Zugriffsrecht. Um nicht von vorne herein eine Kollision auszulösen, darf bei CSMA/CD ein Rechner nur dann einen Sendevorgang starten, wenn kein Signal auf dem gemeinsam genutzten Übertragungsmedium entdeckt wird. Ebenso überwacht gemäß den IEEE 802.11 Spezifikationen ein Rechner im WLAN den empfan-

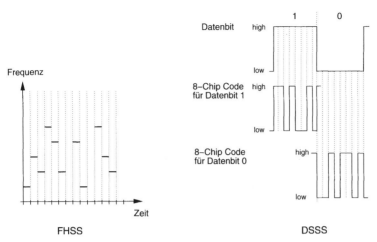

Abb. 5.65. FHSS und DSSS Frequenzmodulationsverfahren für IEEE 802.11 Wireless LAN

genen Energiepegel auf einer zugeteilten Funkfrequenz, um festzustellen, ob ein anderer Rechner gerade eine Datenübertragung durchführt. Wird erkannt, daß ein bestimmter Kanal für eine gewisse Zeitspanne, die als **Distributed Interframe Space** bezeichnet wird, frei ist, darf ein Rechner mit seiner Übertragung starten. Der Empfänger bestätigt den Empfang einer vollständigen Nachricht nach Ablauf einer als **Short Interframe Spacing** bezeichneten Zeitspanne. Wird erkannt, daß der Kanal gerade besetzt ist, wird ein Backoff-Algorithmus angestoßen und der Rechner wartet eine zufällig gewählte Zeitspanne, bevor er den nächsten Sendeversuch unternimmt.

Im Gegensatz zum CSMA/CD Algorithmus, der nach einer erkannten Kollision von Datenpaketen entsprechende Maßnahmen einleitet, um den Parallelzugriff verschiedener Teilnehmer zu regeln, wird in IEEE 802.11 ein Kollisionsvermeidungsverfahren angewendet: **Multiple Access with Collision Avoidance** (**MACA**). Dieses Verfahren ist kostengünstiger zu implementieren als eine Kollisionserkennung, die die Fähigkeit zum gleichzeitigen Senden und Empfangens voraussetzt. Der Sender veranlaßt dabei im MACA-Verfahren den Empfänger, ein kurzes Datenpaket zu versenden, das alle Teilnehmer in der näheren Umgebung, die einen Konflikt auslösen könnten, dazu bewegt, für die Dauer der Übertragung des nachfolgenden langen Datenpakets keine eigenen Pakete zu versenden.

Angenommen, Rechner A möchte ein Paket an Rechner B senden (siehe Abb.5.66).

- Dann sendet A zunächst ein sehr kurzes, sogenanntes RTS-Datenpaket (Request to Send) (siehe Abb.5.66 (a)), das unter anderem die Länge des eigentlich zu versendenden und in der Regel wesentlich längeren Paketes enthält.

- B antwortet darauf mit einem CTS-Paket (Clear to Send) (siehe Abb.5.66 (b)), das ebenfalls die von A bereits versendete Längeninformation enthält.
- Sobald A das CTS-Paket empfängt, startet A mit dem Versenden des eigentlichen Datenpakets. Jeder Rechner, der das von A gesendete RTS-Paket empfangen hat, muß sich in der Nähe von A befinden und verhält sich nun mindestens solange ruhig, bis das CTS-Paket wieder zurück bei A angelangt ist.
- Jeder Rechner, der das von B übertragene CTS-Paket mitempfängt, befindet sich in der Nachbarschaft von B, und muß für die Zeit der anstehenden Datenübertragung, deren Länge aus dem CTS-Paket entnommen werden kann, das Senden einstellen.
- Ein Rechner C, der sich zwar in Reichweite von A, aber nicht von B befindet und das RTS-Paket zwar empfängt, aber nicht das CTS-Paket, darf während der bevorstehenden Datenübertragung zwischen A und B senden, solange dies nicht mit dem CTS-Paket in Konflikt gerät.
- Anders verhält es sich mit Rechner D, der sich zwar in Reichweite von Rechner B, aber nicht in der von A befindet. D empfängt das CTS-Paket, aber nicht das RTS-Paket. Aus dem Empfang des CTS-Pakets schließt D, daß er sich nahe eines Rechners befindet, der gleich ein Datenpaket empfangen wird, und verhält sich über die im CTS-Paket angegebene Zeitspanne ruhig.
- Trotz dieser Vorsichtsmaßnahmen können Kollisionen auftreten, z.B. wenn B und C zur gleichen Zeit ein RTS-Paket an A versenden. Dieses RTS-Paket geht aufgrund einer Kollision verloren. Stellt ein sendewilliger Rechner fest, daß sein Sendeversuch nicht erfolgreich war, wartet er eine zufällig festgelegte Zeitspanne und beginnt danach erneut seine Übertragung. Dabei wird derselbe Binary Backoff Algorithmus angewendet wie im Falle des CSMA/CD-Algorithmus.
- Zusätzlich sendet der Empfänger nach dem erfolgreichen Empfang des Datenpakets eine Bestätigung (Acknowledgement) zurück an den Sender. Bleibt diese Bestätigung aus, so unternimmt der Sender nach Ablauf einer zufälligen Zeitspanne einen erneuten Sendeversuch.

Da die Definition des IEEE 802.11 Standards noch nicht abgeschlossen ist, fehlen noch festgeschriebene Lösungen für einige wichtige Probleme, wie z.B. ein Standardmechanismus für das sogenannte **Roaming** – dem Übergang vom Sende-/Empfangsbereich eines Access Points (AP) zum nächsten.

Sicherheitsaspekte im WLAN. Funkbasierte lokale Netze können von vornherein nicht ein vergleichbares Niveau an Sicherheit bieten, wie ein kabelgebundenes Netz. Da in WLANs die Luft des freien Raums als Übertragungsmedium genutzt wird, ist hier eine nichtautorisierte Nutzung oder das Abhören des Datenverkehrs wesentlich leichter. Ein sogenannter **Network Sniffer**, der den gesamten Datenverkehr auf einem vorgegebenen Übertragungsmedium mitschneiden und sicherheitsrelevante Informationen her-

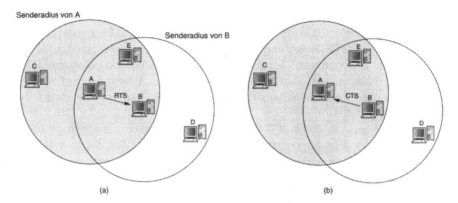

Abb. 5.66. Der MACA Algorithmus zur Kollisionsvermeidung. In (a) sendet A ein RTS-Datenpaket an B und in (b) antwortet B darauf mit einem CTS-Paket

ausfiltern kann, ist ohne Probleme in ein WLAN einzubringen, da kein physikalischer Kontakt zum eigentlichen Netzwerk notwendig ist, wie etwa bei kabelgebundenen Netzwerken.

Auch die Entdeckung eines WLANs fällt einem potentiellen Angreifer in der Regel sehr leicht. Um den am WLAN teilnehmenden Rechnern Zugang zu gewähren, sendet ein Access Point unverschlüsselt sogenannte **Beacon-**Datenpakete aus, um sich bekannt zu machen. Ein mobiler Angreifer muß deshalb nichts weiter tun, als eine Antenne auf sein Autodach zu montieren und während der Fahrt nach Beacon-Datenpaketen zu fahnden. Diese Form des Ausspähens von Funkdatennetzen wird auch als **Parkplatz-Attacke** (Parking Lot Attack) bezeichnet (siehe Abb. 5.67). Eine Firma kann sich zwar über eine Firewall vor unberechtigtem Zugriff aus dem drahtgebundenen Internet schützen, die im Firmennetz befindlichen APs sind jedoch zunächst von dieser Art Schutzmechanismus ausgeschlossen.

Prinzipiell werden die folgenden Arten von Angriffen auf WLANs unterschieden:

- passive Angriffe zur Entschlüsselung des Datenverkehrs durch Methoden der statistischen Analyse,
- aktive Angriffe, um neuen Datenverkehr von nicht autorisierten mobilen Rechnern in das WLAN einzubringen,
- aktive Angriffe zur Entschlüsselung des Datenverkehrs durch Täuschung des AP und
- Wörterbuch-erzeugende Angriffe, die den Datenverkehr über einen längeren Zeitraum aufzeichnen und mit dem Ziel analysieren, eine Echtzeitentschlüsselung des Datenverkehrs zu erreichen.

Um Angriffen von potentiellen Hackern zu entgehen, die die bereits bekannten Sicherheitslücken der WLAN-Technologie ausnutzen, wurde in IEEE 802.11b das sogenannte **Wired Equivalency Protocol (WEP)** definiert. Ziel die-

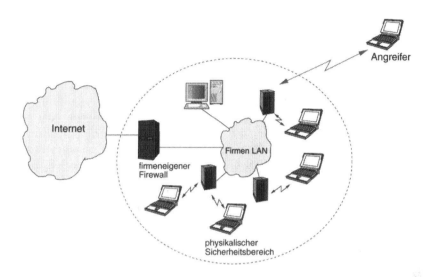

Abb. 5.67. Potentielle Angreifer können in WLANs über die sogenannte *Parking Lot Attack* eindringen

ses Protokolls ist es, die Privatsphäre im WLAN durch Verschlüsselung der übertragenen Datenpakete zu gewährleisten, mit der Nebenfunktion, unautorisierten Zugang zu verhindern. Ein zuverlässiger Schutz von einem Endgerät zum nächsten kann aber auch damit nicht erreicht werden. Das WEP-Protokoll basiert auf einem geheimen, symmetrischen Schlüssel, der zwischen dem AP und anderen teilnehmenden Rechnern vereinbart wird. Mit diesem Schlüssel werden die Datenpakete verschlüsselt, bevor sie versendet werden. Zusätzlich werden die Datenpakete auf Unversehrtheit überprüft, um sicherzustellen, daß sie nicht auf ihrem Weg manipuliert worden sind. Der IEEE 802.11b Standard sieht aber keine Prozedur für das Verteilen der Schlüssel vor. Daher wird in den meisten WLAN-Implementationen so vorgegangen, daß ein einziger Schlüssel manuell festgelegt und dann den teilnehmenden Rechnern vom AP aus übermittelt wird.

Ein weiteres Problem der WEP-Verschlüsselung (siehe Abb. 5.68) liegt im verwendeten Verschlüsselungsalgorithmus, dem **RC4**, einem sogenannten Stream Cypher Algorithmus, selbst begründet. Stream Cypher Algorithmen expandieren einen kurzen, vorgegebenen Schlüssel, den sogenannten **Initialisierungsvektor** (**IV**), in einen unendlichen Strom von Pseudozufalls-Schlüsseln. Um den verschlüsselten Text zu erzeugen, der übertragen werden soll, wird dieser Schlüsselstrom mit den eigentlichen Daten, die gesendet werden sollen, bitweise über die Boolesche Operation XOR verknüpft. Der Empfänger kann durch Anwenden derselben Methode die Ursprungsdaten aus den verschlüsselten Daten leicht wiedergewinnen.

Eine Möglichkeit des Angriffs besteht hierbei z.B. darin, daß der Angreifer ein zufälliges Bit in einem gesendeten Datenpaket verändert. Dadurch werden die daraus entschlüsselten Daten korrumpiert und wertlos für den Empfänger. Eine andere Möglichkeit besteht für den Angreifer darin, zwei verschlüsselte Datensequenzen, die mit demselben Schlüsselstrom verschlüsselt wurden, abzufangen. Aus diesen kann der Angreifer leicht die XOR-Verknüpfung der beiden zu Grunde liegenden Originaldaten ermitteln, aus denen sich wiederum über geeignete Methoden der statistischen Analyse die eigentlichen Originaldaten ermittelt lassen. Je mehr verschlüsselte Daten gesammelt werden können, die mit demselben Schlüsselstrom verschlüsselt wurden, desto größere Erfolgschancen hat diese Methode. Einem Angreifer fällt es in der Regel leicht, mehrere Datenpakete abzufangen, die mit demselben Schlüssel kodiert wurden. Da der IV nur eine Länge von 24 Bit aufweist, wiederholt sich eine Schlüsselsequenz an einem AP, der 1.500 Byte lange Pakete bei einem Durchsatz von 11 Mbps versendet, nach etwa 5 Stunden. Innerhalb dieser Zeit fällt an diesem AP eine Datenmenge von maximal 24 GByte an, die ein Angreifer mitschneiden und aufzeichnen kann, um Datenpakete mit identischem IV und daher auch identischem geheimen Schlüssel zu finden. Da im IEEE 802.11b Standard nichts über die Erzeugung des IV vorgeschrieben wird, nutzen nicht alle Hersteller von WLAN Hardware die zur Verfügung stehenden 24 Bit vollständig. Daher kann sich ein IV oft bereits schon viel früher wiederholen.

Fluhrer, Mantin und Shamir [FMS01] fanden 2001 heraus, daß im RC4-Verschlüsselungsalgorithmus sogenannte schwache IVs auftreten. Diese schwachen IVs geben einen Hinweis auf die Identität eines Bytes im damit erzeugten geheimen Schlüssel. Sammelt ein potentieller Angreifer nun eine hinreichende Anzahl von Datenpaketen – 6 Millionen Datenpakete bzw. 8,5 GByte sind bereits ausreichend – enthalten diese genügend viele schwache IVs zur vollständigen Rekonstruktion des geheimen Schlüssels. Noch einfacher wird die Rekonstruktion des geheimen Schlüssels, wenn bei der Generierung anstelle beliebiger Bytewerte nur Ziffern und Buchstaben Verwendung finden, wie es einige Hersteller bei der nutzerdefinierten Festlegung des IVs erlauben. Die Anzahl der daraus erzeugbaren möglichen Schlüsselsequenzen wird so weiter eingeschränkt und potentielle Angreifer müssen hier noch weniger Datenpakete sammeln, um den Schlüssel rekonstruieren zu können.

IEEE 802.15 - Personal Area Networks. Ein weiteres Gebiet der drahtlosen Datenkommunikation erschließt sich in der Vernetzung von datenkommunikationsfähigen Endgeräten innerhalb eines nur wenige Meter umfassenden abgeschlossenen Bereichs. Dies reicht vom Anschluß eines Druckers an einen Arbeitsplatzrechner bis zum drahtlosen Headset des Mobiltelefons. Dieser räumlich eng begrenzte Bereich der Datenkommunikation wird als **PAN** (**Personal Area Networks**), als persönliches Netzwerk bezeichnet, und ist Gegenstand des IEEE 802.15 Standards.

WEP - Wired Equivalence Potocol

Ausgehend von einem 24 Bit langen Initialisierungsvektor (IV) wird im WEP-Verfahren (IEEE 802.11b) zunächst ein 40 Bit bzw. 104 Bit langer, geheimer Schlüssel generiert. Der Standard selbst nimmt keine Stellung zum Problem des Schlüsselmanagements. Es wird darin nur davon ausgegangen, daß AP und teilnehmende Rechner denselben Schlüssel verwenden. Mit Hilfe des **RC4** Algorithmus wird aus dem geheimen Schlüssel ein unendlicher, pseudozufälliger Schlüsselstrom erzeugt. Bevor die Daten übertragen werden, wird ein Prüfsummenverfahren durchgeführt, das eine CRC-32 Prüfsumme an die zu versendenden Daten anhängt und die Daten vor unautorisierter Manipulation sichern soll. Schlüsselstrom und zu versendende Daten werden dann über eine XOR-Operation miteinander verknüpft und als verschlüsselte Daten versendet.

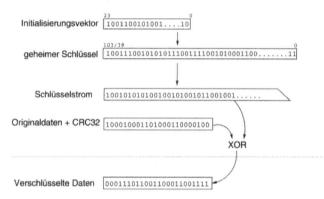

Die Nutzer eines WLANs sollten unterschiedliche IVs verwenden, damit die dadurch erzeugten, verschlüsselten Datenpakete nicht immer mit demselben Schlüsselstrom generiert werden. Zuerst wird der IV im Klartext übertragen, gefolgt vom verschlüsselten Datenstrom. Der Empfänger kann aus dem IV und seinem bekannten Schlüssel den zum Verschlüsseln verwendeten Schlüsselstrom erzeugen und durch einfache Anwendung der XOR-Verknüpfung die ursprünglichen, unverschlüsselten Daten gewinnen.

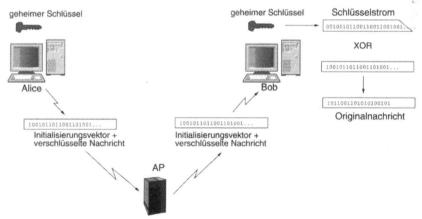

Abb. 5.68. WLAN Sicherheit mit dem WEP-Protokoll

Tatsächlich kommunizieren immer mehr Einzelgeräte in diesem Bereich miteinander, seien es der Arbeitsplatzrechner und diverse Peripheriegeräte, das Mobiltelefon, der PDA (Personal Data Assistent) oder sogar intelligente Haushaltsgeräte. Um einer aufwendigen Verkabelung aus dem Weg zu gehen, waren in diesem Bereich von Anfang an drahtlose Methoden der Datenkommunikation vorgesehen. Zu den bekanntesten zählen **Infrarot**, **Bluetooth** und **WLAN**.

Die einfachste Art der Vernetzung ist dabei die Koppelung über einen **Infrarot-Kommunikationsport** (IrDA, Infrared Data Association). Die meisten Notebooks und zahlreiche Mobiltelefone verfügen bereits heute über eine solche Kommunikationsschnittstelle und zahlreiche Peripheriegeräte, wie etwa Drucker, lassen sich damit an einen Arbeitsplatzrechner anbinden. Der Nachteil dieser Methode liegt darin, daß sich die Kommunikationspartner immer innerhalb einer Sichtverbindung befinden müssen, d.h. Gegenstände, die sich auf einer direkten Linie zwischen zwei Endgeräten befinden, werden zu Hindernissen und stören eine Kommunikation. Zwar erlaubt Infrarot eine recht hohe Datenübertragungsrate von bis zu 4 Mbps, aber der maximale Abstand zwischen zwei Endgeräten darf dabei nicht mehr als 50 cm betragen.

Die unter dem Namen **Bluetooth** bekannte Technologie erlaubt Endgeräten eine drahtlose, funkbasierte Kommunikation im 2,4 GHz ISM-Frequenzband mit Datenübertragungsraten bis zu 1 Mbps. Der Vorteil von Bluetooth gegenüber Infrarot-basierten Technologien liegt in der Tatsache, daß die Kommunikationspartner nicht mehr auf eine direkte Sichtverbindung zwischen den Endgeräten angewiesen sind. Eines der Designziele von Bluetooth war die Vernetzung von batteriebetriebenen Endgeräten, d.h. es wurde ein Hauptaugenmerk auf einen geringen Energieverbrauch gelegt. Daher sind Bluetooth-Endgeräte der als Energiesparklasse 2 bezeichneten Geräte nur in der Lage, Distanzen bis zu 10 m zu überbrücken bei einer Sendeleistung von nur 100 mW. Auf der anderen Seite sind Implementationen der Bluetooth-Schnittstelle sehr einfach gehalten, so daß diese meist auf einem einzigen Chip realisiert werden können.

Funktechnisch betrachtet arbeitet Bluetooth nach dem Frequenz Hopping Verfahren (FHSS - Frequency Hopping Spread Spectrum) und ändert die Trägerfrequenz des Funksignals 1.600 mal in der Sekunde, um ein einfaches Abhören zu verhindern. Zusätzlich kommt eine 128 Bit Verschlüsselung zum Einsatz, die weitere Abhör- und Einbruchsversuche verhindern soll. So ist ein unberechtigtes Abhören von Bluetooth schwieriger zu bewerkstelligen als im Falle des WLANs, alleine schon aufgrund der Reichweitenbeschränkung von Bluetooth auf nur 10 m.

Ein über Bluetooth betriebenes PAN (auch bezeichnet als Piconetz) enthält einen sogenannten Master und maximal sieben weitere Teilnehmer, sogenannte Slaves. Zwar kann jeder Bluetooth-Knoten prinzipiell als Master fungieren, jedoch darf in einem Piconetz immer nur ein Master agieren. Alle Knoten des Piconetzes verwenden dasselbe FHSS-Verfahren, dessen Frequenzlagen vom jeweiligen Master festgelegt werden, der ebenfalls den Zugriff auf das Übertragungsmedium durch Abfrage (Polling) und Reservierung regelt. Jedes Piconetz benutzt eine andere FHSS-Sequenz, wobei ein Knoten Teilnehmer eines Piconetzes werden kann, indem er sich auf dessen FHSS-Sequenz synchronisiert. Über Bluetooth können jeweils ein synchroner, verbindungsorientierter Dienst für die Übertragung von Sprachsignalen und ein asynchroner, verbindungsloser Dienst zur Übertragung von Datenpaketen zur Verfügung gestellt werden.

Funknetzwerke (Wireless Networks)

Unter Funknetzwerken versteht man Telefon- oder Datenkommunikationsnetze, die als Übertragungsmedium Radiowellen einsetzen. Zu den bedeutendsten Vertretern der Funknetze zählen:

- **WLAN**: Wireless Local Area Networks.
- **WPAN**: Wireless Personal Area Networks.
- **GSM** (Global System for Mobile communication): Ein mit Ausnahme von USA und Japan globaler Standard für mobile Kommunikation. Ursprünglich entwickelt durch die ETSI als Standard für europäische Mobilfunktelefonie. GSM erreicht eine Datenübertragungsrate von 9.600 bps. Mittels der Erweiterung HSCD (High Speed Circuit Switched Data) kann über Kanalbündelung eine Datenübertragungsrate von 43.3 kbps erreicht werden.
- **GPRS** (General Packet Radio Service): Ebenfalls eine Erweiterung des GSM-Standards, die eine paketvermittelte Datenkommunikation auf dem an sich leitungsvermittelten GSM-Netz erlaubt. Die leitungsvermittelten Audioübertragungen in der Mobiltelefonie verursachte einen signifikanten Overhead, der in einer paketvermittelten Datenkommunikation wie GPRS vermieden werden kann. So ergibt sich hier eine maximale Datenübertragungsrate von 170 kbps.
- **AX.25**: Für Amateurfunk adaptierte Version der X.25 Datenkommunikation.
- **UMTS** (Universal Mobile Telephone System): Auch bezeichnet als dritte Generation des Mobilfunks, die Datenübertragungsraten von bis zu 2 Mbps verspricht und somit die Nutzung des World Wide Web auf Mobiltelefonen möglich machen soll.

Abb. 5.69. Zusammenfassung Funknetzwerke (Wireless Networks)

5.5 LAN-Erweiterung

5.5.1 Grenzen der LAN-Technologie

Jede der bereits vorgestellten LAN-Technologien basiert auf einer bestimmten Kombination von Bandbreite, zu überbrückender Entfernung und dabei entstehenden Kosten. Typischerweise erstreckt sich die mittels eines LANs zu überbrückende Entfernung über mehrere hundert Meter, was die LAN-Technologie insbesondere für die Vernetzung innerhalb von Gebäuden empfiehlt. Da sich die vorgegebene Längenrestriktion aber nicht immer einhalten läßt, wenn sich Kommunikationspartner etwa in verschiedenen Gebäuden befinden, deren Entfernung nicht mehr mit der vorhandenen LAN-Technologie

370   5. Datentransfer ins Nachbarbüro – LAN-Technologien

überbrückbar ist, müssen Methoden zur Erweiterung der LAN-Technologie zum Einsatz kommen.
Die Begrenzung der Maximalausdehnung eines LANs liegt in verschiedenen Faktoren begründet. Aus Kostengründen wird ein von allen an das LAN angeschlossenen Rechnern gemeinsam genutztes Übertragungsmedium gewählt. Dabei muß sichergestellt werden, daß allen teilnehmenden Rechnern ein fairer Zugriff ermöglicht wird. Die Laufzeit der dazu eingesetzten Verfahren – z.B. CSMA/CD-Algorithmus bei Ethernet oder Token-Passing bei Token Ring – sind abhängig von der LAN-Ausdehnung. Damit sich also keine zu langen Verzögerungen ergeben, werden entsprechende Maximallängen vorgegeben.
Desweiteren wird die Ausdehnung durch die Verlustleistung des genutzten Übertragungsmediums bestimmt. Da die am LAN angeschlossenen Rechner hinsichtlich ihrer Sendeleistung von der Hardwareseite her beschränkt sind und ein mit der Signalausbreitung proportionaler Verlust auftritt, muß die Maximallänge des gemeinsam genutzten Übertragungsmediums beschränkt werden, damit alle an das LAN angeschlossenen Rechner noch ausreichend starke Signale empfangen können.
Zur Vergrößerung der Reichweite eines LANs wurden verschiedene Varianten entwickelt, die zusätzliche Hardware-Komponenten vorsehen, wie etwa **optische Modems**, **Repeater** oder **Bridges** auf die im folgenden näher eingegangen wird.

5.5.2 Optische Modems

Eine der einfachsten Möglichkeiten, ein auf Kupferkabel basierendes LAN zu erweitern, ist die Einbeziehung von Lichtwellenleitern zur Überbrückung einzelner, längerer Abschnitte. Die Umwandlung und Verstärkung der elektrischen Signale in optische Signale und die anschließende Rückwandlung übernimmt dabei ein sogenanntes **optisches Modem** (Fiber Modem). Mit einem solchen optischen Moden kann z.B. in Ethernet 10Base-2 (Thinwire) die Verbindungsstrecke zwischen Rechner und Transceiver deutlich verlängert werden (siehe Abb. 5.70). Hohe Bandbreite und geringe Verlustleistung des Lichtwellenleiters ermöglichen so eine problemlose Erweiterung des bestehenden LAN.
Die Weiterleitung der elektrischen Signale erfolgt dabei vollkommen transparent, d.h. der über eine Verbindungsstrecke mit optischem Modem an das LAN angeschlossene Rechner sendet weiterhin dieselben Signale und folgt demselben Protokoll wie im Falle einer Verbindung ohne optisches Modem. Das optische Modem nimmt die Signale des Rechners entgegen, wandelt diese in entsprechende optische Signale um, die an der Gegenstelle wieder in die elektronischen Ausgangssignale zurückverwandelt werden.
Der Vorteil von optischen Modems liegt in ihrer Fähigkeit, eine Verbindung zu einem entfernten LAN herzustellen, ohne daß dabei eine Modifikation des LANs oder der verwendeten LAN-Software notwendig wäre. Optische Mo-

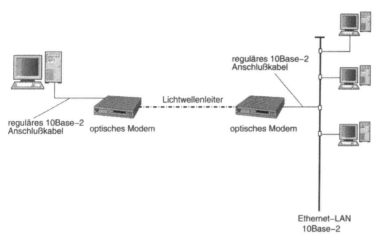

Abb. 5.70. LAN-Verlängerung über ein optisches Modem

dems sind in der Lage, Verbindungen über mehrere Kilometer hinweg zu überbrücken.

5.5.3 Repeater

Wie bereits erwähnt ist die Signaldämpfung mit zunehmender Ausbreitung eines Signals einer der Gründe für die Längenbeschränkung im LAN. Mit zunehmender Entfernung vom Sender wird das gesendete Signal immer schwächer. Damit es aber korrekt empfangen werden kann, darf es eine bestimmte Mindeststärke nicht unterschreiten. Um diese Einschränkung zu überwinden, werden Verstärker (elektrische oder optische) – sogenannte **Repeater** – in das LAN mit aufgenommen. Ein herkömmlicher Repeater ist ein analoges elektrisches Gerät, das eingehende elektrische Signale verstärkt und weitergibt.

Repeater arbeiten auf der untersten Schicht des Kommunikationsschichtenmodells, der physikalischen Schicht. Sie müssen nicht über Zwischenspeicher oder Programmlogik verfügen, sondern dienen lediglich zur Verstärkung der eingehenden Signale. Durch den Einsatz von Repeatern kann die Ausdehnung eines LANs vervielfacht werden (siehe Abb.5.71). Allerdings verhindern Zeitrestriktionen der Algorithmen, die den Zugriff auf das gemeinsam genutzte Übertragungsmedium regeln, eine beliebige Vergrößerung des LANs durch Repeater. So beschränkt etwa der CSMA/CD Algorithmus im Ethernet-LAN entsprechend der verwendeten Datenpaketlänge die maximale Größe des LANs (siehe Kap. 5.4.1).

Da ein Repeater lediglich eine Signalverstärkung innerhalb des LANs durchführt, ist er nicht in der Lage, bei der Weiterleitung zwischen vollständigen, gültigen Datenpaketen und anderen elektrischen Signalen zu unterscheiden. Entsteht auf der einen Seite des Repeaters eine Kollision, so werden die sich

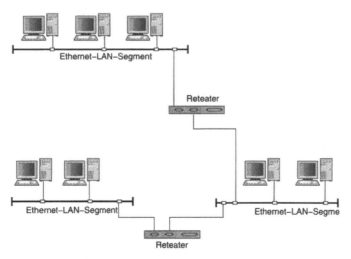

Abb. 5.71. LAN-Verlängerung über Repeater

aus der Kollision ergebenden Störsignale auf der anderen Seite des Repeaters unverändert weitergeleitet. Ebenso werden Störsignale, wie sie etwa durch einen Blitzschlag entstehen können, verstärkt und weitergeleitet.

5.5.4 Bridges

Allgemeine LAN-Erweiterung. Werden mit der Erweiterung eines LANs auch noch andere, sekundäre Ziele verfolgt, empfiehlt sich der Einsatz von sogenannten **Bridges** (Brücken). Zu diesen sekundären Zielen gehören unter anderem

- Verbindung von LANs mit unterschiedlichen Technologien, z.B. Ethernet IEEE 802.3 mit Token Ring IEEE 802.5.
- Erzielung einer ausgewogeneren Lastverteilung im LAN durch Abkapselung von Bereichen, die eine hohe Last erzeugen.
- Überbrückung von geografisch weiter entfernten Punkten, als dies über Repeater möglich wäre.
- Abkapselung sicherheitsrelevanter LAN-Segmente, so daß deren Datenverkehr nicht in alle Segmente des LANs weitergeleitet wird.

Im Gegensatz zum Repeater befördert eine Bridge immer vollständige Datenpakete. Bei einer Bridge handelt es sich also tatsächlich um einen Rechner, der an zwei unterschiedliche LAN-Segmente angeschlossen ist und deren Datenverkehr über zwei LAN-Schnittstellenadapter überwacht. Die LAN-Schnittstellen der Bridge arbeiten dabei im **Promiscuous Mode**, d.h. es werden zunächst alle Datenpakete empfangen und verarbeitet. Die Bridge arbeitet auf der zweiten Schicht des Kommunikationsprotokollmodells, der

Bitübertragungsschicht. Dies bedeutet, daß die Bridge den Header des Datenpakets innerhalb dieser Schicht auswertet und das Datenpaket entsprechend weiterverarbeiten kann. Erreicht etwa ein Datenpaket die Bridge, das aufgrund der angegebenen Zieladresse nicht in das andere LAN-Segment weitergeleitet werden muß, so gibt die Bridge dieses wieder zurück auf das LAN-Segment, auf dem das Datenpaket ursprünglich angekommen ist. Lokaler Datenverkehr wird dadurch auch lokal begrenzt. Nur Datenpakete, die auch wirklich für ein anderes LAN-Segment bestimmt sind, passieren die Bridge. Dadurch übt die Bridge eine **Filterfunktion** (Frame Filtering) aus, die zu einer ausgewogeneren Lastverteilung im Gesamt-LAN führt. Desweiteren wird auf dieselbe Weise dafür Sorge getragen, daß sicherheitsrelevanter Datenverkehr ein LAN-Segment nicht verlassen kann, und so außerhalb befindliche, potentielle Angreifer nicht in der Lage sind, geheime Daten abzuhören.

Bridges sind einfachen Repeatern vorzuziehen. Auftretende Störsignale und beschädigte Datenpakete können diese nicht passieren und werden nicht in ein anderes LAN-Segment weitergeleitet.

Für die übrigen an das LAN angeschlossenen Rechner erscheinen die Bridges vollständig transparent, d.h. ein Sender weiß nicht, ob ein zu sendendes Datenpaket auf seinem Weg innerhalb des LANs eine Bridge passieren muß oder nicht.

Multiprotokoll-Bridges. Um zwei LAN-Segmente mit unterschiedlichen LAN-Technologien über eine Bridge zusammenzuschalten, muß diese in der Lage sein, die unterschiedlichen Protokolle, die in beiden Segmenten zum Einsatz kommen, zu verstehen. Eine solche Bridge wird als **Multiprotokoll-Bridge** bezeichnet. Prinzipiell sollte jede Kombination der durch IEEE 802 vorgegebenen LAN-Technologien möglich, doch gibt es eine Reihe von Schwierigkeiten, die dabei zu überwinden sind. Dazu zählen:

- **unterschiedliche Paketformate**
  Unterschiedliche LAN-Technologien verwenden unterschiedliche Datenpaketformate. Technisch gesehen, existiert kein besonderer Grund für diese Inkompatibilität, aber die entsprechenden Hersteller sehen keine Veranlassung, den von ihnen unterstützten Standard zu ändern oder anzupassen. Daher verlangt jeder Übergang von einer LAN-Technologie zur anderen zusätzliche Verarbeitungsschritte. Felder müssen umformatiert, Prüfsummen neu berechnet werden und zusätzlich können durch Probleme während der Verarbeitung neue Fehler entstehen.

- **unterschiedliche Bandbreite**
  Unterschiedliche LAN-Technologien arbeiten nicht immer exakt mit derselben Bandbreite. Beim Übergang von einem schnelleren LAN auf ein langsameres müssen unter Umständen ankommende Datenpakete zwischengespeichert werden, bevor diese vollständig abtransportiert werden können. Allerdings ist ein derartiger Zwischenspeicher immer nur von begrenzter Kapazität, so daß Datenpakete bei hoher Last verloren gehen können.

Zusätzlich kann die durch die Zwischenspeicherung bedingte Verzögerung noch Timingprobleme in höheren Protokollschichten verursachen.

- **unterschiedliche maximale Paketlängen**
  Das schwerwiegendste Problem bei der Verbindung unterschiedlicher LAN-Technologien ist das Problem der unterschiedlichen maximalen Paketlängen. Das Aufteilen eines für eine bestimmte LAN-Technologie zu langen Datenpakets auf zwei oder mehrere kürzere Datenpakete (Fragmentierung) ist auf dieser Protokollschicht nicht durch den IEEE 802 Standard vorgesehen. Treten also Datenpakete auf, die die entsprechende Maximallänge überschreiten, gehen diese bei einer Koppelung der LAN-Segmente via Bridges unweigerlich verloren.

Transparente Bridges. Vordergründiges Designziel bei der Entwicklung von Bridges war ihre Transparenz im LAN. Einmal in ein LAN eingebunden, funktioniert dieses unverändert ohne daß auf die Präsenz der Bridge Rücksicht zu nehmen wäre. Betrachten wir das in Abb. 5.72 gezeigte LAN. LAN-Segment A ist dabei über eine Bridge B1 mit dem LAN-Segment C verbunden, das seinerseits über Bridge B2 mit den Segmenten D und E verbunden ist. Erreicht ein Datenpaket aus Segment A, das an einen Rechner in A adressiert ist, die Bridge B1, kann B1 dieses Datenpaket sofort wieder verwerfen. Ein aus A stammendes Datenpaket, das an das LAN-Segment E gerichtet ist, muß von den beiden Bridges entsprechend weitergeleitet werden.

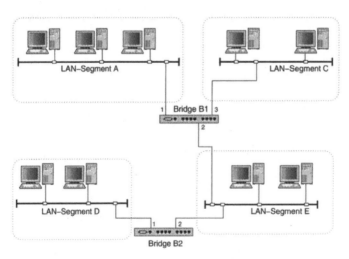

Abb. 5.72. Beispiel einer LAN-Erweiterung über Bridges

Die Entscheidung über das Weiterleiten von Datenpaketen wird in den Bridges anhand von sogenannten **Hash-Tabellen** getroffen. In diesen Hash-Tabellen wird jeder möglichen Zieladresse ein bestimmter Ausgang zugeordnet, über den diese zu erreichen ist. Wie wird eine solche Zuordnung von Adressen und Ausgängen getroffen? Wenn eine Bridge in ein LAN-Segment eingeschaltet wird und ihren Betrieb aufnimmt, sind die in ihr angelegten Hash-Tabellen noch leer. Da noch keine einzige Zieladresse bekannt ist, kommt ein sogenannter **Flooding Algorithmus** zum Einsatz: Alle ankommenden Datenpakete werden von der Bridge auf allen vorhandenen Anschlüssen weitergeleitet, mit Ausnahme des Anschlusses, auf dem das Datenpaket angekommen ist. Da jedes ankommende Datenpaket die Adresse seines Senders enthält, lernt die Bridge so mit der Zeit, welche Anschlüsse den jeweilige Zieladressen zuzuordnen sind. Sobald eine Zieladresse bekannt ist, wird ein Datenpaket, das an diese gerichtet ist, nur noch auf der entsprechenden Leitung weitergesendet und nicht über alle anderen „geflutet".

Da sich ein LAN dynamisch verändern kann – Rechner und Bridges können abgeschaltet und wieder an anderer Stelle in Betrieb genommen werden – müssen an den Bridges entsprechende Vorkehrungen getroffen werden, um auf Topologieänderungen entsprechend reagieren zu können. Dazu wird in die Hash-Tabellen der Bridge zusätzlich zu den Einträgen der Adressen mit den zugehörigen Ausgängen noch die Zeit notiert, zu der das letztemal ein Datenpaket an die betreffende Adresse von der Bridge weitergeleitet wurde. Periodisch überprüft die Bridge ihre Hash-Tabellen auf Einträge, die für längere Zeit inaktiv waren, d.h. für die über eine festgelegte Zeitspanne hinweg kein neues Datenpaket mehr angeliefert wurde. Auf diese Weise werden die Hash-Tabellen periodisch bereinigt und die Bridge kann entsprechend schnell auf Änderungen der LAN-Topologie reagieren.

Spanning Tree Bridges. Um die Zuverlässigkeit des LANs zu erhöhen, werden oft mehrere, redundante Bridges parallel zwischen zwei LAN-Segmente geschaltet. Allerdings kann es in dieser Konfiguration vorkommen, daß sich Datenpakete auf Endlosschleifen zwischen zwei LAN-Segmenten hin- und herbewegen (siehe Abb. 5.73).

Zur Vermeidung dieses Problems werden sogenannte **Spanning Tree Bridges** eingesetzt. Diese Art von Bridges kommunizieren miteinander und generieren aus der vorhandenen LAN-Topologie einen sogenannten **Spannbaum**, d.h. einen schleifenfreien Graphen als „Straßenkarte" für das LAN, der als Grundlage für die Weiterleitung von Datenpaketen dient. Dazu wird unter den im LAN vorhandenen Bridges als erstes eine Bridge zur Wurzel bestimmt. Dies erfolgt, indem alle Bridges ihre weltweit eindeutig vom Hersteller vergebene Seriennummern über alle angeschlossenen Leitungen an alle anderen Bridges weitersenden. Diejenige Bridge mit der niedrigsten Seriennummer wird zur Wurzel erklärt. Als nächstes wird ein Baum konstruiert, der den kürzesten Pfaden von der Wurzel zu allen anderen Bridges folgt. Dieser Baum bildet die zu befolgende Straßenkarte des LANs. Er schreibt fest, wie von jedem LAN-Segment aus die Wurzel – und damit auch jedes andere LAN-Segment – erreicht werden kann, und wird im laufenden Betrieb aktualisiert, um sich Topologieänderungen des LANs automatisch anzupassen.

Auftreten von Endlosschleifen im LAN durch parallel geschaltete Bridges
Betrachten wir ein Datenpaket P aus LAN1 mit einer Zieladresse, die den beiden Bridges B1 und B2 zwischen den beiden LAN-Segmenten LAN1 und LAN2 unbekannt ist. Beide Bridges verfahren nach dem Flooding-Algorithmus und senden P entsprechend nach LAN2 weiter.
Anders verhält es sich, wenn zwei Datenpakete P1 und P2 mit unbekannter Zieladresse die beiden Bridges B1 und B2 erreichen (a):

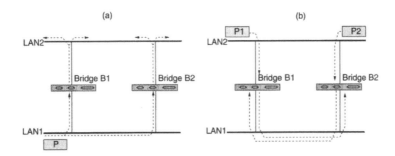

Kurz darauf erreicht P1 aus LAN2 B1 mit einer B1 unbekannten Zieladresse (b). P1 wird nach LAN1 kopiert. An B2 kommt zur selben Zeit ein Datenpaket P2 mit unbekannter Zieladresse aus LAN2 an und wird ebenfalls nach LAN1 weitergeleitet. Daraufhin leitet B1 das Datenpaket P2 aus LAN1 nach LAN2 weiter und B2 das Datenpaket P1 von LAN1 nach LAN2.

Abb. 5.73. Endlosschleifen bei parallel geschalteten Bridges im LAN

Die Installation von Spanning Tree Bridges im Netzwerk gestaltet sich sehr einfach, da diese nach Herstellung einer physikalischen Kabelverbindung nurmehr eingeschaltet werden müssen und sofort betriebsbereit sind. Allerdings nutzen sie nur einen Teil der zur Verfügung stehenden LAN-Topologie, da nur der generierte Spannbaum verwendet wird.

Source Routing Bridges. Vom IEEE 802 Komitee wurde noch eine zweite Alternative zur LAN-Erweiterung in Form von Bridges herausgearbeitet, die sogenannten **Source Routing Bridges**. Prinzipiell geht dieses Verfahren davon aus, daß ein Rechner, der ein Datenpaket versenden will, selbst davon Kenntnis besitzt, ob sich der Empfänger im selben LAN-Segment befindet oder nicht. Dies macht er durch Setzen eines speziellen Bits in der Zieladresse deutlich. Zusätzlich wird im Header des Datenpakets noch der exakte **Pfad** zum Zielrechner mit angegeben. Dazu wird jedes LAN-Segment mit einer eindeutigen 12 Bit langen Adresse gekennzeichnet, und jede Bridge erhält innerhalb des LANs eine 4 Bit Adresse. Ein Pfad setzt sich dann aus einer Folge von 12 Bit LAN-Adressen und 4 Bit Bridge-Adressen zusammen. Ein Pfad im LAN von Abb.5.72 von LAN-Segment A nach LAN-Segment D hätte dann die Form (A, B1, E, B2, D).

Eine Source Routing Bridge leitet nur Datenpakete weiter, in deren Adressangaben das entsprechende Nonlocal-Bit gesetzt ist. Dazu wertet die Bridge die Pfadangabe aus und sucht in dieser die Adresse des LAN-Segments, aus dem das Datenpaket stammt. Folgt dieser LAN-Adresse die eigene Bridge-Adresse, wird das Datenpaket weitergeleitet, anderenfalls nicht.

Der Source Routing Algorithmus setzt voraus, daß jeder an das LAN angeschlossene Rechner den günstigsten Pfad zu jedem anderen Rechner kennt. Dazu sendet ein Rechner, sobald er ein Paket an eine bislang unbekannte Zieladresse senden muß, ein sogenanntes Erkundungs-Datenpaket (**Discovery Frame**) als Broadcast auf den Weg. Jede Bridge, die das Erkundungs-Datenpaket passiert, leitet es weiter, so daß dieses jedes einzelne LAN-Segment tatsächlich erreicht. Kommt das darauf zurückgesendete Antwort-Datenpaket zu einer Bridge, vermerkt diese ihre Identität darin, so daß der ursprüngliche Sender den exakten Pfad, den das Paket genommen hat, ermitteln kann und damit letztendlich auch den günstigsten Pfad. Sobald der günstigste Pfad zu einer Zieladresse ermittelt wurde, wird dieser in einem internen Zwischenspeicher des Ausgangsrechners gespeichert, damit der Erkundungsvorgang nicht erneut stattfinden muß.

Der Nachteil dieses Verfahrens liegt darin begründet, daß eine explosionsartige Vervielfältigung von Erkundungs-Datenpakete auftreten kann. Sobald die Übergänge zwischen den einzelnen LAN-Segmenten redundant mit mehreren parallelen Bridges ausgestattet sind, sendet jede dieser Bridges eine Kopie des ursprünglichen Erkundungs-Datenpakets in das Nachbar-Segment. Besteht ein LAN aus k Segmenten mit jeweils b parallelen Bridges dazwischen, kann sich die Zahl der Erkundungs-Datenpakete bis auf b^{k-1} vervielfachen.

Ein ähnlicher Effekt tritt auch bei Spanning Tree Bridges auf. Trifft ein Datenpaket mit unbekannter Zieladresse auf eine Bridge, so flutet diese das Datenpaket an alle angeschlossenen LAN-Segmente weiter. Da allerdings in diesem Fall jeweils nur der Spannbaum und nicht das gesamte LAN zur Weitersendung verwendet wird, steht die Anzahl der Vervielfältigungen des Ausgangspakets nur im linearen Verhältnis zur Größe des Netzes.

Während Spanning Tree Bridges Topologieänderungen und Fehler im LAN automatisch und auf einfache Weise dadurch feststellen können, daß sie miteinander kommunizieren, ist das Verfahren im Fehlerfall für Source Routing Bridges aufwendiger. Fällt eine Bridge aus, registriert ein Sender, der diesen Verbindungsweg benutzen will, nur, daß eine Bestätigung seiner Sendung auf sich warten läßt. Schließlich tritt ein Time-Out auf, aber der Sender kann nicht unterscheiden, ob die Zieladresse nicht mehr verfügbar oder ob ein Fehler auf der Übertragungsstrecke aufgetreten ist. Daher wird ein Erkundungs-Datenpaket ausgesendet, um dem Problem auf den Grund zu gehen. Vorallem dann, wenn eine Bridge betroffen ist, die über ein sehr hohes Lastaufkommen verfügt, kann eine kritische Situation auftreten, da eine große Zahl von Erkundungs-Datenpaketen initiiert wird. In Tabelle 5.15 sind Vor- und Nachteile der beiden Verfahren noch einmal zusammengefaßt.

Tabelle 5.15. Spanning Tree Bridge und Source Routing Bridge

	Spanning Tree Bridge	Source Routing Bridge
Orientierung	verbindungslos	verbindungsorientiert
Transparenz	voll transparent	nicht transparent
Konfiguration	automatisch	manuell
Routing	suboptimal	optimal
Navigation	Backtracking	Erkundungs-Datenpakete
Fehler	von Bridge behandelt	von Rechner behandelt

Remote Bridges. Bridges werden üblicherweise auch dazu verwendet, geografisch weit auseinanderliegende LAN-Segmente zu einem einzigen großen LAN zu verbinden. Dies ist in vielen Fällen einer Inter-LAN Verbindung vorzuziehen, da das entstehende Gesamtsystem immer noch wie ein einzelnes LAN zu handhaben ist. Eine solche Koppelung kann bewerkstelligt werden, indem man an den Endpunkten der miteinander zu verbindenden LAN-Segmente Bridges installiert, die miteinander über eine Punkt-zu-Punkt Verbindung verbunden werden, z.B. über eine Telefonleitung, eine Funkstrecke oder sogar über eine Satellitenverbindung. Die Punkt-zu-Punkt Verbindung zwischen den beiden LAN-Segmenten wird dabei einfach als zusätzliches LAN-Segment betrachtet, das keine eigenen Rechner enthält (siehe Abb.5.74).
Da die eingesetzte Punkt-zu-Punkt Verbindung oft wesentlich langsamer arbeitet als die daran angeschlossenen LAN-Segmente, muß auf diesen Umstand

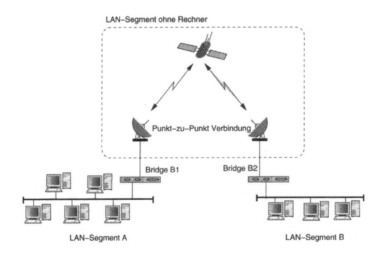

Abb. 5.74. Remote-Bridges zur Koppelung geografisch weit auseinanderliegender LAN-Segmente

zusätzlich Rücksicht genommen werden. Zum Einsatz kommen hier spezielle Filtermechanismen, die unnötige Übertragungen von Datenpaketen in das entfernt gelegene LAN-Segment verhindern, sowie Zwischenspeicher, die bei Staus Datenpakete puffern können.

5.5.5 Switches

Ähnlich einem Hub verbindet ein **Switch** mehrere Rechner bzw. mehrere LAN-Segmente miteinander. Allerdings arbeiten beide Geräte auf unterschiedliche Weise. Während das Hub selbst einfach als gemeinsam genutztes Übertragungsmedium zwischen den einzelnen, daran angeschlossenen Rechnern arbeitet, d.h. zu einem Zeitpunkt können immer nur zwei Rechner über das Hub miteinander kommunizieren, stellt sich ein Switch als komplettes LAN dar, das einzelne Segmente mit jeweils einem Rechner und einer Bridge in sich miteinander verbindet. Während die Bandbreite des Hub durch die maximale Datenübertragungsrate der daran angeschlossenen Rechner beschränkt ist, muß der Switch ausreichend Bandbreite für eine parallele Datenübertragung aller daran angeschlossenen Rechner bereitstellen.

In der Praxis sind die Kosten für einen Switch wesentlich höher als für einen Hub. Daher entscheidet man sich meist für eine hybride Lösung (siehe Abb. 5.75): Anstelle an jeden verfügbaren Anschluß des Switches einen einzelnen Rechner anzuschließen, wird daran ein Hub angeschlossen, das selbst mehrere Rechner verbindet und dadurch als ein eigenes LAN-Segment erscheint.

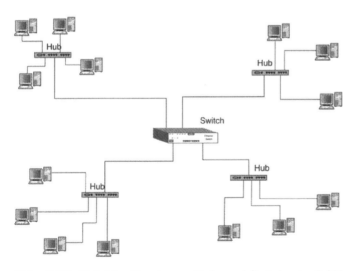

Abb. 5.75. Hybrider Einsatz von Hubs und Switches im LAN

5.6 Glossar

Backbone: Als Backbone wird der Zusammenschluß von Netzwerken bezeichnet, die über eine besonders hohe Kapazität und Bandbreite verfügen. Ein Backbone dient als Ausgangspunkt für den Anschluß eigener Netze an das Internet. Diese verfügen in der Regel über eine geringere Kapazität und teilen sich die Ressourcen des Backbone mit anderen, daran angeschlossenen Netzen.

Bitlänge: Die Länge, die ein Signal, das den Informationsgehalt von einem Bit trägt, auf dem Übertragungsmedium einnimmt. Die Bitlänge berechnet sich aus dem Quotienten aus Übertragungsgeschwindigkeit (in Kupferkabel etwa 0,8c=240.000 km/s) und Bandbreite des Signals. So ergibt sich z.B. in 100-Base-T Ethernet eine Bitlänge von etwa 240.000.000 mps/100.000.000 bps = 2.4 m/bit.

Broadcast: Eine Broadcast-Übertragung entspricht einem Rundruf, also einer gleichzeitigen Übertragung von einem Punkt aus zu allen Teilnehmern. Klassische Broadcast-Anwendungen sind Rundfunk und Fernsehen.

Bustopologie: In einer Bustopologie nutzen alle angeschlossenen Rechner ein **gemeinsames lineares Medium**, den Bus, der an seinen beiden Enden abgeschlossen ist. Zu jedem Zeitpunkt darf jeweils nur ein Teilnehmer senden. Im Gegensatz dazu stehen **dedizierte Medien**, die nur einem Teilnehmer exklusiv zur Verfügung stehen.

Carrier Sense (Sendekanalmithören): Datenstationen, die eine Nachricht versenden wollen, hören zunächst das Übertragungsmedium ab (**Carrier Sensing**). Eine Datenstation erlangt dann Zugang zum Übertragungsmedium, wenn der Kanal frei ist. Ist der Kanal nicht frei und kommt es zu Kollisionen, dann gibt es mehrere Strategien, um die Wahrscheinlichkeit einer erneuten Kollision herabzusetzen.

CSMA (Carrier Sense Multiple Access): Zugriffsverfahren, bei dem ein Rechner den Übertragungskanal überwacht (**Carrier Sensing**) und eine Übertragung immer nur bei freiem Kanal vornimmt.

CSMA/CD (Carrier Sense Multiple Access/Collision Detection): CSMA Zugriffsverfahren, das bei Auftreten einer Kollision diese erkennt, das Senden einstellt und vor einer weiteren Übertragung eine zufällig gewählte Zeitspanne wartet.

CSMA/CA (Carrier Sense Multiple Access/Collision Avoidance): CSMA Zugriffsverfahren, das versucht, Kollisionen von Datenpaketen dadurch zu vermeiden, daß vor der Übertragung eines Datenpakets ein kurzes Paket zwischen Sender und Empfänger ausgetauscht wird, das die innerhalb des betroffenen Netzsegments liegenden Rechner über die Dauer der bevorstehenden Datenübertragung informiert und sie veranlaßt, für diese Zeit ihre Aktivität einzustellen. Ein einfacher Vertreter dieser Protokollfamilie ist das MACA-Protokoll (**Multiple Access Collision Avoid**), das im Bereich der mobilen Kommunikation eingesetzt wird.

Collision Domain: Bezeichnung für den Bereich des Netzwerks, über den sich Kollisionen von Datenpaketen ausbreiten können.

Datenfernübertragung: Sind die Rechensysteme, zwischen denen eine Datenübertragung stattfindet, mehr als einen Kilometer weit voneinander entfernt, so spricht man von Datenfernübertragung. Diese Begrenzung ist allerdings nicht starr. Die eingesetzten Verfahren zur Datenfernübertragung unterscheiden sich wesentlich von denen, die bei Systemen eingesetzt wird, die weniger weit voneinander entfernt sind.

Diffusionsnetzwerk: In einem Diffusionsnetzwerk wird das Signal eines Senders unmittelbar von allen im Netz verbundenen Rechnern unter Berücksichtigung der jeweiligen Laufzeitverzögerung empfangen. Jeder Empfänger muß dabei selbst feststellen, ob er die Nachricht aufnimmt und verarbeitet oder nicht.

duplex: Variante der Kommunikation, bei der jeder Teilnehmer gleichzeitig sowohl Nachrichten senden als auch empfangen kann. Für ein Netzwerk ist diese Form der Kommunikation typisch, da jeder Teilnehmer während des Sendens Kontrollinformationen empfangen muß, um z.b. seine Übertragung im Fehlerfall wieder abzubrechen.

Durchsatz (Datendurchsatz, Throughput): Ist ein Maß für die Leistungsfähigkeit eines Kommunikationssystems. Gemessen werden innerhalb einer bestimmten Zeitspanne verarbeitete oder übertragene Nachrichten/Daten. Der Durchsatz errechnet sich aus dem Quotienten der fehlerfrei übertragenen Datenbits und der Summe aller übertragenen Bits, bezogen auf eine festgelegte Zeitdauer. Ausgedrückt wird er z.b. in bit/s oder Datenpakete/s.

halbduplex: Variante der Kommunikation, bei der jeder Teilnehmer senden und empfangen kann, beides allerdings niemals gleichzeitig.

Hub (Konzentrator): Zentrales Kopplungselement für Sterntopologie (z.B auch in Ethernet 10-Base-T).

ISM-Frequenzband: Frequenzbereich, der ursprünglich für Anwendungen im Bereich Industrie, Wissenschaft und Medizin (Industrial, Science, Medicine) reserviert war und der jetzt für funkbasierte, drahtlose Datenkommunikationsnetze genutzt wird, wie etwa für WLANs und Bluetooth, die beide im 2,45 GHz Frequenzband arbeiten.

Leitungsvermittlung: Methode des Nachrichtenaustauschs über ein Netzwerk, bei der zu Beginn des Nachrichtenaustauschs eine exklusive, feste Verbindung zwischen den kommunizierenden Endgeräten aufgebaut wird, die für die gesamte Dauer der Kommunikation bestehen bleibt. Analoge Telefonnetze funktionieren z.B. nach diesem Prinzip.

Manchester Kodierung: Einfache Kodierung binärer Signale, die auf einem Spannungswechsel beruht. Eine binäre 1 wird durch einen Wechsel low→high kodiert, eine binäre 0 durch den Wechsel high→low.

Multicast: Eine Multicast-Übertragung entspricht einem Rundruf an einen beschränkten Teilnehmerkreis. Es handelt sich also um eine gleichzeitigen Übertragung von einem Punkt aus zu einer bestimmten Teilmenge von Netzteilnehmern.

Multiple Access (Vielfachzugriff): Teilen sich die an ein Netzwerk angeschlossenen Rechner einen gemeinsamen Kommunikationskanal, so spricht man von einem Vielfachzugriff bzw. Multiple Access.

Nachrichtenvermittlung: Eine Methode der Netzwerkkommunikation, bei der die einzelnen Vermittlungsstellen den kompletten Nachrichteninhalt zwischenspeichern, bevor dieser weitergegeben wird. Der Sender muß nur den Pfad zur nächsten Vermittlungsstelle kennen, die dann die Nachricht nach Erhalt auf dieselbe Weise zur nächsten Vermittlungsstelle weiterschickt.

Netzsegment: Menge von Rechnern, die ein gemeinsames physikalisches Übertragungsmedium nutzen (nicht zu verwechseln mit der Segmentierung von Datenpaketen).

Netzumlaufzeit (Round-trip-Zeit): Unter der Netzumlaufzeit versteht man die Reaktionszeit eines kompletten Netzwerks. Es ist die Zeitspanne, die erforderlich ist, um ein Signal von einer Quelle über das Netzwerk zu einem beliebigen Empfänger, und die Antwort des Empfängers über das Netzwerk zurück zum Sender zu senden.

Paketvermittlung Die vorherrschende Kommunikationsmethode in digitalen Netzen. Die Nachricht wird dabei in einzelne Datenpakete fester Größe zerlegt und die Pakete werden einzeln und unabhängig voneinander vom Sender über eventuell vorhandene Vermittlungsstellen zum Empfänger gesendet. Man unterscheidet **verbindungsorientierte** und **verbindungslose** Paketvermittlungsnetze (**Datagrammnetz**). In verbindungsorientierten Paketvermittlungsnetzen wird vor dem Start der eigentlichen Datenübertragung eine Verbindung über fest gewählte Vermittlungsstellen im Netz aufgebaut. In verbindungslosen Paketvermittlungsnetzen wird dagegen kein fester Verbindungsweg vorgewählt.

Ports: Generelle Bezeichnung der Ein- und Ausgänge der Zwischensysteme/Vermittlungssysteme im Netzwerk (nicht zu verwechseln mit TCP-Ports).

Pure ALOHA: Zugriffsverfahren, bei dem jeder angeschlossene Rechner bei Bedarf, ohne Mithören des Sendekanals seine Daten überträgt. Tritt eine Kollision auf, wird die Übertragung abgebrochen und nach Ablauf eines zufällig gewählten Zeitintervalls wieder aufgenommen.

Rechnernetz: Ein Rechnernetz (**Netzwerk, Computer Network**) ist ein Übertragungssystem zwischen den an ein Netz angeschlossenen, autonomen Rechnersystemen, die über eigenen Speicher, eigene Peripherie und eigene Rechenfähigkeit verfügen. Da alle Teilnehmer miteinander vernetzt sind, bietet das Rechnernetz jedem Teilnehmer die Möglichkeit, mit jedem anderen der Netzteilnehmer in Verbindung zu treten.

Repeater: Zwischensystem, daß zur Verstärkung und Zusammenschaltung verschiedener Segmente dient. Repeater sind absolut transparent und geben die empfangenen Datenpakete jeweils verstärkt weiter.

Richtfunk: Unter Richtfunk versteht man die Übertragung elektromagnetischer Wellen mit scharf bündelnden Antennen, sogenannten Richtantennen.

simplex: Variante der Kommunikation, bei der der Nachrichtenfluß nur in eine Richtung möglich ist, nämlich vom Sender zum Empfänger, wie z.B. beim Kabelfernsehen.

Slotted ALOHA: ALOHA Zugriffsverfahren, bei dem die Zeitachse in feste Intervalle (Slots) eingeteilt ist. Die Dauer der Übertragung eines Datenpakets darf die Länge eines Slots nicht überschreiten. Ein Rechner muß immer bis zum Beginn eines neuen Slots warten, bevor er seine Übertragung starten darf.

Switch (Switching Hub): Zentrales Hub, über das Verbindungen über eine interne Verbindungsmatrix mit voller Geschwindigkeit von 10 Mbps, 100 Mbps, 1 Gbps oder mehr geschaltet werden können. Konkurrierende Zugriffe werden dabei sequentiell abgearbeitet.

Topologie: Unter der Topologie eines Rechnernetzes versteht man die geometrische Form der Verteilung der einzelnen Rechnerknoten innerhalb des Netzwerks. Verbreitete Topologien für Rechnernetzwerke sind **Bustopologie, Ringtopologie** und **Sterntopologie**.

Terminator (Abschlußwiderstand): Zur Signaldämpfung des jeweils verwendeten Übertragungsmediums müssen an den Kabelenden Abschlußwiderstände angebracht werden, die einen Spannungsverlust herbeiführen und so verhindern, daß es zu Reflektionen an den Kabelenden kommt.

Transceiver: Im Ethernet-LAN verwendete Hardware zum Senden und Empfangen von Datenpaketen, sowie zur Überwachung des Netzverkehrs. Das Wort leitet sich aus einer Kurzform von Sender (**Transmitter**) und Empfänger (**Receiver**) her. Der Transceiver kann sich entweder direkt am Busabgriff oder auch im angeschlossenen Rechner befinden.

Zeitslot: Unterteilt man die Zeitachse in feste Abschnitte derselben Länge, so werden diese Zeitintervalle als Zeitslots oder Zeitschlitze bezeichnet.

6. Datentransfer bis ans andere Ende der Welt – WAN-Technologien

> *„Er soll herrschen von einem Meer bis ans andere, und von dem Strom bis zu den Enden der Welt."*
> – Psalm 72,8.

Jenseits der engen räumlichen Grenzen eines LANs bieten WANs (Wide Area Network) die Möglichkeit, auch sehr große Distanzen zwischen einzelnen Rechnern und lokalen Rechnernetzen zu überbrücken, wozu spezielle Übertragungsmedien und neue, zusätzliche Schaltelemente notwendig sind. Um sich über ein WAN mit dem Internet zu verbinden, gibt es eine Vielzahl von Zugangsmöglichkeiten. In diesem Kapitel werden die wichtigsten Konzepte und Techniken für den Aufbau und Betrieb solcher WANs vorgestellt. Schwerpunktmäßig wird dabei auf Adressierung und Routing eingegangen. Anhand unterschiedlicher Technologiebeispiele wird ein tieferer Einblick in die Funktionsweise von WANs gegeben.

6.1 Einleitung

Während Local Area Networks (LANs, lokale Netze) stets engen räumlichen und kapazitätsbezogenen Beschränkungen unterliegen, wächst der globale, weltumspannende Kommunikationsverbund Internet stetig. Immer neue Rechner und neue Netze schließen sich diesem globalen Netzverbund an, der im Gegensatz zu LANs auf einer **skalierbaren** Technologie basiert. Diese als **Wide Area Networks** (**WANs**) bezeichnete Technologie macht den Zusammenschluß mehrerer lokaler Netzwerke zu einem Netzwerkverbund möglich. Dabei kann die Anzahl der Endsysteme – einzelne Rechner oder ganze LANs –, die mit einem WAN gekoppelt werden, und dessen räumliche Ausdehnung den jeweiligen Gegebenheiten angepaßt werden. Diese reicht von Einzelstandorten eines Unternehmens, die innerhalb einer Stadt miteinander vernetzt werden sollen, bis hin zur interkontinentalen Vernetzung aller Universitätsrechner. Die WAN-Technologie ist in der Lage, ausreichende Leistungsreserven zur Verfügung zu stellen und einen effizienten Betrieb des Netzverbundes zu gewährleisten.

Ziel der Koppelung verschiedener lokaler Netzwerke und Endsysteme vermittels der WAN-Technologie ist die Schaffung scheinbar einheitlicher, homogener Netzwerke, sogenannter **Internets** oder auch **virtuelle Netze**, die das **Internetworking**, also eine unbehinderte Kommunikation zwischen allen Endsystemen der verschiedenen zusammengeschlossenen Netzwerkinseln ermöglichen, als ob sie zu einem einzigen Netz gehörten. Neben Zwischensystemen, wie z.B. Switches, Paketvermittler, Router, und einem einheitlichen Adressierungsschema werden dazu gemeinsame Kommunikationsprotokolle (nicht notwendig auf allen Schichten des Protokollschichtenmodells) benötigt (vgl. Kap. 7). Der Begriff Internet ist dabei als generischer Begriff verwendet. Das bekannteste aller Internets ist natürlich das weltweite „Internet", in dem mit dem IP-Adressierungsschema und den TCP/IP-Protokollen gearbeitet wird.

Grundsätzlich bestehen WANs – wenn man von den jeweils daran angeschlossenen Endsystemen absieht – aus **Übertragungsmedien** (Verkabelung) und **Schaltelementen** (Router, Packet Switch Intermediate Systems), die die Aufgabe übernehmen, die einzelnen lokalen Subnetze miteinander zu verbinden und zwischen ihnen für einen reibungslosen Datentransport zu sorgen. Dabei unterscheidet man zwischen den Verbindungen unter den einzelnen Schaltelementen, die meist mit einer sehr hohen Bandbreite ausgelegt sind, und den Verbindungen der Schaltelemente zu den jeweiligen Endsystemen, die gegebenenfalls nur eine geringere Bandbreite aufweisen. Als Schaltelemente arbeiten spezielle Rechner, deren Aufgabe es ist, zwei oder mehrere unterschiedliche Verkabelungen miteinander zu verbinden. Sie entscheiden, über welchen Anschluß – d.h. an welches Übertragungsmedium – die ankommenden Daten weitergeleitet werden sollen, damit sie den betreffenden Adressaten im Netzverbund erreichen. Oftmals sind auf dem Weg, den eine Nachricht vom Sender zum Empfänger zurücklegt, viele verschiedene Netze zu überbrücken und es gilt, einen geeigneten Weg durch das WAN zu finden, damit die Nachricht erfolgreich zugestellt werden kann. Die beteiligten Zwischensysteme übernehmen diese Aufgabe.

Die Daten werden dazu, nachdem sie vom Schaltelement empfangen wurden, zwischengespeichert, ausgewertet und entsprechend weitergeleitet. Das Weiterleiten der ankommenden Daten bei gleichzeitigem Speichern (Puffern) wird auch als **Store-and-Forward**-Switching bezeichnet. Der Vorgang, einen geeigneten Weg für die Daten durch das WAN bzw. ein Internet vom Sender bis zum Empfänger zu finden, wird als **Routing** bezeichnet.

Während das Design von LANs in der Regel symmetrisch ausgelegt ist, ist dies bei WANs nicht der Fall. Im Gegensatz zu LANs besitzen WANs meist eine irreguläre Topologie. Abb. 6.1 zeigt ein Beispiel für ein WAN. Die einzelnen Subnetze A, B, C, und D werden jeweils über Schaltelemente miteinander verbunden. Die Verbindungsleitungen zwischen den Schaltelementen ist dabei für hohe Bandbreiten ausgelegt.

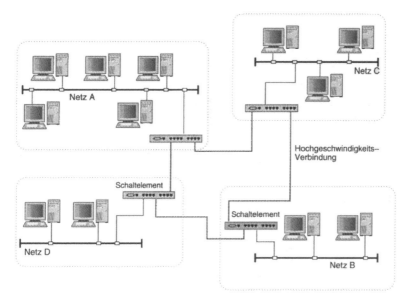

Abb. 6.1. Beispiel eines WANs

6.2 Paketvermittlung im WAN

6.2.1 Grundprinzipien

Anstelle eines gemeinsamen Übertragungsmediums, wie es bei LANs Verwendung findet, besteht ein WAN aus einem Zusammenschluß mehrerer, möglicherweise verschiedenartiger Einzelnetze. Um die gewünschte Skalierbarkeit zu erreichen, werden die einzelnen Teilnetze über Schaltelemente miteinander verbunden.
Wie bereits in Kapitel 4 erwähnt, arbeiten moderne Computernetzwerke nach dem Prinzip der **Paketvermittlung** (Packet Switching): Die zu versendenden Daten werden in einzelne Pakete zerlegt und unabhängig voneinander über das Netzwerk zum Adressaten der Daten gesendet. Dabei können die einzelnen Datenpakete durchaus auf verschiedenen Wegen zu ihrem Ziel gelangen und ermöglichen so einen größtmöglichen Datendurchsatz im Netzwerk. Besitzen alle Pakete dieselbe Größe, spricht man von einer **Zellvermittlung** (Cell Switching).
Um ein bestehendes WAN zu vergrößern, wird ein neues Teilnetz, das mit dem WAN verbunden werden soll, einfach über ein Schaltelement an das bestehende WAN angeschlossen. Je nach Bedarf können auf diese Weise weitere Teilnetze mit in das WAN integriert werden. Das verwendete Schaltelement, das die Koppelung der Netze bewerkstelligt, heißt **Paketvermittler**, da seine Aufgabe im Empfang, dem Speichern, Auswerten und Weiterleiten von Datenpaketen besteht. Ein Paketvermittler ist ein spezieller Computer, der nur für diese Aufgabe verwendet wird. Um die hohe Bandbreite ausnutzen

zu können, die die heutigen WANs kennzeichnen, werden die angewendeten Algorithmen zur Ermittlung des Pfades eines Datenpakets zum jeweiligen Empfänger direkt in die Hardware des Rechners integriert und so möglichst kurze Schaltzeiten zu erzielen.

Während der Anschluß eines Paketvermittlers an die jeweiligen Endsysteme bzw. an ein Teilnetz von Endsystemen mit derselben Bandbreite erfolgen kann, wie sie den betreffenden Endgeräten in ihrem jeweiligen Teilnetz zur Verfügung steht, werden die Paketvermittler untereinander über höhere Bandbreiten miteinander verbunden. Abb. 6.2 zeigt den schematischen Aufbau eines Paketvermittlers.

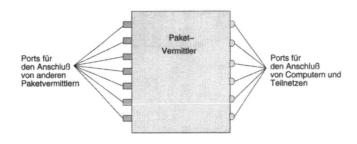

Abb. 6.2. Schematischer Aufbau eines Paketvermittlers

Dabei können eine Vielzahl von unterschiedlichen Übertragungsmedien verwendet werden, wie z.B. serielle Mietleitungen (Telefonkabel), Lichtwellenleiter, Mikrowellen, Richtfunk, Laser oder Satellitenkanäle.

6.2.2 Aufbau eines WANs

Ausgangspunkt des Aufbaus eines WANs sind oft einzelne, geografisch voneinander entfernte LANs oder auch einzelne Computer, die miteinander verbunden werden sollen. Jeder Standort erhält zu diesem Zweck einen Paketvermittler, der mit dem lokalen Teilnetz bzw. direkt mit den lokalen Endsystemen verbunden wird. Die einzelnen Paketvermittler an den unterschiedlichen Standorten werden dann über ein separates Netz – oftmals ein öffentliches Netzwerk – miteinander verbunden.

Abb. 6.3 zeigt den Aufbau eines WANs mit vier Paketvermittlern. Dabei sind über zwei Paketvermittler ganze Teilnetze mit dem WAN verbunden, während über die anderen beiden lediglich einzelne Rechner mit dem Paketvermittler verbunden sind. Die Abbildung zeigt auch, daß WANs nicht notwendigerweise symmetrisch sein müssen. Die Bandbreiten der Verbindungen zwischen den einzelnen Paketvermittlern werden entsprechend dem erwarteten Datenverkehr unter Einbeziehung von Redundanz für den Störungsfall gewählt.

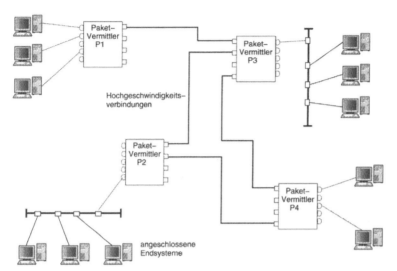

Abb. 6.3. Beispiel für den prinzipiellen Aufbau eines WANs

WANs sind auf Netzwerkbetreiber angewiesen, die solche Fernnetze betreiben und zur Nutzung anbieten. Netzwerkbetreiber sind öffentliche oder private Institutionen, die im Rahmen der rechtlichen Vorschriften tätig sind. Allerdings kann ein Unternehmen auch ein WAN für sich alleine betreiben, ohne sich dabei auf einen Netzwerkanbieter zu stützen und ohne dabei Dienste für andere zu erbringen. Zu diesem Zweck können Leitungen von Netzwerkbetreibern gemietet und zu einem scheinbar firmeneigenen Netzwerk verbunden werden. Das Unternehmen ist dann allerdings auch selbst für den Betrieb und den Unterhalt dieses Firmennetzes (Corporate Network) verantwortlich.

6.2.3 Speichervermittlung

In einem LAN nutzen alle angeschlossenen Endsysteme ein gemeinsames Übertragungsmedium. Damit es auf dem gemeinsam genutzten Übertragungsmedium nicht zu Kollisionen oder Störungen kommt, die die Datenübertragung behindern bzw. sogar ganz zum Erliegen bringen, ist es immer nur jeweils einem Paar von Endsystemen gestattet, ein Datenpaket auszutauschen.
Im Gegensatz dazu können die an ein WAN angeschlossenen Endsysteme tatsächlich parallel kommunizieren und gleichzeitig Datenpakete versenden. Damit die Paketvermittler auch bei einem hohen Datenpaketaufkommen

ihre Arbeit korrekt ausführen können, wird jedes empfangene Datenpaket zunächst in einen internen Zwischenspeicher des Paketvermittlers kopiert und dort gespeichert, bevor anhand der im Datenpaket mitgelieferten Adressinformationen entschieden wird, auf welchem Wege (d.h. über welchen Ausgang) das Datenpaket den Paketvermittler wieder verläßt. Diese Technik wird als **Speichervermittlung** (Store-and-Forward Switching) bezeichnet.

Bei der Speichervermittlung können die Datenpakete tatsächlich mit der höchsten, von der Hardware des Netzwerks unterstützten Bandbreite übermittelt werden, denn der Paketvermittler ist in der Lage, viele Datenpakete gleichzeitig in seinem Speicher aufzunehmen. Er kann so auch im Falle eines Datenstaus auf der Ausgangsseite des Paketvermittlers als Puffer agieren. Natürlich ist ein solcher Puffer von seiner Kapazität her immer beschränkt, so daß im Extremfall auch Datenpakete, die nicht mehr im Zwischenspeicher des Paketvermittlers aufgenommen werden können, verloren gehen. Jeder Ausgang des Paketvermittlers verfügt also über eine Warteschlange, die mit den Datenpaketen gefüllt wird, die über diesen Ausgang an ihren Bestimmungsort geliefert werden. Der Zwischenspeicher des Paketvermittlers kann so sehr zügig wieder freigeräumt werden.

6.2.4 Adressierung im WAN

Aus Sicht der an das WAN angeschlossenen Endgeräte arbeitet ein WAN in gleicher Weise wie ein LAN: Die jeweilige WAN-Technologie definiert ein bestimmtes, vorgegebenes Datenformat, dem die zu versendenden Datenpakete entsprechen müssen. Jedes einzelne, am WAN angeschlossene Endsystem verfügt darüberhinaus über eine eigene Hardware-Adresse, die als Zieladresse in dem zu sendenden Datenpaket jeweils mit angegeben sein muß, damit das Datenpaket auch tatsächlich seinen Bestimmungsort erreichen kann.

Um eine eindeutige Adressierung auf WAN-Ebene zu erreichen, wird ein **hierarchisches Adressierungsschema** verwendet. Im einfachsten Fall ist dabei eine Adresse in zwei Teile aufgegliedert: Der erste Teil, der Adreß-Präfix, bezeichnet die Adresse des Paketvermittlers und der zweite Teil, der Adreß-Suffix, bezeichnet die Adresse des betreffenden Endsystems, das an diesen Paketvermittler angeschlossen ist. Abb. 6.4 zeigt ein Beispiel für eine hierarchische Adressierung im WAN.

An den Paketvermittler P1 sind drei Endsysteme jeweils an den Ports 1, 3 und 5 angeschlossen, während an den Paketvermittler P2 zwei Endsysteme an den Ports 2 und 6 angeschlossen sind. Der an Port 5 angeschlossene Rechner von Paketvermittler P1 bekommt somit die Adresse [1,5] zugewiesen.

Der Paketvermittler muß jedes empfangene Datenpaket entsprechend seiner Zieladresse weiterleiten. Ist das Datenpaket für einen Rechner bestimmt, der direkt über den Paketvermittler erreichbar ist, wird das Paket einfach auf den entsprechenden Ausgang, mit dem der Zielrechner verbunden ist, weitergeleitet. Ist das Datenpaket für einen Rechner bestimmt, der nur über einen anderen Paketvermittler erreicht werden kann, wird das Paket über eine der

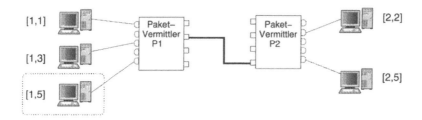

Abb. 6.4. Hierarchische Adressierung im WAN

Hochgeschwindigkeitsverbindungen zum nächsten Paketvermittler auf dem Verbindungsweg zwischen dem aktuellen Paketvermittler und dem Zielrechner versendet. Welcher Paketvermittler dabei gewählt wird, hängt von der jeweiligen Zieladresse des zu sendenden Datenpakets und der daraus abgeleiteten Route ab.
Der Paketvermittler verfügt dabei nicht über die vollständige Information zum Weg, den das Datenpaket einzuschlagen hat, sondern jeweils immer nur über die nächste zurückzulegende Teilstrecke (**Hop**). Dieses Vermittlungsprinzip wird auch als **Teilstreckenvermittlung** (Next-Hop-Forwarding) bezeichnet. Die Information über die von einem Paketvermittler aus einzuschlagenden Teilstrecken wird dort in Form von Tabellen (Routing-Tabellen) verwaltet, in denen jedem Ziel ein designierter Ausgang des Paketvermittlers zugeordnet wird. Abb. 6.5 zeigt die Next-Hop-Tabelle von Paketvermittler P3. Empfängt der Paketvermittler ein Datenpaket, wird zunächst die Zieladresse, die sich in dessen Paketheader befindet, ausgewertet und der entsprechende Eintrag in der Next-Hop-Tabelle des Paketvermittlers gesucht. Über den dort zu der Zieladresse verzeichneten Ausgang wird das Datenpaket anschließend weitergeleitet.
Die Weiterleitung eines Datenpakets erfolgt im WAN unabhängig von der jeweiligen Quelladresse, von der das Datenpaket stammt. Sie ist bei der Ermittlung der als nächstes zu wählenden Teilstrecke nicht von Bedeutung. Diese Information ist nur dann wichtig, wenn der Paketvermittler neu konfiguriert wird. Die Weiterleitung der Datenpakete folgt so einem einfachen Algorithmus, der sehr effizient in Hardware implementiert werden kann.

6.3 Routing

Das sogenannte **Routing** dient der Ermittlung von Wegen, die zwei Endsysteme als Sender und Empfänger in einem Internet miteinander verbinden. Zwischen Quellsystem und Zielsystem liegen dabei (in der Regel mehrere) **Router**, deren Aufgabe es ist, als Vermittlungsrechner die Daten von einem Teilnetz in das nächste entlang des gewählten Weges durch das Internet zu

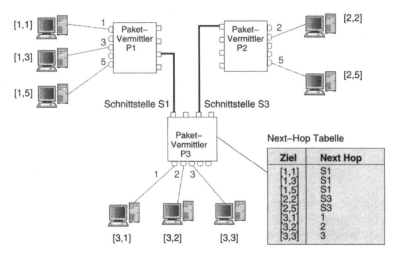

Abb. 6.5. Teilstreckenvermittlung im WAN – Next-Hop-Forwarding

übertragen. Dabei ermitteln die Router einen Weg (Route) auf Basis der Zieladresse des zu übermittelnden Datenpakets, die ein Endsystem bzw. das Subnetz zu dem das betreffende Endsystem gehört kennzeichnet.

Die Weiterleitung der Datenpakcte an den jeweiligen Vermittlungsrechner hängt dabei weder vom Sender des Datenpakets ab noch von den einzelnen Etappen, die das Datenpaket auf dem Weg zum aktuellen Vermittlungsrechner bereits zurückgelegt hat, sondern einzig und allein von dessen Ziel. Dieses Prinzip wird als **Quellenunabhängigkeit** bezeichnet und ist eines der grundlegenden Prinzipien der Netzwerktechnik. Es gewährleistet den Einsatz effizienter **Routingalgorithmen**, die zur Weiterleitung ankommender Pakete nur die jeweilige Zieladresse entnehmen, um zu entscheiden, über welchen Ausgang das Datenpaket den Vermittlungsrechner wieder verlassen soll.

Man unterscheidet in einem WAN **interne Vermittler** (Interior Switch), also Vermittlungsrechner, an die keine Endsysteme sondern nur andere Vermittlungsrechner direkt angeschlossen sind, von **externen Vermittlern** (Exterior Switch), an die auch direkt Endsysteme angeschlossen werden können.

6.3.1 Das Netzwerk als Graph

Das Routing im WAN oder in einem Internet kann man am besten anhand eines **Graphen** veranschaulichen, der das Netzwerk darstellt. Jeder **Knoten** des Graphen repräsentiert dabei einen Router. Besteht zwischen zwei Routern im WAN eine direkte Verbindung, so wird diese im Graphen durch eine **Kante** zwischen den beiden Knoten, die die Router darstellen, repräsentiert und als Verbindung oder Link bezeichnet wird. Abb. 6.6 zeigt ein WAN und den das WAN darstellenden Graphen.

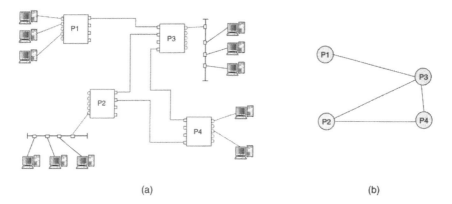

(a) (b)

Abb. 6.6. Ein WAN (a) und seine korrespondierende Graph-Darstellung (b)

Die Beschreibung eines WANs als Graph ist sehr nützlich, da sie eine Darstellung der einzelnen, miteinander verbundenen Router ohne die zugehörigen Endsysteme liefert. Der Graph ist die Basis für die Berechnung von Teilstreckenverbindungen (Hops) der unterschiedlichen Routingalgorithmen, die in WANs Verwendung finden.

6.3.2 Berechnung der Routingtabelle im WAN

Um ein ankommendes Datenpaket korrekt weiterleiten zu können, verfügt der Vermittlungsrechner (**Router**) über eine interne Tabelle (**Routingtabelle**) mit den zum Weiterleiten notwendigen Teilstreckeninformationen. Die Routingtabelle enthält zu jedem potentiellen Ziel eine Angabe, über welchen Port das Datenpaket den Router wieder verlassen muß. Da die Routingtabelle jeweils nur Angaben über die nächste Station eines Datenpakets auf seinem Weg durch das WAN enthält, wird sie auch als Next-Hop-Tabelle bezeichnet. Betrachten wir die in Abb. 6.5 dargestellte Routingtabelle. Sofort wird der Vorteil, den eine hierarchische Adressierung im Netzwerk bietet klar: Alle Datenpakete, die an ein bestimmtes Subnetz gerichtet sind, verlassen den Router über denselben Port. Für ein korrektes Weiterleiten der Datenpakete muß also nur der erste Teil der Zieladresse überprüft werden, falls das Ziel der Datenpakete sich nicht im selben Subnetz befindet wie der betrachtete Router (siehe Tabelle 6.1).

Die Routingtabelle enthält also je einen Eintrag für ein dediziertes Subnetz und je einen Eintrag für jeden Rechner im lokalen Subnetz des Routers. Die Routingtabelle läßt sich entsprechend verkleinern mit der Folge, daß sich auch der Berechnungsaufwand zur Weiterleitung der Datenpakete deutlich verringert.

Die in der Routingtabelle gespeicherten Einträge müssen den folgenden Anforderungen entsprechen:

Tabelle 6.1. Verkürzte Version der Routingtabelle aus Abb. 6.5

Ziel	Next Hop
(1,beliebig)	S1
(2,beliebig)	S3
(3,1)	1
(3,2)	2
(3,3)	3

- **Universelles Routing**: Die Routingtabelle eines Routers muß für jedes potentielle Ziel einen Hop enthalten.
- **Optimales Routing**: Der in einer Routingtabelle enthaltene Hop für ein bestimmtes Ziel muß auf den kürzesten Pfad dorthin führen.

Bevor auf die einzelnen Verfahren zur Ermittlung optimaler Routingtabellen eingegangen wird, soll zunächst das Optimalitätsprinzip als Grundlage dieser Verfahren genauer erläutert werden: Betrachten wir die drei Router A, B und C. Dann besagt das Optimalitätsprinzip folgendes: Liegt Router B auf einer optimalen Route von Router A nach Router C, dann liegt der optimale Weg von Router B nach Router C ebenfalls auf dieser Route. Dies kann sehr einfach bewiesen werden: Bezeichnen wir den ersten Teilweg der betrachteten optimalen Route von A nach B mit r1 und den Teilweg von B nach C als r2. Würde ein besserer Weg von B nach C führen als r2, dann könnten wir diesen einfach mit r1 verbinden und hätten damit eine Route von A nach C gefunden, die besser als unsere Ausgangsroute wäre, was der Anfangsbedingung widerspricht.

Aus dem Optimalitätsprinzip läßt sich direkt folgern, daß der Graph, der entsteht, wenn man die optimalen Routen von allen möglichen Knoten (Routern) A1,..., An zu einem bestimmten Ziel Z miteinander verbindet, einen **Wurzelbaum** mit Z als Wurzel enthält. Ein solcher Wurzelbaum wird als **Sink Tree** bezeichnet. Auf natürliche Weise kann auf dem Sink Tree eine Distanzmetrik eingeführt werden, die durch die Anzahl der jeweils notwendigen Hops definiert ist. Als Baum enthält der Sink Tree keine Schleifen (loops), so daß jedes Datenpaket, das der vorgegebenen Route folgt, stets nach einer endlichen Anzahl von Hops sein Ziel erreicht (vgl. Abb. 6.7). Der Sink Tree ist nicht eindeutig festgelegt, es kann mehrere unterschiedliche Sink Trees geben. Ziel der verschiedenen Routingverfahren ist es, jeweils einen Sink Tree zu ermitteln und ihn für die Festlegung der optimalen Route zu verwenden. Kommen wir zurück auf die Frage der Berechnung von Routingtabellen. Eine vollständige Routingtabelle für alle Router aus Abb. 6.6, die aus dem korrespondierenden Netzwerkgraphen gewonnen werden kann, ist in Tabelle 6.2 dargestellt. Die Wertepaare (u,v), die jeweils in den Feldern „Next Hop" angegeben sind, bezeichnen die Kante (u,v) von Knoten u zu Knoten v, über die ein Datenpaket als nächstes weitergeleitet werden soll.

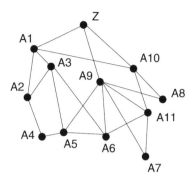
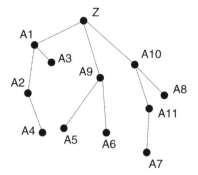

Netzwerk   Sink Tree für Router Z

Abb. 6.7. Netzwerk mit Sink Tree

Tabelle 6.2. Vollständige Routingtabelle für alle Router aus Abb. 6.6

Knoten P1		Knoten P2		Knoten P3		Knoten P4	
Ziel	Next Hop	Ziel	Next Hop	Ziel	Next Hop	Ziel	Next Hop
1	-	1	(2,3)	1	(3,1)	1	(4,3)
2	(1,3)	2	-	2	(3,2)	2	(4,2)
3	(1,3)	3	(2,3)	3	-	3	(4,3)
4	(1,3)	4	(2,4)	4	(3,4)	4	-

Es fällt auf, daß die angegebene Routingtabelle noch viele doppelte Einträge enthält. Da den Routingtabellen in der Praxis stets nur ein beschränkter Raum zur Verfügung steht, wird das Verfahren des **Vorgaberoutings** (**Default Routing**) angewandt, das zusätzlich hilft, den Speicherplatz möglichst effizient zu nutzen. Dabei ersetzt ein einzelner Eintrag in der Routingtabelle eine Reihe von Einträgen mit identischem Hopwert. In jeder Tabelle ist stets nur ein Eintrag für das Vorgaberouting zulässig. Dieser besitzt eine niedrigere Priorität als alle übrigen Einträge. Wird in der Routingtabelle für ein bestimmtes Ziel kein expliziter Eintrag gefunden, wird das Datenpaket an die im Vorgaberouting festgelegte Route (Default Route) weitergeleitet (siehe Tabelle 6.3).

Tabelle 6.3. Routingtabelle nach dem Vorgaberouting-Verfahren für alle Router aus Abb. 6.6

Knoten P1		Knoten P2		Knoten P3		Knoten P4	
Ziel	Next Hop	Ziel	Next Hop	Ziel	Next Hop	Ziel	Next Hop
1	-	2	-	1	(3,1)	2	(4,2)
*	(1,3)	4	(2,4)	2	(3,2)	4	-
		*	(2,3)	3	-	*	(4,3)
				4	(3,4)		

Eine manuelle Berechnung der Routingtabellen ist allerdings nur für sehr kleine Netzwerke wie in unserem Beispiel sinnvoll. In der Praxis kommen hier Berechnungsverfahren, die sogenannten **Routingalgorithmen** zum Einsatz, die in den nachfolgenden Abschnitten im Detail vorgestellt werden. Es lassen sich grundsätzlich **statische** und **dynamische** Routingalgorithmen unterscheiden. Beim statischen Routing (auch als „nicht adaptives" Routing bezeichnet) wird die Routingtabelle einmal zum Zeitpunkt der Inbetriebnahme des Routers erstellt und danach nicht mehr verändert. Die Routingtabelle wird mit Hilfe festgelegter **Routingmetriken** ermittelt. Statische Routingverfahren können nicht auf Veränderungen im Netzwerk reagieren, so daß ihr Nutzen nur begrenzt ist. Auf der anderen Seite ist das statische Routing jedoch ein sehr einfaches Verfahren, das nur einen geringen Berechnungsoverhead erfordert.

Dynamische (adaptive) Routingalgorithmen dagegen können sich an veränderte Strukturen im Netzwerk anpassen, indem die Routingtabellen regelmäßig oder bei Bedarf aktualisiert werden. Die Basis für diese Anpassungen bilden ebenfalls Routingmetriken, wobei sich die einzelnen Verfahren darin unterscheiden, woher sie ihre Informationen und Entscheidungskriterien beziehen und wann jeweils Neuberechnungen der Routingtabellen vorgenommen werden. In den meisten Netzwerken werden dynamische Routingverfahren angewendet, da so Netzwerkprobleme oft automatisch behoben werden können. Dazu werden Netzverkehr sowie der Zustand der Netzwerkhardware permanent überwacht und die Routen durch das Netzwerk beim Auftreten von Störungen entsprechend umgeleitet.

Dynamische Routingalgorithmen lassen sich in **zentrale** und **dezentrale** Routingalgorithmen unterteilen. Bei zentralen Routingverfahren wird die Berechnung der Routingtabellen durch eine zentrale Instanz vorgenommen, die aufgrund ihrer umfassenden Information über den Zustand des Netzes qualitativ hochwertige Routingentscheidungen treffen kann. Allerdings kann die Reaktion auf eine Veränderung der Netzwerkstruktur dadurch relativ lange auf sich warten lassen. Zudem stellt der Rechner, auf dem die zentralen Routingberechnungen stattfinden, eine kritische Ressource dar, bei deren Ausfall der Betrieb des gesamten Netzwerks gefährdet ist. Ist dieser Rechner nicht ausreichend dimensioniert, bildet er zusätzlich einen Engpaß, der die Übertragungsleistung im Netzwerk signifikant vermindern kann.

Kommen dezentrale Routingalgorithmen zum Einsatz, so obliegt die Berechnung der Routingtabellen jedem Router selbst und muß auf Basis des Informationsstands des jeweiligen Routers über die Beschaffenheit des Netzwerks getroffen werden. In der Praxis werden meist dezentrale Routingverfahren eingesetzt, deren wichtigste Vertreter die in Abschnitt 6.3.4 und 6.3.5 vorgestellten **Distanz-Vektor-Verfahren** und **Link-State-Algorithmen** sind.

Unabhängig von dieser Aufteilung der einzelnen Routingverfahren existieren daneben noch sogenannte **isolierte Routingverfahren**, die davon ausgehen, daß jeder Knoten des Netzwerks nur die ihm lokal verfügbare Information nutzt, um eine Routingentscheidung zu treffen. Die wichtigsten Vertreter der isolierten Routing Verfahren sind das nicht adaptive Verfahren des sogenannten **Fluten** (**Flooding**) und das lastabhängige **Hot Potato** Verfahren. Sie werden im nächsten Abschnitt im Detail besprochen.

Alle genannten Routingverfahren und die einzelnen Teilverfahren lassen sich untereinander beliebig kombinieren. Abb. 6.8 zeigt eine schematische Gliederung der aufgeführten Routingverfahren.

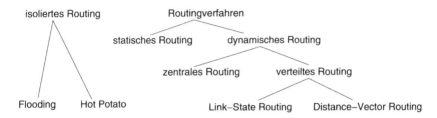

Abb. 6.8. Schematische Einteilung der Routingalgorithmen

6.3.3 Isolierte Routing-Algorithmen

Wir beginnen unsere Vorstellung der verschiedenen Routingverfahren mit den isolierten Routingverfahren. Isoliert bedeutet, daß jeder Netzknoten nur die ihm lokal verfügbare Information zum Routing verwendet. Dabei kann es sich z.B. um die Länge einer Warteschlange vor einem ausgehenden Port des Routers handeln oder auch um den Zustand eines Nachbarn im Netzwerk.

Das als **Fluten** (**Flooding**) bezeichnete Verfahren ist ein sehr einfaches Routingverfahren, das in der Regel zu einer hohen Belastung des Netzwerks führt. Dabei werden alle ankommenden Datenpakete gleichzeitig über alle Anschlüsse des Routers weitergegeben – mit Ausnahme des Anschlusses, über den das Datenpaket den Router erreicht hat. Dabei wird das Datenpaket in jedem Router vervielfacht, es entstehen sehr viele Duplikate im Netzwerk. Theoretisch würde sich die Anzahl der Datenpakete bis ins Unendliche steigern und das Netzwerk wäre hoffnungslos überlastet, wenn nicht geeignete Maßnahmen getroffen würden, um dies zu verhindern. Eine dieser Maßnahmen ist die Bereitstellung eines Zählers (Hop Counter), der in den Header des Datenpakets integriert und bei jedem Hop des Datenpakets dekrementiert wird. Erreicht dieser Zähler den Wert Null, wird das Datenpaket verworfen. Idealerweise würde dieser Zähler mit einem Wert initialisiert, der die Anzahl der notwendigen Hops vom Sender zum Empfänger wiedergibt. Da dem Sender diese Anzahl aber in der Regel unbekannt ist, wird der Zähler mit dem maximalen Durchmesser des Netzwerks initialisiert.

Eine andere Möglichkeit, die entstehende Flut der Datenpakete einzudämmen, besteht darin, einen Zeitstempel anstelle eines Zählers im Header des Datenpakets vorzusehen. Damit kann der jeweilige Router die Zeitspanne ermitteln, die sich das Datenpaket bereits im Netzwerkverkehr befindet, und kann es nach Ablauf einer vorgegebenen Lebensdauer verwerfen.

Daneben besteht weiter die Möglichkeit, bereits einmal von einem Router weitervermittelte Datenpakete nicht noch einmal weiterzuvermitteln. Dazu schreibt der dem Sender nächstgelegene Router (Source Router) eine sogenannte Sequenznummer in den Datenpaketheader. Jeder Router führt dann eine Liste, in der diese Sequenznummern der jeweiligen Source Router vermerkt werden, die den betreffenden Router bereits passiert haben. Befindet sich ein ankommendes Datenpaket bereits in dieser Liste, wird es nicht weitervermittelt, sondern verworfen.

Eine etwas effizientere Variante des Flutens ist das sogenannte **selektive Fluten (Selective Flooding)**. Dabei wird ein ankommendes Datenpaket vom Router nicht über alle Anschlüssen weitergeleitet, sondern nur über diejenigen, die in etwa in die „richtige" Richtung weisen. Dies ist aber nur möglich, wenn der Router Information über den Aufbau des Netzwerkes besitzt, so daß z.B. ein Paket, das nach Westen gesendet werden soll, nicht über Anschlüsse geflutet wird, die nach Osten weisen.

Flooding-Verfahren sind für die meisten Anwendungen nicht praktikabel, besitzen aber dennoch einigen Nutzen. So z.B. in militärischen Anwendungen, in denen ein hoher Grad an Redundanz und Ausfallsicherheit gegenüber Störungen erforderlich ist. Auch zur Realisierung von Updates in verteilten Datenbanken kommt dieses Verfahren zum Einsatz, da es wichtig ist, einen Update in allen Teil-Datenbanken möglichst synchron auszuführen. Zusätzlich kommt Flooding als Metrik zum Einsatz, wenn die Qualität anderer Routingalgorithmen getestet werden soll. Flooding findet stets einen kürzesten Pfad vom Sender zum Empfänger, da ja alle möglichen Pfade parallel gewählt werden, wenn auch später eintreffende Duplikate erkannt und dann verworfen werden müssen.

Das als **Hot-Potato-Routing** bezeichnete Verfahren hingegen vermeidet das Entstehen großer Mengen von Duplikaten eines Datenpakets, findet aber nur selten einen kürzesten Weg zwischen Sender und Empfänger. Ein Router, der ein Datenpaket zur Weitervermittlung erhält, versucht in diesem Verfahren, dieses Datenpaket auf schnellstem Wege wieder loszuwerden. Er behandelt das Datenpaket quasi wie eine „heiße Kartoffel". Dazu sendet er es über denjenigen Anschluß weiter, dem die aktuell kürzeste Warteschlange zugeordnet ist. Die Folge ist, daß Datenpakete mitunter erhebliche Umwege in Kauf nehmen müssen, da nicht sichergestellt ist, daß bei diesem Verfahren tatsächlich ein günstiger Weg in Richtung Empfänger gewählt wird. Darüberhinaus ist das Hot-Potato-Verfahren sehr anfällig gegenüber einer Überlastung des Netzwerks, denn es werden immer noch Datenpakete angenommen und weitergeleitet, auch wenn sich auf dem Weg zum Empfänger bereits ein Stau gebildet hat.

Exkurs 17: Dijkstra-Algorithmus

Die Bestimmung des **kürzesten Weges** (**Shortest Path**) vom Sender zum Empfänger innerhalb eines Netzwerks ist für eine Vielzahl von Routingverfahren von entscheidender Bedeutung. Eine einfache Technik, die in diesem Zusammenhang häufig zum Einsatz kommt, ist der sogenannte **Dijkstra-Algorithmus**, benannt nach seinem Erfinder W. Dijkstra (1930–2002).
Der Dijkstra-Algorithmus arbeitet auf einem Graphen dessen Knoten die Router des Netzwerks und dessen Kanten die Verbindungen zwischen den einzelnen Routern darstellen. Das Verfahren ermittelt die Länge der kürzesten Wegen von einem Sender zu allen Routern im Netz und stellt während der Berechnung eine Routingtabelle für den Sender zusammen. Welcher Weg dabei den kürzesten Weg in einem Netzwerk darstellt, hängt von der gewählten Metrik ab, z.b. der Anzahl der notwendigen Hops vom Sender zum Empfänger. Allerdings ist diese Vorgehensweise in der Praxis nicht immer zielführend, da die Verbindungen zwischen den einzelnen Netzwerkkomponenten unterschiedliche Bandbreiten besitzen und sich über unterschiedliche Entfernungen erstrecken können. Daher macht es Sinn, die Verbindungen entsprechend ihrer Bandbreite und ihrer räumlichen Ausdehnung zu gewichten, und in die Gewichtung auch Größen, wie z.b. die Schaltgeschwindigkeit des Routers oder Wartezeiten innerhalb des Routers, mit einzubeziehen. Der Dijkstra-Algorithmus ist in der Lage, stets den kürzesten Weg entsprechend der gewählten Metrik zu bestimmen.
Zur Erläuterung der Funktionsweise des Verfahrens betrachten wir das Beispiel in Abb. 6.9. Das Netzwerk besteht aus sieben Knoten A, B, C, D, E, F, G. Die Verbindungsgewichte sind an den jeweiligen Kanten angegeben. Es wird ein kürzester Weg durch das Netzwerk von A nach G gesucht. Zu jedem Knoten wird dazu eine Datenstruktur bereitgestellt, die sogenannte Belegung, die den jeweiligen Vorgängerknoten entlang des kürzesten Weges und die aktuell ermittelte Entfernung dieses Knotens vom Startknoten beinhaltet. Zu Beginn ist für jeden Knoten der Vorgängerknoten unbesetzt und die aktuelle Entfernung wird mit Unendlich angegeben. Wir unterscheiden permanente Knoten von noch in der Berechnung befindlichen Knoten. Für permanente Knoten wurde bereits die kürzeste Entfernung zum Startknoten bestimmt, sie können neuer Ausgangspunkt für Folgeberechnungen werden. In Abb. 6.9 sind permanente Knoten durch ausgefüllte Kreise kenntlich gemacht.
Zu Beginn der Berechnung wird der Startknoten A als permanent markiert (a). Es werden dann die zu A benachbarten Knoten B und C betrachtet, und da diese noch nicht als permanent markiert sind, und die Entfernung, die in ihrer Belegung angegeben größer als die zu A ermittelte Distanz ist, erhalten sie die Belegung (A,2) für B und (A,3) für C entsprechend der (gewichteten) Entfernung von A. Jetzt werden alle nicht permanenten Knoten des Graphs untersucht und derjenige Knoten mit der kleinsten Belegung, hier B, wird zum neuen Ausgangsknoten und als permanent markiert (b). Dann werden die zu B benachbarten, nicht permanenten Knoten D und F betrachtet. Entsprechend ihrer Distanz von A, die sich ergibt aus der Distanz vom Ausgangsknoten B plus dessen Belegung, erhalten die Knoten die Belegungen (B,9) für F und (B,6) für D. Zur Ermittlung des nächsten Ausgangsknotens für den kürzesten Weg werden wieder alle nicht permanenten Knoten betrachtet und derjenige mit der kürzesten Distanz zu A, jetzt C, herausgenommen und als permanent markiert (c). Dann werden die nicht permanenten Nachbarn von C betrachtet (D und E) und deren Distanz von A entlang der Route über C ermittelt (für D gleich 5 und für E gleich 5). Da die Route von A nach D über C kürzer ist, als die bisherige, wird die Belegung von D auf (C,5) gesetzt (d). Haben, wie in der nachfolgenden Betrachtung, zwei oder mehrere nicht permanenten Knoten dieselbe Distanz zur Quelle, so wird zufällig einer ausgewählt, als permanent markiert und zum Ausgangspunkt für die nächste Runde gewählt.
Auf diese Weise wird solange fortgefahren, bis der verfolgte Zielpunkt (G) als permanent markiert worden ist. Die Entfernung vom Startpunkt A ergibt sich dann einfach aus der Belegung von G (8) und der kürzeste Weg kann in entgegengesetzter Richtung von G nach A, der Belegung der jeweiligen Knoten folgend, rekonstruiert werden (G,E,C,A).

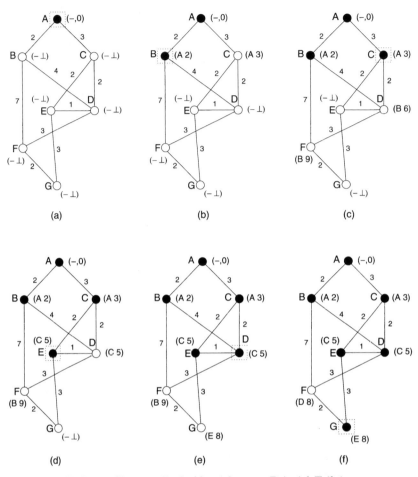

Abb. 6.9. Dijkstra Shortest Path Algorithmus – Beispiel Teil 1

Um den Dijkstra-Algorithmus zu implementieren, sind folgende Datenstrukturen erforderlich:

- Die Knoten des Graphen werden durchnumeriert, damit die Knotennummer als Index für den Datenzugriff verwendet werden kann.
- Ein Distanzvektor **D**, dessen i-te Komponente die aktuell ermittelte kürzeste Distanz des i-ten Knoten zum Ausgangsknoten enthält.
- Ein Routenvektor **R**, dessen i-te Komponente die Nummer des Vorgängerknotens von Knoten i entlang des aktuell ermittelten kürzesten Pfades von A nach i.
- Die Menge **T** der noch nicht als permanent markierten, noch zu untersuchenden Knoten, die als doppelt verkettete Liste von Knotennummern gespeichert werden kann.

Der Dijkstra-Algorithmus in Pseudocode-Darstellung:

(a) Eingabe:
— Das zu untersuchende Netzwerk ist als Graph gegeben. Der Quellknoten, für den die kürzesten Wege zu allen anderen Knoten ermittelt werden sollen, ist gekennzeichnet,

und alle Kanten des Graphen tragen eine nichtnegative Gewichtung, entsprechend der gewählten Distanzmetrik.
- Der Algorithmus berechnet die kürzeste Distanz vom Quellknoten zu jedem möglichen Zielknoten und erstellt eine Tabelle für den jeweils nächsten Knoten, der in Richtung auf den Zielknoten hin zu durchlaufen ist.
- Die beteiligten Datenstrukturen werden wie folgt initialisiert:
  - Menge **T**, die alle Knoten, außer den Startknoten enthält.
  - Vektor **D**, dessen Komponente D[i] die Distanz zwischen Startknoten und Knoten i enthält. Zu Beginn wird D[i] mit einem Wert **max** belegt, der größer ist als alle möglichen Weglängen durch das Netzwerk. Der Distanzwert des Startknotens zu sich selbst beträgt D[0]=0. Existiert kein Weg vom Startknoten zum Knoten i, so behält D[i] den Wert max.
  - Vektor **R** mit R[i]=0 für alle Knoten i.

(b) Algorithmus:

```
while (Menge T nicht leer) {
    wähle einen Knoten i aus T, so daß D[i] minimal ist;
    entferne i aus der Menge T;
    für jeden Knoten j, für den eine Kante (i,j) existiert {
        if (j ist in T) {
            d = D[i] + Gewicht(i,j);
            if (d < D[j]) {
                R[j] = i;
                D[j] = d;
            }
        }
    }
}
```

Weiterführende Literatur:

A. S. Tannenbaum: Computer Networks, Prentice-Hall, NJ, USA, pp. 348-352, 1996.
E. W. Dijkstra: A Note on Two Problems in Connexion with Graphs, Num. Math. vol.1, pp. 269-271, Oct. 1959.

6.3.4 Distanzvektor-Routing (RIP)

In der Praxis relevant sind vor allem **dezentrale, verteilte Routingverfahren**. Hier berechnet jeder Router seine Routingtabelle lokal und versendet anschließend Nachrichten mit der von ihm gewonnenen Routinginformation an benachbarte Router, um diese aus seiner Sicht über die Netzwerktopologie zu informieren. Bei diesen Verfahren versenden Router die Routinginformation periodisch, so daß nach einer kurzen Anlaufzeit jeder Router die kürzesten Wege zu allen Zielen erfaßt hat. Das Ergebnis des verteilten Routings ist prinzipiell dasselbe, wie im Falle des Dijkstra Algorithmus, nur daß die Router in der Lage sind, sich dynamisch an Veränderungen der Topologie oder der

Auslastung des Netzwerks anzupassen, da sie periodisch neue Routinginformation austauschen. Fällt eine Netzwerkverbindung aus, erhält ein Router von denjenigen Routern, die nur über diese Verbindung erreichbar waren, keine weiteren Updates. Existiert eine Ausweichroute, kann der Router mit Hilfe der Routinginformation der übrigen Router seine Routingtabelle trotzdem anpassen und die ausgefallene Netzhardware umgehen.

Das als **Distanzvektor-Routing** bezeichnete Verfahren ist ein dezentrales Routingverfahren. Jeder Router hält dabei eine Tabelle (Vektor) vor, die neben dem für ein bestimmtes Ziel jeweils zu wählenden Anschluß zusätzlich noch dessen Distanz beinhaltet. Diese Tabellen werden stets aktuell gehalten durch Austausch von Routinginformation mit den benachbarten Routern. Das Distanzrouting-Verfahren wird oftmals auch als **Bellman-Ford**-Algorithmus oder als **Ford-Fulkerson**-Algorithmus bezeichnet nach den Wissenschaftlern, die dieses Verfahren entwickelt haben. Das Distanzvektor-Routing war das erste Routingverfahren, das im ARPANET zum Einsatz kam. Es wurde im Internet als **Routing Information Protocol** (**RIP**) in RFC 1058 (RIPv2 in RFC 1723) standardisiert. Ebenso kam es in frühen Versionen der DECnet und Novell IPX Netzwerk-Software zum Einsatz. Apple-Talk und Cisco-Router verwenden eine verbesserte Version des Distanzvektor-Routingverfahrens.

Im Distanzvektor-Routingverfahren hält jeder Router im Netzwerk eine Routingtabelle vor, in der jeder andere Router des Netzwerks verzeichnet ist. Jeder Tabelleneintrag setzt sich zusammen aus dem Anschluß, über den der betreffende Router zu erreichen ist, sowie aus einer Abschätzung der Distanz (zeitlich oder räumlich) zu dem betreffenden Router. Als Metrik kann dabei die Anzahl der notwendigen Hops, die Warteschlangenlänge oder die Übertragungszeit herangezogen werden. Es wird davon ausgegangen, daß jeder Router die Distanz zu seinen direkten Nachbarn im Netzwerk kennt. Wird z.B. die Anzahl der benötigten Hops als Metrik gewählt, dann beträgt der Abstand zu den jeweiligen Nachbarn trivialerweise einen Hop. Wird die Warteschlangenlänge als Metrik herangezogen, kann der Router diese leicht selbst ermitteln. Für den Fall, daß mit der Übertragungszeit gearbeitet wird, versendet der Router spezielle Datenpakete (ECHO-Pakete) zu seinen Nachbarn, die diese nur um einen Zeitstempel ergänzen und umgehend zum Sender zurückleiten, und ihm so die Ermittlung der Übertragungszeit zu den jeweiligen Nachbarn ermöglichen (siehe Abb. 6.10).

Ebenso wie beim Dijkstra-Algorithmus arbeitet das Distanzvektor-Routing auf einem Graphen, dessen Knoten die Router des Netzwerks sind und dessen Kanten die Verbindungen der einzelnen Router untereinander repräsentieren. Jede Kante des Graphen ist mit einem Gewicht belegt, wobei die Distanz zwischen zwei Knoten als die Summe aller Gewichte entlang ihres Verbindungsweges definiert ist. Die Routingtabelle eines Routers enthält für jeden anderen Router ein Feld, das die Distanz zu diesem enthält. Jeder Knoten sendet die ihm bekannten Wertepaare (Zielknoten, Distanz) aus seiner Rou-

Update der Routing-Tabelle nach dem Distanzvektor Verfahren

Um die eigene Routingtabelle stets auf dem aktuellsten Stand zu halten, werden die eingehenden Nachrichten der benachbarten Router mit deren Routingtabellen folgendermaßen verarbeitet:

Angenommen, als Metrik für die Distanzbestimmung wird die Übertragungszeit gewählt. Jeder Router kennt die Übertragungszeit zu jedem seiner direkten Nachbarn. Diese Übertragungszeiten versendet er periodisch in einem konstanten Zeitintervall **t**. Angenommen, Router **B** und Router **C** haben gerade ihre Distanzvektoren **Db[]** und **Dc[]** zu Router **A** übertragen. In beiden Vektoren ist dabei die jeweilige Übertragungszeit zu Router **K**, der im Netzwerk weiter entfernt liegt, verzeichnet. Router A erhält also die Übertragungszeiten Db[k] und Dc[k] aus den Distanzvektoren der Router B und C. Die Übertragungszeit von Router A zu den Routern B und C ist A bekannt und beträgt **tb** bzw. **tc**.

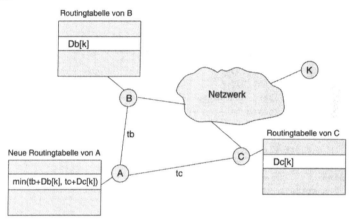

Um den Eintrag für Router K in seiner Routingtabelle zu aktualisieren, vergleicht A die Übertragungszeiten tb+Db[k] und tc+Dc[k]. Die kleinere von beiden wird ausgewählt und liefert den neuen Eintrag in der Routingtabelle von A, Da[k]=min(tb+Db[k],tc+Dc[k]). Der alte Eintrag der Routingtabelle von A für den Router K wird bei der Neuberechnung nicht verwendet. Auf diese Weise können für alle Router stets die günstigsten Verbindungen auf einem aktuellen Stand gehalten werden.

Abb. 6.10. Update der Routing-Tabelle beim Distanzvektor-Routing

tingtabelle an seine direkten Nachbarn. Erhält ein Router von seinem Nachbarn eine Routingnachricht, überprüft er alle Einträge seiner Routingtabelle und ändert diese, falls der Nachbar einen kürzeren Weg zu einem Zielknoten registriert hat. Abb. 6.11 enthält den Distanzvektor-Algorithmus in Pseudocode.

6.3.5 Link-State-Routing (OSPF)

Das als **Link-State-Routing** bezeichnete Routingverfahren ersetzt seit 1979 das Distanzvektor-Routingverfahren im ARPANET. Der Grund für diese Entscheidung lag in der dort verwendeten Metrik, nach der sich die Distanzen im Netzwerk bestimmten, und an der langsamen Konvergenz, die das

Algorithmus des Distanzvektor-Routings in Pseudocode

(a) Eingabe:
- Die lokale Routingtabelle des betrachteten Routers, die zu Beginn des Verfahrens keinen Eintrag enthalten muß, eine Gewichtsfunktion, die die Gewichtung der Kanten zu den benachbarten Knoten (Distanz) zurückgibt, sowie eine empfangene Routingnachricht.
- Ausgabe des Algorithmus ist die aktualisierte Routingtabelle des betrachteten Routers.
- Einträge in der Routingtabelle (Z,N,D) enthalten stets den betreffenden Zielrouter **Z**, den Anschluß, über den dieser Router zu erreichen ist (Next Hop) **N**, sowie einen Distanzwert **D**. Die Routingtabelle wird mit einem Eintrag für den lokalen Router initialisiert (A,-,0).

(b) Algorithmus:
```
Wiederhole endlos {
    warte auf die Routinginformation eines direkten Nachbarn N;
    für jeden Eintrag in der Routinginformation {
        betrachte Eintrag (Z,D):
        Dneu := D + Gewicht(N);
        Aktualisiere lokale Routingtabelle R:
        if (R enthält keinen Eintrag für Z) {
            ergänze R mit (Z,N,Dneu);
        } else
        if (R enthält Eintrag für Z über N) {
            (Z,N,Dalt) := (Z,N,Dneu);
        } else
        if ( R enthält Eintrag für Z und Dalt > Dneu) {
            (Z,X,Dalt) := (Z,N,Dneu);
        }
    }
}
```

Abb. 6.11. Distanzvektor-Routing in Pseudocode

Distanzvektor-Routing charakterisiert, selbst wenn verbesserte Algorithmen wie die Split-Horizon Methode zum Einsatz kommen. Die für das ARPANET verwendete Metrik bezog sich ausschließlich auf die Warteschlangenlängen in den Routern. Andere Größen, wie etwa die zur Verfügung stehende Bandbreite, gingen nicht mit in die Bestimmung der Distanz ein. Dieses Vorgehen schien gerechtfertigt, da das ARPANET ursprünglich ausschließlich mit einer Bandbreite von 56 kbps betrieben wurde. Mit der Zeit kamen schnellere Verbindungen hinzu, so daß der gewählte Ansatz keine effizienten Routingergebnisse mehr lieferte. Daher wurde Distanzvektor-Routing durch das Link-State-Routing ersetzt.

In der Literatur wird das Link-State-Routing oft als **SPF-Routing** (Shortest Path First) bezeichnet, obwohl andere Routingverfahren ebenfalls kürzeste Pfade ermitteln. Ebenso wie das Distanzvektor-Routing ist das Link-State-Routing ein dezentrales Routingverfahren. Die zwischen den einzelnen Rou-

Nachteil des Distanz-Vektor Routings – das Count-to-Infinity Problem

Auch wenn das Distanzvektor-Routingverfahren letztendlich eine optimale Lösung des Routingproblems liefert, kann es sehr lange dauern, bis diese gefunden ist. Verbesserungen der Netzwerktopologie werden sehr schnell registriert, während es bei Ausfall einer Verbindung sehr lange dauern kann, bis diese Veränderung wahrgenommen wird. Dies kann an einem einfachen Beispiel veranschaulicht werden:

Betrachten wir ein einfaches Netzwerk, das aus den fünf Routern A, B, C, D und E besteht, die linear miteinander verbunden sind. Als Distanzmetrik wird einfach die Anzahl der notwendigen Hops verwendet. Angenommen, Router A ist ausgefallen und dies ist allen anderen Routern bekannt, d.h. alle anderen Router haben die Distanz zu A als „unendlich" in ihre Routingtabelle eingetragen. Wird A wieder aktiviert, erfahren die anderen Router davon über die ausgetauschten Routingnachrichten. Angenommen, alle Router versenden ihre Routinginformation synchron. Nach dem ersten Takt stellt B fest, daß Router A genau einen Hop von B entfernt liegt, und vermerkt dies in seiner Routingtabelle, während alle übrigen Router noch davon ausgehen, daß A inaktiv ist. Im nächsten Takt tauscht A seine Routinginformation mit C aus und C vermerkt in seiner Routingtabelle, daß sich A in einer Distanz von zwei Hops befindet. Auf diese Weise pflanzt sich die Routinginformation fort, bis nach genau vier Schritten alle Router eine korrekte Routinginformation bzgl. A besitzen. Beträgt der längste Pfad in einem Netzwerk **n** Hops, dann hat jeder Router des Netzwerks die Aktivierung einer neuen Verbindung spätestens nach **n** Austauschoperationen erhalten.

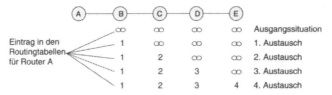

Betrachten wir nun den umgekehrten Fall: Zu Beginn sind alle Router aktiv. Router A ist plötzlich nicht mehr erreichbar. Beim ersten Austausch von Routinginformationen erhält B keine Nachricht von A. Allerdings erhält B eine Routingtabelle von C, in der die Distanz von A mit zwei Hops angegeben ist. Fälschlicherweise bestimmt B die Distanz zu Router A mit drei Hops und trägt diese Information in seine Routingtabelle ein, während die übrigen Router ihre Routingtabelle nicht verändern. Im folgenden Austausch erfährt C, daß A von seinen beiden Nachbarn B und D jeweils drei Hops entfernt ist und bestimmt die Distanz zu A mit vier Hops. Das Verfahren läuft auf diese Weise weiter, bis die Größe im Distanzfeld der Routingtabelle für A schließlich den Wert n+1 erreicht, falls n wieder die Länge des längsten Pfades im Netzwerk bezeichnet. Dieses Verhalten wird **Count-to-Infinity-Problem** genannt. Es ist daher sinnvoll, den Wert, der als „unendlich" zu betrachten ist, so festzusetzen, daß er um genau einen Hop größer ist als der längste Pfad im Netzwerk.

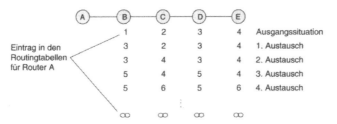

Abb. 6.12. Nachteil des Distanzvektor-Routings

Verbesserung des Distanz-Vektor Routings – der Split-Horizon-Algorithmus

Zu den vielen Verfahren zur Lösung des Count-to-Infinity Problems zählt auch der **Split-Horizon Algorithmus**, der eine weite Verbreitung gefunden hat. Der Split-Horizon-Algorithmus ist eine Erweiterung des Distanzvektor-Routings. Ein Router B teilt seine Routing-Tabelle seinen direkten Nachbarn mit, jedoch gibt B die Distanzinformation zu einem anderen Router A nicht über den Anschluß (oder Anschlüsse) weiter, über den Router A erreichbar ist (tatsächlich wird in diesem Fall die Distanz von B nach A als „unendlich" angegeben).

Betrachten wir hierzu wieder das Beispiel aus Abb. 6.12, in dem zu Beginn alle Router erreichbar sind. Während hier Router C die korrekte Distanzangabe für Router A an Router D weitergibt, gibt C an Router B einen Distanzwert von unendlich für die Distanz von Router A weiter.

Fällt jetzt Router A aus, stellt B nach dem ersten Austausch von Routinginformation fest, daß keine direkte Verbindung mehr zu Router A besteht. In der von Router C an B versendeten Routinginformation, wird die Distanz von C zu A als „unendlich" angegeben, da Router C in diese Richtung keine Distanzinformation für A weitergeben darf. Daher setzt B den Distanzwert für A in seiner Routingtabelle ebenfalls auf unendlich, während die Einträge der übrigen Router für Router A unverändert bleiben. Im Folgeschritt registriert C einen Distanzwert von „unendlich" für die Distanz zu Router A und so pflanzt sich die Information der Nichterreichbarkeit von Router A fort, bis sie nach vier Schritten auch Router D erreicht.

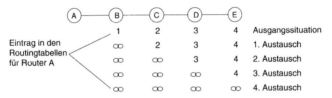

Allerdings kann auch dieses Verfahren fehlschlagen. Betrachten wir das nachfolgende Netzwerk bestehend aus den vier Knoten A, B, C und D. Anfänglich beträgt die Distanz von C nach D genau einen Hop, und von A und B nach D jeweils genau zwei Hops. Fällt Router D aus, stellt C dies unmittelbar fest. Da C auch von den Routern A und B jeweils „unendlich" als Distanzwert für D erhält, vermerkt C diesen Wert in seiner Routingtabelle. Allerdings erhält A von B einen Distanzwert von zwei Hops für die Distanz zu D und setzt den Distanzwert in seiner Routingtabelle auf drei Hops. Ebenso verfährt Router B, da er von A ebenfalls einen Distanzwert von zwei Hops für D erhält. Im nächsten Schritt setzen A und B ihren Distanzwert für D auf vier Hops und verfahren auf diese Weise, bis der Distanzwert „unendlich" erreicht.

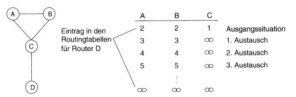

Abb. 6.13. Verbesserungen des Distanzvektor-Routingverfahrens

tern ausgetauschten Nachrichten beinhalten jeweils nur den Status einer bestimmten Verbindung und nicht eine komplette Routingtabelle. Dieser Status wird mit Hilfe einer Gewichtung ausgedrückt, die nach einer zugrunde liegenden Metrik berechnet wurde. Anders als beim Distanzvektor-Routing werden die Nachrichten über einen Broadcast an alle Router des Netzwerks weitergeschickt und nicht nur an die direkten Nachbarn. Damit erhält jeder Router des Netzwerks eine vollständige globale, also das gesamte Netzwerk betreffende Statusinformation. Jeder Knoten kann mit Hilfe dieser Information einen eigenen Netzwerkgraphen erstellen und seine Routingtabelle selbst berechnen. Dabei kommt der bereits behandelte Dijkstra-Algorithmus zur Berechnung des kürzesten Pfade im Netzwerk zum Einsatz.

Das Link-State-Routingverfahren ist in der Lage, auf Änderungen in der Topologie und der Auslastung des Netzes adaptiv zu reagieren. Die Adaption erfolgt beim Link-State-Routing viel schneller als im Falle des Distanzvektor-Routings, da alle Knoten hier gleichzeitig über eine Statusänderung informiert werden. Der Ablauf des Link-State-Routingverfahrens ist in Abb. 6.14 zusammengefaßt.

Basis des Link-State-Routingverfahrens ist die Ermittlung der Netzwerktopologie. Dazu führt jeder Router die folgenden Schritte aus:
- Suche alle direkt benachbarten Router und lerne deren Netzwerkadressen.
- Messe die Distanz zu jedem direkten Nachbarn mit einer geeigneten Metrik.
- Bilde ein **LSP** (Link State Packet, siehe Abb.6.15) mit den Adressen der Nachbarrouter und deren Distanz.
- Sende das LSP an alle Router im Netzwerk (Broadcast).
- Mit den aktuellen LSPs aller anderen Router kennt jeder Router die vollständige Topologie des Netzes.
- Die Berechnung einer Zielroute erfolgt über den Dijkstra-Algorithmus.

Abb. 6.14. Das Link-State-Routingverfahren

Im Internet findet das Link-State-Routing z.B. Einsatz im **OSPF**-Protokoll (**Open Shortest Path First Protocol**). OSPF wurde in RFC 2328 standardisiert und wird für das Routing zwischen IP-Routern verwendet im Bereich des sogenannten Intradomain Routing, also des Routings innerhalb einer Adreß-Domäne, und löst dort das ältere RIP-Protokoll ab, das auf dem Distanzvektor-Routingverfahren beruht. Daneben wird das Link-State-Routing im **IS-IS**-Protokoll (**Intermediate System - Intermediate System**) verwendet, das ursprünglich in DECnet zum Einsatz kam und von der ISO als **CNLP** (**Connectionless Network Layer Protocol**) standardisiert wurde. IS-IS wird in vielen Internet-Backbones verwendet, wie z.B. im NSFNET. Im Gegensatz zu OSPF ist IS-IS in der Lage, gleichzeitig verschiedenartige Protokolle des Netzwerklayers zu unterstützen.

Exkurs 18: Spezielle Routingverfahren

Thema des vorliegenden Exkurses sind spezielle Routingverfahren, die im Internet für bestimmte Übertragungsverfahren zum Einsatz kommen. Dazu zählen:

- Hierarchisches Routing,

Austausch der Routinginformation mit Link State Paketen

Der Austausch der Routinginformation erfolgt beim Link-State-Routing über sogenannte Link State Packets (LSP), die jeder Router versendet. Ein LSP beginnt stets mit einer Kennung des Absenders, gefolgt von einer Sequenznummer, die fortlaufend inkrementiert wird, einer Altersangabe und einer Liste der direkten Nachbar-Router mit der ermittelten Entfernung.

LSPs werden entweder periodisch in festen Zeitabständen erzeugt, oder nur dann, wenn sich die Netzwerktopologie oder andere Eigenschaften des Netzwerks ändern.

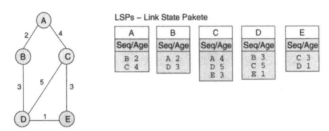

Das zuverlässige Verteilen der LSPs ist von besonderer Bedeutung, da diejenigen Router, die die LSPs als erste erhalten, auch als erste ihre Routingtabellen verändern. So kann es zwischenzeitlich zu einem inkonsistenten Zustand kommen, in dem verschiedene Router unterschiedliche Vorstellungen von der Netzwerktopologie haben. Die Verteilung erfolgt über ein **Flooding**-Verfahren, das dadurch kontrolliert wird, das LSPs jeweils nur das erste Mal weitergegeben werden, wenn sie einen Router erreichen. Kommt ein LSP, das anhand seiner Sequenznummer identifiziert werden kann, ein weiteres Mal zum selben Router, so wird es verworfen. Zusätzlich enthält das LSP ein Altersfeld (Age), das beim ersten Versenden mit einem Wert initialisiert wird, der permanent dekrementiert wird. Erreicht es den Wert Null, wird das Datenpaket ebenfalls verworfen.

Abb. 6.15. Link State Pakete (LSPs) zum Austausch der Routinginformation

- Routingverfahren für Multicast und Broadcast,
- Routingverfahren für Netze mit mobile Komponenten.

Hierarchisches Routing

Wenn Netzwerke, in denen Router für die Vermittlung der Datenpakete eingesetzt werden, sehr stark wachsen, dann kommt es gleichzeitig zu einem starken Anwachsen der Routingtabellen in den einzelnen Routern. Zusätzlich zum anfallenden Speicheraufwand vergrößert sich dadurch auch die Laufzeit der angewandten Algorithmen und damit die notwendige Rechenzeit drastisch. Auch die für den Austausch der Routinginformation benötigte Bandbreite wächst an, so daß bald die Verwaltung der einzelnen Router zu aufwendig wird. Zur Lösung dieses Problems wird darauf verzichtet, daß jeder Router eines Netzwerks in seinen Routingtabellen alle anderen Router aufführt. Das Routing wird dann auf hierarchische Weise organisiert, vergleichbar der Organisation von Telefonnummern in einem Telefonbuch. Hierzu wird das Netzwerk in einzelne **Regionen** aufgeteilt. Ein Router besitzt nach wie vor die vollständige Topologieinformation für die Region, der er angehört. Allerdings wird auf die Abbildung der vollständigen Topologie der übrigen Regionen verzichtet. Wenn z.B. verschiedene Netzwerke miteinander verbunden werden, wird jedes dieser Netzwerke als separate Region angesehen, um die Router der jeweiligen Netzwerke zu entlasten. Bei der Zusammenlegung einer großen Zahl von sehr ausgedehnten Netzwerken reicht eine Hierarchie mit nur zwei Stufen oft nicht aus. In diesem Falle werden Regionen zu noch größeren

Strukturen zusammengefaßt, die ebenfalls wieder zu einer neuen Struktur aggregiert werden können.
Angenommen, es soll ein Datenpaket von Trier (Deutschland) nach Berkeley (Kalifornien, USA) geroutet werden. Der Router in Trier besitzt die vollständige Information über die Netzwerktopologie in Deutschland und so wird das für die USA bestimmte Datenpaket zum Router nach Karlsruhe geleitet, an dem eine große Zahl der Auslandsverbindungen zusammenlaufen. Von dort wird das Datenpaket direkt zu einem zentralen Router in New York weitergeleitet, der als zentrale Anlaufstelle für den gesamten Datenverkehr in den USA zu betrachten ist. Von dort wird er an einen Router in Los Angeles weitergeleitet, der als Anlaufstelle für den gesamten Datenverkehr im Bundesstaat Kalifornien zuständig ist. Von dort schließlich wird das Datenpaket nach Berkeley weitergeleitet. In Abb. 6.16 werden Routingtabellen für reguläres und hierarchisches Routing in einem umfangreichen Netzwerk miteinander verglichen.

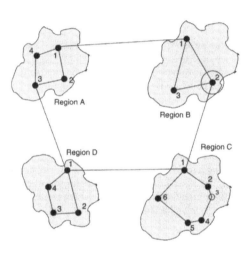

Routingtabelle für Router B2					
regulär			hierarchisch		
B2	–	–	B2	–	–
B1	B1	1	B1	B1	1
B3	B3	1	B3	B3	1
A1	B1	2	A	B1	2
A2	B1	3	C	C1	1
A3	B1	4	D	C1	2
A4	B1	3			
C1	C1	1			
C2	C1	2			
C3	C1	3			
C4	C1	4			
C5	C1	3			
C6	C1	2			
D1	C1	2			
D2	C1	3			
D3	C1	4			
D4	C1	3			

Abb. 6.16. Hierarchisches Routing

Anstelle von 17 Einträgen benötigt die Routingtabelle des Routers B2 aus unserem Beispiel beim hierarchischen Routing nur sechs Einträge. Allerdings garantiert das hierarchische Routing nicht mehr, daß stets eine optimale Route gewählt wird, da die Verbindung immer über den Weg zum designierten Verbindungsrouter einer Region geschaltet wird, der dann die Weiterleitung der Datenpakete innerhalb der Region übernimmt. Allerdings ist bei großen Netzwerken die Abweichung vom optimalen Pfad nur gering.
Nach [KK79] werden optimale Routingtabellen in einem großen Netzwerk mit n Routern generiert, wenn man es in $\ln n$ Ebenen unterteilt, wobei jeder Router dann über eine Routingtabelle mit $e \cdot \ln n$ Einträgen verfügt (e=2,71828, Eulersche Konstante).

Multicast-/Broadcast-Routing
Multicast erlaubt es, Daten gleichzeitig von einem Sender an eine ganze Gruppe von Empfängern zu versenden. Diese Form der Kommunikation wird auch als **1:n-Kommunikation** bezeichnet. Die Nachricht eines Mitglieds der Gruppe soll an alle anderen Gruppenmitglieder ausgeliefert werden. Soll ein Datenpaket an alle Rechner im Netzwerk weitergeleitet

werden, spricht man von einem **Broadcast**. Häufig ist eine Multicast-Übertagung mit der Übertragung von Multimediadaten, wie z.B. Live-Videoströmen verbunden. Hauptanwendungen von Multicast-Übertragungen sind unter anderem:

- Audio- und Video-Übertragungen,
- Software-Verteilung,
- Updates von WWW-Caches,
- Konferenzen (Audio,Video und Multimedia),
- Multiplayer-Spiele.

Ein Broadcast kann man auf verschiedene Arten durchgeführt werden:

- **Broadcast ohne spezielles Routing**
  Die einfachste Methode bedarf keinerlei Vorkehrungen von Seiten des Netzwerks und seiner Zwischensysteme. Der Sender selbst sendet die Daten jeweils an alle Empfängern. Allerdings verschwendet dieses Verfahren Bandbreite und Rechenzeit, und eine signifikante Zeitverzögerung zwischen der Ankunft aufeinanderfolgender Pakete ist die Folge. Auch benötigt der Sender eine Liste aller potentieller Adressaten.

- **Flooding**
  Hier gibt ein Router das ankommende Datenpaket repliziert auf allen Anschlüssen weiter. Obwohl Flooding im regulären Routingbetrieb bei Punkt-zu-Punkt-Verbindungen niemals in Frage käme, kann es für Broadcast durchaus sinnvoll sein. Allerdings bleibt das generelle Problem des Flooding bestehen: es werden zu viele Pakete erzeugt und dadurch Bandbreite verschwendet.

- **Multidestination Routing**
  Bei dieser Methode erhält jedes Datenpaket entweder eine Adreßliste oder einen Bitstring mit auf den Weg, der die gewünschten Bestimmungsorte angibt. Der Router überprüft das ankommende Datenpaket, repliziert und sendet es aber nur über diejenigen Anschlüsse weiter, über die die festgelegten Bestimmungsorte erreichbar sind. Dabei bestückt er das Datenpaket mit einer neuen Adreßliste, die jeweils nur die Bestimmungsorte kennzeichnet, die über die jeweilige Anschlußleitung erreichbar sind. So ist sichergestellt, daß ein Datenpaket nach einigen Hops jeweils nur noch eine Adresse beinhaltet und wie ein reguläres Datenpaket behandelt werden kann.

- **Wurzelbaum-/Spannbaum-Verfahren**
  Hier wird ein Wurzelbaum ausgehend von dem Router gebildet, der den Broadcast initiiert hat. Ist sichergestellt, daß jeder Router des Netzwerks über ein Abbild dieses Wurzelbaums verfügt, sendet er die replizierten Broadcast-Datenpakete nur über diejenigen Anschlüsse weiter, die auf im Wurzelbaum enthaltene Verbindungswege führen mit Ausnahme desjenigen Anschlusses, über den das Datenpaket den Router erreicht hat. Dabei werden nur so viele Datenpakete wie unbedingt nötig erzeugt, um die verfügbare Bandbreite möglichst effizient zu nutzen. Allerdings ist die notwendige Information über den Wurzelbaum nicht immer verfügbar (z.B. nicht beim Distanzvektor-Routing, dafür aber beim Link-State-Routing).

- **Reverse Path Forwarding (RPF)**
  Eine Näherung an das Wurzelbaum-Verfahren kann mit Hilfe des sehr einfachen Reverse-Path-Forwarding-Verfahrens erzielt werden, ohne daß dabei einer der beteiligten Router Kenntnis über den Wurzelbaum haben müßte. Dabei überprüft jeder Router lediglich, ob ihm ein ankommendes Broadcast-Datenpaket über denjenigen Anschluß erreicht hat, der den laut Routingtabelle designierten Anschluß für den Sender darstellt. Ist dies der Fall, so ist die Wahrscheinlichkeit groß, daß das betreffende Datenpaket den Router über den bestmöglichen Weg direkt erreicht hat und ein originales Datenpaket ist. Das Datenpaket wird dann über alle Anschlüsse weitergegeben mit Ausnahme desjenigen, auf dem es den Router erreicht hat. Anderenfalls, wenn das Datenpaket den Router nicht

über den designierten Anschluß des Senders erreicht, handelt es sich höchstwahrscheinlich um eine Kopie und wird deshalb verworfen.

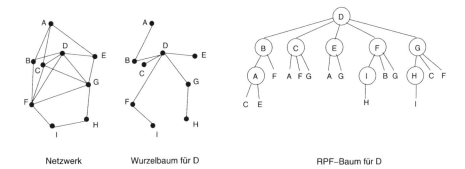

Netzwerk   Wurzelbaum für D   RPF–Baum für D

Abb. 6.17. Reverse Path Forwarding

Abb. 6.17 zeigt ein Beispiel zum RPF-Verfahren. Hier sind nebeneinander das Ausgangsnetzwerk, der Wurzelbaum für den Router D und der durch das RPF-Verfahren erzeugte Baum abgebildet. Betrachten wir den RPF-Baum mit dem Router D als Wurzel. Zuerst wird das Datenpaket an allen Anschlüssen von D geflutet, so daß nach einem Hop die Router B, C, E, F und G erreicht werden. Jedes dieser Datenpakete erreicht dabei die Router B, C, E, F und G auf dem designierten Pfad bzgl. des Senders. Im folgenden Schritt werden dann von allen diesen Routern die Datenpakete über alle Anschlüsse, außer dem des ursprünglichen Senders, geflutet. So sendet Router B jeweils ein Datenpaket an Router A und F. Während das Datenpaket den Router A auf dem designierten Anschluß bzgl. des ursprünglichen Senders D erreicht, erreicht das Datenpaket Router F nicht über den designierten Pfad bzgl. des Senders D. Daher gibt Router A im nächsten Schritt das Datenpaket wiederum an alle Anschlüsse außer an dem des Senders weiter, während F das Datenpaket verwirft. Nach zwei Hops hat der Broadcast alle Teilnehmer des Netzwerks erreicht, und schon nach drei Hops sind die Datenpakete vom Netzwerk verschwunden.

RPF bietet den Vorteil, daß es leicht zu implementieren ist, und dennoch effizient arbeitet. Die Router benötigen keine Kenntnis des Spannbaums und die Datenpakete müssen keine Adreßlisten mit sich führen. Auch werden keine speziellen Mechanismen benötigt, die dafür sorgen, daß der Flooding-Prozeß irgendwann wieder stoppt, um eine unmäßige Vervielfältigung der Datenpakete zu vermeiden.

Multicasting wird dann benötigt, wenn eine große Anzahl von Empfängern gleichzeitig angesprochen werden soll, die aber im Verhältnis zur Gesamtzahl der Netzwerkteilnehmer nur gering ist, so daß ein aufwendiger und Bandbreite verschlingender Broadcast-Mechanismus hier unangebracht wäre. Um solche Gruppen von Teilnehmern verwalten zu können, muß ein spezielles Gruppenmanagement implementiert werden, mit dessen Hilfe sich Teilnehmer einfach in Gruppen an- oder abmelden können. Dieses Management ist allerdings nicht Teil der Routingverfahren. Zwischen den Endsystemen und den Routern kommt hier ein spezielles Host-to-Router Protokoll zum Einsatz, das **Internet Group Management Protocol (IGMP)**, das in RFC 1112 standardisiert wurde. Über das IGMP Protokoll kann ein Host die Zugehörigkeit zu einer bestimmten Gruppe beim Router anmelden bzw. fragt der Router die angeschlossenen Endsysteme diesbzgl. periodisch ab. Die Router geben diese Information als Routinginformation an benachbarte Router weiter, und so verteilt sich die Information der Gruppenzugehörigkeit über das Netzwerk. IGMP fungiert für Multicast-Anwendungen in derselben Weise wie das ICMP Protokoll in der TCP/IP-Hierarchie. Ein Endsystem kann somit einer Multicast-Gruppe beitreten, indem es sich beim nächstgelegenen Router für die Zustellung von Multicast-Nachrichten anmeldet. Der Router gibt die Anforderungen weiter, bis sie die Multicast-Quelle bzw. den der Quelle nächstgelegenen Router erreicht. Dazu müssen die jeweiligen Router allerdings für einen Multicast-Betrieb ausgelegt sein.

Man unterscheidet daher **Multicast-Router**, also Router, die eine Multicast-Übertragung koordinieren und weiterleiten können, von **Unicast-Routern**, die nicht dazu in der Lage sind. Um dennoch eine Multicast-Übertragung zu ermöglichen, werden zwischen Multicast-Routern sogenannte **Tunnel** aufgesetzt, die dazwischenliegende Unicast-Router „untertunneln", d.h. die Multicast-Datenpakete werden als Unicast-Datenpakete gekapselt und unverändert weiterversendet. Die Tunnelverbindung arbeitet dann in der gleichen Art, wie eine gewöhnliche Punkt-zu-Punkt-Verbindung.

Ein Netzwerk von miteinander verbundenen Multicast-Routern, die speziell für die Aufgabe des IP-Multicasting verwendet werden, bezeichnet man als **MBone** (**Multicast Backbone**). Ein MBone kann quasi als eigenes virtuelles Netzwerk über dem Internet betrachtet werden. Prinzipiell läuft das Multicast-Routing folgendermaßen ab:

- Die teilnehmenden Endsysteme melden sich für Multicast-Gruppen über den zuständigen Router an.
- Der Router ist in der Lage, über Gruppenadressen einzelne Gruppenmitglieder zu identifizieren.
- Weiterzuleitende Datenpakete müssen ggf. vom Router repliziert und über mehrere seiner Anschlüsse weitergegeben werden. Dazu kommen Verfahren ähnlich dem Broadcast zum Einsatz, nur daß hier die Anschlüsse, über die ein Datenpaket weitergeleitet wird, entsprechend den Adressaten in der Gruppe ausgewählt werden.

Zum Multicast-Routing werden u.a. folgende Verfahren eingesetzt:

- **Flood and Prune**
  Ein sehr einfacher Algorithmus, bei dem der Router zuerst die zu übertragenden Daten über alle Anschlüsse weitergibt (Flooding) und im Zuge der Übertragung diejenigen Anschlüsse für die Multicastübertragung sperrt, über die keine Empfänger erreichbar sind.
- **Link State Multicast Protocols**
  In diesem Verfahren verteilen die Multicast-Router zusammen mit ihren Routinginformationen Angaben über das ganze Netzwerk, für welche Gruppen direkte Empfänger bei ihnen angeschlossen sind.
- **Distance Vector Multicast Routing Protocol (DVMRP)**
  Ein Distanzvektor-Routingverfahren, das Multicast-Datenpakete weiterleiten kann. Ein Router, der Multicast-Datenpakete empfängt, muß herausfinden, an welche anderen Router, mit denen er verbunden ist, diese Datenpakete weiterzuleiten sind. Zu diesem Zweck versendet er Anfrage-Datenpakete an alle anderen Router.
- **Multicast Open Shortest Path First (MOSPF)**
  Multicasting-fähiges OPSF-Routingprotokoll. Dieses Verfahren ist für den Einsatz innerhalb von autonomen Systemen vorgesehen. MOSPF-Router erstellen zu diesem Zweck eine komplette Repräsentation der Netztopologie, einschließlich der Multicast-Router und der Multicast-Tunnel dazwischen. Daraus wird der bestmögliche Pfad zu einem bestimmten Multicast-Router berechnet.
- **Protocol Independent Multicast (PIM)**
  Dieses Routingverfahren unterscheidet die Betriebsarten **PIM-dense** und **PIM-sparse**. Befindet sich ein Großteil der Endsysteme in der adressierten Gruppe, kommt das PIM-dense Verfahren zum Einsatz, bei dem das Netzwerk mit Anfragen an alle anderen Router des Netzwerks geflutet wird. PIM-dense arbeitet also im Prinzip wie DVMRP. Sind

die Gruppen wesentlich kleiner, kommt PIM-sparse zum Einsatz, bei dem anstelle des Floodings bestimmte Rendezvous-Punkte im Netzwerk eingerichtet werden, an die alle Gruppenmitglieder ihre Datenpakete versenden.

Mobile Routing

Mobile Netze gewinnen immer mehr an Popularität, denn jeder Besitzer eines Notebooks oder eines PDAs möchte dieses Gerät auch zum Lesen der Email oder zum Zugriff auf das WWW nutzen, unabhängig davon, wo er sich gerade aufhält. Eben dieser Wunsch wirft beim Routing im Internet eine Reihe neuer Probleme auf: Um ein Datenpaket zu einem mobilen Endsystem zu leiten, muß das Netzwerk dieses Endsystem überhaupt erst einmal finden.

Zu diesem Zweck unterscheiden wir zwischen **stationären Nutzern**, d.h. Nutzern, die fest verkabelt mit dem Internet verbunden sind und deren Standort sich nicht verändert, und mobilen Nutzern. Bei den mobilen Nutzern unterscheiden wir weiter zwischen **migrierenden Nutzern**, d.h. Nutzern, die in der Regel einen stationären Zugang zum Internet besitzen, diesen aber von Zeit zu Zeit verlegen, und **frei beweglichen Nutzern**, die sich frei bewegen und dabei stets ihre Verbindung zum Internet beibehalten wollen.

Es wird davon ausgegangen, daß jeder Nutzer über eine permanente Heim-Adresse in einem festen Netz verfügt, die sich nicht verändert. Verläßt ein Nutzer dieses Netz, kann das Routing ihn zunächst nicht mehr finden. Änderungen der Adresse oder der Routingtabellen könnten das zwar verhindern, allerdings ist dieser Ansatz bei einer Vielzahl von Veränderungen nicht praktikabel. **Mobile IP** (RFC 2002) ist eine Erweiterung des IP-Protokolls, das dieses unnötig macht und es ermöglicht, den Nutzer weiter über seine fest zugeordnete IP-Adresse zu erreichen, egal wo er sich gerade aufhält. Durch Einführung einiger zusätzlicher Konzepte in Mobile IP können die Adressen und die meisten Router unverändert bleiben:

- **Area**
  Die Welt wird geografisch in einzelne, kleinere Einheiten, genannt Areas, unterteilt. Typischerweise beinhaltet eine solche Area ein LAN.
- **Mobile Node**
  Bezeichnet das mobile Endsystem mit seiner ursprünglichen Adresse, die auch in fremden Areas ihre Gültigkeit behält.
- **Foreign Agent**
  Bezeichnung für Router, die alle netzfremden Mobile Nodes überwachen. Ihre Aufgabe ist es, Datenpakete die sie vom Home Agent des jeweiligen Mobile Nodes empfangen, weiterzuleiten. Für die Dauer des Aufenthalts im fremden Area ist der Foreign Agent auch gleichzeitig der Default-Router des Mobile Nodes.
- **Home Agent**
  Jede Area verfügt über einen Home Agent, der für die Betreuung der im jeweiligen Area ansässigen Mobile Nodes zuständig ist. Der Home Agent kennt den Aufenthaltsort des Mobile Nodes und sendet diesem die Datenpakete über einen Tunnel, der über einen Foreign Agent der fremden Area führt.
- **Care-of Address (COA)**
  Bezeichnet die temporäre Adresse eines Mobile Nodes in einem fremden Area, die dem Mobile Node durch einen Foreign Agent in diesem Area zur Verfügung gestellt wird.

Die Kommunikation mit dem Mobile Node in einem fremden Area läuft dann folgendermaßen ab (siehe auch Abb.6.18):

- Home Agent und Foreign Agent geben ihre Präsenz und ihre Adresse in ihrem zugehörigen Area mit Hilfe periodischer Meldungen bekannt. Der Mobile Node gelangt so in Kenntnis der Adressen der jeweiligen Home Agents und Foreign Agents.

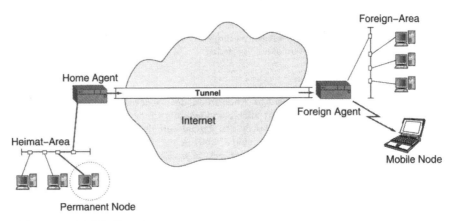

Abb. 6.18. Mobile Routing

- Betritt ein Mobile Host ein neues Area, meldet er sich beim Foreign Agent an, der daraufhin den zum Mobile Host zugehörigen Home Agent des Heimat-Areas kontaktiert und diesem die temporäre neue Adresse (COA) des Mobile Nodes mitteilt, die in der Regel die Adresse des Foreign Agents selbst ist.
- Dem Home Agent ist jetzt bekannt, daß sich der betreffende Mobile Node in der Area des Foreign Agent aufhält. Datenpakete, die an den Mobile Node adressiert sind, werden vom Home Agent abgefangen, der sich dazu zunächst als Mobile Node ausgibt.
- Der Home Agent leitet die Datenpakete weiter, indem er einen Tunnel zu demjenigen Foreign Agent eröffnet, über den der Mobile Node zu erreichen ist. Dazu werden die originalen Datenpakete in an die COA gerichtete Datenpakete gekapselt.
- Der Foreign Agent entfernt die Kapselung und leitet das Paket an den Mobile Node weiter.
- Die Kommunikation in die Gegenrichtung, also von einem Mobile Node zu einem permanenten Endsystem ist wesentlich einfacher. Dazu adressiert der Mobile Node die Datenpakete einfach an die entsprechende End-Adresse des permanenten Endsystems und gibt seine eigene permanente Adresse als Absender an.

Weiterführende Literatur:

A. S. Tannenbaum: Computer Networks, Prentice-Hall, NJ, USA, pp. 348-352, 1996.

S. E. Deering, D. R. Cheriton: Multicast Routing in Datagram Internetworks and Extended LANs, in ACM Trans. on Computer Systems, vol.8, pp. 85-110, May 1990.

F. Kamoun, L. Kleinrock: Stochastic Performance Evaluation of Hierarchical Routing for Large Networks, Computer Networks, vol.3, pp.337-353, 1979.

R. Perlman: Interconnections: Bridges and Routers, Addison-Wesley, Reading, MA, USA, 1992.

6.4 Beispiele der WAN-Technologie

Angefangen vom ARPANET bis hin zum modernen ATM-Backbone wurden zahlreiche WAN-Technologien entwickelt. Experimentelle als auch produktive Nutzungszwecke standen dabei jeweils im Vordergrund und bestimmten die Grundparameter der entsprechenden Technologie. Dieser Abschnitt soll einige dieser Technologien exemplarisch vorstellen, um deren Vielfalt und Fortschritt aufzuzeigen. Als Ausgangspunkt für alle folgenden Entwicklungen soll dabei das historische ARPANET betrachtet werden. X.25, Frame Relay und ISDN folgen als Stellvertreter der nächsten Generation. Abschließend wird auf die WAN-Technologien der modernen Hochgeschwindigkeitsnetze wie ATM, PHD und SDH/SONET eingegangen.

6.4.1 ARPANET

Quasi als „Großmutter" aller WANs soll hier zunächst das ARPANET, der Vorläufer des weltweiten Internet, Erwähnung finden. Die historischen Hintergründe der Entwicklung des ARPANET wurden bereits in Kapitel 1.3 ausführlich dargestellt. Ziel war die Schaffung eines störungsunanfälligen und ausfallsicheren Computernetzwerks. Hierbei wurde auf der Anfang der 60er Jahre von Paul Baran und Leonard Kleinrock entwickelten und für damalige Verhältnisse revolutionären Idee eines paketvermittelten Netzes aufgebaut. Da die in einem Netzwerk zu verbindenden Rechner (**Hosts**) über unterschiedliche Rechnerarchitekturen und Betriebssysteme verfügten, entschloß man sich Ende der 60er Jahre, nicht jeden dieser Rechner selbst mit einem Netzwerkzugang auszurüsten, sondern ein separates dediziertes **Subnetz** zu schaffen, dessen Aufgabe lediglich in der Kommunikation mit anderen Knoten dieses Subnetzes bestand. Für den jeweiligen Hostrechner, der an dieses Subnetz angeschlossen werden sollte, mußte daher nur eine einfache Kommunikationsschnittstelle geschaffen werden, die diesen mit dem ihm zugeordneten Knoten im Subnetz verband. Die eigentlichen Kommunikationsaufgaben wurden durch das separate Subnetz vorgenommen.
Dieses Subnetz bestand aus dedizierten Minicomputern, die als Vermittlungsrechner über Kabel miteinander verbunden waren. Die eingesetzten Vermittlungsrechner wurden als **Interface Message Processor (IMP)** bezeichnet und jeder IMP war, um die Ausfallsicherheit zu erhöhen, mindestens jeweils wieder mit zwei anderen IMPs verbunden. Das Subnetz arbeitete als Datagramm-Netzwerk, ohne daß feste, logische Verbindungen zwischen den kommunizierenden Rechnern nötig waren. Im Falle des Ausfalls einer Verbindung wurden die Datenpakete einfach über einen alternativen Verbindungsweg geleitet.
Zu Anfang bestanden die einzelnen Knoten des Netzwerks ARPANET jeweils aus einem IMP und einem Host-Rechner, die beide im selben Raum standen und durch eine kurze Kabelverbindung miteinander verbunden waren. Der Host versandte Nachrichten von bis zu 8.063 Bit Länge, die vom zugehörigen IMP in kleinere Datenpakete von bis zu 1.002 Bit Länge fragmentiert und die dann unabhängig voneinander zu ihrem Bestimmungsort gesendet wurden. Auf seinem Weg zum Empfänger wurde jedes Datenpaket in jedem zwischengeschalteten IMP zwischengespeichert bis es vollständig angekommen war und erst dann weitergesendet.

Um dieses Konzept zu implementieren initiierte die ARPA, nach der das Netzwerk später benannt werden sollte, eine Ausschreibung, die die Firma BBN (Bolt-Beranek and Newman), eine Consulting-Firma mit Sitz in Cambridge, Massachussetts, gewann. BBN wählte zur Implementierung der IMPs speziell modifizierte Honeywell DDP-316 Minicomputer aus, die über einen Hauptspeicher von 24 kBit (12 k á 16 bit) verfügte. Die IMPs verfügten nicht über Festplatten, da bewegliche Teile damals generell als unzuverlässig galten. Die Verschaltung der einzelnen IMPs erfolgte über angemietete Telefonleitungen, die mit 56 kbps betrieben wurden.

Die eingesetzte Kommunikationssoftware teilte sich ebenfalls in zwei getrennte Schichten auf: Subnetz und Host. Neben den Host-to-Host-Protokollen, die die Kommunikation zwischen zwei Anwendungen auf den Hostrechnern ermöglichten, waren vor allem das **Host-IMP**-Protokoll, das die Verbindung zwischen Host-Rechner und IMP regelte, das **IMP-IMP**-Protokoll, das die Kommunikation zwischen zwei IMPs verwaltete, sowie als zusätzliches, für eine höhere Übertragungssicherheit sorgendes Protokoll, das **Source-IMP-Destination-IMP**-Protokoll, von Bedeutung (siehe Abb. 6.19).

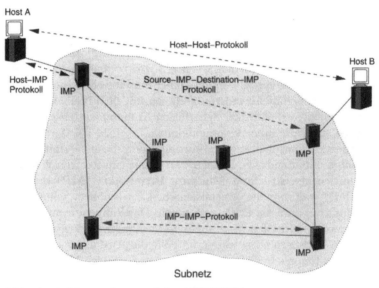

Abb. 6.19. Netzwerkentwurf des ARPANET

Im Dezember 1969 nahm dann das so gestaltete ARPANET mit vier Knoten an den Universitäten von Los Angeles, Santa Barbara, Utah und dem Stanford Research Institute den Betrieb auf. Die eingesetzten Kommunikationsprotokolle folgten einer nach Schichten gegliederten Implementierung. In der Anwendungsebene, auf der Programme wie **Telnet** oder **FTP** aufsetzten, fand die notwendige Kommunikation über das Host-to-Host-Protokoll statt, das seinerseits Gebrauch vom Host-IMP-Protokoll machte, das die darunterliegende Schicht bildete. Die Hosts konnte so vollkommen abgeschirmt von den Details der IMP-IMP-Kommunikation arbeiten, so daß die schnelle Entwicklung neuer Protokolle, die auf diesen Schichten aufsetzt, sehr stark vereinfacht wurde (siehe Abb. 6.20).

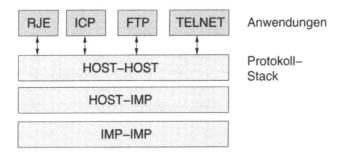

Abb. 6.20. Schichtenaufbau der ARPANET-Kommunikationsprotokolle

Die drei Schichten dieses Kommunikationsprotokollmodells kamen dabei den folgenden Aufgaben nach:

- **Host-to-IMP Protokoll**
  Dieses Protokoll war verantwortlich für die bidirektionale Kommunikation zwischen Host und IMP. Der Host übermittelte die Nachricht, die an einen anderen Host des ARPANET übertragen werden sollte, zuerst an seinen zugehörigen IMP. Der IMP am Zielort sendete nach erfolgreichem Empfang der Nachricht entsprechende Status-Meldungen zurück an den sendenden Host. Wurde die Nachricht erfolgreich empfangen, sendete der Ziel-IMP eine RFNM-Meldung (Ready-for-Next-Message), während im Fehlerfall eine entsprechende Meldung über eine nicht abgeschlossene Übertragung gesendet wurde. Der empfangende IMP war darüberhinaus dafür zuständig, die einzelnen Datenpakete wieder zusammenzusetzen, bevor er die versendete Ausgangsmeldung an den Ziel-Host weiterleitete. Eine weitere Fähigkeit des IMP lag darin, eingehende Meldungen zu blockieren, damit sie den Ziel-Host nicht erreichen konnten.
  Meldungen konnten von variabler Länge bis zu 8.096 Bit sein. Eine eigene Adressierung war auf dieser Ebene nicht notwendig, da jeweils nur eine Verbindung zwischen Host und zugehörigem IMP bedient wurde.

- **IMP-to-IMP Protokoll** und **Source-IMP-to-Destination-IMP Protokoll**
  Eines der Designziele des ARPANET lag darin, die Host-Rechner, auf denen die eigentlichen Anwendungsprogramme liefen und die miteinander Daten austauschen sollten, von den Operationen abzuschotten, die zu einer effizienten und fehlerfreien Datenübertragung notwendig waren.

Zu diesem Zweck wurden eigene Rechner, die IMPs eingesetzt. Hinsichtlich der Aufgabenverteilung unter den IMPs sind Unterschiede zwischen den regulären IMPs des Netzwerks und den jeweiligen IMPs bei den Sendern und Empfängern festzustellen. Während die Aufgabe der regulären IMPs darin bestand, Datenpakete zu empfangen, eine rudimentäre Fehlerprüfung durchzuführen, die Route zur Weiterleitung der Datenpakete festzulegen und diese an den nächsten IMP weiterzugeben, müssen Ziel-IMP und Empfänger-IMP zusätzliche Aufgaben bewältigen. Während die bereits genannten Operationen Teil des IMP-to-IMP-Protokolls sind, stellen das Management einer End-zu-End-Verbindung wie Flußkontrolle, Speichermanagement, Meldungsfragmentierung und -zusammensetzung Operationen des Source-IMP-to-Destination-IMP Protokolls dar.

Die Aufteilung der Meldungen in einzelne Datenpakete ermöglichte eine effiziente Datenübertragung bei nur beschränkt verfügbarer Bandbreite. Durch ein Pipelining einzelner Datenpakete konnten die Wartezeiten der übrigen Kommunikationsteilnehmer auf ein Minimum reduziert werden. Die implementierte Fehlerkontrolle bezog sich auf die Erkennung duplizierter oder fehlender Datenpakete. Doppelte Datenpakete konnten dann auftreten, wenn ein IMP seinen Betrieb einstellte, bevor er in der Lage war, eine Empfangsbestätigung für ein erhaltenes bzw. weitergeleitetes Datenpaket zu versenden. Der ursprünglich sendende IMP schickte dann erneut dasselbe Datenpaket ab. Auf der anderen Seite konnte ein Datenpaket dann verloren gehen, wenn ein IMP seinen Betrieb einstellte, bevor er ein empfangenes Datenpaket weiterleiten konnte, aber bereits eine Empfangsbestätigung versendet hatte.

Flußkontrolle war schließlich notwendig, da die Datenpakete auf unterschiedlichen Wegen durch das Netzwerk übertragen werden konnten. So war es durchaus möglich, daß sie in einer anderen Reihenfolge beim Empfänger angeliefert wurden, als vom Sender abgeschickt. Zu diesem Zweck wurde jedem Datenpaket eine Sequenznummer zugeordnet, damit die ursprüngliche Nachricht beim Empfänger-IMP wieder korrekt zusammengesetzt werden konnte.

- **Host-to-Host Protokoll**
Anwendungsprogramme auf den Host-Rechnern waren in der Lage, Daten mit anderen Host-Rechnern mit Hilfe des Host-to-Host Protokolls auszutauschen. Dieses Protokoll war Teil des Betriebssystems des Host-Rechners und innerhalb des sogenannten **NCP (Network Control Programms)** implementiert. Das NCP war verantwortlich für die Abwicklung des Verbindungsauf- und abbaus, sowie für die Flußkontrolle. NCP wurde mit der Zeit alternativ zum Host-to-Host Protokoll verwendet und so zum wichtigsten Protokoll der Transportschicht des ARPANET, das später von TCP/IP abgelöst werden sollte.

Zum Austausch von Kontroll- und Statusinformationen für Verbindungen wurden sogenannte Links eingerichtet, die parallel zum eigentlichen Datentransfer geschaltet wurden. Das NCP hatte auch die Aufgabe, die Interprozeßkommunikation zwischen den beiden, kommunizierenden Anwendungen in einzelne Nachrichten aufzubrechen und zu koordinieren. Diese Nachrichten wurden dann an das NCP des Empfängers gesendet, der diese wieder zusammensetzen und entsprechend aufbereiten mußte.

Mit der rasant wachsenden Zahl der ausgelieferten und installierten IMPs wuchs das ARPANET zusehends. Um nicht mehr auf einen zusätzlichen Host-Rechner angewiesen zu sein, wurde die Host-IMP-Protokoll-Software dahingehend modifiziert, daß auch Terminals direkt an einen speziellen IMP, den sogenannten **Terminal Interface Processor** (**TIP**) angeschlossen werden konnten. Nachfolgende Erweiterungen betrafen den kostenreduzierenden Anschluß mehrerer Hosts an einen einzigen IMP, Hosts, die zur Erhöhung der Übertragungssicherheit an mehrere IMPs angeschlossen werden konnten und die Möglichkeit, größere Distanzen zwischen Host und IMP zuzulassen. Die Einbindung von Funk- und Satellitenübertragungen halfen dem ARPANET, flächendeckend, große Distanzen zu überbrücken. Je mehr einzelne Netze in das ARPANET mit aufgenommen wurden, desto größer wurde der Bedarf nach effizient arbeitender, moderner Internetworking-Protokoll-Software, der in die Einführung der zu diesem Zweck entwickelten TCP/IP-Kommunikationsprotokolle mündete.

1983 spaltete sich das ursprüngliche ARPANET in einen ausschließlich militärisch genutzten Teil (**MILNET**) und den weiterhin unter dem gleichen Namen betriebenen zivilen und damit auch kommerziellen Teil. Mit der Entwicklung leistungsfähigerer, ziviler Netzwerke, wie etwa des **NSFNETs** begann die Bedeutung des ARPANET zusehends zu schwinden, so daß sein Betrieb 1990 schließlich eingestellt wurde. MILNET als militärische Komponente, blieb weiterhin im Dienst.

6.4.2 X.25

Die International Telecommunications Union (ITU), verantwortlich für die Standardisierung international anerkannter Normen in der Telefonie und Datenübertragung, entwickelte mit **X.25** einen der ersten Standards für den Betrieb von Weitverkehrsnetzwerken. Öffentliche Dienstbetreiber wie die nationalen Telefongesellschaften boten diesen Dienst bereits seit vielen Jahren an. X.25 wurde 1976 von der ITU als Standard verabschiedet und beschreibt exakt die Schnittstelle zwischen dem Endgerät (Data Terminal Equipment, **DTE**) und dem Netzwerk. Standardisiert wurden dabei Datenübertragungsraten von 300 bps bis 64 kbps und seit 1992 auch 2 Mbps. Damit definiert X.25 für heutige Vorstellungen ein sehr langsames Netzwerk. X.25 wurde für die Verwendung von schlechten analogen Übertragungsstrecken mit einer sehr hohen Fehlerrate ausgelegt und erlaubt eine weltweite und flächendeckende Datenkommunikation. Der als **Datex-P** bezeichnete Datentransferdienst der deutschen Telekom basiert auf dem X.25-Standard. X.25 wird jedoch zusehends von der Frame Relay Technologie verdrängt, da heute zuverlässigere Übertragungsmedien zur Verfügung stehen, die die aufwendigen Fehlererkennungs- und Korrekturmechanismen von X.25 nicht mehr benötigen.

Netzwerkaufbau. Das X.25-Protokoll ist auch im ISO-Standard 8208 definiert und regelt die Übermittlung von Datenpaketen zwischen zwei kommunizierenden DTEs. Aus diesem Grund wird es auch als X.25-DTE-DTE bezeichnet. Zum Anschluß an das X.25 Netzwerk werden als **DCE** (Data Circuit-Terminating Equipment) bezeichnete Geräte verwendet. Die Kommunikation zwischen DTE und DCE regeln die in X.25-DTE-DCE festgelegten Kommunikationsprotokolle. X.25 selbst stellt eine paketvermittelnde Netzwerktechnologie dar, deren netzinterne Vermittlungsknoten als **DSE** (Data Switching Exchange) bezeichnet werden.

X.25-fähige Endgeräte, die in der Lage sind, Nachrichten selbstständig in Datenpakete zu zerlegen, können direkt über eine DCE mit dem X.25-Netzwerk verbunden werden. Da viele Endgeräte aber nicht in der Lage sind, eine dedizierte X.25-konforme Schnittstelle zu bieten, wurde mit **X.28** eine weitere Serie von Standards entwickelt, die auch nichtintelligente Endgeräte, wie z.B. Terminals, in die Lage versetzt, über einen sogenannten **PAD** (Packet Assembler/Disassembler, beschrieben im **X.3** Standard) mit einem X.25-Netzwerk zu kommunizieren. Das PAD kommuniziert mit dem X.25-Netzwerk über einen eigenen Protokollstandard, der als **X.29** bezeichnet wird. Diese drei Standards gemeinsam – X.25, X.28 und X.29 – werden auch **Triple X** genannt. Netze unterschiedlicher Netzwerkbetreiber können über eine eigene, separate Schnittstelle – die in **X.75** standardisiert wurde – miteinander gekoppelt werden (siehe Abb. 6.21).

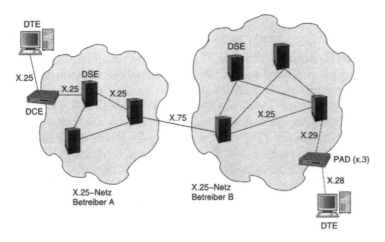

Abb. 6.21. Struktur eines X.25-Netzwerks

Für X.25 können neben paketvermittelnden Netzwerktypen auch andere Netzwerktypen zum Einsatz kommen. Dienen leitungsvermittelte Netzwerke als Grundlage eines X.25-Netzwerks, wird über das Netzwerk als erstes eine Leitungsverbindung zwischen den zwei Kommunikationspartnern aufgebaut, die dann aus Sicht des X.25-Netzwerks als direkte Ende-zu-Ende-Verbindung erscheint.

X.25 arbeitet verbindungsorientiert und ist in der Lage, sowohl geschaltete virtuelle Netze (**Switched Virtual Circuit, SVC**) als auch permanente virtuelle Netze (**Permanent Virtual Circuits**) zu unterstützen. Ein SVC wird erzeugt, wenn ein Rechner ein Datenpaket in das Netzwerk sendet, mit der Anfrage, eine Verbindung zu einem entfernten Kommunikationspartner zu schalten. Sobald die Verbindung geschaltet wurde, erreichen die entlang dieser Verbindung gesendeten Datenpakete den Empfänger stets in der ursprünglichen Sendereihenfolge. X.25 sieht für diesen Zweck auch eine Flußkontrolle vor, die verhindert, daß ein schnellerer Sender einen langsameren bzw. anderweitig beschäftigten Empfänger mit seinen Datenpaketen überflutet.

Ein PVC dagegen wird zwar in gleicher Weise wie ein SVC genutzt, jedoch wird er bereits im Vorfeld auf Veranlassung des Kunden vom Netzwerk-Provider eingerichtet. Ein PVC ist stets aktiv, so daß keine speziellen Kommandofolgen für seine Aktivierung notwendig sind, und ist so das Pendant zu einer Mietleitung.

Das X.25-Schichtenmodell. Ähnlich wie das TCP/IP-Kommunikationsmodell oder das ISO-/OSI-Modell liegt auch dem X.25-Standard ein Schichtenmodell zu Grunde. Wie in Abb. 6.22 dargestellt, gibt es hier drei Schichten mit den folgenden Protokollen:

- **Physikalische Schicht**
  In der physikalischen Schicht spezifizieren die **X.21** Protokolle die physikalische, elektrische und prozedurale Schnittstelle zwischen Host und Netzwerk. Während X.21 ausschließlich auf der Verwendung digitaler Signale basiert, wurde mit **X.21bis** ein zusätzlicher Standard geschaffen, der einen Netz-Zugang zu einem X.25-Netzwerk über eine analoge Leitung hinweg mit Hilfe eines Modems ermöglicht.

- **Sicherungsschicht**
  Die zweite Schicht des X.25-Schichtenmodells beinhaltet Steuerungsverfahren zur Übertragung von Datenblöcken an der Schnittstelle zwischen DTE und DCE. Zum Einsatz kommt dabei eine Variante des sogenannten **HDLC**-Protokolls (High Level Data Link Control), nämlich das **LAP-B**-Protokoll (Link Access Procedure Balanced).

- **Vermittlungsschicht**
  Das Protokoll der Vermittlungsschicht ist **X.25-PLP** (Packet Layer Protocol). Es ist verantwortlich für den Verbindungsauf- und -abbau sowie die Übertragung der Datenpakete während einer Verbindung. Dazu zählen

Aufgaben wie Flußkontrolle, Empfangsbestätigung und Unterbrechungssteuerung. Die hier versendeten Datenpakete habe eine Länge von maximal 128 Bytes und werden zuverlässig und in der korrekten Reihenfolge zugestellt. Über eine physikalische Leitung können dabei mehrere virtuelle Verbindungen betrieben werden. Um ein Datenpaket einer bestimmten virtuellen Verbindung zuordnen zu können, enthält jedes Datenpaket im Header eine logische Kanalnummer (LCI, Logical Channel Identifier), die sich aus einer Gruppennumer (LGN, Logical Group Number) und einer Nummer innerhalb der Gruppe (LCN, Logical Channel Number) zusammensetzt. Auf diese Weise sind über eine einzelne physikalische Leitung mehrere parallele End-zu-End-Kommunikationen möglich.

Bei X.25 bieten Netzknoten X.25-Vermittlungsfunktionen (VF) über eine Neuzuweisung der LCIs. Eine Eingangs-LCI wird dabei einer Ausgangs-LCI zugewiesen, was im Prinzip einer Routingfunktion entspricht.

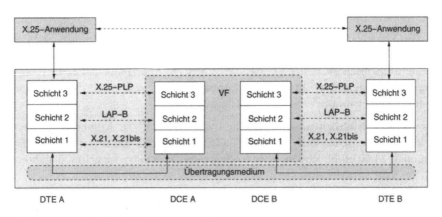

Abb. 6.22. Das X.25-Schichtenmodell

Abb. 6.23 zeigt die Datenformate des X.25-Protokolls: Ein LAP-B Datenpaket (Schicht 2) und ein X.25-PLP Datenpaket (Schicht 3). Datenpakete der Schicht 1 (X.21) sind mit dem LAP-B Datenpaket identisch und verfügen über keine zusätzliche Headerinformation.

6.4.3 ISDN

Als primärer Träger der internationalen Telekommunikation ist das öffentliche, leitungsvermittelte Telefonsystem seit über einem Jahrhundert im Dienst. Zu Anfang der 80er Jahre prognostizierte man einen stetig zunehmenden Bedarf an digitaler End-zu-End-Kommunikation, dem das alte analoge Telefonnetz nicht mehr gewachsen schien und vereinbarte 1984 unter der Schirmherrschaft der CCITT/ITU und dem Mitwirken der staatlichen und

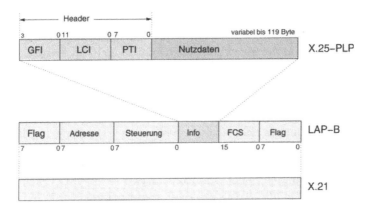

Felder des X.25-PLP Datenpakets:

- **GFI** (General Format Identifier): Dient der Identifikation des Datenpakets als Nutzdaten- oder Steuerpaket, zur Flußsteuerung und als Empfangsbestätigung.
- **LCI** (Logical Channel Identifier): Identifiziert den logischen Kanal der DTE/DCE-Schnittstelle. Die Netzwerkschicht stellt der übergeordneten Transportschicht zu diesem Zweck 4096 logische Kanäle zur Verfügung, die eine Mehrfachausnutzung der physikalischen Leitung gestatten. Der LCI-Eintrag besitzt nur lokale Bedeutung. Jede virtuelle Verbindung besteht aus einer Folge von Teilstrecken mit jeweils eigenem LCI-Wert. Während des Verbindungsaufbaus werden die LCI-Werte für jede Teilstrecke getrennt bestimmt und regeln das Routing der übertragenen Datenpakete.
- **PTI** (Packet Type Identifier): Identifiziert den Typ des Datenpakets. Neben den Nutzdaten-Datenpaketen gibt es noch 16 verschiedene Typen von Steuerungs-Datenpaketen.
- **Nutzdaten**: Entsprechend dem Datenpaket-Typ enthält dieses Feld im Falle eines Nutzdaten-Datenpakets Daten aus einer höheren Protokollschicht und Informationen zur Steuerung der Verbindung im Falle eines Steuerungs-Datenpakets.

Felder des LAP-B Datenpakets:

- **Flag**: Feste Bitfolge, die als Begrenzung des Datenpakets dient. Um zu verhindern, daß dieselbe Bitfolge im Inneren des Datenpakets auftaucht, wird das Prinzip des **Bitstopfens** angewandt. Dabei wird nach zuvor definierter Anzahl übertragener Bits in den Nutzdaten stets ein festes Bit vom Sender eingefügt, das vom Empfänger später wieder entfernt wird. Die Bitfolge im Flag wird so gewählt, daß sie nach erfolgtem Bitstopfen in den Nutzdaten nie vorkommen kann.
- **Adresse**: Adreßfeld, das bei Befehlen (Commands) die Adresse des Empfängers und bei Meldungen (Response) die Adresse des Absenders erhält. Für die Adressierung werden in X.25-Netzwerken Rufnummern nach **X.121** verwendet.
- **Steuerung**: Beschreibt den Typ des Datenpakets näher und enthält zusätzlich eine Sequenznummer für die Flußkontrolle in Schicht 2.
- **Info**: Enthält das X.25-PLP-Datenpaket.
- **FCS** (Frame Check Sequence): Enthält eine Prüfsumme.

Abb. 6.23. X.25 Datenpaketformate

privaten Telefongesellschaften den Ausbau eines neuen, vollständig digitalen, leitungsvermittelten Telefonsystems, das den Namen **ISDN** (**Integrated Services Digital Network**, dienstintegriertes digitales Fernmeldenetz) tragen sollte. Vorrangiges Ziel bei der Entwicklung von ISDN war die Integration unterschiedlicher Dienstangebote, wie Sprach und Datenkommunikation über dasselbe Netzwerke.

In Deutschland startete ISDN 1987 mit zwei Pilotprojekten in Mannheim und Stuttgart im Rahmen eines eigenen, nationalen ISDN-Projekts, das 1994 von einem für ganz Europa einheitlichem System **Euro-ISDN** (auch **DSS1**, **Digital Subscriber Signalling System 1**) abgelöst wurde. In den USA wurde dagegen ein abweichender Protokollstandard für die ISDN Steuerungs- und Datenkanäle gewählt, der als **ISDN-1** standardisiert wurde (entspricht dem von der Firma AT&T eingeführten **5ESS**-Verfahren). Bedingt durch eine abweichende Codierung der übertragenen Daten erreicht der amerikanische ISDN-Standard lediglich 56 kbps pro Kanal, während der europäische Standard Datenkanäle zu jeweils 64 kbps vorsieht. Die in diesem Abschnitt aufgeführten Angaben zur Bandbreite der verschiedenen ISDN Anschlußvarianten beziehen sich stets auf die europäische Kanalkodierung mit jeweils 64 kbps.

ITU-T/CCITT Empfehlungen für den ISDN-Standard

ISDN-Standards werden durch Empfehlungen der ITU-T/CCITT definiert. Die I-Serie der ITU-T/CCITT Empfehlungen deckt dabei einen weiten Bereich der ISDN-Technologie ab. Sie ist entsprechend den einzelnen Themenfeldern in Gruppen unterteilt.

ITU-T/CCITT	Funktion
I.1xx	enthält generelle Informationen zur Terminologie, zum Aufbau der I-Serie Empfehlungen und zu Grundeigenschaften von ISDN
I.2xx	spezifiziert ISDN-Diensteigenschaften, wie auch Verbindungs- und Paket-Dienste
I.3xx	beinhaltet Prinzipien, Protokolle und Architektur von ISDN
I.4xx	beinhaltet die Spezifikation der Nutzerschnittstellen und der Spezifikation der Funktionen der Netzwerkschicht
I.5xx	beinhaltet Schnittstellendefinitionen und Spezifikationen zum Internetworking von ISDN-Netzen
I.6xx	behandelt Themen wie ISDN-Wartung und Nutzer-Zugang

Abb. 6.24. ITU-T/CCITT Empfehlungen für ISDN

ISDN bietet digitale, leitungsvermittelte End-zu-End-Verbindungen. Der Nutzer verfügt über ein digitales Interface und muß nicht mehr, wie im Falle des analogen Telefonnetzes, digitale Signale zuvor über ein **Modem** in analoge Signale umsetzen. Es wird eine Wählverbindung zum Empfänger aufgebaut, die über die gesamte Verbindungsdauer als transparenter Datenübertragungskanal zur Verfügung steht. Nutzdaten und Signalisierungsdaten werden dabei in separaten Kanälen übertragen. ISDN arbeitet nach einem synchronen Zeitmultiplexverfahren und ist in der Lage, stets eine konstante, garantierte Bandbreite und eine konstante Übertragungsverzögerung zu gewährleisten.

Netzwerkaufbau. ISDN stellt Kanäle mit jeweils 64 kbps zur Verfügung. Diese Bandbreite wurde speziell für die Kodierung von Sprachinformation über das **PCM**-Verfahren (Pulse Code Modulation, 8000 Samples mit jeweils 8 Bit pro Sekunde) gewählt. Je nach Anschlußtyp können dem Nutzer unterschiedliche Bandbreiten zur Verfügung gestellt werden:

- **Basisanschluß (BRI, Basic Rate Interface)**
  Über eine physikalische Verbindung mit dem ISDN-Netzwerk werden dem Nutzer zwei logische Verbindungen, die sogenannten **B-Kanäle** (Bearer Channel) mit jeweils 64 kbps für die Übertragung von Nutzdaten und ein Signalkanal, der **D-Kanal** (Data Channel), mit 16 kbps zur Übertragung von Steuersignalen angeboten. Ein solches Verfahren, bei dem die Steuer- und Kontrollinformation in einem separaten Kanal, abseits des Nutzdatenkanals gesendet wird, wird auch als **Out-of-Band** Signalverkehr bezeichnet. Das BRI-Interface ist im ITU-T/CCITT ISDN-Standard I.430 genormt.

- **Primärmultiplexanschluß (PRI, Primary Rate Interface)**
  Über eine physikalische Verbindung mit dem ISDN-Netzwerk werden dem Nutzer 30 logische Verbindungen (Kanäle) mit jeweils 64 kbps (USA nur 23 logische Verbindungen) zur Übertragung von Nutzdaten und ein Signalkanal mit 64 kbps zur Übertragung von Steuersignalen angeboten. Das PRI-Interface ist im ITU-T/CCITT ISDN-Standard I.431 genormt.

Nutzdaten können in ISDN übertragen werden mit

- leitungsvermittelnden B-Kanälen,
- paketvermittelnden B-Kanälen und auch mit Hilfe von
- paketvermittelnden D-Kanälen (siehe Abb. 6.25).

Abb. 6.25. ISDN Architektur

Zusätzlich sieht der ISDN-Standard noch sogenannte **Hybride Kanäle** (H-Kanäle) vor. Dies sind spezielle Kanäle, die durch Bündelung von B-Kanälen entstehen und die für Anwendungen zum Einsatz kommen, die eine höhere Bandbreite verlangen, wie z.b. die Übertragung von Audio- und Video-Informationen in Echtzeit. Der Basiskanal, auch H_0-Kanal genannt, bündelt dazu 6 B-Kanäle zu einem Hybridkanal mit einer Bandbreite von 384 kbps. Daneben sind noch die Hybridkanäle H_{11} (24 B-Kanäle mit einer Bandbreite von 1.536 kbps) und H_{12} (30 B-Kanäle mit einer Bandbreite von 1.920 kbps) von Bedeutung.

ISDN-Schichtenmodell. Im ISDN Netzwerk unterscheidet man speziell im Hinblick auf das Schichtenmodell Endgeräte, Ortsvermittlungsstellen und Fernvermittlungsstellen. Zur Übertragung der Nutzdaten wird auf der untersten Schicht des ISDN-Protokollstapels eine transparente logische Verbindung von Endgerät zu Endgerät über Ortsvermittlung und Fernvermittlung aufgebaut Die Signalverbindungen müssen in den Vermittlungsstellen in höhere Schichten des ISDN-Schichtenmodells weitergeleitet werden, da dort Steuer- und Adressinformationen ausgewertet und angewendet werden müssen (siehe Abb. 6.27).

Die ITU-T/CCITT Empfehlungen sehen für ISDN drei Schichten vor. Angefangen mit der physikalischen Schicht, in der die Spezifikationen der Basisschnittstellen für BRI (I.430) und PRI (I.431) festgelegt werden, über die Sicherungsschicht, in der das LAPD (Link Access Procedure for D-Channel, Empfehlungen Q.920/I.440 und Q.921/441) Protokoll implementiert ist, bis zur Vermittlungsschicht, auf der DSS1 (Digital Signalling System No.1) genutzt wird. DSS1 wird europaweit eingesetzt und daher auch kurz als Euro-ISDN bezeichnet. International werden verschiedene Standards in der Vermittlungsschicht eingesetzt, so etwa die 5ESS und DMS-100 Standards in den USA oder NTT in Japan.

In der Fernvermittlung wird das Signalisierungssystem SS7 (Signalling System No.7), ein Satz von unterschiedlichen Protokollen für die Kommunikation von Vermittlungsstellen im Netzwerk verwendet (ITU-T/CCITT Empfehlung Q.7xx). Die unter diesen Sammelbegriff zusammengefaßten Protokolle bilden einen eigenen Protokollstapel, ebenso wie der TCP/IP- oder der ISO-/OSI-Protokollstapel. Das Signalisierungssystem SS7 ist dabei als sogenanntes **Overlay-Netz** aufgebaut, d.h. es ist physisch, nicht nur logisch, getrennt von den eigentlichen Nutzdatenkanälen. Für ISDN sind fünf Schichten des SS7-Protokollstapels relevant (siehe auch Abb. 6.28), die sich in drei Gruppen unterteilen lassen:

- **MTP-1, MTP-2, MTP-3 (Message Transfer Part)**
  Diese drei Schichten entsprechen in ihrer Aufgabe den ersten drei Schichten des ISO-/OSI-Modells und sind für die Übertragung von SS7-Nachrichten zuständig.

ISDN Terminologie

In den ISDN Standards der ITU-T werden **Referenzkonfigurationen** definiert, die ISDN Schnittstellen charakterisieren. Referenzkonfigurationen setzen sich zusammen aus

- **Funktionale Gruppen**
  Darunter fallen bestimmte Fähigkeiten und spezielle Funktionen, die eine ISDN-Benutzerschnittstelle benötigt und die von einer oder mehreren Software- oder Hardwarekomponenten ausgeführt wird.

- **Referenzpunkte**
  Unterteilen die funktionalen Gruppen und sind mit physikalischen Schnittstellen zwischen einzelnen ISDN-Komponenten gleichzusetzen.

Eine ISDN-Benutzerstation (Endsystem) gemäß ITU-T Empfehlung I.411 ist beispielsweise folgendermaßen aufgebaut:

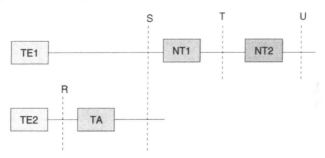

Die Benutzerstation besteht aus den Netzabschlußeinheiten **NT1** (Network Termination 1) und **NT2**, den Endeinrichtungen **TE1** (Terminal Equipment 1) und **TE2**, sowie der Anpassungseinheit **TA** (Terminal Adapter).
NT1 übernimmt dabei die Ankopplung an die Anschlußleitung, während NT2 den Anschluß mehrerer TEs an eine Anschlußleitung ermöglicht. TE1 ist eine für ISDN ausgelegte Endeinrichtung und kann unmittelbar an der Schnittstelle (Referenzpunkt **S**) angeschlossen werden, während TE2 nur über eine herkömmliche (analoge) Schnittstelle verfügt und über eine Anpassungseinheit angeschlossen werden muß.
Zwischen den funktionalen Gruppen werden Referenzpunkte definiert: Referenzpunkt **T** zwischen NT1 und NT2, **S** zwischen NT2 und TE1 oder TA. Je nach nationaler und netzspezifischer Regelung endet die Zuständigkeit des Netzbetreibers am Referenzpunkt S, T oder U. Im Falle von S ist der Netzbetreiber für NT1 und NT2 zuständig, im Falle von T nur für NT1 (z.B. in Deutschland) und im Falle von U weder für NT1 und NT2. Der Referenzpunkt, an dem die Zuständigkeit des Netzbetreibers endet, ist zugleich der Übergabepunkt, an dem der Netzbetreiber die definierte Leistung abliefert und bis zu dem er die Wartungsverantwortung übernimmt.

Abb. 6.26. ISDN Terminologie

- **SCCP (Signal Connection Control Part)**
  Diese Schicht entspricht in ihrer Funktionalität dem oberen Teil der ISO/OSI-Schicht 3 und erlaubt den Austausch von Daten ohne Nutzkanalbezug und eine End-zu-End-Signalisierung. Das SCCP-Protokoll spezifiziert fünf verschiedene Dienstklassen:
  − verbindungslose, nichtsequenzierte Dienste,

426   6. Datentransfer bis ans andere Ende der Welt – WAN-Technologien

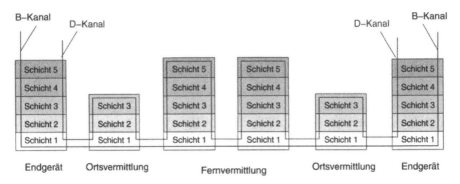

Abb. 6.27. ISDN Schichtenmodell für Endgeräte, Orts- und Fernvermittlung

- verbindungslose, sequenzierte Dienste,
- verbindungsorientierte Dienste,
- verbindungsorientierte Dienste mit Flußkontrolle und
- verbindungsorientierte Dienste mit Flußkontrolle und Fehlererkennung/-korrektur.

- **ISUP (ISDN User Part)**
  Diese Schicht dient der Übertragung von Steuer- und Meldedaten, die zum Auf- und Abbau sowie zur Überwachung von leitungsvermittelten Verbindungen auf B-Kanälen benötigt werden. Die Funktionalität dieser Schicht teilt sich in einen Anteil für den ISDN-Telefonverkehr, in dem der Schwerpunkt auf der Signalverarbeitung für sprachbasierte Kommunikation liegt, und einem Anteil für den ISDN-Datenverkehr.

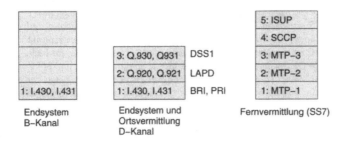

Abb. 6.28. Die verschiedenen ISDN Protokollschichten

ISDN war als breit angelegter Versuch gedacht, das alte analoge Telefonsystem durch ein digitales Telekommunikationssystem zu ersetzen, das in der Lage ist, unterschiedliche Dienste wie Sprach- und Datenkommunikation zu integrieren. Eine weltweit durchgesetzte Einigung bzgl. der Schnittstellen für Basisanschlüsse sollte zu einer großen Nachfrage und zu einer Massenproduk-

6.4 Beispiele der WAN-Technologie

tion führen. Der Standardisierungsprozeß zog sich allerdings unglücklicherweise so lange hin, daß die technologische Entwicklung den Standard ISDN bei seiner Verabschiedung längst überholt hatte und so dieses Angebot vom Konsumenten nur sehr zögernd aufgenommen wurde.

Exkurs 19: ISDN – Datenformate

In den drei Schichten, die für ISDN Endsysteme und Ortsvermittlungen für B-Kanäle und D-Kanäle vorgesehen sind, kommen jeweils unterschiedliche Datenformate zum Einsatz. In der **physikalischen Schicht** wird zur Umsetzung der zu sendenden Bitfolgen eine modifizierte **AMI-Kodierung** (Alternate Mark Inversion) verwendet. Im Gegensatz zum herkömmlichen AMI-Code wird hier eine Null als Impuls gesendet, wobei benachbarte Pulse eine entgegengesetzte Polarität aufweisen, und eine Eins als Lücke. Bei längeren Einsfolgen kann die Synchronizität verloren gehen, was durch entsprechendes **Bitstopfen** verhindert wird.

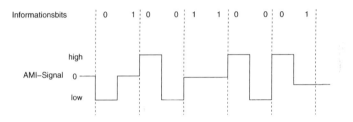

ISDN arbeitet nach einem synchronen Zeitmultiplexverfahren, d.h. Datenpakete werden periodisch mit einer konstanten Rate übertragen. Die Begrenzungen der einzelnen Datenpakete über die sogenannten Synchronisationsbits erfolgt mit festgelegten Bitfolgen, die innerhalb der kodierten Nutzdaten nicht vorkommen können. Dabei wird alle 250 μs ein 48 Bit langes Datenpaket übertragen. Der Basisanschluß erreicht so eine tatsächliche Bandbreite von 192 kbps, die durch 2 B-Kanäle mit 64 kbps, einen D-Kanal mit 16 kbps und 48 kbps für Paketsynchronisation und Spiegelung des D-Kanals genutzt werden.
Ein Basisanschluß kann in einer Punkt-zu-Punkt-Konfiguration genutzt werden, bei der die maximale Distanz zwischen TE und NT 1.000 m betragen darf, oder in einer Mehrfach-Punkt-Konfiguration, in der bis zu 8 TEs einen gemeinsamen Datenbus verwenden und die maximale Distanz zwischen TE und NT 200 m (Short Bus) bzw. 500 m (Extended Bus) betragen kann. In der Mehrfach-Punkt-Konfiguration werden den TEs B-Kanäle jeweils dynamisch zur exklusiven Nutzung zugeordnet, während der D-Kanal von allen TEs gemeinsam genutzt wird.
Abb. 6.29 zeigt den vereinfachten Aufbau von Datenpaketen der physikalischen Schicht: Die als **F** und **L** gekennzeichneten Bits dienen der Synchronisation und Balancierung. **D**, das sogenannte D-Kanal-Bit, dient ebenso wie das D-Kanal-Echobit **E** der Zugriffssteuerung auf den D-Kanal. **B1** und **B2** kennzeichnen jeweils eine 8 Bit lange Folge von Nutzdaten der Kanäle B1 und B2. Zusätzliche Synchronisationsbits zwischen den Nutzdaten wurden in der Darstellung ausgelassen.
Sicherungsschicht und Netzwerkschicht sind im Gegensatz zur physikalischen Schicht nur für den D-Kanal bzw. in den Vermittlungsstellen von Bedeutung. Die **Sicherungsschicht** nutzt das sogenannte **LAPD**-Protokoll (Link Access Procedure D-Channel). LAPD übernimmt die Aufgabe, alle im D-Kanal übertragenen Informationen gegen Übertragungs- und Reihenfolgefehler zu sichern, und für die Vergabe von eindeutigen TEIs (TE-Identifier) zu sorgen. Dabei ist der D-Kanal sowohl in der Lage, Signalisierungsinformation als auch paketierte Nutzinformation zu übertragen.

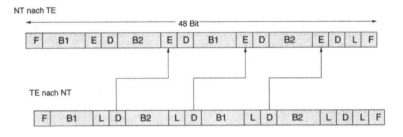

F .. Synchronisationsbit
D .. D-Kanal-Bit
E .. D-Kanal-Echo-Bit
L .. DC-Balance-Bit
B1 .. 8 Bit Nutzdaten B1-Kanal
B2 .. 8 Bit Nutzdaten B2-Kanal

Abb. 6.29. ISDN - Physikalische Schicht – Datenformat

Die ISDN-Sicherungsschicht kann unquittierte Rundsendungen an alle TEs vornehmen bzw. quittierte oder unquittierte Mitteilungen an dedizierte einzelne TEs versenden. Beim quittierten Übermitteln sorgt die Sicherungsschicht für das Erkennen von Übertragungsfehlern, für deren Korrektur und für die Kontrolle der Blockreihenfolge, beim unquittierten Übermitteln lediglich für die Fehlererkennung. Der Aufbau eines LAPD-Datenpakets ist in Abb. 6.30 dargestellt. Die Struktur und Kodierung aller Protokollelemente entspricht dabei dem bereits vor ISDN entstandenen **HDLC**-Standard (High Level Data Link Control), der in den Normen ISO 33009 und ISO 4345 standardisiert wurde. Dabei werden je nach Funktion drei verschiedene Datenpakettypen unterschieden:

- **I-Pakete (Information Transfer Frames)**
  Diese Datenpakete enthalten Nutzdaten, sowie Informationen zur Flußkontrolle und Fehlerbehebung. Sie kommen dann zum Einsatz, wenn quittierte Informationen bei einem bestimmten Empfänger abzuliefern sind.

- **S-Pakete (Supervisory Frames)**
  Diese Datenpakete enthalten sogenannte **ARQ**-Informationen. Das ARQ-Verfahren (Automatic Repeat Request) dient der Fehlerkorrektur, indem fehlerhaft empfangene oder verlorene Datenpakete vom Sender erneut gesendet werden. Korrekt empfangene Datenpakete werden durch eine positive Quittung (Acknowledgement) quittiert, fehlerhaft empfangene Datenpakete können durch eine negative Quittung (Reject) erneut angefordert werden. Daß Rahmen verloren gegangen sind, kann der Sender aufgrund einer ausbleibenden positiven Quittung nach einem Timeout feststellen.

- **U-Pakete (Unnumbered Frames)**
  U-Pakete enthalten zusätzliche Funktionen für die Link-Steuerung. Sie dienen dem unquittierten Versenden und benötigen daher auch keine Sequenznummern.

Datenpakete der Sicherungsschicht starten mit einem 8 Bit langen Synchronisationsflag. Danach folgen zwei Adressangaben: Über den Service Access Point Identifier (**SAPI**) wird angegeben, welcher Art die von der Sicherungsschicht zur Verfügung gestellten Dienste sind (z.B. SAPI=0: Signalisierungsinformation, SAPI=16: Nutzdatenpaket, SAPI=63: Management-Information). Danach folgt ein Connect/Response-Bit (**C/R**), das festlegt, ob es sich bei dem gesendeten Datenpaket um eine Anweisung (C/R=1) oder um eine Antwort (C/R=0) handelt. Das Address-Field-Extension-Bit (**EA-Bit**) gibt an, ob noch ein Adress-Byte folgt (EA=0) oder nicht (EA=1). Die zweite Adresse bezieht sich auf den TE-Identifier (Terminal Endpoint Identifier, **TEI**) und identifiziert das angeschlossene Endsystem.

6.4 Beispiele der WAN-Technologie

Im nachfolgenden Kontrollfeld befinden sich Angaben zur Sequenznummer und zur Link-Steuerung. Das Informationsfeld enthält die eigentlichen Nutzdaten. Seine Länge muß stets ein Vielfaches von 8 Bit sein. ISDN begrenzt dieses Feld auf maximal 280 Byte. Danach folgen eine Prüfsumme zur Fehlererkennung und abschließend wieder ein Synchronisationsflag.

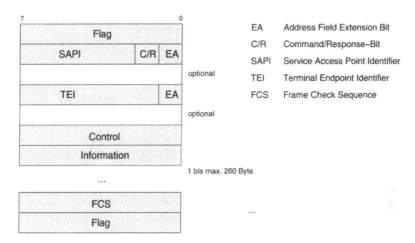

Abb. 6.30. ISDN-LAPD-Protokoll – Datenformat

In der **Netzwerkschicht** des ISDN-Protokolles wird die Vermittlung zum gewählten Endsystem und die Auswahl des gewünschten Kommunikationsdienstes durchgeführt. Dabei kommt für die Kommunikation zwischen TE und Ortsvermittlung (lokale ISDN-Vermittlung) das ITU-T/CCITT Q.931 Protokoll zum Einsatz. Abb. 6.31 zeigt den Aufbau eines Q.931 Datenpakets. Da international unterschiedliche Signalisierungsverfahren Verwendung finden, startet das Datenpaket mit einem **Protocol Discriminator**, der angibt, welches Protokoll Verwendung findet (z.B. 1TR6, NTT, 5ESS oder DMS-100). Danach folgen 16 Bit für eine **Call Reference**, die über eine zufällig gewählte Zahl die Verbindung identifiziert. Der **Message Type** legt den Typ der Nachricht fest (Call Establishment, Call Clearing, Call Information Phase u.a.). Danach folgen einzelne **Information Elements**, die aus jeweils einem **Information Element Identifier** mit zugehöriger Längenangabe und dem eigentlichen Inhalt zusammengesetzt sind.

Weiterführende Literatur:
P. Bocker: ISDN - Digitale Netze für Sprach-, Text-, Daten-, Video- und Multimediakommunikation,4. erw. Aufl., Springer Verlag, Berlin, 1997.
A. Kanbach, A. Körber: ISDN - Die Technik, Hüthig, 3. Aufl., Heidelberg, 1999.

6.4.4 Frame Relay

Frame Relay ist eine paketvermittelte WAN-Technologie, deren Entwicklung in den 80er Jahren begann. Sie basiert auf einem asynchronen Zeitmultiplexverfahren, ähnlich wie bei dem im Anschluß behandelten ATM, wobei

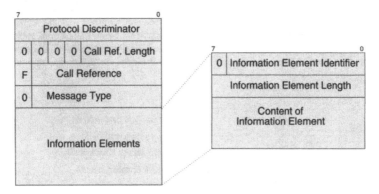

Abb. 6.31. ISDN-Q.931-Protokoll – Datenformat

zwischen den kommunizierenden Endsystemen virtuelle Verbindungen aufgebaut werden. Im Gegensatz zu ATM werden bei Frame Relay Datenpakete von variabler Länge (bis zu 1.600 Byte) über eine Leitung übertragen. Jede Verbindung erhält eine bestimmte Mindestdatenrate, die bei freier Leitungskapazität jedoch wesentlich überschritten werden kann. Frame Relay erlaubt den Tranport einer Vielzahl von Protokollen höherer Schichten.

Das Konzept von Frame Relay wurde 1984 der ITU-T/CCITT vorgestellt und fand ab Ende der 80er Jahre große Verbreitung. 1990 wurde das **Frame Relay Forum** als Interessenvertretung für die Entwicklung und den Ausbau von Frame Relay gegründet. Die ursprünglich durch das amerikanische ANSI normierten Frame Relay Spezifikationen wurden Mitte der 90er Jahre durch die ITU-T adaptiert und weiterentwickelt. Heute ist Frame Relay für die Datenübertragung gut etabliert, wird zunehmend aber auch für die Sprachübertragung eingesetzt.

Frame Relay wird häufig als Nachfolger von X.25 betrachtet und ist durch den Verzicht auf einige der in X.25 vorgesehenen Fehlerkorrektur- und Sicherungsmechanismen auf eine schnelle Datenübertragung hin optimiert. Tatsächlich weisen moderne, digitale Übertragungssysteme weitaus geringere Fehlerraten auf, als dies bei der ursprünglichen Spezifikation von X.25 der Fall war. Daher kommt Frame Relay mit einfacher zu implementierenden und weniger komplexen Protokollen aus und es lassen sich höhere Datenübertragungsraten für Nutzdaten erzielen.

Die Bezeichnung Frame Relay trägt der Tatsache Rechnung, daß die Nutzdaten in sogenannten Frames, d.h. auf der Sicherungsschicht (Schicht 2) des Kommunikationsschichtenmodells, übertragen werden, im Gegensatz zu X.25, das eine Vermittlung auf der Netzwerkschicht (Schicht 3) mit einschließt. In der ANSI-Terminologie wird Frame Relay auch als **Fast Packet Switching** bezeichnet. Die ITU-T/CCITT Standards von Frame Relay basieren in wesentlichen Teilen auf jenen von ISDN, die im B-ISDN Protocol Reference Model (ISDN-PRM) beschrieben sind.

6.4 Beispiele der WAN-Technologie

Die wesentlichen Unterschiede von Frame Relay gegenüber X.25 sind:
- Multiplexing und Durchschalten von logischen Verbindungen erfolgt in Frame Relay auf Schicht 2 (Sicherungsschicht).
- Auf Frame Relay Übertragungsabschnitten sind weder Flußsteuerungs- noch Fehlerkorrekturverfahren implementiert. Falls erforderlich, müssen dazu Verfahren genutzt werden, die in höheren Protokollschichten bei den Endsystemen implementiert sind.
- Für die Signalisierung werden bei Frame Relay getrennte logische Verbindungen genutzt.

Abb. 6.32. Unterschiede X.25 – Frame Relay

Die Bandbreite reicht bei Frame Relay von 56 kbps bzw. 64 kbps in ganzzahligen Vielfachen bis zu 1.544 kbps bzw. 2.048 kbps. Grundsätzlich sind aber Bandbreiten bis 45 Mbps realisierbar. In der Regel werden Frame Relay Netzwerke von öffentlichen Service-Providern zur Nutzung angeboten. Es ist aber auch möglich, diese als private Netze mit privaten Frame-Relay-Switches und gemieteten Standleitungen zu realisieren. Als Infrastruktur für die Datenübertragung in Frame Relay kann **SDH** (Synchronous Digital Hierarchy) oder **PDH** (Plesiochrone Digital Hierarchy) zum Einsatz kommen.

Frame Relay Verbindungen (Links). Frame Relay kann nicht direkt als ein End-zu-End-Protokoll/-Technologie betrachtet werden. Vielmehr beschreibt es die Schnittstelle zwischen einem Netzwerkknoten des Telekommunikations-Providers und dem daran angeschlossenen Endsystem, genauer die Datenübertragung und die Kommunikation zwischen diesen. Frame Relay bietet eine verbindungsorientierte Kommunikation auf der Sicherungsschicht des Netzwerks, über die sich unterschiedliche Rechnerwelten und Plattformen miteinander verbinden lassen (siehe Abb. 6.33). Dazu baut Frame Relay eine bidirektionale, virtuelle Verbindung zwischen zwei Endsystemen auf.
Hinsichtlich der Nutzung von Diensten der Schicht 1 (physikalische Schicht) ist Frame Relay keinen speziellen Einschränkungen unterworfen. Fast alle gängigen Schnittstellen (z.B. X.21, V.35, G.703) können dabei verwendet werden. Die entscheidenden Spezifikationen befinden sich in der Sicherungsschicht, in der das Protokoll **LAPF** (Link Access Protocol for Frame Relay) zum Einsatz kommt.
Nutzdaten werden in Frame Relay in unterschiedlich großen Containern (Frames) versendet, die bis zu 1.600 Byte aufnehmen können. Durch die Möglichkeit, größere Frames zu versenden, als dies bei X.25 möglich ist, sind die Frame Relay Netzwerkknoten weniger mit dem Ent- und Verpacken von Nutzdaten oder dem Austausch von Quittierungsinformation beschäftigt und erlauben so eine zügigere Übertragung. Ähnlich dem X.25 Konzept erlaubt auch Frame Relay mehrere logische Verbindungen (Links) auf einer physikalischen Übertragungsstrecke. Diese Verbindungen können entweder als permanente Verbindung (**PVC, Permanent Virtual Circuit**) oder als transiente Verbindung (**SVC, Switched Virtual Circuit**) ausgelegt sein. PVCs entsprechen im weitesten Sinne einer Standleitung, die permanent im Betrieb ist. Sie stehen bei Frame Relay im Vordergrund, da eine der Hauptanwendungen in

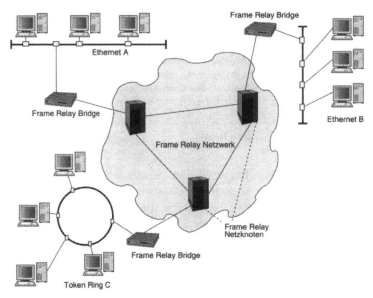

Abb. 6.33. Aufbau eines Frame Relay Netzwerk

der Koppelung entfernter LANs liegt. SVCs dagegen entsprechen einer Wählverbindung, die nach dem Schema Verbindungsaufbau, Datenaustausch und Verbindungsabbau abläuft. Als Adressen werden dabei Rufnummern gemäß dem in X.121 oder E.164 definierten Standards verwendet.

Die wesentlichen Steuerungsinformationen der jeweiligen Verbindung werden über den sogenannten **Data Link Connection Identifier** (**DLCI**) bereitgestellt. Beim Verbindungsaufbau wird die Adresse in eine Folge von DCLIs umgesetzt, die jeweils nur für einen Link lokal eindeutig sind (vgl. Abb. 6.34).

Frame Relay Leitungsparameter. Der Provider eines Frame Relay Netzes stellt dem Kunden eine garantierte, fest vereinbarte Bandbreite (**Committed Information Rate**, **CIR**) zur Verfügung. Ist die Leitung nicht voll ausgenutzt, kann vorübergehend eine höhere Bandbreite genutzt werden, die maximal bis zur verfügbaren Bandbreite der Zugangsleitung (**Access Rate**) ansteigen kann. Zur Bestimmung der Maßgrößen wird die Anzahl der übertragenen Bits B in einem bestimmten vorgegebenen Meßintervall T_C (Commited Time) gemessen. Für die garantierte Bandbreite gilt: $CIR=B_C/T_C$, wobei B_C als Commited Burst Size bezeichnet wird. Wird innerhalb des Meßintervalls T_C eine Bitanzahl $B_C+B_E > B_C$ gemessen, so werden die B_E (Excessed Burst) überzähligen Bits durch das Setzen eines bestimmten Bits, des **DE**-Bits (Discard Eligible) markiert. Ein überlastetes Frame-Relay-Vermittlungssystem kann diese markierten Datenpakete bei Bedarf verwerfen, um die Überlast zu reduzieren (siehe Abb. 6.35). Wird innerhalb des Meßintervalls sogar eine Bitanzahl größer als B_C+B_E gemessen, werden diese

Data Link Connection Identifier (DLCI)

Eine Verbindung in einem Frame Relay Netzwerk (PVC oder SVC) besteht aus einer Reihe von Punkt-zu-Punkt-Verbindungen entlang der Frame-Relay-Vermittlungsstationen und ist durch bestimmte Attribute gekennzeichnet. Eines dieser Attribute besteht aus einer Nummer, die der Verbindung an jeder Frame-Relay-Verbindungsstation zugewiesen wird, nämlich die jeweils lokal gültige **DCLI** (Data Link Connection Identifier). Sie ändert sich für dieselbe Verbindung mit jedem Hop.

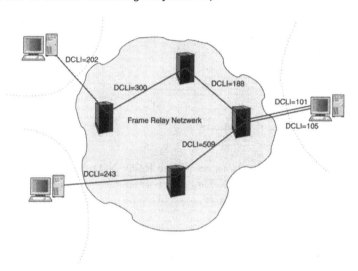

In der Praxis sind DLCIs eigentlich Nummern von Pufferspeichern für die entlang einer Verbindung verschickten Datenpakete. Die DLCI besitzt eine Länge von 10 Bits, womit die Kapazitätsgrenze pro Frame-Relay-Vermittlungsstation auf 1024 mögliche Verbindungen beschränkt wird. Einige DLCIs sind jedoch für spezielle Aufgaben reserviert.

DLCI-Nummer	Verwendungszweck
0	reserviert für Signalisierungszwecke
1–15	reserviert
16–1007	können Frame Relay Verbindungen zugewiesen werden
1008–1018	reserviert
1019–1022	reserviert für Multicast Gruppen
1023	Local Management Interface

Abb. 6.34. Data Link Connection Identifier – DLCI

in der Regel schon beim ersten durchlaufenen Frame Relay Netzwerkknoten des Providers verworfen.
Ein weiteres Mittel zur Lastkontrolle kann über die beiden Steuerbits **FECN** (Forward Explicit Congestion Notification) und **BECN** (Backward Explizit Congestion Notification) erzielt werden. Ein überlasteter Frame Relay Netzwerkknoten kann in durchlaufenden Datenpaketen das FECN-Bit setzen und damit den Empfänger auf die Überlast hinweisen. Datenpakete, die in

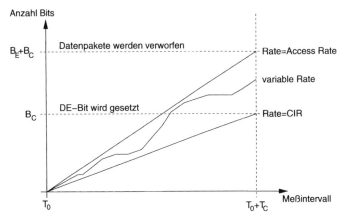

Abb. 6.35. Bestimmung der Datenrate

der Gegenrichtung den überlasteten Frame Relay Netzwerkknoten passieren, können durch Setzen des BECN-Bits den vorgelagerten Netzwerkknoten von der Überlast in Kenntnis setzen (siehe Abb. 6.36).

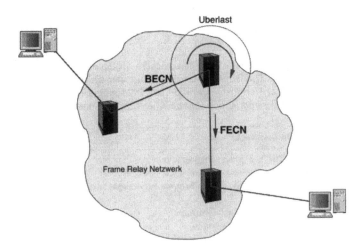

Abb. 6.36. Explicit Congestion Notification

Ein anderer Mechanismus zur Überlaststeuerung, das sogenannte **Consolidated Link Layer Management (CLLM)** wurde von der ANSI und der ITU-T vorgeschlagen. Um die Überlastkontrolle aus dem eigentlichen Nutzdatenverkehr herauszunehmen, wurde eine Außerband-Signalisierung vorgeschlagen. Dazu werden Datenpakete verwendet, die mit einer eigenen, reservierten DLCI (DLCI=1023) gekennzeichnet werden. Diese CLLM-Datenpakete werden von den Frame Relay Netzwerkknoten an die jeweiligen Endgeräte versendet, um den Nutzer über den Zustand der Überlast zu informieren. Diese enthalten jeweils eine Liste derjenigen DLCIs, die aller Wahrscheinlichkeit nach für die Überlast verantwortlich sind. Empfängt ein Nutzer ein CLLM-Datenpaket, sollte er die Datenübertragung zeitweilig unterbrechen, damit die Überlast wieder abgebaut werden kann.

Frame Relay Datenformat. Frame Relay verwendet auf der Sicherungsschicht das Protokoll **LAPF** (Link Access Protocol for Frame Mode Bearer Service, Q.922). LAPF basiert auf dem in ISDN eingesetzten LAPD und damit auch auf HDLC. Seine Aufgaben umfassen die Koordination des Datentransfers und die Signalisierung.

Ein Frame Relay Datenpaket beginnt mit dem von HDLC bereits bekannten Synchronisations-Flag 01111110 (siehe Abb. 6.37). Der Header des Datenpakets enthält einen DLCI und einige Steuerbits und kann dabei 2, 3 bzw. 4 Byte lang sein, je nach Länge des verwendeten DLCI (10, 16 oder 23 Bit), wobei die Standardlänge des DLCI 10 Bit beträgt. Die Bits BECN, FECN und DE dienen der Überlaststeuerung. EA1 kennzeichnet das Ende des Headers, das CR-Bit (Command/Response) wird in Frame Relay nicht genutzt, kann aber von höheren Protokollschichten verwendet werden.

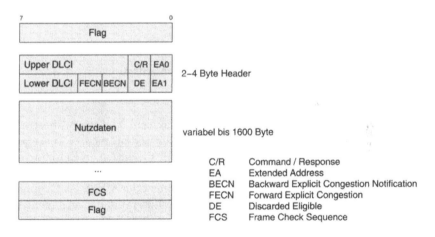

Abb. 6.37. Frame Relay – Datenformat

Frame Relay Multiprotokoll-Fähigkeit. In Datennetzen werden häufig Datenpakete (Protocol Data Units, PDUs) verschiedener Netzwerk-Protokolle transportiert. Die im Netzwerk verwendeten Vermittlungssysteme – Multiprotokoll-Router – müssen in der Lage sein, das jeweils verwendete Protokoll zu erkennen, um die PDUs korrekt weiterverarbeiten zu können. Da der Header des Frame Relay Datenpakets kein Feld für die Identifikation des jeweils verwendeten Protokolls vorsieht, muß der Protokolltyp in der Konfigurationsphase einer Verbindung festgelegt werden. Daraufhin wird das jeweilige Protokoll im Frame Relay Datenpaket gekapselt.

Die Multiprotokoll-Kapselung für Frame Relay wird in RFC 1490 und RFC 2427 spezifiziert. Dort wird festgelegt, auf welche Weise verschiedene Protokolle der Sicherungsschicht und der Netzwerkschicht gekapselt werden. Dazu wird das Frame Relay Datenpaket um vier Felder erweitert (siehe Abb. 6.38), die das vormals ausschließlich für Nutzdaten vorgesehene Feld schmälern.

Beim ersten Feld (**Q.922 Control**) handelt es sich um ein UI-Feld (Unnumbered Information), das mit dem Wert 03H belegt und mit Hilfe von Padding-Bits (jeweils Null) auf zwei volle Bytes aufgefüllt wird. Im darauffolgenden Feld (**NLPID**) (Network Layer Protocol ID) wird das jeweils gekapselte Netzwerkprotokoll benannt. Die Kodierungen für die jeweils zu kapselnden Protokollvarianten sind in der Norm ISO/IEC 9577 festgelegt (siehe Tabelle 6.4 und Abb. 6.38).

Tabelle 6.4. Multiprotokoll-Kapselung für Frame Relay über NLPID

NLPID	Protokoll
0x08	Festlegung benutzerdefinierter Formate gemäß Q.933 (z.B. ISO8208, SNA, etc.)
0x80	SNAP-Format (Subnet Access Protocol)
0x81	CLNP Format (Connectionless Network Protocol)
0x82	ISO ES-IS (End System to Intermediate System)
0x83	ISO IS-IS (Intermediate System to Intermediate System)

Frame Relay Multicast. Auch bei Frame Relay sind Multicast-Übertragungen an mehrere Teilnehmer vorgesehen. Dabei werden mehrere permanente virtuelle Verbindungen (PVC) gleichzeitig für die einzelnen Empfänger verwendet. Wenn ein Frame Relay Netzwerkknoten ein Multicast-Datenpaket empfängt, muß er es replizieren und an alle Teilnehmer der Multicast-Gruppe weiterleiten, die sich zuvor beim Frame Relay Netzwerkknoten angemeldet haben müssen. Zu diesem Zweck wird in alle replizierten Datenpakete der betreffende DLCI eingetragen. Die eigentliche Verteilung über das gesamte Frame Relay Netzwerk übernehmen spezielle **Multicast-Server**.

Das Frame Relay Forum, eine Instanz, die für die Weiterentwicklung von Frame Relay verantwortlich zeichnet, stellt drei verschiedene Multicast-Lösungen zur Auswahl:

- **Einweg-Multicast**
  Hier gibt es nur einen dedizierten Sender. Alle anderen Teilnehmer derartiger Multicast-Gruppen können lediglich Daten von diesem einen Sender im Rahmen der Multicast-Übertragung empfangen. Ein regulärer Datenverkehr zwischen dem Sender und den einzelnen Gruppenmitgliedern ist

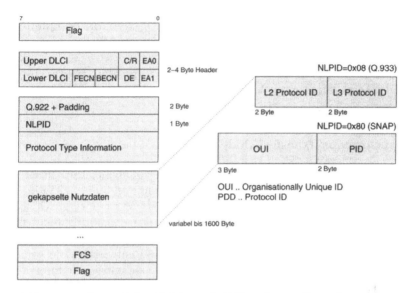

Abb. 6.38. Frame-Relay Multiprotokoll-Kapselung – Datenformat

weiterhin möglich. Eine mögliche Anwendung für diese Technik ist z.B. Teleteaching ohne Feedback-Kanal.

- **Zweiweg-Multicast**
  Bei dieser Variante gibt es einen Sender und mehrere Empfänger. Jeder dieser Empfänger verfügt über einen Rückkanal zum Sender. Allerdings sind bei dieser Variante keine regulären Übertragungen zwischen dem dedizierten Sender und einzelnen Teilnehmern der Multicast-Gruppe möglich. Eine mögliche Anwendung für diese Technik ist z.B. Teleteaching mit interaktiver Beteiligung der Studenten.

- **N-Weg-Multicast**
  Bei dieser Variante kann jeder Teilnehmer der Multicast-Gruppe sowohl Sender als auch Empfänger sein. Jedes innerhalb dieser Gruppe gesendete Datenpaket wird jedem anderen Gruppenteilnehmer zugesandt. Eine mögliche Anwendung dieser Technik ist eine Konferenzschaltung zwischen allen Mitgliedern der Multicast-Gruppe.

6.5 Hochgeschwindigkeitsnetzwerke

Die bislang besprochenen WAN-Technologien eignen sich aufgrund ihrer Bandbreite und der verfügbaren Dienstgüte nicht für die Übertragung von Echtzeit Multimediadaten. Zu diesem Zweck werden breitbandige Technologien gebraucht, die eine annähernd konstante Verzögerung der übertragenen Daten bieten, damit auch eine Übertragung von Audio- und Video-Daten in Echtzeit erfolgen kann. Neben **ATM** (Asynchroneous Transfer Mode), das auf einem asynchronen Zeitmultiplexverfahren basiert, und **Distributed Queue Dual Bus** (**DQDB**), das vorwiegend im MAN-Bereich zum Einsatz kommt, hat sich im Bereich der Hochgeschwindigkeits-Weitverkehrsnetze die Technik der sogenannten **plesiochronen** und **synchronen digitalen Hierarchie** (**PDH** und **SDH**) durchsetzen können, die in den folgenden Abschnitten behandelt wird.

6.5.1 Asynchronous Transfer Mode – ATM

Bei ISDN wird eine Integration unterschiedlicher Telekommunikationsdienste wie Telefon, Datenkommunikation und die Übertragung von Bild- und Videoinformation angestrebt. Allerdings bietet der ISDN-Dienst nur vergleichbar niedrige Bandbreiten. In Fortentwicklung dieser Technologie und zur weiteren Integration von Video- und Multimediainformation innerhalb eines einheitlichen Netzwerks wurde **B-ISDN** (Broadband ISDN) entwickelt. Die Nutzung moderner Glasfasertechologie ermöglicht dabei eine universelle Integration multimedialer Information und bietet gegenüber einzelnen, spezialisierten Netzwerken den Vorteil, daß bei Bedarf ein Lastausgleich zwischen den unterschiedlichen Diensten vorgenommen werden kann.

B-ISDN setzt dabei auf die **ATM**-Datenübertragungstechnologie auf (Asynchronous Transfer Mode). Die ATM-Basistechnologie wurde bereits im Abschnitt 5.4.5 „Local Area Networks" ausführlich dargestellt. ATM wird vor allem auch dann interessant, wenn es um eine Koppelung von WANs oder LANs untereinander, also um das **Internetworking** geht. In Kapitel 7 wird auf die besondere Rolle, die ATM in diesem Zusammenhang spielt, noch näher eingegangen.

6.5.2 Distributed Queue Dual Bus – DQDB

Das als DQDB bezeichnete Technologiekonzept war ursprünglich für MANs (Metropolitan Area Networks) vorgesehen und steht mit seiner möglichen Ausdehnung von einigen hundert Kilometern an der Grenze zum eigentlichen WAN. Ebenso wie ISDN oder ATM ermöglicht DQDB die Integration unterschiedlicher Dienste, wie etwa Sprache, Video- oder Datenkommunikation, und gewährleistet eine Hochgeschwindigkeitsübertragung digitaler Daten über eine weiträumige geografische Fläche. Ein MAN besteht in der Regel aus mehreren DQDB Subnetzwerken, die untereinander über Bridges, Router oder Gateways verbunden sind, so daß durch diese Zusammenschaltung letztendlich weitaus größere Regionen abgedeckt werden können.

Das DQDB-Zugriffsverfahren beruht auf einer statistischen Multiplextechnik, wobei sich alle Benutzer des Netzwerks das vorhandene Übertragungsmedium teilen, d.h. die Übertragung erfolgt über ein sogenanntes **Shared Medium**. Dabei ist diese Zugriffstechnologie in der Lage, nicht nur asynchrone Datenströme zu transportieren, wie sie in der Inter-LAN-Kommunikation auftreten,

sondern sieht zusätzlich die Möglichkeit der Übertragung isochroner Datenströme vor, wie sie bei Video- und Audioübertragungen entstehen.
DQDB ist zusammen mit anderen LAN-Standards wie Ethernet oder Token Ring in der IEEE 802 Norm für Zugriffsverfahren auf ein Shared Medium als **IEEE 802.6** spezifiziert. Dabei unterteilt IEEE 802.6 das DQDB-Verfahren in zwei Schichten:

- Der **Physical Layer**, hier wird keine spezielle Technologie vorgeschrieben, und
- der **DQDB Layer**, der im unteren Bereich der Sicherungsschicht des TCP/IP-Protokollstapels angesiedelt ist und den **MAC Layer** (Medium Access Layer) beschreibt.

DQDB ist in die IEEE 802 Hierarchie eingebettet und verwendet die in IEEE 802.2 spezifizierte **LLC** (Logical Link Control) für das Verbindungsmanagement, sowie das darüberliegende IEEE 802.1 **HLI** (Higher Layer Interface). IEEE 802.6 definiert für DQDB drei verschiedene Dienstqualitäten (siehe auch Abb. 6.39):

- Einen **verbindungslosen Dienst** (Connectionless Service), der ähnlich wie im LAN den Übergang von MAC nach LLC regelt und für DQDB die Funktionalität der Sicherungsschicht bereitstellt.
- Einen **verbindungsorientierten Dienst** (Connection Oriented Service), der einen asynchronen Transport von Daten über virtuelle Kanäle ermöglicht, aber keinerlei Garantien bzgl. der Wartezeiten innerhalb einer Übertragung bietet und somit nicht für die Übertragung von Live-Video- und -Audio-Daten verwendet werden kann.
- Der **isochrone Transportdienst** (Isochronous Service), der einen Datentransport mit einer konstanten Datenrate und konstanten Wartezyklen während einer Übertragung ermöglicht, und somit für die Übertragung von Live-Video- und -Audio-Daten geeignet ist.

In der Praxis hat nur der auf dem isochronen Synchronisationsmechanismus basierte Dienst Bedeutung erlangt. Um diesen Dienst benutzen zu können, muß vorab ein Verbindungsaufbau zwischen den beteiligten DQDB-Netzwerkknoten erfolgen zur Einrichtung eines virtuellen Kanals zwischen Sender und Empfänger.
Von der Topologie her betrachtet, besteht ein DQDB-Netz aus zwei gegenläufigen, unidirektionalen Bussen A und B. Jeder angeschlossene Rechner kann auf beiden Bussen senden und empfangen, es besteht also eine bidirektionale Verbindung zwischen den angeschlossenen Rechnern. Der Rechner am jeweiligen Kopfende des Busses wird auch als **Head of Bus** (HOB) bezeichnet (siehe Abb. 6.40). Die HOBs der beiden Busse können dabei entweder zwei verschiedene Rechner sein (**Open Dual Bus Topology**) oder die Busse können einen Ring bilden und die HOBs auf demselben Rechner installiert sein (**Looped Dual Bus Topology**). Die HOBs dienen als Paketgenerato-

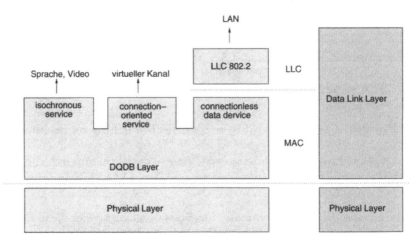

Abb. 6.39. Distributed Queued Dual Bus – DQDB

ren und erzeugen jeweils freie Slots (Zellen) einer Länge von 53 Byte (Header 5 Byte, Nutzdaten 48 Byte).

Prinzipiell werden dabei **PA**-Zellen (Prearbitrated) für isochronen Datenverkehr und **QA**-Zellen (Queued Arbitrated Access) für asynchronen Datenverkehr unterschieden. Um die Möglichkeit des isochronen Datenverkehrs zu nutzen, muß zuerst eine eindeutige Kanal-Identifikation (VCI, Virtual Channel Identifier) durch das Netzwerkmanagement für jeden isochronen Kanal festgelegt werden. Der HOB-Rechner generiert dann periodisch freie PA-Zellen für den Kanal mit dieser Nummer, um die strikten Zeitbedingungen für den isochronen Datenverkehr zu erfüllen. Die am DQDB angeschlossenen Rechner können diese PA-Zellen für ihren jeweiligen isochronen Datenverkehr nutzen. Für asynchronen Datenverkehr wird ein verteiltes Warteschlangenprotokoll (Distributed Queuing Protocol) verwendet. Dabei müssen bei einem Zugriff auf QA-Zellen folgende Regeln beachtet werden:

- Ein Endsystem darf eine vorbeikommende leere Zelle belegen, sofern keine Reservierung vorliegt.
- Ein „stromabwärts" gelegenes Endsystem kann einem „stromaufwärts" gelegenen Endsystem Reservierungen auf dem entgegengesetzten Bus zukommen lassen.
- Jedes Endsystem läßt so viele leere Zellen passieren, wie Reservierungen vorliegen.

Die Implementierung dieses verteilten Warteschlangensystems erfolgt über eine bitgesteuerte Zugriffsregelung. Das **R-Bit** (Reservation, Request) kennzeichnet den Reservierungswunsch für eine Zelle in der Gegenrichtung, und das **B-Bit** (Busy) kennzeichnet eine bereits belegte Zelle. Für die Steuerung auf Bus A werden die B-Bits von Bus A und die R-Bits von Bus B verwendet, für die Steuerung auf Bus B gilt das Umgekehrte. So wird für jeden Bus eine

6.5 Hochgeschwindigkeitsnetzwerke 441

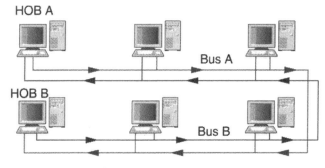

(a) Open Dual Loop Topology

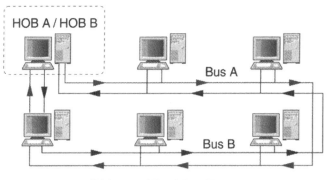

(b) Looped Dual Bus Topology

Abb. 6.40. DQDB – Topologievarianten: (a) Open Dual Loop Topology, (b) Looped Dual Bus Topology

verteilte Warteschlange definiert. Jedes Endsystem verfügt über zwei Zähler für jeden Bus: **RC** (Request Counter) und **CC** (Count-Down Counter). Betrachten wir die Arbeitsweise des Zugriffsalgorithmus auf Bus A (für Bus B erfolgt der Zugriff in umgekehrter Weise). RC wird durch R-Bits, die auf Bus B das Endsystem passieren, inkrementiert. Der jeweils aktuelle Zählerstand von RC gibt an, wieviele Request stromaufwärts auf Bus B anstehen. Freie Zellen auf Bus A (B-Bit=0) dekrementieren den Zähler RC. Besteht von Seiten des Endsystems eine Sendebereitschaft, wird RC zuerst nach CC kopiert und RC=0 gesetzt. RC wird, wie eben beschrieben, weiter inkrementiert und dekrementiert, während CC mit jeder auf Bus A durchlaufenden freien Zelle dekrementiert wird. Sobald CC den Wert Null erreicht hat, darf das Endsystem senden. Mit Hilfe dieses verteilten Warteschlangenalgorithmus wird ein **deterministischer, kollisionsfreier Zugriff** für das Endsystem auf dem Bus A gewährleistet (siehe Abb. 6.41).
Das in DQDB verwendete Datenformat entspricht in seinem Aufbau prinzipiell dem in ATM verwendeten Datenformat, weshalb eine Koppelung dieser

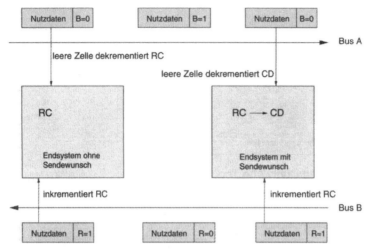

Abb. 6.41. DQDB – Zugriffsverfahren

beiden Technologien nur mit wenig Aufwand verbunden ist. Eine DQDB-Zelle besitzt eine konstante Länge von 53 Byte, aufgeteilt in einen fünf Byte langen Header und 48 Byte Nutzdaten (siehe Abb. 6.42). Das erste Byte des Headers wird als **ACF**-Feld bezeichnet (Access Control Field) und enthält das B-Bit und ein SL-Bit, das den Zellentyp (PA oder QA) anzeigt. Nach einem reservierten Bereich von zwei Bit Länge folgt das insgesamt vier Bit umfassende Feld für das R-Bit, das eine Prioritätsangabe enthält. Die nachfolgenden 4 Byte beinhalten die sogenannten Segment Header. Dazu zählen der 20 Bit lange VCI, der den jeweiligen Sendekanal identifiziert, der Payload Type (2 Bit), eine Segment Priorität (2 Bit) und eine zugehörige Segment Header Checksumme (8 Bit CRC-Prüfsumme, basierend auf dem Polynom x^8+x^2+x+1).

Verglichen mit anderen Technologien des LAN-Segments, weist DQDB eine hohe Bandbreite und eine wesentlich größere mögliche Netzausdehnung auf. Im Gegensatz zu Ethernet, das ebenfalls auf einer Bustopologie beruht, können bei DQDB keine Kollisionen mehr auftreten und gegenüber Token Ring sind die Wartezeiten beim Medienzugriff reduziert. Asynchrone und isochrone Verbindungen sind in DQDB gleichzeitig möglich und die vorhandene Bandbreite kann jederzeit dynamisch zwischen diesen aufgeteilt werden. Eine ringförmige Anordnung des Doppelbusses bietet zudem die Möglichkeit, bei einer Leitungsunterbrechung die Fehlstelle zu umschleifen und diese als neue „Endstellen" des Doppelbussen anzusehen. Mit zunehmender Anzahl von Endsystemen, die an den Doppelbus angeschlossen werden, wächst allerdings die Wartezeit für den Zugriff auf das Übertragungsmedium. Um ein DQDB-Netzwerk über seine vorgegebene Begrenzung hinaus zu erweitern, müssen mehrere DQDB-Netze über geeignete Vermittlungssysteme zusammengeschlossen werden.

6.5 Hochgeschwindigkeitsnetzwerke   443

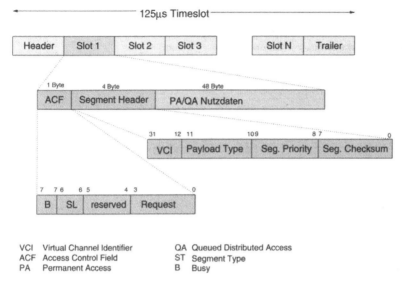

Abb. 6.42. DQDB – Datenformat

Auf der DQDB-Technologie basiert **SMDS (Switched Multi-Megabit/ Metropolitan Data Service)**, ein Breitbank-Kommunikationsdienst, der ausschließlich für den asynchronen Transport von Daten vorgesehen ist. In Deutschland bietet die Telekom seit 1994 einen SMDS-Dienst unter der Bezeichnung **Datex-M** an. Das Datex-M-Netz wird mit einer Bandbreite von 34 Mbps betrieben und bietet seinen Benutzern Datenkanäle von 64 kbps bis 25 Mbps an. Eine der primären Anwendungsgebiete des Datex-M Dienstes ist die temporäre Koppelung entfernter LANs.

6.5.3 Plesiochrone Digital Hierarchy – PDH

Die Plesiochrone Digital Hierarchy stellt ein synchrones Zeitmultiplexverfahren dar, das Signale aus unterschiedlichen Quellen über ein gemeinsames Medium überträgt. PDH findet in der Übertragung von Sprache und digitalen Daten, wie z.B. bei ISDN Anwendung. Die Standardisierung von PDH fand bereits 1972 durch die ITU-T/CCITT statt, wobei für die Regionen Nordamerika, Europa und Japan unterschiedliche Bitraten festgelegt wurden (siehe Tabelle 6.5). Die Bezeichnung **Tx** bzw. **Ex** und **DSx** charakterisiert Hierarchiestufe und Bandbreite, wobei sich Tx (Ex) auf das Übertragungssystem und DSx auf das Multiplexsignal bezieht.
Digitale Signalmupliplexer (DSMX), die einzelne Kanäle zusammenfassen und auf einer höheren Hierarchiestufe gebündelt weitergeben, dienen dabei als Bindeglied für den Aufbau der PDH-Hierarchie (siehe Abb. 6.43). Der Name rührt daher, daß bei diesem Verfahren die Bandbreiten der einzelnen Kanäle nicht exakt gleich, sondern nur näherungsweise gleich sind

444 6. Datentransfer bis ans andere Ende der Welt – WAN-Technologien

Tabelle 6.5. Bandbreiten in kbps der Plesiochronen Digitalen Hierarchie in kbps

Hierarchie	Nordamerika		Europa		Japan
T0		64		64	64
T1	DS1	1.544	E1	2.048	1.544
T2	DS2	6.312	E2	8.048	6.312
T3	DS3	44.736	E3	34.368	32.064
T4	DS4	274.176	E4	139.264	97.728
T5			E5	564.992	397.200

(plesios=[griech.]nahe, nahezu). Dies rührt daher, daß jeder der an verschiedenen Orten installierten DSMX über eine eigene takterzeugende Systemuhr verfügt und diese nicht perfekt synchronisiert werden können. Um die Unterschiede der einzelnen Kanäle auszugleichen und um dafür zu sorgen, daß bei der jeweiligen Taktanpassung keine Nutzdaten verloren gehen, wird die Technik des sogenannten **Bitstopfens** (Bit Stuffing) angewendet.

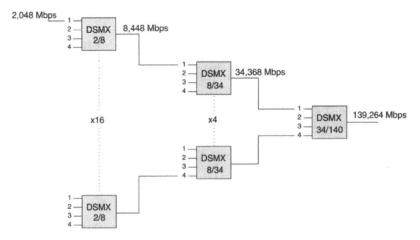

Abb. 6.43. PDH – DSMX Hierarchie

Bandbreiten und elektrische, wie physikalische Spezifikationen zur Übertragung sind in den ITU-T/CCITT Empfehlungen G.702 und G.703 definiert. Die spezifizierten Bandbreiten sind jeweils Vielfache von 64 kbps (T1 in Nordamerika 24 Kanäle mit je 64 kbps, Europa 32 Kanäle mit je 64 kbps).
Die Datenpakete in PDH folgen einem sehr einfachen Aufbau (siehe Abb. 6.44). Beim E1-Datenpaket werden jeweils 8 Bit der 32 Kanäle nacheinander innerhalb eines Zeitfensters von 125 μs übertragen. Daraus ergibt sich für E1 eine Bandbreite von 2,048 Mbps. Kanal 0 und Kanal 16 stehen bei der Übertragung nicht für Nutzdaten zur Verfügung. In Kanal 0 wird abwechselnd ein Datenpaket-Kennwort (dabei handelt es sich um ein Synchronisa-

tionsbitmuster zusammen mit einer Fehlerüberprüfungsinformation) und ein Datenpaket-Meldewort (für Fehlermanagementinformationen) gesendet. Kanal 16 dient dem Transport von Signalinformationen. Die Signalkodierung erfolgt nach dem **HDB3-Code**. Beim HDB3-Code (**High Density Bipolar**) handelt es sich um eine Form der **AMI**-Kodierung, bei der nach drei logischen Nullen die nächste Null in eine logische Eins umgewandelt wird (siehe Abb. 6.45). Als Übertragungsmedium werden Koaxialkabel oder verdrillte Zweidrahtleitungen verwendet mit Spannungspegeln auf der Senderseite von ± 2,37 Volt.

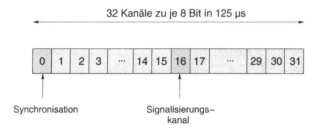

Abb. 6.44. PDH – E1-Datenpaket

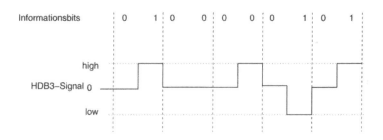

Abb. 6.45. PDH – HDB3-Kodierung

Die Datenpakete der höheren Hierarchiestufen (E2-E5) werden vermöge eines Signalmultiplexing gebildet, indem vier Datenpakete der darunterliegenden Hierarchiestufe zusammengefaßt werden. Die Datenpakete können jedoch aus unterschiedlichen Teilnetzen stammen und daher bzgl. der Bandbreite Toleranzen aufweisen, die durch **Bitstopfen** ausgeglichen werden.

Man unterscheidet drei Verfahren des Bitstopfens:
- Beim **Positiv-Stopfverfahren** wird der Pufferspeicher des Multiplexers, der die Datenpakete zusammensetzt, schneller gelesen als beschrieben. Je nach Füllstand des Pufferspeichers wird das Einlesen an bestimmten Stellen unterbrochen (**Stopfstellen**) und ein **Stopfbit** eingefügt. Beim Demultiplexen auf Empfängerseite wird der Empfänger durch Stopfinformationsbits (siehe Abb. 6.46 am Beispiel des E3-Datenpakets) darüber informiert, ob Stopfbits eingefügt wurden, oder ob es sich an den entsprechenden Stellen um Nutzdaten handelt.
- Beim **Negativ-Stopfverfahren** wird der Pufferspeicher des Multiplexers langsamer gelesen als beschrieben. Je nach Füllstand des Pufferspeichers werden hier vorhandene Stopfbits durch Informationsbits ersetzt.
- Das **Positiv-Null-Negativ-Stopfverfahren** sieht in den Datenpaketen jeweils negative und positive Stopfstellen vor.

Das **E3-Datenpaket** (siehe Abb. 6.46) zum Beispiel beginnt mit einer Identifikation des Datenpaketanfangs (Frame Alignment) von 10 Bit Länge. Bit 11 dient der Übermittlung von Alarmsignalen, während Bit 12 der jeweiligen nationalen Verwendung unterliegt. **C1, C2, C3** stellen jeweils Stopfinformationsbits dar. Die Interpretation der Stopfinformationsbits erfolgt spaltenweise. Gilt C1=C2=C3=0 in der ersten Spalte, so ist das erste Stopfbit (4. Zeile, 5. Spalte) tatsächlich ein Stopfbit, anderenfalls (C1=C2=C3=1) handelt es sich um ein Nutzbit. So sind die Spalten 1 – 4 den Stopfbits 1 – 4 zugeordnet.

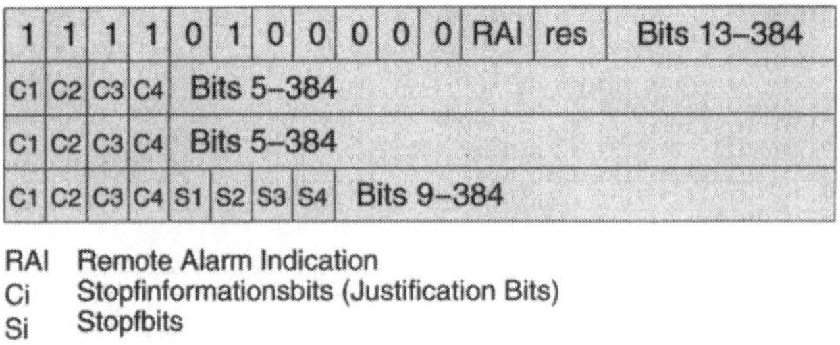

1	1	1	1	0	1	0	0	0	0	RAI	res	Bits 13–384
C1	C2	C3	C4	Bits 5–384									
C1	C2	C3	C4	Bits 5–384									
C1	C2	C3	C4	S1	S2	S3	S4	Bits 9–384				

RAI Remote Alarm Indication
Ci   Stopfinformationsbits (Justification Bits)
Si   Stopfbits

Abb. 6.46. PDH – E3-Datenpaket

Bedingt durch die nur nahezu synchrone Arbeitsweise von PDH und den durch die eigenständige DSMX Taktung hervorgerufenen Schwankungen, eignet sich PDH für Bandbreiten oberhalb 100 Mbps nur bedingt. Ein weiterer Nachteil von PDH liegt darin begründet, daß der Zugriff auf ein E1-Einzelsignal aus einem hoch-aggregierten Signal aus der Spitze der PDH-Hierarchie ein komplettes Demultiplexing des aggregierten Datenstroms erfordert, das sich in der Praxis als sehr aufwendig erweist. Daher lag die Entwicklung einer echten, synchronen Signalisierungshierarchie (SDH, Synchronous Digital Hierarchy) nahe, um höhere Bandbreiten bei gleichzeitig einfacherer Zugriffstechnologie zu ermöglichen.

6.5.4 Synchronous Digital Hierarchy – SDH, SONET

Bei der als Synchrone Digitale Hierarchie (SDH) bezeichneten Übertragungstechnik handelt es sich um ein synchrones Multiplexverfahren, das speziell für die Datenübertragung über Lichtwellenleiter und Richtfunk entwickelt wurde. Zu Beginn der Entwicklung der Glasfaserübertragungstechnik arbeitete jede Telekommunikationsfirma, die sich an dieser Entwicklung beteiligte, mit eigenen, proprietären Multiplexverfahren. Erst als die Netze eine größere Ausdehnung erlangten und die Notwendigkeit des Zusammenschlusses unterschiedlicher Glasfasernetze immer mehr in den Vordergrund drängte, mußte ein Weg zur Standardisierung in diesem Bereich gefunden werden. 1985 begannen Bellcoe und AT&T die Entwicklung von **SONET** (Synchronous Optical Network), das von der US-amerikanischen ANSI als Standard übernommen wurde. Ein Großteil des Telefonverkehrs in den USA wird auf Basis von SONET abgehandelt. Auch die ITU-T/CCITT Empfehlungen für die Synchrone Digitale Hierarchie (SDH) orientieren sich am SONET-Standard. Beide Systeme sind kompatibel und die Unterschiede zwischen ihnen sind gering.

Da PDH für Breitbandübertragungen oberhalb von 100 Mbps nur bedingt geeignet ist, wurde SDH als Basis für den Breitband-ISDN Dienst (**B-ISDN**) gewählt. Ebenso wie PDH umfaßt SDH eine ganze Multiplex-Hierarchie mit unterschiedlichen Bandbreiten von 155 Mbps (STM-1) bis derzeit 40 Gbps (STM-256). Im Gegensatz zu PDH erfolgt die Taktung der einzelnen Subnetze und der eingesetzten Multiplexer strikt synchron und steht zueinander stets in einem ganzzahligen Verhältnis. Die Taktung erfolgt über eine zentrale Masterclock. Bei dennoch auftretenden Phasenverschiebungen zwischen einzelnen, miteinander gekoppelten Teilnetzen, werden Daten über entsprechende, anzupassende Pointer adressiert.

Der Datenübertragung in SDH liegt ein einfaches Prinzip zu Grunde: Einzelne Datenströme aus n unterschiedlichen Quellen mit der Bandbreite B werden mit einem synchronen Multiplexverfahren zu einem einzigen Datenstrom mit einer Bandbreite von n·B zusammengefaßt. So ist es möglich, ein Multiplex-Signal der n+1-ten Hierarchiestufe direkt aus den Signalen aller darunterliegenden Hierarchiestufen 1,2,3,...,n zu bilden. Ebenso kann, im Gegensatz zu PDH, ein Signal einer niedrigen Hierarchiestufe direkt und auf einfache Weise aus dem Datenpaket einer höheren Hierarchiestufe herausgelöst werden. SDH erlaubt ebenfalls den Transport von ATM-Zellen oder PDH-Multiplex-Signalen (**Cross Connect**). Tabelle 6.6 stellt die SDH-Hierarchiestufen (STM-x, Synchronous Transfer Modul) dar und setzt sie mit den jeweiligen SONET-Hierarchiestufen (STS-x, Synchronous Transfer Signal (Kupferkabel) oder OC-x, Optical Carrier) in Beziehung. Verwendet werden in der Praxis hauptsächlich STM-1 (Synchronous Transfer Modul 1), STM-4, STM-16 und STM-64, wobei jeweils 5 % der Bandbreite für Steuer- und Kontrollinformationen reserviert werden

Tabelle 6.6. SDH- und SONET-Hierarchiestufen in Mbps

SDH	Bandbreite	SONET
STM-0	51,84	STS-1 / OC-1
STM-1	155,52	STS-3 / OC-3
STM-2	207,36	–
STM-3	466,56	STS-9 / OC-9
STM-4	622,08	STS-12 / OC-12
STM-6	933,12	STS-18 / OC-18
STM-8	1.244,16	STS-24 / OC-24
–	1.866,24	STS-36 / OC-36
STM-16	2.488,32	STS-48 / OC-48
STM-32	4.976,64	STS-96 / OC-96
STM-64	9.953,28	STS-192 / OC-192

SDH bietet die Funktionalität der physikalischen Schicht des Kommunikationsprotokoll-Schichtenmodells, die hier in vier einzelne Teilschichten untergliedert ist (vgl. Abb. 6.47):

- **Physikalisches Interface**: Spezifiziert die technischen Parameter der jeweils verwendeten Übertragungstechnik (Glasfaser, Richtfunk oder Satellitenlink).
- **Regenerator Section**: Dient der Auffrischung der gedämpften und verzerrten Signale bzgl. Takt und Amplitude.
- **Multiplex Section**: Spezifiziert die Bündelung von plesiochronen und/oder synchronen Signalen zu hochbandbreitigen SDH-Datenströmen sowie den umgekehrten Prozeß der Auskoppelung einzelner Signale aus einem aggregierten SDH-Datenstrom.
- **Virtuelle Container (VC)**: Nutzdaten werden in Containern transportiert, VC-4 regelt dabei das Ein-/Auskoppeln (Mapping) von 140 Mbps-Signalen, VC-12 das Mapping von 2 Mbps-Signalen.

Entsprechend der SDH-Definition werden die folgenden Elemente (Network Elements) im SDH-Netzwerk unterschieden:

- **Terminal Multiplexer (TM)** ermöglichen den Zugang eines Endsystems zum SDH-Netzwerk und fassen mehrere eingehende Signale zu einer SDH-Hierarchiestufe zusammen. Dazu verfügen die TMs über mehrere plesiochrone oder synchrone Schnittstellen für Endsysteme, sowie ein bzw. zwei synchrone Schnittstellen zum eigentlichen SDH-Netzwerk.
- Zur Verstärkung der optischen Signale entlang von SDH-Übertragungsstrecken dienen sogenannte **Regeneratoren (REG)**.
- Ähnlich wie die TMs arbeiten die sogenannten **Add-Drop-Multiplexer (ADM)**. Mit ihnen können einzelne Kanäle aus dem Multiplex-Datenstrom auf einfache Weise herausgefiltert bzw. wieder eingefügt werden.

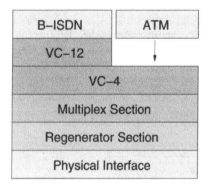

Abb. 6.47. SDH im Schichtenmodell (vereinfachtes Beispiel)

- Als Vermittlungselemente dienen sogenannte **Digital Cross Connect Systeme (DXC)**. Diese können einzelne Kanäle zwischen verschiedenen Ein- und Ausgangsleitungen schalten und regeln die Flußsteuerung im SDH-Netzwerk.

Abb. 6.48 gibt ein Beispiel für die Kombination von SDH-Netzelementen.

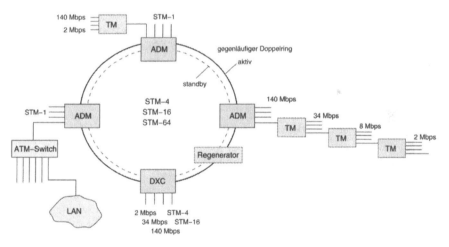

Abb. 6.48. SDH – Aufbau einer SDH-Ringstruktur

SDH-Primärnetze basieren in der Regel auf einem Doppelring, wobei im normalen Betrieb lediglich ein Ring betrieben wird und der zweite als kalte Reserve für den Fall einer Störung bereitsteht. Durch Einsatz eines DCS können einzelne Ringe gekoppelt werden.

Die Struktur der **Datenpakete** in SDH ist geteilt in einen Nutzdatenanteil und in einen Anteil für Steuer- und Kontrollinformationen (RSOH, Repeater Section Overhead und MSOH, Multiplexer Section Overhead). Dabei werden

Datenpakete einer höheren Hierarchieordnung stets durch das Multiplexen entsprechend vieler Datenpakete der jeweils darunter liegenden Hierarchiestufe gebildet. Abb. 6.49 zeigt den schematischen Aufbau eines STM-1 Datenpakets. Das STM-1 Datenpaket besteht aus 9 Zeilen und wird zeilenweise von links oben nach rechts unten gesendet. Die im Overhead-Teil (die ersten 9×9 Oktetts) enthaltenen AU-Pointer zeigen dabei auf die Positionen der jeweiligen Virtual Container innerhalb der Nutzinformation.

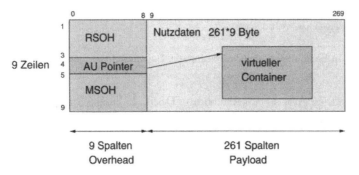

Abb. 6.49. SDH – STM-1 Datenformat

Virtuelle Container sind im STM-x Datenpaket nicht an vorgegebene Paketgrenzen gebunden. Durch eventuell auftretende Phasenverschiebungen kann eine Anpassung der AU-Pointer bei einem verschobenen virtuellen Container notwendig werden.

6.6 Zugang zum WAN

Der normale Endbenutzer verfügt in der Regel oft nicht über einen dedizierten WAN-Zugang. Ein direkter Zugang an ein schnelles Weitverkehrsnetz ist meist nur Unternehmen und wissenschaftlichen oder militärischen Einrichtungen vorbehalten, die diesen Zugang über speziell angemietete Leitungen erreichen. Wer nicht über einen direkten WAN-Zugang verfügt, gelangt über ein spezielles **Zugangsnetzwerk** (Access Network) in Verbindung mit dem eigentlichen Netz. Dieses Zugangsnetzwerk muß dabei so ausgelegt sein, daß es ebenso wie das eigentliche Netzwerk die Integration unterschiedlicher Dienste und Anwendungen gestattet und für zukünftige Erweiterungen bzgl. der angebotenen Funktionalität offen bleibt. Ein derart erweiterbares Netzwerk wird auch als **Full Service Network** (FSN) bezeichnet.
Grundsätzlich unterscheidet man bei Zugangsnetzwerken zwischen:

- **Leitungsgebundene Zugangsnetzwerke**
  Zu dieser Kategorie zählen z.B. das reguläre analoge **Telefonnetz** oder auch **ISDN**, wobei diese lediglich schmale Bandbreiten von bis zu 128

kbps (2-Kanal ISDN) zulassen. Höhere Bandbreiten sind erst mit Übertragungstechniken wie **xDSL** möglich. Meist erfolgt der Zugang derzeit noch über symmetrisches Kupferkabel, während Zugänge direkt über Lichtwellenleiter bereits erste Verbreitung finden und in Zukunft sicher vorherrschen werden. Die Kabelfernsehnetze können ebenfalls als Zugangsnetzwerk eingesetzt werden, sofern sie über einen geeigneten Rückkanal verfügen. Andere Anbieter setzen auf die Nutzung der bereits vorhandenen Stromnetze.

- **Leitungsungebundene Zugangsnetzwerke**
  Hierzu zählen Zugänge über **Mobilfunk** oder **Richtfunk**. Satellitenkommunikationsverbindungen erlangen ebenfalls zunehmend an Bedeutung, während eine rein optische Übertragung über Laser sich nur für kurze Distanzen nutzen läßt.

Oft bietet das Zugangsnetzwerk keinen symmetrischen Zugang für den Endbenutzer, d.h. die Kommunikation in Richtung vom Netzwerk zum Endbenutzer (**downstream**) ist meist mit einer höheren Bandbreite möglich als die umgekehrte Richtung vom Endbenutzer zum Netzwerk (**upstream**).

6.6.1 Schnittstellen für Datenendgeräte

Der Zugang über das Zugangsnetzwerk zum WAN erfordert genormte Verbindungsschnittstellen (**Interchange Circuits**), da oft Geräte unterschiedlicher Hersteller miteinander verbunden werden müssen. Die Normung der Schnittstellen umfaßt dabei die Festlegung sowohl von mechanischen (Steckverbindung) als auch elektrischen Eigenschaften, bis hin zur Festlegung von Kommunikationsprotokollen. Entsprechende Standards wurden von der ITU-T/CCITT, sowie von der EIA/TIA (Electronic Industry Association/Telecommunication Industry Association) festgelegt. Die wichtigsten unter ihnen sind in Abb. 6.50 festgehalten.

- **V.24 und RS-232**
  Die nach ITU-T V.24 definierte Verbindungsschnittstelle entspricht der EIA/TIA-Spezifikation RS-232, die ebenfalls in der deutschen DIN 66020/1 definiert ist. Sie ist weit verbreitet und gestattet eine maximale Bandbreite von 20 kbps bei einer zu überbrückenden Distanz von maximal 15 m. Kleinere Distanzen können mit einer deutlich höheren Bandbreite überbrückt werden.
  Während V.24 die logische Definition der Schnittstellenleitungen beinhaltet, werden die elektrischen und mechanischen Eigenschaften dieser Schnittstelle in der Norm V.28 beschrieben. Dabei legt eine Spannung von weniger als -3 V eine logische Null fest und eine Spannung ab +4 V eine logische Eins, wobei sich der Spannungspegel zwischen ±15 V bewegen darf.
  Die zugehörige Steckverbindung wird als DB-25 Steckverbindung bezeichnet (ISO 2110), da sie über 25 einzelne Leiter verfügt. Von diesen 25

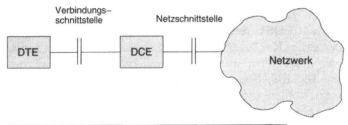

Verbindungs-schnittstelle	DCE	Netz-schnittstelle	Netz
V.24		V.32, V.33	Fernsprech-netz
V.10, V.11	Modem	V.34	
V.35, V.36		V.90	
X.20		X.51	
X.21	DCE	X.75	Datennetz
X.25			

Abb. 6.50. Genormte Schnittstellen für Datenendgeräte

Leitern werden aber nur diejenigen der Pins 1, 8 und 20 immer benötigt, während die anderen weniger wichtige Funktionen repräsentieren, so daß oft nur eine 9-polige DB-9 Steckverbindung zum Einsatz kommt.

- **V.35, V.36 und V.37**
  Da bei diesen Schnittstellen erdsymmetrische Takt- und Datenleitungen zum Einsatz kommen, können höhere Bandbreiten von jeweils 48 kbps (V.35), 72 kbps (V.36) und 144 kbps (V.37) erzielt werden. Die Funktionen der einzelnen Verbindungsleitungen entsprechen den in V.24 eingesetzten Varianten. V.35 verwendet eine 34-polige Steckverbindung und Spannungspegel von -0,55 V (logische Eins) und +0,55 V (logische Null). Für V.36 kommen dagegen 15-polige Steckverbindungen für Datennetze (ISO 4903) und 36-polige Steckverbindungen (ISO 4902) für Fernsprechnetze zum Einsatz.

- **V.10 und V.11**
  Die Spezifikation von ITU-T/CCITT V.10 erlaubt eine Bandbreite von 20 kbps über eine Distanz von maximal 50 m bzw 100 kbps bei kürzeren Distanzen von bis zu 19 m. Die entsprechende Definition der EIA/TIA trägt die Bezeichnung RS-423-A. Eine höhere Bandbreite sieht der Standard ITU-T/CCITT V.11 (RS-422-A) mit 100 kbps für Distanzen von bis zu 1000 m und sogar 10 Mbps bei maximal 10 m Entfernung vor. Diese Bandbreite kann aber nur unterstützt werden, insofern die verwendeten Leitungen jeweils mit einem Wellenwiderstand abgeschlossen werden.

- **X.21 und X.21bis**
  ITU-T/CCITT X.21 beschreibt einen Standard für die synchrone Übertragung in leitungsvermittelten Datennetzen, die zunehmend an Bedeu-

tung verlieren, aber dennoch auch in paketvermittelten Netzen wie ITU-T/CCITT X.25 eingesetzt werden. ITU/CCITT X.21bis gestattet den Einsatz von Endsystemen mit V.24-Schnittstellen in digitalen Netzen mit paket- und leitungsvermittelter Übertragung.

Bei den beschriebenen Schnittstellen handelt es sich um sogenannte **externe Geräteschnittstellen**, über die ein Endsystem (DTE) an das Zugangsnetz und damit an die DCE angeschlossen werden. Es können aber auch geräteinterne Systembusse (z.B. PCI - Peripheral Component Interconnect) oder externe, serielle Busse (z.B. USB oder Firewire) zum Einsatz kommen.

6.6.2 Zugang über das Telefonnetz - Modems

Für annähernd hundert Jahre war das gesamte Telefonnetz als analoges Telekommunikationsnetz ausgelegt. Mittlerweile sind fast alle Weitverkehrsverbindungen auf digitale Übertragungstechnik umgestellt. Zwar ist geplant, auch sämtliche Teilnehmeranschlüsse in naher Zukunft mit digitaler Übertragungstechnik auszustatten, aber ein großer Teil der Teilnehmeranschlußleitungen basiert immer noch auf Analogtechnik. Diese Teilnehmeranschlußleitung, die von der nächsten Weitverkehrsvermittlung direkt zum Endteilnehmer führt, wird auch als **Local Loop** oder als **letzte Meile** (Last Mile) bezeichnet. Aus diesem Grund müssen Daten, die über eine solche herkömmliche analoge Telefonleitung übertragen werden sollen, zunächst in analoge Signale umgewandelt werden, bevor sie über die Local Loop zur nächsten Weitverkehrsvermittlungsstelle gelangen, die die Daten wieder in Digitalsignale für die Weiterübertragung umsetzt (siehe Abb. 6.51).

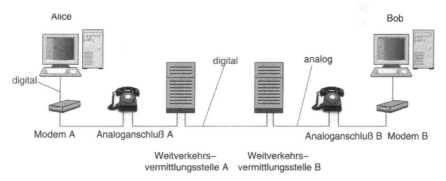

Abb. 6.51. Analoge und digitale Datenübertragung mit Modems

Jeder Endteilnehmer, der über das analoge Telefonnetz eine Datenübertragung vornehmen will, benötigt dazu ein **Modem**. Der Name „Modem" setzt sich aus den beiden zu lösenden Aufgaben **Modulation** und **Demodulation** zusammen. Bei der Modulation wird das Frequenzspektrum des originalen

Digitalsignals (Basisbandsignal) in den vom analogen Telefonnetz übertragbaren Frequenzbereich von 300 Hz bis 4000 Hz verschoben, während die Demodulation diese Verschiebung wieder rückgängig macht.

Analoge Signalübermittlung basiert auf der Übertragung von zeitlich variablen Spannungspegeln über elektrische Leitung. Keine analoge Übertragung findet perfekt, d.h. ohne meßbare Verluste statt. Daher unterliegt die analoge Signalübertragung strengen Restriktionen, die durch drei verschiedenartige Störgrößen bestimmt werden:

- **Signaldämpfung**
  Mit zunehmender Signalausbreitung schwächt sich das Ausgangssignal zusehends ab (in elektrischen Kabeln etwa logarithmisch zur zurückgelegten Distanz). Die Signaldämpfung wird in Dezibel pro Kilometer angegeben und ist abhängig von der verwendeten Signalfrequenz.

- **Signalverzerrung**
  Betrachtet man das Signal als Kurve über der Zeit, die sich aus einzelnen festfrequenten Komponenten einer Fourier-Analyse zusammensetzt, stellt man fest, daß sich die einzelnen Signalkomponenten mit unterschiedlicher Geschwindigkeit ausbreiten. Bei der Übertragung ursprünglich digitaler Daten kann es daher vorkommen, daß schnelle Komponenten eines gesendeten Bits langsame Komponenten des zuvor gesendeten Bits „überholen" und es dadurch zu Übertragungsfehlern kommt.

- **Signalrauschen**
  Rauschen kann entlang des Übertragungsmediums auch durch andere Energiequellen als den Sender verursacht werden. Das sogenannte **Übersprechen** bezeichnet eine Art der Störung, die auftritt, wenn sich Induktionseffekte zwischen zwei nahe aneinanderliegenden Kabeln einstellen.

Zur Vermeidung der genannten Probleme versucht man, die zu sendenden Frequenzen innerhalb eines möglichst schmalen Bands zu halten. Allerdings erzeugen digitale Signale Rechteckwellen, die bedingt durch ihr weites Frequenzspektrum besonders anfällig für Verzerrungs- und Dämpfungseffekte sind. Man benutzt daher Sinus-Trägerwellen im Bereich zwischen 1000 Hz – 2000 Hz, deren **Amplitude**, **Frequenz** oder **Phase** moduliert werden können, um damit Informationen zu übertragen. Während die **Amplitudenmodulation** zwei unterschiedliche Spannungspegel (entspricht zwei unterschiedlichen Lautstärken eines einzelnen Tones) über die Trägerwelle moduliert, um eine logische Null oder eine logische Eins zu repräsentieren, werden in der **Frequenzmodulation** (Frequency Shift Keying, FSK) zwei (oder mehr) unterschiedliche Töne (Frequenzen) zu diesem Zweck gewählt und über die Trägerwelle moduliert. Die Frequenzmodulation bietet im Gegensatz zur Amplitudenmodulation den Vorteil, daß damit eine simultane Informationsübertragung in beiden Richtungen zwischen den beiden Kommunikationspartnern möglich ist (Vollduplex-Übertragung). Für die einfachste Form der **Phasenmodulation** (Phase Shift Keying, PSK) wird die Trägerwelle einfach um einen vorgegebenen Winkel innerhalb fester Intervalle verschoben. Zur Demodulation einer phasenmodulierten Information wird ein Referenzträgersignal mit fester bekannter Phase benötigt. Abb. 6.52 zeigt ein Beispiel für die drei Modulationsvarianten, wobei für die Phasenmodulation eine logische Null mit einer Phasenverschiebung um 90 Grad und eine logische Eins mit einer Phasenverschiebung um 270 Grad kodiert wird.

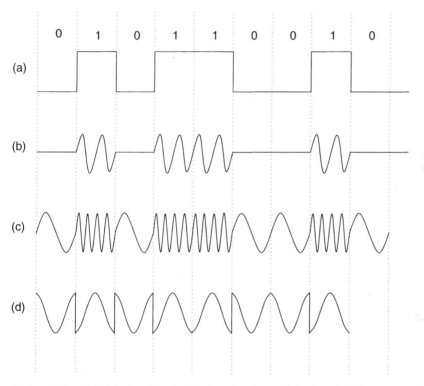

Abb. 6.52. (a) Digitales Signal, (b) Amplitudenmodulation, (c) Frequenzmodulation, (d) Phasenmodulation

Um die Bandbreite auf einer vorgegebenen Übertragungsleitung so gut wie möglich auszuschöpfen, werden mehrwertige Modulationskodierungen verwendet, um innerhalb eines Taktes mehrere Bits gleichzeitig übertragen zu können. Mit einem Signal, das 2^k verschiedene Zustände (Amplituden, Frequenzen oder Phasen) annehmen kann, lassen sich k Bits übertragen. Allerdings wird ein solches Signal empfindlicher gegenüber Störungen und Rauschen, so daß mit wachsendem k ein besseres Signal-Rausch-Verhältnis und damit eine qualitativ hochwertigere Übertragungsleitung erforderlich wird. Mit einer Kombination verschiedener Modulationsarten läßt sich die Kapazität einer Übertragungsleitung effizienter ausnutzen, als dies mit einer einzelnen Modulationsart der Fall wäre. Abb. 6.53 (a) zeigt die Kombination von Phasenmodulation und Amplitudenmodulation in einem als Konstellationsmuster-Diagramm bezeichneten Graphen. Die Punkte kennzeichnen die acht möglichen Kombinationen, wobei die Phase jeweils 0, 90, 180 und 270 Grad betragen kann, bei jeweils zwei unterschiedlichen Amplituden, die durch den Abstand vom Ursprung gekennzeichnet sind. Mit diesem Verfahren lassen sich 3 Bit pro Takt übertragen. Abb. 6.53 (b) zeigt das Konstellationsmuster-Diagramm für eine Kodierung von 6 Bit pro Takt nach demselben Verfahren. Diese Art der Modulation wird als 2^i-**QAM** (**Quadrature Amplitude Modulation**) bezeichnet. 2^6-QAM wird im ITU-T/CCITT **V.32bis** Protokoll eingesetzt, das eine Bandbreite von 14,4 kbps mit einem auf 2,4 kHz getakteten Trägersignal erreicht.

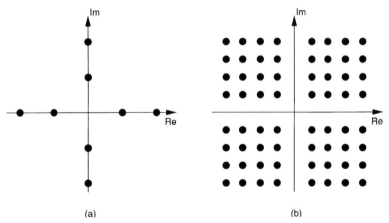

Abb. 6.53. (a) 2^3-QAM Modulation, (b) 2^6-QAM Modulation

Je höher die Anzahl der pro Takt übertragenen Bits, desto anfälliger ist das Verfahren für Übertragungsfehler. Jeder Einzelbitfehler in der Übertragung wirkt sich hier direkt auf die komplette Bitgruppe aus. Um die Fehlerwahrscheinlichkeit möglichst niedrig zu halten, verwenden viele Verfahren zusätzliche Paritätsbits. Die Kodierung der Einzelpunkte im Konstellationsmuster-Diagramm wird so ausgelegt, daß eine möglichst hohe Fehlerentdeckungswahrscheinlichkeit garantiert ist. Die hierzu angewendete Kodierung wird **Trellis Kodierung** (Trellis Code Modulation, TCM) genannt.

Beim Betrieb eines Modems unterscheidet man **Vollduplex-** und **Halbduplex-Datenübertragung**. Bei der Vollduplex-Kommunikation wird der Übertragungskanal in beide Richtungen gleichzeitig genutzt, was sich im einfachsten Fall über eine 2-Draht Leitung realisieren läßt. Findet die Kommunikation in beiden Richtungen mit unterschiedlichen Bitraten statt, spricht man von einer **asynchronen** Kommunikation, ansonsten von einer **synchronen** Kommunikation, bei der in einem vorgegebenen, vom Modem selbst erzeugten Takt gesendet und empfangen wird. Bei Halbduplex-Kommunikation ist das Modem in der Lage, die volle Bandbreite des zur Verfügung stehenden Übertragungskanals auszunutzen.

Die ITU-T/CCITT hat verschiedene Betriebsarten für Modems definiert, die eine Übertragung mit unterschiedlichen Leistungsdaten und Charakteristika gestatten. Tabelle 6.7 zeigt eine Auswahl der von der ITU-T/CCITT spezifizierten Modem-Standards.

Tabelle 6.7. ITU-T/CCITT Modem-Standards

Typ	Betriebsart	max. Bandbreite	Modulation	Übertragung
V.21	async., sync.	bis 300 bps	2-FSK	duplex
V.22	async., sync.	300, 600, 1.200 bps	4-FSK	
V.22bis	async.	2.400 bps	16-QAM	duplex
V.23	async., sync.	600, 1.200 bps	FSK	halbduplex
V.26	sync.	2.400 bps	4-DPSK	duplex
V.26bis	sync.	1.200, 2.400 bps	2-PSK, 4-PSK	halbduplex
V.27	sync.	4.800 bps	8-PSK	duplex
V.29	sync.	9.600 bps	4-QAM, 16-QAM	duplex
V.32	async., sync.	9.600 bps	16-QAM	duplex
V.34	async., sync.	33.600 bps	256-QAM/TCM	duplex
V.90	async.	56.000 bps	PCM, digital	downstream
		33.600 bps	256-QAM/TCM	upstream
V.92	async.	56.000 bps	PCM, digital	downstream
		48.000 bps	PCM, digital	upstream

Für V.90 werden sogar bis zu 56 kbps erreicht, allerdings nur in Richtung von der Zugangsvermittlung zum Teilnehmer (downstream), was durch das Weglassen der Digital/Analog-Wandlung zwischen Zugangsvermittlung und dem vom Teilnehmer angewählten Server ermöglicht wird. V.90 kann nur dann mit 56 kbps arbeiten, wenn zwischen dem Server und der Zugangsvermittlung ein digitales Netzwerk (z.B. ISDN) verwendet wird, d.h. auf der Verbindungsstrecke zwischen Teilnehmer und Server darf nur eine Digital-Analog-Wandlung stattfinden, wobei die zwischen Zugangsvermittlung und Teilnehmer bestehende analoge Übertragungsstrecke strengen qualitativen Richtlinien und Längenbeschränkungen unterliegt. Die Kommunikation zwischen Server und Zugangsvermittlung findet dabei auf einem digitalen 64 kbps Kanal statt, wobei jeweils ein Bit pro übertragenem Byte zur Fehlererkennung genutzt wird (daher nur 56 kbps). In der Gegenrichtung (upstream) kann die digitale Datenübertragung zwischen Teilnehmervermittlung und Server nicht genutzt werden. V.90 verwendet upstream das von V.34 bekannte Kodierungsverfahren mit maximal 33,6 kbps (vgl. Abb. 6.54). Der 2002 verabschiedete V.92 Standard ermöglicht auch upstream eine höhere Übertragungsdatenrate bis zu 48 kbps durch Ausnutzung eines digitalen Kommunikationskanals zwischen Zugangsvermittlung und Server.

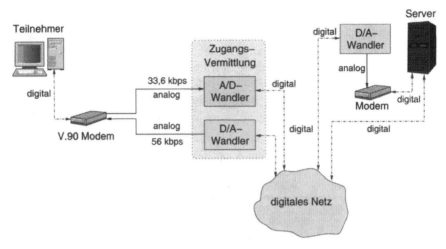

Abb. 6.54. Kommunikation über den V.90 Modem Standard

Viele Modems verfügen über Komprimierungs- und Fehlerkorrekturverfahren. Modems übertragen Bitströme transparent und müssen sich daher nicht um die Protokollfunktionen der höheren Kommunikationsprotokollschichten kümmern. Die über das Modem verfügbaren Korrekturmechanismen verbessern so die Datenübertragung, ohne daß Änderungen bereits bestehender Protokollsoftware notwendig wäre. Die Familie der **MNP-Protokolle** (Microcom Networking Protocol) schließt zehn verschiedene Varianten (Levels) der Fehlererkennung, Fehlerkorrektur und Datenkomprimierung ein. **MNP3** bietet Fehlerkorrektur durch ein Prüfsummenverfahren, ebenso wie **MNP4**, das Fehlerkorrektur nach dem **ARQ**-Verfahren (Automatic Repeat Request) bietet. Im ARQ-Verfahren werden als fehlerhaft erkannte Bitfolgen durch erneute Anfrage und Übertragung vom Sender korrigiert. **MNP5**, das am meisten verbreitete Verfahren der MNP-Protokollfamilie, umfaßt die Verfahren von MNP3 und MNP4 und verfügt darüberhinaus über ein Lauflängenverfahren zur Datenkomprimierung. Von der ITU-T/CCITT wurde das **V.42**-Protokoll spezifiziert, das ebenfalls über die bei MNP3 und MNP4 eingesetzten Fehlerkorrekturverfahren verfügt, während das **V.42bis**-Protokoll zur Datenkomprimierung ein LZW-Verfahren verwendet (vgl. Abschnitt 3.3.2) und die Funktionalität von MNP5 beinhaltet.

6.6.3 Zugang über ISDN

Benutzt ein Endteilnehmer ein ISDN-Netz als Zugangsnetzwerk zum Internet, dann werden die übertragenen Daten direkt in digitaler Form bei ihm angeliefert, ohne daß eine Analog-Digital-Umwandlung, wie im analogen Telefonnetz, nötig wäre. ISDN ermöglicht dem Endteilnehmer die Nutzung unterschiedlicher Dienste wie Sprachkommunikation oder Datenkommunikation über einen einzigen Netzzugang.

6.6 Zugang zum WAN 459

Dem Endteilnehmer steht in der Regel ein sogenannter **Basisanschluß** zur Verfügung, der ihm zwei Nutzdatenkanäle (B-Kanäle) mit einer Bandbreite von jeweils 64 kbps und einen Steuerungskanal (D-Kanal) mit 16 kbps bereitstellt. Maximal können so im Vollduplex-Betrieb bis zu 144 kbps übertragen werden.
Damit der bestehende Endteilnehmeranschluß auch weiterhin für Sprachkommunikation genutzt werden kann, stehen zwei Datenübertragungsverfahren zur Verfügung:

- **Zeitgetrenntlageverfahren**
  Dieses Verfahren wird auch als Ping-Pong- oder Zeitgabelverfahren bezeichnet. Es verwendet ein Zeitmultiplexing, um beide Übertragungsrichtungen zu trennen. Die dazu notwendige Schnittstelle wurde von der ITU-T/CCITT spezifiziert und heißt U_{P0}. Dabei werden Datenpakete von jeweils 20 Bit Länge abwechselnd in beide Richtungen übertragen (siehe Abb. 6.55 (a)). Um zu vermeiden, daß sich bei dieser Betriebsart gegenläufige Datenpakete eventuell überlappen, muß ein entsprechend groß gewähltes Warteintervall zwischen den Datenpaketen eingehalten werden. Aufgrund dieser Wartezeit muß die tatsächliche Bandbreite mehr als doppelt so groß sein, wie die angestrebte Datenübertragungsrate von 144 kbps. Tatsächlich kommt eine Bandbreite von 384 kbps zum Einsatz. Bedingt durch die Signallaufzeit und die hohe Datenübertragungsrate treten relativ hohe Dämpfungseffekte auf, so daß die maximal zu überbrückende Distanz auf 2-3 km schrumpft.

- **Gleichlageverfahren mit Echokompensation**
  Die hier verwendete Schnittstelle hat die ITU-T/CCITT unter dem Namen U_{K0} spezifiziert. Eine Erhöhung der Bandbreite wie im Falle des Zeitgetrenntlageverfahrens kann hier vermieden werden. Tatsächlich wird – analog zum Telefonnetz – ein Vollduplexbetrieb mit Hilfe einer Gabelschaltung realisiert. Wie auch im herkömmlichen, analogen Telefonnetz sorgt die Gabelschaltung für eine Umsetzung zwischen Zweidraht- und Vierdraht-Leitungen bei gleichzeitiger Richtungstrennung (siehe Abb. 6.55 (b)). Dabei wird sichergestellt, daß der Empfänger einer Seite jeweils nur das Signal der Gegenseite empfängt. Allerdings verursachen bei dieser Lösung auftretende **Echoströme**, daß der Empfänger auch unerwünschte Signalanteile des Senders, die sich als Echo eines früher gesendeten Datenpakets noch auf der Leitung befinden können, erhält. Daher wird eine **Echokompensation** auf Empfängerseite durchgeführt, bei der stets ein vorausberechnetes Echosignal vom empfangenen Signal subtrahiert wird. Die Vorausberechnung des Echosignals wird mit adaptiven Verfahren durchgeführt und sorgt dafür, daß die überbrückbare Distanz auf 4-8 km steigt.

Verwendete Leitungskodierung und Datenformate können in Abschnitt 6.4.3 „ISDN" nachgeschlagen werden.

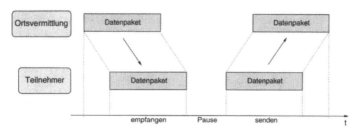

(a) Zeitgetrenntlageverfahren (Ablauf)

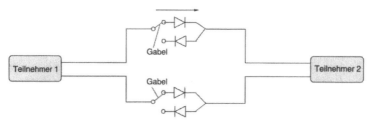

(b) Gleichlageverfahren (schematisch)

Abb. 6.55. ISDN Datenübertragung zum Endteilnehmer: (a) Zeitgabelverfahren, (b) Gleichlageverfahren für Vollduplexbetrieb

6.6.4 Alternative Zugangsverfahren

Neben dem analogen Telefonnetz oder dem digitalen ISDN-Netz werden heute auch leistungsfähigere Zugangsmöglichkeiten für den Endteilnehmer angeboten. In diese Kategorie fällt die Familie der **DSL**-Teilnehmeranschlußleitungen (Digital Subscriber Line), sowie der Zugang über alternative Netzwerke, wie etwa das **Kabelfernsehnetz**, insofern es über einen entsprechenden Rückkanal verfügt, oder gar das **Stromnetz**. Daneben existieren auch noch leitungsungebundene (drahtlose) Varianten, wie das **Mobilfunknetz** oder **Richtfunk**.

DSL. Die digitale Anschlußleitung (Digital Subscriber Line) bietet gegenüber ISDN eine wesentlich höhere Bandbreite für den Endteilnehmer, obwohl in der Regel dieselbe Verkabelungstechnologie (Kupferkabel-Doppeladern) zum Einsatz kommt. In DSL stehen zwei verschiedene Modulationsverfahren zur digitalen Datenübertragung zur Verfügung, die beide auf der Technik des Frequenzsplittings basieren:

- **Carrierless Amplitude Phase (CAP)**
  Das verfügbare Frequenzspektrum wird in drei Anteile aufgeteilt:
  – Der Frequenzbereich von 0 – 4 kHz wird für sprachbasierte Kommunikation und die Dienste des herkömmlichen Telefonsystems (Plain Old Telephone System, POTS) verwendet.
  – Ein schmaler Frequenzbereich von 25 - 160 kHz (ADSL) ist für die Upstream Datenübertragung vorgesehen.

- Für die Downstream Breitbandübertragung ist der Frequenzbereich von 240 kHz – 1,6 MHz vorgesehen.
Durch diese klare Trennung werden Interferenzen zwischen den verschiedenen Frequenzbändern vermieden.

- **Discrete Multitone (DMT)**
Der zur Verfügung stehende Frequenzbereich wird in 256 Subkanäle von jeweils 4,3126 kHz unterteilt. Wie bei CAP ist der erste Subkanal für die sprachbasierte Kommunikation vorgesehen. Upstream und Downstream werden hier nicht in unterschiedlichen Frequenzbereichen abgehandelt, sondern überlappen sich zum Teil. Da die verwendeten Kupferkabel in niedrigeren Frequenzbereichen bessere Übertragungseigenschaften besitzen, werden diese für eine bidirektionale Übertragung genutzt, während die höheren Frequenzbereiche der Downstream-Übertragung vorbehalten bleiben. DMT ist flexibler und besser an das jeweils verwendete Übertragungsmedium angepaßt als CAP. Allerdings erfordert DMT eine aufwendigere Implementierung.

Die Familie der DSL-Varianten, auch als **xDSL** bezeichnet, stellt die folgenden Versionen zur Verfügung:

- **ADSL (Asymmetric DSL)**
Bei der asymmetrischen Variante des DSL-Verfahrens kommen unterschiedliche Bandbreiten in der jeweiligen Richtung, vom Teilnehmer zum Netzzugangspunkt (upstream) und vom Netzzugangspunkt zum Teilnehmer (downstream) zum Einsatz, wobei die Bandbreite downstream für gewöhnlich wesentlich höher ausfällt. Für einen ADSL-Anschluß werden ein Modem, ein sogenannter Splitter und eine Zweidrahtleitung benötigt. Der Splitter übernimmt dabei die Aufgabe, den Frequenzbereich entsprechend des verwendeten Modulationsverfahrens aufzuteilen. Das Modem auf der Teilnehmerseite wird als **ATU-R** (ADSL Terminal Unit – Remote) und auf Seite der Vermittlungsstelle als **ATU-C** (ADSL Terminal Unit – Central Office) bezeichnet, wobei auf Vermittlungsstellenseite mehrere Teilnehmer in einem **DSLAM** (Digital Subscriber Loop Access Multiplexer) zusammengefaßt werden (siehe Abb. 6.56).
Die verwendete Bandbreite kann bei ADSL in Schritten von 32 kbps der jeweils zu überbrückenden Entfernung angepaßt werden, so daß downstream von der Vermittlungsstelle zum Endteilnehmer bei 4 km Distanz 2 Mbps und bei 2 km Distanz sogar 6 Mbps möglich sind. Die Bandbreite bewegt sich downstream in einem Rahmen von 1 – 9 Mbps und upstream zwischen 64 – 800 kbps.

- **UADSL (Universal ADSL, ADSL light)**
Bezeichnung für eine ADSL-Variante, die ohne aufwendigen Splitter arbeitet. UADSL ist in ITU-T/CCITT G.992.2 spezifiziert und erlaubt eine Bandbreite von 1,5 Mbps downstream, sowie 512 kbps upstream bei einer Reichweitenbeschränkung analog zu ADSL.

462   6. Datentransfer bis ans andere Ende der Welt – WAN-Technologien

ATU–R ... ADSL Terminal Unit Remote
ATU–C ... ADSL Terminal Unit Central Office

Abb. 6.56. ADSL – asymmetrisches DSL-Verfahren

- **HDSL (High Bit Rate DSL)**
  Die älteste Variante der DSL-Familie, die ausschließlich für die Datenübertragung vorgesehen ist und folglich auch keinen Splitter benötigt. Die Bandbreite ist in diesem Verfahren symmetrisch, d.h. upstream wie downstream stehen dem Endteilnehmer 1,544 Mbps (bei zwei Zweidrahtleitungen) bzw. sogar 2,048 Mbps (bei drei Zweidrahtleitungen) zur Verfügung. Die Leitungslänge kann bei HDSL bis zu 4 km betragen.

- **SDLS (Symmetric DSL, Single-Pair DSL)**
  Im Gegensatz zum HDSL-Verfahren benötigt SDLS zur eine Zweidrahtleitung mit entsprechender Verringerung der Übertragungskapazität. Die Übertragung findet wie bei HDSL symmetrisch statt bei einer Bandbreite von bis zu 2,048 Mbps bei einer verringerten Reichweite von maximal 3 km.

- **VDSL (Very High Bit Rate DSL)**
  VDSL stellt eine höhere Bandbreite als ADSL zur Verfügung. Allerdings ist dies nicht mehr über die herkömmlichen Kupferleitungen des Telefonnetzes möglich, vielmehr wird hier von einem Betrieb über ein Glasfasernetzwerk ausgegangen. Zwischen dem Endteilnehmer und der optischen Schnittstelle zur Vermittlungsstelle des VDSL-Zugangsnetzes wird nachwievor eine Zweidrahtleitung eingesetzt. Allerdings darf die Distanz hier nur zwischen 300 m und 1.500 m betragen, um die geforderte Bandbreite zwischen 12,96 Mbps und 55,2 Mbps erbringen zu können (siehe Abb. 6.57).

Alle DSL-Verfahren beruhen auf einer Vollduplex-Übertragung. Dazu kommen wie bei herkömmlichen Modems Modulations- und Echokompensationsverfahren zum Einsatz. Entweder erfolgt die Übertragung von upstream- und downstream-Signalen mit Hilfe eines Frequenzmultiplexverfahrens, in dem beide Anteile unterschiedliche Frequenzbänder belegen, oder sie teilen sich ein gemeinsames Frequenzband, wobei dann mit Echokompensation gearbeitet werden muß. Sprachkommunikation der herkömmlichen Telefondienste wird in einem separaten Frequenzbereich übertragen, der über einen Splitter

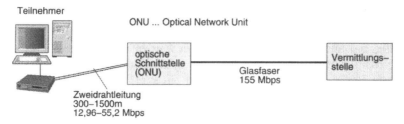

Abb. 6.57. VDSL – Very High Bit Rate DSL

vom übrigen Frequenzspektrum getrennt ist. Tabelle 6.8 faßt die Eigenschaften der unterschiedlichen DSL-Varianten zusammen.

Tabelle 6.8. Vergleich verschiedener xDSL-Varianten

Eigenschaft	ADSL	HDSL	SDSL	VDSL
Upstream (kbps)	16 – 640	1,544/2,048	1,544/2,048	1.500 – 2.300
Downstream (Mbps)	0,064 – 8,912	1,544/2,048	1,544/2,048	13 – 52
Leitungslänge	1,7 – 5,5 km	3 – 4 km	2 – 3 km	0,3 – 1,5 km
Bandbreite	ca. 1 MHz	ca. 240 kHz	ca. 240 kHz	ca. 30 MHz

Kabelnetze und Stromversorgungsleitungen. Bereits seit vielen Jahren werden **Broadcast-Kabelnetze** für die Übertragung von Rundfunk- und Fernsehsignalen eingesetzt. Daher kann hier auf eine bestehende und in der Regel sehr weit verbreitete Infrastruktur aufgesetzt werden.
Allerdings handelt es sich bei diesem Kabelnetz um ein Broadcast-System, bei dem die verwendeten Verstärkerelemente nur dafür ausgelegt sind, das Signal in Richtung vom Provider zum Endteilnehmer weiterzuleiten. Um interaktive Anwendungen bzw. einen bidirektionalen Datenaustausch zu ermöglichen, muß das Kabelnetz aber über einen sogenannten **Rückkanal** verfügen. In einigen Fällen ist dieser über das bestehende Telefonnetz realisiert, was dem Endteilnehmer allerdings keine Vorteile gegenüber einem Telefon-basierten Netzzugang bringt. Daher gibt es Bestrebungen, die Kabelnetze um einen Rückkanal zu ergänzen, um Endteilnehmer für die Nutzung dieses bereits bestehenden Netzwerks zu gewinnen. Der Rückkanal kann entweder als separate Datenleitung realisiert werden, oder es kommt ein bestimmtes Verfahren des Frequenz-Splittings zum Einsatz, wobei jeweils ein bestimmter Frequenzbereich für eine der beiden Richtungen verwendet wird.
Meist dient ein Kupfer-Koaxialkabel (**Broadband**) als Grundlage für die Verkabelung, allerdings wird dieser Kabeltyp heute durch Lichtwellenleiter ersetzt, wenn neue Teilstrecken realisiert werden. Der übertragbare Frequenzbereich des analogen Kupfer-Koaxialkabels ist in viele Kanäle, die jeweils einen eigenen Frequenzbereich bedienen, aufgeteilt. So können viele verschiedene

464 6. Datentransfer bis ans andere Ende der Welt – WAN-Technologien

Fernseh- und Hörfunkanäle zusätzlich zu einem oder mehreren Datenkanälen betrieben werden.

Da allerdings nur analoge Signale weitergeleitet werden können, müssen diese zuvor mittels eines Modems entsprechend gewandelt werden. Der Endteilnehmer benötigt für den Zugang zum Kabelnetz ein spezielles **Kabelmodem**, das in der ITU-T/CCITT Empfehlung **DOCSIS** (Data-over-Cable System Interface Specification) spezifiziert und ebenfalls von der amerikanischen ANSI übernommen wurde. Kabelmodems lassen sich an einen Rechner beim Endteilnehmer über einen Ethernet-Netzwerkadapter anschließen. Im Unterschied zu analogen Modems übernehmen Kabelmodems teilweise sogar Aufgaben wie Netzwerkmanagement und Diagnose, die eigentlich im Verantwortungsbereich eines Routers liegen. Sie sind darüberhinaus frequenzagil, d.h. sie suchen in einem zugewiesenen Frequenzbereich den für die Datenübertragung am besten geeigneten Kanal heraus und stellen sich selbstständig auf diesen ein. Die in einem Kabelnetz erreichte Bandbreite kann downstream, also in Richtung vom Provider zum Endteilnehmer, bis zu 40 Mbps betragen, während auf dem Rückkanal maximal 2 Mbps erreicht werden.

Ebenso wie die Kabelnetze, verfügen die meisten Länder der Welt über ein dichtes **Stromversorgungsnetzwerk**. Voraussetzung für eine Nutzung dieser Infrastruktur für die Datenübertragung sind die Gewährleistung einer hinreichend hohen Bandbreite, sowie die Gewährleistung einer elektromagnetischen Kompatibilität zu den anderen Nutzungsarten des verwendeten Frequenzspektrums. Energieerzeugungsunternehmen verwenden selbst schon seit geraumer Zeit Hochspannungs- (110-380 kV) und Mittelspannungsnetze (10-30 kV) zur Datenübertragung für Steuerungs- und Überwachungszwecke. Auch Niederspannungsnetze (bis 0,4 Kv), die flächendeckend dem Endteilnehmer einen Zugang zum Stromnetz gewähren, können als Zugangsnetz zu allgemeinen Datennetzen genutzt werden. Das Niederspannungsnetz, das die einzelnen Haushalte versorgt, hat eine Baumstruktur mit einer Niederspanungs-Transformatorstation als Wurzelknoten, und kann so als gemeinsam genutztes Übertragungsmedium fungieren. In der Niederspannungs-Transformatorstation dienen speziell eingerichtete Kopfstationen als Schnittstelle zum Backbone eines dedizierten Datennetzes.

Allerdings ist die Nutzung von Stromversorgungsleitungen mit technischen Schwierigkeiten verbunden, die gemeistert werden müssen. Hierzu zählen:

- Energieintensive Vorgänge können Störungen in der Datenübertragung nach sich ziehen. Die Toleranzschwelle gegenüber solchen Ereignissen muß entsprechend hoch ausgelegt werden, damit die auftretenden Übertragungsfehler einen vorgegebenen Höchstwert nie überschreiten. Sonst kann keine zuverlässige Datenübertragung gewährleistet werden.
- Es treten sehr hohe Dämpfungseffekte innerhalb des Niederspannungs-Netzes auf, die kompensiert werden müssen.
- Die sehr niedrige und im Allgemeinen stark schwankende Leitungsimpedanz des Niederspannungs-Netzes muß kompensiert werden.

- Breitbandige Datensignale müssen gegenüber starken Abstrahlungseffekten abgeschirmt werden, da es sonst zur Störung anderer Dienste kommen kann, die den betreffenden Frequenzbereich mitnutzen.

Der 1999 vom Stromversorgungsunternehmen RWE angebotene Datenkommunikationsdienst ermöglichte Datenübertragungsraten von bis zu 2 Mbps über das herkömmliche Stromnetz.

Leitungsungebundene Zugänge zum WAN. Einer der Vorteile der leitungsungebundenen Netzzugänge liegt darin, das der Aufbau eines Netzes mit einem geringeren Aufwand an Infrastrukturmaßnahmen realisiert werden kann. So fallen weder Verlegearbeiten noch Kosten für ein Kabelnetzwerk an. Auch ist der Endteilnehmer in einem leitungsgebundenen Netzwerk stets an den geografischen Ort seines stationären Netzwerkzugangs gebunden, während sich der Nutzer eines leitungsungebundenen Netzwerks frei bewegen kann, also mobil ist. Man unterscheidet innerhalb der leitungsungebundenen Netzwerkzugänge zwischen Richtfunkanwendungen, bei denen der Endteilnehmer dennoch stets stationär bleiben muß, und Mobilfunkanwendungen, bei denen der Endteilnehmer tatsächlich ortsungebunden ist und (in gewissem Rahmen) mobil bleiben kann.

Das weltweit am meisten verbreitete mobile Netzwerk ist derzeit das **GSM**-Mobilfunknetzwerk (**Global System for Mobile Communication**), ein Mobilfunksystem der zweiten Generation. Das GSM-Netz ist aus einzelnen, überlappenden **Funkzellen** aufgebaut (siehe Abb. 6.58), deren jeweilige Größe mit der Dichte der Teilnehmerzahl variiert. In Deutschland finden zwei verschiedenen Varianten von GSM Verwendung: GSM 900, das innerhalb eines Frequenzbereichs von 880 MHz bis 960 MHz arbeitet und in dem das als **D-Netz** bezeichnete deutsche Mobilfunknetz beheimatet ist, und GSM 1800, dessen Frequenzbereich innerhalb von 1710 MHz bis 1880 MHz liegt, in dem sowohl das deutsche **E-Netz** als auch **D-Netz** arbeiten. Zur Datenübertragung in GSM 900 wird der Frequenzbereich zwischen 935 und 960 MHz von den jeweiligen Feststationen (downlink) genutzt, der zwischen 890 und 915 MHz liegende Bereich dient als Sendebereich für die Mobilstationen (uplink). Die genutzten Frequenzbereiche sind in jeweils 200 kHz breite Kanäle (Frequenzbänder) unterteilt, die über ein Zeitmultiplexverfahren von verschiedenen Teilnehmern gleichzeitig genutzt werden. Das verwendete Zeitmultiplexverfahren nutzt 8 Timeslots mit jeweils 0,577 ms Dauer. Aufgrund der hohen Fehlerrate, die eine Funkübertragung mit sich bringt, sind Mechanismen zur automatischen Fehlererkennung und Fehlerkorrektur unbedingt notwendig. Die Nettodatenrate eines einzelnen GSM-Datenkanals beträgt 13 kbps, die sich aufgrund der aufwendigen Fehlererkennungs- und Fehlerkorrekturmaßnahmen auf effektiv nutzbare 9,6 kbps reduziert. Als Modulationsverfahren wird **GMSK** (Gaussian Minimum Shift Keying) verwendet.
GSM bietet verschiedene Dienste der Datenübertragung an (**Bearer Services**). Dazu zählen synchrone, asynchrone, leitungs- oder auch paketorientierte Dienste, die sich im Bereich von 300 bps bis zu 9.600 bps Bandbreite

Organisation des GSM-Mobilfunknetzes – Funkzellen

Die leitungsungebundene Datenkommunikation basiert auf der Ausbreitung elektromagnetischer Wellen im freien Raum. Dabei macht man sich das Prinzip zunutze, daß eine Antenne bei relativ niedrigen Frequenzen annähernd **isotrop**, also gleichmäßig in alle Richtungen sendet. Damit ist es für alle Empfänger, die sich innerhalb eines bestimmten Umkreises des Senders befinden, möglich, den Sender zu empfangen. Soll eine bidirektionale Kommunikation stattfinden, müssen sich Sender und Empfänger die zur Verfügung stehende Frequenz teilen und abwechselnd nach einem Zeitmultiplexverfahren senden. Allerdings kann auf diese Weise nur eine Halbduplex-Verbindung realisiert werden. Für eine Vollduplex-Kommunikation muß eine zweite Frequenz zur Verfügung stehen.

Der zur Verfügung stehende Frequenzbereich für Funkübertragungen ist stets beschränkt, ein Sender muß sich den Frequenzbereich mit vielen anderen teilen. Daher werden, um einerseits eine Flächendeckung und andererseits eine Wiederverwendung von Frequenzen zu gewährleisten, sogenannte **Funkzellen** eingerichtet. Jede Funkzelle verfügt über eine Basisstation, die mit einer nur geringen Sendeleistung ein bestimmtes Gebiet, meist innerhalb eines Radius von 10-20 km, isotrop abdeckt. Um Interferenzen zu verhindern, wird darauf geachtet, daß benachbarte Funkzellen stets mit unterschiedlichen Frequenzen betrieben werden.

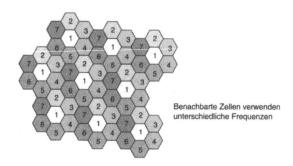

Benachbarte Zellen verwenden unterschiedliche Frequenzen

Zwar sind Funkzellen eigentlich kreisförmig, aber um die Abdeckung einer Fläche leichter bestimmen zu können, behilft man sich mit einem Modell aus hexagonalen Zellen. Bei sorgfältiger Planung kann die Fläche durch Funkzellen mit nur sieben verschiedenen Frequenzen überdeckt werden.

Zu jedem Zeitpunkt ist ein mobiler Netzteilnehmer stets genau einer Funkzelle logisch zugeordnet. Ist ein Teilnehmer gerade dabei, eine Funkzelle zu verlassen, stellt die für die Funkzelle verantwortliche Basisstation fest, daß das Signal des Teilnehmers schwächer wird, und fragt bei den benachbarten Funkzellen an, wie stark diese den betreffenden Teilnehmer empfangen. Die Basisstation übergibt schließlich die „Betreuung" des Netzteilnehmers an diejenige Funkzelle, die den stärksten Empfang des Signals des betreffenden Netzteilnehmers aufweist. Der Netzteilnehmer wird über den Wechsel informiert und wechselt dann die Frequenz auf diejenige der neuen Funkzelle, von der er von jetzt an betreut wird. Dieser Vorgang des Wechsels in eine neue Funkzelle wird als **Handoff** bezeichnet und benötigt nur wenige hundert Millisekunden.

Abb. 6.58. Organisation des Funknetzes in einzelne Funkzellen

bewegen. Dabei werden die einzelnen Dienste durch entsprechende Nummern angesprochen. Der bekannteste der angebotenen Telematikdienste in GSM ist sicherlich der **SMS** (Short Message Service) Dienst, der es erlaubt, kurze

Mitteilungstexte über ein Mobiltelefon zu versenden. Die als **MExE** (Mobile Station Execution Environment) bezeichnete Dienstplattform in GSM bildet die Basis für das **WAP**-Protokoll (**Wireless Application Protokoll**), mit dem ein mobiler Zugang zum WWW ermöglicht wird.
Da die Bandbreite in GSM auf 9.600 bps beschränkt ist, wurden verschiedene Verfahren entwickelt, diese Beschränkung zu umgehen:

- **HSCSD (High Speed Circuit Switched Data)**: Hier werden durch die Bündelung mehrerer GSM-Kanäle Bandbreiten bis zu 57,6 kbps erreicht.
- **GPRS (General Packet Radio Service)**: Eine Kombination von paketierter Datenübertragung und Kanalbündelung läßt hier eine maximale Bandbreite von bis zu 160 kbps zu. Die Auslegung als paketvermitteltes Netz erlaubt eine effizientere Nutzung der Kanäle, die jeweils nur dann belegt werden, wenn es tatsächlich auch etwas zu senden gibt.
- **EDGE (Enhanced Data Rates for GSM Evolution)**: Eine Weiterentwicklung von GPRS und HSCSD, die bei Erhalt der vollen Mobilität Bandbreiten von bis zu 110 kbps unterstützt. Kommt dieses Verfahren im stationären Betrieb zum Einsatz, können sogar Bandbreiten von 220 kbps erreicht werden. EDGE unterstützt verschiedene Qualitätsstufen und teilt die zu übertragenden Daten in verschiedene Dienstklassen ein. Das untere Ende dieser Klassen bildet die **Conversational Data** Dienstklasse, die eine isochrone Übertragung von Daten gestattet, aber aufgrund ihrer isochronen Eigenschaft eine wiederholte Übertragung im Fehlerfall nicht zuläßt, also nur eine fehlerbehaftete Datenübertragung gewährleisten kann. Kleine Fehler und Störungen sind allerdings bei der Übertragung von Sprach - und Videodaten tolerierbar. Am oberen Ende der Skala steht die als **Background Data** bezeichnete Dienstklasse, die eine zuverlässige Datenübertragung gewährleistet. Wird ein Übertragungsfehler erkannt, dann wird über ein **ARQ**-Verfahren das fehlerhafte Datenpaket erneut vom Sender angefordert. Diese Dienstklasse eignet sich für die Übertragung von Dateien oder Email.
- **UMTS (Universal Mobile Telecommunication System)**: Bezeichnung für die Mobilfunkkommunikation der dritten Generation, deren Einsatz im experimentellen Bereich im Jahr 2002 startete. In Abhängigkeit von der Geschwindigkeit, mit der sich ein UMTS-Teilnehmer bewegt, können unterschiedliche Bandbreiten bei der Datenübertragung erzielt werden, die von 144 kbps im mobilen Betrieb bis zu 2 Mbps im quasistationären Betrieb reichen. Aktuelle Informationen über Funktionsweise und Verfügbarkeit des UMTS-Services kann über die WWW-Seiten des UMTS-Forums abgerufen werden:

    http://www.umts-forum.org/

Zu den leitungsungebundenen Zugangssystemen zählen auch **Satellitenverbindungen**. In einer Erdumlaufbahn befindliche Kommunikationssatelliten sind seit Anfang der 60er Jahre im Einsatz. Für eine Datenkommunikation mit dem Internet werden Satellitenzugänge in Verbindung mit dem Telefonnetz für den Rückkanal vom Endteilnehmer zum Provider verwendet, da die Bereitstellung eines direkten Rückkanals über den Satelliten für eine große Zahl von Teilnehmern zu aufwendig ist. Man unterscheidet bei der Datenübertragung via Satellit grundsätzlich zwischen zwei Typen von Satelliten:

- **Geostationäre Satelliten**: Ein Satellit in einer Umlaufbahn um die Erde in einer Höhe von 36.000 km, dessen Umlaufzeit um die Erde synchron zur Erdrotation verläuft. Er bleibt also lokal stets stationär über demselben Ort auf der Erdoberfläche stehen und kann daher einfach als Kommunikationsrelais auch für relativ hohe Bandbreiten (100 Mbps und mehr) verwendet werden. Allerdings ist dieser geostationäre Orbit sehr begehrt und die Anzahl der dort stationierbaren Satelliten beschränkt.
- **LEO/MEO-Satelliten (Low Earth/Medium Earth Orbiting)**: Ein Satellit in einem niedrigeren, d.h. erdnäheren Orbit. Seine Umlaufzeit wird um so kleiner, je näher er sich an der Erdoberfläche befindet. Als LEO-Satelliten werden für gewöhnlich Satelliten bezeichnet, die sich in einem Orbit von ca. 780 km Höhe befinden. Allerdings besteht bei dieser Art von Satelliten das Problem, daß sie sich immer wieder sehr schnell aus dem Empfangsbereich des Endteilnehmers herausbewegen. Daher spielten sie in der Rolle als Kommunikationssatelliten lange Zeit nur eine untergeordnete Rolle. Erst 1990 rückte die Idee eines satellitengestützten Mobilfunknetzes wieder in den Blickpunkt der Öffentlichkeit, als das Projekt **Iridium** auf Initiative der Firma Motorola hin gestartet wurde, das ein Netz von 66 LEO-Satelliten vorsah, das ein flächendeckendes Mobilfunknetz gewährleisten sollte. Allerdings erwiesen sich die Investitionskosten als zu hoch und die Akzeptanz als zu gering, so daß das Projekt vorzeitig scheiterte.

Neben flächendeckend eingesetzten Mobilfunkverfahren, kann eine Anbindung an das Internet auch über **Richtfunk** erfolgen. Als Richtfunk wird die Übertragung elektromagnetischer Wellen mit speziellen, scharfbündelnden Antennen (Richtfunkantennen) verstanden. Physikalisch bedingt, ist eine solche Bündelung nur bei sehr hohen Frequenzen realisierbar. Über Richtfunk werden Punkt-zu-Punkt-Verbindungen eingerichtet, die über ein Raummultiplexverfahren mit anderen Verbindungen gemeinsam auf ein und derselben Frequenz betrieben werden können. In Anlehnung an die Local Loop bei der Anbindung des Endteilnehmers über das Telefonnetz wird die Anbindung über Richtfunk auch als **WLL (Wireless Local Loop)** bezeichnet. Richtfunk arbeitet im Gigahertz-Frequenzbereich, wobei Bandbreiten von bis zu 40 Mbps erreicht werden können.

6.7 Glossar

ARPANET: Von der Advanced Research Projects Agency (ARPA) für das US-Verteidigungsministerium (Department of Defense, DoD) Ende der 60er Jahre entwickeltes paketvermittelndes WAN. Das ARPANET gilt als Vorläufer des globalen Internets.

Asynchronous Transfer Mode (ATM): Von der ITU für Weitverkehrsnetzwerke mit hoher Bandbreite standardisiertes Datenübertragungsverfahren, das auf dem Prinzip des asynchronen Zeitmultiplexing basiert. ATM findet auch in LANs Verwendung. Basiseinheit der Informationsübertragung ist die sogenannte ATM-Zelle, ein Datenpaket mit fester Länge (53 Byte). Zwischen zwei vernetzten ATM-Endsystemen können virtuelle Verbindungen permanent geschaltet oder bei Bedarf aufgebaut werden. ATM definiert mehrere Dienstklassen zur Unterstützung von Multimedia-Anwendungen, darunter einen isochronen Modus, der das Verhalten einer leitungsvermittelten Verbindung emuliert und zur Übertragung von Video- und Audio-Datenströmen genutzt wird.

Bandbreite: Die Bandbreite (bandwidth) einer Verbindungsstrecke in einem Netzwerk ist eine physikalische Größe, die in Hertz (1 Hz = 1/s) angegeben wird. Im analogen Bereich bezeichnet die Bandbreite den Frequenzbereich, in dem elektrische Signale mit einem Amplitudenabfall von bis zu 3 dB übertragen werden. Je größer die Bandbreite, desto mehr Informationen können theoretisch in einer Zeiteinheit übertragen werden. Auch bei der Übertragung digitaler Signale wird oft der Begriff Bandbreite verwendet, obwohl hier die **Übertragungsrate** gemeint ist. Es gibt allerdings einen unmittelbaren Zusammenhang zwischen der Bandbreite und der Übertragungsrate, da bei der Datenübertragung die erreichbare Übertragungsgeschwindigkeit direkt von der Bandbreite des Netzwerkes abhängt. Die maximale Bandbreiten-Ausnutzung beträgt für binäre Signale 2 Bit pro Hertz Bandbreite.

Bitstopfen (Bit Stuffing): Bei synchroner Datenübertragung werden die Taktgeber von Sender und Empfänger aufeinander synchronisiert vermittels sogenannter Synchronisationsbits am Beginn eines Datenpakets. Die Synchronisationsbits bilden feste Bitmuster, die so zusammengestellt sind, daß diese niemals mit der Nutzdateninformation verwechselt werden können. Wird z.B. 01111110 als Synchronisationsbitfolge verwendet, muß dafür Sorge getragen werden, daß keine Folge von aufeinanderfolgenden sechs Einsen in den Nutzdaten als Synchronisationsbitfolge identifiziert werden kann. Nach jeweils fünf Einsen wird deshalb vom Sender eine Null eingefügt und vom Empfänger wieder entfernt.

Broadcasting: Beim Broadcastverfahren überträgt ein Sender gleichzeitig an alle angeschlossenen Systeme im Netzwerk. Besteht dagegen eine 1:1 Verbindung mit nur einem Kommunikationspartner, wird dieses Verfahren als Unicast bezeichnet.

Digital Subscriber Line (DSL): Digitales Zugangsverfahren zu Weitverkehrsnetzwerken. DSL ermöglicht hohe Bandbreiten für den daran angeschlossenen Endteilnehmer, unterliegt dabei aber auch strikten Längen- und Qualitätsrestriktionen bzgl. der verwendeten Netzwerkinfrastruktur. Der z.Z. meistverbreitete DSL-Dienst ist ADSL (Asynchronous DSL), der einen asynchronen Netzzugang mit Bandbreiten im Bereich 1 – 9 MHz (downstream) und 64 – 800 kbps (upstream) ermöglicht.

Dijkstra-Algorithmus: Nach E. Dijkstra benannter Algorithmus zur Ermittlung der von einem bestimmten Startknoten ausgehende kürzesten Pfade in einem Graphen. Der Dijkstra-Algorithmus kommt in Routingverfahren zum Einsatz, die den kürzesten Verbindungsweg vom Sender zum Empfänger zu ermitteln versuchen.

Distanzvektor-Routing: Routingverfahren, bei dem alle Router im Netzwerk ihre Routinginformation durch Austausch mit den direkt benachbarten Routern erhalten. Es wird davon ausgegangen, daß jeder Router die Distanz zu seinen direkten Nachbarn selbst feststellen kann. Die so erhaltene Routinginformation wird daraufhin mit allen Nachbarn ausgetauscht, bis letztendlich in einem mehrstufigen Prozeß alle Router im Netzwerk über die vollständige Routinginformation verfügen. Das Distanzvektor-Routing ist ein sehr einfaches Verfahren, das als das erste Routingverfahren im ARPANET zum Einsatz kam.

Distributed Queued Dual Bus (DQDB): DQDB ist ein Technologiekonzept für MANs, das auf zwei parallelen, gegenläufig betriebenen Bussen beruht. Sendewillige Endsysteme erhalten mittels einer verteilten Warteschlange das Zugriffsrecht auf einen Bus und können dann Zellen konstanter Länge übertragen. DQDB ist bei hoher Last effizient, jedoch nicht immer fair. DQDB-Netze können sich über mehrere hundert Kilometer erstrecken.

Flooding: Isoliertes Routingverfahren, bei dem ein ankommendes Datenpaket von einem Router über alle Anschlüsse weitergeleitet wird, bis auf den, über den das Datenpaket den Router erreicht hat. Um eine Überlastung des Netzwerks zu vermeiden, kann die Lebensdauer eines weitergeleiteten Datenpakets mit verschiedenen Verfahren begrenzt werden. Das Verfahren erzeugt zwar eine hohe Redundanz, findet aber stets einen kürzesten Weg.

Frame Relay: Verbindungsorientierte paketvermittelnde Netzwerktechnologie, die speziell Mitte der 80er Jahre für Weitverkehrsnetze entwickelt wurde. Frame Relay basiert auf einem asynchronen Zeitmultiplexverfahren. Übertragungsfehler werden dabei zwar erkannt, aber nicht automatisch korrigiert. Zwischen den kommunizierenden Endsystemen werden in einem Frame Relay Netzwerk virtuelle Verbindungen eingerichtet.

Global System for Mobile Communication (GSM): Mobilfunksystem der zweiten Generation mit der z.Z. weltweit größten Verbreitung. GSM basiert auf einzelnen Funkzellen, deren Ausdehnung in Abhängigkeit von der Teilnehmerdichte variiert. GSM arbeitet im Zeitmultiplexverfahren und bietet verschiedene Trägerdienste zur Datenkommunikation, die auf leitungs- oder paketvermittelten Verfahren auf einzelnen Kanälen mit jeweils bis zu 9,6 kbps Datenrate arbeiten:
- GPRS (General Packet Radio Service): Erreicht durch Kanalbündelung bis zu 160 kbps.
- HSCSD (High Speed Circuit Switched Data): Erreicht bis zu 57,6 kbps.
- EGPRS (Enhanced GPRS): Weiterentwicklung von GPRS, erreicht im stationären Betrieb bis zu 220 kbps.

Hop: Bezeichnet jeweils eine Teilstrecke von einem Endsystem zum nächstgelegenen Vermittlungsrechner bzw. zwischen zwei benachbarten Vermittlungsrechnern oder vom Vermittlungsrechner zu einem daran angeschlossenen Endsystem. Eine Route durch ein Netzwerk von einem Sender-Endsystem zu einem Empfänger-Endsystem setzt sich aus mehreren einzelnen Hops zusammen.

Hot-Potato-Routing: Isoliertes Routingverfahren, bei dem der Router versucht, ein ankommendes Datenpaket auf schnellstem Wege weiterzuleiten. Dazu wird zur Weiterleitung derjenige Anschluß des Routers gewählt, dessen Warteschlange am kürzesten ist. Bei diesem Verfahren muß das weitergeleitete Datenpaket oft Umwege in Kauf nehmen.

ISDN: Die WAN-Technologie Integrated Services Digital Network (dienstintegriertes digitales Fernnetz) integriert verschiedenartige Dienste wie Sprach-, Daten- und Bildkommunikation in einem einzigen Netz. ISDN stellt Kanäle mit je 64 kbps zur Verfügung. Es wurde als Ersatz für das alte analoge Telefonnetzwerk entwickelt und wird seit Mitte der 80er Jahre international flächendeckend ausgebaut.

isoliertes Routing: Bezeichnung für Routingverfahren, die lokal arbeiten und keine Information über die Netzwerktopologie mit ihren Nachbarn austauschen. Beispiele für diese Verfahren sind Flooding oder der Hot-Potato Algorithmus.

6.7 Glossar

Link-State-Routing: Dezentrales, adaptives Routingverfahren (auch als SPF-Routing, Shortest Path First Routing, bezeichnet), bei dem jeder Router die Routinginformation, die er über seine direkten Nachbarn ermitteln kann, über eine Broadcastmeldung an alle anderen Router des Netzwerks versendet, die mit Hilfe dieser Information stets über die aktuelle Topologie des Netzwerks informiert sind. Routen werden im Link-State-Routing mit Hilfe des Dijkstra-Algorithmus berechnet.

Local Area Network (LAN): Räumlich begrenztes Rechnernetz, das nur eine begrenzte Anzahl von Endgeräten (Rechnern) aufnehmen kann. Ein LAN ermöglicht eine effiziente und gleichberechtigte Kommunikation aller daran angeschlossenen Endsysteme. In der Regel teilen sich dazu die angeschlossenen Rechner ein gemeinsam genutztes Übertragungsmedium.

Local Loop: Bezeichnung für die Teilnehmeranschlußleitung von der Ortsvermittlungsstelle zum Endteilnehmer. Die überbrückte Distanz zwischen Ortsvermittlungsstelle wird auch als **letzte Meile** bezeichnet, die über ein dediziertes Übertragungsmedium realisiert wird (im Gegensatz zum gemeinsam genutzten LAN-Medium).

Mobiles Routing: Sonderform des Routings für Netzwerke mit mobilen Netzwerkknoten. Ein mobiler Netzwerkknoten kann sich frei durch verschiedene leitungsungebundene Netzwerke (WLANs) bewegen. Daher muß ein Router zuerst dessen Aufenthaltsort bestimmen, bevor ein Datenpaket an den mobilen Netzwerkknoten weitergeleitet werden kann. Das angewendete Verfahren (**Mobile IP**) setzt voraus, daß der mobile Knoten stets eine fest zugeordnete Adresse in einem Heimatnetzwerk besitzt. Betritt der mobile Netzwerkknoten ein fremdes Netzwerk, muß er sich dort bei einem speziellen Router (**Foreign Agent**) anmelden, der Kontakt zu einem Router im Heimatnetz des mobilen Knotens aufnimmt (**Home Agent**). Gemeinsam organisieren diese dann die korrekte Weiterleitung der an den mobilen Knoten adressierten Datenpakete.

Modem: Zur Datenübertragung über ein analoges Telefonnetz muß zur Umwandlung der digitalen Signale in analoge Signale und zurück ein Modem eingesetzt werden. Dazu wird das Frequenzspektrum des digitalen Ursprungssignals mit der sogenannten **Modulation** in den Frequenzbereich des analogen Telefonnetzes verschoben. Die **Demodulation** macht diese Verschiebung wieder rückgängig.

Multicasting: Bei einer Multicastübertragung sendet eine Quelle gleichzeitig an eine Gruppe von Empfängern. Es handelt sich dabei um eine 1:n-Kommunikation. Multicast ist häufig zur Übertragung von Multimediadaten genutzt.

Next Hop Forwarding: Vermittlungsvariante in einem paketvermittelten Netzwerk. Die jeweiligen Vermittlungsrechner speichern keine Information über die gesamte Route, die ein Datenpaket zu einem anderen Endsystem zurücklegen muß, sondern jeweils nur zum nächsten zurückzulegenden Teilabschnitt (Hop).

Paketvermittlung Die vorherrschende Kommunikationsmethode in digitalen Netzen. Die Nachricht wird dabei in einzelne Datenpakete fester Größe zerlegt und die Pakete werden einzeln und unabhängig voneinander vom Sender über eventuell vorhandene Vermittlungsstellen zum Empfänger gesendet. Man unterscheidet **verbindungsorientierte** und **verbindungslose** (Datagrammnetz) Paketvermittlungsnetze. In verbindungsorientierten Paketvermittlungsnetzen wird vor dem Start der eigentlichen Datenübertragung eine Verbindung über fest gewählte Vermittlungsstellen im Netz aufgebaut. In verbindungslosen Paketvermittlungsnetzen wird dagegen kein fester Verbindungsweg festgelegt.

Plesiochrone Digitale Hierarchie (PDH) Die PDH definiert eine auf synchronem Zeitmultiplexing basierende WAN-Technologie, in der Signale aus unterschiedlichen Quellen über einen gemeinsamen Kanal versendet werden. Die Bandbreiten der unterschiedlichen Kanäle sind dabei allerdings nicht wirklich gleich, sondern nur annähernd gleich (daher die Bezeichnung von plesios=[griech.]nahe). Da es sich um ein synchrones

Verfahren handelt, müssen die Unterschiede ausgeglichen werden, was mit dem sogenannten **Bitstopfen** möglich ist.

Router: Vermittlungsrechner, der in der Lage ist, zwei oder mehrere Teilnetze miteinander zu verbinden. Router arbeiten in der Transportschicht (IP-Layer) des Netzwerks und sind in der Lage, ankommende Datenpakete gemäß ihrer Zieladresse auf der kürzesten Route durch das Netzwerk weiterzuleiten.

Routing: In einem WAN liegen entlang des Weges zwischen Sender und Empfänger oft mehrere Schaltelemente, die eine Vermittlung der versendeten Daten an den jeweiligen Empfänger übernehmen. Die Ermittlung des korrekten Weges vom Sender zum Empfänger wird als Routing bezeichnet. Die dedizierten Vermittlungsstellen (**Router**) empfangen dabei ein versendetes Datenpaket, werten dessen Adressinformation aus und leiten es entsprechend an die designierten Empfänger weiter.

Routingtabelle: Grundlegende Datenstruktur von Routern, die Teilstreckeninformationen zur Weiterleitung der ankommenden Datenpakete enthält. Jeder Zieladresse wird in der Routingtabelle ein bestimmter Ausgang (Port) des Routers zugewiesen, über den die nächste Etappe – ein **Hop** – auf dem Weg des Datenpakets zu seinem Empfänger verläuft.

Routingalgorithmus: Ein Berechnungsverfahren zur Erstellung der Routingtabelle. Man unterscheidet statische und dynamische Routingalgorithmen, die sich dynamisch (adaptiv) Veränderungen in der Netzwerktopologie anpassen können. Routingalgorithmen können von einer zentralen Stelle im Netzwerk oder von jedem Router selbst durchgeführt werden.

Signalisierung: Bezeichnung für den Austausch aller Information, die für den Aufbau, zur Überwachung und zum Abbau von Verbindungen im Telekommunikationsnetz erforderlich sind. Diese Aufgabe wird auch als **Call Control** oder **Connection Control** bezeichnet. Man unterscheidet grundsätzlich zwischen **In-Band-Signalisierung** (In Band Signalling), in der die Signalinformation im gleichen logischen Kanal wie die Nutzdaten übertragen, und die **Außer-Band-Signalisierung** (Out-of-Band Signalling), bei der ein separater logischer Kanal zur Übertragung der Steuer- und Kontrollinformation verwendet wird.

Spannbaum: Als Spannbaum eines Graphen wird derjenige Subgraph bezeichnet, der alle Knoten des ursprünglichen Graphens enthält, sowie alle die Kanten, die notwendig sind, um die ursprüngliche Erreichbarkeitsrelation des Graphens zu erhalten, ohne daß dabei Schleifen auftreten. In Netzwerken wird damit diejenige Teilmenge des Netzes bezeichnet, die alle Router ohne eventuelle Schleifen beinhaltet.

Speichervermittlung: Vermittlungsverfahren in einem Netzwerk, bei dem keine feste Verbindung zwischen Sender und Empfänger geschaltet werden muß. Die vom Sender übermittelte Nachricht wird an den Vermittlungsstellen des Netzwerks jeweils zwischengespeichert, bevor sie auf ihren weiteren Weg gebracht wird. Man unterscheidet Nachrichtenvermittlung (**Message Switching**), bei der die vollständige Nachricht des Senders an der Vermittlungsstelle gespeichert wird, und Paketvermittlung (**Packet Switching**), bei dem die Nachricht vom Sender in einzelne Datenpakete zerlegt wird, die unabhängig voneinander über das Netzwerk übertragen werden.

Synchrone Digitale Hierarchie: Die als Synchrone Digitale Hierarchie bezeichnete Datenübertragungstechnik stellt eine auf synchronem Multiplexing basierende Übertragungstechnik dar, die speziell für die Medien Lichtwellenleiter und Richtfunk konzipiert wurde. SDH stellt derzeit den primären Standard für Netzwerke im WAN-Bereich dar und wird in Zukunft noch mehr in den Vordergrund treten.

Universal Mobile Telecommunication System (UMTS): Mobilfunksystem der dritten Generation, dessen Einführung ab 2003 beginnt und das in der Datenkommunikation Datenraten von bis zu 2 Mbps (im quasistationären Betrieb) erlaubt.

Vorgaberouting (Default Routing): Um das Vorkommen mehrfach identischer Einträge in Routingtabellen zu vermeiden, wird jedem Router eine Vorgaberoute (**Default Route**) zugewiesen und die korrespondierenden Einträge in der Routingtabelle einfach gestrichen. Ist zu einem bestimmten Ziel kein Eintrag in der Routingtabelle vorhanden, wird zur Weiterleitung des betreffenden Datenpakets die Vorgaberoute verwendet.

Wide Area Network (WAN): Frei skalierbares Rechnernetz, das keiner räumlichen oder kapazitätsmässigen Beschränkung unterliegt. Einzelne Teilnetze werden dabei durch Vermittlungssysteme (Router) miteinander verbunden, die den Datentransfer im WAN koordinieren. Die WAN-Technologie liefert die Grundlagen für das **Internetworking**

X.25: Paketvermittelnde Technologie für Weitverkehrsnetze, die Anfang der 70er Jahre standardisiert wurde. Sie ermöglicht den Aufbau mehrerer virtueller Verbindungen zwischen zwei Endsystemen (innerhalb dieser Norm als DTE, Data Terminal Equipment bezeichnet). X.25 gilt als erste Generation der öffentlichen Datenübertragungstechnik und wird heute noch von vielen Netzbetreibern unterstützt, insbesondere in Europa.

Zugangsnetzwerk: Für gewöhnlich verfügt der normale Endteilnehmer nicht über einen eigenen, direkten Zugang zu einem Weitverkehrsnetzwerk (WAN). Aufgrund der hohen Kosten bleibt dies größeren Unternehmen bzw. wissenschaftlichen und militärischen Organisationen vorbehalten. Der Endteilnehmer erreicht den Zugang zum WAN über ein meist bereits existierendes Zugangsnetzwerk, wie z.B. das analoge Telefonnetzwerk, das den Zugang zum WAN vermittelt.

7. Wie das Internet funktioniert – Internetworking

„On the Internet, nobody knows you're a dog"
– George Steiner, in „The New Yorker"
(Vol.69 (LXIX)), 1993

Zum Jahreswechsel 2003 jährte sich die Umstellung des Internets vom damaligen NCP (Network Control Protocol) auf das moderne TCP/IP zum zwanzigsten Mal. Geboren aus den alltäglichen Anforderungen der Praxis und bei weitem auch nicht als endgültige Lösung gedacht, stellt TCP/IP mit dem Internet Protocol Version 4 (IPv4) auch heute noch das Kernstück der eigentlichen Internet-Technologie dar. Das parallel von der ISO entwickelte ISO/OSI-Referenzmodell für Kommunikationsprotokolle, das als universeller und endgültiger Standard im Bereich der Netzwerkkommunikation gedacht war, konnte sich nicht gegen das an vielen Stellen unzulängliche, doch in der Praxis robust und stabil funktionierende TCP/IP durchzusetzen, und fristet heute lediglich ein Dasein als paradigmatisches Lehrbeispiel. Auch ist seit Jahren klar, daß das ursprüngliche IP-Protokoll den Anforderungen des explosionsartig gewachsenen und inzwischen auch für kommerzielle Anwendungen genutzten Internets nicht mehr gewachsen und eine Erneuerung dringend erforderlich ist. Mit IPv6, der nächsten Generation des IP-Protokolls, scheint man für kommende Anforderungen bestens gerüstet, doch gestaltet sich der Übergang von der alten Version auf die neue, der unzählige Anpassungen und erhebliche Investitionen verlangt, sehr schwierig.

Sind wir bislang davon ausgegangen, uns in einer homogenen Netzwerkinfrastruktur zu bewegen, also auf jedem Rechner des Netzwerks in den jeweiligen Protokollschichten identische Protokolle vorzufinden, bietet sich in der Praxis ein ganz anderes Bild: Eine unüberschaubare Vielzahl von Anbietern und Protokollen konkurrieren in den einzelnen Netzwerkinseln, die allerdings – so das erklärte Ziel – alle zu einer dem Nutzer homogen erscheinenden Netzwerkinfrastruktur, einem **Internet**, zusammengebunden werden sollen. Das vorliegende Kapitel behandelt diejenigen Probleme, die gelöst werden müssen, wenn zwei oder mehrere, heterogene Netzwerke auf der Protokollebene tatsächlich zusammenarbeiten sollen.

Bis vor wenigen Jahren noch stand das in diesem Zusammenhang verwendete **Internet-Protocol** (**IP**) gleichberechtigt neben einer Reihe von herstellerspezifischen Protokollen wie DECNet, IPX oder SNA. Doch mit dem Siegeszug des globalen Internet entwickelte sich IP zum Standardprotokoll für die Netzwerk-übergreifende Rechnerkommunikation schlechthin. Um über das unzuverlässig arbeitende IP zuverlässige Dienste anbieten zu können, wurde das **Transmission Control Protocol** (**TCP**) entwickelt, das heute einen weiteren Grundpfeiler des globalen Internet darstellt.

IP und TCP zusammen mit ergänzenden Protokollen der Netzwerk-und Transportschicht des TCP/IP-Referenzmodells sind das Thema des vorliegenden Kapitels.

7.1 Virtuelle Netze

Aus der Sicht eines Nutzers erscheint das Internet als einheitliches, großes und zusammenhängendes Netzwerk, dessen Komponenten anscheinend nahtlos ineinandergreifen. Doch der Schein trügt. Eine Vielzahl unterschiedlicher Netzwerktechnologien und Netzwerkprotokolle sind beteiligt, und nur eine sehr komplexe Internet-Software vermag es, die Details der physischen und logischen Verbindungen der Einzelkomponenten vor dem Nutzer zu verbergen. So kann das Internet auch als **virtuelles Netzwerk** bezeichnet werden, denn die Kombination aus eingesetzter Hard- und Software erweckt die Illusion eines einheitlichen Netzwerks, das dergestalt eigentlich gar nicht existiert. Sollen mehrere Netzwerke von unterschiedlichem Typ gemeinsam betrieben werden, stellt sich sofort ein Problem: Prinzipiell können zunächst nur diejenigen Rechner miteinander kommunizieren, die an dasselbe Netzwerk angeschlossen sind. Die Kommunikation mit Rechnern, die an ein anderes Netzwerk mit unterschiedlichen technischen und logischen Parametern angeschlossen sind, erfordert die Entwicklung und Bereitstellung von entsprechenden Übersetzungs- und Umsetzungsmechanismen. Auf dieses Problem wurde man erstmals zu Beginn der 70er Jahre aufmerksam, als verschiedene Großunternehmen begannen, mehrere unterschiedliche Netzwerke gleichzeitig zu betreiben, und die dringende Nachfrage nach einer Rechnerkommunikation über die jeweiligen Netzwerkgrenzen der einzelnen Netzwerkinseln hinweg entstand. Zu dieser Nachfrage kam es z.B., wenn in den einzelnen Netzwerkinseln unterschiedliche Aufgaben erledigt wurden, und ein Firmenmitarbeiter oder leitender Angestellter Zugang zu den Ergebnissen in den verschiedenen Netzwerken und voneinander entfernten Rechnern benötigte. Davon getrieben und im Bewußtsein des großen Produktivitäts- und Innovationspotenzials, wurde nach Lösungswegen gesucht, die eine solche Rechnerkommunikation ermöglicht, und zwei beliebige Rechner, die zu verschiedenen Netzwerken gehörten, miteinander kommunizieren zu lassen.

Zur Lösung dieses Problems sollte ein **Universaldienst** (Universal Service) entwickelt werden, mit dem ein Nutzer von einem beliebigen Rechner des Unternehmens aus an einen anderen, beliebigen Rechner irgendwo im Unternehmen Nachrichten oder Daten versenden kann, die für einen Nutzer dort bestimmt sind. Alle anfallenden Aufgaben könnten so von einem einzigen Rechner aus erledigt werden, und es entfiele die Notwendigkeit, für die Erledigung der unterschiedlichen Aufgaben jeweils Zugang zu separaten Rechnern in Anspruch zu nehmen. Mit einem solchen Universaldienst könnten so alle verfügbaren Information auf allen Rechnern eines Unternehmens, die sich jeweils auch in unterschiedlichen Netzwerken befinden können, verfügbar gemacht werden.

Allerdings stellte sich bei der Realisierung eines Universaldienstes die Schwierigkeit, daß die unterschiedlichen LAN-Netzwerktechnologien meist untereinander vollkommen unverträglich und inkompatibel sind. Wie bereits im Kapitel 5 erläutert, unterliegen LANs zum einen Restriktionen hinsichtlich ihrer geografischen Ausdehnung, als auch ihrer Kapazität, also der Anzahl der angeschlossenen Rechensysteme. Daneben verfügen unterschiedliche LAN-Technologien über jeweils spezielle eigene technisch-physikalische und logische Parameter, so daß ein „einfacher" Zusammenschluß der unterschiedlichen Technologien vollkommen unmöglich ist.

Ein Universaldienst muß also in der Lage sein, diese Inkompatibilitäten zu bewältigen. Um mehrere heterogene Netzwerke miteinander zu verbinden, wird zusätzliche Hardware und Software benötigt. Die zusätzlich eingesetzte Hardware dient der physikalischen Koppelung der inkompatiblen Netzwerktypen, während die zusätzliche Software die Aufgabe hat, den Universaldienst auf allen Komponenten der jetzt miteinander verbundenen Netzwerke zu installieren, um so eine transparente Kommunikation zu ermöglichen. Das mit Hilfe eines solchen Universaldienstes durch Zusammenschluß verschiedener Netzwerke entstandene Gebilde wird als **Internet** bezeichnet. Natürlich ist das globale Internet auch ein solches Internet, mit Sicherheit das berühmteste.

7.1.1 Zusammenschluß von WANs/LANs

Werden mehrere heterogene Netzwerke miteinander zu einem Internet verbunden, können unterschiedliche Kombinationen von Netzwerktypen auftreten. Wie in Abb. 7.1 dargestellt, sind prinzipiell folgende Kombinationen denkbar:

- **LAN-LAN**
  Innerhalb desselben Unternehmens können Daten zwischen unterschiedlichen LANs ausgetauscht werden. So kann z.B. ein Mitarbeiter der Verkaufsabteilung die Urlaubsplanung aus der Personalabteilung anfordern.
- **LAN-WAN**
  Ein Mitarbeiter eines Unternehmens kommuniziert mit einem Kunden, der über einen Internetprovider an ein entferntes WAN angeschlossen ist. Vom LAN des Unternehmens wird hier eine Verbindung zu dem adressierten WAN hergestellt, um Daten auszutauschen.
- **WAN-WAN**
  Zwei Privatleute, die jeweils über einen kommerziellen Internetprovider an ein WAN angeschlossen sind, tauschen Daten aus.

- **LAN-WAN-LAN**
  Mitarbeiter zweier Unternehmen, die jeweils über eigene LANs verfügen tauschen Nachrichten miteinander aus, wobei die beteiligten LANs über ein WAN miteinander verbunden sind.

Die unterschiedlichen Verbindungsmöglichkeiten sind in Abb. 7.1 jeweils durch eine separate, gepunktete Verbindung angedeutet. Um diese Verbindungen herzustellen, benötigt man jeweils spezielle Verbindungshardware, die durch kleine Kästchen zwischen den schematisch dargestellten Netzwerken angedeutet sind. Diese spezielle Verbindungshardware ist notwendig, um die erforderlichen physikalischen und logischen Umsetzungen zwischen den beteiligten Netzwerktypen vorzunehmen.

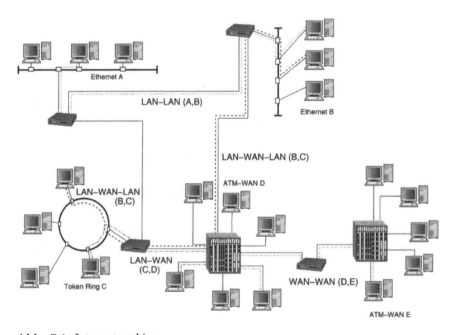

Abb. 7.1. Internetworking

Die jeweils zur Verbindung zweier Netzwerke benötigte Verbindungshardware erhält ihre Bezeichnung entsprechend der Schicht im Internet-Protokollstapel, auf der sie arbeitet (vgl. Abb. 7.2). Folgende Terminologie kommt dabei für die unterschiedlichen Schichten zum Einsatz:

- **Schicht 1**
  In der untersten Schicht kommen sogenannte **Repeater** zum Einsatz. Ihre Aufgabe besteht in der reinen Signalverstärkung, um die Reichweite von LANs zu steigern. Repeater verfügen über keinerlei Zwischenspeicher und reichen die ankommenden Bits lediglich weiter.

7.1 Virtuelle Netze

Zwischen- und Vermittlungssysteme im Internet

Ein Internet wird mit Hilfe sogenannter **Router** als Zwischensystemen verknüpft, die die Aufgabe der Paketvermittlung übernehmen. Je nach angebotenem Funktionsumfang lassen sich – in Abhängigkeit von der Protokollschicht, zu der die zur Verfügung gestellten Funktionen gehören – die verschiedenartigen Zwischensysteme in unterschiedliche Kategorien (Repeater, Bridge, Router und Gateway) unterteilen.

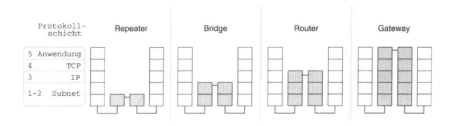

- **Repeater** arbeiten auf der untersten Schicht, der physikalischen Schicht im Kommunikationsprotokollstapel und bewirken eine reine Signalverstärkung, um größere Distanzen überbrücken zu können.
- **Bridges** verbinden Netzsegmente auf der zweiten Schicht, der Transportschicht, und werden zur Erweiterung von LANs eingesetzt. Sie leisten gleichzeitig ein Verkehrsmanagement, indem sie den lokalen Verkehr auch lokal halten. Zur Koppelung weit entfernter Netzwerkinseln werden sogenannte **Remote Bridges** eingesetzt.
- **Router** verbinden einzelne (autarke) Netze zu einem Internet, die dadurch zu Teilnetzen werden. Sie arbeiten auf Schicht 3 des Kommunikationsprotokollmodells und trennen die Subnetze logisch. Router sind vom jeweilig eingesetzten Netzwerkprotokoll abhängig und müssen die Netzwerktopologie kennen, um ihre Aufgabe erfüllen zu können.
- **Gateways** verbinden Netzwerke zu einem neuen System. Sie ermöglichen die Kommunikation zwischen Anwendungsprogrammen auf unterschiedlichen Endsystemen und sind in der Anwendungsschicht des Kommunikationsprotokollmodells angesiedelt. Sie sind prinzipiell in der Lage, unterschiedliche Anwendungsprotokolle ineinander zu übersetzen. Diese Tätigkeit macht Gateways allerdings von den jeweils eingesetzten Anwendungsprogrammen abhängig.

Abb. 7.2. Zwischen- und Vermittlungssysteme im Internet

- **Schicht 2**
Auf der Bitübertragungsschicht des Netzwerks können Netzsegmente über sogenannte **Bridges** miteinander verbunden werden. Im Gegensatz zu Repeatern verfügen Bridges über eigene Zwischenspeicher, in denen die ankommenden Datenpakete vor ihrer Weiterleitung gespeichert werden. Nach Ankunft der Datenpakete wird eine einfache Fehlererkennung über die in den Datenpaketen mit versendeten Prüfsummen durchgeführt. Desweiteren können Bridges Veränderungen im Header der Datenpakete vornehmen. Dies betrifft aber ausschließlich Header der Schicht 2. Header der darüberliegenden Schichten werden als reine Nutzdaten behandelt, ohne daß Informationen aus diesen verwendet werden könnten.

- **Schicht 3**
  Zwischen verschiedenen Netzwerken vermitteln auf der Netzwerkschicht sogenannte **Router**, deren Aufgabe auch darin besteht, für die ankommenden Datenpakete den nächsten Abschnitt auf ihrem Weg zum jeweils festgelegten Ziel zu bestimmen. Ankommende Datenpakete werden zwischengespeichert, der Datenheader ausgewertet und entsprechend der dort angegebenen Adressen die Weiterleitung organisiert. Wird das Datenpaket an ein Netzwerk weitergegeben, auf dem ein anderes Netzwerkprotokoll mit anderem Datenpaketformat implementiert ist, muß der Router eine entsprechende Umformatierung vornehmen. Router, die dazu in der Lage sind, werden als **Multiprotokoll-Router** bezeichnet.
- **Schicht 4**
  Um eine Verbindung oberhalb der Netzwerkschicht zu ermöglichen, sind sogenannte **Gateways** notwendig. Auf der Transportschicht des Netzwerks verbinden Transport-Gateways unterschiedliche Byte-Ströme miteinander.
- **Schicht 5**
  Ebenso wie auf der Transportschicht kommen auf der Anwendungsschicht **Gateways**, hier Application-Gateways genannt, zum Einsatz. Die Aufgabe eines Application-Gateways besteht darin, zwei Komponenten einer verteilten Anwendung, die auf Rechnern unterschiedlicher Netzwerke abläuft, miteinander zu verbinden. So kann z.B. zur Weiterleitung von Emails ein spezielles Email-Gateway verwendet werden, das zudem noch in der Lage ist, zwischen verschiedenen Email-Anwendungen und deren Implementationen zu vermitteln.

Diese strikte begriffliche Unterscheidung ist in der Praxis nur selten anzutreffen. Oft vereinigen die auf dem Markt angebotenen Zwischensysteme Eigenschaften von Bridges, Routern und Gateways in sich.
Kommt ein Gateway zwischen den Netzwerken zweier großer Organisationen oder gar zweier Staaten zum Einsatz, muß die Konfiguration der Verbindungshardware von den damit verbundenen Organisationen gemeinsam durchgeführt werden. Je größer die beteiligten Parteien, desto komplizierter gestaltet sich dabei die Reglementierung beim kontrollierenden und steuernden Zugriff auf die betreffende Schnittstelle. Daher wird hier oft eine Aufteilung der Verbindungshardware in zwei Teile vorgenommen, die jeweils vollständig unter der Kontrolle von einem der Verbindungspartner stehen. Im Gegensatz zu einem einzelnen **Voll-Gateway** (Full-Gateway) werden dann zwei **Halb-Gateways** (Half-Gateways) eingesetzt, und die darüber verbundenen Parteien müssen sich lediglich auf ein gemeinsames Verbindungsprotokoll einigen, das zwischen den beiden Half-Gateways eingesetzt wird. Die Konfiguration des jeweiligen Half-Gateways unterliegt einzig und alleine der Kontrolle einer der beiden Partein und gestaltet sich somit weniger restriktiv, als das bei einer Koordination der beiden Parteien der Fall wäre (siehe Abb. 7.3).

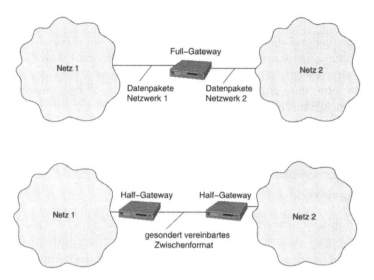

Abb. 7.3. Verbindung über Full-Gateway und Half-Gateway

7.1.2 Internetworking

Netzwerke von unterschiedlicher Technologie zu verbinden, ist in der Praxis ein sehr anspruchsvolles Unterfangen. Dies liegt vor allen Dingen in der Vielzahl der physikalisch-technischen und logischen Parameter begründet, in denen sich Netzwerktechnologien voneinander unterscheiden können. Sind zwischen Sender und Empfänger mehrere unterschiedliche Netzwerktypen zu überbrücken, so müssen an den Schnittstellen zwischen den einzelnen Netzwerken eine Reihe von Umsetzungsproblemen gelöst werden, die in deren unterschiedlichen Betriebsparametern und Datenformaten begründet liegen. Zu diesen zählen:

- **Verbindungsorientierter und verbindungsloser Dienst**
  Bei der Umsetzung von Datenpaketen aus Netzwerken, die einen verbindungsorientierten Dienst anbieten, in Netzwerke, die nur über einen verbindungslosen Dienst verfügen, geraten die passierenden Datenpakete schnell aus ihrer ursprünglichen Ordnung. Der Empfänger kann die ursprünglichen Daten nicht mehr korrekt interpretieren, wenn er die Empfangsordnung für die korrekte Reihenfolge hält.
- **Kommunikationsprotokolle**
  In unterschiedlichen Netzwerken können vielfältige Kommunikationsprotokolle zum Einsatz kommen, wie z.B. IP, IPX, AppleTalk, DECNet oder SNA. An den Schnittstellen der Netzwerke müssen daher Protokollumsetzungen stattfinden. Allerdings sind diese nicht immer vollständig möglich, da nicht alle Kommunikationsprotokolle über eine identische Funktionalität verfügen und so Information auch verloren gehen kann.

- **Adressierung**
  Eine einheitliche, netzwerkübergreifende Adressierung ist in unterschiedlichen Netzwerktechnologien nicht gegeben. Daher muß an den Schnittstellen der Netzwerke eine entsprechende Adreßumsetzung stattfinden. Um dies zu bewerkstelligen, sind Verzeichnisdienste notwendig, die eine Zuordnung der unterschiedlichen Adreßtypen erlauben.

- **Multicasting**
  Trifft eine Multicast-Nachricht bei ihrem Weg durch ein Internet auf ein Netzwerk, das Multicasting nicht unterstützt, muß die Nachricht entsprechend oft repliziert werden, damit sie alle Adressaten erreicht.

- **Maximale Paketgröße**
  Unterschiedliche Netzwerktechnologien verfügen über unterschiedliche maximale Paketgrößen. Soll ein Datenpaket ein Netzwerk passieren, dessen Paketgröße länger ist, als in diesem Netzwerk erlaubt, muß es (eventuell erneut) fragmentiert werden. Da nicht stets von einer garantierten Dienstgüte ausgegangen werden kann, müssen Mechanismen vorgesehen werden, die Sorge tragen, daß das erneut zerlegte Datenpaket korrekt und vollständig den Empfänger erreicht und in der richtigen Reihenfolge wieder zusammengesetzt wird.

- **Dienstgüte (Quality of Service)**
  Viele Netzwerke sind nicht in der Lage, mit Echtzeit-Daten, die nahezu isochron auszuliefern sind, umzugehen. Passieren derartige Echtzeit-Daten ein Netzwerk, das diesbzgl. keine Garantien übernehmen kann, ist die korrekte Zustellung der betreffenden Daten beim Empfänger in Frage gestellt.

- **Fehlerbehandlung**
  Mechanismen zur Fehlerbehandlung reagieren in verschiedenen Netzwerktechnologien in unterschiedlicher Weise auf das Auftreten von Übertragungsfehlern. Vom simplen Verwerfen eines fehlerhaften Datenpakets (Discarding), über eine Neuanforderung fehlerhafter Pakete bis hin zur automatischen Fehlerkorrektur sind viele Varianten denkbar. Tritt nun tatsächlich ein Übertragungsfehler auf, so kann dieses unterschiedliche Verhalten der bei der Übertragung beteiligten Netzwerke zu Problemen führen.

- **Flußsteuerung (Flow Control)**
  Auch hier können in unterschiedlichen Netzwerktechnologien verschiedene Verfahren zur Anwendung kommen, die eine Überlastung der beteiligten Endsysteme vermeiden helfen. Vorallem in Verbindung mit unterschiedlichen Mechanismen zur Fehlerbehandlung, Überlaststeuerung und unterschiedlichen Paketgrößen der beteiligten Netzwerke kann es zu Problemen kommen.

- **Überlaststeuerung (Congestion Control)**
  Zur Vermeidung von Überlast bei den beteiligten Zwischensystemen in den einzelnen Netzwerken kommen z.T. unterschiedliche Algorithmen zum Einsatz. Im Zusammenhang mit unterschiedlichen Mechanismen zur Fehler-

behandlung können Datenpaketverluste in Folge von Router-Überlastung auftreten.

- **Sicherheit**
  Neben unterschiedlichen Mechanismen der Datenverschlüsselung können in den beteiligten Netzwerken in Bezug auf die Verwaltung vertraulicher, privater Daten verschiedene Regeln zum Einsatz kommen. Eine Koordination und Umsetzung spezifischer Regularien ist aufwendig und nicht immer vollständig möglich.

- **Abrechnungssysteme (Accounting)**
  In verschiedenen Netzwerken können unterschiedliche Abrechnungssysteme eingesetzt werden, die die Nutzung des Netzwerks anhand unterschiedlicher Parameter, wie z.B. Verbindungszeit oder übertragene Datenmenge, abrechnen. Selbst die übertragene Datenmenge kann dabei unterschiedlich in Bit, Byte oder Anzahl Datenpakete abgerechnet werden.

Verbindungsorientiertes Internetworking. Ebenso wie bei einem einzelnem Netzwerk kann im Falle der Vernetzung mehrerer Netzwerke zwischen einem verbindungsorientierten und einen verbindungslosen Datenübertragungsdienst unterschieden werden. Werden z.B. einzelne verbindungsorientierte Netzwerke zusammengeschaltet und soll über diese eine Verbindung aufgebaut werden, so spricht man von **verbundenen virtuellen Verbindungen** (**Concatenated Virtual Circuits**).
Dabei wird eine Verbindung zu einem Endsystem in einem entlegenen Netzwerk prinzipiell auf dieselbe Weise aufgebaut wie in einem verbindungsorientierten Einzelnetzwerk (siehe Abb. 7.4): Auf Initiative des Senders erkennt das Subnetz des Senders, daß eine Verbindung zu einem Endsystem außerhalb des Subnetzes aufgebaut werden soll. Dazu wird als erstes eine Verbindung zu demjenigen Router geschaltet, der dem Netzwerk des adressierten Endsystems am nächsten liegt. Von dort aus wird eine Verbindung zu einem externen Gateway, meist einem Multiprotokoll-Router, geschaltet, über den der Pfad zum Netzwerk des adressierten Endsystems führt. Das Gateway registriert diese virtuelle Verbindung in seinen Routing-Tabellen und fährt damit fort, eine Verbindung zu einem geeigneten Router im nächsten Netzwerk entlang des Verbindungspfades aufzubauen. Dieser Prozeß wird solange fortgesetzt, bis eine Verbindung zum ursprünglich gewünschten Adressaten hergestellt ist.
Sobald der eigentliche Datenverkehr entlang der geschalteten Verbindung aufgenommen wird, leitet jeder Router die ankommenden Datenpakete weiter und nimmt dabei alle notwendigen Übersetzungen von Datenformaten und Kommunikationsparametern vor, die für das jeweilig beteiligte Netzwerk erforderlich sind. Dazu wird für jede einzelne geschaltete Verbindung innerhalb eines Netzwerks eine feste Identifikationsnummer vergeben, die ebenfalls in den vermittelnden Zwischensystemen umgesetzt werden muß. Die Router verwalten zu diesem Zweck in ihren Routing-Tabellen die Identifikationsnummern der jeweils zu vermittelnden Verbindungen. Entlang einer

derartigen Verbindung durchlaufen die versendeten Datenpakete die Router stets in unveränderter Reihenfolge, so daß die Datenpakete den Empfänger in der ursprünglichen Ordnung erreichen.

Diese Art der Verbindung arbeitet am zuverlässigsten, wenn sich die verbundenen Netzwerke möglichst stark ähneln. Nur wenn jedes der beteiligten Netzwerke einen zuverlässigen Dienst anbietet, kann auch der Netzverbund einen zuverlässigen Dienst anbieten.

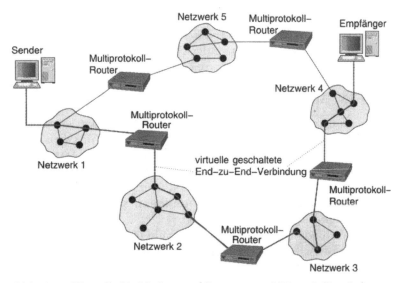

Abb. 7.4. Virtuelle Verbindungen (Concatenated Virtual Circuits)

Prinzipiell gelten für das verbindungsorientierte Internetworking dieselben Vor- und Nachteile wie für ein einfaches verbindungsorientiertes Netzwerk: Pufferspeicher kann bereits vor dem Datentransfer alloziert werden, die Einhaltung der ursprünglichen Reihenfolge wird garantiert, der notwendige Overhead an zusätzlicher Steuerinformation im Datenheader ist gering und Probleme mit verzögerten oder duplizierten Datenpaketen treten in der Regel nicht auf. Auf der anderen Seite wird für jede bestehende Verbindung bei den beteiligten Routern zusätzlicher Speicherplatz in den Routing-Tabellen benötigt. Tritt eine Überlastung oder ein Ausfall eines Zwischensystems auf, kann auf keine alternative Route ausgewichen werden.

Verbindungsloses Internetworking. Im Gegensatz zum verbindungsorientierten Ansatz werden in dieser Variante Datagramm-Netzwerke zusammengeschaltet, also Netzwerke, die jeweils nur einen verbindungslosen Dienst anbieten. Um einen Datentransfer zu einem entfernten Endsystem durchzuführen, muß hier keine explizite Verbindung aufgebaut werden, sondern alle Datenpakete des Senders treten unabhängig voneinander ihre Reise zum designierten Empfänger an. Dabei kann jedes Datenpaket auf einem unterschiedlichen Weg über unterschiedliche (Zwischen-)Netzwerke zu seinem Ziel gelangen. Da die beteiligten Router keine eigenen Verbindungsidentifikationen vergeben, wie im verbindungsorientierten Fall, können auch keine dedizierten Verbindungen von den Routern verwaltet werden. Für jedes einzelne Datenpaket bedeutet dies, daß jeweils eine gesonderte Routingentscheidung zu treffen ist, auf welchem Weg das Datenpaket zu seinem Ziel gelangt. Wie im Falle eines einzelnen verbindungslosen Netzwerks können auch hier keine Dienstgarantien abgegeben werden, ob die am Ziel angelangten Datenpakete in der ursprünglichen Reihenfolge eintreffen oder ob sie überhaupt ihr Ziel erreichen.

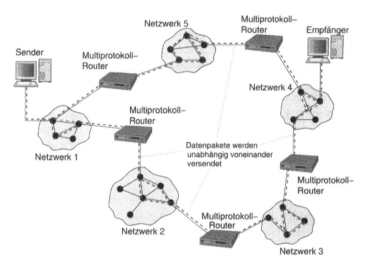

Abb. 7.5. Verbindungsloses Internetworking

Die Vor- und Nachteile des verbindungslosen Internetworkings entsprechen denen eines herkömmlichen verbindungslosen Dienstes: Zwar kann eine Überlast eher auftreten als beim verbindungsorientierten Dienst, doch sieht der verbindungslose Dienst spezielle Ausweich- und Vermeidungsmechanismen bei Überlast vor, die auch im Falle eines Routerausfalls zum Einsatz kommen. Da die einzelnen Datenpakete unabhängig voneinander ihren Weg zum jeweiligen Empfänger antreten, muß die im Datenheader des Pakets enthaltene Steuerinformation ausführlicher sein, als dies bei virtuellen Verbindungen der Fall ist, und kann damit die Effizienz des Netzwerkdurchsatzes einschränken. Der große Vorteil dieses Ansatzes liegt jedoch darin, daß dieses Verfahren auch dann zum Einsatz kommen kann, wenn die beteiligten Netzwerke von unterschiedlichem Typ bzgl. der Gewährleistung von Dienstgarantien sind.

Tunneling. Wie bereits beschrieben, erweist sich die explizite Umsetzung von Datenpaketen eines Netzwerkes in solche eines anderen als aufwendiges und nicht immer adäquat zu lösendes Problem. Ein einfacherer Fall liegt allerdings dann vor, wenn Sender- und Empfängernetzwerk jeweils vom gleichen Typ sind und Netzwerke anderen Typs lediglich überbrückt werden müssen. Sender und Empfänger können Datenpakete mit identischem Datenformat verarbeiten, nur die beteiligten Zwischensysteme (Multiprotokoll-Router, Gateways) müssen die zur Weitervermittlung über unterschiedliche Netzwerktechnologien hinweg notwendigen Umsetzungen und Umformatierungen vornehmen. Das ursprünglich vom Sender auf den Weg geschickte Datenpaket bleibt unverändert und wird dabei als Ganzes oder in einzelnen Teilstücken (Fragmenten) im Nutzdatenanteil der unterschiedlichen Netzwerk-Datenformate gekapselt und am Ende wieder entpackt und zusammengesetzt (vgl. Abb. 7.6).

Bei dieser Organisation der Kommunikation wird das ursprüngliche Datenpaket also geeignet verpackt und der Weg durch die Zwischennetzwerke, von einem Multiprotokoll-Router zum anderen wird wie durch einen **Tunnel** zurückgelegt, als wären Sender und Empfänger durch ein einfaches serielles Kabel direkt miteinander verbunden. Dabei geht keine Information aus dem IP-Datenpaket durch eventuelle Übersetzung verloren. Lediglich die beiden Multiprotokoll-Router am Ein- bzw. Ausgang ihrer Netzwerke müssen in der Lage sein, sowohl die ursprünglichen Datenpakete als auch die Datenpakete der benachbarten Netzwerke verarbeiten zu können. Sender und Empfänger in den beiden entfernten LANs benötigen keinerlei Information über Netzwerke, die auf dem Weg zwischen ihnen liegen.

Fragmentierung. Jeder Netzwerktyp beschränkt die Maximallänge eines einzelnen, zu übertragenden Datenpakets auf einen bestimmten Wert. Verantwortlich dafür sind Beschränkungen von Seiten der Hardware, des verwendeten Betriebssystems, von Protokoll- und Standardkonventionen oder Beschränkungen, die durch konkurrierende Ziele hervorgerufen werden. Zu diesen zählen z.B. die Verringerung von Übertragungsfehlern in einem einzelnen Datenpaket (je länger, desto mehr Fehler sind möglich) oder eine möglichst kurze Belegungszeit des Übertragungsmediums durch ein einzelnes Datenpaket.

Die Maximallänge der transportierten Nutzlast reicht von 48 Bytes bei ATM-Datenpaketen bis hin zu 65.515 Bytes für IP-Datenpakete, wobei auf höheren Protokollschichten auch noch größere Paketlängen möglich sind. Werden verschiedenartige Netzwerke miteinander verbunden, so können die Datenpakete des einen Netzwerks zu groß sein für das nachfolgende Netzwerk. Zwar könnte man dieses Problem einfach dadurch lösen, daß man eine Weiterleitung der betreffenden Datenpakete in ein Nachbarnetzwerk nur dann gestattet, wenn dieses die Ursprungsdatenpakete jeweils vollständig in einem Stück transportieren kann. Allerdings könnten dann bestimmte Destinationen nicht von jedem Netzwerk aus erreicht werden. Es ist also ein alternatives Verfahren nötig, das den Transport zwischen beliebigen Netzwerkkombinationen gestat-

Beispiel für das Tunneling von IP-Datenpaketen

Im betrachteten Beispiel seien Sender- und Empfängernetzwerk vom Typ Ethernet, wobei ein WAN vom Typ ATM überbrückt werden muß. Die beiden zu verbindenden Ethernets seien jeweils TCP/IP-basiert, d.h. auf der Netzwerkschicht wird das Kommunikationsprotokoll IP eingesetzt. Für die Kommunikation kann ein sogenannter **Tunnel** eingerichtet werden, der den Datentransfer über die Grenzen unterschiedlicher Netzwerke hinweg wesentlich erleichtert. Das Ethernet-Datenpaket des Senders wird mit der IP-Adresse des Empfängers versehen und an den Multiprotokoll-Router gesendet, der das Ethernet-LAN mit dem ATM-WAN verbindet. Der Multiprotokoll-Router übernimmt das IP-Datenpaket aus dem empfangenen Ethernet-Datenpaket und verfrachtet es als Nutzlast-Anteil in ein Datenpaket des nachfolgenden WANs. Für den Fall, daß ein WAN-Datenpaket das übergebene IP-Datenpaket nicht vollständig als Nutzlast aufnehmen kann, wird es zuvor paßgerecht in mehrere Einzelteile zerlegt (**fragmentiert**). Am Multiprotokoll-Router der Gegenstelle angekommen, die das ATM-WAN mit dem Ziel-LAN verbindet, wird aus dem empfangenen ATM-Datenpaket das ursprüngliche IP-Datenpaket wieder ausgepackt, zurück in ein Ethernet-Datenpaket verwandelt und über das LAN zum designierten Zielsystem gesendet. Wurde das ursprüngliche Datenpaket fragmentiert übertragen, muß vor der Weiterversendung im Ziel-LAN zuerst eine Defragmentierung stattfinden, bei der das Datenpaket wieder zusammengesetzt wird.

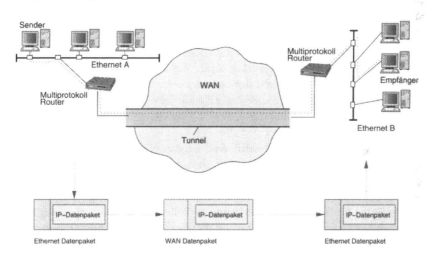

Abb. 7.6. Beispiel für das Tunneling von IP-Datenpaketen zwischen unterschiedlichen Netzwerktechnologien

tet, unabhängig von den jeweils geltenden Beschränkungen bzgl. der maximal erlaubten Datenpaketlänge.
Die Grundidee zu einem solchen Verfahren besteht darin, Datenpakete eines Netzwerks mit großer Paketlänge zur Übertragung über ein Netzwerk mit geringerer Paketlänge in einzelne Teilstücke (**Fragmente**) aufzubrechen und beim Verlassen dieses Netzwerks oder zu einem späteren Zeitpunkt wieder in das ursprüngliche Datenpaket zusammenzusetzen. Dabei erweist sich das

Zusammensetzen der fragmentierten Datenpakete stets als die schwierigere der beiden Operationen. Hierzu existieren zwei entgegengesetzte Strategien:

- **Transparente Fragmentierung**
  Das Netzwerk, für das eine Fragmentierung vorgenommen wurde, setzt die einzelnen Teilpakete wieder zum ursprünglichen Datenpaket zusammen, bevor dieses auf seinem Weg zum endgültigen Zielnetzwerk an das Folgenetzwerk weitergegeben wird. Den Folgenetzwerken entlang des Pfades zum finalen Zielnetzwerk bleibt so die Fragmentierung komplett verborgen (siehe Abb. 7.7).
  Erreicht ein zu großes Datenpaket das Vermittlungssystem eines Netzwerkes, das nach dem Prinzip der transparenten Fragmentierung arbeitet, wird dieses zuerst in einzelne Teilpakete zerlegt. Jedes dieser Teilpakete erhält als nächstes Ziel die Adresse des Multiprotokoll-Routers, der das aktuelle Netzwerk mit dem Folgenetzwerk entlang des vorbestimmten Pfads zum endgültigen Zielsystem verbindet. Dort angekommen werden die Teilpakete wieder zum Ursprungspaket zusammengesetzt.
  Dazu muß jedes Teilpaket mit einer entsprechenden Identifikation versehen werden. Der empfangende Multiprotokoll-Router muß außerdem in die Lage versetzt werden, festzustellen, ob tatsächlich alle Teilpakete des Original-Datenpakets angekommen sind. Zu diesem Zweck wird ein entsprechender Zähler mitgeführt, der es außerdem erlaubt, die ankommenden Datenpakete wieder in ihrer korrekten Reihenfolge zusammenzusetzen, und ein spezielles Ende-Bit, das das letzte Teilpaket eines Datenpakets kennzeichnet.
  Darüberhinaus muß sichergestellt werden, das alle Teilpakete tatsächlich ihren Weg über den designierten Multiprotokoll-Router und nicht einzelne Teilpakete auf ihrem Weg zum endgültigen Ziel einen anderen Weg nehmen, obwohl das zu Effizienzeinbußen in der Übertragung führen kann. Ein weiterer Nachteil ist der eventuell anfallende hohe Verarbeitungsaufwand, wenn Datenpakete in mehreren Netzwerken entlang des Pfades zum Zielsystem fragmentiert und anschließend wieder zusammengesetzt werden müssen.

- **Nicht-transparente Fragmentierung**
  Anders als bei der transparenten Fragmentierung wird hier auf ein Zusammensetzen der fragmentierten Teilpakete in den Vermittlungssystemen zwischen den einzelnen Netzwerken bewußt verzichtet. Wurde ein übergroßes Datenpaket erst einmal zerlegt, dann wird jedes Teilpaket unabhängig als eigenständiges Datenpaket behandelt und weiterversendet. Das Zusammensetzen zum ursprünglichen Datenpaket erfolgt erst im eigentlichen Zielsystem. Dazu muß jedes Endsystem in der Lage sein, ein fragmentiertes Datenpaket wieder zusammenzusetzen. Im Gegensatz zur transparenten Fragmentierung tritt kein zusätzlicher Overhead in der Verarbeitung an den Zwischensystemen auf, doch ist der transportierte Datenoverhead größer, da eine einmal durchgeführte Fragmentierung stets bis zum Errei-

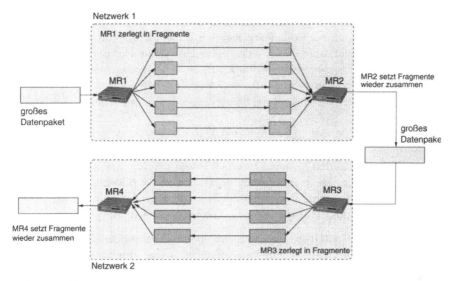

Abb. 7.7. Transparente Fragmentierung

chen des Zielsystems beibehalten wird und so jedem der kürzeren Teilpakete entsprechende Datenheader beigefügt werden müssen. Der Vorteil dieses Verfahrens liegt auch darin, daß alle Teilpakete auf unterschiedlichen Wegen durch die einzelnen Netzwerke zu ihrem Ziel geleitet werden können, wodurch sich der Durchsatz erhöhen kann. Allerdings bringt dieses Verfahren bei der Verwendung virtueller Verbindungen keinen Vorteil, da hier für jedes Teilpaket dieselbe Route verwendet wird.
Die Schwierigkeit dieses Verfahrens liegt darin begründet, daß Vorsorge getroffen werden muß, um auch mehrfach fragmentierte Datenpakete wieder in ihren Originalzustand zurückversetzen zu können. Dazu bietet sich eine Nummerierung an, die in Form eines Baumes fortgeführt wird, sobald eine neue Fragmentierung durchgeführt wird. Wird z.B. ein Datenpaket mit der Identifikationsnummer 0 zerlegt, werden die Teilpakete jeweils mit 0.1, 0.2, 0.3, etc. bezeichnet. Wird eines der Teilpakete erneut zerlegt, z.B. 0.2, dann entstehen Teilpakete mit den Nummern 0.2.1, 0.2.2, 0.2.3, etc. Damit dieses Verfahren erfolgreich durchgeführt werden kann, muß sichergestellt werden, daß tatsächlich alle Teilpakete beim Empfänger ankommen und keine Duplizierung von Datenpaketen erfolgt. Treten Verluste von Teilpaketen auf oder müssen Teilpakete aufgrund von Übertragungsfehlern neu angefordert werden, kann es bei diesem Verfahren der Nummerierung zu Problemen kommen, da bei einer Neuübertragung einzelne Teilpakete unterschiedliche Wege zum designierten Zielsystem nehmen können und so zwar die identische Teilpaketnummer aufweisen, aber nicht mehr mit dem ursprüngliche gesendeten Teilpaket identisch sein müssen.

Ein alternatives Verfahren beschreitet das Internet-Protokoll, indem eine atomare Fragmentgröße festgelegt wird, die klein genug ist, damit ein Teilpaket dieser Länge durch jedes beliebige Netzwerk vollständig und in einem Stück transportiert werden kann. Ist eine Fragmentierung notwendig, so besitzen alle Fragmente stets dieselbe zuvor festgelegte atomare Fragmentgröße. Nur das letzte übertragene Fragment kann von kürzerer Länge sein.
Damit das Ende des ursprünglichen Datenpakets erkannt werden kann, muß dieses Fragment wieder durch ein Ende-Bit gekennzeichnet werden. Aus Effizienzgründen kann ein Internet-Datenpaket mehrere atomare Fragmente enthalten. Dazu muß in dessen Datenheader sowohl die ursprüngliche Datenpaket-Nummer als Identifikation, als auch die Nummer des ersten enthaltenen atomaren Fragmentes vermerkt sein (vgl. Abb. 7.8).

Internetwork Routing. Das Routing in einer Internet-Umgebung läuft ganz ähnlich ab, wie in einem einzelnen Netzwerk. Innerhalb eines Internets wird zunächst versucht, in einem Graphen die vorliegende Topologie der Multiprotokoll-Router zu erfassen, die die einzelnen Netzwerke miteinander verbinden. Jeder Multiprotokoll-Router besitzt dabei quasi eine direkte Verbindung zu jedem anderen Multiprotokoll-Router, mit dem er durch maximal ein Netzwerk verbunden ist (siehe Abb. 7.9). Im vorliegenden Beispiel kann der Router MR1 über das Netzwerk N1 die Router MR2 und MR3, sowie über das Netzwerk N4 den Router MR5 erreichen.
Auf diesen die Topologie der Multiprotokoll-Router repräsentierenden Graphen können jetzt die bereits im WAN-Kapitel (Kap. 6) besprochenen Routing-Algorithmen, wie z.B. das Link-State-Routing angewendet werden. Das Internet-Routing erfolgt so als zweistufiger Routing-Algorithmus, der innerhalb der beteiligten Netzwerke ein sogenanntes **Interior Gateway Protocol** vorsieht und zwischen den jeweiligen Multiprotokoll-Routern ein sogenanntes **Exterior Gateway Protocol**. Jedes der beteiligten Netzwerke agiert dabei unabhängig von allen anderen, d.h. es können jeweils auch unterschiedliche Routing-Verfahren in den einzelnen Netzwerken zum Einsatz kommen. Aus diesem Grund bezeichnet man die einzelnen Netzwerke auch als **autonome Systeme (AS)**.
Soll ein Datenpaket vom Sender aus einem Netzwerk in ein entferntes Netzwerk versendet werden, wird es zunächst innerhalb des Sendernetzwerks vom Sender zum vorgesehenen Multiprotokoll-Router versandt, der das Sender-Netzwerk mit dem Folgenetzwerk auf dem Pfad zum Zielnetzwerk verbindet. Dazu wird die Adreß- und Routing-Information aus der MAC-Schicht der Bitübertragungsschicht (Schicht 2) verwendet. Angekommen am Multiprotokoll-Router des Sendernetzwerks, verwendet dieser die Routing-Information der nächsthöher gelegenen Netzwerkschicht (Schicht 3), um den Folge-Multiprotokoll-Router zu ermitteln, an den dann das Datenpaket weitergeleitet wird. Die Weiterleitung erfolgt nun zu den Bedingungen und den Parametern des zu durchquerenden Netzwerks, d.h. entsprechend dem ver-

Beispiel für die Fragmentierung von IP-Datenpaketen

Um ein IP-Datenpaket nach erfolgter (Mehrfach-)Fragmentierung wieder korrekt zusammensetzen zu können, enthält der Header eines IP-Datenpakets stets zwei Sequenznummern:

– Paketnummer des IP-Datenpakets und
– Nummer des ersten im IP-Datenpaket enthaltenen atomaren Fragments.

Ein zusätzliches Steuerungsbit (Ende-Bit) signalisiert das Endfragment eines Datenpakets:

– Ende-Bit=0: Anfangs- oder Zwischenfragmente eines IP-Datenpakets.
– Ende-Bit=1: letztes Fragment eines IP-Datenpakets.

Da für das IP-Protokoll sichergestellt ist, daß die festgelegte Länge der einzelnen atomaren Fragmente stets kleiner ist, als die minimale Datenpaketgröße aller beteiligten Netzwerke, können aufeinanderfolgende Fragmentierungen bis hinunter zur atomaren Fragmentgröße durchgeführt und anschließend beim Empfänger problemlos wieder rückgängig gemacht werden. Folgendes Beispiel zeigt den Ablauf einer Mehrfachfragmentierung eines IP-Datenpakets. Als atomare Fragmentgröße wurde der Grenzwert von einem Byte gewählt. Anhand der im Datenheader enthaltenen Paket- und Fragmentnummer kann das ursprüngliche Datenpaket stets rekonstruiert werden.

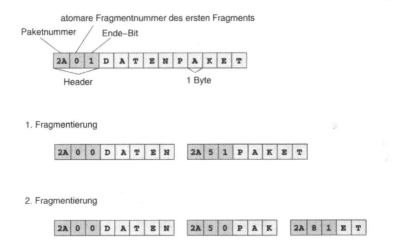

Abb. 7.8. Beispiel für die Fragmentierung von IP-Datenpaketen

wendeten Kommunikationsprotokoll muß das Datenpaket fragmentiert werden bzw. als gekapselte Nutzlast durch das Netzwerk getunnelt werden. Dieser Prozeß wiederholt sich, bis das Zielnetzwerk schließlich erreicht ist.

Ein weiterer Fakt, der das Internetwork-Routing komplizierter macht im Vergleich zum Routing in einem Netzwerk, liegt darin begründet, daß beim Internetworking häufig zwischen Netzwerken unterschiedlicher Betreiber gewechselt werden muß, wobei oft auch hoheitliche und national wechselnde

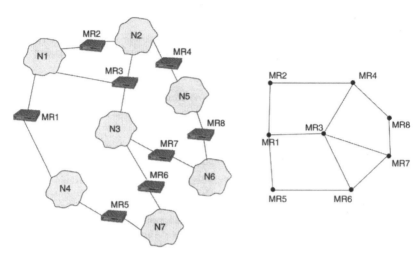

Abb. 7.9. Internetwork Routing

Bestimmungen und Regularien zu beachten sind. Auch kommen in den einzelnen Netzwerken unterschiedliche Abrechnungsverfahren zum Einsatz, so daß ein zusätzliches Problem darin besteht, kostengünstigste Wege für eine Datenübertragung zu ermitteln.

7.2 TCP/IP en Detail

Aus Sicht der Netzwerkschicht des TCP/IP-Referenzmodells kann das weltweite Internet als eine über Multiprotokoll-Router miteinander verbundene, riesige Sammlung einzelner autonomer Systeme (Subnetze) betrachtet werden. Kernstück der Verknüpfung dieser autonomen Systeme sind die sogenannten **Backbones**, also Hochgeschwindigkeitsverbindungen mit sehr großer Transferkapazität, die über schnelle Router an sogenannten **Peering Points** miteinander verbunden sind. An diese Backbones schließen sich **regionale Netze (Midlevel Networks)** an, an die bereits LANs größerer Betreiber, wie z.B. Universitäten, Unternehmen oder Internet Service Provider, angeschlossen sind (siehe Abb. 7.10), so daß eine quasi-hierarchische Organisationsstruktur des Internet entsteht.

Alle miteinander verbundenen Netzwerke nutzen das **Internet-Protokoll (IP-Protokoll)**, das dafür sorgt, daß Datenpakete stets ihren Weg vom Sender zum designierten Empfänger finden, unabhängig davon, an welches Teilnetzwerk Sender oder Empfänger angeschlossen sind. Nachfolgend werden die wichtigsten Protokolle des Internets und ihre Eigenschaften besprochen.

Tabelle 7.1. Grundbegriffe TCP/IP gemäß RCF 1009 und RFC 1122

Objekt	Erläuterung
Nachricht, Segment	Synonym verwendete Begriffe für eine via TCP zu übertragende Dateneinheit, die aus einem TCP-Header und Nutzdaten besteht.
Paket, Datagramm	Synonym verwendete Begriffe, für die zwischen zwei IP-Instanzen ausgetauschte Dateneinheit, die aus einem IP-Header und Nutzdaten bestehen.
Frame, Rahmen	Dateneinheit, die zwischen zwei Instanzen der Bitübertragungsschicht (Schicht 2) des TCP/IP Referenzmodells ausgetauscht wird. Sie besteht aus einem Header, den Nutzdaten und einem abschließenden Trailer.
Host	Bezeichnung für ein Rechensystem, an dem der Nutzer eines Internetdienstes (Client) arbeitet.
Router, Gateway	Vermittelndes Zwischensystem zwischen verschiedenen Netzwerk-Segmenten. Findet eine Vermittlung auf der Netzwerkschicht (Schicht 3) des TCP/IP-Referenzmodells statt, handelt es sich um einen sogenannten Multiprotokoll-Router, falls der Router in der Lage ist, zwischen Netzwerken unterschiedlichen Typs zu vermitteln. Im TCP/IP-Referenzmodell wird die ältere Bezeichnung Gateway oft synonym zum Multiprotokoll-Router verwendet, obwohl die Bezeichnung eine Kommunikation auf einer höheren Protokollschicht nahelegt.
Interior Gateway Protocol (IGP)	Routing-Verfahren, das innerhalb eines einzelnen Netzwerks zum Einsatz kommt.
Autonomes System (AS)	Teilnetze und Systeme, die unter der Kontrolle eines einzelnen Betreibers stehen und ein gemeinsames Routing-Verfahren benutzen.
Exterior Gateway Protocol (EGP)	Routing-Verfahren, das zwischen einzelnen autonomen Systemen eingesetzt wird.

7.2.1 IP-Adressierung

Wie bereits dargestellt, besteht das Ziel jedes Internetworking darin, dem Nutzer die Illusion zu geben, ein großes, einheitliches Netzwerk vor sich zu haben und die eigentlichen physischen Details der darunterliegenden Netzwerke zu verbergen. Das globale Internet ist dabei wie jedes andere Internet nichts anderes als ein reines Software-Produkt, das im wesentlichen aus der Protokollsoftware, insbesondere dem IP-Protokoll, besteht. Dieses schreibt dem Nutzer unabhängig von der verwendeten Hardware alle notwendigen Kommunikationsparameter wie Datenpaketgröße und -format zwingend vor, und stellt ein universelles Adressierungsschema bereit, mit dem es möglich ist, jeden einzelnen mit dem Internet verbundenen Rechner direkt anzuspre-

494   7. Wie das Internet funktioniert – Internetworking

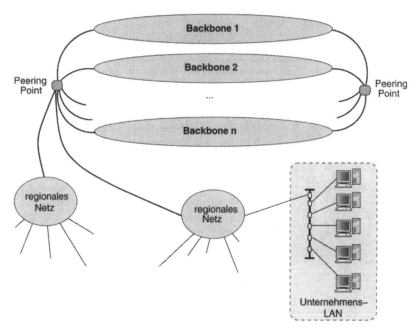

Abb. 7.10. Hierarchischer Aufbau des Internet

chen. Dank dieses IP-Adressierungsschema erscheint das globale Internet dem Nutzer tatsächlich als ein einziges homogenes und universelles Netzwerk und bleiben die Details der vielen Einzelnetze, aus denen das Internet besteht, vollständig vor seinen Augen verborgen. Zwar bleiben den meisten Nutzern auch die eigentlichen binären IP-Adressen verborgen – an ihrer Stelle können leichter zu merkende, hierarchisch aufgebaute, logische Namen verwendet werden –, doch bevor auf die Eigenheiten dieser Namensvergabe und die Regeln zur Umsetzung von Namen in IP-Adressen eingegangen wird (siehe Kap. 8.2.1), soll zuerst das eigentliche IP-Adressierungsschema vorgestellt werden.

IP-Adreßhierarchie und -klassen. Um einen an das Internet angeschlossenen Rechner eindeutig zu adressieren, wird in Anlehnung an die in Netzwerken verwendete Hardware-Adressierung eine 32-Bit lange **Internet-Adresse** (**IP-Adresse**) festgelegt. Jede IP-Adresse besteht aus 4 Byte (4 Oktetten), die meist als Folge von 4 vorzeichenlosen, ganzzahligen, durch Dezimalpunkte getrennte Dezimalzahlen angegeben werden. Beispiel:

IP-Adresse: 155.136.32.17

Diese Schreibweise wird als **Punkt-Dezimal-Notation** (**Dotted Decimal Notation**) bezeichnet. Da jede Dezimalzahl ein einzelnes Adreßbyte repräsentiert, können Werte aus dem Bereich von 0 bis 255 angenommen werden. Der gesamte, theoretisch verfügbare Adreßbereich solcher 32-Bit IP-Adressen umfaßt in Dezimaldarstellung den Bereich

0.0.0.0 bis 255.255.255.255

Logisch gliedert sich eine IP-Adresse in zwei Teile: ein Adreßpräfix und ein Adreßsuffix. Die mit dieser Struktur erreichte Hierarchie soll das Routing durch das Internet vereinfachen. Das Adreßpräfix identifiziert das physikalische Netzwerk, an das der betreffende Rechner angeschlossen ist, und wird auch als **Netzwerk-ID** (Network Identification, NetId) bezeichnet. Das Adreßsuffix dagegen identifiziert einen bestimmten Rechner in dem durch die Netzwerk-ID bestimmten Netzwerk. Daher wird das Adreßsuffix auch als **Host-ID** (Host Identifier) bezeichnet.
Während eine Netzwerk-ID stets eindeutig vergeben wird und auch eine Host-ID in einem bestimmten Netzwerk jeweils nur für einen bestimmten Rechner verwendet werden darf, können in unterschiedlichen Netzwerken durchaus identische Host-IDs benutzt werden. Dieses Schema der Adreßhierarchie unterstützt eine globale Verwaltung der Netzwerk-IDs, während die Verwaltung der Host-IDs lokal durch den jeweiligen Netzwerk-Administrator erfolgen kann.
Ein Problem, das sich aus dieser Aufteilung der IP-Adressen in Netzwerk-IDs und Host-IDs ergab, war, daß zum Einen sowohl genügend viel Raum vorgesehen werden mußte, um alle physisch existierenden Netzwerke eindeutig adressieren zu können, zum Anderen aber auch für jedes Netzwerk genügend viele Adressen zur Verfügung stehen müssen, um eine ausreichend große Zahl von Rechnern daran anschließen zu können. Bei der festgelegten Adreßlänge von 32 Bit war zu entscheiden, welcher Anteil des zur Verfügung stehenden Adreßraums für die Netzwerk-IDs und welcher für die Host-IDs vergeben werden soll. Da zu den an das Internet angeschlossenen Netzwerken oft ganz unterschiedlich viele Rechner gehören, tatsächlich gibt es nur wenige sehr große Netzwerke, aber eine Vielzahl kleinerer, entschied man sich für einen Kompromiß: Der IP-Adreßraum wurde in drei verschiedene **Adreßklassen** unterteilt, wobei Adreßpräfix und Adreßsuffix in jeder dieser Klassen über einen unterschiedlichen Anteil an den zur Verfügung stehenden 32-Bit IP-Adressen verfügen (siehe Abb. 7.11).
Aus den ersten vier Bits einer IP-Adresse ergibt sich die jeweils vorliegende Adreßklasse und damit die Aufteilung der Adresse in Adreßpräfix und Adreßsuffix. Abb. 7.11 zeigt die zulässigen IP-Adreßklassen. Sie basieren auf der für TCP/IP-Protokolle gültigen Konvention, daß die Bits jeweils von links nach rechts gelesen werden, wobei das erste linke Bit als 0. Bit bezeichnet wird.
Die Klassen A, B und C werden als **primäre IP-Adreßklassen** bezeichnet. Daneben existieren noch die speziellen Klassen D und E, wobei Klasse D für Multicast-Adressen und Klasse E für experimentelle Zwecke reserviert sind. Die Anzahl der für jede Netzwerkklasse verfügbaren Host-IDs und der jeweils zugehörige Adreßraum in Dezimaldarstellung ist in Tabelle 7.2 dargestellt.

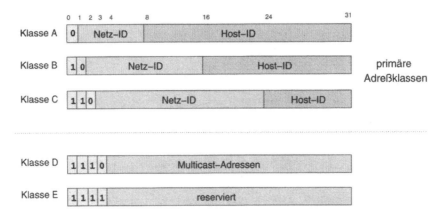

Abb. 7.11. Adreßklassen von IP-Adressen und Aufteilung in Netzwerk-ID und Host-ID

- **IP-Adressen der Klasse A** sind nur für sehr große Netzwerke vorgesehen, an die mehr als 2^{16} Rechner angeschlossen werden sollen. Zu den Inhabern von Klasse-A Netzwerken zählen große Firmen wie IBM oder die amerikanische Regierung. Dabei werden in einer IP-Adresse der Klasse A 7 Bits für die Netzwerk-ID vorgesehen und 24 Bits für die Host-ID, womit theoretisch bis zu 16.888.214 Rechner an ein einziges Klasse-A-Netzwerk angeschlossen werden können.
- **IP-Adressen der Klasse B** dagegen sind für mittelgroße Netzwerke vorgesehen. Diese existieren in weitaus größerer Anzahl, weshalb für deren Netzwerk-ID auch 14 Bits nutzbar sind und für deren Host-ID jeweils 16 Bits. Ein Klasse-B-Netzwerk erlaubt daher den Anschluß von bis zu 65.534 einzelnen Rechnern.
- **IP-Adressen der Klasse C** besitzen die größte Verbreitung. Die 21 Bits für die Netz-ID einer IP-Adresse der Klasse C, die eine maximale Anzahl von 2.097.152 eindeutig adressierbarer Netzwerke erlaubt, schränkt allerdings den zur Verfügung stehenden Raum für Host-IDs auf 8 Bits ein. Da jeweils zwei der möglichen Host-IDs reserviert sind (Local Host und Broadcast), können maximal 254 Rechner an ein Klasse-C-Netzwerk angeschlossen werden.

Tabelle 7.2. IP-Adreßklassen und Eigenschaften

Klasse	Anzahl Netze	Anzahl Hosts	Adreßraum		
A	126	16.777.214	1.0.0.0	–	126.0.0.0
B	16.834	65.534	128.1.0.0	–	191.255.0.0
C	2.097.152	254	192.0.1.0	–	223.255.255.0
D			224.0.0.0	–	239.255.255.255
E			240.0.0.0	–	255.255.255.254

7.2 TCP/IP en Detail 497

Im Internet müssen alle Netzwerk-IDs eindeutig sein. Möchte ein Unternehmen sein eigenes Netzwerk an das globale Internet anschließen, erhält es seine spezifische Netzkennung von einem **Internet Service Provider (ISP)**, einem Anbieter von Internet-Anschlüssen, der die Vergabe und Registrierung dieser Netzwerk-ID mit der zuständigen Behörde, der ICANN (vormals IANA, siehe Kap. 1.4.2) regelt.

Spezielle IP-Adressen. Neben der Möglichkeit der Adressierung jedes einzelnen Hosts, ist es von Nutzen, auch die gleichzeitige Adressierung aller Rechner eines Netzwerks (**Broadcast**) zu ermöglichen. Aus diesem Grund sieht der IP-Adreßstandard einige spezielle IP-Adressen vor, die nicht für einzelne Rechner vergeben werden können, sondern für eine besondere Verwendung reserviert sind:

- **Broadcast-Adressen**
  Über eine spezielle Broadcast-Adresse können gleichzeitig alle an ein durch seine Netzwerk-ID identifiziertes Netzwerk angeschlossenen Rechner adressiert werden. Zu diesem Zweck müssen alle Bits der betreffenden Host-ID auf 1 gesetzt werden. Ein mit der Broadcast-Adresse versehenes IP-Datenpaket wird dann solange durch das lokale Netzwerk weitergereicht, bis es von allen Rechnern des Netzes empfangen worden ist. Die Broadcast-Adresse eines Klasse-C-Netzwerkes lautet z.B. 136.77.21.255, dabei bezeichnet 136.77.21 die Netzwerk-ID und 255 die speziell für das Broadcast vorgesehene Host-ID.
  Sollen ein **All Network Broadcast** erfolgen, also ein Broadcast über alle Netzwerke des Internets, so geschieht dies über eine spezielle IP-Adresse, bei der sowohl alle Bits der Netzwerk-ID als auch alle Bits der Host-ID auf 1 gesetzt sind (255.255.255.255).

- **Netzwerk-Adressen**
  Wird als Host-ID der Wert 0 verwendet, so ist das die Adresse des durch die Netzwerk-ID angegebenen Netzwerks und nicht die eines speziellen, an dieses Netzwerk angeschlossenen Rechners. Im lokalen Netzwerk selbst bezeichnet die Host-ID 0 stets den eigenen Hostrechner (**Local Host**). Ebenso bezieht sich eine Adresse mit der Netzwerk-ID 0 stets auf das eigene, lokale Netzwerk.

- **Loop-Back Adressen**
  Zu Testzwecken ist es oft von Nutzen, wenn ein sendender Rechner ein ausgesendetes Datenpaket wieder zurückerhält. Damit können Rückschlüsse auf Antwortzeitverhalten und Netzwerkfehler gezogen werden. Die für diesen Zweck reservierte spezielle Adresse wird als Schleifenadresse (Loop-Back Adresse) bezeichnet. Der IP-Standard reserviert dafür die Netzwerk-ID 127 der Klasse A. Die in diesem Zusammenhang verwendete Host-ID ist nicht relevant, da alle Host-IDs gleichbehandelt werden. Konvention ist allerdings die Verwendung der Host-ID 1, so daß 127.0.0.1 die übliche Loop-Back Adresse ist.

- **Private Adressen**
  Spezielle IP-Adresse werden im globalen Internet nicht weitervermittelt, sondern für die Verwendung in privaten Netzwerken reserviert, die nicht an das globale Internet angeschlossen sind. Gemäß RFC 1597 stehen für diesen Zweck die Adreßbereiche 10.x.x.x, 172.16.0.0 bis 172.31.254.254 sowie der Bereich 192.168.0.0 bis 192.168.254.254 bereit.

- **Multicast-Adressen**
  Anstelle einzelne Hosts (Unicast) oder ganze Netzwerke (Broadcast) gleichzeitig zu adressieren, stehen spezielle IP-Adressen zur Verfügung, die die Adressierung von Gruppen zusammengehöriger Rechner ermöglichen (Multicast). Jede Rechnergruppe erhält zu diesem Zweck eine **IP-Adresse der Klasse D**, die diese Gruppe eindeutig adressiert. Es existieren feste Multicast-Adressen, die dauerhaft für spezielle Gruppen eingerichtet sind, und temporäre, die für die private Nutzung zur Verfügung stehen. Dabei sind maximal 2^{28} verschiedene Multicast-Gruppen möglich. Um einen Rechner einer bestimmten Multicast-Gruppe zuzuordnen, muß beim nächstgelegenen Multicast-Router ein entsprechender Antrag gestellt werden (siehe auch Kap. 6.3.5).

Ein Rechner kann durchaus auch an mehreren Netzwerken gleichzeitig angeschlossen sein. In diesem Fall wird er als **mehrfach beheimateter Host** (**Multihomed Host**) bezeichnet. Durch den gleichzeitigen Anschluß an mehrere Netzwerke kann die Verfügbarkeit und Ausfallsicherheit des Rechners erhöht werden. Fällt eines der Netzwerke aus, so ist der Rechner noch über ein weiteres Netzwerk im Internet erreichbar. Gleiches gilt für den Fall einer Routerüberlastung, bei der die betreffenden Router durch Nutzung eines alternativen Netzanschlusses einfach umgangen werden können.

Als Verbindungsglied zwischen den einzelnen, im Internet miteinander verbundenen Netzwerken dienen Router bzw. Multiprotokoll-Router. Als Bindeglied zwischen zwei oder mehreren Netzwerken, sind diese logischer Bestandteil der durch sie verbundenen Netze und müssen daher in jedem Netzwerk über eine eigene Host-ID verfügen. Eine IP-Adresse identifiziert demzufolge nicht einen bestimmten Rechner, sondern lediglich die Verbindung eines Rechners mit einem bestimmten Netzwerk. Ein Rechner, der an mehrere Netzwerke gleichzeitig angeschlossen ist, muß also für jeden Anschluß über eine eigene IP-Adresse verfügen. Abb. 7.12 zeigt zwei Router, die jeweils verschiedene Netzwerke miteinander verbinden, mit den zugehörigen IP-Adressen.

Subnetz-Adressierung. Wächst ein Netzwerk über die zulässige Anzahl der verfügbaren Host-IDs, stellt dies den Betreiber vor einige schwerwiegende Probleme. Eine Möglichkeit, dieses Wachstum zu bewältigen, kann in der Reservierung einer zusätzlichen Netzwerk-ID beim zuständigen Internet Service Provider liegen. Allerdings sind dann zwei physikalisch unabhängige Netzwerke zu betreiben, deren Konfiguration und Wartung einen zusätzlichen Aufwand darstellt.

7.2 TCP/IP en Detail 499

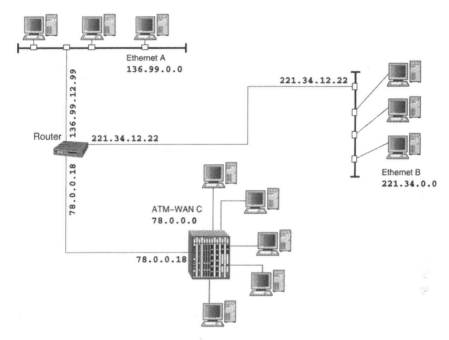

Abb. 7.12. IP-Adreßzuweisung an Routern, die verschiedene Netzwerke miteinander verbinden

Andererseits kann ein Unternehmen auch a priori mehrere, unabhängige LANs betreiben und diese unter verschiedenen Netzwerk-IDs konfigurieren. Soll ein Rechner dann von einem Netzwerk in das andere übernommen werden, erfordert dies jeweils eine eigenständige Netzwerkkonfiguration auf dem betreffenden Host. Darüberhinaus muß dieser Wechsel der Netzwerk-ID des betreffenden Rechners auch erst noch weltweit Gültigkeit erlangen, bevor alle Nachrichten, die für diesen Rechner bestimmt sind, auch dessen neue Adresse erreichen.
Einen effizienteren Ansatz zur flexiblen Aufteilung des Adreßraums einer Adreßklasse bietet die **Subnetz-Adressierung (Subnetting)**. Mit der Subnetz-Adressierung kann eine Verfeinerung der IP-Adressierung erreicht werden durch die Unterteilung von Netzwerken verschiedener Klassen in separate, physisch voneinander unabhängige Subnetze, die allerdings weiterhin über eine einheitliche Netzwerk-ID adressiert werden. Zu diesem Zweck wird eine bestimmte Anzahl Bits der Host-ID als **Subnetz-ID** reserviert. So könnte z.B. ein Netzwerk der Klasse B, dessen Host-ID 16 Bits umfaßt, in eine 6-Bit lange Subnetz-ID und eine neue 10 Bit lange Host-ID unterteilt werden, so daß eine Adressierung von 62 Subnetzen (0 und 1 sind reserviert) mit jeweils 1.022 verfügbaren Host-IDs (0 und 255 sind reserviert) ermöglicht wird. Von außen ist diese Aufteilung in Subnetzwerke nicht erkennbar und daher auch nicht nachvollziehbar. Sie kann deshalb ohne Mitwirkung der regulierenden

Behörde zur Adreßvergabe (ICANN) erfolgen und obliegt einzig und allein der Verantwortung des Inhabers der betreffenden Netzwerk-ID.

Zur Unterscheidung der Hostadresse von der Netzadresse (Netzwerk-ID und Subnetz-ID) wird eine sogenannte **Subnetzmaske** verwendet. Die Subnetzmaske ist ebenfalls 32 Bit lang, wobei in dieser der Bereich der Netzadresse durch 1-Bits und der Bereich der Host-ID durch 0-Bits markiert wird. Die Auswertung der Subnetzadresse und die Weiterleitung zu dem betreffenden Subnetz erfolgt durch den Router. In dessen Routing-Tabellen sind zunächst (ohne die Subnetzadressierung dabei einzubeziehen) zwei Arten von Adressen gespeichert:

- **Netzwerkadressen**: (Netzwerk-ID, Host-ID=0) zur Weiterleitung von Datenpaketen in entfernte Netzwerke und
- **Hostadressen**: (Netzwerk-ID=0, Host-ID) zur Weiterleitung von Datenpaketen im lokalen Netzwerk.

Jedem Eintrag in der Routing-Tabelle ist dabei eine bestimmte Netzwerk-Schnittstelle des Routers zur Weiterleitung der Datenpakete zugeordnet. Erreicht ein neues Datenpaket den Router, wird die zugehörige Zieladresse in den Routingtabellen gesucht. Handelt es sich um ein Datenpaket, das in ein entferntes Netzwerk geleitet werden soll, so wird es auf dem Pfad zum Zielnetzwerk an den Router im Folgenetzwerk über die in den Routing-Tabellen angegebene Schnittstelle versendet. Ist es für einen lokalen Rechner bestimmt, wird es direkt zugestellt. Ist das Datenpaket für ein Netzwerk bestimmt, das noch nicht in den Routing-Tabellen verzeichnet ist, erfolgt die Weiterleitung an einen sogenannten **Default-Router**, der über ausführlichere Routing-Tabellen verfügt und die Weiterleitung des Datenpakets übernimmt. Router verfügen in der Regel also nur über Informationen zu den einzelnen Rechnern des lokalen Netzwerks, sowie über Netzwerkadressen für die Weiterleitung zu entfernten, nicht-lokalen Rechnern.

Arbeitet der Router mit einer **Subnetz-Adressierung**, werden die Einträge in den Routing-Tabellen um ein neues Format ergänzt:

- **Subnetzadressen**: (Netzwerk-ID=0, Subnetz-ID, Host-ID=0) und
- **Hostadressen**: (Netzwerk-ID=0, Subnetz-ID=0, Host-ID).

Damit ist sichergestellt, daß ein Router, der sich in einem bestimmten Subnetz befindet, z.B. dem Subnetz mit der Subnetz-ID=34, weiß, wie Datenpakete in alle anderen Subnetze weiterzuleiten sind bzw. wie Datenpakete im lokalen Subnetz (Subnetz-ID=34) zugestellt werden sollen. Details über einzelne Rechner, die sich in anderen Subnetzen befinden, müssen nicht verwaltet werden, so daß eine effizientere Ausnutzung der Routing-Tabellen ermöglicht wird.

Mit Hilfe der **Subnetzmaske** kann die Bestimmung der zur Weiterleitung benötigten Schnittstelle des Routers aus den Routing-Tabellen erheblich vereinfacht werden (siehe Abb. 7.13 und 7.14). Zu diesem Zweck berechnet die Netzwerk-Software das bitweise logische UND zwischen der Subnetzmaske und der Zieladresse des weiterzuleitenden Datenpakets. Entspricht die so berechnete Netzwerkadresse einem Eintrag in der Routingtabelle, wird die dem Eintrag zugeordnete Schnittstelle des Routers zur Weiterleitung verwendet.

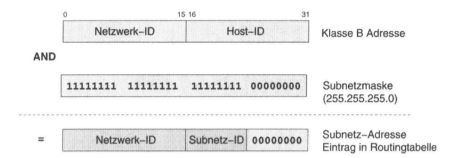

Abb. 7.13. Netzwerk-Adresse und Subnetzmaske

Sollen alle Rechner eines Subnetzes gleichzeitig adressiert werden, so wird ein sogenannter **Subnet Directed Broadcast** ausgeführt. Dazu werden alle Bits der zugehörigen Host-ID ebenso wie beim regulären Broadcast auf 1 gesetzt, die Bits der Subnetz-ID bleiben unverändert. Sollen dagegen sämtliche Rechner aller lokalen Subnetze adressiert werden, wird ein sogenannter **All-Subnets Directed Broadcast** durchgeführt, indem alle Bits der Host-ID sowie der Subnetz-ID auf 1 gesetzt werden.

Classless Addressing und Classless InterDomain Routing. Die Subnetz-Adressierung wurde Anfang der 80er Jahre entwickelt, um den zur Verfügung stehenden knappen Adreßraum des Internet effizienter nutzen zu können, denn schon frühzeitig wurde klar, daß der zur Verfügung stehende Adreßraum durch die getroffene Aufteilung in verschiedene Netzwerk-Klassen rasch aufgebraucht sein würde – ein Problem, das unter dem Namen **Running Out of Address Space** (ROADS) diskutiert wurde. Zwar begannen ebenfalls zu dieser Zeit die ersten Arbeiten an der Entwicklung eines Nachfolgers für den gängigen IP-Protokollstandard **IPv4**, doch war klar, daß bis zu dessen umfassender Einführung noch viel Zeit vergehen würde. Um dennoch das rasche Wachstum des Internet-Adreßraumes verkraften zu können, entschloß man sich zu einer temporären Lösung, dem sogenannten **Supernetting** oder auch **Classless Addressing**.

Classless Addressing verfolgt einen Ansatz, der komplementär zur Subnetz-Adressierung verläuft. Während bei der Subnetz-Adressierung mit einem einzelnen Adreßpräfix (Netzwerk-ID) verschiedene physikalische Netzwerke angesprochen werden können, erlaubt das Konzept des Classless Addressing die parallele Verwendung verschiedener Adreßpräfixe für ein einzelnes Netzwerk. Ein Netzwerk der Klasse C erlaubt den Anschluß von bis zu 254 Rechnern, während ein Netzwerk der Klasse B, an das über 65.000 Rechnern angeschlossen werden können, aufgrund der hohen Nachfrage nur schwer zu bekommen

7. Wie das Internet funktioniert – Internetworking

Beispiel für die Routing-Berechnung bei Subnetzadressierung:

Entsprechend der Abbildung verfügt Router R1 über vier Schnittstellen, denen jeweils zwei lokale Rechner, ein weiteres lokales Subnetz und drei entfernte Netzwerke in der Routing-Tabelle zugewiesen sind.

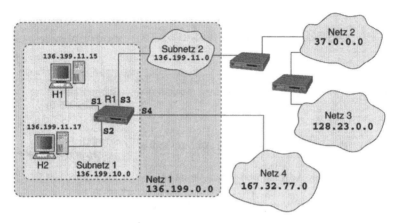

Die Routing-Tabelle von R1 sieht wie folgt aus:

Netzwerk-ID	Subnetz-ID	Host-ID	Subnetzmaske	Schnittstelle
0.0	11	0	255.255.255.0	S3
0.0	0	15	255.255.255.0	S1
0.0	0	17	255.255.255.0	S2
37		0.0.0	255.0.0.0	S2
128.33		0.0	255.255.0.0	S2
167.32.77		0	255.255.255.0	S4

Datenpakete mit den folgenden Adreßangaben erreichen R1:

- 136.199.11.15
  Da es sich um einen lokalen Rechner handelt (Netzwerk-ID: 136.199), muß nur die **Host-ID** ausgewertet werden. Die Host-ID ergibt sich aus der Adresse, indem die **bitweise invertierte Subnetzmaske** und die Adresse mittels eines binären **UND**-Operators verknüpft werden. Dies wird für jeden Eintrag in der Routing-Tabelle durchgeführt, bis die resultierende Adresse gefunden wird.

  136.199.11.15 **UND** 0.0.0.255 = 0.0.0.15

  0.0.0.15 ist in der Routing-Tabelle vorhanden. Zur Weiterleitung wird die zugeordnete Schnittstelle **S1** verwendet.

- 37.16.23.222
  Zur Ermittlung der entfernten **Netzwerk-ID** wird die Adresse bitweise mit den Subnetzmasken aus der Routing-Tabelle über den logischen **UND**-Operator verknüpft. Entspricht das Ergebnis einer zugehörigen Netzwerk-ID in der Routingtabelle, wird das Datenpaket über die zugeordnete Schnittstelle weitergeleitet.

  37.16.23.222 UND 255.0.0.0 = 37.0.0.0

  Das Datenpaket wird über die Schnittstelle **S2** weitergeleitet.

Abb. 7.14. Beispiel für die Subnetz-Adressierung

ist, da lediglich knapp 17.000 dieser Netzwerke vergeben werden können. Auch ist es oft nicht besonders sinnvoll, daß eine Organisation, die z.B. 4.000 Rechner an das Internet anzuschließen möchte, Adreßraum für ganze 65.000 Rechner belegt. So gestattet das Konzept des Classless Addressing die Zuweisung zusammenhängender Blöcke von Klasse-C-Netzwerken an einzelne Organisationen und Unternehmen und fördert so eine effizientere Nutzung des zur Verfügung stehenden Adreßraums.

Allerdings zieht dieses Vorgehen ein neues Problem nach sich. Angenommen, ein Unternehmen reserviert 128 Klasse-C-Netzwerke anstelle eines Klasse-B-Netzwerks. Zwar wird der Adreßraum besser ausgenutzt, da bei Zuweisung eines Klasse B Netzwerks die Hälfte des Adreßraums ungenutzt bliebe, allerdings müssen jetzt anstelle eines einzigen Eintrags bis zu 128 Einträge in den Routing-Tabellen entfernter Router alloziert werden, um Datenpakete zu einem Rechner dieses Unternehmens weiterzuleiten. Eine als **Classless Inter-Domain Routing** (**CDIR**, RFC 1519) bezeichnete Technik vermag dieses Problem zu lösen. CDIR bildet einen Block zusammenhängender Klasse-C-Adressen auf einen einzelnen Eintrag in den Routing-Tabellen ab, der aus

(Netzwerk-Adresse, Zähler)

besteht, wobei dabei die kleinste Adresse des allozierten Netzwerkadreßblocks und die Zahl der allozierten Netzwerkadressen angegeben wird. So spezifiziert z.B. der Eintrag

(136.199.32.0, 3)

folgende drei Netzwerkadressen:

136.199.32.0, 136.199.33.0 und 136.199.34.0.

Tatsächlich beschränkt sich der Einsatz von CDIR nicht auf Klasse-C-Netzwerke, sondern macht es möglich, Blöcke von Zweierpotenzen von Adressen zusammenzufassen. Angenommen, ein Unternehmen benötigt 1024 zusammenhängende Adressen, die bei der Adresse 136.199.10.0 starten sollen. Der benötigte Adreßraum reicht also von 136.199.10.0 bis 136.199.13.255.

Tabelle 7.3. Beispiel CDIR – Grenzen des Adreßraums

Grenzen	Adresse	binäre Adresse
untere	136.199.10.0	10001000 11000111 00001010 00000000
obere	136.199.13.255	10001000 11000111 00001101 11111111

Wie in Tabelle 7.3 dargestellt, unterscheiden sich die obere und untere Grenze des Adreßraums in der Binärdarstellung erst ab dem Bit 22. Daher erfordert CDIR die Angabe einer 32-Bit Adreßmaske, in der für das angegebene Beispiel die ersten 22 Bit auf 1 gesetzt sind und die verbleibenden Bits auf 0.

11111111111111111111111100000000

Diese Adreßmaske wird in gleicher Weise verwendet wie Adreßmasken in der Subnetz-Adressierung eingesetzt werden. Es kann eine Aufteilung der Adressen ab Bit 22 erreicht und die Basisadresse für den Eintrag in den Routing-Tabellen durch UND-Verknüpfung des aktuell vorliegenden Adreßwerts mit der Maske berechnet werden.

Um einen CDIR-Adreßblock identifizieren zu können, sind also stets die Basisadresse des Blocks und die Maske erforderlich, mit der die Anzahl der Adressen im Block ermittelt wird. Die Angabe erfolgt in der Regel in einer Kurzschreibweise, der sogenannten **CDIR-Notation** (Slash-Notation). Die Maske wird dabei durch einen Schrägstrich getrennt von der Basisadresse als Dezimalzahl angegeben, die die Nummer des Bits angibt, nach der die 1-Bits der Maske auf den Wert 0 wechseln. Im Beispiel aus Abb. 7.14 wird also einfach

$$136.199.13.0 \; / \; 22$$

geschrieben. Routing unter CDIR erfolgt mit Hilfe des **Border Gateway Protocol** (**BGP**), ein Protokoll zum Routing zwischen autonomen IP-Adreßdomänen.

7.2.2 Bindung von Protokolladressen

Die IP-Adressierung ist ein rein virtuelles Adressierungsschema, das von der Netzwerk-Software verwaltet wird. Die beteiligte Hardware im LAN oder WAN verfügt über keinerlei Kenntnis, in welcher Beziehung ein IP-Adreßpräfix mit einem bestimmten Netzwerk bzw. ein IP-Adreßsuffix mit einem bestimmten Rechner im Netzwerk steht. Um aber einen Zielrechner überhaupt erreichen zu können, muß ein Datenpaket im Zielnetzwerk mit der Hardware-Adresse des betreffenden Zielrechners versehen werden. Zu diesem Zweck muß die Netzwerk-Software im Zielnetzwerk die angegebene IP-Adresse in eine korrespondierende Hardware-Adresse umsetzen.

Betrachten wir zu diesem Zweck noch einmal die Abläufe, die notwendig sind, um ein Datenpaket vermittels IP vom Sender zum Empfänger in einem entfernten Netzwerk zu senden: Der IP-fähige Sender verpackt die zu sendenden Daten in IP-Datenpakete, von denen jedes mit der IP-Adresse des Empfängers versehen wird. Diese IP-Adresse wird von den Routern und Hosts, die das Datenpaket auf seinem Weg durch die Netzwerke passiert, ausgewertet, wobei aus dieser IP-Adreßangabe jeweils der nächste **Hop**, i.e. die Adresse des nachfolgenden Zwischensystems entlang des Pfades zum Empfänger, ermittelt wird. Zwar schafft die Verwendung der IP-Software die Illusion eines großen, homogenen Netzes, d.h. Zieladresse sowie die Adresse des nächsten Hops sind jeweils IP-Adressen, doch kann die Netzwerk-Hardware selbst diese Adressen nicht verwenden, da sie diese gar nicht versteht. Die Netzwerk-Hardware verwendet jeweils ein eigenes Datenpaket-Format und eine eigene Form der Adressierung. Die IP-Datenpakete müssen zu diesem Zweck umgepackt und die verwendeten IP-Adressen müssen in Hardware-Adressen übersetzt werden. Diese Adreßübersetzung wird als **Adreßauflösung** (**Address Resolution**) bezeichnet. Dabei kann ein Rechner stets nur IP-Adressen für dasjenige Netzwerk auflösen, an das er physikalisch angeschlossen ist. Die Adreßauflösung ist also stets auf ein bestimmtes lokales Netzwerk beschränkt.

Soll z.B. ein IP-Datenpaket über ein Ethernet-LAN weitergeleitet werden, so muß zu diesem Zweck die 32-Bit IP-Adresse für den nächsten Hop im Ethernet-LAN in eine 48-Bit Ethernet-Hardware-Adresse umgesetzt werden, da die Ethernet-Hardware lediglich auf der Bitübertragungsschicht (Schicht 2) des TCP/IP-Referenzmodells arbeitet und daher keine IP-Adressen versteht. Zur Adreßauflösung sind verschiedene Lösungsansätze denkbar, die jeweils zu einer der drei folgenden Kategorien zählen:

- **Tabellensuche**
  Die Zuordnungsbeziehung (Bindung) zwischen den verwendeten Adreßformaten wird in einer Tabelle abgelegt, die im Hauptspeicher des Rechners verwaltet wird. Jeder IP-Adresse wird in dieser Tabelle eine Hardware-Adresse zugeordnet. Um Platz zu sparen, kann die Netzwerk-ID der IP-Adresse jeweils weggelassen werden, wenn für jedes Netz eine separate Tabelle angelegt wird, für die Einträge mit demselben Adreßpräfix.
  Zur Adreßauflösung durchsucht die Netzwerk-Software die Tabelle im Speicher des Rechners. Der zur Ermittlung der Hardware-Adresse notwendige Algorithmus ist universell, unkompliziert und einfach zu programmieren. Für kleine Tabellen reicht ein sequentieller Suchalgorithmus aus, doch wächst die Anzahl der Tabelleneinträge, sollten Techniken wie **Indizierung** oder **Hashing** zum Einsatz kommen.

- **Direkte Berechnung**
  Während die Tabellensuche in der Regel nur bei kleinen Netzwerken mit einer statischen Zuordnung der Hardware-Adressen zu IP-Adressen Verwendung findet, werden vorallem in Netzwerken, die eine freie Konfigurierbarkeit der Hardware-Adressen erlauben, Verfahren eingesetzt, mit denen eine direkte Berechnung der Hardware-Adressen aus den vorgegebenen IP-Adressen möglich ist. Die Hardware-Adresse eines Rechners wird dann so gewählt, daß sie über einfache arithmetische Verfahren aus der IP-Adresse des Rechners ermittelt werden kann. Ist die Hardwareadresse frei wählbar, kann diese z.B. so festgelegt werden, daß sie mit der Host-ID der IP-Adresse identisch ist, so daß diese über eine einfache, binäre logische Operation sehr schnell berechnet werden kann. Für Netzwerke mit frei konfigurierbaren Hardware-Adressen ist dieses Verfahren stets der Tabellenberechnung vorzuziehen, da es effizienter durchgeführt werden kann (vgl. Abb. 7.15).

- **Nachrichtenaustausch**
  Die bisher vorgestellten Methoden zur Adreßauflösung setzen voraus, daß jeder Rechner eines Netzwerks selbst für die Verwaltung oder Berechnung

Beispiel für die Adreßauflösung durch direkte Berechnung

Betrachten wir als Beispiel das Klasse-C-Netzwerk mit der Netzwerkadresse 136.199.10.0. Es seien zwei Rechner R1 und R2 an das Netz angeschlossen, die jeweils die IP-Adressen 136.199.10.15 und 136.199.10.17 besitzen. Da es sich um ein Netzwerk der Klasse C handelt, kann die jeweilige Host-ID leicht durch eine bitweise logische UND-Verknüpfung der 32-Bit IP-Adresse mit dem Wert 255 (11111111) erreicht werden.

```
Host-ID = IP-Adresse UND 11111111
```

Die resultierende Host-ID (15 für R1 und 17 für R2) sind in diesem Fall direkt die zuzuweisende Hardware-Adresse.

Abb. 7.15. Beispiel für die Adreßauflösung durch direkte Berechnung

von Hardware-Adressen der übrigen Rechner des Netzwerks zuständig ist. Ändert sich eine IP-Adresse oder eine Hardware-Adresse, sind umfangreiche Konfigurationsarbeiten erforderlich, um die Tabellen zur Adreßumrechnung wieder in einen konsistenten Zustand zu versetzen.

Einen anderen Weg beschreiten Verfahren, bei denen die Adreßauflösung auf einem Nachrichtenaustausch zwischen den Rechnern im Netzwerks basiert. Dabei sendet der Rechner, der eine IP-Adresse in eine Hardware-Adresse übersetzen will, eine Anfrage aus, in der er seinen Übersetzungswunsch zusammen mit der zu übersetzenden IP-Adresse versendet. Wird die Adreßinformation im Netzwerk zentral von einem speziellen Server-Rechner verwaltet, dann sendet der Rechner seine Anfrage direkt an den zuständigen Server.

Alternativ dazu kann die Verwaltung der Adreßinformation auch vollkommen dezentral erfolgen und jeder Rechner selbst die Zuordnung seiner eigenen Hardware-Adresse zur korrespondierenden IP-Adresse verwalten. Dann muß eine Anfrage zur Adreßauflösung über ein Broadcast an alle Rechner des Netzwerks gerichtet werden. Während im ersten Fall der Server-Rechner auf die Anfrage nach der Adreßauflösung antwortet, antwortet im zweiten Fall der betreffende Rechner selbst, der seine eigene IP-Adresse in der Broadcast-Anfrage erkannt hat, und daraufhin seine Hardware-Adresse als Antwort zurücksendet. Speziell zu diesem Zweck sieht die TCP/IP-Protokollfamilie das sogenannte **Address Resolution Protocol (ARP)** vor.

Address Resolution Protocol (ARP). Ein Verfahren zur Adreßauflösung durch gegenseitigen Nachrichtenaustausch implementiert das Address Resolution Protocol (ARP, RFC 826), das den zu diesem Zweck auszutauschenden Nachrichten ein einheitliches Format gibt. Der ARP-Standard definiert lediglich zwei unterschiedliche Nachrichtenarten:

- **ARP-Anfrage**: Enthält die zu übersetzende IP-Adresse und die Aufforderung zur Übersetzung in eine Hardware-Adresse.

- **ARP-Antwort**: Enthält die angefragte IP-Adresse zusammen mit der korrespondierenden Hardware-Adresse.

Abb. 7.16 zeigt an einem Beispiel die Adreßauflösung vermittels ARP.

Adreßauflösung mit dem ARP-Protocol

Rechner R1 versucht im vorgegebenen Netzwerk aus der IP-Adresse des Rechners R3 (I_{R3}) dessen Hardware-Adresse P_{R3} zu ermitteln. Zu diesem Zweck versendet R1 ein Datenpaket, entsprechend den Formatvorgaben des Netzwerks, das I_{R1} enthält via Broadcast an alle Rechner des Netzwerks. Jeder Rechner des Netzwerks überprüft daraufhin, ob die im empfangenen Datenpaket enthaltene ARP-Anfrage die eigene IP-Adresse enthält. Ist dies nicht der Fall, wird die Anfrage ignoriert.
Nur Rechner R3, der die in der ARP-Anfrage spezifizierte IP-Adresse I_{R3} erkennt, antwortet mit einem direkt an den Sender R1 gerichteten Datenpaket, das sowohl die angefragte IP-Adresse I_{R3} als auch die zugehörige Hardware-Adresse P_{R3} enthält.

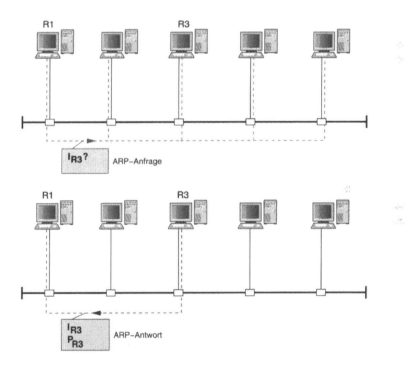

Abb. 7.16. Adreßauflösung mit ARP

Der ARP-Standard gibt kein festes Format für die Übertragung von ARP-Nachrichten vor, da der Transport einer ARP-Nachricht in die Verantwortung der jeweiligen Netzwerk-Hardware fällt. Die ARP-Nachricht wird lediglich im Nutzdaten-Teil eines Netzhardware-Datenpakets gekapselt. Allerdings muß die Empfänger-Hardware in der Lage sein, eine ARP-Nachricht als solche auch zu erkennen. Dies wird mit Hilfe eines speziellen Feldes im Datenheader des Netzwerk-Datenpakets sichergestellt. Jede Netzwerk-Technologie sieht im Datenheader ein Feld vor, das den Typ der transportierten Nutzdaten näher beschreibt. Insbesondere steht für jede Technologie-Variante ein spezieller Feldtyp-Wert zur Kennzeichnung einer ARP-Nachricht zur Verfügung. Für Ethernet-Netzwerke ist dieser Feldtyp-Wert z.B. 0x0806, andere Netzwerk-Technologie verwendet andere Kennungen. Der Empfänger der ARP-Nachricht muß nun nur noch den Nutzdaten-Teil des Netzwerk-Datenpakets auswerten, um festzustellen, ob es sich um eine ARP-Anfrage oder um eine ARP-Antwort handelt.

Der ARP-Standard kann für jegliche Art von Adreßumsetzung verwendet werden. Es ist nicht zwingend vorgesehen, daß über das ARP-Protokoll stets nur IP-Adressen in Hardware-Adressen umgewandelt werden. Aus diesem Grund ist das ARP-Datenformat auch sehr flexibel ausgelegt, so daß Adressen der unterschiedlichsten Formate damit umgewandelt werden können. Abb. 7.17 zeigt den Aufbau einer ARP-Nachricht. Jede ARP-Nachricht startet mit zwei 16-Bit Typ-Kennungen die zuerst den Typ der Hardware-Adresse und danach den Typ der zu übersetzenden Protokoll-Adresse spezifizieren. Wird z.B. eine IP-Adresse in eine Ethernet-Adresse übersetzt, erhält der Hardware-Adreß-Typ den Wert 1 und der Protokoll-Adreß-Typ den Wert 0x0800. Danach folgen zwei Felder, die jeweils die Länge der Hardware-Adresse und der Protokolladresse angeben, gefolgt vom sogenannten Operationsfeld, das angibt, ob es sich um eine ARP-Anfrage (Op=1) oder um eine Antwort (Op=2) handelt. Danach folgen jeweils Protokoll- und Hardwareadresse von Sender- und Zielrechner. Bei einer ARP-Anfrage ist das Feld der Hardware-Adresse des Zielrechners mit Nullen gefüllt, da diese noch nicht bekannt ist.

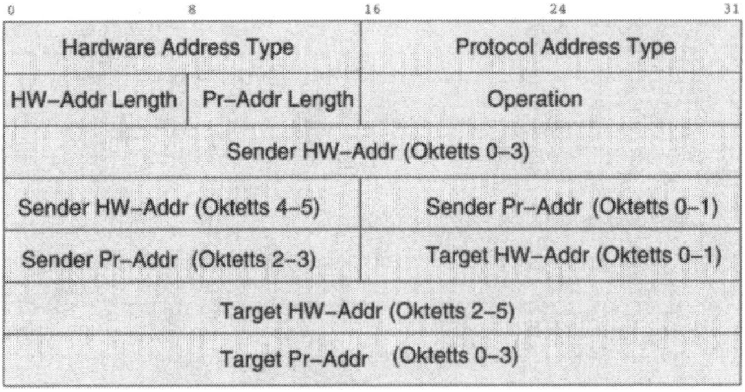

0	8	16	24	31
Hardware Address Type		Protocol Address Type		
HW–Addr Length	Pr–Addr Length	Operation		
Sender HW–Addr (Oktetts 0–3)				
Sender HW–Addr (Oktetts 4–5)		Sender Pr–Addr (Oktetts 0–1)		
Sender Pr–Addr (Oktetts 2–3)		Target HW–Addr (Oktetts 0–1)		
Target HW–Addr (Oktetts 2–5)				
Target Pr–Addr (Oktetts 0–3)				

Abb. 7.17. ARP – Datenformat

Wenn allerdings zu jeder Datenübertragung eine Adreßauflösung über das ARP-Protokoll durchgeführt werden muß, kann dies den Durchsatz des Netzwerks negativ beeinflussen, da für jedes zu übertragenden Datenpaket zu-

7.2 TCP/IP en Detail 509

erst eine ARP-Anfrage via Broadcast und dann eine ARP-Antwort abgewartet werden muß, was sich auf Dauer als äußerst ineffizient erweist. Aus diesem Grund halten Rechner in einem Netzwerk, die zur Adreßauflösung ARP benutzen, kleine Tabellen als Zwischenspeicher vor, die die zuletzt aufgelösten Protokoll-Hardware Adreßpaare beinhalten. Dieses Vorgehen wird als **ARP-Caching** bezeichnet. Soll jetzt eine IP-Adresse in eine Hardware-Adresse aufgelöst werden, wird zuerst die eigene Cache-Tabelle inspiziert, um die gewünschte Hardware-Adresse zu finden. Genügt das, kann die Adreßauflösung sofort und ohne Aussendung von ARP-Nachrichten erfolgen. Befindet sich die Hardware-Adresse nicht in der Cache-Tabelle, erfolgt der reguläre ARP-Anfrage- und Antwort-Zyklus. Die so ermittelte Hardware-Adresse wird als Protokoll-Hardware Adreßpaar in die Cache-Tabelle eingefügt. Ist die Cache-Tabelle gefüllt, wird bei einem Neueintrag der älteste Eintrag wieder gelöscht bzw. verliert ein nach einer bestimmten Zeitspanne abgelaufener Cache-Eintrag seine Gültigkeit und wird gelöscht. Dieses regelmäßige Bereinigen der Cache-Tabelle ist besonders wichtig, sobald im Fehlerfall Hardware-Adressen ihre Gültigkeit verlieren, z.B. wenn Netzwerk-Hardware gegen ein Ersatzgerät mit einer anderen Hardware-Adresse ausgetauscht wird.

Eine zusätzliche Nutzung des ARP-Caches besteht darin, daß ein Rechner nach einem Systemstart über ARP-Nachrichten die lokal gespeicherten Protokoll-Hardware Adreßpaare via Broadcast an alle übrigen Rechner des Netzwerks verteilt. Dadurch können alle angeschlossenen Rechner ihre Cache-Tabellen aktualisieren. Sollte wider Erwarten eine ARP-Antwort zurückkommen, kann daraus geschlossen werden, daß die betreffende Protokoll-Adresse doppelt vergeben wurde und ein Fehler vorliegt.

Der Versuch allerdings via ARP die Hardware-Adresse eines Rechners zu ermitteln, der jenseits eines Routers in einem anderen LAN liegt, muß fehlschlagen, da der ausgelöste Broadcast (Broadcast in Schicht 2) von diesem Router nicht weitergeleitet wird und daher niemals den Empfänger im fremden Netzwerk erreicht. Die Lösung dieses Problems besteht darin, entweder sofort zu erkennen, daß es sich bei der angefragten IP-Adresse um einen Rechner in einem entfernten Netzwerk handelt, und das zu versendende Datenpaket direkt an den Standard-Router dieses lokalen Netzwerks zu senden, oder daß der Router, über den der angefragte Rechner erreicht werden kann, auf den via ARP ausgelösten Broadcast seine eigene Adresse zurücksendet, worauf alle später gesendeten Datenpaket den Weg über den designierten Router nehmen. Letztere Methode wird als **Proxy ARP** bezeichnet.

Reverse ARP (RARP). Kann über das ARP-Protokoll eine Adreßauflösung von Protokoll-Adresse in Hardware-Adresse durchgeführt werden, so bietet das Reverse Address Resolution Protocol (RARP) eine Adreßauflösung in der Gegenrichtung. Aus einer vorgegebenen Hardware-Adresse kann via RARP die zugehörige IP-Adresse ermittelt werden. Die Notwendigkeit für eine Adreßauflösung in diese Richtung ergibt sich z.B. beim Systemstart eines Rechners, der über keine eigene Festplatte verfügt. Ein derartiger Rechner erhält für gewöhnlich das zu ladende Betriebssystem von einem entfernten Fileserver. Da sich in einem Netzwerk oft viele Rechner ohne eigene Festplatte befinden können, ist es von Vorteil, wenn aus Effizienzgründen allen ein identisches, einheitliches Download des Betriebssystems angeboten werden kann. Dies schließt aus, daß das Betriebssystem-Download die jeweils unterschiedlichen IP-Adresse der zu versorgenden Rechner beinhaltet.

Um bei einem Systemstart die eigene IP-Adresse zu ermitteln, versendet der betreffende Rechner eine RARP-Nachricht mit seiner eigenen Hardware-Adresse via Broadcast an alle angeschlossenen Rechner. Ein speziell eingerichteter RARP-Server, der eine Tabelle mit allen Zuordnungen zwischen Hardware- und IP-Adressen verwaltet, sendet dem anfragenden Rechner eine RARP-Nachricht mit dessen eigener IP-Adresse zurück.

Da ein RARP-Broadcast von den Routern des Netzwerks nicht über die Netzwerkgrenzen hinaus weitergeleitet wird, muß jedes Netzwerk, das über Rechner ohne eigene Festplatte verfügt, einen RARP-Server vorsehen, der die angefragten IP-Adressen verwaltet und via RARP ausliefert.

Alternativ zu RARP wurde das **Bootstrap Protocol** (**BOOTP**, RFC 951, RFC 1542, RFC 1532) entwickelt. BOOTP baut auf den Protokollen UDP und TFTP auf, die auch über Routergrenzen hinweg übertragen werden können. So können via BOOTP Rechner ohne Festplatten verwaltet werden, ohne daß jedes einzelne Netzwerk über einen eigenen Server zum Download des Betriebssystems und zur Ermittlung der IP-Adresse verfügen muß. BOOTP zählt allerdings zu den Protokollen der Anwendungsschicht, gehört also zur obersten Schicht des TCP/IP-Referenzmodells.

Eine erweiterte Version des BOOTP-Protokolls stellt das **Dynamic Host Configuration Protocol** (**DHCP**) dar, das zusätzlich zu dem von BOOTP bereitgestellten Funktionsumfang weitere Konfigurationsmöglichkeiten für Endsysteme bietet. DHCP ist in den RFCs 2131, 1531 und 1541 spezifiziert. Wichtigste Neuerung ist dabei die Fähigkeit zur automatischen und dynamischen Belegung eines Endsystems mit IP-Adressen, die einem Endsystem nicht statisch zugeordnet werden und wiederverwendbar sind. Diese dynamische Zuordnung von IP-Adressen ist insbesondere für Funk-LANs von großer Bedeutung. Dabei werden IP-Adresse und Subnetz-Maske einem Endsystem nur für eine bestimmte Zeit überlassen (Lease-Dauer). Ebenso wie BOOTP ist DHCP ein Protokoll der Anwendungsschicht und soll BOOTP langfristig ablösen.

7.2.3 IP-Datagramme

Als einer der zwei Hauptbestandteile der TCP/IP-Protokollfamilie ist das **Internet Protocol** (**IP**) eine Grundsäule des globalen Internets. IP stellt dem Anwender bzw. einem Anwendungsprogramm einen verbindungslosen Dienst (Datagrammdienst) zur Verfügung, der die Zustellung von IP-Datenpaketen (**Datagrammen**) über Netzwerkgrenzen hinweg zu einem entfernten Empfänger besorgt. Der von IP angebotene Dienst sieht jedoch keine Dienstgarantien für den Nutzer vor. Ob und wann ein einmal versendetes Datenpaket tatsächlich den designierten Empfänger erreicht, wird nicht garantiert – auch wenn man davon ausgeht, daß die Zustellung in der Regel zuverlässig und so schnell wie möglich erfolgt (**Best Effort**). Doch können Fehler oder Überlast in den einzelnen Netzwerken dazu führen, daß ein Paket verfälscht wird, für eine unzumutbar lange Zeitspanne unterwegs ist, dupliziert wird oder sogar verloren geht. IP wird deshalb als **verbindungsloser** und **unzuverlässiger** Dienst bezeichnet. Allerdings – und das ist der große Verdienst des IP-Protokolls – verbirgt IP die jeweils unterschiedliche Netzwerk-Hardware und alle Details der darauf eingesetzten Netzwerk-Software vor den Augen des Internet-Nutzers, dem dadurch ein einheitliches und homogenes, großes Netzwerk vorgetäuscht wird.

Wie erreicht nun ein IP-Datenpaket sein vorbestimmtes Ziel? Der Sender muß im Datenheader des IP-Datenpakets die IP-Adresse des Empfängers eintragen und schickt das IP-Datenpaket auf die Reise in das lokale Netzwerk. Dazu wird das IP-Datenpaket in ein Netzwerk-Datenpaket (Schicht 2), entsprechend den Anforderungen des lokalen Netzwerks, gekapselt und an den nächstliegenden Router (Vorgabe-Router) gesendet. Dieser entpackt das IP-Datenpaket, wertet die angegebene IP-Zieladresse aus und sendet das IP-Datenpaket neu gekapselt über das nächste Netzwerk zum Folgerouter entlang des Pfades zum vorbestimmten Ziel. Dieser Vorgang wiederholt sich solange, bis das IP-Datenpaket einen Router erreicht, der das IP-Datenpaket in einem der an ihn angeschlossenen Netzwerke direkt zum Endziel befördern kann.

Da das IP-Datenpaket über verschiedenartige Netzwerke mit den unterschiedlichsten Kenngrößen und Parametern befördert werden muß, wurde für das IP-Datenformat ein Format gewählt, das vollkommen unabhängig von der jeweils zugrunde liegenden Hardware ist.

Das bis heute aktuelle und am weitesten verbreitete IP-Protokoll ist **IP Version 4 (IPv4)**. Obwohl die Unzulänglichkeiten dieses mittlerweile in die Jahre gekommenen Protokolls schon seit langem bekannt sind, wird es seine Bedeutung vollkommen zu Recht sicher noch für einige weitere Jahre behalten. Obwohl der designierte Nachfolger **IPv6** schon seit langem in den Startlöchern steht, läßt eine weltweite Umstellung noch auf sich warten (siehe Exkurs 21). Dafür verantwortlich ist die weite Verbreitung der eingesetzten IPv4-Netzwerkinfrastruktur und die mit einer Umstellung verbundenen hohen Investitionskosten.

Das IP-Datagramm folgt in seinem Aufbau wie viele andere Protokoll-Datenformate dem bereits bekannten Schema von getrenntem **IP-Datenheader**, in dem Steuer- und Kontrollinformationen untergebracht sind, die zur korrekten Weiterleitung des IP-Datagramms benötigt werden, und **IP-Nutzdaten**, also den eigentlich zu übertragenden Daten. Die Größe eines IP-Datagramms kann vom Nutzer bzw. einer Anwendung selbst festgelegt werden, d.h. die zu befördernde Datenmenge ist nicht festgesetzt. Lediglich darf ein IP-Datagramm bei IPv4 eine maximale Länge von 64 kByte nicht überschreiten. Je länger das zu transportierende IP-Datagramm, desto besser ist das Verhältnis zwischen transportierter Nutzinformation und Overhead, der durch die im Header enthaltene Steuer- und Kontrollinformation verursacht wird. Der **IP-Datenheader** besteht aus einem 20 Byte langen, fixen Teil und einem optionalen Teil variabler Länge, während die Länge der transportierten IP-Nutzdaten innerhalb der vorgegebenen Längenbegrenzung variabel ist. Die Übertragung des IP-Datagramms erfolgt in der sogenannten **Big Endian Order**, d.h. von links nach rechts, wobei die Übertragung mit dem High-Order-Bit des ersten Feldes startet. Abb. 7.18 zeigt den Aufbau

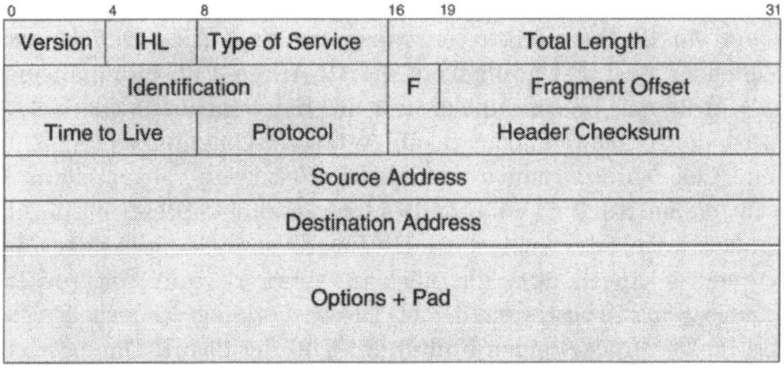

0	4	8	16	19	31
Version	IHL	Type of Service	Total Length		
Identification			F	Fragment Offset	
Time to Live		Protocol	Header Checksum		
Source Address					
Destination Address					
Options + Pad					

IHL Internet Header Length
F   Fragmentation

Abb. 7.18. IP-Datagrammheader – Datenformat

des IP-Datenheaders:

- **Version**
  Das 4 Bit lange Versionsfeld enthält die Version des verwendeten IP-Protokolls und ist bei der gängigen IP-Version mit dem Wert 4 gefüllt. Dadurch wird in einem gewissen Rahmen die Kompatibilität für die Zeit des Übergangs zu einer neuen IP-Version gesichert.

- **Internet Header Length**
  Da die Länge des IP-Datenheaders nicht fixiert ist, folgt als nächstes im IHL-Feld (Internet Header Length) eine Längenangabe, die in Einheiten zu jeweils 32 Bit angegeben wird. Die Mindestlänge beträgt 20 Byte (5), die durch die Verwendung von optionalen Headerfeldern jeweils in 4 Byte großen Schritten vergrößert werden kann. Da die Länge des IHL-Feldes 4 Bit beträgt, ist die maximale Länge des IP-Datenheaders auf 60 Byte (15) beschränkt.

- **Type of Service**
  Das folgende TOS-Feld (Type of Service) dient der Beschreibung der erforderlichen Dienstgütequalität (Quality of Service), die allerdings aufgrund

der Eigenschaften von IP (Best-Effort-Übertragung) nicht relevant sind. Gegenwärtig wird dieses Feld von den Routern, die für die Weiterleitung der IP-Datagramme zuständig sind, meist ignoriert. Das 8 Bit lange TOS-Feld unterteilt sich folgendermaßen:
  – **Precedence**: 3 Bit langes Feld, das die Priorität des Datagramms festlegt (0=normal, 7=hoch).
  – **Delay**: 1 Bit, priorisiert möglichst kurze Wartezeiten,
  – **Throughput**: 1 Bit, priorisiert möglichst hohen Durchsatz,
  – **Reliability**: 1 Bit, priorisiert möglichst hohe Zuverlässigkeit.
  Die verbleibenden zwei Bits des TOS-Feldes werden nicht genutzt.

- **Total Length**
  Das TL-Feld (Total Length) gibt die Gesamtlänge des IP-Datagramms in Byte an, also die Länge von IP-Datenheader und IP-Nutzdaten. Die maximale Länge beträgt 65.535 Byte.

- **Identification**
  Das folgende ID-Feld (Identification) dient der Identifikation einer zusammenhängenden Dateneinheit, die in mehrere Fragmente unterteilt im Nutzdatenteil des IP-Datagramms vorliegen kann. Alle Fragmente besitzen dieselbe Identifikation. Eine Fragmentierung des IP-Datagramms kann notwendig werden, wenn das Datagramm auf seinem Weg ein Netzwerk passieren muß, dessen maximal erlaubte Datenpaketlänge kleiner ist als die des vorliegenden IP-Datagramms. Dann wird das IP-Datagramm in einzelne Fragmente zerlegt, wobei jedes Fragment einen eigenen IP-Datenheader erhält. Die Header zusammenhängender Fragmente unterscheiden sich lediglich in den Feldern, die mit der Fragmentierung im Zusammenhang stehen. Der Empfänger des fragmentierten IP-Datagramms fügt die einzelnen Fragmente im Prozeß der Reassemblierung (Defragmentierung) wieder zusammen.

- **Fragmentierung**
  Das drei Bit lange F-Feld (Fragmentierung) setzt sich aus drei einzelnen Bits zusammen:
  – **M**: 1 Bit, kündigt weitere Fragmente an (more Fragments).
  – **D**: 1 Bit, Anweisung an ein Vermittlungssystem, keine Fragmentierung durchzuführen (Don't Fragment).
  Das letzte Bit ist nicht belegt.

- **Fragment Offset**
  Die folgenden 13 Bit gehören dem FO-Feld (Fragment Offset) an. Dieses gibt die laufende Nummer des ersten Bytes eines Fragments relativ zum ersten Byte des Gesamt-Datagramms an (vgl. Abb. 7.8). Wird keine Fragmentierung durchgeführt, erhält das FO-Feld den Wert 0. Jedes Fragment außer dem letzten eines Datagramms muß die Länge eines Vielfachen von 8 Byte besitzen. Bei einer maximalen Datagramm-Gesamtlänge von 64 kByte und dem 13 Bit langem FO-Feld ergeben sich maximal 8.192 Fragmente von 8 Byte Länge.

- **Time to Live**
  Dieser 8 Bit lange Zähler wird beim Versenden eines IP-Datagramms auf einen Startwert gesetzt, der von jedem Zwischensystem auf dem Pfad zum Zielsystem dekrementiert wird. Beim Erreichen des Wertes Null wird das IP-Datagramm gelöscht, wobei der Sender von der Löschung über ein spezielles ICMP-Datenpaket informiert wird. Durch dieses Verfahren wird eine Überlastung des Internets durch nicht zustellbare oder umherirrende Datenpakete verhindert.
- **Protocol**
  Das 8 Bit lange PR-Feld (Protocol) dient der Kennzeichnung, welchem Protokoll das IP-Datagramm auf der nächsthöheren Protokollschicht des TCP/IP-Referenzmodells übergeben werden soll. Die Kodierung ist in RFC 1700 festgelegt. Beispiele: TCP: 7, UDP: 17, ICMP: 1.
- **Header Checksum**
  Zur Fehlererkennung speziell im IP-Datagrammheader dient das 16 Bit lange HC-Feld (Header Checksum). Der hier verwendete Algorithmus addiert jeweils 16-Bit lange Blöcke in der Reihenfolge ihres Eintreffens in Einerkomplement-Arithmetik. Die Prüfsumme ergibt sich als Einerkomplement der berechneten Summe. Daher muß sich die berechnete Prüfsumme nach erfolgreicher Übertragung stets zu Null berechnen. Es ist zu beachten, das das HC-Feld für jeden Hop, also beim Passieren eines Routers, neu berechnet werden muß, da sich im IP-Datagrammheader mit jedem Hop wenigstens ein Feld (TTL-Feld) ändert.
- **Source Address**
  32 Bit IP-Adresse des Senders.
- **Destination Address**
  32 Bit IP-Adresse des Empfängers.
- **Optionen und Pad**
  Über die Optionen-Felder werden zusätzliche Möglichkeiten zur Steuerung und Überwachung der IP-Datenübertragung geboten. Die maximale Länge der Optionen beträgt 44 Byte. Nicht genutzte Bits werden mit Füllbits (Pads) aufgefüllt. Derzeit sind folgende fünf Optionen möglich:
  - **Security**: Dient der Kennzeichnung des Geheimhaltungsgrades des transportierten Inhalts, steht aber nicht im direkten Zusammenhang mit einer eventuellen Verschlüsselung des Datagramm-Inhalts.
  - **Strict Source Routing**: Hier kann eine vollständige Liste von Zwischensystemen (Routern) angegeben werden, die das IP-Datagramm auf seinem Weg zum Zielsystem passieren soll (auch als Poor Man's Routing bezeichnet).
  - **Loose Source Routing**: Im Gegensatz zum Strict Source Routing kann hier eine Liste von Zwischensystemen angegeben werden, die auf dem Weg zum Zielsystem durchlaufen werden sollen. Diese Liste ist allerdings nicht notwendigerweise eine vollständige Liste aller zu durchlaufender Zwischensysteme.

- **Record Routing**: Hiermit können alle passierten Zwischensysteme angewiesen werden, ihre eigene IP-Adresse in einem Optionenfeld zu vermerken, damit der Weg, den das IP-Datagramm zu seinem Ziel durchlaufen hat, nachvollzogen werden kann.
- **Timestamp**: Zusätzlich können hier alle passierten Zwischensysteme angewiesen werden, zu der bereits zu vermerkenden IP-Adresse auch noch eine Zeitstempelinformation hinzuzufügen, damit nicht nur der Weg durch das Internet, sondern auch der Zeitpunkt des Passierens eines Zwischensystems dokumentiert wird.

Eine spezielle Option (End of Option List) kennzeichnet das Ende der Optionenliste im IP-Datagrammheader. Waren zu Zeiten des ARPANET die maximal möglichen 44 Byte für Optionen genug, um die Route eines IP-Datagramms vollständig zu dokumentieren (kein Datenpaket mußte damals mehr als 9 Zwischensysteme auf seinem Weg vom Sender zum Empfänger passieren), ist dieser zur Verfügung stehende Raum für heutige Anforderungen viel zu klein.

Exkurs 20: IP-Kapselung und IP-Fragmentierung

Soll ein IP-Datagramm von einem Rechner zu einem anderen über eine Reihe von heterogenen Netzwerken hinweg übertragen werden, wird das IP-Datagramm beim Übergang von einem Netzwerk in ein anderes in das jeweils gültige Hardware-Datenformat des betreffenden Netzwerkes umverpackt. Zur Übertragung eines IP-Datagramms muß die jeweilige Netzwerk-Software dafür Sorge tragen, daß dieses „gekapselt" in einem Datenpaket ihres Netzwerkformats versendet wird. Die als **IP-Kapselung** (Encapsulation) bezeichnete Technik sieht dazu vor, daß ein komplettes IP-Datagramm in den Nutzdatenbereich des Netzwerk-Datenformats gepackt wird. Die jeweilige Netzwerk-Hardware behandelt dieses Datenpaket mit dem eingekapselten IP-Datagramm wie jedes andere Datenpaket und leitet es auf dem Weg zum Zielsystem an den jeweils vom letzten Router festgelegten nächsten Empfänger weiter. Der Inhalt des Nutzdatenbereichs wird dabei weder überprüft noch in irgend einer anderen Weise verändert (siehe Abb. 7.19).

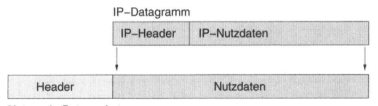

Abb. 7.19. IP-Kapselung (Encapsulation)

Damit der Empfänger das IP-Datagramm aus dem Nutzdatenbereich des Netzwerk-Datenpakets korrekt auspacken und interpretieren kann, muß im Header des Netzwerk-Datenpakets ein Typ-Feld mit einem spezifischen Wert belegt werden, über den sich Sender und Empfänger im lokalen Netzwerk über den Typ der transportierten Daten verständigen.

Die IP-Kapselung gilt immer jeweils nur für eine Teilstrecke. Der lokale Empfänger, der das gekapselte IP-Datenpaket im Netzwerk-Datenpaket empfängt, entnimmt das IP-Datagramm aus dem Nutzdatenteil des Netzwerk-Datenpakets, das anschließend verworfen wird. Zur eventuellen Weiterleitung liest der lokale Empfänger die im IP-Datagramm angegebene IP-Zieladresse. Stimmt diese mit der IP-Adresse des lokalen Empfängers überein, gilt das IP-Datagramm als empfangen, und der Inhalt des IP-Nutzdatenanteils wird von der Netzwerksoftware an eine Instanz einer in der Protokollhierarchie höher gelegenen Protokollsoftware weitergeleitet, entsprechend den Angaben im Protocol-Feld des IP-Datagramms. Ist der lokale Empfänger nicht der endgültige Empfänger, muß das IP-Datagramm zur Weiterleitung erneut gekapselt werden. Die erneute Kapselung erfolgt in ein Netzwerk-Datenpaket des Folgenetzwerks entlang des Pfades zum endgültigen Empfänger. Auf diese Weise kann ein IP-Datagramm den Weg bis zu seinem endgültigen Ziel über die unterschiedlichsten Netzwerktypen hinweg zurücklegen.

IP-Fragmentierung
Jeder Netzwerktyp, der an einer Datenübertragung im Internet beteiligt ist, spezifiziert ein eigenes Datenformat, dem jeweils eine eigene, stets einzuhaltende maximale Länge zugeordnet ist. Diese wird allgemein als **maximale Übertragungseinheit (Maximum Transmission Unit, MTU)** bezeichnet. Eine Kapselung eines IP-Datagramms in einem Netzwerkdatenpaket kann nur erfolgen, wenn dieses eine kleinere Länge aufweist, als die Nutzlast der vorgeschriebenen MTU des zur Übertragung vorgesehenen Netzwerks. Ausnahmen sind dabei nicht erlaubt, die MTU ist fix.

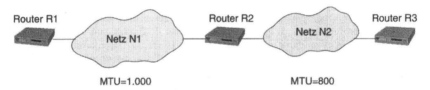

Abb. 7.20. Beispiel für die Notwendigkeit der Fragmentierung zur Datenübertragung in Netzwerken mit unterschiedlicher MTU

Abb. 7.20 zeigt zwei miteinander verbundene Netzwerke, die jeweils eine unterschiedliche MTU aufweisen. Netzwerk N1 verfügt über eine MTU von 1.000 Bytes, während Netzwerk N2 nur eine MTU von 800 Bytes erlaubt. Um dennoch IP-Datagramme, die eine Länge von bis zu 65.535 Bytes aufweisen können, übertragen zu können, wird eine **Fragmentierung** vorgenommen. Muß ein Router ein IP-Datagramm weiterleiten, dessen Länge die MTU des nachfolgenden Netzwerks übersteigt, zerlegt er dieses in einzelne Fragmente, die dann getrennt voneinander übertragen werden.
Jedes Fragment eines IP-Datagramms besitzt dabei das selbe Format wie das ursprüngliche IP-Datagramm, d.h. der komplette IP-Datenheader – mit Ausnahme der Angaben zur Fragmentierung – wird übernommen. Über das F-Feld im IP-Datagrammheader kann mitgeteilt werden, ob es sich um ein komplettes Datagramm oder um ein Fragment handelt. Ist das MF-Bit im F-Feld gesetzt, liegt eine Fragmentierung vor, und es wird signalisiert, daß diesem Fragment noch weitere (MF=More Fragments) folgen. Das auf das F-Feld folgende FO-Feld (Fragment Offset) gibt dabei an, an welche Stelle des ursprünglichen IP-Datagramms das Fragment gehört.
Um ein IP-Datagramm zur Übertragung in einem Netzwerk mit kleinerer MTU vorzubereiten (siehe Abb. 7.21), berechnet der Router die maximale Datenmenge pro Fragment sowie die benötigte Anzahl von Fragmenten aus der vorgegebenen Netzwerk-MTU und der Größe des originalen IP-Datagrammheaders. Daraufhin werden die Fragmente erzeugt. Dazu entnimmt der Router aus dem Nutzdatenteil des ursprünglichen IP-Datagramms die für ein Fragment

vorgesehene Datenmenge und versieht diese mit dem Original-IP-Datagrammheader, der um die notwendigen Angaben zur Fragmentierung ergänzt wird (Fragment Offset und More Fragments). Der Router setzt diesen Vorgang fort, bis der gesamte Nutzdatenanteil des ursprünglichen IP-Datagramms in einzelne Fragmente aufgeteilt ist, die in der Reihenfolge ihrer Erzeugung jeweils in ein Netzwerk-Datenpaket gekapselt übertragen werden.

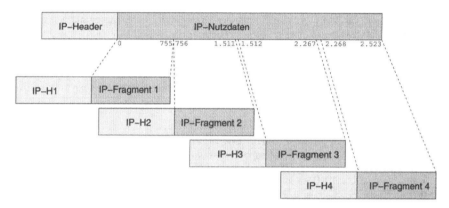

Abb. 7.21. Fragmentierung eines IP-Datagramms

Beispiel für die IP-Fragmentierung
Soll ein IP-Datagramm mit 2.534 Byte Nutzdateninhalt vom Router R2 aus Beispiel. 7.20 über das Netz N2 mit einer MTU von 800 Byte übertragen werden, kommt es zu folgender Fragmentierung (siehe Abb. 7.21):
Angenommen, der Header eines Netzwerkdatenpakets aus dem Netz N2 besitzt eine Länge von 24 Byte, dann stehen für den Nutzdateninhalt maximal 776 Byte zur Verfügung. Hat der IP-Datagrammheader eine Länge von 20 Byte, dann können in jedem Fragment des IP-Datagramms maximal 756 Byte des originalen IP-Datagramm-Nutzdateninhalts transportiert werden. Das erste Fragment nimmt daher die Nutzdaten von Byte 0 bis Byte 755 des originalen IP-Datagramms auf. Das MF-Bit im Datenheader des ersten Fragments wird auf 1 gesetzt, der Fragment Offset auf 0. Das zweite Fragment umfaßt die Nutzdaten von Byte 756 bis 1.511, das MF-Bit des Datenheaders wird ebenfalls auf 1 gesetzt, der Fragment Offset auf 755. Das dritte Fragment umfaßt die Nutzdaten von Byte 1.512 bis 2.267, das MF-Bit wird auf 1 gesetzt, der Fragment Offset auf 1.511. Im letzten Fragment wird der Rest der Nutzdaten des IP-Datagramms von Byte 2.268 bis 2.533 transportiert, das MF-Bit wird auf 0 gesetzt, da es sich um das letzte Fragment für das betreffende IP-Datagramm handelt, und der Fragment Offset beträgt 2.267.
Nach der Übertragung der einzelnen IP-Fragmente, müssen diese wieder zusammengesetzt werden. Der IP-Standard schreibt vor, daß das ursprünglichen IP-Datagramms erst bei dem in der Zieladresse des IP-Datagramms angegebenen Zielrechner zusammengesetzt wird. Dieser kann die einzelnen Fragmente anhand ihrer Identifikation, die jeweils der des ursprünglichen IP-Datagramms entspricht, und des angegebenen Offsets ordnen und wieder zusammenstellen. Das Ende einer Fragmentierung wird erkannt durch ein Fragment, dessen MF-Bit auf 0 gesetzt ist.

Vorteile der IP-Fragmentierung
Der entscheidende Vorteil dieses Verfahrens liegt darin, daß die einzelnen Fragmente nicht dieselbe Route durch das Internet nehmen müssen, sondern auf unterschiedlichen Wegen zum Ziel gelangen können, was zu einer Erhöhung des Durchsatzes führt. Desweiteren wird

der Verarbeitungsaufwand an den einzelnen Routern verringert, da die einzelnen Fragmente erst am Zielsystem wieder zusammengesetzt werden müssen, was wiederum die Verarbeitungsgeschwindigkeit der Router erhöht.

Da die einzelnen Fragmente eines IP-Datagramms nicht alle auf demselben Weg zum Empfänger gelangen, muß der Empfänger alle empfangenen Fragmente bis zum Erhalt des letzten Fragments zwischenspeichern, bevor er diese wieder zum ursprünglich gesendeten IP-Datagramm zusammensetzen kann. Geht nur ein Fragment verloren oder kommt mit einer erheblichen Verzögerung beim Empfänger an, werden die bereits empfangenen und gespeicherten Fragmente nach einer vorgegebenen Wartezeit gelöscht, um zu vermeiden, daß der verfügbare Speicherplatz zur Neige geht. Zu diesem Zweck wird bei der Ankunft des ersten Fragments eines IP-Datagramms ein Timer gestartet. Erreichen alle Fragmente vor Ablauf des gestarteten Timers den Empfänger, wird das IP-Datagramm beim Empfänger wieder zusammengesetzt, anderenfalls werden alle bereits empfangenen Fragmente wieder verworfen. Diese „Alles-oder-Nichts"-Strategie macht durchaus Sinn, da das IP-Protokoll die erneute Übertragung eines einzelnen Fragments nicht vorsieht, da nicht sichergestellt werden kann, daß ein IP-Datagramm bei einer Neuübertragung denselben Weg nimmt und deshalb vollkommen anders fragmentiert beim Empfänger ankommen kann.

Auf dem Weg vom Sender zum Empfänger können durchaus aufeinanderfolgende Fragmentierungen durchgeführt werden. Da auch Fragmente von Fragmenten dieselbe Identifikation wie das ursprüngliche IP-Datagramm besitzen und ein jeweils entsprechend berechneter Fragment Offset beigefügt wird, kann der Empfänger unterschiedlich bzw. mehrfach fragmentierte Teilstücke ohne Probleme wieder zusammensetzen. Generell hat es sich als vorteilhaft erwiesen, eine für alle Netzwerktypen gültige atomare Fragmentgröße festzusetzen, die der kleinsten vorkommenden MTU entspricht, da auf diese Weise stets Fragmente gleicher Größe erzeugt werden, eine unbeschränkt kaskadierte Fragmentierung vermieden wird und so Verarbeitungszeit in Routern und am Empfängerrechner gespart werden kann.

Weiterführende Literatur:

E. A. Hall: Internet Core Protocols, O'Reilly, Sebastopol CA, USA, 2000.

RFC 791, RFC 760, Internet Protocol – IPv4.

RFC 815, Internet Protocol Datagram Reassembly Algorithms.

RFC 1192, RFC 1063, Path MTU Discovery.

Exkurs 21: Das zukünftige IPv6

1983, bei der Einführung des bestehenden Protokollstandards IP für die Datenkommunikation im Internet – Internet Protocol Version 4 (IPv4) – wurde diesem nur eine kurze Lebensdauer prophezeit. Aller aktuellen Probleme zum Trotz erwies sich diese IP-Version jedoch als äußerst langlebig und erfolgreich. IPv4 war es letztlich zu verdanken, daß das globale Internet sein immenses Wachstum verkraften und die Vielfalt der unterschiedlichen Netzwerktypen überhaupt miteinander verbinden konnte. Das eigene IP-Datagrammformat läßt das globale Internet als einheitliches, homogenes Netzwerk erscheinen und verbirgt die zur Kommunikation notwendigen Details der Hardware-nahen Kommunikations-Software und Hardware. Dank des ausgeklügelten Designs überlebte das IP-Protokoll ebenfalls eine Reihe von Hardware-Generationen, was sicher in seinem hohen Grad an Skalierbarkeit und seiner Flexibilität begründet liegt.

Weshalb soll also ein Protokoll geändert werden, das sich als derart robust erwiesen hat? Hauptgrund dafür ist die Aufteilung des eng begrenzten IP-Adreßraums. Als IP Mitte der 70er Jahre entwickelt wurde, sah niemand das explosionsartige Wachstum der Datennetze des Internet voraus und so entschied man, daß 32 Bit lange IP-Adressen völlig ausreichend sind, was immerhin den Anschluß von Millionen von unterschiedlichen Netzwerken ermöglichte. Das Wachstum des globalen Internets verlief jedoch exponentiell, die Anzahl der mit ihm verbundenen Computer verdoppelt sich in weniger als einem Jahr. Zwar scheint der Markt an stationären Rechnern, d.h.Personal Computern bald gesättigt, doch steht die nächste Umwälzung bereits vor der Türe: Embedded Systems, intelligente Haushaltsgeräte, Unterhaltungselektronik, Autos und Mobiltelefone, alle sind zunehmend mit Rechnern ausgestattet, die über das globale Internet miteinander kommunizieren. Daher ist das erste und wohl wichtigste Ziel einer Erneuerung von IP eine Erweiterung des begrenzten IP-Adreßraums.

IPv4 arbeitet als verbindungsloser und unzuverlässiger Dienst, der zwar nach besten Möglichkeiten arbeitet (Best Effort), jedoch keinerlei Dienstgütegarantien (Quality of Service) gewährt. Heutige Internet-Anwendungen arbeiten aber zunehmend mit multimedialen Dateninhalten, die eine quasi-echtzeitfähige Weiterleitung verlangen. Der zweite, gewichtige Grund für eine Renovierung von IPv4 liegt daher in dessen Unvermögen, Dienstgütegarantien zu gewährleisten.

1990 startete deshalb die IETF ein Projekt zur Entwicklung eines Nachfolgers für das IP-Protokoll. Vorläufiger Name des Projekts war zunächst **IP – The Next Generation (IPnG)**, angeregt durch die gleichnamige Star Trek Fernsehserie. Nach Abschluß der Definitionsphase wurde nach einem Namen gesucht, der dieses Protokoll herausheben sollte über die zahlreichen anderen Projekte, die ebenfalls diese populäre Bezeichnung in ihrem Namen führten. So wurde beschlossen, eine neue Versionsnummer für dieses IP-Protokoll zu wählen, aber nicht Version 5, wie jedermann annehmen würde, sondern Version 6, denn die Versionsnummer 5 war bereits für das experimentelle **Stream Protocol** (ST) vergeben worden. Damit stellt **IPv6** die Nachfolgeversion des aktuellen IPv4 dar.

Eigenschaften und Merkmale von IPv6
Viele der Merkmale, die den Erfolg von IPv4 ausmachten, bleiben in der neuen Version erhalten. Nach wie vor handelt es sich bei IPv6 um einen Datagrammdienst, d.h. es wird ein verbindungsloser Dienst realisiert. Jedes IP-Datagramm enthält die Adressen von Sender und Empfänger. Der Time-to-Live Mechanismus, der die Anzahl der möglichen Hops eines IP-Datagramms festlegt, wurde ebenso wie die Möglichkeit der Angabe zusätzlicher Header-Optionen beibehalten. Obwohl die Basiskonzepte des erfolgreichen IPv4-Standards erhalten blieben, liegen die z.T. erheblichen Veränderungen in den jeweiligen Details:

- **Adreßgröße**
  Die bisherige Adreßgröße wird von 32 Bit auf 128 Bit erweitert. Die Adresse wird in Analogie zur Dezimal-Punkt-Darstellung der IPv4-Adresse angegeben vermittels von maximal 8 vierstelligen Hexadezimalzahlen, die durch Doppelpunkte voneinander getrennt werden (z.B. 231B:1A:FF:02:0:3DEF:11).

- **Header-Format**
  IPv6 verfügt über ein neues, eigenständiges Headerformat, das unabhängig von IPv4 entwickelt wurde.

- **Multiple Header**
  Im Gegensatz zu IPv4 kann ein IPv6-Datagramm mehrere Header besitzen. Nach einem ersten obligatorischen Basis-Header können optional mehrere Erweiterungs-Header folgen, bevor sich daran die eigentlichen Nutzdaten anschließen.

- **Video- und Audiounterstützung**
  Für IPv6 wurde die Möglichkeit vorgesehen, Multimedia-Daten, wie z.B. Audio- und Videodaten, in Echtzeit zu übertragen. Dieser Mechanismus kann außerdem dazu genutzt werden, einzelne Datagramme auf kostengünstigeren Pfaden durch das Internet zu übertragen.

520 7. Wie das Internet funktioniert – Internetworking

- **Erweiterbarkeit**
  Während die Möglichkeiten von IPv4 voll ausdefiniert wurden, sieht IPv6 von vornherein die Möglichkeit der Erweiterung des Protokoll-Standards vor, wodurch zusätzliche Informationen mit in das IP-Datagramm mit eingebunden werden können. Dadurch soll eine hohe Flexibilität und Anpassungsfähigkeit gegenüber zukünftigen Verbesserungen erreicht werden.

Um ein Protokoll zu entwickeln, das all diesen Forderungen gerecht wird, veranstaltete die IETF mit dem RFC 1550 eine öffentliche Ausschreibung zur Einreichung entsprechender Vorschläge. 21 Vorschläge wurden bei der IETF eingereicht, nicht alle in Form eines vollständigen IETF Proposals, die von kleineren Veränderungen am bestehenden IPv4-Protokoll bis hin zu vollständigen Neuentwicklungen reichten. Unter den Vorschlägen wurden drei, darunter auch das spätere IPv6 in die engere Wahl gezogen, die schließlich zu Gunsten von IPv6 ausfiel, da es alle guten Eigenschaften von IPv4 bewahrte, die Nachteile von IPv4 ausmerzte oder zumindest weitgehend abschwächte und neue Vorteile dort einführte, wo sie besonders notwendig waren. Von ganz besonderer Bedeutung für die Auswahl war jedoch der Fakt, daß alle übrigen TCP/IP-Protokolle, wie z.B. TCP, UDP, ICMP, OSPF, IGMP, BGP oder DNS ohne größere Änderungen beibehalten werden konnten.

Das IPv6-Datagramm
IPv6 verfügt über ein Datagrammformat, das sich völlig von IPv4 unterscheidet (siehe Abb. 7.22). Ein IPv6-Datagramm startet stets mit einem **Basis-Header** (Base Header) von fester, vorgegebener Länge, dem optional ein oder mehrere **Erweiterungs-Header** (Extension Header) folgen können. Erst danach kommen die eigentlichen Nutzdaten des IPv6-Datagramms.

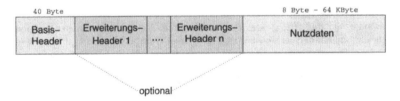

Abb. 7.22. IPv6 – Datagrammformat

IPv6-Basis-Header
Obwohl der Basis-Header eines IPv6-Datagramms nur die doppelte Länge eines IPv4-Datagrammheaders aufweist, ist es doch möglich, Sender und Empfängeradresse in ihrer vollen Länge von jeweils 128 Bits anzugeben. Dieses Paradoxon erklärt sich aus der Tatsache, daß andere Informationen aus dem IPv4-Header weggelassen und in die optionalen Erweiterungs-Header verlagert wurden. Der IPv6-Header weist gegenüber dem älteren IPv4-Datagrammheader sogar wesentliche Vereinfachungen auf (siehe Abb. 7.23). Neben den beiden jeweils 16 Byte (128 Bit) langen Adressen von Sender und Empfänger – der folgenreichsten Veränderung gegenüber IPv4 – beinhaltet der IPv6-Basis-Header lediglich sechs Felder:

- **Version**
  Ebenso wie der IPv4-Datagrammheader startet der Basis-Header mit einer 4 Bit langen Versionsangabe zum verwendeten IP-Protokoll. Bei IPv6 steht hier stets der Wert 6.
- **Traffic Class**
  Das 4 Bit lange TClass-Feld (Traffic Class) entscheidet über die Priorisierung des vorliegenden Datagramms relativ zu anderen Datagrammen. Im allgemeinen sind die Werte 0

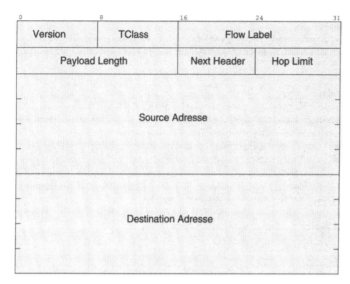

Abb. 7.23. IPv6 – Basis-Header

(normal) bis 7 (hohe Priorität) für die herkömmliche Kommunikation reserviert, während die Werte 8 – 15 unterschiedlichen zeitkritischen Anwendungen (z.B. Audio- oder Videokommunikation) vorbehalten sind.

- **Flow Label**
  Das 3 Byte lange FL-Feld (Flow Label, Übertragungsart) bietet Platz für eine zufällig gewählte Identifikationsnummer für eine virtuelle Ende-zu-Ende-Verbindung, mit der bestimmte Datagramme für eine gesonderte Übertragung im globalen Internet gekennzeichnet werden können. Router sind anhand des Flow Labels in der Lage, die betreffenden Datagramme direkt weiterzuleiten, ohne den Rest des Headers auswerten zu müssen. Dieser Mechanismus soll dazu genutzt werden, isochrone Datenströme über das Internet weiterzuleiten. Da noch keine endgültige Spezifikation über die Kodierung dieses Feldes vorliegt, wird es bislang mit dem Wert 0 gefüllt.

- **Payload Length**
  16 Bit langes Feld, das die Länge der Nutzdaten angibt, die auf die Header-Felder (Basis-Header und Erweiterungs-Header) folgen. Die Angabe der Länge erfolgt in Bytes, so daß sich eine maximale Länge von 64 KByte für die Nutzdaten im IPv6-Datagramm ergibt. Wird ein Erweiterungs-Header vom Typ „Fragmentation" eingesetzt, sind über Fragmentierung von IP-Datagrammen auch größere Nutzlastmengen möglich. Die Payload Length 0 weist ein sogenanntes **Jumbo-Paket** (**Jumbogramm**) aus.

- **Next Header**
  Das 8 Bit lange NH-Feld (Next Header) gibt den Typ des direkt nachfolgenden Headers an. Dabei kann es sich entweder um einen Erweiterungs-Header des IP-Datagramms handeln oder um einen Header einer höheren Protokollschicht (z.B. TCP oder UDP) des Datenpakets, das in den sich anschließenden Nutzdaten befördert wird.

- **Hop-Limit**
  Das ehemalige Time-to-Live Feld des IPv4-Datagrammheaders wird durch das 8 Bit lange HL-Feld (Hop Limit) ersetzt. Die Funktionsweise entspricht dabei vollkommen der des IPv4-Headerfeldes: Der anfängliche Feldwert wird mit jedem Hop vom betreffenden Router dekrementiert. Derjenige Router, der den Wert Null in das Feld einträgt, verwirft das IP-Datagramm.

- **Sender- und Zieladresse**
  128 Bit Adressen von Sender und Empfänger. Wird ein Erweiterungs-Header vom Typ „Routing" verwendet, kann als Empfängeradresse auch die Adresse eines Folgerouters angegeben werden.

IPv6–Erweiterungs-Header
Für zusätzliche Steuer- und Kontrollinformation im Header des IPv6-Datagramms, sind die sogenannten **Erweiterungs-Header** vorgesehen. Aus Gründen der Effizienz verzichtete man bei der Spezifikation des IPv6-Basis-Headers darauf, zusätzliche, fixierte Felder mit in den Header aufzunehmen. Da nicht alle Datagramme die zusätzlich spezifizierten Optionen benötigen, können sie je nach Bedarf über Erweiterungs-Header mit aufgenommen werden. Insgesamt lassen sich in einem IPv6-Datagramm bis zu 6 Erweiterungs-Header angeben, die alle über ein NH-Feld (Next Header) miteinander verbunden werden. Jeder Erweiterungs-Header verfügt ebenfalls über ein NH-Feld, das entweder den Typ eines Folge-Erweiterungs-Headers beinhaltet oder als Abschluß-Header den Typ des Protokolls angibt, dessen Header als erstes im Nutzdatenbereich befördert wird (siehe Abb. 7.24).

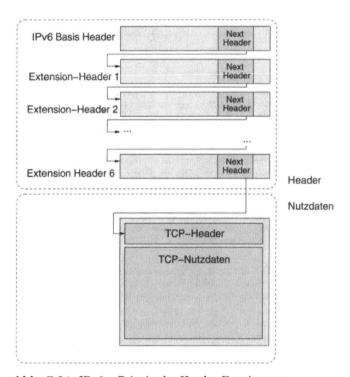

Abb. 7.24. IPv6 – Prinzip der Header-Erweiterung

Folgende sechs Erweiterungs-Headertypen stehen für IPv6 zur Verfügung, wobei jeder Headertyp mit Ausnahme des Destination-Options Headers jeweils nur ein einziges Mal in einem IPv6-Datagramm benutzt werden darf:

- **Hop-by-Hop Header**
  Dieser Headertyp enthält optionale Angaben in Form sogenannter **Type-Length-Value-Angaben** (TLV-Angaben) Angaben, die von jedem Router entlang des Weges vom Sender

zum Empfänger interpretiert werden. Der Hop-by-Hop Header folgt stets als erstes nach dem Basis-Header, da sich auf diese Weise Verarbeitungszeit bei den Routern einsparen läßt. Ebenso wie der Destination-Options Header besitzt der Hop-by-Hop Header eine variable Länge und läßt sich daher anwendungsspezifisch verwenden.

- **Destination Options Header**
  Der Destination-Options Header kann maximal zweimal in einem IPv6-Datagramm vorkommen. Er beinhaltet Informationen, die sowohl für die weitervermittelnden Router als auch für den Empfänger-Rechner von Bedeutung sind und von diesen interpretiert werden müssen. Handelt es sich um Router-Informationen, folgt der Destination-Options Header direkt dem Hop-by-Hop Header, handelt es sich aber um Informationen für den Empfänger, dann steht der Destination-Options Header an letzter Stelle, direkt vor den beförderten IP-Nutzdaten.

- **Routing Header**
  Dieser Header gibt eine Liste von Routern (Zwischensystemen) an, die auf dem Pfad vom Sender zum Empfänger besucht werden müssen (**Strict Source-Routing**).

- **Fragment Header**
  Mit Hilfe des Fragment Headers kann ein IP-Datenpaket, dessen Länge die MTU (Maximum Transmission Unit) des unterliegenden Netzwerks überschreitet, in einzelne Fragmente zerlegt werden. Der Fragment-Header enthält dann die jeweils notwendigen Informationen, um die einzelnen Fragmente eines IP-Datagramms beim Empfänger wieder zusammensetzen zu können.

- **Authentication Header**
  Header, der eine Prüfsumme enthält, die die Authentifikation des Senders ermöglicht (siehe Kap. 9.3.4).

- **Encapsulation Security Payload**
  Header, der bei der Verschlüsselung von Nutzdaten oder Header-Daten eine spezifische Schlüsselnummer enthält (siehe Kap 9.3.4).

Fragmentierung großer Datagramme
Im Gegensatz zu IPv4 hält der IPv6-Basis Header keine Felder zur Steuerung der Fragmentierung eines IPv6-Datagramms vor. Anstelle dessen existiert ein separater Erweiterungs-Header. Ist eine Fragmentierung erforderlich, d.h. ist die MTU des zu überbrückenden Netzwerks kleiner als das zu übertragende IPv6-Datagramm, wird das gesamte IPv6-Datagramm (Header und Nutzdaten) in einzelne Teilstücke zerlegt, die in den Nutzdatenbereich der neuen Fragmente gestellt werden. Dabei kann der Basis-Header jedoch nicht selbst zerlegt werden (nicht zerlegbarer Anteil). Jedes Fragment erhält einen neuen Basis-Header und einen zusätzlichen Erweiterungs-Header vom Typ Fragment-Header, der das IPv6-Datagramm als Fragment kennzeichnet und einen Wert für den Fragment Offset analog zum IPv4-Header enthält, damit das ursprüngliche IP-Datagramm beim Empfänger wieder zusammengesetzt werden kann.
Der Vorgang der Fragmentierung selbst unterscheidet sich bei IPv6 wesentlich von IPv4. Während bei IPv4 jeder Router in der Lage ist, ein zu großes Datagramm in paßgerechte Fragmente für das zu überbrückende Netzwerk zu zerlegen, ist bei IPv6 der sendende Rechner selbst zuständig für eine derartige Zerlegung, d.h. die Router in einem IPv6-Internet erwarten stets paßgerechte IPv6-Datagramme bzw. Fragmente. Erreicht ein zu großes Datagramm einen IPv6-Router, wird dieses einfach nicht weitergeleitet. Der sendende Rechner hat dabei zwei Möglichkeiten, die Größe seiner zu versendenden IP-Datagramme einzustellen: Entweder er verwendet die garantierte **Minimum-MTU** von 1.280 Byte, die jedes IPv6-fähige Netzwerk unfragmentiert weitergeleiten können muß, oder er ermittelt mit Hilfe des **Path MTU Discovery** Verfahrens, welche Fragmentgröße für den vorgesehenen Weg zum Empfänger gewählt werden muß. Zur Ermittlung der sogenannten **Pfad-MTU**, also der kleinsten MTU entlang des Pfades vom Sender zum Empfänger, wendet der Sender einen

iterativen Lernprozeß an. Er sendet dazu fortlaufend Datagramme unterschiedlicher Größe, die – sobald sie zu groß sind – mit einer entsprechenden Fehlermeldung quittiert werden. Damit ist der Sender in der Lage, die von ihm anschließend verwendete Datagrammgröße entsprechend anzupassen, indem er die größte Datagrammlänge wählt, die während dieses Lernprozesses noch fehlerfrei übertragen werden konnte.

Der Sinn dieser Ende-zu-Ende Fragmentierung liegt darin, die Router und Zwischensysteme des Internets weitmöglichst zu entlasten, damit diese einen höheren Durchsatz erzielen können. Allerdings müssen bei diesem Verfahren auch Einbußen in der Flexibilität hingenommen werden. Während bei IPv4 die einzelnen Fragmente einfach auf unterschiedlichen Routen zum Ziel gelangen und bei Überlast oder Fehler an andere Router umgeleitet werden konnten, ist dies bei IPv6 nicht mehr so einfach möglich, da eine Umleitung eine Teilstrecke mit geringerer MTU enthalten könnte. Der Sender müßte daraufhin eine neue Path-MTU ermitteln und das IP-Datagramm erneut mit neuer Fragmentgröße übertragen.

Jumbo Payload

Ein reguläres IPv6-Datagramm kann ebenso wie ein IPv4-Datagramm eine Nutzdatenlänge von maximal 65.535 Byte befördern. Allerdings sieht der IPv6-Standard auch die Möglichkeit zur Beförderung längerer Datenpakete vor, die insbesondere für Anwendungen im Bereich des Supercomputing von Bedeutung sind, in denen viele Gigabyte an Daten übertragen werden müssen. Die Kennzeichnung eines übergroßen IP-Datagramms, eines sogenannten **Jumbogramms** erfolgt mit Hilfe des Hop-by-Hop Erweiterungsheaders. Wird als Payload Length im Basis-Header eine Länge von Null angegeben, handelt es sich bei den beförderten Daten um ein Jumbogramm, dessen Länge im Hop-by-Hop-Erweiterungs-Header in einem 32 Bit langen Feld angegeben wird (siehe Abb. 7.25).

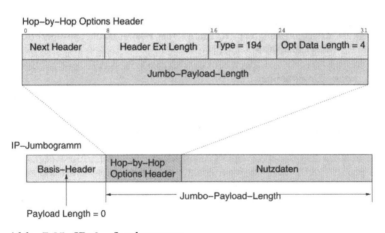

Abb. 7.25. IPv6 – Jumbogramm

Source Routing in IPv6

IPv6 unterstützt ebensowie IPv4 verschiedene Möglichkeiten des Source Routings. Dabei wird vom Sender eines Datagramms vorgegeben, welchen Weg das Datagramm durch das Internet nehmen soll. Während bei IPv4 für die entsprechenden Angaben eines der Options-Felder des Headers genutzt wird, verfügt IPv6 über einen speziellen Erweiterungs Header, den **Routing Header**. Abb. 7.26 zeigt den Aufbau des Routing Headers. Derzeit ist nur ein Routing-Typ (Typ=0) definiert, der etwa dem Loose Source Routing bei IPv4 entspricht. Die einzelnen Felder im Routing Header haben folgende Bedeutung:

7.2 TCP/IP en Detail

- **Next Header**
  Typ des Folgeheaders.
- **Header Extension Length**
  Gibt die Länge des Routing Headers an, der je nach Anzahl der angegebenen Zwischensysteme entlang der zu folgenden Route eine unterschiedliche Länge aufweisen kann.
- **Routing Type**:
  Angabe, welche Variante des Source Routings verwendet werden soll. Z.Z. ist lediglich Routing Type 0 spezifiziert.
- **Segment Left**
  Hier steht die Anzahl der noch zu durchlaufenden Routingsegmente (=Hops) entlang des Pfades zum vorbestimmten Ziel.
- **Strict/Loose Bit Map**
  Bitfolge $b_0, \ldots, b_{23}$, in der jedes Bit einem Routingsegment zugeordnet ist. Die Bitfolge bestimmt, ob ein bestimmter Router i direkt in Folge besucht werden muß ($b_i=1$) oder ob eine alternative Route zum nächsten Segment gewählt werden kann ($b_i=0$).
- **Address[i]**
  Angabe einer Folge von Routern, die entlang des Pfades zum vorgegebenen Zielsystem besucht werden sollen und die mit der Strict/Loose Bit Map korrespondiert.

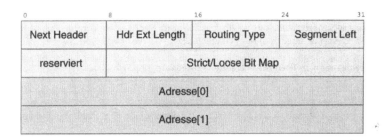

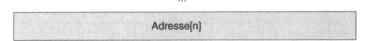

Abb. 7.26. IPv6 – Routing Header

Entsprechend der Belegung des Bitvektors im Feld **Strict/Loose Bit Map** wird ein einzuhaltender Pfad vorgegeben. Alle im nachfolgenden Adreßvektor angegebenen Router müssen dabei besucht werden, unabhängig davon, welcher Wert für den Router i in b_i angegeben ist. Ist $b_i=1$, bedeutet dies lediglich, daß Router i direkter Nachfolgerouter von Router i-1 ist und kein alternativer Weg von i-1 nach i gewählt werden darf.

Die Gründe, warum für IPv6 das Konzept der verschiedenen, optionalen Erweiterungs-Header gewählt wurde, sind die folgenden:

- **Wirtschaftlichkeit**
  IPv6 besitzt eine große Flexibilität, da viele verschiedene Optionen mit Hilfe der unterschiedlichen Header festgelegt werden können. Tatsächlich werden meist nicht viele dieser Optionen zur gleichen Zeit benutzt, so daß die korrespondierenden Header einfach weggelassen werden können, wenn sie nicht gebraucht werden. In IPv4 wird z.B. ein großer Teil der Datagramme nicht fragmentiert. Dennoch enthält der Header des IPv4-Datagramm stets Fragment-Bits und Fragment-Offset. IPv6 dagegen verwendet einen

Fragment-Header nur dann, wenn auch tatsächlich eine Fragmentierung vorgenommen wird, und verbessert so das Verhältnis von übertragener Nutzdateninformation zu übertragener Steuerinformation.

- **Erweiterbarkeit**
  Soll ein Protokoll wie IPv4 in seiner Funktionalität erweitert werden, bedarf dies eines Neudesigns des kompletten Datenformats. Der Datagrammheader muß um ein neues Feld erweitert und die gesamte Netzwerk-Hard- und Software muß entsprechend angepaßt werden. Anders bei IPv6: Um eine neue Funktionalität aufzunehmen, muß lediglich ein neuer Erweiterungs-Header-Typ definiert werden. Ist der neue Header-Typ einem Zwischensystem im Internet noch nicht bekannt, wird er einfach ignoriert. Auf diese Weise können neue Funktionen erst einmal in einem kleinen Teilbereich des Internet ausgetestet werden, bevor Hard- und Software des globalen Internets eventuellen Anpassungen unterzogen werden.

IPv6 – Adressierung
Bereits zu Beginn der 90er Jahre wurde festgestellt, daß der im Internet mit IPv4 zur Verfügung stehende Adreßraum dem explosionsartigen Wachstum des Internet nicht lange gewachsen sein würde. Einer der Hauptgründe der Entwicklung eines IPv4-Nachfolgers war deshalb die Erweiterung des zur Verfügung stehenden Adreßraums. Die Adreßlänge in IPv6 wurde deshalb von 32 Bit auf 128 Bit erweitert, was einer Vervielfachung des zur Verfügung stehenden Adreßraums um den Faktor 2^{96} bedeutet.

Ebenso wie in IPv4 kennzeichnet eine IP-Adresse nicht einen individuellen Rechner, sondern lediglich eine Netzwerk-Schnittstelle, die einem bestimmten Rechner zugeordnet ist. Auf diese Weise können Systeme über mehrere Netzschnittstellen verfügen und so z.B. als Router arbeiten.

Allgemein unterscheidet man in IPv6 die folgenden Adreßkategorien:

- **Unicast-Adressen**
  Eine Unicast-Adresse kennzeichnet eine einzelne Netzwerk-Schnittstelle, also einen einzelnen Rechner. Unicast-Adressen werden für die Unterstützung von Punkt-zu-Punkt-Verbindungen verwendet.

- **Multicast-Adressen**
  Eine Multicast-Adresse identifiziert eine Gruppe von mehreren, zusammengehörigen Netzwerk-Schnittstellen. Ein IP-Datagramm mit einer Multicast-Adresse im Empfängerfeld wird an alle Mitglieder der betreffenden Gruppe weiterversendet.

- **Anycast-Adressen**
  Eine Anycast-Adresse (Cluster-Adresse) identifiziert eine Gruppe von Rechnern, die lokal in funktionalem Zusammenhang stehen. Ein IP-Datagramm, das mit einer Anycast-Adresse versehen ist, wird zunächst an einen bestimmten Router im Zielnetzwerk gesendet (meist zum nächstgelegenen), der die Weiterverteilung an bestimmte Rechner dieses Netzwerkes übernimmt. Die Idee für die Definition von Anycast-Adressen war es, angebotene Netzwerkdienste über mehrere Rechner eines Zielnetzwerks verteilen zu können und so die Verarbeitungsleistung zu erhöhen.

Zwar erweitern die neuen IPv6-Adressen den zur Verfügung stehenden Adreßraum enorm, doch wird die Darstellung recht unübersichtlich, wenn man die gewohnte Dezimal-Punkt-Notation wählt, wie folgendes Beispiel einer 128-Bit Adresse zeigt:

   103.230.140.100.255.255.255.255.0.0.17.128.150.10.255.255

Um derartigen Adressen eine bessere Lesbarkeit zu verschaffen, entschieden sich die Entwickler von IPv6 für eine Hexadezimal-Doppelpunkt-Notation, in der jeweils Einheiten zu 16-Bit als Hexadezimalzahl zusammengefaßt und durch Doppelpunkte getrennt dargestellt werden. Im Beispiel ergibt sich:

```
67E6:8C64:FFFF:FFFF:0000:1180:96A:FFFF
```

Um die Übersichtlichkeit weiter zu erhöhen, können führende Nullen weggelassen und eine Folge von Nullwerten durch „::" ersetzt werden. So kann z.B. die Adresse

```
000E:0C64:0000:0000:0000:1342:0E3E:00FE
```

abgekürzt geschrieben werden als

```
E:C64::1342:E3E:FE
```

Die Ersetzung von aufeinanderfolgenden Null-Folgen durch „::" darf in einer IPv6-Adresse allerdings nur an einer Stelle vorgenommen werden, damit die Eindeutigkeit der Darstellung gewahrt bleibt.
Eine statische Aufteilung des Adreßraumes in einzelne Adreßklassen, wie bei IPv4, die auf der Unterscheidung von Netzwerk-ID und Host-ID beruht, gibt es bei IPv6 nicht mehr. Die führenden Bits der IPv6-Adresse werden als **Format Präfix** (**Format Prefix**) bezeichnet. Mit ihren Hilfe werden bestimmte Adreßtypen (siehe RFC 2373) gekennzeichnet. Neben der Unterscheidung von Multicast- und Unicast-Adressen werden folgende Unicast-Adreßklassen unterschieden:

- **Provider Based Global Unicast Adressen**
  Diese Adressen werden für die reguläre Punkt-zu-Punkt Adressierung verwendet und sind durch das Präfix 010 gekennzeichnet. Sie sind in RFC 2078 spezifiziert und nehmen 1/8 des gesamten zur Verfügung stehenden Adreßraums ein. Anders als IPv4-Adressen, die in statische Adreßklassen aufgeteilt sind, wurde für IPv6-Adressen der Versuch unternommen, basierend auf einer geografischen Zuordnung eine hierarchischen Strukturierung einzuführen. Wie in Abb. 7.27 dargestellt, setzt sich eine Provider Based Unicast Adresse folgendermaßen zusammen:
  - **Registry-ID**:
    Bezeichnet die jeweilige internationale Organisation, bei der die Adresse registriert wurde. Zum Beispiel bezeichnet `RegID=100000` die ICANN (Internet Corporation for Assigned Names and Numbers) oder `RegID=01000` die RIPE (Réseau IP Européan, Regionale Internet Registrierungsbehörde für Europa).
  - **National Registry-ID**:
    Eine internationale Organisation zur Registrierung von IPv6-Adressen kann mehrere nationale Unterorganisationen bei der Vergabe von Adressen koordinieren. Eine Identifikation der nationalen Registrierungsbehörde kann in diesem Falle der internationalen Registry-ID folgen. In Deutschland wird die Registrierung z.B. von DENIC (`www.intra.de`) übernommen.
  - **Provider-ID**:
    Die nachfolgende Angabe beinhaltet eine Identifikation des Internet-Providers, also des Anbieters von Internet-Diensten, der diese Adresse an seine Kunden weitergibt. Die Länge des Feldes ist variabel, so daß von den jeweiligen Registrierungsbehörden unterschiedliche Adreßklassen für die Provider gebildet werden können. Sie hängt mit der Länge der nachfolgenden Subscriber-ID in der Weise zusammen, daß eine kurze Provider-ID jeweils eine große Menge an Subscriber-IDs verwalten kann und umgekehrt.
  - **Subscriber-ID**:
    Die Subscriber-ID repräsentiert die Identifikation des Betreibers eines privaten Netzes und ist daher ein Äquivalent zur IPv4-Netz-ID. Sie ist mit der Provider-ID so verbunden, daß beide Felder zusammen über eine Länge von 56 Bit verfügen dürfen.
  - **Intra-Subscriber-ID**:
    Die nachfolgenden 64 Bit definieren die interne Netzstruktur des Netzbetreibers. Dabei sind 16 Bit für eine **Subnet-ID** vorgesehen, die zur Identifikation eines Subnetzes dient.

Die letzten 48 Bit (**Interface-ID**) dagegen dienen der Identifikation des adressierten Endsystems. Die Interface-ID einer IPv6-Adresse entspricht der Host-ID einer IPv4-Adresse.
Als Besonderheit ist hervorzuheben, daß innerhalb eines LANs, das ein gemeinsames Übertragungsmedium nutzt (Shared Medium LAN) jede Netzwerk-Adresse (MAC-Adresse) ebenfalls 48 Bit lang ist. Daher kann in der Interface-ID direkt die LAN-Adresse eingebettet werden und ein Berechnungs- und Adreßübersetzungsschritt am Router des Zielnetzes eingespart werden, wenn die IP-Adresse in die physikalische Netzwerkadresse umgesetzt wird. Auf die Anwendung des in IPv4 notwendigen ARP-Protokolls zur Adreßauflösung kann bei IPv6 also verzichtet werden.

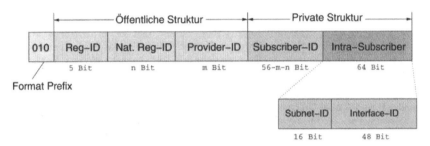

Abb. 7.27. IPv6 – Provider Based Unicast Address

- **Aggregatable Global Unicast Adressen**
  Diese Form der globalen Unicast-Adresse ist ebenfalls für die reguläre Punkt-zu-Punkt-Adressierung vorgesehen. Das für diesen Adreßtyp reservierte Präfix lautet 001 und reserviert ebenfalls 1/8 des gesamten Adreßraums. Aggregatable Global Unicast Adressen (AG-Adressen) werden in RFC 2374 spezifiziert und sollten ursprünglich die Provider Based Global Unicast Adressen ersetzen.
  Beim Entwurf dieses Adreßtype wurde von einem strikt hierarchischen Aufbau der Internet-Welt ausgegangen. An der Spitze dieser Hierarchie (Top Level) stehen internationale und nationale Organisationen, auf die der gesamte zur Verfügung stehende Adreßraum aufgeteilt wird. Die nächste Hierarchiestufe nehmen Organisation ein, die ebenfalls als Verwaltung von IPv6-Adressen aber auch direkt als Anbieter von Internet-Diensten fungieren und selbst untereinander in einem hierarchischen Verhältnis stehen können. Auf der letzten Hierarchiestufe stehen individuelle Organisationen als Endnutzer der Internet-Dienste. Die Struktur der AG-Adressen ist in Abb. 7.28 dargestellt und beinhaltet die folgenden Strukturelemente:
  - **Top Level Aggregation Identifier (TLA-ID)**:
    Identifiziert die jeweilige Top Level Organisation mit einem 13 Bit langen Bitstring.
  - **Next Level Aggregation Identifier (NLA-ID)**:
    Auf 8 reservierte Bits, die bislang noch ungenutzt sind, folgt die Identifikation der Organisation auf der nächstniedrigeren Hierarchiestufe. Diese hat eine Länge von 24 Bit und kann weiter in sich strukturiert werden, so daß die hierarchische Struktur des Internets auch in den Adressen abgebildet werden kann.
  - **Site Level Aggregation Identifier (SLA-ID)**:
    Die folgenden 16 Bit dienen der Identifikation einer Organisation auf der untersten Hierarchiestufe, also quasi des Endbenutzers. Die SLA-ID kann ebenfalls weiter hierarchisch strukturiert werden, um eine Subnetz-Struktur abzubilden und ein großes physikalisches Netz weiter zu untergliedern.

- **Interface Identifier**:
  64 Bit langes Feld, das die Netzwerk-Schnittstelle eines Endsystems identifiziert. In der Regel kann hier direkt die physikalische Netzwerkadresse eines Endsystems in einem LAN angegeben werden.

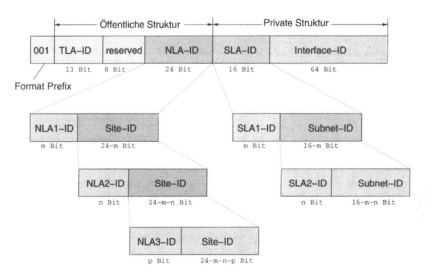

Abb. 7.28. IPv6 – Aggregatable Global Unicast Address

- **Link/Site Local Use Unicast Adressen**
  Wie in Ab. 7.29 dargestellt, handelt es sich bei diesen beiden Adreßtypen um Adressen, die jeweils nur für eine lokale Nutzung vorgesehen sind. Die Link Local Use Unicast Adresse (LLU-Adresse) enthält keine Identifikation von Subnetzen und kann daher nur innerhalb isolierter Subnetze verwendet werden. LLU-Adressen dürfen von Routern nicht nach außen sondern nur im eigenen, lokalen Subnetzes weitergeleitet werden.
  Im Gegensatz zur LLU-Adresse enthält eine Site Local Use Unicast Adresse (SLU-Adresse) eine Subnetz-Identifikation, ansonsten aber keine Strukturinformationen höhergelegener Ebenen innerhalb der Internet-Hierarchie, d.h. eine SLU-Adresse kann zwar über Subnetzgrenzen hinweg, aber nur innerhalb eines isolierten Standortes (Site) versendet werden. SLU-Adressen werden von Routern nicht in das globale Internet weitergeleitet.

- **spezielle Unicast-Adressen**
  Folgende speziellen Unicast-Adressen sind in IPv6 definiert:
  - **unspezifizierte Adresse**:
    Die unspezifizierte Adresse 0:0:0:0:0:0:0:0 oder kurz „::" kann als Absenderadresse eingesetzt werden, wenn einem Endsystem noch keine eigene IP-Adresse zugeteilt worden ist. Um seine eigene IP-Adresse zu erfragen, wird ein entsprechendes IP-Datagramm mit der unspezifizierte Absenderadresse verwendet.
  - **Loop-Back Adresse**:
    Zu Testzwecken existiert wie in IPv4 eine Loop-Back Adresse 0:0:0:0:0:0:0:1 oder kurz „::1". Ein mit einer Loop-Back Adresse versehenes Datagramm verläßt den Rechner nicht über dessen Netzwerkschnittstelle, sondern wird von dieser nur scheinbar versendet und wieder empfangen. Mit Hilfe von Loop-Back Adressen können Netz-

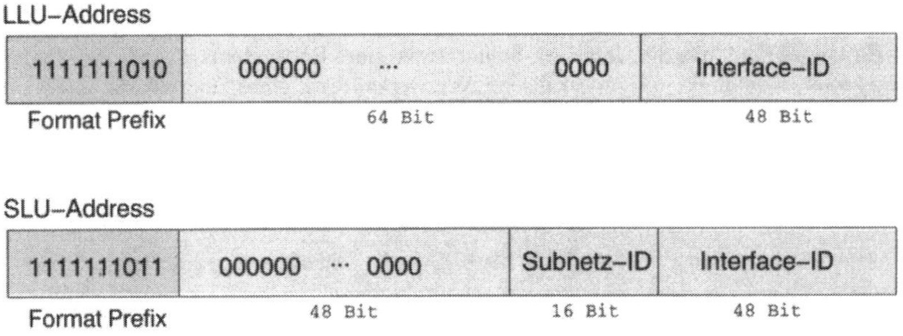

LLU-Address

1111111010	000000 ··· 0000	Interface-ID
Format Prefix	64 Bit	48 Bit

SLU-Address

1111111011	000000 ··· 0000	Subnetz-ID	Interface-ID
Format Prefix	48 Bit	16 Bit	48 Bit

Abb. 7.29. IPv6 – Link Local Use/Site Local Use Unicast Address

werkanwendungen getestet werden, bevor diese Zugriff auf das eigentliche Netzwerk erhalten.

- **IPv6-Adressen mit eingekapselten IPv4-Adressen**:
  Diese Adressen sind speziell für die Migration von IPv4 nach IPv6 vorgesehen und ermöglichen so eine Koexistenz der beiden IP-Versionen. Dabei werden 32 Bit lange IPv4-Adressen zu 128 Bit langen IPv6-Adressen ergänzt. Dazu werden entweder 80 0-Bits (IPv4-kompatible IPv6-Adresse) oder 64 0-Bits gefolgt von 16 1-Bits als Präfix vor die IPv4-Adresse geschrieben (IPv4-mapped IPv6-Adresse)

- **Multicast-Adressen**
  IPv6 sieht keine Broadcast-Adressen vor. Diese Funktion wird vom IPv6-Multicast übernommen, mit dem es möglich ist, über eine einzelne Adresse unmittelbar eine ganze Gruppe verschiedener Endsysteme gleichzeitig anzusprechen. Die Broadcast-Adresse entspricht also einer Multicast-Adresse, der alle Rechner des Netzwerks zugeordnet sind. Abb. 7.30 zeigt die Struktur einer Multicast-Adresse, die stets mit dem Format-Präfix 11111111 startet und damit 1/256 des verfügbaren Adreßraums vereinnahmt. Die Multicast-Adresse enthält folgende Felder:
  - **Flags**:
    4 Bit langes Feld, dessen ersten drei Bits derzeit reserviert sind und stets auf 0 gesetzt werden müssen. Das letzte Bit (T-Bit) dient der Unterscheidung zwischen einer permanent zugeordneten (T=0) oder einer temporär zugeordneten Multicastadresse (T=1).
  - **Scope**:
    Dieses 4 Bit lange Feld dient der Angabe des Gültigkeitsbereichs einer Multicast-Adresse, angefangen von einer lokalen Gültigkeit (scope=1 – node local scope / scope=2 – link local scope) bis zur globalen Gültigkeit (scope=14 – global scope).
  - **Group Identifier**:
    Dieses 112 Bit lange Feld dient der Identifikation der adressierten Multicast-Gruppe.

Autokonfiguration
IPv6 wurde so gestaltet, daß eine Autokonfiguration ohne Einsatz eines Servers möglich ist, der über die die einer Netzwerkschnittstelle eines Endsystems zugeordneten IP-Adresse Auskunft gibt. Über die bereits angesprochenen LLU-Adressen kann die eigene IP-Adresse von einem Router erfragt werden. Dazu wird ein IP-Datagramm mit folgender Sender-Adresse generiert: Dem LLU-Format Präfix 1111111010 folgen 54 0-Bits und danach der 64-Bit lange Interface-Identifier, der die physikalische Netzwerk-Adresse des Senders beinhaltet. Dieses Datagramm wird als sogenannte **Router Solicitation** an einen Router weitergeleitet, der damit um die Zusendung entsprechender Informationen gebeten wird. Befindet sich ein Router im betreffenden Netzwerksegment, so antwortet dieser mit einem sogenannten

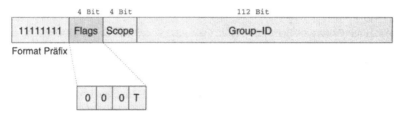

Abb. 7.30. IPv6 – Multicast-Adresse

Router Advertisement und teilt dem Sender darin mit, welche Präfixe jeweils für lokale und globale Adressen verwendet werden können. Sobald der Sender das Router Advertisement als Antwort erhält, deklariert er den antwortenden Router zu seinem **Default Router**. Reicht die erhaltene Antwort aus, um damit eine eigene IPv6-Adresse zu generieren, ist die Konfiguration abgeschlossen. Anderenfalls enthält das Router Advertisement ein Flag, das dem Sender-Rechner mitteilt, daß eine zusätzliche Konfiguration (manuell oder via DHCP) notwendig ist.

Koexistenz und Migration von IPv4 nach IPv6
Eine Umstellung des Internet-Protokoll von heute auf morgen ist schon alleine auf Grund der riesigen Größe des globalen Internet und der enormen Anzahl aller darin installierten Rechner und Netzwerkkomponenten vollkommen unmöglich. Daher liegt der Schlüssel zu einer erfolgreichen Umstellung auf IPv6 in einer langfristigen und möglichst kostengünstigen Migration. Prinzipiell kann diese Migration auf zwei unterschiedlichen Wegen erfolgen:

- **Tunneln**
  Dabei werden IPv6-Datagramme innerhalb eines IPv4-Netzwerkes unverändert weitergegeben. Eine Interpretation des IPv6-Datagramms findet dabei jeweils nur auf Systemen statt, die IPv6-kompatibel sind.

- **Parallele Implementation (Dual Stack Implementation)**
  Bei dieser Variante kommen Systeme zum Einsatz, die in der Lage sind, beide IP-Versionen gleichzeitig zu verstehen und in beiden Versionen zu kommunizieren. Diese Systeme können – falls erforderlich – eine entsprechende Umsetzung des verwendeten Datenformats vornehmen.

Eine erfolgreiche Migration von IPv4 nach IPv6, wäre durch die folgenden, aufeinander aufbauenden Schritte erreichbar:

- **Schritt 1**
  Im ersten Schritt muß das DNS-Protokoll (Domain Naming Service) erweitert werden, damit auch IPv6-Adressen unterstützt werden.
- **Schritt 2**
  Dann müssen existierende Endsysteme und Router dergestalt erweitert werden, daß eine (teilweise) Unterstützung beider Formate (IPv4 und IPv6) gewährleistet wird.
- **Schritt 3**
  Ist die DNS-Erweiterung vollzogen, können die erweiterten Endsysteme und Router, die in der Lage sind, sowohl IPv4 als auch IPv6 zu verstehen, zum Einsatz kommen.
- **Schritt 4**
  Sobald Router im Einsatz sind, die sowohl IPv4 als auch IPv6 verarbeiten können, kann eine Aufteilung des globalen Internets in IPv6-unterstützende und IPv4-unterstützende Bereiche vorgenommen werden.

- **Schritt 5**
  Sobald alle Router des globalen Internet in der Lage sind, IPv6 zu verarbeiten, kann eine Umstrukturierung des alten IPv4-Netzes nach IPv6-Gesichtspunkten erfolgen, eine erfolgreiche Migration nach IPv6 wäre abgeschlossen.

Bei dieser Umstellung der Endsysteme und Router auf IP-Ebene sind auch alle Netzwerkanwendungen an das neue IPv6-Adreßformat anzupassen, die IPv4-Adressen bzw. den Domain Name Service zum Übersetzen von Verbindungsnamen in IP-Adressen verwenden.

Weiterführende Literatur:

RFC 1883, Internet Protocol, Version 6 (IPv6) Specification.

RFC 1884, IP Version 6 Addressing Architecture.

S. Bradner, A. Mankin: IPng: Internet Protocol Next Generation, Addison Wesley, Reading MA, USA, 1996.

C. Huitema: IPv6: The New Internet Protocol, Prentice Hall, Englewood Cliffs NJ, USA, 1997.

7.2.4 ICMP-Protokoll

Wie bereits beschrieben, stellt das IP-Protokoll einen unzuverlässigen Datagrammdienst bereit und erfüllt dabei seine Aufgaben nach „bestem Bemühen" (Best Effort). Dennoch bietet es Möglichkeiten zur Fehlererkennung, z.B. über den Einsatz von Prüfsummen. Erkennt ein Empfänger anhand der übertragenen Prüfsumme, daß während der Übertragung ein Fehler aufgetreten ist, wird das betreffende Datenpaket verworfen. Zur Übermittlung entsprechender Fehlermeldungen wurde ein spezielles Protokoll entwickelt, das direkt auf dem IP-Protokoll aufsetzt, also IP-Datagramme zur Kapselung seiner Nachrichten verwendet. Dieses wichtige Protokoll aus der TCP/IP-Protokollfamilie ist das **Internet Control Message Protocol (ICMP)**. ICMP zählt zum Standardinstallationspaket von IP, d.h. IP wird ohne ICMP nicht auf einem Rechner installiert. Neben der Übermittlung von Fehlern können über ICMP auch Nachrichten und Statusinformationen aus dem Internet transportiert werden. ICMP wurde bereits 1981 mit dem RFC 792 spezifiziert und später noch einmal gemäß RFC 1256 erweitert.

Aufgaben von ICMP. Zu den wichtigsten Aufgaben des ICMP-Protokolls zählen:

- Unterstützung bei der Fehlerdiagnose (z.B. Unterstützung der Anwendung **ping** zum Testen der Erreichbarkeit eines Internet-Systems),
- Unterstützung der Aufzeichnung von Zeitmarken (Timestamps) und Ausgabe von Fehlermeldungen bei Erkennen von abgelaufenen Zeitmarken in IP-Datagrammen,
- Verwaltung der Routing-Tabellen,

- Berichtigung der Flußkontrolle, um Überlastsituationen an Routern zu vermeiden und
- Hilfe beim Auffinden der maximal zulässigen Datagrammgröße in IP-Netzsegmenten (Maximum Transmission Unit, MTU).

ICMP zählt eigentlich zu den Protokollen der Netzwerk-Schicht (Schicht 3) des TCP/IP-Referenzmodells. Allerdings werden ICMP-Daten in IP-Datagramme gekapselt, genauso, als würden sie einer höheren Protokollschicht angehören. Um ICMP-Nachrichten in einem IP-Datagramm identifizieren zu können, wird das PR-Feld (Protokoll-Feld) im IP-Datagrammheader mit dem Wert PR=1 belegt (siehe Abb. 7.31).

ICMP – Datenformat. Eine ICMP-Nachricht besitzt ein einfaches Format, das in Abb. 7.31 dargestellt ist. Eingebettet in ein IP-Datenpaket startet die ICMP-Nachricht stets mit einem 32 Bit langen Header, gefolgt von den ICMP-Nutzdaten. Der ICMP-Header beinhaltet die folgenden Felder:

- **Type**
  Das 8 Bit lange Type-Feld enthält Angaben zur Unterscheidung der einzelnen ICMP-Nachrichtentypen. Die unterschiedlichen ICMP-Nachrichtentypen sind in Tabelle 7.4 zusammengestellt.
- **Code**
  Zur weiteren Unterscheidung von Nachrichten eines bestimmten Typs dient das nachfolgende Code-Feld mit einer Länge von 8 Bit.
- **Checksum (Prüfsumme)**
  Eine 16 Bit lange Prüfsumme schließt den ICMP-Headers ab. Allerdings wird diese nur aus den ICMP-Nutzdaten berechnet und schließt die in der ICMP-Nachricht übermittelten Headerfelder nicht mit ein.

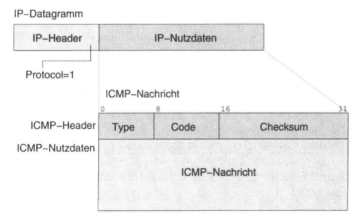

Abb. 7.31. ICMP – Nachrichtenformat

Tabelle 7.4. ICMP – unterschiedliche Nachrichtentypen

Type	ICMP-Nachricht
0	Echo Antwort
3	Ziel nicht erreichbar
4	Senderate drosseln
5	Route ändern
8	Echo Anforderung
9	Router-Bekanntmachung
10	Suche nach einem Router
11	Lebenszeit eines IP-Datagramms überschritten
12	Parameterfehler in IP-Datagramm
13	Timestamp Anforderung
14	Timestamp Antwort
15	Anforderung von Informationen
16	Antwort auf Informationsanforderung
17	Abfrage der Subnetzmaske
18	Antwort auch Subnetzanfrage

ICMP – Fehlermeldungen. Der häufigste Einsatz des ICMP-Protokolls dient der Meldung verschiedenartiger Fehlersituationen. Ein Endsystem oder ein Router sendet eine ICMP-Fehlermeldung an den Absender eines fehlerhaften Datenpakets zurück, sobald ein Fehler bei der Übergabe an ein Transportprotokoll (TCP oder UDP) bzw. bei der Weiterleitung eines IP-Datagramms aufgetreten ist.

Mit jeder ICMP-Fehlermeldung werden im Nutzdatenanteil der ICMP-Nachricht stets der Datenheader und die ersten 64 Bit des Nutzdatenanteils des fehlerhaften IP-Datagramms versendet. Dies geschieht, damit der ursprüngliche Sender des fehlerhaften Datagramms Rückschlüsse auf die beteiligten Protokolle der höheren Protokollschichten oder die beteiligten Anwendungsprogramme ziehen kann. Wie später noch gezeigt wird, sind Protokolle höherer Protokollschichten des TCP/IP-Referenzmodells so gestaltet, daß in den ersten 64 Bit stets die wichtigste Informationen enthalten sind.

Die folgenden außergewöhnlichen Situationen können eine ICMP-Fehlermeldung verursachen:

- **Angegebenes Ziel ist nicht erreichbar**
  Ein gesendetes IP-Datagramm kann nicht an den Zielrechner, an den es adressiert war, übergeben werden. Daraufhin wird die Nachricht **Destination Unreachable** vom letzten zuständigen Router, der die Auslieferung direkt an das adressierte Endsystem hätte übernehmen sollen, an den ursprünglichen Absender gesendet, um darauf hinzuweisen, daß der designierte Empfänger nicht erreichbar ist. Dafür können verschiedene Ursachen verantwortlich sein, z.B. kann der Zielrechner nicht mehr existieren oder am Zielrechner ist kein passendes Protokoll vorhanden, das den Nutzdatenanteil des Datagramms übernehmen könnte.

- **Lebenszeit überschritten**
  Jedes IP-Datagramm verfügt in seinem Header über ein Time-to-Live-Feld, das die maximale Anzahl der Hops angibt, die ein IP-Datagramm ausführen darf. Das Time-to-Live-Feld des IP-Datagramms wird bei jedem Passieren eines Zwischensystems dekrementiert. Erreicht das Feld den Wert Null, wird die Nachricht **Time Exceeded** von dem Router, der das betreffende IP-Datagramm aus dem Verkehr zieht, an den ursprünglichen Absender gesendet.

- **Ungültige Parameter**
  Im Header des IP-Datagramms sind ungültige Parameterangaben vorhanden. In diesem Fall wird die Nachricht **Parameter Problem** vom Empfänger oder einem zwischengeschalteten Router an den ursprünglichen Sender des IP-Datagramms zurückgesendet.

- **Übertragungsrate reduzieren**
  Ist ein Endsystem oder eines der bei der Weitervermittlung der IP-Datagramme beteiligten Zwischensysteme nicht in der Lage, die Menge der gesendeten Datagramme zu verarbeiten, wird die Nachricht **Source Quench** an den ursprünglichen Sender gesendet, damit dieser die Sendung von IP-Datagrammen für einen bestimmten Zeitraum unterbricht.

- **Umleitung im Netzwerk**
  Für den Fall, daß ein an der Weiterleitung der IP-Datagramme beteiligtes Zwischensystem feststellt, daß es eine bessere Route zum gewünschten Zielsystem gibt, die über einen anderen Router als den gegenwärtigen führt, kann es über eine **Redirect** Nachricht diese Empfehlung zurückgeben. Die Adresse des empfohlenen Routers wird dabei im Nutzdatenanteil der ICMP-Nachricht versendet.

ICMP-Anfragen. Über das ICMP-Protokoll können nicht nur Fehlermeldungen weitergeleitet werden, sondern es können auch Statusinformationen angefragt und deren Ergebnisse zurückgemeldet werden. Folgende Statusinformationen können mit ICMP übermittelt werden:

- **Echo-Funktionen**
  Das Anwendungsprogramm **ping** dient der Ermittlung der Erreichbarkeit eines Rechners im Internet und nutzt zu diesem Zweck das ICMP-Protokoll. Dazu wird ein **Echo Request** an den zu testenden Rechner gesendet. Jeder IP-fähige Rechner muß auf eine Echo Request Nachricht mit einem **Echo Reply** antworten.

- **Zeitstempel-Funktion**
  Ein Endsystem oder ein Zwischensystem kann mit einem **Timestamp Request** eine Anfrage aussenden, in der dieses nach dem aktuellen Datum und der aktuellen Uhrzeit fragt. Ein Rechner, der eine derartige Anfrage erhält, antwortet daraufhin mit einem **Timestamp Reply**, der die gewünschten Angaben enthält.

- **Informationsanfrage**
  ICMP bietet einem Rechner die Möglichkeit, seine IP-Adresse mit einer ICMP **Information Request** Nachricht zu erfragen, die ihm daraufhin von einem Adreßserver mit einem **Information Reply** gesendet wird. Allerdings wird zu diesem Zweck heute das DHCP-Protokoll eingesetzt, so daß diese Funktion des ICMP-Protokolls kaum noch zur Anwendung kommt.

- **Abfrage der Subnetz-Maske**
  Über die **Address Mask Request** Nachricht kann ein Rechner die ihm zugeordnete Subnetz-Adreßmaske abfragen. In einem Subnetz, das diese Funktion unterstützt, sind ein oder mehrere Subnetz-Masken-Server aktiv, die auf eine derartige Anfrage mit einem **Address Mask Response** antworten, der die gewünschte Information enthält.

ICMP – Routerermittlung. Jeder Rechner innerhalb eines Netzwerks muß die IP-Adresse eines Routers kennen, der das Netzwerk mit der Welt des Internet verbindet. Diese IP-Adresse wird üblicherweise während der Netzwerkkonfiguration als sogenanntes **Default Gateway** festgelegt. Neben der manuellen Konfiguration bietet aber auch ICMP die Möglichkeit, über den Austausch von Nachrichten die Adresse des Default Gateway automatisch zu ermitteln (siehe Abb. 7.32). Zu diesem Zweck sendet der Rechner, der den ihm zugeordneten Router sucht, eine sogenannte **Router Solicitation** ICMP-Nachricht („Router gesucht...-") als Multicast oder Broadcast ins lokale Netzwerk. Dabei wird in der Zieladresse des kapselnden IP-Datagramms entweder die Multicast-Adresse 244.0.0.1 oder die Broadcast-Adresse 255.255.255.255 angegeben. Der Router empfängt als Teil des lokalen Netzwerks die Router Solicitation und antwortet mit einem **Router Advertisement**. Neben den üblichen Feldern des ICMP-Nachrichtenheaders enthält das Router Advertisement folgende Felder:

- **Number of Addresses**
  8 Bit langes Feld, das die Anzahl der in der Antwort übermittelten Router-Adressen angibt. Einer physikalischen Netzwerkschnittstelle im Router können durchaus mehrere IP-Adressen zugeordnet werden, die alle in der Router Advertisement Antwort übermittelt werden.

- **Address Entry Size**
  8 Bit langes Feld, das die Anzahl der für jede Router-Adresse vorgesehenen 32-Bit Worte angibt.

- **Lifetime**
  16 Bit langes Feld, das die Anzahl von Sekunden angibt, für die die angegebenen Adressen maximal als gültig betrachtet werden können.

- **Router Address[i] / Preference Level[i]**
  IP-Adresse des i-ten Routers und deren Präferenz. Je höher der als Zweierkomplement angegebene Präferenzwert für einen Router ist, desto mehr soll dieser präferiert werden.

7.2 TCP/IP en Detail   537

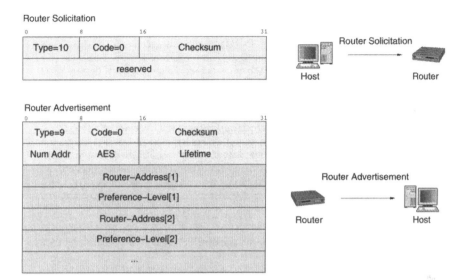

Abb. 7.32. ICMP – Ermittlung eines Routers via Router Solicitation/Router Advertisement

ICMP – Pfad-MTU Ermittlung. Als letzte wichtige Aufgabe des ICMP-Protokolls bleibt noch die Ermittlung der **Maximum Transmission Unit (MTU)**, der maximalen Fragmentlänge für die Übertragung über mehrere Netzwerke mit unterschiedlichen Datenformatlängen im globalen Internet. Das Verfahren zur Ermittlung der MTU wird als **Path MTU (PMTU) Discovery** bezeichnet und ist in RFC 1191 spezifiziert. Der Ablauf des PMTU Discovery Verfahrens ist in Abb. 7.33 kurz dargestellt. In der Antwort der beteiligten Router, die entlang des Verbindungsweges liegen, kommen dabei spezielle ICMP-Nachrichten zum Einsatz, die neben den üblichen ICMP-Nachrichtenheaderfeldern noch eine 16 Bit lange Angabe zur MTU des jeweils nächsten Hops (Next Hop MTU) beinhalten, gefolgt vom IP-Header und den ersten 64 Bits des ursprünglich gesendeten IP-Datagramms (siehe Abb. 7.34).

ICMPv6. In gleicher Weise wie ICMP zur Übertragung von Steuerungs- und Diagnoseinformationen für IPv4 zuständig ist (daher auch als ICMPv4 bezeichnet), ist für die Nachfolgeversion IPv6 eine neue Version des ICMP-Protokolls vorgesehen, nämlich **ICMPv6**. Gegenüber ICMPv4 hat sich der Aufgabenbereich von ICMPv6 etwas vergrößert. Zusätzlich zu den bisherigen Aufgaben liefert ICMPv6 bei IPv6 auch Unterstützung in der automatischen Adreßkonfiguration, in der Endsysteme im Netzwerk ihre IP-Adresse auch ohne einen eigens dafür vorgesehenen Server ermitteln können. Das Protokoll ICMPv6 ist in RFC 2463 spezifiziert. Das Datenformat entspricht weitgehend dem ICMPv4 Datenformat.

Verfahren zur Ermittlung der Path MTU:

1. Der Sender verschickt ein reguläres IP-Datagramm mit gesetztem DF-Bit (Don't Fragment) an den designierten Empfänger. Das gesetzte DF-Bit verhindert die Fragmentierung des Datagramms, sobald es auf ein Netzwerk trifft, dessen MTU kleiner ist als die Datagrammlänge. Die Länge des gesendeten Datagramms entspricht dabei genau der maximalen MTU des lokalen Netzes und somit der des ersten Hops.

2. Erreicht das Datagramm ein Transfernetzwerk, dessen MTU kleiner ist als die Datagrammlänge, wird am vermittelnden Router ein Fehler erkannt. Das IP-Datagramm wird verworfen und der ursprüngliche Sender erhält eine ICMP-Nachricht **Destination Unreachable** zusammen mit dem Statuscode **Fragmentation needed and DF set**. Zusätzlich fügt der Router die aktuell zulässige MTU in das Next-Hop MTU-Feld der ICMP-Nachricht ein und sendet diese an den ursprünglichen Sender zurück.

3. Der Sender registriert die Fehlermeldung mit dem Empfang der ICMP-Nachricht und paßt die Länge der zu versendenden Datagramme an die in der ICMP-Nachricht enthaltene MTU an.

4. Das Verfahren wird solange angewendet, bis ein gesendetes IP-Datagramm den Empfänger tatsächlich erreicht. Zur Anpassung an mögliche Veränderungen entlang der Übertragungsroute im Internet, wie z.B. wechselnde Router, wird das Verfahren periodisch wiederholt.

Abb. 7.33. ICMP – Path MTU Discovery

0	8	16	31
Type=3	Code=4	Checksum	
unbenutzt		Next-Hop MTU	
IP-Header + 64 Bit des ursprünglichen Datagramms			

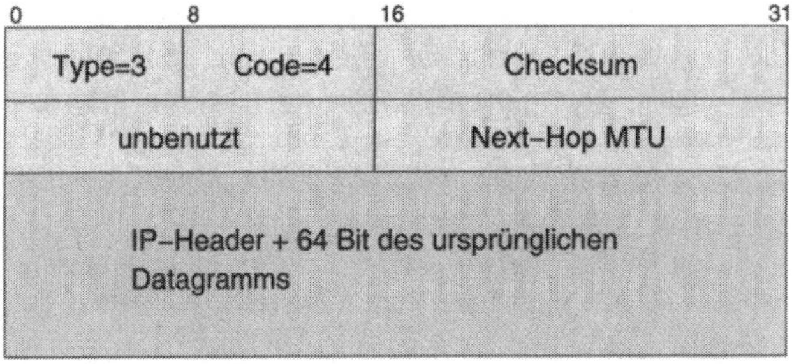

Abb. 7.34. ICMP – Path MTU Discovery Datenformat

Der ICMPv6-Header erstreckt sich über eine Länge von 32 Bit und ist in der gleichen Weise wie der ICMPv4-Header aufgeteilt in Typ, Code und Prüfsumme, gefolgt von den eigentlichen ICMPv6-Nutzdaten. Das ICMPv6 Datenpaket wird in einem IPv6-Datagramm gekapselt übertragen.

Exkurs 22: Mobile IP

Unter dem Begriff **Mobile Computing** werden Systeme und Kommunikationsnetzwerke beschrieben, die es erlauben, Rechner von einem Ort an einen anderen zu bewegen. Dabei denkt man zuerst an drahtlose, funkbetriebene Netze und Systeme, die Ortsveränderungen im großen Rahmen und mit hoher Geschwindigkeit erlauben. Aus dem Blickwinkel des **Internet Protocols** betrachtet, liegt die Schwierigkeit aber eher in der Ortsveränderung als darin, daß diese eventuell sehr schnell vollzogen wird. Bewegt sich nämlich der Rechner

7.2 TCP/IP en Detail

schnell innerhalb eines Netzwerkes und bleibt dabei derselben Sende- und Empfangsstation zugeordnet, ändert sich aus IP-Sicht wenig. Sobald er allerdings das lokale Netzwerk verläßt – und das ist selbst dann der Fall, wenn ein stationärer Rechner abgebaut und an einem anderen Ort wieder aufgebaut und neu an das Netzwerk angeschlossen wird – muß eine Neukonfiguration des Netzwerks erfolgen.

Eines der Grundprobleme für ein mobiles IP liegt im vorgegebenen IP-Adreßschema begründet. Dieses verfügt über einen hierarchischen Aufbau und setzt sich jeweils aus Netzwerk-Klasse, Netzwerk-ID und Host-ID zusammen. Wird ein Datenpaket an einen speziellen Rechner im Internet via IP versendet, so kann ein beliebiger Router im Internet anhand der Netzwerk-ID feststellen, wohin er das betreffende Datenpaket weiterzuleiten hat. Wird der adressierte Rechner aber aus seinem Heimat-LAN in ein entferntes Netzwerk verbracht, werden die an ihn adressierten Datenpakete zunächst einmal weiter an sein Heimat-Netzwerk gesendet. Um dieses Problem zu lösen, muß entweder

- die vollständige IP-Adresse des Rechners geändert werden, oder
- den Routern muß mitgeteilt werden, daß eine Nachsendung der an den umgezogenen Rechner adressierten Datenpakete notwendig ist.

Beide Lösungsansätze sind nicht besonders effizient. Wird die IP-Adresse des umgezogenen Rechners geändert, zieht diese Änderung eine Lawine von Änderungen in Anwendungen und Routern nach sich. Soll an den betreffenden Rechner eine Nachsendung erfolgen, so führt dies mit einer zunehmenden Zahl von umgezogenen Rechnern zu einer Überlastung der ohnehin bereits knapp bemessenen Routing-Tabellen. Beide Lösungen sind folglich nicht einfach skalierbar.

Mobile IP – Anforderungen
Die Internet Engineering Task Force (IETF) hat eine eigene Arbeitsgruppe (IP Mobility Support Group) ins Leben gerufen, die sich mit dem Problem der Einbindung mobiler Rechner in das Internet und den damit veränderten Anforderungen an das Basisprotokoll IP befassen soll. Diese Arbeitsgruppe stellte als erstes eine technologieunabhängige Liste von Anforderungen zusammen, die ein Mobile IP zu erfüllen hat:

- **Transparenz**
Die gewonnene Mobilität soll für Protokolle höherer Protokollschichten, also Transport- und Anwendungs-Protokolle, sowie für nicht involvierte Router nicht sichtbar werden. Dabei sollen sogar alle geöffneten TCP-Verbindungen, solange gerade keine Datenübertragung stattfindet, den Ortswechsel überdauern und einsatzbereit bleiben.
- **Kompatibilität**
Die gewonnene Mobilität darf keine Änderungen an Routern und stationären Rechnern erforderlich machen. Das bedeutet insbesondere, daß ein mobiles Endgerät ohne weiteres mit einem stationären Rechner, der unter IPv4 betrieben wird, kommunizieren können soll, und daß kein neues Adressierungsschema eingeführt wird. Die IP-Adressen mobiler Endgeräte sollen dasselbe Format besitzen wie die Adressen stationärer Rechner.
- **Sicherheit**
Der Nachrichtenverkehr, der notwendig ist, um ein mobiles Endgerät in ein Netzwerk einzufügen, muß aus Gründen der Sicherheit stets authentifiziert werden. Dies dient vorallem dazu, das Vortäuschen einer falschen Identität zu verhindern, durch die sonst ein unberechtigter Zugang zu dem betreffenden Netz erlangt werden könnte.
- **Effizienz**
Mobile Endgeräte verfügen häufig nur über einen schmalbandigen Zugang zum stationären Teil des Internet. Deshalb soll die zu übertragende Datenmenge stets gering sein.
- **Skalierbarkeit**
Das neue Verfahren soll in der Lage sein, eine sehr große Zahl von mobilen Endgeräten zu verwalten, ohne daß aufwendige Änderungen dazu nötig sind.

7. Wie das Internet funktioniert – Internetworking

- **Makro-Mobilität**
  Bevorzugterweise konzentriert sich Mobile IP nicht darauf, schnelle Netzwerkübergänge mobiler Endgeräte, wie sie bei Mobiltelefonen die Regel sind, zu managen, sondern zielt eher auf eine befristete Verlagerung eines Endgeräts in ein entferntes Netzwerk, wie z.B. ein Notebook, das auf eine Geschäftsreise mitgenommen wird und am Zielort für eine begrenzte Zeit betrieben werden soll.

Mobile IP – Prinzipieller Ablauf

Das größte Problem bei der Entwicklung eines Verfahrens für ein mobiles IP-Protokoll, das den o.a. Anforderungen genügt, liegt darin, daß ein Endsystem bei einer Ortsveränderung seine Adresse beibehält, ohne daß die Router des Internet dazu neue Pfade für diese Adresse in ihren Routing-Tabellen anlegen müssen. Die gefundene Lösung besteht darin, daß Mobile IP für jedes mobile Endgerät jeweils zwei IP-Adressen gleichzeitig vorsieht:

- **Primäre IP-Adresse**
  Die erste, stationäre IP-Adresse des Endsystems (**Home Address**), die stets gleich bleibt und sich nicht verändert, erhält das mobile Endsystem als IP-Adresse in seinem lokalen Heimatnetzwerk. Anwendungen auf dem mobilen Endgerät verwenden immer die primäre Adresse.

- **Sekundäre IP-Adresse**
  Eine temporäre IP-Adresse (**Care-Of Address**), die sich mit jeder Ortsveränderung des mobilen Endgeräts wieder ändert, und die nur solange Gültigkeit besitzt, wie sich das betreffende Endsystem im neuen Netzwerk aufhält. Diese Adresse erhält das mobile Endgerät bei der Anmeldung im fremden Netz und meldet sie an einen speziellen **Agenten** (**Home Agent**, für gewöhnlich ein Router) im Heimatnetzwerk. Der Agent im Heimat-Netzwerk leitet daraufhin Datenpakete, die an die primäre Adresse des mobilen Endgeräts gerichtet sind, via **IP-to-IP**-Kapselung an die Sekundäradresse weiter. Dazu wird einfach das vollständige IP-Datagramm, das an die Primäradresse gerichtet war, in einem neuen IP-Datenpaket als Nutzlast-Anteil an die Sekundäradresse weitergeleitet.
  Verändert das mobile Endgerät seinen Aufenthaltsort erneut und erhält eine neue Sekundäradresse, muß diese auf dieselbe Weise wieder dem Agenten im Heimatnetzwerk mitgeteilt werden. Ebenso muß eine Abmeldung beim Agenten erfolgen, wenn das mobile Endgerät wieder in das Heimatnetzwerk zurückkehrt, damit die vom Agenten veranlaßte Weiterleitung der IP-Datenpakete eingestellt wird.
  Care-of Adressen werden von Anwendungen auf dem mobilen Endgerät nie verwendet und bleiben diesen unbekannt. Nur die IP-Software des mobilen Endgeräts und der Agent im Heimatnetzwerk verwenden diese Adresse. Man unterscheidet dabei zwischen folgenden zwei Adreßformen:

  - **Co-Located Care-Of Address**:
    Bei dieser Form muß das mobile Endgerät sämtliches Forwarding-Management selbst übernehmen. Dabei verwendet das mobile Endgerät beide Adressen – Care-Of Adresse und Primäradresse – gleichzeitig. Während niedrigere Protokollschichten die Care-of-Adressen zum Empfang von IP-Datagrammen verwenden, arbeiten Anwendungen stets mit der stationären Primäradresse. Die Care-Of Adresse wird dem mobilen Endgerät durch dieselben Mechanismen zugewiesen, die zur Zuweisung der Netzwerkadresse an stationären Rechner (z.B. durch DHCP) verwendet werden. Die Router im fremden Netzwerk können nicht unterscheiden, ob es sich bei dem betreffenden Rechner um einen mobilen oder stationären Rechner handelt. Die erhaltene Care-Of Adresse wird dem Agenten im Heimat-Netzwerk mitgeteilt, der das Forwarding der IP-Datenpakete übernimmt. Der Vorteil dieser Variante liegt darin, daß die vorhandene Infrastruktur im fremden Netzwerk genutzt werden kann, ohne daß dort ein spezieller Agent (**Foreign Agent**) für mobile Rechner bereitgestellt werden muß.

- **Foreign Agent Care-Of Address**:
  Bei dieser Variante sorgt ein spezieller Agent, der **Foreign Agent** (meist ein Router), im fremden Netzwerk für die Zuweisung einer Care-Of Adresse an das neue mobile Endgerät. Dieses muß aber zuvor zum Foreign Agent Kontakt aufnehmen und eine Teilnahme am Netzwerkbetrieb beantragen. Der Foreign Agent braucht dabei keine neue IP-Adresse vergeben, sondern kann eine seiner eigenen IP-Adressen heranziehen. Er übernimmt dann auch die Weiterleitung von Datenpaketen, die für das mobile Endsystem bestimmt sind.

Das Verfahrens zur Weiterleitung von IP-Datenpaketen aus einem Heimatnetzwerk in ein fremdes Netzwerk ist im Exkurs „Spezielle Routing-Verfahren" unter dem Stichwort „Mobile Routing" detailliert dargestellt.

Mobile IP – Finden eines Foreign-Agents
In einem fremden Netzwerk ist der Foreign Agent für die Zuweisung einer Care-of Adresse an das mobile Endgerät verantwortlich, das sich in dieses Netzwerk einklinken möchte. Zu diesem Zweck muß sich das mobile Endgerät zuerst beim Foreign Agent anmelden. Das Auffinden des Foreign Agent (**Foreign Agent Discovery**) geschieht mit Hilfe des von ICMP bereits bekannten **Routing Discovery**-Verfahrens: Um den zuständigen Router zu entdecken, sendet das Endsystem in einem lokalen Netzwerk eine **Router Solicitation** ICMP-Nachricht, die vom zuständigen Router mit einer **Router Advertisement** ICMP-Nachricht bestätigt wird, die die gewünschte Information enthält.

Abb. 7.35 zeigt das Datenformat der **Mobility Agent Advertisement Extension**, die von einem Agenten als Antwort auf eine Anfrage des mobilen Endgeräts gesendet werden kann. Sie besteht aus folgenden Feldern:

- **Typ** (8 Bit): Typangabe der ICMP-Nachricht (hier =16).
- **Länge** (8 Bit): Länge der Nachricht in Bytes, ohne Type- und Längenfeld.
- **Sequenznummer** (16 Bit): erlaubt es dem Empfänger festzustellen, wenn eine Nachricht verloren geht.
- **Lifetime** (16 Bit): gibt die Zeit in Sekunden an, die der Foreign Agent bereit ist, eine Registrierung anzunehmen.
- **Code** (8 Bit): informiert über Zustand und Funktion des Agenten.

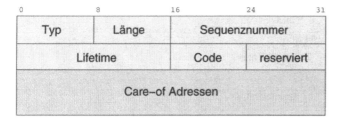

Abb. 7.35. ICMP – Mobile Agent Advertisement Extension

Mobile-IP – Registrierung eines mobilen Endgeräts
Bevor ein mobiles Endgerät in einem fremden Netzwerk Daten empfangen kann, muß es sich zunächst registrieren. Die Registrierungs-Prozedur räumt dem mobilen Endgerät dazu folgende Möglichkeiten ein:

7. Wie das Internet funktioniert – Internetworking

- Anmeldung bei einem Agenten im fremden Netzwerk.
- Anmeldung bei dem Agenten des Heimatnetzes für das Forwarding der an die Primäradresse des mobilen Endgeräts gerichteten Daten.
- Erneuerung einer Registrierung, die dabei ist, abzulaufen.
- Abmeldung aus dem fremden Netzwerk.

Registrierungen erfolgen beim Agenten via UDP über die Portnummer 434. Eine Registrierungsmeldung enthält neben den vorgeschriebenen Feldern fester Länge mögliche Erweiterungen, die unterschiedliche Längen aufweisen können. So muß z.b. jede Anfrage für eine Registrierung eine Authentifikation des mobilen Clients beinhalten, mit der der Agent im Heimatnetz die angegebene Identität nachprüfen kann. Eine Mobile IP Registrierungsmeldung enthält die folgenden Felder (siehe Abb. 7.36):

- **Typ** (8 Bit): Typ der Registrierungsnachricht (TYP=1:Anfrage, TYP=3:Antwort).
- **Flags** (8 Bit): Hier können über Codes Details zum Nachsenden von IP-Datagrammen festgelegt werden.
- **Lifetime** (16 Bit): Gültigkeit der Registrierung in Sekunden (0: sofortige Abmeldung, 65.535: unbegrenzt).
- **Heimatadresse** (32 Bit): Primäradresse des mobilen Endgeräts.
- **Home Agent** (32 Bit): IP-Adresse des Agenten im Heimatnetz.
- **Care-of Adresse** (32 Bit): Sekundäradresse des mobilen Endgeräts.
- **Identifikation** (64 Bit): vom mobilen Endgerät erzeugte Identifikationsnummer. Dient dazu, auf Anfragen die zugehörigen Antworten zu finden und die Reihenfolge von Registrierungsnachrichten zu wahren.
- **Erweiterungen**: Enthält z.B. die Authentifikation des mobilen Endgeräts.

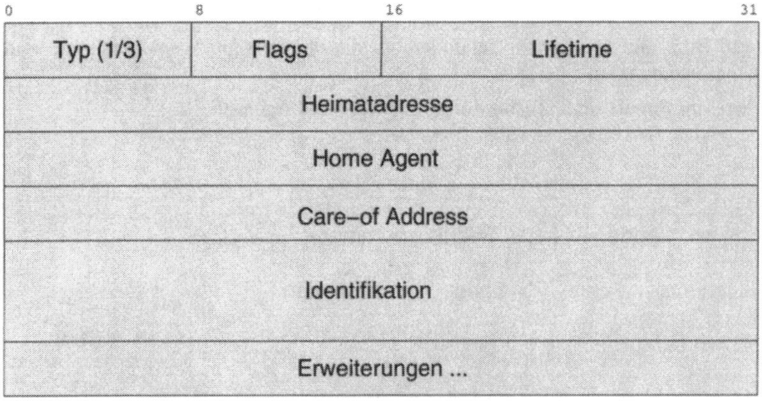

0	8	16	31
Typ (1/3)	Flags	Lifetime	
Heimatadresse			
Home Agent			
Care-of Address			
Identifikation			
Erweiterungen ...			

Abb. 7.36. Mobile IP – Registrierungsnachricht

Senden und Empfangen von Nachrichten im fremden Netzwerk
Wenn das mobile Endgerät versucht, einen ersten Kontakt zum Foreign Agent im fremden Netzwerk aufzunehmen, verfügt es in diesem Netz noch nicht über eine eigene IP-Adresse. Tatsächlich wurden hier die Regeln bzgl. der Verwendung von lokal im LAN gültigen Adressen gelockert: Das mobile Endgerät kann zunächst seine Heimat-Adresse verwenden, die

auch vom Foreign Agent verwendet wird, um seine Antwort an den anfragenden mobilen Rechner zu senden. Allerdings kann mit dieser Heimat-Adresse im fremden Netzwerk keine ARP-Anfrage zur Adreßauflösung in eine Netzwerk-Hardware-Adresse erfolgen. Daher muß der Foreign-Agent die Hardware-Adresse des mobilen Endgeräts vermerken und eine Adreßauflösung mit Hilfe seiner internen Tabellen durchführen.

Nach erfolgreicher Registrierung beim Foreign Agent kann der mobile Rechner seinen Datenaustausch mit dem Internet aufnehmen. Um mit einem beliebigen Rechner zu kommunizieren, verwendet er seine Primäradresse, die im Absender-Feld des IP-Datagramms eingetragen wird. Das Datagramm wird vom fremden Netzwerk direkt an die Empfängeradresse geroutet. Soll umgekehrt eine Antwort an den mobilen Rechner im fremden Netzwerk weitergeleitet werden, so kann dies nicht auf direktem Wege erfolgen. Die Antwort wird an die Primäradresse des mobilen Endgeräts gesendet und deshalb zuerst zu dessen Heimatnetz geroutet. Der Home Agent im Heimatnetz, der über den neuen Standort des mobilen Rechners informiert worden ist, leitet daraufhin das IP-Datagramm via IP-in-IP-Kapselung weiter an die mitgeteilte Care-of Adresse. Wurde dem mobilen Endgerät im Fremdnetz eine Co-Located Care-of Adresse zugewiesen, erfolgt die Weiterleitung direkt über diese Adresse an das mobile Endgerät (das dann den äußeren IP-Rahmen lediglich verwerfen muß), anderenfalls wird das Datagramm an den Foreign Agent im Fremdnetz adressiert, der dann die Weiterleitung übernimmt. Dazu streift dieser den äußeren IP-Rahmen ab und überprüft mit seinen internen Tabellen, an welche Hardware-Adresse er das innere IP-Datagramm weiterleiten muß.

Mobile IP – Ineffizientes Routing
Wie bereits beschrieben, verwendet ein mobiles Endgerät in einem fremden Netzwerk stets seine Primäradresse, also die IP-Adresse in seinem Heimatnetzwerk, als Absenderadresse. Gemäß dem Lokalitätsprinzip (**Spatial Locality of Reference**) besteht allerdings eine große Wahrscheinlichkeit, daß der mobile Rechner im fremden Netzwerk häufig auch mit dessen lokalen Rechnern kommuniziert. Dazu wird ein vom mobilen Endgerät gesendetes IP-Datagramm zwar lokal geroutet, d.h. es verläßt das lokale Netzwerk nicht, die Rückantwort aber erfolgt an die Primäradresse des mobilen Endgeräts in dessen Heimatnetz. Dort wird das IP-Datagramm vom Home Agent entgegengenommen und wieder an das fremde Netzwerk zurückgesendet. Die Rückantwort eines im fremden Netzwerk lokalen Rechners muß also zweimal seinen Weg über das Internet antreten, um das mobile Endgerät zu erreichen, ein Problem das als **Two-Crossing Problem** (2X-Problem) bezeichnet wird.
Prinzipiell kann das Problem zwar gelöst werden, indem am lokalen Router eine Hostspezifische Route speziell für das mobile Endgerät angelegt wird, die bei der Abmeldung des mobilen Endgeräts natürlich wieder gelöscht werden muß. Allerdings bleibt das Problem für alle anderen Netzwerke erhalten, auch wenn z.B. nur mit einem Netzwerk kommuniziert werden soll, das dem fremden Netzwerk direkt benachbart ist.
Ebenfalls problematisch ist die Kommunikation eines mobilen Endgeräts im fremden Netzwerk mit einem Rechner des Heimatnetzwerks. Alle IP-Datagramme, die von außerhalb des Heimatnetzwerkes an das mobile Endgerät gesendet werden, werden direkt an den Home Agent weitergeleitet, der diese dann an das mobile Endgerät weiterleitet. Sendet aber ein lokaler Rechner aus dem Heimatnetzwerk ein IP-Datagramm an das mobile Endgerät, wird dieses nicht an einen Router weitergeleitet, da es lokal an einen Rechner innerhalb des Heimatnetzwerkes gerichtet ist. Die Netzwerk-Software des Absenders führt dazu einen ARP-Request aus, der die Hardware-Adresse des mobilen Rechners ermittelt, an die dann das Datenpaket im lokalen Netzwerk weitergeleitet wird.
Damit der Home-Agent speziell diese Datenpakete abfangen kann, wendet er ein als **Proxy ARP** bezeichnetes Verfahren an: Dazu fängt der Home-Agent zuerst alle ARP-Requests ab, die zur Ermittlung der Hardware-Adresse des mobilen Endgeräts vom Absender aus dem Heimatnetzwerk ausgesendet werden. Diese beantwortet der Home Agent, indem er seine eigene Hardware-Adresse sendet. Proxy ARP läuft im lokalen Netzwerk vollkommen transparent

ab, d.h. der anfragende Rechner im Heimatnetzwerk erhält anstelle der Hardware-Adresse des mobilen Endgeräts einfach die Hardware-Adresse des Home-Agent zurückgeliefert, der ein an das mobile Engerät adressiertes Datenpaket dann in das fremde Netzwerk weiterleitet.

Weiterführende Literatur:

D. E. Comer: Internetworking with TCP/IP, Vol I: Principles, Protocols, and Architecture, 4th ed., Prentice Hall, Upper Saddle River NJ, 2000.

RFC 2002: IP Mobility Support.

RFC 2003: IP Encapsulation within IP.

7.2.5 TCP als zuverlässiger Transportdienst

Auf dem verbindungslosen Datagrammdienst IP, der auf der Netzwerkschicht des TCP/IP-Referenzmodells angesiedelt ist, setzen die Protokolle der Folgeschicht, der Transportschicht (siehe Abb. 7.37) auf. Der prominenteste Vertreter dieser Transportprotokolle ist das **Transmission Control Protocol (TCP)**. Dabei leistet TCP scheinbar unmögliches: Auf dem unzuverlässigen Datagrammdienst IP aufsetzend, stellt TCP einen zuverlässigen, gesicherten Transportdienst zum Datenaustausch zwischen zwei Endsystemen zur Verfügung. Fehler und Fehlverhalten des IP-Datagrammdienstes müssen dabei von TCP ausgeglichen und behoben werden.

Protokolle der Transportschicht

Die TCP/IP-Protokollfamilie sieht für den Datentransfer zwei sehr unterschiedliche Transportprotokolle vor, die beide auf dem unzuverlässigen Datagrammdienst IP basieren:

- **Transmission Control Protocol (TCP)**: Realisiert einen gesicherten, verbindungsorientierten Vollduplex-Datenstrom zwischen zwei Endsystemen,
- **User Datagram Protocol (UDP)**: Einfaches Transportprotokoll, das eine ungesicherte, verbindungslose Kommunikation zwischen zwei Endsystemen abwickelt.

Daneben verfügt die TCP/IP-Protokollfamilie noch über weitere Transportprotokolle, die ihrerseits jedoch auf TCP oder auf UDP basieren, d.h. TCP- oder UDP-Datenstrukturen als Transportcontainer verwenden. Dazu gehören:

- **ISO/T1 bis ISO/T4** (spezifiziert in RFC 905, 1240 und 2126).
- **NetBIOS über TCP/UDP** (spezifiziert in RFC 1001/1002).
- **Real Time Protocol (RTP)** (spezifiziert in RFC 1889).
- **System Network Architecture (SNA) über UDP** (spezifiziert in RFC 1538).

TCP ist stetig weiterentwickelt und in seinen Kontrollmechanismen zunehmend verfeinert worden, so daß inzwischen ein sehr komplexes Protokoll herangereift ist, während UDP aufgrund seines einfach gehaltenen Funktionsumfangs kaum Veränderungen unterworfen war.

Abb. 7.37. Protokolle der Transportschicht

7.2 TCP/IP en Detail 545

TCP – Eigenschaften. TCP bietet einen wirklich zuverlässigen Transportdienst zum Versenden von Nachrichten. Daten werden dazu in sogenannte **Segmente** aufgeteilt und übertragen, um anschließend beim Empfänger wieder zusammengesetzt zu werden. Um dies bewerkstelligen zu können, verfügt TCP über die folgenden, grundlegenden Merkmale:

- **Verbindungsorientierte Datenübertragung**
  TCP bietet einen verbindungsorientierten Dienst an. Daher muß vor der eigentlichen Datenübertragung zuerst eine Verbindung zum designierten Empfänger aufgebaut werden. Ist die Datenübertragung abgeschlossen, wird die Verbindung wieder abgebaut. Die von TCP bereitgestellte Verbindung wird als **virtuelle Verbindung** bezeichnet, da sie rein softwaretechnisch zustande kommt. Das eigentliche Internet bietet zu diesem Zweck weder die notwendige Hardware noch Software, um dedizierte Verbindungen zu unterstützen. Statt dessen täuschen die beiden TCP-Prozesse auf Sender- und Empfängerseite durch die Art ihres Nachrichtenaustauschs lediglich eine derartige Verbindung vor (siehe Abb. 7.38).
  TCP benutzt zur Datenbeförderung den IP-Datagrammdienst. Jede TCP-Nachricht wird in einem IP-Datagramm gekapselt über das Internet übertragen und beim Empfänger wieder ausgepackt. IP selbst behandelt die TCP-Nachrichten als reine Nutzdaten, d.h. IP nimmt keine Interpretation der TCP-Daten vor. Wie in Abb. 7.38 ersichtlich, verfügen jeweils nur die beiden beteiligten Endsysteme über eine TCP-Implementation, während für die Zwischensysteme eine TCP-Implementation nicht notwendig ist.

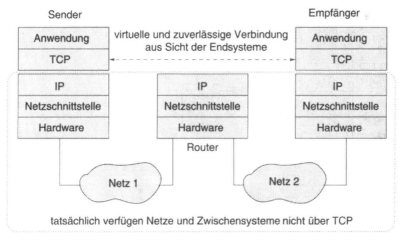

Abb. 7.38. Virtuelle Verbindungen mit TCP

- **Ende-zu-Ende-Übertragung**
  TCP erlaubt ausschließlich eine Datenübertragung zwischen genau zwei dezidierten Endpunkten. Die Verbindung verläuft also quasi direkt von

einer Anwendung auf dem Sender-Rechner zu einer Anwendung auf dem Empfänger-Rechner. Der Aufbau einer virtuellen Verbindung liegt allein in der Verantwortung der beteiligten Endsysteme. Das zwischen den beiden Endsystemen befindliche Netzwerk mit seinen Zwischensystemen dient lediglich der Weiterleitung. Multicasting oder Broadcasting ist mit TCP nicht möglich.

- **Zuverlässige Übertragung**
  TCP garantiert stets eine fehlerfreie Datenübertragung, ohne auftretenden Datenverlust oder Vertauschungen der empfangenen Datenpakete in der Reihenfolge. TCP bedient sich dabei folgender Techniken:
  - **Neuübertragung**
    Eine Technik, die wesentlich dazu beiträgt, einen hohen Grad an Zuverlässigkeit zu erreichen, ist die von TCP initiierte **Neuübertragung** (**Retransmission**) von Daten. Eine gesendete TCP-Nachricht wird nach dem Empfang vom Empfänger bestätigt (Acknowledgement). Der Sender startet vor jeder Datenübertragung eine Uhr (Timer). Läuft diese Uhr vor Eintreffen einer Bestätigung ab, gilt die Nachricht als verloren und der Sender startet eine Neuübertragung (siehe Abb. 7.39).

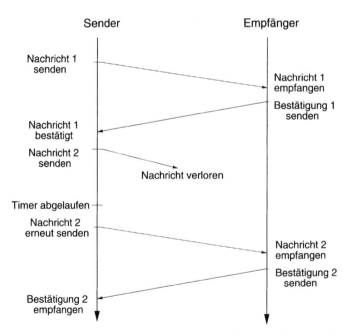

Abb. 7.39. TCP – Retransmission im Falle einer Zeitüberschreitung

Von der Wahl der Zeitspanne, die bis zur Bestätigung vergehen darf (Zeitschranke), hängt die Effizienz des erzielten Durchsatzes ab. Dabei sind in einem LAN, in dem nur minimale Distanzen zwischen Sender und Empfänger zu überbrücken sind, andere Zeitrestriktionen sinnvoll, als bei einer Weitverkehrsverbindung, z.b. über einen Satellitenkanal. Wird die Neuübertragung zu früh gestartet, wird das Netzwerk mit sehr vielen Duplikaten geflutet und die Effizienz des Durchsatzes kann stark beeinträchtigt werden. Startet die Neuübertragung zu spät, müssen eventuell viele Nachrichten zwischengespeichert werden, was zum Überlauf von Warteschlangen und damit zu einer Überlastsituation führen kann, die Datenverluste und damit ebenfalls eine Beeinträchtigung der Effizienz des Netzwerks nach sich zieht. Die geeignete Wahl der Wartezeit bis zur Neuübertragung ist folglich von großer Bedeutung.

– **Adaptive Neuübertragung**
Die Entwickler von TCP erkannten schnell, daß die Wahl einer festen Zeitschranke nie allen Situationen gerecht werden kann, und statteten TCP deshalb mit einem adaptiven Mechanismus zur Ermittlung einer jeweils geeigneten Zeitschranke für die Neuübertragung aus. TCP überwacht zu diesem Zweck die Netzlast für jede Verbindung. Dies erfolgt durch Messung der **Paketumlaufzeit** (Round-Trip-Time), also der Zeit vom Aussenden einer Nachricht bis zum vollständigen Erhalt der Antwort. Diese Messung wird für jede gesendete Nachricht durchgeführt und die Abweichung, die sich für eine bestimmte, überwachte Verbindung ergibt, wird festgehalten und geht in die Neuberechnung der gültigen Zeitschranke mit ein, die über einen **gleitenden Mittelwert** (Smoothed Round-Trip-Time) erfolgt. So kann TCP in Spitzenlast-Situationen die Zeitschranke erhöhen und diese anschließend, wenn die Netzlast wieder auf ein Normalmaß zurückgegangen ist, wieder senken.
Im Unterschied zu anderen Fehlerbehebungsmechanismen bietet TCP dem Empfänger keine Möglichkeit, eine erneute Übertragung eines fehlerhaften Segments zu erzwingen, da kein Mechanismus für eine negative Quittierung existiert. Der Empfänger sendet bei erkanntem Fehler einfach keine Quittung und wartet, bis das festgesetzte Zeitlimit abgelaufen ist, und der Sender automatisch eine Neuübertragung startet.

– **Flußsteuerung (Flow Control)**
Die zur Flußsteuerung vorgesehenen Mechanismen sind darauf ausgerichtet, den Fluß entlang einer Ende-zu-Ende-Übertragung zu regeln. Im TCP-Protokoll erfolgt die Flußsteuerung über ein **Schiebefenster-Protokoll (Sliding-Window Protocol)**, siehe Abb. 7.40), also ein Fensterprotokoll, das mit einer adaptiven, lastabhängigen Fenstergröße arbeitet. Quittierung und Zuweisung eines Fensters sind dabei jedoch voneinander entkoppelt.
Der Ablauf des Sliding-Window Protokolls in TCP soll anhand eines Beispiels erläutert werden (siehe Abb. 7.41): Ausgangspunkt dabei sind die beiden Rechner A und B, die via TCP eine Datenübertragung durchführen wollen. Die Fenstergröße der Verbindung von Rechner A

Verfahren des Sliding-Window Protokolls:
Eine erhöhte Auslastung der Datenübertragung läßt sich bei einer quittierten Übertragung (d.h. jede gesendete Nachricht erfordert eine Empfangsbestätigung) erreichen, wenn mehrere unquittierte Nachrichten gesendet werden dürfen, bevor eine entsprechende Sammelempfangsbestätigung beim Sender eintrifft. Verfahren, die nach diesem Prinzip arbeiten, werden als **Fensterprotokolle** bezeichnet, wobei die Größe des jeweiligen Fensters die maximale Anzahl der Nachrichten (bzw. deren Länge in Bytes) angibt, die noch unquittiert gesendet werden dürfen. Zur eindeutigen Identifikation erhalten die einzelnen Nachrichten bei diesem Verfahren jeweils eine Sequenznummern.

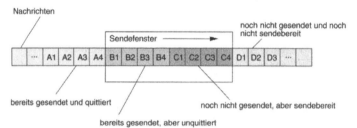

Nachrichten, die sich links des Sendefensters befinden, wurden bereits gesendet und quittiert. Nachrichten, die sich im Sendefenster befinden, dürfen unquittiert gesendet werden. Dabei ist zu unterscheiden zwischen den Nachrichten links im Sendefenster (b_i), die bereits gesendet wurden und deren Quittung noch aussteht, und den Nachrichten rechts im Sendefenster (c_i), die zur unquittierten Sendung bereitstehen. Nachrichten, die rechts vom Sendefenster stehen, rücken erst nach einem Quittungseingang in das Sendefenster.

Abb. 7.40. Sliding Window Protokoll

als Sender zu Rechner B als Empfänger betrage 1.500 Bytes und eine Nachricht von 2.500 Byte Länge soll übertragen werden.
- Nach dem Verbindungsaufbau sendet Rechner A das erste Segment mit einer Länge von 1.000 Byte. Rechner B nimmt das Segment entgegen, schreibt die Daten in seinen Eingangspuffer, setzt die Fenstergröße herab auf 1.500-1.000 = 500 Byte (F=500), bestätigt die Annahme der ersten 1.000 Bytes (ACK=1.000).
- In der gleichen Weise werden im zweiten Segment entsprechend der noch erlaubten Fenstergröße 500 Byte übertragen, die Ankunft bestätigt (ACK=1.500) und die Fenstergröße auf 0 Bytes herabgesetzt (F=0).
- Das Anwendungsprogramm auf Rechner B kann die angelieferten Daten nicht so schnell aufnehmen. Daher muß Rechner A solange warten, bis die Anwendung auf Rechner B 1.000 Byte aus dem Eingangspuffer gelesen hat, die Fenstergröße wieder auf 1.000 Byte erhöht und dies (F=1.000) Rechner B zusammen mit einer Bestätigung über die Sequenznummer des letzten erhaltenen Bytes (ACK=1.500) dem Sender mitteilt.

7.2 TCP/IP en Detail 549

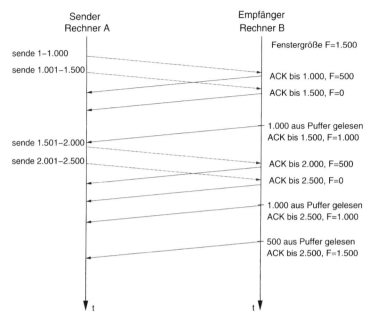

Abb. 7.41. TCP – Flußsteuerung mit dem Sliding Window Protokoll

- Rechner A kann entsprechend der neuen Fenstergröße den Rest der zu übertragenden Daten, z.b. in zwei einzelnen Segmenten, an Rechner B versenden. Dieser bestätigt jeweils den Empfang und setzt die Fenstergröße herab.
- Das Anwendungsprogramm auf Rechner B entnimmt wieder 1.000 Byte aus dem Eingangspuffer. Dies (F=1.000) wird Rechner A zusammen mit der Sequenznummer (ACK=2.500) des zuletzt empfangenen Bytes mitgeteilt.
- Da die letzte Sequenz der Nachricht bereits versendet wurde, unternimmt Rechner A nichts.
- Das Anwendungsprogramm auf Rechner B entnimmt wieder die letzten 500 Byte aus dem Eingangspuffer (F=1.500). Dies wird Rechner A zusammen mit der Sequenznummer (ACK=2.500) des letzten empfangenen Bytes mitgeteilt. Die Übertragung der Nachricht ist abgeschlossen.

– **Überlastkontrolle (Congestion Control)**
Die Überlaststeuerung stellt eines der schwierigsten Probleme dar, die TCP zu meistern hat. Einer der Gründe dafür liegt in den Eigenschaften des IP-Protokolls, auf denen TCP basiert und das es zur Informationsgewinnung zu Rate zieht: IP ist ein verbindungsloses und zustandsloses Protokoll, d.h. übertragene Datenpakete können auf unterschiedlichen Wegen durch das Internet befördert werden und es gibt keinerlei

Informationen über zurücklegende Ereignisse. Daher besteht kaum die Möglichkeit, Informationen bzgl. einer Überlast an den beteiligten Zwischensystemen zu erschließen. Dies ist, wenn überhaupt, nur indirekt möglich. Dazu kommt, das verschiedene TCP-Instanzen im Internet auch keine Möglichkeit haben, miteinander zu kooperieren, um Überlastsituationen zu erkennen und zu kontrollieren. Deshalb wird z.B. die Zahl der verlorenen Segmente, also der Segmente, deren Sendevorgang innerhalb der festgesetzten Zeitspanne nicht vom Empfänger quittiert wurde, und die deshalb als verloren angesehen werden, als Maß für die Überlast im Internet herangezogen, das ein Fensterprotokoll zur Regelung von Überlastsituationen steuert.

Das TCP-Protokoll hat sich über die Jahre den sich ändernden Gegebenheiten des Internet angepaßt. Dies betrifft allerdings nur die Implementierungen der von TCP/IP zur Verfügung gestellten Mechanismen und nicht deren Kontrollparameter. Zu den wichtigsten in TCP verwendeten Verfahren und Algorithmen zur Gewährleistung einer hohen Zuverlässigkeit zählen:

- **Slow-Start Algorithmus**
  Zur besseren Anpassung der Fenstergröße (Congestion Window) im Sliding-Window Protokoll verwendet TCP beim Start einer Verbindung eine kleine Fenstergröße (in der Regel 1 Segment, also 536 Byte, siehe RFC 1122), die in der Folge sukzessive erhöht wird, bis sich die Raten der gesendeten Segmente und ihrer Quittungen annähern. Die Erhöhung erfolgt exponentiell und wird erst dann eingestellt, wenn ein Segmentverlust durch eine die festgesetzte Wartezeit überschreitende Quittierung ausgelöst wird.

- **Congestion-Avoidance Algorithmus**
  TCP bestimmt die Überlast im Netzwerk anhand der Zahl der verloren gegangenen Segmente, wobei ein Segment als verloren gilt, wenn die Quittung für das Segmente nicht innerhalb der festgesetzten Zeitspanne eintrifft. Häuft sich dieser Segmentverlust, wird auf eine Überlastung des Netzwerks geschlossen und die Sende-Datenrate wird entsprechend abgesenkt, um zu verhindern, daß die bestehende Überlastsituation durch ständige Wiederholung der Sendung verloren geglaubter Segmente noch weiter verschärft wird.

- **Nagle Algorithmus**
  Oft sind die zu übertragenden TCP-Segmente nur von kurzer Länge, so daß der durch die Kontroll- und Steuerinformationen im Header verursachte Overhead einen überwiegenden Anteil an der Gesamtkommunikation erlangt. Um dies zu vermeiden bzw. einzuschränken, wird die Quittierung eines Segments so lange wie möglich verzögert, damit diese dann zusammen mit eigenen Nutzdaten, oder aber zusammen mit anderen, noch ausstehenden Quittierungen gesendet werden kann. Der zu diesem Zweck verwendete Nagle-Algorithmus sammelt

alle Nutzdaten bis zur nächstfälligen Quittung und überträgt diese dann zusammen in einem einzelnen Segment.

- **Bestimmung der Netzumlaufzeit**
  TCP sendet ein Segment erneut, nachdem die Zeitschranke für die Erstsendung dieses Segments ohne empfängerseitige Quittierung abgelaufen ist. Zur Ermittlung der Zeitschranke muß TCP die sogenannte **Netzumlaufzeit** (Round Trip Time, RTT) zum gewünschten Kommunikationspartner bestimmen. Dazu stehen drei Verfahren zur Auswahl:

  1. **Originalimplementierung**
     RTT wird für jedes gesendete Segment ermittelt und ein gewichtetes Mittel errechnet:
     $$RTT_n = a \cdot RTT_{n-1} + (1-a) \cdot RTT_{akt}$$
     RTT_{akt} steht dabei für die aktuelle Messung und RTT_n für den nach n Messungen bestimmten Durchschnitt. Als Startbedingung wird $RTT_0 = 2s$ angenommen. Eine Abschätzung des Timeouts ergibt sich aus:
     $$Timeout = b \cdot RTT_n$$
     Üblicherweise werden die Parameter $a = 0,9$ und $b = 2$ gewählt.

  2. **Karn/Patridge Algorithmus**
     Folgt man der Originalimplementation, verfälscht ein verlorenes Segment den ermittelten Wert für die Netzumlaufzeit und es kommt zu einer Unterschätzung, da die Zeit fälschlicher Weise von der Neusendung des Segments bis zum Empfang eines verspäteten Acknowledgements, das aus der Erstübertragung stammt, gemessen werden kann. Diese Zeitspanne kann wesentlich kleiner sein, als die tatsächliche Netzumlaufzeit. Der Algorithmus von Karn und Patridge behebt dieses Problem, indem nur Segmente in die Berechnung der Netzumlaufzeit eingehen, die auch tatsächlich vom Empfänger quittiert wurden. Zusätzlich wird die Zeitschranke nach jedem erfolgreichen Versand angehoben (Timer Backoff):
     $$Timeout = 2 \cdot Timeout.$$

  3. **Karel/Jacobsen Algorithmus**
     Die Implementierung von Karn und Patridge läßt sich noch weiter verfeinern, indem man die Schwankung der gemessenen Netzumlaufzeit
     $$RTT_n = RTT_{n-1} + g_0 \cdot (RTT_{akt} - RTT_{n-1})$$
     mit $g_0 = 0,125$ wichtet. Zusätzlich wird die Berechnung des Timeouts angepaßt vermittels einer Hilfsgröße Delta:

$$Delta = Delta + g_1 \cdot (RTT_{akt} - RTT_n)$$

mit $g_1 = 0,25$. Damit ergibt sich die neue Zeitschranke als

$$Timeout = p \cdot RTT_n + q \cdot Delta,$$

wobei für die beiden Parameter p und q die Erfahrungswerte $p = 1$ und $q = 4$ gewählt werden.

- **Silly Window Syndrom**
  Bezeichnet eine Situation, die in frühen TCP Implementation häufig auftrat: Der Empfänger übermittelt wiederholt nur eine sehr kleine verfügbare Fenstergröße, worauf der Sender auch jeweils nur sehr kleine Segmente versendet (siehe Abb. 7.42). Dies trat vorallem dann auf, wenn die vorhandene Fenstergröße ausgeschöpft war, d.h. den Wert 0 erreichte, und dann ein erstes Update der Fenstergröße zu früh ermittelt und an den Sender zurückgeschickt wurde. Bei einer schnellen Verbindung kann das dazu führen, daß der Wert für die Fenstergröße stets um den Nullwert pendelt und die zur Verfügung stehende Übertragungsstrecke nur unzureichend ausgenutzt wird. Deshalb sorgen Heuristiken auf Empfängerseite dafür, daß eine Rückmeldung über die verfügbare Fenstergröße nach Erreichen des Nullwerts erst dann erfolgt, wenn diese wieder mindestens 50% der maximal zulässigen Fenstergröße beträgt. Umgekehrt wird bei einer bestehenden Verbindung und noch ausstehender Quittung auf der Senderseite dafür gesorgt, daß zu sendende Daten im Ausgabepuffer solange zurückgehalten werden, bis entweder eine erneute Quittung mit entsprechend großer Fenstergröße ankommt, oder zumindest ein Segment gesendet werden kann, das nicht die noch verbleibende maximale Fenstergröße komplett ausschöpft.

- **Vollduplex-Übertragung**
  TCP gestattet eine bidirektionale Ende-zu-Ende Datenübertragung. Sender und Empfänger können sogar gleichzeitig senden. Damit Sender und Empfänger parallel eine Verarbeitung durchführen können, muß sowohl beim Senden als auch beim Empfang eine Pufferung der betreffenden Daten stattfinden.

- **Stream-Schnittstelle**
  Anwendungen, die einen TCP-Transport verwenden, senden einen fortlaufenden Bytestrom (**Stream**) über die aufgebaute Datenverbindung und nicht aufeinanderfolgende Einzelnachrichten. Nachrichtengrenzen werden daher auch bei einer Ende-zu-Ende-Verbindung nicht bewahrt. Die Stream-Schnittstelle des Empfänger-Rechners übergibt der Empfänger-Anwendung die Daten des übertragenen Bytestroms in exakt derselben Reihenfolge, in der die Sender-Anwendung diese versendet hat.

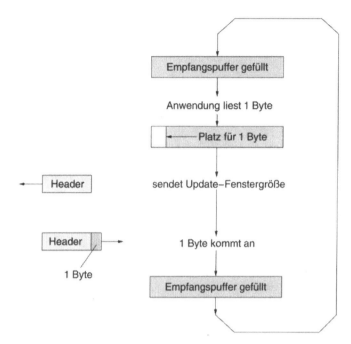

Abb. 7.42. TCP – Silly Window Syndrom

- **Zuverlässiger Verbindungsaufbau**
  TCP verlangt von beiden Parteien, Sender und Empfänger, eine Vereinbarung über die aufzubauende Verbindung. Eventuelle Duplikatpakete aus früheren Verbindungen können so ignoriert werden. Das zum Aufbau einer TCP-Verbindung angewandte Verfahren wird als **Drei-Wege-Handshake (3-Way Handshake)** bezeichnet, da nur drei Nachrichten ausgetauscht werden müssen (siehe Abb. 7.43).
  1. Um einen Verbindungsaufbau über das Drei-Wege Handshake zu signalisieren, wird ein spezielles Segment, das sogenannte **Synchronisations-Segment (SYN-Segment)** verwendet, ein Segment, in dessen Header das Synchronisations-Bit auf Eins gesetzt ist.
  2. Der Empfänger des SYN-Segments bestätigt die im SYN-Segment empfangene Sequenznummer x, läßt das Synchronisations-Bit gesetzt und sendet eine eigene Sequenznummer y.
  3. Nach dem Empfang dieser Nachricht, bestätigt der Sender den Empfang der Synchronisations-Antwort mit der Sequenznummer y. Mit dem Empfang dieser Sender-Bestätigung ist das Drei-Wege-Handshake Protokoll abgeschlossen.

  Das Drei-Wege Handshake Protokoll erfüllt dabei zwei wichtige Aufgaben: Zum Einen wird garantiert, daß beide Seiten – Sender und Empfänger – bereit sind für einen Datenaustausch. Zum Anderen tauschen beide Seiten die jeweils zum Start des Datentransfers wichtigen Sequenznummern aus.

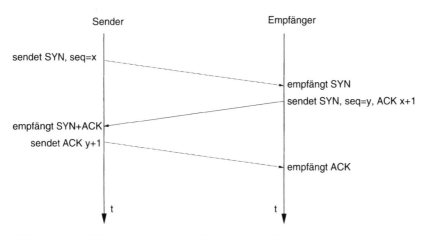

Abb. 7.43. TCP – Verbindungsaufbau mit dem Drei-Wege-Handshake

- **Sorgfältiger Verbindungsabbau**
  Sobald eine der beiden Parteien die aufgebaute Verbindung beenden möchte, sorgt TCP dafür, daß alle abgesendeten, aber noch nicht an ihrem Ziel angekommenen Daten auch noch zugestellt werden, bevor die Verbindung tatsächlich beendet wird. Zu diesem Zweck wird ein leicht modifiziertes Drei-Wege-Handshake verwendet, das allerding für einen zuverlässigen Verbindungsabbau den Austausch von vier TCP-Segmenten erfordert (siehe Abb. 7.44): Zwei Anwendungsprogramme, die gleichzeitig bidirektional über TCP kommunizieren, werden dabei als zwei getrennte, unidirektionale Verbindungen betrachtet.

  1. Beendet ein Anwendungsprogramm die Verbindung, sendet dieses ein **Ende-Segment (FIN-Segment)**, in dessen Header das FIN-Bit auf Eins gesetzt ist, zusammen mit einer End-Sequenznummer x.

  2. Die Gegenseite bestätigt den Empfang des FIN-Segments und nimmt für diese Verbindung keine weiteren Segmente mehr entgegen. Die TCP-Instanz benachrichtigt das lokale Anwendungsprogramm über die Beendigung der Verbindung.

  3. Die Verbindung in der Richtung vom Sender zum Empfänger ist mit dem Empfang der Bestätigungsmeldung durch den Sender abgeschlossen.

  4. Auf der Gegenseite wurde die Anwendung über die Beendigung der Verbindung unterrichtet und startet nun ihrerseits die Beendigung der Verbindung in der Gegenrichtung durch Senden eines FIN-Segments mit der End-Sequenznummer y und einer erneuten Bestätigung der zuletzt vom Sender empfangenen Sequenznummer. So kann die zu beendende Verbindung eindeutig identifiziert werden.

5. Der Sender bestätigt den Empfang der Beendigungsmeldung durch die Gegenseite. Die Verbindung gilt als zuverlässig beendet, sobald die Gegenseite diese Quittierung wieder zurückerhält.

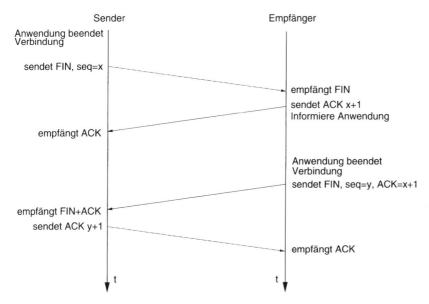

Abb. 7.44. TCP – Zuverlässiger Verbindungsabbau mit dem modifizierten Drei-Wege Protokoll

Exkurs 23: TCP – Verbindungsmanagement

Protokolle werden in der Informatik oft mit Hilfe sogenannter **endlicher Automaten** (Finite State Machines, FSM) formal beschrieben, die sehr anschaulich mit Hilfe von Zustandsübergangsdiagrammen dargestellt werden können. Ein endlicher Automat befindet sich stets in einem bestimmten Zustand (veranschaulicht durch einen Kreis), wobei bestimmte Ereignisse (dargestellt durch Pfeile) einen Zustandswechsel verursachen können. Startzustand und Endezustand sind zwei ihrer Bedeutung entsprechend ausgezeichnete Zustände. Die Pfeile, die von einem Zustand in einen Folgezustand führen, sind beschriftet mit einem Ereignis/Aktions-Paar. Das Ereignis bedingt den entsprechenden Zustandswechsel, bei dem eine bestimmte Aktion ausgelöst wird. Bei einem Protokoll, das durch einen endlichen Automaten beschrieben wird, entspricht einem Ereignis in der Regel der Empfang einer bestimmten Nachricht und die ausgelöste Aktion dem Senden einer bestimmten Nachricht. Ein endlicher Automat, der Verbindungsaufbau und Verbindungsabbau für das TCP-Protokoll darstellt, muß über die folgenden Zustände verfügen:

- **CLOSED**
  Es besteht keine aktive bzw. noch nicht beendete Verbindung.
- **LISTEN**
  Teilnehmer wartet auf eine Aufforderung.

- **SYNC RECEIVED**
  Ein Verbindungswunsch wurde entgegengenommen, warten auf ACK.
- **SYNC SENT**
  Anwendung startet eine Verbindungseröffnung.
- **ESTABLISHED**
  Regulärer Zustand, Datenübertragung findet statt.
- **FIN WAIT1**
  Anwendung wurde beendet.
- **FIN WAIT2**
  Die Gegenseite stimmt der Beendigung zu.
- **TIMED WAIT**
  Warten, bis alle ausstehenden Segmente angekommen sind oder ein Timeout aufgetreten ist.
- **CLOSING**
  Beide Seiten haben versucht, die Verbindung simultan zu beenden.
- **CLOSE WAIT**
  Die Gegenseite hat mit dem Verbindungsabbau begonnen.
- **LAST ACK**
  Warten, bis alle ausstehenden Segmente angekommen sind oder ein Timeout aufgetreten ist.

Das vollständige Zustandsübergangsdiagramm für das TCP-Verbindungsmanagement ist in Abb. 7.45 dargestellt. Die stärker gezeichneten Pfeile entsprechen einer aktiven Verbindungsaufnahme, z.B. von einem Client, während die gestrichelten Pfeile den Ablauf auf der Gegenseite entsprechen, also einer passiven Verbindungsaufnahme auf Serverseite. Die dünner eingezeichneten Pfeile stellen unübliche Ereignisse und Abläufe dar, die der Vollständigkeit halber berücksichtigt werden müssen.

- Startzustand für das Verbindungsmanagement ist stets der Zustand CLOSED. Der Zustand wird erst verlassen, wenn entweder eine Anforderung für einen Verbindungsaufbau empfangen (**passive Eröffnung**) oder selbst gesendet wird (**aktive Eröffnung**).
- Ein Ereignis kann dabei entweder vom Nutzer gesteuert (CONNECT, LISTEN, SEND, CLOSE) oder durch ein eintreffendes Segment ausgelöst (SYNC, FIN, RST) eintreten. Ein Bindestrich „–" signalisiert, daß kein Ereignis bzw. keine Aktion stattfindet.
- Am einfachsten kann das Verfahren verstanden werden, wenn man zuerst die aktive Client-Seite verfolgt (dicke Pfeile) und im Anschluß daran das Geschehen auf Server-Seite (gestrichelte Pfeile) betrachtet.
- **Client-Seite**
  – Eine Anwendung auf der Client-Seite möchte eine Verbindung durch Absetzen einer CONNECT-Anfrage eröffnen. Zu diesem Zweck erzeugt die lokale TCP-Instanz eine Datenstruktur zur Verwaltung der TCP-Verbindung, begibt sich in den SYNC SENT Zustand und sendet ein SYNC-Segment, um das Drei-Wege-Handshake Verfahren zu eröffnen. Da permanent eine Vielzahl von Verbindungen verwaltet werden müssen, beschreibt jeder Zustand jeweils nur eine Verbindung.
  – Sobald der Client ein SYN+ACK erhält, sendet die TCP-Instanz das letzte ACK des Drei-Wege-Handshakes zurück und begibt sich in den Zustand ESTABLISHED, in dem die reguläre Datenübertragung starten kann.
  – Wird die Anwendung beendet, erhält die lokale TCP-Instanz ein Kommando zum Schließen der Verbindung (CLOSE). Diese sendet dann ein FIN-Segment und wartet auf eine entsprechende Bestätigung (ACK). Sobald die Bestätigung eingegangen ist, begibt sich die TCP-Instanz in den Zustand FIN WAIT 2. Damit ist eine Richtung der bidirektionalen Verbindung bereits geschlossen.

- Sobald die Server-Seite ihre Verbindung ebenfalls beendet hat, bestätigt sie das mit einem FIN-Segment, das von der clientseitigen TCP-Instanz quittiert werden muß (ACK).
- Die Verbindungen in beiden Richtungen sind jetzt beendet. Allerdings wartet die clientseitige TCP-Instanz noch solange, bis ein Timeout auftritt, so daß sichergestellt ist, daß alle gesendeten Segmente auch tatsächlich angekommen sind, und löscht zum Schluß die Verwaltungs-Datenstruktur, die für diese Verbindung angelegt worden ist.

- **Server-Seite**
  - Auf der Server-Seite wartet die lokale TCP-Instanz darauf (LISTEN), daß eine Verbindungseröffnung von einem Client angefordert wird (SYN). Empfängt der Server ein SYN-Segment, wird der Empfang bestätigt (SYN+ACK) und die TCP-Instanz begibt sich in den SYNC RECEIVED Zustand.
  - Sobald das SYN-Segment, das der Server zurückgesendet hat, bestätigt wird (ACK), ist das Drei-Wege-Handshake Verfahren beendet, und die TCP-Instanz begibt sich in den Zustand ESTABLISHED, in dem die reguläre Datenübertragung aufgenommen wird.
  - Wenn der Client die Verbindung beenden möchte, sendet er ein FIN-Segment, das den Server erreicht. Der Server bestätigt den Erhalt (ACK) und die lokale TCP-Instanz begibt sich in den Zustand CLOSE WAIT. Die Verbindung wurde zu diesem Zeitpunkt bereits von Client-Seite beendigt, der passive Verbindungsabbau auf Server-Seite startet.
  - Ist die Anwendung auf dem Server bereit, ihrerseits die Verbindung zu beenden (CLOSE), sendet der Server ein FIN-Segment an den Client. Die TCP-Instanz begibt sich in den Zustand LAST ACK und wartet auf die Bestätigung des Clients (ACK) zum endgültigen Verbindungsabbau. Nach erfolgter Bestätigung ist die Verbindung beendet.

Weiterführende Literatur:

A. S. Tannenbaum: Computer Networks, Prentice-Hall, NJ, USA, 1996, pp. 529-539.

RFC 793: Transmission Control Protocol (TCP).

TCP Ports. Um eine TCP-Verbindung aufrecht zu erhalten, müssen Sender und Empfänger jeweils die notwendigen Endpunkte der Kommunikation, sogenannte **Sockets** einrichten. Die Zuordnung der Sockets zu einer TCP-Kommunikation ist jeweils auf die beiden Kommunikationspartner und die Zeitdauer der Verbindung beschränkt. Jedem Socket steht im Rechner ein reservierter Speicherplatz als Kommunikationspuffer zur Verfügung, in dem die zu übertragenden bzw. empfangenden Daten abgelegt werden.
Jeder Socket verfügt über eine Socket-Nummer, die sich aus der IP-Adresse des Rechners und einer lokal zugeordneten 16 Bit langen Nummer, dem sogenannten **Port** ergibt. Als Port wird ein Service Access Point der Transportschicht bezeichnet. Die Ports mit den Nummern 0 bis 1.023, die sogenannten **Well Known Ports**, sind weltweit eindeutig für Standarddienste, wie z.B. HTTP, FTP oder Telnet, reserviert (siehe Tabelle 7.5, RFC 1700). Der Bereich von 1.024 bis 65.535 kann auf dem Rechner beliebigen Anwendungsprogrammen zugeordnet werden. Man unterscheidet generell zwischen:

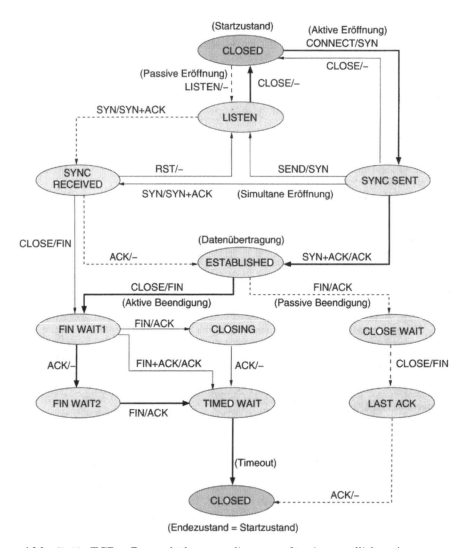

Abb. 7.45. TCP – Zustandsübergangsdiagramm für einen endlichen Automaten zur Beschreibung des TCP-Verbindungsmanagements

- **reservierten Ports** (privilegierte Ports): Betrifft die Portnummern 0 – 255 für TCP/IP-Anwendungen und 256 – 1.023 für bestimmte UNIX-Anwendungen.
- **registrierten Ports**: Betrifft Portnummern 1.024 – 49.151, die von der IANA registriert werden.
- **private, dynamische Ports** (ephemerale, vergängliche Ports): Betrifft die restlichen möglichen Portnummern zwischen 49.152 und 65.535.

Soll eine Verbindung zwischen zwei Anwendungsprogrammen hergestellt werden, verwendet der Client die Portnummer der gewünschten Anwendung als Zielport (siehe Abb. 7.46). Als Quellport wählt er eine nicht reservierte Portnummer, die von ihm selbst im Augenblick noch nicht verwendet wird.

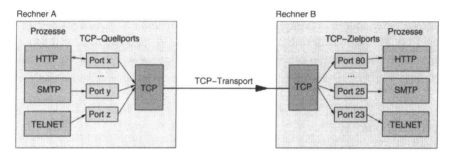

Abb. 7.46. TCP-Verbindung zwischen verschiedenen Anwendungs-Prozessen über TCP-Ports

Tabelle 7.5. Einige wichtige reservierte TCP-Portnummern (Well Known Ports) nach RFC 1700

Portnummer	Anwendung
20	FTP (File Transfer – Daten)
21	FTP (File Transfer – Steuerung)
23	Telnet
25	SMTP (Simple Mail Transfer Protocol)
53	DNS (Domain Name Service)
80	HTTP (Hyper Text Transfer Protocol)
110	POP3 (Post Office Protocol 3)
119	NNTP (Network News Transfer Protocol)
123	NTP (Network Time Protocol)
194	IRC (Internet Relay Chat)

Eine **TCP-Verbindung** kann anhand der beiden Socket-Nummern auf Sender und Empfängerseite über das Tupel (Socket Sender, Socket Empfänger) eindeutig identifiziert werden. Dabei kann ein Socket mehreren Verbindungen gleichzeitig dienen. Über die Sockets werden sogenannte **TCP-Dienstprimitive** (Primitives) implementiert, z.B. Request, Response, Confirm, Read, Write, etc., die es dem Nutzer oder einem Anwendungsprogramm erlauben, den zur Verfügung gestellten Transport-Service zu nutzen.

Aufbau eines TCP-Segments. TCP überträgt die über eine bestehende Verbindung auszutauschenden Nachrichten in einzelnen Datenblöcken, den **Segmenten**. Bei der Aufteilung einer Nachricht in einzelne Segmente – der **Segmentierung** – wird jedes TCP-Segment mit einem TCP-Header versehen, der Steuer- und Kontrollinformationen zur Gewährleistung eines zuverlässigen Transports des Segments enthält. Dazu muß vor Beginn der eigentlichen Datenübertragung, d.h während des Verbindungsaufbaus, zwischen den beiden Kommunikationspartnern eine maximale Segmentgröße vereinbart werden. Zur eigentlichen Übertragung werden die TCP-Segmente in IP-Datagramme fragmentiert und gekapselt und die nach dem Empfang beim Zielrechner wieder in die ursprüngliche TCP-Nachricht zusammengesetzt. Erreicht ein IP-Datagramm den Zielrechner nicht, so wird für das betreffende Segment auch keine Emfangsbestätigung zurückgesendet und es findet eine Neuübertragung des Segments statt.

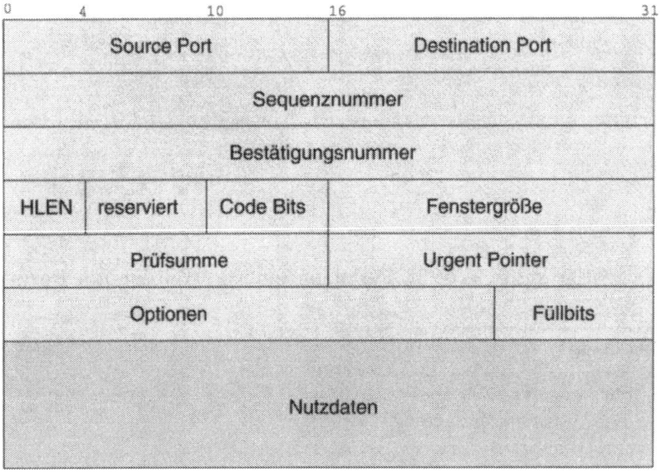

0	4	10	16	31
Source Port			Destination Port	
Sequenznummer				
Bestätigungsnummer				
HLEN	reserviert	Code Bits	Fenstergröße	
Prüfsumme			Urgent Pointer	
Optionen			Füllbits	
Nutzdaten				

Abb. 7.47. Datenformat des TCP-Segments

Abb. 7.47 zeigt den Aufbau eines TCP-Segments, bestehend aus Segment-Header und Segment Nutzdaten. Der TCP-Header ist aus den folgenden Feldern aufgebaut:

- **Source Port**
  Das 16 Bit lange Feld identifiziert den Quell-Port, also den Anfangspunkt der TCP-Verbindung, der mit einem bestimmten Anwendungsprozeß assoziiert ist, der die Verbindung gestartet hat.
- **Destination Port**
  16 Bit langes Feld für den Ziel-Port, also den Endpunkt der TCP-Verbindung, an den die Daten adressiert sind. Mit dem Ziel-Port ist ebenfalls wieder ein Anwendungsprozeß assoziiert, der die über die Verbindung übertragenen Daten entgegennimmt.
- **Sequenznummer**
  Anhand der 32 Bit langen Sequenznummer werden die gesendeten Daten-Segmente in Senderichtung durchnummeriert. Beim Aufbau einer TCP-

7.2 TCP/IP en Detail 561

Verbindung generieren beide Kommunikationspartner eine Start-Sequenznummer. Diese Sequenznummern werden im Drei-Wege-Handshake beim Verbindungsaufbau ausgetauscht und gegenseitig bestätigt. Damit Sequenznummern für eine bestimmte Verbindung stets eindeutig bleiben, muß ausgeschlossen werden, daß sich Sequenznummern innerhalb der festgesetzten Lebenszeit eines TCP-Segments wiederholen. Der Sender erhöht dazu die aktuelle Sequenznummer um die Anzahl der bereits gesendeten Bytes.

- **Bestätigungsnummer**
  Auf die Sequenznummer folgt die ebenfalls 32 Bit lange Bestätigungsnummer (Acknowledgement-Number). Diese dient auf Empfängerseite als Bestätigung empfangener Datensegmente. Die Bestätigungsnummer wird vom jeweiligen Empfänger gesetzt, um dem Sender mitzuteilen, bis zu welcher Sequenznummer die gesendeten Daten bisher korrekt empfangen wurden.

- **Header Länge**
  4 Bit langes Feld (Header-Length, HLEN), das die Länge des TCP-Headers in 32-Bit Worten angibt und als Offsetangabe den Anfang der eigentlichen Nutzdaten im übertragenen Segment kennzeichnet. Auf das Feld HLEN folgt ein 6 Bit langes Feld, das nicht genutzt wird.

- **Code Bits**
  Die folgenden sechs Kontrollbits legen fest, welche Felder jeweils im Header gültig sind, und dienen damit der Steuerung der Verbindung. Die Kontrollbits haben folgende Bedeutung, wenn sie auf den Wert Eins gesetzt werden:

  - **URG**: Aktiviert den **Urgent-Pointer** im TCP-Header.
  - **ACK**: Aktiviert das Feld für die **Bestätigungsnummer**.
  - **PSH**: Aktiviert die sogenannte **Push-Funktion**, die veranlaßt, daß die im Nutzdatenteil übermittelten Daten sofort an die nächsthöhere Protokollschicht übergeben werden. Die gesendeten Daten werden also nicht in einen Eingangspuffer geschrieben, der erst geleert wird, wenn er vollständig gefüllt ist.
  - **RST**: Setzt eine Verbindung zurück, die durch ein außergewöhnliches Ereignis (z.B. Rechner-Absturz) durcheinander geraten ist. RST wird auch dazu genutzt, eine ungültige Segmentnummer zurückzuweisen oder einen Verbindungsaufbau abzulehnen.
  - **SYN**: Signalisiert einen Verbindungsaufbau. Bei einer Verbindungsanfrage ist stets SYN=1 und ACK=0 gesetzt, um anzuzeigen, daß das Bestätigungsfeld noch inaktiv ist. Erst die Antwort auf die Verbindungsanfrage enthält eine Bestätigung, daher sind dort SYN=1 und ACK=1 gesetzt. Innerhalb eines Verbindungsaufbaus mit gesetztem SYN-Bit dient das ACK-Bit also zur Unterscheidung, ob es sich um eine Anfrage oder um die Antwort darauf handelt.
  - **FIN**: Signalisiert einen einseitigen Verbindungsabbau, der Sender hat keine weiteren Daten mehr zur Übertragung.

- **Sendefenster (Window)**
  Das 16 Bit lange Sendefenster dient der Flußsteuerung mit Hilfe des Sliding-Window Protokolls, mit dem der Empfänger den an ihn gesendeten Datenstrom steuert. Das Sendefenster gibt an, wieviele Bytes, beginnend ab der Bestätigungsnummer, der Empfänger noch in seinem Eingangspuffer aufnehmen kann. Empfängt der sendende Rechner ein TCP-Segment mit der Sendefenstergröße Null, muß dieser das Senden so lange einstellen, bis er wieder ein positives Sendefenster erhält.

- **Prüfsumme**
  Um eine hohe Zuverlässigkeit der übertragenen TCP-Segmente zu gewährleisten, wurde eine 16 Bit lange Prüfsumme mit in den TCP-Segmentheader aufgenommen. Die Prüfsumme berechnet sich aus dem TCP-Header, wobei die Prüfsumme und eventuell enthaltene Füllbits als Null angenommen werden, den TCP-Nutzdaten und dem Inhalt des sogenannten **Pseudo-Headers**. Der Pseudoheader ist eigentlich nicht Teil der im TCP-Segment enthaltenen Information, sondern wird nur temporär aus den zu übertragenden IP- und TCP-Daten berechnet (siehe Abb. 7.48). Eingang in den Pseudo-Header finden die IP-Adressen von Sender und Empfänger, die Protokollnummer, die TCP identifiziert, und die Länge des vollständigen TCP-Segments. Der Pseudo-Header dient der Erkennung eventuell fehlgeleiteter TCP-Segmente, widerspricht aber eigentlich der festgelegten Protokollhierarchie, da er die IP-Adressen der Netzwerk-Protokollschicht mit einbezieht.
  Zur Berechnung der Prüfsumme werden alle darin eingehenden 16 Bit Worte im Einer-Komplement aufsummiert und das Einer-Komplement des Resultats gespeichert. Berechnet der Empfänger das Ergebnis der Prüfsumme mit dem darin enthaltenen und korrekt übertragenen Prüfsummenwert, so muß sich im Falle einer fehlerfreien Übertragung der Wert Null ergeben.

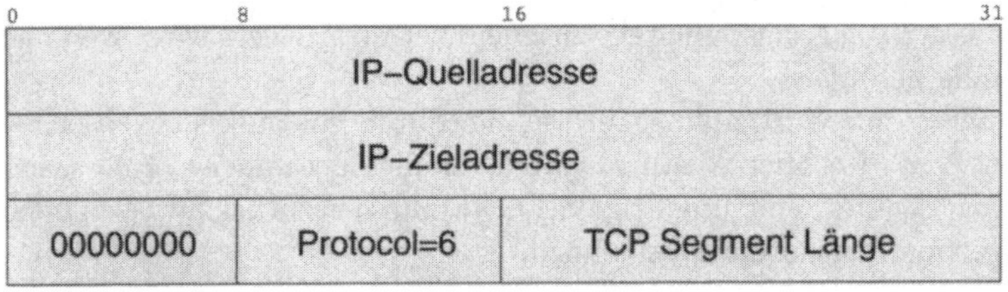

0	8	16	31
IP–Quelladresse			
IP–Zieladresse			
00000000	Protocol=6	TCP Segment Länge	

Abb. 7.48. TCP – konzeptioneller Pseudoheader zur Prüfsummenberechnung

- **Urgent Pointer**
  Das TCP-Protokoll sieht eine Möglichkeit vor, mit der dringliche Daten (Out-of-Band Data), wie z.B. Interrupts, zusammen mit den regulär zu sendenden Daten direkt an den Kommunikationspartner übertragen werden können. Diese dringenden Daten sollen dem empfangenden Prozeß so

schnell wie möglich übergeben werden, ohne daß sie z.B. zuerst im Eingangspuffer abgelegt werden. Das 16 Bit lange Feld des Urgent Pointers dient dabei als Offset-Angabe und ist nur dann aktiv, wenn das URG-Bit auf Eins gesetzt ist. Dringliche Daten folgen in der Regel stets direkt dem TCP-Header und stehen somit am Anfang der TCP-Nutzdaten. Erst danach, d.h. nach der im Urgent Pointer angegebenen Bytelänge, starten die regulären Nutzdaten.

- **Optionen**
  Die hier anzugebenden Optionen gestatten unter TCP die Einbindung zusätzlicher Funktionalität, die nicht durch die restlichen Headerfelder abgedeckt wird. Das erste Byte im Optionen-Feld legt den Optionstyp fest (siehe RFC 1323 und RFC 2018), der folgende Bedeutung haben kann:
  - **Maximum Segment Size (MSS)**:
    Mit Hilfe dieser Option können die beiden Kommunikationspartner beim Verbindungsaufbau eine maximale Segmentgröße aushandeln. Je größer dabei die verwendete Segmentlänge ist, desto weniger mindert der Overhead von 20 Byte des TCP-Headers die Effizienz der Datenübertragung. Wird diese Option beim Verbindungsaufbau nicht verwendet, wird eine Standardlänge der Nutzdaten von 536 Byte verwendet. Jeder Rechner im Internet muß daher in der Lage sein, ein TCP-Segment mit einer Länge von 536+20 = 556 Byte entgegenzunehmen.
  - **Window Scale (WSopt)**:
    Über diese Option können die beiden Kommunikationspartner während des Verbindungsaufbaus aushandeln, ob die reguläre maximale Fenstergröße von 16 Bit Länge um einen konstanten Skalierungsfaktor hochgesetzt werden soll. Der Wert kann jeweils unabhängig für das Senden und das Empfangen ausgehandelt werden. Speziell für hohe Bandbreiten empfiehlt sich eine größere Fenstergröße, da sonst der Sender beim Warten auf die Quittierung sehr viel Zeit untätig verbringt. Besonders kritisch ist die Situation z.B. bei Satellitenverbindungen, bei denen eine extrem hohe Wartezeit entlang der Übertragungsstrecke entsteht. Der maximale Wert für WSopt beträgt 14, was einer neuen maximalen Fenstergröße von 1 GByte entspricht.
  - **Timestamps Option (TSopt)**:
    Diese Option dient der Ermittlung der Netzumlaufzeit und bestehen aus den beiden Teilen Timestamp Value (TSval) und Timestamp Echo Reply (TSecr). Aus der Differenz der von Sender und Empfänger gesetzten Zeitstempel kann ein exakter Meßwert für die Netzumlaufzeit eines TCP-Segments ermittelt werden, der in die Berechnung der mittleren Netzumlaufzeit eingeht.
  - **Selective Acknowledgement**:
    Das als Selective Acknowledgement bezeichnete Verfahren findet Einsatz bei der TCP-Überlaststeuerung (siehe RFC 2018) und trägt dafür

Sorge, daß nach kumulativ auftretenden Timeouts lediglich ein einzelnes Datenpaket neu übertragen werden muß, da die übrigen Datenpakete zwar verspätet aber doch beim Empfänger angekommen sind.
- **Connection Count (CC)**:
 Dieses Optionsfeld dient der Unterstützung einer als **Transaction TCP (T/TCP)** bezeichneten transaktionsorientierten Erweiterung von TCP (siehe Abb. 7.49).
- **Füllbits**
 Mit Füllbits wird die Länge des TCP-Segment-Headers zur Wortgrenze von 32 Bit aufgefüllt.

Transaction TCP (T/TCP), (RFC 1379, RFC 1644)

TCP baut eine symmetrische Transportverbindung zwischen zwei Kommunikationspartnern auf. Tatsächlich läuft eine Kommunikation im Internet selten symmetrisch ab. Auf eine kurze Anfrage hin (**Request**) erfolgt eine umfangreiche Antwort (**Response**). Diese als **Transaktionsprinzip** bezeichnete Arbeitsweise tritt hauptsächlich in der Client/Server-Kommunikation auf, wie z.B. bei HTTP. Allerdings wird die Effizienz des Datentransfers in dieser transaktionsorientierten Verarbeitung durch die Arbeitsweise von TCP (Verbindungsaufbau mit dem Drei-Wege-Handshake, Datentransfer, Verbindungsabbau mit Vier-Wege-Handshake) durch einen erheblichen Protokolloverhead herabgesetzt.

Zur effizienten Abwicklung von Transaktionsprozessen bietet T/TCP zwei TCP-Erweiterungen (siehe RFC 1644):

- **Connection Count**
 Jedes TCP-Segment führt einen Transaktionszähler für jeden Request/Response als Option im TCP-Header mit, der zur Identifikation der Transaktion dient.
- **TCP Accelerated Open (TAO)**
 Dieses Verfahren umgeht den Drei-Wege-Handshake bei der Eröffnung einer neuen Verbindung und nutzt dazu den Connection Count.

Abb. 7.49. Transaction TCP (T/TCP)

TCP – Application Programming Interface. Client/Server-Anwendungen nutzen TCP als Transportprotokoll zur wechselseitigen Kommunikation. Bei der Interaktion mit der TCP-Protokollsoftware muß eine Anwendung Details angeben, die den gewünschten Kommunikationspartner spezifizieren und die Kommunikation einleiten.

Die Schnittstelle, die eine Anwendung bei der Interaktion mit der TCP-Protokollsoftware nutzt, wird allgemein als **Application Programming Interface** (**API**) bezeichnet. Ein API definiert eine Reihe von Operationen, die eine Anwendung bei der Interaktion mit der TCP-Protokollsoftware ausführen kann. Das TCP-Protokoll verfügt nur über wenige Schnittstellen, die im RFC 793 detailliert erläutert werden. Diese betreffen den Auf- und Abbau von Verbindungen sowie Prozeduren zur Steuerung der Datenübertragung:

- **Open**
  Eröffnen einer Verbindung. Dabei muß als Parameter angegeben werden, ob es sich um eine aktive oder passive Verbindungseröffnung handelt, die Portnummer und IP-Adresse des Kommunikationspartners, die lokale Portnummer und ein Wert für den Timeout. Als Rückgabewert liefert die Routine einen lokalen Verbindungsnamen, über den die Verbindung referenziert werden kann.

- **Send**
  Übertragen von Daten an den TCP-Sendepuffer, die anschließend über die TCP-Verbindung gesendet werden.

- **Receive**
  Empfangene Daten aus dem TCP-Empfangspuffer an die Anwendung weitergeben.

- **Close**
  Beenden der Verbindung. Zuvor werden noch alle Daten aus dem TCP-Empfangspuffer an die betreffende Anwendung weitergegeben und ein FIN-Segment versendet.

- **Status**
  Ausgabe von Statusinformationen über die bestehende Verbindung.

- **Abort**
  Sofortiges Unterbrechen des Sende- und Empfangsprozesses.

7.2.6 UDP-Protokoll

TCP stellt einen zuverlässigen, verbindungsorientierten Transportdienst zur Verfügung. Um also eine Datenübertragung zu starten, muß bei TCP zuerst eine Verbindung zum gewünschten Kommunikationspartner aufgebaut werden. Ist die Datenübertragung beendet, so muß die bestehende Verbindung explizit wieder abgebaut werden. Implementierung und Abarbeitung des TCP-Protokolls erfordern einen erheblichen Aufwand, die Effizienz einer Datenübertragung, insbesondere, wenn es sich nur um die Übertragung kurzer Nachrichten handelt, ist dadurch sehr eingeschränkt.
Die Alternative zum verbindungsorientierten Transport stellt eine verbindungslose Schnittstelle dar, die es ermöglicht, jederzeit Nachrichten an jedes beliebige Ziel zu versenden, ohne vorher erst für den Aufbau einer Verbindung sorgen zu müssen. Das **User Datagram Protocol** (**UDP**) ist im Gegensatz zu TCP ein verbindungsloser, unzuverlässiger Transportdienst, der in RFC 768 spezifiziert ist. Bei UDP handelt es sich um den einfachsten, verbindungslosen Dienst der TCP/IP-Familie, der direkt auf IP aufsetzt. Ähnlich wie IP bietet UDP keine gesicherte Übertragung und auch keine Flußkontrolle. Es ist also auch nicht sichergestellt, daß die via UDP gesendeten Datenpakete auch tatsächlich beim designierten Empfänger ankommen. Über die Funktionalität von IP hinaus bietet UDP zwei Kommunikationspartnern einen –

hier verbindungslosen und unzuverlässigen – Transportdienst, der die jeweils kommunizierenden Anwendungen über zugeordnete Kommunikations-Ports (**UDP-Ports**) miteinander verknüpft. UDP kann für verschiedene Protokolle der Anwendungsschicht genutzt werden, die jeweils durch eine spezielle Portnummer identifiziert werden. Zu diesen zählen vor allem Client/Server-basierte Anwendungen, deren Kommunikation sich auf eine einzelne, einfache Frage/Antwort-Beziehung beschränkt. Diese bevorzugen UDP als Transportprotokoll, da für eine einzelne Transaktion nicht extra eine Verbindung aufgebaut und verwaltet werden muß. UDP nimmt Daten von verschiedenen Anwendungsprogrammen auf einem Rechner über die den Anwendungen jeweils zugeordneten Ports entgegen und gibt sie als UDP-Datagramm gekapselt an IP zur Weiterleitung über das Internet (**Portmultiplexing**). Umgekehrt nimmt UDP von IP gekapselte UDP-Datagramme entgegen und stellt diese den Anwendungen über entsprechende Ports zur Verfügung.

Zu den Diensten auf der Anwendungsschicht, die UDP als Transportprotokoll nutzen, zählen die in Tabelle 7.6 dargestellten Anwendungen. Die für TCP

Tabelle 7.6. Dienste, die UDP als Transportprotokoll nutzen

Dienst	UDP Portnummer
Trivial File Transfer Protocol (TFTP)	69
Domain Name Service (DNS)	53
Network Time Protocol (NTP)	123
Simple Network Management Protocol (SNMP)	161
Remote Procedure Call (RPC)	111
Lightweight Directory Access Protocol (LDAP)	389

und UDP jeweils festgelegten Portnummern können dabei allerdings verschieden sein. Kann jedoch ein Dienst sowohl mit UDP als auch mit TCP genutzt werden, dann werden einheitliche Portnummern verwendet. Der Header eines UDP-Datenpakets ist sehr einfach aufgebaut (siehe Abb. 7.50):

- **Source Port**
  16 Bit lange Portnummer für den Absender.
- **Destination Port**
  16 Bit lange Portnummer für den Empfänger.
- **Länge**
  16 Bit langes Feld, das die Länge des gesamten UDP-Datenpakets inklusive Header in Bytes angibt. Der Minimalwert für die Länge eines UDP-Datenpakets beträgt 8 Byte, was der Länge des UDP-Headers entspricht.
- **Prüfsumme**
  Die zur Fehlererkennung verwendete Prüfsumme ist optional. Ist sie mit Null angegeben, so wird keine Prüfsumme verwendet. Der Algorithmus zur

Berechnung der Prüfsumme entspricht dem bei IP verwendeten Algorithmus. Allerdings erstreckt sich die IP-Prüfsummenberechnung nur auf den IP-Header, so daß es nicht ratsam ist, die Berechnung der UDP-Prüfsumme zu unterlassen. Die UDP-Prüfsummenberechnung schließt den UDP-Header, die UDP-Nutzdaten und den sogenannten **Pseudoheader** mit ein, der sich aus den IP-Adressen von Sender und Empfänger sowie der Längeninformation aus insgesamt 12 Byte zusammensetzt (siehe Abb. 7.48). Der Empfänger ist dadurch stets in der Lage, zu überprüfen, ob das Datenpaket auch tatsächlich an den korrekten Adressaten geliefert wurde.

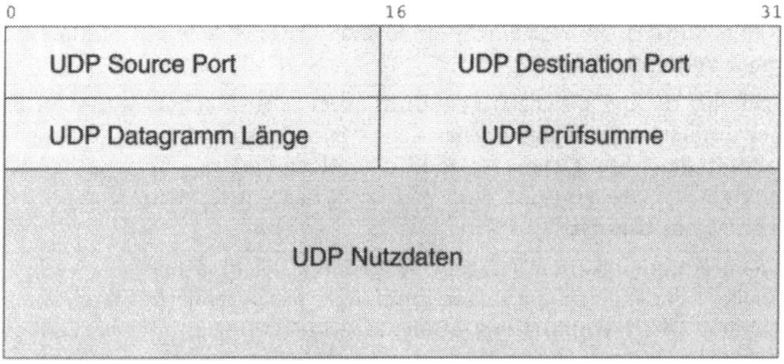

0	16	31
UDP Source Port		UDP Destination Port
UDP Datagramm Länge		UDP Prüfsumme
UDP Nutzdaten		

Abb. 7.50. UDP-Datagramm – Datenformat

7.3 Glossar

Adreßauflösung (Address Resolution): Übersetzung von IP-Adressen in die jeweils zugehörigen Hardware-Adressen der Netzwerk-Hardware. Ein Host oder Router nutzt die Adreßauflösung, wenn Daten innerhalb des gleichen physischen Netzwerks an einen anderen Rechner zu senden sind. Die Adreßauflösung ist stets auf ein bestimmtes Netzwerk beschränkt, d.h. ein Rechner löst nie die Adresse eines Rechners aus einem anderen Netzwerk auf. Umgekehrt wird die feste Zuordnung einer Hardware-Adresse zu einer IP-Adresse als **Adreßbindung** bezeichnet.

Address Resolution Protocol (ARP): Zur Adreßauflösung von Protokoll-Adressen in Hardware-Adressen verwendetes Protokoll der TCP/IP-Protokollfamilie. Zur Ermittlung einer Hardware-Adresse versendet der anfragende Rechner die betreffende Protokoll-Adresse als ARP-Nachricht via Broadcast. Der angefragte Rechner erkennt seine eigene Protokolladresse und sendet als einziger seine Hardware-Adresse als ARP-Nachricht direkt an den anfragenden Rechner zurück.

Application Programming Interface (API): Als Schnittstelle zwischen einer Anwendung und der Protokollsoftware stellt das sogenannte Application Programming Interface Routinen und Datenstrukturen zur Nutzung und Steuerung der Kommunikation zwischen Anwendung und Protokollsoftware zur Verfügung.

Autonomes System (AS): Bezeichnung für eine Menge von Teilnetzen und Rechensystemen, die unter der Kontrolle eines einzelnen Betreibers stehen und ein gemeinsames

Routing-Verfahren benutzen. Das Routing-Verfahren innerhalb eines AS wird als **Interior Gateway Protocol** (IGP) bezeichnet. Das Routing-Verfahren zwischen verschiedenen AS dagegen als **Exterior Gateway Protocol** (EGP).

Big Endian Order: Unterschiedliche Rechnerarchitekturen interpretieren Bitfolgen und als Bitfolgen kodierte Informationen in unterschiedlicher Art und Weise. Eine Form der Interpretation ist die Big Endian Order, bei der eine Bitfolge von links nach rechts gelesen wird, startend mit dem höchstwertigen Bit. Eine Interpretation in umgekehrter Reihenfolge wird als **Little Endian Order** bezeichnet. IP-Datagramme werden stets in Big Endian Order übertragen, so daß auf Rechnern, deren Architektur auf dem Little Endian Order Standard beruht (z.B. Pentium), beim Senden und Empfangen von IP-Datagrammen stets eine Konvertierung der Datagramme erfolgen muß.

Bridge: Zwischensystem, das dazu dient, einzelne Segmente eines LANs miteinander zu verbindet. Bridges arbeiten auf der Transportschicht (Schicht 2) des Netzwerks und sind in der Lage, Filterfunktionen auszuüben, um lokalen Datenverkehr auf das betreffende LAN-Segment zu beschränken.

Broadcasting: Bezeichnung für die gleichzeitige Adressierung aller Rechner eines Netzwerks. Im Internet unterscheidet man zwischen einem Broadcast im lokalen Netzwerk und einem Broadcast über alle Netzwerke. Soll eine Nachricht nur an einen einzigen Rechner weitergeleitet werden, was der herkömmlichen Adressierung entspricht, so spricht man von einem **Unicast**.

Flußsteuerung: In einem Kommunikationsnetzwerk wird durch die Flußsteuerung verhindert, daß ein schneller Sender einen langsamen Empfänger mit gesendeten Daten überschwemmt und so eine **Überlastung (Congestion)** verursacht. Der Empfänger verfügt zwar in der Regel über einen Pufferspeicher, in dem die ankommenden Datenpakete bis zur anschließenden Weiterverarbeitung zwischengespeichert werden, um aber einen Überlauf dieses Zwischenspeichers zu vermeiden, müssen Protokollmechanismen vorgesehen werden, mit denen der Empfänger den Sender veranlassen kann, mit der Aussendung von Folge-Datenpaketen noch zu warten, bis der Pufferspeicher wieder abgearbeitet ist.

Fragmentierung/Defragmentierung: Aufgrund technischer Restriktionen ist die Länge von Datenpaketen, die ein Kommunikationsprotokoll in einem **paketvermittelten Netzwerk** versendet, unterhalb der Anwendungsschicht stets beschränkt. Ist die Länge der zu versendenden Nachricht größer als die jeweils vorgeschriebene Datenpaketlänge, wird die Nachricht in einzelne Teilnachrichten (**Fragmente**) zerlegt, die den vorgegebenen Längenrestriktionen entsprechen. Damit die einzelnen Fragmente nach der Übertragung beim Empfänger wieder korrekt zur Ursprungsnachricht zusammengesetzt (**defragmentiert**) werden können, müssen sie mit Sequenznummern versehen werden, da die Übertragungsreihenfolge im Internet nicht garantiert werden kann.

Gateway: Zwischensystem im Netzwerk, das in der Lage ist, einzelne Netzwerke zu einem neuen System zu verbinden. Gateways ermöglichen die Kommunikation zwischen Anwendungsprogrammen auf unterschiedlichen Endsystemen und sind in der Anwendungsschicht des Kommunikationsprotokollmodells angesiedelt. Daher sind sie in der Lage, unterschiedliche Anwendungsprotokolle ineinander zu übersetzen.

Internet: Zusammenschluß mehrerer, untereinander inkompatibler Netzwerktypen zu einem, dem Benutzer als homogen erscheinendes Universalnetzwerk, das allen Rechnern, die an ein einzelnes Netzwerk dieses Verbunds angeschlossen sind, eine transparente Kommunikation mit jedem beliebigen anderen Rechner des Internets ermöglicht. Ein Internet unterliegt keinerlei Beschränkungen hinsichtlich seiner Ausdehnung. Das Konzept des **Internetworking** ist sehr flexibel und eine Erweiterung des Internet ist jederzeit ohne Beschränkung möglich.

Internet Protocol (IP): Protokoll auf der Netzwerkschicht des TCP/IP-Referenzmodells, genauer als **IPv4** bezeichnet. Als einer der Grundpfeiler des Internets sorgt IP dafür, daß das aus vielen heterogenen Einzelnetzwerken bestehende globale Internet als einheitliches, homogenes Netzwerk erscheint. Ein einheitliches Adressierungsschema (**IP-Adressen**) sorgt für eine weltweit eindeutige Rechneridentifikation. IP stellt dazu einen **verbindungslosen, paketvermittelten Datagrammdienst** bereit, der keine Dienstgütegarantien erfüllen kann, sondern stets nach dem **Best-Effort**-Prinzip arbeitet. Zur Kommunikation von Steuerungsinformation und Fehlermeldungen dient das **ICMP**-Protokoll als integraler Bestandteil von IP.

IP-Adresse: 32-Bit lange binäre Adresse, die einen Rechner im globalen Internet eindeutig bezeichnet. Zur besseren Lesbarkeit wird diese Adresse in vier Oktetts unterteilt, die als vorzeichenlose, ganze Dezimalzahl interpretiert und jeweils durch einen Dezimalpunkt getrennt angegeben werden (z.B. 232.23.3.5). Die IP-Adresse unterteilt sich in zwei Teile, den **Adreßpräfix** (**Netzwerk-ID**), der das Netzwerk, in dem sich der adressierte Rechner befindet, weltweit eindeutig festlegt, und den **Adreßsuffix** (**Host-ID**), der den Rechner innerhalb seines lokalen Netzwerks eindeutig identifiziert.

IP-Adreßklassen: IP-Adressen werden in unterschiedliche Adreßklassen aufgeteilt, die durch die Längen der jeweiligen Netzwerk-ID und Host-ID bestimmt sind. Man unterscheidet zunächst die primären Adreßklassen A, B und C, wobei 126 Netzwerke der Adreßklasse A existieren mit jeweils bis zu 16.777.214 daran anschließbaren Rechnern, 16.384 Netzwerke der Adreßklasse B mit bis zu 65.534 daran anschließbaren Rechnern und 2.097.152 Netzwerke der Klasse C mit maximal bis zu 254 daran anschließbaren Rechnern. Adressen der Klasse D bezeichnen Multicast-Adressen und Adressen der Klasse E sind für experimentelle Zwecke reserviert.

IP-Datagramme: Die über das IP-Protokoll übertragenen Datenpakete werden als Datagramme bezeichnet. Dies rührt daher, daß das IP-Protokoll lediglich einen verbindungslosen und unzuverlässigen Dienst (**Datagramm-Dienst**) zur Verfügung stellt.

IPv6: Designierter Nachfolge-Protokollstandard des Internetprotokolls **IPv4**, das eine erheblich erweiterte Funktionalität bereitstellt. Der in IPv4 beschränkte Adreßraum, eines der Hauptprobleme des gängigen IP-Standards, wird durch eine Verlängerung der IP-Adressen von 32 Bit auf 128 Bit bei IPv6 drastisch erweitert.

Loop-Back Adresse: Spezielle IP-Adresse (127.0.0.1 in IPv4, ::1 in IPv6), die als Empfängeradresse in ein Datagramm eingesetzt werden kann, das nur zu Testzwecken dient. Ein mit einer Loop-Back Adresse versehenes Datagramm verläßt den Rechner nicht über dessen Netzwerkschnittstelle, sondern wird in dieser nur scheinbar versendet und wieder empfangen. Mit Hilfe von Loop-Back Adressen können Netzwerkanwendungen getestet werden, bevor diese Zugriff auf das eigentliche Netzwerk erhalten.

Mobile IP: Erweiterung des IP-Protokolls, das speziell für mobile Endteilnehmer entwickelt wurde. Der mobile Endteilnehmer kann sein Heimatnetzwerk verlassen und sich in einem fremden Netzwerk anmelden, wobei er seine ursprüngliche IP-Adresse beibehält. Dazu meldet sich der mobile Rechner bei einem Agenten in seinem lokalen Netzwerk (Home Agent) ab und kontaktiert einen speziellen Rechner im fremden Netzwerk (Foreign Agent), der ihm eine temporäre Adresse zuweist und im Zusammenspiel mit dem Home Agent für die Weiterleitung der für ihn bestimmten Kommunikation sorgt.

Maximum Transmission Unit (MTU): Die größte Datenmenge, die als Datenpaket über ein physikalisches Netzwerk übertragen werden kann. Die MTU wird durch die verwendete Netzwerkinfrastruktur festgelegt. Beim Übergang eines Datenpakets von einem Netzwerk mit großer MTU in ein Netzwerk mit kleinerer MTU, muß das Datenpaket fragmentiert werden, falls es länger ist als die MTU des betreffenden Netzwerks.

Multicasting: Bei einer Multicastübertragung sendet eine Quelle gleichzeitig an eine Gruppe von Empfängern. Es handelt sich dabei um eine 1:n-Kommunikation. Multicast wird häufig für die Übertragung von Echtzeit-Multimediadaten eingesetzt.

Portnummer: 16 Bit lange Identifikation für eine TCP-Verbindung, die stets mit einem bestimmten Anwendungsprogramm assoziiert ist. Die Portnummern 0-255 sind für spezielle TCP/IP-Anwendungen reserviert (**Well Known Ports**), die Portnummern 256-1.023 für spezielle UNIX-Anwendungen. Die Portnummern 1.024-56.535 können für eigene Anwendungen genutzt werden und unterliegen keiner festen Zuordnung.

Punkt-Dezimal-Notation: 32-Bit lange IP-Adressen werden aufgrund der besseren Lesbarkeit oft als Folge von 4 vorzeichenlosen, ganzen Dezimalzahlen (Oktetten), getrennt durch Dezimalpunkte geschrieben. Dazu wird die IP-Adresse einfach in vier 8-Bit lange Teilbereiche unterteilt, die jeweils als Dezimalzahl interpretiert werden (z.B. 136.199.77.1).

Rechnernetz: Ein Rechnernetz (**Netzwerk, Computer Network**) ist ein Datenübertragungssystem zwischen den an das Netz angeschlossenen, autonomen Rechnersystemen, die über eigenen Speicher, eigene Peripherie und eigene Rechenfähigkeit verfügen. Ein Rechnernetz bietet jedem Teilnehmer die Möglichkeit, mit jedem anderen gewünschten Netzteilnehmer in Verbindung zu treten.

Repeater: Zwischensystem, daß zur Verstärkung der Signale bei der Zusammenschaltung verschiedener Netzwerk-Segmente dient. Repeater sind absolut transparent und geben die empfangenen Datenpakete jeweils verstärkt weiter.

Reverse Address Resolution Protocol (RARP): Protokoll zur Adreßauflösung von Hardware-Adressen in Protokoll-Adressen, also umgekehrt zum ARP-Protokoll. RARP wird in der Regel eingesetzt, damit Rechner ohne eigene Festplatte beim Systemstart ihre eigene IP-Adresse ermitteln können. Zu diesem Zweck sendet der startende Rechner via Broadcast eine RARP-Nachricht, die seine Hardware-Adresse beinhaltet. Der RARP-Server des Netzwerks antwortet dem anfragenden Rechner daraufhin mit der zugehörigen IP-Adresse.

Router: Vermittlungsrechner, der in der Lage ist, zwei oder mehrere Teilnetze miteinander zu verbinden. Router arbeiten in der Transportschicht (IP-Layer) des Netzwerks und sind in der Lage, ankommende Datenpakete gemäß ihrer Zieladresse auf der kürzesten Route durch das Netzwerk weiterzugeben.

Routing: In einem Internet liegen entlang des Weges zwischen Sender und Empfänger oft mehrere Zwischensysteme (**Router**), die sich um die Weiterleitung der versendeten Daten an den jeweiligen Empfänger kümmern. Die Ermittlung des korrekten Weges vom Sender zum Empfänger wird dabei als Routing bezeichnet. Die Router empfangen dazu ein versendetes Datenpaket, werten dessen Adressinformation aus und leiten es entsprechend zum designierten Empfänger weiter.

Socket: Das TCP-Protokoll stellt eine zuverlässige Verbindung zwischen zwei Endsystemen zur Verfügung. Zu diesem Zweck werden auf den beteiligten Rechnern Endpunkte, sogenannte Sockets, definiert, die jeweils aus der IP-Adresse des Rechners, sowie einer 16 Bit langen Portnummer bestehen, die diese Verbindung zusammen mit dem entsprechenden Gegenstück des Kommunikationspartners eindeutig definieren. Über Sockets werden sogenannte **Dienstprimitive** zur Verfügung gestellt, die eine Steuerung und Kontrolle der Datenübertragung erlauben. Sockets assoziieren jeweils Eingabe- und Ausgabe-Pufferspeicher zu den von ihnen gestarteten Verbindungen.

Subnetworking: Die Subnetz-Adressierung wurde Anfang der 80er Jahre entwickelt, um den zur Verfügung stehenden, knappen Adreßraum des Internet effizienter nutzen zu können. Eine Netzwerk wird dazu logisch, wie auch physikalisch in einzelne Subnetzwerke aufgeteilt. Dies erfolgt über die Verwendung sogenannter Subnetzmasken. Die reguläre Aufteilung der IP-Adressen in Netzwerk-ID und Host-ID wird erweitert, indem das Feld der Host-ID aufgeteilt wird in eine Subnetz-ID und die verbleibende Host-ID. Ein lokaler Router muß nun nicht mehr alle einzelnen Rechner des Netzwerks verwalten, sondern nur noch diejenigen des lokalen Subnetzwerkes. Rechner, die einem anderen

Subnetzwerk zugeordnet wurden, werden nur noch gesammelt als einzelner Eintrag in der Routing-Tabelle eingetragen, gekennzeichnet durch die spezifische Subnetz-ID.

Subnetzmaske: Die Subnetzmaske wird in der Subnet-Adressierung verwendet. Mit ihrer Hilfe ist es möglich, Netzwerk-ID, Subnetz-ID oder Host-ID aus einer Adreßangabe zu ermitteln, die zur Weiterleitung in den Routern benötigt werden.

Supernetting: Das Konzept des Supernetting erlaubt eine effizientere Nutzung des zur Verfügung stehenden IP-Adreßraumes. Dazu können einer einzelnen Organisation, die ein Netzwerk betreibt, ganze Blöcke von Netzwerkadressen einer niedrigeren Adreßklasse zugewiesen werden, falls eine höhere Adreßklasse der betreffenden Organisation einen zu großen Adreßraum zuweisen würde.

Transmission Control Protocol (TCP): Protokollstandard auf der Transportschicht des TCP/IP-Referenzmodells. TCP stellt einen zuverlässigen, verbindungsorientierten Transportdienst bereit, auf dem viele Internet-Anwendungen basieren.

User Datagram Protocol (UDP): Protokollstandard auf der Transportschicht des TCP/IP-Referenzmodells. UDP stellt einen einfachen, nicht garantierten und verbindungslosen Transportdienst bereit, der über das IP-Protokoll IP-Datagramme versendet. Der prinzipielle Unterschied zwischen IP und UDP besteht eigentlich darin, daß UDP in der Lage ist, Portnummern zu verwalten, über die Anwendungen auf verschiedenen Rechnern über das Internet miteinander kommunizieren können.

Universaldienst (Universal Service): Ein Universaldienst hat die Aufgabe, alle verfügbaren Information auf sämtlichen Rechnern, die sich auch in unterschiedlichen Netzwerken befinden können, verfügbar zu machen.

verbindungsorientierter/verbindungsloser Dienst: Man unterscheidet grundsätzlich zwischen **verbindungsorientierten** und **verbindungslosen** Diensten im Internet. Verbindungsorientierte Dienste müssen vor dem Start der eigentlichen Datenübertragung eine Verbindung über fest vereinbarte Vermittlungsstellen im Netz aufbauen. Die so festgelegte Verbindungsstrecke wird für die Dauer der gesamten Kommunikation genutzt. Verbindungslose Dienste wählen vorab keinen festen Verbindungsweg. Die versendeten Datenpakete werden jeweils unabhängig voneinander auf möglicherweise verschiedenen Wegen über das Internet übertragen.

virtuelle Verbindung: Eine Verbindung zwischen zwei Endsystemen, die lediglich durch jeweils auf den Endsystemen installierte Software erzeugt wird. Das eigentliche Verbindungsnetzwerk muß zu diesem Zweck keinerlei Ressource zur Verfügung stellen, sondern lediglich einen Transport der Daten gewährleisten. Da die Verbindung also nicht fest über das Netzwerk hinweg geschaltet vorliegt, sondern lediglich durch die auf den Endsystemen installierte Software die Illusion einer tatsächlich bestehenden Verbindung erzeugt wird, wird diese als virtuell bezeichnet.

8. Wozu das Internet alles gut ist – Dienste und Anwendungen im Internet

„Grau, teurer Freund, ist alle Theorie,
und grün des Lebens goldner Baum."
– aus Faust I, J.W. von Goethe
(1749 – 1832)

Bislang konnte geklärt werden, wie Daten von einem Rechner über das globale Internet hinweg zu einem anderen Rechner transportiert werden, doch fehlt es noch an einer Schnittstelle, um diese Basistechnik für spezielle Dienste und Anwendungen auszunutzen. Aufgaben, die heute bereits zum alltäglichen Leben zählen, wie das Versenden elektronischer Post oder das Abrufen von Informationen aus dem World Wide Web, sie alle basieren auf einem Client/Server-basierten Interaktionsmodells, das sich die Möglichkeiten des Internet und seiner Protokolle zu Nutze macht. Dieses Kapitel stellt die Anwendungsschicht des TCP/IP-Referenzmodells in den Mittelpunkt und behandelt zahlreiche Dienste und Applikationen, die in dieser Schicht angesiedelt sind. Nach der Behandlung des Client/Server-Interaktionsmodells werden zunächst Verzeichnis- und Namensdienste vorgestellt, bevor auf die neben dem World-Wide-Web wichtigste Internet-Anwendung, die elektronische Post, und die sie ermöglichenden Protokolle eingegangen wird. Neben einer Vielzahl weiterer Anwendungen werden insbesondere multimedialen Applikationen, wie das populäre Media-Streaming detailliert beschrieben.

8.1 Grundbegriffe und Überblick

Nachdem bisher alle notwendige Grundlagen der Kommunikation im Internet behandelt wurden, richten wir jetzt unsere Aufmerksamkeit auf die Anwendungs-Schicht des TCP/IP-Referenzmodells. In den Schichten unterhalb der Anwendungs-Schicht werden alle Details des Datentransfers geregelt und ein zuverlässiger Transportdienst zur Verfügung gestellt. Der Anwender allerdings nimmt das überhaupt nicht wahr, da die Schnittstellen, mit denen er direkt interagiert, ihm bereits voll funktionstüchtige Anwendungen bieten, wie z.B. Datei-Transfer, Email versenden und empfangen oder HTML-Seiten abrufen. Die Verbindungen und Kommunikationsprotokolle eines Netzwerks sind zwar für die Kommunikation im Internet lebensnotwendig, doch die direkt nutzbare Funktionalität wird erst durch mitunter sehr anspruchsvolle Anwendungssoftware bereitgestellt, die auf diesen Diensten aufsetzt und sie für ihre Zwecke nutzt. Vergleicht man das Internet mit einem Telefonnetz, so liefern die Kommunikationsprotokolle zwar die zur Kommunikation notwendige Infrastruktur, es braucht aber noch die Teilnehmer, die über das Telefon kommunizieren wollen, und die vielfältigen Dienstangebote, wie Fax u.a., um das Telefon zu einem tatsächlich nutzbaren Dienst zu machen. Ebenso wie beim Telefondienst die Teilnehmer setzt die Kommunikation im Internet Anwendungsprogramme voraus, die kommunizieren wollen. Zu diesem Zweck kontaktiert eine Anwendung auf dem einem Computer eine Anwendung auf einem entfernten Computer, um mit dieser die für ihre Zwecke notwendigen Daten auszutauschen. Auch die nicht zum TCP/IP-Referenzmodell gehörenden Anwendungen und Anwendungen, die direkt vom Nutzer bedient werden, greifen auf die Transport-Dienste des TCP/IP-Referenzmodells mit eigenen Protokollen zu, die geeignete, abstrakte Schnittstellen benötigen, die ebenfalls in der Anwendungs-Schicht des TCP/IP-Referenzmodells bereitgestellt werden.

Unter dem Begriff **Internet-Dienste** werden all diejenigen Anwendungen zusammengefaßt, die im Kommunikations-Schichtenmodell oberhalb von TCP/IP eingeordnet sind. Diese Dienste nutzen zur Kommunikation über das Internet ein Transportprotokoll, also entweder UDP oder das komplexere TCP, bzw. einige Dienste können sogar wahlweise auch beide Protokolle nutzen. Abb. 8.1 gibt einen Überblick über verschiedene Internet-Dienste zusammen mit dem von ihnen genutzten Transport-Protokoll.

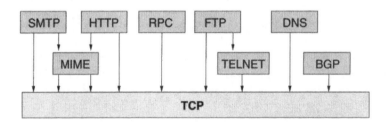

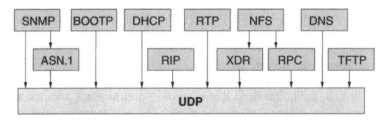

Abb. 8.1. Verschiedene Internet-Dienste im Überblick

So nutzen folgende Internet-Dienste das **Transmission Control Protocol (TCP)**:

- Simple Mail Transfer Protocol (SMTP),

- Hypertext Transfer Protocol (HTTP),
- Remote Procedure Call (RPC),
- Multipurpose Internet Mail Extension (MIME),
- File Transfer Protocol (FTP),
- Telecommunication Network Protocol (TELNET),
- Domain Name Service (DNS),
- Border Gateway Protocol (BGP).

Das **User Datagram Protocol** (**UDP**) dagegen wird von folgenden Internet-Diensten in Anspruch genommen:

- Trivial File Transfer Protocol (TFTP),
- Domain Name Service (DNS),
- Simple Network Management Protocol (SNMP) in Verbindung mit Abstract Syntax Notation 1 (ASN.1),
- Boot Protocol (BOOTP),
- Dynamic Host Configuration Protocol (DHCP),
- Routing Information Protocol (RIP),
- Realtime Transfer Protocol (RTP),
- Remote Procedure Call (RPC),
- Network File System (NFS) in Verbindung mit External Data Representation (XDR).

8.1.1 Client-/Server-Interaktionsmodell

Betrachten wir die Anwendungen, die über das Internet miteinander kommunizieren als Hauptakteure, so läuft deren Kommunikation in der Regel nach folgendem Schema ab: Die Anwendung, die den Kommunikationswunsch hegt (**Client**), stellt an eine gleichartige Anwendung auf einem entfernten Rechner (**Server**) eine Anfrage, in der sie ihren Kommunikationswunsch (**Request**) formuliert. Der Server antwortet daraufhin mit der gewünschten Information (**Reply**).
Diese Form der Kommunikationsbeziehung wird als **Client/Server Paradigma** bezeichnet. Dabei bezeichnet der Client die aktive Komponente, die die Kommunikationsbeziehung initiiert, und der Server die passive Komponente, die darauf wartet, daß ein Client eine Anfrage stellt (siehe Abb. 8.2). Der Informationsfluß kann dabei in beide Richtungen, vom Client zum Server oder vom Server zum Client, fließen.
Auf einem einzelnen Rechner können durchaus verschiedene Dienste (Server) angeboten werden, zu deren Betrieb jeweils ein eigenes, spezielles Serverprogramm notwendig ist. Das ist sinnvoll und sehr wirtschaftlich, da ein Serverprogramm keine Ressourcen verbraucht, wenn es sich in einem Zustand befindet, in dem es lediglich auf eine Anfrage eines Clients wartet.
Allerdings müssen Clients die Möglichkeit haben, bestimmte Server-Dienste auf einem entfernten Rechner adressieren zu können. Das von den Protokollen der Transportschicht zu diesem Zweck zur Verfügung gestellte Hilfsmittel sind

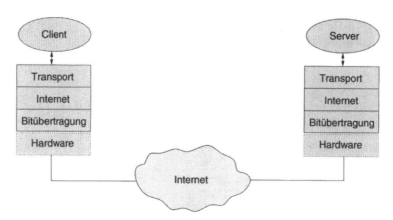

Abb. 8.2. Client und Server kommunizieren über das Internet

die sogenannten **Ports**. Jedem Anwendungsprogramm, das über das Internet kommunizieren kann, ist ein bestimmter Port zugeordnet, der durch eine eindeutige **Portnummer** identifiziert wird (siehe Kap. 7.2.5). Diese Portnummer wird dem Anwendungsprogramm von der Netzwerk-Transportsoftware zugeteilt. Client-Anfragen werden dann von der Netzwerk-Software über die so spezifizierte Portnummer zum Server weitergeleitet. Dazu fügt der Client seiner Anfrage die den angeforderten Server-Dienst spezifizierende Portnummer hinzu, so daß die Netzwerk-Software auf Server-Seite die Anfrage an den betreffenden Server weiterleiten kann.

Allerdings ist es eher selten, daß ein Server zu einem bestimmten Zeitpunkt lediglich eine einzige Client-Anfrage bearbeiten muß. Üblicherweise liegen gleichzeitig mehrere offene Anfragen von verschiedenen Clients vor. Diese werden alle parallel abgearbeitet, ohne daß einer der Clients dabei warten muß, bis die Interaktion mit einem anderen Client abgeschlossen ist. Im Prinzip wird dabei jede einzelne Client-Anfrage von einer Kopie des originalen Server-Programmes bedient. Dies erlaubt es, daß kurze Anfragen schnell bedient werden können, ohne daß zuvor der Abschluß einer langwierigeren Anfrage abgewartet werden müßte.

Die Kopien der Serveranwendung für den Parallelbetrieb werden dynamisch, d.h. bei Bedarf erzeugt. Für jede Client-Anfrage generiert der Server einen speziellen, sogenannten **Thread** (Prozeß, Task). Dabei setzt sich jedes Server-Programm generell aus zwei Teilen zusammen: einem Haupt-Thread, der stets aktiv ist und auf die eingehenden Client-Anfragen wartet, und einer Menge von dynamischen Threads, die für jede neu eintreffende Client-Anfrage jeweils in Kopie erzeugt werden und diese parallel und unabhängig vom Haupt-Thread abarbeiten, der währenddessen regulär weiterarbeiten und Clientanfragen entgegennehmen kann. Findet also gleichzeitig eine Kommunikation mit n Clients statt, so sind insgesamt $n+1$ Server-Threads aktiv: ein Haupt-Thread und n dynamische Threads.

Damit jeder Server-Thread ohne Verwechslung mit seinem Client korrekt arbeiten kann, identifizieren die Transportprotokolle jede einzelne Verbindung anhand eindeutiger Bezeichner, die dem jeweiligen Client (z.B. Client IP-Adresse) und den jeweiligen Dienst (z.B. Portnummer) eindeutig spezifizieren. Diese Kombination von Client- und Serverbezeichner unterstützt die Auswahl des „richtigen" Servers bei parallelem Serverbetrieb.

Je nach den Anforderungen des adressierten Dienstes können Client/Server-Dienste auf einen **verbindungsorientierten** oder einen **verbindungslosen** Transportdienst zurückgreifen. Der verbindungsorientierte Transportdienst wird dabei üblicherweise von TCP bedient, während der verbindungslose Transport über UDP abgewickelt wird.

Client/Server-Interaktionen im Internet sind allerdings nicht auf eine reine 1:1-Kommunikationsbeziehung beschränkt. So kann ein Client durchaus verschiedene Dienste, d.h. verschiedene Server, kontaktieren (1:n-Beziehung). Zusätzlich kann noch die Unterscheidung getroffen werden, ob ein Client denselben Dienst von unterschiedlichen Rechnern, oder unterschiedliche Dienste (und diese mitunter vom selben Rechner) anfordert. Weiter sind transitive, hierarchische Kommunikationsbeziehungen denkbar. So kann der vom Client kontaktierte Server selbst als Client eines weiteren Servers aktiv werden, um die gewünschte Anfrage des originalen Clients bedienen zu können.

8.1.2 Socket-Schnittstellen

Client- und Serveranwendungen benutzen Transportprotokolle des TCP/IP-Referenzmodells zur Kommunikation über das Internet. Dazu müssen die Anwendungen in der Lage sein, den gewünschten Transportdienst zu spezifizieren und entsprechende Detailangaben über Client- oder Serverfunktionen sowie Adreßangaben zu machen. Darüberhinaus müssen beide Kommunikationspartner (Anwendungsprogramme) angeben, was mit den empfangenen Daten jeweils zu geschehen hat, d.h. wohin und in welcher Form diese an die Anwendungsprogramme weiterzuleiten sind.

Die Schnittstelle, die ein Anwendungsprogramm zur Kommunikation mit der Transport-Software verwendet, wird als **Application Programming Interface** (**API**) bezeichnet. Das API spezifiziert alle Operationen, die eine Anwendung bei der Kommunikation mit dem Transportprotokoll ausführen kann und stellt zu diesem Zweck benötigte Datenstrukturen zur Verfügung. Das **Socket-API** ist die Standard-Schnittstelle zu den Transportprotokollen des TCP/IP-Referenzmodells (siehe Kap. 7.2.5). Es wurde in den 70er Jahren zusammen mit dem Betriebssystem BSD-UNIX an der University of California in Berkeley entwickelt. Die große Verbreitung und Beliebtheit dieses UNIX-Betriebssystems, das die Kommunikationsprotokolle der TCP/IP-Protokollfamilie enthielt, trug wesentlich zur Verbreitung der auf diese Weise frei erhältlichen Kommunikations-Software TCP/IP bei. Das Socket-API wurde mit zunehmender Verbreitung und der Portierung auf andere Betriebssysteme zur Standard-Schnittstelle für die Kommunikation von Anwendungsprogrammen über das Internet.

8.2 Namens- und Verzeichnisdienste

Um auf einen bestimmten Dienst auf einem entfernten Rechner über das Internet zugreifen zu können, muß die Anwendung bzw. der Nutzer, der das Anwendungsprogramm bedient, zunächst den betreffenden Rechner über seine weltweit eindeutige IP-Adresse spezifizieren. Allerdings merkt sich der Anwender nur in den seltensten Fällen die 32-Bit lange IPv4-Adresse mit ihren vier Oktetten, also vier Dezimalzahlen, im Bereich 0 bis 255, da diese - zumindest dann, wenn sie gehäuft auftreten - nur schwer im Gedächtnis zu behalten sind.

Jeder Anwender, der bereits einmal auf einen entfernten Rechner über das Internet zugegriffen hat, mußte dazu sicher nicht die o.a. IP-Adresse selbst eingeben, sondern konnte den betreffenden Rechner über einen einfacher zu memorierenden **symbolischen Namen** spezifizieren. Solche symbolische Namen trifft man z.B. bei Email-Adressen oder bei Uniform Resource Locators (URL) im World Wide Web an. So praktische die Verwendung symbolischer Namen für Menschen ist – sie können über assoziative Verbindungen viel leichter ins Gedächtnis zurückgerufen werden – desto schwieriger gestaltet sich die Nutzung symbolischer Bezeichner bei der Verarbeitung im Computer, da 32 Bit IP-Binäradressen wesentlich kompakter darstellbar und einfacher zu verarbeiten sind.

Die Lösung für dieses Problem lag in der Einführung sogenannter **Namensdienste**, die eine einheitliche Übersetzung von beliebigen symbolischen Rechnernamen in eindeutige IPv4-Adressen vornehmen. Die Übersetzung verläuft dabei meist automatisch und ist für die Anwendung bzw. für den Nutzer überhaupt nicht wahrnehmbar. Die ermittelte eigentliche IP-Adresse wird nur innerhalb des Rechners von der Protokollsoftware für den Austausch von IP-Datagrammen verwendet.

Um nicht nur auf Rechner sondern auch auf dessen Ressourcen zugreifen zu können, müssen diese natürlich auch eindeutig adressierbar sein. Ein Dienst, der dies leistet und Ressourcen eindeutig spezifiziert und diese so über das Internet verfügbar macht, wird allgemein als **Verzeichnisdienst** bezeichnet.

8.2.1 Domain Name Service - DNS

Während Nutzer und die meisten Anwendungsprogramme zur Adressierung entfernter Rechner im Internet symbolische Namen benutzen, verwendet die Netzwerk-Software aus Gründen der Effizienz und der Eindeutigkeit ausschließlich die 32 Bit lange binäre IP-Adresse.

In der Anfangszeit des Internet, zur Zeit des ARPANET, wurde die Zuordnung zwischen symbolischen Rechnernamen und ihren binären Adressen

8.2 Namens- und Verzeichnisdienste

mittels einer zentral gelagerte Datei **host.txt** organisiert, die fortlaufend zu aktualisieren war. Jeweils Nachts forderten dann alle Rechner des ARPANET diese Datei an, um ihre eigenen Adreßzuordnungslisten zu aktualisieren. Ein derartiges Vorgehen war allerdings nur solange praktikabel, als das betreffende Netzwerk nur einige hundert Rechner umfaßte. Mit dem explosionsartigen Wachstum des Internets wurde schnell klar, daß eine zentrale Verwaltung einer Namens-Adreßzuordnung im großen Maßstab nicht mehr sinnvoll war, schon einfach aus dem Grund, weil die zu verwaltenden Zuordnungstabellen schnell viel zu groß wurden.

Zur Lösung dieses Problems wurde der sogenannte **Domain Name Service (DNS)** entwickelt, der als RFCs 1034 und 1035 zum Standard deklariert wurde. DNS arbeitet als verteilte Datenbankanwendung und dient dazu, symbolischen Namen binäre IP-Adressen zuzuordnen. Um die verteilte Anwendung sinnvoll organisieren zu können, wurde der zur Verfügung stehende Adreßraum hierarchisch strukturiert und verschiedenen Abschnitten jeweils eigene DNS-Server zugeordnet, die das Mapping im betreffenden Adreßraumabschnitt übernehmen.

Der DNS-Adreßraum. Der DNS-Adreßraum ist hierarchisch aufgebaut. Analog zur Postanschrift, die gegliedert ist in Name, Straße, Postleitzahl, Wohnort und Land, und durch ihren hierarchischen Aufbau eine weltweit eindeutige Identifikation einer Adresse gewährleistet, unterteilt sich der DNS-Adreßraum in sogenannte **Domänen** (Domains). Konzeptionell teilt sich das Internet zunächst in einige hundert **Top-Level Domänen**, denen jeweils eine große Menge von Rechneradressen zugeordnet sind. Jede Top-Level Domäne ist wiederum in **Domänen** aufgeteilt, die ihrerseits in **Sub-Domänen** aufgeteilt werden (siehe Abb. 8.3).

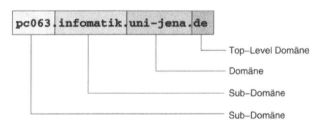

Abb. 8.3. Hierarchische Aufteilung des DNS-Adreßraums

Auf diese Weise untergliedert, läßt sich der gesamte DNS-Adreßraum des Internets als Baumstruktur darstellen. Abb. 8.4 zeigt einen kleinen Ausschnitt. Die Blätter der Baumdarstellung bezeichnen Domänen oder Sub-Domänen, die nicht weiter unterteilt werden. Diese können nur einen aber auch hunderte von Rechnern beinhalten.

Top-Level Domains können dabei zwei verschiedenartige Ausprägungen besitzen:

580   8. Wozu das Internet alles gut ist –Dienste und Anwendungen im Internet

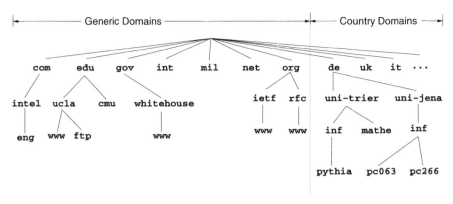

Abb. 8.4. Ausschnitt aus dem DNS-Adreßraum in Baumdarstellung

- Generische Bezeichnungen (Generic Domains), die verschiedenartige Institutionen und Organisationen bezeichnen:
  - com: kommerzielle Unternehmen,
  - edu: Ausbildungseinrichtungen,
  - gov: US-Regierung,
  - mil: US-Militär,
  - org: gemeinnützige Organisationen,
  - int: internationale Organisationen,
  - net: Netzwerk Provider.
- Länderkennungen (Country Domains), die jeweils eine Top-Level Domäne für jedes Land vorsehen. Die Kennungen für die Länder-Top-Level Domänen sind in ISO 3166 festgelegt. Hier nur einige Beispiele:
  - de: Deutschland,
  - eu: Europa,
  - fr: Frankreich,
  - uk: Großbritannien,
  - it: Italien,
  - tv: Tuvalu.

Die Bezeichnung einer Domäne ergibt sich einfach aus den, jeweils durch Dezimalpunkt voneinander getrennten Bezeichnern in der Baumdarstellung des DNS-Adreßraums, die sich auf dem Pfad von der Domäne zur Wurzel befinden, wobei die Wurzel selbst nicht benannt ist. Die einzelnen Namen sind dabei unabhängig von Groß- oder Kleinschreibung und können jeweils bis zu 63 Buchstaben lang sein. Ein vollständig qualifizierter Pfadname darf allerdings eine Länge von 255 Buchstaben nicht überschreiten.

Obwohl das keine explizite Regelung vorsieht, finden sich Organisationen innerhalb der USA meist innerhalb einer Generischen Top-Level Domäne wieder, während nahezu alle Organisationen außerhalb der USA ihren jeweiligen Länder-Top-Level-Domänen angehören.

8.2 Namens- und Verzeichnisdienste   581

Die Top-Level Domänen werden zentral von ICANN (Internet Corporation for Assigned Names and Numbers) vergeben. Die Verwaltung einer Top-Level Domäne und die Vergabe von Domänen unterhalb dieser Top-Level Domäne wird von einer dediziert zuständigen Registrierungs-Behörde wahrgenommen, z.b. ist DE-NIC (Deutsches Network Information Center) verantwortlich für die Top-Level Domäne .de. Generell gilt, daß eine neue Domäne immer nur mit Zustimmung der nächsthöheren Domäne eingerichtet werden kann. Damit kann jede Organisation, die im Besitz einer Domäne ist, vollkommen frei eine Hierarchie dieser Domäne untergeordneter Sub-Domänen selbst gestalten. Ein Unternehmen kann beispielsweise Sub-Domänen für jede Abteilung anlegen, so daß sich die Unternehmenstruktur im DNS-Adreßraum wiederspiegelt.

DNS Resource Records. Jede einzelne Domäne, unabhängig davon, ob es sich dabei um eine Top-Level-Domäne oder lediglich um einen einzelnen Rechner handelt, verfügt über eine Menge von sogenannten **Resource Records**. Neben Basis Resource Records, die gerade einmal die IP-Adresse eines einzelnen Rechners beinhalten, existiert noch eine Vielzahl Resource Records, die unterschiedliche Informationen liefern, wie z.b. den Namen des für diese Domäne zuständigen DNS-Servers, Namens-Aliase oder beschreibende Zusatzinformation über Rechnerplattform und Betriebssystem (siehe Abb. 8.5). Erhält ein DNS-Server eine Anfrage mit einem Domänen-Namen, gibt dieser dem anfragenden DNS-Client die Menge der mit diesem Domänen-Namen assoziierten Resource Records zurück.
Ein Resource Record besteht stets aus einer einzelnen Textzeile, die fünf Felder enthält (siehe Abb. 8.5):

- Domänen-Name,
- Lebensdauer des Eintrags,
- Kategorie des Eintrags (Internet oder nicht Internet),
- Informationstyp und
- eine Wertangabe (z.B. IP-Adresse, Rechnername, etc.).

DNS Name-Server. Theoretisch könnte ein einzelner Rechner, der die Tabelle mit allen DNS Resource Records enthält (**Name-Server**), zentral das gesamte Internet bedienen. Bei den mittlerweile über 150 Millionen Internet-Hosts wäre ein derartiger zentraler Name-Server allerdings permanent überlastet, so daß man sich von Anfang an bei DNS für eine dezentrale Lösung entschieden hat. Der gesamte DNS-Adreßraum wird dabei in eine Anzahl von nichtüberlappenden **Zonen** aufgeteilt. Diese Zonen umfassen stets vollständige Teilbäume des DNS-Adreßraums mit einem Name-Server an der Wurzel des Teilbaums, der die DNS-Autorität für die betreffende Zone darstellt. Diesem primären Name-Server sind in der Regel verschiedene sekundäre Name-Server nachgeordnet, die ihre Informationen vom primären Name-Server beziehen und der Unterstützung und Entlastung des primären Name-Servers dienen.

Domain Name Service – Resource Record

| Domain-Name | Lebensdauer | Klasse | Typ | Wert |

Der DNS Resource Record setzt sich aus den folgenden Feldern zusammen:

- **Domain Name**
  Dieser Eintrag spezifiziert die Domäne, die der DNS-Eintrag betrifft. In der Regel existieren viele Einträge für eine einzelne Domäne und jede Kopie der DNS-Datenbank enthält Informationen über viele verschiedene Domänen. Die Reihenfolge, in der Einträge für eine Domäne geschrieben werden, ist unerheblich. Auf eine Anfrage hin werden sämtliche Einträge, die eine Domäne betreffen, zurückgeliefert.
- **Lebenszeit**
  Die Lebensdauer in Sekunden beschreibt die Stabilität eines DNS-Eintrags. Statische Einträge erhalten z.B. den Wert 86.400 (Zeitdauer eines Tages in Sekunden). Flüchtige Einträge dagegen erhalten einen niedrigeren Wert, wie z.B. 60 (1 Minute).
- **Class**
  Bezeichnung für die Klasse des Resource Records. Für das Internet – die übliche Klasse für DNS-Einträge – wird das Kürzel „IN" verwendet.
- **Typ**
  Bezeichnet den Typ des DNS-Eintrags. Folgende Typen sind dabei möglich:
  - **SOA** (Start of Authority): Der Resource Record liefert den Namen der primären Informationsquelle des Name-Servers, die Email-Adresse des betreffenden Administrators, eine eindeutige Seriennummer sowie mehrere Flags und Timeout-Informationen.
  - **A** (Address): Der Resource Record liefert die 32 Bit IP-Adresse für den angegebenen Rechner.
  - **MX** (Mail Exchange): Der Resource Record liefert den Namen der Domäne, die Emails für die angegebene Domäne akzeptiert. Wird für Rechner verwendet, die nicht direkt mit dem Internet verbunden sind.
  - **NS** (Name Server): Der Resource Record liefert den Namen des für diese Domäne zuständigen Name-Servers.
  - **CNAME** (Canonical Name): Erlaubt die Definition eines Aliases, der an Stelle des DNS-Namens verwendet werden kann.
  - **PTR** (Pointer): Der Resource Record ordnet einer IP-Adresse einen Namen zu.
  - **HINFO** (Host Information): Der Resource Record beschreibt den Rechner, der sich hinter dem Resource Record verbirgt. Die Angaben können das verwendete Betriebssystem oder die CPU des Rechners beschreiben.
  - **TXT** (Text): Freier Text, der es einer Domäne erlaubt, weitere Informationen anzugeben.
- **Wert**:
  Bezeichnet einen Zahlenwert, einen Domänen-Namen oder eine Zeichenkette, entsprechend der Angabe im Typ-Feld.

Beispiel:

pc063.inf.uni-jena.de	86400	IN	A	141.35.14.31
pc063.inf.uni-jena.de	86400	IN	HINFO	PC LINUX
pc063.inf.uni-jena.de	86400	IN	TXT	Dr. H. Sack
pc063.inf.uni-jena.de	86400	IN	CNAME	hs1.inf.uni-jena.de

Abb. 8.5. DNS – Resource Record

8.2 Namens- und Verzeichnisdienste

Primäre Name-Server in den Spitzen der DNS-Adreßhierarchie, also in den Top-Level Domänen, werden **Root-Server** genannt. Ein Root-Server enthält aber nicht die Resource Records aller innerhalb der Top-Level Domäne erreichbaren Rechner, sondern lediglich Informationen darüber, wie die Name-Server der Top-Level Domäne erreicht werden können, die dann über weitere zur Adreßzuordnung notwendige Informationen verfügen. So kennt z.B. der Root-Server der .de-Domäne nicht jeden einzelnen Rechner an der Universität Trier, aber er kann Auskunft darüber geben, wie der Name-Server erreicht werden kann, der die Anfragen für die Domäne uni-trier.de kompetent bedienen kann (siehe Abb. 8.6). Alle DNS Name-Server sind untereinander verknüpft und bilden ein zusammenhängendes Gesamtsystem. Jeder Name-Server verfügt dabei über die nötigen Informationen, wie er einen Root-Server erreichen kann, und wie diejenigen Name-Server zu erreichen sind, die für den DNS-Adreßraum in der Hierarchiestufe unterhalb des betreffenden Name-Servers verantwortlich sind.

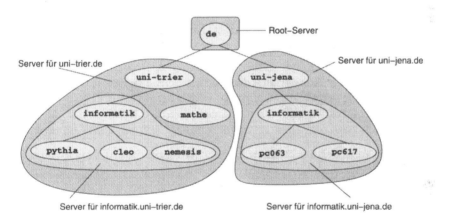

Abb. 8.6. Teil der DNS-Adreßhierarchie und Aufteilung in unterschiedliche Zonen

Abb. 8.7 zeigt den prinzipiellen Ablauf der DNS Client/Server-Interaktion zur Auflösung eines Domänen-Namens in eine IP-Adresse:

- Der DNS-Client – auch als **Resolver** bezeichnet, da er die Adreßauflösung am lokalen Rechner initiiert – kontaktiert den lokalen DNS-Server und stellt eine Anfrage (Request) nach der IP-Adresse zu einem Domänen-Namen (1).
- Der lokale DNS-Server überprüft, ob der gesuchte Name innerhalb der Sub-Domäne liegt, für die er die DNS-Autorität besitzt. DNS-Anfrage und -Antwort werden dabei stets via UDP über den UPD-Port 53 gesendet.
- Ist dieses der Fall, übersetzt er den angefragten Namen in die assoziierte IP-Adresse und ergänzt die an den anfragenden Rechner gesendete Antwort um die gesuchte IP-Adresse.

- Ist der angefragte Name-Server nicht in der Lage, den angefragten Namen vollständig aufzulösen, überprüft er, welche Art der Interaktion der anfragende Resolver wünscht.
- Verlangt der Resolver eine vollständige Adreßübersetzung (Recursive Resolution), kontaktiert der Name-Server weitere Name-Server, die in der Lage sind, die Adresse vollständig aufzulösen, und übergibt die auf diese Weise rekursiv ermittelte IP-Adresse zurück an den anfragenden Resolver (2–10).
  - In Abb. 8.7 wird zunächst der DNS-Server des zugehörigen Internet Service Providers (ISP) kontaktiert (2).
  - Da dieser den Request nicht beantworten kann, kontaktiert er einen Root DNS-Server (3,4) und erhält von diesem die Adresse des für den angefragten Domänen-Namen autorisierten DNS-Servers.
  - Der DNS-Server des lokalen ISP kontaktiert den vom Root-Server angegebenen DNS-Server des ISP im Zielnetz (5).
  - Dieser reicht den Request an den lokalen DNS-Server des Zielsystems weiter (6), der diesen über einen (oder mehrere) Resource Records beantwortet (7).
  - Die Antwort des DNS-Servers des Zielsystems wird bis an den lokalen Client zurückgereicht (8–10).
- Besteht der Resolver andererseits nicht auf einer vollständigen Adreßauflösung (Iterative Resolution), dann liefert der im Beispiel zunächst kontaktierte Name-Server die gewünschte Antwort nicht zurück, sondern antwortet mit der Adresse des Name-Servers, den der Resolver als nächstes kontaktieren sollte, um eine vollständige Adreßauflösung durchzuführen.

Damit dieses Verfahren funktioniert, muß jeder an das Internet angeschlossene Rechner mindestens über die Adresse eines lokalen Name-Servers verfügen. Diese ist deshalb bei der Konfiguration der Netzwerk-Software mit anzugeben, da sie nicht automatisch ermittelt werden kann. Jeder Name-Server muß weiter über die Adresse des Name-Servers verfügen, der in der DNS-Adreßhierarchie eine Hierarchie-Stufe über ihm steht.

Allerdings kann der Aufwand einer DNS-Adreßauflösung extrem anwachsen, wenn stets der betreffende Root-Server zur Auflösung einer nicht-lokalen Adresse herangezogen werden muß. Daher verwenden Name-Server einen **Cache-Mechanismus**, um den Aufwand der Adreßauflösung möglichst minimal zu halten. Alle nicht-lokalen IP-Adressen, die über eine rekursive Adreßauflösung ermittelt wurden, werden im lokalen Name-Server für eine bestimmte Zeitdauer zwischengespeichert, um bei einer erneuten Anfrage präsent zu sein. Allerdings ist die Lebensdauer dieser nicht-lokalen IP-Adressen im Cache beschränkt, da Änderungen im fremden Adreßraum nicht automatisch an den lokalen Name-Server weitergemeldet werden. Zu diesem Zweck beinhaltet der DNS Resource Record ein Feld, das die Lebenszeit des betreffenden Eintrags angibt. Nach Ablauf der Lebenszeit wird der Eintrag verworfen und muß, im Falle einer erneuten Anfrage, erneut rekursiv ermittelt werden.

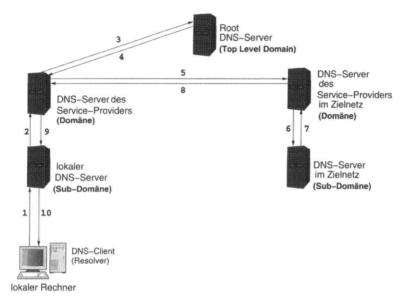

Abb. 8.7. Ablauf der DNS Client/Server-Interaktion zur Auflösung eines Domänen-Namens in eine IP-Adresse

8.2.2 Verzeichnisdienste

Ein Verzeichnis (Directory) enthält für gewöhnlich Angaben über technische Ressourcen oder über Personen, die im Internet verfügbar bzw. erreichbar sind. Ein Dienst, mit dem diese Ressourcen oder Personen adressiert werden können, wird als **Verzeichnisdienst** (**Directory Service**) bezeichnet. So implementieren unter dem Betriebssystem UNIX einfache Textdateien, wie z.B. /etc/passwd oder /etc/alias einfache Verzeichnisdienste, die plattformabhängig Informationen über Nutzer oder das Email-Routing zur Verfügung stellen. Um aber die Interoperabilität verschiedener Anwendungen über System- und Betriebssystemgrenzen hinweg garantieren zu können, werden allgemeine Verzeichnisdienste mit standardisiertem Zugriffsprotokoll benötigt.

Die ITU-T hat zur Realisierung eines allgemeinen, globalen Verzeichnisdienstes ein eigenes Konzept entwickelt, das als **X.500** standardisiert worden ist. X.500 organisiert die innerhalb eines X.500-Verzeichnisdienstes abgelegten Informationen logisch in einem globalen **Directory Information Tree** (**DIT**). Die über X.500 verwalteten Informationen werden jeweils in Form von **Objekten** charakterisiert. Dabei kann es sich um reale Objekte, wie z.B. Personen oder Geräte, oder aber auch um logische Objekte, wie z.B. Dateien, handeln. Objekte werden dabei stets durch zugehörige Attribut/Werte-Paare charakterisiert, wobei ein- und mehrwertige Attribute sowie zwingende (mandatory) und optionale Attribute unterschieden werden. Ein Attributwert eines Objekts bestimmt seinen sogenannten **Relative Distinguished**

Name (RDN), z.B. „Friedrich Schiller". Zusammen mit dem Knoten im Verzeichnisbaum (DIT), in dem das Objekt abgelegt wird, ergibt sich der **Distinguished Name (DN)**, über den das Objekt eindeutig identifiziert werden kann. Abb. 8.8 zeigt ein Beispiel mit einem Ausschnitt des globalen Verzeichnisbaums. Dieser unterteilt sich nach der Wurzel in die Teilbäume für die einzelnen Länder und weiter in Standorte, Organisationen oder organisatorische Einheiten. Dabei ist jeder Knoten selbst wieder ein Objekt mit eigenen Attributen. In dieser Notation ergeben sich dann DNs, in Abb. 8.8 z.B. „cn=Friedrich Schiller o=Klassiker c=DE", die eine Person namens Friedrich Schiller (common name) beschreiben in der Organisation Klassiker in Deutschland (country).

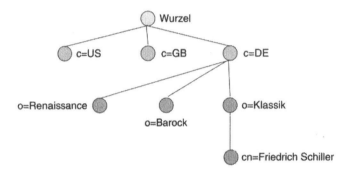

Abb. 8.8. Beispiel für einen Teilbaum des allgemeinen, globalen X.500 Verzeichnisbaum (Directory Information Tree)

Ähnlich wie bei DNS handelt es sich bei X.500 um ein verteiltes System, in dem verschiedene X.500-Server jeweils die Daten einzelner Teilbäume des Gesamtverzeichnisses vorhalten. Zusätzlich verfügt jeder X.500-Server über Informationen bzgl. anderer X.500-Server in seinem direkten Umfeld, so daß dieser im Falle einer Client-Anfrage, die sich auf Informationen außerhalb des selbst verwalteten Namens-Kontextes bezieht, entweder selbst einen anderen X.500-Server kontaktiert bzw. dem Client einen Verweis auf einen anderen Server zurückgibt.

Der Zugriff auf über X.500 verwaltete Informationen erfolgt über das **Directory Access Protocol (DAP**, X.519), das dazu einen Client/Server-Dienst auf Basis des ISO/OSI-Referenzmodells implementiert, wobei ein **Directory User Agent (DUA)** mittels DAP an den **Directory System Agent** eine entsprechende Anfrage stellt.

Zwar gingen im Laufe der Jahre Bestandteile von X.500 in viele Softwaresysteme mit ein, z.B. orientiert sich der Verzeichnisdienst von Windows NT 5.0 am X.500 Standard, doch ist der Client-Zugriff auf X.500-Verzeichnisse über DAP sehr aufwendig. Aus diesem Grund konnte sich anstelle des DAP-Protokolls ein einfacheres Protokoll durchsetzen: das **Lightweight Directory Access Protocol (LDAP**, RFCs 1777, 1959 und 2251). Anders als das

ITU-T Protokoll DAP basiert LDAP nicht auf dem vollständigen ISO/OSI-Protokollstapel, sondern setzt direkt auf TCP und IP auf. Die Funktionalität von LDAP ist gegenüber DAP zwar eingeschränkt, doch lassen sich viele der nicht direkt unterstützten Funktionen durch eine geschickte Parameterwahl in LDAP nachbilden.

Für den Zugriff über LDAP ergeben sich folgende drei Varianten (siehe Abb. 8.9):

- X.500 Zugriff über einen LDAP-Server:
  Der LDAP-Server hält in diesem Fall keine eigenen Verzeichnisdaten vor, sondern arbeitet ausschließlich als Protokollumsetzer, der aus der eingehenden LDAP-Anfrage eine DAP-Anfrage erzeugt und diese an den eigentlichen X.500-Server weiterleitet.
- reiner LDAP-Betrieb über einen Stand-alone-LDAP-Server:
  In dieser Variante hält der LDAP-Server selbst die Informationen eines Naming-Kontextes vor und kann Client-Anfragen direkt beantworten, ohne diese an einen dedizierten X.500-Server weiterzuleiten.
- proprietäre Verzeichnisdienste mit LDAP-Schnittstelle:
  Einige Hersteller wie Microsoft oder Novell bieten LDAP-basierte Schnittstellen zu ihren eigenen proprietären Verzeichnisdiensten an, die durch einen LDAP-Client genutzt werden können.

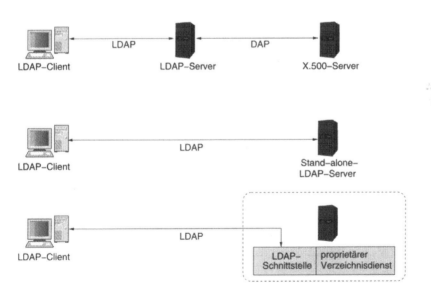

Abb. 8.9. Die unterschiedlichen Arten des Einsatzes von LDAP

Die aktuelle Version LDAPv3 enthält zudem auch Funktionen zur Authentifikation von Clients, die dem ITU-T Standard X.509 entnommen wurden. Ergänzt wird LDAP durch

- **Lightweight Internet Person Schema (LIPS)** zur attributgestützten Beschreibung von Personen und
- **Lightweight Directory Interchange Format (LDIF)** zum Austausch von Informationen zwischen einzelnen LDAP-Servern.

8.3 Elektronische Post - Email

Der älteste populäre und heute neben dem World Wide Web meistgenutzte Dienst im Internet ist die elektronische Post, der sogenannte **Electronic Mail Service (Email)**.

Historisches zur Email. Die ersten Email-Systeme existierten bereits kurz nach dem Start des ARPANET und bestanden lediglich aus einem Dateitransferprogramm zusammen mit der Konvention, daß die erste Zeile jeder zu versendenden Nachricht mit der Adresse des Empfängers zu starten hat. Aber die Nachfrage nach einem komfortableren Email-Protokoll, das auch in der Lage war, Mitteilungen an mehrere Empfänger gleichzeitig zu senden, und einen optionalen Quittierungsmechanismus bereitstellte, mit dem der Sender feststellen konnte, ob seine Mitteilung überhaupt den Empfänger erreicht hat, wuchs zusehends. So wurden bereits 1982 die ersten RFCs für das heute noch gültige Email-Protokoll veröffentlicht (RFC 821 und RFC 822). Interessant zu bemerken, daß sich dieser nicht-kommerzielle Vorschlag von einigen graduierten Informatik-Studenten gegen ein von der ITU-T als **X.400** standardisiertes Email-System durchsetzen und dieses fast vollständig verdrängen konnte.

Grundbegriffe rund um die Elektronische Post. Soll man jemandem den Begriff „Email" erklären, dann genügt es, einfach von einer Nachbildung der herkömmlichen Briefpost auf der Basis moderner, digitaler Kommunikationsmittel zu sprechen. Der Email-Dienst des Internets zählt zur Gattung der **Message Handling Systeme (MHS)** (siehe Abb. 8.10).
Ein Message Handling System MHS besitzt zwei grundlegende Komponenten:

- **User Agents (UA)**
  Als User Agents werden Systeme bezeichnet, mit denen der Anwender in der Lage ist, Nachrichten zu erzeugen und zu editieren, Nachrichten zu lesen, zu senden und zu empfangen. UAs sind lokale Anwendungsprogramme, die über ein entsprechendes Interface dem Nutzer eine Schnittstelle zur Benutzung des Nachrichten-Dienstes zur Verfügung stellen. Der UA dient quasi als Schnittstelle zwischen dem Benutzer und dem eigentlichen für den Transport verantwortlichen **Message Transport System (MTS)** als Subsystem des MHS.
- **Message Transfer Agents (MTA)**
  Die Message Transfer Agents sind für den Transport der Nachrichten vom Sender zum Empfänger verantwortlich. Für gewöhnlich laufen MTAs als

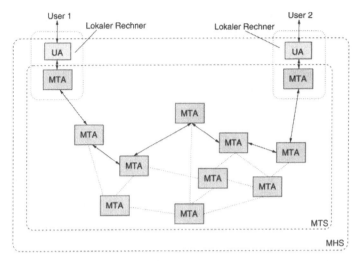

Abb. 8.10. Schematischer Aufbau eines Message Handling Systems

Prozesse im Hintergrund, so daß sie der Anwender aktiv gar nicht wahrnimmt, und leiten eine Nachricht von einem System zum nächsten weiter. Damit die Nachrichten ihr Ziel erreichen, müssen oft mehrere MTAs zusammenarbeiten, die in ihrer Gesamtheit das Message Transfer System bilden, das im Falle von Email im Internet auf der Basis des **Simple Mail Transfer Protocol (SMTP)** arbeitet.

Bleibt man bei dem Vergleich mit der althergebrachten Briefpost, so kann der Aufbau einer Email-Nachricht in Analogie zu Briefumschlag (Envelope) und beschriebenem Briefbogen (Message) charakterisiert werden (siehe Abb. 8.11). Auf dem Briefumschlag ist die Adresse des Empfängers vermerkt, also Informationen, die für die erfolgreiche Zustellung des transportierten Nachrichteninhalts notwendig sind. Analog umschließt ein elektronischer Briefumschlag die Email-Nachricht und schafft mit seiner Adreßinformation oder anderen Diensten die Voraussetzung für einen erfolgreichen Transport. Die im Briefumschlag transportierte Nachricht selbst setzt sich aus einem Nachrichten-Header und der eigentlichen Nachricht (Nutzlast) zusammen. Der Nachrichten-Header enthält Steuer- und Kontrollinformationen für den User Agenten. Wie bei der Briefpost muß der Sender die Nachricht zur Beförderung zunächst an den Postdienst übergeben. Dann kümmert sich der Postdienst mit Hilfe vieler verschiedener Instanzen um die Beförderung und Auslieferung an den Empfänger. Die Auslieferung erfolgt durch Deponierung in der vom Empfänger bereitgestellten (Brief-)Box.
Ein Email-System hat folgende fünf Basisfunktionen zu erfüllen:

- **Erzeugen einer Nachricht (Composition)**
  Diese Funktion umfaßt sowohl das Erstellen des eigentlichen Nachrichteninhalts mit Hilfe eines Text-Editors, als auch eine Hilfe bei der korrek-

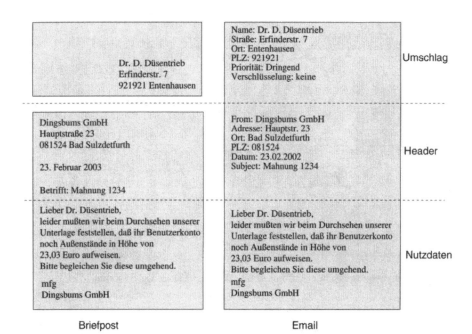

Abb. 8.11. Briefumschlag und beförderte Nachricht – Briefpost und Email

ten Generierung der notwendigen Header-Elemente der Nachricht, wie z.B. Adreßangaben oder andere Direktiven.

- **Zustellung von Nachrichten (Transfer)**
  Um eine Nachricht erfolgreich vom Sender zum Empfänger übermitteln zu können, muß zunächst eine Verbindung zu einem der beteiligten Zwischensysteme oder direkt zum Empfänger aufgebaut werden, über die die Nachricht gesendet werden kann. Nach erfolgreicher Zustellung wird die Verbindung wieder abgebaut. Verbindungsaufbau und Zustellung erfolgt dabei im Hintergrund ohne direkte Beteiligung des Anwenders.

- **Benachrichtigung über den Verlauf der Zustellung (Reporting)**
  Dem Sender ist daran gelegen, zu erfahren, ob seine Nachricht erfolgreich zugestellt werden konnte, und falls nicht, an welchen Gründen die Zustellung gescheitert ist.

- **Darstellung der zugestellten Nachricht (Displaying)**
  Eine zugestellte Nachricht muß beim Empfänger zur Darstellung gelangen. Dabei sind je nach Typ der Nachricht eventuell Umformatierungen oder komplette Format-Übersetzungen notwendig.

- **Ablegen der zugestellten Nachricht (Disposition)**
  Wurde die Nachricht erfolgreich zugestellt und dem Empfänger zur Anzeige gebracht, muß entschieden werden, was mit der Nachricht geschehen soll. Die Möglichkeiten reichen dabei vom Löschen der Nachricht bis hin zur

Ablage in einem komplexen Archivierungssystem oder der Weiterleitung an andere Empfänger.

Zur Verwaltung der empfangenen Emails stellen die meisten Email-Systeme dem Anwender sogenannte **Mailboxen** zur Verfügung, in denen Nachrichten archiviert werden können. Diese bieten meist komfortable, inhaltsbasierte Suchmöglichkeiten, die ein Wiederauffinden und Bearbeiten archivierter Emails erheblich erleichtern.

Prinzipiell muß für jede Email ein Empfänger angegeben werden. Die Adresse des Empfängers setzt sich zusammen aus einem Benutzernamen, dem Zeichen „@" und der IP-Adresse des Endsystems, auf dem der Empfänger sein Email-Konto eingerichtet hat, also z.B. `meinel@uni-trier.de`. Ohne Angabe dieser eindeutigen **Email-Adresse** kann eine Nachricht nicht erfolgreich zugestellt werden. Um dem Anwender das simultane Versenden an mehrere Adressaten zu erleichtern, wurde das Konzept der **Mailing-Listen** eingeführt. Eine Mailing-Liste beinhaltet eine Reihe von Email-Adressen und ist ebenfalls über eine eindeutige Email-Adresse ansprechbar. Wird eine Nachricht an diese Email-Adresse gesendet, erfolgt eine gleichzeitige Auslieferung der betreffenden Nachricht an alle in der Mailing-Liste aufgeführten Adressen.

Zusätzlich bieten Email-Systeme Möglichkeiten, Kopien von Nachrichten an weitere Empfänger zu versenden (**Carbon Copy**), Emails zu verschlüsseln bzw. zu signieren, damit sie von unberechtigten Dritten nicht gelesen oder verändert werden können, oder auch Emails mit Dringlichkeitsstufen zu versehen.

8.3.1 Email Nachrichtenformat

Das im Internet gültige Format für Email-Nachrichten ist in RFC 822 festgelegt. Prinzipiell setzt sich eine Email-Nachricht zusammen aus einem primitiven Briefumschlag (festgelegt in RFC 821), den Zeilen des Message-Headers, einer Leerzeile und dem nachfolgenden Message-Body mit dem eigentlichen Nachrichteninhalt.

Während für das Format des Message-Body keine Vorgaben einzuhalten sind, müssen die Zeilen des Message-Headers stets demselben Aufbau folgen: Auf ein spezielles **Schlüsselwort** folgt jeweils ein Doppelpunkt und eine entsprechende Wertzuweisung. Anhand des Schlüsselwortes kann der UA des Empfängers feststellen, wie mit der nachfolgenden Wertzuweisung zu verfahren ist.

Tatsächlich wird der Briefumschlag für die zu sendende Email-Nachricht nicht vom UA erzeugt. Erst wenn die Nachricht mit dem zugehörigen Header an den MTA übergeben wurde, erzeugt der MTA die entsprechenden Header-Felder und den zum Transport notwendigen Umschlag. Die wichtigsten Angaben im Message-Header sind dabei die Adreßangaben von Sender (`From`) und Empfänger (`To`), gefolgt von einem Datum (`Date`), einer Betreffzeile

(`Subject`) und weiteren, optionalen Steuerdirektiven. Tabelle 8.1 gibt einen Überblick über die wichtigsten Email-Headerfelder.

Tabelle 8.1. Message-Header-Felder einer Email-Nachricht gemäß RFC 822

Feld	Inhalt
To:	Email-Adresse des Empfängers
From:	Email-Adresse des Senders
Cc:	Email-Adresse von Empfängern, die eine Kopie der Nachricht erhalten
Bcc:	wie CC, nur daß der eigentliche Empfänger nicht erfährt, wer eine Kopie erhält
Subject:	Betreffzeile der Nachricht
Reply-To:	Adresse des Empfängers einer möglichen Antwort auf diese Nachricht
Received:	Liste aller MTAs, die die Nachricht weitergeleitet haben
Return-Path:	optionale Angabe eines Pfades (Folge von Email-Adressen), dem eine Antwort zurück zum Absender folgen soll
Message-ID:	eindeutige Identifikationsnummer der Nachricht
Keywords:	vom Absender festlegbare Schlüsselworte
X-Charset:	vom Sender verwendeter Zeichensatz
X-Mailer:	zum Senden der Nachricht verwendete Email-Software

Der in RFC 822 festgesetzte Email-Standard erlaubt dem Nutzer auch die Einführung eigener Headerfelder. Um diese von den regulären Header-Feldern zu unterscheiden, müssen sie stets mit dem Präfix „X-" starten.
Für den nachfolgenden Hauptteil der Nachricht (Message Body) gelten keinerlei Formatierungsregeln. Es bleibt dem Nutzer überlassen, wie dieser gefüllt und anschließend zu interpretieren ist.

8.3.2 MIME Standard

Als der Email-Standard Anfang der 80er Jahre im RFC 822 festgeschrieben wurde, war der im Message-Body enthaltene Nachrichten-Inhalt auf eine reine Textform in Englischer Sprache festgelegt, d.h. zur Beschreibung des Inhalts einer Email waren lediglich 7-Bit ASCII-Zeichen ohne nationale Sonderzeichen und Umlaute vorgesehen. Durch die weltweite Nutzung des Internets wurde allerdings schon bald nach einer Erweiterung gefragt, die nationale Ergänzungen zum Standard-Zeichensatz oder gar völlig andersartige Zeichensätze für Sprachen wie Japanisch oder Chinesisch erlaubt. Ein weiterer Wunsch betraf die Erweiterung, auch beliebige Binärdateien, wie z.B. Grafik- oder Audio-Dateien, via Email übertragen zu können.
Zwar verlangt RFC 822 grundsätzlich keine Restriktionen bzgl. des Message-Bodys, doch liegt das Problem in einer einheitlichen Interpretation des Inhalts durch die UAs. Eine standardisierte Lösung konnte erst 1993 mit den sogenannten **Multipurpose Internet Mail Extensions** (**MIME**) geschaffen werden, die in RFC 1521 spezifiziert sind. Grundsätzliches Prinzip von MIME ist dabei die Beibehaltung der durch RFC 822 getroffenen Regelungen

für den Email-Verkehr. MIME legt lediglich eine standardisierte Strukturierung des Message-Bodies und zusätzliche Regeln fest, wie Datentypen behandelt werden sollen, die nicht vom Standard-Typ ASCII sind. So konnten alle existierenden MTAs unverändert beibehalten werden und lediglich die UAs mußten für die Darstellung und Generierung von MIME-konformen Nachrichtenformaten angepaßt werden. Ein nicht-MIME-fähiger UA ist dennoch in der Lage eine MIME-kodierte Email zu empfangen, kann aber deren Inhalt nicht richtig interpretieren.

In den MIME-Erweiterungen werden fünf neue Standard-Headerfelder definiert:

- **MIME-Version**
  Mit diesem Headerfeld wird dem UA mitgeteilt, daß es sich bei der vorliegenden Nachricht um eine MIME-kodierte Nachricht handelt, und er wird über die verwendete MIME-Version informiert. Ist dieses Headerfeld nicht in einer Email-Nachricht enthalten, so wird der Inhalt der Nachricht per default als englischer ASCII-Text behandelt.
- **Content-Description**
  Dieses Feld beinhaltet eine freie Beschreibung des Inhalts der nachfolgenden, MIME-kodierten Email-Nachricht und fördert damit den Ablauf der Weiterverarbeitung.
- **Content-ID**
  Eindeutige Identifikation für den Nachrichteninhalt. Das Format entspricht dem der Message-ID des Standard Email-Headers.
- **Content-Transfer-Encoding**
  Da MIME die Übertragung beliebiger Binärdaten gestattet, muß festgelegt werden, auf welche Weise die vorliegenden Daten zur Übertragung kodiert werden. Folgende Kodierungen sind verfügbar:
  - **7 Bit ASCII**: Einfachste Form der Kodierung, nämlich 7 Bit US-ASCII. Entspricht Email nach RFC 822, vorausgesetzt, daß die Nachricht nicht mehr als 1.000 Zeilen umfaßt.
  - **8 Bit ASCII**: ASCII-Kodierung, die die Einbeziehung von nationalen Sonderzeichen erlaubt. Auch hier gilt die Beschränkung auf 1.000 Textzeilen.
  - **Base64 Encoding**: Bei dieser Form der Kodierung werden 24 Bit lange Gruppen der zu kodierenden Binärdaten in vier Bitfolgen von jeweils 6 Bit Länge zerlegt. Diese 6 Bit werden mit Hilfe von 7 Bit US-ASCII Zeichen kodiert (A–Z, a–z, 0–9, +/=). Binärdaten sollten stets in dieser Kodierung versendet werden.
  - **Quoted Printable Encoding**: Einen Text mit Base64 Encoding zu kodieren, der hauptsächlich aus ASCII-Zeichen und nur aus wenigen, nicht in 7 Bit US-ASCII-darstellbaren Zeichen besteht, ist nicht besonders effizient. In diesem Fall können diese Zeichen besser folgendermaßen kodiert werden: Ein „=" dient der Einleitung eines nicht in 7 Bit US-ASCII

darstellbaren Zeichens, gefolgt vom Hexadezimalwert des betreffenden Zeichens.
- **User defined**: Der Nutzer kann eine eigene Kodierung spezifizieren. Allerdings muß er selbst dafür Sorge tragen, daß der Empfänger die kodierte Nachricht dekodieren kann.

- **Content-Type**
Neben der Kodierung der vorliegenden Nachricht, ist eine Identifikation ihres Typs von Bedeutung, damit der UA in der Lage ist, diesen nach einer eventuellen Dekodierung auch korrekt darzustellen. Von besonderer Bedeutung ist diese Typangabe für jede Art von Binärdaten, wie z.B. Grafik-Dateien, Audio-Dateien, Video-Sequenzen, ausführbare Programme oder aus verschiedenartigen Datentypen zusammengesetzte Mischformate. Die sieben in RFC 1521 definierten MIME-Typen sind in Tabelle 8.2 zusammengestellt.

Tabelle 8.2. MIME Typen und Subtypen gemäß RFC 1521

Typ	Beschreibung
Text	unformatierter oder formatierter Text
	Subtypen: Plain, Richtext
Image	Grafikdatei unterschiedlicher Formate
	Subtypen: GIF, JPEG
Audio	Audiodateien
	Subtypen: Basic
Video	Videosequenzen
	Subtypen: MPEG
Application	nicht näher spezifizierte Binärdatei, z.B. ausführbares Anwendungsprogramm
	Subtypen: Octet-Stream, Postscript
Message	eine vollständige Email-Nachricht oder eine externe Referenz auf eine Nachricht
	Subtypen: RFC822, Partial, External Body
Multipart	mehrteilige Nachricht, wobei jeder Teil einen eigenen Content Type mit eigener Kodierung enthält
	Subtypen: Mixed, Alternative, Parallel, Digest

Ein Beispiel für einen Header einer MIME-kodierten Nachricht, die eine Grafikdatei vom Typ JPEG enthält, ist in Abb. 8.12 dargestellt. Besondere Aufmerksamkeit verdient die Möglichkeit, mehrteilige Nachrichten zu senden, also Nachrichten, die sich aus Elementen unterschiedlichen Typs zusammensetzen.
Eine mehrteilige Nachricht (**MIME Multipart Message**) wird durch das MIME-Headerfeld `Multipart` gekennzeichnet. Die einzelnen Teilnachrichten werden mit einem über das Schlüsselwort `Boundary` definierten Separator

(im Beispiel wird der Separator NextPart verwendet) voneinander getrennt. Verschiedene Typen von mehrteiligen MIME-Nachrichten sind möglich:

- **Mixed**: Die Nachricht besteht aus verschiedenartigen, nicht zusammenhängenden Teilnachrichten, die alle von unterschiedlichem Typ (Coding Type) und unterschiedlicher Kodierung (Content Transfer Encoding) sein können. In einer Multipart Message vom Typ mixed ist es möglich, Texte zusammen mit Multimedia-Daten innerhalb einer Nachricht zu senden.
- **Alternative**: Mit dieser Option ist es möglich, verschiedenartige Ausprägungen derselben Nachricht gleichzeitig zu versenden. Dabei kann es sich z.b. um einen Text in mehreren Sprachversionen oder um eine Multimedia-Datei in unterschiedlichen Qualitätsstufen handeln.
- **Parallel**: Die Nachricht besteht aus verschiedenartigen Teilnachrichten, die jedoch zeitgleich simultan zur Darstellung kommen müssen. Diese Option kann z.b. für Video- und zugehörige Audio-Daten verwendet werden, die simultan dargestellt werden müssen.
- **Digest**: Die Nachricht enthält eine Reihe von Teilnachrichten, die alle gemäß RFC 822 vollständige Email-Nachrichten darstellen. Damit ist es z.b. möglich, einzelne Emails in eine Art Sammelumschlag zu verpacken und gemeinsam zu versenden.

```
From: harald@uni-jena.de
To: christoph@uni-trier.de
MIME-Version: 1.0
Content-Type: Multipart/Mixed; Boundary=NextPart
--NextPart
Hallo Christoph,
  anbei ein Bild aus Jena.
Bis bald,
Harald.

--NextPart
Content-Type: image/jpeg
Content-Transfer-Encoding: base64

...binäre Daten der JPEG-Datei
...in base64 Kodierung
```

Abb. 8.12. Beispiel für eine mehrteilige MIME-kodierte Nachricht

8.3.3 SMTP

Das für die Weiterleitung von Email-Nachrichten verwendete Protokoll ist das **Simple Mail Transfer Protocol (SMTP)**, das 1982 in RFC 821 und

RFC 822 standardisiert wurde und bis heute eine Vielzahl von Erweiterungen erfahren hat.

Um eine Email-Nachricht weiterzuleiten, muß der Rechner des Senders eine TCP-Verbindung zum Empfänger über den wohldefinierten TCP-Port 25 einrichten. TCP-Port 25 ist stets mit einem SMTP-Prozeß verbunden, der in der Lage ist, Email-Nachrichten entgegenzunehmen oder zu versenden. Die Kommunikation zwischen Sender und Empfänger über das SMTP Protokoll läßt sich auch für den Nutzer leicht nachvollziehen, da lediglich reine ASCII-Textmeldungen gemäß folgenden Schema ausgetauscht werden (vgl. Abb. 8.13):

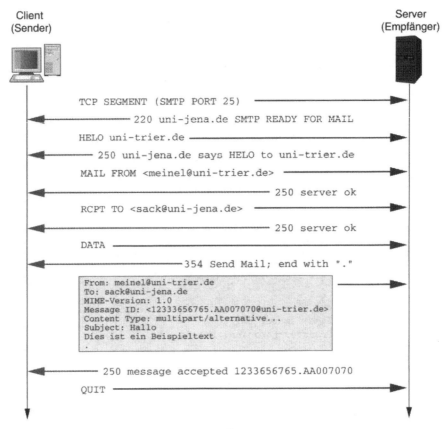

Abb. 8.13. Typischer SMTP-Dialog zur Übertragung einer Email-Nachricht

- Nachdem der Sender (Client) eine TCP-Verbindung zu Port 25 aufgebaut hat, wartet dieser darauf, daß der Empfänger (Server) mit der nachfolgenden Kommunikation beginnt.

8.3 Elektronische Post - Email 597

- Der Server startet die Kommunikation mit einer Textzeile, die seine Identität nachweist und dem Sender mitteilt, ob der Empfänger bereit ist, eine Nachricht vom Sender entgegenzunehmen.

    Server: `220 uni-jena.de SMTP READY FOR MAIL`

    Ist der Server nicht bereit, eine Nachricht entgegenzunehmen, baut der Client die TCP-Verbindung ab und versucht die Kommunikation zu einem späteren Zeitpunkt wieder aufzunehmen.

- Signalisiert der Server, daß er zum Empfang von Email-Nachrichten bereit ist, antwortet der Client mit einer `HELO`-Meldung (Abkürzung für „Hello") zusammen mit einem Nachweis seiner Identität.

    Client: `HELO uni-trier.de`

    Mit der Bestätigung der Verbindung durch den Server besteht eine SMTP-Verbindung zwischen Client und Server.

    Server: `250 uni-trier.de says HELO to uni-jena.de`

    Der Client kann nun eine oder mehrere Email-Nachrichten senden, die Verbindung wieder beenden oder den Server auffordern, die Rollen zu tauschen, damit eine Email-Übertragung in die Gegenrichtung stattfinden kann.

- Der Client startet jetzt die Übertragung der Email-Nachrichten mit dem Befehl

    Client: `MAIL FROM <meinel@uni-trier.de>`

    in dem der Absender der Email-Nachricht über seine Email-Adresse angegeben wird. Der Server quittiert den Empfang.

    Server: `250 server ok`

- Der Client sendet als nächstes die Email-Adresse des Empfängers der Email-Nachricht

    Client: `RCPT TO <sack@uni-jena.de>`

    Existiert ein Email-Konto für die angegebene Email-Adresse, signalisiert der Server Empfangsbereitschaft und erwartet die zu sendende Email-Nachricht.

    Server: `250 server ok`

- Der Client startet die Übertragung des eigentlichen Email-Nachrichtentextes mit dem Schlüsselwort `DATA`, was der Sender bestätigt mit

    Server: `354 Send mail; end with "."`

- Der Client sendet jetzt den vollständigen Text der Email-Nachricht, die mit einem einzelnen Dezimalpunkt (".") in der letzten Zeile abgeschlossen wird.
- Der Server quittiert den Empfang dieser Nachricht mit einer Empfangsbestätigung, der noch eine Message-ID zur Identifikation der empfangenen Email-Nachricht angehängt wird.

    Server: 250 message accepted <message-id>

- Die Verbindung kann daraufhin beendet werden:

    Client: QUIT
    Server: 221 uni-trier.de closing connection

Der originale RFC 821 Standard für das Nachrichtenformat einer Email-Nachricht beschränkt deren Länge auf lediglich 64 kByte. Es können auch Probleme auftreten, wenn beide Kommunikationspartner über unterschiedliche Timeout-Einstellungen verfügen, was unvorhergesehene Kommunikationsabbrüche zur Folge haben kann. Um derartige Probleme auszuräumen, wurde SMTP weiterentwickelt und als **Extended SMTP** (**ESMTP**) in RFC 1425 erneut standardisiert. Ein Sender kann dem Empfänger signalisieren, daß er ESMTP anstelle von SMTP verwenden will, indem er beim Start der Kommunikation anstelle eines HELO-Kommandos das Kommando EHLO sendet. Weist der Empfänger dieses Anforderung zurück, so signalisiert er damit, daß eine Kommunikation lediglich über SMTP möglich ist.

Häufig kommt es vor, daß Email-Nachrichten aufgrund fehlerhafter Email-Adressen oder aus anderen Gründen nicht korrekt zugestellt werden können. In der Regel werden diese nicht zustellbaren Email-Nachrichten an den Sender zurückgesandt. Dieser Vorgang wird als **Bouncing** bezeichnet. Ist eine Zustellung an den ursprünglichen Sender auch nicht möglich, landet die unzustellbare Email-Nachricht bei einem allgemeinem Nutzer, dem **Postmaster** (**Double Bounce**).

8.3.4 IMAP und POP

Bislang sind wir davon ausgegangen, daß alle Nutzer, die via Email miteinander kommunizieren wollen, über einen Rechner verfügen, der aktiv in der Lage ist, Email-Nachrichten via SMTP zu senden und zu empfangen. Ein solcher Rechner wird als **Email-Gateway** (auch Email-Server) bezeichnet, da er den Email-Dienst direkt zur Verfügung stellt (siehe Abb. 8.14). Innerhalb von Firmen und Unternehmen verfügt aber nicht notwendigerweise jeder Rechner des lokalen Netzwerks über diese Fähigkeit. Vielmehr werden dort nur wenige, oftmals sogar nur ein einziger Rechner betrieben, der als Email-Gateway arbeitet.

Damit die Nutzer aller übrigen Rechner dennoch Emails senden und empfangen können, müssen diese über spezielle Protokolle mit dem Email-Gateway

8.3 Elektronische Post - Email

Email-Gateway

Email-Gateways dienen oft als verbindende Zwischenglieder, die die Rechner von Sender und Empfänger miteinander über das Internet verbinden. Dabei können Email-Gateways verschiedenartige Aufgaben erfüllen:

- Anbindung von Rechnern an den Email-Verkehr, die nicht direkt mit dem Internet verbunden sind.
- Anbindung von Rechnern, die nicht über RFC 822 konforme Email-Systeme verfügen (z.B. X.400 Email-Systeme). Email-Gateways nehmen für die unterschiedlichen Systeme dabei jeweils eine Formatübersetzung vor.
- Verarbeitung von **Mailinglisten**. In Mailinglisten können Gruppen von Email-Empfängern unter einer eigenen, speziellen Gruppenadresse zusammengefaßt werden. Wird eine Email-Nachricht an die Gruppenadresse der Mailingliste adressiert, muß sie an alle in der Mailingliste enthaltenen Empfängeradressen übertragen werden. Die Verarbeitung von Mailinglisten kann zu signifikantem Verarbeitungsaufwand führen. Aus diesem Grund wird diese Aufgabe oft einem dedizierten Rechner übertragen, z.B. dem Email-Gateway.
- Um alle Email-Anwender eines Unternehmens mit einer Email-Adresse auszustatten, die ein einheitliches Suffix aufweist, wird die IP-Adresse des Email-Gateways verwendet. Anderenfalls müßte das Suffix der Email-Adresse aus der IP-Adresse des Rechners des Anwenders bestehen, was Rückschlüsse auf Interna des lokalen Netzwerks zulassen und Angriffspunkte für unberechtigte Eindringlinge bieten würde. Jede Email-Nachricht, die an die Adresse des Email-Gateways gerichtet ist, wird von diesem entgegengenommen und nach Auswertung des Adreßpräfixes an den tatsächlichen Empfänger-Rechner weitergeleitet.

Abb. 8.14. Email-Gateways

kommunizieren, die die empfangenen, für den Nutzer bestimmten Email-Nachrichten vom Email-Gateway abholen und die zu sendenden Nachrichten dort abliefern. Ein einfaches Protokoll für den Zugriff auf ein Email-Gateway ist das **Post Office Protocol (POP3)**, das in RFC 1725 spezifiziert wurde. POP3 setzt auf dem TCP Protokoll auf und erledigt die Kommunikation zwischen Email-Client (UA) und Email-Gateway (siehe Abb. 8.15). Die Hauptaufgaben des POP3-Protokolls umfassen

- Anmeldung beim Email-Gateway,
- Authentifikation des Nutzers durch Paßwortabfrage,
- Abruf von Email-Nachrichten aus dem Email-Konto des Nutzers,
- Löschen der abgefragten Email-Nachrichten aus dem Speicher des Email-Gateways.

Das Protokoll selbst arbeitet mit ASCII-Text Meldungen und ähnelt sehr dem SMTP-Protokoll. Die Hauptaufgabe von POP3 besteht darin, die Email-Nachrichten eines Nutzers vom Email-Gateway auf den lokalen Rechner des Nutzers zu kopieren. Der Nutzer kann diese dann später zu einem beliebigen Zeitpunkt lesen und bearbeiten.
Mehr Möglichkeiten bietet das komplexere **Interactive Mail Access Protocol (IMAP)**, das in RFC 1730 spezifiziert wurde. Dieses Protokoll ist speziell für Nutzer vorgesehen, die über mehrere Rechner verfügen, also z.B.

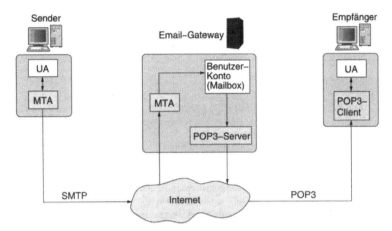

Abb. 8.15. Email-Server und POP3-Protokoll

über einen Rechner im Büro und einen Rechner zu Hause. IMAP nutzt den Email-Server als zentrales Repository für die Email-Nachrichten des Nutzers, d.h. IMAP kopiert nicht einfach alle Email-Nachrichten des Nutzers auf dessen lokalen Rechner, wie bei POP3, sondern kopiert nur die Email-Header und überläßt dem Nutzer die Auswahl, welche Email-Nachrichten er zum Lesen und Bearbeiten auf einen seiner Rechner weitergesendet haben möchte.

8.3.5 Pretty Good Privacy - PGP

Wird eine Email-Nachricht über das Internet vom Sender zum Empfänger transportiert, kann dabei eine Vielzahl von MTAs auf unterschiedlichen Rechnern beteiligt sein. Dabei kann die Email-Nachricht auf jedem der beteiligten Rechner auch von unberechtigten Nutzern gelesen, kopiert und sogar infiziert werden, die sich entsprechenden Zugriff verschafft haben. Auch wenn vielen Nutzern das nicht bewußt ist, im Internet gibt es – solange man nicht selbst aktiv dafür sorgt – keine Privatsphäre. Möchte man dafür sorgen, daß eine Email-Nachricht lediglich dem adressierten Empfänger zur Kenntnis gelangt, muß der Sender der Nachricht den Inhalt verschlüsseln.

Eine sehr weit verbreitete Methode der Verschlüsselung von Emails ist die als **Pretty Good Privacy (PGP)** bezeichnete Methode. PGP stellt ein komplettes Paket zur Verschlüsselung von Email-Nachrichten und zur Authentifikation der Kommunikationspartner über digitale Signaturen zur Verfügung und ist zudem frei verfügbar. Zur Verschlüsselung wird das **IDEA**-Verfahren (International Data Encryption Algorithm) verwendet, die digitalen Signaturen werden mit dem **Diffie-Hellman**-Algorithmus erzeugt, einem Verfahren zur Vereinbarung eines gemeinsamen Schlüssels ohne Austausch geheimer Information über das Internet.

Auf Sicherheitsfragen im allgemeinen und das PGP-Verfahren mit seinen Konzepten und Algorithmen im besonderen wird in Kapitel 9 detailliert eingegangen.

8.3.6 X.400-Message Handling System

Wie schon erwähnt ist X.400 ein Message Handling System, das auf dem ISO/OSI-Referenzmodell aufsetzt und von der ITU-T standardisiert wurde. Dasselbe System wird von der ISO unter dem Namen **MOTIS** verwendet (Message Oriented Text Interchange System). Ziel bei der Entwicklung von X.400 war es, die Interoperabilität zwischen verschiedenen Systemen, sowie zwischen öffentlichen und privaten Email-Diensten sicherzustellen. Daher wird X.400 in der Regel auch von den Netzbetreibern öffentlicher Netze zum allgemeinen Nachrichtenaustausch angeboten, wobei Übergänge zu anderen Diensten und Netzen bereitgestellt werden.

Die X.400 Spezifikation ist im Vergleich zu RFC 822, dem Defacto-Standard des Email-Transfers im Internet via SMTP, wesentlich komplexer und bietet dementsprechend auch ausgefeiltere Funktionalitäten. Der X.400 Standard erschien 1984 zwei Jahre nach RFC 822 und wurde 1992 erneut überarbeitet und verbessert. Allerdings gelang es dem X.400 System nicht, sich gegen den einfacheren Konkurrenten durchzusetzen, und ist seither immer mehr in den Hintergrund gedrängt worden.

8.4 Dateitransfer

Bevor es Computernetzwerke gab, konnten Daten zwischen verschiedenen Rechnern nur mit transportablen Speichermedien, wie Magnetband oder Diskette übertragen werden. Ein verteiltes Rechnen mit gemeinsamen Datenbeständen war so gut wie unmöglich bzw. nur sehr ineffizient zu realisieren. Erst die Einführung von Computernetzwerken und insbesondere des Internets änderte die Situation grundlegend: Daten konnten fortan im Bruchteil von Sekunden auch mit weit entfernten Rechnern elektronisch ausgetauscht und Anwendungen verteilt über verschiedene Rechner ausgeführt werden.

Um nicht für jede Anwendung einen eigenen, separaten Mechanismus zum Datenaustausch entwickeln zu müssen, wurden schon sehr früh **allgemeine Dateitransferdienste** entwickelt, die gleichzeitig von vielen verschiedenen Anwendungen genutzt werden konnten. Dabei muß der Dateitransferdienst flexibel genug sein, um den unterschiedlichen Anforderungen der teilnehmenden Computersysteme und Anwendungen in Bezug auf die Ausgestaltung von Dateinamen, Datenformaten oder Benutzungsrechten gerecht zu werden.

8.4.1 File Transfer Protocol – FTP

Aus der Zeit des ARPANET stammt das auch heute noch weitverbreitete **File Transfer Protocol** (**FTP**), das in RFC 959 standardisiert wurde und wie

die übrigen Internetdienste nach dem Client/Server-Verfahren arbeitet. Ein FTP-Server stellt dabei Dateien zur Verfügung, die über einen FTP-Client angefordert werden können.
Nach erfolgter Umstellung des ARPANET auf die Protokolle der TCP/IP-Protokollsuite und der Gewährleistung eines zuverlässigen Transportdienstes über TCP, konnte die zentrale Aufgabe von FTP, der Dateitransfer, nun zwar erheblich einfacher realisiert werden, doch sind es die zusätzlich zu lösenden Aufgaben, wie z.B. Formatumwandlungen oder Überprüfung von Benutzerberechtigungen, die aus FTP ein relativ komplexes Protokoll machen.
FTP stellt folgende Funktionen zur Verfügung:

- **Dateitransfer**
  Die zentrale Aufgabe von FTP, die aber nur erfolgreich erledigt werden kann, wenn die nachfolgenden Details berücksichtigt werden.
- **Formatierung und Darstellung**
  Über FTP kann der Client auf das Datenformat der angeforderten Datei Einfluß nehmen. So werden Binärdaten anders übertragen als reine Textdaten, die für die Übertragung effizienter kodiert werden können. Zudem kann der Client auch festlegen, ob die Kodierung einer zu übertragenden Textdatei dem ASCII-Standard oder dem EBCDIC-Standard folgen soll.
- **Interaktiver Zugang**
  Neben einer Nutzung von FTP durch Anwendungsprogramme ist auch eine direkte, interaktive Nutzung des FTP-Dienstes durch einen Nutzer möglich. So kann der Nutzer etwa nach erfolgreicher Anmeldung eine Liste der verfügbaren Befehle oder eine Auflistung der vorhandenen Dateien anfordern, bevor er einen Dateitransfer startet.
- **Prüfung der Benutzerberechtigung**
  Bevor ein Anwendungsprogramm oder ein interaktiver Nutzer über FTP einen Dateitransfer starten kann, muß eine autorisierte Anmeldung beim FTP-Server über Benutzernamen und Passwort erfolgen. Der FTP-Server verweigert eine Auslieferung von Dateien ohne diese Angaben.

Der FTP-Dienst folgt dem Client/Server-Prinzip. Die Kommunikation erfolgt über zwei separate TCP-Verbindungen: Auf einer **Kontroll-Verbindung** werden alle Steuerungs- und Kontrollbefehle zwischen Client und Server übertragen, während über die **Daten-Verbindung** die zu übertragenden Dateien transportiert werden. Beide Verbindungen werden sowohl auf Client- als auch auf Server-Seite von jeweils eigenen Prozessen bedient. FTP erlaubt einen bidirektionalen Transport, d.h. der Client kann sowohl Dateien vom Server anfordern als auch Dateien an den Server senden. Während die Kontroll-Verbindung für die gesamte Sitzungsdauer erhalten bleibt, wird für jeden einzelnen, während der FTP-Sitzung durchgeführten Dateitransfer eine eigene Daten-Verbindung aufgebaut.
Beim **Verbindungsaufbau** eines FTP-Clients mit einem FTP-Server startet der Client eine TCP-Verbindung von einem beliebigen, freien TCP-Port aus

zum TCP-Port 21 des FTP-Servers, um die Kontroll-Verbindung einzurichten. Alle anfragenden FTP-Clients verwenden denselben Server-TCP-Port. Sie können vom TCP-Server trotzdem unterschieden werden, da eine TCP-Verbindung stets durch beide Endpunkte der Verbindung identifiziert wird. Konnte eine Verbindung erfolgreich etabliert werden, wird für jeden Datentransfer eine TCP-Verbindung von TCP-Port 20 des FTP-Servers zu einem beliebigen, freien TCP-Port des Clients aufgebaut (siehe Abb. 8.16).

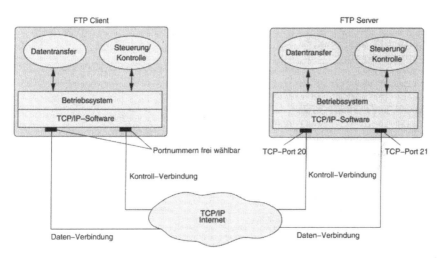

Abb. 8.16. Client/Server-Interaktion im FTP-Dateitransfer

Zur Übermittlung von Steuer- und Kontrollinformationen über die Kontrollverbindung wurde kein eigenständiges Datenformat entwickelt, sondern es wird das TELNET-Protokoll verwendet (siehe Abschnitt. 8.5.1).
Aus der Sicht des Nutzers erscheint der FTP-Client als interaktive Anwendung. In der einfachsten Umsetzung, wie z.B. im UNIX ftp, wird dem Nutzer ein Kommandozeilen-Interface zur Verfügung gestellt, das folgende Aufgaben ausführt:

- Eingabezeile lesen,
- Eingabezeile interpretieren, um ein Kommando und die zugehörige Parameter herauszulesen,
- erkannten Befehl mit den angegebenen Parametern ausführen.

Abb. 8.17 zeigt ein Beispiel für eine interaktive FTP-Sitzung, in der folgende Kommandos ausgeführt werden:

- ftp ipc617.uni-jena.de
  Der FTP-Client wird aktiviert zum Aufbau einer Verbindung zum FTP-Server des Rechners ipc617.uni-jena.de. Der FTP-Server auf dem entfernten Rechner meldet sich und verlangt eine Authentifikation. Daraufhin gibt der Nutzer Name und Passwort an.

604   8. Wozu das Internet alles gut ist –Dienste und Anwendungen im Internet

- get /pub/public/FTP/home/sack/test.tgz
  Über das Kommando get fordert der Nutzer eine Datei an, die er im nachfolgenden Parameter genau spezifizieren muß. Ist die Datei verfügbar, wird sie dem Client übermittelt.
- close
  Mit dem Kommando close wird die Verbindung zum Server geschlossen, das Kommando quit beendet den Client.

Ablauf einer FTP-Sitzung
```
> ftp ipc617.uni-jena.de
Connected to samantha.inf.uni-jena.de
220 samantha.inf.uni-jena.de FTP server (Version wu-2.4.2-VR16(1) ready
Name (ipc617.uni-jena.de:usera): anonymous
331 Guest login ok, send e-mail address as password
Password: harald@uni-trier.de
230 Guest login ok, access restrictions apply
ftp> get /pub/public/FTP/home/sack/test.tgz
200 PORT command ok
150 Opening ASCII mode data connection for test.tgz (1314221 bytes)
226 Transfer complete
1314221 bytes received in 13.04 seconds (1.0e+02 Kbytes/s)
ftp> close
221 Goodbye
ftp> quit
```

Abb. 8.17. File Transfer Protocol – Beispiel

Auf ein Kommando antwortet der FTP-Server stets mit einem dreistelligen Statuscode. Dieser wird von der FTP-Software interpretiert und zusätzlich dem Nutzer als lesbarer Text angezeigt. FTP verfügt über einen Authentifikationsmechanismus via Benutzername und Passwort zur Absicherung zugriffsbeschränkter Dateien. Für sicherheitsunkritische Daten hat sich jedoch das Konzept des **Anonymous FTP** durchgesetzt. Sollen z.B. Dateien für die breite Öffentlichkeit via FTP zur Verfügung gestellt werden, wäre es hochgradig ineffizient, wenn jeder Nutzer sich zuvor beim Anbieter anmelden, registrieren und ein Benutzerkonto mit Benutzername und Passwort beantragen müßte, insbesondere dann, wenn sich das Interesse des Nutzers auf einen einzigen Zugriff beschränkt. Deshalb wurde für FTP ein Sammel-Benutzerkonto eingerichtet, für das kein spezielles Passwort erforderlich ist, und über das der Nutzer öffentlich zugängliche Dateien abrufen kann. Folgende Benutzernamen stehen für den anonymen Dateizugriff zur Verfügung:

- guest,
- anonymous,
- ftp.

In der Regel wird für diese Benutzerkonten kein Passwort verlangt. In vielen Fällen fragt der FTP-Server an Stelle eines Passworts auch nach der Email-

Adresse des anfragenden Clients, die dann zu Statistikzwecken verwendet werden kann.

8.4.2 Trivial File Transfer Protocol – TFTP

FTP stellt einen allgemeinen Dateitransferdienst zur Verfügung und ist damit einer der vielseitigsten Dienste der TCP/IP-Protokollfamilie. Auf der anderen Seite ist die Implementierung dieses allgemeinen Dienstes auch sehr komplex und aufwendig. Viele Anwendungen benötigen gar nicht die Funktionsvielfalt, die FTP bietet, oder sind in der Lage, einen komplexen Dienst wie FTP selbst anzubieten. Speziell für diesen Zweck stellt die TCP/IP-Protokollfamilie einen zweiten, wesentlich einfacher gehaltenen Dateitransferdienst zur Verfügung: das **Trivial File Transfer Protocol** (**TFTP**), das in RFC 783 spezifiziert ist.

TFTP benötigt keine auf einer zuverlässigen TCP-Transportverbindung basierende, komplizierte Client/Server-Interaktion, sondern setzt auf dem wesentlich einfacheren UDP Datagrammdienst der Internet Transportschicht auf. TFTP erlaubt ausschließlich einen einfachen Dateitransfer und verzichtet dabei auf Authentifikations- und Autorisationsmechanismen. Es können lediglich Dateien übertragen werden, wenn ein globaler Zugriff gestattet ist. TFTP verzichtet ebenfalls auf eine direkte Interaktion mit dem Nutzer. Da TFTP deutlich eingeschränkter in den angebotenen Möglichkeiten ist als FTP, kann die TFTP-Software auch entsprechend einfacher und mit geringerem Platzaufwand implementiert werden. Dieser geringe Speicherplatzaufwand begünstigte auch die Implementierung von TFTP im nichtflüchtigen Speicher (ROM) von Rechnern, die nicht mit eigenen Festplatten ausgestattet sind. Wird ein derartiger Rechner gestartet, können via TFTP wichtige Programme für die Initialisierung des Rechners geladen werden. Die im nichtflüchtigen Speicher eines Rechners vorhandenen Programme, die beim Systemstart ausgeführt werden, werden auch unter dem Begriff **System-Bootstrap** zusammengefaßt.

Beim Datentransfer mit TFTP sendet einer der Kommunikationspartner die betreffende, in Blöcke von jeweils 512 Byte Länge unterteilte Datei und wartet jeweils, daß die Empfängerseite einen Datenblock quittiert, bevor der nächste versendet wird. Zuvor muß der anfragende Client ein Datenpaket mit der Anforderung zum Dateitransfer an den Server senden, in dem der Name der betreffenden Datei angegeben wird zusammen mit der Richtung des Transfers (vom Server zum Client oder umgekehrt). Jeder Block der zu übertragenden Datei erhält eine fortlaufende Blocknummer, die im Header des zu sendenden Datenpakets mit übertragen wird. Wird ein Block gesendet, dessen Länge kleiner ist als 512 Byte, signalisiert dies das Ende des Dateitransfers. Anstelle der zu übertragenden Datenblöcke können auch Quittungen oder Fehlermeldungen versendet werden, wobei eine Fehlermeldung den Datentransfer abbricht. Erhält der Sender eines Blocks bis zum Zeitpunkt des Verstreichens eines zuvor gesetzten Timeouts keine Quittung, erfolgt eine Neuübertragung des Datenblocks. Das Besondere an TFTP ist eine symmetrische Neuübertragung, d.h. sowohl der Kommunikationspartner, der die Daten versendet, als auch der andere Kommunikationspartner, der die Daten quittiert, können ihre verloren geglaubten Daten nach Ablauf des Timeouts erneut übertragen. Zwar gilt das Verfahren als besonders robust, doch es kann auch zu folgendem Problem führen: Ist die Quittung für den Datenblock k nicht verloren, sondern lediglich verzögert, überträgt der Sender erneut den bereits erfolgreich versendeten Datenblock, den dann der Empfänger erneut bestätigt. Beide Quittungen erreichen den Sender und lösen jeweils beide das Senden von Datenblock $k + 1$ aus. Diese beiden Datenblöcke werden erneut quittiert, was wiederum zum zweifachen versenden von Datenblock $k+2$ führt und so fort. Dieses fehlerhafte Mehrfachübertragung wird **Zauberlehrlings-Fehler** (**Sorcerer's Apprentice Bug**) bezeichnet, da sie zu einer unnötigen Verdoppelung der übertragenen Daten führt.

8.4.3 Network File System – NFS

Oft ist die Übertragung einer vollständigen Datei von einem Rechner zum anderen unnötig, da z.B. nur eine einzelne Zeile an die Datei angehängt werden soll. Soll lediglich ein Teil einer Datei von einem entfernten Rechner gelesen oder geändert werden, ohne daß dazu die gesamte Datei benötigt wird, kann von einem sogenannten **Dateizugriffsdienst** (**File Access Service**) Gebrauch gemacht werden. Die TCP/IP-Protokollfamilie stellt für diesen Zweck das **Network File System** (**NFS**) zur Verfügung, das ursprünglich von der Firma SUN Microsystems Incorporated auf Client/Server-Basis entwickelt worden und im RFC 1094 spezifiziert ist.

Mit NFS kann eine Anwendung eine entfernte Datei öffnen, eine bestimmte Stelle in der Datei aufsuchen und ab dieser Stelle Daten lesen, einfügen oder verändern. Der NFS-Client sendet dazu die Änderungsdaten zusammen mit einer entsprechenden Anfrage an den NFS-Server, bei dem die zu ändernde Datei gespeichert vorliegt. Der NFS-Server führt die Anfrage aus indem er die betreffende Datei aktualisiert und sendet eine Bestätigung an den NFS-Client zurück, d.h. bei der Verwendung von NFS werden lediglich die geänderten Daten über das Netzwerk übertragen und nicht die vollständige Datei. Daneben erlaubt NFS auch den Mehrfachzugriff auf eine Datei. Sollen andere Clients von der zu aktualisierenden Datei ferngehalten werden, kann diese von einem Client für fremden Zugriff gesperrt werden. Sind die Änderungen abgeschlossen, hebt der NFS-Client die Sperrung wieder auf.

Anders als FTP, ist NFS in der Regel vollständig in das Dateisystem des Rechners integriert und gestattet Anwendungen einen transparenten Zugriff auf entfernte Dateisysteme. Dies ist möglich, da NFS die regulären Operationen des Dateisystems, wie z.B. `open`, `read` und `write` unterstützt. Zur Implementation von NFS wird ein eigenes Dateisystem auf dem Client-Rechner angelegt und mit einem entfernten Dateisystem des NFS-Servers verknüpft.

Greift eine Anwendung auf eine Datei zu in diesem speziellen Dateisystem, führt der NFS-Client den Zugriff auf dem entfernten Dateisystem aus. Die lokale Anwendung arbeitet mit dem entfernten Dateisystem auf die gleiche Weise, als wenn es sich um ein lokales Dateisystem handeln würde. So kann jedes Anwendungsprogramm, das auf das lokale Dateisystem zugreifen darf, ohne weitere Hindernisse auf das entfernte Dateisystem zugreifen, das über NFS angebunden ist (vgl. Abb. 8.18 und Abb. 8.19).

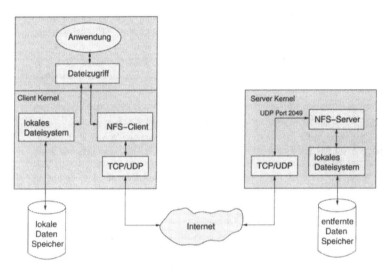

Abb. 8.18. Network File System – Arbeitsweise

Für den Zugriff auf das Dateisystem eines entfernten Rechners führt NFS einen **Remote Procedure Call (RPC)** durch, der im nachfolgenden Abschnitt näher beschrieben wird. Ein NFS-System besteht für gewöhnlich aus mehr als nur einem NFS-Client und einem NFS-Server, die gemeinsam das NFS-Protokoll implementieren. Folgende zusätzliche Prozesse sind beteiligt:

- **Port-Mapper**: Dient der Zuordnung von RPC-Routinen zu bestimmten TCP/UDP-Portnummern.
- **Mount**: Implementiert das NFS-Mount-Protokoll, mit dem Dateisysteme für den NFS-Server verfügbar gemacht werden, bevor überhaupt ein Zugriff erfolgen kann.
- **Lock Manager** und **Status Monitor**: Erlauben gemeinsam die Sperrung und die Freigabe von Dateifragmenten über NFS.

8.4.4 Remote Procedure Call – RPC

Bereits in der Entwurfsphase der Implementierung von NFS wurde entschieden, daß die notwendigen Verfahren und Routinen nicht völlig neu entwickelt,

Ablauf einer typischen Client/Server Kommunikation mit NFS

1. Greift eine Anwendung auf eine Datei innerhalb eines NFS Dateisystems zu, erfolgt der Zugriff auf diese Datei für die Anwendung in der gleichen Weise wie der Zugriff auf eine gewöhnliche lokale Datei. Der Zugriff unter NFS ist für die Anwendung völlig transparent. Der Betriebssystemkern des Clients entscheidet dann, welche Komponente zur Weiterverarbeitung verwendet wird. Dabei werden Zugriffe auf entfernte Dateien über den NFS-Client geregelt und Zugriffe auf lokale Dateien über das lokale Dateisystem des Clients.
2. Für den Zugriff auf eine entfernte Datei sendet der NFS-Client einen RPC-Request an den NFS-Server über die TCP/IP-Schnittstelle. NFS wird in der Regel in Verbindung mit dem UDP-Transportprotokoll genutzt, wobei auch eine NFS-Verbindung via TCP möglich ist.
3. Der NFS-Server erhält eine Anfrage des Clients als UDP-Datagramm über den UDP-Port 2049 (mit Hilfe eines Port-Mappers kann auch ein anderer UDP-Port verwendet werden).
4. Der NFS-Server leitet die Anfrage des Clients weiter an das lokale Dateisystem des Servers, das den Zugriff auf die angefragte Datei gewährleistet.
5. Der Zugriff auf eine entfernte Datei über NFS kann durchaus etwas Zeit in Anspruch nehmen, da der NFS-Server das lokale Dateisystem dazu kontaktieren muß. Damit aber der NFS-Server keine anderen Client-Anfragen während dieser Zeit abblocken muß, läuft er als sogenannter **Multi-Threaded** Prozeß, d.h. es laufen parallel mehrere Instanzen eines NFS-Servers auf dem Server-Rechner, die die jeweiligen Anfragen entgegennehmen.
6. Ebenso kann die Entgegennahme von Dateianfragen, die von der Anwendung an den NFS-Client gestellt werden, einige Zeit in Anspruch nehmen. Um eine bessere Synchronisation zwischen Client und Server zu erreichen, läuft der NFS-Client ebenfalls als Multi-Threaded Prozeß ab.

Abb. 8.19. NFS – Ablauf der Kommunikation zwischen Client und Server

sondern daß auf bereits vorhandene und bewährte Routinen zurückgegriffen werden sollte, die die Kommunikation mit Anwendungen, die auf einem fremden Rechensystem ablaufen, gestatten. Zu diesem Zweck wurde der allgemeine Mechanismus des **Remote Procedure Calls** (**RPC**) herangezogen, der in RFC 1057 spezifiziert ist und einen Operationsaufruf auf einem entfernten Rechner erlaubt.

RPC arbeitet ebenfalls nach dem Client/Server-Prinzip und verwendet eine spezielle **Transfersyntax**, um Client-Requests und Server-Responses zu kodieren, die in RFC 1014 spezifizierte **External Data Representation** (**XDR**).

Gemeinsam stellen RPC und XDR dem Programmierer Mechanismen zur Verfügung, Anwendungen zu programmieren, die verteilt im Netzwerk ablaufen können. Zu diesem Zweck teilt der Programmierer eine Anwendung in eine Client-Seite und eine Server-Seite auf, die sich dann untereinander via RPC verständigen. Dazu werden einige Operationen als **remote** deklariert und der Compiler zur Einbettung von RPC-Prozeduren in den Code der Anwendung veranlaßt. Auf Server-Seite implementiert der Programmierer die gewünschten Operationen und nutzt andere RPC-Optionen, um diese als den Server-Anteil der Anwendung zu deklarieren. Ruft die Anwendung auf der Client-Seite jetzt eine der als remote deklarierten Routinen auf, tritt RPC in Aktion. RPC sammelt alle benötigten Argumente, die als Parameter zusammen mit dem betreffenden Operationsaufruf an den Server übergeben werden müssen, und stellt eine entsprechende Anfrage an den Server. Dann wartet RPC auf die Antwort des Servers und übergibt die vom Server gelieferten Antwortwerte zurück an die aufrufende Anwendung.

Der RPC-Mechanismus schirmt die Anwendung so weit wie möglich von den zugrunde liegenden Protokollmechanismen ab und gestattet damit, auch Anwendern die Programmierung verteilter Anwendungen, die noch keinen tieferen Einblick in die Kommunikation via TCP/IP erlangt haben.

XDR auf der anderen Seite vereinfacht die Übergabe von Daten zwischen Rechnern mit unterschiedlicher Architektur, d.h. es erspart dem Programmierer, Umrechnungs- und Konvertierungsroutinen für die zu übergebenden Datenformate zu schreiben. XDR automatisiert auf diese Weise alle notwendigen Konvertierungsmaßnahmen. Zu diesem Zweck muß der Programmierer noch nicht einmal explizite XDR-Konvertierungsroutinen aufrufen, sondern es wird einfach ein spezieller XDR-Compiler mit den Datendeklarationen versorgt, die für die Übertragung entsprechend transformiert werden müssen. Daraufhin generiert der XDR-Compiler automatisch ein Programm, das bereits die zur Konvertierung notwendigen XDR-Aufrufe enthält und erleichtert auf diese Weise die Entwicklung von plattformunabhängigen Client/Server-Anwendungen.

8.5 Remote Login

Wie bereits gesehen, gibt es eine ganze Reihe von Client/Server-basierten Anwendungen, die über die Protokolle der TCP/IP-Protokollfamilie miteinander kommunizieren. Während einige ohne aktive Beteiligung des Nutzers ablaufen, bieten andere Anwendungen, wie z.B. FTP, dem Nutzer eine interaktive Schnittstelle zu einem entfernten Rechner an. Müßten solche interaktiven Schnittstellen zu einem entfernten Rechner für jede Anwendung neu programmiert werden und jeweils einem eigenen Protokoll folgen, würde der anbietende Server rasch von einer Vielzahl unterschiedlichster Server-Prozesse überschwemmt werden. Um das zu verhindern wird eine allgemeine interaktive Schnittstelle angeboten, über die sich der Nutzer oder eine Anwendung beim Server-Rechner identifizieren und anmelden kann, und die die Möglichkeit schafft, dort allgemeine Befehle abzusetzen und deren Ausgabe an den Client-Rechner umzuleiten. Dieses **Einwählen in ein entferntes System** (**Remote Login**) ermöglicht es dem Nutzer oder einer Anwendung, Befehle abzusetzen, die tatsächlich auf der entfernten Maschine ausgeführt werden, so daß Programmierer und Anwendungs-Designer zu diesem Zweck nicht erst spezialisierte Server-Anwendungen entwickeln müssen.

610   8. Wozu das Internet alles gut ist – Dienste und Anwendungen im Internet

Die Entwicklung eines allgemeinen Server-Prozesses für ein Remote-Login ist eine sehr aufwendige Angelegenheit, da Rechner für gewöhnlich ausschließlich Anmeldevorgänge über ihre eigene Tastatur mit Ausgabe auf dem eigenen Bildschirm vorsehen. Daher verlangt die Programmierung eines Remote Login Services Eingriffe in das Rechner-Betriebssystem. Trotz der technischen Schwierigkeiten gibt es mittlerweile Remote-Login Dienste für fast alle Betriebssysteme, die es Nutzern und Anwendungsprogrammen gestatten, als Client direkt auf entfernte Rechner zuzugreifen. Zu den populärsten Remote-Login Diensten des Internet zählen:

- **Telnet**: Eine Standardanwendung, die zusammen mit jeder Unix-Implementation ausgeliefert wird,
- **rlogin**: Die Remote-Login Anwendung der BSD UNIX Distribution, die ursprünglich nur für ein Remote-Login auf Unix-Rechnern vorgesehen war, aber mittlerweile für viele Betriebssysteme verfügbar ist,
- **rsh**: Eine Variante des rlogin Dienstes und
- **ssh**: Eine rsh Variante, die eine sichere, verschlüsselte Datenübertragung erlaubt.

8.5.1 Telnet

Die TCP/IP-Protokollfamilie beinhaltet ein simples Remote-Login Protokoll, über das eine interaktive Verbindung zu einem entfernten Rechner über das Internet hergestellt werden kann, das **Telecommunications Network Protocol (Telnet)**, das in einer Vielzahl von RFCs, wie z.b. RFC 854, RFC 855 oder RFC 861, spezifiziert ist. Telnet stellt mit Hilfe des TCP-Transportprotokolls eine Verbindung zum entfernten Rechner her, über die alle Tastaturanschläge des Nutzers an seiner lokalen Tastatur direkt an den entfernten Rechner übertragen werden, so als wenn sie direkt vor Ort eingegeben worden wären. Telnet nutzt dazu auf Server-Seite den TCP-Port 23. In der umgekehrten Richtung reicht Telnet die Antworten des entfernten Rechners auf die übertragenen Kommandos an den lokalen Rechner zurück und stellt diese dort dar. Telnet bietet einen sogenannten **transparenten** Dienst, da der Nutzer am lokalen Rechner den Eindruck hat, er würde direkt am entfernten Rechner arbeiten und von den zur Datenübertragung notwendigen Routinen völlig unbehelligt bleibt.

Telnet stellt dem Anwender drei Basisdienste zur Verfügung:

- **Network Virtual Terminal (NVT)**
  Mit dem NVT wird eine Standardschnittstelle für den Zugriff auf entfernte Systeme bereitgestellt. Diese bietet den Vorteil, daß die Details der für die Kommunikation notwendigen Protokolle, sowie notwendige Umrechnungen und Umwandlungen vor den beteiligten Kommunikationspartnern verborgen werden. Das NVT arbeitet wie ein imaginäres Ein-/Ausgabegerät, auf das beide Kommunikationspartner ihre lokale Ein-/Ausgabe abbilden, unabhängig davon, um welche Systemplattform es sich dabei jeweils handelt.

Das vom Client-Rechner verwendete Format wird vom Telnet-Client in das NVT-Format übersetzt, das via TCP über das Internet zum Server-Rechner gesendet wird. Dort nimmt der Telnet-Server das NVT-Format entgegen und übersetzt es in das für den Server-Rechner benötigte Format (siehe Abb. 8.20).

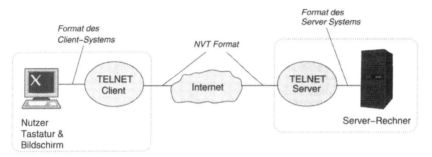

Abb. 8.20. TELNET Client/Server-Kommunikation über das Network Virtual Terminal

Das NVT definiert ein virtuelles, zeichenorientiertes Kommunikationsgerät, das eine Tastatur als Eingabegerät und einen Drucker als zugehöriges Ausgabegerät vorsieht. Daten, die der Nutzer an der Tastatur eingibt, werden an den Server übermittelt, und jede Antwort des Servers wird über den Drucker wieder ausgegeben. Das von NVT verwendete Datenformat ist sehr einfach gestaltet: Die Kommunikation erfolgt in 8 Bit Einheiten (Bytes). Dabei verwendet NVT den Standard 7 Bit US-ASCII Code für Daten und reserviert das 8. Bit (High Order Bit) für Steuerkommandos und -sequenzen. Der 7 Bit US-ASCII-Code umfaßt 95 druckbare Zeichen (Buchstaben, Zahlen oder Satzzeichen), die unverändert übernommen werden, und 33 sogenannte **Control Codes**, deren Bedeutung NVT für eigene Zwecke selbst umdefiniert. Beispielsweise übersetzt der Telnet-Client eine EOL-Steuersequenz (End of Line, Zeilenende), die am lokalen Rechner durch Drücken der „RETURN"-Taste erzeugt wird, in die zweiteilige Sequenz CR-LF (Carriage Return-Line Feed), die beim gegenüberliegenden Kommunikationspartner ggf. wieder zurückübersetzt werden muß. Zusätzlich muß NVT auch noch in der Lage sein, Steuersignale, die durch spezielle Tasten an der Tastatur des Clients ausgelöst werden (CONTROL-C bewirkt z.B. bei Unix-Rechnern eine Unterbrechung der Programmausführung), in sogenannte **Escape-Sequenzen** zu übersetzen. Eine Escape-Sequenz umfaßt zwei Bytes, startend mit dem ASCII-Code für „Escape"-Steuersignal (Byte 0xff (255 dezimal), auch bezeichnet als **IAC** (Interpret as Command)), gefolgt von einem Byte-Code, der das auszuführende Steuerkommando signalisiert. Tabelle 8.3 listet einige Telnet-Kommandos und die dazugehörigen Steuercodes auf.

Tabelle 8.3. Einige Telnet Kommandos mit zugehörigem Steuercode

Name	Code	Bedeutung
EOF	236	End of File
SUSP	237	Prozeß zeitweilig anhalten (suspend)
ABORT	238	Prozeß abbrechen
EOR	239	End of Record
SE	240	Suboption Ende
NOP	241	No Operation
DM	242	markiere Daten
BRK	243	Break
AO	245	Ausgabe abbrechen
EL	248	Zeile löschen
SB	250	Suboption Start
WILL	251	Option Negotiation
WONT	252	Option Negotiation
DO	253	Option Negotiation
DONT	254	Option Negotiation

Eine Anwendung am Server-Rechner, die sich fehlerhaft verhält und durch Steuersignale des Clients unter Kontrolle gebracht werden soll, könnte die Interpretation des einlaufenden Datenstroms und somit die Steuer- und Kommandosequenzen blockieren. Um auch in derartigen Situationen Steuersignale übermitteln zu können, verwendet Telnet ein **Out-of-Band**-Signal, das den speziellen Mechanismus der Priorisierung von TCP-Datenströmen verwendet (siehe Abschnitt 7.2.3).

- **Option Negotiation**
  Dieser Dienst ermöglicht es den beteiligten Kommunikationspartnern, Verbindungsparameter und Optionen der Verbindung gegenseitig auszuhandeln und festzulegen. Für den Fall, daß zwei Telnet-Versionen miteinander kommunizieren, die nicht über einen identischen Satz an Optionen verfügen, stellt Telnet mit NVT einen Satz von Standard-Kommunikationsparametern bereit.
  Erwähnenswert ist, daß dabei sowohl Client als auch Server die Initiative ergreifen können, weshalb die Kommunikationsbeziehungen via Telnet auch symmetrisch genannt werden. Für den Fall, daß zwei Telnet-Versionen miteinander kommunizieren, die nicht über einen identischen Satz an Optionen verfügen, stehen folgende Steuerkommandos zur Verfügung, um eine gemeinsame Schnittmenge von Optionen auszuhandeln:
  - WILL: Der Sender möchte die angegebene Option selbst aktivieren.
  - DO: Der Sender möchte, daß der Empfänger die angegebene Option aktiviert.
  - WONT: Der Sender möchte die angegebene Option selbst deaktivieren.
  - DONT: Der Sender möchte, daß der Empfänger die angegebene Option deaktiviert.

Die Option-Negotiation verlangt den Austausch von jeweils drei Bytes: Das IAC-Byte (255), gefolgt vom Steuercode für WILL, DO, WONT oder DONT, gefolgt von einem weiteren Steuercode, der die jeweilige Option identifiziert. Beispiel:

(IAC, WILL, 24)

Derzeit stehen mehr als 40 verschiedene Optionen zur Verfügung, über die die beiden Kommunikationspartner verhandeln können. Der im Beispiel genannte Steuercode 24 besagt, daß einer der Kommunikationspartner den verwendeten Terminal-Typ festlegen möchte. Dazu müssen allerdings noch weitere Angabe folgen, die den jeweiligen Terminal-Typ spezifizieren. Für diesen Fall verhandeln die Kommunikationspartner dann über die zu wählende **Suboption**. Antwortet der Kommunikationspartner im angegebenen Beispiel mit

(IAC, DO, 24)

startet die **Suboption Negotiation**. Der erste Kommunikationspartner fragt den zweiten nach dessen Terminal-Typ:

(IAC, SB, 24,1,IAC,SE)

„SB" kennzeichnet den Beginn der Suboption-Negotiation, „1" ist der Steuercode zur Abfrage des Terminal-Typs und „IAC SE" beendet die Suboption. Der zweite Kommunikationspartner kann darauf z.B. antworten, daß es sich bei seinem Terminal-Typ um einen ibmpc handelt. Die jeweilige Kodierung der verschiedenen Terminal-Typen ist in RFC 1091 festgelegt.

(IAC, SB, 24, 0, 'I', 'B', 'M', 'P', 'C', IAC, SE)

- **Symmetrische Kommunikation**
  Telnet behandelt beide Kommunikationspartner völlig identisch, also symmetrisch. Der anfragende Client muß seine Eingaben nicht notwendigerweise über eine Tastatur tätigen und die Ausgabe der Ergebnisse des antwortenden Servers müssen auch nicht notwendig auf dem Bildschirm dargestellt werden. Dadurch können beliebige Anwendungsprogramme die Dienste von TELNET nutzen und gegenseitig die jeweils benötigten Verbindungsoptionen aushandeln.

Der Ablauf einer TELNET-Sitzung ist relativ simple (siehe Abb. 8.21).

1. Der Nutzer bzw. ein Anwendungsprogramm startet den Telnet-Client mit der Aufforderung, eine Verbindung zu einem entfernten Rechner aufzubauen. Dabei liest der Telnet-Client die Eingaben des Nutzers direkt von der Tastatur bzw. übernimmt diese vom Anwendungsprogramm, das die entsprechende Eingabe in den Standard-Eingabepuffer schreibt.
2. Die eingegebenen Kommandos leitet der Telnet-Client über eine TCP-Verbindung weiter an den entfernten Telnet-Server, der diese zur Weiterverarbeitung an das Betriebssystem „seines" Rechners als Nutzereingabe übergibt.

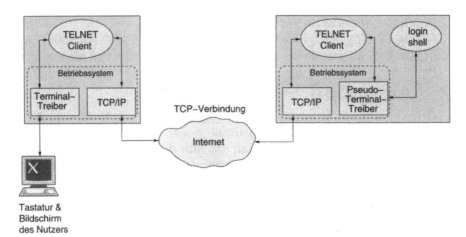

Abb. 8.21. Client/Server-Verbindung über das TELNET-Protokoll

3. Die daraufhin erzeugte Ausgabe übermittelt der Telnet-Server an den Telnet-Client zurück, der diese auf „seinem" Bildschirm darstellt oder an das anfragende Anwendungsprogramm übergibt. Die Schnittstelle des Betriebssystems, die es dem Telnet-Server gestattet, Eingaben des anfragenden Clients in der gleichen Weise wie Eingaben über eine lokale Tastatur zu behandeln, wird als **Pseudo-Terminal** bezeichnet. Diese Schnittstelle ist unerläßlich, wenn ein Telnet-Server installiert werden soll.
4. Über das Pseudo-Terminal wird auf der Server-Seite eine **Login-Shell** aktiviert, über die eine interaktive Sitzung am entfernten Rechner abgehandelt wird, als würden die jeweiligen Eingaben über ein gewöhnliches, lokales Terminal eingegeben werden.

Ein Telnet-Server ist in der Lage, eine Vielzahl von Telnet-Clients parallel zu bedienen. Für gewöhnlich ist auf dem Server-Rechner ein Telnet-Masterserver präsent, der bei jeder neuen TCP-Verbindung einen entsprechenden TELNET-Slaveprozeß dynamisch erzeugt, der dann die neue Verbindung bearbeitet. Jeder TELNET-Slaveprozeß verbindet dabei einen TCP-Strom des TELNET-Clients mit einem bestimmten Pseudo-Terminal im Betriebssystem des Server-Rechners.

8.5.2 Remote Login – rlogin

Betriebssysteme auf Basis von BSD-UNIX beinhalten seit der Version 4.2BSD den Remote-Login-Service, **rlogin**, der in RFC 1282 spezifiziert ist. Da rlogin einen Remote-Login zwischen Unix-Rechnern ermöglicht, konnte das rlogin-Protokoll wesentlich einfacher und weniger komplex als das Telnet-Protokoll gestaltet werden, da die Option-Negotiation zur Aushandlung der jeweiligen Darstellungsoptionen entfallen konnte.

rlogin verwendet lediglich eine einzelne TCP-Verbindung zwischen Client und Server. Nachdem diese TCP-Verbindung erfolgreich eingerichtet worden ist, startet zwischen Client und Server ein einfaches Protokoll:

- Der Client sendet vier Zeichenketten an den Server:
  - Das Null-Byte 0x00,
  - den Login-Namen des Nutzers am Client, terminiert von einem Null-Byte,
  - den Login-Namen des Nutzers am Server, terminiert von einem Null-Byte und
  - die Bezeichnung des Terminal-Typs des Nutzers, gefolgt von einem Schrägstrich (/), der Übertragungsgeschwindigkeit des Terminals, terminiert mit einem Null-Byte.

  Die beiden Login-Namen sind notwendig, da ein Nutzer am Client und am Server unterschiedliche Login-Namen verwenden kann.

- Der Server antwortet mit einem Null-Byte.

- Der Server kann den Nutzer daraufhin nach einem Passwort fragen. Die Passwort-Abfrage und der dazu notwendige Datenaustausch läuft über die reguläre rlogin-Verbindung, ohne daß dazu ein spezielles Protokoll nötig wäre. Antwortet der Client nicht rechtzeitig vor Ablauf eines zuvor festgesetzten Zeitlimits mit dem korrekten Passwort, beendet der Server die Verbindung.
  Der Nutzer kann die Passwortabfrage vermeiden, indem er in dem ihm zugeordneten Verzeichnis auf dem Server eine Datei .rhosts anlegt, die den Rechner-Namen des Clients und den Login-Namen des Nutzers enthält. Erfolgt eine Login-Anfrage eines dort angegebenen Rechners zusammen mit dem jeweiligen Login-Namen, unterläßt der Server die Passwort-Abfrage.
  Ältere rlogin-Implementationen senden das vom Nutzer eingegebene Passwort im Klartext. Daher ist dem sicherheitsbewußten Nutzer von deren Anwendung abzuraten.

- Der Server fordert vom Client die Angabe einer Fenstergröße für die Ausgaben des Servers.

- Der Client übermittelt die gewünschte Information und die Login-Shell des Servers antwortet mit Informationen des Betriebssystems und der Eingabeaufforderung (Login-Prompt) an den Nutzer.

rlogin bietet die Möglichkeit der Verwaltung sogenannter **Trusted Hosts**. Über Trusted Hosts kann ein Systemadministrator eine Gruppe von Rechnern zusammenfassen, die Benutzernamen und Zugriffsbeschränkungen auf Dateien gemeinsam verwenden. Ein Nutzer, der auf einem Rechner der Gruppe angemeldet ist, kann auf jeden anderen Rechner der Gruppe zugreifen, ohne erneut bei der Anmeldung sein Passwort angeben zu müssen. Darüberhinaus läßt sich damit eine Gleichberechtigung verschiedener Nutzer-Logins auf unterschiedlichen Rechnern realisieren, d.h. selbst wenn ein Nutzer auf zwei

Rechnern der Gruppe unterschiedliche Benutzernamen verwendet, kann die Passworteingabe bei der Anmeldung auf dem zweiten Rechner entfallen. Diese Möglichkeit der automatischen Verlängerung der Nutzerberechtigung kann sowohl interaktiv durch den Nutzer, als auch von Anwendungsprogrammen genutzt werden. Eine Variante des rlogin-Dienstes ist **rsh**. Über rsh läßt sich direkt der Kommandozeileninterpreter auf einem entfernten Rechner ansprechen, ohne daß dabei eine interaktive Anmeldeprozedur durchlaufen werden muß (**Remote Execution**). Die über rsh eingegebene Kommandozeile

```
rsh IP-Adresse Kommando
```

wird einfach an den adressierten Rechner übergeben, dort ausgeführt und das Ergebnis am Ausgangsrechner dargestellt.

8.5.3 Secure Shell – SSH

Der Nachteil der bisher angesprochenen Remote-Login Dienste besteht darin, daß dabei die Übertragung der Daten jeweils unverschlüsselt, d.h. im Klartext erfolgt. Als Nachfolger von rsh, rlogin und telnet soll daher **Secure Shell** (**ssh**) einen verschlüsselten Remote-Login Dienst bereitstellen. ssh kann, ebenso wie rlogin oder rsh, Zugriffsrechte von Nutzern für Gruppen von Rechnern verwalten. Darüberhinaus werden die dabei übertragenen Daten mit dem **RSA-Verfahren** verschlüsselt, einem Verfahren, das mit öffentlichen Schlüssel arbeitet (siehe Abschnitt 9.3.3). Die Version 2 des ssh-Protokolls bietet alternativ zu RSA auch DSA, TripleDES oder andere Verschlüsselungsverfahren.

Wann immer Daten zwischen Client und Server transportiert werden, werden diese durch ssh automatisch verschlüsselt, ohne daß der Nutzer davon etwas bemerkt. Die von ssh bereitgestellte Verschlüsselung erfolgt für den Nutzer vollkommen transparent.

Ursprünglich 1995 vom Finnen Tatu Ylönen an der Universität Helsinki als reine Unix-Anwendung entwickelt, ist ssh heute auf einer Vielzahl von Systemplattformen als frei verfügbare Software (OpenSSH) oder auch als kommerzielles Produkt der Firma SSH Communications Security Ltd. (gegründet von Tatu Ylönen) erhältlich. Zum Funktionsumfang von ssh zählt nicht nur ein sicheres Remote-Login, sondern zusätzlich die sichere interaktive bzw. nicht-interaktive Ausführung von Kommandos auf einem entfernten Rechner und ein sicherer Dateitransferdienst.

8.6 Netzwerkmanagement

Neben der Vielzahl der angebotenen Internet-Dienste, die die eigentliche Funktion des Internet als Kommunikationsmedium begründen, soll an dieser Stelle auch auf die Verwaltung und Kontrolle von Netzwerken näher

eingegangen werden. Die Verwaltung eines LANs obliegt in der Regel einem **Netzwerk-Administrator** (Netzwerk-Manager). Dieser erkennt und behebt Fehler, die im Netzwerkbetrieb durch Hardware oder Software verursacht werden können. Er konzeptioniert und konfektioniert Netzwerke, konfiguriert deren Komponenten und versucht einen möglichst hohen Durchsatz bei höchster Verfügbarkeit des Netzwerks zu gewährleisten.
Die Fehlersuche zählt dabei zu den anspruchsvollsten Aufgaben des Netzwerk-Administrators, da Protokolle mögliche Paketverluste verstecken können, und sporadisch auftretende Fehler in Hard- und Software nur schwer abzugrenzen und zu erkennen sind. Zwar verfügen die Protokolle der TCP/IP-Protokollfamilie über verschiedenartige Fehlererkennungs- und Fehlerkorrekturmechanismen, doch auftretende Fehler mindern stets den Netzwerkdurchsatz und damit die Leistungsfähigkeit des Netzwerks. Der Netzwerkadministrator muß daher die Fehlerursachen ergründen und diese entsprechend beheben. Um Fehler der Netzwerk-Hard- und Software erkennen zu können, benötigt der Netzwerk-Administrator spezielle Werkzeuge. Dabei kann es sich um Netzwerk-Hardware handeln, wie z.B. Schnittstellen- und Netzwerkanalysegeräte, die den gesamten Netzwerk-Datenverkehr überwachen und eine Vielzahl von Filter- und Analysefunktionen zur Fehlersuche anbieten. Dedizierte Software, die dabei ebenfalls zum Einsatz kommt, wird als **Netzwerkmanagement-Software** bezeichnet. Die unterschiedlichen Netzwerk-Management Aufgaben sind in Abb. 8.22 aufgelistet.

Netzwerk Managementfunktionen

- **Fehlermanagement (Fault Management)**
  Frühzeitige Erkennung von Fehlerzuständen und Lokalisierung von Fehlerquellen.

- **Konfigurationsmaganement (Configuration Management)**
  Abfrage und Änderung der Konfiguration aller verwalteten Systembestandteile.

- **Abrechnungsmanagement (Accounting Management)**
  Funktionen zur Erfassung der Ressourcennutzung eines Nutzers als Basis für ein Abrechnungssystem.

- **Leistungsmanagement (Performance Management)**
  Überwachungsfunktionen für die vom Netzwerk erbrachte Leistung, sowie zur Erkennung von Leistungsengpässen und deren Ursachen zur Leistungsoptimierung.

- **Sicherheitsmanagement (Security Management)**
  Funktionen, zum Schutz von Netzwerkkomponenten und Diensten vor einem Mißbrauch oder Zugriff durch unberechtigte Dritte.

Abb. 8.22. Netzwerkmanagement Funktionen nach OSI-10164 bzw. ITU-T X.700

Die spezielle Netzwerkmanagement-Software arbeitet dabei auf der Anwendungsebene der TCP/IP-Protokollfamilie. Sie ist in der Regel als Client/Server-Anwendung konzipiert, so daß der Netzwerk-Administrator zum Zweck der Analyse über einen Client eine Verbindung zu einem Server auf der zu untersuchenden Netzwerkkomponente aufbaut. Dabei kommen konventionelle Transportprotokolle wie TCP und UDP zum Einsatz, die entsprechend dem verwendeten Managementprotokoll Anfragen und Antworten austauschen. Die TCP/IP-Protokollfamilie stellt für Aufgaben der Verwaltung und Kontrolle von Netzwerken das **Simple Network Management Protocol** (**SNMP**) bereit, auf das im Folgenden ausführlicher eingegangen wird.

8.6.1 Simple Network Management Protocol – SNMP

SNMP als das in RFC 1157 spezifizierte Internet Standard-Protokoll für das Netzwerkmanagement bildet die Basis für die meisten Hersteller-übergreifenden Netzwerkmanagement- und Analysewerkzeuge. Dabei können innerhalb eines Netzwerks Geräte unterschiedlicher Hersteller eingebunden sein, die alle einheitlich von einem einzigen SNMP-Manager verwaltet werden. SNMP-Nachrichten, die vom Netzwerk-Administrator von einem Client-System (**Manager**) an eine zu untersuchende Netzwerkkomponente als Server (**Agent**) gesendet werden, folgen alle dem als **Abstract Syntax Notation.1** (**ASN.1**) bezeichneten Standard. Auf die detaillierte Darstellung von ASN.1 muß jedoch an dieser Stelle verzichtet werden. Als kurzes, erläuterndes Beispiel ist in Abb. 8.23 die Kodierung von ganzen Zahlen mit ASN.1 dargestellt.

Die Menge der Objekte, die über SNMP verwaltet werden können, wird als **Management Information Base** (**MIB**) bezeichnet, die in RFC 1213 standardisiert wurde. Mit Hilfe der MIB werden weiterhin die jeweiligen Variablen beschrieben, die ein verwaltetes Netzwerkobjekt bereitstellen muß, zusammen mit den darauf anwendbaren Operationen und ihrer Bedeutung.

Prinzipiell können folgende MIB-Objekte unterschieden werden:

- **Zähler**: Z.B. die Anzahl der von einem Router aufgrund von Fehlern im Datenheader verworfenen Datenpakete, oder die Anzahl von erkannten Kollisionen einer Ethernet-Netzwerkschnittstellenkarte.
- **Beschreibende Information**: Z.B. Version und Implementation der Software, die auf einem DNS-Server läuft, oder Statusinformation, die angibt, ob ein bestimmtes Gerät korrekt funktioniert, oder protokollspezifische Information, wie z.B. Routing-Pfade von Datenpaketen.

Die jeweiligen Inhalte der durch die MIB verwalteten Objekte stammen aus unterschiedlichen Quellen (siehe Abb. 8.24). Es beteiligen sich Hersteller von Netzwerkkomponenten ebenso wie die Netzwerkkomponenten selbst oder deren Betreiber und Benutzer. Alle steuern Informationen bei, die über MIB-Objekte verwaltet werden.

Die MIB für TCP/IP unterteilt die dabei verwaltete Information in verschiedene Kategorien (siehe Tabelle 8.4) und ist unabhängig vom jeweils verwendeten Netzwerk-Managementprotokoll. Das zur Beschreibung der MIB-Objekte

ASN.1 – Abstract Syntax Notation.1

ASN.1 stellt im Sinne der ISO-Definition einen Darstellungsservice (**Presentation Service**) dar, der zwischen unterschiedlichen Darstellungsarten verschiedener Rechnerarchitekturen vermittelt, indem er diese in eine plattformunabhängige Darstellungsform überträgt.

Generell verwendet ASN.1 zur Kodierung **Basis Encoding Rules** (**BER**), die basierend auf einem **TLV**-Ansatz (**Type, Length, Value** – jedes zu sendende Datenelement wird als Tripel Tatentyp, Länge und tatsächlicher Wert übertragen) spezifizieren, wie Instanzen von Objekten mit Hilfe der Datenbeschreibungssprache ASN.1 definiert werden.

Auch Ganzzahlenwerte werden mit einer Kombination aus Länge und Wert übertragen. Dabei werden ganze Zahlen zwischen 0 und 255 als ein Byte (plus ein Byte für die Länge) kodiert, während ganze Zahlen von 256 bis 32.767 zwei Byte und größere Zahlen drei oder mehr Byte benötigen. ASN.1 kodiert eine ganze Zahl als Wertepaar:

Länge **L**, gefolgt von **L** Bytes mit der kodierten Ganzzahl.

Dabei kann selbst die Kodierung der angegebene Länge ein Byte übersteigen, so daß beliebig lange Ganzzahlen kodiert werden können.

Beispiel:

Ganzzahl	Länge	Wert (hexadezimal)
33	01	21
24.566	02	5F F6
190.347	03	02 E7 8B

Eine ausführliche Beschreibung von ASN.1 findet sich in den betreffenden ISO-Standard-Dokumenten und der ASN.1-Homepage von Phillipe Hoschka:

- International Organization for Standardization: Information Processing Systems – Open Systems Interconnection – Specification of Abstract Syntax Notation One (ASN.1), International Standard 8824, Dec. 1987.
- International Organization for Standardization: X.680: Information Technology Syntax Notation One (ASN.1): Specification of Basic Notes, ITU-T Recommendation X.680 (1997) / ISO/IEC 8824-1:1998
- P. Hoschka: ASN.1 Homepage, online verfügbar:
  http://www-sop.inria.fr/rodeo/personnel/hoschka/asn1.html

Abb. 8.23. Kodierung von ganzen Zahlen nach ASN.1

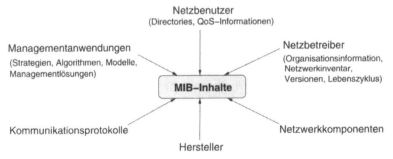

Abb. 8.24. Quellen der MIB-Verwaltungsinformation

verwendeten Datenformat wird unter dem Begriff **Structure of Management Information (SMI)** zusammengefaßt und wurde in RFC 1155 spezifiziert. SMI legt z.B. fest, daß ein Objekt vom Typ `counter` eine positive, ganze Zahl ist, die von 0 bis $2^{32}-1$ hochgezählt werden kann, bevor sie wieder mit dem Wert 0 startet.

Für die Versionen 1 und 2 des Netzwerkmanagement-Protokolls SNMP werden alle verwalteten Variablen in einer einzigen großen MIB spezifiziert. Mit der Einführung von MIB2, der zweiten Version von MIB, schlug die IETF einen anderen Weg ein, so daß für eine Vielzahl von Netzwerk-Objekten, wie z.B. Router, Bridges und sogar unterbrechungsfreie Stromversorgungen, jeweils eine eigene MIB definiert wurde, die inzwischen in mehr als 100 verschiedenen RFCs spezifiziert sind. Tabelle 8.5 zeigt einige Beispiele für MIB-Variablen und listet deren Bedeutung auf.

Tabelle 8.4. Auswahl einiger MIB2–Kategorien

MIB-Kategorie	enthaltene Information	Anzahl Objekte
system	Systeminformation über Host oder Router	7
interfaces	Netzwerk-Interfaces	23
at	Adreßübersetzung (z.B. via ARP)	3
ip	IP-Software	38
icmp	ICMP-Software	26
tcp	TCP-Software	19
udp	UDP-Software	7
egp	EGP-Software	18
snmp	SNMP Application Entities	30

Tabelle 8.5. Auswahl einiger MIB2–Variablen

MIB-Variable	Kategorie	Bedeutung
sysUpTime	system	Zeit seit letztem Systemstart
ifNumber	interfaces	Anzahl der Netzwerk-Schnittstellen
ifMtu	interfaces	MTU einer bestimmten Schnittstelle
ipDefaultTTL	ip	vorgegebene Datagrammlebensdauer
ipInReceives	ip	Anzahl empfangener Datagramme
ipForwDatagrams	ip	Anzahl weitergeleiteter Datagramme
ipOutNoRoutes	ip	Anzahl Routing-Fehler
ipReasmOKs	ip	Anzahl reassemblierter Datagramme
ipRoutingTable	ip	Inhalt der IP-Routingtabelle
icmpInEchoes	icmp	Anzahl empfangener ICMP Echo-Requests
tcpRtoMin	tcp	minimale Zeit für Neuübertragung
tcpMaxConn	tcp	max. mögliche Anzahl von TCP-Verbindungen
tcpInSegs	tcp	Anzahl empfangener TCP-Segmente
udpInDatagrams	udp	Anzahl empfangener UDP-Datagramme

8.6 Netzwerkmanagement

Der Name von MIB-Objekten leitet sich aus dem allgemeinen ISO/ITU Object Identifier Namensraum ab. Dieser Namensraum gliedert sich hierarchisch und ist global gültig, weist also allen MIB-Objekten global eindeutige Namen zu.

Der Name ergibt sich nach ISO/ITU Namenskonvention durch Aneinanderreihung der den Knoten des Namensraums zugeordneten Zahlenwerte. An der Spitze gliedert sich der Namensraum wie folgt:

Level 1: Der gesamte Namensraum teilt sich in Objekte, die entweder der ISO (1), der ITU (2) oder beiden Organisationen (3) zugeordnet werden.

Level 2-4: MIBs werden dem Teilbaum unter der Autorität der ISO zugeordnet. Auf Level 2 betrifft dies den Teilbaum, den die IDO für nationale und internationale Organisationen (3) vorgesehen hat. Auf Level 3 folgt der Teilbaum, der für das US-amerikanische Verteidigungsministerium (6) eingerichtet wurde, dem der Teilbaum für das Internet (1) folgt.

Level 5: Der Namensraum unterhalb des Internet-Teilbaums enthält u. a. den für das Netzwerkmanagement (2) verantwortlichen Teilbaum.

Level 6: Hier beginnt der Teilbaum, der den Namensraum für die MIB-Objekte (1) startet.

Level 7: Hier finden sich die MIB-Kategorien im MIB-Namensraum wieder.

Entsprechend den numerische Werten, die den Objekten entlang eines Pfades im Namensraum zugeordnet werden, startet ein MIB-Namen stets mit dem Präfix 1.3.6.1.2.1 bzw. in der textuellen Darstellung (siehe Abb. 8.25)

> iso.org.dod.internet.mgmt.mib

Die MIB-Variable ipInReceives hat dementsprechend den vollständigen Namen

> iso.org.dod.internet.mgmt.mib.ip.ipInReceives

oder in numerischer Darstellung

> 1.3.6.1.2.1.4.3.

Neben einfachen Variablen, wie z.B. Zählern, können MIB-Variablen auch einem komplexeren Aufbau folgen, wie z.B. Tabellen oder Arrays, deren Unterelemente in Form eines Suffixes an den MIB-Namen angehängt werden, wie z.B.

> iso.org.dod.internet.mgmt.mib.ip.ipRoutingTable.
> ipRouteEntry.field.IPdestaddr

mit der ein IP-Adreßeintrag aus einer Routing-Tabelle bezeichnet wird. Zusammengehörige MIB-Objekte werden zu sogenannten **MIB-Modulen** zusammengefaßt. Die MIB-Objekte selbst werden in einer als **SMI** (Structure of Management Information) bezeichneten Definitionssprache, beschrieben in

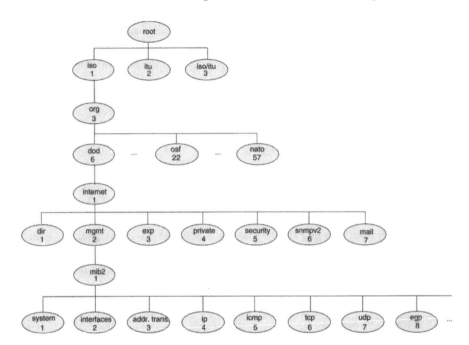

Abb. 8.25. MIB-Objektnamen im ISO/ITU Objekt Identifier Namensraum

den RFCs 1155 und 1902, spezifiziert. SMI selbst basiert wiederum auf der allgemeinen Definitionssprache ASN.1.

Folgende Begriffe aus der SNMP-Nomenklatur müssen zur Erläuterung des SNMP-Protokolls noch definiert werden:

- **Network Management Station (NMS)**
  Bezeichnung für einen speziellen Rechner, von dem aus die Netzwerk-Administration betrieben wird.
- **Network Management Application (NMA)**
  Bezeichnung für eine spezielle Software, die für das Netzwerkmanagement eingesetzt wird.
- **Managed Node (MN)**
  Bezeichnung für alle verwalteten Netzwerk-Komponenten (auch **Managed Network Entity (MNE)** oder **Network Element (NE)**), die durch das NMS überwacht und gesteuert werden.

Eine MIB stellt demnach die Menge aller Variablen dar, die in einem MNE definiert werden und über SNMP abgefragt und verändert werden können. Netzwerkmanagement-Protokolle habe allgemein die Aufgabe, die Kommunikation zwischen einem Client-Programm, das der Netzwerkadministrator bedient, und einem Server-Programm, das auf einer zu überprüfenden Netzwerkkomponente abläuft, zu regeln. SNMP verfügt zu diesem Zweck, anders als man annehmen würde, nur über sehr wenige Befehle, die einem einfachen

Fetch/Store-Paradigma folgen. Um einen Gerätestatus zu ermitteln, fragt der Netzwerkadministrator die betreffende Komponente mit einem **Fetch**-Befehl ab und „holt" damit den abgefragten Wert ein. Auf der anderen Seite vermag der Netzwerkadministrator über einen **Store**-Befehl ein Gerät zu steuern, indem einer MIB-Variablen einfach ein bestimmter Wert zugewiesen wird, den das betreffende Gerät berücksichtigen muß. Alle anderen notwendigen Operationen ergeben sich quasi als „Nebeneffekt" dieser beiden Befehle. So existiert z.b. kein expliziter Befehl zum Neustart eines Netzwerkgeräts. Der Netzwerkadministrator kann allerdings eine Variable, die die Zeitspanne bis zum nächsten Neustart enthält, mit einem Store-Befehl auf Null setzen und damit einen Neustart auslösen.

Ein derartiger Ansatz wurde gewählt, da er zugleich stabil, einfach zu implementieren und sehr flexibel ist. So bleibt die SNMP-Definition selbst unverändert, auch wenn neue MIB-Objekte und MIB-Variablen hinzugefügt werden und sich über die Verwendung neuer Wertezuweisungen neue Nebeneffekte erzielen lassen. Tatsächlich gibt es mehr als nur zwei SNMP-Kommandos. SNMPv2 definiert sieben Nachrichtentypen, die als **Protocol Data Unit** (**PDU**) bezeichnet werden (siehe Tabelle 8.6 und Abb. 8.26).

Tabelle 8.6. SNMP – mögliche Operationen

Operation	Bedeutung
get-request	Anforderung des Wertes einer MIB-Variablen
get-next-request	Anforderung eines Wertes ohne dessen exakten Namen zu kennen
get-bulk-request	Anforderung eines MIB-Variablenblockes
response	Antwort auf eine Anfrage
set-request	Wertzuweisung an eine MIB-Variable
inform-request	Informiere einen anderen (nicht den Netzwerkadministrator)
snmp2-trap	Gerät informiert den Netzwerkmanager über das Auftreten eines Ereignisses

`get-request` und `set-request` sind dabei die beiden grundlegenden Fetch- und Store-Befehle. Mit `get-request` fordert der Netzwerkadministrator Daten an, die das betreffende Gerät über `response` zurückliefert. Mit dem Befehl `get-next-request` kann der Netzwerkadministrator einen Folge-Tabelleneintrag anfordern, ohne dessen genauen Namen zu kennen. Ein `trap` meldet ein Ereignis, wie z.B. Ausfall oder Wiederverfügbarkeit einer Netzwerkverbindung, an den Netzwerkadministrator, das eine Netzwerk-Komponente festgestellt hat. Der Befehl `inform-request` kann zur Kommunikation zwischen verschiedenen NMS verwendet werden, um diese über ein Ereignis oder einen abgefragten Zustand einer Netzwerk-komponente zu informieren. Damit wird ebenfalls ein verteiltes Netzwerkmanagent über SNMP ermöglicht.

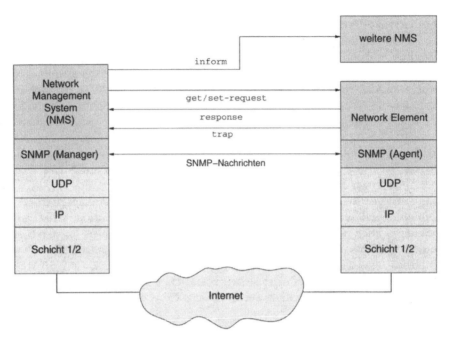

Abb. 8.26. SNMP-Protokollstapel und SNMP-Operationen

Prinzipiell läßt sich SNMP aufgrund der einfachen Request/Response-Architektur über jedes Transportprotokoll übertragen, in der Praxis erfolgt der Transport stets über UDP und Portnummer 161 (Trap-Nachrichten über Portnummer 162), das in RFC 1906 als bevorzugtes Transportprotokoll für SNMP genannt wird. UDP ist ein unzuverlässiges Transportprotokoll daher kann keine Garantie übernommen werden, daß eine SNMP-Nachricht auch am vorbestimmten Ziel ankommt. Das SNMP-Datenformat sieht daher eine Request-ID vor, die das NMS für Anfragen an einen Agenten fortlaufend numeriert. Die entsprechende Antwort des Agenten übernimmt die Request-ID der Anfrage. So erfolgt zum Einen eine Zuordnung von Anfrage und Antwort und andererseits kann ein Timeout-Mechanismus installiert werden, der eine Übertragungswiederholung startet, wenn eine entsprechend identifizierte Nachricht ausbleibt. Ein Neuübertragungsmechanismus wird vom SNMP-Standard jedoch nicht explizit vorgeschrieben und liegt in der Verantwortung der jeweiligen NMS. Abb. 8.27 zeigt schematisch das Datenformat einfacher SNMP-Kommandos (Kodierung erfolgt in ASN.1).

8.6.2 SNMPv3

Die Version 3 des Netzwerkmanagement-Standards SNMP stellt eine Erweiterung der Funktionalität der bisherigen SNMP-Standards dar. Mögliche

Abb. 8.27. Datenformat einer SNMP-PDU

SNMP-Anwendungen gliedern sich in SNMPv3 dabei in eigene Untereinheiten:

- **Network Management System (NMS)**
  - **Befehlsgenerator**: Erzeugt die Kommandos get-request, get-next-request, get-bulk-request und set-request und behandelt die auf diese Anfragen hin erhaltenen Antworten.
  - **Meldungsempfänger**: Empfängt und verarbeitet Trap-Kommandos, die von einem Agenten gesendet werden.
  - **Proxy-Vermittler**: Dient der Weiterleitung von Anfrage-, Antwort- und Trap-Kommandos.
- **Network Element (Agent)**
  - **Befehlsgenerator**: Empfängt, verarbeitet und beantwortet Kommandos vom Typ get-request, get-next-request, get-bulk-request und set-request mit einer Response-Nachricht.
  - **Meldungsgeber**: Erzeugt Trap-Kommandos, die eingetretene Ereignisse an das NMS melden.

Im Gegensatz zu den ersten beiden Versionen der SNMP-Spezifikation umfaßt SNMPv3 zusätzliche Sicherheits- und Administrationsfähigkeiten. Vor allem die Einführung neuer Techniken zur Wahrung der Sicherheit waren dringend notwendig, da SNMP aufgrund von Sicherheitsbedenken lediglich zur Überwachung und nicht zur aktiven Steuerung und Kontrolle verwendet wurde. Ein unberechtigter Dritter, dem es gelingt, SNMP-Nachrichten abzufangen und eigene SNMP-Nachrichten in die Managementinfrastruktur einzuschleusen, könnte im Netzwerk beträchtlichen Schaden anrichten. SNMPv3 unterstützt folgende Sicherheitsmechanismen:

- **Verschlüsselung**
  SNMP-Kommandos verwenden DES (Data Encryption Standard, siehe Kap. 9.3.3) zur Verschlüsselung der transportierten Inhalte.
- **Authentifikation**
  SNMP kombiniert eine Hashfunktion mit einem geheimen Schlüsselwert, um damit sowohl Authentifikation als auch Integrität der transportierten

Daten sicherzustellen. Dieses Verfahren wird als **Hash Message Authentication Code (HMAC)** bezeichnet und ist in RFC 2104 spezifiziert.

- **Schutz vor Playback-Attacken**
  Wird über einen sogenannten **Nonce** realisiert. Ein Nonce ist ein Zahlenwert, der zufällig erzeugt wird und für eine Kommunikation nur ein einziges Mal benutzt werden darf. Im Falle von SNMP verlangt der Empfänger vom Sender, in jede Nachricht einen Wert einzubauen, der auf einem Zähler im Empfänger basiert. Dieser Zähler dient als Nonce und setzt sich zusammen aus der seit dem letzten Neustart der Netzwerkmanagementsoftware des Empfängers vergangenen Zeit und der Gesamtzahl der Neustarts seit der letzten Konfiguration der Netzwerkmanagementsoftware des Empfängers. Solange der Zähler in einer empfangenen Nachricht vom tatsächlichen Wert nur innerhalb eines bestimmten Fehlergrenzwertintervalls im Empfänger abweicht, wird die Nachricht akzeptiert.

- **Zugriffskontrolle**
  SNMPv3 realisiert eine auf **Views** basierende Zugriffskontrolle, die angibt, welche Netzwerkmanagementfunktionen von welchem Nutzer ausgeführt werden dürfen. Jede SNMP-Einheit führt dazu einen lokalen Konfigurationsdatenspeicher (Local Configuration Datastore), der Informationen über Zugriffsrechte und damit verbundene Zugriffsvergabestrategien enthält.

8.7 Audio- und Videokommunikation

8.7.1 Multimedia Anwendungen im Internet

Multimediale Angebote, die über das Internet oder das World Wide Web quasi in Echtzeit verfügbar geworden sind, tragen einen entscheidenden Teil zur immensen Popularität des neuen Mediums bei. Neben der stetig steigenden Bandbreite und der damit verbundenen Möglichkeit, auch sehr große Bild-, Audio- und Videodaten in selbst für den privaten Nutzer akzeptabler Zeit zu übertragen, gewinnen sogenannte **kontinuierliche Medienanwendungen**, wie z.B. Internet-Radio, Internet-Telefonie, Videokonferenzen, Teleteaching (vgl. Abb. 8.31), interaktive Spiele oder virtuelle Welten zusehends an Bedeutung.
Die kontinuierliche Wiedergabe eines entfernten Multimedia-Inhalts, die in Echtzeit (Realtime) bereits während des Übertragungsvorganges erfolgt, wird allgemein als **Streaming** bezeichnet und wird durch eine Pufferung der übertragenen Daten vor der eigentlichen Darstellung erreicht. Im Gegensatz zur herkömmlichen Datenübertragung im Internet, stellen kontinuierliche Multimediadaten andere Anforderungen an das zu Grunde liegende Kommunikationsnetzwerk. Zwei Merkmale sind dabei als besonders kritisch anzusehen:

8.7 Audio- und Videokommunikation

- **Timing**
  Kontinuierliche Multimedia-Anwendungen sind besonders verzögerungssensitiv. Übersteigt die Verzögerung für diese Art der Anwendung bei der Übertragung einzelner Datenpakete einen bestimmten Grenzwert (bei der Internet-Telefonie im Millisekundenbereich, bei sogenannten Streaming-Anwendungen im Sekundenbereich), werden die Datenpakete nutzlos. Durch Pufferung der übertragenen Daten vor der eigentlichen Darstellung können Schwankungen in der Verzögerung (Jitter) ausgeglichen werden.
- **Datenverlust**
  Kontinuierliche Multimedia-Anwendungen sind bzgl. mäßig auftretendem Datenverlust oder Datenbeschädigung weitgehend tolerant. Zwar vermindern derartige Fehler kurzzeitig die Qualität der wiedergegebenen Multimediadaten, doch liegt die Toleranzschwelle des Konsumenten in der Regel relativ hoch, bevor dies als störend empfunden wird.

Hinsichtlich der zu erfüllenden Anforderungen unterscheidet man heute drei verschiedene Klassen von kontinuierlichen Multimedia-Anwendungen, die im Folgenden kurz vorgestellt werden:

- **Streaming von gespeicherten Audio- und Video-Datenströmen**
  Hier fordert ein Client Daten von einem Server an, die bereits zuvor vollständig dort abgespeichert und als komprimierte Datei vorliegen. Der Client ist in der Lage, während der Übertragung durch die Multimedia-Datei zu navigieren, d.h. anzuhalten oder vorwärts und rückwärts zu spulen bzw. durchzublättern. Die akzeptable Reaktionszeit zwischen der Anfrage des Clients und der Ausführung solcher Aktionen beim Client liegt im Bereich zwischen 1 und 10 Sekunden. Auch wenn eine durchgängige, kontinuierliche Darstellung der gerade übertragenen Datei stattfindet, sind die Bedingungen hinsichtlich der Verzögerung von übertragenen Datenpaketen hier nicht so streng wie im Falle interaktiver Anwendungen (Videokonferenz).
  Video on Demand ist z.B. eine der Anwendungen dieser Technik, bei der der Anwender eine von ihm ausgewählte Video-Datei zur Übertragung auf sein lokales Darstellungsgerät anfordert.
  Man unterscheidet prinzipiell das **Just-in-Time Streaming**, bei dem die Darstellung bereits parallel zur Datenübertragung startet und über das RTP-Protokoll (Real Time Protocol) abgehandelt wird, und das **HTTP-Streaming**, bei dem die Multimedia-Daten erst nach der vollständigen Übertragung via HTTP, dem regulären Transportprotokoll des WWW, dargestellt werden.
- **Streaming von Live Audio- und Video-Datenströmen**
  Diese Art der kontinuierlichen Übertragung von Multimedia-Daten kann am besten mit einer herkömmlichen Radio- oder Fernseh-Liveübertragung verglichen werden. Die Multimedia-Daten werden direkt während ihrer Aufzeichnung über das Internet übertragen. Der empfangene Da-

tenstrom wird nach einer entsprechenden Pufferung, die notwendig ist, um Schwankungen in der Verzögerung der einzelnen Datenpakete ausgleichen zu können, mit einer geringen Verzögerung dargestellt. Wird der Datenstrom lokal abgespeichert, ist auch eine Navigation (Stoppen und Zurückspulen) innerhalb der Multimedia-Daten möglich.

Ein Live-Datenstrom wird in der Regel simultan von vielen Clients empfangen. Um eine unnötige Replizierung der zu übertragenden Datenpakete und eine eventuell dadurch auftretende Überlastung des Netzwerks zu vermeiden, wird der Datenstrom als **Multicast** übertragen. Restriktionen hinsichtlich der Schwankung in den Verzögerungen der übertragenen Datenpakete sind hier nicht so streng wie im Falle interaktiver Anwendungen (Videokonferenz).

- **Interaktives Echtzeit-Audio und -Video**
  In diese Kategorie fallen Anwendungen wie **Internet-Telefonie** oder **Videokonferenzen** über das Internet. Der Anwender hat hier die Möglichkeit, über den interaktiven Austausch von Audio- und Videoinformation in Echtzeit mit anderen Anwendern zu kommunizieren. Internet-Telefonie ist mittlerweile eine weit verbreitete und zudem kostengünstige Kommunikationstechnik, die alle Möglichkeiten der leitungsvermittelten Telefonie bietet und diese sogar erweitert (Konferenzschaltungen und Filterungsmechanismen).
  In Videokonferenzen kommunizieren Anwender visuell und verbal über das Internet. Bedingt durch die Interaktion mehrerer Anwender sind die zeitlichen Restriktionen bzgl. Verzögerungen besonders streng, da diese sonst als störend empfunden werden und die Kommunikation stark beeinträchtigen können. Für Sprache werden Verzögerungen bis zu 150 ms (Millisekunden) nicht bemerkt, 150 ms bis 400 ms werden als akzeptabel empfunden, während Verzögerungen größer als 400 ms als unangenehme Störung wahrgenommen werden.

8.7.2 Anforderungen und Realität

Anwendungen zur Übertragung von Audio- und Videodaten werden oft als **Echtzeit-Anwendungen (Real Time Applications)** bezeichnet, da sie eine zeitgerechte Übertragung und Darstellung erfordern. Ein derartiges Echtzeitsignal ist für die Kommunikationspartner jedoch nur verständlich, wenn für Sender und Empfänger dieselben Zeitbedingungen gelten. Der Sendetakt muß folglich exakt dem Empfangstakt entsprechen. Eine zu große Verzögerung z.B. in einem Telefongespräch oder in einer Videokonferenz wird nicht nur als besonders störend empfunden, sondern kann zudem auch das Verständnis beeinflussen. Eine Kommunikation, die diesen strengen Zeitbedingungen gehorcht, wird als **isochrone** Kommunikation bezeichnet.

8.7 Audio- und Videokommunikation

Nun ist das Internet und das ihm zugrunde liegende Protokoll IP alles andere als isochron. Datenpakete können dupliziert werden, eine Mindestverzögerung kann nicht garantiert werden, die Anlieferung ist starken Schwankungen unterworfen (**Jitter**) und auch die richtige Reihenfolge bei der Zustellung abgesendeter Datenpakete wird nicht gewährleistet.

Wie ist dann ein isochroner Datenverkehr über das Internet überhaupt möglich? Zur Gewährleistung eines zumindest quasi-isochronen Datenverkehrs müssen die vorhandenen Protokolle zusätzliche Unterstützung erhalten, um die angesprochenen Schwachstellen umgehen zu können:

- **Datagramm Duplikation und Reihenfolgevertauschungen**
  Zur Lösung dieses Problems werden die einzelnen Datenpakete mit **Sequenznummern** ausgestattet. Doppelte Datenpakete werden dadurch sofort erkannt und die Originalreihenfolge des Datenstroms kann rekonstruiert werden.

- **Schwankungen der Übertragungsverzögerung**
  Um das Problem des auftretenden Jitter beheben zu können, muß jedes Datenpaket über eine **Zeitstempelinformation** verfügen, die dem Empfänger mitteilt, zu welcher Zeit das empfangene Datenpaket tatsächlich wiederzugeben ist.

Sequenznummern und Zeitstempelinformation gestatten es dem Empfänger, das Original-Signal exakt zu reproduzieren, unabhängig davon, wann die einzelnen Datenpakete tatsächlich eintreffen.

Um Schwankungen in der Übertragungsverzögerung der einzelnen Datenpakete ausgleichen zu können, ist zusätzlich die Implementierung eines **Wiedergabe-Puffers** (**Playback Buffer**) notwendig (siehe Abb. 8.28), wenn die Darstellung der übertragenen Audio- und Videoinformation quasi in Echtzeit erfolgen soll.

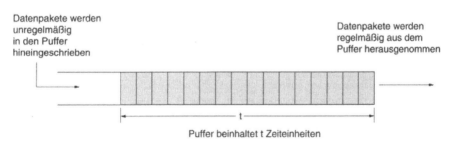

Abb. 8.28. Prinzipielle Organisation eines Playback Buffers

Beim Start einer Datenübertragung verzögert der Empfänger die Darstellung der übertragenen Audio- und Videodaten und schreibt diese zunächst in einen Wiedergabe-Puffer. Erreicht der Umfang der im Wiedergabe-Puffer zwischengespeicherten Daten einen vordefinierten Schwellenwert (**Playback**

Point), startet der Empfänger mit der Darstellung. Der Schwellenwert entspricht einer Zeitdauer **t** für eine Sicherheitsvorgabe bei der Wiedergabe, um die die Darstellung der Audio- und Videodaten verzögert wird. Während der Darstellung wird der Wiedergabe-Puffer kontinuierlich mit ankommenden Datenpaketen gefüllt. Erreichen diese den Empfänger ohne Schwankungen in der Übertragungsverzögerung, leert sich der Wiedergabe-Puffer an einem Ende ebenso schnell, wie er sich am anderen Ende wieder füllt. Kleinere Schwankungen der Übertragungsverzögerung können durch diese Art der Zwischenspeicherung ausgeglichen werden und machen sich so in der Wiedergabe nicht bemerkbar. Tritt eine Verzögerung auf, leert sich der Puffer zusehends, während die Übertragung noch bis zu **t** Zeiteinheiten ununterbrochen fortgesetzt werden kann. Sobald die verzögerten Datenpakete eintreffen, füllt sich der Wiedergabepuffer erneut. Ein Wiedergabepuffer ist allerdings nicht in der Lage, verlorene Datenpakete auszugleichen. Geht ein Datenpaket tatsächlich verloren, entsteht eine Pause bzw. tritt eine Fehlstelle im dargestellten Datenstrom auf.

Die Wahl des Schwellwerts **t** ist von großer Bedeutung, da mit einem zu klein gewählten **t** eventuell auftretende, längere Verzögerungen nicht ausgeglichen werden können, während ein zu groß gewähltes **t** zwar auftretende Verzögerungsschwankungen eliminieren kann, sich aber als zusätzliche Verzögerung zur allgemeinen Übertragungsverzögerung bemerkbar macht, und so z.B. die angestrebte Echtzeit-Kommunikation erschwert oder gar verhindern.

8.7.3 Real-Time Transport Protocol – RTP

Zur Übertragung von digitalisierten Audio- und Videosignalen über das Internet wird ein spezielles Protokoll verwendet, das UDP als unterliegendes Transportprotokoll nutzt: das **Real-Time Transport Protocol (RTP)**. Um den genannten Anforderung für die Übertragung von isochronen Datenströmen zu genügen, sieht RTP für jedes übertragene Datenpaket eine Sequenznummer vor, mit der eine korrekte Reihenfolge gewährleistet und verlorene Datenpakete erkannt werden können, sowie einen Zeitstempel, der den Empfänger in die Lage versetzt, die empfangenen Datenpakete zeitgerecht wiedergeben zu können.

RTP ist in RFC 1889 spezifiziert und wurde entworfen, um verschiedenartige Multimedia-Information übertragen zu können. Daher folgen die einzelnen Felder des durch RTP festgelegten Datenformats keiner fixen Semantik, sondern die Interpretation der transportierten Daten hängt von den typbestimmenden Feldern im Header des Datenpakets ab (siehe Abb. 8.29).

Anders als die meisten anderen Protokolle, die UDP oder TCP als Transportprotokoll nutzen, verwendet RTP keine vorgeschriebene Portnummer. Für jede RTP-Sitzung wird eigens eine eigene Portnummer reserviert, über die sich zuvor Client und Server verständigen müssen. Die einzige Festlegung, die getroffen wird, besagt, daß RTP stets eine geradezahlige Portnummer verwendet, während das zum Austausch von Steuer- und Kontrollinformationen der

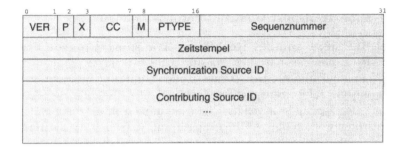

Der Header des RTP-Datenpakets enthält die folgenden Felder:
- **Version**: 2 Bit, Versionsnummer des verwendeten RTP-Protokolls, z.Z. VER=2.
- **Sequenznummer**: 16 Bit, enthält die jeweilige Sequenznummer des Datenpakets. Die erste Sequenznummer einer neuen Sequenz wird dabei stets zufällig bestimmt.
- **Extension-Flag**: 1 Bit, für einige Anwendungen kann in RTP eine optionale Erweiterung des regulären RTP-Headers im Bereich zwischen regulärem Header und Nutzlast eingefügt werden. Gilt X-Flag=1, wird diese Erweiterung genutzt.
- **Payload-Typ**: 7 Bit, spezifiziert den Typ der beförderten Daten. Vom Typ ist auch die Interpretation der restlichen Headerfelder abhängig.
- **Padding-Flag**: 1 Bit, gibt an, ob die Nutzlast mit Füllbits (0) ergänzt wird. Füllbits werden nur verwendet, wenn die übertragenen Nutzdaten verschlüsselt werden und dazu jeweils eine fixe Blocklänge besitzen müssen.
- **Marker-Flag**: 1 Bit, wird von Anwendungen genutzt, die Markierungen in den transportierten Nutzdaten setzen müssen (z.B. bei Videodaten wird der Start eines Einzelbildes markiert).
- **Zeitstempel**: 32 Bit, Zeitstempel, der angibt, zu welcher Zeit die ersten 8 Bit der Nutzlast aufgezeichnet wurden. Dabei wird der erste Zeitstempel einer neuen Sequenz stets zufällig bestimmt.
- **Synchronization Source Identifier (SSI)**: 32 Bit, RTP bietet die Möglichkeit, verschiedene Datenströme aus Effizienzgründen zusammenzumischen (z.B. für Videokonferenzen) und diese gemeinsam zu übertragen. SSI identifiziert den Sender eines Datenstroms. Handelt es sich um zusammengemischte Datenströme, enthält SSI die Identifikation des Mixers.
- **Contributing Source ID**: jeweils 32 Bit, handelt es sich um einen Datenstrom, der sich aus unterschiedlichen Quellen gemischt zusammensetzt (siehe SSI), setzt der Mixer, der für das Zusammenstellen der Datenströme verantwortlich ist, in diese Felder die IDs der jeweiligen Original-Quellen ein.
- **CC**: 4 Bit, gibt an, aus wievielen Einzel-Datenströmen, der vorliegende Datenstrom zusammengemischt wurde.

Abb. 8.29. Datenformat des RTP-Headers

RTP-Sitzung verwendete **RTCP**-Protokoll die nächsthöhere ungeradezahlige Portnummer verwendet.

8.7.4 Real-Time Transport Control Protocol - RTCP

Ebenfalls in RFC 1889 wird das **Real-Time Transport Control Protocol** (**RTCP**) zusammen mit RTP spezifiziert. Über RTCP können die beteiligten Kommunikationspartner (Unicast oder Multicast) Informationen über die vermittels RTP transportierten Daten oder Reports zur aktuellen Leistung der zugrunde liegenden Netzwerkinfrastruktur austauschen. RTCP-Nachrichten werden über UDP gekapselt und stets über die der RTP-Portnummer nachfolgenden Portnummer (stets ungeradezahlig) gesendet.

RTCP verwendet fünf verschiedene Basis-Nachrichtentypen zum Austausch von zusätzlichen Informationen über die stattfindende Übertragung (siehe Tabelle 8.7).

Tabelle 8.7. RTCP Basis-Nachrichtentypen

Typ	Bedeutung
200	Report des Senders
201	Report des Empfängers
202	Beschreibung der Nachrichtenquelle
203	Abmeldung (Bye-Message)
204	anwendungsspezifische Nachricht

- **Report des Senders**
  Der Sender eines Datenstroms überträgt periodisch einen Sender-Report, der einen absoluten Zeitstempel enthält. Dies ist notwendig, da der via RTP mit jedem Datenpaket übertragene Zeitstempel anwendungsabhängig ist, d.h. der erste wird jeweils zufällig gewählt und die kommunizierende Anwendung legt die jeweilige Granularität (Feinheit) des Zeitstempels fest. Sollen jedoch mehrere Datenströme synchronisiert werden, ist dazu ein unabhängiger, absoluter Zeitstempel erforderlich.
  Zusätzlich sind in einem Sender-Report ebenfalls Angaben über SSI (Quelle, die die zu versendenden Datenströme zusammenmischt) und die Anzahl der im Datenstrom versendeten Pakete/Bytes vorhanden.
- **Report des Empfängers**
  Mit diesem Report informiert ein Empfänger den Sender über die Qualität der empfangenen Datenströme. Zu diesem Zweck beinhaltet der Empfänger-Report eine Angabe des SSI, für den der Empfangsbericht erzeugt wurde, Information über den Anteil der verlorenen Datenpakete seit dem letzten Report, die letzte von einem RTP-Datenstrom empfangene Sequenznummer und einen Jitter-Wert, der aus den Abweichungen der Ankunftszeiten der eintreffenden Datenpakete fortlaufend aktualisiert wird. Es wird stets dafür Sorge getragen, daß der Anteil an Kontrollinformation bzgl. des übertragenen Gesamtdatenvolumens unter 5 % bleibt.

- **Beschreibung der Nachrichtenquelle**
  Dieser Bericht enthält genauere Informationen über den Absender des Multimedia-Datenstroms, wie z.b. Email-Adresse, Name des Senders oder der sendenden Anwendung oder andere Informationen in Textform.
- **Anwendungsspezifische Nachricht**
  Dient als frei zu definierende Erweiterung des über RTP gesendete Nachrichtentyps.
- **Abmeldung**
  Beendet der Sender die Übertragung eines Datenstroms, sendet er eine spezielle RTCP-Meldung, um dies den Empfängern zu signalisieren.

8.7.5 Real-Time Streaming Protocol – RTSP

Anwendungen wie Audio- und Videostreaming gewinnen zusehends an Popularität. Speichermedien werden immer preiswerter und die dem Privatmann zur Verfügung stehende Netzbandbreite macht mit Techniken wie ADSL oder Kabelmodems auch die Nutzung von Breitbandanwendungen möglich. Zudem bereitet das Aufkommen von Tauschbörsen für Audio- und Videodaten, wie z.b. Napster als „Urvater" aller Tauschbörsen, oder Gnutella, eDonkey und Kazaa den Rechteinhabern der Musik- und Filmindustrie erhebliches Kopfzerbrechen.

Im Rahmen des Audio- und Video-Streaming können sich Clients komprimierte Multimedia-Daten von speziellen Streaming-Servern anfordern. Die Übertragung der angeforderten Daten erfolgt segmentiert über das RTP-Protokoll. Schon bereits wenige Sekunden nachdem die Übertragung begonnen hat, kann der Client die Widergabe starten. Dabei ist der Client in der Lage, bereits während der Übertragung in einem gewissen Umfang innerhalb der übertragenen Daten zu navigieren, d.h. zu stoppen, zurückzuspulen oder Wiedergabe wiederaufnehmen. Die dazu notwendige Client/Server-Interaktion wird durch ein spezielles Protokoll geregelt, das in RFC 2326 spezifizierte **Real-Time-Streaming Protocol (RTSP)**. Zu den Hauptaufgaben von RTSP zählen:

- **Anforderung eines Mediendatenstroms vom Streaming-Server**
  Der Client fordert zuerst eine Medienbeschreibung vom Server über HTTP oder ein anderes geeignetes Protokoll an. Handelt es sich bei dem angeforderten Mediendatenstrom um einen via Multicasting übertragenen Datenstrom, enthält die Antwort die für den Datenstrom zu verwendenden Multicast-Adressen und Portnummern. Soll die Übertragung lediglich als Unicast stattfinden, stellt der Client die Zieladresse für die Übertragung des Mediendatenstroms bereit.
- **Einladung eines Medien-Servers zu einer Konferenzschaltung**
  Ein Medien-Server kann in eine bereits laufende Konferenz mit eingeladen werden, um entweder selbst einen Datenstrom beizusteuern oder um Da-

tenströme der Konferenz aufzuzeichnen. Diese Art der Anwendung kommt vor allem im Bereich des Teleteachings zum Einsatz.

- **Medien zu einer bestehenden Übertragung hinzufügen**
  Speziell im Falle von Live-Streaming-Anwendungen ist es für den Client vorteilhaft zu wissen, ob während der Übertragung bereits andere Medieninhalte bereitstehen, die zusätzlich übertragen werden könnten.

Ein auf einem Streaming-Server bereitgestellter Datenstrom kann in verschiedenartigen qualitativen Ausprägungen vorliegen, die jeweils unterschiedliche Mindestanforderungen an die zu überbrückende Datenverbindung stellen. Eine Medienbeschreibung (Presentation Description), die jeder Ausprägung eines Datenstroms zugeordnet ist, hilft dem Anwender, eine entsprechende Auswahl zu treffen. Zur Steuerung der Darstellung eines Multimedia-Datenstroms stellt RTSP folgende Kommandos zur Verfügung:

- SETUP
  Veranlaßt den Server, Ressourcen für die Übertragung eines angeforderten Multimedia-Datenstroms zu reservieren und die RTSP-Sitzung zu starten.
- PLAY/RECORD
  Startet die Datenübertragung am Server nach einem erfolgreich durchgeführten SETUP.
- PAUSE
  Veranlaßt den Server, die Datenübertragung kurzzeitig zu unterbrechen, ohne daß dabei die allozierten Ressourcen freigegeben werden.
- TEARDOWN
  Veranlaßt den Server, die allozierten Ressourcen wieder freizugeben und beendet die RTSP-Sitzung.

Die Identifikation eines Multimedia-Datenstroms erfolgt über einen absoluten URL (siehe Kap.10.1). Als Methode muß dabei `rtsp://` angegeben werden, gefolgt von der Adresse des Medien-Servers und einer Pfadangabe, die den spezifizierten Multimedia-Datenstrom identifiziert. Der Adresse des Medien-Servers kann die Portnummer folgen, über die die Übertragung des Datenstroms erfolgt. Wird keine Portnummer angegeben, wird der für RTSP vorgesehene Standard-Port 544 verwendet. Beispiel:

`rtsp://www.teletask.uni-trier.de:554/security/24-jan-2003.smil`

Streaming-fähige Clients sind heute oft bereits Bestandteil von WWW-Clients, also von WWW-Browsern. Ist dies nicht der Fall, muß eine sogenannte **Helper-Application** (**Plugin**) zusätzlich auf Client-Seite installiert werden, die den WWW-Browser unterstützt. Helper-Applications, die als Client einen Streaming-Server kontaktieren und für die Übertragung und Wiedergabe der angeforderten Multimedia-Datenströme sorgen, werden als **Media-Player** bezeichnet. Zu den populärsten Media-Playern zählen der Real Player von RealNetworks und Microsofts Windows Media Player. Aber auch OpenSource-Projekte wie die Media-Player FreeAmp oder auch Apple QuickTime erfreuen sich einer wachsenden Fan-Gemeinde (siehe Abb. 8.30).

Abb. 8.30. Media Player Real Player (RealNetworks) und FreeAmp (OpenSource)

Media Player führen dabei folgende Funktionen aus:
- Dekomprimierung der übertragenen Audio- und/oder Videodaten.
- Verwaltung eines Playback Puffers zum Ausgleich des Jitter-Effekts.
- Fehlerkorrektur im Falle von Datenpaketverlusten. Die Spanne reicht dabei von der Neuübertragung verlorener Datenpakete bis hin zu interpolativen Verfahren, die versuchen, die fehlenden Informationen zu rekonstruieren.
- Bereitstellung einer grafischen Benutzeroberfläche zur Steuerung von Übertragung und Darstellung.

Wie bereits erwähnt, wird die Steuerung der Darstellung der übertragenen Multimedia-Datenströme, also die Bedienung eines Media Players, in Anlehnung an die Bedienung eines Videorekorders oder CD-Players mit Hilfe des RTSP-Protokolls realisiert. RTSP arbeitet als sogenanntes **Out-of-Band**-Protokoll im Gegensatz zum eigentlichen Multimedia-Datenstrom, der mit RTP übertragen wird. RTSP verwendet UDP oder TCP als Transportprotokoll und setzt stets an Portnummer 544 an. RTP und RTSP arbeiten ähnlich wie FTP, das ebenfalls einen separaten Steuerkanal und einen Datenkanal verwendet.

RTSP unterstützt die Synchronisation verschiedener Multimedia-Datenströme. Speziell für diese Aufgabe spezifizierte das W3C die **Synchronized Multimedia Integration Language** (**SMIL**). SMIL ist eine einfache Markup-Sprache (siehe Kap. 11), die es erlaubt, mehrere Audio-, Video- oder auch Text-Datenströme synchron zu übertragen und beim Client darzustellen. SMIL folgt im Aufbau der durch HTML vorgegebenen Struktur für WWW-Dokumente. Ein einfaches Beispiel, in dem drei Audiodateien simultan über das Protokoll **rtsp** übertragen und wiedergegeben werden sollen, ist in Abb. 8.32 angegeben.

8.7.6 Ressourcenreservierung und Dienstqualität

Da innerhalb eines IP-basierten Netzwerks eigentlich keine Garantien über einzuhaltende Dienstgüteparameter, also über die vielzitierte **Quality of**

TeleTask – Synchronisation von Echtzeitdatenströmen im Teleteaching

Beispielhaft für die Nutzung synchronisierter, multimedialer Echtzeitdatenströme sind Anwendungen aus dem Bereich des **Teleteachings**. Im Gegensatz zu traditionellen Unterrichtsmethoden muß der Teilnehmer in einer Lehrveranstaltung nicht mehr präsent sein, sondern kann dieser unabhängig von Zeit und Ort über das Internet folgen. Für den Teilnehmer ist es dabei von entscheidender Bedeutung, nicht nur das Bild und die Stimme des Dozenten, sondern stets auch die vom Dozenten präsentierten Materialien (Tafelanschrieb, Folienpräsentation, etc.) simultan im Überblick zu behalten. Dazu müssen die verschiedenen zum Einsatz kommenden Medienkomponenten einzeln aufgezeichnet und zeitlich synchronisiert versendet werden.

Das an der Universität Trier entwickelte **TeleTask**-System (**Teleteaching Anywhere Solution Kit**) bietet eine sehr einfach zu benutzende, kohärente Gesamtlösung für den Aufgabenbereich Telelecturing. Die unterschiedlichen Medienkomponenten

- Audioaufzeichnung der Lehrveranstaltung,
- Videoaufzeichnung des Dozenten und/oder des Publikums,
- Präsentationen des Dozenten (über den PC),
- Tafelanschrieb des Dozenten,
- optionale Kommentare und Verweise zum behandelten Thema der Lehrveranstaltung

werden separat als Echtzeitdatenströme aufgezeichnet, über das Internet versendet und beim Teilnehmer via **SMIL** synchronisiert über einen handelsüblichen MediaPlayer wiedergegeben. Entsprechend der zur Verfügung stehenden Bandbreite kann der Teilnehmer unterschiedliche Qualitätsstufen der abgerufenen Multimediadaten auswählen.

Weiterführende Informationen:

- V. Schillings, Ch. Meinel: tele-TASK - Teleteaching Anywhere Solution Kit, in Proc. SIGUCCS 2002, Providence (Rhode Island, USA), 2002, pp. 130-133.
- TeleTask Website: http://www.tele-task.com/

Abb. 8.31. TeleTask – Synchronisation von Echtzeitdatenströmen in einer Teleteaching-Anwendung

```
<SMIL>
  <BODY>
    <AUDIO SRC="rtsp://realserver.example.com/one.rm>
    <AUDIO SRC="rtsp://realserver.example.com/two.rm>
    <AUDIO SRC="rtsp://realserver.example.com/three.rm>
  </BODY>
</SMIL>
```

Abb. 8.32. Synchronized Multimedia Integration Language – ein Beispiel

Service (QoS) gegeben werden kann, entwickelte die IETF zwei spezielle Protokolle, die in der Lage sind, über die Vorabreservierung zur Verfügung stehender Ressourcen QoS zu gewährleisten. Dabei handelt es sich um das **Resource Reservation Protocol (RSVP**, spezifiziert in RFC 2205) und das **Common Open Policy Service (COPS)** Protokoll.
Allerdings kann diese zusätzliche Funktionalität nicht einfach auf der Anwendungsebene des Protokollstapels hinzugefügt werden, sondern die beteiligte Netzwerk-Hardware muß dazu mit speziellen Fähigkeiten aufwarten:

- Router müssen in der Lage sein, Garantien darüber anzugeben, daß bestimmte Bandbreiten für eine Reservierung zur Verfügung stehen.
- Die beiden Kommunikationspartner an den Enden des Verbindungsweges müssen sich über eine zur Übertragung notwendige Bandbreite verständigen und jeder Router entlang des Übertragungsweges muß dieser Anforderung zustimmen und entsprechen.
- Die beteiligten Router müssen den gesamten Datentransfer überwachen (Traffic Policing) und gegebenenfalls steuernd eingreifen.
- Ein Router muß zu diesem Zweck über geeignete Warteschlangenmechanismen verfügen, die in der Lage sind, plötzlich auftretende Signal-Bursts, die eine Überlast auslösen, abzuschwächen und auszugleichen (Traffic Shaping).

RSVP dient dazu, Anfragen nach Reservierungen von Netzwerkressourcen zu formulieren und zu beantworten. RSVP läuft ab, bevor die eigentliche Übertragung eines Multimedia-Datenstroms stattfindet. Sobald die Datenübertragung gestartet wurde, kann über RSVP nicht mehr eingegriffen werden. Ein RSVP-Dialog kann z.B. folgendermaßen ablaufen:

- Einer der Kommunikationspartner sendet eine RSVP `path` Nachricht zur Ermittlung des Verbindungspfads zwischen zwei Endpunkten. Das Datenpaket verwendet dazu die `router alert`-Option des IP-Datagramms, um alle Router entlang des Verbindungspfades zu zwingen, das Datagramm zu verarbeiten.

- Nachdem eine Antwort auf die Pfad-Anfrage erfolgt ist, sendet einer der beiden Kommunikationspartner eine Reservierungsanfrage für die benötigten Netzwerk-Ressourcen. Diese Anfrage beinhaltet alle für die Übertragung einzuhaltenden Dienstgütekriterien.
- Jeder Router entlang des Verbindungspfades zwischen den beiden Kommunikationspartnern muß dieser Anforderung zustimmen und die gewünschten Ressourcen reservieren.
- Kann einer der Router entlang des Verbindungspfades die gewünschten Ressourcen nicht liefern, sendet er via RSVP eine negative Antwort an das anfordernde Endsystem.
- Stimmen alle beteiligten Zwischensysteme der Reservierungsanforderung zu, erfolgt eine positive RSVP-Nachricht und der Datentransfer kann starten.

RSVP reserviert dabei stets nur in einer Richtung der Datenverbindung, d.h. RSVP führt lediglich eine unidirektionale Reservierung durch. Eine unidirektionale RSVP-Reservierung führt nicht dazu, daß die Daten in der Gegenrichtung auch denselben Verbindungsweg wählen. Daher muß in der Gegenrichtung auch eine RSVP-Reservierung durchgeführt werden.

Erhält ein Router eine RSVP-Anfrage, so muß er zum Einen lokal überprüfen, ob die angeforderten Ressourcen überhaupt bereitgestellt werden können (Feasibility). Zum Anderen nutzt eine Entscheidung im Alleingang wenig, da Router globalen, allgemein festgelegten Richtlinien (Global Policies) folgen, denen die Anforderung widersprechen könnte. Um zu entscheiden, ob die Anfrage globalen Richtlinien entspricht, muß der Router selbst als Client einen sogenannten **Policy Decision Point** (**PDP**) kontaktieren. Der PDP selbst leitet keinen Datenverkehr weiter, sondern antwortet lediglich auf Anfragen von Routern, ob angeforderte Ressourcen den allgemeinen Richtlinien entsprechen. Auf eine Antwort des PDP hin agiert der betreffende Router dann als **Policy Enforcement Point** (**PEP**), der sicherstellt, daß der Datenverkehr den festgelegten globalen Richtlinien genügt (siehe Abb. 8.33). Das Protokoll, über das Router und PDP kommunizieren, ist an RSVP angelehnt und wird als **Common Open Policy Services** (**COPS**) bezeichnet. Erhält ein Router eine RSVP-Anfrage, generiert er daraus einen eigenen COPS-Request, indem er die angefragten Ressourcen aus dem RSVP-Request übernimmt und diesen an den PDP sendet.

8.8 Weitere Dienste und Anwendungen im Internet

Email- und der HTTP-Dienst des World Wide Webs zählen zu den populärsten Dienstangeboten des Internet. Doch gibt es neben diesen und den in diesem Kapitel bereits besprochenen Diensten noch zahlreiche weitere Dienste und Anwendungen in der Anwendungsschicht des Internets, die auf den

8.8 Weitere Dienste und Anwendungen im Internet 639

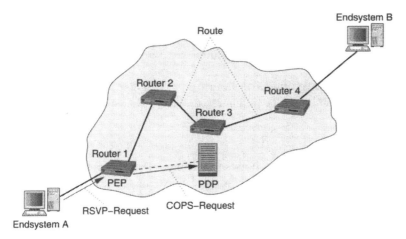

Abb. 8.33. RSVP und CORPS zur Anforderung von Netzwerk-Ressourcen

Internet-Transportprotokollen TCP und UDP aufsetzen. Die wichtigsten dieser Dienstangebote werden im folgenden kurz vorgestellt.

8.8.1 Internet Relay Chat – IRC

Ein Dienst zum Austausch von schriftlichen Nachrichten in Echtzeit ist der sogenannte **Internet Relay Chat (IRC)**, der in RFC 1459 spezifiziert ist. 1988 vom finnischen Studenten Jarkko Oikarinen als Kommunikationssystem für die von ihm betriebene Computer-Mailbox entwickelt, gewann IRC sehr rasch eine enorme Popularität. IRC ist als Client/Server-Anwendung konzipiert und sieht eine gleichzeitige Teilnahme vieler verschiedener Clients an einem Server vor. Kommunikation in Echtzeit bedeutet dabei, daß die von einem Nutzer eingegebene Nachricht so schnell wie möglich vom Client zum zentralen Server gesendet wird und der für eine schnellstmögliche Darstellung bei allen anderen beteiligten Clients sorgt. Im Unterschied zum Email-Dienst, der auf eine asynchrone Kommunikation zwischen Einzelpersonen abzielt, ist IRC von vorn herein für Zwecke der Gruppenkommunikation vorgesehen und kann daher auch als eine Art Telekonferenz-System gesehen werden. IRC-Server sind untereinander verbunden und bilden so ein großes IRC-Netzwerk. Zur Organisation ihrer Kommunikation können die Nutzer gemeinsame Diskussionsgruppen bilden, die privat oder öffentlich via IRC innerhalb eigener **Kanäle (Channels)** miteinander kommunizieren. Öffentliche Kanäle sind dabei frei für alle Nutzer verfügbar, während private Kanäle das Pendant zu einer privaten Unterhaltung darstellen, zu der nicht jeder Nutzer zugelassen wird. Möchte sich ein IRC-Nutzer über ein bestimmtes Thema austauschen oder Kontakt suchen, kann er einem bestehenden Kanal beitreten oder einen neuen IRC-Kanal erzeugen. Kanäle tragen frei wählbare Namen, die in der Regel mit einem Doppelkreuz („#") beginnen, z.B. #internet oder #linux.

Jeder IRC-Nutzer verwendet zu seiner Identifikation einen frei wählbaren, jeweils eindeutigen Namen, den sogenannten **Nickname**, mit dem er sich über seinen IRC-Client bei einem IRC-Server anmelden und einem Kanal beitreten kann.

IRC hat eine große Verbreitung erreicht und ist neben dem Email-Dienst und dem World Wide Web einer der populärsten Nutzer-Dienste des Internet.

8.8.2 Usenet News

Der als **Net News** oder **Usenet News** bezeichnete Dienst stellt einen öffentlich zugänglichen Kommunikationsdienst zur Verfügung, der ähnlich organisiert ist wie ein schwarzes Brett, und dem allgemeinen Meinungsautausch, unterteilt in einzelne Diskussionsgruppen (**Newsgroups**), dient. Nutzer, die sich für ein bestimmtes Thema interessieren, das einer speziellen Diskussionsgruppe zugeordnet ist, können sich für diese Gruppe über einen speziellen Client, den **News-Reader**, anmelden und dann alle Beiträge lesen, die in dieser Diskussionsgruppe veröffentlicht wurden bzw. selbst eigene Beiträge veröffentlichen. News-Reader sind heute in den meisten verfügbaren WWW-Browsern bereits integriert. Um sich aktiv am Meinungsaustausch zu beteiligen, kann der Anwender über den News-Client einen Artikel an den News-Server senden, der abhängig von der Organisation der Gruppe moderiert oder unmoderiert in den Bestand der Diskussionsgruppe aufgenommen wird. News Nachrichten verwenden das in RFC 822 für den Email-Dienst spezifizierte Nachrichtenformat, das durch zusätzliche Informationen im Nachrichtenheader (spezifiziert in RFC 1036) ergänzt wird. Dadurch sind News Nachrichten einfach zu transportieren und kompatibel zu bereits existierender Email-Software.

Das Angebot an weltweit verfügbaren Diskussionsgruppen über Usenet ist hierarchisch und regional organisiert. So bezeichnet die unter dem Namen comp.lang.c erreichbare Newsgruppe etwa ein Diskussionsforum, das sich mit Themen aus der Informatik (comp), speziell mit Programmiersprachen (lang) und insbesondere mit der Programmiersprache C (c) befaßt. Eine rein deutschsprachige, regionale Version dieser Diskussionsgruppe ist dagegen unter (de.comp.lang.c) erreichbar. Tabelle 8.8 zeigt die oberste Schicht der Themenhierarchie der Usenet Newsgruppen.

Man unterscheidet grundsätzlich moderierte Diskussionsgruppen, in denen ein Editor, der **Moderator**, entscheidet, welcher Beitrag Eingang in den Beitragsbestand der Diskussionsgruppe erlangt und damit weltweit an alle Interessenten weiterverbreitet wird, von unmoderierten Diskussionsgruppen, in denen jeder Anwender unzensiert eine Veröffentlichung vornehmen kann.

Dem Usenet-Dienst liegt das **Network News Transfer Protocol** (**NNTP**) zu Grunde, das in RFC 1036 spezifiziert ist, und der Übertragung von News-Beiträgen zwischen News-Servern und News-Readern dient. NNTP setzt auf TCP als Transportdienst auf. Ein Diskussionsbeitrag, der vom Client zur Veröffentlichung in einer Newsgroup an den News-Server gesendet wird, muß

Tabelle 8.8. Usenet News Themenhierarchie

Name	Themengruppe
comp	Computer und Informatik
sci	Physik und Ingenieurwissenschaften
humanities	Literatur und Geisteswissenschaften
news	Diskussion um das Usenet selbst
rec	Freizeitaktivitäten
misc	Sonstiges
soc	Geselligkeit und soziale Fragen
talk	Polemik, Debatten und Argumente
alt	alternativer Zweig mit allen möglichen Themen

seinem Format nach eine gültige Email-Nachricht nach RFC 822 darstellen, d.h. die Email-Headerfelder Date, From, Subject, Message-ID und Newsgroup (als Adressat) müssen enthalten sein. Für den Zugriff des News-Readers auf den News-Server sieht NNTP spezielle Kommandos vor, die in RFC 977 spezifiziert sind.

Um die aktuellsten Beiträge aus News-Gruppen abzurufen, muß der Client zuerst eine TCP-Verbindung über Portnummer 119 zum News-Server aufbauen. News-Reader und News-Server beginnen daraufhin ihren Anfrage/Antwort-Dialog, um sicherzustellen, daß zum Client lediglich alle neuen Beiträge und keine eventuell bereits beim Client vorhandenen Duplikate übertragen werden. Die wichtigsten NNTP-Befehle sind in Tabelle 8.9 zusammengestellt.

Tabelle 8.9. Grundlegende NNTP-Befehle

Befehl	Bedeutung
list	Anforderung einer Liste mit allen Newsgroups und Beiträgen.
newsgroups DATE TIME	Anforderung einer Liste mit allen Newsgroups, die nach DATE/TIME erzeugt wurden
group GRP	Anforderung einer Liste aller Beiträge aus GRP
newnews GRPS DATE TIME	Anforderung einer Liste aller neuen Artikel der angegebenen Diskussionsgruppen
article ID	Anforderung eines bestimmten Beitrags
post	Senden eines Diskussionsbeitrags
ihave ID	Beitrag ID steht zur Abholung bereit
quit	Beendigung der Verbindung

Zunächst kann der Client über die Kommandos list und newsgroups feststellen, über welche Diskussionsgruppen der Server verfügt, bevor er über group und newnews ermitteln kann, welche Einzelbeiträge für ihn von Interesse sind. Ist ein Beitrag ausgewählt, kann dieser über article abgerufen werden. Für einen Informationsaustausch in der Gegenrichtung stehen die

Kommandos `ihave` und `post` zur Verfügung, mit denen der Client dem Server Beiträge anbieten kann, die er von anderen Servern bezogen hat oder die lokal verfaßt worden sind. `quit` beendet die Verbindung.

8.8.3 Sonstige Dienstangebote über TCP/IP

Echo. Der als **Echo** bezeichnete Dienst ist in RFC 862 spezifiziert und stellt einen einfachen Client/Server-basierten Antwortdienst dar. Der Server sendet dabei einem anfragenden Client einfach alles das zurück, was er vom Client empfangen hat. Der Echo-Server kann sowohl über TCP als auch über UDP Daten transportieren und ist stets über die Portnummer 7 erreichbar.

Discard. In RFC 863 ist der **Discard**-Dienst spezifiziert. Discard definiert einen sehr einfach aufgebauten Client/Server-Dienst, wobei ein Discard-Server stets alles löscht, was er von einem Client empfangen hat. Der Discard-Server kann sowohl über TCP als auch über UDP angesprochen werden und ist über Portnummer 9 erreichbar.

Chargen. RFC 864 definiert den sogenannten **Chargen**-Dienst (Character Generator). Chargen ist ebenfalls Client/Server-basiert aufgebaut und sowohl über TCP als auch über UDP auf der Portnummer 19 erreichbar. Wird ein Chargen-Server via TCP von einem Client kontaktiert, so liefert er einen kontinuierlichen Strom willkürlich gewählter Zeichen zurück. Über UDP adressiert liefert der Chargen-Server ein Datagramm zurück, das eine beliebige Anzahl zufällig ausgewählter Zeichen enthält.

Time. Zur Ermittlung der aktuellen Uhrzeit kann der Client/Server-basierte **Time**-Dienst herangezogen werden, der in RFC 868 spezifiziert wurde. Auf die Anfrage eines Time-Clients hin liefert der Time-Server die aktuelle Zeit des Server-Rechners als 32 Bit Ganzzahl, die die verstrichenen Sekunden seit Mitternacht des 1. Januars 1900 angibt. Time kann sowohl über TCP als auch über UDP angesprochen werden und ist stets unter der Portnummer 37 erreichbar.

Daytime. Ebenso wie der Time-Dienst stellt der Client/Server-basierte **Daytime**-Dienst die aktuelle Uhrzeit des Server-Rechners in einer für den Benutzer lesbaren Form zur Verfügung, nur daß Daytime zusätzlich noch eine Datumsangabe liefert. Daytime ist in RFC 867 definiert und kann über TCP oder UDP über die Portnummer 13 erreicht werden.

Gopher, WAIS und Veronica. Die genannten Client/Server-basierten Dienste sind heute weitgehend aus dem Internet wieder verschwunden. Als Vorläufer des World Wide Web ermöglichte der **Gopher**-Dienst einen unkomplizierten Zugriff auf weltweit verteilte Daten. Gopher ist in RFC 1436 festgeschrieben. Mit einem Text-basierten Gopher-Client kann ein Gopher-Server ähnlich einem WWW-Server abgefragt werden, nur daß Gopher ohne das Konzept der Hyperlinks auskommen mußte.

Speziell zur Informationssuche innerhalb des weltweit zur Verfügung gestellten Gopher-Informationsraums diente das Suchwerkzeug **Veronica** (Very Easy Rodent-Oriented Net-Wide Index to Computerized Archives).

Ein anderer Dienst zur Volltextsuche in Datenbanken über das Internet ist **WAIS** (Wide Area Information System), spezifiziert in RFC 1625. WAIS verwendet für die Datenbankabfrage den Standard ANSI Z39.50, aber hat mit dem Siegeszug des WWW seine ehemalige Bedeutung verloren.

NTP. Zwar kann über die Dienste Time und Daytime stets die aktuelle Uhrzeit eines Rechners ermittelt werden, sollen aber mehrere Rechner einheitlich auf eine gemeinsame Uhrzeit synchronisiert werden, so ist zu diesem Zweck ein eigenes Protokoll notwendig. Das **Network Time Protocol** (**NTP**), spezifiziert in RFC 1305, stellt einen derartigen Synchronisationsdienst zur Verfügung. Dazu wird eine Hierarchie von Referenz-Zeitgebern aufgebaut, wobei die primären Zeitgeber in der Regel direkt mit Atomuhren synchronisiert werden. NTP verwendet UDP als Transportprotokoll und erreicht eine Genauigkeit in der Synchronisation, die im Bereich von Millisekunden liegt. Einen zu NTP kompatiblen, aber weniger komplexen Dienst stellt das **Simple Network Time Protocol** (**SNTP**) dar, das in RFC 2030 spezifiziert wird.

Ping. Mit Hilfe des **Ping**-Dienstes kann festgestellt werden, ob ein darüber angefragter Rechner erreichbar bzw. verfügbar ist. Ping versendet zu diesem Zweck `ECHO_REQUEST`-Datenpakete des ICMP-Protokolls, auf die der angegebene Adressat mit einem ICMP `ECHO_RESPONSE`-Datenpaket antworten muß, sofern er tatsächlich über das Internet erreichbar ist. Über Ping kann zudem die Laufzeit eines Datenpakets zwischen Sender und Empfänger, die Anzahl verlorengegangener Datenpakete sowie die jeweils notwendige Anzahl zu überbrückender Netzteilstrecken (Hops) ermittelt werden. Ping ist ein einfaches Werkzeug zur Ermittlung von Netzwerk Fehlfunktionen im Internet.

Finger. Über das **Finger**-Protokoll, das in RFC 1288 spezifiziert ist, können Informationen über einen oder mehrere Nutzer auf einem angegebenen Rechner gewonnen werden. Finger arbeitet als Client/Server-Anwendung und sendet dabei in NVT ASCII kodierte Nachrichten über den TCP Port 79. Folgende Informationen über einen Nutzer können mit Finger gewonnen werden:

- Login Name,
- vollständiger Name,
- Name des mit dem Nutzer assoziierten Terminals,
- wie (von woher) hat sich der Nutzer am lokalen Rechner angemeldet,
- wielange ist der Nutzer bereits angemeldet (Login Time) und
- wielange erfolgte keine Nutzereingabe (Idle Time).

Der Dienst des Finger-Protokolls wird oft als Sicherheitsrisiko betrachtet und daher explizit gesperrt. Dies liegt zum Teil auch daran, daß das Finger-Protokoll 1988 traurige Berühmtheit erlangte als einer der Angriffspunkte des ersten Internetwurms (siehe RFC 1135).

644   8. Wozu das Internet alles gut ist –Dienste und Anwendungen im Internet

Whois. Ebenso wie das Finger Protokoll ist der **Whois**-Dienst ein Internet-Informationsdienst, der in RFC 954 spezifiziert ist. Whois arbeitet als Client-/Server-Anwendung über TCP Portnummer 43. Der Whois-Server antwortet einem anfragenden Client mit Informationen, über die er im Zusammenhang mit dem gestellten Suchbegriff verfügt. Dabei kann es sich um Informationen über andere Nutzer, Arbeitsgruppen, entfernte Rechner oder Rechnernetze handeln, die als NVT ASCII-kodierte Nachrichten übermittelt werden.

8.9 Glossar

Application Programming Interface (API): Über das API wird eine fest definierte Schnittstelle implementiert zwischen einer Programmiersprache, mit der auf das API zugegriffen wird und die sich der Methoden und Datenstrukturen, die das API vorsieht, bedient, und einem konkreten Hard- und Softwaresystem, das mit Hilfe der Methoden und Datenstrukturen der Bibliotheken des API manipuliert werden kann. Ein API schirmt den Entwickler vor sogenannten „Low Level" Arbeiten ab, die nötig wären, um direkt auf die vom API manipulierbaren Objekte zuzugreifen, und bietet damit eine komfortable Schnittstelle für den Entwickler.

Base64 Encoding: Im **MIME**-Standard definierte Kodierung für Binärdaten in 7-Bit US-ASCII Zeichen. Die Binärdaten werden in 24 Bit lange Gruppen aufgeteilt, die ihrerseits wieder in vier Gruppen von jeweils 6 Bit Länge unterteilt werden. Diese 6 Bit langen Bitfolgen werden anschließend mit Hilfe von 7 Bit US-ASCII Zeichen (A–Z, a–z, 0–9, +/=) kodiert.

Carbon Copy (CC): Kopie einer Email-Nachricht, die an zusätzliche Empfänger weitergeleitet werden soll. Die Bezeichnung stammt noch aus einer Zeit, als zur Anfertigung von Kopien eines Schreibmaschinentextes Kohlepapier notwendig war, das zwischen die einzelnen Textseiten gelegt werden mußte, bevor dieses in die Schreibmaschine eingespannt wurde. Sollen Kopien einer Email-Nachricht versendet werden, ohne daß der Adressat der Nachricht davon Kenntnis erlangt, so sendet man eine **Blind Carbon Copy (BCC)**.

Chat: Kommunikationsform im Internet. Chat (eigentlich Internet Relay Chat) läuft Client-/Server-basiert ab. Die Anwender beteiligen sich über einen lokalen Client an einem Chat, indem sie sich beim Chat-Server anmelden. Daraufhin kann jeder Client einen Text übertragen, den alle anderen mit dem Server verbundenen Clients in Echtzeit zur Darstellung bringen können. Chat bietet damit die Möglichkeit von Online-Diskussionsgruppen im Internet.

Client: Bezeichnet ein Programm, daß einen Server kontaktiert und von diesem Informationen anfordert. Der im WWW eingesetzte Browser ist in diesem Sinne ein Client. Aber es gibt auch andere Clients im WWW, die WWW-Server kontaktieren und Informationen von diesen herunterladen, wie z.B. Suchmaschinen oder Agenten.

Client/Server Architektur: Eine Anwendung wird arbeitsteilig auf mehreren, durch ein Netzwerk verbundenen Computern ausgeführt. Der Server stellt dabei bestimmte Dienstleistungen bereit, der Client auf der anderen Seite fordert Dienstleistungen an. Außer dem Erteilen und Beantworten von Auftragsbeziehungen sind die Komponenten voneinander unabhängig. Schnittstellen und die Art der Kommunikation zur Auftragserteilung und Beantwortung sind für jede Client/Server-Anwendung eindeutig festgelegt.

Dateitransferdienste: Über einen generellen Dateitransferdienst können Dateien von einem Computer über das Internet auf einen anderen übertragen werden. Dateitransferdienste im Internet setzen auf den Transportprotokollen TCP oder UDP auf und ermöglichen Dateitransfers zwischen entfernten Rechnern einschließlich notwendiger Formatübersetzungen, Verzeichnisabfragen und Überprüfungen von Benutzerberechtigungen. Die wichtigsten Vertreter sind **FTP** (File Transfer Protocol), **TFTP** (Trivial File Transfer Protocol) oder auch das komplexere **NFS** (Network File System).

Dateizugriffsdienste: Anders als ein Dateitransferdienst, gestattet der Dateizugriffsdienst das Lesen oder Ändern einer bestimmten Stelle in einer entfernten Datei. Dabei müssen lediglich die zu ändernden Daten und nicht mehr die vollständige Datei über das Netzwerk übertragen werden. Der am weitesten verbreitete Dateizugriffsdienst der TCP/IP-Protokollfamilie ist der in RFC 1094 spezifizierte **NFS**-Dienst (**Network File System**).

Domain Name Service (DNS): Namensdienst, der als verteilte Datenbank-Anwendung in der Lage ist, symbolische Namen einer binären IP-Adresse zuzuordnen (wobei allerdings nur die Netzwerk-ID berücksichtigt wird). DNS basiert auf TCP oder UDP und ist als Client/Server-Anwendung organisiert. Jedes Endsystem verfügt über einen DNS-Client (Resolver), der von einem Anwendungsprogramm aufgerufen werden kann und die Namensauflösung herbeiführt. Der DNS-Adreßraum ist hierarchisch organisiert, so daß jeder Unterabschnitt durch einen eigenen speziellen DNS-Server bedient werden kann.

Electronic Mail (Email): Der als elektronische Post bezeichnete Internetdienst ist eine Nachbildung der Briefpost basierend auf den digitalen Kommunikationsmöglichkeiten des weltweiten Internets. Das Email-System ist ein Message Handling System, das sich aus den sogenannten User Agenten (UA), die als Schnittstelle des Anwenders zum Senden und Empfangen von elektronischer Post, und den Message Transfer Agents besteht, die für den Transport der Nachrichten vom Sender zum Empfänger verantwortlich sind.

Email-Adresse: Nutzer eines Email-Systems können über eine Email-Adresse eindeutig identifiziert werden. Die Email-Adresse setzt sich zusammen aus:
- Benutzername (Adreßpräfix) und
- IP-Adresse des Email-Servers (Adreßsuffix),
die beide durch das Sonderzeichen „@" voneinander getrennt werden.

Email-Gateway: Email-Gateways können als Vermittler zwischen unterschiedlichen Email-Systemen arbeiten oder Rechner an den Email-Verkehr anbinden, die nicht selbst mit dem Internet verbunden sind. Ihre Aufgabe besteht oftmals auch darin, als Gateway den Nutzern eines LANs eine einheitliche Email-Adresse zu geben sowie in der Abarbeitung von **Mailinglisten**.

File Transfer Protocol (FTP): Allgemeine Client/Server-basierte Anwendung für den Dateitransfer, die in RFC 959 standardisiert ist. FTP basiert auf dem Telnet-Protokoll und TCP als Transportprotokoll und erlaubt einen interaktiven und komfortablen Dateitransfer mit entsprechenden Autorisierungsmechanismen.

Internet Message Access Protocol (IMAP): Weiterentwicklung des POP-Protokolls zur Kommunikation zwischen Client-Anwendung und Email-Gateway, das in RFC 1730 spezifiziert ist. Über IMAP kann sich der Benutzer bei einem Email-Gateway anmelden und die seinem Email-Konto (Mailbox) zugeordneten Nachrichten manipulieren, ohne daß die Client-Anwendung des Nutzers selbst einen SMTP-basierten Email-Dienst bereitstellen muß. Im Gegensatz zu POP müssen bei IMAP nicht alle Email-Nachrichten vollständig vom Email-Gateway übertragen werden. Es werden lediglich die „Betreff"-Zeilen vom Email-Gateway gesendet und der Nutzer entscheidet, welche Email-Nachrichten vollständig übertragen werden sollen.

IP-Adresse: 32-Bit lange binäre Adresse, die eindeutig einen Rechner im globalen Internet bezeichnet. Zur besseren Lesbarkeit wird diese Adresse in vier Oktetts unterteilt, die als vorzeichenlose, ganze Dezimalzahl interpretiert und durch einen Dezimalpunkt getrennt angegeben werden (z.B. 232.23.3.5). Die IP-Adresse unterteilt sich in zwei Teile, den Adreßpräfix (Netzwerk-ID), der das Netzwerk, in dem sich der adressierte Rechner befindet, weltweit eindeutig festlegt, und dem Adreßsuffix (Host-ID), der den Rechner innerhalb seines lokalen Netzwerks eindeutig identifiziert.

Mailingliste: Soll eine Email-Nachricht gleichzeitig an viele Empfänger gesendet werden, kann dies über eine Mailingliste erfolgen. Eine Mailingliste ist eine Datei, die die Email-Adressen vieler verschiedener Empfänger enthält, die selbst über eine eigene Email-Adresse angesprochen werden kann. Ein Email-Gateway, das eine Email-Nachricht erhält, die an eine Mailingliste unter der lokalen Verwaltung des Email-Gateways adressiert ist, sendet eine Kopie der Nachricht an alle Adressen dieser Mailingliste.

Multimedia: Kommen bei der Darstellung von Information mehrere verschiedenartige Medien zum Einsatz, wie z.B. Text, Bild und Ton, so spricht man von einer multimedialen Darstellung der Information.

Multipurpose Internet Mail Extensions (MIME): Erweiterung des ursprünglich in RFC 822 definierten Email-Formats, das als Inhalt der Email-Nachricht ausschließlich 7 Bit US-ASCII-kodierten Text vorsah. MIME definiert zusätzliche Felder für den Message-Header der Email, mit deren Hilfe verschiedenartige Kodierungen und Datentypen als Inhalt der Email-Nachricht spezifiziert werden können, für deren korrekte Darstellung der jeweilige User Agent des Email-Systems sorgt. Zur Kodierung von Binärdaten wird der **Base64 Encoding** Standard verwendet. MIME ist in den RFCs 1521 und 1522 spezifiziert.

Namensdienst: Dient der Übersetzung von symbolischen Namen in IP-Adressen. Die im Internet gültigen IP-Adressen lassen sich nur schwer im Gedächtnis behalten. Deshalb arbeitet man an ihrer Stelle mit symbolischen Namen. Für die Kommunikation im Internet müssen diese symbolischen Namen über einen Namensdienst wieder in binäre IP-Adressen übersetzt werden.

Netzwerkmanagement: Sammelbegriff für alle Aktivitäten zur Planung, Konfiguration, Überwachung, Steuerung, Fehlerbehebung und Verwaltung von Netzwerken unter Einsatz geeigneter Hard- und Software. Prinzipiell läßt sich das Netzwerkmanagement in zwei Teilaufgaben untergliedern: Die **Netzwerk-Überwachung** (Network Monitoring) erfaßt den Zustand und das Verhalten von Endsystemen, Zwischensystemen und Subnetzwerken. Auf der anderen Seite sorgt die **Netzwerk-Steuerung** (Network-Control) dafür, daß unerwünschte und ungünstige Zustände im Netzwerk behoben bzw. verbessert werden. Im Internet kommt zu diesem Zweck das **Simple Network Management Protocol (SNMP)** zum Einsatz.

Nonce: Zufällig gewählter Zahlenwert, der in einer gesicherten Kommunikation dazu verwende werden kann, sogenannte **Playback-Angriffe** auszuschließen, bei denen ein unberechtigter Dritter mit einer duplizierten Nachricht versucht, Einfluß zunehmen. Ein bestimmter Nonce-Wert darf in der Kommunikation nur ein einziges Mal verwendet werden.

Post Office Protocol (POP): In RFC 1725 spezifiziertes Protokoll zur Kommunikation zwischen Client-Anwendung und Email-Gateway. Über POP kann sich der Benutzer bei einem Email-Gateway anmelden und die seinem Email-Konto (Mailbox) zugeordneten Nachrichten lesen und manipulieren, ohne daß die Client-Anwendung des Nutzers selbst einen SMTP-basierten Email-Dienst bereitstellen muß.

Portnummer: 16 Bit lange Identifikation für eine TCP-Verbindung, die stets mit einem bestimmten Anwendungsprogramm assoziiert ist. Die Portnummer 0–255 sind für spezielle TCP/IP-Anwendungen reserviert (**Well Known Ports**), Portnummer 256–1.023

für spezielle UNIX-Anwendungen. Die Portnummern 1.024–56.535 können für eigene Anwendungen gewählt werden und unterliegen keiner festen Zuordnung.

Pretty Good Privacy (PGP): Von Phil Zimmerman 1991 entwickeltes System zur sicheren Abwicklung des Email-Nachrichtenverkehr. PGP ist frei verfügbar für die meisten Hardwareplattformen und Betriebssysteme und bietet Email-Nachrichten-Verschlüsselung mit symmetrischen Schlüsselverfahren (Triple-DES, IDEA, CST), Sicherung des symmetrischen Schlüssels über ein asymmetrisches Verschlüsselungsverfahren (RSA), sowie Sicherung der Integrität von Email-Nachrichten (MD5 Message Digest) und Wahrung der Authentizität der Kommunikationspartner (digitale Signaturen). PGP ist das am weitesten verbreitete System zum sicheren Transport von Email-Nachrichten.

Realtime Transport Protocol (RTP): Zur Übertragung von digitalisierten Audio- und Videosignalen spezialisiertes Transport-Protokoll, das in RFC 1889 spezifiziert wurde. RTP nutzt UDP als unterliegendes Transportprotokoll und verwendet Sequenznummern und Zeitstempelinformationen, um die Anforderungen für den zeitgerechten Transport von Echtzeitdaten zu erfüllen im Zusammenspiel mit den Protokollen **RTSP** (Real Time Streaming Protocol) für das Streaming von Multimediadaten und **RTCP** (Real-Time Transport Control Protocol), über das die beteiligten Kommunikationspartner Informationen über die aktuelle Leistung oder die zugrunde liegende Netzwerkinfrastruktur austauschen können.

Da innerhalb eines IP-basierten Netzwerks keine Garantien über einzuhaltende Dienstgüteparameter (**Quality of Service**) gegeben werden können, kann über die beiden Protokolle **RSVP** (Resource Reservation Protocol) und **COPS** (Common Open Policy Service) eine Vorabreservierung zur Verfügung stehender Netzwerkressourcen vorgenommen werden.

Remote Procedure Call (RPC): Über RPC werden Funktionsaufrufe auf entfernten Computern möglich. Die dazu notwendigen Protokollmechanismen sind in RFC 1057 spezifiziert und bilden die Grundlage für viele Client/Server-Anwendungen im Internet. Der Programmierer einer verteilten Anwendung hat über RPC die Möglichkeit, Funktionsaufrufe an entfernte Server zu programmieren, ohne detaillierte Kenntnisse über die dazu notwendigen Mechanismen zu besitzen. Für die Kodierung der zwischen Client und Server auszutauschenden Nachrichten wird eine allgemeine Transfersyntax, die in RFC 1014 definierte **External Data Representation** (**XDR**) verwendet, die eine automatische Konvertierung zwischen unterschiedlichen Rechnerarchitekturen gewährleistet.

Rlogin: In RFC 1282 spezifiziertes Protokoll zur Einrichtung einer interaktiven Sitzung (Remote Login) auf einem entfernten Rechner. Ursprünglich dazu vorgesehen, einen Remote-Login Service zwischen zwei Unix-Rechnern bereitzustellen, ist Rlogin im Gegensatz zu Telnet weniger komplex und einfacher zu implementieren. Eine weit verbreitete Variante des Rlogin-Dienstes ist das Dienstprogramm **rsh**, das Bestandteil der meisten Unix-Implementationen ist.

Server: Bezeichnet einen Prozeß, der von Clients kontaktiert wird, und diesen Informationen zurückliefert. Oft wird auch der Rechner, auf dem ein Server-Prozeß abläuft, als Server bezeichnet.

Simple Mail Transfer Protocol (SMTP): In RFC 821 spezifiziertes Protokoll zum Austausch von Email-Nachrichten. SMTP als Basis eines Client/Server-basierten Email-Diensten zählt zu den populärsten Protokollen im Internet.

Simple Network Management Protocol (SNMP): In RFC 1157 spezifiziertes Protokoll zum Netzwerkmanagement in Internet-basierten Netzwerken. Netzwerk-Objekte und zugehörige Parameter werden dabei über eine sogenannte **Management Information Base** (**MIB**), einer hierarchisch organisierten Datenbank, beschrieben.

Socket: Das TCP-Protokoll stellt eine zuverlässige Verbindung zwischen zwei Endsystemen bereit. Zu diesem Zweck werden auf den beteiligten Rechnern Endpunkte, sogenannte Sockets, definiert, die jeweils aus der IP-Adresse des Rechners, sowie einer 16 Bit langen Portnummer bestehen, die die Verbindung eindeutig definieren. Über Sockets werden sogenannte **Dienstprimitive** zur Verfügung gestellt, die eine Steuerung und Kontrolle der Datenübertragung erlauben. Dazu assoziieren Sockets jeweils Eingabe- und Ausgabe-Pufferspeicher zu den von ihnen gestarteten Verbindungen.

Secure Shell (ssh): Erweiterung des Remote-Login-Dienstes rsh, der eine sichere Kommunikation zwischen Client- und Server-Rechner bereitstellt. Die dabei eingesetzten Verschlüsselungsverfahren sind RSA, DSA und TripleDES.

Streaming: Bezeichnung für die kontinuierliche Wiedergabe von multimedialen Inhalten (Audio und/oder Video) über das Internet in Echtzeit, d.h. die Wiedergabe findet bereits zum Zeitpunkt der Übertragung statt, ohne daß diese erst vollständig abgewartet werden muß. Die wiederzugebenden Inhalte können dabei bereits in gespeicherter Form oder als Live-Daten vorliegen, die direkt nach ihrer Generierung kontinuierlich über das Internet abgerufen werden können. Im Gegensatz zur herkömmlichen Datenübertragung ist Streaming verzögerungssensitiv, d.h. Datenpakete, die zu sehr verzögert werden, verlieren ihre Relevanz, und fehlertolerant, d.h. innerhalb eines gewissen Rahmens verursachen Fehler oder Datenverluste zwar eine Verminderung der Darstellungsqualität der kontinuierlichen Multimedia-Daten, doch werden Fehler toleriert.

Telnet: In RFC 854 spezifiziertes Protokoll zur Einrichtung einer interaktiven Sitzung (Remote Login) auf einem entfernten Rechner. Als ältestes Anwendungsprotokoll des Internets ermöglicht Telnet über eine gemeinsame virtuelle Terminalschnittstelle (**Network Virtual Terminal**) auch Verbindungen zwischen unterschiedlichen Rechnerplattformen.

Trivial File Transfer Protocol (TFTP): Eine einfachere Variante des weitaus komplexeren FTP Dateitransferdienstes. TFTP ist in RFC 783 spezifiziert und erlaubt ausschließlich einen einfachen Dateitransfer ohne Autorisierungsmöglichkeiten. TFTP setzt dazu auf UPD als Transportprotokoll auf und wird z.B. dazu verwendet, den Systemstart-Vorgang auf Rechnern ohne eigene Festplatte zu unterstützen (**Bootstrapping**).

X.400: X.400 stellt einen Email-Nachrichtendienst (Message Handling System, MHS) bereit, das von der ITU-T als **MHS** und von der ISO als **MOTIS** (Message Oriented Text Interchange System) standardisiert wurde. Ziel von X.400 ist die Interoperabilität von Produkten unterschiedlicher Hersteller und zwischen öffentlichen und privaten Email-Diensten. Im Vergleich zu **SMTP** stellt X.400 eine höhere Funktionalität bereit, die aber durch eine entsprechend höhere Komplexität erkauft wird. Daher konnte sich SMTP vor X.400 schnell auf breiter Basis durchsetzen und dieses weitgehend verdrängen.

9. Unter vier Augen – Sicherheit im Internet

„Sicher ist, daß nichts sicher ist. Selbst das nicht".
– Hans Bötticher, genannt Ringelnatz,
(1883-1934)

Das globale Internet ist ein offenes Netz. Offen, das heißt nicht begrenzt und für jedermann zugänglich. Niemand wird ausgeschlossen, jeder kann Zugang zum Netz der Netze erhalten. Diese Offenheit des Internet war Voraussetzung für die große Popularität, die das Internet in den vergangenen Jahrzehnten erlangen konnte. Allerdings hat diese Offenheit ihren Preis: Es gibt keine zentrale Kontrolle, die z.B. unbefugten Dritten Einblick in die Kommunikation und damit in die Privatsphäre der Internetnutzer verwehren würde. Um dennoch z.B. einen ausreichenden Schutz der Vertraulichkeit und der Privatsphäre garantieren zu können, müssen Techniken aus der Kryptografie eingesetzt werden, die Nachrichten verschlüsseln und deren Unversehrtheit sicherstellen. Ebenfalls mit Verfahren der Kryptografie kann die Identität der Kommunikationspartner nachgewiesen werden, damit keine Betrüger, die eine falsche Identität vorspiegeln, ihr Unwesen treiben können. Denn Kommunikationspartner sitzen sich im Internet nicht mehr gegenüber, so daß sie sich anhand ihrer äußeren Erscheinung identifizieren könnten, sondern befinden sich möglicherweise auf der anderen Seite des Globus.
Das vorliegende Kapitel gibt einen kurzen Abriß der Verfahren der Kryptografie und zeigt die für das Internet bedeutsamsten Techniken exemplarisch auf. Dabei wird auf das sichere IP-Protokoll IPsec, die sichere Kommunikation im WWW via SSL und den Austausch sicherer Emails mit Hilfe von PGP besonders eingegangen.

Ein **sicheres Netzwerk** bereitzustellen ist keine einfache Aufgabe. Jeder Netzwerkanwender hat aus seiner speziellen Sicht andere Anforderungen bzgl. der Sicherheit an die Kommunikation über ein Netzwerk. Insbesondere im Internet, einem **offenen Netzwerk**, dessen Teilnehmer in keiner Weise auf einen vertrauenswürdigen Personenkreis beschränkt werden können, sind Sicherheitsanforderungen zunehmend kritisch. In vielen Netzwerken sind vertrauliche und für den betreffenden Eigentümer wertvolle Datenbestände gespeichert, die vor einem unberechtigten Zugriff geschützt werden müssen. Auf der anderen Seite ist Firmen und Unternehmen, die sich über das Internet neue Absatzmärkte erschließen und auf den Zug des **Electronic Commerce** mit aufspringen wollen, daran gelegen, sich selbst und ihre Angebote und Dienstleistungen im Internet jedermann publik zu machen – also auch unbekannten, eventuell unzuverlässigen und unter Gesichtspunkten der Netzwerksicherheit „gefährlichen" Nutzern.

Da es kein sicheres Netzwerk gibt und prinzipiell auch nicht geben kann, sind die Betreiber von Netzwerken gezwungen, über ein spezifisches Regelwerk und zusätzliche Komponenten und Verfahren ein möglichst hohes, den spezifischen Anforderungen ihrer Nutzer entsprechendes Maß an Netzwerksicherheit zu bieten. Ausgangspunkt für die Erstellung dieses Regelwerks und der Konzeption der Komponenten und Verfahren ist eine Analyse der zu schützenden Ressourcen und der Maßnahmen, die ergriffen werden können, um diese Ressourcen angemessen zu schützen. Dabei muß beachtet werden, daß der Schutz globale und universelle Gültigkeit besitzt, d.h. er muß für die zu schützenden Ressourcen sowohl an deren Ursprungsort, als auch während der Datenübertragung über Zwischensysteme oder Speichermedien gelten, auch wenn diese nicht mehr zu seinem Verantwortungsbereich gehören, also sowohl im lokalen Netzwerk, beim Datentransport über Router und Telefonleitungen, als auch im lokalen Speicher des Endanwenders oder sogar in ausgedruckter Form. Natürlich sind dabei auch die gesetzlichen Regelungen zum Schutz der Privatsphäre bzw. zum Datenschutz zu beachten.

Sicherheitsrisiken sind verbunden mit finanziellem Verlust. Die Höhe des potentiellen finanziellen Verlusts bestimmt die Sicherheitsrelevanz der zu schützenden Daten. Verluste, die durch den unberechtigten Zugriff Dritter entstehen können, beginnen bei Fehlbeträgen in der Abrechnung der Verbindungszeit mit dem Netzwerkprovider, also bei Bruchteilen von Cent-Beträgen, und können bei Millionenverlusten, die in Folge von Industriespionage oder betrügerischer Manipulation elektronischer Finanzdienstleistungen entstehen, enden – ganz zu schweigen von Angriffen mit terroristischem Hintergrund.

Bevor im Folgenden auf bereitstehende kryptografische Grundlagen und Werkzeuge eingegangen wird, sollen zunächst Eigenschaften und Aspekte besprochen werden, die für eine sichere Kommunikation von Bedeutung sind.

9.1 Sicherheitsanforderungen

Welchen Aspekten welcher Stellenwert im Regelwerk zur Ausgestaltung der Netzwerksicherheit eines Netzwerkbetreibers eingeräumt wird, liegt in der Verantwortung des Netzbetreibers selbst. Oft müssen bei dieser Festlegung viele Kompromisse eingegangen werden, da sich verschiedene Sicherheitsziele widersprechen können bzw. entsprechende Sicherungstechniken sehr aufwendig und kostenintensiv sind.

9.1.1 Sicherheitsziele

Folgende grundlegende Aspekte sind stets in alle Überlegungen zur Netzwerksicherheit einzubeziehen:

9.1 Sicherheitsanforderungen 651

- **Verfügbarkeit**
  Damit ein Informationsanbieter Daten über das Internet verfügbar machen kann, ist er auf die zuverlässige Funktionstüchtigkeit der Netzwerkinfrastruktur angewiesen. Die Netzwerkkomponenten können durch zufällig auftretende Fehler oder aber auch durch gezielte Angriffe von Seiten unberechtigter Dritter in ihrer Funktion beeinträchtigt oder sogar ausgeschaltet werden, so daß die angebotene Information unerreichbar bleibt. Angriffe dieser Art werden als **Denial-of-Service** bezeichnet.
  In der Regel verläuft eine Denial-of-Service Attacke so, daß im Zuge des Angriffs soviel Last auf dem angegriffenen System erzeugt wird, daß dieses nicht mehr in der Lage ist, seine regulären Aufgaben funktionsgerecht zu bewältigen. Beispiel für eine Denial-of-Service Attacke ist das sogenannte **SYN-Flooding**. Dabei überschüttet der Angreifer sein Opfer im Netzwerk mit TCP-SYN-Datensegmenten mit gefälschter IP-Quelladresse, um damit das TCP-Drei-Wege-Handshake zur Eröffnung einer TCP-Verbindung anzustoßen. Da der angegriffene Server nicht zwischen legitimen und gefälschten SYN-Datensegment unterscheiden kann, eröffnet er wunschgemäß neue Verbindungen, indem er jeweils den notwendigen zweiten Schritt im Drei-Wege-Handshake (siehe Abschnitt 7.2.5) durchführt, wobei er alle dazu notwendigen Datenstrukturen alloziert und vergeblich darauf wartet, daß von Seiten der gefälschten IP-Adresse der noch ausstehende dritte Schritt ausgeführt wird. Auf diese Art wächst die Zahl der offenen, ressourcenverschlingenden TCP-Verbindungen ständig und führt zu einer Überlastung des Servers.

- **Datenintegrität**
  Daten, die von einem Sender an einen Empfänger übertragen werden, sollen diesen unverändert im Originalzustand erreichen. Dabei darf der Inhalt der übertragenen Daten weder in böser Absicht durch einen unberechtigten Dritten oder zufällig durch aufgetretene Übertragungsfehler verändert werden. Um das zu erreichen, müssen zusätzlich zu den durch die regulären Transportprotokolle bereitgestellten Fehlerbehandlungsverfahren kryptografische Verfahren angewendet werden.

- **Vertraulichkeit und Geheimhaltung**
  Obwohl der Inhalt übermittelter Nachrichten eigentlich nur für Sender und Empfänger bestimmte ist, kann sich in einem offenen Netz ein unberechtigter Dritter durch Überwachung des Datenverkehrs unbefugt Einblick verschaffen. Er kann so den transportierten Inhalt lesen, solange dieser nicht durch geeignete kryptografische Methoden geschützt wird. Um eine Nachricht geheim zu halten, muß man entweder dafür sorgen, daß kein unberechtigter Dritter überhaupt in der Lage ist, Datenpakete zu kopieren, oder man muß Verschlüsselungstechniken anwenden, die den Dateninhalt unkenntlich gegenüber unberechtigten Dritten machen.
  Mit einem sogenannten **Packet-Sniffer** kann der Datenverkehr auf der Netzwerkschicht eines LANs abgehört werden. In einem Diffusionsnetz-

werk, in dem alle Rechner ein gemeinsames Kommunikationsmedium nutzen, kann ein Packet-Sniffer so jedes Datenpaket abfangen, lesen und analysieren. In einem Ethernet-LAN kann sogar jeder Netzwerkadapter durch einfache Umkonfiguration in den sogenannten **Promiscous Mode** in die Lage versetzt werden, jedes Datenpaket unabhängig von der dort eingetragenen Empfängeradresse zu lesen. Entwickelt wurden Packet-Sniffer allerdings zu einem ganz anderen, hilfreichen Zweck, nämlich um als Netzwerk-Analysewerkzeug dem Netzwerkadministrator zu helfen, den Status des Netzwerkverkehrs zu überwachen und eventuell auftretende Fehler aufzufinden.

- **Authentifikation**
  Damit im Zuge einer Datenübertragung die beförderte Information auch tatsächlich nur den betreffenden Kommunikationspartnern zur Kenntnis gelangt, muß die Identität von Sender und Empfänger sichergestellt werden. Kein unberechtigter Dritter darf sich unbemerkt als einer der beiden Kommunikationspartner ausgeben können. Stehen sich zwei Kommunikationspartner gegenüber, erfolgt diese Authentifikation visuell oder akustisch. Bei einer Kommunikation, in der beide Kommunikationspartner weit voneinander entfernt sind, wird die Authentifikationsaufgabe schwieriger. Stammt eine empfangene Email tatsächlich von dem angegebenen Absender? Um dies sicherzustellen sind kryptografische Authentifikationsverfahren entwickelt worden, wie z.B. digitale Signaturen oder die Eingabe eines geheimen Passworts.
  Jeder im Internet stattfindende Datentransfer läuft über das IP-Protokoll. Im Header jedes IP-Datagramms ist stets die IP-Adresse von Sender und Empfänger enthalten. Hat ein Angreifer die vollständige Kontrolle über das ihm zur Verfügung stehende Endsystem (insbesondere über dessen Betriebssystems), ist er in der Lage, die Protokollsoftware so zu verändern, daß z.B. als Absenderadresse eine andere als die eigene eingetragen und damit eine falsche Identität vorgetäuscht wird. Diese Form der Fälschung der Identität wird als **IP-Spoofing** bezeichnet und ist zusammen mit dem Packet-Sniffing die häufigste Form von Sicherheitsvorkommnissen im Internet.
  Eine andere Form des Angriffs besteht darin, die Einträge von DNS-Servern, die für die Umwandlung von Domain Namen in IP-Adressen zuständig sind, zu manipulieren. Dadurch kann erreicht werden, daß bestimmte Domains nicht mehr erreicht bzw. gezielte Umleitungen von Datenpaketen zum Zweck des Ausspähens und Manipulierens veranlaßt werden. Diese Art des Angriffs wird als **DNS-Poisoning** bezeichnet.

- **Autorisation**
  Nachdem die Identität der Kommunikationspartner zweifelsfrei festgestellt wurde, darf jeder der beiden Kommunikationspartner nur auf die Informationen und Dienste zugreifen, die auch tatsächlich für ihn bestimmt sind. Um dies zu gewährleisten, muß an jede Informationsressource eine

Zugriffsberechtigung geknüpft werden, anhand derer entschieden wird, ob diese Ressource für einen bestimmten, authentifizierten Nutzer zugänglich ist oder nicht.

Um eine solche Zugriffskontrolle zu unterlaufen, muß ein Angreifer entweder erfolgreich eine falsche Identität vortäuschen, oder er muß sich autorisierten Zugang zum Betriebssystem des Rechners verschaffen, auf dem die Ressourcen selbst vorgehalten werden.

9.2 Sicherheitsmechanismen

Die aufgezählten Sicherheitsanforderungen lassen sich alle durch den Einsatz unterschiedlicher kryptografischer Verfahren erfüllen. Je nach konkretem Ziel sind andere Verfahren bzw. eine Kombination verschiedener Verfahren am geeignetesten. Stets jedoch ist für die Anwendung kryptografischer Verfahren eine Kosten/Nutzen-Analyse ausschlaggebend und Kompromisse hinsichtlich der erzielten Sicherheit sind in Kauf zu nehmen. So macht es z.B. wenig Sinn, harmlose private Kommunikation – z.B. über Email – mit Methoden starker Kryptografie zu verschlüsseln. Handelt es sich bei dieser Email allerdings um geheime Informationen von großer wirtschaftlicher Tragweite oder Informationen, bei deren Offenlegung der Sender um Leib und Leben fürchten müßte, sind Methoden der starken Kryptografie sicher gerechtfertigt.

Im folgenden sollen die wichtigsten kryptografischen Verfahren und Techniken kurz vorgestellt werden.

9.2.1 Vertraulichkeit und Verschlüsselung

Kryptografie als Teilgebiet der Informatik, beschäftigt sich mit der Entwicklung von Verschlüsselungsverfahren, die vertrauliche Informationen vor Kenntnisnahme und Zugriff durch unberechtigte Dritte schützen sollen. Ihre Ursprünge liegen geschichtlich weit zurück. Bereits in der Antike wurden Verschlüsselungsverfahren eingesetzt, um diplomatische oder militärische Informationen vor potentiellen Gegnern zu schützen. Konnte die verschlüsselte Botschaft vom Gegner abgefangen werden, war sie doch nicht lesbar. Selbst wenn es gelang, die Verschlüsselung zu brechen und den originalen Text wiederzugewinnen, war dazu so viel Zeit notwendig, daß den kommunizierenden Parteien ein Vorsprung gesichert war.

Das Grundmodell einer verschlüsselten Kommunikation ist in Abb. 9.1 dargestellt. Sender und Empfänger werden, wie in der Kryptografie üblich, **Alice** (A) und **Bob** (B) genannt. Ein potenzieller Gegner, der versucht, unberechtigt Kenntnis der Kommunikation zu erlangen, wird als Angreifer bezeichnet. Die Originalnachricht, der sogenannte **Klartext** (**Plaintext**), wird zur Verschlüsselung mit einer **Transformationsfunktion** in die verschlüsselte Information (**Chiffrat**, **Ciphertext**) umgesetzt. Die dabei verwendete Transformationsfunktion *encrypt* ist in der Regel über einen **Schlüssel** (**Key**) parametrisiert (steuerbar). *encrypt* verfügt also über zwei Argumente, den Schlüssel k und den zu verschlüsselnden Klartext M, um das Chiffrat E zu produzieren.

$$E = encrypt(k, M) .$$

Die Umkehrtransformation *decrypt* dagegen, erzeugt mit Hilfe des Schlüssels K und des Chiffrats E die Originalnachricht M.

$$M = decrypt(K, E) .$$

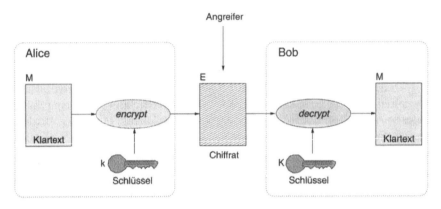

Abb. 9.1. Modell der Verschlüsselung von Nachrichten

Der Schlüssel k besteht in der Regel aus einer (meist kurzen) Zeichenfolge, mit der eine der vielen potenziellen Verschlüsselungsvarianten der Transformationsfunktion ausgewählt wird. Während das Verschlüsselungsverfahren, also die Transformationsfunktion, allgemein bekannt ist, liegt das wahre Geheimnis für die Verschlüsselung im Schlüssel k. Die Anzahl der potenziell möglichen Schlüssel ergibt sich aus der Schlüssellänge. Sie bestimmt den Aufwand, der notwendig ist, um das Chiffrat ohne Hilfe des verwendeten geheimen Schlüssels über eine erschöpfende Suche (Exhaustive Search, Brute Force) zu brechen. Ab einer bestimmten Schlüssellänge spricht man von Methoden der **starken Kryptografie**, da dann der zum Brechen des Schlüssels notwendige Aufwand ins astronomische steigt. Mit steigender Rechenleistung verschiebt sich diese Grenze allerdings zu immer größeren Schlüssellängen, so daß die Einteilung in Methoden der starken und schwachen Kryptografie stets eine relative bleibt. Eine Verschlüsselung wird im Wesentlichen durch Vertauschungen von Zeichen (**Transposition**) oder durch Ersetzungen von Zeichen (**Substitution**) erreicht, die, gesteuert durch einen Schlüssel, in vielen Durchgängen (Runden) wiederholt werden. Abb. 9.2 gibt eine kurze Erläuterung der einfachsten Verschlüsselungstechniken.
Als wichtigste Prinzipien einer erfolgreichen Verschlüsselung wurden erkannt:

Einfache Verschlüsselungsverfahren

1. **Substitutions-Chiffren**
   Ältestes bekanntes Verschlüsselungsverfahren (erwähnt in Julius Cäsars "De Bello Gallico"). Jeder Buchstabe (oder Gruppe von Buchstaben) einer Nachricht wird durch einen anderen Buchstaben (oder Gruppe von Buchstaben) des Alphabets ersetzt. Zwischen den originalen Buchstaben(gruppen) und den verschlüsselten Buchstaben(gruppen) besteht eine eineindeutige Zuordnung. Beispiel:
   Klartext: a b c d e f g h i j k l m ...
   Chiffrat: z y x w v u t s r p q o n ...

2. **Transpositions-Chiffren**
   Anstelle einer Ersetzung der einzelnen Buchstaben einer Nachricht, verändert eine Transpositions-Chiffre deren Reihenfolge. Ein k-stelliger Schlüssel gibt dabei an, auf welche Weise k Buchstaben des Originaltextes jeweils permutiert werden müssen. Beispiel:
   Schlüssel: 7 5 6 2 4 9 8 3 1
   Klartext: g e h e i m n i s
   Chiffrat: s e i i e h g n m

3. **Einweg-Chiffre (One Time Pad)**
   Im Gegensatz zu den o.a. Verschlüsselungsverfahren, die mit recht einfachen Mitteln gebrochen werden können, existiert ein sehr simples Verfahren, daß prinzipiell nicht zu brechen ist. Zum Klartext (also Bitfolge) wird ein gleichlanger, zufällig erzeugter Schlüssel (ebenfalls eine Bitfolge) erzeugt. Beide Bitfolgen werden bitweise über die binäre Operation XOR verknüpft. Das erzeugte Chiffrat gewährt ohne Kenntnis des Schlüssels keinerlei Hinweis auf den Klartext. Beispiel:

	Klartext:	1 0 1 1 1 0 1 1 0 1 0 1 1 0 1 0 1
XOR	Schlüssel:	1 0 1 0 1 1 1 0 0 0 1 0 1 1 1 1 0
	Chiffrat:	0 0 0 1 0 1 0 1 0 1 1 1 0 1 0 1 1

Abb. 9.2. Einfache Verschlüsselungsverfahren

- **Diffusion**
  Jedes Zeichen im Chiffrat soll von möglichst vielen Zeichen des Klartexts und vom gesamten Schlüssel abhängen.
- **Konfusion**
  Der Zusammenhang zwischen Klartext, Schlüssel und Chiffrat soll stets möglichst komplex sein.
- **Schmetterlingseffekt**
  Eine kleine Änderung im Klartext soll zu einer möglichst großen Änderung des Chiffrats führen.

Üblicherweise ist der (Entschlüsselungs-)Schlüssel das entscheidende Instrument, um an die Information im Klartext zu gelangen. Daher muß dieser bei dem in Abb. 9.1 dargestellten Verfahren stets geheim gehalten werden. Ein unberechtigter Dritter, der Kenntnis des **geheimen Schlüssels** erlangt, ist in der Lage, das Chiffrat ohne Mühe zu entschlüsseln. Wenn derselbe Schlüssel sowohl zur Verschlüsselung als auch zur Entschlüsselung verwendet wird ($k = K$), spricht man von einem **symmetrischen Verschlüsselungsverfahren** (Secret Key Encryption) (siehe Abb. 9.3). Die Weitergabe des geheimen Schlüssels (**Schlüsselmanagement**) an den Empfänger einer symmetrisch verschlüsselten Nachricht muß daher unter strengsten Auflagen gesichert erfolgen – ein Unterfangen, daß schon viel Stoff für so manchen spannenden Spionage- oder Kriminalroman geboten hat.

Ein **asymmetrisches Verschlüsselungsverfahren** (**Public Key Encryption**) verwendet zwei verschiedene Schlüssel ($k \neq K$): einen öffentlichen Schlüssel und einen geheimen Schlüssel. Diese Form der Verschlüsselung wurde zusammen mit der Verwendung digitaler Signaturen 1976 von W. Diffie und M. Hellman das erste Mal vorgestellt und sollte sich als wegweisend für die Weiterentwicklung der Kryptografie und der gesamten Internetsicherheit erweisen. (Vor wenigen Jahren wurde publik, daß tatsächlich bereits 1970 der britische Kryptologe James H. Ellis dieses Verfahren für den britischen Geheimdienst entwickelt hat. Allerdings konnte er es aus Geheimhaltungsgründen nicht veröffentlichen.)

Folgende Eigenschaften kennzeichnen asymmetrische Verschlüsselungsverfahren: Während der geheime Schlüssel keinem außer dem Benutzer selbst zugänglich sein darf, wird der aus dem geheimen Schlüssel erzeugte öffentliche Schlüssel unter dem Namen des Benutzers jedermann zugänglich gemacht. Die verwendete Transformationsfunktion hat die Eigenschaft, daß eine mit dem öffentlichen Schlüssel kp_A des Benutzers A verschlüsselte Nachricht, nur mit dessen geheimen Schlüssel ks_A wieder entschlüsselt werden kann. Da Rückschlüsse aus dem öffentlichen Schlüssel auf den zugehörigen geheimen Schlüssel (praktisch) unmöglich sind, kann hier der bei herkömmlichen symmetrischen Verfahren notwendige geheime Austausch der Schlüssel entfallen. Eine Nachricht wird nun mit dem (jedermann zugänglichen) öffentlichen Schlüssel des Empfängers der Nachricht verschlüsselt. Damit ist sichergestellt, daß allein dieser in der Lage ist, aus dem empfangenen Chiffrat mit seinem geheimen Schlüssel wieder den ursprünglichen Klartext zurückzugewinnen (siehe Abb. 9.3). Die Veröffentlichung des öffentlichen Schlüssels stellt kein Sicherheitsrisiko dar, wenn bei diesem Verfahren eine Einwegfunktion als Transformationsfunktion angewandt wird, also eine Funktion, für die die Berechnung der Umkehrtransformation und damit die Bestimmung des geheimen Schlüssels (mit vertretbarem Aufwand) unmöglich ist.

Neben der Unterscheidung zwischen symmetrischen und asymmetrischen Verschlüsselungsverfahren, gibt es eine weitere grundsätzliche Unterscheidung von Verschlüsselungsverfahren in Bezug auf die Art der Anwendung der Schlüssel auf den Klartext:

- **Block-Verschlüsselungsverfahren (Blockchiffre)**
  Bei diesen Verfahren wird der Klartext in einzelne Blöcke fester Länge unterteilt. Die einzelnen Blöcke werden unabhängig voneinander mit demselben Schlüssel verschlüsselt und bilden zusammengenommen das Chiffrat.

9.2 Sicherheitsmechanismen

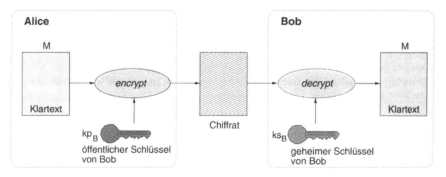

Abb. 9.3. Asymmetrische Verschlüsselung (Public Key Encryption)

- **Strom-Verschlüsselungsverfahren (Stromchiffre)**
  Diese Verfahren betrachten den gesamten Klartext als Textstrom, d.h. als eine beliebig lange Folge von Klartextzeichen. Zu diesen wird – wie bei der Einweg-Verschlüsselung aus Abb. 9.2 – ein ebenso langer Strom von Schlüsselzeichen generiert, mit dem die Verschlüsselung zeichenweise vorgenommen wird.

Die wichtigsten Vertreter symmetrischer Block-Verschlüsselungsverfahren sind **DES** (**Data Encryption Standard**, siehe Abb. 9.4), **IDEA** (**International Data Encryption Algorithm**), die verschiedenen Varianten der sogenannten **Rivest Cipher** (**RC2** bis **RC6**) und der **Advanced Encryption Standard** (**AES**). Wie in Tabelle 9.1 dargestellt, unterscheiden sich die verschiedenen Verfahren in Aufwand und Sicherheit.

Tabelle 9.1. Symmetrische Block-Verschlüsselungsverfahren

Verfahren	DES	IDEA	RC2	RC5	RC6
Blocklänge	64 Bit	64 Bit	64 Bit	24/64/128 Bit	128 Bit
Schlüssellänge	56 Bit	128 Bit	variabel	0–2040 Bit	128/192/256 Bit
Runden	16	8		0–255	20

Das bekannteste asymmetrische Verschlüsselungsverfahren ist das nach seinen Entwicklern benannte **RSA-Verfahren** (**Rivest, Shamir, Adleman**). Das RSA-Verfahren basiert auf Fakten aus der Zahlentheorie und ist in Abb. 9.5 dargestellt.

9.2.2 Authentifikation und Verschlüsselung

Um festzustellen, ob die Identität des Kommunikationspartners auch tatsächlich korrekt ist und man nicht mit einem Betrüger kommuniziert, dienen Verfahren der Authentifikation. Da die Authentifikation über das Internet

Data Encryption Standard (DES)

Das symmetrische Block-Verschlüsselungsverfahren DES wurde 1977 veröffentlicht und 1993 für die kommerzielle Nutzung aktualisiert. DES kodiert Blöcke von jeweils 64 Bit mit einem ebenso langen Schlüssel. Effektiv beträgt die DES-Schlüssellänge jedoch nur 56 Bit, da jedes der 8 Bytes des Schlüssels über ein Paritätsbit verfügt. Insgesamt durchläuft das DES-Verfahren 19 Runden, wobei sich die 16 inneren Runden auf eine wiederholte Anwendung des Schlüssels beziehen.

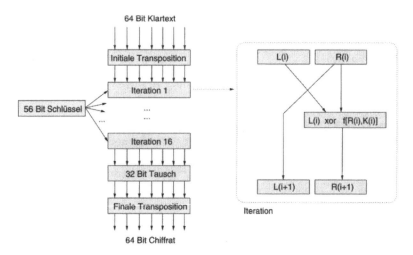

- **Stufe 1**: Schlüsselunabhängige 64 Bit Transposition.
- **Stufe 2 – 17**: Funktional identische Anwendung des Schlüssels.
  64 Bit Block M(i) auf Stufe i wird in zwei 32 Bit Worte L(i) und R(i) geteilt. R(i) wird unverändert als L(i) der nächsten Stufe übergeben, während sich R(i+1) berechnet aus einem XOR über L(i) und einer Funktion, die auf R(i) und den Schlüssel K(i) der Stufe i angewendet wird, und die dafür sorgt, daß sich in jeder Stufe Schlüssel und Daten durch Permutationen und Substitutionen verändern.
- **Stufe 18**: Vertauschung der beiden 32 Bit Worte des 64 Bit Blocks.
- **Stufe 19**: Schlüsselunabhängige 64 Bit Transposition.

Das DES-Verfahren ist ein 64 Bit Substitutions-Verschlüsselungsverfahren und heute bereits mit relativ einfachen Mitteln zu brechen. So startete 1997 die Netzwerksicherheitsfirma RSA einen DES-Challenge Wettbewerb mit der Aufforderung, bei einem Preisgeld von $10.000 ein mit DES verschlüsseltes Chiffrat zu entschlüsseln, was einem der teilnehmenden Teams in weniger als vier Monaten auch gelang. Mittlerweile ist es möglich, einen DES-Schlüssel innerhalb weniger Stunden mit allgemein verfügbaren Mitteln zu brechen. Zur Erhöhung der Sicherheit wird deshalb eine mehrfache Anwendung von DES mit unterschiedlichen Schlüsseln durchgeführt, wie z.B. bei **Triple-DES**.

Eine ausführliche Darstellung des DES-Verfahrens kann der folgenden Quelle entnommen werden:

- B. Schneier, Applied Cryptography: Protocols, Algorithms, and Source Code in C, John Wiley & Sons, 1995.

Abb. 9.4. Data Encryption Standard (DES)

Das RSA-Verfahren
Alice und Bob wollen über das RSA-Verfahren miteinander kommunizieren. Bevor Alice die Nachricht M an Bob verschlüsselt übertragen kann, muß Bob einen geheimen und einen öffentlichen Schlüssel generieren.

- Generierung des geheimen und des öffentlichen Schlüssels durch Bob
  − Auswahl zweier großer Primzahlen p und q. RSA empfiehlt eine Wahl von p und q, so daß deren Produkt für die Verschlüsselung einer privater Kommunikation eine Länge von 768 Bit besitzt und bei einer kommerziellen Verwendung eine Länge von 1024 Bit.
  − Berechne n = p · q und z = (p-1)·(q-1) .
  − Wähle e < n, e≠1, so daß n und e keine gemeinsamen Primfaktoren mit z haben.
  − Ermittle d, so daß e·d durch z teilbar ist.
  − Bobs öffentlicher Schlüssel kp_B ist das Zahlenpaar (n,e), Bobs geheimer Schlüssel ks_B das Zahlenpaar (n,d).
- Verschlüsselung durch Alice
  − Alice möchte an Bob eine Nachricht M (kodiert als Bitmuster) senden, für die bei Interpretation von M als Zahl gilt: M < n.
  − Zur Verschlüsselung berechnet Alice aus dem Klartext M und dem öffentlichen Schlüssel (n,e) von Bob das Chiffrat c als

$$c = M^e \bmod n.$$

- Entschlüsselung durch Bob
  − Um das Chiffrat c zu entschlüsseln, berechnet Bob mit Hilfe seines geheimen Schlüssels (n,d)

$$M = c^d \bmod n.$$

Das RSA-Verfahren beruht auf Primzahlen, die man relativ leicht finden und miteinander multiplizieren kann. Wenn man aber lediglich das Produkt kennt, ist die Ermittlung der beteiligten Faktoren mit vertretbaren Aufwand nicht möglich.

Eine ausführliche Darstellung des RSA-Verfahrens kann der folgenden Quelle entnommen werden:

- C. Kaufman, R. Perlman, M. Speciner: Network Security, Private Communication in a Public World, Prentice Hall, Englewood Cliffs NJ, USA, 1995.
- R. I. Rivest, A. Shamir, L. Adleman: On a Method for Obtaining Digital Signatures and Public Key Cryptosystems, in Communications of the ACM, vol.21, Feb 1978, pp. 120-126.

Abb. 9.5. RSA - ein Public Key Verschlüsselungsverfahren

---

nicht wie bei einem Gesprächspartner, der einem gegenübersteht, mit Hilfe gegenseitigen Erkennens biometrischer Merkmale vonstatten gehen kann, sondern lediglich der Austausch von Nachrichten über das Netzwerk möglich ist, wurden spezielle **Authentifikationsprotokolle** entwickelt. Erst wenn diese erfolgreich durchgeführt worden sind, und die Identität der Kommunikationspartner zweifelsfrei feststeht, kann die eigentliche Kommunikation stattfinden.

Tatsächlich ist die Entwicklung eines zuverlässigen Authentifikationsverfahrens schwieriger, als man zunächst denkt. Zum besseren Verständnis soll diese Entwicklung, sowie die zu überwindenden Schwierigkeiten kurz dargestellt werden: Seien Alice und Bob die beiden Kommunikationspartner, wobei Alice versucht, sich zuverlässig über das Netzwerk bei Bob zu authentifizieren. Trudy sei eine unberechtigte Dritte, die versucht, Bob die Identität von Alice vorzuspiegeln:

- Die einfachste Möglichkeit der Authentifikation besteht darin, dem Kommunikationspartner seinen Namen, d.h. seine Identität zu nennen. Alice teilt also Bob vor Aufnahme der eigentlichen Kommunikation mit: „Hallo, ich bin Alice." Allerdings hat Bob keine Möglichkeit nachzuprüfen, ob diese Meldung auch tatsächlich von Alice kam, denn Trudy kann ohne Schwierigkeiten eine identische Nachricht an Bob senden und so erfolgreich eine falsche Identität vorspiegeln.

- Hat Bob Kenntnis über die IP-Adresse von Alice, über die diese für gewöhnlich kommuniziert, könnte er ihrer Nachricht Glauben schenken, falls die empfangenen Datenpakete ihre übliche IP-Adresse als Absenderadresse besitzen. Allerdings ist es für Trudy leicht möglich, falls sie die Kontrolle über Betriebssystem und Netzwerksoftware ihres Rechners hat, die Absenderadresse in den von ihr versendeten Datenpaketen so zu manipulieren, als ob sie von Alice stammten (**IP-Spoofing**). IP-Spoofing ließe sich vermeiden, wenn der erste Router, über den Trudy ihre Daten ins Internet weiterleitet, so konfiguriert wäre, daß er nur Daten von Trudy weiterleitet, die mit ihrer originalen IP-Adresse als Absender versehen sind (siehe RFC 2267). Da aber von einer solchen Konfiguration nicht allgemein ausgegangen werden kann, liefert die Überprüfung der IP-Adressen alleine keine sichere Authentifizierung.

- Der klassische Ansatz zur Durchführung einer Authentifikation erfolgt über die Verwendung eines geheimen Passworts. Alice sendet an Bob zusammen mit der Nachricht „Hallo, ich bin Alice." ein geheimes Passwort, von dem nur Bob und Alice Kenntnis haben dürfen, so daß Bob sicher sein kann, daß es sich bei seinem Kommunikationspartner tatsächlich um Alice handelt. Allerdings hat Trudy hier die Möglichkeit, den gesamten Datenverkehr zwischen Alice und Bob auszuspionieren (**Packet-Sniffing**) und dabei das geheime Passwort von Alice aufzuzeichnen und in einer späteren Kommunikation mit Bob zu verwenden. Da Protokolle, wie z.B. TELNET, ein Passwort tatsächlich im Klartext übertragen, stellt diese Szenario eine reale Bedrohung dar.

- Als nächstes könnten Alice und Bob ein gemeinsames symmetrisches Verschlüsselungsverfahren verwenden, um das Passwort von Alice verschlüsselt zu übertragen. Da Alice jetzt nicht nur ihr Passwort, sondern auch noch den gemeinsam verwendeten geheimen Schlüssel verwendet, glaubt Bob um so fester an Alice's Identität. Aber auch hier hat Trudy die Möglichkeit, beim Abhören der Kommunikation zwischen Alice und Bob, das verschlüsselte Passwort von Alice aufzuzeichnen und bei einem späteren Angriff in der Kommunikation mit Bob zu verwenden (**Playback-Angriff**). Bzgl. der

Authentifikation von Alice hat sich die Lage also noch nicht sonderlich verbessert.

- Der Playback-Angriff kann nur Erfolg haben, wenn stets dasselbe Passwort verwendet wird. Eine einfache Art der Abwehr eines derartigen Angriffs besteht also darin, daß Alice und Bob nicht nur jeweils über ein einzelnes Passwort verfügen, sondern sich bereits im Voraus über eine ganze Serie von Paßworten miteinander verständigt haben, und diese nacheinander verwenden. Allerdings setzt dies den sicheren Austausch der Passwortliste voraus.

Eine Lösung des Problems besteht darin, eine ähnliche Technik einzusetzen, wie dies im Drei-Wege Handshake des TCP-Protokolls der Fall war (siehe Abschnitt 7.2.5): Um dort sicherzustellen, daß bei einer Verbindungsaufnahme (SYN) über das TCP-Protokoll kein altes SYN-Segment (Neuübertragung) aus einer früheren Verbindung verwendet wird, wurde diesem eine Sequenznummer angehängt. Beim Start einer Verbindung wird dazu ein Zufallswert als Sequenznummer für das SYN-Segment des Servers gewählt, auf das der antwortende Client mit einem ACK-Segment mit derselben Sequenznummer reagiert.

Ein derartig verwendeter Zufallswert wird auch als **Nonce** bezeichnet. Er darf lediglich ein einziges Mal verwendet werden. Eine Authentifikation mit Hilfe eines Nonce-Wertes läuft folgendermaßen ab (siehe Abb. 9.6):

1. Alice sendet die Nachricht „Hallo, ich bin Alice" an Bob.
2. Bob wählt einen Nonce-Wert R und sendet diesen zurück an Alice.
3. Alice verschlüsselt R mit dem symmetrischen geheimen Schlüssel k, den Alice und Bob zuvor festgelegt haben, und sendet $k(R)$ an Bob zurück.
4. Bob weiß jetzt aufgrund der Tatsache, daß Alice k kennt und verwendet, daß Alice's Identität korrekt ist, und da Alice den Wert $k(R)$ zurücksendet, kann Bob davon ausgehen, daß Alice tatsächlich „live" antwortet, und daß es sich nicht um eine Playback-Attacke handelt. Bob kann Alice nunmehr erfolgreich authentifizieren.

Anstelle eines symmetrischen Verschlüsselungsverfahrens kann in diesem Szenario auch ein asymmetrisches Verschlüsselungsverfahren mit öffentlichem Schlüssel zum Einsatz kommen. Das neue Protokoll könnte dann folgendermaßen ablaufen (siehe Abb. 9.7):

1. Alice sendet die Nachricht „Hallo, ich bin Alice" an Bob.
2. Bob wählt einen Nonce-Wert R und sendet diesen zurück an Alice, um festzustellen, ob Alice auch tatsächlich „live" an der Kommunikation teilnimmt.
3. Alice wendet jetzt zur Verschlüsselung von R den Verschlüsselungsalgorithmus $encrypt$ (vgl. Abb. 9.3) mit ihrem privaten Schlüssel ks_A auf R an und sendet $encrypt(ks_A, R)$ an Bob zurück. Da nur Alice ihren privaten Schlüssel kennt, kann keiner außer Alice den Wert $encrypt(ks_A, R)$ erzeugen.

662   9. Unter vier Augen – Sicherheit im Internet

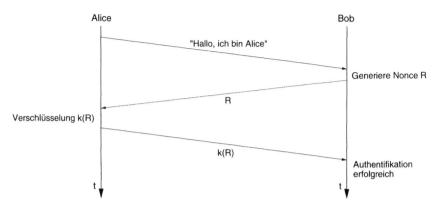

Abb. 9.6. Authentifikation mit Hilfe eines Nonce-Wertes und eines symmetrischen Verschlüsselungsverfahrens

4. Bob wendet den Entschlüsselungsalgorithmus *decrypt* zusammen mit Alice's öffentlichen Schlüssel kp_A auf die empfangene Nachricht an und berechnet $decrypt(kp_A, encrypt(ks_A, R))$.
Gilt $decrypt(kp_A, encrypt(ks_A, R)) = R$, ist Alice erfolgreich authentifiziert.

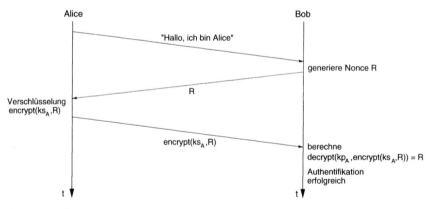

Abb. 9.7. Authentifikation mit Hilfe eines Nonce-Wertes und eines asymmetrischen Verschlüsselungsverfahrens

Allerdings stellt sich hier das Problem einer sicheren Verteilung der öffentlichen Schlüssel. Um dieses Problem zu verdeutlichen, soll auf das folgende Szenario verwiesen werden, in dem es Trudy tatsächlich gelingt, sich gegenüber Bob erfolgreich als Alice zu authentifizieren:

1. Trudy sendet die Nachricht „Hallo, ich bin Alice" an Bob.

2. Bob wählt wieder einen Nonce-Wert R und sendet diesen zurück an Alice, um festzustellen, ob Alice auch tatsächlich „live" an der Kommunikation teilnimmt. Die Nachricht wird von Trudy abgefangen.
3. Trudy wendet jetzt zur Verschlüsselung von R den Verschlüsselungsalgorithmus *encrypt* mit ihrem privaten Schlüssel ks_T auf R an und sendet $encrypt(ks_T, R)$ an Bob zurück. Da der empfangene Wert für Bob zunächst lediglich eine unbekannte Bitfolge darstellt, kann er vorerst nicht unterscheiden, ob diese von Alice oder von Trudy stammt, d.h. ob es sich um $encrypt(ks_T, R)$ oder um $encrypt(ks_A, R)$ handelt.
4. Damit Bob den empfangenen Wert wieder entschlüsseln kann, benötigt er den öffentlichen Schlüssel von Alice. Bislang sind wir davon ausgegangen, daß ihm dieser auch tatsächlich vorliegt. Um diesen aber zu erhalten, muß er ihn zuerst von Alice anfordern. Diese Anforderung kann Trudy wiederum abfangen und Bob mit ihrem eigenen öffentlichen Schlüssel kp_T beantwortet. Bob wendet den Entschlüsselungsalgorithmus *decrypt* zusammen mit dem empfangenen, öffentlichen Schlüssel kp_T auf die erhaltene Nachricht an und berechnet $decrypt(kp_T, encrypt(ks_T, R)) = R$. Damit glaubt er fälschlicherweise Alice korrekt authentifiziert zu haben, obwohl er unwissentlich mit Trudy kommuniziert.

Ein derartiger Angriff kann allerdings entdeckt werden, wenn Bob gegenüber Alice behauptet, sie hätten miteinander kommuniziert, während Alice weiß, daß dies nicht der Fall war. Verfährt allerdings Trudy gegenüber Alice ebenso wie gegenüber Bob, dann kann es ihr gelingen, sich **transparent** in die Kommunikationsbeziehung zwischen Alice und Bob einzumischen. Trudy täuscht dann gegenüber Alice vor, Bob zu sein, und gegenüber Bob täuscht sie die Identität von Alice vor. Ein derartiger Angriff auf eine Kommunikationsbeziehung wird als **Man-in-the-Middle**-Angriff bezeichnet (siehe Abb. 9.8).

9.2.3 Datenintegrität und Digitale Signaturen

Im täglichen Leben dient eine Unterschrift dazu, den Inhalt eines Dokuments zu bestätigen oder sich mit dem Inhalt eines Dokumentes – wie z.B. bei einem Vertrag – einverstanden zu erklären. Auch im Internet und in der digitalen Welt besteht der Wunsch, das Einverständnis mit dem Inhalt eines Dokuments unzweifelhaft klarzustellen oder den Urheber bzw. Inhaber eines Dokuments nachzuweisen. Zu diesem Zweck werden sogenannte **digitale Signaturen** verwendet. Ebenso wie die Unterschrift im täglichen Leben wird an eine digitale Signatur der Anspruch gestellt, daß diese

- überprüfbar,
- fälschungssicher und
- verbindlich

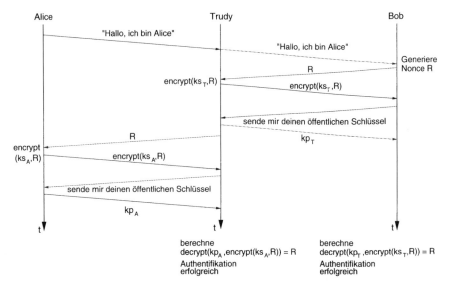

Abb. 9.8. Man-in-the-Middle Angriff in der Authentifikationsphase einer Kommunikationsbeziehung

ist. Es muß also sichergestellt sein, daß der Unterzeichner eines Dokuments auch tatsächlich der ist, für den er sich ausgibt. Auf der anderen Seite soll ein Unterzeichner auch niemals abstreiten können, eine Unterschrift geleistet zu haben. Um diese Eigenschaft bei einer digitalen Signatur zu gewährleisten, kommen Methoden der asymmetrischen Verschlüsselung mit öffentlichem Schlüssel zum Einsatz.

Nehmen wir an, Bob möchte eine Nachricht M mit einer digitalen Signatur unterzeichnen, und Alice, als Empfänger der Nachricht M möchte sich überzeugen, daß Bob tatsächlich die Nachricht M an sie gesendet hat (siehe Abb. 9.9).

- Um die Nachricht M digital zu unterzeichnen, wendet Bob darauf einfach einen asymmetrischen Verschlüsselungsalgorithmus *encrypt* zusammen mit seinem eigenen geheimen Schlüssel ks_B an und berechnet $encrypt(ks_B, M)$, die sogenannte digitale Signatur der Nachricht M.
- Bob sendet M zusammen mit $encrypt(kp_B, M)$ an Alice, die jetzt im Besitz der Nachricht und der zugehörigen digitalen Signatur Bobs ist.

Erfüllt diese einfache Form der digitalen Signatur die o.a. Anforderungen? Um zu überprüfen, ob Bob tatsächlich der Absender der Nachricht war, wendet Alice den Entschlüsselungsalgorithmus *decrypt* zusammen mit Bob's öffentlichen Schlüssel kp_B an und berechnet $decrypt(kp_B, encrypt(ks_B, M))$. Ergibt sich danach tatsächlich dieselbe Nachricht M, kann Alice sicher sein, daß Bob tatsächlich der Urheber und Unterzeichner der empfangenen Nachricht ist und daß diese nicht nachträglich verändert wurde. Da-

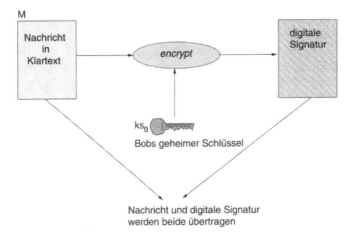

Abb. 9.9. Erzeugung einer digitalen Signatur für eine Nachricht

mit $decrypt(kp_B, encrypt(ks_B, M)) = M$ gilt, muß die empfangene digitale Signatur $encrypt(kp_B, M)$ tatsächlich mit Bob's geheimen Schlüssel ks_B verschlüsselt worden sein. Die einzige Person, der dieser Schlüssel zugänglich ist, ist nämlich Bob, zumindest wenn wir davon ausgehen, daß Bob ihn nicht weitergegeben hat oder er Bob nicht entwendet wurde. Also ist Bob die einzige Person, die die digitale Signatur erzeugt haben kann.

Sollte ein unberechtigter Dritter die Nachricht M in eine neue Nachricht M' verändert haben, bevor Alice diese empfangen hat, so stellt Alice beim Entschlüsseln fest, daß $decrypt(kp_B, encrypt(ks_B, M)) \neq M'$ gilt. Alice weiß damit, daß die digitale Unterschrift von Bob nicht gültig und so der Inhalt der Nachricht nicht mehr verläßlich ist.

Message Digest. Die Verschlüsselung der gesamten Nachricht zur Erzeugung einer digitalen Signatur ist in vielen Fällen ein zu aufwendiges Verfahren, verdoppelt sie doch alleine schon den notwendigen Datentransfer. Außerdem tauschen viele Netzwerkkomponenten und -Prozesse, wie z.B. Router oder Email-Agenten, regelmäßig Nachrichten aus, die gar nicht verschlüsselt werden müssen. Lediglich die Identität des Absenders muß gesichert sein, und der Empfänger muß sich darauf verlassen können, daß der Inhalt der Nachricht nicht von einem unberechtigten Dritten verändert wurde.
In diesen Fällen empfiehlt sich die Anwendung einer **Hashfunktion** zur Erzeugung eines **Message Digests**. Solche Hashfunktionen berechnen aus dem Inhalt der zu versendenden Nachrichten M einen möglichst kurzen „Fingerabdruck" $h(M)$ der Nachricht, den Message Digest. Dieser wird zusammen mit der Nachricht an den Empfänger versendet. Mit Hilfe des Message Digest kann nach Erhalt einer Nachricht geprüft werden, ob der Inhalt der empfangenen Nachricht M' unversehrt ist, also ob $M = M'$ gilt. Dazu berechnet der Empfänger unter Verwendung der gleichen Hashfunktion den Fingerabdruck $h(M')$ der empfangenen Nachricht M' und überprüft, ob dieser mit

dem empfangenen Fingerabdruck $h(M)$ übereinstimmt. Ist $h(M') = h(M)$, dann gilt (zumindest mit überwältigender Wahrscheinlichkeit) aufgrund der Anforderungen, die an eine Hashfunktion gestellt werden, auch $M = M'$, die Nachricht ist also mit dem versendeten Original identisch.

Wendet Bob nun auf den Message Digest $h(M)$ die Verschlüsselung $encrypt$ mit seinem geheimen Schlüssel ks_B an, anstelle die vollständige Nachricht zu verschlüsseln, reicht es aus, zusammen mit der Originalnachricht M $encrypt(ks_B, h(M))$ anstelle von $encrypt(ks_B, M)$ zu übertragen, um alle Anforderungen an eine digitale Signatur zu erfüllen. Die als Message Digest verwendete Funktion muß dazu allerdings die folgenden Voraussetzungen erfüllen, um als fälschungssicher gelten zu können:

- Aus einem gegebenen Message Digest Wert d ist es mit vertretbarem Aufwand nicht möglich, die originale Nachricht M zu rekonstruieren, für die gilt $h(M) = d$.
- Es ist mit vertretbarem Aufwand unmöglich, zwei unterschiedliche Nachrichten M und N zu finden, so daß gilt $h(M) = h(N)$.

Abb. 9.10 zeigt, wie eine mit einer digitalen Signatur über einen Message Digest versehene Nachricht versendet oder empfangen wird.

- Bob wendet zur Erzeugung des Message Digest die Hashfunktion h auf die zu versendende Nachricht M an und verschlüsselt $h(M)$ mit der Verschlüsselungsfunktion $encrypt$ und seinem geheimen Schlüssel ks_B.
- Bob versendet M zusammen mit $encrypt(ks_B, h(M))$.
- Alice wendet die Entschlüsselungsfunktion $decrypt$ zusammen mit Bob's öffentlichem Schlüssel kp_B auf die empfangene digitale Signatur zu Bob's Nachricht $encrypt(ks_B, h(M))$ an.
- Alice wendet die Hashfunktion h auf die empfangene Nachricht M' an und vergleicht, ob $h(M') = decrypt(kp_b, encrypt(ks_B, h(M)))$ gilt.
- Sind die beiden Signaturen identisch, kann Alice davon ausgehen, daß die empfangene Nachricht tatsächlich von Bob stammt und auch während der Übertragung nicht verändert wurde.

Zur Erzeugung eines Message Digest wird heute in der Regel der von Ron Rivest entwickelte **MD5**-Algorithmus verwendet, der in RFC 1321 spezifiziert wurde, und der aus einem vorgegebenen Dokument eine 128 Bit langen Message-Digest berechnet. Ein weiterer Algorithmus, der speziell als Standard für die Kommunikation der US-Bundesregierung vorgeschrieben ist, ist der **Secure Hash Algorithm (SHA-1)**, der auf ähnlichen Prinzipien wie MD4, dem Vorgänger von MD5 beruht, und einen 160 Bit langen Message Digest erzeugt.

9.2.4 Schlüsselverteilung und Zertifizierung

Sowohl symmetrische Verschlüsselungsverfahren mit geheimen Schlüsseln als auch asymmetrische Verschlüsselungsverfahren können nur zuverlässig funktionieren, wenn ein sicherer Austausch der Schlüssel gewährleistet ist. Müssen

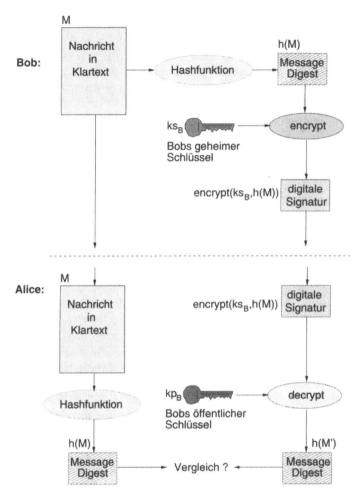

Abb. 9.10. Verwendung von digitaler Signatur und Message Digest

beim symmetrischen Verfahren jeweils die geheimen Schlüssel der beteiligten Kommunikationspartner ausgetauscht werden, die zur Entschlüsselung der versendeten Nachrichten notwendig sind, ist dies beim asymmetrischen Verfahren nicht notwendig. Hier muß statt dessen sichergestellt werden, daß der öffentliche Schlüssel eines Kommunikationsteilnehmers tatsächlich auch zu diesem gehört und nicht zu einem unberechtigten Dritten, der versucht, sich in eine vertrauliche Kommunikation einzuschleichen.

Dieser sichere Schlüsselaustausch wird durch die Einschaltung eines **vertrauenswürdigen Dritten** (**Trusted Intermediary**, **Trusted Third Party**) gewährleistet. Bei einem symmetrischen Verschlüsselungsverfahren, wird der vertrauenswürdige Dritte auch als **Schlüsselverteilzentrum** (**Key Distribution Center, KDC**) bezeichnet. Das KDC verwaltet die gemeinsamen geheimen Schlüssel, die für eine sichere Kommunikation über ein symmetrisches Verschlüsselungsverfahren notwendig sind, so daß deren Verteilung zuverlässig und sicher erfolgt, ohne daß sich ein unberechtigter Dritter Zugang zu einem geheimen Schlüssel verschaffen kann. Bei einem asymmetrischen Verschlüsselungsverfahren dagegen muß für den öffentlichen Schlüssel eines Kommunikationsteilnehmers garantiert werden, daß er tatsächlich von diesem stammt. Der vertrauenswürdige Dritte, der dies gewährleisten soll, wird als **Zertifizierungsstelle (Certification Authority, CA** oder **Trust Center, TA)** bezeichnet. In der Regel bilden Zertifizierungsstellen eine Hierarchie mit einer Wurzelinstanz an der Spitze, verschiedenen untergeordneten Instanzen und den Nutzern. Eine derartige Hierarchie zusammen mit sämtlichen dazugehörigen organisatorischen Festlegungen (**Security Policy**) wird als **Public Key Infrastruktur (PKI)** bezeichnet.

Schlüsselverteilzentrum (KDC). Angenommen, Alice und Bob wollen über ein symmetrisches Verschlüsselungsverfahren miteinander kommunizieren. Allerdings haben sie keine Möglichkeit, den dazu notwendigen geheimen Schlüssel sicher auszutauschen. Dann müssen sie sich auf ein Schlüsselverteilzentrum (KDC) verlassen. Jeder Nutzer eines KDC muß sich dort registrieren, d.h. er hinterlegt bei der Anmeldung, bei der er seine Identität nachweisen muß, einen geheimen Schlüssel. Ein KDC verfügt also für jeden registrierten Nutzer über dessen geheimen Schlüssel.

Wie erlangen Alice und Bob, die beide beim KDC angemeldet sind, jetzt auf sichere Weise einen gemeinsamen geheimen Sitzungsschlüssel mit Hilfe des KDCs? Beide kennen anfangs jeweils nur ihre eigenen geheimen Schlüssel, d.h. Alice verfügt über den Schlüssel k_A und Bob über den Schlüssel k_B. Abb. 9.11 zeigt den Ablauf der Erzeugung und sicheren Verteilung eines gemeinsamen geheimen Sitzungsschlüssels für Alice und Bob.

- Alice ergreift die Initiative und sendet eine mit k_A verschlüsselte Nachricht $k_A(A, B)$ an das KDC, daß sie (A) gerne mit Bob (B) kommunizieren möchte.
- Das KDC verfügt über den geheimen Schlüssel k_A von Alice und kann daher Alice's Nachricht $k_A(A, B)$ entschlüsseln. Daraufhin generiert das KDC einen zufälligen Schlüssel $R1$, der für die nachfolgende Kommunikation zwischen Alice und Bob als **einmaliger Sitzungsschlüssel** verwendet werden kann. Das KDC sendet dann eine mit k_A verschlüsselte Nachricht an Alice, die folgendes enthält:
  - den einmaligen Sitzungsschlüssel $R1$ und
  - ein Wertepaar bestehend aus Alice's Namen A und dem Sitzungsschlüssel $R1$, das mit Bobs geheimen Schlüssel k_B verschlüsselt wird: $k_B(A, R1)$.

  Das KDC sendet also die verschlüsselte Nachricht $k_A(R1, k_B(A, R1))$ an Alice.
- Alice empfängt und entschlüsselt die Nachricht des KDC. Sie extrahiert den einmaligen Sitzungsschlüssel $R1$ und speichert diesen für die nachfolgende

Sitzung mit Bob und leitet den zweiten Teil der Nachricht $k_B(A, R1)$ an Bob weiter.
- Bob empfängt $k_B(A, R1)$ und entschlüsselt die Nachricht mit seinem eigenen geheimen Schlüssel k_B. Bob erfährt dadurch den Kommunikationswunsch von Alice A und den gemeinsamen, einmaligen Sitzungsschlüssel $R1$. Die verschlüsselte Kommunikation zwischen Alice und Bob kann beginnen. Falls notwendig könnten Alice und Bob in der ersten Kommunikationsrunde nun sicher – verschlüsselt mit $R1$ – einen eigenen, auch dem KDC unbekannten gemeinsamen Schlüssel vereinbaren.

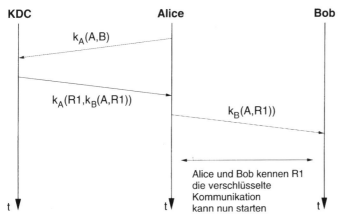

Abb. 9.11. Erzeugung und sichere Verteilung eines gemeinsamen geheimen Sitzungsschlüssels für Alice und Bob

Der am MIT in Massachussetts entwickelte Authentifikationsdienst **Kerberos**, der in RFC 1510 spezifiziert wird, liefert ein solches Schlüsselverteilzentrum für symmetrische Schlüssel. Über die o.a. Dienste des KDC hinaus verwaltet Kerberos zusätzlich noch Zugriffsrechte der angemeldeten Nutzer auf bestimmte Netzwerkressourcen und versieht den erteilten Sitzungsschlüssel mit einem Verfallsdatum, nach dem dieser von Bob nicht mehr akzeptiert wird.

Zertifizierungsstelle (CA). Eine Verschlüsselung mit Hilfe eines asymmetrischen Verschlüsselungsverfahrens birgt den Vorteil, daß kein sicherer Austausch von geheimen Schlüsseln erforderlich ist. Der jeweils notwendige öffentliche Schlüssel wird vom Eigentümer frei verteilt bzw. auf dessen WWW-Seite bereitgestellt. Allerdings liegt das Problem bei der asymmetrischen Verschlüsselung darin, daß der Kommunikationspartner sich darauf verlassen muß, daß der ihm dargebotene öffentliche Schlüssel auch tatsächlich der öffentliche Schlüssel seines Kommunikationspartner ist. Durch Vortäuschen einer falschen Identität kann die Authentifikation leicht unterlaufen werden (z.B. Man-in-the-Middle Angriff aus Abschnitt 9.2.2).

Asymmetrische Verschlüsselungsverfahren sind deshalb nur dann von Nutzen, wenn man sich auf die Authentizität der öffentlichen Schlüssel auch verlassen kann. Diese überprüfbare und fälschungssichere Bindung eines öffentlichen Schlüssels an einen Nutzer wird von einer **Zertifizierungsstelle** (CA) bezeugt.

Eine CA überprüft zunächst die Identität eines Nutzers (oder auch eines Rechners). Wie dabei die Identitätsprüfung vonstatten geht, ist der CA nicht vorgeschrieben. Erfolgt z.B. die Identitätsprüfung auf der Basis einer Email-Mitteilung, dann taugt das später ausgestellte Zertifikat nicht viel, da Email-Nachrichten leicht gefälscht werden können. Handelt es sich andererseits um eine staatlich anerkannte, die Normen des Signaturgesetzes erfüllende CA, dann kann man dem ausgestellten Zertifikat ohne Bedenken vertrauen. In jedem Fall muß die CA ihre eigenen Zertifizierungsrichtlinien bekannt geben, damit ein Nutzer die Qualität des Zertifikats und damit die Verläßlichkeit der übermittelten öffentlichen Schlüssel einschätzen kann.

Nachdem die CA die Identität eines Nutzers geprüft hat, erstellt sie ein **Zertifikat**, das den öffentlichen Schlüssel des Nutzers mit dessen Identität (Anschrift oder IP-Adresse) verbindet. Das Zertifikat wird von der CA digital signiert (siehe Abb. 9.12).

Um sicherzustellen, daß ein vom Nutzer übergebener öffentlicher Schlüssel tatsächlich mit seiner vorgegebenen Identität übereinstimmt, wird folgendermaßen vorgegangen.

- Wenn Alice mit Bob über ein asymmetrisches Verschlüsselungsverfahren kommunizieren möchte, sendet sie diesem ihre Nachricht zusammen mit ihrem Zertifikat (das Zertifikat kann auch von der CA angefordert werden).
- Die betreffende CA hat ihren eigenen öffentlichen Schlüssel allen Anwendern auf sichere Weise (z.B. Veröffentlichung an exponierter Stelle in einer renommierten Tageszeitung) zugänglich gemacht. Mit diesem öffentlichen Schlüssel der CA entschlüsselt Bob das Zertifikat von Alice.
- Kann Bob das Zertifikat entschlüsseln und stimmen die darin gemachten Angaben zur Identität mit denen von Alice überein, kann Bob sicher sein, daß er tatsächlich mit Alice kommuniziert und für die weitere Kommunikation deren öffentlichen Schlüssel verwenden.

9.3 Absicherung der Protokolle

Betrachtet man Sicherheitsziele und Sicherheitsanforderungen unter dem Blickwinkel des TCP/IP-Schichtenmodells, stellt sich die Frage, auf welcher Schicht welche Sicherheitsmaßnahmen am sinnvollsten und am effektivsten anzuwenden sind. Betrachten wir dazu die einzelnen Schichten des TCP/IP-Referenzmodells in absteigender Reihenfolge.

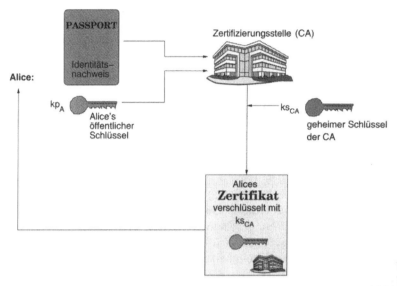

Abb. 9.12. Alice erhält ein Zertifikat von einer Zertifizierungsstelle (CA)

9.3.1 Sicherheitsarchitekturen – Absicherung auf unterschiedlichen Ebenen

Das Ergebnis der Modifikation von Protokollen des TCP/IP-Protokollstapels und deren Ergänzung um Funktionen zu Realisierung der genannten Sicherheitsziele, wird als **Sicherheitsarchitektur** bezeichnet. Entscheidend bei der Einordnung der verschiedenen Sicherheitsarchitekturen ist dabei die jeweilige Protokollschicht, auf der die sicherheitsgewährleistenden Modifikationen ansetzen (siehe Abb. 9.13).

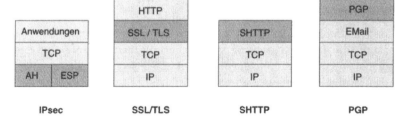

Abb. 9.13. Unterschiedliche Sicherheitsarchitekturen im TCP/IP-Protokollstapel

Sicherheitsmaßnahmen auf der **Anwendungsschicht** sind in der Lage, die jeweiligen speziellen Bedürfnisse der einzelnen Nutzer und Anwendungen zu erfüllen. Dazu muß allerdings jede Implementierung von Neuem mit den gewünschten Sicherheitsmechanismen ausgestattet werden. So ist die

Erfüllung speziell angepaßter Sicherheitsanforderungen auf dieser Ebene aufgrund des dazu erforderlichen Aufwands am kostspieligsten, aber auch sehr populär, wie die weite Verbreitung von **PGP** zeigt.

Installiert man Sicherheitsmechanismen auf der darunterliegenden **Transportschicht**, bleiben die eigentlichen Anwendungen davon unberührt, d.h. diese können ohne jeden Anpassungsaufwand in ihrer ursprünglichen Ausgestaltung sicher betrieben werden. Da auf der Transportschicht stehende Verbindungen zwischen zwei Endsystemen betrachtet werden, über die die Kommunikation abläuft, ist die Implementierung von Sicherheitsmechanismen (ebenso wie auf der Anwendungsschicht) lediglich auf den beteiligten Endsystemen erforderlich, die entlang der Verbindung genutzten Zwischensysteme sind nicht betroffen. Sichere Protokolle, die direkt auf dem TCP-Protokoll aufsetzen, sind z.B. **Transport Layer Security (TLS)** und **Secure Socket Layer (SSL)**. Sie bieten wirkungsvolle Mechanismen zur zuverlässigen Authentifikation, zur Wahrung der Integrität der übertragenen Daten und zur Datenverschlüsselung zwecks Geheimhaltung im WWW. Neben SSL und TLS können Datenströme im WWW über **S-HTTP (Secure HTTP)** versendet werden. SHTTP ist eine abgesicherte Variante des herkömmlichen HTTP-Protokolls und verschlüsselt HTTP-Nachrichten auf der Anwendungsschicht des TCP/IP-Protokollstapels (siehe Abschnitt 11.3.4).

Setzt man mit der Implementierung von Sicherheitsmechanismen im Schichtenmodell tiefer an, nämlich auf der **Netzwerkschicht**, können alle Anwendungen und Protokolle der darüberliegenden Schichten unverändert weiterbetrieben werden. Eine Implementierung von Sicherheitsmechanismen auf der Netzwerkschicht macht alledings die Einbeziehung der Zwischensysteme notwendig, die für die Weiterleitung der Datenpakete vom Sender zum Empfänger verantwortlich sind. Da diese oft Ausgangspunkt für gezielte Angriffe sind, müssen hier aktive Sicherungsmaßnahmen getroffen werden. Da eine sichere Protokollimplementierung auf der Netzwerkschicht eine Vielzahl von Einzelimplementationen auf höheren Schichten überflüssig macht, können insgesamt auch weniger Implementierungsfehler auftreten, die von potenziellen Angreifern immer wieder als Ausgangspunkt für Attacken verwendet werden und deshalb ein großes Sicherheitsrisiko darstellen.

Allerdings kann die Implementierung von Sicherungsmechanismen auf der Netzwerkschicht stets nur sehr allgemein sein und nicht jeder spezifischen Anforderung des Anwenders genau entsprechen. Auch gestaltet sich die Absicherung der komplexen Internet-Architektur natürlich aufwendiger als lediglich die Absicherung einer einzelnen Client/Server Verbindung. Benutzerbezogene Sicherheit ist auf einer niedrigen Protokollebene deshalb schwieriger zu gewährleisten, als auf einer höheren, auf der die jeweils involvierten Protokolle speziell angepaßt werden können. Standards für die Implementierung verschiedener Sicherheitsmechanismen auf der Netzwerkebene sind unter der Bezeichnung **IP Security (IPsec)** gesammelt.

9.3.2 PGP – Absicherung auf der Anwendungsschicht

Ein lehrreiches Beispiel für eine Sicherheitsarchitektur auf der Anwendungsschicht des TCP/IP-Referenzmodells stellt das Versenden und Empfangen verschlüsselter Emails dar. Haben zwei Nutzer, Alice und Bob, die Absicht, ihre Kommunikation via Email geheim zu halten, so verbinden Sie mit dieser Absicht folgende Forderungen:

- Sollte ein unbefugter Dritter in den Besitz der ausgetauschten Email-Dokumente gelangen, so darf dieser auf deren Inhalt keine Rückschlüsse ziehen können (**Geheimhaltung**).
- Sendet Alice eine Nachricht an Bob, so möchte sich Bob darauf verlassen, daß die Nachricht tatsächlich von Alice stammt (**Senderauthentifikation**).
- Für Alice und Bob ist es von größter Wichtigkeit, daß der Inhalt der kommunizierten Nachricht entlang des Nachrichtenweges nicht verändert oder verfälscht wird (**Datenintegrität**).
- Alice, die eine Nachricht an Bob sendet, möchte außerdem sicher sein, daß Bob tatsächlich der Empfänger dieser Nachricht ist und niemand anderes (**Empfängerauthentifikation**).

Die erste Priorität beim Versenden einer geheimen Nachricht liegt darin, daß niemand anderes von ihrem Inhalt Kenntnis erlangt. Daher bietet sich ein Verschlüsselungsverfahren zur Wahrung der Geheimhaltung an. Ein **symmetrisches Verschlüsselungsverfahren** erfordert allerdings den vorherigen sicheren Austausch eines geheimen Schlüssels zwischen den beiden Kommunikationspartnern. Da dieser nicht immer gewährleistet werden kann, bietet sich der Einsatz eines **asymmetrischen Verschlüsselungsverfahrens** mit öffentlichen Schlüsseln an.

Verfügen beide Kommunikationspartner über den öffentlichen Schlüssel der Gegenseite und sind beide Schlüssel zertifiziert, stimmt also die vorgegebene Identität geprüftermaßen mit der im Zertifikat des öffentlichen Schlüssels ausgegebenden Identität überein, kann ein **verschlüsselter Email-Datenverkehr** beginnen:

- Alice verschlüsselt die zu sendende Nachricht M mit dem öffentlichen Schlüssel von Bob kp_B.
- Alice versendet $kp_B(M)$ gekapselt mit einem entsprechenden MIME-Header via SMTP ebenso wie eine reguläre Email.
- Bob empfängt die Email von Alice und wendet auf den vom MIME-Header befreiten Nutzdatenanteil $kp_B(M)$ der Email seinen privaten, geheimen Schlüssel ks_B zur Entschlüsselung an.
- Da $ks_B(kp_B(M)) = M$, ist Bob jetzt im Besitz der geheimen Nachricht M.

Allerdings ist eine Verschlüsselung der gesamten Nachricht mit einem asymmetrischen Verfahren oft sehr aufwendig und ineffizient, insbesondere dann, wenn ein Großteil der versendeten Information aus umfangreichen multimedialen Datenanteilen (Bilder, Audio oder Video) besteht. Dann nimmt die Verschlüsselung extrem viel Rechenzeit in Anspruch.

Weniger aufwendig ist die Verschlüsselung großer Datenmengen über ein symmetrisches Verschlüsselungsverfahren. Daher ist es naheliegend, die Vorteile, die beide Verfahren bieten, miteinander zu kombinieren, also einen gemeinsamen symmetrischen Schlüssel über eine asymmetrisch verschlüsselte Kommunikation auszutauschen (siehe Abb. 9.14):

- Alice generiert einen zufälligen, nur einmal zu verwendenden **Sitzungsschlüssel** $R1$.
- Alice verschlüsselt die zu versendende Nachricht über ein symmetrisches Verschlüsselungsverfahren mit dem geheimen Sitzungsschlüssel $R1$.
- Alice verschlüsselt den Sitzungsschlüssel $R1$ mit Bob's öffentlichem Schlüssel kp_B.
- Alice verkettet den verschlüsselten Sitzungsschlüssel $kp_B(R1)$ mit der verschlüsselten Nachricht $R1(M)$. Dieses Paket $[kp_B(R1), R1(M)]$ sendet Sie an Bob.
- Bob empfängt $[kp_B(R1), R1(M)]$, trennt die beiden Teile und wendet seinen eigenen, geheimen Schlüssel ks_B zur Entschlüsselung des Sitzungsschlüssels an $ks_B(kp_B(R1)) = R1$.
- Mit Hilfe des Sitzungsschlüssels $R1$ kann Bob jetzt die verschlüsselte Nachricht von Alice entschlüsseln $R1(R1(M)) = M$.

Auf diese Weise kann eine sichere Verschlüsselung der transportierten Email erreicht werden. Allerdings müssen nun noch die Authentizität der Kommunikationspartner, sowie die Integrität der Email-Nachricht sichergestellt werden. Dazu können digitale Signatur und Message Digest verwendet werden:

- Alice, die wieder via Email eine Nachricht an Bob versenden möchte, wendet als erstes eine Hash-Funktion h auf ihre Email-Nachricht M an und erzeugt damit einen Message Digest $h(M)$.
- Um aus $h(M)$ eine digitale Signatur zu erzeugen, verschlüsselt Alice $h(M)$ mit ihrem privaten, geheimen Schlüssel ks_A und erzeugt $ks_A(h(M))$.
- Alice verkettet die originale Email-Nachricht M mit der digitalen Signatur $ks_A(h(M))$ und erzeugt ein Paket $[M, ks_A(h(M))]$.
- Jetzt verwendet Alice die eben besprochene Methode der Verschlüsselung. Sie erzeugt einen Sitzungsschlüssel $R1$, verschlüsselt $[M, ks_A(h(M))]$ mit $R1$, verschlüsselt $R1$ mit Bobs öffentlichen Schlüssel kp_B und sendet das so erzeugte Paket an Bob:

$$[kp_B(R1), R1([M, ks_A(h(M))])] \ .$$

- Bob extrahiert aus dem empfangenen Paket zuerst den verschlüsselten Sitzungsschlüssel $kp_B(R1)$ und entschlüsselt diesen mit Hilfe seines privaten, geheimen Schlüssels ks_B.

9.3 Absicherung der Protokolle

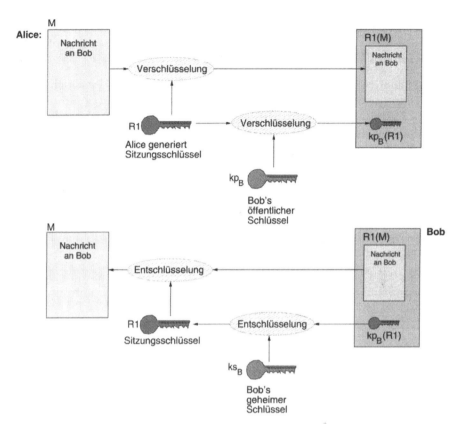

Abb. 9.14. Gemeinsame Nutzung von symmetrischen und asymmetrischen Verschlüsselungsverfahren zur Übertragung von geheimen Emails

- Mit dem so gewonnenen Sitzungsschlüssel $R1$ entschlüsselt Bob den zweiten Teil des Pakets und gewinnt $[M, ks_A(h(M))]$.
- Bob extrahiert die digitale Signatur $ks_A(h(M))$ und wendet darauf Alice's öffentlichen Schlüssel kp_A zur Entschlüsselung an, um den Message Digest $h(M)$ zu gewinnen.
- Jetzt wendet Bob selbst die Hashfunktion h auf die empfangene Email-Nachricht M' an und vergleicht die beiden Message Digests. Ist $h(M') = h(M)$, so kann Bob davon ausgehen, daß die Email-Nachricht M unversehrt übermittelt ist und, da die Entschlüsselung der digitalen Signatur mit Alice's öffentlichen Schlüssel möglich war, ist auch die Identität des Absenders gesichert.

Dieses Verfahren stellt eine Kombination aus dem eben vorgestellten Verfahren zur Verschlüsselung von Email-Nachrichten und der bereits behandelten Anwendung digitaler Signaturen (siehe Abb. 9.10) dar. Auch hier kann eine sichere Email-Kommunikation nur gewährleistet werden, wenn sichergestellt ist, daß Alice und Bob jeweils über den „richtigen" öffentlichen Schlüssel ihres

Gegenübers verfügen, d.h. eine sichere Verteilung der öffentlichen Schlüssel, z.B. über eine CA, ist die Voraussetzung für das Versenden sicherer Email-Nachrichten.

Das populärste Programm zur Versendung gesicherter Email-Nachrichten ist heute das von Phil Zimmermann 1991 entwickelte **PGP (Pretty Good Privacy)**. PGP ist ein vollständiges Paket, das alle notwendigen Methoden und Verfahren bereithält, die für einen gesicherten Email-Datenverkehr notwendig sind. Dabei beinhaltet es keine eigenständigen, proprietären Entwicklungen, sondern stellt lediglich eine Arbeitsumgebung für bekannte und ineinandergreifende Methoden und Verfahren dar. So bietet PGP

- Verschlüsselung von Email-Nachrichten (Geheimhaltung),
- Authentifikation der Kommunikationspartner,
- Sicherung der Nachrichten-Integrität über digitalen Signaturen und
- Komprimierungsverfahren für Email-Nachrichten.

PGP ist als Open-Source-Projekt für die meisten Rechnerplattformen und Betriebssysteme frei verfügbar und existiert in kommerziell erhältlicher Form auch als Plugin für die meisten Email-Clients.

PGP erlangte seine Popularität im Zuge eines Rechtsstreits der US-Bundesregierung mit Phil Zimmermann, die ihm vorwarf, mit der öffentlichen Verbreitung von PGP gegen US-Importbeschränkungen bzgl. kryptografischer Software verstoßen zu haben, da PGP als Public Domain Software im Internet verfügbar und damit auch für ausländische Nutzer zugänglich war. Kryptografische Systeme zählten in den USA zu militärischen Rüstungsgütern und unterlagen daher speziellen Ausfuhrbeschränkungen. Obwohl Phil Zimmermann PGP als Privatperson, ohne die Beteiligung einer großen Firma entwickelt hatte, wurde PGP schnell zu dem am weitesten verbreiteten Verschlüsselungssystem für Emails. Das Gerichtsverfahren wurde 1996 nach drei Jahren wieder eingestellt und Zimmermann gründete die Firma PGP Incorporated, die 1997 von Network Associates übernommen wurde. Mittlerweile ist PGP auch von der IETF standardisiert. Ausgehend von einem unter der Mitwirkung von Phil Zimmermann veröffentlichten ersten RFC zu PGP (RFC 1991) richtete die IETF die OpenPGP-Arbeitsgruppe ein, die OpenPGP 1998 als RFC 2440 standardisierte.

Die Funktionsweise und das Design von PGP entspricht weitgehend dem am Ende des letzten Abschnitts dargelegten Ablauf. Je nach Version verwendet PGP dabei die folgenden Verfahren:

- Berechnung des Message Digest: MD5 oder SHA.
- Symmetrische Verschlüsselung: CST, Triple-DES oder IDEA.
- Asymmetrische Verschlüsselung: RSA.
- Daten-Komprimierung: ZIP (Zip-Lempel-Algorithmus, vgl. Kap.3.3.2).

Die aufwendige RSA-Verschlüsselung wird jedoch lediglich dazu verwendet, die 128 Bit lange MD5-Signatur und den symmetrischen Sitzungsschlüssel (z.B. 128 Bit IDEA-Schlüssel) zu verschlüsseln. Das symmetrische Verschlüsselungsverfahren, das auf die zu versendende Email-Nachricht angewendet wird, ist dabei um Größenordnungen schneller als das RSA-Verfahren. Für das RSA-Verfahren unterstützt PGP verschiedene Schlüssellängen von 384 Bit (einfache Verschlüsselung, leicht zu brechen) bis zu 8.192 Bit (sehr starke Verschlüsselung, auf absehbare Zeit nicht zu brechen). Die aktuelle PGP-Version empfiehlt Schlüssel der Länge 1.024 Bit für schnelle Verschlüsselung auf der Ebene privater Nutzer und 2.048 Bit für starke Verschlüsselung. Bei der Installation von PGP wird für jeden Benutzer ein Schlüsselpaar, bestehend aus einem öffentlichen und einem privaten Schlüssel generiert. Der öffentliche Schlüssel wird daraufhin vom Nutzer auf dessen WWW-Seite oder über einen entsprechenden Public-Key-Server (CA) zur Verfügung gestellt, während der private Schlüssel, durch ein Passwort geschützt, auf dem Rechner des Nutzers gespeichert wird. Jedesmal wenn der Nutzer seinen privaten Schlüssel anwenden will, muß das Passwort eingegeben werden. Der Nutzer kann bei PGP selbst wählen, ob er eine Nachricht lediglich mit einer digitalen Signatur versehen möchte, ob er sie verschlüsseln oder ob er von beiden Möglichkeiten Gebrauch machen will.

Zusätzlich bietet PGP selbst auch eine Möglichkeit der Zertifizierung öffentlicher Schlüssel. Allerdings werden zu diesem Zweck keine vertrauenswürdige Dritten (CAs) herangezogen, sondern PGP zertifiziert öffentliche Schlüssel über ein eigenes **Web of Trust**: Ein Nutzer kann zunächst jedes Paar, bestehend aus Benutzername und zugehörigem öffentlichen Schlüssel, dem er selbst vertraut, auch selbst zertifizieren. Dazu kann ein Nutzer via PGP einem anderen Nutzer mitteilen, daß er ihm vertraut, wenn er für die Authentizität anderer Schlüssel bürgt. PGP-Nutzer treffen sich zu sogenannten **Key Signing Parties**. Dabei tauschen sie ihre öffentlichen Schlüssel aus und zertifizieren diese gegenseitig, indem sie sie jeweils mit ihrem privaten Schlüssel signieren. Eine dritte Möglichkeit besteht in der Benutzung spezieller **PGP Public Key Server**. Ein PGP Public Key Server speichert die an ihn von einem Nutzer gesendeten öffentlichen Schlüssel, verteilt diese an weitere PGP Public Key Server und gibt die Schlüssel an jeden aus, der diese anfragt. Allerdings stellt die Mehrzahl der PGP-Anwender ihren öffentlichen Schlüssel über eine eigene WWW-Seite zur Verfügung. Obwohl diese Schlüssel dort durch niemanden zertifiziert sind, ist der Zugriff darauf doch am bequemsten.

9.3.3 SSL/TLS – Absicherung auf der Transportschicht

Um einen sicheren Transport von Daten über das WWW zu ermöglichen, nutzte Netscape als erster Anbieter eine eigene, sichere Transportinfrastruktur: **HTTP over SSL** (HTTP über Secure Socket Layer, HTTPS). Diese sichere Transportinfrastruktur wurde realisiert, indem zwischen dem Standardprotokoll HTTP und dem darunterliegenden Transportprotokoll TCP/IP eine zusätzliche Schicht mit in das TCP/IP-Referenzmodell aufgenommen wurde, die für den vertraulichen Transport zuständig ist. Wie in Abb. 9.15 gezeigt, ist diese Architektur auch für die Absicherung anderer Dienste, wie z.B. FTP, IMAP oder TELNET geeignet, die ebenfalls ohne weitere Anpassung die durch SSL bereitgestellte sichere Verbindung nutzen können.

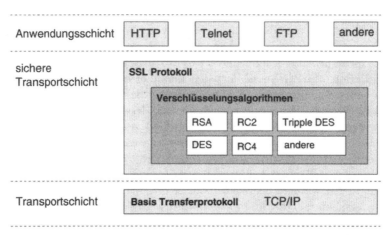

Abb. 9.15. Kommunikationsprotokolle im Schichtenmodell – SSL

SSL bezieht seinen Namen aus der Programmierschnittstelle des TCP/IP-Protokolls, den sogenannten Sockets. Allerdings definiert SSL keine feste Programmierschnittstelle, sondern definiert nur das eigentliche, sichere Protokoll. So können verschiedene Implementationen mit unterschiedlichen Programmierschnittstellen und Ansatzpunkten für das in der nächsthöheren Protokollschicht gelegene Anwendungsprogramm vorliegen.
SSL bietet zwei Kommunikationspartnern eine

- **private Verbindung** – nach einem anfänglichen Handshake-Verfahren zur Festlegung eines geheimen Schlüssels werden die Daten mit einem symmetrischen Kryptografieverfahren verschlüsselt,
- **Authentifikation** über öffentliche Verschlüsselungsverfahren (asymmetrische Kryptografie),
- **zuverlässige Verbindung**, der Nachrichtentransport überprüft die Unversehrtheit der transportierten Daten über einen sogenannten **Message Authentication Code (MAC)**.

Bei der Entwicklung von SSL stand vor allem auch die **Interoperabilität** im Vordergrund, da Programmierer in der Lage sein sollten, unabhängig voneinander Anwendungen zu entwickeln, die auf SSL aufsetzen und miteinander interagieren, ohne daß dazu die gegenseitige Kenntnis des jeweiligen Quellcodes der Anwendungen notwendig wäre. Auch bietet SSL die Möglichkeit, neue kryptografische Methoden einfach einzubinden und besitzt so einen hohen Grad an Flexibilität und **Erweiterbarkeit**. Da kryptografische Methoden oft sehr viel Rechenaufwand verlangen, wurde bei der Entwicklung von

SSL besonderes Augenmerk auf effiziente Caching-Verfahren gelegt, um die Anzahl der jeweils neu aufzubauenden Verbindungen innerhalb einer Sitzung möglichst gering zu halten.

SSL unterscheidet in Abhängigkeit vom jeweils gewählten Grad der Authentifikation drei verschiedene Arten von Kommunikationsverbindungen:

- **Anonyme Verbindungen**
  Hier wird weder die Identität des Clients noch die des WWW-Servers überprüft. SSL bietet in dieser Betriebsart zwar eine Absicherung gegenüber einfachem Abhören, aber eine Man-in-the-Middle Attacke ist immer noch möglich.

- **Server Authentifikation**
  Dazu präsentiert der WWW-Server dem Client ein Zertifikat, das seine Identität nachweist und vom Client akzeptiert werden muß. Die Identität des Clients wird nicht überprüft, aber der Client kann sich darauf verlassen, daß die Identität des WWW-Servers korrekt ist.

- **Client/Server Authentifikation**
  Hier weisen sich die beiden Kommunikationspartner über Zertifikate ihre Identität nach.

Das SSL-Protokoll enthält zwei Sub-Protokolle: das **SSL Record Protocol** und das **SSL Handshake Protocol**. Das SSL Record Protocol schreibt das Datenformat der Nachrichten bei SSL vor, während das SSL Handshake Protocol sich des SSL-Record Protocols bedient, um einen Verbindungsaufbau zwischen einem SSL-fähigen Client und einem SSL-fähigen WWW-Server herzustellen.

Eine Datenkommunikation über SSL läuft in zwei Stufen ab: Zuerst wird ein Handshake-Protokoll abgearbeitet, in dem die kryptografischen Fähigkeiten der beiden beteiligten Kommunikationspartner überprüft werden. Dazu zählen gegebenenfalls eine Authentifikation von Client und Server, sowie die Festlegung auf ein geeignetes Kryptografieverfahren, das beide beherrschen. Dabei wird das jeweils stärkste Kryptografieverfahren ausgewählt, über das beide gemeinsam verfügen. In der ersten Phase des Sitzungsaufbaus kommen starke kryptografische Methoden zum Einsatz, um den Sitzungsschlüssel (Session Key) auszutauschen. Die eigentliche Verschlüsselung der während einer Sitzung ausgetauschten Daten erfolgt dann nach weniger aufwendigen kryptografischen Methoden, die einen Kompromiß zwischen erreichbarer Sicherheit und dem zur Kodierung/Dekodierung notwendigen Rechenaufwand darstellen.

Obwohl sowohl bei Nutzung der unverschlüsselten Transportmethode über TCP/IP als auch bei verschlüsselter Übertragung über SSL das reguläre HTTP-Protokoll verwendet wird, muß der Client dennoch unterscheiden können, welches der beiden Verfahren zum Einsatz kommt. So wurde zu diesem Zweck ein zusätzliches Names-Präfix im URI-Adressierungsschema eingeführt: „`https:`". Der Browser kennzeichnet darüberhinaus das Vorliegen einer sicheren Datenübertragung über SSL z.B. über das Symbol eines abgeschlossenen Schlosses in seiner Statuszeile (siehe Abb. 9.16).

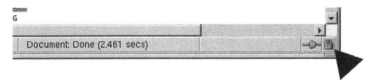

Abb. 9.16. Anzeige einer sicheren Datenübertragung über SSL im Browser

Das SSL Protokoll unterstützt eine Vielzahl unterschiedlicher kryptografischer Algorithmen, die zur Authentifikation, der Übermittlung von Zertifikaten oder der Abstimmung eines Sitzungsschlüssels dienen. Das SSL Handshake Protokoll übernimmt dabei die Aufgabe, zwischen Client und WWW-Server zu verhandeln, welche Methoden zur Lösung dieser Aufgaben verwendet werden sollen. SSL nutzt z.B. folgende Verfahren:

- **DES** (Data Encryption Standard), symmetrisches Verschlüsselungsverfahren,
- **DSA** (Digital Signature Algorithm), Teil eines digitalen Authentifikations-Standards,
- **KEA** (Key Exchange Algorithm), ein Algorithmus zum sicheren Schlüsselaustausch,
- **MD5** (Message Digest Algorithm 5), Algorithmus zum Erzeugen eines digitalen Fingerabdrucks (Message Digest),
- **RC2** und **RC4** Verschlüsselungsalgorithmen für den RSA-Standard,
- **RSA** (Rivest-Shamir-Adleman Data Security), asymmetrisches Verschlüsselungsverfahren,
- **RSA Key Exchange**, ein auf dem RSA-Verfahren basierender Algorithmus zum Schlüsseltausch für SSL,
- **SHA-1** (Secure Hash Algorithm), Algorithmus zum Erzeugen eines digitalen Fingerabdrucks (Message Digest),
- **SKIPJACK**, ein symmetrisches Verschlüsselungsverfahren, das von der US-Regierung eingesetzt wird und
- **Triple-DES**, dreifach angewendeter DES-Algorithmus. Dabei werden über KEA oder RSA symmetrische Schlüssel für Client und Server erzeugt, die dann während der SSL-Sitzung verwendet werden.

Die Festlegung darüber, welche Verfahren aus dem sogenannten **Chiffren-Satz** (**Cipher Suite**) auf Client- oder WWW-Server-Seite angeboten werden, liegt in den Händen des jeweiligen Administrators, der die entsprechenden Algorithmen aktivieren oder deaktivieren kann. Allerdings unterlagen Verfahren der sogenannten **starken Kryptografie** eine Zeit lang Exportbeschränkungen von Seiten der US-Regierung, während schwächere Verfahren,

9.3 Absicherung der Protokolle

also Verfahren mit kürzerer Schlüssellänge, als nicht sicher genug anzusehen sind, da kurze Schlüssel von unbefugter Seite zu schnell gebrochen werden können.

Tabelle 9.2. Chiffren-Sätze von unterschiedlicher kryptografischer Stärke

Kategorie	verwendete Chiffren
Stärkster Chiffrensatz, anfangs nur für den Einsatz in den USA zugelassen, geeignet z.B. für Banken und andere Organisationen mit den höchsten Sicherheitsansprüchen	**Triple DES mit 168 Bit Verschlüsselung und SHA1-Authentifikation.** Triple DES ist zwar die stärkste Verschlüsselungsmethode, die von SSL unterstützt wird, doch ist sie auch sehr rechenintensiv. Durch die dreifache Verwendung von DES ergibt sich eine mögliche Schlüsselzahl von etwa $3{,}7 \cdot 10^{50}$.
Starker Chiffrensatz, anfangs nur für den Einsatz in den USA zugelassen, geeignet für die meisten Unternehmen oder Behörden	**RC4 mit 128 Bit Verschlüsselung und MD5 Authentifikation.** Aufgrund des 128 Bit langen Schlüssels sind RC2 und RC4 nach DES die stärksten Verschlüsselungsverfahren innerhalb SSL. Für RC2 und RC4 ergibt sich eine mögliche Schlüsselzahl von etwa $3{,}4 \cdot 10^{38}$. RC4 ist das schnellste unter SSL verwendete Verschlüsselungsverfahren. **DES mit 56 Bit Verschlüsselung und SHA-1 Authentifikation.** Schwächstes der starken Verschlüsselungsverfahren, ermöglicht $7{,}2 \cdot 10^{12}$ unterschiedliche Schlüssel.
Zum Export bestimmter Chiffren-Satz, nicht so stark wie die starken Verfahren, doch schon immer für den Export außerhalb der USA erlaubt	**RC4 und RC2 mit 40 Bit Verschlüsselung und MD5 Authentifikation.** Erlaubt $1{,}1 \cdot 10^{12}$ verschiedene Schlüssel. RC4 ist dabei das schnellste von SSL unterstützte Verschlüsselungsverfahren.
Schwächster Chiffren-Satz, beinhaltet Authentifikation und Entdeckung von Manipulationsversuchen, aber keine Verschlüsselung, so daß ein Abhören des Datenverkehrs möglich ist	**Keine Verschlüsselung und MD5 Authentifikation.** Über das MD5 Fingerabdruckverfahren kann Datenmanipulation entdeckt werden. Einsatz, wenn Client und WWW-Server über keine gemeinsamen Verschlüsselungsverfahren verfügen.

Exkurs 24: SSL Handshake-Verfahren

Das SSL Protokoll verwendet eine Kombination aus Verfahren mit öffentlichen und symmetrischen Schlüsseln. Symmetrische Verschlüsselungsverfahren arbeiten schneller, aber Verfahren mit öffentlichem Schlüssel bieten sicherere Authentifikations-Methoden. Eine SSL-Sitzung beginnt stets mit einem Austausch von Nachrichten, der als **Handshake** bezeichnet wird. Im Handshake-Verfahren identifiziert sich der WWW-Server zunächst gegenüber dem Client mit Hilfe eines öffentlichen Schlüssels. Danach kooperieren Client und WWW-Server zur Erzeugung symmetrischer Schlüssel, die während der Sitzung zur schnellen Verschlüsselung, Entschlüsselung und zur Entdeckung von Manipulationsversuchen an den übertragenen Daten eingesetzt werden. Die Authentifikation des Clients ist optional und wird nur dann vom WWW-Server verlangt, wenn sie für notwendig erachtet wird.

Aus Platzgründen kann an dieser Stelle nur der prinzipielle Ablauf der einzelnen Schritte in diesem Prozeß skizziert werden.

1. Der Client sendet dem WWW-Server die Versionsnummer der von ihm verwendeten SSL-Version, Einstellungen für die Verschlüsselung, zufällig erzeugte Daten und andere Informationen, die der Server für eine Kommunikation mit dem Client über SSL benötigt.
2. Der Server antwortet dem Client mit der Versionsnummer der von ihm verwendeten SSL-Version, Einstellungen für die Verschlüsselung, zufällig erzeugten Daten und anderen Informationen, die der Client für eine Kommunikation mit dem Server benötigt. Der Server sendet dabei auch sein eigenes Zertifikat und fordert gleichzeitig ein Zertifikat des Clients an, falls der Client eine Informationsressource anfragt, die seine Authentifikation verlangt.
3. Der Client nutzt die in der Serverantwort übertragene Information zur Authentifikation des Servers (siehe Abb. 9.17). Kann der Server nicht authentifiziert werden, wird der Benutzer gewarnt und darüber informiert, daß eine gesicherte Verbindung nicht gewährleistet werden kann. Anderenfalls, wenn die Server-Authentifikation positiv verläuft, wird mit dem folgenden Schritt fortgefahren.
4. Unter Verwendung der bislang ausgetauschten Daten generiert der Client (unter Mitwirkung des Servers, je nach verwendetem Verschlüsselungsverfahren, auf das sich beide geeinigt haben) das sogenannte **Premaster Secret** für die Sitzung, verschlüsselt dieses mit dem öffentlichen Schlüssel des Servers (der im Zertifikat des Servers enthalten ist) und sendet das verschlüsselte Premaster Secret an den Server.
5. Für den Fall, daß der Server ein Client-Zertifikat verlangt hat, signiert der Client einen zusätzlichen Datenanteil, der im bisherigen Handshake ausgetauscht wurde und beiden Kommunikationspartnern bekannt ist. Diese signierten Daten werden zusammen mit dem Zertifikat des Clients und dem verschlüsselten Premaster Secret übertragen.
6. Falls der Server eine Client Authentifikation verlangt hat, führt er diese nun anhand des gesendeten Zertifikats durch (siehe Abb. 9.18). Kann der Client nicht erfolgreich authentifiziert werden, wird die Sitzung beendet. War die Authentifikation erfolgreich, entschlüsselt der Server das Premaster Secret mit Hilfe seines privaten Schlüssels und beginnt mit der Generierung des eigentlichen **Master Secrets**, das auch der Client auf dieselbe Weise erzeugt.
7. Mit dem Master Secret erzeugen Server und Client die Schlüssel für die sich anschließende Sitzung. Dabei handelt es sich um den symmetrischen Schlüssel (**Session Key**), der zur Ver- und Entschlüsselung des Datenverkehrs während der SSL-Sitzung und zur Überprüfung der Integrität (Unversehrtheit) der übermittelten Daten dient.
8. Der Client sendet dem Server eine Nachricht, die den Server darüber in Kenntnis setzt, daß die folgenden Nachrichten des Clients mit dem Sitzungs-Schlüssel verschlüsselt werden und beendet (über eine verschlüsselte Nachricht) das Handshake-Verfahren auf der Client-Seite.
9. Der Server sendet dem Client eine Nachricht, die den Client darüber in Kenntnis setzt, daß die folgenden Nachrichten des Servers mit dem Sitzungs-Schlüssel verschlüsselt werden und beendet (über eine verschlüsselte Nachricht) das Handshake-Verfahren auf der Server-Seite.
10. Das SSL Handshake Protokoll ist nun beendet und die eigentliche SSL-Sitzung beginnt. Client und Server verwenden den symmetrischen Sitzungsschlüssel, um den gegenseitigen Datenverkehr zu verschlüsseln und um die Integrität der übertragenen Daten zu gewährleisten.

9.3 Absicherung der Protokolle

Verschlüsselungsverfahren im SSL-Protokoll

- **Asymmetrische Verfahren**
  Bevor ein symmetrischer Sitzungsschlüssel (Session Key) erzeugt werden kann, müssen Daten mit Hilfe eines asymmetrischen Verschlüsselungsverfahrens mit dessen öffentlichen und privaten Schlüsseln ausgetauscht werden.
  Im Falle einer Server-Authentifikation verschlüsselt der Client ein Premaster Secret mit Hilfe des öffentlichen Schlüssels des betreffenden Servers. Diese Daten können nur mit dem im Besitz des betreffenden Servers befindlichen privaten Schlüssel wieder entschlüsselt werden. Anschließend wird aus dem Premaster Secret der symmetrische Sitzungsschlüssel generiert. Über den Gebrauch des Schlüsselpaares aus privatem und öffentlichem Schlüssel wird die Authentizität des Servers sichergestellt. Im Falle einer Client-Authentifikation verschlüsselt der Client Zufallsdaten mit Hilfe seines eigenen privaten Schlüssels, d.h. er erzeugt eine **digitale Signatur**. Der vom Client in seinem Zertifikat ausgegebene öffentliche Schlüssel kann diese Daten nur validieren, wenn sie tatsächlich mit dem privaten Schlüssel des Clients verschlüsselt worden sind. Ansonsten ist der Server nicht in der Lage, die digitale Signatur des Client zu validieren und die Sitzung wird beendet.
- **Symmetrische Verfahren**:
  Nachdem das Premaster Secret erfolgreich zwischen Client und Server ausgetauscht wurde, wird es zusammen mit anderen Daten, die sowohl dem Server als auch dem Client zur Verfügung stehen, dazu genutzt, einen Sitzungsschlüssel zu generieren, der dann während der gesamten Sitzung sowohl zur schnellen Verschlüsselung als auch zur schnellen Entschlüsselung genutzt werden kann.

Server Authentifikation

Wie bereits in Schritt 2 des SSL Handshake Protokolls beschrieben, sendet der Server ein Zertifikat, mit dem er sich selbst gegenüber dem Client authentifiziert. Der Client verwendet dieses Zertifikat in Schritt 3 um die Identität des Servers zu überprüfen. Um die Zusammengehörigkeit des öffentlichen Schlüssels und des Servers, der durch das Zertifikat identifiziert wird, zu überprüfen, und damit den Server zu authentifizieren, hat der SSL-fähige Client folgende Fragen zu beantworten (vgl. Abb. 9.17):

1. **Liegt die Anfrage im Gültigkeitszeitraums des Zertifikats?**
   Der Client überprüft den Gültigkeitszeitraum des Zertifikats. Liegt die aktuelle Anfrage außerhalb dieses Zeitraums, stoppt er den Authentifikationsvorgang. Ansonsten fährt der Client mit der Authentifikation fort.
2. **Ist der Aussteller des Zertifikats vertrauenswürdig?**
   Jeder SSL-fähige Client verwaltet eine Liste vertrauenswürdiger Zertifikatsaussteller (**Trusted Certificate Authorities, CA**). Anhand dieser Liste wird entschieden, welche Server-Zertifikate der Client akzeptiert. Stimmt der Name (**Distinguished Name, DN**) der Aussteller-CA mit einem Namen aus der Liste der vertrauenswürdigen CAs des Clients überein, fährt der Client mit der Authentifikation des Servers fort. Gehört die Aussteller-CA nicht zur Liste des Clients, wird der Server nicht authentifiziert, es sei denn, der Server ist in der Lage, eine Zertifikat-Kette zu senden, die eine CA beinhaltet, die zur Liste des Clients gehört.
3. **Kann die digitale Signatur des Ausstellers mit dem öffentlichen Schlüssel des Ausstellers validiert werden?**
   Der Client verwendet dazu den öffentlichen Schlüssel der CA aus seiner eigenen Liste vertrauenswürdiger CAs, um die digitale Signatur auf dem Zertifikat des Servers zu validieren. Wurde die Information im Server-Zertifikat verändert, nachdem die CA dieses signiert hat, oder korrespondiert der öffentliche Schlüssel aus der Liste des Clients nicht

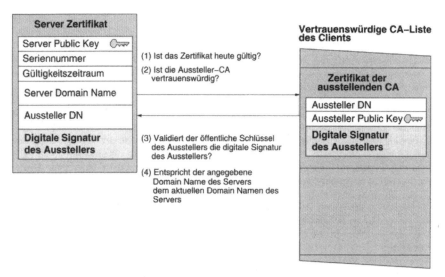

Abb. 9.17. SSL Handshake – Server Authentifikation

mit dem privaten Schlüssel, mit dem die Signatur des Server-Zertifikats erstellt wurde, wird der Server nicht authentifiziert. Kann die digitale Signatur dagegen validiert werden, gilt das Zertifikat als echt.

4. **Stimmt der im Zertifikat angegebene Domain Name des Servers mit dem aktuellen Domain Namen des Servers überein?**
Mit diesem Test soll sichergestellt werden, daß sich der Server auch tatsächlich unter der angegebenen Netzwerkadresse des Servers befindet. Dieser Test ist – technisch gesehen – eigentlich nicht Bestandteil des SSL Handshake-Protokolls, doch soll damit eine Man-in-the-Middle Attacke verhindert werden. Stimmen die Domain Namen überein, fährt der Client mit dem Handshake fort.

5. Der Server ist jetzt erfolgreich authentifiziert worden, der Client fährt mit dem Handshake Protokoll fort. Hat der Authentifikationsvorgang aus irgendeinem Grund diesen Schritt nicht erreicht, kann der Server nicht authentifiziert werden. Der Nutzer wird darüber in Kenntnis gesetzt, eine verschlüsselte und gesicherte Verbindung kann nicht aufgebaut werden.

6. Benötigt der Server eine **Client Authentifikation**, muß diese jetzt durchgeführt werden.

7. Danach benutzt der Server seinen eigenen privaten Schlüssel zur Entschlüsselung des Premaster Secrets, das der Client in Schritt 4 des SSL Handshakes gesendet hat. Anderenfalls wird die SSL-Sitzung beendet.

Client Authentifikation
SSL-fähige WWW-Server können so konfiguriert werden, daß sie eine Authentifikation des anfragenden Clients verlangen. Ist dies der Fall (SSL-Handshake Schritt 6), sendet der Client ein Zertifikat zusammen mit einer signierten Nachricht mit zufällig gewähltem Inhalt, um sich selbst authentifizieren zu lassen. Der Server nutzt diese signierte Nachricht, um den öffentlichen Schlüssel des Clients, der sich in dessen Zertifikat befindet, zu validieren und um damit die Identität des Clients, die das Zertifikat ja belegen soll, zu bestätigen.
Der zufällig gewählte Inhalt der signierten Nachricht ist nur dem Client und dem Server bekannt. Die digitale Signatur wird mit dem privaten Schlüssel des Client erzeugt, der im positiven Fall zum öffentlichen Schlüssel aus dem Zertifikat des Clients korrespondiert.

Um die Authentizität eines anfragenden Clients erfolgreich bestätigen zu können, müssen folgende Fragen durch den SSL-fähigen Server beantwortet werden (vgl. Abb. 9.18):

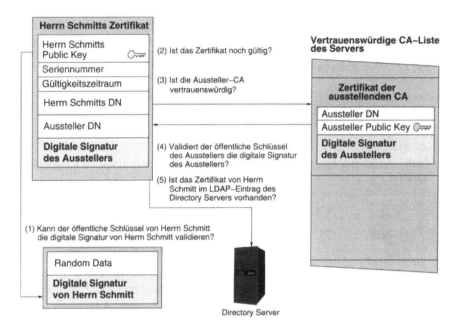

Abb. 9.18. SSL Handshake – Client Authentifikation

1. **Kann der öffentliche Schlüssel des Clients die digitale Signatur des Clients validieren?**
   Der Server überprüft dazu, ob der öffentliche Schlüssel aus dem Zertifikat des Clients die digitale Signatur des Clients berechnen kann. Gelingt dies, kann der Server sicher sein, daß der öffentliche Schlüssel, der vorgeblich dem Client gehört, zu dessen privaten Schlüssel korrespondiert, mit dem die digitale Signatur erzeugt worden ist, und daß die übertragenen Daten seit dem Zeitpunkt des Signierens nicht verändert worden sind. Allerdings kann dadurch noch nicht die Verbindung zwischen dem öffentlichen Schlüssel und dem im Zertifikat angegebenen **Distinguished Name** (**DN**) der Aussteller-CA hergestellt werden. Das Zertifikat könnte immer noch von einem unbefugten Dritten erzeugt worden sein, der sich selbst als der darin angegebene Client ausgibt. Um die korrekte Verbindung zwischen öffentlichem Schlüssel und dem DN herzustellen, müssen zusätzlich noch die nachfolgenden Schritte erfolgreich abgeschlossen werden.

2. **Ist das Zertifikat noch gültig?**
   Der Server überprüft den Gültigkeitszeitraum des Zertifikats. Liegt die aktuelle Anfrage außerhalb dieses Zeitraums, wird der Authentifikationsvorgang gestoppt. Ansonsten fährt der Server mit der Authentifikation fort.

3. **Ist der Austeller des Zertifikats vertrauenswürdig?**
   Jeder SSL-fähige Server verwaltet eine Liste vertrauenswürdiger Zertifikatsaussteller (Trusted Certificate Authorities, CA). Anhand dieser Liste wird entschieden, welche Zertifikate der Server akzeptiert. Stimmt der eindeutige Name (**Distinguished Name, DN**) der Austeller-CA mit einem Namen aus der Liste vertrauenswürdiger CAs des

Servers überein, fährt der Server mit der Authentifikation des Clients fort. Befindet sich die Aussteller-CA nicht in der Liste des Servers, wird der Client nicht authentifiziert, es sei denn der Client ist in der Lage, eine Zertifikat-Kette zu senden, die eine CA beinhaltet, die sich in der Liste des Servers wiederfindet. Der jeweilige Administrator des Servers verwaltet die Liste der vertrauenswürdigen CAs.

4. **Kann die digitale Signatur des Ausstellers mit dem öffentlichen Schlüssel des Ausstellers validiert werden?**
   Der Server verwendet dazu den öffentlichen Schlüssel der CA aus seiner eigenen Liste vertrauenswürdiger CAs, um die digitale Signatur auf dem Zertifikat des Clients zu validieren. Wurde die Information im Client-Zertifikat verändert, nachdem die CA dieses signiert hat, oder korrespondiert der öffentliche Schlüssel aus der Liste des Servers nicht mit dem privaten Schlüssel, mit dem die Signatur des Client-Zertifikats erstellt wurde, dann wird der Client nicht authentifiziert. Kann die digitale Signatur validiert werden, gilt das Client-Zertifikat als echt.

5. **Befindet sich das Zertifikat des Clients unter den LDAP-Einträgen des Directory-Servers?**
   Mit diesem optionalen Schritt kann ein Administrator einem Nutzer den Zugang zum WWW-Server untersagen, auch wenn er alle anderen Tests bereits bestanden hat. Ist das Client-Zertifikat mit demjenigen im LDAP-Eintrag des betreffenden Nutzers identisch, dann konnte der Client erfolgreich authentifiziert werden.

6. **Ist der authentifizierte Client befugt, auf die angeforderte Informationsressource zuzugreifen?**
   Anhand der **Access Control List** (ACL) des Servers wird die Autorisierung des Clients überprüft und im positiven Fall eine entsprechende Verbindung eingerichtet. Erreicht die Client-Authentifikation aus irgendeinem Grund diesen letzten Schritt nicht, kann der Client nicht erfolgreich authentifiziert werden und ist deshalb nicht berechtigt, auf geschützte Informationsressourcen des Servers zuzugreifen.

Weiterführende Literatur:
A. O. Freier, P. Karlton, P. C. Kocher:
The SSL Version 3.0, Internet-Draft, Netscape Communications, 18.11.1996, 15.3.1998, verfügbar unter der URL <http://home.netscape.com/eng/ssl3/draft302.txt> .

Besondere Beachtung verdient der Fall, wenn eine sichere Verbindung mit SSL über einen Proxy-Server erfolgen soll. Dabei sind grundsätzlich die zwei Fälle zu unterscheiden, in denen sich der Proxy-Server entweder vollständig transparent verhält (**SSL Proxying**), oder der Proxy-Server die ankommenden SSL-verschlüsselten Daten interpretiert und diese anschließend weiterleitet (**HTTPS Proxying**).

TLS – Transport Layer Security. Als Nachfolger des von Netscape eingeführten SSL Protokolls befindet sich derzeit **TLS Transport Layer Security** im Standardisierungsprozeß des IETF (siehe RFC 2246). TLS verfolgt dieselben Ziele wie SSL – kryptografische Sicherheit, Interoperabilität, Erweiterbarkeit und Effizienz – und ist in weiten Teilen mit der Version SSL 3.0 identisch. Wie die Bezeichnung von TLS bereits erkennen läßt, handelt es sich um ein Protokoll der Transportschicht innerhalb des TCP/IP Kommunikationsprotokollstapels. Innerhalb dieser Schicht gewährleistet TLS eine sichere

9.3 Absicherung der Protokolle   687

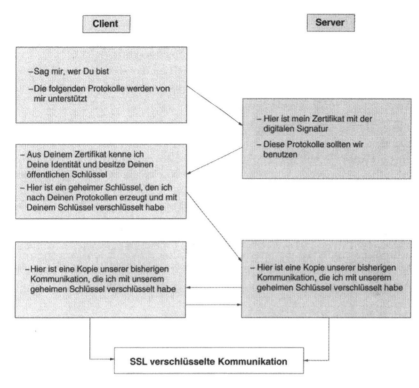

Abb. 9.19. SSL Handshake – Einfachster prinzipieller Ablauf

und transparente Datenübertagung zwischen zwei Kommunikationspartnern. RFC 2246 definiert ein **TLS Record Protocol**, das als Ausgangspunkt und Container für weitere sogenannte Protocol-Clients dient. Die folgenden vier Clients sind bereits in RFC 2246 spezifiziert, wobei weitere Clients bei Bedarf hinzugefügt werden können:

- **TLS Handshake Protocol**
  Dient dem Verbindungsaufbau und der Festlegung der Verbindungsparameter, wie z.B. verwendete Verschlüsselungsverfahren, Austausch von Schlüsseln, Authentifikation der Kommunikationsteilnehmer und der ausgetauschten Nachrichten.
  Folgende Aufgaben werden durch das TLS Handshake Protocol ausgeführt:
  – Austausch von sogenannten „Hello"-Nachrichten, zur Absprache von gemeinsam verwendeten Algorithmen, dem Austausch von Zufallswerten und der Überprüfung, ob eine Sitzung fortgeführt werden soll.
  – Austausch der notwendigen kryptografischen Parameter, damit Client und Server in der Lage sind, sich auf ein Premaster Secret zu einigen.
  – Austausch von Zertifikaten und anderen kryptografischen Informationen, damit Client und Server eine gegenseitige Authentifikation durchführen können.

- Generierung eines Master Secrets aus dem vorgegebenen Premaster Secret und den zusätzlich ausgetauschten Zufallswerten.
- Bereitstellung und Abgabe von Sicherheitsparametern.
- Überprüfung, daß der Kommunikationspartner dieselben Sicherheitsparameter ermittelt hat, und daß das Handshake ohne Manipulation von dritter Seite stattgefunden hat.

Das TLS Handshake erfolgt prinzipiell in derselben Weise wie das SSL Handshake:

- **Client Hello**: Der Client signalisiert dem Server, daß er eine gesicherte Verbindung einrichten will. Die gesendete Nachricht enthält einen Zeitstempel, eine Zufallszahl, sowie verschiedene Parameter, mit denen Client und Server sich auf die für die Übertragung verwendete Kryptografie einigen.
- **Server Hello**: Der Server akzeptiert die Einrichtung einer gesicherten Verbindung und tauscht mit dem Client die vereinbarten kryptografischen Kontrollinformationen aus:
  - **Server Zertifikat** (optional): Der Server authentifiziert sich damit beim Client.
  - **Austausch Server-Key** (optional): Der Austausch eines öffentlichen Schlüssels, den der Client verwenden soll, um das Premaster Secret zu übermitteln.
  - **Zertifikat Anfrage** (optional): Der Server fordert den Client auf, ein Zertifikat zur Client-Authentifikation zu senden.
  - **Server Hello beendet**: Server signalisiert, daß die Hello-Phase abgeschlossen ist, und er keine weiteren Nachrichten dazu sendet.
- **Client Zertifikat** (optional): Wenn vom Server angefordert, sendet der Client ein Zertifikat.
- **Austausch Client-Key** (optional): Client sendet das Premaster Secret an den Server.
- **Change Cipher Spec** (optional): Dient einer eventuellen Neuverhandlung der Kryptografieparameter. Wird wichtig bei Verbindungswiederaufnahme.
- **Zertifikatsüberprüfung** (optional): Wird nur gesendet, wenn der Server ein Zertifikat gesendet hat, und dient dazu, dieses zu überprüfen.
- **Handshake beendet**: Eine Quittungsmeldung dafür, daß das Handshake Verfahren jetzt beendet ist.

Das ausgetauschte Premaster Secret wird wie bei SSL dazu genutzt, einen gemeinsamen, symmetrischen Schlüssel (Master Secret) zu generieren, der zur Verschlüsselung des anschließenden Datenverkehrs genutzt wird.

- **Alert Protocol**
  Auslösen von Alarmmeldungen im Fehlerfall, wie z.B. bei fehlerhafter Authentifikation der Kommunikationspartner. Dabei wird die aktuelle Sitzung je nach Gewicht des aufgetretenen Fehlers abgebrochen oder fortgesetzt.

- **Change Cipher Specification Protocol**
  Dient der Vereinbarung von kryptografischen Parametern, wird z.B. benötigt, um eine abgebrochene Sitzung wiederaufzunehmen.
- **Application Data Protocol**
  Senden und Empfangen verschlüsselter Nutzdaten.

Der Nachrichtenfluß im TLS Handshake ist in Abb. 9.20 schematisch dargestellt. Optionale Anteile sind in der Abbildung mit einem Fragezeichen am Ende gekennzeichnet.

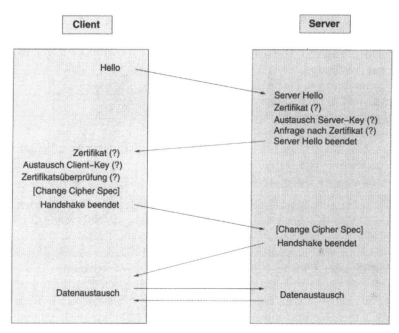

Abb. 9.20. TLS Handshake

Schematisch gesehen befinden sich die Client Protokolle auf einer höher gelegenen Schicht im Schichtenmodell der Kommunikationsprotokolle, wobei das TLS Record Protokoll diese quasi einkapselt. Je nachdem, ob es um das Senden oder Empfangen von Daten geht, stellt das TLS Record Protokoll verschiedene Dienste zur Verfügung.

- Auf der **Senderseite** bietet das TLS Record Protocol die folgenden Dienste an:
  - Entgegennahme der zu übermittelnden Daten,
  - Fragmentierung der Nachrichten in handhabbare Datenblöcke (bis zu 2^{14} Byte Länge, verschiedene Datensätze von gleichem Typ können in einem solchen Block zusammengefaßt und übertragen werden),

- optionale Komprimierung der Daten (die verwendete Komprimierung, auf die sich die Kommunikationspartner geeinigt haben, muß verlustfrei arbeiten und darf die Datenlänge niemals um mehr als 1.024 Byte vergrößern),
- Authentifikation des Senders und der von ihm versendeten Daten (mit Hilfe von Algorithmen (Hashfunktion), die einen Fingerabdruck (Message Digest) der zu sendenden Daten erzeugen, wird in TLS ein unter Verwendung der Verfahren **MD5** und **SHA-1** als **HMAC** bezeichneter Algorithmus definiert, dessen Anwendung die Authentizität des Kommunikationspartners und die Integrität der versendeten Nachrichten gewährleisten soll),
- Verschlüsselung von Daten und deren Versand.

- Auf der **Empfängerseite** stellt das TLS Record Protokoll die folgenden Dienste zur Verfügung:
  - Entgegennahme von Nachrichten,
  - Entschlüsseln der empfangenen Daten,
  - Verifikation authentifizierter Daten,
  - Dekomprimierung komprimierter Daten,
  - Reassemblierung von fragmentierten Daten in vollständige Nachrichten,
  - Authentifikation von Daten,
  - Weiterleitung der Daten an den Empfänger.

TLS gewährleistet eine zuverlässige, sichere und transparente Datenübertragung zwischen zwei Kommunikationspartnern. Ebenso wie SSL bietet TLS den Vorteil der Unabhängigkeit vom jeweils verwendeten Protokoll der Anwendungsschicht des Kommunikationsprotokollstapels. Daher können Protokolle wie HTTP oder FTP das TLS Protokoll transparent verwenden.
Innerhalb des WAP Protokollstapels (Wireless Application Protocol) wird TLS in der WTLS (Wireless Transport Layer Security) Schicht zur Einrichtung eines sicheren Zugangs zum WWW aus dem Mobilfunkbereich genutzt.

9.3.4 IPsec – Absicherung auf der Netzwerkschicht

Als **IP-Security** (**IPsec**) wird eine Familie von Standards bezeichnet, die von der IP Security Working Group der IETF entwickelt wurde. Die zugehörigen RFCs (RFC 1825, RFC 1829, RFC 2401–2409) beziehen sich alle auf die Netzwerkschicht des TCP/IP-Referenzmodells und beschreiben Datenformate für verschiedene Verfahren der Verschlüsselung und Authentifikation von IP-Datenpaketen. IPsec kann in Verbindung mit IPv4 zur Anwendung kommen und ist von vornherein in der Nachfolgeversion IPv6 integriert. Um die beiden Sicherheitsziele Authentifikation und Vertraulichkeit umzusetzen, verwendet IPsec zusätzlich zum regulären IP-Datagramm-Header einen **Authentication Header** (**AH**), der zur Sicherung der Identität des Senders dient, und einen **Encapsulation Secure Payload**-Header (**ESP**), der für die Verschlüsselung der transportierten Nutzdaten zuständig ist. Die beiden neuen Header sind jeweils so kurz wie möglich gehalten und schließen sich direkt an den IPv4 Header vor dem verschlüsselten Nutzdateninhalt an (siehe Abb. 9.21).

Authentication Header. Betrachten wir ein IPsec-Datagramm, so befindet sich der Authentication Header zwischen dem regulären IPv4-Header und den Nutzdaten, die in der Regel aus einem (bzw. einem partiellen) TCP-Segment mit zugehörigem TCP-Header bestehen.

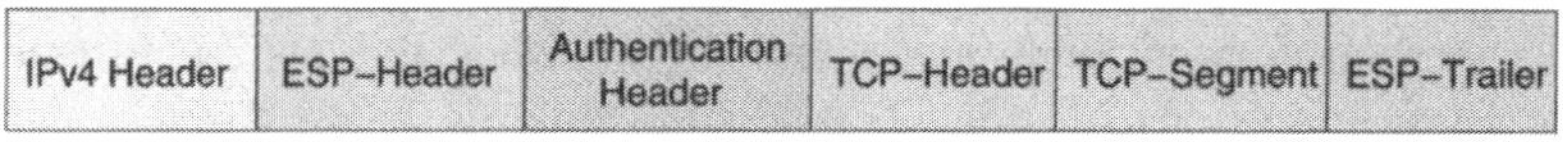

IPv4 Header	ESP-Header	Authentication Header	TCP-Header	TCP-Segment	ESP-Trailer

Abb. 9.21. Grundstruktur eines IPSec-Datagramms

Um ein IP-Datagramm als IPsec-Datagramm zu kennzeichnen, wird das **Protocol**-Feld des IP-Datagramm-Headers auf den Wert 51 gesetzt. Der Authentication Header hat folgenden Aufbau (siehe Abb. 9.22):

- **Next Header**
  1 Byte, gibt analog zu einem IPv4-Header den Typ der transportierten Nutzlast an.
- **Nutzlastlänge**
  1 Byte, kennzeichnet merkwürdigerweise nicht die Länge der transportierten Nutzlast, sondern die Länge des AH.
- **Security Parameter Index (SPI)**
  4 Byte, spezifiziert das verwendete Sicherheitsverfahren. Hierzu sind verschiedene Parameterangaben notwendig (z.B. verwendetes Verfahren, eingesetzter Schlüssel, Gültigkeitsdauer des Schlüssels, etc.), die in einer sogenannten **Security Association** (**SA**) zusammengefaßt werden. Der SPI gibt dabei lediglich einen Verweis auf den eigentlichen SA-Eintrag der Security Association Database, einer Datenbank, die alle verfügbaren Parameterkombinationen enthält, und die sowohl beim Sender als auch beim Empfänger verfügbar sein muß. Um den SA-Eintrag eindeutig zu spezifizieren, wird sowohl der SPI als auch die IP-Zieladresse benötigt.
- **Sequenznummernfeld**
  4 Byte, numeriert die zwischen Sender und Empfänger ausgetauschten Datagramme und soll dadurch Replay-Attacken verhindern, bei denen durch Verwendung bereits gesendeter und erfolgreich empfangener IP-Datagramme das Sicherheitssystem unterlaufen wird. Spätestens nach dem Austausch von 2^{31} IP-Datagrammen muß jedoch eine neue SA festgelegt werden, um Replay-Attacken vollständig auszuschließen. Die Sequenznummer wird jeweils vom Sender eingefügt.
- **Authentifikationsdaten**
  Angaben zur Authentifikation von variabler Länge. Die Länge ist dabei abhängig vom jeweils für die Authentifikation verwendeten Verfahren, die

in den RFCs 2403 und 2404 beschrieben sind. Wichtig bei der Berechnung eines Message Digest zur Authentification ist, daß der Wert der Authentifikationsdaten dabei auf „0" gesetzt wird, da der berechnete Authentifikationswert selbst nicht mit in die Berechnung eingehen darf. Auch die anderen Werte, die sich während des Transports noch verändern (z.B. TTL-Feld, Fragment Offset, Header Prüfsumme), müssen bei der Berechnung des Message Digest auf „0" gesetzt werden.

Bei Verwendung der Optionen „Loose Source Routing" und „Strict Source Routing", bei denen eine Reihe von Routen vorgeschrieben wird, die passiert werden müssen, muß darauf geachtet werden, daß als Zieladresse für die Berechnung des Message Digest stets nur die letzte Adresse der angegebenen Adressliste (also das eigentliche Ziel) herangezogen wird.

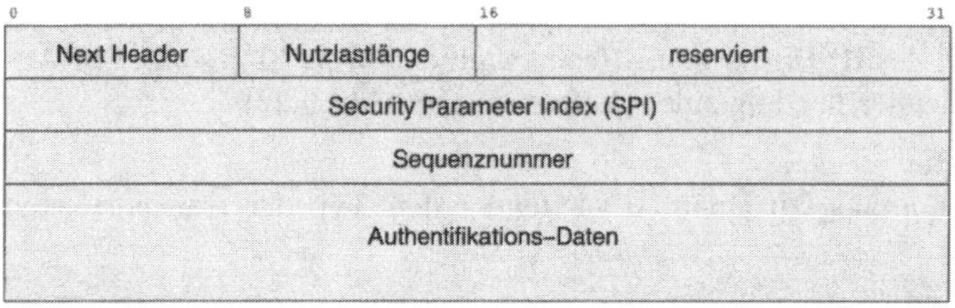

0	8	16	31
Next Header	Nutzlastlänge	reserviert	
Security Parameter Index (SPI)			
Sequenznummer			
Authentifikations-Daten			

Abb. 9.22. Authentication Header des IPSec-Datagramms

AH bietet die Möglichkeit der Verwendung folgender Authentifikationsverfahren:

- MD5 (RFC 2403),
- SHA-1 (RFC 2404).

Encapsulation Security Payload (ESP). Neben der Authentifikation ist die Geheimhaltung der übermittelten Nachrichten mittels geeigneter Verschlüsselungsverfahren sicher die wichtigste Sicherheitsanforderung im globalen Internet. Da jedes einzelne IP-Datagramm einer im Internet versandten Nachricht einen eigenen Weg zum vorbestimmten Empfänger einschlagen kann, ist es dem Sender prinzipiell nicht möglich, ein Abfangen der übermittelten IP-Datagramme zu verhindern. So sind die beteiligten Zwischensysteme für eine Reihe von Personen zugänglich, auf LAN-Ebene empfängt potenziell jeder LAN-Nutzer ein gesendetes Datagramm. Deshalb sorgt **Encapsulation Security Payload** (**ESP**) bei IPsec für die Wahrung der Vertraulichkeit der übermittelten IP-Datagramme. Ebenso wie AH ist die Verwendung von ESP optional und nicht zwingend vorgeschrieben. Wird ESP-Verschlüsselung angewendet, wird das IPsec-Datagramm mit einem ESP-Header und einem ESP-Trailer versehen, der die im IPsec-Datagramm beförderte Nutzlast einrahmt. ESP-Header und -Trailer bestehen aus den folgenden Feldern (siehe Abb. 9.23):

- **Security Parameter Index (SPI) und Sequenznummer**
Diese beiden Felder sind mit den Feldern im AH identisch. Lediglich verweist hier die SPI zusammen mit der Zieladresse auf eine SA, die ein Verschlüsselungsverfahren und die dazu notwendigen kryptografischen Parameter (z.B. Schlüssel oder Initialisierungsvektor) enthält, und nicht wie im Falle des AH auf ein Authentifikationsverfahren.
- **Füllbits (Padding)**
Da die transportierte Nutzlast unterschiedlich lang sein kann, müssen Füllbits eingefügt werden, damit die nachfolgenden ESP-Authentifikationsdaten stets an einer 32 Bit Wortgrenze beginnen können. Wird als Verschlüsselungsverfahren eine Blockchiffre, wie z.B. AES oder DES gewählt, so ist zu beachten, daß diese stets Blöcke von 8 bzw. 16 Byte verarbeiten. Die Anzahl der Füllbits muß daher so berechnet werden, daß die Länge der Nutzlast inklusive Füllbits, Füllbitlänge und anschließendem Next-Header-Feld ein Vielfaches dieser Blocklänge ist. Um nach dem Empfang des IPsec-Datagramms die Füllbits wieder entfernen zu können, muß die Füllbitlänge (Padding Length, 1 Byte) stets mit angegeben werden.
- **Next Header**
Dieses Feld entspricht in der Verwendung dem Next-Header-Feld des regulären IPv4-Datagramms, das den Typ der beförderten Daten beschreibt.
- **ESP Authentifikationsdaten**
Wie bei Verwendung des AH kann auch über ESP ein Message Digest zur Authentifikation der transportierten Daten mitübertragen werden. Allerdings ist die Berechnung hier einfacher, da jeweils nur statische Felder darin einfließen.

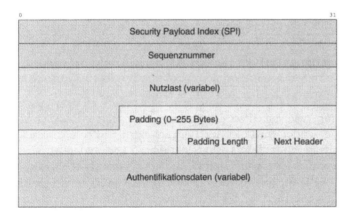

Abb. 9.23. Encapsulation Security Payload im IPSec-Datagramm

IPsec – Sicherheitsarchitektur. Die über IPsec verwendeten Sicherheitsprotokolle, sowie die dabei zu verwendenden Schlüssel müssen jeweils vor einer Kommunikaton zwischen den beteiligten Kommunikationspartnern ausgehandelt werden. Das geschieht über ein spezielles Protokoll, das **Internet Key Exchange Protocol (IKE**, siehe Exkurs „IPsec – Schlüsselmanagement"). Im einfachsten Fall liegen die zu verwendenden Schlüssel bereits auf den jeweiligen Endsystemen vor (Preshared Keys). Anderenfalls werden die Schlüssel über einen einmal zu verwendenden Zufallswertes festgelegt (Shared Session Key), der mit Hilfe eines asymmetrischen Verschlüsselungsverfahrens zwischen den Kommunikationspartnern ausgetauscht wird.

Betrachten wir eine IPsec-Implementierung, so besteht diese aus einer Reihe von einzelnen Software-Modulen (siehe Abb. 9.24):

- Das **AH/ESP-Modul** muß sich für die Verarbeitung der **Authentication Header (AH)** und **Encapsulation Security Payload (ESP)** der IP-Datagramme in die Netzwerksoftware auf der Netzwerkebene zwischenschalten. Dabei werden eingehende IPsec-verschlüsselte Datagramme entschlüsselt, überprüft und als reguläre IP-Datagramme wieder an die Netzwerksoftware zurückübergeben. Zu versendende Datagramme werden entgegengenommen und nach den jeweiligen Vorgaben unverändert weitergeleitet, verschlüsselt, authentifiziert oder verworfen.

- **Security Policy Database (SPD)** mit einem Regelwerk, wie mit IP-Datagrammen jeweils zu verfahren ist. Das SPD-Modul muß nicht notwendigerweise in Form einer Datenbank realisiert werden, sondern kann auch als Routingtabelle angelegt sein, so daß zu verschlüsselnde IP-Datagramme einfach auf den Netzwerkadapter des AH/ESP-Moduls geroutet werden.

- **Security Association Database (SAD)** mit den jeweils zur Verfügung stehenden Varianten der Sicherheitsmechanismen und den zugehörigen Parametern. Das AH/ESP-Modul bedient sich des SAD-Moduls, indem es die verwendeten Routinen über SPI und IP-Zieladresse referenziert.

- **Internet Key Exchange (IKE)** für das Aushandeln von Verschlüsselungsverfahren und verwendeten Parametern, die nach erfolgter Aushandlung in der SAD verwaltet werden und zur Nutzung bereitstehen.

Zur Veranschaulichung, wie ein IPsec-Datagramm von einem Rechner A an einen Rechner B gesendet wird, sei das Beispiel eines ESP-verschlüsselten IPsec-Datagramms gewählt. Das Aushandeln der zu verwendenden Verschlüsselungsverfahren und der zugehörigen Parameter sei bereits abgeschlossen, so daß SAD und SPD für das zu versendende IPsec-Datagramm bereits die jeweils notwendigen Einträge zur Verfahrensweise enthalten. Der Versendevorgang läuft nun folgendermaßen ab (siehe Abb. 9.25):

- Die IP-Software des sendewilligen Rechners liefert das vollständige IP-Datagramm an, das versendet werden soll, und übergibt es an das AH/ESP-Modul.

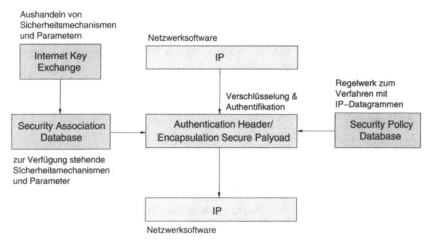

Abb. 9.24. IPsec – Architektur

- Das AH/ESP-Modul kontaktiert das SPD-Modul, um zu erfahren, wie mit dem zu versendenden IP-Datagramm verfahren werden soll. Im vorliegenden Beispiel sei angenommen, daß alle nach B zu sendenden Datagramme verschlüsselt werden sollen. Zusammen mit der für B geltenden SA, die das zu verwendende Verschlüsselungsverfahren und die zugehörigen Parameter beschreibt, erhält das AH/ESP-Modul die Direktive zur Verschlüsselung des IP-Datagramms.
- Das AH/ESP-Modul fordert von der SAD die über die SA referenzierten Informationen bzgl. des zu verwendenden Verschlüsselungsverfahren und der zum Einsatz kommenden kryptografischen Parameter an und verschlüsselt das zu versendende IP-Datagramm entsprechend.
- Das AH/ESP-Modul übergibt das IPsec-Datagramm, bestehend aus den verschlüsselten Nutzdaten, dem ESP-Header und -Trailer, sowie dem ursprünglichen IP-Datagrammheader zurück an die IP-Software, die das IPsec-Datagramm nun versendet.
- Rechner B empfängt das IPsec-Datagramm. Beim Auswerten des Datagramms durch die Netzwerksoftware wird festgestellt, daß es sich um ein IPsec-Datagramm handelt (Protocol-Feld). Daher wird das Datagramm an das AH/ESP-Modul weitergeleitet.
- Das AH/ESP-Modul extrahiert den SPI (Security Parameter Index) aus dem ESP-Header und referenziert die zur Entschlüsselung des Datagramms notwendigen Informationen zum verwendeten Verschlüsselungverfahren und den Kryptoparametern aus der SAD.
- Das AH/ESP-Modul entschlüsselt das IPsec-Datagramm und übergibt das entschlüsselte Datagramm zurück an die IP-Software, die eine entsprechende Weiterverarbeitung übernimmt.

696   9. Unter vier Augen – Sicherheit im Internet

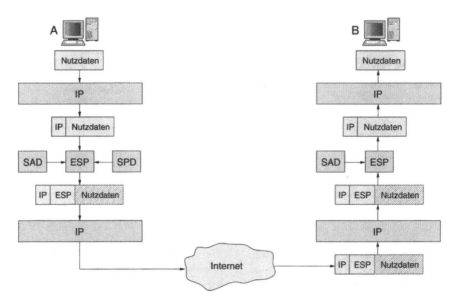

Abb. 9.25. IPsec – Abläufe beim Versenden eines IPsec-Datagramms

Unter den vielfältigen Möglichkeiten zum Einsatz von IPsec ist der Einsatz in **Virtual Private Networks (VPN)** sehr populär. Um verschiedene, geografisch voneinander entfernt liegende LANs zu einem logisch zusammenhängenden Netzwerk zu verbinden (wie z.B. die LANs verschiedener Niederlassungen eines Unternehmens), wurden früher meist private Standleitungen angemietet. Es konnte so ein abgeschlossenes Netzwerk aufgebaut werden, das Sicherheit vor unberechtigtem Zugriff Außenstehender gewährleistete. Eine kostengünstigere Lösung bietet natürlich die Vernetzung der einzelnen LANs über das öffentlichen Internet. Allerdings erhöht sich durch diese Öffnung der LANs für das Internet auch die potenzielle Gefahr unberechtigter Übergriffe. Kommt bei der Weiterleitung und Verschlüsselung des Datenverkehrs allerdings IPsec zum Einsatz, bleibt die Sicherheit gewährleistet, da kein Außenstehender in der Lage ist, den Datenverkehr zu lesen oder zu verfälschen. Es entstehen virtuelle Datenkanäle (sogenannte Virtual Private Networks).

Transport- und Tunnel-Modus. Werden Daten über IPsec verschlüsselt und versendet, unterscheidet man zwei verschiedene Transportarten, die sich im Hinblick darauf unterscheiden, welche Bestandteile des originalen IP-Datagramms verschlüsselt werden:

- **Transport Modus**
  Im sogenannten Transport Modus wird lediglich der Nutzdatenanteil des ursprünglichen IP-Datagramms verschlüsselt. Dies betrifft also den darin enthaltenen TCP-Header und die zugehörigen TCP-Nutzdaten. Diese Art des Transports kann nur dann gewählt werden, wenn eine Koppelung zweier

Endsysteme via IPsec durchgeführt wird. Werden zwei komplette LANs via IPsec miteinander verbunden, ist diese Art des Transports nicht möglich.

- **Tunnel Modus**
  Hier zählt der IP-Header des originalen Datagramms mit zu den Daten, die über IPsec verschlüsselt werden. Alle variable Daten des IP-Headers, die sich im Laufe des Transports verändern können, werden dazu quasi „eingefroren", solange das IPsec-Datagramm im Tunnel Modus transportiert wird. Dem letztendlich verschlüsselten IPsec-Datagramm wird ein neuer IP-Header vorangestellt, mit möglichst wenigen Gemeinsamkeiten zum originalen IP-Datagrammheader (RFC 2401). Kopiert werden lediglich Quell- und Zieladresse, das TOS-Feld (Type of Service) und das TTL-Feld (Time to Live), das vor dem Versenden durch das Gateway, das die Verschlüsselung vorgenommen hat, dekrementiert wird.

Exkurs 25: IPsec – Schlüsselmanagement

Das für IPsec notwendige Schlüsselmanagement zum Austausch kryptografischer Parameter zwischen den beteiligten Kommunikationspartnern ist eine eigenständige Anwendung, die immer dann aktiviert wird, wenn eine angeforderte Security Association (SA) nicht in der lokalen Security Association Database (SAD) vorgefunden wird. Für das Schlüsselmanagement selbst werden dann ungesicherte UDP- oder TCP-Verbindungen genutzt.

Station to Station Protocol (STS)
Das Station to Station Protocol basiert auf dem Schlüsselaustauschverfahren nach **Diffie-Hellman**, das bereits 1976 als erstes asymmetrisches Verschlüsselungsverfahren entwickelt wurde. Ganz ähnlich wie im RSA-Verfahren wird bei Diffie-Hellman mit einer mathematischen Funktion gearbeitet, deren Umkehrung mit vertretbarem Aufwand nicht berechnet werden kann.
Öffentlich bekannt sind bei diesem Verfahren eine große Primzahl p und eine Zahl g (siehe Abb 9.26). Zur Festlegung eines gemeinsamen Schlüssels, generieren die Kommunikationspartner Alice und Bob, die gemeinsam das Diffie-Hellman-Verfahren anwenden wollen, jeweils einen geheimen Zahlenwert. Alice generiert den Wert a und berechnet $\alpha = g^a$ mod p, Bob generiert den Wert b und berechnet $\beta = g^b$ mod p. Die Berechnung von α und β bei bekannten Werten g, a und p bzw. g, b und p ist sehr einfach. Die Umkehrung dagegen, d.h. die Berechnung von a aus α, g und p bzw. β, g und p ist praktisch unmöglich.
Aus den ausgetauschten Werten α und β berechnen Alice und Bob dann einen symmetrischen Schlüssel k, den sie gemeinsam verwenden. k berechnet sich wie folgt:

$$k = \beta^a \bmod p = \alpha^b \bmod p = g^{ab} \bmod p.$$

Da das Diffie-Hellman Verfahren aber durch eine Man-in-the-Middle Attacke erfolgreich angegriffen werden kann, wurde zusätzlich ein Authentifikationsmechanismus zum Nachweis der Identität von Alice und Bob hinzugefügt (siehe Abb. 9.27). Die zwischen Alice und Bob ausgetauschten Werte α und β werden authentifiziert, indem zwei verschiedene Message Digest aus diesen gebildet und jeweils mit dem geheimen Schlüssel von Alice bzw. Bob signiert werden. Die so erhaltenen Digitalen Signaturen werden selbst jeweils noch mit dem im Schlüsselaustauschverfahren erzeugten symmetrischen Sitzungsschlüssel k verschlüsselt, bevor sie übertragen werden. Um die Signaturen überprüfen zu können, benötigen Alice und Bob jeweils einen zertifizierten öffentlichen Schlüssel ihres Kommunikationspartners.
Das STS-Protocol garantiert eine **Perfect Forward Security**, d.h. selbst wenn der zur Authentifikation verwendete langlebige öffentliche Schlüssel gebrochen wird, kann aus dieser

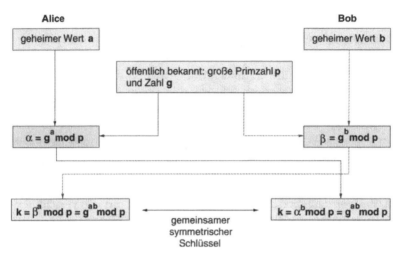

Abb. 9.26. Diffie/Hellman Verfahren zur Erzeugung eines gemeinsamen symmetrischen Schlüssels

Kenntnis heraus lediglich der zukünftige Datenverkehr gelesen oder beeinflußt werden. Auf die bereits zurückliegende Kommunikation kann nicht mehr zurückgeschlossen werden. Dazu müßte zusätzlich nämlich noch jeder der verwendeten Sitzungsschlüssel gebrochen werden.

Photuris
Im STS-Protokoll kann ein Angreifer durch Senden von übermäßig vielen, zufällig gewählten Werten α oder β eine Denial-of-Service Attacke initiieren, denn die angewandten Public-Key-Operationen binden jeweils eine hohe Rechenkapazität des ausführenden Rechners. Das Protokollschema **Photuris** (RFC 2522), das sich nicht zum Internet-Standard entwickelt hat, begegnete als erstes dieser Möglichkeit eines Angriffs durch die Einführung eines Konzeptes, das auf ausgetauschten **Cookies** basiert. Dieses Konzept wurde später vom Oakley-Protokoll (RFC 2412) und IKE aufgegriffen.
Anders als im HTTP-Protokoll, das ebenfalls Cookies verwendet, werden Cookies in Photuris nicht zur Speicherung von Zustandsinformationen verwendet, sondern hinter einem Cookie verbirgt sich lediglich eine 64 Bit lange Zufallszahl. Die Kommunikation zwischen Alice und Bob startet mit dem Senden eines Cookie-Request von Alice an Bob, das einen Initiator-Cookie enthält. Bob antwortet mit einem Cookie-Response, der den Responder-Cookie enthält, der entweder auch zufällig bestimmt oder aus dem Initiator-Cookie berechnet werden kann, sowie Vorschlägen für Verfahren, die anschließend zum Schlüsselaustausch verwendet werden sollen. Alle danach gesendeten Datenpakete müssen jeweils beide Cookies im Header beinhalten, sonst reagiert die Gegenseite nicht.

SKEME
Das SKEME-Protokoll ermöglicht eine Authentifikation in drei Phasen (siehe Abb. 9.28):

- **SHARE**
  Alice und Bob tauschen zu Beginn des SKEME-Protokolls jeweils zwei „Halbschlüssel" aus, die mit einem zertifizierten öffentlichen Schlüssel des Kommunikationspartners verschlüsselt werden: Alice sendet den Halbschlüssel k_A zusammen mit ihrer eigenen Adresse id_A, um sich gegenüber Bob zu identifizieren. Beide werden mit Bobs öffentlichem Schlüssel kp_B verschlüsselt. Bob antwortet darauf mit seinem eigenen Halbschlüssel k_B, der wiederum mit Alice's öffentlichem Schlüssel kp_A verschlüsselt wird.

9.3 Absicherung der Protokolle

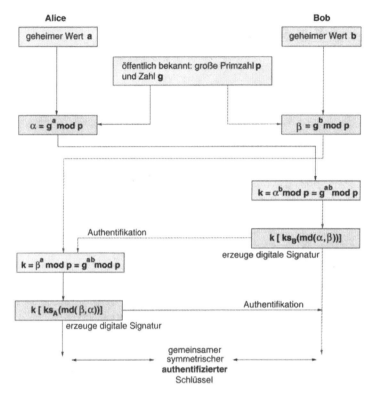

Abb. 9.27. Station-to-Station Protokoll

Beide entschlüsseln den empfangenen Halbschlüssel mit ihrem jeweiligen privaten Schlüssel und sind nun im Besitz von zwei Halbschlüsseln, die über eine Hashfunktion zu einem symmetrischen Sitzungsschlüssel k1=hash(k_A,k_B) kombiniert werden. Da der Austausch mit Hilfe der zertifizierten öffentlichen Schlüssel von Alice und Bob erfolgt, können Alice und Bob sicher sein, daß nur die korrekten Kommunikationspartner im Besitz beider Halbschlüssel sind.

- **EXCH**
  In dieser Phase erfolgt der übliche Austausch der Schlüsselwerte nach Diffie-Hellman um den eigentlichen Sitzungsschlüssel k2 zu erzeugen.

- **AUTH**
  In dieser Phase wird zur Authentifikation des Sitzungsschlüssels k2 eine Digitale Signatur mit Hilfe des symmetrischen Schlüssels k1 aus den Adressen von Alice und Bob id_A und id_B, sowie den ausgetauschten Diffie-Hellman-Werten α und β berechnet und ausgetauscht. Da beiden Kommunikationspartnern jeweils alle beteiligten Parameter zur Verfügung stehen und in dieser Phase keine öffentliche Schlüssel Verwendung finden, können Alice und Bob die empfangene Digitale Signatur selbst verifizieren.

OAKLEY
Das als OAKLEY-Protokoll bezeichnete Verfahren zum Schlüsselaustausch baut auf den Konzepten aus STS, SKEME und Photuris auf, und ist in RFC 2412 spezifiziert. Dabei übernimmt OAKLEY aus STS das allgemeine Prinzip der Verschlüsselungsvereinbarung

700 9. Unter vier Augen – Sicherheit im Internet

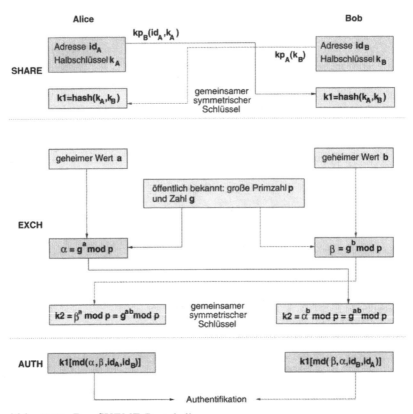

Abb. 9.28. Das SKEME Protokoll

nach Diffie-Hellman und deren Authentifikation. SKEME trägt mit weiteren Authentifikationsvarianten bei, während aus Photuris das Cookie-Konzept zur Verhinderung von Denial-of-Service Angriffen übernommen wird. Die Besonderheit an OAKLEY besteht darin, daß zum Einen die verwendeten Sicherheitsmechanismen zuerst ausgehandelt werden können, wozu keine feste Folge von auszutauschenden Nachrichten vorgeschrieben ist. Die Information wird schrittweise ausgetauscht und jeder der beiden Kommunikationspartner entscheidet in jedem Schritt, wieviel Information er weitergeben möchte. Je mehr Information in einem einzelnen Schritt ausgetauscht wird, desto schneller kann das Verfahren ablaufen. Je weniger Information jedoch in einem einzelnem Schritt preisgegeben wird, desto sicherer ist es.

In einem langsamen Modus (Conservative Mode) kann eine OAKLEY-Protokollsitzung wie folgt ablaufen (siehe Abb. 9.29 und Tabelle 9.3):

- Alice (Initiator) startet die OAKLEY-Sitzung mit der Anfrage, ob Bob (Responder) bereit ist für einen Schlüsselaustausch. Dabei wird noch keine sicherheitsrelevante Information übertragen.
- Bob antwortet mit einem nach dem Photuris-Verfahren erzeugten Cookie.
- Alice sendet das empfangene Cookie zusammen mit ihrem eigenen zurück an Bob. Dazu überträgt Alice ihren Part des Diffie-Hellman Wertes für den Schlüsselaustausch zusammen mit einer Liste der kryptografischen Verfahren (Verschlüsselung, Message Digest, Authentifikation), die sie unterstützt.

9.3 Absicherung der Protokolle

- Bob wählt einen der vorgeschlagenen kryptografischen Algorithmen aus und sendet diesen mit seinem Part des Diffie-Hellman Wertes für den Schlüsselaustausch an Alice zurück.
- Ab diesem Zeitpunkt sind Alice und Bob in der Lage, ihre auszutauschenden Nachrichten zu verschlüsseln.
- Zur nachfolgenden Authentifikation sendet Alice ihre Identität und die vermutete Identität des Kommunikationspartners zusammen mit einer Zufallszahl, die sie mit dem öffentlichen Schlüssel ihres vermuteten Kommunikationspartners verschlüsselt. Diese Nachricht wird mit dem aus dem Diffie-Hellman-Verfahren gewonnenen symmetrischen Schlüssel verschlüsselt.
- Bob entschlüsselt die empfangene Zufallszahl mit seinem privaten Schlüssel, weist dadurch seine Identität nach, und sendet sie nun verschlüsselt mit dem öffentlichen Schlüssel von Alice erneut an Alice zurück. Zusätzlich erzeugt Bob ebenfalls eine Zufallszahl und verschlüsselt diese mit dem öffentlichen Schlüssel von Alice, um seinerseits die Identität seines Kommunikationspartners zu überprüfen. Dann werden noch alle gesendeten Informationen über einen Hashwert authentifiziert.

Tabelle 9.3. Parameter für das OAKLEY Schlüsselaustausch-Protokoll

Parameter	Beschreibung
CKY-I	Cookie des Initiators (Alice)
CKY-R	Cookie des Responders (Bob)
MSGTYPE	Typ der nachfolgenden Nachricht
OK-KYEX-REQ	OAKLEY Key Exchange Anfrage
ISA-KE&AUTH-REQ	Schlüsselaustausch und Authentifikations-Anfrage
ISA-KE&AUTH-REP	Schlüsselaustausch und Authentifikations-Antwort
ISA-NEW-GRP-REQ	Aushandeln einer neuen Diffie-Hellman Gruppe (Anfrage)
ISA-NEW-GRP-REP	Aushandeln einer neuen Diffie-Hellman Gruppe (Antwort)
GRP	Bezeichnung der verwendeten Diffie-Hellman Gruppe
g^x/g^y	Diffie-Hellman Nachricht
EHAO	Liste mit angebotenen Kryptoalgorithmen
EHAS	Liste mit ausgewählten Kryptoalgorithmen
IDP	Flag, das angibt, ob Daten verschlüsselt sind
ID(I)/ID(R)	Identität von Initiator/Responder
NI/NR	Zufallszahl (Nonce) von Initiator/Responder

Der Nachteil dieses sehr sicheren Verfahrens liegt in dem dazu erforderlichen Zeitaufwand. In der als Aggressive Mode bezeichneten Variante wird auf die Abwehr von Denial-of-Service Angriffen verzichtet. Der Austausch von Cookies dient dann nur noch der Identifikation der versendeten Nachrichten. Ebenfalls entfällt ein sicherer Schutz der Identität der Kommunikationspartner. Durch Weglassen dieser beiden Sicherheitseigenschaften ist im Aggressive Mode lediglich der Austausch von drei Nachrichten notwendig, während es im Conservative Mode sieben sind.

ISAKMP

Parallel zur Entwicklung von Protokollen zum sicheren Austausch von Schlüsseln für die Absicherung des Datenverkehrs im Internet, wurde an einem dafür geeigneten Nachrichtenformat gearbeitet, das **Internet Security Association and Key Management Protokoll (ISAKMP)**. Hier unterscheidet man zwei Phasen:

702   9. Unter vier Augen – Sicherheit im Internet

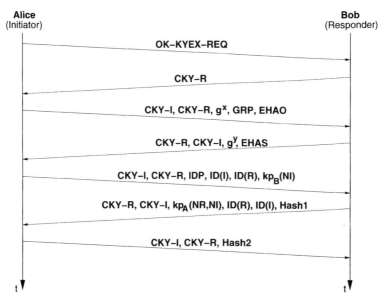

Abb. 9.29. Ablauf des OAKLEY-Protokolls (Conservative Mode, langsam)

- **Phase 1**: Aushandlung der ISAKMP-SA (bidirektional).
- **Phase 2**: Verwendung der ausgehandelten ISAKMP-SA zur Verschlüsselung der transportierten Nutzlast. Hier werden die SAs für IPsec AH und ESP ausgehandelt. Da jede der beteiligten Parteien eine andere SA auswählen kann, gilt das jeweilige Format nur unidirektional. Zu diesem Zweck benötigt ISAKMP in dieser Phase die Zuarbeit eines Schlüsselaustauschprotokolls wie OAKLEY oder IKE. Um aber überhaupt festzustellen, welche kryptografischen Parameter für das verwendete Sicherheitsprotokoll ausgehandelt werden sollen, erhält ISAKMP diese Angaben aus einer sogenannten **Domain of Interpretation (DOI)**.

Das ISAKMP-Datenformat kann für unterschiedliche Protokolle zur Verschlüsselungsvereinbarung genutzt werden. Diese Protokolle zum Schlüsselaustausch kommunizieren über TCP oder UDP, d.h. sie verhalten sich wie Protokolle der Anwendungsschicht des TCP/IP-Referenzmodells. Von der IANA wurde ISAKMP der Standard-UDP-Port 500 zugewiesen. Daher enthält auch die SPD jeder IPsec-Implementation eine Regel, nach der UDP-Datagramme, die an Port 500 adressiert sind, unbehandelt gesendet werden müssen.

Nach erfolgreichem Abschluß der Verhandlungen über die zur Verschlüsselung der eigentlichen Daten verwendete SA, wird diese über ein Application Programming Interface (API) an das Sicherungsprotokoll IPsec übergeben. Das Zusammenspiel der einzelnen Komponenten der Kommunikationsarchitektur von ISAKMP ist in Abb. 9.30 dargestellt.

Eine ISAKMP-Nachricht besteht aus einem ISAKMP-Header und mehreren Nutzlast-Feldern, von denen derzeit 13 fest definiert sind (siehe Abb. 9.31). Die jeweils zu verwendende Kodierung, die den Typ der Nutzlast kennzeichnet, ist einer DOI zu entnehmen. Für die Verwendung von IPsec ist das zugehörige DOI-Modell in RFC 2407 beschrieben. Der ISAKMP-Header beginnt mit den beiden 64 Bit langen Cookies (Initiator und Responder, CKY-I und CKY-R). Danach folgt ein 8 Bit langes Feld (Next Payload), das den Inhalt des ersten Nutzlast-Feldes beschreibt, gefolgt von der 8 Bit langen Versionsnummer des ISAKMP-Protokolls. Über das Next Payload Feld erfolgt ebenfalls eine Verknüpfung zu dem in der ISAKMP-Nachricht enthaltenen Nutzlastfelder. Darauf folgt ein 8 Bit langes

9.3 Absicherung der Protokolle 703

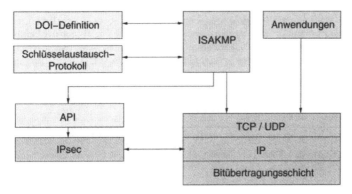

Abb. 9.30. ISAKMP – Kommunikationsarchitektur

Feld (Exchange Type), das den Modus des verwendeten Schlüsselaustauschprotokolls beschreibt, ähnlich den für OAKLEY festgelegten unterschiedlichen Modi, gefolgt von Flags zur Steuerung der Kommunikation, einer Identifikation der Nachricht (Message-ID) und der Nachrichtenlänge (Message Length).

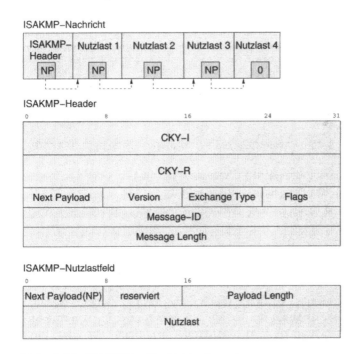

Abb. 9.31. ISAKMP – Nachichtenformat

IKE
Das **Internet Key Exchange** Protokoll (**IKE**, RFC 2409) verwendet das von ISAKMP vorgegebene Nachrichtenformat für das IPsec-Schlüsselmanagement. Dabei nutzt IKE Konstruk-

te, die bereits durch OAKLEY und SKEME vorgegeben sind in einer etwas eingeschränkten Form, um eine Implementierung des Verfahrens zu erleichtern. So stehen z.B. zur Aushandlung der für die in der ISAKMP Phase 1 verwendeten ISAKMP-SA zwei Modi (Main Mode und Aggressive Mode) zur Verfügung, die sich ähnlich den von OAKLEY unterstützten Modi durch die Länge des dazu notwendigen Nachrichtenaustauschs und der daraus resultierenden Sicherheit unterscheiden. Dabei ist es auch im weniger sicheren Aggressive Mode möglich, eine Authentifikation der Kommunikationspartner über die in SKEME verwendete Public-Key Authentifikation zu gewährleisten.

Da die versendeten Nachrichten in der zweiten Phase des ISAKMP Nachrichtenaustauschs bereits durch die ISAKMP-SA geschützt sind, wird in dieser Phase auf den Einsatz des Main Mode oder des Aggressive Mode zur Aushandlung der IPsec AH und ESP verzichtet, so daß hier lediglich ein sehr schneller Quick Mode zur Aushandlung der verwendeten Verschlüsselungsverfahren zur Anwendung gelangt.

Zwar ist das durch IKE beschriebene Verfahren recht sicher, doch benötigt es auch sehr viel Zeit. Müssen im Main Mode zur Aushandlung der ISAKMP-SA sechs Nachrichten zwischen den Kommunikationspartnern ausgetauscht werden, so kommt dazu in Phase zwei zur Aushandlung der IPsec-Verschlüsselung noch der Austausch von drei weiteren Nachrichten hinzu. Bei der Gesamtlaufzeit müssen diese neun auszutauschenden Nachrichten vor jeder verschlüsselten Kommunikation berücksichtigt werden, was im Internet unter Umständen zu sehr großen Verzögerung führt. Ein weiterer Nachteil besteht darin, daß IKE keinen wirkungsvollen Schutz gegenüber Denial-of-Service Angriffen bietet. Zwar werden Cookies verwendet, aber da IKE die verwendeten Cookies jeweils abspeichern muß, kann diese Ressourcenbindung für einen Angriff ausgenutzt werden.

Insgesamt ist die Spezifikation von IKE auf vier verschiedene RFCs verteilt und enthält sehr viele verschiedene Optionen, so daß im Lauf der Jahre inkompatible Implementationen entstanden sind. Daher – und wegen der o.a. Nachteilen – wird derzeit nach einem Nachfolger für das IKE-Schlüsselaustausch-Protokoll gesucht. IKEv2:Just Fast Keying und IKEvs Protocol sind zwei Vorschläge, die z.Z. noch im IETF diskutiert werden, und sich um eine Lösung der genannten Probleme bemühen.

Weiterführende Literatur:

RFC 2408: The Internet Security Association and Key Management Protocol (ISAKMP), 1998.

RFC 2409: The Internet Key Exchange (IKE), 1998.

RFC 2412: The OAKLEY Key Determination Protocol, 1998.

J. Schwenk: Sicherheit und Kryptografie im Internet, Vieweg Verlag, Braunschweig, Wiesbaden, Deutschland, 2002.

9.4 Paketfilter und Firewalls

Ein in sich abgeschlossenes Netzwerk (LAN), das nicht mit dem globalen Internet verbunden ist, ist kaum der Gefahr ausgesetzt, Ziel für Angriffe unberechtigter Außenstehender zu werden. Angreifer benötigen dazu einen physischen Zugang zum Netzwerk. Kann ein physikalischer Zugang von außerhalb ausgeschlossen werden und verfügen lediglich vertrauenswürdige Nutzer über einen Zugang zu dem abgeschlossenen Netzwerk, sind zusätzliche Sicherheitsmechanismen kaum mehr notwendig. Allerdings ist der Zugang zum globalen Internet heute für Unternehmen und Institutionen eine überlebenswichtige Notwendigkeit. E-Commerce, das Internet als Absatzmarkt für den

Direktvertrieb oder auch nur zur verzugslosen Kommunikation mit Kunden oder Interessenten sind heute ein Muß. Dieser Zugang zu einem weltweiten offenen Netz mit einer Vielzahl auch sehr zweifelhafter Nutzer, über die der interne Netzwerkadministrator keinerlei Kontrolle ausüben kann, stellt jedoch auch ein erhebliches Sicherheitsrisiko für das lokale Netz dar und bereitet jedem sicherheitsbewußten Netzwerkadministrator größte Kopfschmerzen. Aus diesem Grund ist eine spezielle Absicherung des unternehmenseigenen LANs oder auch nur des privaten PCs gegenüber unberechtigtem Zugriff aus dem Internet nicht nur wünschenswert, sondern dringend geboten.

Ein derartiger Schutz kann gewährleistet werden über den Einsatz sogenannter **Firewalls**. Als Firewall bezeichnet man eine Netzwerkkomponente in einem LAN, über das dieses an das globale Internet angekoppelt ist und das spezielle Schutz- und Filterungsmaßnahmen ausführt, um die Sicherheitsinteressen des LANs zu wahren. Dabei soll ein möglichst ungestörter Zugriff der LAN-internen Nutzer auf das globale Internet möglich sein, während das LAN selbst vor Übergriffen unberechtigter Dritter aus dem Internet geschützt wird. Ein Firewall-System kann aus unterschiedlichen Hard- und Software-Komponenten bestehen, über die entsprechend den jeweiligen Anforderungen ein gesicherter Netzübergang konfiguriert werden kann (siehe Abb. 9.32). Zu den wichtigsten Sicherheitszielen, die mit dem Einsatz von Firewall-Systemen erreicht werden sollen, zählen:

- **Verhinderung von Denial-of-Service Angriffen**
  Eine Denial-of-Service Attacke ist in der Lage, das interne LAN teilweise oder vollständig lahm zu legen. Ein Konkurrent kann sich z.B. so einen strategischen Vorteil verschaffen, da das angegriffene Unternehmen bis zur Behebung des Schadens in seinen Kommunikationsmöglichkeiten eingeschränkt oder gar aktionsunfähig ist. Oft werden Denial-of-Service Angriffe aber auch ohne wirtschaftlichen oder militärischen Hintergrund von Hackern durchgeführt, nur um das Unternehmen oder die betreffende Institution zu blamieren.

- **Verhinderung von Eingriffen in die Datenintegrität**
  Erlangt ein Außenstehender autorisierten Zugriff auf Rechner des internen LANs, so ist er in der Lage, interne Datenbestände auszuspähen, zu modifizieren oder zu zerstören. Oft ist der daraus resultierende Schaden größer als bei reinen Denial-of-Service Angriffen, da der Angreifer im Vorfeld meist schon für eine lange Zeit unerkannt im Netzverkehr operieren konnte. Allerdings ist ein autorisierter Zugang in der Regel auch schwieriger zu erlangen.

- **Verhinderung des Zugriffs auf geschützte Informationen**
  Selbst wenn ein Außenstehender nur einen rein lesenden Zugriff auf die LAN-internen Datenbestände erlangt, kann dadurch ein beträchtlicher Schaden entstehen. Ziel solcher Angriffe sind dabei meist Unternehmen, um deren Handelsgeheimnisse, Produktentwicklungspläne, Marketingstra-

tegien oder Personalpläne auszuspähen, oder das Militär, um Kenntnis militärischer Geheimnisse jeder Art zu erlangen.

Beschränkt man die Verbindung des eigenen LANs zum globalen Internet auf eine einzige Netzwerkkomponente wie im Fall der Firewalls, dann läßt sich die zu überwachende Risikozone auf ein einziges System konzentrieren. Alle anderen Rechner im LAN bleiben von den durchgeführten Sicherheitsmaßnahmen weitgehend unberührt. Jeder Zugriff eines internen Rechners auf das Internet muß stets über das Firewall-System weitergeleitet werden, ebenso wie alle Zugriffe von außerhalb, die entsprechend den im LAN geltenden Sicherheitsvorstellungen dort gefiltert werden, bevor sie in das interne LAN weitergeleitet werden.

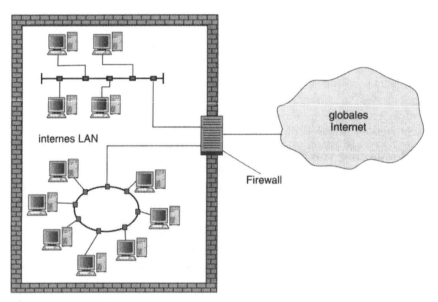

Abb. 9.32. Das Firewall-Prinzip

Zum Schutz des internen LANs können in einem Firewall-System verschiedene Zugriffskontrollsysteme zum Einsatz kommen. Während einfache Firewalls lediglich aus einem entsprechend konfigurierten Paketfilter bestehen, können komplexere Systeme auch Application-Level-Gateways oder Circuit-Level-Gateways enthalten, die in den noch folgenden Abschnitten näher beschrieben werden.

9.4.1 Paketfilter

Ein Paketfilter filtert den Datenverkehr in einem Netzwerk nach verschiedenen Kriterien und entscheidet, ob die empfangenen Datenpakete weitergeleitet bzw. blockiert werden (siehe Abb. 9.33). Wird der Paketfilter als Zugriffskontrollinstanz zwischen internem LAN und globalem Internet eingesetzt, so ist er Bestandteil des Firewall-Systems und ist auf einem Internet-Gateway oder einem Router zu installieren. Ein Paketfilter analysiert IP-Datagramme nach unterschiedlichen Kriterien, wie z.B.:

- **IP-Adresse des Senders**
  Bestimmte interne Nutzer können so daran gehindert werden, auf das Internet außerhalb des LANs zuzugreifen.
- **IP-Adresse des Empfängers**
  Der Zugriff auf bestimmte Endsysteme im globalen Internet (z.B. bestimmte WWW-Seiten) kann damit blockiert werden.
- **UDP- oder TCP-Portnummern von Sender und/oder Empfänger**
  Viele Dienste im Internet sind mit UDP- bzw. TCP-Verbindungen assoziiert, die einen bestimmten, festgelegten Port nutzen (**Well Know Ports**). Soll z.B. verhindert werden, daß eine interaktive Sitzung via TELNET von außerhalb des internen LANs gestartet wird, müssen einfach nur der Eingangsport 80 für alle von außerhalb stammenden Datenpakete gesperrt und die betreffenden Datenpakete ausgefiltert werden.
- **Benutzerdefinierte Bitmasken**
  Soll verhindern werden, daß ein TCP-Zugriff von außerhalb erfolgt, sollen aber alle TCP-Verbindungen in der Gegenrichtung zugelassen werden, so kann man mit einem Paketfilter abprüfen, ob TCP-ACK=0 gesetzt wurde. Startet eine TCP-Verbindung, so wird die erste Nachricht zum Verbindungsaufbau mit TCP-ACK=0 gesendet und alle folgenden mit TCP-ACK=1. Filtert man alle Datenpakete heraus, die das interne LAN von außerhalb erreichen und ein TCP-ACK=0 beinhalten, verhindert man die Kontaktaufnahme eines Clients von außen, läßt aber andererseits jede Verbindung in umgekehrter Richtung aus dem internen LAN ins globale Internet zu.

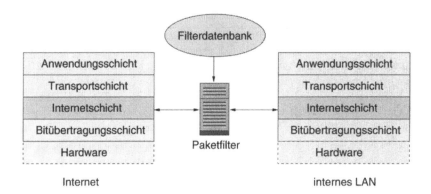

Abb. 9.33. Zugriffskontrolle durch einen Paketfilter

708   9. Unter vier Augen – Sicherheit im Internet

Die Konfiguration eines Paketfilters erfolgt über eine Datenbank mit einfachen Filter-Regeln. Dabei gibt es grundsätzlich zwei verschiedene Ansätze zur Interpretation der Regeln:

- Alles, was nicht explizit verboten wird, ist erlaubt.
- Alles, was nicht explizit erlaubt wird, ist verboten.

Die Regeln in einer Filterdatenbank bestehen üblicherweise aus Fünf-Tupeln der Form:

< Quell-IP-Adresse, Quell-TCP-Port, Ziel-IP-Adresse,
Ziel-TCP-Port, Transportprotokoll >.

Allerdings wächst die Zahl der Well Known Ports ständig, so daß die Aktualisierung der Filterdatenbank zum Problem wird. Außerdem erschwert eine dynamische Portnummernzuweisung, wie z.B. bei RPC oder das Untertunneln eines bestimmten verbotenen Ports über einen geöffneten Port die Konfiguration zusätzlich.

9.4.2 Gateways

Setzt die Filterung auf einer höheren Schicht im TCP/IP-Referenzmodell an, also z.B. auf der Transportschicht oder darüber in der Anwendungsschicht, wird es möglich, eine benutzerbezogene Filterung zu realisieren. Die hier verwendeten Zugriffskontrollsysteme werden als **Gateway – Application-Level-Gateway** zur Filterung auf der Anwendungsschicht, **Circuit-Level-Gateway** zur Filterung auf der Transportschicht) – bezeichnet. Greift der Zugriffskontrollmechanismus auf der Transportschicht ein, so kann die Verbindung zwischen einem Anwendungsprozeß und einer Transportverbindung identifiziert werden.

Ein solches Gateway läßt dabei keine Ende-zu-Ende-Verbindungen zu, sondern wird selbst zu einem Endpunkt und zerteilt die Verbindung zwischen Quell- und Zielsystem in zwei einzelne Verbindungen. Dabei kann der Netzwerkadministrator festlegen, welche Arten von Verbindungen erlaubt sind und welche nicht. Die Festlegung kann sogar direkt auf den Inhalt der transportierten Daten bezogen vorgenommen werden. So kann über ein Email-Gateway, also ein Gateway, daß auf der Anwendungsschicht arbeitet und den kompletten Email-Datenverkehr überwacht, festgelegt werden, daß z.B. Email-Nachrichten, die von einem bestimmten Absender stammen oder bestimmte Schlüsselwörter enthalten, blockiert werden. Ein Email-Gateway kann so z.B. als **SPAM-Filter** verwendet werden, also zur Blockierung unerwünschter Email-Werbung.

9.4.3 Firewalls – Topologie

Der durch den Einsatz von Firewalls erzielte Sicherheitsgrad hängt neben den verwendeten Zugriffskontrollverfahren wesentlich von der Wahl des Stand-

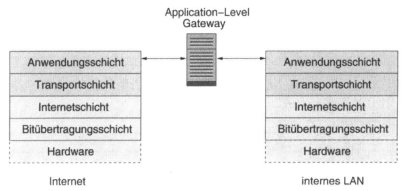

Abb. 9.34. Zugriffskontrolle durch ein Application-Level-Gateway

orts des Firewall-Systems innerhalb der Gesamttopologie des Netzwerks ab. Grundsätzlich können dabei folgende Situationen unterschieden werden:

- **Begrenzungs-Router (Border Router)**
  Ein Firewall-System, das lediglich darin besteht, daß auf dem Gateway-Rechner (Router) zum Internet die Firewall-Software installiert ist, stellt die einfachste Stufe der Sicherheit dar. Findet ein Angreifer eine Schwachstelle des Begrenzungsrouters, liegt das interne LAN ohne weitere Sicherungsmaßnahme offen vor ihm.

- **Begrenzungs-Router mit gesichertem Subnetz (Secure Subnet)**
  In diesem Fall schließt sich an den Begrenzungs-Router des Firewall-Systems lediglich ein abgesichertes Subnetz an, das aus einzelnen, besonders gesicherten Rechnern besteht, denen über das Firewall-System eine Verbindung zum globalen Internet gewährt wird (siehe Abb. 9.35). Das eigentliche interne LAN wird dadurch zunächst komplett von Angriffen aus dem Internet abgeschirmt. Um bis dorthin durchzudringen, muß ein Angreifer zuerst das Firewall-System und anschließend auch noch einen Rechner des speziell abgesicherten Subnetzes überwinden.

- **Dual Home Bastion Hosts**
  Während Firewalls, die ausschließlich auf begrenzenden Routern basieren, Verbindungen zwischen dem internen LAN und dem globalen Internet innerhalb des Firewall-Systems auf Protokollebene zulassen, trennt ein **Bastion Host** zwei Netzwerke physikalisch (siehe Abb. 9.36). Üblicherweise verfügt der entsprechend konfigurierte Bastion Host über zwei separate Netzwerkadapter, einen für die Koppelung an das globale Internet und einen für den Anschluß des internen LANs. So wird eine physikalische Trennung der beiden Netzwerke ermöglicht. Das **Routing** zwischen beiden Netzwerkadaptern muß im Bastion Host dazu unterbunden werden. Eine spezielle Variante des Dual Bastion Host ist die als **Lock-Keeper** bezeichnete Hochsicherheits-Technologie, die am Institut für Telematik in Trier entwickelt wurde (vgl. Abb. 9.37).

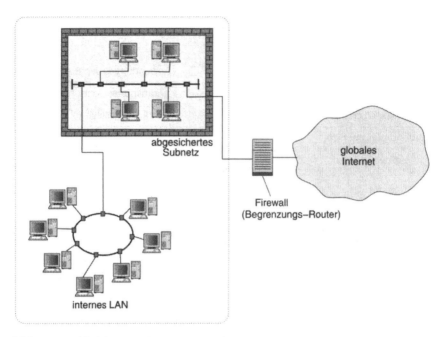

Abb. 9.35. Absicherung des internen LANs durch Begrenzungs-Router und abgesichertem Subnetz

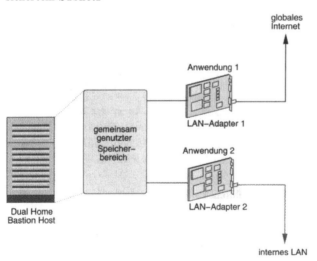

Abb. 9.36. Als Dual Home Bastion Host konfiguriertes Rechensystem

Durch den Einsatz eines Bastion Hosts entsteht im Bereich zwischen dem begrenzenden Router und dem Bastion Host eine sogenannte **entmilitarisierte Zone** (Demilitarized Zone, DMZ). Wird z.B. aus Sicherheitsgründen der Betrieb von WWW-Servern im internen LAN völlig unter-

Die Lock-Keeper Technologie

Die sicherste Firewall-Architektur zum Schutz von Netzwerken ist der am Trierer Institut für Telematik entwickelte **Lock-Keeper**, die auf einem einfachen und bewährten Mechanismus basiert: der **Schleuse**. Durch den Lock-Keeper wird erstmals eine Koppelung von Netzwerken erreicht, ohne jemals eine direkte Verbindung zwischen den Netzwerken zuzulassen. Der Lock-Keeper besteht intern aus drei aktiven Komponenten, die über eine patentierte Schaltplatine miteinander verbunden sind, die die eigentliche Schleusenfunktionalität implementiert. Wie bei einer Schiffsschleuse muß jeglicher Datenverkehr zwischen den beiden verbundenen Netzwerken den Lock-Keeper passieren (a).

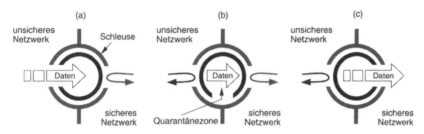

Im Gegensatz zu herkömmlichen Sicherheitslösungen wird die Paket-Weiterleitung nicht durch eine Softwareeinstellung im zugrundeliegenden Betriebssystem unterbunden, sondern durch eine autonom (d.h. nicht durch einen Angreifer manipulierbare) angesteuerte Schaltplatine, die die Netzwerkverbindungen auf physikalischer Ebene kappt und unterbricht.

Durch die technische Konzeption der Lock-Keeper Hardware wird garantiert, daß zu keinem Zeitpunkt ein direkter Datenaustausch zwischen den angeschlossenen Netzen möglich ist. Dadurch ist es sowohl externen Hackern als auch internen Angreifern unmöglich, den Lock-Keeper durch Softwaremanipulation zu umgehen, um damit Online-Attacken aus dem unsicheren Netz auf das interne Netz durchführen zu können. Innerhalb der Schleuse – der sog. Quarantänezone (b) – können die übertragenen Nutzdaten des Datenverkehrs vor der Weiterleitung (c) überprüft werden, um so z.B. das Einschleusen von Viren oder auch den Export von sicherheitsrelevanten Daten zu unterbinden.

Weiterführende Literatur:

- E. G. Haffner, T. Engel, Ch. Meinel: Integration der Schleusentechnologie „Lock-Keeper" in moderne Sicherheitsarchitekturen, in M. Schumacher, R. Steinmetz: „Informatik aktuell: Sicherheit in Netzen und Medienströmen", Springer Verlag, Berlin, 2000, pp. 17–26.

Abb. 9.37. Die Lock-Keeper Technologie

sagt, so können diese in der DMZ plaziert werden. Dort ist ein WWW-Server unvermeidbar einem erhöhten Sicherheitsrisiko ausgesetzt, da er sich zwar hinter dem Begrenzungsrouter, aber noch nicht jenseits des Firewall-Systems befindet. Daher wird ein Rechner in der DMZ auch als **Sacrificial Host** bezeichnet. Sacrificial Hosts sind zwar so gut wie möglich abgesichert, werden aber vom Dual Based Bastion Host immer noch nicht als vertrauenswürdig eingestuft, da diese für einen außenstehenden Angreifer ein primäres Angriffsziel darstellen.

Eine noch größere Sicherheit wird gewährleistet, wenn mehrere Bastion Hosts in kaskadierter Form zum Einsatz kommen (siehe Abb. 9.38). Gelingt einem Angreifer der Einbruch auf dem ersten Bastion Host, so muß er, um in das interne Netzwerk zu gelangen, immer noch mehrere folgende Bastion Hosts überwinden.

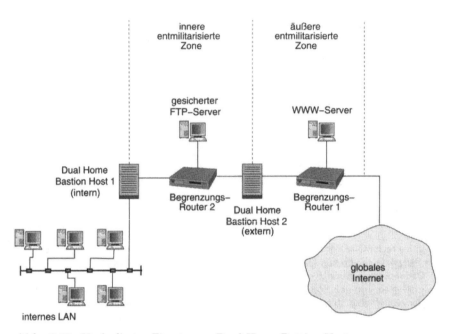

Abb. 9.38. Kaskadierter Einsatz von Dual Home Bastion Hosts

Ein kaskadierter Dual Home Bastion Hosts kann ein Firewall-System auch aus einem einzelnen Rechensystem bestehen, das über mehrere Netzwerkadapter verfügt, die jeweils mit Subnetzen unterschiedlicher Sicherungsanforderungen verbunden werden können (**Firewall mit Secure Server Netzwerk**).

9.5 Glossar

Authentifikation: Dient dem Nachweis der Identität eines Benutzers bzw. der Integrität einer Nachricht. Bei der Authentifikation werden zur Identitätsprüfung Zertifikate einer vertrauenswürdigen Instanz verwendet (Zertifikat) und zur Überprüfung der Integrität einer Nachricht Funktionen, die einen Fingerabdruck der unkodierten Originalnachricht erstellen und mitversenden.

Autorisierung: Der Zugriff auf bestimmte, schützenswerte Informationsressourcen unterliegt oft nur einem eingeschränkten Personenkreis. Fordert ein Benutzer eine geschützte Informationsressource an, muß übergeprüft werden, ob er autorisiert, also ob er berechtigt ist, auf die gewünschte Ressource zuzugreifen.

9.5 Glossar

asymmetrische Verschlüsselung (Public Key Encryption): In den als Public-Key Verfahren bezeichneten kryptografischen Verfahren besitzt jeder Kommunikationspartner ein Schlüsselpaar bestehend aus einem sogenannten **öffentlichen Schlüssel** und einem **geheimen, privaten Schüssel**. Der öffentliche Schlüssel wird allen Teilnehmer zugänglich gemacht, mit denen eine Kommunikation angestrebt wird. Die Teilnehmer, die mit dem Herausgeber des öffentlichen Schlüssels kommunizieren wollen, verschlüsseln ihre Nachricht mit dessen öffentlichen Schlüssel. Die derart verschlüsselte Nachricht kann nur mit Hilfe des korrespondierenden geheimen Schlüssels, den der Herausgeber des öffentlichen Schlüssels sicher verwahrt, entschlüsselt werden.

Benutzerauthentifikation: Der Nachweis der Identität eines Benutzers erfolgt über spezielle Authentifikationsmethoden, wie z.b. über einen Passwort-Mechanismus oder über biometrische Authentifikationsverfahren wie Fingerabdruck oder Gesichtserkennung.

CA: Eine **Certification Authority** (**Zertifizierungsstelle**) beglaubigt nach Internet-Standard RFC 1422 öffentliche Schlüssel von registrierten Benutzern, stellt also Zertifikate aus. Dazu werden inhaltlichen Angaben und insbesondere die Identität überprüft. Schlüssel, die verteilt werden sollen, werden zusammen mit Kontrollangaben von der CA mit ihrem privaten Schlüssel verschlüsselt, also digital signiert, und in dieser Form als **Zertifikat** verteilt.

Datenintegrität: Zwar kann in der Kryptografie nicht verhindert werden, daß Daten oder Nachrichten unbefugt von dritter Seite verändert werden, aber die Veränderung kann durch die Verwendung sogenannter Hash-Funktionen, die einen digitalen Fingerabdruck der zu übertragenden Daten liefern, kenntlich gemacht werden.

Denial-of-Service (DoS): Ein Angriff im Internet mit der Absicht, das Zielsystem durch gezielte Manipulation zu überlasten, damit dieses nicht mehr in der Lage ist, seinen regulären Kommunikationsaufgaben nachzukommen oder sogar total ausfällt. Oft werden dabei bekannte Schwachstellen und Fehler von Internetdiensten ausgenutzt. Um die Identität des Angreifers zu verschleiern, erfolgt der Angriff von vielen verschiedenen, fremden Rechnern aus, auf denen der Angreifer Anwendungen plaziert hat, die später den eigentlichen Angriff koordiniert durchführen (**Distributed Denial-of-Service**). Die Systemadministratoren der betroffenen Rechner werden über die Existenz der Angriffsprogramme hinweggetäuscht, die illegal eingeschleust und im lokalen Dateisystem versteckt abgelegt werden.

Data Encryption Standard (DES): Symmetrisches Block-Verschlüsselungsverfahren, 1977 veröffentlicht und 1993 für die kommerzielle Nutzung aktualisiert. DES kodiert Blöcke von jeweils 64 Bit (effektiv 56 Bit) mit einem ebenso langen Schlüssel. Insgesamt setzt sich das DES-Verfahren aus 19 Runden zusammen, wobei sich die 16 inneren Runden auf wiederholte Anwendung des Schlüssels beziehen. Das DES-Verfahren stellt ein 64 Bit Substitutions-Verschlüsselungsverfahren dar und ist heute mit relativ einfachen Mitteln zu brechen. Zur Erhöhung der Sicherheit wird deshalb eine mehrfache Anwendung von DES mit unterschiedlichen Schlüsseln durchgeführt, wie z.B. bei **Triple-DES**.

Diffie-Hellman Verfahren: Erstes asymmetrisches Verschlüsselungsverfahren, daß 1976 von W. Diffie und M. Hellman entwickelt wurde. Ganz ähnlich wie im RSA-Verfahren wird bei Diffie-Hellman mit einer mathematischen Funktion – hier speziell das Problem der Primfaktorenzerlegung – gearbeitet, deren Umkehrung mit vertretbarem Aufwand nicht berechnet werden kann.

Digitale Signatur: Dient der Authentifikation eines Dokuments und besteht aus dem mit dem privaten Schlüssel des Urhebers verschlüsselten digitalen Fingerabdruck des Dokuments.

DNS-Poisoning: Gezielter, aktiver Angriff auf einen DNS-Server, bei dem die dort verwalteten Domain Namen und IP-Adressen absichtlich manipuliert werden. Auf diese Weise können z.B. ganze Domains aus dem Netzverkehr ausgeschlossen oder gezielte Umleitungen des Datenverkehrs erzwungen werden.

Einweg-Funktion: Bezeichnet eine einfach zu berechnende mathematische Funktion, deren Umkehrfunktion mit vertretbarem Aufwand nicht berechnet werden kann. Einweg-Funktionen finden Anwendung in der Kryptografie als Verschlüsselungsverfahren bzw. zur Erstellung sogenannter **digitaler Fingerabdrücke** über **Einweg-Hashfunktionen**. Einweg-Hashfunktionen werden auch als **Message Authentication Code (MAC)**, **Data Authentication Code (DAC)**, **digitale Signatur**, **Message Digest (MD)** bezeichnet.

Firewall: Um ein internes LAN vor dem Zugriff Außenstehender aus dem globalen Internet zu schützen und gleichzeitig den internen Nutzern einen unbehinderten Zugang in das Internet zu gewährleisten, werden Firewall-Systeme eingesetzt. Ein Firewall-System ist als Knotenpunkt konzipiert, über den der gesamte Datenverkehr zwischen dem internen, gesicherten LAN und dem globalen, ungesicherten Internet abgewickelt wird.

Identifikation: Damit wird der Vorgang des Erkennens eines Benutzers oder einer Nachricht bezeichnet. Ist die Identität festgestellt, kann diese mit einer Authentifikation überprüft werden. An eine Identität sind bestimmte Autorisationen gebunden.

IP-Security (IPsec): Familie von Standards zur Beschreibung von Datenformaten und verschiedenen Verfahren der Verschlüsselung und Authentifikation von IP-Datenpaketen. IPsec betrifft dabei ausschließlich Verfahren der sicheren Netzwerkkommunikation auf der Netzwerkschicht des TCP/IP-Referenzodells.

IP-Spoofing: Gezielte Manipulation des IP-Headers eines IP-Datagramms. Meistens wird dabei die Absender-IP-Adresse verändert, so daß der Angreifer eine falsche Identität vortäuscht oder verhindert, daß die gesendeten Datagramme bis zum Angreifer zurückverfolgt werden können. IP-Spoofing dient meist als Basis für weitere Angriffe.

Kryptoanalyse: Anders als in der Kryptografie wird in der Kryptoanalyse versucht, Kryptografieverfahren zu brechen, d.h. diese zu entschlüsseln und so unwirksam zu machen. Gemeinsam werden Kryptoanalyse und Kryptografie als **Kryptologie** bezeichnet.

Kryptografie: Teilgebiet der Informatik, das sich mit der Konstruktion und Bewertung von Verschlüsselungsverfahren beschäftigt. Das Ziel der Kryptografie liegt im Schutz der Vertraulichkeit von Informationen vor dem Zugriff unberechtigter Dritter.

Kryptografieverfahren: Verfahren zur Ver- und Entschlüsselung von Daten. Man unterscheidet **schwache** und **starke** Kryptografieverfahren nach dem Aufwand, der zu ihrer unberechtigten Entschlüsselung betrieben werden muß, und der meist mit wachsender Schlüssellänge drastisch ansteigt. Kryptografieverfahren können symmetrisch sein, also auf einem gemeinsam verwendeten, geheimen Schlüssel basieren, oder asymmetrisch. Dann verfügt jeder Teilnehmer über zwei Schlüssel, einen öffentlichen und einen nur ihm alleine bekannten geheimen Schlüssel.

Man-in-the-Middle Attack: Ein Angriff auf eine gesicherte Verbindung zwischen zwei Kommunikationspartnern, bei der sich der Angreifer zwischen diesen beiden schaltet (Man-in-the-Middle) und die Kommunikation zwischen den beiden abfängt und für die Kommunikationsteilnehmer unbemerkt jeweils verfälscht weiterleitet.

MD5 (Message Digest 5): In vielen Kryptografiealgorithmen verwendete Einweg-Hashfunktion, die einen digitalen Fingerabdruck der Eingabedaten erzeugt und von Ron Rivest als Nachfolger der MD4 Funktion entwickelt wurde. MD5 verwendet eine Schlüssellänge von 128 Bit und findet z.B. in PGP oder SMTP Verwendung.

Message Digest: Kurzer digitaler Fingerabdruck einer Nachricht, der durch die Anwendung einer Hashfunktion auf die zu übertragende Nachricht generiert wird. Wird der Message Digest mit Hilfe des privaten Schlüssels des Senders über ein asymmetrisches Verschlüsselungsverfahren verschlüsselt, erhält man eine digitale Signatur der ursprünglichen Nachricht, mit deren Hilfe die Identität des Senders und die Authentizität der Nachricht überprüft werden kann.

Nonce: Zufällig gewählter Einmalwert, der in einer gesicherten Kommunikation dazu verwendet werden kann, sogenannte **Playback-Angriffe** zu verhindern, bei denen ein unberechtigter Dritter mit einer duplizierten Nachricht versucht, Einfluß zu nehmen. Ein bestimmter Nonce-Wert darf in der Kommunikation nur einmal werden.

Packet-Sniffer: Netzwerkanwendung bzw. dedizierte Hardware mit der Aufgabe, den Datenverkehr auf der Netzwerkschicht eines LANs zu überwachen. In einem Diffusionsnetzwerk, in dem alle Rechner ein gemeinsames Kommunikationsmedium nutzen, kann ein Packet-Sniffer jedes einzelne Datenpaket abfangen, lesen und analysieren. Packet-Sniffer dienen der Überwachung und Analyse des Netzwerk-Datenverkehrs, können aber auch zu Einbruch- und Spionagezwecken eingesetzt werden.

Playback-Angriff: Einfacher Angriff auf ein Rechensystem, bei dem durch die Überwachung der Datenkommunikation verschlüsselte Passworte aufgezeichnet werden, die bei einem späteren Angriff zum Einbruch in das überwachte Rechensystem verwendet werden können.

Paketfilter: Spezielle Software oder dedizierte Hardware, die den Datenverkehr in einem Netzwerk oder zwischen einem internen LAN und dem globalen Internet filtert. Dabei werden IP-Datagramme analysiert und nach angegebener Quell- oder Zieladresse, Pakettyp bzw. anderen Parametern entschieden, ob das Datagramm weitergeleitet oder blockiert wird. Paketfilter werden als Zugriffskontrollsysteme, z.B. in Firewalls eingesetzt.

Port Scan: Gezielter Angriff auf ein Rechensystem im Internet. Ein Port Scan dient dazu, „offene Türen" eines Rechensystems zu ermitteln, die der Angreifer später für einen Einbruch nutzen kann. Dazu werden automatisch bestimmte Portnummern von Standard-Diensten eines Rechners adressiert, die auf diese Anfrage hin oft Auskunft über die verwendete Software-Version geben. Diese Information kann der Angreifer nutzen, um über bekannte Schwachstellen der verwendeten Software dann in das System einzubrechen.

Premaster Secret: Bezeichnung für einen vorläufigen Schlüssel, der im SSL-Verfahren zwischen Client und Server ausgetauscht wird, um daraus einen für beide Kommunikationspartner gültigen symmetrischen Schlüssel (**Master Secret**) zu generieren. Das Premaster Secret wird mit Hilfe eines Public Key Verfahrens versendet.

Pretty Good Privacy (PGP): Von Phil Zimmermann 1991 entwickeltes System zur sicheren Abwicklung des Email-Nachrichtenverkehrs. PGP ist frei verfügbar für die meisten Hardwareplattformen und Betriebssysteme und bietet Email-Nachrichtenverschlüsselung mit symmetrischen Verschlüsselungsverfahren (Triple-DES, IDEA, CST), Sicherung des symmetrischen Schlüssels über ein asymmetrisches Verschlüsselungsverfahren (RSA), sowie Sicherung der Integrität von Email-Nachrichten (MD5 Message Digest) und Wahrung der Authentizität der Kommunikationspartner (digitale Signaturen). PGP ist das am weitesten verbreitete System zum sicheren Transport von Email-Nachrichten.

Public Key Infrastruktur (PKI): Bei der Anwendung asymmetrischer Public-Key Verschlüsselungsverfahren benötigt jeder Teilnehmer ein **Schlüsselpaar**, bestehend aus dem jedermann zugänglichen öffentlichen Schlüssel (**Public Key**) und dem nur ihm selbst zugänglichen geheimen Schlüssel (**Private Key**). Um Mißbrauch auszuschließen, muß die Zuordnung des Teilnehmers zu seinem öffentlichen Schlüssel durch einen vertrauenswürdigen Dritten, die **Certificate Authority (CA)** vermittels eines Zertifikats bestätigt werden. Zur Einschätzung der Sicherheit eines Zertifikats müssen die Regeln, wie dieses Zertifikat erstellt wurde (**Security Policy**) öffentlich zugänglich festgelegt sein. Eine PKI umfaßt alle organisatorischen und technischen Maßnahmen, die zur sicheren Nutzung eines asymmetrischen Verschlüsselungsverfahrens zum Verschlüsseln bzw. zur digitalen Signatur erforderlich sind.

9. Unter vier Augen – Sicherheit im Internet

RSA-Verfahren: Bekanntestes asymmetrisches Verschlüsselungsverfahren, benannt nach seinen Entwicklern Rivest, Shamir und Adleman. Ebenso wie die Diffie-Hellman Verschlüsselung arbeitet das RSA-Verfahren mit zwei Schlüsseln, einem jedermann zugänglichen, öffentlichen Schlüssel (Public Key) und einem geheim zu haltenden, privaten Schlüssel (Private Key). RSA basiert auf Fakten aus der Zahlentheorie – dem Problem der Primfaktorenzerlegung. Eine Entschlüsselung ist ohne Kenntnis der geheimen, privaten Schlüssel mit vertretbaren Aufwand nicht möglich.

Schlüssel (Key): Eine Nachricht kann sicher über ein unsicheres Medium übertragen werden, indem ihr Inhalt durch ein Verschlüsselungsverfahren unberechtigten Dritten gegenüber verborgen wird. Die Originalnachricht, der sogenannte **Klartext (Plaintext)**, wird zur Verschlüsselung mit einer **Transformationsfunktion** in die verschlüsselte Nachricht **(Chiffrat, Ciphertext)** umgesetzt. Dabei läßt sich die zur Verschlüsselung verwendete Transformationsfunktion über einen Schlüssel parametrisieren. Die Größe des Schlüsselraumes ist ein Maß für die Schwierigkeit, die Transformationsfunktion unberechtigt wieder rückgängig zu machen.

Secure Socket Layer (SSL): Bezeichnet eine ursprünglich von Netscape entwickelte Spezifikation zur verschlüsselten und daher sicheren Übertragung von Information zwischen Browser und WWW-Server. Das SSL-Protokoll ist zwischen der Transportschicht und der Anwendungsschicht des Schichtenmodells der TCP/IP-Kommunikation angesiedelt. Es wird im WWW z.B. für die Übermittlung von Kreditkarten-Nummern im Bereich des E-Commerce genutzt.

SPAM-Email: Populäre Bezeichnung für unerwünschte Email – meist Werbung – die ohne explizite Aufforderung des Empfängers zugestellt wurde, ohne daß dieser weiß, auf welche Weise der Absender, der selbst oft unerkannt bleibt, in Kenntnis seiner Email-Adresse gelangt ist. „Spam" ist ursprünglich die Abkürzung für „Spiced Pork and Meat" und bezeichnet in Gelee eingelegtes Dosen-Pressfleisch und wurde von der Internetgemeinde höchstwahrscheinlich aus einem Monty-Python-Sketch adaptiert. Offiziell wird SPAM-Email aus **Unsolicited Bulk Email (UBE)** oder **Unsolicited Commercial Email (UCE)** bezeichnet.

starke Kryptografie: Bezeichnung für Verschlüsselungsverfahren mit höchster Sicherheit, für die keine Verfahren mit vertretbarem Aufwand zum Brechen der Verschlüsselung bekannt sind. Die notwendige Berechnungszeit zum Brechen des Schlüssels hängt in der Regel mit der Länge des verwendeten Schlüssels zusammen. Daher spricht man ab einer bestimmten Schlüssellänge von einem starken kryptografischen Verfahren. Diese Grenze verschiebt sich allerdings permanent mit der stetig wachsenden Leistungsfähigkeit der im Einsatz befindlichen Rechensysteme.

Steganografie: Besondere Form der Verschlüsselung. Dabei wird die zu verschlüsselnde Nachricht innerhalb anderer, in diesem Zusammenhang unwichtiger Information versteckt, so daß sie nicht als solche ersichtlich ist. Eigentliches Ziel dabei ist die Verschleierung der Tatsache, daß überhaupt verschlüsselte Informationen übertragen werden.

symmetrische Verschlüsselung (Secret Key Encryption): Älteste Familie von Verschlüsselungsverfahren, bei dem Sender und Empfänger zur Verschlüsselung und Entschlüsselung einer Nachricht einen identischen, geheim zu haltenden Schlüssel verwenden. Man unterscheidet **Blockchiffren**, bei denen die zu verschlüsselnde Nachricht vor ihrer Verschlüsselung in Blöcke fester Länge zerlegt wird, und **Stromchiffren**, bei denen die zu verschlüsselnde Nachricht als Textstrom betrachtet wird, zu dem ein Einmal-Schlüssel identischer Länge generiert wird, mit dem die Verschlüsselung der Nachricht zeichenweise vorgenommen wird. Ein Problem bei der symmetrischen Verschlüsselung ist der Austausch des vor Dritten geheim zu haltenden Schlüssels.

Transport Layer Security (TLS): Steht als potentieller Nachfolger von SSL in den Startlöchern. Das Protokoll ist in der Transportschicht des Schichtenmodells der TCP/IP-Kommunikation angesiedelt und verspricht mehr Sicherheit bei der Kommunikation im Internet. Die TLS-Spezifikation wurde als RFC 2246 durch das IETF zum Internet-Standard erhoben.

Trapdoor-Function: Einweg-Funktion, die zusätzlich die Bedingung erfüllt, daß bei Kenntnis einer zusätzlichen Information, der sogenannten Falltürinformation (Trapdoor Information), das Inverse relativ leicht berechnet werden kann. Ohne Kenntnis der Falltürinformation ist dies dagegen nahezu unmöglich.

Vertraulichkeit (Privacy): Der Inhalt einer vertraulichen Nachricht darf jeweils nur dem Absender und dem Empfänger der Nachricht zur Kenntnis gelangen. Hört ein unbefugter Dritter eine Kommunikation ab (**Eaves Dropping**), kann die Vertraulichkeit der Kommunikation nicht mehr gewährleistet werden, und es kommt zum Verlust der Privatsphäre (**Loss of Privacy**).

Virtual Private Network (VPN): Ein nach außen hin abgeschlossenes Netzwerk, das anstelle über private Standleitungen über öffentliche aber dennoch gesicherte Internetverbindungen, verbunden ist. Durch den Einsatz kryptografischer Methoden wird ein exklusiver Datenverkehr ermöglicht, ohne daß außenstehende Dritte in der Lage wären, die versendeten Daten zu lesen oder zu verfälschen.

Zertifikat: Digitale Zertifikate sind das elektronische Gegenstück zu einem Ausweis. Sie ordnen ihrem Inhaber eindeutig einen öffentlichen Schlüssel (Public Key) und damit eine digitale Signatur zu, die nur mit dem korrespondierenden privaten Schlüssel erzeugt worden sein kann. Zertifikate müssen von vertrauenswürdigen Dritten ausgestellt und signiert werden.

Druck:
Customized Business Services GmbH
im Auftrag der KNV-Gruppe
Ferdinand-Jühlke-Str. 7
99095 Erfurt